EDITION

Directeurs de collection et auteurs : Dominique AUZIAS et Jean-Paul LABOURDETTE

Auteurs : Manon CHAUVIN, Charlotte PAVARD, Arnaud BONNEFOY, Jean-Paul LABOURDETTE, Dominique AUZIAS et alter

Directeur Editorial : Stéphan SZEREMETA

Rédaction Monde : Caroline MICHELOT, Morgane VESLIN, Pierre-Yves SOUCHET, Jimmy POSTOLLEC, Elvane SAHIN, Natalia COLLIER

Rédaction France : Elisabeth COL, Tony DE SOUSA, Mélanie COTTARD, Sandrine VERDUGIER

FABRICATION

Responsable Studio : Sophie LECHERTIER assistée de Romain AUDREN

Maquette et Montage : Julie BORDES, Sandrine MECKING, Delphine PAGANO, Laurie PILLOIS

Iconographie et Cartographie : Anne DIOT assistée de Julien DOUCET

WEB ET NUMERIQUE

Directeur Web : Louis GENEAU de LAMARLIERE

Chef de projet et développeurs : Nicolas de GUENIN, Adeline CAUX, Kiril PAVELEK

Intégrateur Web : Mickael LATTES

Webdesigner : Caroline LAFFAITEUR

Community Traffic Manager : Alice BARBIER, Mariana BURLAMAQUI

DIRECTION COMMERCIALE

Directeur commercial : Guillaume VORBURGER assisté de Manon GUERIN

Responsable Régies locales : Michel GRANSEIGNE

Gestion commerciale : Vlmla MEETOO et Assa TRAORE

Chefs de Publicité Régie nationale : Caroline AUBRY, François BRIANCON-MARJOLLET, Perrine DE CARNE MARCEIN, Caroline PREAU

Chefs de Publicité Régie internationale : Jean-Marc FARAGUET, Guillaume LABOUREUR, Camille ESMIEU assistés de Claire BEDON

Régie CHILI - ÎLE DE PÂQUES : Elisa MARTINEZ

DIFFUSION ET PROMOTION

Directrice des Ventes : Bénédicte MOULET assistée d'Aissatou DIOP, Marianne LABASTIE, Sidonie COLLET

Responsable des ventes : Jean-Pierre GHEZ assisté de Nelly BRION

Relations Presse-Partenariats : Jean-Mary MARCHAL

ADMINISTRATION

Président : Jean-Paul LABOURDETTE

Directrice des Ressources Humaines : Dina BOURDEAU assistée de Sandra MORAIS et Eva BAELEN

Directrice Administrative et Financière : Valérie DECOTTIGNIES

Comptabilité : Jeannine DEMIRDJIAN, Adrien PRIGENT et Faiza ALILI

Recouvrement : Fabien BONNAN assisté de Sandra BRIJLALL et Vinoth SAGUERRE

Responsable informatique : Adam M'RAH

Standard : Assa TRAORE

PETIT FUTÉ CHILI - ÎLE DE PÂQUES 2020-2021

LES NOUVELLES EDITIONS DE L'UNIVERSITE
18, rue des Volontaires - 75015 Paris.
✆ 01 53 69 70 00 - Fax 01 42 73 15 24
Internet : www.petitfute.com
SAS au capital de 1 000 000 €
RC PARIS B 309 769 966
Couverture : Glacier Grey dans le parc national Torres del Paine © David Ionut - Shutterstock.com
Impression : CORLET IMPRIMEUR - 14110 Condé-en-Normandie
Achevé d'imprimer : décembre 2019
Dépôt légal : 08/01/2020
ISBN : 9782305024417

Pour nous contacter par email, indiquez le nom de famille en minuscule suivi de @petitfute.com
Pour le courrier des lecteurs : info@petitfute.com

¡ BIENVENIDOS A CHILE !

Le Chili est un concentré d'images équivoques, un pays d'extrêmes et de nuances : les déserts aux voûtes célestes capiteuses et aux lagunes multicolores épousent les dédales des fjords et les cimes déchiquetées du Sud patagon, tandis que les volcans enneigés préservent les lacs paisibles et les vignobles assoupis. A des milliers de kilomètres du continent, perdue dans son monde polynésien, l'île de Pâques et ses mystérieux moai n'en finissent pas d'enchanter. Avec le récent développement touristique du pays et la multiplication d'hôtels et prestataires de grande qualité, les confins du monde n'ont jamais été aussi proches.

La myriade d'étoiles qui illuminent le ciel chilien (l'un des plus purs au monde) témoigne d'une société humaine tout aussi éparpillée et envoûtante : car le Chili s'est constitué l'une des identités les plus singulières de tout le continent sud-américain. Mal aimé parfois dans le concert des nations latines (faisant figure de « jaguar » économique et d'un libéralisme économique hérité de l'Occident), ce petit pays, à la silhouette si fragile, comme une frange de terre instable accoudée à l'océan, n'en finit pas de séduire ceux qui prennent la peine de l'interroger, de le laisser parler, d'attendre qu'il se découvre.

Mi-octobre 2019, un mouvement social embrase le pays contre la hausse du coût de la vie et la politique libérale du gouvernement qui génère toujours plus d'inégalités sociales. La colère de la rue est immense et des pillages se multiplient, si bien que le président Piñera décrète l'état d'urgence et envoie des militaires et des chars dans les rues, du jamais vu depuis la dictature de Pinochet. Après 15 morts en 5 jours de violences, le président présente ses excuses et propose une série de mesures sociales. Mais le mouvement perdure et a marqué les esprits.

L'équipe de rédaction

REMERCIEMENTS : Merci à Marina Stanek pour sa belle énergie et son soutien. Merci à Angelo Torres pour tous ses bons conseils, à Tita et Nelly pour avoir partagé leur savoir et leur double culture sur Rapa Nui, à Adeline et Gloria pour avoir révélé les secrets de la vallée d'Elqui. Un merci tout particulier à la communauté francophone de San Pedro de Atacama pour leur professionnalisme et leur combat pour préserver ces terres aujourd'hui menacées. Merci à Didier de Locaventuras, Tim de Voyage Atacama et à Julie d'Atacama Evasion. Merci à tous ceux qui ont facilité l'écriture de ce guide et qui se reconnaîtront. En mémoire d'Arnaud Bonnefoy.

PEFC
10-31-1510
Certifié PEFC
Ce produit est is de forêts gérée durablement et de sources contrôlées.
pefc-france.org

IMPRIMÉ EN FRANCE

W0377033

Retrouvez cette offre en page 189

SOMMAIRE

INVITATION AU VOYAGE

DÉCOUVERTE

SANTIAGO DU CHILI

LITTORAL CENTRAL

VALLÉE CENTRALE

RÉGION DU BÍO-BÍO

ARAUCANIE

RÉGIONS DES FLEUVES ET DES LACS

ARCHIPEL DE CHILOÉ

ROUTE AUSTRALE

MAGALLANES ET TIERRA DEL FUEGO

PETIT NORD

Lago Chungara.

Les moai de l'île de Pâques.

GRAND NORD

ÎLE DE PÂQUES

PENSE FUTÉ

Chili
OCEAN PACIFIQUE
BOLIVIE
BRESIL
PARAGUAY
URUGUAY
Tacna
Arica
Pisagua
Iquique
Tocopilla
Calama
Antofagasta
Chañaral
Caldera
Copiapo
Vallenar
La Serena
Coquimbo
Ovalle
Jllapel
Viña del mar
Valparaiso
San Antonio
SANTIAGO
Rancagua
Pichilemu
Curicó
Sajama 6542
Sillajhuay 5996
6020
Llullaillaco 6723
Cerro el Libertador 6720
Ojos del Salado 6880
Agua Negra Paß 4726
Aconcagua 6960
Mendoza
Salta
Santa Cruz de la Sierra
Asunción
Posadas
Córdoba
Rosario
BUENOS AIRES
MONTEVIDEO
Paraguay
Parana
Uruguay
Salado
Salado

Altitude
(en mètres)
3000
1500
1000
500
200
Frontières
Routes principales
Voie ferrée
ARGENTINE
OCEAN
ATLANTIQUE
Linares
Chillán
Talcahuano
Concepción
Lota
Lebu
Temuco
Lanin
3776
Valdivia
Osorno
Puerto Montt
Tronador
3554
Ancud
Castro
Coihaique
San Lorenzo
3706
Puerto
Natales
Punta Arenas
Rio Gallegos
TIERRA DEL FUEGO
Colorado
Rio Negro
Chubut
Deseado
Bahía Blanca
Mar del Plata
Trelew
Puerto Deseado
0
500 km
N
CHILI

Le volcan Parinacota domine le Parque nacional Lauca.

Les sept moai de l'ahu Akivi, Île de Pâques.

Manchots de Magellan dans les canaux de la Terre de Feu.

Vue sur l'ascenseur Artillería, la Casa Cuatro Vientos et le port de Valparaiso.

LES PLUS DU CHILI

Une culture bien spécifique

La « chilénité » est un état de fait : c'est l'art de vivre à une sauce un peu assaisonnée, qui fait de la langue chilienne, en théorie de l'espagnol, un immense champ d'expressions insolites. Mais le Chili, c'est surtout de multiples peuples indigènes dont les traditions perdurent : Aymaras ou Atacaméens au nord, Mapuche au sud… Ces cultures, longtemps étouffées, saillent aujourd'hui avec force des carcans tutélaires imposés depuis la colonisation espagnole. Tout n'est pas rose dans leurs luttes quotidiennes. Quant aux peuples du Grand Sud, décimés depuis que les Blancs ont colonisé leurs terres, ils revivent (un peu...) dans les vitrines des musées…

© ORIOL QUEROL – SHUTTERSTOCK.COM

Parque nacional Torres del Paine.

Une gastronomie simple et attrayante

Non pas que la cuisine chilienne soit la plus fine au monde… Mais elle reste un carrefour d'influences, notamment française, italienne, espagnole et allemande. Partout, les fruits de mer sont un délice… et bien moins chers qu'en Europe. L'occasion d'une bonne cure de saumon, de congre, de noix de Saint-Jacques, de crabe et de palourdes ! Sans parler du fameux vin chilien… dont le surprenant cépage carménère, endémique au Chili (malgré son origine française).

Une hospitalité chaleureuse

Creusez l'apparente distance et le sérieux inébranlable qui caractérisent les relations entre les gens : en fait, les Chiliens sont très hospitaliers et se plieront en quatre pour rendre votre séjour agréable. Très rieurs et volontiers moqueurs, ils ne se livrent pas aussi facilement que leurs voisins de l'Est (les Argentins), mais leur amitié est profonde et authentique.

Une nature superbe et indomptée

C'est ce qui la rend si belle et enivrante. Que vous aimiez les paysages farouches et désolés de l'altiplano andin, les forêts impénétrables et détrempées des vallées glaciaires, les lacs couleur émeraude ou les volcans enneigés, les vastes plages sauvages ou les petits vallons folâtres, partout la nature semble vous inviter à une partie de jambes… sur terre. Paradis des trekkeurs, le Chili est encore l'un de ces endroits où l'on songe, vraiment, que nous sommes bien au bout du monde…

Un pays sûr

En respectant les règles coutumières que tout un chacun suit dans sa vie de tous les jours, il ne devrait rien vous arriver. Santiago, comme toute capitale, et les grandes villes du pays posent quelques problèmes de petite délinquance mais au moins on ne s'attend pas à être égorgé au premier carrefour venu ou séquestré contre rançon… Vous serez surpris de la facilité avec laquelle on peut voyager au Chili, doté d'infrastructures de très bon niveau.

Le drapeau chilien

Il se compose de deux franges horizontales : blanche et bleue au-dessus, et rouge en dessous ; le carré bleu mesure un tiers de la longueur du rectangle rouge ; l'étoile, en son centre, possède un diamètre équivalent à la moitié du cadre bleu et représente l'Etat, qui est chargé de veiller au bien-être de la patrie. Le rouge représente le sang versé des héros nationaux ; le blanc, la neige de la cordillère des Andes ; et le bleu, le ciel pur et limpide. Ce drapeau est l'œuvre du ministre José Ignacio Zenteno, et il est l'étendard du Chili depuis 1817, pendant le gouvernement de Bernardo O'Higgins.

Argent

- **Monnaie.** La monnaie du pays est le peso chilien (marqué $ dans ce guide, à ne pas confondre avec les dollars américains marqués US$). Elle circule sous forme de billets (500, 1 000, 2 000, 5 000, 10 000 et 20 000 pesos) et de pièces (1, 5, 10, 50, 100 et 500 pesos).
- **Taux de change.** Mi-novembre 2019, les taux de change sont les suivants : 1 € = 909 $. 1 US$ = 826 $. 1 CAD$ = 621 $. 1 CHF = 827 $.

Idées de budget

Le Chili n'est pas un pays bon marché, mais tout dépend de votre manière de voyager. D'une manière générale, les prix sont plus élevés en Patagonie qu'au centre ou au nord. Ces prix par personne s'entendent sur la base d'une chambre double ; bien souvent, une chambre simple est à peine moins chère qu'une chambre double.

- **Petit budget :** entre 8 000 $ et 15 000 $ par personne pour une chambre (moins en camping) ; entre 3 000 $ et 6 000 $ pour un menu. L'auto-stop peut fonctionner sur les petites routes. Moins de 25 000 $ par jour est assez illusoire... ou il faut alors se priver sur tous les extras (excursions, visites, bonne bouffe...) !
- **Moyen budget :** entre 15 000 $ et 35 000 $ par personne pour dormir ; repas autour de 8 000 $ à 15 000 $; plus extras (excursions, boissons, etc.) et transports. Compter autour de 35 000 $ à 60 000 $ par personne et par jour.
- **Gros budget :** entre 40 000 $ et 60 000 $ par personne pour dormir (voire beaucoup plus) ; entre 15 000 $ et 30 000 $ par repas ; avion à prendre en compte (relativement cher...). Ne pas compter moins de 70 000 $ à 120 000 $ par personne et par jour, beaucoup plus sans compter.

Le Chili en bref

Géographie

- **Capitale :** Santiago.
- **Superficie :** 756 626 km².
- **Longueur :** 4 270 km.
- **Largeur (moyenne) :** 177 km.

Population

- **Population :** environ 19 107 216 habitants (recensement 2019).
- **Densité :** 25,4 hab./km².
- **Croissance démographique :** 1,90 % (estimations 2017).
- **Langue officielle :** espagnol (*castellano*).
- **Population indigène :** Mapuche (4 %), Aymara (0,4 %), Rapa Nui (0,2 %).
- **Alphabétisation :** 97,51 % (en 2015).

Politique et économie

- **Nature du régime :** démocratie présidentielle.
- **Chef du gouvernement :** Sebastián Piñera (depuis mars 2018).
- **PIB :** 298,231 milliards de US$ (2018).
- **PIB/hab. (en parité de pouvoir d'achat) :** 15 923 US$ (2018).
- **Croissance du PIB :** 4 % (2018).
- **Inflation :** 2,57 % (2018).
- **Chômage :** 6,84 % (estimations 2018).

- **Salaire minimum :** 210 000 $/mois soit environ 400 € (à partir de septembre 2013).
- **Niveau de pauvreté/nombre d'habitants :** environ 11,7 % (2015).
- **Exportations principales :** cuivre (1er rang mondial), betteraves à sucre (3e rang), poissons et crustacés (3e rang), argent (7e rang), pêche (8e rang), vin...

Téléphone

- **L'indicatif international du Chili est le 56.** En outre, chaque région possède un indicatif propre à deux chiffres.
Santiago : 022 • Temuco : 452 • Valdivia : 632 • Osorno : 642 • Puerto Montt : 652 • Coyhaique : 672 • Punta Arenas : 612.
Tous les numéros de téléphone fixe ont 6 chiffres (sauf à Santiago où il y a 7 chiffres), auxquels il faut donc rajouter l'indicatif régional.
- **Les numéros de portable** commencent par 9, 8, 7 ou 6 et ils sont suivis de 7 chiffres.
- **Pour téléphoner au Chili depuis la France :** 00 (pour l'international) + 56 (code pays du Chili) + indicatif régional (sans le 0) + numéro du correspondant. Pour les portables : 00 + 56 + 9 + numéro du correspondant avec le préfixe (donc 9, 8, 7 ou 6).
- **Pour téléphoner du Chili au Chili :** 0 + indicatif régional + numéro du correspondant.
- **Pour téléphoner du Chili en France :** 00 + 33 + indicatif régional (sans le 0) + numéro du correspondant.

Enregistrer votre téléphone avant de vous acheter une carte prépayée

Si vous venez au Chili avec votre propre téléphone et que vous souhaitez profiter de la 4G, il faudra enregistrer votre téléphone avant d'acheter une carte prépayée (autour de 5 000 $) et de l'utiliser dans votre propre mobile (si celui-ci a été désimlocké). Depuis 2016 la démarche peut s'avérer fastidieuse puisqu'une loi chilienne exige d'enregistrer tous les téléphones étrangers sous 30 jours avant votre arrivée. Vous n'aurez pas à payer, rendez-vous sur www.multibanda.cl pour utiliser le réseau chilien librement : vous pouvez aussi acheter un mobile sur place (Entel, Movistar, Claro...), les moins chers coûtent autour de 15 000 à 20 000 $, avec entre 2 000 et 5 000 $ (parfois plus !) de communication gratuite. Vous aurez ainsi un numéro local, ce qui facilitera notamment vos réservations.

Coût du téléphone

Les *centros de llamados* (ou centres d'appel) sont légion dans les grandes villes ; ils permettent d'appeler sur des fixes ou des portables dans le pays même, ou alors à l'international. Compter pas moins de 100 $ pour la France par exemple (et souvent plus) ; dans le pays même, compter autour de 20 $ la minute pour un appel local, 100 $ (30 secondes) ou 200 $ (1 minute) sur un portable.
La meilleure solution : désimlocker votre portable en France et acheter une puce (environ 5 000 $), puis des cartes prépayées de l'un des trois opérateurs de téléphonie mobile au Chili : Movistar, Entel ou Claro. Sinon, on peut acheter (dans les centres commerciaux ou les agences des opérateurs, mais aussi dans des magasins comme Falabella, Ripley ou Paris...) un portable avec une puce locale à partir de 15 000 $ environ (avec entre 5 000 à 10 000 $ d'appels inclus).

Décalage horaire

Le décalage horaire avec la France est de 4 heures au moment de l'été chilien (d'octobre à mars) et de 6 heures au cours de l'hiver (de mars à octobre). Donc, au mois de janvier, lorsqu'il est 20h à Paris, il est 16h au Chili. En revanche, au mois de juillet, lorsqu'il est 20h à Paris, il est 14h au Chili. À savoir également que lors des périodes de transition, généralement autour des équinoxes, nous avons 5 heures de différence.

Formalités

Pour se rendre au Chili, les personnes de nationalité française, belge et suisse ont uniquement besoin d'un passeport en cours de validité excédant de six mois la date de retour ainsi qu'un billet d'avion retour. Un visa ne vous sera nécessaire que si vous souhaitez séjourner pour une période de plus de trois mois (on peut revalider son séjour sans payer en sortant du pays et en entrant à nouveau). Pour les autres nationalités, renseignez-vous au consulat chilien le plus proche.

Climat

La géographie du pays (environ 4 300 km du nord au sud !) implique forcément de grandes nuances climatiques. Au nord, les régions sont semi-arides, presque désertiques. La cordillère des Andes vit au rythme des saisons boliviennes (hiver sec et froid la nuit, été pluvieux mais aux températures plus homogènes), tandis qu'il fait (presque) toujours bon sur les côtes… Toutefois, le courant froid de Humboldt n'en fait pas des régions tropicales !

- **Le Grand Nord**, d'Arica au sud d'Antofagasta, comprend un littoral désertique flanqué de vallées (oasis) où les cultures sont possibles, comme à Azapa par exemple. Les Andes suivent le climat de l'altiplano bolivien, mais les pluies sont très rares.
- **Le Petit Nord,** au sud de Chañaral jusqu'au nord de Santiago, offre un climat de transition. Il pleut rarement de façon assidue, les températures sont assez stables, et le soleil jamais trop loin.
- **Au centre,** le climat est de type tempéré méditerranéen-océanique. Les étés sont chauds, les hivers frais mais jamais aussi gelés que dans le Jura. Le climat est propice aux cultures (vins, fruits, etc.). En hiver, la neige recouvre les hauteurs.
- **Au sud de Temuco jusqu'à Puerto Montt,** il peut faire assez chaud l'été, mais il pleut toujours beaucoup et il neige en hiver. C'est un peu la Suisse du Chili, mais avec des côtes... qui rendent le climat plus océanique que continental.
- **Chiloé** se caractérise par un climat océanique : beaucoup de pluie, presque toute l'année (une petite pause en été), beaucoup de verdure... Un peu d'Angleterre au royaume des fées !
- **La région de la Carretera Austral (Aysén)** se caractérise par du vent, de la pluie, des éclaircies, des forêts presque impénétrables, des archipels sans fin et des glaciers... Un climat de bout du monde.
- **Enfin, l'extrême sud de Magallanes et de la Terre de Feu** est balayé par des rafales de vent (pas toujours), le climat est très instable, il fait froid... mais les étés peuvent être très agréables, voire chauds.

Saisonnalité

Ce n'est pas vraiment l'époque qui compte, mais plutôt la zone géographique que vous souhaitez visiter. Le Nord, entre Santiago et Arica, ne pose pas trop de problèmes climatiques, si ce n'est vers la cordillère des Andes (mieux vaut s'y rendre entre avril et novembre, le mois de janvier est très touristique auprès des Brésiliens notamment et il pleut de plus en plus fréquemment en février, avec parfois le risque de se retrouver bloqué).

En Patagonie, les hivers sont plutôt rigoureux : d'avril à octobre, les transports sont très incertains, de nombreux établissements ferment leurs portes et les curiosités touristiques peuvent être inaccessibles ; la saison idéale se situe ainsi entre octobre et avril.

Le printemps et l'automne sont, comme dans tous les pays où les paysages émerveillent, les plus belles saisons.

Attention : les mois de janvier et de février correspondent aux vacances scolaires en Amérique du Sud en général et au Chili en particulier, ce qui signifie hausse (considérable) des prix et réservations obligatoires dans certains sites… La haute saison s'étend en fait de début décembre à mi-mars et la très haute, du 15 janvier à fin février. Les skieurs feront fi de ces remarques et seront ravis de se rendre au Chili aux mois de juillet-août.

Santiago

Janvier	Février	Mars	Avril	Mai	Juin	Juillet	Août	Sept.	Octobre	Nov.	Déc.
12°/29°	11°/29°	9°/27°	7°/23°	5°/18°	3°/14°	3°/15°	4°/17°	6°/19°	7°/22°	9°/26°	11°/28°

IDÉES DE SÉJOUR

Etant donné la taille et la morphologie du pays, le choix de l'itinéraire est difficile. Pour vous aider à préparer votre voyage, il convient tout d'abord d'indiquer que la durée d'un périple au Chili ne saurait être inférieure à 15 jours. Pour connaître un peu mieux le pays, l'idéal serait d'y rester au moins un mois. Ainsi, pour bien profiter du pays, il faut prévoir d'y rester au moins deux semaines pour varier les plaisirs, pour avoir le temps de compenser les effets du décalage horaire et « rentabiliser » la longueur du trajet pour s'y rendre (au minimum 16 heures de vol, escale comprise, depuis l'Europe). Si vous avez moins de temps, attendez-vous à faire ces circuits au pas de course pour rejoindre le Grand Nord ou le Grand Sud et à devoir écourter vos pauses. Mais sachez surtout que, bien sûr, vous ne pourrez pas tout faire. Il vaut mieux donc ralentir parfois la cadence et ne pas se laisser envahir par la frustration de ne « pas cocher toutes les cases » des fameux incontournables. Prenez le temps de bien cerner vos envies (randonnées, découverte de la faune, immersion dans le désert, découverte du terroir et du patrimoine, visites d'observatoires, détente, exploration des parcs nationaux...), vous pourrez donc ainsi vous concentrer sur des régions qui sauront satisfaire votre périple !

Séjours courts

Itinéraire rapide en 10 jours

Il est préférable de se rendre au Chili pour une durée minimum de deux semaines. Un séjour d'une à deux semaines risque de vous fatiguer et de vous frustrer : entre les transports, le décalage horaire et les différentes visites, votre programme peut se révéler trop intense ou ambitieux. C'est pourquoi, si vous n'avez pas beaucoup de temps, nous vous conseillons de vous concentrer sur une seule zone : le Grand Nord ou le Grand Sud ! Ou alors une découverte plus paisible de la région du centre-sud...

Vers le Grand Nord

- **Jour 1**. Arrivée à Santiago le matin. Visite du quartier Bellavista, de la Chascona (maison de Neruda), de deux ou trois autres curiosités.
- **Jour 2.** Envol pour Calama et transfert pour San Pedro de Atacama. Visite du village, de sa petite église et organisation des excursions du lendemain.
- **Jour 3.** Visite du salar d'Atacama et des lagunes altiplaniques afin d'y découvrir sa faune et ses couleurs dignes d'un tableau impressionniste !
- **Jour 4.** Visite des geysers tôt le matin et pause déjeuner dans les thermes d'eau chaude. En fin d'après-midi direction la vallée de la Lune pour un coucher de soleil remarquable.
- **Jour 5.** Retour à Calama, vol pour Arica. Découverte de la ville, de ses plages, de la vallée d'Azapa en voiture.
- **Jour 6.** Départ d'Arica pour la cordillère, visite des villages précolombiens, des ruines incas, nuit à Putre.
- **Jours 7/8.** Visite sur 2 jours du parc national Lauca et de la somptueuse laguna Chungará, des villages alentour, puis retour sur Arica en soirée.
- **Jour 9.** Vols d'Arica à Santiago, prendre un bus pour passer sa dernière soirée à Valparaiso.
- **Jour 10.** Découverte du Cerro Alegre et Concepcion durant la matinée puis bus de retour à Santiago.

Vers le Grand Sud

- **Jour 1**. Arrivée à Santiago le matin. Visite du quartier Bellavista, de la Chascona (maison de Neruda), de deux ou trois autres curiosités.
- **Jour 2.** Envol pour Punta Arenas et transfert pour Puerto Natales. Laissez-vous doucement subjuguer par l'atmosphère du bout du monde.
- **Jour 3.** Transfert pour le parc national Torres del Paine, découverte du site en voiture et nuit sur place.
- **Jour 4.** Visite du parc national Torres del Paine, petit trek, catamaran vers le glacier. Nuit sur place ou transfert retour pour Puerto Natales.
- **Jour 5.** Visite du parc national Torres del Paine. Nuit sur place ou transfert retour pour Puerto Natales.
- **Jour 6.** Transfert vers Punta Arenas et vol pour Puerto Montt. Transfert pour Puerto Varas. Ou transfert vers Pucón (ascension du volcan Villarrica, ou trek dans le parc national Huerquehue, dans tous les cas thermes en soirée). Nuit à Pucón.
- **Jour 7.** Découverte de la région de Puerto Varas, ses lacs, ses cascades, ses volcans ou départ de Pucón pour Puerto Varas le matin via la route des sept lacs. Nuit à Puerto Varas.

- **Jour 8.** Visite de Chiloé en partant tôt le matin (avec agence ou en voiture de location, Ancud et ses pingouins, Castro et ses églises), nuit sur place.
- **Jour 9.** Deuxième jour à Chiloé et visite du parc national de Chile avant transfert vers Puerto Montt. Nuit dans le bus jusqu'à Santiago. Transfert direct à Valparaiso pour y passer la journée et la nuit.
- **Jour 10.** Retour à Santiago.

Itinéraire découverte en 15 jours

Voici un parcours qui a le mérite d'impliquer les plus grands sites d'intérêt touristique du pays. Vous devrez recourir à l'avion pratiquement pour chaque transfert. Epuisant, mais vous en aurez eu plein les yeux !

- **Jour 1.** Arrivée à Santiago. Installation à l'hôtel. Visite du centre et d'un ou deux musées.
- **Jour 2.** Visite de Valparaíso, patrimoine de l'Humanité, de la maison de Pablo Neruda à Isla Negra éventuellement. Retour à Santiago.
- **Jour 3.** Avion pour Punta Arenas depuis Santiago. Transfert à Puerto Natales (séjour à Puerto Natales ou transfert dans une auberge du parc national).
- **Jour 4.** Visite en voiture du parc national Torres del Paine.
- **Jour 5.** Croisière dans les fjords autour de Puerto Natales.
- **Jour 6.** Retour à Punta Arenas, envol pour Puerto Montt. Transfert vers Puerto Varas.

Un opérateur réceptif qui a fait ses preuves

KORKE
Oficina 401
Santa Beatriz 100 – Providencia
SANTIAGO DE CHILE
✆ +56 2 2244 1614
www.korke.com
contact@korke.com
Devis sur demande.

Korke est un opérateur réceptif, spécialisé sur le Chili et l'Argentine, qui, depuis plus de dix ans, propose des voyages sur mesure pour tous les goûts, les besoins, les budgets (avion, cheval, bateau, marche à pied...) et les envies. Vous jugez, vous décidez et on vous concocte le périple de vos rêves, unique et personnel. Autour de cet ambitieux projet s'organise une équipe expérimentée et francophone, assurant une logistique parfaitement en place : des guides (parlant toujours français) vous accueillent dans leur région qu'ils connaissent au mieux (histoire, culture). Il est aussi possible de voyager sans guide pour une autonomie plus complète. A l'aéroport où vous êtes pris en charge, on vous remet une feuille de route comportant tous les hôtels, les excursions, les croisières, les locations... Vous n'avez plus rien à payer, hormis les frais annexes et personnels, bien sûr. D'une manière générale, leurs voyages sur mesure couvrent les quatre coins du Chili et de l'Argentine. Les mini-groupes (de quatre à douze personnes) bénéficient aussi d'une attention spéciale, tout comme les jeunes mariés en voyage de noce.D'autres circuits à thème sont envisageables : « Les indigènes de la Patagonie », « Astronomie », « Les derniers glaciers », « La faune et la flore »..., et on peut se renseigner pour aller en Antarctique et organiser des treks. Précisons encore que l'une des branches de Korke, appelée Amapi, organise depuis plus de dix ans des périples pour les personnes à mobilité réduite, dans des conditions sûres, confortables et rigoureuses : on apprécie beaucoup cet autre regard porté sur une frange de la population trop souvent laissée pour compte dans le monde du tourisme, et qui trouve ici une heureuse opportunité de vivre au plus près la vie locale et de contempler, en toute sécurité, les fascinants paysages de ce pays du bout du monde. Anne et Mark s'occupent de tout, et même s'il peut sembler incongru de s'en remettre ainsi à de parfaits inconnus, tout est parfaitement rodé et rondement mené. Leur site Internet vous explique tout, en détail. Un excellent choix pour partir à l'aventure entre des mains expertes qui faciliteront vos trajets, votre compréhension du pays et vous éviteront les sempiternelles mauvaises surprises (récurrentes quand on ne connaît pas une destination), ou alors pour organiser un voyage sans de fastidieuses recherches, dans des conditions très confortables et avec le sourire... francophone, qui plus est !

- **Jour 7.** Visite du parc national Vicente Perez Rosales, du volcan Osorno, des Saltos del Petrohue... Retour à Puerto Varas.
- **Jour 8.** Avion de Puerto Montt à Santiago puis à Arica.
- **Jours 9 et 10.** Deux jours d'excursion dans le parc national Lauca et la lagune Chungara.
- **Jour 11.** Vol (ou bus) de Arica à Calama. Transfert à San Pedro de Atacama.
- **Jour 12.** Visite du désert de sel et des lagunes.
- **Jour 13.** Visite des geysers le matin, de la vallée de la Lune l'après-midi (ouf !).
- **Jour 14.** Vol de Calama à Santiago après une dernière balade dans les rues de San Pedro de Atacama (selon horaires du vol).
- **Jour 15.** Visite de vignes dans la région si possible, ou retour dans votre pays d'origine.
- **A noter :** il est possible d'inclure une visite de l'île de Pâques en partant de Santiago (3 jours seront donc le maximum vu le laps de temps imparti). Tout cela implique de très bien négocier ses réservations d'avion dans tout le pays.

La Patagonie chilienne en 15 jours

Sauvage et préservée, la Patagonie chilienne ne se résume pas à son fameux parc Torres del Paine. De l'Araucanie à la Route Australe en passant par la région des fleuves et des lacs, ce bout du monde enchanteur saura séduire les amoureux de nature et de grands espaces.

- **Jour 1 :** arrivée à Santiago. Découverte et visite de la ville (Mercado central, Palacio de la Moneda et musée d'art précolombien).
- **Jour 2 :** bus de nuit pour Malalcahuello ou Lonquimay (9 heures de route).
- **Jours 3 et 4 :** visite de la région du parc national Conguillío en voiture de location ou de la réserve de Malalcahuello en journée. En hiver, journée sur les pistes de ski. Le soir, détente dans l'un des nombreux thermes de la région. C'est aussi l'occasion de découvrir des communautés rurales mapuche.
- **Jour 5 :** bus via Temuco (ou voiture) pour Pucón le matin. Balade à cheval, thermes, randonnée ou encore canyoning dans l'après-midi ou toute autre activité.
- **Jour 6 :** ascension du volcan Villarrica. Repos aux thermes en soirée.
- **Jour 7 :** bus vers Puerto Varas (3 heures 30 de route). Découverte des Saltos del Petrohue et du lac Todos los Santos.
- **Jours 8, 9 et 10 :** croisière vers le glacier San Rafael. Débarquement à Puerto Chacabuco et nuit à Coyhaique. Visites de la laguna San Rafael, randonnée sur le glacier Exploradores et découverte des capillas de Marmol.
- **Jour 11** : vol de Coyhaique à Punta Arenas (en été). Direction Puerto Natales.
- **Jours 12 et 13 :** visite du Parc national Torres del Paine, du petit matin jusqu'au soir (en voiture de location ou en circuit organisé). Catamaran vers le glacier Grey.
- **Jour 14 :** retour à Punta Arenas et vol vers Santiago.

Séjour long

Itinéraire long en 1 mois

On a enfin le temps de respirer et de prendre son temps ! C'est un laps de temps adéquat pour bien connaître le pays.

- **Jour 1.** Arrivée à Santiago. Installation à l'hôtel. Visite du centre et d'un ou deux musées.
- **Jour 2.** Visite du quartier de Bellavista, de la maison de Neruda. Bus dans l'après-midi pour Valparaíso.
- **Jour 3.** Visite de Valparaíso, de la maison de Pablo Neruda, des collines. Nuit sur place.
- **Jour 4.** Deuxième journée à Valparaíso avec découverte des environs (Viña del Mar, Isla Negra, parc national La Campana pour les randonneurs).
- **Jour 5.** Bus pour Chillán et Las Trancas. Nuit sur place.
- **Jour 6.** Découverte à pied de la superbe vallée de Las Trancas, ses forêts, ses volcans, ses multiples activités.

- **Jour 7.** Retour à Chillán, bus pour Pucón.
- **Jour 8.** Ascension du volcan Villarrica le matin, thermes l'après-midi.
- **Jour 9.** Trek dans le parc national Huerquehue. Nuit à Pucón.
- **Jour 10.** Bus pour Valdivia. Découverte de la ville, de l'un des forts l'après-midi si on a le temps. Nuit à Valdivia.
- **Jour 11.** Bus pour Puerto Varas. Balade dans la ville.
- **Jour 12.** Découverte de la région, les lacs, les cascades, les volcans. Nuit à Puerto Varas.
- **Jour 13.** Bus pour Ancud le matin, visite du site.
- **Jour 14.** Visite de la réserve des pingouins le matin, puis bus dans l'après-midi pour Castro. Visite de la ville.
- **Jour 15.** Visite d'une journée au parc national de Chiloé.
- **Jour 16.** Retour en bus à Puerto Montt. Vol pour Punta Arenas. Nuit sur place.
- **Jour 17.** Bus le matin pour Puerto Natales. Organisation du trek dans le parc national Torres del Paine.
- **Jours 18, 19, 20 et 21.** Trek W dans le parc national Torres del Paine. Retour à Puerto Natales.
- **Jour 22.** Bus pour Punta Arenas, vol pour Santiago.
- **Jour 23.** Vol le matin pour Calama au nord, transfert pour San Pedro de Atacama. En soirée, si on a encore de l'énergie, tour astronomique.
- **Jour 24.** Visite du village, son église, son musée, son ambiance andine. Vallée de la Lune dans l'après-midi.
- **Jour 25.** Visite des geysers le matin. Dans l'après-midi, visite des ruines de Quitor.
- **Jour 26.** Journée vers le salar d'Atacama, ses lagunes, ses paysages à couper le souffle. Le soir, bus pour Arica.
- **Jour 27.** Visite de la ville, de la vallée d'Azapa.
- **Jour 28.** Direction la cordillère des Andes, visite des villages précolombiens, des ruines incas, nuit à Putre.
- **Jour 29.** Découverte de la laguna Chungará, ses somptueux paysages. Retour sur Arica en soirée.
- **Jour 30.** Vol pour Santiago. Derniers achats. Envol pour votre pays d'origine en soirée.
- **A noter :** on peut bien sûr changer les jours 5, 6, 7 et 8 pour une découverte de l'Ile de Pâques (vol le jour 5 pour Hanga Roa de Santiago, visite du parc national le jour 6, balade à cheval et/ou plongée le jour 7, retour à Santiago le jour 8), et le jour 9 voler de Santiago à Temuco + transfert direct pour Pucón. Le jour 10 serait alors occupé à l'ascencion du volcan Villarrica, thermes dans l'après-midi, et le jour 11 bus direct pour Puerto Varas.

Séjours thématiques

Plus qu'une thématique de voyage, nous vous proposons ici de vous glisser dans la peau d'un personnage.

Le mineur

Ceux que l'épopée du salpêtre fascine doivent se rendre dans le Grand Nord (Iquique et Antofagasta), où les villes fantômes témoignent du passé. Certaines oficinas ont été classées au patrimoine de l'Humanité protégé par l'Unesco en 2005. Outre les villages fantômes, n'oubliez pas les mines de charbon de la Région VIII, vers Concepción (Lota). Ne pas manquer non plus les impressionnantes mines à ciel ouvert de Chuquicamata, près de Calama.

L'œnologue

La réputation des vins chiliens n'est plus à faire.

- **Vallée de Aconcagua.** Le circuit offre la possibilité de visiter les caves de style colonial des années 1800, ainsi que les vignes avec un guide spécialisé. Entre autres : Errázuriz, San Esteban, Von Siebenthal...
- **Vallée de Colchagua et Cachapoal,** pour redécouvrir les cépages français dans les vignobles centenaires du pays. Merlot, Cabernet Sauvignon ou encore Sauvignon, les arômes sont le fruit d'un microclimat entre Cordillère des Andes et Pacifique.
- **Vallée de Casablanca.** A l'ouest de Santiago, en direction de Valparaíso. L'activité vinicole y débuta entre la fin des années 1970 et le début des années 1980. Entre autres : Veramonte, Punto Alto, Viña Mar, Matetic, Emiliana, Morandé...
- **Vallée del Maipo.** C'est la zone d'activité vinicole la plus ancienne du pays et la plus appropriée aux conditions requises. Entre autres : Concha y Toro, Cousiño Macul, Santa Rita...
- **Vallée de Rapel.** Il s'agit de la zone qui a connu le plus grand développement depuis les dix dernières années. Entre autres : Bisquertt, Mont Gras, Viu Manent...
- **Vallée de Curicó.** A 200 km au sud de Santiago. Bien que la vallée soit moins encaissée que celles de Casablanca ou Maipo, elle offre

une grande diversité de climats et de sols. Entre autres : Miguel Torres, San Pedro...

- **Vallée del Maule.** A 250 km au sud de Santiago. C'est la zone la plus étendue du secteur viticole, coincée entre la cordillère et l'océan Pacifique. Entre autres : Balduzzi, J.Bouchon, Domaine Oriental...

Le poète

Deux grands noms ressortent comme un leitmotiv de la littérature poétique chilienne, ceux de Gabriela Mistral et de Pablo Neruda. La ville de Chillán est le berceau de Nicanor Parra, un « anti-poète » que nous vous conseillons de découvrir.

- **Vallée d'Elqui.** A Monte Grande se trouve la Casa Escuela où Gabriela Mistral suivit sa scolarité. Un musée retrace la vie de la poétesse.
- **La Chascona à Santiago.** Maison où Pablo Neruda vécut avec Mathilde Urrutia.
- **La Sebastiana à Valparaíso.** Demeure de Pablo Neruda qui surplombe toute la ville et la baie de Valparaíso.
- **La maison de Isla Negra**, au sud de Valparaíso. Véritable caverne d'Ali Baba où Pablo Neruda entassait « ses » trésors et trouvailles diverses. La plus intéressante de toutes sans doute.

L'écologiste

Le territoire chilien est parsemé d'un grand nombre de parcs nationaux qui assurent à ses espèces la sécurité de l'habitat ainsi que des conditions de visite excellentes.

- **Parc national Lauca.** A l'est d'Arica. Ce parc peut être visité avec la réserve nationale de Las Vicuñas, le Salar de Surire, les thermes de Polloqueres, le village de Parinacota classé monument historique et le lac Chungara situé à 4 500 m d'altitude. Une superbe excursion, l'une des plus belles du Chili d'après nous.
- **Le désert d'Atacama.** Au sud-est de Calama. Sa vallée de la Lune et de la Mort mais surtout son salar (immense lac salé) et les geysers du Tatio qui libèrent des jets de vapeur vers le ciel l'ont rendu célèbre.
- **Parc national Pan de Azúcar.** Au nord de Chañaral. Subtile alliance de l'eau et de la terre où viennent se prélasser les lions de mer.
- **Parc national Nevado Tres Cruces, Laguna Verde, Salar de Pedernales.** Boudée par les voyageurs étrangers, la région andine de Copiapó est la plus sauvage et peut-être la plus belle du pays. Emotions fortes garanties, paysages à couper le souffle et lumières inoubliables.
- **Le désert fleuri (région de Copiapó, Vallenar et Huasco).** Phénomène qui se produit à peu près tous les cinq ans en septembre, lorsque la pluie est suffisamment généreuse pour faire éclore les graines disséminées sous cette étendue aride.
- **Parc national La Campana.** A 100 km de Santiago, à proximité de Viña del Mar, Valparaíso et Santiago. Cet espace naturel contraste avec l'agitation urbaine de la capitale. Belle vue sur les Andes au sommet, et même sur l'océan Pacifique par très beau temps.
- **Région centrale.** Plusieurs parcs ou réserves méconnus accueillent les amoureux de la nature. Les zones de Curicó (Siete Tazas), Chillán (vallée de Las Trancas), Los Angeles (Antuco), Talca (Altos de Lircay) sont aussi superbes qu'ignorées. A vos chaussures !
- **Région de Pucón.** L'un des must du tourisme au Chili. Beaux parcs, une foison d'activités sportives et une ambiance survoltée en saison : autant d'ingrédients qui composent une scène touristique cosmopolite.
- **Parc national Puyehue.** Sur les provinces d'Osorno et de Valdivia, 107 000 ha au cœur desquels se trouvent lacs et lagunes.
- **Parc national de Chiloé.** Sur l'île de Chiloé. Sur ses 43 000 ha se trouve le plus petit cervidé au monde, le pudú. Belles plages sauvages et paysages du bout du monde.
- **Parc national Queulat.** A 165 km au nord de Coyhaique. Outre lacs et cascades, de nombreux glaciers jalonnent ce parc.
- **Parc national Laguna San Rafael.** Région d'Aisén. Le parc abrite de nombreux volcans des Andes australes mais surtout le glacier du même nom, vers lequel est organisée une superbe croisière à entreprendre depuis Puerto Montt ou Puerto Chacabuco (près de Coyhaique).
- **Parc national Torres del Paine.** Région de Magellan. Sans doute le plus beau mais surtout le plus connu du Chili.

Le rêveur ou la tête dans les étoiles

La région de La Serena est réputée pour la clarté de son ciel, ce qui n'a d'ailleurs pas échappé aux astronomes qui y ont établi leurs observatoires (vaste choix pour toutes les bourses maintenant). La région de San Pedro de Atacama s'est aussi mise à l'heure astronomique, notamment avec la réalisation du projet ALMA, le plus grand projet dédié à l'atronomie au sol. Plus d'infos sur les obervatoires de l'ESO au Chili sur www.eso.org.

COMMENT PARTIR ?

PARTIR EN VOYAGE ORGANISÉ

Le Chili se prête parfaitement aux longues randonnées et aux treks. Il séduira ainsi les amoureux des grands espaces et des vacances dynamiques. L'offre pour ce type de séjour est très importante et s'adapte au niveau et à la durée que vous souhaitez. De 10 à 30 jours, les treks traversent les sites naturels majeurs du pays : les déserts, les lacs, les parcs nationaux, les volcans, les Andes. Vous trouverez des itinéraires de 17 jours à partir de 3 000 € (en promotion).

Le Chili est très souvent combiné avec ses voisins : la Bolivie au nord, l'Argentine au sud (la Patagonie), parfois également avec le Pérou et l'Uruguay. Comptez 4 500 € pour 22 jours en Patagonie argentine et chilienne, 2 800 € pour 12 jours. Les spécialistes sont également nombreux à proposer des prestations pour organiser un voyage sur mesure : vols, hébergements, location de voiture et également des extensions pour personnaliser votre séjour (parcs nationaux, ascensions des volcans, croisières de quelques jours, escapade sur l'île de Pâques). Enfin, pour les accros de la glisse, certains spécialistes proposent des séjours et des circuits en hiver pour aller dévaler les Andes en ski ou en snowboard. Comptez 4 000 € pour un séjour ski de 14 jours sur les volcans chiliens.

Spécialistes

Vous trouverez ici les tours opérateurs spécialisés dans votre destination. Ils produisent eux-mêmes leurs voyages et sont généralement de très bon conseil car ils connaissent la région sur le bout des doigts. À noter que leurs tarifs se révèlent souvent un peu plus élevés que ceux des généralistes.

■ AGENCE DU VOYAGE À CHEVAL

1, rue Eugène-Cusenier
Ornans
✆ 03 81 62 02 96
www.agenceduvoyageacheval.com
remy@agenceduvoyageacheval.com
Ouvert du lundi au samedi de 9h à 19h.

L'Agence du Voyage à Cheval est spécialiste du voyage à cheval en France et dans le monde entier, avec pour spécificité la relation locale authentique, le respect de l'environnement et du cheval. Toujours à la recherche de nouveautés, dans toutes les disciplines et pour tous les âges, le crédo de l'agence est de « répondre aux désirs des cavaliers pour faire de leur randonnée équestre une expérience inoubliable ». L'agence propose six randonnées équestres dans les paysages magnifiques du Chili, dans le désert de l'Atacama et le parc national de Torres del Paine notamment. Une randonnée à cheval de neuf jours permet également de passer du côté argentin au niveau de l'Aconcagua, le point culminant des Andes, jusqu'à la région viticole de Mendoza.

■ AKAOKA – COMPAGNIE DU TREK

✆ 01 83 62 19 68
www.compagnie-du-trek.com

Cette agence construit avec vous vos équipées terrestres, de la randonnée individuelle au trek accompagné, en respectant vos choix de destination et vos envies. Au Chili, 6 séjours sont proposés dont un circuit de 7 jours « L'île de Pâques en liberté » et un circuit de 14 jours « Atacama, désert magique – voyage en Patagonie ».

■ ALTIPLANO VOYAGE

Park Nord, les Pléiades n° 35
Epagny Metz-Tessy
✆ 0450469025
www.altiplano-voyage.com
info@altiplano-voyage.com
Ouvert du lundi au vendredi de 9h à 13h et de 14h à 18h.

Osez l'inédit ! Altiplano Voyages est une agence spécialiste des voyages sur mesure au Chili et sur l'Ile de Pâques. A votre écoute, une seule interlocutrice, passionnée, vous conseille pour composer un itinéraire correspondant parfaitement à l'esprit de votre voyage. Venez découvrir ce territoire exceptionnel situé entre le Pacifique et la Cordillère des Andes. Il offre une grande variété de paysages : depuis l'immensité du désert d'Atacama au nord, jusqu'aux majestueux glaciers de Patagonie au sud, en passant par la splendide Route Australe ou la mystérieuse Ile de Pâques. Optez pour des activités qui vous ressemblent : observation des étoiles avec un astronome français, survol en montgolfière du grand désert d'Atacama, autotour entre lacs et volcans…

Vous choisissez votre degré d'autonomie durant ce circuit (avec chauffeur, guide francophone ou en autotour). Altiplano Voyage est également expert en circuits multi-destinations, vous pouvez donc combiner votre voyage avec une escapade en Argentine ou une expédition en Bolivie !

Autre adresse : En Suisse : Place du Temple 3, 1227 Carouge – ✆ 022 342 49 49 - agence@altiplano-voyage.ch – www.altiplano-voyage.ch

■ **ALMA VOYAGES**
573, route de Toulouse
Villenave-d'Ornon
✆ 05 56 87 58 46
www.alma-voyages.com
agvalma@almavoyages.com
Ouvert du lundi au vendredi de 8h à 19h et le samedi de 9h à 18h.
Chez Alma Voyages, les conseillers connaissent parfaitement les destinations. Ils ont la chance d'aller sur place plusieurs fois par an et donc, bien vous conseiller. En plus, chaque client est suivi par un agent attitré ! Une large offre de voyages (séjour, croisière ou circuit individuel) avec l'émission de devis pour les voyages sur mesure vous sera proposée.
Alma Voyages pratique les meilleurs prix du marché et travaille avec Kuoni, Beachcombers, Jet Tour, Marmara, Look Voyages... Si vous trouvez moins cher ailleurs, l'agence s'alignera sur ce tarif et vous bénéficierez en plus, d'un bon d'achat de 30 € sur le prochain voyage. Surfez sur leur site !

■ **ANAPIA VOYAGES**
✆ 04 42 54 21 52
www.anapiavoyages.fr
sylvia@anapiavoyages.fr
Anapia voyages, basée en Provence, a été créée par Sylvia, une Péruvienne vivant depuis plus de trente ans en France. La richesse de ses programmes, à dominante culture et nature, s'appuie sur l'expérience de ses collaborateurs, guides ou producteurs de séjours et circuits, notamment en Amérique latine, mais aussi en Asie et en Afrique.
Le plus d'Anapia ? Panacher sur mesure des sites incontournables et des lieux inédits, de petites structures d'hébergement de charme avec de confortables hôtels typiques, mais surtout une vraie rencontre avec les populations grâce à des repas, des activités et des nuits chez l'habitant. Le mélange est très ouvert, dosé selon un vrai cahier des charges élaboré avec chaque client. 5 circuits sont à découvrir au Chili.

Autres adresses : à Saint-Jean-de-Luz ✆ 05 47 02 08 61. • Bayonne, Mauléon Licharre, Lyon et Paris.

■ **ANDES AUTHENTIQUES TOURS**
✆ +33 1 40 50 33 67
andes-authentiques-tours.fr
contact@andes-authentiques-tours.fr
Andes Authentiques Tours, spécialiste de l'Amérique du Sud et du Chili, vous propose des voyages sur mesure à la carte et des voyages en circuit en petits groupe à taille humaine pour une découverte authentique et inoubliable du Chili. Découvrez autrement les merveilles du Chili, du désert d'Atacama à la Patagonie avec ses majestueux glaciers en passant par la région des lacs et de l'île de Chiloé. Un expert Andes Authentiques Tours attitré s'occupera de vous pour répondre en français à toutes vos questions et organiser votre voyage vers les incontournables ou les sites moins connus hors des sentiers battus. Expert de la destination depuis plus de 12 ans, Andes Authentiques Tours a son siège à Cusco au Pérou, mais dispose également d'un bureau à Paris (✆ 07 54 44 90 89).

■ **ARTS ET VIE**
251, rue de Vaugirard (15e)
Paris
✆ 01 40 43 20 21
www.artsetvie.com
info@artsetvie.com
Autres agences à Grenoble, Lyon, Marseille et Nice.
Pour « voyager sur les routes du savoir et des réalités du monde », l'association culturelle de voyages Arts et Vie, administrée par les grandes organisations du monde enseignant, a composé plusieurs séjours entre le Chili et l'Argentine (14 jours) et entre le Chili et l'île de Pâques (17 jours), ainsi que des combinés avec la Bolivie et le Pérou (20 jours).

ATALANTE

36, quai Arloing, Lyon
✆ 04 72 53 24 80
www.atalante.fr
lyon@atalante.fr
Ouvert du lundi au vendredi de 9h à 18h et le samedi de 10h à 13h et de 14h à 18h.
Atalante est spécialisée dans les voyages à pied. Trekking de haut niveau ou simples promenades dans les campagnes, il y en a pour toutes les conditions physiques. Ils s'attachent à faire découvrir à leurs clients des régions du monde aux modes de vie préservée, riches de traditions et de cultures uniques. Au Chili, 11 treks sont proposés. Profitez par exemple d'un séjour de 15 jours pour découvrir le désert d'Atacama, le Sud Lipez, et le salar d'Uyuni ou encore d'un séjour de 21 jours pour partir à la découverte de l'île de Pâque.

Autres adresses : Bruxelles - rue César-Frank, 44A, 1050 ✆ +32 2 627 07 97. • Paris – 18, rue Séguier, 75006, fond de cour à gauche, 1er étage ✆ 01 55 42 81 00

LES ATELIERS DU VOYAGE

54-56, avenue Bosquet (7e)
Paris
✆ 01 40 62 16 79
www.ateliersduvoyage.com
Ouvert du lundi au jeudi de 10h à 18h30, les vendredi et samedi de 10h à 18h.
Spécialistes du voyage sur mesure, Les Ateliers du Voyage vous emmènent en Afrique, en Amérique latine, en Asie et en Inde.
Leurs conseillers voyages, experts de leur zone géographique, sont à votre écoute pour construire le voyage de vos rêves.
Sur le Chili, l'équipe saura aussi bien vous suggérer les sites incontournables que les dernières adresses tendance.

AVENTURE ET VOLCANS

73, cours de la Liberté
Lyon
✆ 04 78 60 51 11
www.aventurevolcans.com
lyon@aventurevolcans.com
Ouvert lundi de 14h à 19h, du mardi au vendredi de 9h30 à 13h et de 14h à 19h, samedi de 10h30 à 13h et de 14h à 19h.
Cette agence a été créée en 1983 par Guy de Saint-Cyr – l'un des plus grands chasseurs de lave au monde – avec sa femme et ses enfants, tous des fondus de volcan. Le concept d'Aventure et Volcans est simple : l'agence organise sur les cinq continents des circuits axés sur les volcans actifs et la marche, émotions et dépaysement assurés ! Un séjour dans le sud du Chili propose d'aller arpenter de nombreux volcans, dont l'Osorno ou le Chaitén.

CHILI AUTHENTIQUE

1, rue d'Hauteville (10e)
Paris
✆ 01 53 34 92 78
www.chili-authentique.com
info@chili-authentique.com
Cette agence permet de créer des voyages sur mesure du désert d'Atacama à la Patagonie en passant par l'île de Pâques. L'équipe est francophone.

ESCURSIA

2, rue Jean-Emile-Laboureur
Nantes
✆ 02 53 35 40 29
www.escursia.fr
contact@escursia.fr
Ouvert du lundi au vendredi de 9h à 12h30 et de 14h à 18h.
Escursia propose des séjours rares et authentiques, pour découvrir la nature et les Hommes, en compagnie de personnages rares et passionnants. Week-ends, courts séjours en France ou longs séjours à l'étranger, l'esprit commun à tous nos voyages est l'immersion, hors sentiers battus, dans des sites naturels préservés, accompagnés de guides naturalistes passionnés. Laissez-vous tenter par le séjour de 14 jours « Observation des astres en terre chilienne ».

ESPACES ANDINS

35, rue de la Tombe Issoire (14e)
Paris
✆ 01 45 65 48 37
www.espaces-andins.com
infos@espaces-andins.com
Ce voyagiste spécialiste de l'Amérique Latine – Argentine, Bolivie, Chili, Équateur, Pérou, Colombie – propose des voyages en groupe ou en individuel, avec ou sans guide, sur terre ou en mer (croisières).

HUWANS CLUB AVENTURE

18, rue Séguier (6e)
Paris
✆ 01 44 32 09 30
www.huwans-clubaventure.fr
Ouvert du lundi au vendredi de 10h à 19h et le samedi de 10h à 18h.
Spécialisé dans les randonnées et les treks, Club Aventure vous entraîne à la rencontre de terres lointaines et d'autres cultures. Il organise plusieurs treks au Chili dont 15 jours dans l'altiplano chilien ou au cœur de la Patagonie.

IMAGES DU MONDE

14, rue de Siam (16e)
Paris
✆ 01 44 24 87 88

www.images-du-monde.com
info@images-du-monde.com
A deux pas de la Tour Eiffel, l'équipe de spécialistes d'Images du Monde vous recevra sur rendez-vous dans son Espace Voyage : Arabica d'Amérique du Sud servi dans le salon de l'agence puis projection sur grand écran des sites incontournables du Chili et des différentes possibilités d'hébergement. Votre conseiller « construira » votre voyage selon vos envies : croisière d'exception, sélection d'écolodges inédits, rencontres authentiques, séjours thématiques (archéologie, œnologie...). Le Chili est couvert du nord au sud. Extension possible sur l'île de Pâques et en Argentine.

■ INTERMÈDES
10, rue de Mézières (6e)
Paris
✆ 01 45 61 90 90
www.intermedes.com
info@intermedes.com
M° Saint-Sulpice ou Rennes
Ouvert du lundi au jeudi de 9h à 19h ; le vendredi de 9h à 18h ; le samedi de 9h30 à 16h de janvier à mars et de septembre à octobre.
Un spécialiste des voyages culturels avec conférencier en Europe et dans le monde. Depuis près de 25 ans, Intermèdes crée des voyages sur des routes millénaires. Conçus dans un esprit « grand voyageur », les voyages sont proposés en petits groupes, accompagnés par des guides sélectionnés : vous partez seul, à deux ou plus avec un groupe constitué d'autres voyageurs (12 personnes en moyenne). Si vous préférez un voyage cousu main, les spécialistes vous proposent un itinéraire selon vos goûts, vos envies et votre budget. Pour le Chili, différents circuits vous sont proposés dont un de 11 jours : « Chili et île de Pâques ».

■ JETSET VOYAGES
41-45, rue Galilée (16e) Paris
✆ 01 53 67 13 00
www.jetset-voyages.fr
agence@jetset-voyages.fr
Pour ceux qui recherchent une expérience touristique culturelle essentiellement personnelle, Equinoxiales propose plusieurs approches du Chili : un « Chili authentique », une balade entre déserts et glaciers, et des extensions à l'île de Pâques et au désert d'Atacama. Des prestations riches et variées. Itinéraire à la carte, réservations de vols, d'hôtels et de voitures.

■ MAKILA VOYAGES
4, place de Valois (1er) Paris
✆ 01 42 96 80 00
www.makila.fr
info@makila.fr
M° Palais Royal-Musée du Louvre.
Du lundi au vendredi de 9h à 19h sans interruption (sur rendez-vous uniquement).
Makila Voyages vous propose de découvrir les grands espaces chiliens et vous emmène vers le nord et son immensité désertique, ses paysages lunaires... Cap aussi au sud avec le contraste saisissant de glaciers millénaires et de lacs bleutés... Makila vous conseille un séjour dans le parc Torres del Paine où la faune et la flore sont préservées. L'agence vous entraîne vers la région des Lacs et l'île de Chiloe ou encore vers l'île de Pâques. Il vous est également possible de survoler le glacier San Rafael, de partir à la pêche au milieu de fjords, lacs et volcans, de faire un trek à la conquête des sommets, de découvrir les étoiles par la lorgnette à La Serena, de passer le cap Horn ou encore de participer à une chevauchée folle en Patagonie profonde. Makila Voyages organise votre voyage au Chili sur mesure, à la carte et avec passion.

■ MELTOUR
103, avenue du Bac
La Varenne-Saint-Hilaire
✆ 01 73 43 43 43
www.meltour.com
meltour@meltour.com
Ouvert du lundi au vendredi de 9h à 19h.
Tous guidés en français, les circuits privatifs sur-mesure ou les circuits regroupés proposent de découvrir différentes facettes d'un pays. En famille, découverte de la civilisation, safari, chez l'habitant, etc... Les thèmes proposés par Meltour sont nombreux. N'hésitez pas à confier votre projet à cette équipe de spécialistes, pour préparer ensemble le voyage qui vous ressemble. Un circuit « Todo Chile » de 19 jours sillonne le pays du nord au sud, et une excursion à l'île de Pâques est possible.

■ NOMADE AVENTURE
40, rue de la Montagne-Sainte-Geneviève (5e)
Paris
✆ 01 46 33 71 71
www.nomade-aventure.com
infos@nomade-aventure.com
M° Maubert-Mutualité ou RER Luxembourg.
Ouvert du lundi au samedi de 9h30 à 18h30. Circuits sur mesure. Activités.
Nomade Aventure est une agence qui vous change de vos habitudes sédentaires. Avec ses voyages placés sous le thème de la nature, de la culture et de la rencontre, elle vous propulse vers de nouvelles aventures. Loin des meutes de touristes, vous mettrez à profit les bonnes connaissances des agents sur la région en profitant à la fois de circuits originaux et de spots incontournables. Pour le Chili, Nomade Aventure propose différents circuits dont « Désert d'Atacama & Salar d'Uyuni » et « Des Andes au Pacifique ».

Autre adresse : Autres agences à Lyon, Toulouse et Marseille.

■ NOSTALATINA
19, rue Damesme (13e) Paris
✆ 01 43 13 29 29
www.ann.fr – info@ann.fr
M° Tolbiac.
Ouverture du lundi au samedi de 10h à 13h et de 14h à 18h.
Depuis 1994, ce petit voyagiste à taille humaine se décarcasse pour trouver les meilleures solutions adaptées aux voyageurs individuels. NostaLatina concocte non seulement l'itinéraire vous ressemblant, mais elle s'adapte au rythme et surtout au style de chaque voyageur pour apporter exactement la « dose » d'organisation qu'il lui faut. La brochure est une mine d'itinéraires et d'idées à creuser. Le site Internet reprend les plus belles idées avec une mise à jour permanente, c'est une des références des voyageurs curieux et indépendants. Voyages pour jeunes, séjours itinérants ou farniente... Ethnomusicologue, la chef de produit aime comparer son travail à celui d'un chef d'orchestre, un travail d'inspiration et de rigueur. De très nombreux circuits sont proposés pour découvrir les incontournables du Chili ou pour s'éloigner des sentiers battus.

■ OBJECTIF NATURE
63, rue de Lyon (12e)
Paris
✆ 01 53 44 74 30
www.objectif-nature.fr
Lundi-vendredi, 9h30-13h et 14h-18h30 ; vendredi, 9h30-13h et 14h-17h30. Samedi sur rendez-vous uniquement.
Au Chili, Objectif Nature a mis sur pieds un très beau circuit safari-photo de 9 jours au sein du magnifique parc national de Torres del Paine à la recherche du puma.

■ ODYSSÉE MONTAGNE
291, route Les Barbolets
Servoz
✆ 04 50 91 20 83
www.odyssee-montagne.fr
odyssee@odyssee-montagne.fr
Odyssée Montagne est une agence spécialisée dans les trekkings d'altitude et les excursions de sommets. Un circuit à la découverte des volcans d'Araucanie est au programme en hiver, tandis que le nord du Chili est privilégié en été avec notamment l'ascension des volcans Parinacota (6340 m) et Sajama (6542 m).

■ LA ROUTE DES VOYAGES
10, rue Choron (9e)
Paris
✆ 01 55 31 98 80
www.laroutedesvoyages.com
info@route-voyages.com
Ouvert du lundi au jeudi de 9h à 19h, le vendredi jusqu'à 18h, le samedi de 10h à 17h.
La Route des Voyages, c'est une équipe dynamique et enthousiaste dotée d'une vraie connaissance du terrain avec près de 25 ans de voyage à travers le monde (oui, tout a commencé à Lyon en 1994). Tous les voyages sont composés sur mesure, selon votre inspiration et les connaissances de la Route des Voyages, en fonction du nombre de participants et de leurs centres d'intérêts. Sous la férule d'un coordinateur de projet, l'agence vous fera découvrir de nombreuses destinations insolites ou plus classiques avec de merveilleux « chefs de destination ». Gentillesse et patience sont au rendez-vous. Quant aux prix (parfois proches des voyages standard), ils sont obtenus grâce à l'absence d'intermédiaires et aux précieux contacts locaux.

SAMSARA VOYAGES
✆ 06 64 52 64 44
www.samsara-voyages.com
contact@samsara-voyages.com
Attention, l'agence ne reçoit que sur rendez-vous.
Samara voyages propose toute une gamme de voyages, circuits guidés en petits groupes et sur-mesure au Chili et en Amérique Latine. En privatif groupe constitué, combinés divers (Bolivie, Equateur, Pérou, Colombie, Argentine, Brésil, Panama, Venezuela, Cuba...) seront étudiés pour vous par Denis, son équipe et leur « savoir voyager ». Chaque année les voyages sont remis au point et chaque année voit apparaître une ou plusieurs destinations ou tracés chez ce voyagiste qui ne fait pas « tout » mais le fait « bien » et avec passion. Le circuit «Chili essentiel» se concentre sur les merveilles du nord du pays et un combiné est possible vers le Salar d'Uyuni, le Sud-Lípez et le lac Titicaca en Bolivie.

TERRE ET NATURE VOYAGES
23, rue d'Ouessant (15e) Paris
✆ 01 45 67 60 60
www.terreetnature.com
contact@terreetnature.com
Ouvert du lundi au vendredi de 9h30 à 19h. Sur rendez-vous en dehors de ces horaires.
Terre et Nature Voyages vous propose des séjours à dominante sportive ou culturelle dans les plus beaux pays du monde. Au Chili on aura le choix entre l'extrême nord et l'extrême sud du pays, avec comme camps de base des lodges luxueux permettant de se remettre de ses innombrables excursions en plein nature dans le désert de l'Atacama ou en Patagonie. Durée des séjours : 7 jours/5 nuits.

TERRE VOYAGES
28, boulevard de la Bastille (12e)
Paris
✆ 01 44 32 12 80
www.terre-voyages.com
Terre Voyages est un tour-opérateur qui sort des sentiers battus. Dédié aux circuits sur mesure, ce voyagiste vous invite à l'aventure et à l'émerveillement tout en respectant l'environnement, les peuples locaux et leur culture. Un séjour sur mesure vous permettra d'explorer les grands classiques d'un pays, mais des séjours sont proposés permettant aussi de jolies découvertes. Le séjour «De Santiago à la Lune» part de la capitale chilienne vers le nord du pays, dans le désert de l'Atacama et sa fameuse Vallée de la Lune aux paysages incroyables. Des extensions sont possibles en Patagonie ou à l'île de Pâques, tandis que d'autres circuits se concentrent sur l'altiplano, la route du vin, la route Australe, ou les régions habitées par les Mapuches.

Généralistes

Vous trouverez ici quelques tours-opérateurs généralistes qui produisent des offres et revendent le plus souvent des produits packagés par des agences spécialisées sur telle ou telle destination. S'ils délivrent des conseils moins pointus que les spécialistes, ils proposent des tarifs généralement plus attractifs.

PROMOVACANCES
✆ 08 99 65 48 50
www.promovacances.com
Ouvert du lundi au vendredi de 8h à minuit. Le samedi de 9h à 23h. Dimanche de 10h à 23h.
Promovacances propose de nombreux séjours touristiques, des week-ends, ainsi qu'un très large choix de billets d'avion à tarifs négociés sur vols charters et réguliers, des locations, des hôtels à prix réduits. Également, des promotions de dernière minute, les bons plans du jour. Informations pratiques pour préparer son voyage : pays, santé, formalités, aéroports, voyagistes, compagnies aériennes.

Réceptifs

AGENCIA TSWYSEN
Estacion central
El Boldo 260
SANTIAGO DE CHILE
✆ +56 2277 67123
www.tswysen.cl
tswysen@tswysen.cl
Tswysen est une petite agence de tourisme indépendante située à Santiago et dirigée par un belge francophone vivant dans la capitale chilienne depuis presque 30 ans. L'agence, spécialiste des voyages organisés au Chili, propose plusieurs circuits privés et individuels, ou bien en petits groupes, accompagnés par un chauffeur et/ou guide bilingue, qui constituent une excellente base de départ mais peuvent être modifiés selon vos souhaits pour pouvoir appréhender toute la variété des paysages chiliens, du désert de l'Atacama et les hauts plateaux andins du Grand Nord chilien à la Patagonie et ses glaciers, en passant par la vallée de l'Elqui, Valparaíso, Santiago et l'île de Chiloé.

AZIMUT 360
Eliodoro Yañez 1437
SANTIAGO DE CHILE
✆ +56 2 2235 1519
www.azimut360.com
info@azimut360.com
Pour l'excursion San Pedro Trek (6 jours) compter 940 US$, pour l'excursion Volcans et Désert (8 jours) compter à partir de 1 490 US$, pour l'Aconcagua (18 jours), compter à partir de 3 300 US$.

Cette agence fondée par Philippe Reuter, un Français d'origine, propose des voyages partout au Chili, de type traditionnel, aventure (itinéraires plus ou moins spécialisés, nuits sous tente), et de véritables expéditions (andinisme, ski...). Un opérateur qui a fait ses preuves depuis longtemps et qui dispose de deux hôtels, Codpa Valley Lodge, dans le Nord, et Terra Luna Lodge, sur la Route australe.

■ CHILI NATURE PAR OIHANA VOYAGES

s/c AM
El Golfo 99
SANTIAGO DE CHILE
✆ 05 59 59 56 07
www.chili-nature.com
contact@oihana.fr

Devis sur demande. Oihana Voyages, née au Pays basque il y a une vingtaine d'années, n'a pu que suivre le mouvement de la diaspora basque très active au Chili et en Argentine. Cette forte présence a généré d'importants déplacements familiaux pour lesquels Oihana Voyages a pu fournir billets d'avion et prestations sur place. Au fil des ans, grâce à Internet, Oihana Voyages a pu faire partager son savoir-faire pour voyager au Chili et en Argentine, à de nombreux clients de toutes origines géographiques. Une équipe de spécialistes prend en compte votre demande, dès la France, votre projet, vols inclus, en collaboration permanente avec son agence réceptive à Santiago (assistance 24h/24h). Celle-ci établira, avec vous, un programme adapté à votre manière de voyager et aux contraintes locales :

- **Voyage Chili, en liberté :** les vols + les hôtels + les véhicules de location.
- **Voyage Chili, accompagné :** les vols + les transferts + les hôtels + les excursions locales, regroupé avec d'autres personnes.

Oihana Voyages, de droit français, dispose des garanties que vous devez exiger avant de vous engager sur un voyage de cette ampleur : garantie des sommes déposées (APST), garantie de bonne fin, responsabilité civile (HISCOX).

■ CHILE CENTRAL VOYAGES

VALPARAÍSO
✆ + 56 9 815 728 71
www.chilevoyages.cl
info@chilevoyages.cl
Pascal Guizonnier.

Cette agence, créée par Pascal, un Français, il y a une dizaine d'années propose des parcours sur la Cordillère des Andes, des séjours découvertes « Vins chiliens », de nombreux trekkings... Des parcours diversifiés d'un excellent rapport qualité-prix.

CHILE PRIVATE TOURS

VALPARAÍSO
✆ +56 9 8172 4441
www.chilateprivatetours.com
thomas@chileprivatetours.com

Tours privés et semi-privés. Demande sur devis.

Depuis 2007, Thomas Poussard, un Charentais installé à Viña del Mar, s'est lancé dans le tourisme en proposant des tours à Valparaiso et dans ses environs. Aujourd'hui accompagné d'une équipe trilingue, il propose des circuits dans tout le Chili, du désert d'Atacama à la Terre de Feu en passant par l'Île de Pâques. Mais c'est bien à Valparaiso que tout a commencé, et la région reste le terrain de jeu favori de Thomas et de son équipe : avec eux, vous découvrirez les trésors cachés de Valparaiso et de Santiago, visiterez des petits vignobles familiaux loin des sentiers battus, irez à la rencontre des alpagas, des pélicans et lions de mer, découvrirez les paysages magnifiques des Andes, les beautés du littoral... Vous pourrez même prendre des cours de cuisine chilienne, apprendre les secrets de pisco sour, et créer votre propre vin. « Quand on pense au Chili, on pense souvent au désert d'Atacama et à la Patagonie. Mais en réalité, il y a tant à faire et à voir dans la région centrale que l'on peut facilement y passer une semaine sans avoir le temps de s'ennuyer ! »

CIMAS EXPÉDITIONS

Miraflores 455 Dpto. 2206
SANTIAGO DE CHILE
✆ +56 4531 9562
www.cimas-expeditions.com
info@cimas-expeditions.com

Cimas Expéditions organise tout un éventail de voyages à la carte de l'océan Pacifique Sud au désert d'Atacama en passant par la Patagonie.

CRUZ ANDINA TRAVELLER

419 Caracoles 4 – B14
SAN PEDRO DE ATACAMA
✆ +56 9 6217 5033
www.cruzandinatravel.com

Pour un tour de 4 personnes jusqu'à Uyuni compter 550 US$ par personne pour le forfait 3 jours/2 nuits et 660 US$ par personne pour le forfait 4 jours/3 nuits.

Cruz Andina est une agence sérieuse de San Pedro de Atacama qui opère aussi bien dans une large partie du Chili qu'en Bolivie. Les tours sont complets et le site Internet liste bien les différents tours dans les deux pays, il y a de quoi ravir tous les différents types de voyageurs. Possibilité de voyager en groupe ou de manière privée. A noter deux choses : ils sont propriétaires de leur propre hôtel de sel et le développement d'un tour spécial dédié à l'astronomie, le lieu est idéal pour observer les étoiles. On recommande chaleureusement.

DENOMADES.COM

5870 Alonso de Cordova
LAS CONDES SANTIAGO
✆ +56 229551857
www.denomades.com

C'est une agence sérieuse qui est établie à Santiago du Chili, vous pouvez vous connecter à leur site internet et réserver vos tours et programmes au Chili, Pérou, Argentine et en Bolivie. Vraiment pratique pour organiser votre séjour à la carte et contrôler votre budget. Les circuits sont de qualité, le paiement est sécurisé et vous pouvez contacter un expert 24h/24 et 7j/7 pour vous aider à réaliser votre réservation et répondre à vos questions. Une bonne option pour ceux qui aiment planifier leurs séjours et éviter les mauvaises surprises. On recommande !

EXPERIENCE VOYAGE CHILE

✆ +56 9 8451 1365
www.experiencevoyagechile.com
ventas@experiencevoyagechile.com

Devis sur demande.

Professionnel, audacieux et minutieux, Angelo est le meilleur moyen de découvrir le Chili à la sauce locale sans en perdre une miette. Après avoir vécu 10 ans en France et 3 ans à Saint-Barthélemy, il est revenu dans sa terre natale afin d'ouvrir sa propre agence. Maîtrisant parfaitement le français, il propose des tours classiques comme Atacama, Rapa Nui (île de Pâques) et Torres del Paine ainsi que des excursions plus atypiques hors des sentiers battus. A l'écoute et particulièrement attentif à vos envies et en contact permanent avec des professionnels du tourisme francophone, il saura vous orienter vers des adresses qui vous ressemblent, que vous soyez amateur de vin, passionné de géologie, féru d'histoire ou affamé de randonnée.

GASTON SACAZE

181 Guardia Vieja 181 Providencia
Of. 1204
SANTIAGO DE CHILE
✆ +56 2 2335 4496
www.gaston-sacaze.com
santiago@gaston-sacaze.com

Vous souhaitez parcourir le Chili de Santiago à Valparaíso, vous envoler pour l'île de Pâques, le désert d'Atacama ou les geysers du Tatio et en revenir avec des images plein la tête ? Nous vous recommandons vivement l'agence Gaston Sacaze. Ces professionnels vous proposeront la formule que vous souhaiterez, des circuits thématiques, des modules au choix pour un séjour sur mesure, ou une découverte combinée de l'Amérique du Sud pour visiter également les plus beaux coins d'Argentine, de Bolivie, du Pérou et de l'Equateur. Ce réceptif francophone est la référence sur le marché sud-américain.

■ **KORKE**
Antonio Bellet 143, Of. 204, Providencia
SANTIAGO DE CHILE
✆ +56 2 2759 4006
Voir page 16.

■ **LOCAVENTURAS**
419 D Caracoles
SAN PEDRO DE ATACAMA
✆ + 56 9 4407 0213
www.locaventuras.com
locaventuras@gmail.com
Tours privés et semi privés. Cette agence, hautement recommandable, est gérée par Didier, un Belge installé à San Pedro il y a quelques années. Guides certifiés et titulaires du brevet premiers secours, les guides de Locaventuras offrent certainement la meilleure alternative pour découvrir le Grand Nord chilien. Confort, sécurité et bon esprit, les excursions sont toujours assurées avec passion et professionnalisme, les guides sont de véritables conteurs dont les connaissances débordent véritablement d'anecdotes fascinantes. L'agence dispose de ses propres 4x4, entretenus et confortables, ce qui permet d'accéder à des zones plus reculées et moins touristiques. Loin des agences de tourisme de masse, la promesse de Locaventuras est une rencontre intime avec le désert d'Atacama et le Grand Nord chilien, on recommande chaudement. Certifiée par SERNATUR, cette agence vous promet de découvrir le secteur dans le confort et la sécurité (téléphones satellites pour les zones non couvertes, d'oxymètres et de brevets de premiers secours). Les groupes ne dépassent pas les 6 personnes et vous profiterez d'une tranquillité exceptionnelle. Didier a conçu lui-même ses circuits et s'arrangera pour que vous soyez toujours seul au monde, dégustant votre verre de vin blanc en tête à tête avec un troupeau de *guanacos.* En 2019, l'équipe lançait ses tours vers Uyuni. Enfin, toujours dans le respect des territoires indigènes et de l'environnement, Locaventuras travaille en lien avec les communautés.

■ **NOSTALATINA – CHILI**
General Flores 154
SANTIAGO DE CHILE
✆ 01 43 13 29 29
www.ann.fr
info@ann.fr
A partir de 4 690 €, base 2 voyageurs.
Cette agence de voyages organise des séjours au Chili et en Argentine. Sur 3 semaines, vous visiterez les déserts de l'Altiplano, le littoral, les confins de la Patagonie et ses glaciers. Il s'agit d'une excellente option pour découvrir les différents paysages et atouts de ce bout du monde.

POLITUR
Av. Bernado O´Higgins 635
PUCÓN
✆ +56 45 2 441 373
www.politur.com
turismo@politur.com
Ouvert de 9h à 19h du lundi au samedi. Tour ascension du volcan + thermes Geométricas 150 000 $. Trekking au parc national de Conguillio à 65 000 $. Tour à Huilo Huilo à 45 000 $. Saut en parachute à 190 000 $.
Une agence sérieuse et réputée avec plus de 30 ans d'expérience, qui propose toutes sortes d'activités : rafting, ascension du volcan Villarrica, escapades aux thermes (Los Pozones, très sympa), tours en voiture dans la région des lacs, balades à cheval, excursions au parc Huerquehue... On est entre de bonnes mains. Pour les voyageurs en quête de frissons et de sensations, l'agence propose aussi des tours sur la canopée, des sauts en parachute et du parapente. Populaire auprès de tout type de voyageurs.

RUTA HISTORICA
Padre Mariano 391, Of 1102, Providencia
✆ +56 2 2231 1588
www.rutahistorica.cl
hola@rutahistorica.cl
Compter à partir de 245 US$ par personne pour deux jours et une nuit dans la vallée des vins.
Nul besoin de se rendre dans les confins du Chili pour découvrir son patrimoine, sa culture et son histoire. Ruta Historica vous emmène à la découverte des trésors bien gardés de la région d'O'Higgins en mettant l'accent sur les traditions locales et des circuits proposant de véritables voyages dans le temps. Sur les traces des mammouths, des jésuites ou encore des conquistadors espagnols, l'immersion est parfaitement menée à travers de nombreuses activités. Spécialisée dans l'oenotourisme, cette agence propose des expériences inoubliables dans la vallée de Cachapoal et Colchagua à seulement une heure et demie de la capitale. Les amateurs de vin se régaleront et pourront apprendre à apprécier les différentes saveurs du terroir chilien. Les généreux vignobles de la région s'appuient sur une longue tradition : ces vins du Nouveau Monde proposent aujourd'hui des crus incontournables à découvrir d'urgence ! De l'élaboration de votre propre vin à la dégustation, le séjour se veut pittoresque et captivant. Une belle option pour sortir des sentiers battus !

TERRA CHILE
86 Héctor Calvo
Cerro Bellavista
VALPARAÍSO
✆ +56 32 271 5251
www.tourisme-chili.com
chile@terra-patagonia.com
A Valparaíso, l'agence propose de très intéressants city tours.
Terra Chile est une agence du groupe Terra Explora, créée en 1998 en Bolivie par des Français passionnés par l'Amérique latine. Depuis, le réseau s'est agrandi, mais les valeurs sont toujours les mêmes.
Terra Chile est spécialiste du voyage à la carte, selon vos goûts, vos envies, votre budget, dans la bonne humeur et en français. Leur connaissance renouvelée du terrain permet de répondre au mieux à vos attentes. Du fait de leur implantation et de leur expérience, ils peuvent aussi vous proposer toutes sortes de circuits combinés avec les pays voisins : Argentine, Pérou et Bolivie. Ou comment s'offrir deux pays en un seul voyage ! Bref, un opérateur sérieux et qualifié !

RUTA HISTORICA
O'HIGGINS
EXPERIENCIA PATRIMONIAL
TOUR

■ **TURISMO MILODON**
Av. Vespucio Sur 700 oficina 804
Providencia
SANTIAGO DE CHILE
✆ +56 2 2367 1422
waytogochile.com
tours@milodon.cl
Réservation et renseignements par téléphone ou sur Internet.
Créée en 1997 et originairement spécialisée sur la Patagonie Chilienne, Turismo Milodon est une entreprise familiale qui propose désormais à une clientèle internationale de découvrir les splendeurs du Chili, avec des programmes allant de 3 à 14 jours avec des visites et excursions dans toute cette partie de l'Amérique latine.

Sites comparateurs

Plusieurs sites permettent de comparer les offres de voyages (packages, vols secs, etc.) et d'avoir ainsi un panel des possibilités et donc des prix. Ils renvoient ensuite l'internaute directement sur le site où est proposée l'offre sélectionnée. Attention cependant aux frais de réservation ou de mise en relation qui peuvent être pratiqués, et aux conditions d'achat des billets.

Les croisières aux confins du monde

Plusieurs compagnies permettent d'aller naviguer dans les canaux de la Terre de Feu jusqu'au Cap Horn. Certaines vont même explorer le continent antarctique.

■ **CRUCEROS AUSTRALIS**
Bureaux à Santiago du Chili
Avenida El Bosque Norte 0440
11e étage, Providencia
PUNTA ARENAS
✆ +56 2 442 3110
www.australis.com
europe@australis.com
Réservations en ligne. Croisière de 4 jours/3 nuits de Punta Arenas à Ushuaia (à partir de 2 800 US$ par personne) de 3 jours/2 nuits. Taxes portuaires toujours en sus.
Cruceros Australis propose des croisières luxueuses à la découverte des mythiques canaux de la Patagonie entre Ushuaia et Punta Arenas. Depuis Punta Arenas, on visite la baie Ainsworth, les îlots Tuckers, le glacier Pia (d'une beauté indescriptible par beau temps) et la fabuleuse Avenue des Glaciers (par beau temps encore, c'est l'un des points forts de tout voyage en Amérique du Sud), le cap Horn (si les conditions climatiques le permettent) et la baie Wulaia sur l'île de Navarino. En route, on pourra, selon l'époque et la chance, observer des baleines, des dauphins, des éléphants de mer, des cormorans et des pingouins... Le bateau *Stella Maris* est très bien aménagé (avec même une petite salle de sport), les repas sont le plus souvent excellents et le service très souriant. A bord, il y a toujours un accompagnateur qui parle français.
L'un des points forts de Cruceros Australis est que les passagers descendent fréquemment des bateaux pour réaliser des marches d'exploration : on est en permanence en contact avec les paysages merveilleux que l'on traverse ; il ne s'agit pas d'une simple navigation, mais bien d'une découverte des secrets des canaux de la Terre de Feu. Si vous avez le budget adéquat, n'hésitez pas une seconde... et il ne reste plus qu'à espérer que le beau temps soit de la partie (même si, dans tous les cas, ce périple est magnifique).
▸ **Autre adresse :** Bureaux à Buenos Aires : Pacheco de Melo 1833, 6e étage – ✆ +54 11 4139 8400.

■ **SIM EXPEDITIONS**
Calle Austral 21
PUERTO WILLIAMS
✆ + 56 61 2 621 050
www.simexpeditions.com
A bord du voilier *Santa María*, d'une longueur de 14,70 m et d'une capacité de 7 personnes, l'agence propose des tours d'une à deux semaines vers le cap Horn, le canal Beagle et la cordillère Darwin, ou de 22 jours vers l'Antarctique.

■ **EASYVOYAGE**
✆ 08 99 19 98 79
www.easyvoyage.com
contact@easyvoyage.fr
Le concept peut se résumer en trois mots : s'informer, comparer et réserver. Des infos pratiques sur plusieurs destinations en ligne (saisonnalité, visa, agenda...) vous permettent de penser plus efficacement votre voyage. Après avoir choisi votre destination de départ selon votre profil (famille, budget...), le site vous offre la possibilité d'interroger plusieurs sites à la fois concernant les vols, les séjours ou les circuits. Grâce à ce méta-moteur performant, vous pouvez réserver directement sur plusieurs bases de réservation (Lastminute, Go Voyages, Directours... et bien d'autres).

■ **ILLICOTRAVEL**
www.illicotravel.com
Illicotravel permet de trouver le meilleur prix pour organiser vos voyages autour du monde. Vous y comparerez billets d'avion, hôtels, locations de voitures et séjours. Ce site offre des fonctionnalités très utiles comme le baromètre des prix pour connaître les meilleurs prix sur les vols à plus ou moins 8 jours. Le site propose également des filtres permettant de trouver facilement le produit qui répond à tous vos souhaits (escales, aéroport de départ, circuit, voyagiste…).

■ **JETCOST**
www.jetcost.com
contact@jetcost.com
Jetcost compare les prix des billets d'avion et trouve le vol le moins cher parmi les offres et les promotions des compagnies aériennes régulières et *low cost*. Le site est également un comparateur d'hébergements, de loueurs d'automobiles et de séjours, circuits et croisières.

■ **QUOTATRIP**
www.quotatrip.com
QuotaTrip est une nouvelle plateforme de réservation de voyage en ligne mettant en relation voyageurs et agences de voyages locales sélectionnées dans près de 200 destinations pour leurs compétences. Le but de ce rapprochement est simple : proposer un séjour entièrement personnalisé aux utilisateurs. QuotaTrip promet l'assurance d'un voyage serein, sans frais supplémentaires.

PARTIR SEUL

En avion

En moyenne, il faut compter entre 900 et 1 300 € pour effectuer un vol Paris – Santiago du Chili. A noter que la variation de prix dépend de la compagnie empruntée mais, surtout, du délai de réservation. Pour obtenir les meilleurs tarifs en haute saison, achetez vos billets six mois à l'avance. Pour ce qui est des périodes moins courues, un délai beaucoup plus court ne devrait pas vous empêcher de décrocher un prix intéressant.

Principales compagnies desservant la destination

■ **AIR FRANCE**
✆ 36 54 – www.airfrance.fr
Air France dessert le Chili tous les jours de la semaine directement (parfois via Buenos Aires). Départ de CDG à 23h20, arrivée à Santiago du Chili vers 7h45 le lendemain (décalage horaire compris, en été chez nous).

■ **IBERIA**
✆ 0 825 800 965
www.iberia.com
La compagnie ibérique propose un vol quotidien via Madrid ou Barcelone. Départ de Paris à 20h25, arrivée à Santiago du Chili à 7h25. Compter 17 heures de vol.

■ **LATAM AIRLINES GROUP**
✆ 01 85 14 87 25
www.latam.com
LATAM Airlines group forme la plus grande compagnie aérienne d'Amérique du Sud. Elle est lerésultat de la fusion en 2010 de Lan, compagnie chilienne, et Tam, compagnie brésilienne. Avec plus de 115 destinations dont 40 au Brésil, 20 en Colombie, 16 au Chili, 14 en Argentine, 14 au Pérou et 6 enEquateur, la compagnie a su développer son réseau grâce à une réputation qui ne fait que se renforcer. Ses services de qualité et sa ponctualité lui ont permis d'être élue meilleure compagnie aérienne d'Amérique du Sud en 2014.Les vols Paris-Santiago font généralement une escale, à Madrid ou São Paulo.

Sites comparateurs

Certains sites vous aideront à trouver des billets d'avion au meilleur prix. Certains d'entre eux comparent les prix des compagnies régulières et *low-cost*. Vous trouverez des vols secs (transport aérien vendu seul, sans autres prestations) au meilleur prix.

MISTERFLY

✆ 08 92 23 24 25
www.misterfly.com
Ouvert du lundi au vendredi de 9h à 21h. Le samedi de 10h à 20h.
MisterFly.com est le nouveau-né de la toile pour la réservation de billets d'avion. Son concept innovant repose sur un credo : transparence tarifaire ! Cela se concrétise par un prix affiché dès la première page de la recherche, c'est-à-dire qu'aucun frais de dossier ou frais bancaire ne viendront alourdir la facture finale. Idem pour le prix des bagages ! L'accès à cette information se fait dès l'affichage des vols correspondant à la recherche. La possibilité d'ajouter des bagages en supplément à l'aller, au retour ou aux deux... tout est flexible !

OPTION WAY

✆ 04 22 46 05 23
www.optionway.com
contact@optionway.com
Du lundi au jeudi, et le samedi de 8h à 20h, le vendredi de 8h à 19h.
Option Way est l'agence de voyage en ligne au service des voyageurs. L'objectif est de rendre la réservation de billets d'avion plus simple, tout en vous faisant économiser. 3 bonnes raisons de choisir Option Way :

- **La transparence comme mot d'ordre.** Finies les mauvaises surprises, les prix sont tout compris, sans frais cachés.
- **Des solutions innovantes et exclusives** qui vous permettent d'acheter vos vols au meilleur prix parmi des centaines de compagnies aériennes.
- **Le service client,** basé en France et joignable gratuitement, est composé de véritables experts de l'aérien. Ils sont là pour vous aider, n'hésitez pas à les contacter.

Location de voitures

ALAMO RENT A CAR

✆ 08 05 54 25 10 – www.alamo.fr
Avec plus de 40 ans d'expérience, Alamo possède actuellement plus de 1 million de véhicules au service de 15 millions de voyageurs chaque année, répartis dans 1 248 agences implantées dans 43 pays. Des tarifs spécifiques sont proposés, comme Alamo Gold aux États-Unis et au Canada, le forfait de location de voiture tout compris incluant le GPS, les assurances, les taxes, les frais d'aéroport, un plein d'essence et les conducteurs supplémentaires. Alamo met tout en œuvre pour une location de voiture sans souci.

QuotaTrip, l'assurance d'un voyage sur-mesure

Une nouvelle plateforme en ligne de voyages personnalisés est née : QuotaTrip. Cette prestation gratuite et sans engagement joue les intermédiaires inspirés en mettant en relation voyageurs et agences de voyages locales, toutes choisies pour leur expertise et leur sérieux par Petit Futé. Le principe est simple : le voyageur formule ses vœux (destination, budget, type d'hébergement, transports ou encore le type d'activités) et QuotaTrip se charge de les transmettre aux agences réceptives. Ensuite, celles-ci adressent un retour rapide au voyageur, avec différents devis à l'appui (jusqu'à 4 par demande). La messagerie QuotaTrip permet alors d'échanger avec l'agence retenue pour finaliser un séjour cousu main, jusqu'à la réservation définitive. Un détail qui compte : un système de traduction est proposé pour converser sans problème avec les interlocuteurs locaux. Une large sélection d'idées de séjours créée à partir des fonds documentaires du Petit Futé complète cette offre. QuotaTrip est la promesse d'un gain de temps aussi bien dans la préparation du voyage qu'une fois sur place puisque tout se décide en amont.
En bref, avec ce nouvel outil, fini les longues soirées de préparation, le stress et les soucis d'organisation, créer un voyage sur-mesure est désormais un jeu d'enfant : www.quotatrip.com !

BSP AUTO

www.bsp-auto.com

Site comparatif acccessible 24h/24. Ligne téléphonique ouverte du lundi au vendredi de 9h à 21h30 et le week-end de 9h à 20h.

La plus importante sélection de grands loueurs dans les gares, aéroports et centres-villes. Les prix proposés sont parmi les plus compétitifs du marché. Les tarifs comprennent toujours le kilométrage illimité et les assurances. Les bonus BSP : réservez dès maintenant et payez seulement 5 jours avant la prise de votre véhicule, pas de frais de dossier ni d'annulation, la moins chère des options zéro franchise.

HOLIDAY RENT CAMPER

Santa Marta de Liray 15-2 Colina – Santiago

Chili

✆ +56227451988

www.holidayrent.cl

reservas@holidayrent.cl

Cette agence de locations propose des véhicules très bien équipés avec grand confort pour découvrir le Chili.Et quoi de mieux qu'un camping-car tout-terrain super équipé pour partir à l'aventure dans le désert d'Atacama, dans la vallée de Limari, celle d'Elqui, dans le parc national Lauca, ou en Patagonie ?

SE LOGER

Pas de problème pour se loger au Chili. Le pays dispose d'infrastructures de très bon niveau, confortables et modernes. Cependant il pourra sembler difficile au touriste qui vient d'arriver dans le pays de choisir entre les différentes dénominations, les établissements accrédités ou non au service national du tourisme. Aussi nous proposons une petite typologie et quelques conseils qui vous aideront dans vos choix.

Le premier problème auquel vous aurez à faire face est de choisir entre un établissement accrédité Sernatur ou non. Les établissements accrédités (certificados) ont payé pour être enregistrés par le Service national du tourisme et pour apparaître sur les listes d'hébergements distribués dans les bureaux d'information touristique. Le service n'accepte de les enregistrer que s'ils proposent un niveau de service et de qualité qui correspond à des normes strictes, et après une formation rigoureuse. Sernatur visite (ou doit visiter !) chaque année ces établissements pour s'assurer qu'ils sont toujours au niveau.

Faut-il systématiquement choisir ce type d'établissement ? On notera tout d'abord que le problème ne se pose que pour les établissements bas de gamme. En effet, à partir d'un certain niveau de qualité et de prix, tous les établissements doivent être enregistrés. En deçà de ce niveau, une adresse accréditée représente un gage de qualité, mais certains établissements non accrédités proposent des prestations équivalentes à ceux qui le sont. Alors que faire ? Nous vous engageons tout d'abord à suivre nos conseils, les établissements que nous recommandons ne tenant pas toujours compte de cette accréditation. Si ceux-ci vous semblent insuffisants ou défaillants, alors n'hésitez pas à visiter avant de choisir une chambre.

Hôtels

- **Les établissements situés au bas de la gamme sont désignés par les vocables hospedaje ou *residencial*.** Cette catégorie est un véritable fourre-tout. En effet, on y trouvera des établissements très bien tenus mais aussi des lieux proches du taudis. Cela est dû au manque de contrôles et à la facilité avec laquelle on peut ouvrir un tel établissement. Cela est flagrant dans les lieux qui ont connu un boom touristique récent (ex. : Puerto Natales). Dans une même gamme de prix, même très bon marché, il ne faut surtout pas hésiter à fouiner. Les *hospedajes*, surtout en été, peuvent être des chambres louées par un particulier dans sa maison ; cela peut incommoder ou enchanter, les prix varient, les services et l'accueil aussi (certains nous ont paru glaciaux à Pucon), mais l'ambiance ou l'authenticité sont toujours au rendez-vous. Il ne faut pas oublier que les Chiliens sont très hospitaliers.
- ***Hostal* (ou *hostel*)** désigne des établissements de qualité légèrement supérieure aux précédents. En tout cas, cette catégorie exclut les simples chambres dans la maison familiale. C'est une sorte d'auberge de jeunesse, on peut dormir en dortoir ou en chambres avec sanitaires communs et/ou privés, avec cuisine équipée, excursions, etc.
- ***Hosteria*, équivalent du français « auberge »**, peut désigner des établissements de qualité très diverse mais tous supérieurs aux catégories précédentes. Ces établissements combinent presque toujours hôtel et restaurant. Beaucoup d'adresses de charme font partie de cette catégorie.
- **Hôtel désigne la meilleure catégorie.** Cette dénomination est un gage de qualité qui garantit au moins le niveau d'un 2-étoiles français (sauf exception). Certains font l'objet d'un classement par étoiles (inapproprié aujourd'hui). A partir du moment où vous payez votre nuit d'hôtel en dollars ou en euros (c'est-à-dire en devises), l'IVA (19 %) doit vous être automatiquement déduite. Renseignez-vous avant pour savoir si elle est ou non incluse dans les tarifs affichés.

Auberges de jeunesse

Les auberges de jeunesse (*hostals* ou *hostels*) sont accessibles à tous. Pratiquement toutes les auberges affiliées acceptent aussi les non-adhérents, qui payent un petit peu plus. On en trouve particulièrement à Santiago et dans le Sud du pays.

Campings

Comme tout bon randonneur le sait, c'est le meilleur moyen d'être au contact de la nature sans débourser des mille et des cents ; le camping sauvage est théoriquement autorisé, sauf dans les parcs naturels, mais il vaut mieux éviter la proximité d'habitations.

SE DÉPLACER

Malgré des infrastructures de très bon niveau, les déplacements au Chili restent problématiques. En effet, si vous désirez visiter le pays du nord au sud, vous serez obligé de revenir deux fois sur vos pas si vous atterrissez et repartez de Santiago, ce qui occasionne une dépense plus importante et une perte de temps. Ici nous vous présentons les différents modes de transport disponibles au Chili en précisant les régions où chacun de ces moyens est le plus approprié. En effet, pour voyager au Chili, il est intéressant de combiner différents moyens de locomotion afin d'explorer à fond certaines régions, ne pas perdre son temps (s'il est limité) et minimiser les dépenses si l'on dispose d'un petit budget.

Avion

Cela fait longtemps que l'espace aérien chilien a été ouvert aux compagnies privées. On distingue les compagnies d'envergure nationale (Lan Chile, Sky Airline, PAL Airlines), les compagnies régionales (dont DAP, Don Carlos...) et, enfin, de petites compagnies locales (taxis aériens). Toutefois, malgré la concurrence qu'elles se livrent, les prix des billets restent encore élevés... mais pas toujours : il y a souvent d'importantes promotions hors haute saison touristique, soit après le 15 mars jusqu'au 15 juin, et en septembre/octobre.
Si vous disposez de moyens peu importants, l'avion peut toutefois être intéressant sur certains trajets pour gagner du temps en évitant d'emprunter deux fois les mêmes routes. Ainsi, si vous souhaitez visiter tout le Sud entre Santiago et Punta Arenas, un aller ou un retour en avion peut être une bonne solution. Le vol de Puerto Montt ou Coyhaique à Punta Arenas est spectaculaire par beau temps. Même chose pour le Nord, bien que le bus ne soit vraiment pas cher ; à condition toutefois de pouvoir consacrer 27 heures à ce voyage de retour depuis San Pedro… Une précision : le service « cama » qui relie Arica à Santiago est très confortable (ce n'est quand même pas un vrai lit, mais c'est toujours plus confortable qu'un avion entre l'Europe et l'Amérique latine !), et les repas sont servis à bord. Les voyageurs qui suivront leur périple vers le Pérou, la Bolivie ou l'Argentine ne tiendront évidemment pas compte de ces conseils. Toutefois, si leur vol de retour part de Santiago, qu'ils sachent qu'il est possible de revenir vers la capitale chilienne en sillonnant l'ouest de l'Argentine, un parcours haut en couleur qui mène de Salta à Mendoza et se conclut par le superbe pont de l'Inca.
Certaines compagnies proposent des billets qui permettent d'effectuer plusieurs trajets sur le territoire chilien. Renseignez-vous sur leur site Internet pour plus de précisions.

Bateau

Entre Puerto Montt, Chiloé, les côtes de la région d'Aisén et la région de Magellan ainsi qu'entre Punta Arenas et Ushuaia, le bateau est une très bonne option pour ceux qui disposent de temps et/ou d'argent (les prix des billets sont élevés). Pour plus de renseignements, se reporter aux paragraphes régionaux correspondants.
Tous les différents circuits envisageables sont recensés dans le guide.

Bus

Peut-être le moyen le plus agréable et, en tout cas, le plus économique pour voyager au Chili. Le pays dispose de compagnies nombreuses et d'une flotte de très bonne qualité, ce qui permet des déplacements faciles et dans de très bonnes conditions.
Presque toutes les grandes villes ont un terminal de bus qui regroupe toutes les compagnies desservant les longues distances. Quand ce n'est pas le cas, chacune des grandes compagnies dispose d'un terminal particulier, mais ceux-ci sont alors proches les uns des autres et situés aux abords du centre-ville. Certaines villes disposent de deux terminaux distincts, l'un pour les longues distances, l'autre pour les lignes régionales desservies par des compagnies locales.
En ce qui concerne les compagnies qui effectuent de longues distances (lignes qui relient des capitales régionales), on peut distinguer plusieurs types d'entreprises. Certaines compagnies sont nationales (Tur Bus par exemple) ou desservent la moitié du pays (Cruz del Sur, au

sud), d'autres, de plus petites tailles, desservent seulement une région ou quelques lignes régulières. Les premières disposent d'une flotte de haut niveau, avec des bus quasiment neufs, très bien entretenus et un service à bord de qualité (repas sur certaines lignes...). Les secondes disposent d'une flotte de qualité sensiblement inférieure, mais qui offre toujours de bonnes conditions de voyage.
Quant au prix des billets, il faut souligner que ce type de transport est beaucoup moins cher que l'avion ou qu'une location de voiture (même en partageant le coût à plusieurs). Nous conseillons de comparer systématiquement les prix entre les différentes compagnies présentes sur une même ligne car les meilleures d'entre elles ne sont pas forcément plus chères que les autres. Il est parfois possible d'obtenir des rabais en marchandant, surtout hors saison, où vous verrez d'ailleurs de nombreuses réductions affichées sur les guichets.
Il existe différents types de bus. La classe classique (*clásico*) est la plus simple. Sur les longues distances, certaines compagnies proposent des bus « salon semi-cama » (inclinaison du siège et place plus grande) et « salon cama » (inclinaison complète, vous disposez alors pratiquement d'un lit). Les prix de ces deux dernières formules sont sensiblement supérieurs à ceux de la classe classique, surtout pour ce qui est des « salon cama », recommandés pour de très longues distances (il faut plus de 30 heures pour aller d'Arica à Santiago...). Les repas sont alors servis à bord (dans la plupart des cas). La majorité des bus est dotée d'un signal sonore qui se met en marche automatiquement chaque fois que le chauffeur dépasse la limitation de vitesse (100 km/h). L'effet est garanti et le ralentissement aussi...

Train

Le réseau ferroviaire chilien ne couvre qu'une faible partie du territoire et il est en assez mauvais état. Toutefois, des réhabilitations ont été menées à bien ces deux dernières années, et le service est beaucoup plus confortable aujourd'hui. Le réseau se limite à une ligne principale qui relie Santiago à Chillán, avec transfert possible pour Concepción.

Voiture

Voiture. Entre Arica et Puerto Montt, une voiture de tourisme classique est suffisante presque partout le long du grand axe constitué par la Panaméricaine (sauf peut-être pour effectuer certaines excursions autour de San Pedro de Atacama ou vers Ojos del Salado, à l'est de Copiapo). Au sud de Puerto Montt, dans la région d'Aisén, il est préférable de disposer d'un véhicule tout-terrain pour circuler sur la route australe. Ceux qui désirent visiter le pays en voiture uniquement devront savoir que cela risque d'entraîner une perte de temps. En revanche, la voiture est le moyen de transport le plus approprié pour voyager dans certaines régions. Ainsi, pour parcourir la route australe, la région de San Pedro ou celle des Lacs avec leurs routes peu ou pas desservies par les transports en commun, la voiture est idéale. Cependant, en s'organisant bien et en faisant preuve de débrouillardise, il est pratiquement partout possible d'emprunter quelques bus, des petits taxis locaux ou même de faire du stop.

Réseau routier. Les deux routes principales du pays, sa colonne vertébrale si l'on peut dire, sont la Panaméricaine (de Arica au nord à Puerto Montt sur le continent puis Quellón sur l'île de Chiloé), puis la route australe, de Puerto Montt à Villa O'Higgins.
Tout au sud, une autre route permet de rallier Puerto Natales (ou plus exactement le parc Torres del Paine) à Punta Arenas. Renseignez-vous bien sur l'état d'une piste (qui peut être très bonne ou exécrable) avant de vous y engager, si vous avez loué un véhicule. La plupart des pistes, toutefois, sont en plutôt bon état (on est bien loin de la Bolivie !).
Le réseau est structuré autour de l'axe constitué par la route panaméricaine qui s'étire d'Arica, au nord, à Puerto Montt, au sud. Cette route constitue l'axe intégrateur du pays. Autour d'elle rayonnent des routes de moindre importance qui vont, schématiquement, soit vers la mer à l'ouest, soit vers la cordillère à l'est. Il faut cependant préciser qu'au nord de La Serena, la Panaméricaine est pratiquement la seule route pavée en raison du caractère désertique du terrain, et qu'au sud de Puerto Montt, le réseau est pratiquement inexistant en raison de l'interpénétration des terres et de l'océan Pacifique. Dans cette zone, la circulation routière reste très difficile malgré la construction de la route australe au cours des années 1980. Au sud de Villa O'Higgins, la circulation est même impossible en raison de la présence du « champ de glace sud ». Pour rejoindre la région de Magellan par la route, il est nécessaire d'emprunter le réseau routier argentin.

Formalités et code de la route. Pour conduire au Chili, le permis international n'est plus nécessaire (le permis national suffit maintenant) et si vous voulez louer un véhicule, vous devez être âgé de plus de 21 ans. Par ailleurs, la conduite au Chili ne présente pas de caractères particuliers, si ce n'est qu'il faut être vigilant comme partout ailleurs dans le monde : éboulements, inondations, passages à niveau non protégés...

En ville, la limitation de vitesse est de 50 km/h et sur l'autoroute de 100 km/h (parfois 120 km/h). Si le port de la ceinture ou du casque semble assez aléatoire dans les autres pays d'Amérique latine, c'est le genre de choses qu'il ne vaut mieux pas oublier au Chili. L'amende est chère et votre vie aussi...

Deux-roues

- **Vélo.** Pour les amoureux de la petite reine, le Chili est un pays qui offre de nombreuses possibilités. Vous rencontrerez peut-être quelques Américains, des Allemands ou des Japonais (entre autres !) qui parcourent le pays entier à vélo. Sans parler de tels périples, il est très agréable de découvrir simplement une région ou une petite zone en utilisant ce moyen de transport. Parcourir ainsi la Route australe entre Puerto Montt et Coyhaique ou Cochrane est l'une des meilleures façons de découvrir la région d'Aisén. Cependant ce voyage demande un matériel et une organisation importants, ainsi que beaucoup de temps. De même, vous pourrez louer des vélos dans la plupart des zones touristiques (San Pedro de Atacama, vallée del Elquí, Santiago, Pucón, Puerto Varas, Castro...).

Auto-stop

Une pratique assez efficace. Les auto-stoppeurs pourront profiter de l'arrière des *pick-up* (*camioneta*), véhicules très répandus au Chili. On conseillera cependant de se renseigner auprès des habitants sur la fréquentation des routes que l'on désire emprunter ainsi que d'éviter le stop sur la Panaméricaine (les véhicules circulent à grande vitesse et s'arrêtent moins que sur les routes secondaires).

L'auto-stop est beaucoup pratiqué par les étudiants chiliens en vacances pendant les mois de janvier et février, vous ne serez donc probablement pas seul, ce qui est bien (rencontres passionnantes assurées, franches parties de rigolade, amitiés qui naissent...) mais contrariant aussi : la probabilité d'être pris rapidement est compromise, à cause de l'excès de demande, si l'on peut dire. En tout cas, n'hésitez pas à leur demander les bons endroits pour attendre.

Transports urbains

- ***Micro* et *Omnibus*.** Dans les villes importantes, ces petits bus effectuent des trajets fixes. C'est le moyen de transport urbain le moins cher mais qui nécessite une certaine connaissance de la ville ou alors une acclimatation très rapide.
- ***Colectivos.*** Ces taxis (noirs avec un numéro sur le toit), qui effectuent des trajets fixes, sont à partager avec les voyageurs qui y montent en cours de trajet. Ce moyen de transport est également très bon marché.
- **Taxis.** De couleur noire avec un toit jaune. Dans ce genre de taxis, il y a en général un compteur qui indique le prix de la course. Lesquels prix sont largement inférieurs à ceux d'un taxi parisien.
- **Métro.** N'existe qu'à Santiago et entre Valparaíso, Viña del Mar et Limache (les rames sont françaises).

DÉCOUVERTE

Parque Nacional Torres Del Paine.

© MILONK – SHUTTERSTOCK.COM

LE CHILI EN 20 MOTS-CLÉS

Andes
Référence géographique et émotionnelle pour tous les Chiliens, frontière naturelle et culturelle avec le voisin argentin, la majestueuse cordillère des Andes semble imprégner toute la vie du pays et la conditionner. Point d'orientation irremplaçable, elle symbolise la grandeur, la générosité, l'altitude, « l'union entre le ciel et la terre ». Comme le chante Amaury Pérez (compositeur cubain), « andes lo que andes, ándate por los Andes » (« peu importe combien tu marches, fais un saut du côté des Andes »).

Artisanat
Le Chili n'est pas le Pérou, mais dans toutes les villes, on découvre des centres d'artisanat où l'on peut acheter des productions locales. Ainsi l'île de Chiloé est spécialisée dans les produits tissés en lainage, la région des Lacs dans le travail du bois, celle de Pomaire dans la céramique…

Asado
Le barbecue chilien. Dès que les beaux jours arrivent (septembre-octobre), il ne se passe pas une semaine sans qu'on vous invite à déguster chorizos, ailes de poulet, viande de bœuf ou côte de porc accompagnés de vin rouge, de *pisco* ou de rhum pour les plus endurcis.

Cachai
C'est l'une des expressions les plus utilisées par les jeunes Chiliens. En faisant un petit effort de réflexion, on peut en saisir le sens et l'origine.

Les Andes vues du ciel, avion entre Coyhaique et Punta Arenas.

De très nombreux mots anglais ont fait leur apparition dans le vocabulaire des Chiliens, que ces derniers reprennent à leur sauce. Ainsi, *to catch* (attraper) a donné *cachar*, qui veut dire « comprendre » (littéralement : « attraper un sens, un mot », etc.). *Cachai* veut donc dire « tu comprends ? » ou « tu vois ? ». On se demandera alors pourquoi ce n'est pas *cachas*, en bon espagnol. Eh bien… tout simplement parce que les Chiliens ne sont pas trop portés sur le « s » de la deuxième personne du singulier ; ils préfèrent remplacer cette désinence par la diphtongue [ai] (prononcer « aïe »).

Chilenismes
Tous ceux qui parlent relativement bien espagnol risquent d'être surpris en entendant les Chiliens : ils usent et abusent de termes qui n'existent que chez eux, regroupés sous l'expression « chilenismos ». En outre, tout le monde parle très vite, ce qui n'est pas fait pour faciliter la conversation, et certains « mangent » les « s » en fin de mot, à la manière cubaine. On s'habitue à mesure, mais ce n'est pas commode au début.

Completo
C'est le hamburger local. Le mot est une abréviation de *hot-dog completo* (complet) et désigne un *hot-dog* avec des tomates et des oignons (voire de la purée d'avocats, ou *palta*, et de la mayonaise). Très bien pour les petits budgets (entre 400 et 1 000 $), moins pour les calories emmagasinées.

Condor
Le symbole des Andes, l'emblème de la culture inca, qui représente le pouvoir guerrier, celui des hauteurs, de la sagacité et de l'astuce, équivaut au lion de la terre : c'est le roi des nuées sauvages, qui habite la lumière et les limbes.

Copihue
Cette fleur endémique qui pousse dans les forêts humides et obscures du Sud est la fleur nationale du Chili. Elle a besoin de dix ans pour fleurir et symbolise la beauté, la passion et le sang mapuche.

Cueca
Danse nationale symbolisant l'amour, les courtisans, la conquête et le refus, l'érotisme, la sensualité... Des traits de caractère que l'on

retrouve dans la population chilienne, une fois les premiers masques tombés. Elle met en scène un homme et une femme et parodie le jeu de séduction entre un coq et une poule.

Drogue

Aucune drogue n'est dépénalisée au Chili. La proximité de pays gros producteurs fait que les substances stupéfiantes (cocaïne et *marijuana* notamment) y circulent en quantités importantes. Le nombre de consommateurs de *pasta base* (cocaïne non traitée extraite des feuilles de la plante de coca) est de plus en plus grand. L'impact social est important et la résolution de ce problème est l'un des enjeux auxquels doit faire face le gouvernement.

Huemul

Ce petit cervidé, endémique à la région andine (du nord au sud), est traditionnellement mis en relation avec l'arbre de la vie. Symbolise la rénovation et la croissance cyclique (changement de cornes). C'est le messager des dieux, agile et harmonieux.

Fjords

Contrairement à l'idée qu'en ont souvent les Français, les fjords ne sont pas uniquement des formations géologiques de Norvège. Les provinces du sud du Chili (Aisén, Magellan et Terre de Feu), où terre et mer s'interpénètrent, abritent de nombreux fjords.

Football

Comme dans la plupart des pays d'Amérique du Sud, c'est le sport national. Malgré un championnat local de niveau moyen, les Chiliens sont de véritables fanatiques et les meilleurs joueurs qui s'exportent dans les championnats étrangers sont des gloires nationales. Les deux stars du football chilien sont bien sûr Salas et Zamorano. Aujourd'hui, Valdivia, Suazo, Alexis Sánchez et Matias Fernández…

Géoglyphes et pétroglyphes

Ces deux types de témoignages des civilisations préhistoriques chiliennes constituent un exemple de la richesse archéologique du pays. On les rencontre dans le Nord du pays, dans le désert d'Atacama. Les géoglyphes sont des assemblages de pierres de grandes dimensions qui représentent des animaux ou des signes géométriques. Ils sont souvent disposés à flanc de montagnes, visibles de loin. Les pétroglyphes sont des signes gravés sur des pierres.

Lapis-lazuli

Vient du latin *lapis* qui signifie « pierre » et *lazuli*, « azur ». Pierre semi-précieuse d'un bleu intense qui tient son origine dans la formation de la cordillère des Andes. Cette pierre rare a été déclarée « pierre nationale » en 1984.

Mapuche

Terres ancestrales des Indiens Mapuche, le Chili compte seulement entre 4 et 7 % de peuples indigènes parmi sa population de 17 millions d'habitants. Vivant principalement en Araucanie, dans le sud du Chili, les Mapuche ont survécu à l'Empire inca, aux colons puis à la dictature chilienne. Sujet sensible et conflictuel, les Indiens Mapuche se sont bien mobilisés depuis des décennies : dépossédés de leurs terres et de leurs ressources, ils attendent toujours que l'Etat chilien reconnaisse les atrocités qui ont été commises contre eux. Depuis quelques années, la résistance Mapuche se mobilise face à de grands groupes privés (des entreprises forestières pour la plupart) qui occupent leurs terres. Cependant, l'état chilien répond par la force et réprime toutes contestations. De ce fait, une grande méfiance s'est instaurée parmi les Mapuche, surveillés de près par les forces militaires chiliennes. Beaucoup d'activistes se retrouvent en prison et sont même qualifiés de « terroristes ». La révolte se fait alors dans le plus grand des silences même si lors de sa visite en 2018, le pape a appelé à respecter les lois et les modes de vies des peuples indigènes.

Pisco

Ce sont avant tout les vignobles localisés au nord de Santiago qui produisent le fameux *pisco*, suite à la distillation de vin de muscat (moscatel d'Alexandrie).

Le *pisco* est l'eau-de-vie nationale (c'est en quelque sorte du brandy ou la *grappa* italienne, même si, à la différence de cette dernière, on n'utilise pas que les restes des grappes de raisin après la distillation du moût, mais bien la grappe entière) et se déguste aussi en cocktail, plus connu sous le nom de *pisco sour* : *pisco*, citron, sucre et blanc d'œuf, le tout légèrement battu pour lui donner une texture plus onctueuse. On le boit aussi avec du coca-cola : c'est la fameuse *piscola*. Santé !

Sécurité

Comparé à certains pays d'Amérique du Sud, le Chili est un pays très sûr. Si vous ne vous aventurez pas dans les quelques quartiers réputés dangereux et si vous adoptez les mesures de sécurité de base (pas de comportements provocateurs, pas de réponse à certaines sollicitations...), vous ne connaîtrez aucun problème. Il est toutefois recommandé de faire des photocopies de ses papiers et billets d'avion ainsi que de se renseigner auprès de la population locale avant d'entreprendre des incursions dans des zones réputées risquées. La petite délinquance est un peu plus présente ces dernières années, mais on compte très peu d'agressions sur les personnes.

Smog

Il s'agit d'un mélange de fumée et de brouillard qui prend en otage la capitale chilienne, Santiago, prisonnière d'une cuvette comme l'est Mexico. La principale source de pollution est due à la circulation intense des bus et autres véhicules particuliers qui sillonnent les rues de la capitale. De nombreux cas de maladies respiratoires ont été décelés, ce qui a conduit le gouvernement à appliquer une « restriction véhiculaire » quotidienne, surtout d'avril à septembre.

Tremblement de terre

Le Chili est situé sur la couronne de feu du Pacifique : il compte environ 2 900 volcans, dont 450 à 500 considérés comme géologiquement actifs, et environ 70/80 ayant déjà eu une activité éruptive. Cette situation explique la fréquence (entre 500 secousses légères et 7 séismes graves par an) et l'amplitude des tremblements de terre qui affectent l'ensemble du territoire et plus particulièrement les zones côtières. Ne vous affolez pas si vous sentez de temps à autre des petites secousses qui ébranlent les murs, c'est monnaie courante, et la plupart des constructions ont adopté une armature antisismique. Le tremblement de terre le plus meurtrier fut celui de Chillán en 1939, avec 30 000 morts ; en 1960, la terre trembla pendant près de deux jours et le pic sismique atteignit 9 sur l'échelle de Richter. Le dernier grand séisme, d'une magnitude de 8,8 sur l'échelle de Richter s'est produit le 27 février 2010 près de Cobquecura (région du Bío Bío) et a dévasté la ville de Constitución, faisant 521 morts et 2 millions de sinistrés.
Le 17 septembre 2015, un séisme, d'une magnitude de 8,3 sur l'échelle de Richter, a de nouveau frappé le centre nord du Chili, à 177 km au nord de Valparaiso faisant 13 morts.

Faire – Ne pas faire

- **Les Chiliens** sont hospitaliers et ouverts mais certains sujets sont plus sensibles et peuvent irriter votre interlocuteur. Par exemple, évoquer la guerre du Pacifique et l'appropriation par le Chili de territoires boliviens et péruviens (proclamer que la Bolivie doit avoir accès à la mer n'est pas une attitude très judicieuse !).
- **Ne parlez plus trop du passé et de Pinochet** : certes il s'agit d'une période historique très forte et pas encore si éloignée, mais aujourd'hui les Chiliens ont d'autres sujets de préoccupation et certains ne se sentent plus vraiment concernés.
- **Prétendre** que le *pisco* est exclusivement d'origine péruvienne ne va pas vous attirer que des amis !
- **Ne chantez pas** sans cesse les louanges de l'Argentine et d'une manière générale ne comparez pas les Chiliens et les Argentins.
- **Ne refusez** pas une invitation à un *asado*, surtout à la campagne, et préparez-vous à manger énormément !
- **Si vous avez rendez-vous,** n'oubliez pas l'heure chilienne ! Compter souvent une demi-heure à une heure de retard. Mais ne faites jamais remarquer à votre interlocuteur qu'il n'est pas arrivé à l'heure...
- **Soyez poli** et courtois en toute occasion, et vous ne devriez rencontrer aucun problème dans ce pays qui apprécie les gens posés et réfléchis.

SURVOL DU CHILI

GÉOGRAPHIE

Evoquer la géographie du Chili peut être un exercice périlleux. Benjamin Subercaseaux parlait d'ailleurs de « coquetterie géographique » (empêchant, dit l'auteur, que les frontières de l'Argentine se mouillent dans l'eau glacée du Pacifique), dans son fameux ouvrage de 1960 (*Chile o una Geografia loca*). Subercaseaux ajoutait que le nom même du pays est « frais, matinal », tandis que le nom Brésil évoque des arômes « huileux, épais », « Pérou » « sent la chose antique, le bois exotique », Argentine fait penser à une vedette de cinéma, et le mot Chili « possède une saveur infantile, irresponsable, comme le premier rayon de soleil qui pose sa caresse sur notre terre en un rapide amour d'aurore, et qui atteint la mer d'un coup d'ailes ».
Le Chili est une bande de terre délimitée à l'est par la cordillère et à l'ouest par l'océan Pacifique. Le pays s'étend sur 4 270 km du nord au sud (l'équivalent de la distance entre le sud de l'Italie et le nord de la Suède) pour une largeur moyenne de 200 km, qui ne dépasse pas 100 km en certains points. Cette configuration est unique au monde. Les Andes (comme l'océan Pacifique, le désert au nord et les glaciers au sud) isolent le Chili et ont contribué à la formation d'une identité nationale très forte. La forme du pays joue dans le sens inverse en étant un facteur de singularisation des différentes régions.
Le relief chilien s'organise selon des axes longitudinaux. La cordillère des Andes constitue la frontière du pays du nord au sud avec la Bolivie et l'Argentine. Certaines zones du sud, où la cordillère est plus proche de la côte, font exception à ce découpage (Aisén au niveau de Coyhaique par exemple). La cordillère des Andes est une barrière naturelle difficilement franchissable en raison de l'orientation de ses vallées, de l'altitude de ses sommets et de son enneigement. Rares sont les passages frontaliers faciles avec l'Argentine et la Bolivie. La cordillère culmine au Chili, à l'est de Copiapó, à Ojos del Salado (6 893 m), le volcan actif le plus haut au monde.
La cordillère des Andes est un relief jeune, jalonné de nombreux volcans dont la plupart sont encore en activité. Ils sont facilement observables dans le Grand Nord (frontière avec la Bolivie) et dans le Sud (région des Lacs). La cordillère naît dans le Sud sur la Terre de Feu (en Argentine, à l'est d'Ushuaia).
Parallèlement à la cordillère des Andes s'étend la cordillère de la Côte (Cordillera de la Costa). Comme son nom l'indique, elle s'étire le long de la côte et délimite la plaine centrale avec la cordillère des Andes. On observera notamment ce relief en voyageant sur la Panaméricaine qui passe entre les deux cordons montagneux, entre Puerto Montt et Santiago. Cette structure, organisée autour des deux cordillères, est quelque peu modifiée dans certaines régions du Chili, comme entre Calama et Copiapó (dédoublement de la cordillère des Andes) ou au sud de Puerto Montt (la cordillère de la Côte se transforme en une multitude d'îles et la cordillère des Andes se déplace vers l'ouest de la frontière).
La côte chilienne présente une grande diversité de paysages. Entre Arica et Puerto Montt alternent les falaises, les plages de sable ou de galets et les côtes rocheuses. Au sud de Puerto Montt, la terre et la mer s'interpénètrent et la côte est très découpée, avec des fjords et de nombreux archipels, des canaux qui permettent de naviguer jusqu'au détroit de Magellan. La Terre de Feu et la région du détroit présentent la même configuration avec de nombreuses îles séparées par des canaux.

Grand Nord (d'Arica à Caldera)

On distingue trois types de relief : la cordillère des Andes, la dépression intermédiaire et la chaîne côtière. Dans cette zone, les Andes se caractérisent par une activité volcanique très importante. La frontière avec la Bolivie est constituée d'une véritable chaîne de volcans (du volcan Parinacota au volcan Licancabur). La dépression intermédiaire est située entre la cordillère des Andes et la cordillère de la Côte. Au nord, elle prend la forme de la Pampa del Tamarugal. Au sud d'Antofagasta, cette dépression est entrecoupée par des cordons montagneux.
La chaîne côtière s'élève à environ 1 500 m au-dessus du niveau de la mer. Elle constitue un véritable mur face à l'océan. Cette structure s'explique par la présence de la faille d'Atacama à l'ouest et de fosses océaniques à l'est.
La région se caractérise par son aridité (désert d'Atacama). Le réseau hydrographique présente une exception : le río Loa, qui parcourt le désert et atteint le Pacifique. Des *quebradas* (sortes de failles) andines se jettent dans le Pacifique ou dans le salar d'Atacama.

Petit Nord (de Caldera jusqu'à la région de La Serena)

Région intermédiaire entre l'unité du Grand Nord et la région centrale, elle se caractérise par ses vallées transversales et des climats semi-arides. La structure nord-sud des cordons montagneux du nord laisse place à des vallées transversales orientées est-ouest (vallée del Elquí par exemple, vallée de Copiapó ou vallée de Huasco). La cordillère des Andes peut être divisée en deux ensembles : une cohérence interne massive qui culmine à plus de 3 000 m, et une composition externe beaucoup moins individualisée et d'altitude plus basse. Les vallées transversales permettent la pénétration de l'influence maritime et favorisent la croissance d'une végétation verdoyante qui contraste avec l'aridité des massifs montagneux. On y produit du raisin, du vin et du *pisco* notamment.

Région centrale (Santiago, Valparaíso, Rancagua, Talca)

Le relief de la région centrale est organisé en grands ensembles relativement homogènes. On distingue, suivant un axe nord-sud, la cordillère des Andes, la dépression intermédiaire, la cordillère de la Côte et les plateaux côtiers. Du nord au sud de la zone, le relief s'abaisse et le sillon central s'élargit.

Au niveau de Santiago, les Andes présentent une configuration impressionnante. Ici, la cordillère atteint ses plus hautes altitudes (l'Aconcagua, situé sur le versant argentin, culmine à 6 962 m : c'est le plus haut sommet des Amériques). Elle présente également des pentes très raides qui lui donnent l'aspect d'une véritable muraille dominant la capitale chilienne.

Des vallées transversales percent la cordillère sur un axe est-ouest. Elles sont parcourues par des torrents violents issus de la fonte des glaciers andins. La vallée du Maipo, située au sud de Santiago, est une de ces vallées transversales qui naissent au pied des pentes abruptes de la cordillère.

Le volcanisme est également très actif dans cette région. Ainsi les volcans s'alignent sur les crêtes de la cordillère (volcan Tupungato 6 550 m, volcan Maipu 5 290 m, volcan Tinguiririca 4 300 m). Comme le montre l'altitude décroissante des cimes volcaniques, la cordillère s'affaisse lorsqu'on se dirige vers le sud. Parallèlement, la chaîne volcanique se rapproche de la dépression centrale et le paysage subit des changements importants.

A l'ouest de la cordillère s'étend la dépression centrale, constituée par une plaine qui s'élargit et qui s'abaisse vers le sud. Dans sa partie septentrionale, cette plaine est barrée par de petits cordons montagneux. A l'ouest de cette zone se dresse la cordillère de la Côte : au niveau de Santiago, elle se présente comme une barrière importante (environ 2 000 m d'altitude) mais elle est transpercée par plusieurs plaines. Comme pour la cordillère des Andes, son relief s'abaisse et s'adoucit vers le sud.

Les plateaux côtiers ont une structure en escalier qui descend vers la mer. La dernière marche a une pente très raide qui tombe dans l'océan (on le remarquera en arrivant à Valparaíso).

La frontière (Concepción et le Bío-Bío)

Cette zone opère la transition entre la zone centrale caractérisée par son climat méditerranéen et la zone sud pluvieuse. La cordillère est relativement basse (environ 2 000 m), avec des sommets volcaniques plus élevés. La plaine centrale présente un paysage vallonné, jalonné de zones alluviales. La cordillère de la Côte est un cordon montagneux massif (altitude moyenne de 1 500 m). Le niveau de précipitations augmente à mesure qu'on va vers le sud de la zone. Les températures, quant à elles, diminuent dans les zones méridionales. La région est traversée par des cours d'eau importants, dont le *río* Bío-Bío.

Réveil du Cabulco

Le Chili comptabilise sur son territoire environ 90 volcans actifs. Parmi les plus actifs, il compte le Cabulco, dont les trois éruptions d'avril 2015 firent la une des journaux, enveloppant d'un nuage de cendres menacant le Sud du pays, et une partie de l'Argentine et de l'Uruguay. Endormi depuis 43 ans, le volcan de la région de Los Lagos, situé à environ 1 300 km au sud de Santiago, menacait les villes de Puerto Montt et de Puerto Varas. Dans une moindre mesure, le volcan Villarica, logé à 10 km au-dessus de Pucon, s'éveillait lui aussi un mois plus tôt, provoquant l'alerte rouge, la fermeture de la station de ski installée sur ses pentes et l'inquiétude des personnes vivant du tourisme.

Les lacs (du sud du río Tolten jusqu'à Puerto Montt)

Les Andes présentent ici un axe méridien et les crêtes suivent la frontière avec l'Argentine. La chaîne montagneuse se singularise par la présence d'un cordon de volcans dont la cime est recouverte de glaciers. Ces volcans, la plupart en activité, dominent un ensemble de lacs de piémont dont la formation résulte des déplacements d'immenses glaciers durant la glaciation quaternaire. La dépression centrale est séparée en deux zones par ce qu'on appelle le « pont » schisteux de Loncoche. Il s'agit d'alignements rocheux orientés nord-ouest-sud-est qui barrent la zone centrale sur plus de 50 km. Au sud de cette barre, la dépression centrale s'élargit en un ensemble de plaines vallonnées.

Dans cette région, la plaine côtière est d'une altitude moins importante que dans les régions situées plus au nord. Elle ne constitue pas une barre montagneuse sur toute la zone. Elle est traversée par les réseaux hydrographiques des fleuves Calle-Calle et Bueno.

© RICHLINDIE – ISTOCKPHOTO

Parque Nacional Torres Del Paine – Massif del Paine.

Chiloé et la Patagonie (de l'île de Chiloé au cap Horn)

Dans cette zone, la nature est particulièrement hostile à l'homme. Elle multiplie les témoignages de sa puissance : violence des vents d'ouest, précipitations diluviennes, faibles températures. La ligne de crêtes de la cordillère des Andes ne constitue pas la frontière avec l'Argentine : en effet, la zone montagneuse est située sur l'axe central du territoire chilien. Ainsi, la Patagonie chilienne présente une morphologie montagneuse. Les glaciers sont nombreux et les fjords pénètrent profondément dans les terres. A noter que le Chili possède 4 % des glaciers du monde et 80 % de ceux d'Amérique du Sud. C'est donc l'une des réserves d'eau les plus importantes au monde, même si tout pourrait changer rapidement en raison des effets du réchauffement climatique.

Les Andes sont désarticulées en un ensemble de massifs montagneux séparés par des fjords et des cours d'eau. Les champs de glace nord et sud sont des héritages de la dernière glaciation. Leur permanence s'explique par la fraîcheur des étés et l'importance de la couverture nuageuse qui empêche la fonte de la neige et de la glace.

La grande île de Chiloé est la plus vaste (après la Terre de Feu) et la plus septentrionale des archipels patagoniens. Ceux-ci constituent le prolongement de la chaîne côtière qui fut submergée après la glaciation quaternaire.

Sur le versant est de la cordillère se situent des plateaux qui se prolongent par la pampa argentine, comme dans la région de Punta Arenas par exemple.

CLIMAT

Températures moyennes

Situé sous l'équateur, le Chili connaît des saisons inversées : le printemps bourgeonne entre septembre et décembre, l'été bronze entre décembre et mars, l'automne rougit entre avril et juin, l'hiver frissonne de juin à septembre.

Les nombreuses influences climatiques que subit le pays, comme la forme qu'il présente, expliquent la grande diversité de ses climats. Cette diversité est principalement due aux écarts importants de latitude. D'autre part, la mer y joue un rôle majeur. Le courant froid de Humboldt qui longe les côtes du nord tempère l'influence tropicale. Sur tout le pays, la mer tempère les diverses influences climatiques mais génère des précipitations importantes sur le Sud du pays (surtout dans la région des Lacs). La pénétration des nuages sur le territoire est limitée par la barrière naturelle constituée par la cordillère de la Côte ou par l'île de Chiloé (pour la région de Chaitén).

Grand Nord

Le climat des régions tropicales du Chili (entre Arica et Antofagasta) est caractérisé par une relative douceur (températures moyennes n'excédant pas 20 °C) qui s'explique par l'influence maritime et une aridité remarquable (le désert d'Atacama est réputé pour être le plus aride du monde). Le désert intérieur se caractérise par un ensoleillement continu tout au long de l'année et une très faible humidité de l'air. La clarté du ciel est exceptionnelle. Le désert littoral subit un climat brumeux mais l'humidité de l'air ne suffit pas à générer des précipitations. Le climat subit alors l'influence du courant froid de Humboldt qui longe les côtes du nord au sud. Celui-ci adoucit les températures et limite les écarts thermiques. Plus on descend vers le sud et plus les températures moyennes baissent. Le climat désertique change lorsqu'on atteint la latitude de La Serena et les vallées transversales de la cordillère. Ces vallées se caractérisent par la douceur des températures, un fort ensoleillement en été et un niveau de précipitations encore très faible.

Petit Nord

La région connaît deux climats de type semi-aride. Le climat montagneux se caractérise par de fortes amplitudes de températures, aussi bien journalières qu'annuelles. La luminosité du ciel est telle que la région a vu s'installer plusieurs observatoires astronomiques internationaux. Les températures augmentent à mesure que l'on se dirige vers l'intérieur et les précipitations évoluent dans le sens inverse. Le climat de la zone côtière connaît des amplitudes thermiques plus faibles que la zone montagneuse et des températures plus douces. Il subit l'influence du courant de Humboldt et de l'anticyclone du Pacifique.

Le Centre

Le climat de la région centrale est une combinaison d'un climat méditerranéen typique et d'un climat de façade océanique qui subit les influences du relief andin et de la froideur des eaux du Pacifique (comme à San Francisco ou Adelaïde). Cette région étant située dans la zone méditerranéenne de l'hémisphère sud, elle jouit d'un climat particulièrement propice aux cultures : les hivers sont relativement pluvieux et les étés complètement secs.

En été, le temps est constamment ensoleillé. En hiver, de longues périodes ensoleillées alternent avec des périodes nuageuses et pluvieuses plus courtes. Ce climat s'explique par les influences conjuguées de l'anticyclone du Pacifique Sud oriental, des masses d'air froid issues du courant de Humboldt et de la barrière que constitue la cordillère des Andes. Ces facteurs créent un climat relativement frais pour de telles latitudes. Ce schéma général varie quelque peu suivant les endroits de la zone. Ainsi, sur la côte, les températures sont plus fraîches et l'amplitude thermique moins importante. Le niveau moyen de précipitations augmente au fur et à mesure que l'on se dirige vers le sud, et atteint des niveaux très élevés dans la région de Puerto Montt et sur les côtes d'Aisén (plus de 2 m par an). Les températures moyennes baissent également avec la latitude.

Araucanie et Lacs

Le climat de la région, à l'influence océanique, est très pluvieux. Il y fait aussi plus frais que dans la Vallée centrale, car la région subit l'influence des vents d'ouest chargés d'humidité, du stationnement permanent du front polaire plus au sud et de la disparition du courant de Humboldt. La combinaison de ces facteurs génère une faible amplitude de températures aussi bien journalières qu'annuelles, une forte pluviosité un peu moins importante en été et un ciel constamment chargé de nuages. Les précipitations les plus importantes tombent sur les versants des reliefs montagneux et sont plus faibles dans les zones de plaines.

On notera que ce climat favorise la croissance d'une végétation exceptionnelle caractérisée par sa luxuriance, l'importance des essences d'arbres de grande taille et l'épaisseur des forêts.

Chiloé et Aysén

La région connaît un climat océanique humide et frais. La température de l'océan et la permanence annuelle de forts vents d'ouest diminuent les amplitudes thermiques. La pluie est de plus en plus abondante au fur et à mesure que l'on descend vers le sud. Parallèlement, les températures baissent.

Dans le Nord et l'Est, les conditions climatiques sont plus clémentes (influence de masses d'air plus chaud et barrière que la cordillère oppose aux vents d'ouest).

Magellan et Terre de Feu

Dans la région la plus australe de Magellan, la température moyenne annuelle est de 6,6 °C. Durant les mois les plus froids, cette moyenne avoisine les 0 °C. Cela se conjugue avec des précipitations importantes et des vents très violents tout au long de l'année (on remarquera l'inclinaison de la végétation en atterrissant sur l'aéroport de Punta Arenas). Cependant, il peut faire chaud au plus fort de l'été, en décembre-janvier. Le vent, par contre, ne faiblit pas toujours, bien au contraire.

ENVIRONNEMENT – ÉCOLOGIE

La forêt chilienne couvre environ 17,3 millions d'hectares, soit presque 23 % du territoire national, dont 14 millions d'hectares pour les forêts natives et quasiment 3 millions d'hectares qui correspondent aux plantations. Les déserts se partagent environ 33 % de la superficie totale, les champs 27 %. Le secteur forestier, qui utilise une surface exploitable de 2 300 000 ha environ, participe à hauteur de 3,1 % du PIB (en 2010), ce qui constitue la troisième plus importante activité économique du pays après l'industrie minière et le tourisme (3,3 % en 2010). Un livre, publié en 1999, et intitulé *La Tragedia del Bosque Chileno* (*La tragédie de la forêt chilienne*) retrace en quelque 200 photos les désastres récurrents qui ravagent la sylve chilienne. L'impact de l'être humain sur les écosystèmes naturels peut être catastrophique (coupe d'arbres sélective, incendies volontaires... tourisme aussi, ne l'oublions jamais). En effet, le Chili a toujours préféré laisser à l'initiative privée le soin de gérer les forêts pour en faire des cultures ou des pâturages : ainsi, même aujourd'hui, il n'est pas rare qu'une réserve nationale soit en partie concédée à une exploitation commerciale du bois d'œuvre. L'élevage des moutons est en grande partie responsable du « massacre vert » au cours du XXe siècle, notamment dans le Sud patagon. Et s'il persiste de grandes étendues boisées dans les provinces de Chiloé ou d'Aisén, c'est surtout à cause, ou plutôt grâce à la difficulté d'accès et aux conditions climatiques délicates. A noter qu'en mai 2011, le projet de méga-centrale hydroélectrique HydroAysén (cinq centrales réparties entre le fleuve Baker et le fleuve Pascua) a été confirmé par une Commission, entraînant d'importantes manifestations et un débat houleux. En 2014, le nouveau gouvernement de Michelle Bachelet rejette finalement le projet. Parmi les raisons majeures, le gouvernement souligne la menace sur la faune, la non-prise en charge des populations déplacées et la question de l'altération des cours d'eau. Pour plus d'informations à ce sujet, voir le chapitre consacré à Aysén.

Question écologie, l'ancien gouvernement de Michelle Bachelet va dans le sens de la protection de l'environnement et de la biodiversité. Lors de l'accord climatique de Paris, en novembre 2016, le Chili s'engage à réduire les émissions de CO_2 de 30 % par unité de PBI d'ici 2030. Face au changement climatique, le Chili est également considéré comme le pays d'Amérique latine le plus préparé grâce à l'élaboration d'un plan national d'adaptation. Le pays dispose également d'un vaste réseau d'aires protégées terrestres et marines et travaille sur un projet de loi pour la création du Service de la biodiversité et des aires protégées (SBAP). Le ministre de l'Environnement, Marcela Mena, aide notamment aux avancées historiques du pays. Véritable écologiste, il s'est d'ores et déjà impliqué dans de nombreux projets de défense de l'environnement depuis sa prise de fonction en mars 2017 : la pollution atmosphérique de Santiago, la création du service de la Biodiversité ou encore le projet minier Dominga, (rejeté en août 2017 par la commission d'évaluation environnementale de la Région de Coquimbo).

Enfin, la COP 25 (Convention-cadre des Nations unies sur les changements climatiques) devait se dérouler du 2 au 13 décembre 2019 dans la ville de Santiago, mais suite à la crise politique majeure que connaît le pays, elle est délocalisée en Espagne. Au-delà de l'objectif de la COP 25 (qui consiste à obtenir des Etats qu'ils augmentent leurs efforts dans la lutte contre le réchauffement climatique), le Chili souhaite mettre l'accent sur l'importance des rôles des océans, les altérations actuelles en Antarctique et la protection de la biodiversité.

PARCS NATIONAUX

Les aires protégées du Chili sont administrées par la Conaf. Actuellement, le pays possède 100 aires protégées : 36 parcs nationaux, 49 réserves nationales et 15 monuments naturels (plus 3 « sanctuaires de la nature »). L'ensemble s'étend sur une superficie d'environ 14,5 millions d'hectares, ce qui constitue 20 % du territoire national. La très grande majorité de ces sites d'intérêts écologique, biologique et touristique est décrite dans ce guide.

Nous recensons ici les 5 parcs nationaux qui nous semblent incontournables dans le pays :

- **Torres del Paine.** Situé dans la région de Magallanes, en Patagonie, c'est l'une des Mecque des randonneurs en Amérique latine. Circuits de trois à dix jours pour les plus endurcis.

Que les autres ne passent pas leur chemin : l'offre hôtelière y est généreuse, et il est possible de séjourner dans des lodges et visiter des parties du parc en voiture, en bateau, ou faire de petites marches d'une demi-journée ou une journée maximum... Un spectacle de toute beauté, à ne pas rater.

- **Lauca.** Tout au nord du pays, dans la région d'Arica Parinacota, ce superbe parc exhibe ses lagunes altiplaniques (dont le magnifique lac Chungará, à 4 570 m d'altitude), ses volcans enneigés et son ambiance résolument andine (la Bolivie est toute proche !). On y verra une faune abondante (camélidés surtout), des ruines incas, des paysages époustouflants.
- **Rapa Nui.** Sur l'île de Pâques, c'est bien sûr l'un des joyaux du pays ! Au programme : carrières de moai, sites archéologiques à profusion, volcans sacrés, balades à pied, en VTT, en buggy ou en quad, plages paradisiaques... Prendre le temps de s'imprégner de la culture locale, volontiers polynésienne !
- **Vicente Perez Rosales.** Près de Puerto Varas et Puerto Montt s'étend ce parc magnifique, réputé surtout pour son lac Todos los Santos, le volcan Osorno et les superbes cascades de Petrohué. Superbes parcours à faire à pied, en VTT ou en voiture... Mais aussi un bateau (traversée de plusieurs lacs vers Bariloche en Argentine).
- **Nevado Tres Cruces.** Magnifiques paysages andins qui n'ont (presque) rien à envier au Sud Lipez de la Bolivie ! Lagunes multicolores, reliefs tantôt lunaires, tantôt martiens, déserts de sel, thermes sauvages, faune et flore andines... De quoi laisser baba n'importe quel photographe ! Ce parc méconnu se situe à l'est de Copiapó, dans la cordillère des Andes, à la frontière avec l'Argentine. Tous les grimpeurs savent aussi que s'y dresse le majestueux Ojos del Salado, le volcan actif le plus haut au monde (6 868 m). A découvrir d'urgence !

CONAF.CL
Paseo Bulnes 285
www.conaf.cl
consulta@conaf.cl
Corporation nationale forestière du Chili, chargée de protéger et conserver l'environnement (dont les parcs nationaux). Le site web recense toutes les aires protégées.

FAUNE ET FLORE

Faune

Les camélidés

De la faune chilienne, on connaît surtout le célèbre lama, un mammifère andin qui fut l'animal de charge des cultures préhispaniques dans les Andes. Mais le lama n'est pas le seul camélidé présent au Chili. En fait, il en existe quatre espèces : la vigogne, l'alpaca, le lama et le guanaco.

- **La vigogne** est plus petite, plus fine, plus élégante. Impossible à domestiquer, elle vit en groupe d'une douzaine d'individus mené par un seul mâle. Les jeunes mâles quittent le groupe et se rassemblent, paissant en troupeau (*manada*) ; de temps à autre, l'un d'eux défie le mâle dominant, et s'il remporte le combat, il en prend la tête. On verra paître des vigognes sur les *bofedales* (sortes de tourbières) du parc national Lauca, ou alors sur les hauteurs andines autour de San Pedro de Atacama. Le commerce de leur laine (presque aussi fine que le fil du ver à soie) réduisit considérablement leur population, mais aujourd'hui le Chili peut fièrement exhiber la réussite de son entreprise de conservation : les vigognes sont légion dans le Nord du pays. En 2003, on comptait presque 40 000 individus (contre seulement un petit millier en 1973).
- **L'alpaca** (ou alpaga) est un peu plus court sur patte que le lama ; par contre, il exhibe fièrement sa grosse fourrure aussi bien blanche que noire ou grise. Sa production de laine (utilisée en général pour les textiles de grande qualité) est beaucoup plus importante que celle de son cousin, la vigogne ; de fait, il est domestiqué, et il existe des élevages (tant pour la laine que pour la viande). Il paisse également sur les *bofedales*.

Pas de pingouins en Amérique du Sud !

Attention, nous parlons de pingouins dans le guide, mais il n'existe pas de pingouins dans cette région du monde (ceux-ci vivent dans l'hémisphère Nord et s'observent même en Bretagne) : il s'agit bien de manchots, qui ne peuvent pas voler. En outre, ce sont deux espèces différentes : le manchot appartient à la famille des sphéniscidés, le pingouin à celle des alcidés. Cependant, tout le monde s'accordant à dire *pinguinos* (en espagnol) ou *penguins* (en anglais), nous avons cru bon de garder le ton. Voici en tout cas une bonne occasion de s'instruire !

- **Le lama** est le plus imposant de tous, et celui qui a rendu le plus de services aux peuples andins préhispaniques. On l'utilisait (et on l'utilise encore) comme animal de charge, mais on mange aussi sa viande. Sa laine est la plus épaisse de toutes, et la plupart des pulls que l'on trouve sur les marchés artisanaux sont conçus avec cette dernière.
- **Le guanaco**, enfin, est sauvage ; à peine plus grand que la vigogne, il arbore son beau pelage ras, couleur café clair, légèrement doré, et il se balade dans les Andes du nord ou tout au sud, dans la région de Magallanes et en Terre de Feu.

Les cervidés et autres mammifères

Les cervidés sont représentés par des espèces très rares qui vivent dans les forêts d'Aisén et de Magellan. Au premier rang de celles-ci, on trouve le *huemul* (*Hippocamelus bisulcus*), un cervidé de taille moyenne (1 m de hauteur pour un poids de 70 kg au mieux) en voie de disparition. Cette espèce survit encore dans les parcs nationaux chiliens de Torres del Paine ou ceux de la région d'Aisén (Queulat, laguna San Rafael, Tamarango...), mais on trouve aussi des spécimens dans le parc Lauca, au nord près d'Arica.

Dans ces mêmes zones, on pourra rencontrer le *pudú*, le plus petit cervidé du monde.

Ces cervidés cohabitent avec les autres espèces protégées que sont les pumas (le plus grand des félins au Chili, où se trouvent quatre sous-espèces ; on peut les observer avec de la chance un peu partout dans le pays, sauf à Chiloé et en Terre de Feu) et les chats sauvages. On rencontrera également plusieurs espèces de renards.

Dans le parc Lauca, notamment, on observera les *vizcachas*, des rongeurs qui ressemblent à des lapins avec des queues (sortes de lapin-écureuil ou de kangourou miniature, au choix).

La faune marine

La faune marine est d'une grande richesse. Ses spécimens les plus impressionnants sont les baleines qui viennent nager dans les eaux du détroit de Magellan et le long des côtes de la Terre de Feu (mais aussi au nord, dans la région d'Atacama). Les dauphins ainsi que les pingouins, les lions et éléphants de mer habitent les côtes chiliennes sur toute leur longueur (on observe des colonies de dauphins aussi bien en Patagonie qu'au nord de Copiapó).

- **Baleines :** si les baleines franches australes sont les plus connues en Patagonie (car on peut les observer facilement dans la péninsule Valdés en Argentine), ce ne sont pas les seules... et pas les plus nombreuses. En vérité, on ne recenserait qu'une cinquantaine d'exemplaires au maximum au Chili. Dans le parc national Francisco Coloane, notamment autour de l'île Carlos III, au sud-ouest de Punta Arenas, on peut observer une colonie d'une centaine de baleines à bosse (*jorobadas* en espagnol). On sait depuis peu qu'il existe une colonie d'une centaine de baleines bleues au nord-ouest de Chiloé (ce sont les plus grands mammifères marins à avoir jamais existé, pouvant atteindre 33 m de long pour un poids entre 80 et 160 tonnes !). Enfin, il est possible d'observer sept espèces de baleines en Antarctique : de Minke (Balaenoptera acutorostrata), bleue (Balaenoptera musculus), pygmée (Caperea marginata), rorqual commun (*ballena fin* ou Balaenoptera physalus), rorqual boréal (*ballena sei* ou Balaenoptera borealis), à bosse (Megaptera novaeangliae) et franche australe (Eubalaena australis).
- **Orques :** de couleur noire avec le ventre blanc, elles peuvent être observées à n'importe quelle époque de l'année, au large des côtes. Elles se reconnaissent à leur aileron noir qui dépasse de l'eau. Ces prédateurs (ce sont des mammifères qui appartiennent à l'ordre des cétacés, mais ils se distinguent des baleines par leurs dents) se déplacent souvent en petit groupe de dix. Les grands mâles peuvent mesurer plus de 9,50 m et peser plus de 8 tonnes (les femelles atteignent 6 m de longueur et pèsent environ 5 tonnes) ; leur arête dorsale (aileron) peut mesurer 2 m de hauteur. Disparité des sexes : si les mâles vivent entre 30 et 60 ans, les femelles peuvent prétendre à une longévité de 50 à 80 ans. On pourra particulièrement les observer entre février et avril, ou aux mois d'octobre-novembre.
- **Eléphant de mer :** ce mammifère appartient à la famille des phoques. Mâles et femelles ont une apparence bien distincte. Les mâles peuvent mesurer jusqu'à 5 m et peser 4 tonnes (la femelle, environ 3 m pour 1 tonne). Contrairement aux femelles, ils sont dotés d'un nez en forme de trompe. La polygamie est joyeusement mise en pratique : le harem d'un mâle peut compter jusqu'à 38 femelles. La gestation dure un an. Au début de l'hiver, en mars, les mâles arrivent les premiers, précédant les femelles qui mettront bas à cet endroit. Pendant la durée du séjour terrestre, les femelles ne cessent d'être menacées par les mâles célibataires, qui livrent des combats violents contre les « seigneurs du harem » et tentent d'enlever les nouveau-nés. Une fois par an, les éléphants de mer muent. Durant cette phase, ils restent à terre et se protègent des effets desséchants du soleil en se couvrant mutuellement le dos de sable humide.

Où observer les baleines au Chili ?

- **Chañaral de Aceituno :** site pas connu des voyageurs étrangers, dans la région d'Atacama au nord de La Serena et de Punta Choros. Entre novembre et avril, on peut observer les baleines de Minke, les baleines bleues, les rorquals communs, les baleines à bosse et les baleines franches australes, ainsi que des cachalots et des dauphins, notamment le grand dauphin ou dauphin Tursiops (dauphin à nez de bouteille). Les pêcheurs de la *caleta* (petit port de pêche) proposent la sortie pour environ 80 000 $ le bateau (dix personnes maximum).
- **Piñihuil et Melinka :** depuis une petite dizaine d'années, les baleines bleues peuvent être de nouveau observées sur les côtes nord-ouest de Chiloé et dans le golfe de Corcovado. On a identifié à ce jour environ 160 individus différents, mais la colonie pourrait atteindre environ 300 individus (sur les 8 000 qui peupleraient les eaux du monde). L'association Ecomarine Piñihuil propose une excursion de 3 à 4 heures environ en haute mer (souvent très agitée) pour 95 000 $ par personne, entre décembre et avril. Voir le site www.ballenaschiloe.cl. A Melinka, dans l'archipel des Guaitecas, voyez avec l'agence Archipiélagos de la Patagonia (www.adelapatagonia.cl).
- **Parc national marin Francisco Coloane :** dans le détroit de Magellan, au sud-ouest de Punta Arenas, autour de l'île Carlos III (7 heures de bateau depuis la ville ou 3/4 d'heure en bateau rapide), on peut observer des baleines à bosse. Celles-ci aiment sauter dans tous les sens et sont très photogéniques. On peut dormir dans des dômes sur l'île, afin d'être au plus près de ces géants des mers. Voyez par exemple avec l'agence Whalesound de Punta Arenas (www.whalesound.com).
- **Antarctique :** nombreuses croisières depuis Ushuaia en Argentine. Depuis Punta Arenas au Chili, on peut partir avec Antarctica XXI (www.antarcticaxxi.com), d'abord en petit coucou jusqu'à la base aérienne chilienne Frei sur la péninsule antarctique, puis en bateau dans les superbes canaux.

- **Phoque de Weddel :** il se nourrit exclusivement de poissons. Il a été longtemps chassé pour sa fourrure.
- **Otarie ou lion de mer :** le lion de mer peuple une bonne partie du littoral. C'est un animal pacifique, familier, qui a toujours été chassé et massacré. Les lions de mer s'alimentent et vivent dans la mer, en revanche, ils se reposent et se reproduisent à terre. Janvier et février sont les mois de la période de reproduction. Celle-ci commence avec la constitution de harems autour des mâles (environ 13 femelles) qui défendent par la suite leur territoire. Chaque femelle donne naissance à un petit de couleur noir, d'environ 20 kg. La gestation dure 340 jours.
- **Manchot de Magellan :** ressemble de près au pingouin. C'est un oiseau de mer aux caractéristiques surprenantes. Le mâle est à peine plus grand que la femelle, mais il a un bec légèrement plus long et plus large. Il mesure en moyenne 45 cm et pèse entre 4 et 5 kg. Chaque année, il revient au même nid qui n'est autre qu'un terrier. La femelle pond en moyenne deux œufs avec une chance de survie d'au moins l'un des deux. A noter... la répartition des tâches est particulièrement égalitaire entre mâles et femelles ! De plus, le pingouin est un animal monogame.
- **Gorfou :** manchot de petite taille, avec des plumes jaunes sur la tête.

Les oiseaux

L'espèce d'oiseau la plus remarquable est le condor (Vultur glyfus), dont l'envergure peut atteindre plus de 3 m en plein vol. Son poids est de 8 à 10 kg. Les mâles sont plus grands et sont ornés d'une crête ; contrairement à leurs parents, qui ont le col blanc autour du cou, les jeunes ont le col de couleur grise. Par chance, il est possible d'en apercevoir dans tout le pays, tout au long de la cordillère des Andes.

Les trois espèces de flamants roses sont un véritable enchantement pour le regard. On peut admirer ces derniers sur les lagunes du salar (lac salé) d'Atacama ou sur les lagunes de la cordillère des Andes, à l'est de San Pedro. Les plumes du flamant sont de couleur rose foncé, et l'on différencie les espèces notamment sur la couleur de leurs pattes : celles du flamant chilien sont grise et rouge, celles du flamant de James sont roses et celles du flamant andin sont dorées.

En Patagonie ou dans l'extrême nord, on fera connaissance avec le plus grand des oiseaux chiliens : le *ñandu*. Cette espèce d'autruche peut peser entre 15 et 25 kg.

Flore

L'insolite configuration géographique du Chili exerce une influence prépondérante sur l'existence, l'étendue, la répartition et la composition des milieux naturels du pays.
Il est très difficile de dresser un inventaire exhaustif de sa flore. On s'est donc seulement efforcé ici d'en dégager les traits dominants, en soulignant les spécificités du pays.

- **Au nord,** les déserts ne permettent pas la croissance d'une végétation abondante ; les espèces xérophiles sont plutôt localisées. A environ 1 000 m d'altitude apparaît parfois une nappe d'eau souterraine qui favorise la croissance d'une espèce endémique, le *tamarugo* (Prosopis tamarugo), probablement très étendue autrefois, aujourd'hui beaucoup plus rare à cause de l'exploitation des minerais d'argent à l'époque précolombienne puis des usines de nitrate. Les bosquets que l'on peut actuellement observer, souvent accompagnés de l'*algarrobo* (Prosopis siliquastrum) importé d'Argentine, ont souvent été reboisés. A partir de 2 000 m, ce sont les cactus qui règnent. Plus haut, vers 4 000 à 5 000 m d'altitude croît un végétal ligneux plutôt étrange, le *llareta* (Laretia compacta) ; appartenant à la famille des ombellifères, exigeant en lumière, il ressemble à des coussinets de tiges serrées les unes contre les autres afin de mieux résister aux conditions arides de la puna. Les centres miniers l'utilisaient jadis comme combustibles.

- **Dans le Norte Chico (Petit Nord)**, qui englobe les régions de Coquimbo et de l'Aconcagua, la végétation ligneuse prend plus d'importance, permettant aux moutons de paître au printemps. Il pleut surtout en hiver (entre 10 et 40 cm annuellement), et les principales espèces sont donc xérophiles, sauf dans l'enclave écologique de Fray Jorge, près d'Ovalle, où le brouillard côtier permanent favorise une végétation hydrophile de type valdivienne. Les espèces dominantes de cette région sont l'*espino* (Acacia cavenia) sur les plaines, les arbres à feuilles persistantes à l'ombre de collines : *quillay* (Quillaja saponaria), *peumo* (Crytocaria rubra), *litre* (Lithraea caustica), *boldo* (Boldea boldus). Malheureusement, les nombreuses entreprises qui se sont installées dans la région ont eu besoin de combustibles et cette végétation a été sérieusement menacée ; on l'a bien souvent remplacée par des eucalyptus.

- **Les régions de Valparaíso et Santiago**, jusqu'à celles d'Arauco et Malleco, présentent une végétation de transition. La pluviosité est plus importante et génère des bois et forêts spécifiques. L'espèce symbole est l'*espino* (Acacia cavena), qui constitue le décor naturel jusqu'à la province de Ñuble près de Chillán. Autrefois, le littoral regorgeait de palmiers du Chili (Jubaea spectabilis), mais ceux-ci ne subsistent que vers Ocoa (parc national La Campana) et Cocalán. Les buissons ligneux xérophiles de la côte comprennent l'espèce Nothofagus à feuilles caduques (roble blanco), puis les espèces Nothofagus glauca, leoni et alessandri.

- **En altitude** commence à apparaître le *coigüe* (Nothofagus dombeyi), puis le *rauli* à partir de Talca (Nothofagus procera), le *lenga* (Nothofagus pumilio) et le *ñirre* (Nothofagus antartica). Sur les plaines centrales, en allant vers le sud, se découvre le *roble* (Nothofagus obliqua), une variété de chêne.
Une autre essence apparaît dès le volcan Antuco et s'offre en forêt sur le plateau de Nahuelbuta, près d'Angol : le pin Araucaria (Araucaria araucana) ; parallèlement, le cyprès de la cordillère (Librocedrus chilensis) s'avère le conifère le plus septentrional en apparaissant dès la province de Colchagua.

- **Le Centre du Chili** est essentiellement une région agricole qui accueille 75 % de la population du pays. Ainsi, les forêts naturelles ont été surexploitées. Récemment, cette déforestation a été plus ou moins compensée par de nombreuses plantations de pins (Pinus insignis) et d'eucalyptus (Eucalyptus globulus), notamment dans la province de Concepción.

Au nord : les cactus

On compte près de 170 variétés de cactus dans tout le pays, presque toutes disséminées dans le Nord. Plus des trois quarts sont endémiques au Chili. Deux types que vous pourrez croiser parmi tant d'autres : le *sandillón de los ratones* (*Eriosyse redentiophila*), un cactus tout rond, qui atteint parfois 70 cm de diamètre, et qu'on peut admirer sur la côte sud de Chañaral, par exemple (au nord) ; ou le cactus candélabre (*Browningia candelaris*), qui croît, comme son nom l'indique, comme un chandelier, entre 1 700 et 3 000 m d'altitude ; il peut atteindre 5 m de hauteur pour 50 cm de diamètre. Son bois, jadis utilisé pour la menuiserie ou la charpenterie, est très prisé aujourd'hui par les artisans.

Au sud : l'alerce (Fitzroya cupressoides)

L'alerce, ou *lahuén*, est un arbre que l'on trouve dans les parties hautes de la cordillère des Andes et de la côte, depuis la province de Valdivia jusqu'à l'île de Chiloé. Certains de ces conifères atteignaient jusqu'à 50 m de hauteur et 4 m de diamètre, pour un âge allant de 3 000 à 4 000 ans. Le bois d'alerce est de couleur rouge et sa qualité exceptionnelle (léger, dur, imputrescible) lui a valu d'être utilisé dans la fabrication de charpentes et d'embarcations. Cependant, l'espèce est, à l'heure actuelle, protégée et sa coupe interdite (on peut en revanche utiliser le bois mort sur autorisation de la CONAF).

Le Sud, qui s'étend sur plus de 1 700 km, jouit d'un climat pluvieux : 140 cm annuels à Temuco, 175 cm à Puerto Montt, 245 cm à Valdivia, l'une des villes les plus arrosées du pays. En réalité, les zones d'Aisén et de Magallanes s'avèrent plus sèches, avec seulement de 15 à 40 cm de précipitations annuelles.

Ce vaste territoire accueille 95 % des forêts et bois naturels productifs du Chili. La végétation devient plus verdoyante. On voit apparaître d'épaisses forêts d'essences autochtones ou de plantations destinées à l'exploitation forestière. Les arbres natifs se caractérisent par leur dimension exceptionnelle qui supporte la comparaison avec certaines espèces de la forêt équatoriale africaine. Certains peuplements originaires subsistent encore, évoquant une vraie jungle d'espèces feuillues. Des fossiles trouvés en Patagonie démontrent que des forêts de résineux s'étendaient dans cette région il y a des millions d'années.

L'espèce dominante est sans conteste l'espèce Nothofagus (Fagaceoe), une sorte de hêtre (on sait depuis le XIXe siècle qu'il n'est pas identique au hêtre de l'hémisphère Nord), dont les autres régions de peuplement du genre Nothofagus sont la Nouvelle-Zélande, la Tasmanie, l'Australie et la Nouvelle-Guinée. Au Chili, on ne compte pas moins de huit espèces, dont trois à feuilles persistantes et cinq à feuilles caduques. Le rauli (entre 600 et 1 300 m), le roble (jusqu'à 800 - 1 000 m environ), deux espèces qui ne vont pas plus au sud de Valdivia et Osorno, le *lenga*, le *ñirre* (entre 1 300 et 1 700 m environ, mais le *ñirre* apparaît aussi comme broussailles autour de 800 m) ou le *coiguë* (40 % des forêts de Valdivia) s'y déclinent à l'infini, et l'on découvre le *tepa* (Laurelia serrata), le laurier (Laurelia sempervirens, souvent mélangé au roble vers Osorno et le lac Llanquihue), l'*ulmo* (Eucryphia cordifolia), l'*olivillo* (Aextoxicon puntactum), le *tineo* (Weinmannia trichosperma), le *lingue* (Persea lingue) le *canelo* (Drimys winteri)... D'autres espèces à feuilles persistantes sont le *luma* (Myrtus luma), le *meli* (Myrtus meli), le *tepu* (Tepulia stipularis), l'*arrayan* (Myrceugenia apiculata), le *trevo* (Flotowia dicanthoides), le *radal* (Lomatia obliqua), l'*avellana* (Guevina avellana), le *notro* ou *ciruelillo* (Embothorium coccineum) ou encore le *boldo* (Boldea boldus).

Plus au sud, le *lenga* et le *ñirre* sont alors prépondérants, avec quelques variantes, comme l'espèce Nothofagus montagnei qui ressemble au *ñirre*, vers la Terre de Feu. Cette région du bout du monde est dominée par une dense forêt « presque » vierge de coigüe, de roble de Chiloé (Nothofagus nitida) et de roble de Magallanes (Nothofagus betuloides), ainsi que de *luma* et de *canelo*.

Les diverses espèces de résineux dans la région contribuent à environ 7 % du total des espèces naturelles. En effet, le mélange entre espèces feuillues et espèces résineuses est une constante au Chili et l'une de ses caractéristiques majeures : dans l'hémisphère Nord, les résineux préfèrent rester entre eux ! Les huit espèces de résineux présentes dans la région Sud sont : l'araucaria (confiné à une zone allant du volcan Antuco au volcan Lanin, et sur le plateau de Nahuelbuta), l'alerce (Fitzroya cupressoides, abondant dans la région de Puerto Montt et du lac Llanquihue), le cyprès de las Guaitecas (Pilgerodendron uviferum, vers la région de Chaitén notamment et plus au sud), le cyprès de cordillère (vers Osorno), le *lleuque* (Podocarpus andinus, relativement rare), le *mañio hembra* (Podocarpus nubigenus), le *mañio* (Podocarpus salignus), le *mañio macho* (Saxegothaea nubigenus). On peut aussi ajouter l'espèce de résineux nain Dacrydium fonckii que l'on trouve sur les côtes de Valdivia jusqu'à la province de Aisén.

Précisons que le meilleur bois se situe dans les provinces de Valdivia, de Malleco Cautín, puis d'Osorno et de Llanquihue.

Premiers habitants

Avant l'arrivée des Espagnols, le Chili était peuplé d'une multitude d'ethnies indigènes, dontcertaines ont subsisté malgré les nombreuses exactions commises par les conquistadors, explorateurs et autres prédateurs humains. A l'intérieur de leurs aires géographiques respectives, ces cultures nous ont légué des témoignages de leur grandeur passée, des énormes géoglyphes et pétroglyphes du nord à la fine orfèvrerie des Araucans, au sud, en passant par la céramique des Diaguitas.

- **Le Grand Nord**, où apparaît, dès 8 000 av. J.-C., la fabuleuse culture momificatrice chinchorro, a connu trois groupes principaux : les Aymaras (appartenant au peuple fondateur de Tiwanaku) dans l'Altiplano, les habitants de la sierra et les Changos sur la côte. Ces trois peuples étaient fortement liés par le commerce jusqu'à ce qu'ils tombent sous la coupe des envahisseurs incas, qui pénètrent sur leur territoire en 1470. Les Incas étendront leur fabuleux empire jusqu'aux berges du Bío-Bío, où leur progression sera arrêtée par les Mapuche.

- **La région d'Atacama** a été peuplée par les Atacameños dès 11 000 av. J.-C. C'est à San Pedro que l'on peut admirer Miss Chile, la plus ancienne momie conservée au Chili. Les régions de Copiapó jusqu'à La Ligua ont été marquées par la présence des Diaguitas et de Las Animas.

- **Le Centre** a servi de frontière entre, d'une part, différentes tribus et descendants des indigènesdu nord, et, d'autre part, les Mapuche, un peuple fortement organisé, le seul peuple autochtone d'Amérique du Sud à avoir résisté jusqu'à la fin aux Espagnols, contre lesquels ses héros – Lautaro, Caupolican, Colo-Colo (qui a donné son nom à l'équipe de football la plus populaire du Chili) – ont mené une incessante « guérilla ». Ces farouches Mapuche, dont le territoire était limité au nord par la frontière naturelle du Bío-Bío, se divisaient en Picunche (hommes, ou che, du nord, du Bío-Bío à Valdivia) et Huilliche (hommes du sud, de Valdivia à Chiloé). C'est eux que les Espagnols ont surnommé les Araucans. Transversalement, on distinguait également trois types de Mapuche : les tribus nomades côtières, vivant de la pêche, les tribus semi-nomades de la vallée centrale, les Lafunche, et les tribus nomades de chasseurs de la précordillère, les Pehuenche.Les Mapuche, qui faisaient des incursions dans l'île de Chiloé, en ont délogé progressivement leurs habitants d'origine, les Chonos, qui sont allés s'installer dans l'archipel d'Aisén. Un autre peuple vivait sur cette côte, les Caucahue, découverts seulement en 1620 par des missionnaires espagnols.

- **Magellan et la Terre de Feu** étaient partagés entre quatre peuples : les Aonikenk (Tehuelche), nomades et chasseurs terrestres des hauteurs andines, les Selk'nam (Onas), chasseurs également mais en Terre de Feu, les Yamanas (Yaghan), nomades marins vivant autour du canal de Beagle, et les Kaweskar (Alacalufe), installés entre le golfe de Penas et le détroit de Magellan. De ces peuples, il ne reste qu'une poignée d'Alacalufe (ce peuple est amené à disparaître dans les prochaines années) et de Tehuelche, totalement acculturés. Les autres ont été exterminés par les chasseurs d'or et surtout par les éleveurs de moutons qui, mettant leur tête à prix, ont perpétré un véritable génocide.

Les voyages de découverte

Pour la monarchie espagnole de Ferdinand de Castille et Isabelle d'Aragon, la découverte del'Amérique par Christophe Colomb doit être immédiatement rentabilisée. Aussi s'empressent-ils de demander leur titre de propriété à l'autorité compétente de l'époque : le pape. Ce dernier, afin de ne pas rendre jaloux les voisins portugais, décide de la division du Nouveau Monde par la bulle Intercaetera Divinae en 1493, qui sera suivie du traité de Tordesillas séparant les possessions par une ligne imaginaire située à 450 lieues à l'ouest des îles du Cap Vert.Les Espagnols, assoiffés de nouvelles conquêtes, s'efforcent alors de trouver un passage unissant l'Atlantique et la mer du Sud, découverte par Nuñez de Balboa en 1513 (elle prendra le nom de Pacifique), car ils doivent éviter le Brésil portugais. Ils profitent alors de ce qu'un Portugais, Ferdinand de Magellan, découvre la Terre de Feu et franchit, le 1er novembre 1520, le détroit de « Tous les Saints », autrement dit le légendaire détroit de Magellan.Cependant, l'exploration proprement dite du Chili n'interviendra que beaucoup plus tard, les Espagnols concentrant leurs efforts dans les Antilles, sur les côtes de la mer Caraïbes du Mexique au Venezuela et, plus tard, dans l'Empire inca dont le fabuleux trésor attisait toutes les convoitises.

C'est justement en voulant asseoir sa domination sur Cuzco, la ville la plus riche de l'empire, que Pizarro écarte son rival Diego de Almagro en lui attribuant toutes les terres situées au sud : la voie chilienne est ainsi ouverte. Suite à près d'un an de progression pénible dans un environnement hostile, Almagro établit son quartier général dans la vallée de l'Aconcagua, puis fonde Valparaíso. Mais l'absence des richesses espérées ainsi que son incapacité à pénétrer le territoire au-delà du fleuve Bío-Bío tenu par les Mapuche l'incitent à revenir au Pérou. Il y sauvera du siège inca les frères Pizarro qui, par gratitude, le décapiteront en 1538.

La conquête

La conquête espagnole prend un tournant décisif en 1540, quand Pedro de Valdivia part de Cuzco à la tête d'une nouvelle expédition dans le but de coloniser tout le territoire. Au nom de la Couronne espagnole, Valdivia s'empare des terres et édifie des villes. C'est ainsi que, le 12 février 1541, voit le jour Santiago de Nouvelle Extremadure, qui sera détruite six mois plus tard par lesautochtones. Mais l'Espagnol est tenace… Grâce à des renforts, il reconstruit Santiago, puis fonde La Serena en 1544 et progresse dans le territoire jusqu'aux rives du Bío-Bío, la frontière du territoire des farouches Araucans, où il bâtit la ville de Concepción en 1550.Malgré le courage des Mapuche (toujours appelés Araucans par les Espagnols), glorifiés par Alonso de Ercilla dans l'un des plus importants poèmes épiques de la littérature américano-espagnole, La Araucana, la percée valdivienne est victorieuse. Imperial, Valdivia, Villarrica ainsi que trois forts – Arauco, Tucapel et Puren – voient le jour en trois ans. La conquête est quasi terminée quand les Mapuche attaquent Tucapel et s'emparent du fort. Arrivé en renfort, Valdivia verra ses troupes exterminées par une guerre d'usure menée par un jeune et génial stratège indigène, Lautaro, avant d'être lui-même occis. C'est Hurtado de Mendoza, le fils du vice-roi du Pérou, qui prend la relève et porte le coup de grâce aux Mapuche. Il débarque en 1557, reprend Tucapel et exécute le cacique Caupolican. Il reconstruit les villes détruites, en fonde d'autres et rentre en 1561 à Lima. Les irréductibles Mapuche continueront de résister à l'envahisseur jusqu'à la fin du XIXe siècle, tant et si bien que l'on ne peut considérer le Chili comme entièrement conquis. On ne peut parler de colonie espagnole qu'au nord du Bío-Bío.

L'époque coloniale

Les bases de la colonisation chilienne furent assez fragiles du fait de la rivalité entre les avides représentants de la Couronne espagnole, des rébellions mapuche et de l'isolement commercial du Chili. Les routes de Buenos Aires et du détroit de Magellan étant coupées par les pirates anglais, le commerce chilien se limitait quasiment à la péninsule sud-américaine.C'est paradoxalement le déclin de l'Espagne au XVIIe siècle qui va donner un coup de fouet à la colonisation provoquant l'émigration de masses en quête de conditions de vie meilleures.Les querelles caractéristiques de la colonisation espagnole apparaissent entre Créoles et « Espagnols nés en Espagne », dans leur lutte pour l'accès aux plus hautes charges politiques et administratives. Le tout étant arbitré par notre Sainte Mère l'Eglise, qui s'impose comme une rivale de l'autorité royale et brandit son pouvoir d'excommunication dès que ses intérêts sont menacés. L'administration chilienne attendra le début du XIXe siècle et la dynastie des Bourbons de Philippe V avant de trouver la voie de la compétence, du sérieux et de l'honnêteté. Ses administrateurs vont multiplier les travaux publics, fonder des villes nouvelles et introduire des réformes administratives et économiques. C'est l'époque pour le pays d'une certaine prospérité économique et d'une stabilité politique qu'aucune guerre ne vient perturber.

Vers l'indépendance

L'émancipation est d'abord intellectuelle grâce à la création, en 1756, de l'université San Felipe de Santiago qui libère le Chili de la tutelle de Lima qu'elle commence à concurrencer. Même si l'enseignement dispensé est classique, des œuvres libertaires, venues en contrebande d'Europe, passent sous les manteaux et s'insinuent dans les esprits. Les critiques redoublent dans le domaine économique, où la liberté du commerce est trop limitée, et dans le domaine administratif où les Espagnols monopolisent toutes les charges aux dépens de Créoles pourtant plus nombreux. La misère du peuple et ses faibles possibilités d'accès à l'éducation ne sont pas faites pour assurer une totale sérénité aux Espagnols.Mais c'est également d'ailleurs que s'engouffre le vent du dépoussiérage et du changement. La proclamation de l'indépendance des Etats-Unis donne des idées à toute l'Amérique latine. De plus, la guerre de l'Angleterre contre l'Alliance franco-espagnole de 1796 à 1808 coupe l'Espagne de ses colonies. L'Angleterre en profite pour attaquer Buenos Aires en 1806 mais se heurte par deux fois à une étonnante coalition du peuple et des Espagnols. Les Créoles prouvent alors qu'ils sont capables de faire respecter leur territoire tout autant que les Espagnols. L'exemple argentin fait germer l'idée de nationalité chez les Créoles chiliens.

CHRONOLOGIE

- **1492>** Christophe Colomb découvre l'Amérique.
- **1493-1494>** La bulle Intercaetera Divinae et le traité de Tordesillas partagent l'Amérique latine entre Portugais et Espagnols.
- **1516>** Première expédition vers le Chili de Juan Diaz de Solis.
- **1520>** Découverte de la Terre de Feu et du détroit de Tous les Saints par Magellan.
- **Mai 1535>** Diego de Almagro part de Cuzco à la tête d'une armée afin d'explorer le Chili.
- **1540>** Début de la conquête espagnole du Chili menée par Pedro de Valdivia.
- **12 février 1541>** Fondation de Santiago de Nouvelle Estrémadure par Pedro de Valdivia.
- **1542-1553>** Avancée espagnole et fondation de nombreuses villes, dont Concepción, Villarica, La Serena.
- **1553>** Prise de Tucapel par les Mapuche. Défaite et mort de Valdivia.
- **1557>** Arrivée de Hurtado de Mendoza qui reprend Tucapel et exécute le cacique Caupolican.
- **1569>** Parution de *La Araucana*, d'Alonzo de Ercilla y Zuniga.
- **XVIIe siècle>** Mise en place de la colonie, sous tutelle du vice-royaume du Pérou. Rivalités entre Espagnols, Créoles et l'Eglise.
- **1683>** Le roi d'Espagne libère les esclaves indigènes.
- **XVIIIe siècle>** Siècle de paix, d'essor économique et urbain et des premières réformes administratives.
- **1756>** Création de l'université San Felipe de Santiago. La critique et le libéralisme gagnent les intellectuels.
- **1778>** L'Espagne autorise le commerce libre avec le Nouveau Monde.
- **1788>** L'université San Felipe ouvre ses portes à Santiago.
- **1791>** Le gouverneur Ambrosio O'Higgins supprime l'encomienda.
- **1805>** L'Espagne est coupée de ses colonies.
- **1806>** Double défaite des Anglais tentant de reprendre Buenos Aires. Les Créoles prennent véritablement conscience du concept de nationalité propre.
- **18 septembre 1810>** Première assemblée du gouvernement chilien (*cabildo abierto*). Date du jour de l'indépendance.
- **Juillet 1811>** Réunion du premier congrès national.
- **1814>** Défaites des troupes chiliennes à Rancagua contre le vice-roi. Fuite de O'Higgins en Argentine et alliance avec San Martín.
- **12 février 1818>** Indépendance du Chili.
- **5 avril 1818>** Victoire décisive de Maipú des libéraux contre les royalistes.
- **1823>** Première Constitution du pays. Le général Feire remplace Bernardo O'Higgins, chef suprême du Chili depuis 1817.
- **1833 >** Nouvelle Constitution chilienne sous l'égide de Diego Portales, arrivé au pouvoir en 1830.
- **1837>** Victoire de Bulnes à Yungay contre la confédération Pérou-Bolivie.

Pétroglyphes de Cachango dans la Vallée d'Azapa.

- **1842>** Fondation de l'université du Chili.
- **1855 >** Code civil.
- **1865>** Guerre de l'Espagne contre la coalition Pérou-Bolivie-Equateur-Chili.
- **5 avril 1879>** Le Chili déclare la « guerre du Pacifique ».
- **21 mai 1879>** Bataille d'Iquique.
- **Janvier 1881>** Victoire des troupes chiliennes qui pénètrent dans Lima. Annexion de Tarapaca, Arica, Tacna (Pérou) et Antofagasta (Bolivie).
- **1891>** Suicide de Balmaceda (au pouvoir depuis 1886) et débuts du parlementarisme.
- **1907>** Massacre des mines de Santa María à Iquique : de 1 000 à 3 000 morts.
- **9 septembre 1924>** L'armée intervient pour obliger le Congrès à voter les lois sociales réclamées par le gouvernement depuis longtemps.
- **30 août 1925>** Constitution « présidentielle » dont le maître d'œuvre est Arturo Alessandri.
- **15 novembre 1945>** Gabriela Mistral est le premier auteur d'Amérique latine à recevoir le prix Nobel de littérature.
- **1947>** Adhésion du Chili au Traité interaméricain d'assistance réciproque.
- **1962 >** Coupe du monde de football au Chili. Le Chili se classe troisième.
- **1965>** Création du MIR (Mouvement de la gauche révolutionnaire).
- **1967>** Loi de réforme agraire. La formation de syndicats agricoles est autorisée.
- **4 septembre 1970>** Election de Salvador Allende, socialiste.
- **1971>** Pablo Neruda reçoit le prix Nobel de littérature.
- **Octobre 1972>** Grève générale des chauffeurs routiers (financée par la CIA) qui bloque le pays.
- **Mars 1973>** Elections législatives. Progression de la gauche.
- **11 septembre 1973>** Coup d'Etat militaire dirigé par le général Augusto Pinochet. Bombardement du palais de La Moneda. Mort d'Allende. Prise de pouvoir du dictateur.
- **20 juin 1974>** Pinochet se proclame « Chef suprême de la Nation ».
- **17 décembre 1974>** Pinochet devient président de la République.
- **1978>** Pinochet fait voter une loi amnistiant tous les délits, sauf ceux de droit commun, commis entre septembre 1973 et mars 1978.
- **1978-1979>** Découverte des charniers de Lonquen et du cimetière de Santiago.
- **11 septembre 1980>** Constitution pinochétiste approuvée par référendum (toujours en vigueur malgré des amendements).
- **1982>** Crise économique brutale : le PIB chute de 14,3 %. Premières manifestations contre le régime en juillet.
- **1983>** Manifestations contre le gouvernement de la junte.
- **Novembre 1984>** Un traité perpétuel de paix et d'amitié est signé avec l'Argentine au Vatican, sous l'égide de Jean-Paul II, reconnaissant les frontières australes définitives entre les deux pays.
- **1er avril 1987>** Le pape fait une mauvaise blague au général en lui rendant visite.
- **Octobre 1988>** Triomphe du « No ! Ya basta » lors du plébiscite de Pinochet qui tente de faire prolonger son pouvoir jusqu'en 1997 (54 % de non).
- **30 juillet 1989>** La réforme de la Constitution est approuvée par 87,5 % des électeurs (le PC est légalisé, le nombre de parlementaires nommés diminue…).
- **14 décembre 1989>** Premières élections démocratiques depuis 19 ans. Victoire du candidat de la Concertación, Patricio Aylwin. Pinochet est toujours commandant en chef des forces armées (jusqu'en 1998).
- **16 mars 1990>** Le Parlement reprend ses sessions après 16 ans de silence.
- **24 avril 1990 >** Création de la Commission « Vérité et réconciliation ». Elle recensera 3 500 morts et 967 disparus entre 1973 et 1990 (rapport du 4 mars 1991). Pinochet réfute tout en bloc.
- **10 mars 1998>** Pinochet est remplacé à la tête de l'armée de terre par Izzurieta et devient sénateur à vie le lendemain.
- **16 octobre 1998>** Pinochet est arrêté dans une clinique de Londres. Les tribunaux anglais ne reconnaissent pas son impunité.
- **Décembre 1998>** Mise en examen du général Pinochet pour crime contre l'humanité à la demande du juge espagnol Baltazar Garzon. Les personnes ayant porté plainte pour la constitution du dossier se portent parties civiles, dont les gouvernements français et espagnol.
- **16 janvier 2000>** Election au second tour de Ricardo Lagos (socialiste), avec 51,31 % des voix.

- **Mars 2000>** Libération d'Augusto Pinochet pour raisons médicales. Retour du dictateur au Chili.
- **Mars 2000>** Levée de l'immunité parlementaire d'Augusto Pinochet par la Cour suprême. Il ne sera jamais jugé, officiellement pour « raisons de santé ».
- **29 janvier 2001>** Assignation à domicile d'Augusto Pinochet par le juge Juan Guzmán Tapia.
- **2004 >** Le divorce est enfin autorisé par le Code civil (qui datait de 1880), malgré l'hostilité de l'Eglise.
- **2005>** Scandale des évasions fiscales de Pinochet avec la banque Riggs aux Etats-Unis (environ 8 millions de dollars).
- **2005 >** Réforme de la Constitution : les sénateurs « désignés » ou sénateurs « à vie » disparaissent.
- **24 novembre 2005>** Pinochet est inculpé pour six disparitions dans le cadre de l'opération Colombo (disparition de 119 opposants en 1975).
- **15 janvier 2006>** Michelle Bachelet remporte le second tour de l'élection présidentielle (début de sa présidence le 11 mars).
- **26 mai 2006>** La plus grande mobilisation étudiante depuis 30 ans, la fameuse « révolution des *Pingüinos* » (surnom donné aux collégiens).
- **10 décembre 2006>** Augusto Pinochet décède à l'hôpital militaire de Santiago, des suites d'un infarctus du myocarde. Le deuil national n'est pas décrété, « pour le bien du Chili » selon les mots de la présidente Bachelet. Aucun hommage d'ancien chef d'Etat ne lui est rendu (seulement les honneurs d'ancien commandant en chef des forces armées).
- **16 mars 2007>** Loi créant la 14e région chilienne des lacs, dont Valdivia devient la capitale (entrée en vigueur le 2 octobre 2007)
- **23 mars 2007>** Loi créant la 15e région chilienne d'Arica-Parinacota. Arica en devient la capitale (entrée en vigueur le 9 octobre 2007).
- **2 mai 2008>** Eruption du volcan Chaitén, l'une des plus importantes au monde ces dernières années.
- **Décembre 2009 et janvier 2010>** Election présidentielle, remportée par le candidat de l'Alianza, Sebastian Piñera, mettant fin à 20 ans de gouvernement de la gauche.
- **27 février 2010>** Terrible tremblement de terre de 8,8 sur l'échelle de Richter qui dévaste (avec son tsunami postérieur) le centre-sud du Chili.
- **Mars 2010>** Piñera devient officiellement président de la République.
- **5 août – 13 octobre 2010>** Epopée des 33 mineurs bloqués dans la mine San José, près de Copiapó dans la région d'Atacama.
- **9 mai 2011>** Approbation par une Commission du projet hydro-électrique HydroAysén, entraînant de massives manifestations dans tout le pays.
- **Juillet-Août 2011>** Grandes manifestations estudiantines dans tout le pays pour réclamer une meilleure éducation publique et sa gratuité.
- **2012>** Recensement général de la population chilienne.
- **28 octobre 2012>** Elections municipales : demi-victoire pour la Concertación (mais participation très faible, autour de 60 %), qui a obtenu 43 % des suffrages (soit 5 % de plus qu'en 2008). Santiago, Providencia, Concepción et Punta Arenas, notamment, sont passées à gauche.
- **1er mars 2013>** Interdiction de fumer dans les restaurants, bars et discothèques (sauf en terrasse pour les restaurants).
- **11 mars 2014>** Michelle Bachelet entame son deuxième mandat de Présidente de la République.
- **Janvier 2015>** Le pays légalise l'union civile pour les couples hétérosexuels et homosexuels.
- **Juillet 2015>** Terre d'accueil de la Copa América de foot pour la septième fois de son histoire, le Chili gagne la coupe et laisse le pays en émoi.
- **17 septembre 2015>** Un séisme d'une magnitude de 8,3 sur l'échelle de Richter frappe le centre nord du Chili, à 177 km au nord de Valparaiso, faisant 13 mort.
- **21 août 2016>** Le Tribunal constitutionnel chilien approuve la loi de dépénalisation de l'avortement.
- **11 mars 2018>** Sebastian Piñera redevient président de la République.
- **Mi-octobre 2019>** un mouvement de contestation sociale contre la vie chère et la privatisation des services publics embrase le pays. Piñera décrète l'état d'urgence et envoie les militaires dans la rue. Après 5 jours d'extrême violence, il change de stratégie et veut calmer le jeu en annonçant toute une batterie de mesures sociales. Mais les manifestations se poursuivent.

La révolution de l'indépendance

L'abdication de Ferdinand VII en faveur de Napoléon divise les esprits chiliens ; elle s'insère dans la rivalité qui oppose Créoles et Espagnols ; les uns bien décidés à revendiquer leur indépendance, les autres prêtant encore allégeance à la Couronne et prêts à la défendre contre ses ennemis. Le gouverneur de l'époque, Garcia Carrasco, n'a pas l'envergure suffisante pour calmer les esprits. Craignant un complot, il fait arrêter deux personnalités très aimées du peuple, le 25 mai 1810, le jour même où, à Buenos Aires, le vice-roi est renversé et remplacé par une Assemblée générale. Le peuple chilien gronde et le tribunal royal juge plus prudent de remplacer, en juillet, Carrasco par Mateo de Toro Zambrano, vieillard sénile de 85 ans. Ce dernier, notamment sous la pression de Martinez de Rozas et Bernardo O'Higgins, est poussé à accepter la convocation de la première Assemblée du gouvernement le 18 septembre 1810, jour qui sera retenu comme fête de l'Indépendance. Néanmoins cette indépendance n'est pas véritablement effective et, pour la défendre, De Rozas décide de la création d'une armée destinée à protéger le pays d'une attaque du vice-roi du Pérou. Parallèlement, le rapprochement avec l'Argentine, engagée dans le même processus de réforme, s'intensifie. Le plus grand pas réalisé sera sans doute la libéralisation du commerce extérieur décidée par l'Assemblée en février 1811 et propulsant le Chili dans le grand concert international. Ces réformes ne sont pas assez rapides au goût d'un jeune révolutionnaire, José Miguel Carrera, qui prend le pouvoir en 1811 et instaure une dictature militaire relativement éclairée. Quant au vice-roi du Pérou, dernier bastion de la monarchie espagnole, il ne peut tolérer indéfiniment cette mode réformatrice qui jurait parmi les robes de ses courtisans. Il attaque donc le Chili sur deux fronts : des troupes avancent vers Santiago, tandis qu'une importante armée débarque au sud pour prêter main-forte aux monarchistes chiliens.Les royalistes prennent les principales villes du sud, mais essuient de graves défaites contre les armées de O'Higgins et de Carrera et se replient vers le sud. Un nouveau bataillon est alors envoyé du Pérou qui défait les patriotes chiliens à Rancagua et met ainsi fin à la « demiindépendance » chilienne. Le reste de l'armée chilienne s'enfuit en Argentine, O'Higgins à leur tête, où il va lier sa destinée à celle de son homologue argentin, José de San Martín.

O'Higgins et San Martín sur les routes de la liberté

Selon le plan d'attaque de San Martín, il faut surprendre le vice-roi du Pérou et l'attaquer sur son propre terrain, lui reprendre le Chili, puis attaquer Lima. Il l'expose à O'Higgins qui l'aurait alors regardé dans les yeux et lui aurait dit : « Oui, trois fois oui, emmène-moi sur ton grand cheval blanc » ! L'armée des Andes, composée de 4 000 soldats chiliens et argentins, les suit dans leur périple. Ils sont galvanisés par la proclamation de l'Indépendance de l'Argentine le 9 juillet 1816 et, après de nombreuses batailles, portent le coup de grâce aux troupes du gouverneur Marcelo del Pont, à Chacabuco, le 12 février 1817. Nos deux comparses entrent alors dans un Santiago en liesse qui offre le commandement du pays à San Martín. Ce dernier refuse au profit de son acolyte Bernardo O'Higgins qui proclamera l'indépendance du pays, sentimentalement, un an plus tard, le 12 février 1818. Les troupes du vice-roi, qui n'avait pas bien retenu la leçon, seront rossées une bonne fois pour toutes le 5 avril 1818, lors de la bataille de Maipu.L'indépendance cependant n'était pas synonyme de révolution sociale. Le pays était secoué par une instabilité qui durait depuis plus de huit ans, le peuple n'était pas mûr pour que s'instaure une démocratie véritable, et les petits caudillos militaires fleurissaient. Se substituant ainsi aux Espagnols, les dirigeants créoles s'emparent alors du pouvoir, la masse ne recueillant que petit à petit les fruits de ce grand changement politique.

Premières années de la République

Préserver la République chilienne exigeait d'abord de se débarrasser du vice-royaume du Pérou. O'Higgins, aidé du marin anglais Cochrane, arme en 1820 l'escadre libératrice comportant 5 000 hommes. Ils parviennent à libérer le Pérou et proclament son indépendance le 28 juillet 1821. Toutefois, une politique intérieure trop dure et des mesures impopulaires provoquent le mécontentement du peuple, ce qui oblige O'Higgins à abandonner le pouvoir. S'ensuit une période troublée où se distinguera, dès la fin de la décennie 1820, le ministre Diego Portales. Ce dernier sera pendant plus de dix ans l'homme de l'ombre, jamais président mais détenteur du véritable pouvoir de décision. Voulant mettre fin aux turbulences de ces grands enfants que sont les militaires, il combat le mal par le mal et instaure une sévère et rigoureuse dictature qui ramène l'ordre dans le pays. Elle sera couronnée par la nouvelle Constitution de 1833, fondée sur l'exécutif, conservatrice mais adaptée à l'époque. Portales défait l'ex-président Freire (1823-1826) tentant de reprendre le pouvoir à partir du Pérou. Les relations péruvio-chiliennes, déjà tendues, s'enveniment, et quand Santa Cruz crée une Confédération Pérou-Bolivie belliqueuse, la guerre est inévitable. Une mutinerie de l'armée met fin aux jours de Portales, mais les Chiliens l'emportent finalement grâce à la victoire du général Bulnes lors de la bataille de Yungay, en 1837. Bulnes, héros militaire, est logiquement nommé président en 1841.Commence alors une ère de prospérité économique fondée sur l'agriculture (blé) et les richesses minières (or, argent, cuivre, dont le Chili est le premier producteur mondial, et anthracite). C'est le début de l'industrialisation chilienne et l'exportation nécessite aussi un réseau de transport efficace. Pour parfaire la dynamique, il faut des bras et le gouvernement se lance dans une politique d'encouragement à l'immigration, principalement d'Europe. La culture et les arts ne sont pas en reste et, en 1842, est fondée l'université du Chili. Cette prospérité perdure sous la présidence de Manuel Montt, élu en 1851, qui voit apparaître le chemin de fer, le télégraphe et le Code civil (1855) basé sur le Code napoléonien. Cette ère de paix et d'essor sera troublée par la guerre avec l'Espagne. Les Espagnols ayant attaqué une île péruvienne, une coalition Pérou-Bolivie-Equateur-Chili se forme. La flotte espagnole se retirera non sans avoir quasiment détruit Valparaíso, port commercial sans défense.

La guerre du Pacifique

Même si le spectre de l'ennemi commun espagnol avait semblé souder à nouveau les pays sud-américains, leurs points de vue divergeaient sur la question des frontières. C'est suite à un désaccord frontalier avec la Bolivie (mais aussi à cause des intérêts financiers en jeu dans cette région très riche en mines notamment, pour la plus grande joie des Anglais) que les Chiliens occupent Antofagasta, début 1879. Les Péruviens se proposent comme médiateurs mais la découverte d'une alliance secrète entre le Pérou et la Bolivie pousse le Chili à leur déclarer la guerrele 5 avril 1879. La glorieuse opération suicide du capitaine Arturo Prat à bord de l'*Esmeralda* et du *Covadonga*, coulés par les cuirassés péruviens, galvanise les troupes chiliennes qui, dès lors, accumulent les victoires. En janvier 1881, les troupes chiliennes pénètrent dans Lima. Le Chili annexe alors les provinces péruviennes de Tarapaca, Arica et Tacna (restituées en 1929 par référendum) et s'empare de l'ancienne province bolivienne d'Antofagasta.

Quand la conquête chilienne profite à l'Occident

L'expansion territoriale chilienne était surtout une plus-value économique puisque cette victoire leur permettait de mettre la main sur les mines de nitrate et de salpêtre de ces régions arides. Mais « l'homme à qui le crime profita » n'était pas un Chilien. Il s'appelait Thomas North et était anglais. Profitant des temps de guerre, North achète les mines à bas prix puis en émet des actions à la City londonienne, devenant l'un des hommes les plus riches, et donc les plus puissants, d'Angleterre. Les cours ne chuteront que vers la fin du siècle, le salpêtre étant remplacé, substitué par les engrais chimiques. Le Chili n'extrayant de la mine que des recettes fiscales sur les formidables gains d'un Thomas qui n'avait pas perdu le « North ».

Le parlementarisme

Le président Balmaceda (1888-1891), qui s'était lancé dans un programme de travaux publics, de réformes sociales (amélioration des conditions de travail, hausse des salaires) et de nationalisations se voit progressivement lâché par les sphères dirigeantes. Refusant de convoquer un Congrès où il n'était pas majoritaire, il offre un prétexte idéal aux propriétaires qui s'appuient sur la marine pour provoquer un grave conflit armé. Les fidèles de Balmaceda sont mis en déroute par les forces conservatrices (sponsorisées d'ailleurs par un North craignant les nationalisations). Balmaceda lui-même se suicidera en 1891. Désormais, c'est le Congrès qui décide de l'avenir de la nation. Les partis politiques, qui n'étaient auparavant que des factions, s'organisent de mieux en mieux et défendent âprement leurs intérêts. Les présidents se doivent alors de les courtiser pour obtenir une majorité au Congrès qui, d'après la Constitution de 1833, a un droit de blocage sur ses décisions.Si les deux partis traditionnels – le Parti conservateur, défenseur de l'autorité politique et des dogmes religieux, et le Parti libéral, prêchant liberté de pensée et liberté politique – sont les plus puissants, cette fin de siècle est témoin de l'émergence de nouvelles tendances politiques. Le nouveau Parti radical se place dans le sillage des réformes libérales mais en réclame la mise en place immédiate. Ses membres sont d'horizons très divers, aristocrates ou classes moyennes cherchant une ascension politique, prolétaires luttant contre les inégalités sociales. Ces derniers vont progressivement se détacher du Parti radical. Optant pour une attitude plus engagée, ils organisent les premières grèves et finissent par fonder le Parti démocrate.

Pendant que les parlementaires parlementent, le social s'agite…

La révolution industrielle dans laquelle entre le Chili comporte également son cortège d'ouvriers exploités, de bas salaires et de conditions de travail précaires car non réglementées. On assiste, comme auparavant en Europe, à une désertification des campagnes et à la formation d'un prolétariat de plus en plus important dans les grands centres urbains.

Cette population déracinée travaille dans des conditions extrêmement pénibles, sans aucune protection sociale.
Les centres industriels comme Concepción voient donc se former peu à peu des syndicats dès le début du XXe siècle. A ces contestataires s'ajoutent également les mineurs du nord, soumis véritablement au régime de l'encomienda : dans les mines de salpêtre, l'ouvrier n'est pas payé en monnaie nationale mais en jetons qu'il ne peut utiliser que dans la bodega du patron qui récupère ainsi l'argent des salaires.
Dans cette tourmente, un homme se dresse pour dénoncer les injustices : Luis Emilio Recaberren, chantre de la révolution. Il transforme en 1912 le Parti socialiste ouvrier en Parti communiste, qui commence à essaimer, et organise la coordination des syndicats de tout le pays.
Des mouvements sociaux font régulièrement éclater leur colère et se terminent parfois dans des bains de sang, l'épisode le plus horrible étant sans doute le massacre d'Iquique en 1907. Organisant une grève, des mineurs et leurs familles (plus de 5 000 personnes) se regroupent dans l'école de Santa María. L'armée ouvre le feu sur la foule sans sommation provoquant la mort de 200 personnes. La fermeture des mines de salpêtre et son lot de chômeurs contribuent à aggraver le mécontentement général.

Des résultats : démocratisation du pays et réformes sociales

Le malaise général régnant dans le pays sera calmé par l'arrivée providentielle au pouvoir, en 1920, d'Arturo Alessandri. Même s'il est soupçonné de populisme, il n'hésite pas à braver le Congrès parlementaire et fait passer un ensemble de mesures visant à améliorer le sort des travailleurs. Mais le traditionalisme est tenace et une partie de l'armée se joignant aux conservateurs pousse Alessandri à la démission en 1924. C'est sans compter avec sa formidable aura populaire qui le réinstalle dans ses fonctions une année plus tard, en 1925. Ne perdant pas une seconde, Alessandri fait établir la Constitution de 1925 qui instaure un régime présidentiel. Le président, élu pour 6 ans au suffrage universel, est maître de l'exécutif, a un droit de veto et est commandant en chef des armées. Les chambres (Chambre des députés et Sénat) se partagent le pouvoir législatif tandis que le pouvoir judiciaire bénéficie d'une complète autonomie.

Réformistes et militaires : « je t'aime moi non plus »

Même si Alessandri réussit à faire passer ses réformes sociales, il est renversé en 1927 par le colonel Carlos Ibanez del Campo, un Benzino Benzini en puissance, grand admirateur du duce et mélomane à ses moments perdus. Le chef d'orchestre, c'est lui, et pour éviter les couacs et les libertaires, il les supprime, arrêtant et exilant les principaux dirigeants syndicalistes et communistes. Comme ses homologues italiens et espagnols, il base sa politique nerveuse sur le rôle centralisateur de l'Etat. Les répercussions du krach de Wall Street (notamment la chute de la demande mondiale de cuivre entraînant forcément le chômage) l'obligeront à démissionner en 1931. Dès lors, débute une année où Grand Guignol et Branquignol se donnent la réplique sur la scène du grand théâtre politique chilien, le plus pressé étant sans doute le colonel Grove puisqu'il ne restera au pouvoir qu'une dizaine de jours. En octobre 1932, des élections, cette fois démocratiques, ramènent au pouvoir Arturo Alessandri. Surnommé le Lion de Tarapacá, celui-ci fait le ménage, met un terme aux solutions factices et éphémères de la planche à billets ou des dévaluations à outrance et, surtout, fait appliquer des lois sociales. La Constitution de 1925 est enfin effective !

Palais pésidentiel La Moneda, Santiago.

LA GUERRE D'ARAUCANIE ET LA QUESTION MAPUCHE : UN CONFLIT TOUJOURS D'ACTUALITÉ

En Araucanie, le boom céréalier de la région a entraîné une colonisation des terres agricoles digne de la ruée vers l'or californienne. En effet, les terres incorporées par les colons ne représentaient aucun coût et encourageaient davantage la venue de nouveaux immigrés. Cette colonisation était le plan du général d'armée Cornelio Saavedra Rodriguez qui, à travers « la pénétration pacifique des territoires », menait également des actions militaires. Le peuple indigène présente alors une forte résistance face à la venue des colons et l'accaparement de leurs terres. De nombreux spéculateurs accéléraient l'avancée colonisatrice du territoire à cause de ventes frauduleuses et non encadrées par la loi. Malgré l'intervention du gouvernement et sa série de règlements sur les transactions, les colons ont raison du territoire mapuche. En 1866, les territoires situés entre Bío-Bío et Tolten sont affectés aux colons à travers de nouveaux décrets et une commission de dépôt délimite alors l'établissement des indigènes dans un territoire limité. Les guerriers mapuche organisent leur rébellion et l'année suivante, en 1867, 5 000 d'entre eux traversent la chaîne de montagnes Nahuelbuta et remportent la victoire sur les villes de Traiguen, Curaco et Perasco. L'année suivante, ils sont vaincus à Chihuaihue. De 1874 à 1883, jusqu'à l'occupation définitive de l'Araucanie, les ripostes et soulèvements eurent lieu par centaines, la plus notable reste la grande bataille de Temuco, en 1881, où après de nombreuses pertes les indomptables Mapuche décident finalement de se soumettre. Ils furent alors confinés dans de minuscules territoires (5 % de leur territoire initial) et durent construire de nouvelles organisations sociales, bien loin de leur mode de vie semi-nomade. Tous ces événements ont favorisé, jusqu'à aujourd'hui, le conflit mapuche entre le gouvernement chilien et les descendants actuels de ces communautés indigènes qui continuent de revendiquer la souveraineté de leurs terres en Araucanie. Persécutés sous le régime de Pinochet et progressivement chassés de toutes leurs terres, les Mapuche s'organisent aujourd'hui pour retrouver l'usage et la propriété de ces dernières à la suite du retour à la démocratie. Une décision de la Cour interaméricaine des droits de l'Homme de 2014 souligne que les poursuites pénales invoquant des lois antiterroristes à l'encontre des communautés autochtones qui protègent leurs terres ancestrales sont dorénavant illégales (la loi antiterroriste date des années Pinochet et est toujours en vigueur). Ces lois discriminatoires ont longtemps été utilisées lors de conflits concernant l'expansion de projets d'exploitation forestière sur les terres mapuche. Et ces dernières années, divers événements d'extrême violence ont entraîné la mort de nombreux Mapuche qui revendiquaient la restitution de leurs terres ayant rétréci comme peau de chagrin. Toutefois, le gouvernement de Michelle Bachelet (2014-2018) s'est efforcé, avec l'aide de l'Eglise, de restituer un maximum de terres aux Mapuche (66 000 hectares en tout) et a organisé en 2016 une commission spéciale consacrée à la question mapuche. Ceci s'est conclu par une demande de pardon aux Mapuche pour les horreurs commises lors des siècles passés. Lors de la dernière visite au Chili du pape François, le 17 janvier 2018 à Temuco, en terre mapuche, la question sur le sort de cette communauté était au cœur des discussions. Au cours du mois d'octobre 2017, un comité mapuche avait adressé une lettre au pape afin de solliciter son aide en tant que médiateur face à la violence qui continue de monter. La loi antiterroriste, toujours en vigueur, octroie en effet des pouvoirs spéciaux aux forces de l'ordre, ce qui, dans quelques cas, a mené des groupes minoritaires mapuche à incendier des entreprises forestières et des édifices religieux (43 attaques incendiaires ont eu lieu en 2017 en Araucanie). Peu et mal compris par la nation chilienne, les Mapuche semblent au point mort des discussions et de leur combat mais la visite du pape a quelque peu assagi les violences. Lors de son discours, le pape François a appelé au respect des droits et de la culture des peuples autochtones devant les autorités publiques et civiles du pays : « il faut écouter les peuples autochtones souvent oubliés et dont les droits ont besoin d'être pris en compte et la culture protégée, pour que ne se perde pas une partie de l'identité et de la richesse de cette nation ». Aujourd'hui, en ce qui concerne le Chili, les Mapuche vivent principalement en Araucanie, dans les régions des Lacs et des Fleuves et le Bío-Bío (territoires revendiqués).

Salvador Allende (1908-1973). Une figure emblématique du Chili. Après des études de médecine, ce fils de la grande bourgeoisie né à Valparaíso exerce dans les bidonvilles de Santiago. Il est cofondateur du Parti socialiste en 1933 et devient rapidement très aimé du peuple qui le surnomme affectueusement « El chicho ». Elu député en 1938, il est nommé, en 1942, ministre de la Santé d'un gouvernement de Front populaire puis entre au Sénat en 1945. A trois reprises (1952, 1958, 1964), il échoue à l'élection présidentielle. Grâce à l'éclatement du Parti démocrate-chrétien, il devient président, à la tête de l'Unité populaire, en 1970, avec seulement un peu plus de 36 % des voix. C'est dans un climat politique tendu qu'il lance son programme de « transition pacifique et dans la légalité vers le socialisme ». Durant la première année de sa présidence, sa politique est marquée par un certain succès. Mais de nombreuses tensions sociales apparaissent en 1972 et exacerbent un climat politiquement survolté. Les groupes extrémistes (de gauche comme de droite) campent sur leurs positions et ce climat de quasi-guerre civile finit par exaspérer les militaires dont la réaction, menée par Pinochet, sera des plus cruelles. Le 11 septembre 1973, ce dernier donne l'ordre de bombarder La Moneda où résiste une dernière fois avant de se suicider un des grands hommes de ce siècle, Salvador Allende.

Bernardo O'Higgins (1778-1842). Figure historique et populaire, il a été le premier chef d'Etat du Chili. Son père, soldat irlandais au service de la couronne espagnole, était gouverneur du Chili. Après quelques années en Europe, O'Higgins rejoint l'Amérique du sud où il s'investit dans l'émancipation de son pays d'origine avant de rejoindre le parti indépendantiste. En 1811, après son élection en tant que député du Congrès, il devint très vite populaire auprès des patriotes. Il rejoint également l'Armée des Andes qui libéra peu à peu les villes chiliennes du joug royaliste espagnol. Suites à ses victoires accumulées, il est proclamé Commandeur suprême de la *« Nouvelle patrie »* et signe l'acte d'indépendance du Chili le 2 février 1818 à Talca. Il dirigea le pays six années durant jusqu'à sa démission en 1823. Craignant l'explosion d'une guerre civile, il fuit au Pérou où il meurt à l'âge de 64 ans, en 1842.

Augusto Pinochet (1915-2006). Né à Valparaíso (le 25 novembre 1915), il est issu d'une famille dont le père, d'ascendance française (ses ancêtres ont émigré de Saint-Malo au XVIIIe siècle), est militaire et la mère professeur de botanique. Il poursuit ses études au collège du Sacré-Cœur, tenu par une congrégation française puis entre à l'Académie militaire, l'année où Allende fonde le Parti socialiste. Il enseigne la géographie à l'Ecole de guerre et devient spécialiste de sécurité nationale. En 1970, il est commandant de la garnison d'Iquique mais n'est pas démis de ses fonctions conformément à la politique de conciliation du président. Après l'assassinat de René Schneider par l'extrême droite militaire, Allende le nomme commandant en chef de Santiago. Chef de file de la branche conservatrice militaire, il est aidé dans son ascension par les graves troubles sociaux qui déchirent le pays et poussent peu à peu les militaires modérés à démissionner. C'est ainsi qu'il prend la place laissée vacante par le général Prats, héros du Tancazo. Allende qui voyait en lui un militaire avant tout loyal est rapidement détrompé : c'est sous le nom de code de Pinocchio que les putschistes vont mettre à exécution leur plan. Pour Pinochet, aidé par ses amis américains de la CIA, il faut éviter que les communistes ne s'emparent du pays. Commentant les émeutes de 1972, il déclare que « des milliers de délinquants défilaient dans les rues, cachés sous des passe-montagnes et armés de casques et de manches de pioche. Des milliers de guerilleros armés attendaient autour de la capitale pour venir assassiner les Chiliens. C'était le chaos. » En septembre 1973, la junte militaire prend le pouvoir. Très rapidement le général triomphe. Il étouffe également toute velléité d'opposition en parquant les « gauchistes » dans le grand stade de Santiago et dans un bateau en rade de Valparaíso où exécutions sommaires, tortures et autres barbaries sont infligées. Près de 1 800 personnes vont périr en quelques semaines dans la répression qui touche essentiellement les militants communistes, socialistes, du MIR (Movimiento de Izquierda Revolucionaria). Le Parlement est fermé, les partis de gauche interdits. Le maître absolu est maintenant Pinocchio et l'Oncle Sam, son Gepetto. Pour contrôler la situation, le

Museo de la Memoria y los Derechos Humanos, Santiago.

général crée la DINA (Direccion de Investigación Nacional), véritable police politique, maître d'œuvre du carnage. Pinochet, d'abord chef de la junte, se fait nommer chef suprême de la Nation puis chef de l'Etat et finalement président de la République en décembre 1974. Pour améliorer une image qui commence à être ternie par les accusations des organisations des droits de l'homme, il remplace la DINA par la CNI en 1977 (Central Nacional de Investigaciones) puis, en 1980, met en place une nouvelle Constitution visant à « rétablir la démocratie au Chili ». En fait celle-ci bloque complètement la vie politique chilienne, le peuple est obligé de l'accepter. Elle permet à Pinochet de gouverner encore 10 ans puis lui donne la possibilité de se faire réélire par plébiscite. Devant l'échec des politiques économiques des Chicago Boys qui ont permis un taux de croissance de 7 % par an mais n'ont pas empêché la faillite du système financier, Pinochet voit sa mainmise s'éroder. Un chômage de 30 % pousse les plus téméraires à défiler dans les rues en 1982. Le 15 décembre, c'est la grande journée des protestations. Le gouvernement assouplit ses positions en permettant à certains exilés (79 !) de revenir, mais la situation va de mal en pis. En mai 1983, c'est au tour des *poblaciones*, près des mines, de se soulever, et d'être sévèrement réprimées ; le couvre-feu est à nouveau instauré. Pinochet lance alors une politique de Grands Travaux destinée à créer près de 80 000 emplois, mais il essuie les tentatives d'assassinat du Frente Patriotico Manuel Rodriguez. En 1985, Pinochet semble trouver la parade en nommant Hernan Buchi au ministère des Finances. Celui-ci, sympathisant MIR dans sa lointaine jeunesse, remet au goût du jour la sauce friedmanienne, la croissance reprend et le Chili devient un « exemple ». Afin de profiter de cette prospérité économique, Pinochet anticipe sur la date de son prochain plébiscite, jouant le tout pour le tout. C'est le non qui l'emporte, mais Pinochet reste commandant en chef des forces armées pour huit ans et, à travers la Constitution, pèse sur tout le système. En mars 1998, il doit abandonner ce poste mais reste sénateur à vie ce qui provoque d'importantes manifestations à Valparaíso et Santiago. C'est lors d'un voyage à Londres que l'insaisissable général est arrêté sur les plaintes instruites par le juge espagnol Baltasar Garzon. Celui-là même qui a demandé l'extradition de Grande-Bretagne de Pinochet, mène une enquête sur l'opération Condor qui visait à éliminer les opposants aux dictatures militaires d'Amérique latine (Chili, Argentine, Bolivie, Uruguay, Paraguay, Brésil). Depuis, les procédures judiciaires se sont multipliées en Europe, concernant son implication dans les opérations de torture mais aussi de détournement d'argent avec la banque Riggs aux Etats-Unis. Pinochet est décédé le 10 décembre 2006, cristallisant une nouvelle fois toutes sortes d'émotions contraires à son égard.

Radicalisation et gauchisation

Cependant, les avancées sociales d'un Alessandri, trop démagogue, sont jugées insuffisantes par une gauche qui se radicalise et se mobilise. En 1938, le candidat d'une gauche réunie au sein d'un Front populaire, Pedro Aguirre, est porté au pouvoir. Il crée notamment la *Corporación de Fomento de la Producción* (Corporation de développement de la production). La victoire de Juan Antonio Rios, en 1942, et de Gabriel Gonzalez, en 1946, confirme l'hégémonie de la gauche. Elle se délite quand même puisque les communistes, après avoir eu trois ministres au gouvernement en 1947, sont progressivement écartés du pouvoir jusqu'à en être interdits en 1948. Cette déliquescence se manifeste également par la multiplication des querelles de clocher au sein d'un front de moins en moins populaire et se solde par la réélection, en 1952, d'un ami de longue date, le colonel Carlos Ibanez Campo.

Un paysage politique morcelé

Le colonel del Campo n'étant pas affilié à un véritable parti, et échouant dans sa tentative de renforcer les pouvoirs présidentiels, doit abandonner les siens et céder la place à Jorge Alessandri, le fils d'Arturo. Celui-ci rétablit ainsi l'honneur familial bafoué en 1927 par ce même général qu'il renvoie *al campo*, sans dessert et sans télé. Arturo, indépendant mais quand même un peu à droite, renforce le développement industriel du pays et se lance dans une politique de logement.

Le paysage politique chilien est, à cette époque, fortement divisé entre la gauche, regroupant socialistes et communistes qui s'enflamment pour l'expérience des *barbudos* de Cuba (les communistes prônant d'ailleurs le renversement de l'Etat bourgeois, mais à la Kerensky, en accédant au pouvoir par la voix du peuple) et les démocrates-chrétiens dont le cheval de bataille est la répartition des terres et la nationalisation des mines de cuivre. Après avoir connu une dérive franquiste et même phalangiste (ce parti ne se faisait-il pas appeler *Falange Nacional* ?), il se rapprochait maintenant du centre et d'un socialisme chrétien, trouvant ses électeurs parmi les classes moyennes.

C'est d'ailleurs grâce à son programme *Revolución en Libertad* qu'Eduardo Frei, un chrétien démocrate, remporte les élections de 1964. Même s'il n'a pas le radicalisme de la gauche, ce programme diffère très peu des velléités socialistes puisque Frei se lance dans une réforme agraire qui voit le retour de la petite propriété, et dans la constitution d'une solide industrie étatique. Il crée en effet la *Celulosa Arauco* et la *Celulosa Constitución* au sud du Chili mais, surtout, il signe, le 2 octobre 1966, un décret instituant la Société mixte du cuivre. L'Etat possède alors 51 % de la compagnie minière El Teniente de Rancagua. Il dote peu à peu le Chili d'une des constitutions les plus progressistes d'Amérique latine.

Mais « progresser » en Amérique latine est un verbe qui s'emploie au conditionnel ou qui n'est réservé qu'à l'élite des classes dirigeantes. Les mesures de Frei lui mettent à dos les latifundistes, dépossédés d'une partie de leurs terres, et les militaires dont il a limité les avantages. Ces derniers, sous l'égide du général Roberto Viaux, s'insurgeront même en 1969. L'insurrection muselée, Frei doit faire face à un fractionnement au sein de son parti. Certains, jugeant ses réformes trop frileuses, rejoignent le Parti communiste ; d'autres se séparent et fondent la gauche chrétienne. En bref, le paysage politique de 1970, année de l'élection présidentielle, se concrétise par une multitude de partis ou de pseudo-partis, et par une atmosphère assez chaotique.

En dehors du politique, cette période sera également marquée par l'organisation de la Coupe du monde en 1962 où la troisième place échoit au Chili.

Triomphe de l'Unité populaire ou du « Chicho » Allende

C'est dans ce contexte tumultueux qu'Allende, surnommé « El Chicho », gagne les élections du 4 septembre 1970, après les avoir perdues trois fois auparavant.

Son parti est représentatif du désordre régnant alors puisqu'il se compose d'une alliance hétéroclite du Parti socialiste (dont il est le Secrétaire général), du Parti communiste, des radicaux et du MIR (extrême gauche). Cette coalition ne s'impose qu'avec une courte longueur d'avance (36,3 % des voix) devant les 34,9 % de Jorge Alessandri, candidat du Parti chrétien démocrate, et les 27,8 % de Radomiro Tomic, représentant les conservateurs.

La majorité absolue n'étant pas atteinte, c'est le Parlement qui, selon la Constitution, est chargé de désigner le futur président en choisissant entre Allende et Alessandri. Un groupe de terroristes d'extrême droite tentera d'empêcher ces élections en enlevant le commandant en chef de l'armée de terre, René Schneider. Les autorités ne cédant pas, ils l'assassinent.

Lors de la session du congrès du 24 octobre 1970, les démocrates-chrétiens, bons joueurs, mais surtout afin d'éviter une guerre civile, reconnaissent la victoire d'Allende. Intronisé président, Allende s'attelle aussitôt à la tâche. En deux ans, il nationalise près de 60 % des terres labourables et 80 % de l'industrie. Il rallie même tous les suffrages quand son projet de réforme constitutionnelle permettant la nationalisation du cuivre est approuvé à l'unanimité en juillet 1971. Les cris de rage de l'aigle yankee déchirent le ciel quand Allende décide de ne pas indemniser les propriétaires nord-américains dépossédés de biens qu'ils avaient si « honnêtement » acquis... Allende se met définitivement à dos les impérialistes lorsqu'il renoue et intensifie les relations chiliennes avec le Mexique et Cuba. Il accueille d'ailleurs Fidel Castro à Santiago, en novembre 1971. Cette fois, c'en est trop ! La CIA ourdit un complot dont le triste dénouement aura lieu deux années plus tard. Mais c'est aussi de l'intérieur que le danger arrive. Allende est critiqué politiquement par l'extrême gauche (MIR) qui réclame des réformes plus radicales. Les classes dirigeantes s'effraient et provoquent une fuite des capitaux qui n'est pas pour relancer l'industrie. Les latifundistes, dont les exploitations sont occupées par les paysans, n'investissent plus. Des milliers de chômeurs viennent grossir les rangs des déshérités de la capitale.

En octobre 1972 éclate une grève générale des chauffeurs routiers protestant contre le projet de nationalisation des transports publics. Ils sont rejoints par les médecins, les commerçants et les propriétaires de véhicules de transport, et paralysent entièrement le pays. Une enquête révélera plus tard que la grève était financée pour une bonne partie par la CIA. Entre 1970 et 1973, l'aide totale américaine aux opposants du régime se serait d'ailleurs élevée à près de 8 millions de dollars. Une opposition déjà enragée saute sur l'occasion et oblige Allende à modifier son cabinet ministériel où trois militaires font leur apparition. En mars, la victoire de l'Union populaire aux élections municipales avec 44 % des suffrages confirme cependant sa grande popularité. Mais le calme est de courte durée : le 29 juin 1973, c'est le *tancazo*. Le général Souper, à la tête d'une colonne de chars, tente de prendre le palais présidentiel de La Moneda. Le général Prats lui barre la route, mais démissionne peu après. Un des derniers remparts de la démocratie tombe avec lui.

Coup d'État et dictature de Pinochet

Pour le remplacer, Allende se voit obligé de nommer... le général Pinochet. Ce dernier ne tardera pas à réagir puisque, dès le 11 septembre 1973, ses troupes de l'armée de l'air bombardent La Moneda. Les chars contrôlent les avenues. Les points névralgiques de la capitale, comme les stations de radio, Chileciné, etc., sont placés sous le contrôle des troupes ; c'est le couvre-feu. Acculé au palais de La Moneda, Allende refuse de démissionner. Au cours de l'assaut des troupes de Pinochet, il se défend au pistolet mitrailleur. Enfin, se voyant vaincu, il se retranche dans son bureau où il se suicide. D'autres théories affirment cependant le contraire et affirment que le président aurait été assassiné. Le coup d'Etat achevé, une junte composée des commandants en chef des trois armées et du chef de la police s'installe au pouvoir mais, très vite, Pinochet prend la direction du pays qu'il dirigera pendant près de dix-sept ans. Le premier principe de Pinochet, et sans doute le seul, c'est l'anticommunisme et la purge. Il muselle la liberté d'expression, de la presse, déclare l'état d'urgence et exile les ministres d'Allende sur l'île de Dawson, dans le détroit de Magellan. La fermeture du bâtiment du Congrès national est compensée, dans la triste équation dictatoriale, par l'ouverture de nombreux camps de concentration : le stade national de Santiago tout comme le bateau-école *Esmeralda* ou la tristement fameuse Villa Grimaldi sont rougis par le sang des tortures et des exécutions sommaires.

Economiquement, Pinochet est le pantin des Etats-Unis, et le Chili accueille le hamburger avec beaucoup de sauce ultralibérale. Le pays devient le parfait cobaye pour les expérimentations des théories des surdoués technocrates américains, affectueusement surnommés les Chicago Boys. Ces théories, en simplifiant, se résument par privatisation, faible intervention de l'Etat, théorie de l'offre.

L'opération Condor

Créée en 1975 avec l'appui du général Pinochet, l'opération Condor était une coopération entre les différentes dictatures d'Amérique latine (Argentine, Uruguay, Paraguay, Brésil, Bolivie et Chili) qui visait tous les opposants aux régimes militaires sud-américains. La première phase du programme consistait à rechercher des informations sur les activistes de gauche, et la seconde, beaucoup plus radicale, était de les éliminer. Les chiffres officiels des pays impliqués parlent de quelque 12 900 victimes, mortes ou disparues, alors que les organismes de défense des droits de l'homme estiment à 35 000 le nombre de victimes.

Les principales entreprises nationales sont bradées aux capitaux étrangers, le Chili se fait dépecer par l'Urubu. « Urubu, le nom africain pour le vautour américain », comme dirait Lavilliers. En 1977, le Chili affronte l'URSS en match de barrage qualificatif pour le mondial argentin de 1978. Le match doit avoir lieu à Santiago. Or, si un stade sert normalement au sport, c'est à un tout autre type de jeux que se livrent les tortionnaires de Pinochet dans leurs enceintes. L'URSS refuse de jouer dans ces conditions et la FIFA les exclut. Le Chili gagne alors son billet pour l'Argentine où les joueurs seront accueillis par un autre régime totalitaire, celui de Videla, auquel ils n'ont rien à apprendre en matière d'utilisation de stades. C'est justement l'Argentine qui gagnera en 1978, les cris de la foule étouffant ceux des torturés et les pleurs des mères recherchant près de 15 000 disparus. Le général argentin chargé de l'organisation de la Coupe du monde sera récompensé de « sa réussite » en étant nommé au comité directeur de la très altruiste FIFA.

La Constitution de 1980 : un brin de militaire dans un monde de brutes...

Pour faire taire les mensonges éhontés des contestataires chiliens, des grévistes, des veuves et des publications d'organismes internationaux comme l'ONU ou Amnesty International, le libéral Pinochet rédige une nouvelle Constitution. Pour donner le change, le président sera élu au suffrage universel direct mais seulement une dizaine d'années plus tard, à partir du 14 décembre 1989 ! En ce qui concerne le législatif, le Parlement n'existe plus depuis 1973 et les sénateurs seront en fait désignés, pour huit ans, parmi d'anciens hauts fonctionnaires du gouvernement Pinochet (chefs des armées, ministres, et Pinochet lui-même). Ainsi, même si Pinochet perd les élections suivantes, lui et sa clique sont quand même assurés de contrôler une partie importante du Sénat, leur statut de sénateur leur assurant une impunité judiciaire totale, et ce jusqu'en 1998...

L'application de la nouvelle Constitution est acceptée par 67 % (chiffre officiel) des votants lors du référendum qui représentait malgré tout, pour le peuple, une avancée démocratique, certes infime.

Le morcellement de l'empire Pinochet

L'édifice commence à s'ébranler avec les protestations relatives à la crise de la dette (1982) et à la récession internationale de 1983-1984. L'Eglise catholique joue également un rôle important en enquêtant sur les disparitions et en dénonçant les abus du pouvoir. Nombre de prêtres seront ainsi emprisonnés, mutilés, voire tués. Le 4 septembre 1984, un prêtre français, A. Jarlan, fut ainsi tué alors qu'il participait à une manifestation.

La visite du pape Jean Paul II, le 1er avril 1987, jouera un rôle important dans l'ouverture vers la démocratie, en galvanisant les contestataires malgré une tentative de récupération par l'administration Pinochet. Finalement, Pinochet perd le soutien de ses amis américains. Devant les exactions chiliennes, les Etats-Unis ne peuvent plus se compromettre. En froid dès 1986, les Etats-Unis suspendent leur préférence commerciale envers le Chili en 1987.

Les bons résultats économiques du Chili en 1988 poussent Pinochet à tenter le quitte ou double pour se maintenir au pouvoir. Ses chances de remporter les élections de 1990 étant très faibles, il organise un plébiscite qui doit, en cas de réponse affirmative, le maintenir encore huit ans au pouvoir. C'est l'occasion pour le dictateur d'essayer des costumes de ville mais, malgré ses efforts vestimentaires, il ne parviendra pas à raccommoder les fils ténus d'un empire en totale perdition.

No !

Les résultats se font un peu attendre mais, le 5 octobre 1988, c'est le non qui l'emporte, avec près de 53,3 % des suffrages, contre 43 % pour le maintien. Pour le peuple chilien, c'est l'euphorie ! Il retrouve la liberté après quinze ans d'une des plus cruelles et sordides dictatures. Une élection présidentielle est organisée un an plus tard, le 15 décembre 1989. C'est Patricio Aylwin, le candidat de la *Concertación de los Partidos por la Democratia* (CPD, Coordination des partis pour la démocratie, formée de 17 partis), qui l'emporte avec 55,2 % des suffrages, battant le candidat du régime militaire Hernan Buchi (29,4 %) et un banquier indépendant populiste, Errazuriz (15,4 %). Aylwin prendra ses fonctions en mars 1990 pour une période de transition de quatre ans.

Cependant l'ombre de Pinochet plane encore et voile les espoirs de démocratie puisqu'il reste encore, pour huit ans, commandant en chef des forces armées et que, malgré un plébiscite qui a permis de réformer 54 de ses points, la Constitution de 1980 ficelle encore bien l'arène politique. En effet, cette Constitution ne peut être changée que si la coalition démocrate obtient deux tiers des voix au Sénat et à la Chambre des députés, ce qui est rendu quasi impossible par la nomination à vie de neuf sénateurs pinochétistes. De plus, même si les deux tiers sont obtenus, tout changement doit être entériné par une cour constitutionnelle dont les sept membres ont tous été nommés par...

Pinochet ! Enfin, la Constitution de 1980 précise que le nouveau président démocratiquement élu ne peut désigner qu'un nouveau membre sur sept ; deux seraient nommés par le Conseil de sécurité nationale (tenu par des pinochétistes) ; trois par la Cour suprême (dont les membres ont été désignés par Pinochet) et un par une majorité absolue au Sénat (impossible à obtenir du fait des neuf sénateurs désignés à vie). On voit ainsi, à travers cet exemple parmi tant d'autres, combien la démocratie réformatrice est perdue dans le labyrinthe constitutionnel du minotaure Pinochet.

Aux élections de la Chambre des députés, la Concertación obtiendra 72 des 120 sièges et ne placera que 22 de ses membres au Sénat sur les 38 éligibles. Ainsi, si l'on ajoute les neuf sénateurs à vie, l'opposition pinochétiste obtient la majorité au Sénat, avec 25 sénateurs sur 47, et les démocrates devront donc composer avec eux.

Les gouvernements de la Concertación : le retour à la démocratie (1990-2000)

Malgré tous ces désavantages, le gouvernement Aylwin va se fixer trois objectifs principaux : traiter des violations des droits de l'homme sous la dictature, consolider la démocratie face aux militaires dont Pinochet est le commandant en chef, et essayer de maintenir la stabilité des balances économiques tout en tentant de répondre aux demandes des secteurs les plus pauvres de la société, afin de légitimer cette démocratie.

Ainsi, le 24 avril 1990, est créée une Commission pour la vérité et la réconciliation, qui mettra au jour près de 2 279 assassinats, dont 2 115 constituaient des violations des droits de l'homme et 2 025 avaient été perpétrés par des agents de l'Etat. Les conclusions de ce rapport sont rejetées en bloc par Pinochet lorsque de nombreuses voix demandent sa destitution. La situation s'envenime quand le sénateur Guzman est assassiné le 1er avril 1991. Devant la fébrilité militaire et la menace toujours présente dans les esprits d'un nouveau putsch, Aylwin déclare qu'il n'y aura aucune poursuite judiciaire à l'encontre des auteurs d'exactions. Seules des compensations financières seront obtenues par les familles et seuls seront poursuivis les assassins de l'ancien ambassadeur chilien, Orlando Letelier (assassiné en 1976 sur le territoire américain), et trois officiers de police coupables du meurtre de trois enseignants en 1985.

Le gouvernement réussira cependant mieux dans sa tâche de stabilisation économique, même si les inégalités restent encore criantes au Chili. Sa politique sera ainsi récompensée par une victoire aux élections municipales du 28 juin 1992, où la Concertación emporte 53,4 % des votes malgré des conditions favorables aux conservateurs de droite. C'est la première fois depuis 1971 que la population est véritablement appelée à choisir par un vote entre plusieurs partis ! Cependant, les tentatives de réformes constitutionnelles restent presque toutes lettres mortes (le mandat présidentiel passe toutefois à 6 ans).

En décembre 1993, le candidat de la Concertación, Eduardo Frei Ruiz-Tagle, du PDC (Parti démocrate chrétien, majoritaire dans la Concertación), fils de l'ancien président Eduardo Frei Montalva, remporte la présidentielle avec 58 % des votes, contre 24 % pour un autre fiston d'ex-président, Arturo Alessandri Besa, représentant du UPC (Union pour le progrès du Chili).

Ce gouvernement échoue néanmoins dans ses tentatives de réforme, faute de ne pouvoir réunir les fameux deux tiers. Il va quand même s'attacher à continuer la politique économique fructueuse de ces dernières années, celle qui a fait du Chili le « jaguar » latino-américain, rivalisant d'adresse avec les tigres asiatiques dans la grande cage aux fauves du cirque économique international.

L'armée, toujours présente, n'est donc pas menacée par les tentatives réformatrices pour réduire les pouvoirs du Conseil national de sécurité et, parallèlement. Cette armée reste l'une des plus puissantes d'Amérique latine puisque, constitutionnellement, le pourcentage du budget qui lui est alloué ne peut être inférieur à celui de 1989, et puisqu'elle reçoit près de 10 % des ressources tirées de l'exploitation du cuivre. En outre, tant que Pinochet en est le commandant en chef, il est impossible de la démocratiser puisque toutes ses publications et décisions sont soumises à la censure du vieux lion.

Conformément à sa Constitution, le général doit quitter le commandement en chef des armées en janvier 1998. Il est toutefois nommé sénateur à vie, le 10 mars 1998, ce qui lui assure l'immunité parlementaire. Toutefois, en décembre, un mandat d'extradition vers l'Espagne est réclamé par le juge Garzon tandis qu'il est arrêté sur le territoire de sa vieille amie libérale, Margaret Thatcher. Cependant cette requête, qui résultait de plaintes privées, comportait le risque d'envenimer la situation entre démocrates et militaires échaudés. C'est pourquoi le président Frei appela au retour de Pinochet dans son pays. Même si, du fait de remaniements, l'armée se démocratisait peu à peu, il n'était pas sûr qu'elle laissât tomber son général.

Les gouvernements de la Concertación : la politique du « destape » (2000-2010)

C'est dans un climat de divisions anciennes, réveillées par la détention du général Pinochet à Londres, que se joue la campagne électorale des présidentielles. En janvier 2000, le Chili connaît le nom de son nouveau président : Ricardo Lagos, qui a obtenu 51,31 % des suffrages devant le candidat de droite Joaquín Lavin.
Pendant cinq ans, le gouvernement poursuit sa politique de *destape* ou dépoussiérage d'une société figée sur certains principes moraux, tandis que vu d'Europe le pays apparaît comme le plus avancé d'Amérique latine. Ainsi, la peine de mort est abolie en avril 2001, le programme *Chile Solidario* de construction de maisons et d'amélioration des conditions de vie des plus démunis, est lancé en mai 2002, une nouvelle loi porte à 12 ans le temps d'école obligatoire, les lois sur le divorce (interdit jusqu'alors) sont révisées en mai 2004, le rapport Varech en novembre 2004 fait état des tortures infligées pendant la dictature de Pinochet, et d'innombrables infrastructures viennent moderniser le pays (routes goudronnées, paysages urbains, etc : certains ont d'ailleurs surnommé le président, « *el señor de los caminos* », en référence à l'œuvre mythique de Tolkien). Le 16 août 2005, le Congrès adopte une réforme constitutionnelle visant à supprimer l'institution des sénateurs désignés, à limiter le mandat présidentiel à quatre ans, à modifier la composition du Parlement et à octroyer au président le pouvoir de congédier les commandants des Forces armées : pour beaucoup, cette date symbolise la fin de la transition démocratique mise en place depuis quinze ans. Ricardo Lagos est le premier président du Chili à avoir visité toutes les communes du pays : une nouvelle ère de rapprochement citoyen ?
Au niveau international, le Chili se rapproche des Etats-Unis avec lesquels il signe des traités bilatéraux d'ordre économique, tout en prenant ses distances sur le plan politique (refus de s'engager en Irak, « taxe de réciprocité » – tous les citoyens nord-américains notamment doivent payer un visa d'entrée, équivalent au visa demandé aux Chiliens lorsqu'ils débarquent aux Etats-Unis – conflits à propos du vote pour ou contre le blocus imposé à Cuba...). D'autres traités sont signés avec l'Union européenne, la Corée du Sud, la Chine, l'Inde. Parallèlement, le Chili engage une politique de rapprochement avec son voisin l'Argentine, après des années de méfiance partagée et malgré des heurts occasionnels (notamment sur les questions énergétiques), tente de renouer le dialogue avec son voisin bolivien en perpétuel conflit civil, et s'impose enfin sur la scène internationale (présence de forces armées en Haïti).
Après une campagne présidentielle active, riche en promesses mais assez pauvre sur le plan de l'audace politique, Michelle Bachelet remporte le premier tour de l'élection à la magistrature suprême en décembre 2005 (46 % des voix), devançant l'entrepreneur millionnaire de la RN Sébastián Piñera. Bachelet est une femme d'énergie qui a connu la dictature pinochétiste, mère de deux enfants, divorcée et athée : une sacrée nouveauté dans un pays perçu à l'extérieur comme l'un des plus conservateurs du continent !
Le deuxième tour de l'élection présidentielle voit l'élection historique de Michelle Bachelet avec quelque 54 % des voix, le 15 janvier 2006. Hélas, son gouvernement doit faire face dès le début à une imposition acharnée de l'Alianza et aux exigences toujours plus importantes de la population, motivant de nombreux changements de ministres et quelques fameux impairs médiatiques. Les médias ne furent jamais très tendres avec sa politique non plus, critiquant la mise en place du Transantiago, le nouveau système de transport urbain de la capitale, pour le moins chaotique et largement déficitaire, les errances du gouvernement et une corruption toujours plus inquiétante au sein des partis de la majorité. Toutefois, force est de reconnaître que Michelle Bachelet sut gérer la crise économique de 2008 et les catastrophes naturelles dramatiques (comme lors de l'éruption du volcan Chaitén en mai 2008).
En décembre 2006 néanmoins, la classe politique se retrouva presque unanimement soulagée à la mort de Pinochet. De très nombreux Chiliens regrettent encore que l'ancien commandant en chef des forces armées n'ait jamais été jugé pour ses crimes et soit mort vieux, riche et bien portant. Plusieurs milliers de fidèles ou de curieux se pressèrent néanmoins devant son cercueil, qui fut exposé publiquement à l'Ecole militaire de Santiago.
En 2009, la légitimité de la Concertación comme première force politique au Chili est sérieusement compromise. Pourtant, le gouvernement de Bachelet établit un système de protection sociale pour les plus nécessiteux et en mai 2010, le Chili fut le deuxième pays d'Amérique latine à être accepté dans l'OCDE (Organisation pour la coopération et le développement économique), après le Mexique.

Actualités

En janvier 2010, Sebastian Piñera est élu président de la République avec 51,6% des suffrages, devant le candidat de la Concertación, l'ancien président Eduardo Frei Ruiz-Tagle. Entrepreneur richissime, Piñera a fait campagne sur des promesses assez généreuses qui, un an plus tard, ne font pas l'unanimité sur leur mise en œuvre.

La première année de son gouvernement fut secouée par deux événements d'envergure internationale : le terrible tremblement de terre du 27 février 2010 tout d'abord (8,8 sur l'échelle de Richter, l'un des plus puissants au monde), qui provoqua la mort (avec le tsunami postérieur) de quelque 500 personnes et fut suivi d'un autre séisme le 11 mars 2010 (jour de la prise de pouvoir du président, 6,9 sur l'échelle de Richter) ; puis l'épopée des 33 mineurs, attrapés 700 m sous terre dans la mine San José le 5 août 2010, sauvés les 12 et 13 octobre devant 1 milliard de téléspectateurs.

Si le Chili occupa la scène médiatique internationale en montrant le courage de ses habitants en 2010, l'année 2011 commença sous des auspices moins glorieux : l'approbation du méga projet hydroélectrique HydroAysén le 9 mai 2011 entraînant des manifestations importantes partout au Chili comme dans le monde entier. Fin juin 2011 toutefois, cette approbation était remise en cause et suspendue.

Les mois de juillet et août 2011 ont vu défiler les plus grandes manifestations qu'a connues le Chili depuis des décennies : les étudiants, en grève et chaque semaine dans la rue (environ 250 000 manifestants au plus fort des événements selon les organisateurs), réclament un meilleur accès à l'éducation publique et sa gratuité, entre autres. Une sorte de mai 68 à la chilienne.

Enfin, le 18 août 2011, une nouvelle Commission d'enquête a rendu son rapport sur la dictature de Pinochet : au moins 37 000 personnes ont été torturées ou détenues illégalement, plus de 3 000 auraient été tuées ou sont portées disparues. Certaines voix parlent encore d'un chiffre plus proche de 100 000 victimes.

En octobre 2012, les élections municipales ont assez nettement sanctionné le gouvernement de Piñera, et ramené la Concertación sur le devant de la scène politique.

Ces sanctions annonçaient le retour de la gauche au pouvoir lors des Présidentielles de fin 2013, qui signèrent le retour de Michelle Bachelet sur le devant de la scène. En mars 2014, elle entamait son second mandat en tant que présidente de la République. Début 2018, elle cédait sa place à Sebastián Piñera qui récupérait alors son poste à la tête du pays (il fut président entre les deux mandats de Michelle Bachelet entre 2010 et 2014). Après un deuxième mandat plus mitigé que le premier, Michelle Bachelet reste indéniablement l'une des personnes politiques les plus respectées au sein du pays malgré les nombreuses difficultés auxquelles elle a dû faire face : ralentissement de l'économie chilienne, chute des cours du cuivre, échec de la réforme fiscale visant à améliorer le système de santé et d'éducation, non-aboutissement de la réforme visant la gratuité des universités... ce bilan mi-figue mi-raisin est cependant contrebalancé par des avancées victorieuses sur le plan social : la présidente a dépénalisé l'avortement et a légalisé l'union civile pour les couples homosexuels.

Il n'empêche qu'en 2019, si le Chili s'affirme bien comme une vraie puissance économique en Amérique latine et l'un des pays les plus développés du continent, les inégalités sociales et culturelles restent toutefois criantes.

Depuis le retour de Piñera, le richissime homme d'affaires tente d'accélérer le dynamisme économique du pays. En avril 2019, il annonçait le sommet de la COP25 sur le changement climatique. Prévu au Chili en décembre 2019, il appelait les 196 pays signataires à imposer des mesures plus strictes et ambitieuses pour le maintien et la protection de l'environnement et de la biodiversité (mais soit dit en passant le Chili ne respecte toujours pas les objectifs établis par l'ONU). Mais le sommet n'aura finalement pas lieu au Chili suite aux évènements d'octobre 2019. Mi-octobre 2019, un mouvement de contestation sociale embrase le pays. Suite au projet d'augmentation du prix du ticket de métro dans la capitale, la population de Santiago sort manifester contre la hausse du coût de la vie et la politique libérale du gouvernement qui génère toujours plus d'inégalités sociales. La privatisation des secteurs de la santé, des retraites et de l'éducation est particulièrement pointée du doigt par les manifestants. L'augmentation du prix du ticket de métro – que le gouvernement abandonne aux premiers jours de la crise – est la goutte d'eau de trop. La colère de la rue est immense et des pillages se multiplient en marge des manifestations, si bien que le président Sebastian Piñera adopte très vite une posture martiale. Déclarant son pays « en guerre » et décrétant l'état d'urgence et des couvre-feu dans plusieurs régions du pays, il envoie des militaires et des chars dans les rues de Santiago, du jamais vu depuis la dictature militaire de Pinochet. Le traumatisme de cette période resurgit dans tous les esprits et les tensions s'exacerbent. Après 15 morts, plusieurs centaines de blessés et 5 jours de heurts d'une grande violence dont les images ont fait le tour du monde, le président change radicalement de stratégie, présente ses excuse, tente de réunir les principaux partis politiques et propose une batterie de mesures sociales. Mais la rue n'est pas calmée pour autant et les violences et manifestations se poursuivent de plus belle.

POLITIQUE ET ÉCONOMIE

POLITIQUE

Structure étatique

Organisation politique

La République du Chili est une démocratie représentative à la tête de laquelle se trouve le président de la République, élu au suffrage universel pour une période de quatre ans. C'est-à-dire une république de type présidentiel, qui fait suite aux dix-sept ans de dictature (1973-1990) de Pinochet. Avant de quitter la scène politique, le général-dictateur avait mis en place des lois d'amnistie et une constitution qui avaient pour but d'empêcher le bon fonctionnement d'un autre type de régime. Aujourd'hui, ces lois sont parfois remises en cause. Mais la constitution de la junte militaire est toujours appliquée !

La Constitution fut en effet approuvée par référendum sous le régime du général Pinochet, en septembre 1980. Promulguée le 11 mars 1981 puis modifiée en juillet 1989 et en novembre 1991, elle lui aura permis de conserver un temps son pouvoir sur l'armée (qui est toujours considérée comme « garante des institutions ») ainsi que sur un tiers du Sénat, dont il continua à nommer les représentants, empêchant toute avancée vers la démocratie, jusqu'en 1998. En effet, pour réaliser la réforme de la Constitution, il est nécessaire d'avoir les deux tiers des sièges du Congrès…

Le droit de vote n'est plus obligatoire pour toute personne majeure de 18 ans, depuis décembre 2011. Les votes blancs ou nuls sont en forte augmentation (à peine 7 % des Chiliens entre 18 et 24 ans exerceraient leur droit de vote !). Les étrangers résidant dans le pays depuis plus de cinq ans peuvent voter aux élections municipales.

- **Le pouvoir exécutif** est assuré par le président de la République et son gouvernement, dont la durée du mandat est fixée à quatre ans depuis la réforme de la Constitution de septembre 2005. Il ne peut pas briguer un deuxième mandat consécutif mais peut dorénavant mettre à la retraite les commandants en chef des forces armées.

- **Le pouvoir législatif**, réuni en Congrès national, qui, depuis 1990, sur décision de Pinochet, siège à Valparaíso, est constitué de deux chambres.

La Chambre des députés, composée de 120 députés élus pour 4 ans selon un « scrutin binominal ».

Le Sénat, composé de 38 sénateurs élus au suffrage universel pour 8 ans (les 9 autres qui étaient nommés n'existent plus depuis la réforme de septembre 2005) ; il est renouvelé par moitié tous les quatre ans.

Lors des dernières élections législatives du 13 décembre 2009, l'Alianza de droite a remporté 58 sièges, la Concertación 54. Les 8 derniers députés appartiennent aux petits partis indépendants.

- **Mode de scrutin des législatives :** le scrutin dit « binominal » est une fantaisie de Pinochet. Chacune des 60 circonscriptions du pays élit deux députés (ce qui porte bien le total à 120), mais selon un système de liste dit « bloquée » : en fait, si la liste qui arrive en tête comptabilise plus du double de voix de celle qui la suit, elle s'adjuge les deux sièges (chaque liste présente en effet deux candidats). Sinon, chacune des listes qui se présentent obtient un siège : le premier sur la liste perdante peut arriver troisième derrière les deux candidats de la liste vainqueur, si ceux-ci ne totalisent pas deux fois plus de voix que lui, il sera élu ! Ce système est évidemment très injuste, puisqu'il élimine d'emblée les « petites listes » (et donc le changement politique, nécessaire à toute vie démocratique), et qu'il favorise (comme aux Etats-Unis) un bipartisme plutôt modéré voire conservateur (nécessaire démagogie, complaisance et politesse…). La liste qui ne gagne pas est surreprésentée, puisque même si elle perd dans tous les cas, avec moins de la moitié des voix par rapport à la liste du vainqueur, elle participera à la vie du Congrès… Plaisante prérogative, établie pour les militaires qui savaient bien qu'un jour ou l'autre ils finiraient tous par arriver en seconde position… formant ainsi une minorité de blocage sans aucune assise électorale qui pourrit la vie politique démocratique au Chili depuis quinze ans. Le mode de scrutin ne peut donc être modifié ! Cependant, depuis 2005, le système binominal n'est plus qu'une loi organique constitutionnelle.

- **Pouvoir judiciaire :** veillant sur les affaires civiles et criminelles, il est composé d'une Cour suprême, des cours d'appel et des tribunaux de première instance.

Divisions administratives

Le Chili est divisé en quinze régions depuis 2007, dont la région métropolitaine de Santiago. Numérotées en chiffres romains de I à XV (la capitale n'a cependant pas de numérotation particulière) et découpées du nord au sud, ces régions ne pourraient garder que leur nom par la suite : Arica et Parinacota (XV, capitale : Arica) · Tarapacá (I, capitale : Iquique) · Antofagasta (II, capitale : Antofagasta) · Atacama (III, capitale : Copiapó) · Coquimbo (IV, capitale : La Serena) · Valparaíso (V, capitale : Valparaíso) · Métropolitaine de Santiago (RM) · Libertador O'Higgins (VI, capitale : Rancagua) · Maule (VII, capitale : Talca) · Bíobío (VIII, capitale : Concepción) · Araucanie (IX, capitale : Temuco) · Les Lacs (X, capitale : Puerto Montt) · Les Fleuves (XIV, capitale : Valdivia) · Aysén (XI, capitale : Coyhaique) · Magallanes et Antarctique chilienne (XII, capitale : Punta Arenas).

On observera qu'il n'existe pas de région portant le chiffre XIII.

Les quinze régions sont administrées par les intendants (*intendentes*) nommés par le président de la République pour un mandat illimité, de même que les gouverneurs qui administrent les provinces (subdivisions des régions). En revanche, les municipalités (subdivisions des provinces) élisent leurs maires par un vote au suffrage universel direct tous les quatre ans (représentation proportionnelle), la dernière fois en octobre 2012 : il s'agit d'organismes autonomes de droit public, administrés par des maires (*alcade*).

Partis

Les différents partis politiques

Au moment du plébiscite de 1988, les différents partis d'opposition ont préféré s'unir pour avoir plus de poids et former un bloc compact face à la dictature. Auparavant, trois grands partis composaient le paysage politique chilien : la droite (conservateurs et libéraux), la gauche (socialistes et communistes) et le centre (démocrates-chrétiens et radicaux). Depuis 1989, le centre et la gauche (incluant le parti communiste de temps en temps), se sont regroupés pour mieux défendre les valeurs de la démocratie. C'est alors qu'est née la *Concertación* des partis pour la démocratie. L'autre grand parti de droite est formé par les ex-partisans de la junte militaire et des partis de droite : l'*Alianza*.

Les présidents qui ont succédé au général Pinochet appartenaient tous à la Concertación des partis pour la démocratie, jusqu'à l'élection de Piñera en 2010. L'ex-président Lagos présentait la particularité d'être le premier président socialiste depuis Allende. Michelle Bachelet présente une autre particularité : celle d'être une femme, une rareté à l'échelle internationale.

- **La Concertación** est composée de deux « pôles » : le Pôle progressiste, composé du PPD (Parti pour la démocratie, au Centre-Gauche du courant socialiste) et du PS (Parti socialiste, plus à gauche) ; et la Petite Coalition, composée du PDC (Démocratie chrétienne, c'était le parti des présidents Frei père et fils et Aylwin) et du PRSD (Parti radical social démocrate, qui n'attire plus beaucoup d'électeurs).

- **La droite** s'inscrit dans un grand parti, la *Alianza por Chile* ou *Coalición por el Cambio*, composée de l'UDI (Union démocratique indépendante, parti ultraconservateur qui s'inscrirait plutôt dans l'héritage politique de Pinochet, son représentant était Joaquín Lavín en 2009, un catholique membre de l'Opus Dei, opposé au divorce, à l'avortement, et partisan de la peine de mort) et de la RN (Rénovation nationale, parti conservateur qui prône une gestion ultralibérale de l'économie, à laquelle se rallient toutes les classes bourgeoises des *pueblos altos* de la capitale, c'est le mouvement de l'ex président Piñera). On ne se réfère plus guère aujourd'hui au général-dictateur, trop encombrant.

En 2007, un nouveau mouvement incluant la Coalición, *Chile Primero*, a été formé, constitué d'anciens partisans de la Concertation (surtout du PPD). Depuis 2010, il n'est plus légal, n'ayant pas obtenu 5% des votes ou 4 députés.

- **Les autres partis.** Le Parti de gauche chrétienne (IC), reconstitué en 2007, et le Parti communiste (PC) forment la coalition *Juntos Podemos Más*. Après 37 ans d'absence du paysage politique chilien, le PC a obtenu 3 députés lors des dernières élections législatives de 2009.

Enfin, d'autres partis complètent ce paysage politique : notamment le Parti écologiste (PE, au statut un peu flou, fondé en 2002 et reconnu comme parti en 2008, mais sans assise légale depuis son échec lors des dernières législatives), le Parti humaniste (PH), le Parti régionaliste des Indépendants (PRI) et le MAS (Movimiento Amplio Social), fondé en 2008 par l'ancien sénateur socialiste Alejandro Navarro.

DÉCOUVERTE

ÉCONOMIE

On considère que l'économie chilienne est la plus stable et la plus développée en Amérique latine. Le Chili possède l'Indice de Développement Humain (IDH) le plus élevé du sous-continent (0,822 en 2013). C'est le seul pays à avoir réduit la pauvreté de moitié en vingt ans. En mai 2010, il fut le deuxième pays du sous-continent à intégrer l'OCDE (qui regroupe les principales économies industrialisées du monde), après le Mexique. Certaines entreprises chiliennes comptent parmi les plus importantes du continent, comme Cencosud, Falabella, Ripley ou La Polar. Son système bancaire est un exemple pour la région : de fait, Santiago est devenue une plateforme d'investissement pour une multitude d'entreprises étrangères.

Entre 2002 et 2012, la croissance du PIB a été d'environ 4 % par an, puis le rythme a doucement ralenti entre 2014 et 2017 avec une croissance autour de 2 %. Le FMI estime que le PIB par habitant était de presque 20 000 US$ en 2016. En avril 2013, il était de 18 149 US$ en parité de pouvoir d'achat (loin derrière les 103 000 US$ par habitant du Qatar cependant !), soit une hausse de 268,7 % depuis 1990 (le pays se place en 18e position des plus fortes hausses au monde sur cette période). Enfin, en 2018, la croissance du PIB affichait 4 % et 16 000 US$ de PIB par habitant.

Ces beaux chiffres n'empêchent hélas pas le Chili d'être l'un des pays les plus inégaux au monde : il se classe au 16e rang de ce douloureux classement. Soyons encore plus précis : quand, par exemple, la Suède ou le Danemark possédaient le même PIB/habitant (en 1961), les inégalités sociales étaient deux fois moindres. Pareil pour l'Allemagne (en 1965), le Japon (en 1969) ou le Portugal (en 1987). Une enquête Casen 2009 démontre que 90 % des Chiliens vivent avec la moitié ou moins de ce fameux PIB/habitant officiel ; 60 % des Chiliens vivraient même avec moins de 3 500 US$ par an (soit le PIB par habitant du Nicaragua, du Ghana ou... de l'Irak). En 2010, les 5 % les plus riches gagnent environ 40 000 US$ par habitant et par an (comme en Suède à peu près) : 4 500 familles (soit 0,1 % de la population) gagneraient environ 112 000 US$ par an, soit plus qu'au Qatar !

Au Chili, la classification de la population est établie selon les catégories suivantes (selon l'enquête Casen de 2009). Il s'agit d'un revenu par personne, mais au sein d'une famille (donc du revenu familial total, divisé par le nombre de personnes dans une famille). On donne par ailleurs la moyenne du revenu familial total entre parenthèses :

- **ABC 1 :** entre 761 000 et 14 900 000 $ par mois (moyenne familiale de 4 068 000 $) : 5,2 % de la population.
- **C2 :** entre 288 000 et 761 000 $ par mois (moyenne familiale de 1 351 000 $) : 14,9 % de la population.
- **C3 :** entre 151 000 et 288 000 $ par mois (moyenne familiale de 707 000 $) : 23,4 % de la population.
- **D :** sans profession formelle, entre 59 000 et 151 000 $ par mois (moyenne familiale de 368 700 $) : 41,8 % de la population.
- **E :** entre 0 et 60 000 $ par mois (moyenne familiale de 155 000 $) : 14,8 % de la population.

Principales ressources

Aujourd'hui, le Chili est en tête du classement de la richesse du continent sud-américain avec un PAA de 25 583 US$ par habitant en 2017, selon le Fonds monétaire international. Dans l'économie chilienne, on note tout d'abord l'importance de l'agriculture (exportations de fruits et légumes), de la pêche (principal exportateur de saumon avec la Norvège) et des productions minières. Par ailleurs, l'industrie chilienne est encore peu puissante (sauf pour la production de farine de poisson).

La structure de ses exportations s'est améliorée et la récente hausse du prix du cuivre n'a pas entraîné une totale sectorisation (préoccupante à terme) autour de cette matière première, même si le Chili exporte à ce jour 36 % de la production mondiale de cuivre (c'est le premier producteur au monde) et que celui-ci représente plus de 50 % des exportations chiliennes en 2014 et 18 % du PIB. Environ 50 % des recettes à l'exportation de l'Etat proviennent de la vente de cuivre à l'étranger (notamment en Chine et en Inde).

Les Etats-Unis ne sont plus le seul principal client et fournisseur du pays, car les pays asiatiques, le Brésil ou l'Argentine voisins et l'Union européenne dans une moindre mesure se positionnent en force depuis une dizaine d'années : les deux tiers des exportations sont destinés à l'Asie et à l'Europe, et les liens avec les pays d'Amérique du Sud se resserrent dans le cadre de nouveaux accords commerciaux (Mercosur).

La politique mise en place par la droite chilienne dans les années 1980 a fait siennes les idées des théoriciens néolibéraux et de leur chef de file Milton Friedman. Cela s'est manifesté par une ouverture croissante sur l'économie mondiale (enjeu à venir : l'économique chilienne est très exposée à l'environnement international, car le commerce extérieur représente 80 % du PIB), un désengagement progressif de l'Etat au profit du secteur privé et des efforts de limitation des dépenses budgétaires dans le but de fortifier la monnaie nationale et d'améliorer les soldes commerciaux.

Cette politique a connu une réussite certaine sur le plan économique, mais les conséquences sociales ont été désastreuses. Au début des années 1990, on estimait le taux de pauvreté de la population chilienne à 40 % et, s'il n'est plus officiellement que de 14,4 % en 2011 (enquête Casen 2011), les conditions précaires dans lesquelles vit au moins la moitié de la population (des chiffres officieux parlent de 30 % de pauvres au Chili) donnent à s'interroger sur la santé de la société chilienne dans les années à venir, si rien n'est fait en termes d'éducation et de santé. Même si le chômage est revenu à des niveaux relativement bas (6 % en 2014), le niveau des salaires contribue au développement d'une classe de salariés qui reste sous le seuil de pauvreté. Par ailleurs, la structure sociale demeure très inégale. L'écart entre les plus riches et les plus pauvres est impressionnant, et la classe moyenne beaucoup moins importante qu'en France. Le coefficient de Gini, qui mesure cet écart, est de 0,520 (très important).

Arriver à concilier la poursuite de son développement économique et le recul des inégalités sociales constitue un enjeu majeur pour le Chili.

Agriculture

Depuis quelques années, les traités bilatéraux avec l'Union européenne, les Etats-Unis et les pays asiatiques ont dopé les exportations, et la politique agricole innovante a porté ses fruits (c'est le cas de le dire). Ainsi, le Chili s'est affirmé comme le premier exportateur de fruits frais de l'hémisphère Sud (45 % des exportations du continent, notamment de raisin, prunes, pommes, kiwis, poires, framboises et avocats). Les cultures industrielles parviennent aussi à se développer (orge, betterave, fourrage). Aux fruits et légumes s'ajoutent désormais de nouveaux produits (asperges par exemple). On peut également mentionner comme secteur émergent la culture des fleurs, production destinée en partie à l'exportation.

C'est surtout dans le Sud du pays (régions des Fleuves et des Lacs) que l'agriculture est l'activité économique dominante. Les exportations dans le secteur agro-alimentaire ont connu une embellie extraordinaire (en 2011, le Chili se place qu 17e rang mondial des pays exportateurs de produits alimentaires et souhaite faire partie des 10 premiers d'ici 2020), et l'élevage se porte bien (surtout le secteur de la volaille, qui bénéficie d'excellentes conditions sanitaires, mais aussi le secteur porcin et le secteur laitier). Aujourd'hui, le secteur agro-alimentaire représente 14 % des richesses nationales et emploie environ 1 million de personnes.

Viticulture et viniculture

Les vins chiliens bénéficient d'un véritable engouement international ces dernières années. Ainsi, le Chili est en 2011 le 8e producteur et le 5e exportateur de vins au monde, soit une augmentation de surface de production de 70 % et une hausse de la production de vins de 83 % depuis 2000 !

Les premiers plants de vigne ont été introduits par Francisco de Aguirre, le conquistador, dans la région de Copiapó, puis par des missionnaires catholiques, pour rapidement se développer en fonction d'un environnement climatique et géographique favorables. Après l'indépendance, de nombreux clones de prestigieux cépages français furent ramenés et implantés à partir de 1850 ; les vignobles ne furent pas touchés par l'épidémie de phylloxéra du début du XXe siècle, au contraire de l'Europe. Aujourd'hui encore, les conditions phytosanitaires sont très bonnes et plus de 4 000 ha de vigne sont consacrés à l'agriculture biologique.

Depuis 1995, un système d'appellation d'origine (DO) incluant 15 vallées a été institué, ainsi que la production de « vins premium » (haut de gamme).

En 2011, l'exportation de vins chiliens a été de 667,7 millions de litres environ, pour un chiffre d'affaire de 1 702 millions de US$. Les principaux acheteurs restent les Etats-Unis (15 % de la production) et l'Europe, notamment la Grande-Bretagne (15 %), la Hollande (6,5 %), le Brésil (6,3 %) et le Canada (6 %). La hausse des exportations vers la Chine est très significative (+74,6 % en 2011).

En 2010, la consommation domestique de vin par habitant était de 14 litres par an, avec une perspective de 19 litres par an en 2020.

A noter que le premier cépage est encore le *pais*, qui couvre environ 40 % du vignoble chilien (son nom n'apparaît pas sur l'étiquette). Ensuite, le cabernet-sauvignon constitue 38,7 % du vignoble, le merlot 9,6 %, puis viennent le carignan, le cinsault, le malbec, le pinot noir ou la syrah. Les vins blancs sont produits autour du sauvignon, du muscat d'Alexandrie (utilisé aussi pour le pisco), du chardonnay et du sémillon.

Seulement 10 vignobles chiliens représentent 61 % des parts de marché d'exportation en valeur en 2011 (notamment Concha y Toro, le 2e producteur de vins au monde derrière l'Australien Foster, avec 26,3 % de parts de marché d'exportation, San Pedro Tarapaca et Cono Sur), tandis que les 300 vignobles restants se partagent le reste.

Le vin pétillant est aussi en plein essor, avec une hausse de 95 % en volume et 115 % en valeur entre 2007 et 2011, pour s'établir à 3,8 millions de litres en 2011.
Si la zone côtière de Casablanca bénéficie aujourd'hui d'un certain engouement, la majeure partie du vin chilien est produite dans la vallée centrale, sur un plateau de 800 km de longueur qui s'étend de Santiago à Osorno (climat méditerranéen, été chaud et sec).

Pêche

Pays agricole et montagnard, le Chili a traditionnellement développé ses activités dos à la mer, tout en occupant, de manière paradoxale, l'une des premières places pour la production et l'exportation des ressources issues du milieu marin (deuxième producteur mondial de farine de poisson et de saumons, premier producteur de truites, troisième producteur de noix de Saint-Jacques). Compte tenu de l'étendue de sa façade maritime, la mer chilienne couvre en effet une superficie de 4 millions de km², soit quasiment le double de la surface terrestre du pays. Autrefois concentrée autour de la production de farine de poisson, l'industrie des produits de la mer est aujourd'hui plus diversifiée, utilisant, en plus des ressources pélagiques stabilisées, les potentiels benzoïques (fruits de mer, algues), démerseaux (gros poissons et crustacés) et aquacoles (saumons, truites, turbots, mollusques…). A ces ressources naturelles s'ajoutent un secteur aquacole en pleine croissance et une industrie de transformation performante (farines, produits frais réfrigérés, congelés et conserves). Les principaux produits marins exportés sont : le saumon, la truite, le merlu, la morue, le congre et le mérou pour ce qui est des poissons, et les oursins, les coquilles Saint-Jacques, les poulpes, langoustines et crabes pour les fruits de mer.
En 2011, le secteur de la pêche et de l'aquaculture représente 1,5 % du PIB, dont 90 % pour les salmonidés.

Bois

Avec la pêche et les produits miniers, la forêt (45 % du territoire chilien est apte à la culture forestière) constitue l'une des trois richesses naturelles du Chili, en raison de conditions naturelles permettant une croissance très rapide de certaines espèces exotiques renouvelables, utilisées par la suite dans l'industrie primaire et secondaire.
Les principales filières existantes concernent l'industrie primaire, notamment les scieries, la production de cellulose (second exportateur mondial), la fabrication de panneaux et la production de copeaux. D'autre part, l'industrie secondaire bénéficie d'une forte croissance depuis 1985, en particulier la production de meubles et d'éléments destinés à la construction et de maisons préfabriquées, ainsi que du secteur papier-carton.
La cellulose est aujourd'hui la principale ressource d'exportation de la filière bois grâce à l'implantation de grands complexes privés associant des capitaux nationaux et étrangers (6,2 % de la production mondiale).

Industrie minière

Pays à très forte tradition minière, le Chili a fondé depuis quarante ans son développement économique et son dynamisme à l'exportation sur un secteur minier extrêmement riche, notamment dans le désert d'Atacama, et doté de solides avantages comparatifs : richesses géologiques variées, forte concentration en minerais, faible profondeur des gisements, autant pour les minerais métalliques (cuivre, or, argent…) que non métalliques (nitrates, lithium, iode). Le Chili offre également pour le secteur un cadre économique très favorable : faible coût relatif de la main-d'œuvre, stabilité socio-économique du pays et, surtout, forte attractivité du cadre réglementant l'investissement étranger (garanties, fiscalité). Autant d'arguments qui expliquent la situation privilégiée du Chili au sein de l'industrie minière mondiale. Il est notamment le premier producteur mondial de cuivre, de nitrates naturels et troisième producteur d'or.
Alors que l'entreprise publique Codelco produit encore 38 % du cuivre chilien (avec l'entreprise privée Antofagasta Minerals), le dynamisme du secteur minier chilien est surtout lié aux investissements du secteur privé étranger (BHP Hilton, Anglo American, Rio Tinto, Xtrata...). Les projets initiés par les principaux groupes miniers mondiaux sont nombreux et souvent de grande envergure.
A ce jour, le Chili est le premier exportateur de cuivre (33,4 % de la production mondiale), de lithium (31 %), de nitrates (25 %) et d'iode (58 %). C'est le 6e producteur d'argent (8 % de la production mondiale).
Le secteur minier fournit environ 200 000 emplois directs et 500 000 emplois indirects au Chili. Ce secteur est encore en plein boom : 36 projets seront menés à bien d'ici 2015 pour un investissement de 67 milliards de US$ environ (dont 54 pour le cuivre) !

Les énergies renouvelables

Même si de gros progrès sont encore à attendre dans ce secteur, le Chili fut le premier pays d'Amérique latine à se pencher sur les énergies renouvelables non conventionnelles (ERNC incluant géothermie, énergie solaire, hydraulique, éolienne…). En 2011 toutefois, celles-ci ne représentent que 3 % de la production élec-

trique nationale, bien loin derrière l'hydroélectricité classique (35 %) ou le thermique à charbon (15 %). Quatre grandes entreprises concentrent la génération électrique du pays et détiennent 86 % des capacités installées (Endesa, conglomérat hispano-italien, Aes, des Etats-Unis, Colbún, chilien, et Suez Energy Andino, franco-belge).
L'objectif du gouvernement est cependant de développer les ERNC, avec 20 % de la capacité installée d'ici 2020. Une loi de 2010 stipule que 5 % de l'énergie produite par les entreprises classiques doivent provenir de ces énergies. Depuis le 24 août 2010, des subventions sont proposées aux entreprises pour l'utilisation de panneaux solaires dans la construction de logements neufs (une extension aux logements usagés pour les particuliers est en cours de discussion au Parlement).

Place du tourisme

Les conditions favorables que présente actuellement le Chili, tant sur le plan économique que sur le plan politique et social, ont été les facteurs fondamentaux qui ont incité les investisseurs, chiliens et étrangers, à participer au développement touristique des différentes régions du pays. En 2014, le Chili était ainsi le 3e pays touristique d'Amérique du Sud, derrière le Brésil et l'Argentine. En 2018, l'Argentine perd sa deuxième place au profit du Chili qui connaît depuis une augmentation exponentielle du trafic passager.
En 2017, environ 22,3 millions de passagers ont été transportés sur des vols nationaux et internationaux, soit une augmentation de 11,1% par rapport à l'année précédente, selon les données du Conseil de l'aviation civile chilienne. La même année, le pays a été distingué, pour la troisième année consécutive, comme « Meilleure destination de tourisme d'aventure en Amérique du Sud » aux World Travel Awards. La grosse majorité voyage en décembre, janvier et février. La plupart viennent de pays limitrophes (Argentins en tête avec près de 40 % des arrivées totales – soit près de 1,4 million de touristes, fort essor du marché brésilien avec près de 11 % des arrivées, mais aussi des marchés australiens et colombiens). L'Amérique latine représente 76 % des arrivées totales (mais les chiffres incluent aussi tous les Boliviens ou Péruviens qui font la navette entre leur pays et le Chili pour des raisons commerciales, etc.).
Le marché européen se maintient, sachant que la France et l'Allemagne constituent les deux marchés principaux (devant l'Espagne et l'Angleterre), avec chacun un peu plus de 2 % des arrivées totales – soit 65 000 touristes environ en 2013 pour la France, 67 000 pour l'Allemagne. Les Espagnols ont débarqué en masse (+12 %), beaucoup pour fuir la situation économique chez eux et chercher du travail ici ! En 2012, 53 % de tous ces touristes viennent pour leurs vacances. Le Brésilien est celui qui dépense le plus, avec une moyenne de 154 US$ par jour (très loin devant l'Australien, le Mexicain, l'Anglais ou le Nord-Américain).
Les voyageurs séjournent en général à Santiago, dans la région de Valparaíso, des lacs, de Tarapacá et d'Antofagasta. Les villes les plus touristiques (pour les étrangers) seraient (par ordre décroissant) : Santiago, Valparaíso, Viña del Mar, Arica, San Pedro de Atacama, Iquique, Puerto Varas, Pucón, Puerto Montt et La Serena. Les parcs nationaux les plus populaires pour les étrangers sont ceux de Puyehue et Vicente Pérez Rosales (beaucoup d'Argentins). Pour les Européens, Torres del Paine a la cote !
Le tourisme emploie actuellement près de 275 000 personnes dans tout le pays.

Enjeux actuels

Le Chili a longtemps été défini comme le « jaguar » de l'Amérique latine, avec des taux de croissance de 7 % par an de 1990 à 1997 puis de 4 à 5 % dans les années 2000. Mais, tout comme pour l'Argentine, qui faisait office de « meilleur élève » du Fonds monétaire international avant de s'effondrer en décembre 2001, ce poncif mérite d'être critiqué.
L'économie du pays dépend en effet largement du cours des matières premières et des ressources énergétiques extérieures, et se trouve ainsi confrontée de plein fouet à toutes les fluctuations de la conjoncture mondiale. L'embellie du cuivre depuis 2004, si elle participe d'une conjoncture économique nationale extrêmement favorable, ne profite pas vraiment aux secteurs les plus déficitaires de l'économie chilienne (éducation, santé). On construit des routes, des centres commerciaux, mais pas vraiment d'écoles ni d'hôpitaux publics.
Le partage du « gâteau » est très inégalitaire au Chili et des risques d'étranglement de certains pans de la société chilienne peuvent être craints dans les années à venir. Le tissu social (et industriel) reste conjectural et hasardeux.
La classe politique chilienne, divisée le temps des dernières élections présidentielles, est néanmoins plus ou moins soudée (si l'on excepte le mouvement d'extrême gauche, relativement populaire) autour d'un projet économique qui s'inscrit dans la continuité en matière économique et budgétaire. Les dépenses publiques devraient se focaliser sur les secteurs de la santé, de l'éducation préscolaire, du logement social, de l'emploi et de la promotion des PME.

Parfois amère et souvent fataliste, la population chilienne semble en effet sans réel projet de société, avec une hiérarchie sociale en décomposition et des disparités flagrantes. C'est dans ce contexte pour le moins tendu que de violentes émeutes et manifestations ont éclaté le 18 octobre 2019 après l'annonce de la hausse du prix du ticket de métro. L'annonce de trop qui a poussé les citoyens à se réunir dans les rues afin de manifester et de contester les réformes mises en place par le président Piñera. Bien que stable politiquement et économiquement (une croissance de 3,5 % du PIB annoncée en 2019), le Chili fait partie de ces pays où la richesse se trouve entre les mains d'une minorité particulièrement fortunée : 1% des plus riches du pays possèdent un peu plus d'un quart du PIB national là où un quart des chiliens vivent sous le seuil de pauvreté. Et même si la pauvreté a diminué ces 30 dernières années, le fossé ne se comble pas assez vite puisque le Chili est le pays de l'OCDE le plus inégalitaire sur le plan des revenus avec un salaire minimum s'élevant à 370 euros seulement. Cette mauvaise répartition des richesses, fruit d'une politique ultralibérale qui remonte à la dictature, a réveillé les colères et les sentiments d'injustice des Chiliens, bien décidés à faire la guerre aux inégalités sociales. Le Chilien de la classe moyenne, de ses études à sa retraite, est en effet condamné à s'endetter tout au long de sa vie. Les études supérieures sont parmi les plus coûteuses du monde et le système de retraites par capitalisation oblige les habitants à placer leur argent sur des fonds de pension. Prise entre les griffes d'une politique appliquant les recettes du néo-libéralisme dans toute la sphère publique (de la santé à l'éducation en passant par les transports), la population chilienne évolue dans une société à deux vitesses et réclame aujourd'hui le changement en profondeur d'un pays riche en proie à la fracture sociale.

Paralysé par de nombreuses grèves et des manifestations massives ayant réuni jusqu'à 1 million de personnes dans la capitale, le pays faisait donc face à un mouvement social inédit où pour la première fois depuis Pinochet les forces armées étaient de retour dans les rues. A l'heure où nous bouclons cette édition, le dernier bilan officiel du gouvernement annonçait 20 personnes tuées et 2 000 arrestations depuis le début des émeutes. Selon l'institut national des droits humains (INDH), cinq de ces décès ont été provoqué par les forces de l'ordre. Après avoir annoncé l'état d'urgence et affirmé maladroitement que la pays était « en guerre », le président Piñera s'est installé à la table des négociations afin de proposer de nouvelles mesures capables de calmer les mécontentements. Pour commencer, il a demandé à tous les ministres de remettre leur démission afin de pouvoir former un nouveau gouvernement (il s'agit du troisième remaniement gouvernemental en un an). Enfin, aux prises des contestations toujours vives à l'heure où nous terminons cette édition, le pays annonçait se retirer de l'organisation de la COP25 à seulement un mois du sommet. Le 12 novembre 2019, un mois après le déclenchement des violentes manifestations contre le gouvernement, le pays coordonnait une grève générale malgré les concessions du président Piñera. A Santiago notamment, les violences ont été extrêmes et les affrontements entre manifestants et forces de l'ordre se poursuivaient. Le retrait de la mesure qui a mis le feu aux poudres pas plus que le remaniement d'un gouvernement n'ont changé la donne, la crise est profonde et les Chiliens réclament des mesures concrètes. L'annonce du renoncement à un certain nombre de réformes et de mesures économiques ainsi que le remaniement ministériel s'est poursuivi par l'annonce de l'augmentation de 20 % du minimum retraite. De plus, un plan de 5,5 milliards de dollars pour mettre fin à la crise sociale a été annoncé le 2 décembre 2019 par le ministre des Finances Ignacio Briones. Avec la création de 100 000 emplois, le plan devrait également débloquer une augmentation des dépenses publiques en 2020 de 3 milliards de dollars, une aide financière de 1,9 milliards de dollars aux petites et moyennes entreprises et 525 millions de dollars de mesures diverses. Cette mesure devrait concerner près de 6 millions de Chiliens sur les 19 millions que compte le pays. Parallèlement à cette annonce, la Banque centrale du Chili annonçait de son côté l'injection de 20 milliards de dollars dans l'économie du pays afin d'empêcher la chute d'un peso affecté par la crise. Paralysé, secoué par une violente crise sociale, le Chili ne semble pas vouloir s'apaiser et continue de faire la une des médias internationaux : les violences sont en constante recrudescence. Pourtant, une des revendications majeures des Chiliens a été entendue : un référendum doit être organisé en avril 2020 en vue de réviser la Constitution héritée de la dictature. Un signe annonciateur – ou tout du moins l'espoir – d'un pays qui reprend son destin en main. Car au-delà des concessions adoptées dans l'urgence du mouvement social, le véritable défi gouvernemental semble être celui de la refondation sociale, tant espérée et attendue par la population chilienne : il faut rappeler que la Constitution actuelle date du régime de Pinochet. La véritable transition démocratique et sociale ne pourra avoir lieu que lorsqu'une nouvelle constitution aura été votée et mise en place pour rompre une fois pour toutes avec le modèle autoritaire néo-libéral hérité de Pinochet.

POPULATION ET LANGUES

La population chilienne a connu une croissance régulière depuis le début du XIXe siècle (1 010 336 habitants en 1835, 16 575 000 selon le dernier recensement de 2012 – mais celui-ci a été remis en cause en 2013 et un nouveau recensement pourrait être organisé bientôt). Cette croissance résulte pour une part de l'immigration, pour une autre part d'accidents historiques (conquêtes de la guerre du Pacifique), et enfin de la croissance naturelle. La croissance démographique a été régulière jusqu'en 1940 et n'annonçait pas le boom de l'après-guerre. Cela explique la jeunesse de la population : 65 % des Chiliens ont moins de 40 ans. Le rythme de croissance de la population fut de 0,97 % par an entre 2002 et 2012 (en perte de vitesse).

La répartition de la population chilienne est déterminée par la configuration géographique du pays : un exode rural massif a conduit à la concentration de 86,2 % de la population dans les villes. Cependant, la croissance des villes s'étant faite sans planification, la capitale en est restée hypertrophiée.

Santiago (et son agglomération) abrite aujourd'hui plus d'un tiers de la population globale du pays (environ 6 millions d'habitants), regroupe les capitaux et le savoir-faire, mais connaît des problèmes importants en ce qui concerne le transport ou le logement. La capitale souffre également d'un taux de pollution atmosphérique très préoccupant.

La répartition spatiale de la population est donc très inégale. A l'exception de quelques pôles urbains, les densités sont très faibles dans le nord du pays. Elles sont importantes dans la région centrale, et relativement élevées dans la zone qui s'étend jusqu'à Puerto Montt. Plus au sud, on retrouve de véritables déserts humains jalonnés par quelques foyers de peuplement relativement peu importants (le long de la route australe, puis Coyhaique et Punta Arenas, Puerto Natales dans la région de Magellan).

A noter que plus de 96 % de la population chilienne est alphabétisée.

Une population métissée

La société chilienne est le résultat du métissage des différentes populations issues de l'immigration et des populations indigènes (préhispaniques). Le pays a réussi le miracle d'intégrer progressivement tous les immigrants pour donner naissance à une véritable « chilenité », c'est-à-dire un sentiment d'appartenance à une même nation partagé par l'ensemble des citoyens chiliens.

Les immigrants au Chili furent, par ordre décroissant, Espagnols (Andalousie et Estrémadure tout d'abord, puis Castille), Allemands (à partir de 1850), Italiens, Yougoslaves (à Antofagasta et Punta Arenas au début du XXe siècle), Anglais, Français, Syriens et Libanais. Auxquels on peut ajouter les immigrants des pays voisins, principalement dans les zones frontalières (Argentins à Aysén, Boliviens et Péruviens dans le Nord).

Cette immigration fut peu importante en nombre et très progressive, ce qui facilita le processus d'intégration des nouveaux arrivants.

Si l'on estime à moins d'un million d'individus les indigènes présents sur l'actuel territoire chilien, les recherches archéologiques ont permis d'identifier de nombreuses ethnies différentes suivant leur implantation géographique et leur culture. Dans l'extrême sud du pays, elles ont pour noms Chonos, Alacalufs, Onas et Yaghans. C'étaient des peuples nomades, chasseurs ou pêcheurs (ils ont presque tous disparus). Plus au nord s'étend le territoire de ceux que les Espagnols vont appeler Araucans. Eux-mêmes se nomment Mapuche (*mapu* signifiant « la terre » et *che*, « les gens »). Ce sont eux qui opposèrent le plus de résistance aux Espagnols. Durant plus de trois siècles, ils empêchèrent la pénétration des colons sur leur territoire dont le cœur est situé entre les fleuves Tolten et Bío-Bío (frontière). Ils furent finalement vaincus, mais leurs descendants ont maintenu vivantes leur culture et leur langue et travaillent encore quotidiennement pour les maintenir. Ainsi, leur lutte pour récupérer leur territoire est-elle bien réelle. Les Mapuche demandent la restitution de leurs sols et le respect de leur mode de vie : des revendications sans répondant de la part du gouvernement chilien. Les Mapuche seraient la seule exception – ou presque – au métissage chilien.

La loi indigène du 5 octobre 1993 reconnaît l'existence des peuples indigènes comme « part essentielle des racines de la Nation chilienne » ; elle crée aussi la Conadi (Corporation nationale pour le développement indigène – www.conadi.cl – le site Web recense les diverses ethnies, leur origine, leur habitat, etc.). On peut aussi se connecter au site – www.serindigena.cl – élaboré par le ministère de l'Education, qui présente plusieurs aspects des cultures indigènes (religion, gastronomie, artisanat).

Education

Le taux d'alphabétisation est très élevé au Chili (96 %). Cela est dû à un système éducatif plutôt efficace… du moins, surtout, à l'école primaire. En effet, il s'avère ensuite (au collège, mais surtout à l'université) particulièrement injuste et critiqué, comme en témoignent les manifestations estudiantines de 2006 et surtout de l'été 2011, appelant à une « éducation gratuite pour tous ».

- **Le castillan (espagnol)** est la langue d'enseignement. Quelques écoles privées peuvent enseigner dans une langue étrangère, notamment l'anglais et l'allemand et le français. La notation chilienne s'étale de 1 à 7. L'année scolaire s'étale de début mars à fin décembre, à l'école primaire et secondaire comme en université.
- **L'éducation préscolaire,** de 2 à 6 ans (Kinder), n'est pas obligatoire.
- **L'éducation primaire** (*Enseñanza Básica*) dure huit ans, jusqu'à l'âge de 14 ans environ : elle est obligatoire.
- **L'école secondaire** (*Enseñanza media*) dure quatre ans, de 15 à 18 ans, et se termine par l'obtention de la *Licencia de educación media*. Depuis la réforme de Lagos en 2003, cette scolarité est maintenant obligatoire (soit un total de 12 ans de scolarité obligatoire au Chili).
- **Ensuite,** si l'on souhaite poursuivre vers l'université, il faut passer un examen, la *Prueba de selección a las universidades* (PSU), reconnu en France. L'enseignement privé est assez courant au Chili et se partage les élèves avec le secteur public. En fonction de leur résultat à la PSU, les étudiants peuvent s'inscrire dans les universités, dans les instituts professionnels ou dans les centres de formation technique. On peut choisir la filière de son choix.
- **Le système éducatif chilien est en crise.** La différence entre enseignement public et enseignement privé en termes de coût des études et de qualité d'enseignement (reconnaissance par le monde professionnel) est très grande. Le coût à supporter pour un cursus universitaire dans les meilleures universités privées est l'équivalent des études les plus chères en France. Même dans des universités pas si reconnues, les familles doivent souvent s'endetter pour que leurs enfants puissent étudier. Cela se fait au détriment des familles les plus pauvres et contribue donc à la reproduction des inégalités sociales.

Caractère et identité

Pour la majorité des étrangers, le Chilien semblera hospitalier, calme et réservé ; mais il peut s'avérer très festif lors des *asados* (barbecues) ou *carretes* (fêtes), si nombreux ici. L'influence germanique, au sud notamment, se fait clairement sentir, tout comme la présence mapuche. Au nord, si les côtes hébergent une population largement « chilenisée », la farouche cordillère abrite des peuples indigènes que l'on retrouve, notamment, au nord-ouest de l'Argentine, en Bolivie, ou au Pérou.

De fait, la situation géographique du pays coincé entre les Andes et l'océan Pacifique (sans parler des glaciers au sud et des déserts au nord) a privilégié la croissance d'une population plutôt repliée sur elle-même (un certain nombrilisme peut-être), différente du reste de ses petits camarades latins, à la langue et aux traditions bien spécifiques. On ne sera donc pas surpris de constater que personne n'aime beaucoup les Chiliens en Amérique du Sud, mais que, d'un autre côté, les Chiliens n'aiment pas grand monde non plus. L'antipoète Nicanor Parra a un jour lancé cette phrase fameuse : « *Creemos ser país, pero somos apenas paisaje* » (Nous croyons être un pays, mais nous sommes à peine un paysage). Selon lui, *ser país* signifie *habitar* (habiter), inventer une réponse à la muette altercation des cordillères et des déserts. Par exemple : avec l'une des côtes les plus grandes au monde, le Chili n'a pas été capable de former des navigateurs comme les Nordiques. Quant à la cordillère, si elle est crainte ou admirée, elle ne dispose pas à la formation d'andinistes fameux, de randonneurs impénitents, malgré des cimes supérieures à 6 000 m. Les habitants sont réfugiés dans les douces vallées centrales, sur un territoire de pionniers, d'aventuriers, d'intrigants, qui furent presque tous… étrangers (Emile Dubois par exemple). Il n'existe pas non plus de villes extravagantes refoulant l'espace dans lequel elles se bâtissent, comme Buenos Aires dans la pampa. Santiago est entourée de merveilles naturelles, mais, comme ville, ce fut pendant longtemps un échec (elle a toutefois bien changé depuis une dizaine d'années, devenant aujourd'hui une vraie capitale à l'échelle internationale).

Le Chili évoque parfois l'Angleterre ou l'Allemagne. L'idée maîtresse des divers gouvernements en place depuis des lustres était de « blanchir » une population essentiellement métisse et indigène. Les Chiliens, pour certains, ne seraient d'ailleurs pas chiliens en tant que tel, mais un savant mélange de flegme britannique et d'ordre germanique.

Mais Nicanor Parra n'a peut-être pas tout à fait raison : si le Chili fascine pour son impressionnant paysage, il semble qu'il a su aussi former une identité nationale propre, dont témoignent une langue et une culture bien spécifiques. Il se pourrait, finalement, que le Chili soit bien un « pays », et que cette attitude d'indifférence envers et contre tout (la cordillère, le désert, les glaciers, le présent), caractérisée par des locutions banales comme « *no estoy ni ahi* » (« je m'en fiche », une sorte d'emblème linguistique chez de nombreux jeunes), soit une manière singulière d'aborder le monde (désinvolte, placide, froide, avec une certaine hystérie contenue, comme comprimée par les éléments contraires qui entourent ce « cigare accoudé à la mer »). Nicanor Parra, avec sa *Cara de Raja*, a transformé la langue espagnole : il a fait entrer le dialecte chilien dans la littérature. Etre un pays, pour les Chiliens, serait ainsi peut-être un « habiter poétique » (Neruda, Mistral, Huidobro...), une perception des choses et des hommes qui viendrait des Mapuche. Car ces derniers ne construisirent pas de monuments illustres : leur monument fut la parole, le *mapudungún*. Pas de livre officiel d'histoire, mais un humour acide, des paroles en l'air, fières et vaines. Un proverbe dit ainsi : « l'humanité se divise en trois catégories : les Chiliens, qui ne savent rien ; les étrangers, qui savent un peu ; et les Mapuches, qui savent tout ».

Armando Uribe dit que ce qu'il aime le plus, c'est *el desgarro chileno* (la « déchirure » ou « fracture » chilienne), jamais satisfait de ce qui va advenir, non pas par ambition ou envie de progrès, mais parce que la vie telle qu'elle est imaginée est sordide et obscure. « *Los chilenos somos ásperos y desagradables* » ; ce seraient les plus « *brutos y torpes* » (brutes et maladroits) d'Amérique du Sud, en conformité avec une nature tout aussi fracturée. Les volcans du sud évoqueraient ainsi une Suisse... qui peut éclater à tout moment.

L'austérité de ce pays qui réclame des travaux de tout instant (jungles impénétrables, déserts, glaciers, pluies et vents, raz-de-marée et tremblements de terre, sans compter les éruptions volcaniques) a donc façonné une identité un peu farouche, fière, laborieuse et consciencieuse. Mais, d'un autre côté, la femme chilienne se démarque un peu de son compagnon : très généreuse, elle n'hésite pas à se plier en quatre pour sa famille, son amour, son travail ou sa patrie. Beaucoup moins altière que sa voisine l'Argentine, elle semble pourtant tout aussi libre parfois, et nous ne sommes pas loin de penser que le vent frais des nouvelles libertés sociales qui souffle aujourd'hui dans le pays trouve son expression (et sa naissance) dans leur ardeur à être, plutôt qu'à avoir.

En définitive, il y a autant de Chili que de Chiliens répartis sur son vaste territoire, comme le suggère Benjamin Subercaseaux. Pays de contraires et de contrastes...

Place de la femme

L'évolution des droits de la femme est un fait incontesté au Chili, alors que le reste du continent latino-américain est toujours qualifié de machiste. L'élection de Michelle Bachelet à la magistrature suprême en 2006 en fut la parfaite illustration, et l'exemple a été suivi en Argentine avec Cristina Kirchner, puis au Brésil avec Dilma Rousseff. Devant le sort abject des femmes maltraitées, le Chili a décidé de réagir en 1994 en promulguant la Loi des violences intrafamiliales, qui définit la violence au sein d'une même famille comme un comportement illicite et pouvant entraîner des poursuites judiciaires. C'est en 1949 que les femmes obtinrent le droit de vote, mais il fallut attendre cinquante ans pour qu'elles deviennent enfin actrices de la scène politique. Et le premier gouvernement de Bachelet fut un exemple de parité : dix femmes, dix hommes.

Les chiffres montrent l'importance du rôle des femmes dans un pays comme le Chili, car près de 30 % d'entre elles subviennent entièrement aux besoins de leur foyer avec un salaire unique ou supérieur à celui de leur conjoint. C'est d'ailleurs pour ces femmes que le gouvernement a décidé de créer, en 1991, un programme de soutien, connu sous le nom de Service national de la femme (SERNAM).

D'après une étude, la femme chilienne se marie vers l'âge de 30 ans (34 ans pour les hommes) et donne naissance, en moyenne, à 1,8 enfant. Une femme salariée bénéficie de six semaines d'arrêt de travail (*licencia prenatal*) avant son accouchement et, depuis 2012, jusqu'à 6 mois de repos complet après (*licencia postnatal*).

En 1989, le Chili avait ratifié la convention des Nations unies sur « l'élimination de toutes les formes de discrimination envers la femme ». Et, depuis 2004, le divorce a été légalisé. Il restait encore l'épineux problème de l'avortement, récemment dépénalisé. Après deux ans de débats parlementaires, le tribunal constitutionnel a enfin validé la loi de dépénalisation de l'avortement le 21 août 2017. Désormais, l'IVG est autorisée au Chili en cas de risque pour la femme enceinte, de non-viabilité du fœtus et de viol. Une victoire pour la présidente Michelle Bachelet, pédiatre de formation, qui a mené ce combat durant la totalité de son mandat sous le poids du conservatisme.

Homosexualité

Pays conservateur et régulièrement sous la lumière des projecteurs ces dernières années suite à ses avancées en la matière, le Chili mène un combat de longue haleine pour la reconnaissance et les droits des lesbiennes, gays, bisexuels et transsexuels. Depuis 2012, une loi sanctionne enfin la discrimination fondée sur l'orientation sexuelle, mais l'égalité devant les genres et les orientations sexuelles est loin d'être acquise. En juin 2018 et 2019, se déroulaient les « Marcha del Orgullo », ou Marche des Fiertés de Santiago (Gay Pride). Sous des drapeaux arc-en-ciel, les personnes LGBT se sont réunies pour revendiquer leur identité et accuser les actes homophobes enregistrés l'année passée, en 2017. Surnommée « l'année de la furie », les chiffres enregistrés ont de quoi glacer le sang : avec 45,7 % de plaintes en plus par rapport à l'année 2016, ce fut l'année de tous les records en termes de violences homophobes et transphobes. Ces deux dernières années, les manifestants réclament également l'instauration du mariage et du droit à l'adoption pour les couples homosexuels. En effet, malgré un premier projet de loi en 2008, le mariage n'est toujours pas autorisé pour les couples de même sexe au Chili. Pour l'instant seule l'union civile est autorisée depuis 2015.

Santé et retraite

Le système de santé chilien est à double face et révèle la dualité du développement économique du pays. D'un côté, les hôpitaux publics, répartis sur tout le territoire, connaissent, dans certains cas, des difficultés à accueillir et hospitaliser des malades en raison de la trop forte demande par rapport au nombre de places disponibles. D'un autre côté, la médecine privatisée, bien meilleure, est trop chère pour la plupart des Chiliens. La sécurité sociale est assumée entièrement par les salariés ; elle ne rembourse pas les médicaments, pas plus que ne le fait le système de couverture sociale privée.

Religion

Le Chili, comme la plupart des pays d'Amérique latine, est encore fortement marqué par l'influence de l'Eglise catholique. Les divers courants protestants (évangéliques récemment) ont pris une importance considérable ces dernières années. En 2002, 69,96 % des Chiliens se déclaraient catholiques (diminution de 10 % en 10 ans), les derniers chiffres du recensement de 2012 ayant montré une tendance à la baisse avec 67,37%, soit une diminution de 2,59%. Pendant longtemps, la dictature de Pinochet, pratiquant convaincu, n'a pas un instant cherché à changer la façon de voir les choses, et c'est tout récemment qu'une certaine liberté a gagné les sphères politiques. On appelle ce courant le *destape* (imaginer un bouchon de bouteille que l'on fait sauter !).

En discutant avec des Chiliens, on se rend vite compte que la société reste très imprégnée de cette culture chrétienne, mais qu'un courant plus libertaire circule un peu partout, surtout chez les jeunes, et que les institutions gouvernementales semblent en prendre bonne note. Pourtant, si la liberté de culte est reconnue depuis 1925 (séparation de l'Eglise et de l'Etat), le 21 novembre 2006, environ 75 % des députés ont voté contre la dépénalisation de l'avortement.

Église San Pedro de Atacama

ARTS ET CULTURE

Les arts et la culture du Chili ont indéniablement une origine occidentale. Espagnole, tout d'abord, suite à la colonisation du pays (du moins sa partie nord et centrale) à partir du XVIe siècle. L'influence française, véhiculée par les idées du siècle des Lumières, se fera sentir à la fin du XVIIIe siècle, avec les prémices de l'indépendance chilienne. A la fin du XIXe siècle, la culture allemande marquera notamment les domaines de la musique et du ballet, ainsi que de l'architecture, comme la culture anglaise (maisons de style victorien à Valparaíso notamment).
Pourtant, l'influence autochtone (mapuche notamment) reste visible dans certains domaines comme la gastronomie, les vêtements, les danses, et en général l'art et l'artisanat.
Après avoir joué un rôle important dans la résistance contre le régime de Pinochet, les milieux artistiques et culturels participent aujourd'hui au développement de nouvelles formes d'expression. Les moyens mis à leur disposition par le gouvernement restent assez faibles, malgré un essor considérable du nombre de festivals et carnavals, notamment dans la région métropolitaine et celle de Valparaíso/ Viña del Mar, en été.

Architecture

Il n'existe pas d'architecture chilienne à proprement parler mis à part un sens presque inné de la maîtrise des normes sismiques dans le pays le plus concerné au monde. Les architectes japonais prennent même exemple sur leurs homologues chiliens pour renforcer la sécurité en cas de tremblement de terre. Sous les bâtiments d'épais piliers en caoutchouc et en acier jouent un rôle essentiel en cas de séisme : la structure est isolée du sol. L'isolateur fonctionne comme un amortisseur qui se déforme sous l'effet d'une secousse et en minimise les effets. Malgré de puissants séismes, les bâtiments conçus de cette façon n'ont pas bougé !
Au sud, comme sur l'archipel de Chiloé, les *palafitos*, maisons de bois sur pilotis, ont fait leurs preuves, avec un mouvement de balancement caractéristique qui donne l'impression de flotter sur l'eau. Une technique pour s'adapter au mouvement des marées et surtout, à celui des sols. Au nord, vers Atacama, l'*adobe* fait foi : ces constructions basses d'argile et de paille maintiennent la chaleur en dehors et participent au charme certain de ces régions.

Architecture coloniale. Aujourd'hui, et malgré les multiples tremblements de terre qui ont détruit une partie de ce patrimoine, il est encore possible d'admirer les bâtiments coloniaux datant, pour la majorité, du XVIe et du XVIIe siècle. A Santiago, la Casa de La Moneda ou encore la Plaza de Armas sont typiques de cette architecture coloniale et de nombreuses villes chiliennes témoignent de sa splendeur. Que ce soit au nord ou au sud du pays, on peut voir également de nombreuses églises, aux façades blanches ou colorées, dont le mélange des différentes influences révèle la présence de différents colons, espagnols, allemands ou anglais. A l'époque coloniale, de nombreuses villes ont été construites selon des directives précises de la Couronne espagnole. Parmi ces directives, la fameuse Plaza mayor – ou Plaza de Armas – que l'on retrouve un peu partout au Chili (et en Amérique latine) dès lors que l'on se situe en ville. Carrée et bordée de bâtiments administratifs, elle accueille généralement église ou cathédrale.

La Patogallina

Cette compagnie, née en 1996, propose de beaux spectacles mêlant théâtre, vidéo et musique. Elle joue souvent dans les rues et leur spectacle « El Húsar de la Muerte », en 2000, connut un certain succès à l'étranger, notamment en Argentine, au Brésil, en Espagne et en France. Leur spectacle « 1907, El Año de la flor negra » fut présenté au Festival de Bayonne et Biarritz. Leur dernier (et septième) spectacle, « Extranjero, el último Hain », inauguré en 2011, évoque les péripéties des 11 Selk'nam arrachés à la Patagonie lors du centenaire de la Révolution française, et emmenés en France à l'occasion de l'Exposition universelle de 1889 (puis à Bruxelles et à Londres), dans le cadre de ce qu'il convient d'appeler un véritable zoo humain. On peut en savoir plus en consultant www.lapatogallina.cl

Architecture moderne. Même si le pays offre souvent des panoramas urbains peu attractifs, il coexiste désormais des monuments restaurés, des constructions plus modernes et d'autres plus anciennes, où chaque coin de rue peut surprendre et vous faire voyager dans le passé. En terme d'architecture moderne, le Chili connaît désormais un essor tout particulier depuis ces vingt dernières années. Dans les années 1990, des facteurs propices au développement d'une nouvelle architecture, comme la stabilité économique et politique, ont permis aux architectes chiliens de s'exprimer, d'innover et d'occuper le devant de la scène. Ainsi, de nouveaux espaces urbains ont été investis, et certaines constructions très modernes se sont fait une place dans le paysage architectural. Encore une fois, le contexte économique et politique a favorisé cette renaissance : la fin de la dictature, l'ouverture à l'international ou encore le redressement du marché de l'immobilier ont été des facteurs favorables à ce tournant moderne. À noter également que le Chili possède désormais la tour la plus haute d'Amérique latine : la Tour Costanera et ses 300 m de haut au cœur du quartier Providencia de Santiago offre un panorama unique sur la ville.
Depuis quelques années, l'architecture chilienne est saluée à l'international. En 2016, le prix Pritzker – considéré comme le Prix Nobel d'architecture - remis à Alejandro Aravena, a permis de faire connaître le travail développé par de nombreux architectes du pays. Symbole de l'architecture urbaine et sociale, cet architecte est notamment célèbre pour ses demi-maisons : *« Nous préférons construire la moitié d'une bonne maison plutôt qu'un mauvais logement »* . Il a notamment réalisé le design de quelques écoles de l'Universidad Catolica de Santiago et s'est engagé dans la reconstruction de nombreux bâtiments suite au tsunami de 2010. Smillent Radic fait aussi partie de cette génération d'architectes chiliens impliqués en tant que novateur dans l'espace urbain. Il fut mandaté par la galerie londonienne La Serpentine pour la réalisation de son Pavillon d'été 2014. Conçu comme un espace social et polyvalent, cette création transpire véritablement les maîtres-mots de la nouvelle ère architecturale : écologie, design et collaboration. Une génération d'heureux bâtisseurs semble donc être née !

Artisanat

Ce n'est pas le Pérou ! Si vous vous rendez dans l'un des pays voisins, notamment la Bolivie ou le Pérou, vous feriez mieux d'attendre : qualité tout aussi satisfaisante, choix beaucoup plus vaste, et surtout prix beaucoup plus attractifs. Néanmoins, pour les amateurs, il y a quand même des opportunités :

Le village communautaire de Lirima, près de Pozo Almonte, dans la région I, est réputé pour ses textiles artisanaux. Cette localité fut fondée il y a quelques années seulement par un groupe de familles aymaras.

Les textiles de La Ligua, au nord de Santiago, sont très fameux ; il existe des centaines de petites industries, et l'offre est donc beaucoup plus large. Du lundi au samedi, vous pouvez vous balader dans les rues Ortiz de Rosa, Portales ou Papudo à la recherche de votre souvenir préféré.

A Santiago même, le Pueblito de Los Dominicos est le plus grand centre artisanal de la capitale chilienne. Nombreux produits offerts… à des prix qui ne vous satisferont peut-être pas totalement.

Le village de Pomaire, dans les environs de Santiago, est réputé pour ses céramiques (miniatures, décoratives, utilitaires). Profitez-en

Qhapaq Ñan, la route de l'inca inscrite à l'UNESCO

Qhapaq Ñan, le Chemin de l'Inca, vaste réseau routier qui compta jusqu'à 6 000 km de voies tracées au XVe siècle par les Incas pour rallier les confins de l'empire, est inscrit au patrimoine mondial de l'UNESCO depuis 2014. Qhapaq Ñan chemine entre 2 500 et 5 000 m d'altitude, sur un sentier ou une route de 20 m de large, souvent pavés ou semés de pierres, avec un degré de finition et d'ingénierie qui émerveillent depuis toujours les archéologues. En débarquant au XVIe siècle, les *conquistadores* espagnols le comparèrent même au réseau de voies de l'Empire romain ! Le Pérou, la Bolivie, l'Equateur, la Colombie, le Chili et l'Argentine, traversés à des degrés divers par ce maillage, ont collaboré ensemble pour déposer la candidature de l'UNESCO.

Que rapporter de son voyage ?

Du sud au nord, on sera tenté par les couvertures ou bonnets tricotés à Chiloé, par l'artisanat mapuche confectionné dans la région de Temuco ou par les poteries de Pomaire (tirelire cochon, assiettes, casseroles...). Vous pouvez également craquer pour les affiches décoratives de Valparaíso ou pour les spécialités des Andes à l'image des ponchos en laine d'alpaga ou de lama (si vous ne traversez pas la frontière).

Le Chili est aussi réputé pour ses pierres précieuses ; c'est un des seuls pays au monde où l'on trouve des lapis-lazuli (pierre bleu foncé), de nombreuses boutiques proposent des bijoux dans le quartier Bellavista de Santiago mais vous en trouverez aussi en Patagonie. Sans oublier bien sûr, si vous faites un passage par l'île de Pâques, de remporter l'incontournable statue *moai*, sculptée en lave volcanique de l'île !

Les passionnés de foot achèteront un maillot de la Roja ou du club de Colo-Colo et on n'oubliera pas enfin de mettre dans sa valise une bonne bouteille de vin chilien ou de pisco.

pour vous payer une bonne petite bouffe dans l'un des nombreux restaurants estampillés « typiques » du coin (de fait, la cuisine est vraiment traditionnelle).

- **A Doñihue,** près de Rancagua, on découvrira avec plaisir les *chamanteras*, qui tissent le poncho et la couverture qui caractérisent le *huaso*, cow-boy chilien. Le travail est très exigeant, et les dessins, artisanaux, sont souvent convaincants. Même si vous n'achetez rien (cas le plus probable), la visite vaut un coup d'œil : elle est très instructive et vous serez spécialement bien reçu.
- **A Chiloé**, on tisse des pulls, des chaussettes ou des bonnets en laine qui vous abriteront du froid patagon.
- **Il existe bien d'autres petits villages** qui proposent leur artisanat local, vous les découvrirez sans doute au cours de votre périple.
- **Dans de nombreuses grandes villes**, le marché local propose en général une certaine sélection d'artisanat. Parfois, ces centres se situent à l'intérieur même du marché, parfois à côté, parfois dans les parages.

Cinéma

- **Les débuts.** Il existe une production chilienne de l'époque du cinéma muet et du début du cinéma parlé assez riche, et que l'on a récemment commencé à redécouvrir.

Mais c'est la création des studios de Chile Films, en 1941, qui marque le véritable début du cinéma chilien sous le gouvernement du Front populaire. Toutefois, les productions d'alors sont coûteuses, de mauvaise qualité. La recherche d'une identité propre s'amorce dans les années 1960 avec le tournant décisif que représente le Festival du cinéma latino-américain à Viña del Mar, en 1967. Cette rencontre donnera naissance au Nuevo Cine Chileno (nouveau cinéma chilien).

Trois longs-métrages représentent les chefs-d'œuvre du cinéma chilien : *El Chacal de Nahueltoro*, de Miguel Littín, *Valparaíso, mi amor*, d'Aldo Francia et *Los Tres Tigres*, de Raoul Ruiz.

- **Sous le gouvernement de Pinochet,** certains cinéastes militants et engagés continuent à produire, malgré la fermeture des unités de production, des films qui seront parfois primés à l'étranger (*La Bataille du Chili*, de Patricio Guzman, *Vive le président*, de Manuel Littin). Egalement, deux films d'Alejandro Jodorowsky, plus connu pour ses scénarios de BD : *Santa Sangre* et *El Topo*, transposition du mythe hébreu du Golem. *La Luna en el espejo*, de Silvio Caiozzi (1990), film basé sur une idée du romancier Donoso, et *La Frontera*, de Ricardo Larrain (1991), ont été de beaux succès, juste au moment du retour à la démocratie.
- **Le renouveau du cinéma chilien.** *Machuca*, d'Andrés Wood (2004), a été un grand succès, et a même été diffusé en France. Ce film évoque la période du coup d'Etat militaire au travers de l'amitié entre deux garçons, l'un de famille bourgeoise, l'autre d'une *población* en situation d'extrême pauvreté. *La Buena Vida* (2008) de Wood, est une autre très bonne production.

Si certains films, comme *Sexo con amor* (2003), vu par plus d'un million de spectateurs au Chili, *Cachimba, Mala leche* (2004), *En la cama* (Matías Bize, 2005) et *Fuga* (2006) ont contribué à l'essor d'un cinéma souvent hasardeux et sans véritable ligne directrice (ce sont surtout des comédies légères et inintelligibles pour qui ignore tout de ce pays), depuis peu, la qualité a nettement augmenté.

Ainsi, en 2009, *La nana*, dirigée par Sebastián Silva, a obtenu une belle reconnaissance internationale. L'année 2012 a été exceptionnelle pour le cinéma chilien, avec pas moins de 27 productions nationales dont *De jueves a Domingo* (premier film de Dominga Sotomayor, vainqueur du Tigre du meilleur film de Rotterdam début 2012), *Joven y alocada* (Marialy Rivas, prix du meilleur scénario au festival de Sundance 2012) ou *Violeta se fue a los cielos* (Andrés Wood, 2011, sur la vie de la grande musicienne chilienne Violeta Parra, Grand Prix International du Jury au festival Sundance de 2012).

Début 2013, *No*, de Pablo Larrain (évoquant le référendum perdu par Pinochet en 1988, et une adaptation de l'œuvre de théâtre *El Plebiscito*, d'Antonio Skármeta), a été nommé à l'Oscar du meilleur film étranger, témoignant d'un évident renouveau du cinéma chilien (c'est la première fois qu'un film chilien est nommé pour cette compétition). Larrain est devenu un cinéaste de premier plan et n'hésite pas à s'attaquer à deux grandes figures du XXe siècle, Pablo Neruda et Jackie Kennedy, pour réaliser des biopics originaux, tous deux sortis en 2016.

L'actualité. Aujourd'hui, de nombreuses villes chiliennes, comme Valdivia, Valparaíso ou Viña del Mar se targuent de festivals cinématographiques intéressants. Plusieurs excellents metteurs en scène (Pablo Larrain, Sebastián Lelio, Carolina Adriazola, Fernando Lavanderos, Dominga Sotomayor...) permettent d'espérer de nouvelles réalisations de grande qualité. Cependant, malgré la frénésie de production actuelle et la qualité artistique de nombreuses œuvres, les salles chiliennes restent submergées par les *blockbusters* américains, laissant de côté les productions nationales. A noter qu'en 2019, trois films chiliens étaient présentés en compétition à la 76e Mostra de Venise. Le premier *El Principe*, de Sebastián Muñoz Costa del Río, conte les tribulations homosexuelles d'un jeune homme au sein d'un Chili politiquement instable au début des années 1970. Il met notamment en vedette Alfredo Castro, un célèbre acteur chilien connu pour ses performances auprès du réalisateur Pablo Larrain. Ce dernier est également représenté en compétition officielle avec son film féministe *Ema*. C'est la troisième fois que le réalisateur Pablo Larrain présente un film à la Mostra de Venise après *Post-Mortem* (2010) et *Jackie* (2016). Enfin, le film *Blanco en Blanco*, de Théo Court, met en scène l'acteur chilien Alfredo Castro dans un décor néowestern du XXe siècle, perdu dans les confins de la Terre de Feu.

Littérature

Les premiers pas. On recense les premières manifestations d'une littérature chilienne dans les correspondances qu'entretenait Pedro de Valdivia avec son souverain Charles Quint en 1554. Mais l'œuvre la plus significative de l'époque est le poème épique *La Araucana*, écrit entre 1569 et 1589 par Alonso de Ercilla, et qui raconte l'héroïque résistance des Araucans (Mapuche) contre la domination espagnole.

La conquête est un thème qui inspira de nombreux écrivains chiliens tout au long des

Patricio Guzmán : le Chili poétique et politique

Né à Santiago en 1941, Patricio Guzman est aujourd'hui l'un des cinéastes chiliens les plus reconnus sur le plan international. Après de brillantes études de cinématographie à Madrid, il revient au Chili afin de réaliser *La bataille du Chili,* une trilogie de documentaires réalisée sous le gouvernement d'Allende, six mois avant le coup d'Etat militaire. Aujourd'hui encore, il s'agit du témoignage le plus documenté sur cette période sombre de l'histoire. Suite à ce que l'on appelle souvent « l'autre 11 septembre », Patricio Guzman s'expatrie en France fuyant des menaces d'exécution. Porté par l'amour inconditionnel de son pays natal, il réalisera alors de nombreux documentaires poignants, sondant avec philosophie et finesse la mémoire d'un pays aussi complexe que captivant. On peut citer *La mémoire obstinée* (1997), *Le Cas Pinochet* (2001), *Salvador Allende* (2004), mais aussi et surtout sa trilogie comprenant *La Nostalgie de la lumière* (2010), *Le bouton de nacre* (2015) et plus récemment *La cordillère des songes* (2019), distinguée par de nombreux prix et récompenses notamment au Festival de Cannes et à la Berlinale. En immersion parmi les étoiles d'Atacama et les grands lacs du Sud, Patricio Guzman s'éloigne des figures d'Allende et Pinochet tout en conservant ses thèmes de prédilections que sont les rapports entre les hommes, la notion de mémoire collective et la transformation d'un monde en proie au capitalisme. Avec sensibilité, il arbore les contrées sauvages de son pays et élabore à travers ses documentaires une véritable cartographie de la mémoire d'un Chili en proie à ses démons et ses enjeux actuels.

XVIIe et XVIIIe siècles. Tous les regards de la « bonne société » sont alors tournés vers Lima, où réside le vice-roi. L'indépendance voit émerger une nouvelle littérature d'idées, inspirée des philosophes des Lumières et dont André Bello, d'origine vénézuélienne (et fondateur de l'université de Santiago), est le précurseur. Le Chili se développe alors rapidement, incitant les auteurs à réfléchir sur des problèmes spécifiquement nationaux.

Au milieu du XIXe siècle, le réalisme chilien naît sous la plume d'Alberto Blest Gana (le père du roman chilien). C'est avec le talent d'un Balzac qu'il décrit les mœurs de la société chilienne des années 1850, notamment dans *Martin Rivas* ou *L'Arithmétique de l'amour*.

Le mouvement créole se manifeste au début du XXe siècle, poursuivant le travail du réalisme mais davantage axé sur la réalité des campagnes chiliennes. On peut ainsi lire *Subsole* de Baldomero Lillo, publié en 1907, un recueil de contes décrivant la vie des paysans et des pêcheurs.

Vers 1925, l'*imaginismo* chercha à rejeter cette littérature ancrée dans la terre, en vantant les pouvoirs de l'imagination. La revue *Letras*, créée en 1928, en est un fidèle témoignage.

Puis vint *La Mandragore*, groupe de poètes surréalistes fondé en 1938 autour de Teófilo Cid, Enrique Gómez Correa et Braulio Arenas, et le mouvement néo-créole des années 1940 (davantage impliqué dans les réalités socio-politiques du pays et un certain régionalisme marxisant), autour de Nicomedes Guzmán, dont on lira *Los hombres oscuros*, *La sangre y la esperanza* ou *La luz viene del mar*, et Gonzalo Drago (*Cobre* et *Surcos* notamment).

La littérature contemporaine est très riche : José Donoso, Prix national de littérature en 1990 et dont l'œuvre majeure est *L'Obscène Oiseau de la nuit* ; *Manuel Rojas et son Fils de voleur*, ou Jorge Edwards, Prix national de littérature en 1994 pour *L'Amphitryon*.

Cette littérature a même débordé le cadre national puisque trois de ces auteurs connaissent un succès mérité en France : Isabel Allende, avec des ouvrages comme *Casa de los espiritus (La Maison des esprits)* ou *Les Contes d'Eva Luna* ; le défunt Francisco Coloane (Terre de Feu, Cap Horn ou El Guanaco) et Luis Sepúlveda dont le roman le plus célèbre est *Le Vieux qui lisait des romans d'amour* (à lire aussi *Un nom de torero*, *Le Monde du bout du monde*, ou encore *Patagonia Express*).

Evoquons encore trois artistes chiliens moins connus, mais de grande qualité : l'écrivain du nord et de la pampa, Hernán Rivera Letelier (né en 1950, on lira notamment *La Reina Isabel cantaba rancheras*, publié en 1994), Roberto Bolaño

La Cueca, danse nationale du Chili.

(1953-2003) qui, avec ses trois fameux romans *Los detectives salvajes* (1988), *Rómulo Gallegos* (1999) et *2666* (posthume), est aujourd'hui considéré comme l'un des plus grands écrivains en langue espagnole de ces 40 dernières années ; et María Luisa Bombal (1910-1980), à qui l'on doit *La última niebla* ou *La amortadaja*.

Le Chili excelle surtout dans le domaine de la poésie. Les poètes les plus connus sont Gabriela Mistral, Pablo Neruda, tous deux prix Nobel, respectivement en 1945 et 1971, mais aussi Vicente Huidobro, inventeur du créationnisme.

Gabriela Mistral dont la vie fut marquée par de nombreuses morts, nous livre une poésie tragique, teintée de références au passé indigène (mapuche), dont elle se réclame. La poésie foisonnante de Pablo Neruda a donné au monde l'un des plus beaux poèmes de l'histoire de l'Amérique latine, *El Canto general*, et ses *Veinte Poemas de amor y una canción desesperada* nous pèsent encore sur le cœur.

Au début du siècle, Vincente Huidrobo fréquenta les surréalistes à Paris et fonda le créationnisme, religion poétique non figurative où « *el adjectivo si no da vida mata* » (l'adjectif, s'il ne donne vie, tue). Son œuvre majeure est *Altazor ou le voyage en parachute*.

Plus tard, l'anti-poésie de Nicanor Parra explose dans le recueil *Poesia y antipoesia*, publié en 1954. Nicanor, le frère de Violeta, y rejette le rôle du poète comme grand pédagogue ou figure sublime et sentimentale pour écrire des textes d'une extrême ironie. Celle-ci provient autant de la désillusion politique que d'annonces publicitaires. L'anti-poète est décédé début 2018.

Grands écrivains chiliens

Isabel Allende (1942). Nièce du président Salvador Allende née à Lima au Pérou en 1942 (mais de nationalité chilienne), Isabel Allende est l'auteur de plusieurs livres traduits en français, dont *La Maison des esprits*, *D'amour et d'ombre*, *Les Contes d'Eva Luna*, *Paula*, *Portait sépia* et *L'île sous la mer*. C'est aujourd'hui l'une des auteurs chiliennes les plus lues au monde.

Roberto Bolaño (1953 - 2003). Cet auteur poète et romancier, à la fois morose et pince-sans-rire, est devenu l'un des personnages clés de la littérature espagnole et latino-américaine. Il fut estimé bien davantage pour ses romans et ses nouvelles bien qu'il ne cessât de se revendiquer comme poète. Ses œuvres majeures sont *Les Détectives sauvages* (1998), *Nocturne du Chili* (2000) et le roman de science-fiction *2666* publié à titre posthume en 2004. Il a obtenu plusieurs prix littéraires tels que le prix Herralde et le prix Romulo-Gallegos, le plus prestigieux d'Amérique latine.

Francisco Coloane (1910-2002). Natif de Quemchi sur la Grande Île de Chiloé, ce grand écrivain a mis en scène cette région de façon poétique dans *Guanaco*, *Terre de Feu* ou dans *Cap Horn*. Le vent qui souffle avec sauvagerie sur les plaines de Patagonie et de Terre de Feu, qui rend animaux, végétaux et hommes égaux devant la folie, lui a inspiré des pages superbes, évoquant Jack London ou Joseph Conrad. Luis Sepúlveda dit de lui : *« vagabond solitaire, il a été péon d'estancia, châtreur de moutons, dépeceur de baleines, marin... aux portes du Cap Horn, avant de devenir... le plus grand écrivain du Chili »*. A découvrir de toute urgence.

Vicente Huidrobo (1893-1948). Né à Santiago et mort à Cartagena (Chili), il fut un explorateur exemplaire de l'écriture, on lui doit une version personnelle du *Cid*, *Mio Cid campeador*, et un livre sur Gilles de Rais. Inventeur du créationnisme, poésie non figurative, Huidrobo voyait dans la poésie un moyen de créer de nouvelles réalités. C'est ce qu'il réussit dans *Altazor* dans lequel il devient un voyageur en parachute, « à l'envers » de sa propre vie, puisqu'il naît le jour de sa mort et tombe jusqu'à sa mort, le jour de sa naissance.

Gabriela Mistral (1889-1957). De son vrai nom Lucila de María del Perpetuo Socorro Godoy Alcayaga, cette grande poétesse chilienne reçut le prix Nobel de littérature en 1945 : une première pour un auteur sud-américain. Elle fut consul pour son pays dans de nombreux pays, dont la France. Son œuvre, empreinte d'humanité, d'une simplicité populaire et indigène ainsi que d'une certaine tristesse, demeure comme l'une des plus profondes jamais écrites par un écrivain d'Amérique latine. Elle n'eut de cesse de se battre pour la condition des femmes dans tous les pays latins.

Pablo Neruda (1904-1973). Prix Nobel de littérature en 1971, ce poète et écrivain est né à Parral, près de Chillán, puis déménage avec son père à Temuco après la mort de sa mère ; il eut comme professeur Gabriela Mistral. Etudiant à Santiago, il se destine à la carrière de professeur de lettres mais est engagé par le gouvernement sur la voie consulaire. Ses nombreux voyages ne lui font pas oublier son pays puisqu'il devient parlementaire communiste. Proche d'Allende, il est son consul à Paris mais, malade, doit rentrer au pays où il meurt quelques jours après le coup d'Etat de 1973. Auteur d'une autobiographie, *J'avoue que j'ai vécu*, son œuvre la plus emblématique est sans doute le *Chant général*, mais il a également composé *Vingt poèmes d'amour et une chanson désespérée*, *Odes élémentaires*, *Splendeur et mort de Joaquim Murieta*. C'est aujourd'hui l'auteur chilien le plus célèbre à l'étranger. On pourra visiter ses trois maisons : la Chascona à Santiago, la Sebastiana à Valparaíso ou la Casa Isla Negra, au sud de Valpo, où il est enterré.

Luis Sepúlveda (1949). Né à Ovalle, cet auteur écologiste et engagé politiquement pour les droits des peuples indigènes a atteint une renommée internationale avec *Le vieil homme qui lisait des romans d'amour*. Ses ouvrages *Le Monde du bout du monde*, *Un nom de toréro*, *Rendez-vous d'amour dans un pays en guerre*, *La Folie de Pinochet* ou *L'ombre de ce que nous avons été* sont à découvrir.

Médias locaux

Presse

C'est au cours de l'année 1812 que fut établie la liberté de la presse au Chili avec la parution de *La Aurora de Chile*. Toutefois, elle fut bien menacée au cours de la dictature de Pinochet. A l'heure actuelle, les quotidiens tels que *El Mercurio*, fondé en 1827 à Valparaíso et dont la société possède également *La Segunda* (qui privilégie les interviews) et *Las Ultimas Noticias* ou encore *La Tercera* sont considérés comme des journaux nationaux de qualité grâce à leurs rubriques internationales et culturelles.

El Mercurio, dont le tirage avoisine les 300 000 exemplaires (sous toutes ses versions), est un quotidien conservateur ; dans les années 1970, il soutint le coup d'Etat contre Allende, participa à l'institution de Pinochet, et reçut des fonds de la CIA à ces fins (plus de 1,5 million de US$!). Aujourd'hui, il évoque plutôt le *Figaro* français. Le groupe a mis en place un service d'information continue plutôt efficace : www.emol.cl.

- ***La Tercera*** (environ 190 000 exemplaires par jour) est un autre journal plutôt conservateur, qui soutint autrefois la dictature de Pinochet. Le dimanche, il tire plus d'exemplaires, avec des pages sportives très suivies et des analyses de société intéressantes. La qualité de ce journal a bien évolué et aujourd'hui les infos politiques sont à la hauteur.
- ***La Hora*** (même groupe que *La Tercera* et *Qué Pasa*) est un journal du soir depuis 1997, même si sa création remonte aux années 1930. Autrefois très engagé à gauche, il est aujourd'hui beaucoup plus nuancé dans ses propos.
- ***El Siglo*** est le quotidien du Parti communiste au Chili.
- ***Diario Financiero.*** Appartient au groupe Mercurio, proche des milieux d'affaires, associé au *Financial Times* et à *The Economist*.
- ***Estrategia*** est l'autre grand quotidien économique du Chili, fondé en 1978.
- ***Causa*** est un hebdomadaire, orienté à gauche.
- ***Qué Pasa*** est un hebdomadaire à vocation consensuelle, voire plutôt engagé (notamment sur les questions de justice), après avoir été proche des milieux très conservateurs. Informations générales sur le pays. Publié tous les vendredis.
- ***Punto Final*** est diffusé deux fois par mois ; il expose des informations d'ordre pratique et culturel, et ses positions sont clairement positionnées à gauche sur l'échiquier politique.
- ***Ercilla,*** fondée dans les années 1930, est axée sur les thèmes de société et de culture.
- ***The Clinic*** est le journal satirique par excellence ; il est publié toutes les semaines et si sa lecture est un brin délicate pour qui ignore tout du Chili, certains articles sont désopilants. Entre le *Canard Enchaîné* et *Charlie Hebdo*… parfois bien cru !

Télévision

Omniprésente et câblée dans la majorité des cas, c'est d'après les sondages d'opinion le média préféré des Chiliens. D'ailleurs, les schoperías, lieux de beuveries nationales, affichent à leur porte les horaires des matchs importants de la journée…
Il existe six chaînes de télévision nationales :

- **TVN** est la Télévision Nationale du Chili (Canal 7), c'est une chaîne publique dont les revenus ne proviennent que de la publicité, qui couvre tout le territoire chilien, dont l'île de Pâques ; son contenu généraliste évoque celui des chaînes européennes.
- **Canal Trece** est le canal de l'université catholique. Très importante, elle bénéficie d'une large écoute populaire.
- **Mega,** principale chaîne populaire chilienne, est détenue par le groupe Claro qui contrôle le Diario Financiero, et le géant médiatique CV Mexico. Télé-réalité, divertissements… un contenu grand public un peu rébarbatif. Le journal est également à sensations.
- **Chilevisión** est une autre chaîne généraliste qui a renforcé son contenu il y a peu, notamment pour les séries nationales, les matchs de football et le Festival de Viña. Piñera en fut le propriétaire de 2005 à 2010, avant sa vente à Time Warner.
- **Red TV** appartient à l'homme d'affaires mexicain Angel González, et propose des spectacles, des films et séries étrangères.
- **L'UCVT** est la chaîne de l'université catholique de Valparaíso.

Radio

La bande FM diffuse aussi bien des radios d'informations, comme Radio Chilena (propriété de l'archevêché de Santiago et diffusant comme France Info de l'info en continu), que des radios musicales destinées à un public plus jeune. De plus, chaque région dispose, au même titre que les journaux, de radios locales. Radio Corporativa (généraliste) est également populaire. Une bonne radio informative qu'on écoute un peu partout est Radio Bío Bío. Une bonne radio musicale est Radio Ritoque, à Valparaíso.

■ AMARILLAS
www.amarillas.cl
Les pages jaunes chiliennes.

■ AMBASSADE DE FRANCE
www.ambafrance-cl.org
consulat.santiago@gmail.com
Site de l'Ambassade de France à Santiago.

■ CEPAL
www.eclac.cl
prensa@cepal.org
Le site de la Commission économique pour l'Amérique latine et les Caraïbes (CEPAL).

■ CHAMBRE DE COMMERCE FRANCO CHILIENNE
www.camarafrancochilena.cl
info@camarafrancochilena.cl
Site de la Chambre de commerce franco-chilienne.

■ CHILE TRAVEL
www.chile.travel
Site officiel du Chili. Renseignements généraux sur le pays, le tourisme, le monde des affaires, les études. Ce site s'adresse aussi à ceux qui souhaitent y vivre.

CONAF
www.conaf.cl
consulta@conaf.cl
Site du ministère chilien de l'agriculture. Fiches de renseignements assez complètes sur les parcs nationaux du Chili.

EL MERCURIO
www.elmercurio.cl
Quotidien généraliste chilien (de droite).

GOCHILE
www.gochile.cl
Un portail pour trouver des hôtels, réserver des transports, connaître les lieux à visiter, etc.

INTERPATAGONIA
www.interpatagonia.com
info@interpatagonia.com
Informations sur la Patagonie chilienne et argentine.

PATAGONIAS.NET
www.patagonias.net
Infos sur la Patagonie.

SERNATUR
www.sernatur.cl
infoarica@sernatur.cl
Site de l'Office de tourisme chilien.

LA TERCERA
www.latercera.com
Un autre quotidien généraliste chilien (plutôt de droite).

Musique

Pendant la colonisation espagnole, les musiques religieuses ont prédominé dans les églises. Les premières compositions chiliennes datent de l'indépendance (l'hymne national par exemple). On voit également apparaître à cette époque les expressions musicales considérées comme typiquement chiliennes (bien que d'origine espagnole et présentes aussi dans d'autres pays andins), comme la *cueca*. Il existe aussi une musique indigène, le plus souvent méconnue. Mais la musique chilienne fut sans doute la mieux servie dans le monde par des interprètes tels que Violeta Parra et Victor Jara, qui insufflèrent une tonalité révolutionnaire au chant traditionnel chilien (la *nueva canción chilena*), ainsi que Serfio Ortega, l'auteur de la chanson *El Pueblo unido*.
La jeunesse chilienne apprécie les vieux classiques du rock européen et le rock latino. L'une des musiques les plus diffusées est la *cumbia*, influencée par les musiques traditionnelles latino-américaines (notamment colombienne et cubaine).

La musique mapuche est le plus souvent religieuse : on chante et danse pour honorer Ngenechén, la divinité absolue. On utilise des instruments assez élémentaires : le chant, la percussion (*kultrún*) et la *trutruca*, sorte de trompette en canne de coligüe (ou *kuliw*, une espèce de bambou autochtone) se terminant par une corne, au son grave et strident. Les Mapuche ont des mélodies idoines pour travailler, dormir, enterrer leurs morts ou jouer ensemble. Certaines ne sont jouées qu'en dansant lors de cérémonies particulières (*Machitún, Lepún* et *Nguillatún,* par exemple). Aujourd'hui existe un courant mélangeant ces sons primitifs aux samplers modernes (écoutez l'argentine Beatriz Pichimalén).

La musique folklorique est souvent identifiée à la *cueca*, danse nationale du Chili depuis 1979. Son origine est espagnole, elle fut importée du Pérou à la fin du 19e siècle : c'était alors la *zamacueca*, qu'on chantait et dansait dans les *chinganas*, ces sortes de cabarets où se réunissaient toutes les classes sociales et où l'on buvait avec ferveur, comme le souligne Alcide d'Orbigny dans ses carnets de voyage. Cependant, il existe d'autres musiques typiques selon les régions du pays.
Au nord, l'influence andine est très forte, de même que la fanfare d'origine militaire. La Fiesta de la Tirana, avec ses danses si colorées, est un événement à ne pas manquer pour s'imprégner de la culture musicale du nord chilien.
Au centre, la *cueca* et la *tonada* sont traditionnelles. On danse aussi la *sajuriana*, la *refalosa* et le *sombrerito.* D'une manière générale, les caractéristiques sont très rurales et le représentant de cette culture est le *huaso* ou cow-boy chilien.
Au sud, comme à Chiloé, le folklore espagnol a été bien préservé : *pericona*, *pasacalles*, *valse chilote*, *trastasera*...
A l'île de Pâques, l'influence polynésienne est bien sûr très marquée : on danse le *sau-sau*, le *opa-opa*, le *ula-ula* et le *tamuré*. Le ukulele fait son apparition.

La musique populaire. Si dans les années 1940 et 1950 la musique cubaine était en vogue (boleros de Lucho Gatica puis de Ricardo Toro Lavín, dit Buddy Richard, et de Myriam Hernández plus récemment, chachachas, salsas...), aujourd'hui c'est la cumbia (d'abord colombienne et maintenant chilienne et argentine) qui a la cote. On la chante et danse dans toutes les fêtes populaires, notamment lors du Nouvel An. Les orchestres sont appelés *sonoras* : on peut citer Orquesta Huambaly, La Sonora Palacios, Pachuco y la Cubanacán et, bien sûr, la mythique Sonora de Tommy Rey. Les thèmes les plus connus, re-popularisés par les groupes *Chico Trujillo* (qui joue aujourd'hui dans certains festivals de France avec un style néo-cumbia – mélange de cumbia et de rock) ou *Juana Fe,* sont *Daniela, Un año más, El galeón español, Candombe para*

José ou *La Piragua*. Depuis le milieu des années 1980, la *cumbia andina* (originaire du Pérou et de Bolivie) est très répandue dans le Nord du pays surtout, tout comme la *cumbia villera* et la *cumbia sound* d'Argentine, ou la *cumbia romántica* de *La Noche* et *Américo* dans tout le pays.

Le rock chilien. La musique psychédélique anglo-saxonne des années 1960 et 1970 a largement contribué à la formation de groupes comme *Los Jaivas*, mais la *nueva ola chilena* tire surtout son origine d'Elvis Presley et du twist, avec notamment Peter Rock, en 1958 (il avait alors 14 ans), et *The Ramblers*, qui joua *El Rock del mundial* lors de la Coupe du monde de football organisée au Chili en 1962. A partir des années 1980, un style bien spécifique au pays se popularisa, grâce par exemple au groupe mythique *Los Prisioneros* (mélange de punk, ska et rock'n roll, puis électronique et pop par la suite) ou à *Aparato Raro* et *Electrodomésticos*. Un virage plus pop s'amorça dans les années 1990 et 2000 (avec des influences du hip hop et de la funk), avec Joe Vasconcellos, Los Tetas, Chancho en Piedra, La Ley, Gondwana (plus reggae), Los Bunkers, Sinergia et surtout Los Tres, figure emblématique de cette période, qui d'ailleurs reprit à son compte beaucoup de musiques folkloriques (*cueca*, *jazz guachaca* et *baladas*).

Le jazz. Si le premier jazzman connu ici fut Pablo Garrido, dans les années 1920, c'est en 1943 que fut fondé le Club de Jazz de Santiago. Le jazz moderne apparut dans les années 1960 avec le pianiste Omar Nahuel. Plusieurs écoles virent le jour dans les années 1980, et le Festival international de jazz de Providencia ouvrit ses portes en 2002. Aujourd'hui, un groupe comme *La Marraqueta* a popularisé le jazz créole, d'autres comme *Conchalí Big Band* jouent toujours du jazz traditionnel comme le *bebop* ou le *swing*. On écoutera aussi avec plaisir Ricardo Arancibia, Jorge Camps, Mario Feito, Ángel Parra, Lautaro Quevedo ou Moncho Romero, mais on recommande surtout Ernesto Holman, icône du jazz fusion et de la musique progressive au Chili (c'est un bassiste) et Rita Góngora, qui mélange le jazz et la bossa nova. Début février se tient le Festival de jazz à Concón, près de Viña del Mar.

La musique classique. Gustavo Becerra, Pedro Humberto Allende ou Pedro Nuñez Navarrete comptent parmi les compositeurs chiliens réputés : des artistes pourtant largement méconnus en Europe. Le doyen, Pedro Humberto Allende (1885-1959), fut un compositeur de très grande influence, et l'un des premiers à poser les fondements d'une musique classique contemporaine. Son catalogue comprend des œuvres pour orchestre comme le poème symphonique *La Voz de las calles* composé en 1920, de la musique de chambre et des œuvres pour piano comme les *Tonadas* arrangées ensuite pour la guitare.

La nueva canción chilena

Mouvement de renouveau musical des années 1960, la nouvelle chanson chilienne est également chargée de revendications sociales. Celles-ci s'expriment d'abord par le retour aux instruments du folklore, indien ou andin – *zampona* (flûte de Pan), *charango* (très petite guitare dont la caisse de résonance est une carapace de tatou), *quena* (flûte andine) ou *bombo* (percussion) – et par l'abandon du piano, aux origines bourgeoises, ou de la guitare électrique, symbole de l'impérialisme américain qui fait perdre à un peuple jusqu'à son langage. Elle se développe parallèlement à tous les moments forts de la vie politique et sociale latino-américaine, dont elle tire ses sources et qu'elle accompagne : la misère du peuple, l'espoir suscité par la révolution cubaine, l'arrivée au pouvoir de l'Unité populaire et, enfin, la dictature. Elle célèbre tous les rebelles. Ses figures favorites seront l'Indien Lautaro, le chef communiste des mineurs, Luis Emilio Recaberren, Allende, devenu martyr national après le putsch, et bien sûr Ernesto Che Guevara. Mais c'est surtout à partir de 1965, quand les enfants de Violeta, Isabel et Angel, fondent à Santiago La Peña de los Parras, que le mouvement commence à se structurer. Le principe de la peña est celui d'un bar musical, véritable laboratoire d'échanges et d'influences, et d'idées politiques et philosophiques.

C'est là que vont se retrouver les plus grands troubadours chiliens, comme Patricio Manns, et latino-américains, comme l'Argentin Atahualpa Yupanqui. La Nueva Canción commence à se faire connaître et parvient à égaler la Nueva Trova Cubana (mouvement cubain plus ouvert, aux influences modernes, dont le jazz) en tant que phénomène musical latino-américain.

Si la dictature a mis un frein brutal au développement de la Nueva Canción, elle n'a pas réussi à l'étouffer complètement et, malgré interdictions et autres arrestations, de nombreux artistes continuaient à chanter leur amour de la liberté dans des *peñas* clandestines. Les exilés ont joué également un grand rôle comme porte-parole de leurs frères opprimés. Et c'est ainsi que, dans les années 1980, a surgi le *canto nuevo*, qui, tout en composant sans cesse avec la censure dictatoriale, a pris le relais, avec des groupes comme Illapu, Ortiga, Santiago del Nuevo Extremo, Napalé et Huara.

A l'heure actuelle, le public chilien apprécie beaucoup ces voix qui ne se sont jamais tues devant le bruit des bottes militaires.

Violeta Parra. La plus grande représentante de ce mouvement né dans les années 1960 est sans doute Violeta Parra, chef de file de la dynastie musicale des Parra qui, jusqu'à nos jours, n'a cessé de marquer la vie culturelle chilienne. Violeta (née à San Carlos, près de Chillán, en 1917) a sillonné le pays (après une modeste carrière de... chanteuse de cirque ou de boîtes de nuit), s'est imprégnée des thèmes folkloriques régionaux et, à partir de ces racines populaires, a créé une musique proche de la vie des gens ordinaires, devenant le chantre de leurs souffrances, de leurs aspirations et de leurs rêves, en même temps qu'une pasionaria trouvère qui n'a pas hésité à s'engager politiquement et à mener une vie nomade. C'était ce qu'on peut appeler une « artiste totale » (musicienne, poète, peintre, sculpteur, tapissière !). A la fin de sa vie, elle s'est installée sous une tente dans le quartier de La Reina, à Santiago, et a ouvert La Carpa de la Reina, où elle servait elle-même ses clients, selon le modèle de la *peña* bolivienne. Ses créations en peintures, céramiques et tapisseries ont fait l'objet d'expositions internationales. Elle s'est suicidée en 1967 à la suite d'une déception sentimentale, peu après avoir composé ce qui est sans doute le plus bel hymne chilien à l'amour : *Gracias à la vida.*

Victor Jara. C'est sur la scène de La Peña de los Parras que va se produire une des figures mythiques de la Nueva Canción, le poète (chanteur compositeur) Victor Jara. Ses textes sont fortement marqués par la lutte des classes et la dénonciation de la misère.

Dans *Las Casitas del Barrio Alto* (*Les Maisonnées du Barrio Alto*, quartier des hauteurs où se concentrent dans toutes les villes sud-américaines, excepté à La Paz, les couches les plus riches de la société), il décrit ironiquement la petite vie rangée des grands bourgeois et de tous les trafiquants arrivant dans leurs jolies maisons au volant de leur « dernier modèle de chez Peugeot » et embrassant leur chère progéniture blonde pendant que le peuple croule sous la misère. Cette chanson a été composée à la suite de l'assassinat du général René Schneider, un crime dont certains des auteurs étaient des élèves de la très réputée Universidad Católica. Cette même université qui, un an auparavant, avait primé Jara lors du premier Festival de la Nueva Canción chilena pour sa magnifique *Prière pour un laboureur.*

Jara a également composé une des plus belles et des plus poignantes chansons de tout le répertoire sud-américain. Dédiée à sa fille Amanda, *Te recuerdo Amanda* est aussi une dénonciation de toutes les violences commises sur le continent contre les femmes, une condamnation d'un système qui broie les femmes, leur poésie et leur beauté en les rendant esclaves.

C'est cette inhumanité qui va broyer Victor Jara. Peu de temps après le putsch de Pinochet, il est détenu dans le grand stade de Santiago où il est sauvagement torturé. Les militaires lui brisèrent les mains, symboliques, puisqu'elles formaient sur les cordes les sons de la liberté... Victor Jara fut ensuite fusillé de 44 balles. Ce n'est que 45 ans plus tard, en juillet 2018, que les 9 militaires chiliens responsables de sa mort ont été jugés coupables de son assassinat.

Quilapayún, Inti Illimani, Los Jaivas... Victor Jara a enrichi extraordinairement le répertoire chilien et a formé un de ses groupes les plus connus, les Quilapayún, avec Julio Numhauser, Eduardo et Julio Carrasco. Quilapayún signifie « les trois barbus », en référence aux barbudos cubains.

Museo de Bellas Artes, Santiago.

Bande dessinée chilienne

Voici deux personnages incontournables de la bande dessinée chilienne :

- **Condorito.** Créé en 1948 par le dessinateur Pepo, c'est devenu l'un des personnages préférés de toute l'Amérique latine. Mélange de paysan chilien *huaso* et de condor, il reste l'un des emblèmes du pays.
- **Alejandro Jodorowsky.** Résident en France depuis des décennies, cet auteur génial né à Tocopilla dans le nord du Chili, est le scénariste de plusieurs best-sellers de bandes dessinées dont la série *L'Incal*, en collaboration avec le dessinateur Moebius. Réalisateur ésotérique et surréaliste, il filme *El Topo*, *Santa Sangre* et *La Montagne sacrée* (dont John Lennon chanta les louanges malgré son extrême complexité). C'est également un écrivain fécond ; son roman *L'Arbre du Dieu pendu* retrace l'épopée de ses ancêtres, dans un arbre généalogique exubérant, nourri par la sève imaginative de l'auteur et un délire quasi permanent. Il est maintenant devenu psycho-mage, science qu'il a créée et qu'il expose dans plusieurs de ses livres.

Ce sont eux qui vont composer le fameux *Venceremos* qui devint l'hymne de l'Unité populaire, dont il anima les meetings. Par chance, les musiciens du groupe se trouvaient à l'étranger au moment du coup d'Etat et ont atteint une renommée internationale en dénonçant le régime à travers des chansons d'une grande et salutaire violence.
Cette référence aux origines et à la liberté perdues se retrouve également dans le nom de deux autres groupes : Los Jaivas et Inti Ilimani (« condor du soleil », en langue aymara, nom aussi de la montagne mythique de La Paz). La musique de ces derniers intègre les instruments traditionnels et fait de nombreuses références aux mythes fondateurs telluriques, tel le culte de la *Pacha Mama* (La Terre Mère) en Bolivie. Ces deux formations jouent encore souvent au Chili, dans le cadre de festivals notamment.

Peinture et arts graphiques

- **De la colonie à l'indépendance.** L'art colonial se nourrissait de la religion et avait pour but, comme le théâtre, d'évangéliser.
Après l'indépendance, un art « républicain » exempt d'inspiration et purement d'imitation voit le jour. Les peintres nationaux travaillent sur commande pour orner des musées et sont payés pour exécuter des portraits de familles aristocratiques.
- **Generación del 13.** Au début du XXe siècle, des artistes vont redonner un souffle nouveau à la peinture chilienne. C'est le cas de la génération dite de 1913, dans laquelle on retrouve des peintres tels que Pedro Luna, Agustín Abarca, Beatrix, etc. Leurs peintures représentent une forme avancée et tardive de l'impressionnisme français, avec des nuances et des particularités spécifiquement chiliennes.
- **Grupo Montparnasse.** Dans les années 1920, un groupe important de peintres chiliens travaille à Paris. C'est le Grupo Montparnasse (1923-1930) qui va échapper au carcan du figuratif pour s'exprimer librement. Créé en 1923 à Santiago, ce groupe était composé d'artistes chiliens qui fréquentaient le milieu artistique du quartier de Montparnasse à Paris au début du siècle dernier. Point de référence des mouvements artistiques et avant-gardiste, Paris, et plus particulièrement le quartier Montparnasse, révolutionnait à l'époque le domaine de l'art en proposant une vision moins cloitrée dans les traditions naturalistes. Toutes les nationalités du monde venaient y expérimenter de nouvelles formes d'expression artistique. Fondé par le peintre Luis Vargas Rosas, le Grupo Montparnasse et ses « *montparnassianos* » font leur première apparition publique dans une exposition présentée à la Maison de ventes aux enchères de Rivas et Calvo. Leurs propositions s'opposent complètement aux conceptions artistiques officielles de l'époque. Le mouvement s'enrichit au contact d'artistes, comme Pablo Picasso ou Paul Cézanne, qui expérimentaient les tendances du moment comme le cubisme et l'expressionnisme. Leur art moderne créé la controverse et séduit également de nouveaux adeptes. Parmi eux Álvaro Yáñez, connu sous le pseudonyme de Jean Emar, va participer à la diffusion de l'œuvre du Grupo Montparnasse à partir des pages du journal quotidien *La Nación*. Cette nouvelle expression de forme artistique a profondément marqué les normes de la peinture sud-américaine.
- **Art contemporain.** Parmi les contemporains, citons Nemeso Antúnez ou Roberto Matta, d'inspiration surréaliste, qui obtint le prix national d'Art en 1990.

Aujourd'hui, un peintre comme Gonzalo Ilabaca, qui réside à Valparaíso, reçoit des critiques élogieuses et l'approbation d'un public de connaisseurs. Véritable « chroniqueur urbain » du quotidien, il peint les petits détails du grand port, ses personnages, ses recoins, ses légendes, en une sorte de néo-expressionnisme des plus séduisants. L'autre figure importante de ce début de siècle est le français Thierry Defert, plus connu sous le nom de Loro Coirón, qui vit aussi à Valparaíso une partie de l'année. Ses gravures sur Valparaíso (ses marchés, ses gens, ses tranches de vie, etc.) font la joie de tous les voyageurs, qui achètent en nombre les cartes postales de ses œuvres les plus représentatives un peu partout dans les boutiques, les restaurants, les hôtels... Loro a réalisé une œuvre magistrale au Congrès de Valparaíso.

Photographie

A lire : *Sobre Chile* et *Tierra de Volcanes*, de Guy Wenborne. Voilà vingt-cinq ans que ce photographe chilien survole son pays à bord d'un Cessna 182. A 6 500 m d'altitude, attaché solidement à un harnais, par une température de -25 °C, il nous livre de superbes images qui ne sont pas sans évoquer celles de Yann Arthus Bertrand. Ses images de glaciers, de volcans, de déserts, de mines révèlent un Chili infini, torturé, barbare et baroque. Un Chili de contrastes, de contraires et de disproportions. Le photographe chilien le plus fameux reste toutefois Sergio Larrain, né à Santiago en 1931. Il participa à Magnum avec Cartier-Bresson dès 1959, et collabora avec Pablo Neruda sur l'édition d'un livre à propos de la maison du poète à Isla Negra. A découvrir : ses superbes clichés où il immortalise la légende de Valparaíso.

On peut aussi se pencher sur l'œuvre de Rodrigo Opazo, qui veut capturer « ces territoires qui ne sont pas encore engloutis, où l'être humain conserve une identité particulière et où on lit encore les traditions ». Opazo a photographié la foi religieuse chilienne à Chiloé, par exemple, au cours des fêtes de Jésus de Nazareth, entre le 28 et 30 août et le troisième dimanche de janvier, sur l'île Cauhach, à La Tirana, à Andacollo.

Citons enfin le photographe-anthropologue Paz Errázuriz, dont les clichés sur les petits métiers de femmes (gardienne de toilettes publiques, collectrice de résidus de charbon marin, vendeuse de sacs en plastique...) sont empreints d'une tragique humanité.

Sculpture

La sculpture fut introduite par les jésuites espagnols pour représenter des imageries religieuses. Ce n'est qu'à la fin du XIXe siècle que Nicanor Plaza fonde véritablement la sculpture chilienne qui trouve ses sources dans la tradition autochtone. Il sera relayé par des artistes formés en Europe, mais qui restent attachés aux formes traditionnelles, comme Marta Colvin. Aujourd'hui, des sculpteurs tels que Mario Irarrazabal ou Hernán Puelma jouissent d'une certaine renommée au Chili.

Théâtre

Les 300 ans de colonie espagnole n'auront laissé que peu de traces manifestes, le théâtre remplissant un rôle d'évangélisation et de pénétration culturelle.

- **L'indépendance** marque l'entrée des pièces de théâtre françaises, italiennes et anglaises et la construction du premier théâtre couvert de Santiago, en 1820, sous le gouvernement de Bernardo O'Higgins. Les dramaturges nationaux adaptent aux personnages locaux les thèmes traités par les auteurs étrangers. C'est ainsi que naissent les figures mythiques – le *huaso*, l'immigrant et l'artisan – qui reflètent la société chilienne de la seconde moitié du XIXe siècle. Le XXe siècle, avec la Première Guerre mondiale, met fin à cet échange culturel enrichissant mais forge les bases du théâtre chilien tel qu'il est connu aujourd'hui, avec la première compagnie nationale en 1917.
- **Avec l'arrivée au pouvoir, en 1938, du Front populaire**, le théâtre chilien connaît un essor très important. C'est le début du théâtre des universités, avec la formation du Teatro Experimental de l'université du Chili et le Teatro de Ensayo de l'université catholique du Chili, deux compagnies de qualité qui ont fait connaître à un large public de grands classiques du théâtre et des auteurs contemporains tels que Jean-Paul Sartre, Jean Anouilh, Jean Giraudoux, Pirandello, Arthur Miller, Eugène O'Neil, J.-B. Priestley, etc. Le théâtre universitaire chilien est devenu dans les années 1950 l'avant-garde du théâtre latino-américain. Son développement a été suivi par la formation de plusieurs compagnies privées, dont quelques-unes – c'est le cas du théâtre ICTUS – existent encore aujourd'hui.
- **Pendant les années 1970**, le théâtre chilien est passé par une période de crise très grave et de décadence. A la fin des années 1980, le théâtre est devenu une forme très active et originale d'opposition au gouvernement militaire. Actuellement, on assiste à une renaissance de l'activité théâtrale au Chili où la production des auteurs nationaux est devenue importante. Parmi les noms les plus connus, on peut citer, entre autres, Egon Wolff, Jorge Diaz, Alejandro Sieveking et Marco Antonio de la Parra.
- **Aujourd'hui** la scène théâtrale s'enrichit de nombreuses petites troupes (Cariatides) qui développent de nouvelles formes de mise en scène, plus proches de la rue et du Carnaval.

Janvier

■ FESTIVAL DE LAS ARTES VALPARAISO

VALPARAÍSO

Chaque année au mois de janvier.

La FAV (Festival des Arts de Valparaíso) réunit plus de 70 activités culturelles pour les grands et les petits sur 4 jours : théâtres, concerts, danses, ateliers... Vous pouvez y assister gratuitement.

■ RENCONTRES DE TUNAS

IQUIQUE

En janvier.

Les *tunas* sont des orchestres généralement composés d'étudiants et qui animent les milieux universitaires.

Février

■ EXPOGAMA

PUNTA ARENAS

www.asogama.co.cl/expo.htm

Première semaine de février.

Exhibition du bétail, gastronomie locale.

■ FERIA DE BIODIVERSIDAD

Parque Municipal

CASTRO

La troisième semaine de février.

Ne manquez pas la Feria de Biodiversidad, qui présente des produits naturels de l'archipel : saumon fumé, miel, pommes de terre du cru, fromages, chicha de pomme, etc.

■ FESTIVAL COSTUMBRISTA

CASTRO

Entrée payante. Plusieurs célébrations au cours de l'année de novembre à février.

Ce festival, qui célèbre les coutumes de l'île de Chiloé, a lieu le troisième week-end de février, dans le parc municipal de la ville. C'est l'occasion privilégiée de découvrir la richesse gastronomique de l'île. En effet, les associations de quartier tiennent des stands où l'on vous servira, entre autres délices, des *asados* (viande à la broche), du *curanto* ou des grillades de poissons, etc. (environ 50 plats typiques). Mais ce n'est pas tout : les festivités incluent aussi une exposition d'artisanat, des chants et mélodies insulaires, ainsi qu'une présentation des coutumes et du labeur quotidien des Chilotes.

■ FESTIVAL INTERNACIONAL DE LA CANCION DE VINA DEL MAR

Le festival dure 6 jours et se déroule habituellement la dernière semaine de février.

Festival de la chanson populaire, la plus importante manifestation musicale d'Amérique latine, dont les concerts ont lieu à l'amphithéâtre de la Quinta Vergara.

■ SEMANA DE LAS ROSAS

PANGUIPULLI

Première semaine de février.

C'est la fête annuelle de la ville. Une bonne occasion pour découvrir les coutumes, la gastronomie et l'artisanat locaux.

■ TAPATI RAPA NUI

HANGA ROA

Au début du mois de février.

La fête la plus importante du calendrier rapa nui est sans nul doute la Tapati Rapa Nui, qui se déroule pendant deux semaines au début du mois de février. Festivités traditionnelles, concours et quantité d'animations se succèdent alors (pensez à réserver votre chambre d'hôtel au plus tôt, ainsi que vos billets d'avion). L'un des spectacles les plus étonnants est celui de Haka Pei, qui prend place sur le volcan Pui (on l'observe notamment depuis la route qui mène à la plage d'Anakena). Il s'agit d'une compétition surprenante, unique au monde, même si on sait qu'elle se pratiquait déjà à Big Island, à Hawaï, il y a un millénaire. Le but du jeu ? Descendre le volcan sur deux troncs de bananiers liés ensemble... à des vitesses qui peuvent atteindre 60 à 80 km/h ! Le record est de 13 secondes et quelques dixièmes. Bien sûr, rien ne commence avant que l'ambulance se poste sagement à l'arrivée, pour soigner les bras cassés (il y en a eu par le passé !). Trois mille personnes font en général le déplacement, et le gagnant se voit tout de même offrir plusieurs centaines de dollars pour sa prouesse... A ne pas manquer !

Mars

FÊTE DE LA VILLE DE CALAMA

CALAMA

Le 23 mars.

Calama n'ayant pas de date de fondation précise, la fête de la ville a lieu le jour anniversaire de son incorporation officielle au territoire chilien, le 23 mars.

C'est l'occasion d'une grande fête à laquelle viennent se joindre toutes les villes voisines et les communautés de la région mais aussi des groupes folkloriques de tout le continent sud-américain : Equateur, Argentine, Pérou, Bolivie. On y présente ses danses, son artisanat, ses traditions. Durant la Feploa, on y rend également hommage à la flore et la faune de la région, on y élit une reine, avec des chars et un carnaval au cours duquel les quartiers et villages voisins rivalisent de grâce lors de danses populaires endiablées. C'est aussi l'occasion de boire un vin chaud à l'orange, le navegado.

FIESTA DE LA VENDIMIA (FÊTE DES VENDANGES)

SANTA CRUZ

Début mars (Santa Cruz, dans les environs de Rancagua).

Cette fête dure trois jours et propose défilés de voitures agricoles, présentations folkloriques, expositions artisanales ainsi qu'un vaste choix de produits locaux à déguster. Une rencontre très intéressante de l'un des patrimoines chiliens les plus authentiques.

Avril

CHAMPIONNAT DE RODÉO

RANCAGUA

Le premier week-end d'avril.

Au tout début de l'automne se tient le Championnat national de rodéo. C'est une manifestation extrêmement populaire et qui aura le mérite de vous faire connaître un sport authentiquement chilien dans son approche du spectacle. Nombreuses activités parallèles. A cette période, pensez bien sûr à réserver votre chambre d'hôtel au plus tôt : il y a vraiment foule.

FESTIVAL ÑAM DE SANTIAGO

Tous les ans au mois d'avril dans le quartier de Santa Lucia.

Festival de gastronomie accueillant chaque année des chefs internationalement reconnus et autres experts en matière de cuisine. La gastronomie chilienne est bien sûr à l'honneur mais pas seulement : on fête la cuisine latino-américaine et celle du monde entier à travers des conférences et des ateliers. Le quartier de Santa Lucia accueille de très nombreux stands de la *Feria de Tapas* où il est possible de voir les chefs-cuisiniers à l'œuvre.

FIESTA DE CUASIMODO

Le premier dimanche après Pâques.

Il s'agit d'une des plus grandes fêtes religieuses du pays qui se tient dans la plupart des communes de la Vallée centrale. Rurale et populaire, elle a pour but d'apporter la communion aux anciens et aux malades qui ne peuvent pas se déplacer lors des événements de Pâques. La plupart des processions se font à cheval, suivies de chars décorés pour l'occasion, et de groupes de choristes. Les escortes, appelées *cuasimodostas,* sont facilement reconnaissables avec leurs mouchoirs blancs qui recouvrent leurs cheveux.

Mai

FÊTE DU 21 MAI

IQUIQUE

Le 21 mai.

Habitants et rues se parent de façon extravagante. C'est aussi l'occasion pour les peuples andins et les voisins boliviens de descendre des hautes sphères altiplaniques et d'ajouter de l'éclat à la fête par leurs beaux costumes traditionnels.

Juin

FIESTA SAN PEDRO

Le 29 juin.

Cette fête porte le nom du saint patron et fondateur de l'Église catholique, San Pedro qui est également le fondateur du village atacaméen qui porte son nom. Si la fête a lieu dans le petit village de San Pedro de Atacama où danses, déguisements et musiques sont mis à l'honneur, elle prend également ses quartiers dans les villes côtières du pays tels que Valparaiso. En effet, ce jour-là, tous les pêcheurs du pays célèbrent et rendent hommage au saint patron San Pedro, saint patron des pêcheurs pouvant octroyer aux *porteños* une bienveillance de la mer et une pêche abondante. L'ambiance est indéniablement au rendez-vous et les rues, parcourues par les tambours et les danses folkloriques, ne manquent pas d'animation.

NOUVEL AN MAPUCHE

Entre le 21 et 24 juin (lors du jour le plus court de l'année).

Pour les Mapuches, la fin de l'année coïncide avec le jour le plus court. Lors de cette soirée, les communautés se lancent dans de grandes festivités, allumant des feux de joies et partageant un bon repas. Histoires et contes mapuches animent la soirée avant d'accueillir la nouvelle année, le lendemain, par toutes sortes d'activités folkloriques et traditionnelles.

Juillet

■ FIESTA DE LA VIRGEN DEL CARMEN DE LA TIRANA

TIRANA

16 juillet.

La fête de la Vierge del Carmen attire des milliers de pèlerins (jusqu'à 300 000 visiteurs en 2018 !) et de voyageurs chaque année, dans le petit village de La Tirana (72 km d'Iquique). Elle est l'une des fêtes les plus importantes du nord du Chili, avec plus de 200 confréries de danseurs chiliens, mais aussi péruviens et boliviens qui viennent parader dans les rues du village. Lors de sa visite au Chili en janvier 2018, le pape François a officiellement reconnu cette fête religieuse et a également couronné l'image bénite de la Vierge à Iquique.

Septembre

■ FIESTAS PATRIAS

18 et 19 septembre

Cette fête, certainement la plus importante du Chili, date de 1811 et a lieu le 18 et 19 septembre de chaque année. On y célèbre la journée d'indépendance du pays bien que la déclaration fût approuvée le 12 février de la même année : en réalité le 18 septembre correspond à la création du premier gouvernement national. Durant deux jours, le pays met en lumière sa culture et ses traditions, lignes de force de son identité, et bondit même dans le passé pour ressusciter des centaines de traditions disparues (rodéos, marelle, etc !). Danses, chants folkloriques et gastronomie sont au rendez-vous, les bars ouvrent grand leurs portes et des tonnelles s'installent dans les rues, vous n'échapperez pas au *« pie de cueca »* le pas de danse obligatoire pour célébrer la danse nationale !

Octobre

■ CARNAVAL DE LOS MIL TAMBORES

VALPARAÍSO

www.miltambores.cl

produccion@miltambores.cl

Habituellement du vendredi au premier dimanche d'octobre.

Depuis 1999, la ville de Valparaiso organise une fête principalement orchestrée par des défilés, des manifestations musicales et des expositions.

Novembre

■ CARNAVAL DE IQUIQUE

IQUIQUE

En novembre.

Habitants et rues se parent de façon extravagante. C'est aussi l'occasion pour les peuples andins et les voisins boliviens de descendre des hautes sphères altiplaniques et d'ajouter de l'éclat à la fête par leurs beaux costumes traditionnels.

■ FESTIVAL DE CINÉMA

VIÑA DEL MAR

www.cinevina.cl

A lieu la troisième semaine de novembre.

Vous pourrez assister au Festival de cinéma, dans le théâtre municipal et deux autres cinémas affiliés (centre commercial Marina Arauco et Cine Arte).

■ SEMAINE FRANÇAISE AU CHILI

Au mois de novembre (souvent la première semaine).

Véritable vitrine de la culture française, cet événement de promotion collective créé à l'initiative de la Chambre franco-chilienne, met un coup de projecteur sur l'art de vivre de l'Hexagone.

Fête des Mille Tambours à Valparaiso

CUISINE CHILIENNE

PRODUITS CARACTÉRISTIQUES

La cuisine chilienne est, à l'image du pays, une mosaïque façonnée par la diversité géographique, les influences frontalières et les apports des émigrants. Ainsi une anecdote rapporte que, lors d'un congrès international où tous les participants devaient préparer un plat typique de leur pays, le représentant chilien concocta, à la surprise générale, un *kuchen*, gâteau allemand, convaincu qu'il était une spécialité chilienne. De même, l'extrême Sud subit l'influence carnivore de l'Argentine voisine, tandis que le Nord, profitant d'apports venus du Pérou et de la Bolivie, présente beaucoup plus de *chifas* (restaurants chinois), nombreux dans ces deux pays. C'est cette variété qui fait la richesse de la cuisine chilienne à laquelle on pourra cependant reprocher, dans certains cas, de ne pas être des plus raffinées. La matière grasse pourrait décourager les fanatiques de la ligne, et la parcimonieuse utilisation du vin dans les sauces pourrait rendre nostalgiques les amateurs français.

La *colación* est un plat simple, et le *menú del día* est un menu-déjeuner proposé par la plupart des restaurateurs le midi, parfois (rarement) en soirée. Elle comprend le plus souvent une entrée, un plat, un dessert et/ou une boisson. Comptez entre 1 500/2 000 $ pour le plat et 6 000 $ pour le menu le plus souvent.

Beaucoup de plats sont à base de maïs (appelé *choclo,* ici), la céréale reine de l'Amérique du Sud.

Une autre habitude chilienne est le *doggy bag*. Si vous ne parvenez pas à terminer l'un de vos plats, vous pouvez demander, sans aucune honte, à ce qu'on vous l'emballe pour que vous puissiez le remporter avec vous, et le manger plus tard.

Le « Jour de la cuisine chilienne » est fixé au 15 avril. L'ouvrage *Enciclopedia del hogar de la Tía Pepa,* de Rafael Egaña, publié en 1898, est considéré comme la Bible de la cuisine chilienne traditionnelle. Le 10 mars 2012, le recueil de recettes de cuisine australe *Gastronomía Patagonia* a obtenu le prix du meilleur ouvrage gastronomique du monde au Théâtre des Folies Bergères de Paris.

Les entrées et les en-cas

- **La *cazuela*.** Sorte de bouillon, soit de viande, soit de poulet ou de poisson ou de crustacés, mélangé avec du maïs, du potiron et de la pomme de terre. Il est souvent agrémenté d'*aji*, un piment.

- ***Empanadas.*** Chaussons farcis qui peuvent contenir de la viande de bœuf hachée, un oignon blanc, un quart d'œuf, une olive noire, de l'*ají de color* et du cumin (c'est la *empanada de pino*, la plus populaire), de *queso*, à base de fromage, ou de *mariscos*, avec des fruits de mer (*jaiba* ou crabe, *ostiones* ou noix de Saint-Jacques...). Bien d'autres combinaisons sont possibles.

Dans tous les villages, il y a un boulanger spécialisé ou un snack, souvent auto-proclamé *Rey de la Empanada*. La *empanada* est soit frite (*frita*), soit au four (*de horno*). On en consomme abondamment toute l'année, mais surtout lors des *Fiestas patrias* du mois de septembre, avec un bon vin rouge du cru. Salvador Allende disait que la révolution socialiste qu'il proposait alors était *« une révolution au parfum de vin rouge et d'empanada »* .

- ***Porotos granados.*** Soupe épaisse aux haricots, maïs et oignons. Egalement accompagnée d'*aji*, qui est aux Chiliens ce que le ketchup est aux Américains.

- ***Humita.*** C'est le plus bel hommage que les Chiliens pouvaient rendre au dieu Maïs. La céréale est utilisée dans sa quasi-intégralité puisque la *humita* est une purée de maïs enveloppée dans un épi cuit. Beaucoup de Chiliens la mangent avec du sucre.

- ***Completo.*** Difficile d'y échapper ! C'est le hot-dog chilien, omniprésent et en-cas préféré de presque tous les étudiants ici. Il est servi avec de la saucisse, de l'avocat en purée, de la tomate coupée en petits dés, de la choucroute, du fromage fondu et de la moutarde (pas de Dijon, hélas...). On rajoute parfois de l'oignon et/ou de la viande hachée. La version la plus populaire est le *completo italiano*, ainsi nommé en raison de sa couleur qui évoque le drapeau transalpin (rouge pour la tomate, vert pour l'avocat, blanc pour la mayonnaise). Pas mal de calories en perspective !

- **Autres sandwichs.** Les deux sandwichs les plus populaires sont le *barros jarpa*, avec du fromage fondu et du jambon, et le *barros luco*, avec du fromage fondu et une viande de bœuf à la plancha.

On sert aussi beaucoup d'*Ave Mayo* (blanc de volaille haché, mayonnaise, avocat et tomate), de *churrasco* (filet de bœuf, mayonnaise, avocat et tomate), de *chacarero* (tranches fines de viande frite, haricots verts cuits mais froids, rondelles de tomate et *ají*) et de *lomito* (fines tranches d'échine de porc, rondelles de tomate, choucroute, mayonnaise et avocat).

Deux plats typiques

- ***Steak a lo pobre.*** C'est un steak avec un œuf à cheval, généralement accompagné d'une sauce à l'oignon (quasiment une purée d'oignons). Son nom vient de l'époque d'Allende où il était dit que même les pauvres avaient accès à la viande.
- ***Pastel de choclo.*** Souvent composé de poulet, parfois de bœuf, le tout noyé dans un gratin de maïs.

Fruits de mer et poissons

Les Chiliens en sont de grands connaisseurs. Avec leurs 4 700 km de côtes, on peut le comprendre. En général, il est conseillé de commander le poisson à la plancha pour être sûr qu'il soit frais, à la différence des plats en sauce qui peuvent masquer la vieillesse d'un poisson pêché trois jours auparavant. Outre les grands restaurants spécialisés, on pourra se rendre dans les marchés municipaux des grandes villes portuaires. Le poisson y est souvent excellent pour des prix ridicules.

Le ceviche est un plat très répandu en Amérique du Sud, c'est du poisson ou des fruits de mer trempant dans un jus de citron vert. Il est réputé guérir de la *caña*, la gueule de bois, et de nombreux restaurants en servent le dimanche matin (enfin, à partir de 13h...).

Le poisson omniprésent est le *congrio* (congre), dont une des préparations est le *caldillo*, soupe à base de pommes de terre et d'oignons (chantée par Neruda), ainsi que le *salmón*, bien sûr (saumon), et la *merluza* (merlan). Les autres poissons de mer les plus utilisés dans la cuisine sont l'*atún* (thon), la *corvina* (bar), la *reineta* ou encore le *lenguado* (la sole). En ce qui concerne les *mariscos* ou fruits de mer, là aussi, c'est Byzance : *camarones* (crevettes), *erizos* (oursins), *ostiones* (noix de Saint-Jacques), *pulpos* (poulpes), *calamares* (calmars), *picorocos* (sortes de balanes), *centollas* dans le Sud (crabes géants)...

Près des rivières et des lacs, précipitez-vous sur les *truchas* (truites) et les saumons, que l'on trouve principalement dans le Sud (région des Lacs, Aisén...) et extrêmement bon marché.

- **Le *curanto.*** Les produits de la mer sont parfois mélangés à de la viande, ce qui donne d'excellentes saveurs dont ce plat est sans doute la plus détonante. Quintessence du plat chilien, cette spécialité de l'île de Chiloé est servie dans de nombreux ports chiliens du sud, à Chaiten et même jusqu'à Antofagasta. Sa préparation est très spécifique : les Chilotes creusent d'abord un grand trou dans la terre au fond duquel ils placent du bois grâce auquel seront chauffées des pierres. Après une heure, quand les pierres sont rougies, on y place les fruits de mer et du poisson. Ensuite, dans l'ordre, des pommes de terre, de la viande (bœuf ou porc et poulet), puis des *almejas* (amandes de mer, sortes de palourdes) et des légumes. Le tout est recouvert par un mélange de sable et de mottes herbeuses afin de créer une chape qui évitera l'échappée de la vapeur des *mariscos* (fruits de mer) qui donnent toute leur saveur au plat. Perfectionnistes, les cuisinières chilotes y jettent, vers la fin de la cuisson, des pommes enroulées dans des feuilles de mangue et qui seront servies en dessert. Dans les ports de Chiloé et à Chaiten, vous pourrez en déguster dans les nombreux marchés, restaurants mais aussi directement sur la plage.

Le Sud du Chili est un paradis pour les poissons et, si vous en pêchez un, n'hésitez pas à demander à des paysans ou pêcheurs de vous le faire cuire et partagez avec eux le festin.

La viande

Rien à voir avec la viande argentine, mais le Chilien en est assez friand et aime à préparer une *parrillada.* En général, c'est un tutti-carni de viande de bœuf, d'abats et de saucisses placé sur un petit grill.

L'autre préparation de viande la plus répandue est l'*asado* (viande grillée), généralement accompagné de frites et d'un mélange tomates-oignons vinaigré appelé *ensalada chilena.* Tout comme la *parrillada*, c'est l'occasion de se retrouver en famille ou de faire la fête entre amis. Dans le Sud du Chili, du fait de l'influence argentine, le mouton est beaucoup plus présent, souvent très bien préparé en ragoût.

Une autre viande très consommée au Chili est le *pollo*, le poulet, dont les recettes types sont le *pollo con arroz* (au riz) ou le *pollo con papas fritas* proposés dans la restauration rapide. Le poulet est la viande la moins chère, mais les hormones ne doivent pas être loin.

Question snack et restauration rapide, les Chiliens n'ont pas été épargnés par l'influence yankee : les macs-macs se multiplient et concurrencent les chaînes nationales comme Bavaria, Schop Dog, Doggi's (la plus grande chaîne de restauration rapide du pays à ce jour) ou Domino...

Pour accompagner tous ces plats, les Chiliens n'épargnent pas le pain (ni les frites).

Le pain

Les boulangers et les supermarchés en proposent de grandes quantités (pas toujours frais). Le pain est rarement vendu sous forme de baguette (sauf chez les quelques traiteurs français) mais souvent sous forme de petits pains : *el pan francés* ou *marraqueta* (*pan batido*), sortes de quatre mini-baguettes accolées, *el pan italiano*, plus huileux et croustillant, le *milcao*, pain traditionnel dont la pâte est un mélange de pommes de terre et de farine. On trouve du pain blanc, du pain bis, du pain aux céréales et, quand on a de la chance, du pain aux olives ou aux noix. Au fait, saviez-vous que le Chili est le deuxième consommateur de pain au monde (96 kg par habitant et par an), derrière l'Allemagne ?

Les fruits

Le Chili est un jardin immense où poussent les fruits traditionnels comme la banane (*plátano*), la pêche (*melocotón*), les abricots (*albaricoque*), les brugnons (*durazno*), et d'excellents melons (*melón*) et pastèques (*sandía*). Les bois offrent quantité de baies, comme les fraises (*frutilla*), les mûres (*mora*), les myrtilles (*arándano*)...
Dans un registre plus exotique, vous trouverez *chirimoyas* (sortes d'anones), mangues, *nisperos*, goyaves... Ces fruits sont souvent superbement utilisés pour la confection de glaces maison.

Les desserts

Le plus répandu est sans doute le *manjar* (*dulce de leche* en Argentine), mélange très doux de caramel et de lait. Vous trouverez de nombreuses pâtisseries qui remplissent des petits cônes de pâte avec du *manjar* chaud, le *manjar relleno*.
En ce qui concerne les pâtisseries, l'influence allemande est très forte et les Chiliens se gavent de *kuchen* lors *de las once*, variante du *tea time* anglais en plus copieux. On trouve aussi, surtout dans la région des Lacs (Frutillar, Puerto Varas...) divers strudels, ou tartes aux fruits.
Le café est très consommé au Chili. C'est souvent du Nescafé dans beaucoup de restaurants populaires et gargotes, mais le vrai café est de plus en plus proposé. Il faut seulement s'assurer que le bar, le restaurant ou le café disposent bien d'une machine et demander un expresso. La chaîne des cafés Haïti, outre l'intérêt que présentent les minijupes de ses serveuses, en sert d'excellents.
La tisane (*una aguita*) et le thé sont également très répandus. Que les fous de maté sachent qu'il est difficile de s'en faire servir, sauf peut-être dans les régions frontalières et surtout à Aisén, mais on le trouve en sachets dans tous les supermarchés du pays.

Le vin chilien

C'est au milieu du XIXe siècle que les premiers cépages français sont introduits au Chili, avant que n'en soit interdite l'exportation. Mais il semblerait que les conquistadors faisaient déjà pousser de la vigne bien avant cela. Car il est vrai qu'au Chili toutes les conditions sont réunies pour ce type de plantations : climat tempéré, quatre saisons bien distinctes, une terre fertile et saine de par son isolement qui la met à l'abri des parasites et autres maladies propres à la vigne.
Les caractéristiques naturelles, la diversité géographique et climatique et la conjonction de différents types de sols, confèrent au Chili une position privilégiée en tant que producteur majeur de vins dans le monde. De plus, la variété des vins est multiple et s'étend de l'Elqui au nord, à la région de Malleco au sud, en passant par les hauteurs de la cordillère des Andes et les brises du Pacifique.
Les vallées qui concentrent la plus grande offre touristique, gastronomique et culturelle sont la vallée de Colchagua et la vallée de Casablanca. La vallée de Colchagua a été sélectionnée comme l'un des meilleurs endroits pour l'œnotourisme par le magazine américain *Sherman's Travel* tandis que Casablanca, située à 40 kilomètres à l'ouest de Santiago, fait partie du Réseau des capitales et grands vignobles, un groupe qui vise à promouvoir le tourisme, la culture et le commerce entre ses membres. La vallée de Curicó, la vallée del Maipo, la vallée del Maule et la vallée de Cachapoal comptent également parmi les zones viticoles les plus réputées du pays.
La qualité des vins chiliens fut récompensée de nombreuses fois, mais c'est surtout l'ouverture sur les marchés extérieurs qui lui a valu sa notoriété. En tant que premier exportateur de vins d'Amérique latine, le Chili a dû s'adapter aux palais des consommateurs occidentaux.
Il existe de nombreuses brochures locales détaillant l'offre locale et les différents cépages, ainsi que de nombreux guides de consommation (avec un système de point sur 100).
Voyez les sites – www.lacav.cl – www.vinasdechile.com – www.vinduchili.com

Le merken, l'épice mapuche

Cette épice savoureuse et parfumée habillera tous vos plats une fois que vous y aurez goûté ! Moulue à partir d'un piment fumé, c'est un condiment que l'on retrouve souvent dans la cuisine mapuche et mélangé à de la coriandre et du sel. Utilisée essentiellement pour accompagner les poissons, les viandes et les fromages, elle teinte tous les plats d'une saveur exotique.

HABITUDES ALIMENTAIRES

Les repas

Dans les hôtels, le petit déjeuner est généralement servi entre 7h30 et 10h, avec café ou thé, jus de fruits (rarement frais), pain toasté, beurre, confiture, jambon et fromage. Dans le Sud, vous aurez parfois droit à une part de gâteau. Parfois, aussi, des fruits, dans les établissements plus chic. Les autochtones, quant à eux, préfèrent la *paila* (rien à voir avec le riz espagnol) : œufs brouillés avec du jambon ou du fromage.
Le déjeuner, entre 14h et 15h, est le vrai repas de la journée. D'ailleurs la plupart des restaurants proposent des menus, souvent composés d'une entrée (consommé ou salade), d'un plat (poisson frit, poulet grillé, côtes de porc...) accompagné de purée, de frites, de riz ou de salade, et d'un dessert (fruits frais, gâteau de riz, gelée...).
Les Chiliens sont restés de grands enfants et réclament encore leur quatre-heures, qu'on appelle ici *las once*. Il peut se composer d'une part de gâteau, d'une coupe glacée ou d'un *completo* (hot-dog) avec un jus de fruits ou un thé. En réalité, ce petit en-cas constitue souvent un dîner chez de nombreuses familles, et se mange vers 19h/20h. Sinon, on sort au restaurant vers 21h/22h.

Les différents modes de restauration

Aucun risque de mourir de faim au Chili, car ici même les tout petits budgets ont le droit de se sustenter. D'ailleurs n'était-ce pas la règle d'or du gouvernement d'Allende qui lança à l'occasion le steak *a lo pobre*, afin de garantir même aux plus pauvres un apport en protéines journalier ?
Pour trouver une nourriture locale sans grandes fioritures, rien de mieux que les locaux de marchés ou les petits établissements qui ne payent pas de mine certes, mais qui proposent des menus-déjeuners, appelés *colación* (un seul plat), entre 1 500 et 2 500 $. Un repas complet, depuis l'entrée jusqu'au dessert, promet de caler tous les estomacs (entre 2 500 et 6 000 $ environ).
Dans une catégorie de prix similaires mais bien moins typique, on trouve tout un éventail de chaînes de restauration rapide internationales telles que Mac Donald pour ne pas la citer, et nationales comme Dino's Pizza, Schop Dog, Doggi's... Pour éviter de passer du fast-food au restaurant de luxe, il existe de nombreux restaurants intermédiaires qui proposent une cuisine plus raffinée pour des prix tournant autour de 6 000/7 000 $ le plat.

Le folklore national des boissons

Au Chili, les classes les plus pauvres, les *huasos*, et les étudiants ont toujours mélangé du vin de basse qualité à d'autres breuvages. Aujourd'hui encore, on peut « déguster » ces spécialités locales dans des tavernes, des bars ou des restos typiques, surtout dans la campagne.

- **Terremoto** : vin blanc, glace à l'ananas et Fernet (un alcool très populaire en Argentine) ou liqueur amère. On dit qu'il fut inventé après le séisme de 1985 dans le bar El Hoyo de Santiago.
- **Tsunami ou Maremoto** : une variante du Terremoto, le Fernet est remplacé par une liqueur de menthe.
- **Tropical** : vin blanc et jus d'ananas.
- **Navegado** : vin rouge, pelures d'orange ; parfois avec du sucre, de la cannelle ou des clous de girofle.
- **Borgoña** : vin rouge et fruits en morceaux (le plus souvent des fraises, parfois des pêches ou des chirimoyas). Avec du vin blanc, prend le nom de Cleri ou Clery.
- **Pipeño** : vin qui n'a suivi aucun processus, servi directement de la barrique. Très apprécié dans les milieux ruraux et les classes populaires.
- **Chupilca** : mélange de farine de blé toastée, de miel et de vin rouge.
- **Cacha floja** : vin blanc, bière, sucre et beaucoup de citron.
- **Michelada** : bière, jus de citron, sel et divers épices (d'origine mexicaine).
- **Chicha de uva** : jus de raisins doux fermentés.
- **Jote** : vin rouge et Coca-Cola.

JEUX, LOISIRS ET SPORTS

DISCIPLINES NATIONALES

Avant la Conquête, les Mapuche jouaient au *palin*, ensuite appelé *chueca* par les Espagnols. Avec l'arrivée importante d'immigrants, le cricket, puis le tennis et le football virent le jour. Certains clubs de foot chiliens ont d'ailleurs conservé les mêmes noms anglais que jadis : *Wanderers* (Valparaíso), *Everton* (Viña del Mar)...
Curieusement, et malgré des milliers de kilomètres de côtes et de cordillères, très peu de Chiliens sont connus dans le domaine des sports nautiques et des sports d'hiver.
Dans le domaine de la moto, évoquons Francisco « Chaleco » López, qui a terminé 3e de l'épreuve du Dakar en janvier 2013.

Football

C'est, comme partout en Amérique du Sud, le sport fétiche du pays. Le Chili organisa la Coupe du monde en 1962, année où *La Roja* (nom donné à l'équipe nationale, dont le maillot est traditionnellement de couleur rouge) termina en 3e position. Les deux équipes principales du championnat chilien, qui sont basées toutes deux à Santiago, sont les clubs de Colo-Colo et Universidad de Chile, qui remporta la Copa Sudamericana en 2011 (équivalente de notre Ligue des Champions).
En 2015, le Chili, en plus d'être pays d'accueil, gagne la Copa América pour la première fois de son histoire, face à ses éternels rivaux argentins. Un véritable événement national que la sélection réitère l'année suivante, encore une fois face à l'équipe argentine de Messi. Malheureusement en 2017, c'est la déconfiture, le double champion sud-américain n'arrive même pas à se qualifier pour le Coupe du monde 2018. Les joueurs les plus connus restent Marcelo Salas (à la retraite depuis une dizaine d'années), Elías Figueroa, Iván Zamorano, et, aujourd'hui, Alexis Sánchez (qui évolue au sin de l'équipe anglaise de Manchester United), Arturo Vidal (au FC Barcelone depuis 2018), Jorge Valdivia (actuellement avec le club de Colo-Colo) ou Humberto Suazo.

Tennis

Sport très apprécié ici, notamment depuis que Marcelo Ríos devint N°1 à l'ATP en 1988. Auparavant, Luis Ayala (deux finales à Roland Garros en 1958 et 1960) et Anita Lizana (vainqueur à l'US Open) étaient les deux joueurs les plus connus. Plus récemment, Nicolas Massú et Fernando González (tous deux Médailles d'or aux Jeux olympiques d'Athènes en double en 2004, Massú obtenant aussi l'or en simple, González le bronze, puis l'argent à Beijing en 2008) ont défrayé la chronique.

Rodeo

Le sport national, pour ainsi dire. Très populaire dans les régions rurales du centre/sud du pays, notamment à Rancagua où se tient tous les ans le Championnat national. C'est un type particulier de rodéo. Les cavaliers les plus fameux sont Juan Carlos Loaiza et Ramón Cardemil.

ACTIVITÉS À FAIRE SUR PLACE

Cheval

La randonnée à cheval est un excellent moyen de visiter des canyons reculés et des espaces sauvages, à la rencontre des *huasos* (les gauchos chiliens).
Les habitants de Patagonie, notamment dans la région de Aisén, utilisent encore cet animal pour se véhiculer (la bête est alors appelée *sillero*) ou pour transporter des marchandises (*pilchero*). En général, louer un cheval (avec guide toujours) revient à au moins 3 000 $ l'heure, une excursion d'une journée coûte à partir de 20 000 $ dans les réseaux de tourisme rural. Les chevaux sont habitués à être montés.

- **Au nord,** la région de San Pedro de Atacama se prête bien à des chevauchées. Pour gagner Quitor, Catarpe ou la vallée du Río Grande, par exemple.
- **Au centre,** les réserves et parcs nationaux La Campana, El Yali, Río Los Cipreses et Radal Siete Tazas sont des options intéressantes.

Au sud. Il est virtuellement possible de louer des chevaux dans presque toutes les auberges du sud. Les coins les plus agréables se situent près de Valdivia, de Puerto Varas, de Cochamó, dans la vallée du Río Puelo, le parc national Chiloé, la vallée de Futaleufú, sur la côte ouest du lac General Carrera (Campos de Hielo Norte), près de Cochrane, ou autour des Torres del Paine.

Andisme

Dans les Andes, les sommets sont souvent plus élevés que le mont Blanc. Pensez au mal d'altitude, ne forcez pas, et prenez toutes les précautions d'usage. Vous pouvez louer l'équipement adéquat, notamment à Pucón et à Puerto Varas. Procurez-vous les cartes de l'IGM (l'Institut géographique militaire), basées sur une échelle de 1/25 000. Cela dit, ces cartes n'existent pratiquement pas pour toute la région du sud magellanique jusqu'à la Terre de Feu.

Si vous choisissez de faire confiance à un opérateur touristique, vérifiez bien le matériel à disposition ainsi que les connaissances du guide. Comptez au moins 30 000/40 000 $ par jour d'excursion. Voici une liste non exhaustive des endroits recommandés pour ce qu'il est ici convenu d'appeler « l'andinisme » :

Au nord, la plupart des ascensions sont techniques. En effet, beaucoup de sommets dépassent les 6 000 m d'altitude. Ne vous engagez pas en montagne en décembre-janvier, c'est l'hiver local, et il peut neiger abondamment. Le ciel est très pur le reste de l'année, ce qui signifie aussi que l'atmosphère est très aride et qu'il faut impérativement bien se protéger du soleil. La région de San Pedro de Atacama (et plus particulièrement de Socaire) est idéale : voir par exemple le Licancabúr (5 916 m), d'accès relativement aisé ; plus au nord, près du parc national Lauca, les Payachatas, c'est-à-dire le volcan Parinacota (6 330 m) et le volcan Pomerape (6 240 m), depuis Caquena ; dans la région de Copiapó, le volcan Ojos del Salado (6 883 m), le plus haut volcan actif au monde. Le volcan Copiapó (6 060 m), depuis la laguna del Negro Francisco, est une alternative.

Au centre, on trouve les ascensions les plus techniques mais aussi d'autres aisément accessibles. La meilleure époque se situe entre octobre et janvier. Autour de Santiago, on peut évoquer Las Chilcas (60 km au nord), La Campana (près du parc national), El Manzano, ou Placa Roja. Les cerros La Paloma (4 910 m) ou El Mirador del Morado (3 883 m) sont plus techniques que les cerros El Plomo (5 424 m), Punta Negra (4 127 m) ou San José (5 856 m).

Au sud se concentrent la plupart des infrastructures touristiques, mais aussi les voies les plus aventureuses. D'avril à septembre, le temps est très instable et médiocre.

Le mur du río Petrohué, près de Puerto Varas, est recommandé pour un jour d'excursion ; sinon, le dôme de granite de Cochamó (1 000 m de hauteur) est un excellent choix. De nombreux volcans peuvent être « vaincus » : Antuco (2 965 m), Tolhuaca, Llaima, Villarrica (l'un des plus touristiques), Lanín (escalade aussi depuis le côté argentin), Osorno (très populaire également), Monte Tronador (superbe glacier), Melimoyu (peu fréquenté), San Valentín (4 058 m, plus haut sommet de Patagonie, depuis la vallée Exploradores, à l'ouest du lac General Carrera). Citons aussi le Fitz Roy du côté argentin et les Torres del Paine (Torre Norte et la face est du Cuerno Este), tout au sud.

Rodeo.

Pêche

Le Chili est un pays réputé pour la pêche au saumon ou à la truite, surtout dans la région des Lacs ou en Patagonie. Les rivières les plus riches en poissons sont celles où le courant est rapide et l'eau peu profonde ; la lumière peut en effet envahir le fond et favoriser la croissance de petites algues, et donc d'insectes. Les poissons se concentrent habituellement dans les zones où le courant n'est pas fort, mais juste à proximité pour facilement attraper leur nourriture.

Pour pêcher avec les locaux, compter approximativement 50 000 $ pour une ou deux personnes (une embarcation, en fait) par jour. Dans les lodges plus réputés, comptez au moins 200 000 $ par jour. N'oubliez pas que vous devez obtenir une licence pour pouvoir vous adonner à votre activité favorite.

Les coins recommandés, dans le Sud, se situent autour de Pucón (ríos Liucura, Palguín), dans la région des Siete Lagos (au nord de la région des Lacs, pas loin de Panguipulli), du lac Ranco, autour du lac Llanquihue, dans les ríos Cochamó, Puelo, Chepú, Futaleufú ou Palena (peu connu), dans la région de Coyhaique, du lac General Carrera et de Villa O'Higgins, tout au sud de la Carretera Austral.

Il est possible de pratiquer la pêche sportive au saumon en mer ou dans les estuaires. Les sites particulièrement recommandés se situent au niveau de la Bahía Ralún (estuaire de Reloncaví), ou près de la Carretera Austral, à l'embouchure du río Chamiza ou dans la baie de Quillaipe.

Dans la région d'Aisén, on pratique la pêche sportive en suivant la politique du *catch and release* : les prises sont enregistrées et aussitôt relâchées (*pesca con devolución* en espagnol). On trouve des truites pesant jusqu'à 4/5 kg.

© EMESILVA

Kayak extrême le long des glaciers chiliens.

Rafting – Kayak

Le Chili est un véritable paradis pour les amoureux de ces sports nautiques. On ne compte plus le nombre de rivières qui descendent des glaciers andins. Les paysages sont fantastiques. Les meilleures saisons s'étalent entre octobre et décembre pour la région centrale et la région des Lacs, et entre décembre et février pour la Patagonie. Comptez environ 300 000/350 000 $ par personne pour une descente en rafting. Certains opérateurs proposent même des excursions de kayak en mer (autour d'Hornopirén, par exemple).

- **Au centre,** les rivières les plus intéressantes sont : ríos Aconcagua (classe III et IV, sauf dans le canyon del Salto del Soldado, classe V et VI), Maipo (très populaire), Tunguiririca (au printemps seulement, classe III et IV), Teno (classe III et V).
- **Au sud,** les coins les plus touristiques (et donc où se situent la plupart des opérateurs) sont Pucón et Puerto Varas. On peut évoquer les rivières suivantes : ríos Nuble (classe III), Bio-Bío (classe V, excellent), Bajo Trancura (classe III, très populaire pour le rafting), Alto Trancura (classe IV), Maichín (près de Pucón, bien agréable), Puyehue (classes III ou IV, paysages à couper le souffle), Fuy (classe IV, puis V et VI, sauts de 10 m de hauteur), Futaleufú (classe IV et V, très réputé, des compétitions internationales s'y sont tenues), Azul (classe III), Espolón (classe II et III, pour les débutants), Palena (classe II, pour de plus longues excursions de trois jours environ), Figuerca (classe III et IV), Cisnes (classe IV et V, eaux cristallines), Baker (classe III à V, certaines parties sont très difficiles, c'est la rivière qui draine le plus de volume d'eau dans le pays).

Ski

Le pays est indiscutablement l'un des hauts lieux du ski en Amérique du Sud. Les paysages sont magnifiques. La saison s'étend de juin à septembre, parfois jusqu'en octobre en cas de grosses chutes de neige. Les forfaits journaliers commencent à 20 000 et même 30 000 $ pour les plus grosses stations, moins en basse saison (juin, début juillet, fin septembre et octobre) ; les plus petites stations sont accessibles parfois à 15 000 $ par jour, ou moins en basse saison.

Les stations les mieux équipées sont les suivantes :

- **Au centre,** Portillo, La Parva, El Colorado-Farellones-Valle Nevado (les trois dernières forment un ensemble de pistes reliées entre elles, comme les Trois Vallées alpines). La station de Chapa Verde est moins développée.

Au sud, les infrastructures sont moins importantes, sauf à Termas de Chillán peut-être (on peut descendre la piste la plus longue du monde, pour les amateurs de records). Toutefois, les amoureux de ski hors piste et de snowboard trouveront amplement de quoi se réjouir, à Antuco, Lonquimay (bien pour le ski de fond), Las Araucarias, Villarrica, Antillanca (à une centaine de kilomètres d'Osorno), El Fraile (près de Coyhaique) ou au cerro Mirador (dans la réserve nationale Magallanes).

Surf

Les mois d'été sont les plus propices pour surfer. Au nord, les vagues sont courtes, creuses, de forme tubulaire ; au sud, elles sont plus larges et plus parfaites.

Au nord, les endroits les plus fameux sont les plages d'Arica (playas Las Machas et Chinchorro pour les débutants, Brava et La Capilla sinon) et d'Iquique (Intendencia, avec une gauche très forte, pour les pros ; Saint-Tropez, au nord de la plage Cavancha ; Punta Gruesa, nombreuses gauches ; Punta Aguila, Caleta Loa ou Tocopilla).

Au centre, les meilleurs mois sont septembre et mars. La plage de Pichilemu (Punta de Lobos) est réputée internationalement, avec la vague la plus longue du Chili. D'autres plages : Papudo, Cachagua, Reñaca (pour bodyboarders surtout), El Tabo (quand il n'y a pas de vent), Santo Domingo (idem) et Cahuil.

Enfin, les véritables amoureux de ce sport ne pourront manquer l'île de Pâques, encore peu connue, mais très prometteuse.

Trekking

Le Chili ne se connaît vraiment qu'en marchant. Les possibilités sont innombrables, et le pays est assez sûr pour que l'on se risque à se balader partout. Entre la promenade champêtre du dimanche après-midi et la grande randonnée de plusieurs jours, le choix est considérable. Et entre les déserts arides et salés du nord et les étendues blanches des glaciers patagoniques, chacun trouvera son bonheur.

Un ambitieux projet voulait être mis en place entre Visviri, tout au nord et à la frontière de la Bolivie et du Pérou, et le cap Horn. Il s'agit du Sendero de Chili : informations sur le site Internet – www.senderodechile.cl. Aujourd'hui, plusieurs portions ont déjà été habilitées pour les randonneurs, mais le projet global semble bel et bien abandonné.

Au nord, le plaisir de marcher et de contempler de superbes paysages s'enrichit (sur les hauteurs) d'une véritable découverte archéologique et ethnologique. Ceux qui ne connaissent pas le Pérou ou la Bolivie sentiront déjà les arômes si entêtants des Andes et de leur culture millénaire. Putre est une région fabuleuse pour se perdre au milieu des volcans, des lacs, et des peintures rupestres (Incani, Viluvio et Vilacaurani). Le cerro Guane Guane (5 096 m) délivre une vue imprenable sur le parc Lauca. Au nord de San Pedro, on peut se perdre dans des vallées et des canyons, ponctués par des bains thermaux. La laguna Meñique-Tumbre est un paradis pour les oiseaux et la faune silvestre. Le parc Pan de Azucár est magnifique, notamment au printemps ; le parc Fray Jorge n'est pas en reste pour découvrir une flore évoquant le sud valdivien.

Au centre, vous n'aurez que l'embarras du choix. La randonnée la plus fameuse est celle qui franchit les Andes au nord de l'Aconcagua, par la même route qu'emprunta jadis l'armée de José de San Martín pour délivrer le Chili du joug espagnol. La Quebrada El Tigre est un endroit délicieux. Les différents parcs nationaux offrent tous des sentiers agréables, bien indiqués la plupart du temps, de quelques minutes à plusieurs jours de marche. Pour une belle vue sur Santiago, vous pouvez grimper au-dessus du cerro Manquehue. Les contreforts andins, autour du cerro Provincia, proposent de nombreux sentiers (le réseau le plus important autour de la capitale).

Il serait trop long d'évoquer toutes les randonnées du sud. Nous en décrivons un certain nombre dans le guide. La région autour de Pucón ou du lac Todos los Santos, la vallée de Cochamó, le parc Pumalín (notamment autour de Caleta Gonzalo), les berges du río Futaleufú, le circuit Cerro Castillo (plus difficile, pas de signalisation, mais absolument magnifique) ou le parc Torres del Paine (le plus fameux) sont des endroits privilégiés.

Vols légers (parapente, ULM)

De plus en plus populaire. Voir le site www.parapente.cl.

Au nord, nous conseillons la région d'Arica : pour survoler la ville, on peut s'élancer d'El Morro ; et la région d'Iquique (la dune Cerro Dragón est idéale pour apprendre, depuis Alto Hospicio on survole la ville et ses plages).

Au centre, le site de Maitencillo est populaire ; on peut aussi citer Colina (quarante minutes environ au nord de la capitale), Batuco (35 km au nord-est de Santiago), Farellones et Valle Nevado (superbes paysages), et Cuesta Barriga.

Au sud, évoquons le village de Machalí, au sud-est de Rancagua, Lanalhue (entre Los Angeles et Temuco, près de la côte), Pucón, Niebla (près de Valdivia) et Antillanca (près d'Osorno).

ENFANTS DU PAYS

Don Francisco (1940)

Mélange réussi entre nos Jacques Martin et Jean-Pierre Foucault nationaux, cet animateur extrêmement populaire né à Talca en 1940 (de son vrai nom Mario Luis Kreutzberger Blumenfeld) bat tous les records d'audience chaque fois qu'il occupe l'antenne. Il fut animateur de ¿ Quien quiere ser millonario ? (aujourd'hui par la suite ¿Quien merece ser millonario ?), et présente tous les ans, début décembre, le Téléthon chilien (qui par ailleurs fait l'objet d'un véritable matraquage médiatique). Son programme fétiche, Sábado Gigante, fut créé en 1962 (plus de 80 % d'audimat dans les années 1970 et 1980, qui dit mieux ?) puis retransmis dans 43 pays autour du monde à partir de 1993.

Patricio Guzman (1941)

Né à Santiago et fervent admirateur du président Salvador Allende, Patricio Guzman est un célèbre cinéaste, plusieurs fois récompensé (notamment au Festival de Cannes et à la Berlinale) pour ses documentaires poignants et poétiques. Porte-parole d'un Chili marqué par son histoire douloureuse, il aborde avec sensibilité et philosophie l'héritage complexe de la mémoire collective chilienne. Sa trilogie comprenant *La Nostalgie de la lumière* (2010), *Le bouton de nacre* (2015) et plus récemment *La cordillère des songes* (2019) est une invitation parfaitement maîtrisée à découvrir ce pays complexe et attachant. Expatrié en France depuis le coup d'Etat militaire de Pinochet, c'est aujourd'hui une grande figure du pays tant sur le plan cinématographique que national.

Sebastian Piñera (1949)

Miguel Juan Sebastián Piñera Echenique fut président de la République chilienne entre 2010 et 2014 ; élu sous les couleurs du parti de la Rénovation nationale (RN), il a mis un terme à vingt ans de pouvoir de centre-gauche. Personnage controversé car grand entrepreneur et milliardaire (d'aucuns le comparent à un « Berlusconi » chilien), il possédait selon Forbes la 488e fortune mondiale en 2011. Son mandat a été très occupé par la reconstruction du centre-sud du pays suite au tremblement de terre du 27 février 2010, et par l'épopée des 33 mineurs chiliens bloqués dans la mine de San José d'août à octobre 2010, dans laquelle il s'est personnellement impliqué.

Réélu président en 2018, il fait de nouveau la une des médias du monde entier à la mi-octobre 2019, cette fois-ci pour sa gestion désastreuse des premiers jours de la grave crise sociale qui embrase le pays. Face aux manifestants qui expriment leur mécontentement contre la vie chère et les politiques libérales en cours, il envoie l'armée dans les rues de la capitale, déclare son pays « en guerre » et décrète l'état d'urgence, du jamais vu depuis la dictature de Pinochet. Face à une situation qui dégénère, il change son fusil d'épaule, présente ses excuses accompagnées d'une batterie de mesures sociales. Mais la rue gronde toujours et son autorité a été sérieusement ébranlée.

Iván Zamorano et Marcelo Salas

Sans doute la meilleure paire historique d'attaquants de l'équipe nationale, la Roja. Très petits tous les deux, ils sautaient si haut que l'on surnomma Iván « El Helicoptero ». Marcelo, fils spirituel d'Iván, fut l'auteur du plus beau but jamais marqué à Wembley en 1998, quand les Chiliens sont allés battre les Anglais chez eux 2-0.

Alejandro Jodorowsky (1929)

Artiste hors-norme aux mille vies, Alejandro Jodorowsky notamment célèbre pour ses prouesses cinématographiques, est un réalisateur, scénariste, acteur, romancier, poète, mime et performeur franco-chilien. D'origine juive, sa famille s'est réfugiée au Chili au début des années 1900 pour fuir les pogroms. Véritable touche-à-tout, il grandit entouré de livres avant de venir se frotter à la trépidante vie parisienne des années 1950. Il rencontre notamment le mime Marceau et se familiarise avec le mouvement surréaliste. Ironique et singulière, sa créativité s'exprime tour à tour dans les arts mystiques, la bande dessinée, le théâtre ou encore le cinéma où il excelle. On retient notamment Poesia sin fin, La Montagne sacrée et La danse de la réalité.

A l'âge de 90 ans, il révèle une facette inattendue de son génie au sein de son dernier film Psychomagie, un art pour guérir. On le découvre guérisseur des âmes déchues au sein d'une discipline dont il est à l'initiative, la psychomagie. Un homme aux multiples ressources !

SANTIAGO DU CHILI

Santiago de Chile.

SANTIAGO DU CHILI

Santiago de Chile : un nom qui fleure bon les antipodes et l'exotisme. Pourtant, de nombreux voyageurs en sont déçus : une architecture peu intéressante, une pollution désagréable (en hiver car il n'y a pas de vent, et en été par l'ozone), une frénésie urbaine chaotique et maladive… Elle n'a sûrement pas le cachet de Río de Janeiro, ni même de Buenos Aires. Pourtant, la capitale du Chili (environ 6,5 millions d'habitants soit 1/3 des habitants de tout le pays !) n'en conserve pas moins un charme particulier, notamment grâce à la présence de nombreux parcs et jardins et à un « relooking » global réussi ces derniers temps. L'offre hôtelière y est excellente, la carte gastronomique variée et de qualité et les musées et centres culturels y foisonnent. Alentour, on peut vite atteindre des glaciers dans les Andes altières et sauvages. Les amateurs de vin peuvent découvrir de nombreux vignobles. Et la géographique en apparence simpliste du pays implique qu'un voyageur y transite presque forcément.
Santiago marque la frontière entre le Nord et le Sud : entre le monde des mines, les lumières brutes, héroïques, le travail, la bonhommie des habitants du Nord ; une vallée centrale méridionale paisible et généreuse, son ambiance coloniale et ses effluves vinicoles ; et un Grand Sud plus froid, réservé, pratique et germanique.
Santiago du Chili ne mérite sûrement pas un séjour prolongé, mais c'est aujourd'hui une étape indispensable pour appréhender le pays et saisir l'essence de cette capitale aux confluents des influences latines et occidentales.

Histoire

Le 12 février 1541, Pedro de Valdivia ordonne la construction de Santiago de la Nouvelle Estrémadure ; le plan est tracé en carrés comme un jeu d'échecs, dans les mêmes mesures que celles de Lima. « Santiago » pour le nom de son apôtre, « Estrémadure » pour la région dont il est originaire, « Nouvelle » car l'Amérique qui s'offre aux Espagnols est, à quelques massacres près, vierge. C'est sans doute le site extraordinaire de cette vallée ensoleillée, baignée par le fleuve Mapocho et mordant les flancs enneigés de la cordillère des Andes, qui décide le conquistador dans son choix.Mais si le site est accueillant, les indigènes mapuche le sont beaucoup moins. Six mois à peine après l'arrivée des Espagnols, ils les attaquent et parviennent presque à détruire la cité. Les troupes espagnoles se réfugient dans un premier temps sur la colline Santa Lucía qui domine la ville. Ils y seront assiégés pendant plus de deux ans. Les renforts arrivant du Pérou pourront enfin permettre à Valdivia de se débarrasser de ses assiégeants et de reconstruire la ville. Peu à peu, la colonie se fortifie. Toutefois, seuls 700 Espagnols et quelques milliers de paysans et d'esclaves indigènes vivent à Santiago à la fin du XVIe siècle. Le gros bourg n'est qu'un centre administratif, servant parfois de base militaire pour les incursions en pays araucan (mapuche), la plupart des familles de colons étant disséminées dans la campagne environnante.La ville souffre pendant deux siècles de l'isolement commercial du Chili mais aussi de la prédominance politique de Lima puis de l'importance du port florissant de Valparaíso. Au début des années 1800, la ville ne compte guère plus de 50 000 habitants. La grande migration des campagnes chiliennes de la seconde moitié du XIXe siècle précipite l'explosion urbaine. Des masses campagnardes, fuyant la misère et le semi-esclavagisme des *latifundos* (les propriétaires terriens), espèrent trouver une vie meilleure dans les mines de nitrate du Nord ou dans la capitale. De 1865 à 1875, la population passe de 115 000 habitants à plus de 150 000 ! A la fin du XIXe siècle, Santiago prend définitivement le pas sur sa rivale Valparaíso et les riches familles d'industriels et de propriétaires fonciers y font construire des palais de tous styles : italien, espagnol, français, etc. C'est à cette époque que l'intendant, Benjamin Vicuña Mackenna transforme le cerro Santa Lucía en jardin public. Il joue également le rôle d'un Haussmann chilien en faisant percer les principales avenues actuelles. Mais c'est véritablement lors du premier centenaire de l'indépendance que la ville va connaître des transformations majeures. La fée électricité vient illuminer les quelque 500 000 âmes que compte déjà Santiago. De nombreux monuments (musées, gares, etc.) sont édifiés ; on crée des jardins publics, on orne les places de fontaines ou de statues. La ville commence à s'étendre sur les flancs des Andes avec en haut des collines *las casitas del Barrio Alto* comme le chantait Victor Jara et, plus bas, les quartiers populaires. Vers la fin des années 1950 et surtout pendant la décennie suivante, une partie du centre va être presque entièrement rasée pour laisser place à une forêt de gratte-ciel. La ville compte alors près de 2 millions d'habitants. Pendant l'ère Pinochet, de grands travaux vont également être réalisés, étendant toujours davantage les limites de la capitale. Le nouveau millénaire a

© ISRAEL HERVAS BENGOCHEA / SHUTTERSTOCK.COM

Plaza de Armas, Santiago de Chile.

commencé par une révolution dans les transports : développement des lignes de métro, ouverture d'une piste à vitesse rapide le long du Mapocho pour contourner la ville, accès améliorés vers l'aéroport, nouveau système de transport urbain, immeubles résidentiels et centres d'affaires ou commerciaux à tout-va... Depuis dix ans environ, Santiago a bien changé ! Il est à signaler que Santiago comprend en réalité une agglomération appelée le Gran Santiago, composée de 34 communes, 32 appartenant à la province de Santiago, 2 autres (Puente Alto et San Bernardo) aux provinces Cordillera et Maipo. Chaque commune est gérée par un maire.

QUARTIERS

La zone métropolitaine de Santiago (le Gran Santiago) se divise en 37 communes, qui ont toutes une identité propre. Parmi toutes ces communes se distingue bien évidemment la commune de Santiago (appelée généralement Santiago Centro pour la distinguer de la capitale). Ses principaux quartiers, qui retiendront certainement votre attention lors de votre visite, sont le Centro Cívico, Bellavista, Bellas Artes, Providencia, Dieciocho, Italia ou encore Brasil.

Centro Cívico ★★★

C'est un lieu de passage obligatoire pour tout voyageur, tout d'abord parce que la plupart des curiosités touristiques s'y situent (ainsi que de nombreux hôtels), ensuite parce que c'est le véritable cœur de cette capitale. Au chapitre des attractions, citons le Palais de la Moneda où siège le gouvernement, l'Université du Chili, la grande avenue O'Higgins ou Alameda qui traverse toute la ville, la Plaza de Armas avec sa cathédrale et ses rues piétonnes adjacentes grouillantes d'activité, le Marché central pour déjeuner, les quelques rues du Barrio París-Londres et leur charme d'un autre temps, ainsi que plusieurs édifices coloniaux, des musées et centres culturels très intéressants.

Brasil, República et Dieciocho ★★

- **Barrio Brasil.** A l'ouest du Centro Cívico. À la fin du XIXe siècle, le Barrio Brasil (tout comme le Barrio Dieciocho, plus au sud) était un élégant secteur résidentiel ; puis il fut abandonné peu à peu par la classe bourgeoise au profit des nouvelles maisons des « quartiers hauts » (*barrios altos*). Récemment, de nombreuses demeures ont été aménagées pour accueillir des galeries d'art, des hôtels, des restaurants, des cafés, des centres culturels... À voir, la rue Concha y Toro et la place Brasil, notamment.
- **Les Barrios República et Dieciocho,** au sud-ouest du Centro Cívico, correspondent au quartier universitaire par excellence, autour de la place Manuel Rodríguez, pour le premier, et du Palacio Cousiño, pour le second.

Bellas Artes et Lastarria ★★★

- **Lastarria.** Le quartier Lastarria, juste à l'est du Centro Cívico, s'affirme aujourd'hui comme l'un des plus agréables de la ville.

Il marie un riche patrimoine architectural (colonial, Art nouveau et néoclassique) à de nouvelles offres des plus intéressantes : hôtels boutiques, boutiques de mode, restaurants et bars très variés et de qualité, musées et centres culturels. Bonnes connexions en métro pour ne rien gâter. Selon nous, l'un des meilleurs endroits où résider à Santiago pour un court passage.

- **Bellas Artes.** Le quartier Bellas Artes est en continuité du quartier Lastarria et correspond à la petite zone se concentrant autour de la rue Mosqueto. On dénote une fusion intéressante du passé de la ville et de son côté plus moderne : les vieilles rues, courtes et pavées, accueillent différentes adresses en vogue : barbiers, salons de tatouage, antiquaires, galeries design, etc. Centre culturel important, le quartier Bellas Artes accueille aussi le musée du même nom.

Patronato et Bellavista ★★

- **Patronato.** Enfin, le quartier Patronato est en plein essor. Très pittoresque, c'est le quartier des Coréens, Chinois, Arabes et Péruviens. C'est aussi le paradis des magasins de textiles et des restaurants exotiques. Un autre visage de Santiago.
- **Bellavista.** Au pied du Cerro San Cristóbal, le quartier Bellavista est l'un des plus cosmopolites de la capitale : s'y pressent étudiants, jeunes artistes dans le vent, penseurs alternatifs et/ou incompris, amoureux du jazz et touristes en goguette. « Un petit air de Paris », dit-on (en raison des anciennes demeures aristocratiques déchues). Surnommé le Quartier latin, c'est notre endroit préféré à Santiago. Très nombreux bars, restaurants, clubs, salles d'art et boutiques de lapis-lazuli, ainsi que la maison La Chascona de Pablo Neruda et le téléphérique vers le *cerro*. Derrière ce quartier très animé se cachent de nombreuses histoires : ce fut au départ un ancien territoire indigène avant de devenir un quartier agricole. Il évolua par la suite en un immense quartier ouvrier (spécialisé dans le textile), puis se transforma doucement en un quartier bohème et culturel, pauvre mais populaire. À l'époque de la dictature, c'était un lieu d'échanges et de discussion libre ainsi qu'un refuge pour les intellectuels et les artistes. De nos jours, quatre des rues de Bellavista ont été classées au Patrimoine national.

Nuñoa, Italia et Providencia ★★★

- **Ñuñoa** est un quartier résidentiel de classe moyenne, qui a connu une grande expansion (en hauteur surtout) dans les années 2000. Tout autour de la place, la vie nocturne est assez animée.
- **Italia**, à cheval entre les communes de Ñuñoa et de Providencia, et concentré autour du métro Santa Isabel, est la nouvelle coqueluche des jeunes gastronomes et artistes, qui ont ouvert plusieurs restos et ateliers d'art.
- **Providencia.** Ce quartier résidentiel de classe moyenne supérieure est aussi un centre commercial actif. Nombreux bureaux, commerces en tout genre, restaurants, hôtels et bars. Un bon point de chute, bien desservi par les transports en commun.

Las Condes, El Golf et Vitacura ★★

A l'est de la ville, ce sont les quartiers huppés de Santiago. Si El Golf, aujourd'hui surnommé Sanhattan en raison de sa ressemblance avec Manhattan à New York, est essentiellement un quartier d'affaires, Las Condes et Vitacura sont surtout des quartiers résidentiels. L'avenue Alonso de Córdova est l'artère par excellence du shopping de luxe. Pas mal de restos et d'hôtels (de luxe aussi). Pour les voyageurs exigeants.

Les immanquables de Santiago

- **La visite** des quartiers historiques de Santiago (Centro Cívico, Barrios París-Londres, Lastarria, Bellavista...), du marché et du musée précolombien.
- **Une virée au Mercado Central ou à La Vega,** pour goûter aux fruits de mer et aux mets exotiques des contrées du bout du monde !
- **Une balade** sur le Cerro Santa Lucía et le Cerro San Cristóbal pour profiter d'une vue unique sur Santiago et la cordillère des Andes.
- **Un dîner** dans l'un des excellents restaurants gastronomiques et sortie nocturne dans les quartiers de Lastarria ou Bellavista.
- **Une excursion** dans la cordillère des Andes (glacier San Francisco, Cajón del Maipo...) ; le temps d'une randonnée ou d'une journée de ski, le sommet des montagnes n'est jamais trop loin depuis la capitale.
- **La découverte** d'un vignoble près de la capitale afin de capturer les arômes du terroir chilien.

Quartiers de Santiago
PATRONATO ET BELLAVISTA
ITALIA, PROVIDENCIA ET NUÑOA
BELLAS ARTES ET LASTARRIA
CENTRO CIVICO
BRASIL, REPUBLICA ET DIECIOCHO
Cerro San Cristóbal
Cerro Blanco
Cerro Santa Lucía
Parque San Borja
Parque Almagro
Parque Quinta Normal
Plaza de Armas
Plaza Brasil
Plaza San Esteban
Manuel Montt
Salvador
Baquedano
Bellas Artes
Patronato
Santa Ana
Cumming
Quinta Normal
Universidad Católica
Santa Lucía
La Moneda
Universidad de Chile
Los Héroes
República
Parque Bustamante
Santa Isabel
Unión Latinoamericana
Estacion Central
Toesca
Irarrázaval
G-11
200m
N
Autopista Costanera Norte
Avenida Carrascal
Avenida Presidente Balmaceda
Calle Libertad
Calle Mapocho
Calle Andes
Calle Martínez de Rozas
Avenida San Pablo
Calle Rosas
Avenida Matucana
Calle Herrera
Calle Maipú
Calle Catedral
Calle Compañía de Jesús
Calle Huérfanos
Calle Agustinas
Calle Moneda
Av. Portales
Avenida Portales
Almirante Barroso
Avenida Brasil
Calle Maturana
Avenida Manuel Rodríguez
Av. S. Pablo
Calle Bandera
Calle Teatinos
Calle San Antonio
Calle Miraflores
Avenida Cardenal José María Caro
Calle Bellavista
Avenida Libertador Bernardo O'higgins
Calle S. Lucía
Calle Diagonal Paraguay
Avenida Vicuña Mackenna
Avenida General Bustamante
Calle Escanilla
Calle Maruri
Avenida Independencia
Avenida la Paz
Calle Salas
Calle Fariña
Av. Recoleta
Calle Patronato
Calle Loreto
Avenida Perú
Calle Purísima
Av. M. anuel Mackenna
Avenida Carlos Reed
Avenida Santa María
Avenida Andrés Bello
Avenida Providencia
Avenida Eliodoro Yáñez
Av. Cóndell
Avenida Cóndell
Av. Rancagua
Avenida Salvador
Av. Italia
Av. Seminario
Avenida José Manuel Infante
Calle Alférez Real
Av. J. Miguel Claro
Calle Santa Isabel
Calle Caupolicán
Calle Mújica
Av. Sucre
Avenida José Domingo Cañas
Calle Chacabuco
Calle Esperanza
Calle Romero
Calle San Alfonso
Calle Abate Molina
Calle Sazie
Calle Grajales
Av. España
Av. República
Av. Club Hípico
Calle José Miguel Carrera
Calle Vergara
Avenida Ejército Libertador
Av. Manuel Rodríguez
Calle Dieciocho
Calle Lord Cochrane
Calle Nataniel Cox
Calle San Diego
Calle Arturo Prat
Calle Serrano
Calle San Francisco
Avenida Santa Rosa
Calle Carmen
Calle Curicó
Calle Marín
Calle Santa Victoria
Calle Lira
Calle Madrid
Calle Cuevas
Av. Portugal
Avenida 10 de Julio Huamachuco
Calle Copiapo
Coquimbo
Calle Domeyko
Calle Exposición
Calle S. F. de Borja
Av. 5 de Abril

SE DÉPLACER

L'arrivée

Avion

AEROPUERTO INTERNACIONAL ARTURO MERINO BENITEZ
✆ +56 2 26901752
www.aeropuertosantiago.cl
L'aéroport est situé à Pudahuel, à une vingtaine de kilomètres à l'ouest du centre de Santiago. Il comporte deux parties : l'une pour les vols internationaux, l'autre pour les vols nationaux. Depuis 2018, des projets colossaux d'expansion et de modernisation sont en cours. Ce projet à 900 millions de dollars répond à la croissance de l'économie et du tourisme dans le pays : en 2014, l'aéroport accueillait 16 millions de passagers, puis 24 millions en 2018 ! Il prévoit désormais d'en accueillir 30 millions en 2020... Lors de votre visite, vous devriez donc découvrir un aéroport spacieux et flambant neuf, l'inauguration définitive de l'agrandissement est prévue pour 2021. Des DAB sont à votre disposition ainsi que des bureaux de change Afex (dollars, euros, Traveller's chèques, avec commission). L'aéroport dispose aussi de restaurants, librairies, boutiques diverses et de souvenirs, etc. Le site web recense toutes les compagnies aériennes, nationales ou internationales, leur site Internet et les contacts téléphoniques correspondants, ainsi que l'état des vols en cours. Les principales compagnies à desservir l'intérieur du pays sont LATAM, Sky Airline et Pal Airline. Vols vers Arica, Iquique, Calama, Antofagasta, Copiapó, La Serena, Temuco, Valdivia, Osorno, Coyhaique (Balmaceda), Punta Arenas, l'île de Pâques (Rapa Nui) et Puerto Natales.

CENTROPUERTO
✆ +56 2 2601 9883
www.centropuerto.cl
info@centropuerto.cl
Compter 1 900 $ par personne l'aller ou 3 400 $ l'aller-retour (billet valable trois mois).
L'option la moins chère pour rejoindre le centre-ville. Arrêts au terminal de bus Pajaritos, au terminal de bus central (Estación Universidad de Santiago) et à la station Los Héroes. Départs très réguliers toutes les 10 minutes environ de 6h à 23h30 (départ ville/aéroport) pour un trajet de 30 à 40 minutes environ. De nuit, les départs ont lieu toutes les 30 minutes.

TRANSVIP
✆ +56 2 2677 3000
www.transvip.cl
reservas@transvip.cl
Compter entre 6 000 et 7 000 $ pour le centre en minibus collectif, à partir de 20 000 $ en taxi privé.
Des minibus (jusqu'à 7 personnes) et taxis (jusqu'à 3 personnes) privés qui vous emmènent où vous logez. Pour la première option, il faut souvent attendre que le minibus se remplisse (une petite dizaine de minutes généralement), les départs se font dans l'immédiat si vous réservez un transfert privé. Pratique et confortable, c'est une option rapide qui ne vous coûtera pas trop cher.

TUR BUS
✆ +56 2 2822 7500
www.turbus.cl
atencion_clientes@turbus.cl
Compter 1 900 $ l'aller simple et 3 400 $ l'aller/retour.
Départs réguliers pour le terminal de bus de Pajaritos, le terminal d'Alameda (appelée aussi Estacion Central), la station Los Héroes et le palais de La Moneda, de 5h30 à minuit. Compter 45 minutes de trajet environ.

- **Depuis le terminal Alameda :** si vous comptez rejoindre l'aéroport depuis ce terminal, sachez que les départs ont lieu toutes les 10 minutes tous les jours entre 5h et 2h du matin. Rendez-vous aux quais 22 et 23 du terminal.
- **Depuis le terminal de Pajaritos :** depuis ce terminal, les bus partent toutes les 10 minutes pour l'aéroport du lundi au samedi de 6h à 22h. A la nuit tombée la fréquence des départs peut varier jusqu'à 30 minutes.

Train

TREN CENTRAL
Estación Central
✆ 600 585 5000
www.trencentral.cl
Call center du lundi au vendredi de 8h à 20h, le week-end de 9h à 19h. Validité de la réservation pour Terra Sur : 24 heures. Au téléphone, on vous donnera une « clé » (un code), que vous devrez remettre au guichet pour acheter votre billet. Les billets de train sont disponibles à la Estación Central bien sûr, mais aussi à l'Universidad de Chile, au paseo Las Palmas 2229 à Providencia et Avenida Apoquindo 4900, à Las Condes.
A Santiago, les trains partent de la Gare centrale, aussi appelée Alameda.

- **Terra Sur** se rend à Chillán (via Curicó et Talca notamment). Compter entre 5 600 et

24 200 $ pour Talca ou Chillán en fonction de la catégorie. Départs environ à 8h40, 11h30 et 18h30 (arrivées à Talca 2 heures 30 min plus tard, à Chillán 4 heures 30 min plus tard). On s'arrête à Rancagua, San Fernando, Curicó, Linares, Parral et San Carlos. Retours de Chillán selon la même fréquence plus ou moins.

- **Le Metroten** se rend à Rancagua et San Fernando notamment. Nombreux départs entre 6h50 et 22h pour 1 heure 20 de voyage et 1 600 $ pour Rancagua.
- **L'Expreso del Maule** se rend à Talca notamment, via Rancagua et Curicó. Départs à 8h40 et 18h30 pour 3 heures de voyage, compter 3 200 $ pour Talca.

Bus

Il existe cinq terminaux de bus à Santiago, ce qui n'est pas fait pour faciliter les choses ! En-dehors de la haute saison (janvier/février), des longs week-ends et jours fériés, des promotions sont toujours proposées. Faites bien attention à réserver vos sièges à l'avance lors de ces périodes : malgré la haute fréquence de certains bus pour certaines destinations, il se peut que tout soit complet !

TERMINAL ALAMEDA (ESTACION CENTRAL)

Alameda 3750
✆ +56 2 2270 7425
Métro : Universidad de Santiago. Gare routière située dans la commune de Estación Central.
Compagnies Tur Bus, Pullman, JAC, Condor Bus. La plupart des compagnies desservent les villes situées au nord de la capitale et le littoral. Nombreux départs donc pour Valparaiso, Viña del Mar, Rancagua, Talca, Iquique, Arica, La Serena ou encore Coquimbo. Des départs aussi, moins fréquents, pour le sud du pays pour Concepcion, Temuco, Pucon, Puerto Montt ou encore Osorno.

TERMINAL LOS HÉROES

A l'angle de l'Alameda
Tucapel Jiménez 21
✆ +56 2 2420 0099
Métro : Los Héroes.
A 3,5 km à l'est d'Alameda, ce petit terminal dessert surtout le nord du pays mais aussi l'Argentine (Mendoza et Buenos Aires avec Ahumada, Bariloche via Osorno avec Cruz del Sur).

TERMINAL PAJARITOS

General Bonilla 5600
✆ +56 2 2250 3464
Métro : Pajaritos.
Très pratique et situé sur la route qui relie Santiago à la 5e région, ce petit terminal permet de rallier Valparaíso et Viña del Mar en évitant le centre-ville ; mais aussi l'aéroport, car les bus Centropuerto et Tur Bus qui font la navette y passent aussi.

TERMINAL SAN BORJA

San Borja 235
✆ +56 2 2776 0645
Métro : Estación Central.
Ce terminal jouxte le terminal d'Alameda. Il dessert le Nord jusqu'à Arica (avec Pullman Bus notamment) et la zone centrale autour de Santiago (Talagante, Pomaire, Viña del Mar...).

TERMINAL SANTIAGO

Alamada 3850
✆ +56 2 2376 1750
www.terminaldebusessantiago.cl
Métro : Universidad de Santiago.
Dessert en particulier le Sud du Chili. Choisissez Bus Norte pour Puerto Montt et intermédiaires, ainsi que Línea Azul. La compagnie Nilahué se rend à la Vallée de Las Trancas et les thermes de Chillán deux fois par jour. Pullman del Sur se rend à Pichilemu toutes les heures et à Santa Cruz toutes les deux heures. Aussi des départs vers Mendoza, en Argentine, avec Cata Internacional, El Rápido et Tas Choapa.

Voiture

AVIS

✆ +56 2 2795 3932
www.avis.cl
reservas@avis.cl
A l'aéroport, au centre-ville et à Las Condes.
A l'aéroport, tous les jours de 6h30 à 22h. A Las Condes, du lundi au vendredi de 8h à 19h, le samedi de 8h à 13h et de 14h à 18h.

En ville

Métro

MÉTRO DE SANTIAGO

www.metrosantiago.cl
atclienteslm1@metro.cl
Tarifs variables en fonction de l'horaire. Compter entre 670 $ et 800 $ le ticket. Les samedis et dimanches, le même prix (660 $) est appliqué toute la journée. Le métro fonctionne tous les jours de 6h30 à 23h du lundi au samedi, de 8h à 22h30 les dimanches et jours fériés. Compter 1 550 $ pour la carte BIP !
Le métro de Santiago est un métro moderne. Il comporte cinq lignes à l'heure actuelle et n'arrête pas de s'agrandir. Avec la carte BIP, vous pouvez emprunter une correspondance en métro et/ou en bus.

Le métro de Santiago du Chili

2
VESPUCIO NORTE
Zapadores
Dorsal
Einstein
Cementerios
Cerro Blanco
Av. Zapadores
Av. El Salto
Av. Perú
CIUDAD EMPRESARIAL
CERRO SAN CRISTÓBAL
Av. Santa María - Costanera Norte
Av. Manquehue Norte
Av. Vitacura
Av. Kennedy
Av. Padre Hurtado
Lignes de métro
Connexions bus inter-urbains
Correspondance
Trajet rapide L1
BAQUEDANO
Salvador
M. Montt
P de Valdivia
Los Leones
El Golf
Alcántara
Escuela Militar
Manquehue
H. de Magallanes
1
LOS DOMINICOS
Av. Apoquindo
Av. Providencia
TOBALABA
4
C. Colón
Francisco Bilbao
Príncipe de Gales
Simón Bolívar
Plaza Engaña
Los Orientales
Grecia
Los Presidentes
Quilín
Las Torres
Macul
Av. Francisco Bilbao
P. Bustamante
Santa Isabel
Irárrázaval
Av. Grecia
Av. José Pedro Alessandri
Ñuble
Rodrigo de Araya
Carlos Valdovinos
Camino Agrícola
San Joaquín
Pedrero
Mirador
Av. Vicuña Mackenna
Av. Departamental
Av. Tobalda
VICUÑA MACKENNA
4A
VICENTE VALDÉS
5
B. de La Florida
Lo Ovalle
Santa Julia
La Granja
Santa Rosa
Rojas Magallanes
Trinidad
San José de la Estrella
Los Quillayes
Elisa Correa
Hospital Sótero del Río
Protectora de la Infancia
Las Mercedes
Av. Gabriela
Domingo Tocornal
PLAZA DE PUENTE ALTO
4

Bus

■ TRANSANTIAGO
www.transantiago.cl
C'est le réseau de transport urbain de Santiago. Pour prendre un bus (valeur du billet à partir de 670 $ et jusqu'à 800 $), il faut acheter une carte Bip (www.tarjetabip.cl), qui donne accès aux bus et au métro (à noter qu'on peut utiliser le métro sans carte Bip ! , mais pas le bus). La carte coûte 1 550 $, ensuite il faut rajouter 1 000 $ au minimum pour voyager (à chaque fois qu'il n'y a plus assez d'argent sur la carte, 1 000 $ au minimum). A acheter dans toutes les stations de métro.

Taxi

Le tarif est de 250 $ à la base, plus 120 $ tous les 200 mètres ou chaque minute d'attente. Pour l'aéroport, compter environ 20 000 $ depuis le centre et 18 000 $ depuis Providencia.

Services de voiture à la demande : en 2019, l'application Uber n'était pas officiellement légale d'utilisation au Chili, si vous décidez de l'utiliser sachez tout de même que vous ne risquerez pas grand-chose, les conducteurs sont discrets et offrent de manière générale des trajets en toute sécurité. Les trajets sont également beaucoup plus économiques et vous pouvez décider de payer via l'application soit en liquide.

PRATIQUE

Tourisme - Culture

■ SERNATUR
Pío Nono 380
✆ +56 22 731 83 10
www.sernatur.cl
contacto@sernatur.cl
Métro : Manuel Montt ou Pedro de Valdivia.
Ouvert du lundi au vendredi de 9h à 18h, les samedis de 9h à 14h.
Le site web de l'office du tourisme est particulièrement complet. Cartes de la ville, multitude de prospectus en tout genre, et toutes sortes d'infos sur les hôtels, agences, sites, etc., à Santiago ou dans le reste du pays.

Autre adresse : Un kiosque d'information, situé à l'intersection de Paseo Ahumada et de Paseo Huerfanos, peut également vous dépanner.

Réceptifs

■ AGENCIA TSWYSEN
Estacion central
El Boldo 260
✆ +56 2277 67123
Voir page 26.

■ AZIMUT 360
Eliodoro Yañez 1437
✆ +56 2 2235 1519
Voir page 26.

■ LA BICICLETA VERDE
A l'angle de l'Av. Santa María et Loreto
Loreto 6
✆ +56 2 2570 9939
www.labicicletaverde.com
info@labicicletaverde.com
M° Bellas Artes.
Location de vélo à partir de 24 US$ la journée par adulte et organisation de tour à vélo à partir de 41 US$.
Plusieurs circuits possibles, à la journée ou encore de nuit, pour découvrir les différentes facettes culturelles et historiques de la ville de Santiago (mais aussi de Valparaíso, Viña del Mar et San Pedro de Atacama). Les tours à vélo et dégustations de vins au départ de Santiago et Valparaíso proposent une immersion unique et en petit groupe dans le vignoble de Cousiño Macul et de Kingston (vallée de Casablanca).

■ CHILE EXCEPCIÓN
✆ +56 2 2951 5476
www.chile-excepcion.com
info@chile-excepcion.com
Bureaux ouverts du lundi au vendredi de 9h à 18h.
Cette agence de voyage franco-chilienne est installée à Santiago depuis plus de 10 ans. Son fondateur, le Français Alain d'Etigny, fut officier chasseurs alpins et connaît désormais parfaitement tous les recoins du Chili.L'agence est spécialiste du séjour individuel au Chili, avec des combinés possibles en Argentine, en Bolivie et au Pérou. Elle propose des circuits Premium (avec chauffeur guide privé) et en autotour, ainsi que des croisières en Patagonie et en Antarctique. La philosophie de l'agence : des séjours réellement sur mesure, construits selon vos attentes, et véritablement hors des sentiers battus. Parmi les plus de cette agence, outre leur expertise, notons une rencontre avec votre conseiller voyage lors de votre arrivée à Santiago, la remise d'un *road book* détaillé et une assistance 7 jours sur 7 lors de votre séjour. Elle propose plusieurs circuits sur l'île de Pâques, avec une équipe de guides spécialistes des lieux.

■ **CHILE OFF TRACK**
✆ +56 977496815
www.chileofftrack.com
info@chileofftrack.com
Suzanne, originaire des Pays-bas, et son équipe vous proposent toutes sortes de découvertes à Santiago et alentour, notamment la détente aux thermes de Colina, le trek vers le glacier San Francisco dans la vallée del Maipo ou la visite des vignobles. Valparaíso est aussi au programme. L'un des points forts de cette agence : les balades à cheval, dont elle est spécialiste. Service personnalisé, dans plusieurs langues dont le français, et de qualité.

■ **CHILI NATURE PAR OIHANA VOYAGES**
s/c AM, El Golfo 99
✆ 05 59 59 56 07
Voir page 27.

■ **CIMAS EXPÉDITIONS**
Miraflores 455 Dpto. 2206
✆ +56 4531 9562
Voir page 28.

■ **FUEGUINOS**
✆ +56 9 77014909
www.fueguinos.cl
fueguinos2016@gmail.com
Excursions à partir de 100 € par passager.
Cette petite entreprise familiale, sympa comme tout, vous emmène presque partout autour de Santiago dans les divers parcs et réserves naturels : les circuits du parc La Campana et du Cajón del Maipo sont très recommandés. Les visites s'étendent sur des journées complètes où tout est absolument compris : hôtel, petit déjeuner, guide en français, déjeuner, tickets d'entrée, etc.). Pedro parle le français et a vécu 10 ans en France !

■ **GASTON SACAZE**
181 Guardia Vieja 181 Providencia
Of. 1204
✆ +56 2 2335 4496
Voir page 28.

■ **KORKE**
Antonio Bellet 143, Of. 204
Providencia
✆ +56 2 2759 4006
Voir page 16.

■ **NOSTALATINA – CHILI**
General Flores 154
✆ 01 43 13 29 29
Voir page 29.

■ **TURISMO MILODON**
Av. Vespucio Sur 700 oficina 804
Providencia
✆ +56 2 2367 1422
Voir page 32.

Représentations – Présence française

■ **ALLIANCE FRANÇAISE DE SANTIAGO**
Avenida Luis Pasteur 5418
✆ +56 2 218 91 32
www.alianzafrancesa.cl
direction@lafase.cl
Site du lycée Antoine de Saint-Exupéry. Des offres d'emplois (contrats locaux) sont souvent proposées en fin d'année (vers novembre/décembre en principe).

■ **AMBASSADE DE BELGIQUE**
bureau 1103, Avenida Providencia 2653
✆ +56 2 2694 0400
www.diplomatie.be/santiagofr/
santiago@diplobel.fed.be
Ouvert de 8h30 à 12h30 et de 15h à 16h du lundi au jeudi. Le vendredi sur rendez-vous.

■ **AMBASSADE DE FRANCE**
Condell 65, Providencia
✆ +56 2 2470 8000
www.ambafrance-cl.org
consulat.santiago@gmail.com
Métro Baquedano.
Du lundi au vendredi de 9h à 12h.

AMBASSADE DE SUISSE
13e étage, Américo Vespucio Sur 100
✆ +56 2 2928 0100 – www.eda.admin.ch
santiago@eda.admin.ch
Ouvert du lundi au vendredi de 10h à 12h.

AMBASSADE DU CANADA
12e étage
Nueva Tajamar 481, 12e étage
(World Trade Center)
✆ +56 2 2652 3800
stago@international.gc.ca
Ouverture du lundi au jeudi de 8h30 à 12h30 et de 13h30 à 17h30 et le vendredi de 8h30 à 13h.

CHAMBRE DE COMMERCE ET D'INDUSTRIE FRANCO-CHILIENNE
Marchant Pereira 201, oficina 701
Providencia ✆ +56 2 225 5547
www.camarafrancochilena.cl/fr
info@camarafrancochilena.cl

INSTITUT FRANCAIS
Francisco Noguera 176, Providencia
✆ + 56 2 3221 0910
www.institutofrances.cl
contacto@institutofrances.cl

SERVICE DE COOPÉRATION ET D'ACTION CULTURELLE (SCAC)
Francisco Noguera 176, Providencia
✆ +56 2 2470 8060
Métro : ligne 1, station Pedro de Valdivia.

Argent

Nombreux DAB un peu partout en ville. La quasi-totalité des banques chargent des commissions. ScotiaBank est la plus intéressante en termes de commissions. Dans tous les cas, veillez à contacter votre banque à l'avance pour négocier les frais éventuels lors de vos retraits. Les *casas de cambio* pour changer vos devises sont nombreuses, notamment au centre-ville dans la rue Agustinas, entre Estado et Bandera (elles ouvrent de 9h30 à 18h en semaine).

Attention ! Au Chili, n'oubliez pas de récupérer votre carte bancaire à la fin de votre opération sur l'un des guichets automatiques ! Contrairement à la France, où vous récupérez votre CB avant de recueillir votre argent, l'argent est délivré d'abord au Chili et certaines personnes peu habituées ou un peu tête en l'air (nous avons pu l'expérimenter pour vous...) oublient leur carte bancaire dans le DAB. Prudence donc !

BANCO DEL ESTADO
O'Higgins 2332
✆ +56 6002007000
www.bancoestado.cl
Bon réseau de guichets automatiques qui fonctionnent pour les cartes européennes.

CAMBIOS AFEX
✆ +56 2 2636 9000
www.afex.cl
moneda@afex.cl
La plupart des bureaux de change ouvrent en semaine de 9h à 18h, certains aussi (comme celui de Agustinas 1050) le samedi de 10h à 14h. Celui de Catedral 1067 ouvre en semaine de 9h à 20h, le samedi de 9h à 19h et le dimanche de 9h à 18h. Celui de l'aéroport est ouvert tous les jours 24h/24.
Vaste réseau de bureaux de change un peu partout en ville, et aussi à l'aéroport.

Moyens de communication

CENTRES D'APPEL ET INTERNET
L'intersection des rues Bandera et Monjitas (à une cuadra de la Plaza de Armas) au centre est très prisée des Péruviens et Boliviens ; on y trouve de nombreux centres d'appel et des cybercafés pas chers.
Par ailleurs, il y a de nombreux cybercafés en ville. Compter pour les moins chers autour de 400 $ l'heure (dans le centre notamment), et jamais plus de 1 000 $ dans les quartiers un peu plus chic. Beaucoup de cafés et restaurants proposent une connexion wi-fi gratuite.

CORREOS DE CHILE
Catedral 987
www.correos.cl
sac@correos.cl
Ouvert en semaine de 8h à 19h et le samedi de 9h à 14h.

Santé - Urgences

Il y a des pharmacies à presque tous les coins de rue au centre ou à Providencia.

CLINICA ALEMANA
Av. Vitacura 5951, Vitacura
✆ +56 2 2210 1111
www.alemana.cl
pacienteinternacional@alemana.cl
L'une des meilleures cliniques privées du Chili. Il faut y mettre le prix !

HÔPITAL SAN JUAN DE DIOS
Huérfanos 3255
Barrio Brasil
✆ +56 2 2574 1900
www.hsjd.cl
Hôpital public réputé.

POSTA CENTRAL
Avenida Portugal 125
✆ +56 2 634 1650
Métro : Universidad Católica.
Il s'agit d'un hôpital. Le personnel est bilingue (espagnol-anglais).

SE LOGER

Loger dans le centre permet d'être à proximité des musées, et il est très facile (à pied, en taxi ou en métro) d'atteindre les quartiers adjacents (Bellavista, Providencia, Nuñoa, quartier Brasil, quartier du Parque Forestal). Dormir à Bellavista offre l'avantage d'être en plein cœur de l'un des quartiers les plus cosmopolites de la capitale. Séjourner à Providencia ou dans les *barrios altos* (les « quartiers du haut », plus riches) est idéal pour les hommes d'affaires, les touristes plus exigeants, pour être au cœur de la vie commerciale et gastronomique ou encore pour la vie nocturne, trépidante. Le quartier Brasil, à l'ouest du centre, s'est transformé en coin plus routard et le Barrio Italia, bohème et branché, sort de l'ombre pour proposer de jolies adresses atypiques et confortables. Bonnes opportunités de logement, nombreux bars et restaurants.

Centrales de réservation – Réseaux

■ **HO.LA HOSTELS**
www.holahostels.com
info@holahostels.com
Réseau d'auberges de jeunesse, hostels et hostals pour voyageurs à budget réduit, du Mexique en Argentine. La philosophie de la maison : l'amitié, la diversion, la propreté, le service personnalisé et un compromis écologique. Toutes les structures doivent respecter des standards de qualité. Vous pouvez devenir membre gratuitement (dans l'un des établissements partenaires) et profiter de réductions et bénéfices particuliers. Voyez leur site Internet pour connaître les auberges affiliées.

Centro Cívico

Bien et pas cher

■ **CHE LAGARTO HOSTEL**
60 San Antonio
✆ +56 2 2638 35 68
www.chelagarto.com
santiago@chelagarto.com
Métro : Santa Lucia.
Compter 19 US$ en dortoir et 110US$ l'appartement, petit-déjeuner inclus.
Très grande auberge de jeunesse sur dix étages qui propose des dortoirs spacieux et confortables avec salle de bain très propres. Les appartements sont plus sophistiqués et conviendront parfaitement au couple en quête d'intimité. Ne manquez pas le petit-déjeuner servi sous forme de buffet ! Bien situé dans le centre historique à quelques centaines de mètres des supermarchés et des restaurants. L'atmosphère est bien dans l'ensemble mais attention aux chambres donnant côté rue : vous ne serez pas épargné par le bruit de la circulation ! Personnel dévoué et sympathique, n'hésitez pas à demander conseils et recommandations.

■ **HOSTEL PLAZA DE ARMAS**
Compañia de Jesús 960
✆ +56 2 2671 4436
www.plazadearmashostel.com
hostel@plazadearmashostel.com
Métro : Plaza de Armas.
À partir de 10 000 $ par personne en dortoir de six ou huit personnes (sanitaires communs) et 37 000 $ la double avec sanitaires privés.
Un hostel auberge de jeunesse (plus de 18 ans) de charme situé sur la place d'Armes, au cœur même du centre-ville. On grimpe au 6e étage pour jouir d'une belle demeure avec parquet et hauts plafonds, ainsi que d'un grand balcon qui surplombe la place. Intérieur agréablement décoré. Néanmoins, certains des dortoirs sont étroits et nous préférons les chambres matrimoniales privées. Le tout est lumineux, bien tenu, propre et suffisamment spacieux. Cuisine et wifi à disposition.

■ **PARIS LONDRES HOSTEL BOUTIQUE**
Londres 54
✆ +56 2 22109441
http://www.londres.cl
hotelparislondres@gmail.com
Métro : Universidad de Chile.
Avec sanitaires communs ou privés, compter 33 à 45 US$ la simple, 45 à 65 US$ la double, 55 à 75 US$ la triple. Petit déjeuner non inclus avec les salles de bains communes.
Près de l'église San Francisco dans une maison des années 1920, cet hôtel offre un bon rapport qualité-prix. Le quartier est joli, l'accueil charmant et vous disposerez de grandes chambres avec parquet, bien tenues, entourant un patio intérieur. Les chambres donnant sur la rue peuvent être un peu bruyantes le week-end. Adresse populaire.

Confort ou charme

■ **HOTEL SOMMELIER**
Agustinas 694
✆ +56 2 2639 6614
www.hotelsommelier.cl
reservas@hotelsommelier.cl
A partir de 130 US$ la chambre double.

Cet hôtel de charme très bien situé dispose de 37 chambres réparties sur 6 étages. Propres et modernes, les chambres sont parfaitement équipées, on y trouve une petite cuisine, une grande salle de bains privée et une télévision câblée. Le style industriel s'associe à des touches décoratives plus chaleureuses grâce au tapis, aux cadres photo et à la literie colorée. Le petit déjeuner, servi sous forme de buffet, se prend dans une pièce très élégante avec ses briques rouges aux murs et son carrelage marocain. Idéalement placé, l'hôtel est aussi un bon point de départ pour partir à la découverte des plus beaux quartiers de Santiago.

Luxe

■ HOTEL FUNDADOR
Paseo Serrano 34
✆ +56 2 2387 1200
www.fundador.cl
reservas@hfundador.com
Compter entre 210 US$ la double standard et 320 US$ la suite (presque moitié prix en passant par le site web). Petit déjeuner et wifi inclus, parking en extra.
Les chambres, où le vert pomme domine, disposent de toutes les aménités d'usage : air conditionné, télé câblée, minibar, wifi. Les services sont à la hauteur d'un hôtel 4 étoiles : piscine attrayante, centre de conventions, deux restaurants et un bar, une boutique... Superbes suites. Situation parfaite pour rayonner tout autour. Un bon choix.

■ HOTEL MERCURE
Avda Lib Bernardo O'Higgins, 632
✆ +56 2 25956622
www.accorhotels.com
h8924-re@accor.com
A partir de 110 US$.
Le très confortable hôtel Mercure jouit d'une façade de 17 étages qui n'est pas à la hauteur de son bel intérieur ! Aux beaux jours, on accourt sur la terrasse, agrémentée d'une piscine et d'un bar *lounge*, accessible à tous. De là, comme de la plupart des chambres, vue sur la Bibliothèque nationale et sur le château de Santa Lucia. 142 chambres en tout, de différents standings, pour un établissement central et accueillant.

■ HOTEL PLAZA SAN FRANCISCO
Av. Libertador Bernardo O´higgins 816
✆ +56 2 360 4410
www.plazasanfrancisco.cl
hotel@plazasanfrancisco.cl
A partir de 180 US$ pour deux sur Internet. Petit déjeuner et wifi inclus. Possibilité de package (nuit+nuit) et de promotions en réservant via le site Internet.
Tout a été pensé pour votre plus grand confort (écran plat, lecteur MP3, climatisation...). Les chambres sont décorées de beaux tapis, de bois rares et les salles de bains sont en marbre. Le restaurant Le Bristol est excellent, son chef ayant en effet gagné plusieurs prix gastronomiques. Piscine au sous-sol. Un hôtel excellent et bien situé, idéal pour les hommes d'affaires ou les voyageurs exigeants. Le petit plus : l'hôtel fonctionne selon des principes *eco-friendly*. Le dalaï-lama y a même séjourné deux fois !

Brasil, República et Dieciocho

■ LA CASA ROJA
Avenida Agustinas 2113
Barrio Brasil
✆ +56 2 2695 0600
www.lacasaroja.cl
info@lacasaroja.cl
Métro : Los Héroes ou Cumming.
À partir de 10 000 $ en dortoir (il existe des dortoirs réservés aux femmes), 44 US$ la chambre double avec sanitaires communs, 52 US$ avec sanitaires privés, 60 US$ la triple. wi-fi gratuit, petit déjeuner inclus seulement pour les chambres privées.
Très belle maison du XIXe siècle restaurée par un Australien infatigable, Simon : parquet, hauts plafonds, patios, grande cuisine et une belle piscine avec mosaïques et tabourets en dur pour trinquer dans l'eau, flanquée d'un bain bouillonnant et d'un bar. Quantité d'informations touristiques. Une soirée *asado* est prévue chaque semaine, mais on vous emmène faire la fête tous les soirs ! Cette adresse est en effet réputée pour être le QG des *mochileros* noctambules. En hiver, les transferts sont assurés pour aller skier. Une institution locale.

■ HAPPY HOUSE HOSTEL
Moneda 1829
✆ +56 2 2688 4849
www.happyhousehostel.cl
recepcion@hhh.cl
Métro : Los Héroes.
Dortoir à partir de 12 000 $ avec serviettes de toilettes. Pour deux, avec les sanitaires communs, compter à partir de 27 000 $ et à partir de 40 000 $ avec salle de bains privée. Entre 40 000 et 49 500 $ la chambre triple. Accès wifi et petit déjeuner inclus.
Excellente adresse idéalement située entre le centre et la place Brasil. Les hauts plafonds, le parquet et le design résolument contemporain, autant pour les dortoirs que pour les chambres simples ou doubles décorées dans les tons ocre avec sanitaires privés, séduisent d'emblée. Grand patio sur l'arrière doté d'une

petite piscine (avec bar) et petit Spa. Cuisine équipée, ping-pong, laverie, espace télé... De nombreuses excursions sont proposées. On aime beaucoup !

■ **THE PRINCESA INSOLENTE HOSTEL**
Moneda 2350
✆ +56 2 2671 6551
www.princesainsolentehostel.cl
andrea@princesainsolentehostel.cl
Selon la saison, compter entre 12 et 16 US$ par personne en dortoir, 50 US$ la double avec salle de bains privée (en dehors de la chambre).
Une belle petite adresse à bon prix et à l'accueil souriant et enthousiaste, proposant des chambres et des dortoirs propres, colorés et bien aménagés. Les parties communes, bien décorées, sont très agréables : salle TV, patio agrémenté de plantes et de tables, avec un bar. Cuisine spacieuse et équipée. Soirée barbecue proposée tous les mercredis soir. Des lofts meublés sont également en location dans une annexe en face. Adresse très appréciée par les jeunes *mochileros*, avec raison, car c'est un très bon choix (ambiance calme et conviviale).

Bellas Artes et Lastarria

Bien et pas cher

■ **HOSTAL FORESTAL**
Coronel Santiago Bueras 122
Lastarria
✆ +56 2 2638 1347
www.hostalforestal.cl
hostalforestal@hotmail.com
Métro : Baquedano.
Compter entre 10 000 $ et 20 000 $ par personne, selon que vous soyez en dortoir, dans une chambre simple (sanitaires privés) ou double (sanitaires communs ou privés). Petit déjeuner et accès wi-fi inclus.
Petites chambres propres et bien tenues. Multitude de services à disposition : TV câblée, DVD, barbecue, billard, cuisine, classe d'espagnol, virées nocturnes, location de VTT, etc. Très sympa et très bien situé, dans une rue calme, ce qui en fait un bon choix dans cette catégorie. Petit déjeuner copieux.

Confort ou charme

■ **HOSTAL RÍO AMAZONAS**
Vicuña Mackenna 47
✆ +56 2 2635 1631
www.hostalrioamazonas.cl
reservas@hostalrioamazonas.cl
Métro Baquedano.

Chambres avec salle de bains privée, petit déjeuner inclus, wifi et TV satellite. Simple : 43 US$; double : 75 US$; triple : 95 US$; quadruple : 120 US$.
Emplacement imbattable à deux pas de Lastarria, de Bellavista et du Barrio Italia. Une bâtisse pleine de charme décorée avec beaucoup de caractère, juste à côté de l'ambassade d'Argentine. Les chambres (toutes avec salle de bains privée, fenêtres à isolation acoustique, radiateurs) sont confortables, séduisantes et apaisantes. Petit déjeuner abondant, composé de produits frais, faits maison (confiture et yaourt naturel entre autres) et servi dans un joli patio intérieur. En plus du bar-cafeteria où sont servis salades, sandwiches et un délicieux *pisco sour*, une cuisine est à disposition. On aura plaisir à vous assurer le meilleur séjour possible et Caroline pourra vous recommander en français les incontournables de Santiago.

Luxe

■ **THE SINGULAR**
Merced 294, Lastarria
✆ +56 2 2306 8820
www.thesingular.com
reservas@thesingular.com
Chambre double à partir de 270 US$, king à partir de 330 US$.

On approche le sans-faute dans ce magnifique boutique-hôtel situé à la lisière du quartier bohème de Lastarria. Au style classique dominé par le bois foncé, s'ajoute la modernité de détails d'avant-garde. Les chambres sont cossues et confortables et les lieux sont aussi reconnus pour le Spa, le restaurant du premier étage et le bar-terrasse avec vue du neuvième étage.

HOTEL MAGNOLIA

539 Huérfanos
Lastarria
✆ +56 2 2664 4043
www.hotelmagnolia.cl
info@hotelmagnolia.cl
Métro Bellas Artes.
Compter de 200 US$ à 260 US$ pour deux personnes, petit déjeuner inclus.
A deux pas du Cerro Santa Lucia, cette ancienne maison patrimoniale de 1929 a ouvert ses portes en août 2016 après une longue période de rénovation. Fusionnant authenticité et modernité, l'hôtel propose une décoration soignée et un design unique : on y trouve des matériaux nobles comme le bronze et le marbre, le parquet d'origine habille désormais les murs des couloirs de l'hôtel et sur certains étages le sol est en verre ! Les chambres, grandes et luxueuses, sont parfaitement équipées. Un vrai travail a été effectué tant sur les têtes de lits en sérigraphie que sur la literie de qualité supérieure. Un sans faute pour cet établissement.

LASTARRIA BOUTIQUE HOTEL

Coronel Santiago Bueras 188
Lastarria
✆ +56 2 2840 3700
www.lastarriahotel.com
info@lastarriahotel.com
Compter entre 200 US$ la supérieure et 370 US$ la suite, petit déjeuner et wi-fi inclus. Possibilité de réduction en réservant via le site Internet.
Dans ce quartier pittoresque des plus vivants, cette superbe demeure de 1927, entièrement réhabilitée en 2011, propose 14 chambres de haut standing (excellente literie, meubles d'époque dans les suites notamment, minibar, coffre-fort, wi-fi, écran plat et double vitrage). Jolie petite terrasse privative donnant sur la rue pour les suites junior (très prisées). Les espaces communs conservent ce petit supplément de caractère qui, si l'on rajoute une délicieuse piscine ombragée, une salle de massage et une petite salle de sport pour se maintenir en forme, fait de cette adresse l'une des plus agréables du centre de Santiago. On apprécie aussi le bon petit déjeuner (dehors sur la terrasse, avec vue sur la piscine... c'est un régal), et le service souriant et professionnel. Les prestations d'ensemble nous ont séduits. A découvrir.

Patronato et Bellavista

CASTILLO ROJO BOUTIQUE HOTEL

Constitución 195, Bellavista
✆ + 56 2 2352 4500
www.castillorojohotel.com
reservas@castillorojohotel.com
Chambre double à partir de 150 US $.
Dans le quartier vivant de Bellavista, à quelques mètres de la maison de Pablo Neruda, cette grosse maison rouge de 1923 est une ancienne résidence d'artistes. Convertie récemment en boutique-hôtel, elle compte aujourd'hui 19 chambres avec vue sur les Andes, réparties sur cinq étages. Design simple et moderne pour l'ensemble, pour une bonne adresse.

LA CHIMBA

Ernesto Pinto Lagarrigue 262
Bellavista
✆ +56 2 2732 9184
www.lachimba.com
A partir de 18 US$ par personne en dortoir, à partir de 40 US$ la double avec sanitaires communs, petit déjeuner inclus.
Point de chute apprécié des voyageurs au long cours ! Cuisine, Internet, patio avec barbecue, ambiance *roots* et décontractée. Ambiance plutôt à la fête. Navette gratuite en hiver pour les stations de ski.

THE AUBREY

Constitución 299 - 317, Bellavista
✆ +56 2 2940 2800
www.theaubrey.com
reservas@theaubrey.com
A partir de 240 US$ pour deux (nombreuses gammes de prix selon confort), petit déjeuner et wi-fi inclus.
Un hôtel boutique plein de charme ouvert en 2010, proposant 15 chambres spacieuses au design moderne (les *lofts* mansardés sont cependant plus étroits). On apprécie le service et les activités proposées. Piscine très agréable, restaurant de qualité. A savoir : le quartier est très bruyant, car bondé de restos, bars et discos (bien pour sortir, moins bien pour dormir !).

TINTO BOUTIQUE HOTEL

Antonia López de Bello 040, Bellavista
✆ +56 2 27329920
www.tintoboutiquehotel.com
reservas@tintoboutique.com
Chambre standard à partir de 150 US$.
Transats et petite piscine décorent le patio de ce boutique-hôtel tout en profondeur et transparence, logé dans une demeure Art déco de 1927. Bar-terrasse sur le toit où l'on pourra goûter à différents vins régionaux chiliens, et prestations sans faille pour une belle adresse du quartier de Bellavista.

Nuñoa, Italia et Providencia

Bien et pas cher

■ **AJI HOSTEL**
Triana 863
✆ +56 2 2236 4401
www.ajihostel.cl
recepcion@ajihostel.cl
Lit en dortoir à partir de 14 US$ (il existe des dortoirs non mixtes réservés aux femmes), chambre simple avec salle de bains à partir de 45 US$, chambre double à partir de 59 US$. Petit déjeuner et wi-fi inclus.
Une auberge de jeunesse plutôt à la fête, qui a l'originalité d'inclure le dîner tous les soirs (vin compris) dans ses tarifs (sauf le vendredi, soirée *asado*) ! Le petit déjeuner est plutôt bon. Pas d'un grand confort et parfois un peu bruyant, donc surtout pour rencontrer d'autres voyageurs et passer un bon moment de convivialité.

■ **HOSTAL VITALIA**
Av. Italia 1689
✆ +56 33 225 4696
www.hostalvitalia.com
hostalvitalia@gmail.com
A partir de 16 US$ en dortoir et 43 US$ en chambre double.
Cet hostal, ouvert en 2018, est né de l'imagination d'Elea et Raimundo, un jeune couple franco-chilien. Après avoir vécu dans différents pays, tous les deux ont décidé de s'installer à Santiago et de rénover une grande et ancienne demeure au cœur du Barrio Italia. Avec ses accents bohèmes et ses touches artistiques, cette petite auberge familiale est accueillante et particulièrement propre : les 4 chambres et les 4 dortoirs sont nettoyés tous les jours de fond en comble et garantissent confort et tranquillité. Les espaces communs sont bien pensés et aménagés, on apprécie notamment la jolie terrasse extérieure très agréable en été pour déguster le petit déjeuner servi tous les jours sous forme de buffet. On s'y sent comme à la maison, au sein d'une équipe jeune et aux petits oignons. Le petit plus ? Les éléments décoratifs, fruits de l'inspiration de quelques voyageurs de passage bourrés de talent, sont de véritables petites œuvres d'art et l'aménagement *feng-shui* crée une atmosphère définitivement des plus plaisantes. Le soir, on se réunit pour papoter et cuisiner ensemble avant de partager un bon dîner sur la grande table du salon : convivialité et partage sont au rendez-vous ! Et pour les voyageurs qui ne veulent pas se mettre aux fourneaux, un *foodtruck* de pizzas (au sein de l'auberge) est ouvert tous les jours (sauf lundi) de 13h à 22h. Un coup de cœur pour celles et ceux qui souhaitent dormir dans le quartier.

Confort ou charme

■ **HOTEL ORLY**
Avenida Pedro de Valdivia 027
✆ + 56 2 2630 3000
www.orlyhotel.com
info@orlyhotel.com
Métro : Pedro de Valdivia.
Simple à partir de 125 US$, double (twin/queen) à partir de 145 US$. Petit déjeuner inclus. Possibilité de bénéficier de promotions en réservant via le site internet.
Architecture française pour un établissement très correct, offrant des chambres assez spacieuses (sauf les chambres simples qui sont assez petites). Décoration aux tendances contemporaines. La rue est un peu bruyante, réservez une chambre sur l'arrière. Un restaurant et un parking complètent le tout. Bon service et excellente situation.

■ **MERIDIANO SUR, PETIT HOTEL**
Santa Beatriz 256
✆ +56 2 2235 3659
www.meridianosur.cl
contacto@meridianosur.cl
A deux pas de Sernatur et du métro. Compter 72 ou 93 US$ la simple, entre 120 et 170 US$ la double, entre 200 et 230 US$ pour trois et 250 US$ pour quatre. Petit déjeuner buffet copieux et wi-fi inclus.
Petite maison coquette très bien située. Un peu étroites, les neuf chambres n'en sont pas moins très confortables (sanitaires privés, climatisation, chauffage central, coffre-fort, TV satellite, téléphone) et d'une propreté à toute épreuve. Salle commune de caractère, espace Snack avec frigo en accès libre (on note ce qu'on prend), patio et jardin agréables. Très intime, convivial et chaleureux. Excellent service. Une vraie oasis au cœur de la ville. On aime beaucoup !

■ **VILAFRANCA PETIT HOTEL**
Perez Valenzuela 1650
✆ +56 2 2235 1413
www.vilafranca.cl
info@vilafranca.cl
Métro : Pedro de Valdivia.
Compter à partir de 70 US$ la simple, entre 70 US$ et 85 US$ la chambre pour deux avec sanitaires privés, petit déjeuner et accès wifi inclus.
Une très belle maison traditionnelle rénovée avec caractère. Chambres pas très spacieuses mais décorées avec un goût exquis. Chaleureuses, coquettes et confortables, elles séduisent aussitôt. Joli patio où prendre le frais. Les propriétaires sont espagnols et monsieur parle français. Très bonne adresse.

■ **THE HIP HOTEL**
Pío Nono 71
✆ +56 22 944 0026
www.thehiphotel.com
Chambre à partir de 90 000 $.
Situé à l'intérieur du patio de Bellavista, l'ensemble du bâtiment a une vraie personnalité à la fois tendance et raffinée. Mobilier d'époque, salle de bain en marbre, confort contemporain et tapisseries baroques, ce ne sont là que quelques-unes des belles surprises de cette adresse pas comme les autres. Les chambres sont grandes et lumineuses, différents univers se côtoient divinement bien entre art moderne et touches plus rustiques. Sur le toit-terrasse arboré, un bar-restaurant haut de gamme s'anime tous les soirs au rythme d'une musique enjouée. On sirote l'un des fameux cocktails tout en appréciant la vue sur la ville. Un beau combo qui allie ambiance et confort.

Luxe

■ **SHERATON**
Av. Santa María 1742
✆ +56 2 2233 5000
info.business@sheraton.com
Métro : Pedro de Valdivia.
A partir de 200 US$ pour deux en réservant sur Internet à l'avance.
De l'autre côté du río Mapocho, accoudé au Cerro San Cristóbal. Tout y est impeccable ou presque. Un centre de santé est à votre disposition, dans un style grec assez étonnant. Chandeliers en cristal, sols en marbre, etc., c'est du haut de gamme, incontestablement. On propose aussi des courts de tennis, des centres de conférence, un sauna, deux piscines, etc. Le restaurant Le Cid est réputé comme une excellente table.

■ **HÔTEL MAISON ITALIA**
1029 Av. Italia
✆ +56 9 9535 0277
www.maison-italia.com
contacto@maison-italia.com
Métro : Parque Bustamante.
Compter entre 130 et 160 US$ la chambre double.
Une décoration et un standing inattendus pour cet hôtel boutique idéalement situé dans le quartier Italia. Chaque chambre, spacieuse et douillette, a son propre balcon orné de nombreuses plantes. On apprécie le cadre intime au design moderne et la terrasse du bar qui offre une vue dégagée sur le Cerro Cristóbal. Un petit coup de cœur !

Las Condes, El Golf et Vitacura

Confort ou charme

■ **HOTEL MANQUEHUE**
Esteban dell'Orto 6615
✆ + 56 2 2430 1100
www.manquehuehoteles.cl
recepcion@hotelmanquehue.cl
Chambres de 135 000 $ à 215 000 $, les matrimoniales sont à 155 000 $. Menu à 11 900 $.
Hôtel confortable et chaleureux de 70 chambres, plutôt sommaires mais propres, qui ont l'atout d'être silencieuses. Accès à un grand jardin avec piscine et cuisine extérieure, idéal pour les longs moments de détente. L'endroit est sans aucun doute mis en valeur par une décoration rustique inspirée de la culture mapuche. On y vient plus pour le cadre général que pour les chambres, néanmoins tout à fait agréables et correctes. Vous pouvez également vous restaurer au Tiare, propriété de l'hôtel, qui propose des plats copieux et bien présentés. Bref, l'adresse idéale pour ceux qui souhaitent bien manger et bien dormir !

▸ **Autres adresses :** Av. Boulevard Aeropuerto Sur 9648 Pudahue • Puerto Montt Seminario 252, Puerto Montt

Luxe

■ **HÔTEL RITZ-CARLTON**
El Alcalde 15
✆ +56 2 470 8500 – www.ritzcarlton.com
A partir de 360 US$ la nuit pour deux personnes.
Un bâtiment d'une grande classe pour 250 chambres (dont 16 suites, incluant une suite présidentielle) qui n'en manquent pas. Sans doute le centre de santé le plus spectaculaire (tout au-dessus, sous un dôme, on découvre la ville et les Andes). Deux restaurants (bonne cuisine et excellente carte des vins), un salon de thé et un bar. Toutes les aménités d'usage chez la chaîne s'y trouvent proposées.

■ **NOI**
Av. Nueva Costanera 3736, Vitacura
✆ +56 2 2941 8100
www.noivitacura.cl
recepcion@noivitacura.cl
A partir de 350 US$ pour deux.
Voici un hôtel de la chaîne chilienne du même nom. On y propose 87 chambres spacieuses et agréables, au design entre Feng shui et moderne. Un Spa, une salle de sports, deux restaurants à la

cuisine délicieuse, un bar et une piscine sur le toit. Adresse chic et très tendance, accueil souriant.

■ **NOVOTEL SANTIAGO VITACURA**
Avenida Américo Vespucio Norte 1630
✆ +56 2 2499 2200 – www.novotel.com
Métro : Escuela Militar.
Compter à partir de 150 US$ la nuit à deux.
Ce Novotel de la chaîne Accor, bien connue des francophones, est situé dans un quartier élégant, à proximité des grands restaurants, des magasins de luxe et de vastes espaces verts. L'hôtel dispose de 144 chambres climatisées, avec wi-fi (gracieux). A disposition : un Spa avec piscine, bain bouillonnant, sauna, un restaurant et un bar. Service souriant.

■ **THE W**
Isidora Goyenechea 3000
Las Condes
✆ +56 2 2770 0000
A partir de 410 US$ petit-déjeuner inclus.
Ouvert en 2009, cet hôtel incarne tous les superlatifs de Santiago. Chambres spacieuses au design moderne et chic, avec des baies vitrées et certaines avec une grande terrasse privée. Huit restaurants et salons (dont un salon de dégustation de vins et un restaurant asiatique), une terrasse surplombant les gratte-ciel et délivrant une vue à couper le souffle sur les Andes, piscine sur le toit, un Spa et une salle de sport à la pointe de la technologie... Le luxe dans toute sa splendeur !

SE RESTAURER

L'offre gastronomique de Santiago est aujourd'hui variée et de bonne qualité. Les meilleures tables (mais aussi les plus chères) sont situées dans les quartiers Lastarria, Providencia et Vitacura. Les petits budgets grignoteront des menus pas chers le midi dans le centre (sous les arcades de la place centrale) ou les quartiers Bellavista, Brasil et Providencia, des *empanadas* ou des *completos*.

Centro Cívico

■ **BAR NACIONAL**
Paseo Huérfanos 1151
✆ +56 2 2 699 5466
www.barnacional1.cl
contacto@barnacional1.cl
Ouvert tous les jours de 7h30 à 23h et le samedi de 9h à 17h. Fermé le dimanche.

Les travailleurs et les travailleuses du centre de Santiago ont depuis longtemps adopté ce petit local qui sert une très bonne cuisine chilienne *casera* (de la maison) : *lomo a lo pobre, caldo de gallito, empanadas...*, à des prix somme toute honnêtes. Ambiance animée. Le menu du midi est un bon choix. L'établissement compte trois autres adresses dans les quartiers de Las Condes, calle Matias Cousino 54 et calle Bandera 317.

EL NATURISTA

local 18
Huérfanos 1046
✆ +56 2 2696 1668
elnaturista.cl
contacto@elnaturista.cl
Ouvert du lundi au vendredi de 8h30 à 21h, le samedi de 9h à 16h. Plat à environ 5 000 $.
Depuis 1927, on y sert des plats végétariens qui reposent l'estomac. Jus de fruits, cafés, sandwichs, *empanadas* au fromage, soupes et salades, ainsi que des plats plus consistants (*pastel de choclo, arroz valenciana, chorrillana naturista*, ravioles ou lasagnes...), et de bons desserts sont au menu.

Autre adresse : Moneda 846

MERCADO CENTRAL

www.mercadocentral.cl
mercadocentral@tie.cl
Près du métro Cal y Canto.
Tous les jours de 9h à 17h.
Ce marché coloré est à visiter, mais on peut aussi y manger le midi. Au menu : poissons et fruits de mer, bien sûr, mais aussi *empanadas* et autres plats typiques chiliens. Le local le plus connu est Donde Augusto, mais attention toutefois, évitez les employés de restaurants qui insisteront auprès de vous pour vous offrir une table. Certains restaurants servent des plats à des prix déraisonnables. D'autres un peu moins centraux, proposent des plats souvent moins chers et tout aussi bons. N'hésitez pas à vous perdre dans les allées à la recherche d'adresses plus authentiques et moins « attrape-touristes ».

Brasil, República et Dieciocho

LA CASONA DE DON NACHO

Avenida Beaucheff 1239
✆ +56 2 2683 4004
www.lacasonadedonnacho.cl
Métro : Parque O'Higgins, ligne 2.
Ouvert du mercredi au samedi entre 12h30 et 22h, du dimanche au mardi de 12h à 16h. Compter 10 000/15 000 $ par personne environ.
Près du parc O'Higgins, sans doute le meilleur resto de cuisine traditionnelle chilienne de la capitale. Dans une déco d'époque, on goûtera aux fruits de mer (*machas a la parmesana*) et aux viandes (gibiers), excellentes. Les spécialités du cru sont à la hauteur, à accompagner d'un *mote con huesillos* des plus typiques !

LAS VACAS GORDAS

Cienfuegos 280
✆ +56 2 2327 35511
Ouverts du lundi au samedi entre 12h30 et 00h30, dimanche de 12h30 à 17h30. Prix moyen 10 000 $.
Un très bon restaurant de viandes au rapport qualité-prix enthousiasmant. Viandes à la braise délicieuses (demandez le *lomo vetado* de Wagyu), mais les fruits de mer (par exemple les camarons équatoriens) et les risottos ont laissé un bon souvenir. Dommage que le service soit inégal.

PELUQUERIA FRANCESA

Compañia de Jesus 2789
✆ +56 2 2682 5243
www.boulevardlavaud.cl
reservas@boulevardlavaud.cl
Du lundi au jeudi de 9h à 13h, les vendredi et samedi de 9h à 14h, le dimanche de 11h à 17h.
Un édifice historique : celui de la *Peluquería Francesa* (salon de coiffure), tenue par des Francais de 1868 jusqu'à il y a une vingtaine d'années ! Toutes sortes d'antiquités et de bibelots à l'intérieur, qui confèrent une sacrée atmosphère à vos repas. On sert des *tablas*, des salades, des quiches, des *ceviches*, des crêpes et des plats plutôt bien préparés, poissons, fruits de mer et viandes. Bondé en fin de semaine.

TABERNA EL HOYO

A l'angle de Gorbea
San Vicente 375
Estación Central
✆ +56 2 2689 0339
www.elhoyo.cl
informaciones@elhoyo.cl
Métro : Estación Central.
Du lundi au vendredi de 11h à 21h, le samedi de 11h à 20h. Compter autour de 5 000 $ pour un plat.
Une *picada* très fameuse à Santiago, ouverte en 1912. On y boit du *terremoto* (vin blanc, *pisco* et glace à l'ananas), bien sûr, la boisson emblématique des lieux. Et on y mange une *plateada*, un *arrollado con papas*, une *carne mechada con puré* ou encore une *cazuela de cerdo*. Bref, des plats bien chiliens qui tiennent au ventre ! Vraiment très typique.

Bellas Artes et Lastarria

Lastarria, quartier à la mode aux airs *bobo*, regorgent de petites adresses de charme. Vous pourrez découvrir une vaste palette de restaurants aux cuisines du monde, parfois de grande qualité, dans une ambiance des plus cosmopolites. Le quartier Bellas Artes est en continuité du quartier Lastarria. On y dénote une fusion intéressante du passé de la ville et de son côté plus moderne : les vieilles rues, courtes et pavées, accueillent différentes adresses en vogue (barbiers, salons de tatouage, antiquaires, galeries design, etc.).

Pause gourmande

■ EMPORIO LA ROSA

Merced 291
Lastarria
✆ +56 2 2638 9257
www.emporiolarosa.com
ventas@emporiolarosa.cl
Du lundi au jeudi de 10h à 21h, les vendredi et samedi de 10h à 22h, le dimanche de 10h à 21h.
Excellent glacier au décor à l'ancienne qui jouit d'une belle réputation. Les parfums sont tous délicieux ! Aussi des petits déjeuners, des croissants, des jus de fruits, cafés, thés, sandwichs, soupes, salades et *guisos caseros* (ragoûts maison). Quelques tables en terrasse.

Autre adresse : Plusieurs adresses dans la capitale, et aussi à Valparaíso.

Bien et pas cher

■ LES ASSASSINS

Merced 297-B
Barrio Lastarria
✆ +56 2 2638 4280
www.lesassassins.cl
Ouvert du lundi au vendredi de 12h30 à 15h30 et de 19h à 23h30, samedi de 19h à minuit. Compter environ 35 000 $ pour deux.
Une véritable institution depuis 1965. Sous la houlette de Juan Carlos et de son fils, ce bistrot (dont le nom rappelle le fameux resto Aux Assassins de Saint-Germain-des-Prés à Paris) propose un choix de plats français et internationaux. Essayez le pâté de campagne, la soupe à l'oignon, le steak au poivre, le bœuf bourguignon, le coq au vin ou encore la crème brûlée...

Bonnes tables

■ BOCANARIZ

José Victorino Lastarria 276
Barrio Lastarria
✆ +56 9 7474763392
www.bocanariz.cl
contacto@bocanariz.cl
Du lundi au samedi de 12h30 à 00h et le dimanche de 19h à 23h.
Carte originale et intéressante (*tapas* ou plats) pour cette adresse récente, que nous recommandons surtout pour savourer l'un des excellents vins proposés (plus de 350 vins chiliens à la carte !) tout en grignotant, car les portions pour manger ne sont, hélas, pas très copieuses et sont un peu chères. A essayer : la dégustation de trois cépages de vins différents. L'équipe de sommeliers présente sur place parle espagnol, anglais et portugais. Souvent plein, pensez à réserver.

■ OPERA & CATEDRAL

Merced 395
Barrio Lastarria
✆ +56 2 2664 3048
www.operacatedral.cl
info@operacatedral.cl
Métro : Bellas Artes. Opera : ouvert du lundi au vendredi de 13h à 15h et de 20h à 23h, le samedi de 20h à 23h. Compter à partir de 15 000 $ par personne le repas. Catedral : du lundi au jeudi de 12h30 à 3h, vendredi au samedi de 12h30 à 5h à partir de 10 000 $ par personne.
Un incontournable de la gastronomie locale. Dans un décor agréable de briques et de peintures contemporaines, Opera propose une cuisine française des grands jours (foie gras, poule aux truffes, trio de crabe géant, lièvre chasseur, caille aux deux cuissons, filet de saumon...). Pour ne rien gâcher, la carte des vins est exquise et le service (enfin !) professionnel. A l'étage, le bar/resto Catedral et sa déco minimaliste est un peu moins cher, et plein à craquer presque tous les soirs, avec une agréable terrasse en été et de bons concerts (entrée payante) très réguliers. A côté de l'Opéra, le Café de l'Opéra sert du très bon café et des douceurs. Bref, un ensemble recommandé pour une bonne soirée.

■ SUR PATAGONICO

José Victoriano Lastarria 92-96
✆ +56 2 638 6651
Ouvert du lundi au jeudi de 12h30 à 23h, le vendredi et samedi jusqu'à 23h30 et le dimanche jusqu'à 16h30 (service du midi seulement). Autour de 10 000 $ le plat, un peu plus pour les plats de viande.
Un resto-bar fort sympathique, rustique et boisé à l'intérieur, prolongé d'une jolie petite terrasse à l'extérieur. On y déguste, comme son nom l'indique, des spécialités de Patagonie, notamment des bonnes *parrilladas* de viande.

Patronato et Bellavista

Patronato est le fief des Chinois, des Coréens et des « Palestiniens » (comme on appelle la plupart des Arabes ici), et offre des tables exotiques et pittoresques, plus quelques petites nouvelles tables intéressantes ; Bellavista attire les voyageurs pour son vaste choix de bars et restaurants et sa vie nocturne estudiantine endiablée.

■ CASTILLO FORESTAL
Cardenal José María Caro 390
✆ +56 9 4444 8531
www.castilloforestal.cl
Ouvert tous les jours de 10h à 23h, jusqu'à minuit le week-end et jusqu'à 20h le dimanche. Entrées à partir de 4 900 $, plats entre 8 900 $ et 13 500 $. Menu à partir de 16 900 $.
À ses débuts, le château a été habité par le célèbre architecte paysagiste français Guillaume Renner, qui est intervenu avec Georges Dubois dans la création du parc forestier. Après de longues années de déclin, le château fut réaménagé et agrandi par les architectes Mathias Klotz et Lilian Allen avant de devenir un restaurant de référence dans la capitale. Classé au patrimoine national, le château pose un cadre idyllique, agréable pour une sortie en amoureux. À la carte, on retrouve de belles influences françaises et des plats travaillés à partir de produits chiliens. Moules marinières, merlu sauce meunière, ratatouille, risotto au foie gras, confit de canard ou encore gnocchi au Roquefort, les touristes en manque de produits du terroir seront servis !

■ CIUDAD VIEJA
Constitución 92, Barrio Bellavista
✆ +56 2 2248 9412
www.ciudadvieja.cl
contacto@ciudadvieja.cl
Du mardi au jeudi de 12h30 à 01h, les vendredi et samedi de 12h30 à 02h30, le dimanche de 13h à 17h. Fermé le lundi.
Excellents sandwichs, certains originaux. On peut aussi boire une bonne bière artisanale. wi-fi gratuit.

■ PATIO BELLAVISTA
Constitución 30-70
Barrio Bellavista
www.patiobellavista.cl
Ouvert du dimanche au mardi entre 10h et 2h du matin, le mercredi jusqu'à 3h et de jeudi à samedi jusqu'à 4h.
Cet espace gastronomique, culturel et social concentre de nombreux restaurants, cafétérias, bars, mais aussi des boutiques d'art, d'artisanat et de mode et même un théâtre. De temps en temps, les restaurants accueillent des musiciens ou des danseurs. Terrasses agréables en été. Pas mal de choix et tables variées (cuisines péruvienne, arabe, chilienne, francaise...), pas toujours excellentes, mais le niveau global est très correct.

■ VENEZIA
Pío Nono 200
Barrio Bellavista
✆ +56 2 2777 5869
Ouvert du lundi au jeudi de 11h à 1h, le vendredi et samedi de 11h à 2h.
Une *picada* chilienne de caractère qui a bientôt 70 ans d'existence. On y déguste une bonne cuisine « de chez grand-mère » dans une déco typique : jambon de porc (*pernil de cerdo*), *charquicán*, *lentejas* (lentilles), poisson frit et sa salade chilienne, sandwichs copieux... Neruda venait bien y manger : pourquoi pas vous ? Préférez payer en liquide plutôt que par carte.

Nuñoa, Italia et Providencia

Sur le pouce

■ SUSHI BAR WASABI
Manuel Montt 195
✆ +56 2 235 9731
Du lundi au samedi de midi à minuit.
Dans le genre, l'un des meilleurs. Décoration contemporaine agréable (la couleur verte domine) pour des plats très joliment présentés. Sushis bien sûr, mais aussi un saumon floral à l'huile de lavande assaisonné au miel et à la moutarde, accompagné d'amandes grillées et de quinoa, qui a laissé un bon souvenir. *Saké sour* pour les amateurs, une savante composition du saké à la mode chilienne. Attention toutefois, le service peut s'avérer très lent donc pensez à vous y rendre quand vous avez du temps devant vous !

Bien et pas cher

■ DON PEYO
Lo Encalada 465, Ñuñoa
✆ +56 2 2274 0764
www.peyo.cl – reservas@peyo.cl
Du lundi au samedi de 12h30 à minuit, le dimanche de 12h30 à 17h. Compter environ 10 000 $ par personne.
Une *picada* au décor créole. On y déguste de très bonnes *sopaipillas* et autres plats chiliens typiques (*porotos*, *ajiaco*, *empanadas*...). Très *típico* et très *bueno.*

■ SILVESTRE
511 Caupolicán, Italia
✆ +56991569974
Ouvert du mardi au samedi de 13h à 16h et de 20h à 23h. Le dimanche de 12h30 à 16h. Menu à partir de 5 000 $ et brunch à 12 000 $.
C'est certainement la meilleure adresse du quartier combinant simplicité, produits frais et ambiance conviviale. Le restaurant est tenu par deux chefs chiliens amoureux des produits frais et de cuisine créative, ils collaborent avec des petits producteurs de la région. Les plats sont copieux et étonnants, parfois inspirés de la cuisine française. Coup de cœur pour le brunch, tant original que copieux ! Installez-vous sur la terrasse extérieure parmi les plantes, la décoration rustique et colorée des lieux. Recommandable à 100%.

LA SOPERIA

Girardi 1413

✆ +56 2 2204 6217

Ouvert du lundi au vendredi de 12h à 21h et le week-end jusqu'à 17h. Compter 5 000 $ pour une soupe.

Parfait pour une petite faim, il s'agit d'une adresse un peu à part où l'on sert de bonnes soupes chaudes. Un cadre décontracté et une cuisine simple qui saura satisfaire les voyageurs à la recherche d'une adresse cosy et originale. De la soupe épicée à la soupe *healthy* en passant par la soupe aux tortillas, plus d'une quinzaine de soupes sont proposées à la carte. De notre côté, nous avons préféré la simplicité : celle au potiron avec une touche de merquén. Un délice !

Bonnes tables

AMBROSIA BISTRO

99 Nueva de Lyon

✆ +56 9 4517 8195

www.ambrosiabistro.cl

info@ambrosiabistro.cl

Métro : Los Leones.

Déjeuners du mardi au samedi de 12h30 à 16h et de 19h30 à minuit.Fermé le dimanche et le lundi.Plats à la carte 14 000 $.

Carolina Baza, chef chilienne formée à Paris, propose une cuisine créative inspirée du concept de bistronomie. Les prix sont doux, le service est parfait et le personnel très attentionné. On y mange de très bonnes pâtes aux truffes et le tiramisu est certainement le meilleur de la ville ! La chef possède aussi un restaurant du côté de Vicatura, le restaurant Ambrosía.

AQUI ESTA COCO

La Concepción 236

✆ +56 2 2410 6200

www.aquiestacoco.cl

Compter entre 10 000 et 15 000 $ le plat principal. Ouvert du lundi au samedi de 13h à 15h, du lundi au vendredi de 19h à 23h, le samedi soir de 20h à 23h. Réservation indispensable. Fermé en février.

Une *marisquería* très réputée. La cuisine, à base de fruits de mer, est superbe (*carpaccio* austral, *ceviche* du jour, *empanadas* aux fruits de mer, *congre mai-mai*, saumon, tourte de crabe géant...). Aussi des plats de viande bienvenus. Cadre original (quelques peintures chiliennes), fruit des nombreux voyages du très sympathique Jorge « Coco » Pacheco, le propriétaire des lieux. Chaudement recommandé.

BARRICA 94

Bellavista 052, Local 94

✆ +56 2 3210 2200

www.barrica94.cl

info@barrica94.cl

Ouvert du dimanche au mardi de 12h à 2h, le mercredi de 12h à 3h et du jeudi au samedi de 12h à 4h. Planches et plats à partager autour de 10 000 $ et pichet de sangria à 16 000 $.

Ce joli restaurant aux airs un peu baroques est une bonne option pour un dîner en famille ou entre amis. A la carte, on retrouve pas mal d'options, notamment le fameux asado, des poissons, des viandes, des pâtes, des salades... de quoi satisfaire toutes les envies et tous les budgets. Idéal pour l'apéro, la maison propose également une large sélection de vins et des planches à partager, le tout dans un cadre chaleureux et sympathique. Les desserts et les cocktails sont également excellents.

LE BISTROT

Local 7

Santa Magdalena 80

✆ +56 2 2232 1054

www.lebistrot.cl

reservas@lebistrot.cl

Ouvert du lundi au samedi de 12h30 à 23h30. Compter environ 10 000 $ par plat avec accompagnement. Menu du midi (plat du jour) pas cher.

Gaëtan et son épouse (des Français qui vivaient à Tahiti) proposent ce qui est aujourd'hui considéré comme l'une des meilleures tables à prix décent de Santiago. Lapin à la moutarde, magret de canard au miel, truite meunière, crevettes flambées au pastis, terrine de foie gras maison, bœuf bourguignon... Que du bonheur ! Bondé tous les midis et tous les soirs, en terrasse ou à l'intérieur (réservation plus que recommandée).

EL FOGON DE MOMO

Av. Condell 806

✆ +56 2 2634 7964

Ouvert tous les jours de 12h30 à 16h30 et de 19h30 à minuit, le dimanche jusqu'à 17h. Plats entre 7 000 et 15 000 US$. Les accompagnements sont autour de 3 000 $ et sont pour deux.

Végétariens, fuyez ! Cet authentique bistrot de quartier fait la part belle aux viandes tendres et fondantes, le Chili n'a plus rien à envier à son voisin argentin. Réputé pour être l'un des meilleurs restaurants à viandes de la capitale, El Fogon de Momo ne désemplit pas. L'attention est dans l'assiette, mais aussi dans le service tout particulièrement aux petits oignons : vous aurez exactement la cuisson souhaitée, le tout servi avec sourire et professionnalisme. Saucisses de cerf, *bife de chorizo*, *pechuga de pollo*, brochettes de bœuf et de poulet. Le propriétaire a l'habitude de circuler entre les tables afin de taper la causette à ses clients, l'atmosphère est des plus conviviales ! Une belle adresse.

■ **LIGURIA**
Avenida Providencia 1373
✆ +56 2 2235 7914
www.liguria.cl
barliguriarestaurant@gmail.com
Métro : Manuel Montt. Ouvert du lundi au samedi de 11h à 02h. Pas de réservations.
Qui ne connaît pas le Liguria ? Tout le monde se retrouve dans ce « bistrot » très chilien (plats sans prétention ni coups de bâton), au cadre approprié (kitsch selon certains, très typique en tout cas). Service enthousiaste et souriant dans une ambiance très conviviale, très survoltée le soir (notamment à l'adresse de l'avenue Providencia), y venir assez tôt. Une institution indémodable et qui mérite une visite.

Autre adresse : à Luis Thayer Ojeda 019 (Las Condes, métro Tobalaba), à Av, Pedro de Valdivia Norte 047 (métro Pedro de Valdivia).

Las Condes, El Golf et Vitacura

Dans ce quartier, les prix sont plus élevés que partout ailleurs. Parfois c'est bien trop cher vu le service proposé, mais on recense ici d'excellentes tables pour passer une soirée inoubliable.

Bien et pas cher

■ **LE FOURNIL**
Av. Vitacura 3841
Pasaje El Mañío, Vitacura
✆ +56 9 6120 2103
www.lefournil.cl
contacto@lefournil.cl
Ouvert tous les jours à partir de 8h.
D'un côté, la boulangerie pâtisserie où l'on trouve des curiosités comme le pain à la bière au milieu des traditionnelles baguettes ou croissants au beurre. De l'autre, le restaurant et sa grande terrasse ombragée, avec salades, tartines (grandes tranches de pain sur lesquelles on dispose toutes sortes d'ingrédients), sandwiches, quiche lorraine, *tablas*... Et des plats (français notamment, comme le confit de canard) très bien préparés. Une chaîne de qualité, très appréciée.

Autre adresse : Calle Constitución 30, local 102, Patio Bellavista

■ **QUINOA**
Luis Pasteur 5393, Vitacura
✆ +56 9 4408 4371
www.quinoarestaurante.cl
quinoarestaurante@gmail.com
Du lundi au vendredi de 8h à 23h et le samedi de 9h à 17h. Wifi gratuit. Environ 5 000 à 6 000 $ par plat.
Très bon resto végétarien proposant salades, soupes, sandwichs, pain intégral, muffins, jus de fruits, et toutes sortes de plats chauds à base de quinoa. Essayez le *pad thai*, les lasagnes aux aubergines et fromage de chèvre ou encore les gnocchis à la betterave et aux champignons. Une cuisine raffinée aux nombreuses options !

Bonnes tables

■ **CUEROVACA**
Pasaje El Mañio 1659, Vitacura
✆ +56 2 2206 3911
www.cuerovaca.cl
reservas@cuerovaca.com
Ouvert tous les jours de 12h30 à 16h et de 19h30 à minuit. Compter autour de 10 000 $ par personne.
Une adresse pour les viandards puisque voici l'un des meilleurs restos de viande de Santiago. A découvrir absolument : le mouton des îles Malouines, le bœuf Hereford ou le *wagyu* (bœuf kobe du Japon). Aussi des plats de poisson et fruits de mer. Ambiance urbaine contemporaine pour cette excellente table, dont la carte des vins ne démérite en rien. Recommandé.

Luxe

■ **BORAGÓ**
Avenida Nueva Costanera 3467
Vitacura
✆ +56 2 2953 8893
www.borago.cl – reservations@borago.cl
Ouvert du lundi au samedi de 13h à 15h et de 20h à 23h.
Bienvenue au temple de la cuisine moléculaire. Le chef Rodolfo Guzmán aime les ingrédients les plus improbables (fleurs, fruits, chlorophylle...) pour obtenir des saveurs étonnantes. A découvrir : les huîtres à la confiture naturelle de kakis et fruits de la passion, le merlu fumé à la cannelle et cuit à basse température pendant 4 heures... Pour un panorama complet, choisissez le menu dégustation de 8 plats (avec vin ou jus et thé pour chaque service). Certains adorent, d'autres détestent ! Mais, d'après nous, c'est l'un des meilleurs restaurants de Santiago. A essayer au moins une fois dans sa vie !

■ **CEBICHERIA LA MAR**
Nueva Costanera 4076, Vitacura
✆ +56 2 2206 7839
www.lamarcebicheria.cl
lamarcebicheria@lamarcebicheria.cl
Ouvert tous les jours entre 13h et 15h30 (jusqu'à 16h le dimanche), et les soirs du lundi au samedi de 20h à 23h (minuit du jeudi au samedi).
Un excellent restaurant du grand chef péruvien Gaston Acurio. Ici, on propose poissons et fruits de mer avant tout. Ambiance moderne et pondérée, bien agréable. Cuisine de haute volée : après un *pisco sour* ou un cocktail à la péruvienne (obligatoires !), goûtez aux *anticu-*

chos de pulpo a la parrilla en entrée (un délice), au *ceviche* puis au *tacu tacu* créole (fruits de mer sur une sorte d'omelette de riz et haricots) ou au crabe géant. Excellentissime !

■ EUROPEO
Alonso de Cordóva 2417, Vitacura
✆ +56 2 2208 3603
www.europeo.cl
Ouvert en semaine de 13 à 15h et de 19h30 à 22h30, le samedi soir seulement. Fermé le dimanche. Menu dégustation de 19h30 à 21h. Compter entre 10 000 et 20 000 $ par plat environ.
Cuisine aux accents français et asiatiques, mâtinés d'arômes européens (le chef, Carlos Meyer, est suisse). C'est délicieux et la carte propose un vaste choix de pâtes, poissons ou viandes, qui contenteront tous les gourmets : tartare de thon aux fruits de la passion, *ceviche* de langouste, souris d'agneau, ragoût de cerf au porto… Un régal, mais il faut y mettre le prix.

SORTIR

Pour vous tenir au courant de la vie nocturne (et culturelle) de Santiago, consultez les sites web www.carretes.cl ou www.estoy.cl, la revue commerciale *Zona* (www.revistazona.cl), ou procurez-vous l'hebdomadaire *Wikén* du *Mercurio* (tous les vendredis avec le quotidien), ou *La Guia Fin de Semana de la Tercera* (le même jour).

Cafés – Bars

Passée la quarantaine, les Chiliens adorent boire un café ou un thé avec un *kuchen* ou un cake : c'est la *once*, sorte de goûter/repas tardif. Les autres se pressent vers les *after work* ou les *happy hour* (jusqu'à 22h bien souvent). Dans tous les cas, les cafés sont souvent bondés en fin de journée, les bars se remplissent jusqu'à très tard. On boit beaucoup au Chili !

Centro Cívico

■ LA PIOJERA
Aillavilú 1030
✆ +56 2 2698 1682
www.lapiojera.cl
Du lundi au samedi de midi à minuit.
Impossible de ne pas évoquer cette adresse, à deux pas du marché central. Le rendez-vous de la faune alternative, des exclus, des vieux rêveurs, des poètes, des je-m'en-foutistes et des amoureux des coins à part. On y boit de la *chicha*, du vin *pipeño* de Chillán, du *ponche de culén* et du *terremoto* (vin blanc et crème glacée à l'ananas). Une sacrée ambiance, à mille lieues des adresses *fashion* de Vitacura, pour découvrir une autre facette du Chili.

Patronato et Bellavista

Bellavista est au cœur de la vie nocturne de la capitale, notamment pour les étudiants. Plein de bars pas chers du tout, le long de Pío Nono. Pour la scène gay, voyez du côté de Bombero Nuñez.

■ BAR CONSTITUCIÓN
Constitucion 67
Barrio Bellavista
Ouvert du jeudi au samedi à partir de 22h.
Ce bar très populaire de Bellavista se convertit en club le soir, et propose tous types de musiques !

Cathédrale de Santiago.

LA CASA EN EL AIRE
Antonia Lopez de Bello 0125
Patio Bellavista
✆ +56 2 2735 6680
Ouvert tous les jours de 10h à 15h.
Ce bar décoré avec de l'artisanat indigène appartient à un Colombien. Tous les jours, une activité ou un événement rassemble les visiteurs. Lecture de contes le mercredi. Photographies, peintures, musique folklorique. Ambiance « hippie chic » plutôt agréable.

KROSSBAR
Dardignac 127
✆ +56 2 2 3388 1123
Ouvert tous les jours de la semaine de 12h30 à tard le soir, le dimanche jusqu'à 16h. Bières à partir de 1 800 $.
L'ambiance y est sympathique et détendue à l'image du quartier. On y vient pour boire un verre, mais on peut facilement se laisser tenter par la carte, de bonne tenue et d'un bon rapport qualité-prix, pour y rester dîner. Les bières artisanales sont très bonnes, la sélection est étonnante ! Si vous ne savez pas où donner de la tête alors vous pouvez opter pour une dégustation de 6 bières différentes (6 x 130 ml). Le service est particulièrement charmant et l'atmosphère très plaisante. On s'y éternise facilement ! Une bonne option pour un dîner convivial entre amis.

Nuñoa, Italia et Providencia

DE LA OSTIA
Orrego Luco 065
✆ + 56 2 23 35 1422
www.delaostia.cl
delaostia@delaostia.cl
Ouvert du lundi au samedi de 12h30 à minuit. Compter autour de 10 000 $ par personne.
Bar espagnol de tapas espagnol et « de copas » en vogue dans le quartier de Providencia. On retrouve des tortillas et des gaspachos ainsi qu'une grande sélection de tapas garnies de tomates, d'olives, de crevettes, de thon, de poulpe ou encore de jambon serrano.

Clubs et discothèques

Centro Cívico

PAPAGAYO'S CLUB
Locales 1 - 2
Alameda 240
✆ +56 2 2635 2316
www.papagayosclub.cl
A partir de 3 000 $ le cours de danse (entre 19h30 et 23h environ). Club ouvert à partir de 23h.
Dans ce petit club latino, on danse principalement la salsa, le *merengue*, la *batchata* et la rumba. La fête au son de bons orchestres enthousiastes ! On y propose aussi des cours de danse en dehors des heures d'ouverture.

EL TUNEL
Santo Domingo 439
✆ +56 2 2639 9714
www.eltunel.cl
contacto@eltunel.cl
Métro : Bellas Artes. Entrée gratuite ou alors avec cover (boisson incluse). Ouvert le jeudi, vendredi et samedi dès 23h.
Tapis rouge, miroirs et ambiance kitsch… Bourré d'étudiants et d'étrangers de passage qui viennent écouter des tubes des années 1970 ou 1980. La plupart des *hostales* du Barrio Brasil vous y emmènent.

Patronato et Bellavista

BAR CONSTITUCIÓN
Constitucion 67
Barrio Bellavista
Voir page 131.

CLUB LA FERIA
Constitución 275
Bellavista
✆ +56 2 2735 8433
www.clublaferia.cl
contacto@clublaferia.cl
Métro : Baquedano. Du jeudi au dimanche à partir de 23h. Environ 3 000 à 5 000 $ l'entrée avec cover.
Bonne musique électronique, parfois avant-guardiste, mixée par de grands DJ chiliens ou étrangers. Ambiance survoltée pour un public de 25 ans et plus.

ETNIKO
Constitucion 172
Bellavista
✆ +56 2 2732 0119
www.etniko.cl
info@etniko.cl
Pas facile de trouver l'entrée : il faut sonner et on vous ouvre. Déco moderne et minimaliste. Cuisine fusion et exotique (sushis, plats thaïs à partir d'une gastronomie péruvienne) de qualité. Très bonne carte de cocktails. Musique électro surtout, avec des DJ réguliers (on peut aussi danser). Très populaire et *trendy*.

SALSOTECA MAESTRA VIDA
Pío Nono 380
✆ +56 2 2735 7416
www.maestravida.cl
info@maestravida.cl
Du mardi au vendredi à partir de 23h, le samedi à partir de minuit.

Où écouter et danser la cueca ?

La *cueca* est la danse nationale du Chili depuis 1979. Originaire sans doute de la *jota* espagnole puis de la *zamacueca* péruvienne, cette danse en couple très populaire (au Pérou, en Bolivie et en Argentine notamment) représente un homme séduisant une femme.

Délaissée autrefois par les plus jeunes générations, la *cueca* revient aujourd'hui sur le devant de la scène grâce aux musiciens Roberto Parra et Hernan « Nano » Nuñez : on l'appelle *chora* (urbaine, bohémienne et désinvolte) et la danse est plus énergique.

Pour l'écouter ou la danser, voyez La Chimenea, El Huaso Enrique ou le Club Matadero à Santiago. Un peu plus chic mais très recommandable : l'Opera Catedral, tous les mardis soir.

■ LA CHIMENEA
Pasaje Principe de Gales 90
✆ +56 2 2697 0131
Du lundi au jeudi de 9h30 à 02h, le vendredi jusqu'à 04h, le samedi de 12h à 04h.
Nombreux concerts de cueca, mais aussi de tango, de jazz, de rock... On danse, on boit, et on peut aussi manger des plats typiques chiliens. Et ce, depuis plus de 50 ans !

Salsa, *cumbia* et *merengue* au programme, mais aussi du *vallenato*, la musique de la côte caraïbe de Colombie. Concerts également le week-end. Très sympa pour aller danser sur des rythmes latins.

Nuñoa, Italia et Providencia

■ LA BATUTA
52 Jorge Washington 52, Plaza Ñuñoa
✆ +56 2 2274 7096
www.batuta.cl
info@batuta.cl
Ouvert le jeudi de 22h à 4h du matin, vendredi et samedi de 23h à 5h.
Un endroit mythique, sorte de Marquee local, où de nombreux groupes ou artistes chiliens (comme La Ley, Chancho en Piedra ou Joe Vasconcellos) donnèrent leurs premiers concerts. Toutes sortes de concerts : *tribute* de groupes fameux, cumbia, rock chilien, reggae... Un peu de tout, et beaucoup d'ambiance !

Spectacles

■ CLUB SOCIAL Y DEPORTIVO COMERCIO ATLÉTICO
A l'angle de l'Av. Matta
San Diego 1130
« El Comercio » comme les habitués l'appellent, est l'un de ces endroits chiliens typiques et pas chers où l'on vient écouter (et danser) de la *cueca*.

■ TEATRO UNIVERSIDAD CATÓLICA
Jorge Washington 26
✆ +56 2 2205 5652
www.teatrouc.uc.cl
teuc@uc.cl
Vente des tickets du mardi au samedi entre 12h et 20h.
L'un des théâtres les plus importants du Chili. Il a fêté ses 75 ans d'existence en 2018. Programmes sur le site web.

À VOIR – À FAIRE

A la fois cosmopolite, nichée au cœur des Andes et indéniablement culturelle, la capitale du Chili saura satisfaire le touriste en quête de dépaysement tout en variant les plaisirs. Rien qu'en flânant dans les rues historiques de Santiago, de la Plaza de Armas au Musée des Beaux-Arts en passant par le Cerro Santa Lucia et le palais de la Moneda, vous pourrez vous initier à l'histoire du pays, plonger dans ses facettes les plus authentiques et découvrir des adresses atypiques et branchées. Il ne faut pas oublier non plus les trésors naturels de la capitale, dissimulés un peu plus haut dans les montagnes : une virée à Valle Nevado ou une escale à Cajon del Maipo restent de bonnes options pour profiter de tous les avantages de la capitale.

Que ce soit en plein hiver ou entre quatre murs, ouvrez l'œil, vous serez surpris de tant de charme et de dynamisme !

Visites guidées

PACHAMAMA BY BUS
Agustinas 2113
© +56 2 2688 8018
www.pachamamabybus.com
info@pachamabybus.com
Des minibus qui effectuent des voyages réguliers (vers le sud tous les jeudis, vers le nord tous les samedis), sur un parcours défini entre plusieurs points d'intérêt touristique. On monte et l'on descend quand on en a envie : le nombre de « coupons » achetables, sur un total de dix, correspond à des étapes. Ambiance *backpacker*.

Centro Cívico ★★★

AVENIDA LIBERTADOR BERNARDO O'HIGGINS – ALAMEDA ★
C'est l'artère majeure de Santiago. Elle se prolonge à l'est par l'avenue Providencia. Elle eut plusieurs noms au cours de l'histoire, dont Paseo la Canada, puis Alameda de las Delicias. Ce dernier nom (Alameda) vient de l'arabe *al-meidan* (et non de l'espagnol *alamos*, c'est-à-dire « peupliers »), qui signifie « promenade publique bordée d'arbres destinée aux loisirs et aux délices des habitants ».

CENTRO CULTURAL PALACIO LA MONEDA ★
Plaza de la Ciudadanía
Av Libertador Bernardo O'Higgins
© +56 223556500
www.ccplm.cl
Métro : Estación Moneda. Compter 5 000 $ l'entrée (2 500 $ jusqu'à 12h), 3 000 $ l'entrée, gratuit pour les enfants. Ouvert du lundi au dimanche de 9h à 21h. Visites guidées (en espagnol) du lundi au vendredi à 18h, les week-ends à 15h et 16h30. Séances de cinéma à 3 000 $. Le premier étage dédié à l'artisanat est ouvert tous les jours de 9h à 21h ; le deuxième (salle de cinéma) propose des séances tous les jours à 14h30, 17h et 19h30 ; le troisième (salles d'exposition, galeries) ouvre du lundi au dimanche de 9h à 19h30.
Récent et bien aménagé, ce centre culturel est un excellent endroit pour s'initier à la culture et à l'artisanat chilien. Expositions temporaires intéressantes et boutique bien fournie. Dommage toutefois que le tarif d'entrée soit si élevé pour les étrangers.

UNIVERSIDAD DE CHILE ★★
Avenida Libertador
Bernardo O'Higgins 1058
© +56 2 2978 2000
www.uchile.cl
Métro : Universidad de Chile.
Classé Monument national, le bâtiment central de l'université du Chili est considéré comme l'un des plus beaux édifices du XIXe siècle. Sa construction débuta en 1863 sur des plans de l'architecte français Lucien-Ambroise Henault. En 1865, la construction se termina sous la direction de l'architecte Fermín Vivaceta. En 1872, l'université ouvrait ses portes.

IGLESIA Y CONVENTO DE SAN FRANCISCO ★★
Avenida Libertador Bernardo O'Higgins 834
À l'angle de Londres
© +56 2 2639 8737
www.museosanfrancisco.com
administracion@museosanfrancisco.com
Métro : Universidad de Chile. Visites tous les jours de 10h30 à 13h30 et de 16h30 20h30. Entrée : 1 000 $, enfants et étudiants 500 $.
L'histoire de ce monument national remonte à l'arrivée des Franciscains à Santiago, en 1525. En 1554, les terrains leur furent donnés, et ils y construisirent le premier édifice religieux en 1575. Le bâtiment en *adobe* ayant été détruit en 1583 par un tremblement de terre, une nouvelle église fut bâtie en 1613 grâce à l'appui du roi Philippe II d'Espagne. A la fin du XVIIIe siècle, à la nef unique de l'église vinrent s'ajouter les nefs latérales, séparées par des arcs romans, ce qui modifia l'ancien plan cruciforme. Au XIXe siècle, une tour fut élevée sur des plans de l'architecte chilien Fermín Vivaceta. Visible sur l'autel principal, la Virgen del Socorro a une grande valeur historique puisqu'elle a été apportée au Chili par Pedro de Valdivia. Contre une petite somme bien modique, n'hésitez pas à visiter le musée d'art religieux à l'intérieur du couvent. Attention, les photos sont interdites.

BARRIO PARÍS-LONDRES ★★★
Calle Londres
Cette zone piétonne fut construite entre 1922 et 1925. L'histoire des terrains où se trouve le quartier actuel remonte à la construction de la Capilla de la Soledad, sur l'initiative de Mariana Ortiz de Gaete, la veuve de Pedro de Valdivia. En 1618, l'édification d'une seconde église et de son cloître marqua le début d'une série de constructions effectuées entre le XVIIe siècle et la première moitié du XIXe siècle, et couvrant la superficie correspondant aux trois pâtés de maisons légués par le gouverneur. En 1921, les Franciscains, propriétaires du terrain, décidèrent de le vendre. Le nouveau propriétaire confia alors aux architectes Roberto Arraya et Ernesto Holzman la mission de planifier le tracé des rues de la zone. Aujourd'hui, le Barrio París-Londres a été déclaré zone typique. Sa richesse et sa diversité architecturale en font un quartier unique à Santiago, même si celui-ci est bien limité.

LONDRES 38, ESPACIO DE MEMORIAS ★★

Londres 38

✆ +56 2 2800 1898

www.londres38.cl – londres@londres38.cl

Les jolies ruelles du quartier du Barrio París-Londres ont abrité un ancien centre clandestin de détention et de torture de la DINA sous la dictature de Pinochet. Au numéro 38 de la rue Londres, on tortura d'octobre 1973 à septembre 1974 dans ce bâtiment qui était avant le coup d'Etat militaire une permanence du parti socialiste chilien. Ce fut le premier centre clandestin de torture dans la région métropolitaine de Santiago, auquel succèderont les centres clandestins José Domingo Cañas, Venda Sexy et la Villa Grimaldi. En mois d'un an, entre le 20 mai 1974 et le 20 février 1975, environ 220 prisonniers ont disparu après avoir été déporté dans l'un de ces quatre secteurs clandestins. Plus d'un millier de personne est passée par Londres 38 et un grand nombre d'entre eux ont été éxécuté. Un espace mémoriel a été installé dans ces lieux et le 12 octobre 2005, le site a été déclaré Monument Historique du Chili, à la demande du « Colectivo Londres 38 » (London 38 Collective).

BASILICA DE LA MERCED ★

Merced 628

Métro : Santa Lucía.

La première église, construite entre 1549 et 1565, fut détruite et rebâtie plusieurs fois. La structure actuelle, de style néo-Renaissance, fut édifiée entre 1760 et 1763. Parmi ses éléments les plus intéressants, on remarquera le chœur baroque du XVIIIe siècle, la Virgen de la Merced située sur l'autel principal et qui fut offerte à l'église en 1548, et le Cristo de la Expiración, don du roi d'Espagne Philippe II.

CENTRO CULTURAL ESTACIÓN MAPOCHO ★

Pdte Balmaceda

✆ +562 2787 0000

www.estacionmapocho.cl

cultura@estacionmapocho.cl

Ouvert de 11h à 20h. Fermé le lundi.

Construite entre 1905 et 1912 sur les plans de l'architecte Emilio Jecquier, cette gare a vu passer les trains vers Valparaíso, le Nord du pays et Mendoza (Argentine). Son architecture intègre une construction en brique et une structure métallique importée de Belgique et de France. Désaffectée après des décennies de bons et loyaux services, la gare a été classée Monument national et transformée en centre d'exposition après avoir été restaurée (1987). C'est aujourd'hui un centre culturel important à Santiago où sont organisées des expositions (fête du Livre par exemple) et où ont lieu des représentations théâtrales.

IGLESIA DE SAN AGUSTÍN ★

Estado 185

A l'angle de Agustinas

Ouvert du lundi au samedi de 8h à 20h30, le dimanche jusqu'à midi.

Une église qui en est à son troisième avatar : construite en 1609 et déjà reconstruite en 1625, elle fut encore détruite par le tremblement de terre de 1647. Reconstruite vers 1656, elle fut restaurée et dotée d'une façade de style néoclassique, de deux tours et d'un frontispice. En 1863, don Fermín Vivaceta lui a offert un nouveau frontispice et lui a taillé de ses propres mains le portail. A l'intérieur, on pourra admirer le « Seigneur de Mai », surnommé ainsi pour avoir su résister au tremblement de terre du 13 mai 1647. Seule sa couronne d'épines fut ébranlée au point qu'elle glissa à hauteur du cou.

3 jours à Santiago

Voici un descriptif rapide de ce que vous pouvez faire en 3 jours dans la capitale. Nous n'incluons pas ici la visite, toujours appréciée, d'un vignoble, ou des quartiers huppés qui ne présentent en soi guère d'intérêt pour un premier et court séjour à Santiago.

- **Jour 1.** Visite du centre-ville : la Plaza de Armas, sa cathédrale, ses musées ; le marché central pour déjeuner, puis rendez-vous au quartier Brasil et découvrez l'histoire du Chili au sein du Musée de la Mémoire (Museo de la Memoria y los Derechos Humanos). Terminez votre journée par le Palais de la Moneda (et son centre culturel).
- **Jour 2.** Visite du cerro Santa Lucía, ses jardins, son marché artisanal ; déjeuner dans le quartier Lastarria puis visite de ses ruelles, son marché d'antiquités et livres d'occasion, le centre culturel Gabriela Mistral.
- **Jour 3.** Visite du quartier bohème de Bellavista et du Patronato, ascension de la colline San Cristóbal pour admirer ses miradors. L'après-midi, vous pouvez visiter la maison de Neruda La Chascona ou flâner dans le quartier d'Italia le week-end. Dîner et soirée dans le quartier.

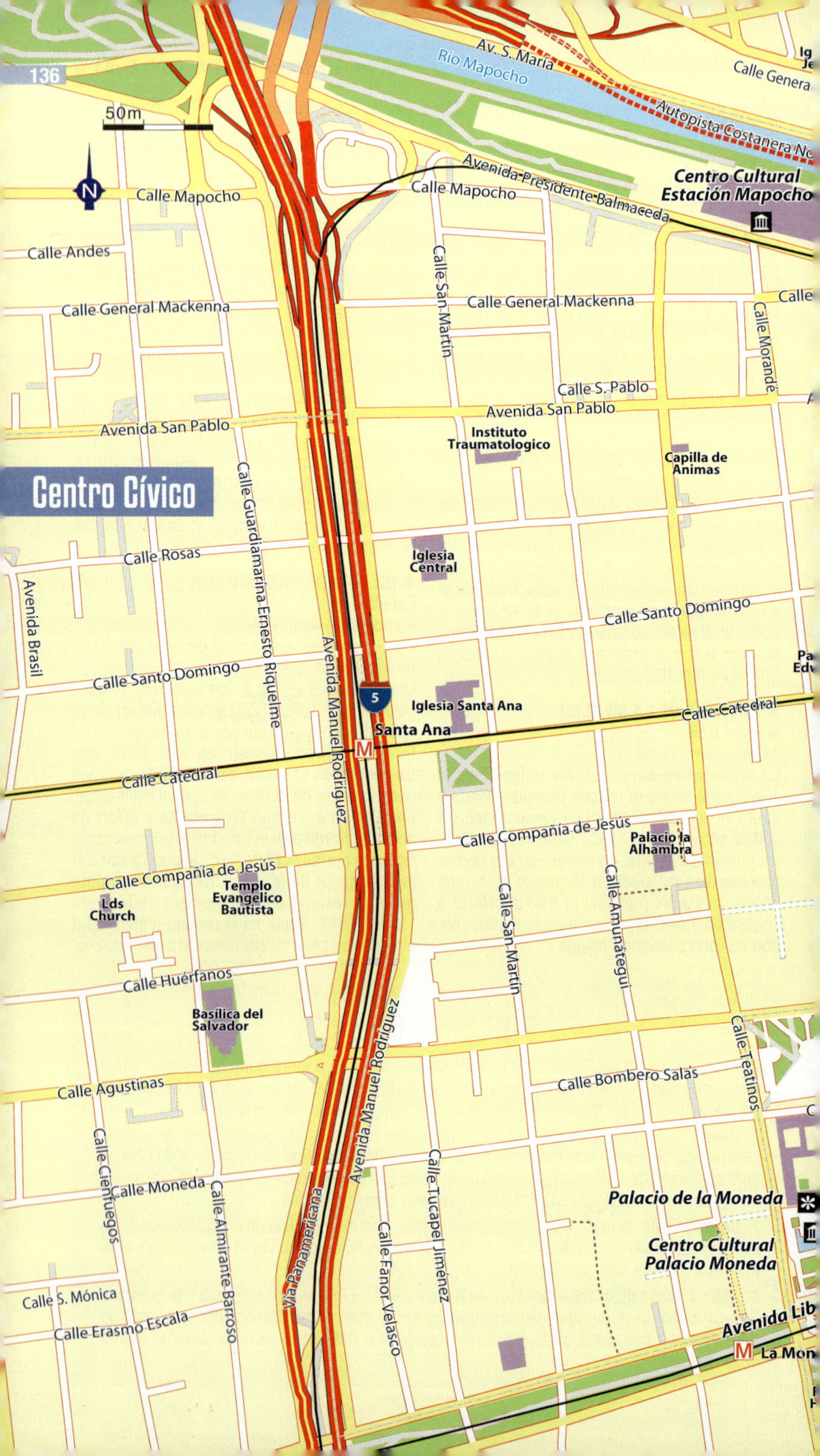
Centro Cívico
50m
N
Río Mapocho
Av. S. María
Autopista Costanera No
Calle Genera
Centro Cultural Estación Mapocho
Avenida Presidente Balmaceda
Calle Mapocho
Calle Mapocho
Calle Andes
Calle General Mackenna
Calle General Mackenna
Calle San Martín
Calle Morandé
Calle S. Pablo
Avenida San Pablo
Avenida San Pablo
Instituto Traumatologico
Capilla de Animas
Calle Guardiamarina Ernesto Riquelme
Calle Rosas
Iglesia Central
Avenida Brasil
Calle Santo Domingo
Calle Santo Domingo
Avenida Manuel Rodríguez
5
Iglesia Santa Ana
Santa Ana
Calle Catedral
Calle Catedral
Calle Compañía de Jesús
Calle Compañía de Jesús
Palacio la Alhambra
Lds Church
Templo Evangelico Bautista
Calle Amunátegui
Calle San Martín
Calle Huérfanos
Basílica del Salvador
Avenida Manuel Rodríguez
Calle Teatinos
Calle Bombero Salas
Calle Agustinas
Calle Cienfuegos
Calle Moneda
Calle Almirante Barroso
Vía Panamericana
Calle Tucapel Jiménez
Calle Fanor Velasco
Palacio de la Moneda
Centro Cultural Palacio Moneda
Calle S. Mónica
Calle Erasmo Escala
Avenida Lib
La Mon

Iglesia de la Recoleta Franciscana
Calle Antonia López de Bello
Calle Artesanos
Av. la Paz
Pje. Artesanos
Av. S. María
Plaza los Historiadores
Avenida Recoleta
Calle Manzano
Calle Patronato
Calle Río de Janeiro
Calle Dardignac
Calle Bellavista
G-11
Avenida Santa María
Puente Cal y Canto
Calle Ismael Valdés Vergara
Av. Recoleta
Avenida Santa María
Autopista Costanera Norte
Avenida Cardenal José María Caro
Calle Aillavilu
Mercado Central
Calle Puente
Calle Diagonal Cervantes
Calle Esmeralda
Parque Forestal
Museo de Arte Contemporáneo
Museo Nacional de Bellas Artes
Iglesia de Santo Domingo
Iglesia de San Pedro
Plaza Metro Bellas Artes
Calle J. M. de la Barra
Museo Histórico Nacional
Municipalité de Santiago
Calle Monjitas
Bellas Artes
Catedral Metropolitana
Plaza de Armas
Calle Phillips
Basilica de la Merced
Parroquia del Sagrario
Plaza de Armas
Calle Merced
Calle Bandera
Calle Enrique Mac Iver
Museo de Santiago Casa Colorada
Museo de Arte Precolombino
Calle Estado
Calle San Antonio
Calle Miraflores
Calle Santa Lucía
Cerro Santa Lucia
Calle Huérfanos
Plaza Mekis
Iglesia de San Agustin
Calle Agustinas
Teatro Municipal de Santiago
Calle Ahumada
Calle Miraflores
Iglesia de las Agustinas
Moneda
Iglesia y Convento de San Francisco
Santa Lucía
Universidad de Chile
Calle Marcoleta
Calle Carmen
dor Bernardo O'higgins
Barrio París - Londres
Calle París
Calle Serrano
Universidad de Chile
Calle Arturo Prat
Calle San Diego
Calle San Francisco
Avenida Santa Rosa
Calle San Isidro

INSTITUTO CHILENO NORTEAMERICANO

Moneda 1467
✆ +56 2 3210 8280
www.norteamericano.cl
D'autres adresses à Providencia et La Florida. Ouvert du lundi au vendredi de 9h à 20h et le samedi de 9h à 13h.
L'institut organise régulièrement des expositions (peinture, photographie...) et dispose d'une bibliothèque anglo-saxonne assez bien fournie.

MERCADO CENTRAL ★★

San Pablo 973
A l'angle de 21 de Mayo
www.mercadocentral.cl
mercadocentral@tie.cl
Métro : Cal y Canto. Ouvert du dimanche au jeudi de 6h à 17h, les vendredi et samedi de 6h à 19h.
Ce bâtiment est une grande structure métallique en fer galvanisé dont les éléments furent fondus en Angleterre sur des plans de Manuel Aldunate. Achevé en 1868, le bâtiment fut inauguré à l'occasion de l'Exposition nationale de 1872. Il fut ensuite destiné à abriter un marché. Aujourd'hui, l'ensemble regroupe un grand nombre de petits locaux où l'on pourra déguster des spécialités de fruits de mer et des plats typiques, ou encore acheter des objets artisanaux. Les restaurants, dits « pittoresques » le sont, mais restent très touristiques. Si vous souhaitez profiter d'un peu plus d'authenticité, dirigez-vous au marché de La Vega.

MUSEO DE SANTIAGO – CASA COLORADA ★★

Merced 860
✆ +56 2 2633 0723
museocasacolorada@munistgo.cl
Métro : Plaza de Armas. Ouvert de 11h à 13h et de 15h à 18h. Compter 500 $ l'entrée. Fermé pour restauration lors de notre enquête.
C'est la maison coloniale la mieux conservée de Santiago. Elle fut construite en 1769 par Joseph de la Vega, un Portugais, puis restaurée en 2012 après le séisme de 2010. Son nom vient de la couleur rouge de sa pierre. Aujourd'hui, elle abrite un petit musée très moderne qui retrace les étapes de l'histoire de Santiago.

MUSEO DE ARTE PRECOLOMBINO ★★

Bandera 361
A l'angle de Compañia
✆ +56 2 2928 1500
www.precolombino.cl
informaciones@museoprecolombino.cl
Métro : Plaza de Armas. Service de guides (réservez par téléphone). Entrée : 7 000 $ pour les adultes, 3 500 $ pour les étudiants, gratuit pour les enfants de moins de 10 ans. Ouvert du mardi au dimanche de 10h à 18h.
Le musée est situé dans l'ancien édifice de la Douane royale, construit entre 1805 et 1807. On y voit une collection permanente de céramiques, sculptures et objets de différentes cultures précolombiennes. L'exposition est organisée selon un double classement géographique et chronologique. La collection est très riche et constitue une fort bonne approche de l'art précolombien dans sa diversité. Aussi des expositions temporaires. Ce musée est l'un des plus intéressants de Santiago.

PALACIO DE LA MONEDA ★★

Calle Moneda
Entre Morandé et Teatinos
✆ +56 2 2690 4236
visitas@presidencia.cl
Métro : Moneda. 4 visites guidées par jour, sur réservation par mail.
Siège actuel du gouvernement, le palais fut construit pour abriter l'atelier national où l'on frappait la monnaie, la Casa de Acuñación de La Moneda. Les travaux commencèrent en 1784, sous la direction de l'architecte romain Joaquín Toesca y Ricci. En 1848, l'édifice devint la résidence des présidents du Chili. Dans un style purement néoclassique, c'est un des bâtiments les plus remarquables du pays. On peut franchir les patios intérieurs (ouverts du lundi au vendredi de 10h à 18h). Tous les deux jours, à 10h, on pourra observer le cérémonial de la relève de la garde. Pour les visites (gratuites), faites une demande à l'avance. Sinon, vous pourrez toujours visiter l'intérieur et découvrir les différentes expositions et les petites boutiques. C'est à l'intérieur de l'édifice, dans l'ancien Salón Independencia, que le président Salvador Allende s'est donné la mort le 11 septembre 1973, suite au coup d'Etat du commandant Augusto Pinochet (la thèse du suicide s'est confirmée suite à une enquête en 2014). Le bâtiment fut endommagé par les bombardements du coup d'État mené par Pinochet.

PLAZA DE ARMAS ★★★

Métro : Plaza de Armas.
La place principale de la capitale doit son tracé à Pedro de Valdivia, en 1541. En son centre se dressait un bâtiment fortifié où les Espagnols gardaient une réserve de poudre. Comme son nom l'indique, elle était le théâtre d'exercices militaires. Comme pour le parvis de Notre-Dame en France, c'est à partir de la Plaza de Armas que sont mesurées les distances nationales. La place est entourée d'édifices historiques importants : la cathédrale de Santiago, la Casa de Gobernadores de Chile, qui abrite aujourd'hui la municipalité de Santiago, la Poste centrale

Cathédrale de Santiago de Chile.

et le musée d'Histoire. Sur la place, la statue équestre de Pedro de Valdivia fut offerte à la ville par la communauté hispanique à l'occasion du 150e anniversaire de l'indépendance du Chili. Au sud, le Portal Fernández Concha offre sous ses arches une multitude de petits restos chiliens, ainsi que des étals qui servent le *completo*, le hot-dog du cru, à bas prix. Bref, une très jolie place où il fait bon flâner mais méfiez-vous toutefois, comme dans toutes les grandes capitales, des pickpockets.

■ CATEDRAL METROPOLITANA DE SANTIAGO ★★

Plaza de Armas s/n

Déclarée Monument national, l'emplacement de cette cathédrale date de la fondation de la cité par Pedro de Valdivia en 1541. Les tremblements de terre qui dévastèrent la ville à plusieurs reprises détruisirent l'église. Celle que nous voyons actuellement fut commencée en 1745. L'architecte Joaquín Toesca modifia la façade en combinant les styles classique et baroque. Les deux tours datent de la fin du XIXe siècle. C'est l'un des symboles les plus importants de la présence du catholicisme au Chili, la cathédrale joue également un rôle dans les activités nationales, telles que les Fiestas Patrias, où une grande cérémonie d'action de grâces a lieu tous les 18 septembre. Profitez de la messe pour visiter cette jolie bâtisse, l'entrée est gratuite et les photos sont tolérées.

■ MUNICIPALIDAD DE SANTIAGO ★

Plaza de Armas 951
A l'angle de 21 de Mayo

Sur le côté nord de la Plaza de Armas. Le premier édifice construit sur ce terrain fut une prison et, à partir de 1578, la mairie de la ville. Après bien des vicissitudes, il fut remplacé par l'édifice actuel, inauguré en 1895. Les armoiries de la ville visibles sur le fronton du bâtiment furent offertes par Charles Quint en 1522.

■ MUSEO HISTÓRICO NACIONAL ★

Plaza de Armas 951
✆ +56 2 2411 7010
www.museohistoriconacional.cl
comunicaciones@mhn.cl
Métro : Plaza de Armas. Ouvert du mardi au dimanche de 10h à 18h. Entrée gratuite.

Ce monument, construit entre 1804 et 1807 par Juan Goycolea, était celui de l'Audience royale. C'est dans cet édifice de style néoclassique flanqué d'éléments toscans que le premier Congrès national tenait ses sessions. Le musée occupe les deux premiers étages du bâtiment. Il est assez bien réalisé, du moins sur les thèmes qu'il éclaire et qui abordent pour beaucoup l'histoire du pays. Certaines parties de l'histoire nationale semblent cependant occultées, comme le massacre des peuples de la Terre de Feu et de Patagonie.

■ TEATRO MUNICIPAL DE SANTIAGO ★

Agustinas 794
✆ +56 2 24631000
www.municipal.cl
Métro : Santa Lucía. Vente des billets à l'entrée, de 10h à 19h en semaine et de 10h à 14h le week-end. Visite possible en réservant avec une bonne semaine d'anticipation.

Construit sur les plans de l'architecte Brunet de Baines (en collaboration avec Charles Garnier, resté en France), inauguré le 17 septembre 1857, le théâtre fut restauré et modifié après l'incendie de 1870 par l'architecte français Lucien-Ambroise Henault et le tremblement de terre de 1906. Il a bien mérité d'être classé Monument national ! Dans ce théâtre ont lieu des concerts de l'Orchestre philharmonique, des représentations du Ballet municipal de Santiago et d'opéras.

Brasil, República et Dieciocho ★★

■ ESTACIÓN CENTRAL ★

Avenida Libertador Bernardo O'Higgins 3170

La construction de la première gare centrale fut achevée en 1857 ainsi que le premier tronçon de la ligne qui reliait Santiago à San Fernando. En 1896, une armature métallique et un toit pour couvrir les quais furent rajoutés. La structure métallique fut construite par les usines Schneider au Creusot, selon les plans dessinés par Gustave Eiffel. La construction fut achevée en 1900 et jusqu'à aujourd'hui le bâtiment a gardé cette configuration. Aujourd'hui, la gare est le point de départ de la ligne Santiago-Chillán.

■ PALACIO COUSIÑO

Dieciocho 438 ✆ +56 2 2698 5063
www.palaciocousino.co.cl
Métro : Los Héroes. Ouvert du mardi au vendredi de 9h30 à 13h30 et de 14h30 à 17h, le dimanche ouvert seulement le matin. Compter 3 000 $ l'entrée.

C'est un architecte français, Paul Lathoud, qui construisit ce palais dans les années 1870 pour une famille de nantis, les Cousiño (propriétaires des mines de charbon de Lota près de Concepción). Intérieur fastueux, au mobilier importé d'Europe. Le premier ascenseur du pays y fonctionna. Cette rue arbore par ailleurs d'autres façades d'intérêt et a été déclarée Zone typique. Visite intéressante et un lieu chargé d'histoire !

■ MUSEO DE LA SOLIDARIDAD SALVADOR ALLENDE ★

Av. República 475 ✆ +56 2 2689 8761
www.fundacionsalvadorallende.cl
contacto@fundacionsalvadorallende.cl
Métro : República. Du mardi au dimanche de 10h à 18h (de 11h à 19h en décembre, janvier et février). Entrée à 1 000 $, gratuit pour les étudiants et le dimanche pour tous.

Expositions d'œuvres contemporaines chiliennes et d'autres compositions du monde entier qui tournent toutes plus ou moins autour du thème de la démocratie, de la mémoire, de l'actualité sociale et politique... Toutes les œuvres (plus de 2 600 actuellement) sont des dons d'artistes, comme Vasarely, Calder, Yoko Ono, Lygia Clark, Miro, Franck Stella... Ce passionnant musée, ouvert en 1971 sous la présidence d'Allende, puis fermé pendant les 17 ans de la dictature et devenant pour cela même un symbole de la résistance, avant sa réouverture en 2006, mérite votre attention.

■ MUSEO DE LA MEMORIA Y LOS DERECHOS HUMANOS ★★★

Matucana 501 ✆ +56 2 2597 9600
www.museodelamemoria.cl
info@museodelamemoria.cl
Métro : Quinta Normal. Du mardi au dimanche de 10h à 18h, janvier et février jusqu'à 20h. Audio-guide en français pour 2 000 $.

Ce musée inauguré en 2010 retrace les 17 ans de dictature dont a souffert le pays entre 1973 et 1990. On y évoque à travers un parcours recensant photos, vidéos, coupures de journaux, installations interactives, carnets et autres reliques de cette époque, la torture et la privation de liberté de quelque 40 018 victimes, dont 3 065 morts ou disparus, selon les chiffres du dernier rapport de la deuxième commission Valech d'août 2011. Une visite très émouvante et instructive (mieux encore si vous parlez ou lisez l'espagnol), qui vous permettra, clefs en main, de saisir toute la dimension tragique à laquelle des dizaines de milliers de Chiliens ont été confrontés. Sûrement l'un des musées les plus incontournables du pays lorsque l'on est un féru d'histoire.

■ MUSEO NACIONAL DE HISTORIA NATURAL

Parque Quinta Normal
✆ +56 2 2680 4603
mnhn.cl – educacion.mnhn@mnhn.cl
Ouvert du mardi au samedi de 10h à 17h30 et le dimanche à partir de 11h. Entrée gratuite.

Zoologie, botanique, paléontologie ou encore anthropologie, ce musée propose un tour des grandes époques de l'histoire du continent. Il mérite le coup d'œil et attisera sans doute votre curiosité. Avec ses 10 000 animaux empaillés, ses fossiles, ses squelettes et sa multitude de trésors, il compte parmi les trois musées nationaux du Chili. Vous serez sans doute impressionné par la mascotte et pièce maîtresse des lieux : Greta, la baleine bleue. Son squelette de 17 mètres de long trône en plein milieu de la salle centrale. La visite ne s'arrête pas à la faune, il est aussi possible de découvrir une flore exceptionnelle datant de plusieurs siècles, d'observer les vestiges de civilisations disparues (tels que le peuple inca, les premiers peuples de la Terre de Feu ou la civilisation rapa nui) et de contempler des morceaux de météorites qui se sont écrasées sur le sol chilien. Une belle visite, à travers une dizaine d'expositions permanentes et des expositions temporaires, qui apporte son lot de savoir et de connaissance !

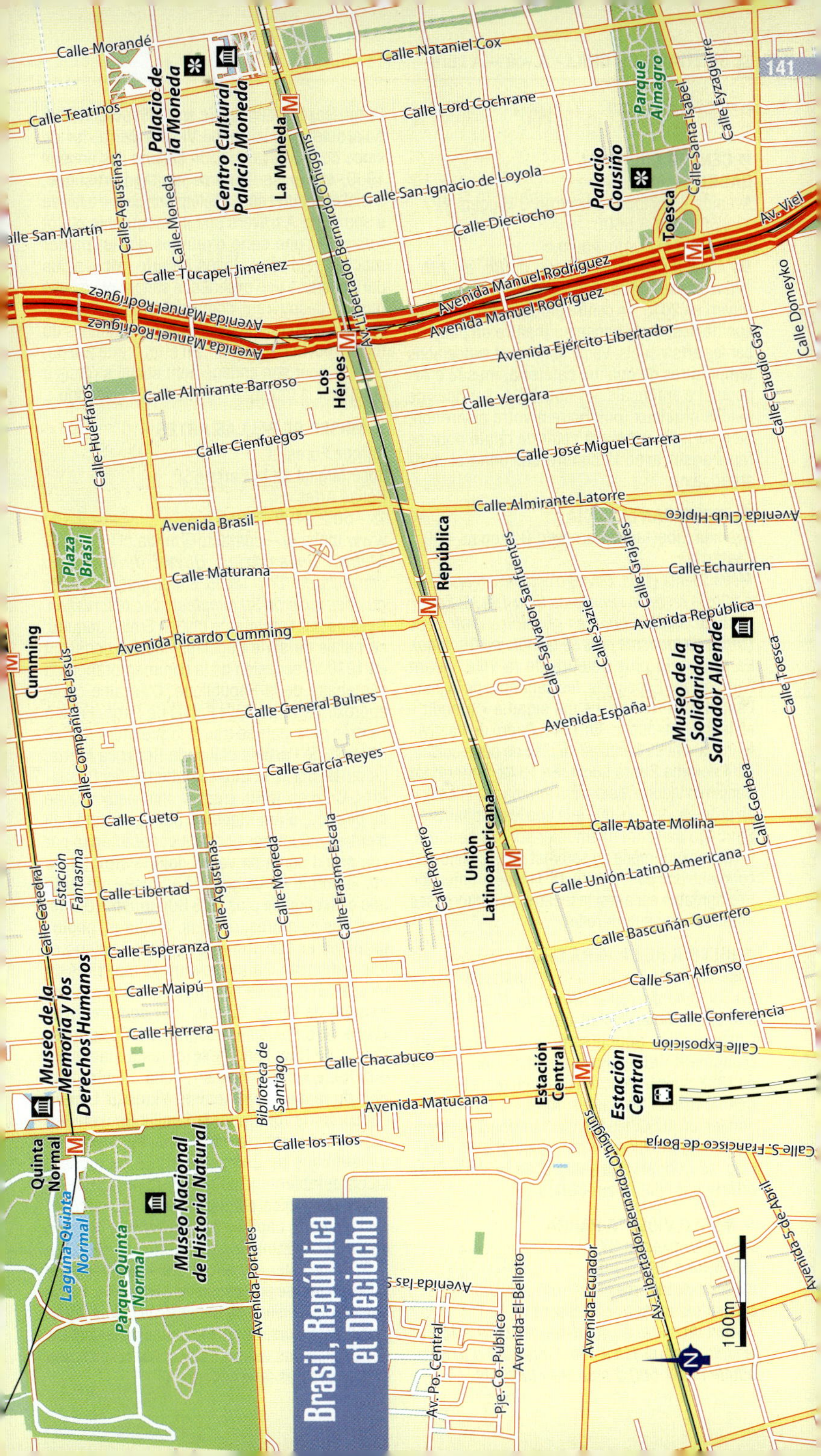
Brasil, República et Dieciocho
Calle Morandé
Calle Teatinos
Palacio de la Moneda
Centro Cultural Palacio Moneda
La Moneda
Calle Nataniel Cox
Calle Lord Cochrane
Calle San Ignacio de Loyola
Calle Dieciocho
Parque Almagro
Palacio Cousiño
Calle Santa Isabel
Calle Eyzaguirre
Toesca
Av. Viel
Calle San Martín
Calle Agustinas
Calle Moneda
Calle Tucapel Jiménez
Avenida Manuel Rodríguez
Av. Libertador Bernardo O'Higgins
Los Héroes
Avenida Ejército Libertador
Calle Domeyko
Calle Claudio Gay
Calle Almirante Barroso
Calle Vergara
Calle Huérfanos
Calle Cienfuegos
Calle José Miguel Carrera
Calle Almirante Latorre
Avenida Club Hípico
Avenida Brasil
Plaza Brasil
República
Calle Maturana
Calle Echaurren
Calle Grajales
Calle Salvador Sanfuentes
Calle Sazie
Avenida República
Cumming
Avenida Ricardo Cumming
Calle Compañía de Jesús
Museo de la Solidaridad Salvador Allende
Calle Toesca
Calle General Bulnes
Avenida España
Calle García Reyes
Calle Cueto
Calle Gorbea
Calle Abate Molina
Unión Latinoamericana
Calle Romero
Calle Erasmo Escala
Calle Unión Latino Americana
Calle Catedral
Estación Fantasma
Calle Libertad
Calle Bascuñán Guerrero
Calle Esperanza
Calle San Alfonso
Calle Maipú
Museo de la Memoria y los Derechos Humanos
Calle Conferencia
Calle Herrera
Calle Exposición
Calle Chacabuco
Biblioteca de Santiago
Estación Central
Avenida Matucana
Quinta Normal
Calle los Tilos
Calle S. Francisco de Borja
Museo Nacional de Historia Natural
Laguna Quinta Normal
Parque Quinta Normal
Avenida Portales
Avenida las S
Avenida El Belloto
Av. Po. Central
Pje. Co. Público
Avenida Ecuador
Avenida 5 de Abril
100 m
N

Bellas Artes et Lastarria ★★★

CENTRO CULTURAL GABRIELA MISTRAL ★

Avenida Libertador Bernardo O'Higgins 227
✆ +56 2 2566 5500
www.gam.cl – info@gam.cl
Du lundi au vendredi de 10h à 18h, de 13h à 17h le samedi et le dimanche.
Ouvert en 2010, ce centre propose de nombreux spectacles, de la danse au théâtre en passant par les arts visuels. Vaste librairie et expositions temporaires de qualité, cafétéria, musée d'Art populaire américain et vinothèque. Services de guides gracieux (pourboire à votre discrétion, bien sûr). Un excellent point de chute pour se familiariser avec la culture chilienne et sud-américaine.

CERRO SANTA LUCÍA ★★

Avenida Libertador Bernardo O'Higgins 499
Lastarria
Métro : Santa Lucía. Ouvert d'octobre à mars de 9h à 20h, le reste de l'année de 9h à 18h30. Entrée gratuite. Visites guidées possibles (voir avec l'office de tourisme près de la fontaine Neptuno).
La colline la plus célèbre de la ville. Avant l'arrivée des Espagnols, les habitants de la zone l'appelaient Huelén, ce qui signifie « maudit » en langue mapuche. En 1541, Pedro de Valdivia fonda la ville de Santiago au pied de cette colline, qu'il nomma Santa Lucía. En 1872, l'intendant Benjamin Vicuña Mackenna aménagea la colline en promenade publique afin que les habitants de Santiago puissent déambuler sur ses sentiers. Un ascenseur mène au sommet de la colline que couronne une petite place. Ce lieu de promenade très agréable est aussi le théâtre de nombreuses manifestations culturelles.

IGLESIA DE LA VERA CRUZ ★

José Victorino Lastarria 124, Lastarria
En semaine de 11h à 13h et de 18h à 20h, le samedi et dimanche de 11h à 13h.
Cette église néoclassique a été classée Monument national. Sa construction débuta en 1852, sous la direction de l'architecte français Claude Brunet de Baines. Après la mort de ce dernier, en 1855, les travaux furent achevés par l'architecte chilien Fermin Vivaceta en 1857. L'église conserve la relique de la Vera Cruz offerte par l'empereur Carlos V.

MUSEO VIOLETA PARRA

Vicuña Mackenna 37
✆ +56 2 2 355 46 00
museovioletaparra.cl
contacto@museovioletaparra.cl
Ouvert du mardi au vendredi de 9h30 à 18h et le week-end de 11h à 18h. Entrée à 3 000 $ par adulte et à 1 500 $ pour les étudiants.
Ce musée récent (inauguré en 2015) est consacré à l'artiste et musicienne Violeta Parra, fer de lance de la *Nueva canción chilena* des années 1960, et expose l'énorme héritage artistique, social et culturel que la célèbre chilienne a laissé à son pays. A travers une scénographie plutôt réussie et une série d'œuvres d'arts (papier mâché, peintures, toiles de jute, etc.), vous participerez à une expérience sonore et visuelle tout en découvrant comment Violeta Parra a réussi à préserver le folklore et les traditions du monde ouvrier et paysan. En effet, cette artiste, connue pour son engagement social a remis à l'honneur la musique traditionnelle chilienne.

MUSEO DE BELLAS ARTES ★★

Parque Forestal
José Miguel de la Barra 650
Bellas Artes
✆ +56 2 2499 1600
www.mnba.cl – contacto@mnba.cl
Métro : Bellas Artes. Ouvert du mardi au dimanche de 10h à 18h45. Entrée gratuite. Visites guidées (environ 30 minutes) avec réservation.
Dessiné par l'architecte chilien Emilio Jequier, ce palais de style néoclassique fut construit en 1910 à l'occasion de la commémoration du centenaire de la République. C'est une copie approximative du Petit Palais de Paris. Face à l'entrée principale se trouve la sculpture *Dédale et Icare*, de l'artiste chilienne Rebecca Matte. Le palais abrite le musée national des Beaux-Arts. Créé en 1880, c'est le plus vieux musée de peinture d'Amérique du Sud. Le grand hall d'entrée est impressionnant et caractérisé par son grand dôme de verre, dont la structure a été importée de Belgique. Le musée présente une collection de plus de 5 600 œuvres d'arts, dont des peintures, dessins, gravures, photographies et sculptures d'artistes chiliens et internationaux. Parmi les œuvres majeures du musée, on retrouve notamment la très célèbre fresque de Diego Rivera, *« El hombre en el Cruce de Caminos »*. Destinée au Rockefeller Center de New York, celle-ci resta inachevée – détruite selon certains – suite à l'introduction du leader communiste Vladimir Lénine qui contraria fortement la famille Rockefeller. Cependant, l'artiste a réussi à recréer la fresque à l'identique au deuxième étage du musée. Incontestablement politique, Rivera dépeint ici les idéologies politiques des mouvements socialistes et capitalistes. Le musée dispose également d'une bibliothèque de plus de 100 000 volumes (accès gratuit). Les différentes salles du musée présentent les périodes successives de l'art chilien du temps de la colonisation jusqu'à nos jours. Le musée organise également des expositions temporaires consacrées à des grands artistes internationaux.

Bellas Artes, Lastarria, Bellavista et Patronato

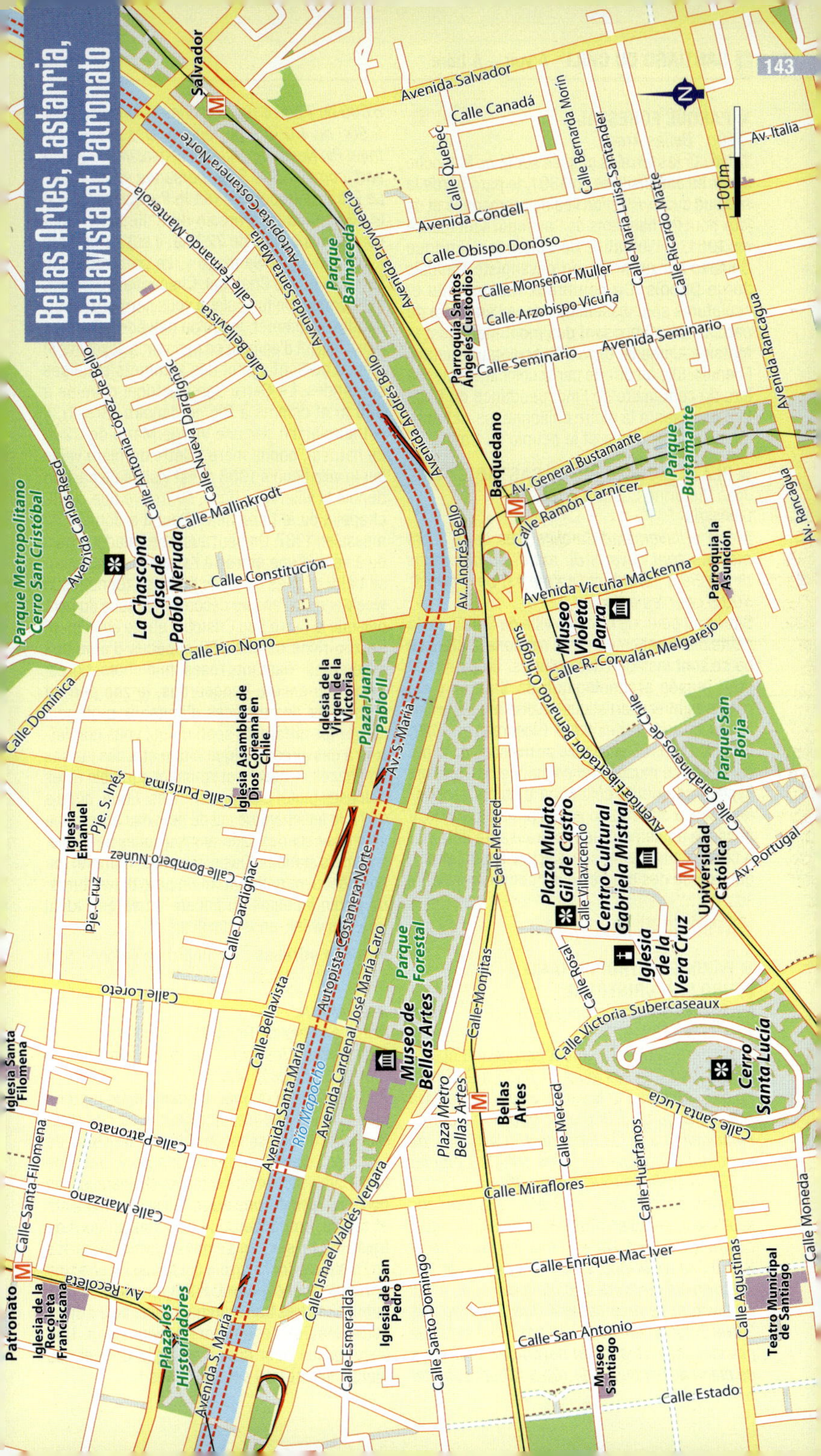

PARQUE FORESTAL ★★

Métro : Bellas Artes.

Tracé sur les terrains gagnés sur le *río* Mapocho après sa canalisation en 1891, le parc borde la rive sud du *río*. C'est un lieu de promenade et de jeux pour les habitants de Santiago. Il fut réalisé en 1901, à l'initiative de l'intendant Enrique Cousiño sur un projet du paysagiste français Jorge Dubois. De nombreux monuments et sculptures sont disséminés dans l'enceinte du parc. Le plus imposant des monuments est la fontaine Alemana, œuvre du sculpteur Gustavo Eberlein. Elle fut offerte par la colonie allemande lors du centenaire de l'indépendance du Chili. Elle représente la gloire chilienne, sa richesse en minéraux, la mer et le peuple au travail.

PLAZA MULATO GIL DE CASTRO ★★

Jose Victorino Lastarria 305-307

Lastarria

Métro : Universidad Católica. Les deux petits musées sont ouverts du mardi au dimanche de 10h30 à 18h30, et l'entrée est de 1 000 $, 500 $ pour les enfants.

Située au cœur de la vieille ville de Santiago, la petite place est entourée de maisons anciennes où se sont installés des galeries, un café et le petit musée archéologique de Santiago. Ce centre culturel et artistique, réalisé par les architectes Ignacio Cruz et Walter Biggeman en 1982, est niché dans un ensemble de maisons du début du siècle. Le musée archéologique de Santiago expose une petite collection d'objets archéologiques et anthropologiques précolombiens. Il possède également une intéressante librairie. A côté se situe le musée d'Arts visuels (Mavi), qui expose des œuvres d'art contemporain.

Patronato et Bellavista ★★

PARQUE METROPOLITANO – CERRO SAN CRISTÓBAL ★★★

Pío Nono 450, Barrio Bellavista

✆ +56 2 27301331

www.parquemet.cl – info@parquemet.cl

Parc ouvert tous les jours de 8h30 à 20h (19h en été), entrées Pío Nono ou Pedro de Valdivia Norte. Péage de 3 000 ou 4 000 $ en voiture. Funiculaire ouvert le lundi de 13h à 18h45, du mardi au dimanche de 10h à 18h45. Compter 2 000 $ l'aller/retour par adulte et 1 500 $ pour les enfants de 3 à 13 ans. Jusqu'au zoo seulement, compter 800 $. Pour le téléphérique, compter 2 700 $ l'aller-retour en semaine et 3 250 $ le week-end. Le zoo est ouvert de 10h à 18h en été du mardi au dimanche, jusqu'à 17h en hiver, et l'entrée coûte 4 000 $ par adulte, 2 000 $ par enfant de 3 à 13 ans. Pour les deux piscines, ouvertes de fin novembre à mi-mars du mardi au dimanche de 10h à 18h30, compter 6 000 ou 7 500 $ par personne selon la piscine, 3 500 ou 4 000 $ par enfant. Des bus font le trajet Pío Nono-Tupahue (belle piscine) le week-end, compter 500 $ par personne et par trajet.

Le Parc métropolitain (dit le Parquemet !) est le plus grand parc urbain du Chili. S'étendant sur une superficie de 722 ha, il est surnommé « le poumon de Santiago ». Le parc regroupe les collines San Cristóbal, Chacarillas, Gemelos et Pirámide. Un funiculaire vous permettra d'atteindre le sommet, jusqu'au belvédère Terraza Bellavista, et d'admirer ce panorama absolument unique de Santiago et des sommets enneigés des Andes. Le Cerro San Cristóbal culmine à 860 m et comme à Rio de Janeiro (Brésil), il est surplombé par une Vierge Marie de 22 m de hauteur, bonne mère ! Cette dernière veille sur la ville depuis 1908 et est visible de partout depuis la ville. A sa base, se trouve une petite chapelle où le pape Jean-Paul II a donné une messe en 1987. On peut aussi se balader à pied ou à vélo (d'une entrée à l'autre par exemple), se baigner dans de jolies piscines (bondées le week-end), ou encore découvrir la faune du parc puisque le Cerro San Cristobal abrite également un zoo riche de ses 150 espèces d'animaux différentes : flamants roses, manchots, tigres, singes ou encore kangourous, le zoo permet d'observer des espèces d'animaux protégés. Suivez les différents sentiers qui vous conduiront à des aires de pique nique et à des jardins aménagés, le cadre est vraiment agréable et les pelouses plutôt bien entretenues. Enfin, depuis 2017, le téléphérique est de nouveau accessible pour observer des panoramas uniques de la ville. Il y a trois stations (Oasis, Tupahue, Cumbre), où l'on découvre notamment un parc d'aventures, un jardin japonais ou encore un verger. Idéal lors des week-ends ensoleillés !

▸ **Autre adresse :** Av. Pedro de Valdivia & El Cerro, Providencia

LA VEGA

Antonia López de Bello 743, Recoleta

Ouvert tous les jours de 4h à 19h30 et le dimanche jusqu'à 14h30.

A 10 min à pied du marché central, un marché plus authentique et dépaysant avec ces étals d'épices, de poissons, de viandes, de fruits, de légumes... Vous l'aurez compris, on y trouve de tout. L'ambiance et bon enfant et chaleureuse, on goûte au *merkén*, une épice à la saveur piquante et fumée, on découvre le goyavier au goût de fraise des bois et l'on s'extasie devant les vertus de l'algue de Cochayuyotu qui tonifie l'organisme et régule le cholestérol. Enfin, on savoure des petits plats très bon marché (moins de 2 500 $) parmi les 200 restaurants à disposition. Une belle balade pour appréhender le Chili et ses mets souvent trop sous-estimés !

CERRO SAN CRISTOBAL ★★★

© F11PHOTO

Vue sur Santiago depuis le Cerro San Cristobal.

© EXCENTRIC-01

Pour grimper la colline, on prendra le funiculaire…

© ERLUCHO

… ou le téléphérique.

© POWEROFFOREVER

La statue de la Vierge de l'Immaculée Conception, haute de plus de 22 m, domine la ville.

LA CHASCONA – CASA DE PABLO NERUDA ★

Fernando Márquez de la Plata 192
Barrio Bellavista
✆ +56 2 27778741
www.fundacionneruda.org
info@fundacionneruda.org

Ouverte du mardi au dimanche de 10h à 19h en janvier/février, jusqu'à 18h le reste de l'année. Entrée à 7 000 $ par personne, 2 500 $ pour les étudiants. Réservation conseillée.

Cette maison de caractère à l'architecture atypique, située au pied du Cerro San Cristóbal, fut l'une des résidences de Pablo Neruda, le grand poète chilien. En 1955, Pablo Neruda et Matilde Urrutia décidèrent de vivre dans ce quartier et firent construire la maison sur les plans d'un de leurs amis, architecte chilien. Comme dans la maison de la Isla Negra et celle de Valparaíso, on pourra voir ici une partie des collections du poète ainsi que sa bibliothèque. La maison regorge d'objets personnels, de meubles, et de pièces richement décorées. C'est aujourd'hui le siège de la fondation Neruda.

Nuñoa, Italia et Providencia ★★★

VIÑA SANTA CAROLINA

Til Til 2228
Macul
✆ +56 2 2450 3000
www.santacarolina.cl
tours@santacarolina.cl
Au sud de Nuñoa.

Valeur de 14 000 $ par personne pour une visite guidée d'environ 1 heure, incluant trois dégustations de vins. Ouvert du lundi au vendredi : de 11h30 à 15h30. Il est également possible d'organiser un pique-nique dans le parc ou une dégustation de vins accompagnée d'un plateau de fromage et de noix.

Santa Carolina est l'un des vignobles les plus anciens et les plus prestigieux du Chili et l'un des rares encore à Santiago. Fondée en 1875 par Luis Pereira et nommée d'après son épouse Carolina Íñiguez, elle cache plus d'une histoire dans ses murs. Avec plus de 2 000 hectares dans les principales vallées viticoles du pays, Santa Carolina produit des vins variés et de grande qualité qui reflètent le terroir local et sont désormais présents dans plus de 80 pays sur les cinq continents. A Santa Carolina vous pourrez visiter son parc, sa maison coloniale et ses entrepôts, déclarés Monument national en 1973. Il est à noter qu'en 2018, la Reserva de Familia Cabernet Sauvignon 2015 s'est classée troisième parmi les meilleurs vins de l'année dans le magazine New York Wine Enthusiast.

Las Condes, El Golf et Vitacura ★★

PARQUE BICENTENARIO ★

S'étendant sur une superficie de 30 hectares le long du *río* Mapocho, ce parc récent est l'un des plus grands espaces verts de Santiago. Il compte plus de 4 000 arbres, dont 1 300 autochtones, un lac artificiel, des aires de jeux, des activités culturelles et sportives, etc. Un grand bol d'air frais.

SHOPPING

Artisanat, bijoux, gastronomie, œnologie, boutiques de luxe... Santiago regorge de petites et grandes adresses où assouvir ses envies de shopping ! Des grands centres commerciaux, comme le Costanera Center ou l'Apumanque, aux petits marchés de producteurs et artisans de Bellavista en passant par les antiquaires d'Italia, vous saurez certainement trouver votre bonheur !

Bon plan

FUNDACIÓN ARTESANÍAS DE CHILE

Centre culturel Palacio La Moneda
Plaza de la Ciudadanía 26
✆ +56 2 2697 2784
www.artesaniasdechile.cl
artesanias@artesaniasdechile.cl

Lundi au samedi de 9h30 à 19h30 et dimanche de 10h30 à 19h au Palacio La Moneda.

La Fundación Artesanías de Chile est une organisation à but non lucratif basée sur le commerce équitable et profitant à ce jour à 1 964 artisans, dont 88 % vivent dans des zones rurales et 58 % appartiennent aux peuples autochtones. Grande variété d'artisanats de tout le pays.

Autre adresse : Av. Bellavista 357 (barrio Bellavista) et Av. Apoquindo 9085, local 35 (Pueblo Los Dominicos).

Centro Cívico

CENTRO DE EXPOSICIÓN DE ARTE INDÍGENA

Cerro Santa Lucía
Alameda 499
✆ +56 2 632 3668

Ouvert du lundi au samedi de 10h à 18h.

Créé en 1996 pour la reconnaissance et le respect de la différence ethnique et culturelle. Trois cultures majeures sont représentées ici par le biais de leur artisanat : Aymara, Rapa Nui et Mapuche.

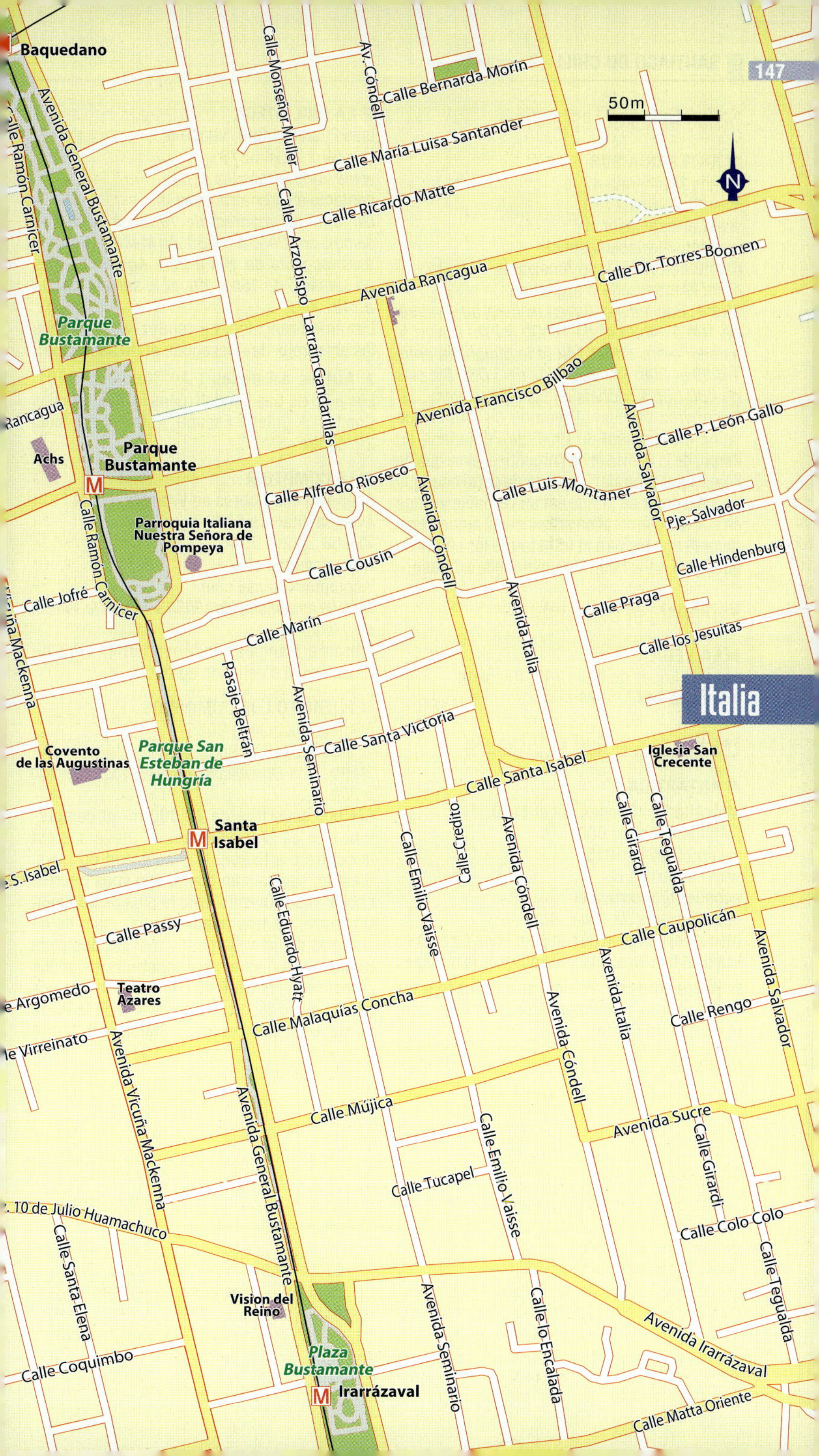
Italia
50 m
N
Baquedano
Avenida General Bustamante
Calle Ramón Carnicer
Calle Monseñor Müller
Av. Cóndell
Calle Bernarda Morín
Calle María Luisa Santander
Calle Ricardo Matte
Calle Arzobispo Larraín Gandarillas
Avenida Rancagua
Calle Dr. Torres Boonen
Parque Bustamante
Rancagua
Achs
Avenida Francisco Bilbao
Avenida Salvador
Calle P. León Gallo
Calle Alfredo Rioseco
Avenida Cóndell
Calle Luis Montaner
Pje. Salvador
Parroquia Italiana Nuestra Señora de Pompeya
Calle Cousin
Calle Hindenburg
Calle Jofré
Avenida Italia
Calle Praga
Calle Marín
Calle los Jesuitas
Vicuña Mackenna
Pasaje Beltrán
Avenida Seminario
Calle Santa Victoria
Covento de las Augustinas
Parque San Esteban de Hungría
Calle Santa Isabel
Iglesia San Crecente
Santa Isabel
Calle Crédito
Calle Girardi
Calle Tegualda
S. Isabel
Calle Eduardo Hyatt
Calle Emilio Vaisse
Calle Passy
Calle Caupolicán
Avenida Salvador
Argomedo
Teatro Azares
Calle Malaquías Concha
Calle Rengo
Virreinato
Avenida Vicuña Mackenna
Avenida General Bustamante
Calle Mújica
Avenida Sucre
Calle Tucapel
10 de Julio Huamachuco
Calle Santa Elena
Calle Colo Colo
Vision del Reino
Avenida Irarrázaval
Plaza Bustamante
Irarrázaval
Calle Coquimbo
Calle lo Encalada
Calle Matta Oriente

Bellas Artes et Lastarria

ARTESANÍA SUR
Vicuña MacKenna 47
✆ +56 2 2634 7759
www.artesaniasur.cl
contacto@artesaniasur.cl
À côté de l'Hostal Río Amazonas et de l'Ambassade d'Argentine.
Métro : Baquedano. Ouvert du lundi au vendredi de 10h à 14h30 et de 16h30 à 21h. Ouvert le samedi entre 11h et 14h et le dimanche entre 16h30 et 20h. Prix de moins de 3 000 $ à plus de 400 000 $. Achats en ligne possibles.
Découvrez l'artisanat typique de l'Amérique latine (notamment du Chili, de l'Equateur, du Pérou, de la Bolivie et de l'Argentine, ainsi que de l'Amérique centrale). La visite de cette boutique en plein cœur de la ville est un véritable voyage en soi. Chaque création artisanale et authentique raconte une histoire et transforme les objets du quotidien en art pur. Une bien belle adresse.

Patronato et Bellavista

LA VEGA
Antonia López de Bello 743, Recoleta
Voir page 144.

Las Condes, El Golf et Vitacura

ANTÁRTICA
Mall Alto Las Condes, local 1180
Avenida Kennedy 9001
✆ +56 2 2213 1915
www.antartica.cl
acondes@antartica.cl
Tous les jours de 10h à 22h.
Un concept original où l'on peut boire un café en lisant un bon livre. On y vend aussi de la musique.

Autre adresse : Présent aussi dans tous les grands centres commerciaux de la ville, dont le Costanera Center.

LA BIBLIOTECA
Luis Pasteur 5399, Vitacura
✆ +56 2 2218 5379
www.libreriafrancesa.cl
contacto@libreriafrancesa.cl
Du lundi au vendredi de 10h30 à 19h30, le samedi de 10h30 à 13h30. Au Mall Las Condes, tous les jours de 10h à 22h. Au centre-ville, en semaine de 10h à 19h et le samedi de 11h à 14h.
Librairie Française. Le rendez-vous de tous les amoureux de l'Hexagone et de sa langue.

Autres adresses : Av. Kennedy 9001, Local 2019, Las Condes (dans le Mall Alto Las Condes) • Galeria España, Estado 337, local 22, centre-ville

LE COMPTOIR
Shopping Los Cobres de Vitacura, Local F3
Avenida Vitacura 6780
✆ +56 2 2218 7368
www.comptoir.cl
lecomptoir@gmail.com
Ouverte en semaine de 10h30 à 19h30, le samedi de 11h à 14h.
Librairie française indépendante. Lieu de rencontre et d'échange agréable.

PUEBLITO LOS DOMINICOS
Avenida Apoquindo 9085
✆ +56 2 2248 2295
Métro : Los Dominicos. Tous les jours de 10h à 20h.
Sur une superficie de 27 000 m² et comportant plus de 200 boutiques et ateliers, c'est le centre d'artisanat le plus grand du pays. C'est là, sans aucun doute, que vous pourrez choisir vos souvenirs avec le plus de bonheur. On trouve de très beaux objets, mais ils ne sont pas donnés. On peut y manger des plats traditionnels. Les locaux construits en adobe comme dans le Nord du pays lui donnent des allures de village. A 15 km environ de la Plaza de las Armas, au centre de Santiago.

OÙ FAIRE DU SHOPPING ?

En-dehors des méga centres commerciaux qui ont poussé comme des champignons ces dix dernières années à Santiago (en témoigne le Costanera Center, plus haut building d'Amérique latine à ce jour, proposant pas moins de 300 boutiques, et surtout le Parque Arauco qui reste le meilleur centre commercial de la ville), il existe certaines zones bien définies pour vous livrer à votre passe-temps favori : le shopping.

▶ **Alonso de Córdova** et **Nueva Costanera :** l'avenue la plus exclusive de Santiago dans le quartier Vitacura, proposant toutes les marques les plus fameuses, de Louis Vuitton à Max Mara en passant par Hermès. La boutique Faba propose de fines créations en lapis lazuli ; Kuna propose des textiles en alpaca, guanaco et vigogne. Nombreuses boutiques de déco, de galeries d'art et excellents restaurants.

▶ **El Golf**. C'est l'un des quartiers les plus huppés de la ville, surnommé *Sanhattan* aujourd'hui en raison de ses gratte-ciel qui rappellent (en moins immenses quand même) Manhattan à New York. Centre financier de Santiago, El Golf accueille les hommes d'affaires dans les hôtels des grandes chaînes internationales et propose des boutiques de luxe, comme La Casa del Habano et de très bons restaurants. Tous les dimanches, la plaza Perú héberge un marché d'antiquités intéressant.

▶ **Providencia.** L'artère commerciale par excellence, avec de nombreuses boutiques, des bars, des restos et une ambiance plus consensuelle, avec de nombreux vendeurs ambulants.

▶ **Bellavista.** Point de chute de la bohème santiaguine et de la jeunesse estudiantine, on y recommande le Patio Bellavista pour ses bons restos et son ambiance animée, ainsi que la Fundación Artesanías de Chile, qui présente un grand nombre d'artisanats locaux.

▶ **Patronato.** Changement de décor dans ce quartier prisé des Coréens, des Chinois, des Arabes... C'est là qu'on vend toutes sortes de textiles à bas prix. Bien plus coloré et populaire que les adresses ci-dessus, peu connu, et très sympa.

▶ **Persa Biobío**. Pour un grand plongeon dans le Chili authentique, allez faire un saut dans cet immense souk situé autour du métro Franklin (ligne 2), entre les rues Biobío, Placer et Víctor Manuel. Le samedi surtout, on y vend de tout, des antiquités, des bricoles, des CD, de l'informatique, des habits, des plantes, des meubles, des jouets, et de la cuisine typique chilienne bien sûr. Dans ces ruelles labyrinthiques, c'est un joyeux bordel, si l'on peut dire. Attention, si les prix sont tout doux et l'ambiance on ne peut plus pittoresque, il convient de bien surveiller ses affaires, voire, si possible, d'y aller accompagné(e). Car dans tout ce fatras de babioles hétéroclites, il est bien possible que le lendemain vous retrouviez votre montre ou votre appareil photo ! Ne pas être parano non plus : toutes sortes de catégories sociales se mélangent ici, c'est un grand brassage d'humanité, et avec toutes les précautions d'usage on en repart émerveillé.

▶ **Avenida Italia :** C'est l'un des derniers quartiers en vogue, on y trouve un mélange insolite de commerces design et d'art contemporain, des antiquaires, des objets décoratifs créatifs et durables ainsi que de l'artisanat chilien. Ces petits magasins de créateurs cohabitent les uns avec les autres et ont été regroupés sous le nom de Barrio Italia, principalement en raison du fait que la plupart des magasins sont situés sur l'avenue du même nom.

▶ **Pomaire.** A 65 km au sud-ouest de la capitale, Pomaire est le centre de la poterie en grès et de la céramique du Chili. Un lieu qui représente très bien le Chili rural de la vallée centrale. Si vous désirez rapporter un petit souvenir, la visite de la rue principale vaut le détour, d'autant que les prix sont bien doux. Attention : les échoppes d'artisanat sont fermées le lundi, le village est alors désert. Le week-end, surtout entre décembre et fin février, il y a foule. Essayez donc de venir en semaine, un vendredi par exemple.

LES STATIONS DE SKI AUTOUR DE SANTIAGO

Le Chili est connu pour ses domaines skiables de qualité, notamment à Portillo et Valle Nevado. La saison s'étend entre mi-juin et fin septembre, avec une très haute saison en juillet (vacances d'hiver au Chili). Soyez prévenus : les tarifs sont très élevés, notamment pour les hôtels (qui bien souvent n'offrent qu'un confort limité). A noter qu'il n'y a aucun transport en commun pour s'y rendre. Voici un petit résumé des principales stations de ski autour de Santiago.

■ EL COLORADO
A 35 km de Santiago
✆ +56 2 2363 3790
www.elcolorado.cl – ski@elcolorado.cl
Ticket à la journée pour El Colorado à 48 000 ou 53 000 $ par adulte selon la saison, de 31 000 à 35 000 $ pour les enfants de moins de 12 ans et de 35 900 à 39 500 $ pour les étudiants.
A côté de Farellones, un centre de ski pratique pour un aller/retour à la journée depuis la capitale. El Colorado est pour tout le monde, Farellones davantage pour les débutants.

■ FARELLONES
A 32 km de Santiago
✆ +56 2 2207 4698
www.farelloneschile.cl – corfarellones@tie.cl
Compter à partir de 18 000 $ le ticket à la journée.

■ LAGUNILLAS
A 67 km au sud-est de Santiago
✆ +56 2 2638 0497
www.clubandinodechile.cl
Compter de 15 000 à 25 000 $ le ticket à la journée par adulte, 15 000 $ ou 20 000 $ pour les enfants et les étudiants.
Géré par le Club Andino du Chili, un petit domaine skiable de 13 pistes pour se remettre en jambes. Beaux paysages. Il est possible de loger sur place.

■ LA PARVA
Emille Allais s/n, Lo Barnechea
✆ +56 2 2220 9530
www.laparva.cl – laparva@laparva.cl
Compter de 35 000 à 49 000 $ par adulte.
C'est la station la plus huppée autour de la capitale, appréciée des familles. Une trentaine de pistes, idéales pour tous niveaux (hors-piste très bon). Il est possible de rejoindre Valle Nevado ou Farellones.

■ PORTILLO
✆ +56 2 2263 0606 – www.skiportillo.com
reservas@skiportillo.com
Tarifs à la semaine à l'Hôtel Portillo, incluant l'hébergement, 4 repas par jour, les tickets journaliers (sur 7 jours) et l'accès à divers services : entre 2 400 et 5 800 US$ par personne selon la saison et le confort en chambre (sur une base double). Aussi des appartements familiaux, des chalets et des lodges : le moins cher est l'Inca Lodge, entre 1 190 et 1 400 US$ par personne. Pour s'y rendre, le centre assure des navettes le samedi, sinon voyez avec Ski Total qui demande 20 000 $ par personne et par voyage, les mercredi et samedi. Ticket d'entrée à la station à partir de 32 000 $ par adulte.
La station de ski la plus connue du Chili, dans un cadre magnifique, autour de la laguna del Inca. Pour tous niveaux, mais pas mal de pistes plairont surtout aux amateurs éclairés. L'hôtel est confortable, on apprécie la superbe piscine extérieure chauffée. Les lodges ressemblent plus à des dortoirs et il faut réserver longtemps à l'avance pour s'assurer une place.

■ SKI TOTAL
Av. Apoquindo 4900
local 39-42, Las Condes
SANTIAGO DE CHILE
✆ +56 2 246 0156 – www.skitotal.cl
Assure le transport vers les centres de ski tous les jours en saison à 8h, retour à 17h (juste le mercredi et le samedi pour Portillo) : aussi depuis votre hôtel ou l'aéroport (plus cher). Loue aussi du matériel. Compter à partir de 90 000 $ la journée. avec transport, équipement et forfait ski compris.

■ VALLE NEVADO
Av. Vitacura 5250
✆ +56 2 2477 7001
www.vallenevado.com
Compter 47 000 $ le ticket à la demi-journée par adulte, 53 000 $ la journée. Pour les enfants de moins de 14 ans, compter entre 32 000 et 35 000 $.
La station est située à 60 km à l'est de Santiago (route du Cajón Mapocho) et est connectée avec les stations de La Parva et d'El Colorado, avec lesquelles elle forme la plus grande partie des trois vallées des Andes (elles-mêmes jumelées avec les Trois Vallées françaises). Elle s'étage entre 2 860 et 3 670 m d'altitude et possède un équipement de haut niveau avec le plus grand domaine skiable du Chili (on y pratique aussi l'héliski), plusieurs hôtels, de nombreux restaurants et cafés, un gymnase, une discothèque, une clinique… Une télécabine devrait être bientôt opérationnelle. La station ouvre à la mi-juin et ferme à la fin de la première semaine d'octobre. Mais il est tout à fait envisageable d'y venir en été, pour randonner dans les montagnes (le télésiège fonctionne) et pratiquer d'autres activités (cheval...). Paysages splendides.

LITTORAL CENTRAL

Les ascenseurs de Valparaiso.

© DC_COLOMBIA

LITTORAL CENTRAL

★★

La région V du Chili, ou région de Valparaíso (aussi appelée « Littoral central »), correspond à la vallée du río Aconcagua : c'est la côte la plus peuplée et la plus touristique du pays. On la surnomme la « Costa de Santiago » : en effet, les facilités d'accès depuis la capitale, conjuguées à un climat plutôt bienveillant, lui ont assuré un évident succès auprès des Santiaguinos qui plébiscitent en masse les quelque 25 stations balnéaires, dont la fameuse Viña del Mar, qui attirent plus d'un million de touristes chaque été. Pourtant, si les plages séduisent grand nombre de vacanciers sud-américains (argentins et brésiliens en tête), elles sont encore boudées par les voyageurs occidentaux, tournés vers les grands espaces du Sud patagon ou les déserts arides du Nord. Valparaíso est bien souvent leur seule destination sur la côte, même si cette réalité a quelque peu changé ces dernières années.

En dehors du tourisme, la région vit essentiellement du plus grand complexe portuaire chilien constitué par Valparaíso et San Antonio, de la raffinerie de cuivre de Quintero, de la raffinerie de pétrole de Concón et des industries chimiques de Viña del Mar. Le littoral central jouit d'un climat méditerranéen tempéré, évoquant celui de San Francisco, Le Cap ou Adélaïde, qui se caractérise par quatre mois de précipitations relativement importantes en hiver (de mai à septembre), deux mois de transition avec des précipitations modérées et un été très sec. Les températures restent douces en raison de l'influence du courant froid de Humboldt (en provenance de l'Antarctique), mais la côte même est plus fraîche que l'intérieur des terres (la différence de température peut être notable). Les précipitations deviennent plus abondantes et les températures annuelles moyennes baissent au fur et à mesure que l'on va vers le sud. Le vent souffle presque en permanence, assez violemment parfois, du nord-ouest en hiver et du sud-ouest en été. La température de l'eau stagne entre 12 et 18 °C environ.

La végétation se caractérise par une steppe d'arbustes épineux, où prédomine le pin. Dans les zones plus ensoleillées, on peut observer des guayacán, algarrobos, quillay, molles, et d'autres espèces apparentées au pin. Des bosquets de peumo, boldos, maitenes se mêlent à diverses graminées plus près de la côte. Dans les endroits plus humides, on découvre l'arbre endémique litre, les graminées quilas, des arbustes pataguas...

Les sommets des monts La Campana et El Roble sont recouverts de forêts de robles (Nothofagus obliqua) et de la fameuse palma chilena (palmier chilien) dont on extrait le miel (une mauvaise fortune économique pour lui, puisqu'il se trouve aujourd'hui menacé d'extinction).

Les oiseaux les plus communément visibles sont le piquero (Sula variegata), le pélican (Pelecanus thagus), le cormoran (Phalacrocorax bougainvillii), la mouette dominicaine (Larus domunicanus), la perdrix de mer (Numenius phaeopus), le pilpilén (Haematopus palliatus) et même le pingouin de Humboldt (Spheniscus humboldti), comme à Cachagua.

VALPARAÍSO ★★★★

Bien qu'un irréductible déclin économique depuis un siècle ait un peu terni son image, la « perle du Pacifique » a conservé son charme de ville portuaire mystérieuse. C'est très simple : Valparaiso ne laisse personne insensible, on aime ou on déteste ! C'est un port dont les murs suent l'histoire, celle des séismes par leurs lézardes ou par leur enchevêtrement, celle des matelots et des filles de joie dans des bouges où se rassemblent les vagabonds et les bohémiens, celle d'une vigueur intellectuelle contestataire jamais démentie. Son labyrinthe de ruelles, ses ascenseurs brinquebalants, les perspectives et les angles qui changent à chaque pas, l'incessant combat esthétique que se livrent la nature et la ville – la roche brute contre l'immeuble, l'arbre dont les racines empiètent sur les escaliers, des collines sauvages qui narguent les navires – toute cette atmosphère a inspiré poètes, peintres, écrivains. Certains la trouvent sale et sans intérêt, d'autres y restent des semaines, des mois, voire des années. Mythe absolu des marins universels, elle a accueilli le nouveau siècle par un plan d'aménagement urbain plutôt radical, qui vise à rapprocher les habitants de l'océan (mégaprojet actuellement en cours au niveau du Muelle Barón) et moderniser l'architecture. Mais si tout peut bientôt changer, l'essentiel demeure : Valparaíso est à Santiago ce que Marseille est à Paris : insoumise, tapageuse, picaresque, crasseuse, infiniment belle et surtout plus humaine. Depuis 2003, le centre historique fait partie du patrimoine culturel de l'Humanité, protégé par l'Unesco. Selon le recensement de 2012, la ville comptait 292 000 habitants.

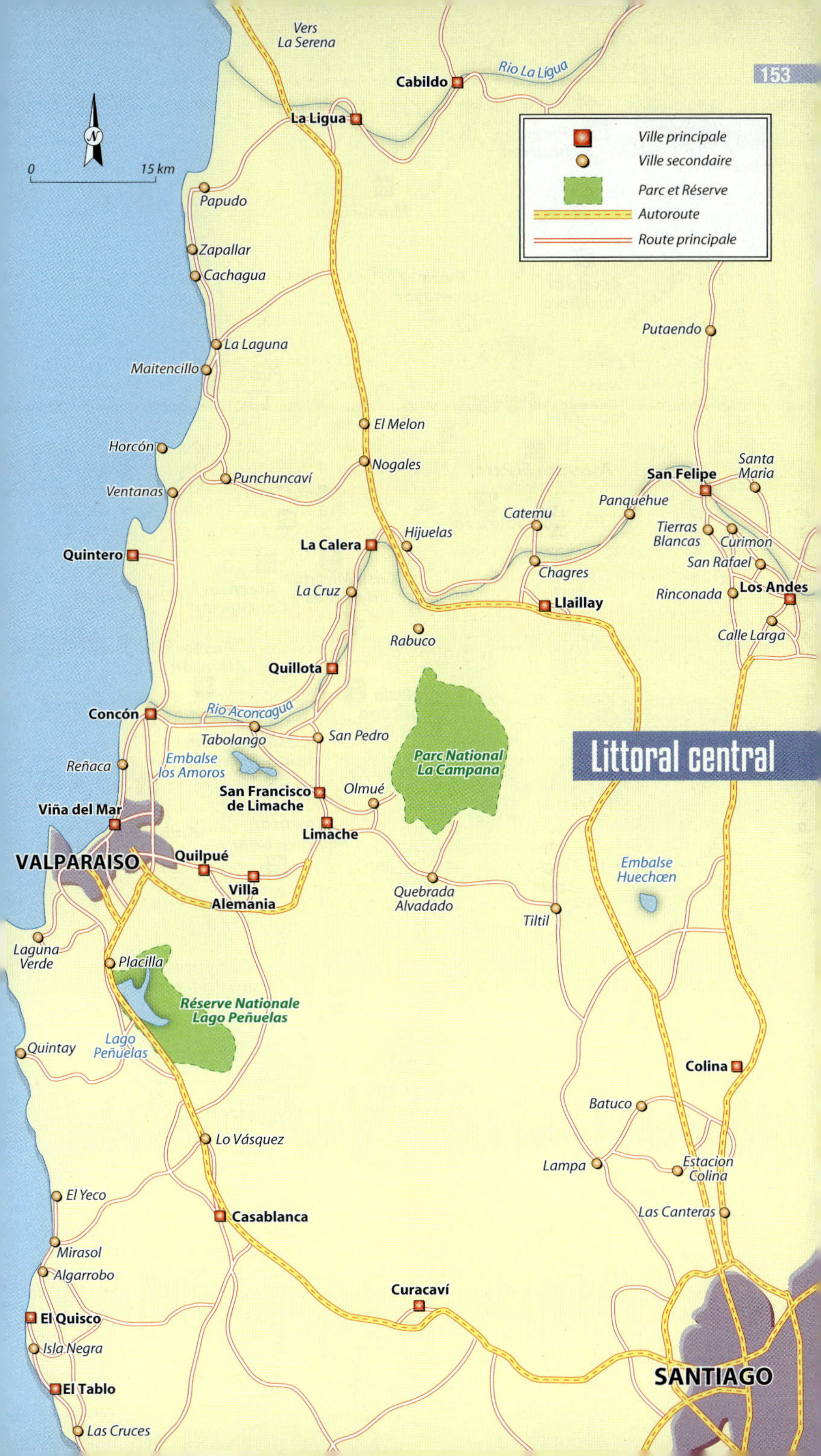
Littoral central
Ville principale
Ville secondaire
Parc et Réserve
Autoroute
Route principale
0
15 km
N
Vers La Serena
Rio La Ligua
Cabildo
La Ligua
Papudo
Zapallar
Cachagua
La Laguna
Maitencillo
Horcón
Ventanas
Punchuncaví
El Melon
Nogales
Quintero
La Calera
Hijuelas
La Cruz
Rabuco
Quillota
Concón
Rio Aconcagua
Tabolango
San Pedro
Reñaca
Embalse los Amoros
San Francisco de Limache
Olmué
Parc National La Campana
Limache
Viña del Mar
VALPARAISO
Quilpué
Villa Alemania
Quebrada Alvadado
Tiltil
Embalse Huechœn
Laguna Verde
Placilla
Réserve Nationale Lago Peñuelas
Lago Peñuelas
Quintay
Lo Vásquez
El Yeco
Casablanca
Mirasol
Algarrobo
El Quisco
Isla Negra
El Tablo
Las Cruces
Curacaví
SANTIAGO
Putaendo
San Felipe
Santa Maria
Panquehue
Catemu
Tierras Blancas
Curimon
San Rafael
Chagres
Llaillay
Rinconada
Los Andes
Calle Larga
Colina
Batuco
Lampa
Estacion Colina
Las Canteras

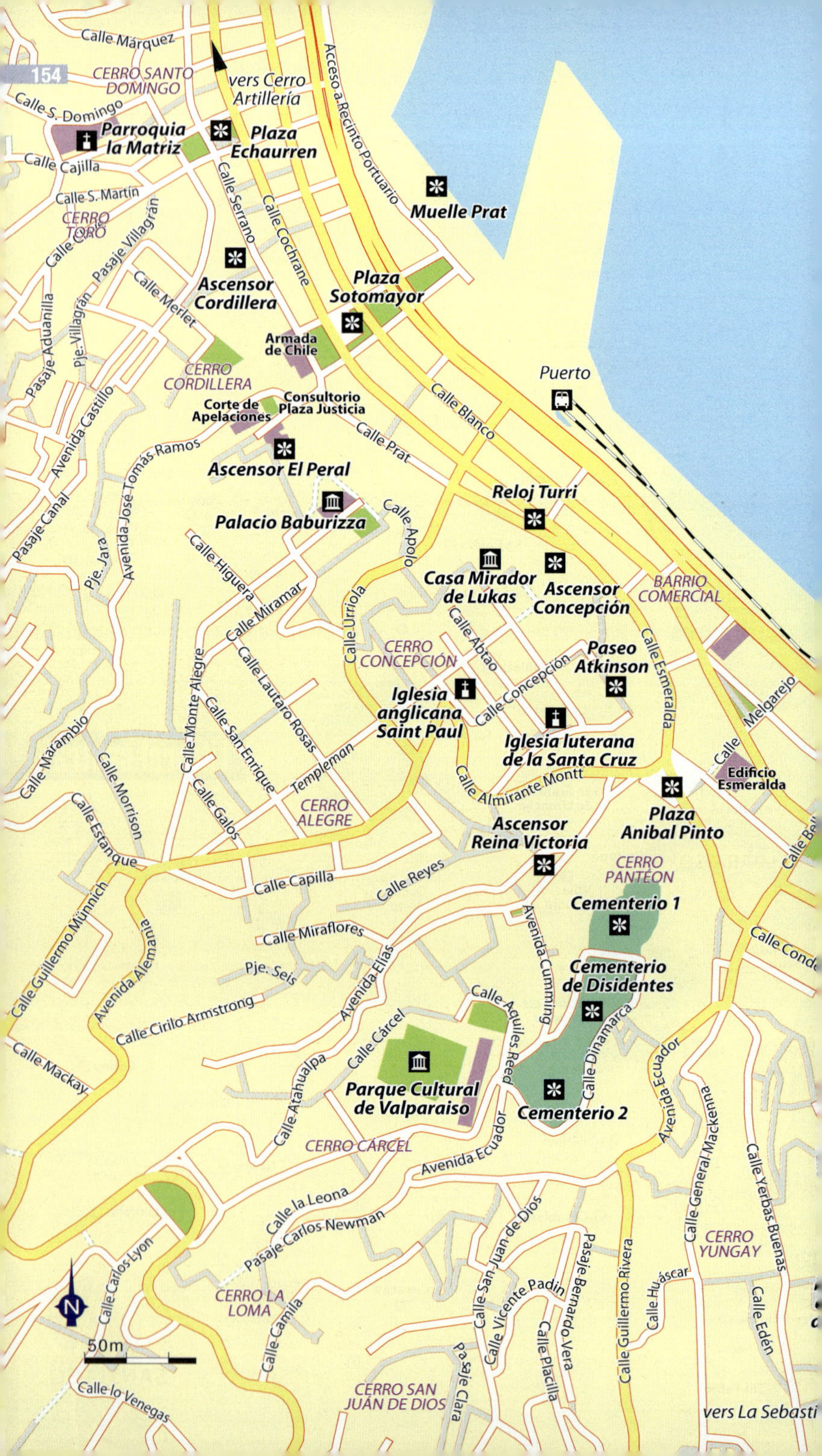

Calle Márquez
CERRO SANTO DOMINGO
vers Cerro Artillería
Calle S. Domingo
Parroquia la Matriz
Plaza Echaurren
Calle Cajilla
Calle S. Martín
CERRO TORO
Calle Toro
Acceso a Recinto Portuario
Muelle Prat
Calle Serrano
Calle Cochrane
Pasaje Villagrán
Pje. Villagrán
Pasaje Aduanilla
Calle Merlet
Ascensor Cordillera
Plaza Sotomayor
Armada de Chile
CERRO CORDILLERA
Avenida Castillo
Corte de Apelaciones
Consultorio Plaza Justicia
Calle Blanco
Puerto
Calle Prat
Avenida José Tomás Ramos
Ascensor El Peral
Pasaje Canal
Pje. Jara
Palacio Baburizza
Reloj Turri
Calle Apolo
Calle Higuera
Casa Mirador de Lukas
Ascensor Concepción
BARRIO COMERCIAL
Calle Miramar
Calle Urriola
Calle Abtao
CERRO CONCEPCIÓN
Paseo Atkinson
Calle Esmeralda
Calle Monte Alegre
Calle Lautaro Rosas
Iglesia anglicana Saint Paul
Calle Concepción
Melgarejo
Calle San Enrique
Iglesia luterana de la Santa Cruz
Calle Marambio
Calle Morrison
Templeman
Calle Almirante Montt
Edificio Esmeralda
Calle Estanque
Calle Galos
CERRO ALEGRE
Plaza Anibal Pinto
Ascensor Reina Victoria
CERRO PANTEÓN
Calle Capilla
Calle Reyes
Cementerio 1
Calle Guillermo Münnich
Avenida Alemania
Calle Miraflores
Avenida Cumming
Calle Condell
Pje. Seis
Avenida Elías
Cementerio de Disidentes
Calle Cirilo Armstrong
Calle Aquiles Reed
Calle Cárcel
Calle Dinamarca
Calle Mackay
Calle Atahualpa
Parque Cultural de Valparaiso
Cementerio 2
Avenida Ecuador
Calle General Mackenna
CERRO CÁRCEL
Calle Yerbas Buenas
Calle la Leona
Pasaje Carlos Newman
Calle San Juan de Dios
Pasaje Bernardo Vera
CERRO YUNGAY
Calle Carlos Lyon
Calle Vicente Padin
Calle Guillermo Rivera
Calle Huáscar
Calle Edén
CERRO LA LOMA
Calle Camila
Calle Placilla
N
50 m
Pasaje Clara
Calle lo Venegas
CERRO SAN JUAN DE DIOS
vers La Sebasti

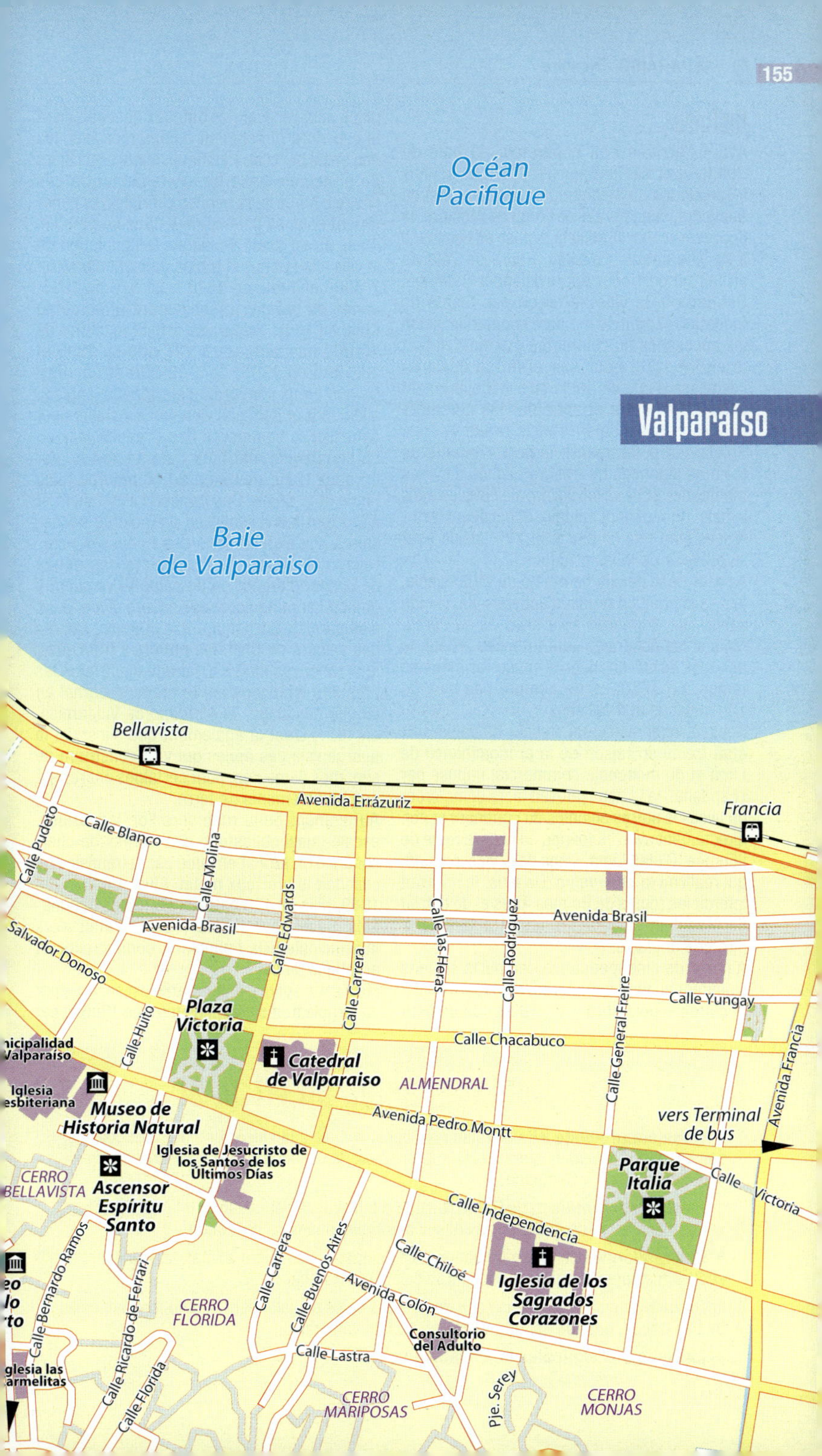
Océan Pacifique
Baie de Valparaiso
Bellavista
Francia
Avenida Errázuriz
Calle Blanco
Calle Pudeto
Calle Molina
Calle Edwards
Calle las Heras
Calle Rodríguez
Avenida Brasil
Salvador Donoso
Calle Carrera
Calle Yungay
Calle General Freire
Plaza Victoria
Calle Huito
Calle Chacabuco
Avenida Francia
nicipalidad Valparaíso
Catedral de Valparaiso
ALMENDRAL
Iglesia esbiteriana
Museo de Historia Natural
Avenida Pedro Montt
vers Terminal de bus
Iglesia de Jesucristo de los Santos de los Últimos Días
Parque Italia
Calle Victoria
CERRO BELLAVISTA
Ascensor Espíritu Santo
Calle Independencia
Calle Bernardo Ramos
Calle Chiloé
Calle Buenos Aires
Calle Ricardo de Ferrari
CERRO FLORIDA
Avenida Colón
Iglesia de los Sagrados Corazones
Consultorio del Adulto
Calle Lastra
Iglesia las armelitas
Calle Florida
CERRO MARIPOSAS
Pje. Serey
CERRO MONJAS

Histoire

Avant l'arrivée des Espagnols, la baie de Quintil était habitée par les Changos soumis à Tanjalonco, le Seigneur de Quillota. Juan de Saavedra, venu ravitailler Diego de Almagro, la découvre en mai 1536 et la baptise en hommage à sa ville natale. En 1541, Pedro de Valdivia en fait un port pour approvisionner Santiago. Cependant, la ville ne reçoit pas d'acte de fondation et croît de manière spontanée, selon les nécessités du commerce maritime. Il faut attendre 1560 pour voir enfin se dessiner l'esquisse d'une véritable cité. Régulièrement assailli dès cette époque par les corsaires anglais et hollandais (Francis Drake et Joris Spilbergen notamment), le port s'entoure de maintes légendes de trésors cachés dans les montagnes et de combats navals épiques dans la baie. Un régiment militaire et plusieurs forteresses sont mis en place au XVIIe siècle pour se prévenir de telles attaques.

A partir de la deuxième moitié du XVIIIe siècle, le port connaît un regain d'activité : vin, viande salée, cuir, fromages sont envoyés au Pérou. Mais si les échanges sont intenses en été, le port est fermé en hiver à cause du mauvais temps. En 1730, on ne compte pas plus de 100 maisons et 4 églises.

Sous le règne espagnol, l'essor de Valparaíso était freiné en raison de la prédominance de Lima et du monopole commercial imposé par l'Espagne ; le Chili ne pouvait alors commercer qu'avec les autres colonies du continent et non directement avec l'Espagne ou avec le reste de l'Europe. C'était Lima, siège de la vice-royauté, qui réalisait la plus-value. De plus, le roi avait interdit les routes de Buenos Aires et du détroit de Magellan par crainte des attaques de la piraterie anglaise.

A partir de l'indépendance, les ports chiliens s'ouvrent au libre commerce, et Valparaíso est déclarée « port libre » en 1822. Idéalement placé pour recevoir les bateaux qui doublaient le cap Horn et venaient commercer avec les îles et les ports du Pacifique, le port sert alors de principale base de ravitaillement à ces navires. Après leurs périlleux périples, ils pénétraient dans sa baie comme dans un paradis. Ainsi, en un quart de siècle, la population de la ville allait plus que tripler, passant d'environ 7 000 habitants en 1810 à 24 316 en 1835, année du premier recensement effectué au Chili. En 1841, Valparaíso atteint le chiffre de 50 000 habitants (puis 121 600 en 1895 et 162 000 en 1905, dont 12 000 étrangers). De nombreux immigrants européens (anglais, allemands et français) viennent s'installer pour contrôler le commerce des produits locaux. La compagnie maritime Calcuta voit le jour en août 1819, destinée au commerce avec l'Inde et la Chine. Des banques s'installent et apportent les ressources financières nécessaires aux exploitations des richesses naturelles chiliennes : les pionniers des mines de cuivre, d'argent ou de salpêtre venaient y obtenir l'argent nécessaire à leurs rêves. C'est à Valparaíso que naquirent la première Bourse des valeurs du Chili, les premiers tramways, le premier système d'éclairage électrique, les premiers téléphones et le premier journal en langue castillane, *El Mercurio* de Valparaíso, en 1827. C'est là également que s'installa la bourgeoisie des mines qui y fit construire de superbes demeures, dont certaines ont résisté aux tremblements de terre.

Au moment de la ruée vers l'or, Valparaíso, escale quasi obligatoire des navires de chercheurs d'or, se voit envahie par la frénésie que suscitait le précieux métal. Ainsi, durant l'été 1849, plus de 170 bateaux de toutes nationalités mouillèrent dans son port. C'était alors la principale ville financière, commerciale et artistique du pays.

Mais cette époque flamboyante est secouée par un terrible tremblement de terre en 1906 et par

Les immanquables du Littoral

- **Un séjour prolongé à Valparaíso** pour découvrir son ambiance surannée, ses collines, son cachet pittoresque, ses recoins improbables, sa vie nocturne et ses parcs naturels, comme celui de La Campana.
- **La visite de la maison de Pablo Neruda à Isla Negra** pour découvrir l'importance de la mer dans la vie du poète à travers ses nombreux objets de collection.
- **Une randonnée** dans le parc national La Campana. Son micro-climat, ses palmiers et ses cactus apporteront une touche tropicale à votre séjour !
- **Du camping** sauvage dans l'une des petites baies qui jalonnent la côte, comme celle de Las Docas, près de Laguna Verde, au sud de Valparaíso.
- **La visite des vignobles de Casablanca**.

Valparaíso selon Neruda

« Valparaíso est située tout près de Santiago. Les deux villes sont séparées seulement par les montagnes hirsutes sur les cimes desquelles se dressent, comme des obélisques, de grands cactus hostiles et fleuris. Pourtant une chose indéfinissable les éloigne. Santiago est une ville prisonnière, entourée par ses murs de neige. Valparaíso, en revanche, ouvre ses portes à la mer sans fin, aux cris de la rue, aux yeux des enfants. »

Pablo Neruda, *J'avoue que j'ai vécu.*

l'ouverture du canal de Panamá en 1914. Et alors le déclin de Valparaíso commença, irrémédiable, entre les deux guerres. Aux nouvelles routes maritimes s'ajoutait en outre la réorganisation de l'économie chilienne. Les politiques développant l'industrialisation interne, les commerces et les capitaux émigrèrent vers Santiago, au cœur du processus décisionnel. Le port s'enfonça dès lors peu à peu dans une sorte de léthargie que de nouveaux services portuaires ou des industries spécialisées ne purent dissimuler, tout comme la construction d'un nouveau Parlement en 1990 ; car les députés n'ont jamais vraiment voulu se faire à l'idée de devoir quitter la capitale pour ce « trou perdu ».

La ville aujourd'hui

Cette « *belle et extravagante cité, courbe parfaite sur la mer bleue, le moutonnement de ses collines échevelées ceinturant la baie comme un écho, un reflet dans le miroir de la terre des lames du Pacifique les jours de tempête* » (Alain Jaubert), ce port aux mille couleurs, est le décor d'un théâtre où les frontières entre acteurs et spectateurs sont abolies. L'un des personnages de cette féerie intemporelle, c'est bien sûr la nuit et ses lumières, celles des bateaux, celles du phare lançant ses appels rouges et blancs aux ténèbres marines, celles des demeures allumées criblant les *cerros* (monts) et scintillant si fortement qu'elles donnent l'impression de vouloir rivaliser avec le phare et prendre sa place dans le cœur des marins nostalgiques. Ces feux semblent prendre naissance dans la mer et sont comme le prolongement d'une vague qui, peu à peu, submerge la ville.

Valparaíso est le paradis des architectes. Comme le souligne Jaubert : « *Il y a plus d'idées dans ces contructions populaires que chez tous les architectes américains et européens réunis. [...] Dans les quartiers populaires, il y a des maisons construites avec les restes d'anciens naufrages. On dit qu'il y en a eu jadis des centaines, de quoi leur procurer du matériau. [...] Elles me font penser à des navires. Des navires englués dans la terre des collines, capturés, et qui resteraient là, bouillant d'impatience, prêts à retourner à l'eau. Et tournés vers l'océan, face aux vents, à la pluie, aux embruns. Souvenez-vous de la cabane de La Ruée vers l'or. Elle balance, elle penche, elle risque de tomber dans l'abîme. Ici, toutes les maisons s'attendent à tout moment à glisser dans le ravin. Elles remuent. Elles sont vivantes. Elles vivent dans l'incertitude du lendemain. Elles tombent et se renouvellent. C'est une ville qui bouge. C'est une ville imprévisible* ».

Depuis quelques années, de nombreux restaurants, des commerces en pagaille, des boutiques d'artisanat et de mode, tout comme de nouvelles perspectives touristiques modifient en profondeur le paysage urbain de Valparaíso. Les projets, aboutis ou à mettre en œuvre, ne manquent pas, comme ce projet de square public en bord de mer avec magasins, restaurants et tutti quanti...

La magie baroque et insolite de la ville pourrait bien s'évanouir dans la modernité, l'ordre et l'harmonie. Car le charme de Valparaíso, « *grappe de maisons folles* » selon Neruda, c'est peut-être bien cet agglutinement disparate et désordonné, cette fusion du beau et de l'affreux, cette mise en abîme perpétuelle des sens. N'est-ce pas le message délivré par le grand poète chilien, quand il écrivait : « *Valparaíso m'usurpa, me soumit à sa domination, à son éclat* » ?

Pour s'imprégner avant votre départ de « l'étrange étrangeté » du port mythique de Valparaíso, nous vous conseillons la lecture du roman d'Alain Jaubert, *Val Paradis*, paru chez Gallimard en 2004. C'est l'histoire d'un marin en escale à Valparaíso, qui évoque des souvenirs, des anecdotes, la trame de l'histoire étant constituée par sa nuit très agitée à Valparaíso pendant les années 1950.

Quartiers

Difficile de se perdre à Valparaíso, la mer n'est jamais loin ! Les locaux divisent la ville en deux parties : le *plan*, c'est-à-dire le centre de la ville qui borde la mer, et les *cerros*, qui sont les 42 collines auxquelles le centre est adossé, et qui portent toutes un nom propre.

Grands axes. En bus de Santiago, on arrive par une grande avenue perpendiculaire à la mer : l'avenida Argentina. C'est un bon point de repère. Trois grandes avenues parcourent le centre de la ville : Errázuriz en bord de mer et Brasil (qui se rejoignent pas loin du marché El Cardonal et du terminal de bus), ainsi que Pedro Montt, l'artère commerciale par excellence. Quatre autres vous seront tout aussi utiles en bus urbain (*micro*) ou en trolley : Chacabuco, Yungay, Independencia et Colón.
Quand on grimpe, le schéma urbain devient un peu plus compliqué : c'est un enchevêtrement d'escaliers, de ruelles tortueuses, de panoramas dérobés...

Conseil. Si votre arrivée à Valparaiso se fait au terminal de bus Rodoviario, n'hésitez pas à vous diriger vers le petit kiosque d'informations touristiques juste à côté du parking de bus. On vous donnera une carte détaillée et plutôt bien conçue de la ville, et on vous indiquera comment rejoindre votre hôtel.

El plan de Valparaíso ★★★

El Plan est la partie plate de la ville (par opposition aux *cerros*, les collines) et c'est ici que se trouvent les bâtiments publics et la grande majorité des commerces. Ses deux quartiers principaux sont le Barrio Puerto, le quartier du port, et El Almendral, à l'est du premier, le secteur commercial délimité par la rue Edwards et l'avenue Argentina. L'histoire du Barrio Puerto débute dès la création de la ville et l'arrivée de ses habitants : ce fut le premier secteur de la ville à être peuplé. Des maisons se sont tout d'abord construites tout autour de l'église, puis au fil du temps d'autres bâtiments s'y sont développés. Lorsque la ville connait son grand essor au XIXe siècle, le quartier devient le noyau dur de la ville en y développant notamment ses infrastructures commerciales. Parallèlement, les habitants déménagent vers les *cerros*. Ce secteur, qui s'étend de la Plaza Sotomayor jusqu'a la Plaza Wheelwright, est encore aujourd'hui considéré comme le centre de la ville.

Cerros ★★★★

Depuis l'époque coloniale, aucun consensus n'a pu dénombrer exactement les *cerros* qui composent la ville. Cependant, on parle souvent de 42 *cerros*, tous différents, avec leurs propres caractéristiques sociales et urbaines et leurs propres modes de vie communautaire, qui se dressent au sud du *plan*, dominant la baie. Certains d'entre eux ont disparu, d'autres ont été annexés, et parmi les plus célèbres de la ville on retrouve notamment les *cerros* Alegre, Baron, Blanco, Bellavista, Concepción, Florida, La Merced, Mariposas, Miraflores, O'Higgins et Playa Ancha. Bien sûr, tous méritent le coup d'œil bien que la visite de certains *cerros* ne soit pas recommandée aux touristes (ne vous aventurez pas trop dans les hauteurs en exposant votre appareil photo ou votre portable).

Se déplacer

L'arrivée

Valparaíso est située à 100 km au nord-ouest de Santiago. Il n'y a pas d'aéroport. Pour gagner l'aéroport international, il faut prendre un bus pour Santiago et descendre à Pajaritos (une station de métro mais aussi un terminal de bus).
Demandez à l'assistant du chauffeur de vous signaler quand descendre. Compter 1h20 de bus jusqu'au terminal Pajaritos puis moins de 20 minutes pour l'aéroport... Bref, calculez environ 2 heures pour voir large.

■ **LATAM**
Esmeralda 1044
✆ +56 600 526 2000
www.latam.com
contactlatam@latam.com
Bureaux ouverts en semaine de 9h à 18h15, le samedi de 10h à 13h15.
Billets d'avion pour l'international et l'île de Pâques.

■ **TERMINAL RODOVIARIO DE VALPARAÍSO**
Pedro Montt 2860
Zona Almendral
✆ +56 32 293 9695
À deux pas de la Plaza O'Higgins, en face du Congreso Nacional, dans la partie est du centre-ville.
A disposition : DAB, petite boutique et taxis présents assez tard. Compter 3 200 $ pour Isla Negra et la maison de Neruda. Compter 450 $ le trajet jusqu'à Laguna Verde, 600 $ jusqu'au terminus (pour marcher jusqu'à la plage de las Docas). Pour Santiago, la compagnie Sol del Pacifico est la moins chère (2 500 $ aller simple) ; compter environ 3 500 à 4 500 $ avec les autres. Un aller-retour est moins cher : environ 5 000 à 6 500 $. Pour la Serena, compter entre 10 000 et 22 000 $. Pour Concepción, entre 12 000 et 32 000 $ environ en saison, pour 8h30 de route. Pour Mendoza, compter entre 15 000 et 30 000 $ par personne selon le confort.

Pour les stations balnéaires au sud de la ville (Algarrobo, El Quisco, Isla Negra, Cartagena et San Antonio), Pullman Lago Peñuelas part toutes les 20 minutes.

Pour Laguna Verde et la plage de Las Docas, prendre le bus Sol de Reñaca à l'angle de Victoria et Rancagua, derrière le Congrès, ou alors devant le Lider du quartier Bellavista. Départs toutes les heures.

Pour la côte au nord de la ville (Reñaca avec les bus 601, 605 et 607 par exemple, Concón, Quintero, Ventanas, Horcón), les bus sillonnent l'avenue Errázuriz le long de l'océan ; la destination est indiquée à l'avant du bus.

Pour Santiago, les compagnies Pullman, Tur Bus, Condor et Sol del Pacifico assurent le trajet. Compter en moyenne de 3 000 $. Départs très fréquents jusqu'à 22h environ. Lors des périodes de vacances et les week-ends, pensez à réserver vos billets à l'avance.

Pour La Serena, départs en général en début d'après-midi (13h) et vers 23h. Compter 7h de trajet. Condor Bus/Flota Barrios est la compagnie la moins chère, mais pas la plus confortable. Tur Bus l'est plus.

Pour le Grand Nord. Les grosses compagnies poursuivent vers Vallenar, Copiapó, puis Antofagasta, Iquique ou Calama en général. Pour Arica, il vaut mieux se rendre à Santiago, ou alors changer à Calama.

Pour Concepción, plusieurs départs en soirée ou tôt le matin, avec Tur Bus par exemple. Mais les tarifs sont en général moins chers depuis Santiago (les bus y passent de toutes façons).

Pour les villes du sud (Temuco, Valdivia, Osorno, Puerto Varas ou Puerto Montt), les bus (comme Bus Norte) passent par la capitale et s'y arrêtent. Des promotions sont souvent proposées.

Pour Mendoza en Argentine, plusieurs départs par jour le matin (vers 8h-8h30) et le soir (vers 19h30/20h et en saison vers 22h30), via Los Andes, avec les compagnies El Rapido, Andesmar, Cata Internacional ou Ahumada. Compter 8h de voyage. Certains bus continuent vers Buenos Aires.

TUR BUS
Terminal de bus, local 6
✆ +56 32 221 2028
www.turbus.cl
atencion_clientes@turbus.cl
Bureaux ouverts de 6h30 à 21h30 tous les jours. Compter 3 000 $ pour un aller depuis ou vers Santiago.
Réservations en ligne partout au Chili. Pas d'obligation concernant l'impression de vos billets, vous n'aurez qu'à montrer vos billets sur votre téléphone.

En ville

Plusieurs possibilités pour circuler en ville. Pour attraper un bus ou un taxi collectif, rien de plus simple : il en passe toutes les dix secondes, jusque tard (surtout en fin de semaine, toute la nuit), sur Errázuriz ou Condell. Pour aller du terminal de bus au centre, prendre n'importe quel bus qui indique « Aduana » ou « Playa Ancha » (UPLA) ; dans l'autre sens, suivre l'indication « Plaza Viña » ... Ces derniers vont en effet jusqu'à Viña del Mar.

A Valparaíso, si vous prenez un *micro* pour rester dans les limites du plan, dites en montant le mot magique « local » : cela signifie que vous paierez le tarif minimum, correspondant au tarif local. Si vous ne dites rien, le chauffeur croira peut-être que vous gagnez un *cerro* ou Viña, et vous paierez plus cher.

Pour Viña, des bus ou des taxis collectifs passent toutes les cinq secondes sur Condell, Pedro Montt et Errázuriz. Le ticket coûte entre 400 et 600 $, en taxi collectif cela vous reviendra plus ou moins au même prix. Certains bus vont à toute berzingue, il ne faut pas avoir l'estomac fragile !

Métro

METRO
www.merval.cl
merval@merval.cl
Le tarif varie selon la distance et le moment de la journée. Il existe plusieurs tramos (trajets), le moins cher menant du port de Valparaíso à Caleta Portales (où termine la ville), le plus cher menant à Limache (entre 777 et 864 $). Pour Viña del Mar depuis Valparaíso, compter entre 410 et 456 $.Pour utiliser le métro, il faut acheter une carte au préalable. Elle vaut 1 350 $. Ensuite, on la recharge pour voyager, au minimum 300 $.
Le métro, inauguré en 2005, relie Valpo à Limache (près du parc national La Campana), via Viña del Mar et Quilpué. A Valpo, on peut le prendre aux stations suivantes : port Prat (près de la place Sotomayor), Bellavista (supermarché Lider, près de la place Ecuador), avenida Francia (au bout de l'avenue), Barón (au bout de l'avenue Argentina). Fréquences très régulières pendant la journée (toutes les 6 ou 12 minutes), mais plus de service après 22h30. On longe le bord de mer au début. Les chauvins pourront se délecter, car ce métro a été construit par le groupe français Alstom.

Bus

Bus urbain (appelé ici *micro*). Tarifs de 260 à 350 $ en ville (c'est écrit dessus, même s'il faut réagir vite...).

▸ **Taxi collectif (*colectivo*).** Lignes fixes qu'il faut apprendre à connaître... Pour remonter au Cerro Alegre, le taxi collectif patiente à l'angle de la place Aníbal Pinto et de la rue Almirante Montt, près du magasin La Estrella et du restaurant Le Cinzano. Compter entre 350 et 500 $ par personne selon la ligne.

Tramway

▸ **Trolley (*trole*).** Ces machines, venues au nombre de 30 des Etats-Unis dans les années 1950, sont un excellent moyen de découvrir la ville tout en respectant l'environnement. On va plus lentement qu'en bus, mais plus sûrement aussi, et le pittoresque compense largement. Compter 250 $ le ticket. L'itinéraire classique inclut les rues Condell puis Pedro Montt ou l'avenue Colón, avant de revenir par l'avenue Argentina sur Pedro Montt et l'avenue Brasil.

Taxi

Taxi privé : compter 450 ou 500 $ de base, plus 250 ou 300 $ le kilomètre ou la minute. Un taxi du terminal de bus au Cerro Alegre revient à 5 000 $ environ.

Pratique

Tourisme - Culture

■ **DUOC UC VALPARAISO**
Brasil 2021
✆ +56 32 2268700 – www.duoc.cl
Ouvert du lundi au vendredi de 9h à 20h, le samedi de 10h à 19h et le dimanche de 10h à 14h.
Centre de gestion du tourisme, du patrimoine et de la culture. Expositions, pièces de théâtre, spectacles de danse, concerts, cinéma, etc. Tickets (gratuits) à retirer 48 heures avant chaque événement. Centre d'informations touristiques de Sernatur et cafétéria au rez-de-chaussée.

■ **KIOSQUES D'INFORMATIONS TOURISTIQUES**
Muelle Prat, place Sotomayor
✆ +56 32 293 9669
www.ciudaddevalparaiso.cl
Des cartes et quelques prospectus sur les hôtels, les agences, les restos...

▸ **Autres adresses :** Bellavista, en face du supermarché Lider • Terminal de bus

■ **OFFICE DU TOURISME SERNATUR**
Plaza Sotomayor 233
✆ +56 32 223 62 64
infovalparaiso@sernatur.cl
Ouvert du lundi au vendredi de 9h à 14h et de 15h à 18h. Le samedi de 9h à 14h et de 15h à 17h.
Pas mal d'informations sur les activités touristiques de Valparaiso et ses alentours. Possibilité de se renseigner auprès des employés à disposition.

Réceptifs

■ **CHILE CENTRAL VOYAGES**
✆ + 56 9 815 728 71
Voir page 27.

■ **CHILE PRIVATE TOURS**
✆ +56 9 8172 4441
Voir page 28.

■ **TERRA CHILE**
86 Héctor Calvo
Cerro Bellavista
✆ +56 32 271 5251
Voir page 30.

Argent

Il y a désormais 3 DAB au sein du terminal de bus et de nombreux DAB au centre, donc aucun problème pour retirer de l'argent à tout moment. Plusieurs maisons de change, autour du Reloj Turri, notamment dans la rue Cochrane en allant vers la place Sotomayor.

Moyens de communication

■ **POSTE**
Pedro Montt 2413-2415
www.correos.cl
sac@correos.cl
Ouvert en semaine de 9h à 18h, le samedi de 10h à 13h.

▸ **Autre adresse :** Prat 856

Santé - Urgences

■ **HOSPITAL CARLOS VAN BUREN**
San Ignacio 725
✆ +56 32 220 4000
www.hospitalcarlosvanburen.cl
Le meilleur hôpital en ville.

Se loger

Valparaíso est une ville touristique et accueille surtout les voyageurs étrangers (les Argentins ou les Brésiliens lui préfèrent Viña del Mar, les Chiliens sont partagés). Les cerros Alegre et Concepción concentrent la grande majorité des établissements, même si les cerros Bellavista et Artillería commencent à avoir la cote. Une nouveauté depuis quelques années : l'abondance d'hôtels boutiques dans de vieilles maisons centenaires retapées, au charme exquis.

El plan de Valparaíso

ACONTRALUZ HOTEL BOUTIQUE

San Enrique 473
✆ +56 32 211 1320
www.hotelacontraluz.cl
info@hotelacontraluz.cl
Compter entre 136 et 156 US$ la chambre double standard et entre 230 et 294 US$ la suite matrimoniale. Petit déjeuner inclus.
Dans cette grande maison coloniale, on propose des chambres plutôt spacieuses avec vue sur les collines ou sur la baie. Espaces communs ouverts et terrasse délivrant une superbe vue sur le port, à chaque niveau. Cafétéria en self-service 24h/24. De temps à autre, la maison accueille des grands musiciens chiliens et étrangers pour jouer quelques morceaux au piano à queue ou dans le bar particulier avec une petite scène. Ambiance décontractée avec une certaine touche bourgeoise qui n'est pas pour déplaire. Une très belle adresse.

CASA GALOS HOTEL & LOFTS

Templeman 893
A l'angle de Almirante Montt
✆ +56 32 2112 633 – www.casagalos.cl
contacto@casagalos.cl
En haute saison, compter à partir de 165 US$ pour une chambre standard et à partir de 195 US$ l'appartement (jusqu'à 3 ou 4 personnes). Petit déjeuner et wifi inclus.
En plein cœur du quartier patrimonial, voici 15 chambres, 11 suites et 4 appartements spacieux, lumineux et modernes, de 47 à 73 m². Les appartements sont dotés d'une chambre avec dressing, d'un salon avec canapé-lit, d'une cuisine totalement équipée (sans oublier l'huile, le sel et le poivre !), de la TV câblée, du chauffage et d'une salle de bains privée ; certains possèdent même un petit balcon. Meubles de bois clair, déco sobre et ambiance reposante. Personnel souriant et dynamique. Adresse idéale pour les familles. Sans doute l'un des meilleurs rapports qualité-prix dans cette catégorie.

HÔTEL IBIS

Av. Errázuriz 811
✆ +56 32 280 2300
www.ibis.com
h8227-re@accor.com
Compter 35 000 $ pour une personne et 40 000 $ pour deux, hors taxes.
Sur le port, cet hôtel moderne possède aujourd'hui la plus grande capacité d'hébergement à Valparaíso avec ses 184 chambres. Chambres par ailleurs assez grandes et lumineuses, avec tout le confort standard de la chaîne Ibis : TV câblée, téléphone, air conditionné, accès aux personnes à mobilité réduite, wifi... Préférez les chambres qui offrent une vue plongeante sur le port et la baie de Valparaíso, très agréables (idéales pour le 31 décembre). Snack-bar ouvert 24h/24, service impeccable. Le meilleur rapport qualité/prix dans cette catégorie à ce jour.

NÓMADA ECO-HOSTEL

1822 Avenida Brasil
✆ + 56 9 64645372
www.nomadaecohostel.cl
nomadaecohostel@gmail.com
Selon saison compter entre 7 500 $ et 12 000 $ en dortoir, entre 25 000 $ et 33 000 $ la double et entre 33 000 $ et 35 000 la triple avec sanitaires communs.
Cette ancienne pension étudiante transformée en *hostel eco-friendly* propose des dortoirs et des chambres conviviales et colorées. Le petit déjeuner, plutôt copieux, se compose notamment de thé organique, de fruits de saison et de confitures maison. Des activités comme des séances de cinéma, des spectacles de magie et des concerts sont proposés régulièrement. En ce qui concerne la politique écologique, tout y passe : tri des déchets, panneaux solaires, meubles recyclés, même les éléments du compost sont destinés à Carmela, une ânesse vivant sur les hauteurs de Valparaiso ! La terrasse commune est agréable et équipée d'un verger de plantes aromatiques à disposition des voyageurs. Une adresse recommandable pour tenter une expérience alternative à bon rapport qualité-prix.

Cerros

Bien et pas cher

LA BICYCLETTE

Almirante Montt 213, Cerro Alegre
✆ +56 32 222 2415
www.bicyclette.cl
gilles_amari@hotmail.com
Compter 27 000 $ en appartement (avec kitchenette) pour deux, 32 000 pour trois environ. 10 000 $ par personne pour les chambres privées avec salles de bains communes. Compter 1 000 $ supplémentaire pour le petit déjeuner.
Gilles, un Français de Toulouse qui vit à Valpo depuis des lustres, propose des chambres simples, mais bien tenues avec salle de bains commune. Il n'y a pas de dortoir, mais les prix sont tout doux : peu importe la chambre et peu importe la saison de l'année, cela fait 20 ans que les prix n'ont pas changé ! Gilles propose aussi un appartement indépendant, idéal pour les familles, avec cuisine équipée et salle de bain privée. Bavard, il saura vous donner plein de conseils. Jardin plaisant à l'entrée pour prendre le petit déj. Pas mal d'infos sur les environs. Bien situé, au pied des cerros Alegre et Concepción. Un plan sûr pour les petits budgets.

LA GALERIA B&B

159 pasaje Templeman,
Cerro Concepción
✆ +56 32 336 5984
lagaleriavalparaiso@gmail.com

A partir de 25 000 $ la chambre double. Petit déjeuner compris.

Ce petit hôtel de charme ouvert en 2017 est un cocon douillet idéalement situé dans une rue calme du Cerro Concepcion. Leo et Rémi, les propriétaires français, ont instauré le parfait compromis entre atmosphère familiale et intimité. Les éléments d'origine de l'ancienne maison coloniale ont bien été conservés et remis au goût du jour grâce à de jolies fresques murales et des décorations raffinées. Les chambres sont simples et spacieuses, la numéro 8 est la plus jolie avec sa terrasse privée et la vue colorée sur les Cerros avoisinants. On s'y sent comme à la maison, de plus la plupart des bonnes adresses de la ville se situent à à peine 10 min à pied ! La grande terrasse commune est sans doute l'un des plus beaux atouts de la maison, il y fait bon d'y prendre un bain de soleil tout en savourant le petit déjeuner servi chaque matin. Enfin, les jeunes hôtes sont charmants et prodiguent plein de bons conseils sur la ville et la région.

HOSTAL DESTINO BELLAVISTA

Héctor Calvo 338
Cerro Bellavista
✆ +56 9 9748 4503
www.hostaldestinobellavista.cl
destino.bellavista@gmail.com

Compter à partir de 23 US$ par personne en chambre double avec salle de bains privée. Petit déjeuner à 4 US$.

Cet Hostal propose des chambres simples et propres, assez lumineuses. Kitchenette (bien équipée) et petite terrasse agréable en soirée. Patricia, la très aimable propriétaire, est prête à vous rendre service et à vous informer sur les attraits touristiques de la ville. Également une petite boutique d'artisanats et de souvenirs, certains élaborés par Hilda et Astrid (francophone). Bon rapport qualité/prix.

HOSTAL VOYAGE

Leighton 229
Cerro Alegre
✆ +56 9 8500 3049
hostelvoyagevalpo@gmail.com

Compter 8 500 $ en dortoir et entre 24 000 $ et 45 000 $ la chambre de 2 à 4 personnes. Petit-déjeuner inclus.

Cette auberge de jeunesse a ouvert ses portes en 2015 et profite déjà d'une très bonne réputation auprès des *mochileros.* Très bien placé sur le Cerro Alegre, l'endroit est beau et bien décoré, les espaces communs extérieurs sont spacieux et agréables. Les dortoirs et les chambres sont corrects, les salles de bains sont propres et fonctionnelles. L'accueil chaleureux du personnel mérite également d'être souligné, les activités sont nombreuses (soirées cinéma, ateliers graffitis, *speed-dating*...), pour résumer c'est un très bon choix si l'on souhaite faire des rencontres et profiter des nuits *portenas !* L'ambiance est au top, on s'y sent vraiment comme chez soi.

LA MAISON DE LA MER

General Mackenna 527
Cerro Yungay
✆ +56 32 223 9838
www.maisondelamer.cl
hostalmaisondelamer@hotmail.com

Compter 10 000 $ par personne pour une chambre double et 15 000 $ si vous êtes seul. Petit déjeuner et wifi inclus, parking.

Cette jolie adresse était à l'origine une auberge de marins. Rénovés en 2016, les chambres et les dortoirs simples, mais corrects entourent un patio couvert où il fait bon se réunir. Une cuisine bien équipée est à disposition des voyageurs, ainsi qu'un joli jardin en terrasse, idéal pour des petits déjeuners ensoleillés. Parmi quelques arbres fruitiers, on a même une vue sympathique sur la baie. Dans le salon, petite bibliothèque, *baby-foot* et autres curiosités locales (notamment de jolies peintures) installent une atmosphère chaleureuse propice aux rencontres. Accueil très agréable de Stéphanie et Clément, Français, qui peuvent vous donner de bonnes infos. Sur place, vous trouverez également un ordinateur et un service de laverie. Adresse bien vue auprès des voyageurs (beaucoup de Français), familiale et conviviale.

LA MAISON DU FILOU

Papudo 579
Cerro Concepción
✆ +56 32 212 4681
www.lamaisondufilou.cl
lamaisondufilou@gmail.com

Compter 13 000 $ pour une personne, 20 000 $ pour deux, 25 000 $ pour trois avec sanitaires communs, petit déjeuner et wi-fi inclus.

Au cœur du quartier patrimonial, dans une rue des plus pittoresque, cette vieille bâtisse typique sur deux étages comprend cinq chambres spacieuses, colorées et confortables, partageant deux salles de bains.

Parquet, hauts plafonds et même un petit balcon avec vue sur la mer pour l'une d'entre elles. Déco originale. Cuisine équipée. L'excellente situation et l'accueil amical de Fabien, le propriétaire français qui peut vous fournir toute sortes d'informations, font de cette adresse un très bon plan.

Confort ou charme

■ FAUNA HOTEL

Paseo Dimalow 166
Cerro Alegre
✆ +56 32 327 0719
faunahotel.cl
contacto@faunahotel.cl

Compter à partie de 90 US$ la chambre selon la vue. Petit déjeuner (copieux) compris. Offres en basse saison.

Un charme fou pour l'une des plus belles adresses du Cerro Alegre, logée dans deux maisons de 1870 restaurées suivant des critères respectueux de l'esprit de ces maisons, et du quartier (alliage intelligent du bois et du fer, ouvertures pour laisser filtrer la lumière naturelle...). Des 17 chambres confortables au cachet indéniable, chacune a sa spécificité (mur coloré, pierres apparentes...). Et, de certaines chambres et du restaurant, vue sur le Cerro Concepción et sur une partie de la baie de la ville. Dans une charmante ruelle piétonne, à quelques mètres de l'ascenseur Reina Victoria. L'hôtel a été rénové en 2019 : chic et flambant neuf !

■ HOTEL 17

Calle Papudo 557
Cerro Concepción
✆ +56 32 32 77295
www.hotel17.cl
reservas@hotel17.cl

Compter à partir de 60 000 $ la double.

10 chambres simples, design et colorées, dont la majorité sont prolongées d'un balcon avec vue sur la baie.

Lumineuses et confortables, elles font amplement l'affaire pour un petit week-end en amoureux. Les salles de bains sont tout à fait charmantes. Petit déjeuner continental et massages parmi les services offerts par ce joli petit hôtel.

■ HOTEL ULTRAMAR

José Joaquín Pérez 173
Cerro Cárcel
✆ +56 32 221 0000
www.hotelultramar.com
reservas@hotelultramar.com

Compter entre 150 et 240 US$ la chambre pour deux avec petit déjeuner. De bonnes promotions sur le site internet.

L'hôtel, qui a conservé la magnifique façade d'époque, propose seize chambres (suite superbe avec vue panoramique sur la baie) lumineuses, chauffées et avec moquette au sol, TV câblée et téléphone. Design moderne et minimaliste. A votre disposition, une cafétéria, une salle de lecture, une terrasse spacieuse (avec vue), un patio frais jonché de pieds de bambous et un parking. Adresse hospitalière envers les francophones.

■ WINE BOX

Baquedano 763
✆ +56 9 9424 5331
wineboxvalparaiso@gmail.com

Compter à partir de 100 US$ la chambre standard et 180 US$ la suite avec vue sur la mer.

Ce boutique-hôtel mérite bien d'être mentionné tant il foisonne d'originalité : il s'agit d'une structure composée de 25 containers disposés les uns sur les autres, et de l'œuvre tout à fait remarquable de Grant, le propriétaire néo-zélandais à l'origine du projet. Après avoir longtemps travaillé dans la Vallée de Colchagua, il s'est associé à sa femme architecte, Camila, pour implanter à Valparaiso sa passion pour l'œnologie. Et c'est une réussite ! Avec son bar à vin, sa salle de dégustations et ses 21 chambres, ce Tetris de containers est amplement séduisant et maîtrisé. Disposées sur 4 étages, les chambres aux allures de loft new-yorkais sont parfaitement décorées et aménagées. Les éléments recyclés ont totalement été reconvertis en décors de luxe. Plus de 3 000 palettes jetables ont été utilisées pour la fabrication des meubles et plus de 2 000 bouteilles de verre ont servi pour la fabrication des lampes. L'attention au détail est aussi très particulièrement appréciée : des fresques réalisées par des artistes locaux en passant par la paire de jumelles incontournable pour contempler la baie, les chambres sont de véritables œuvres urbaines ! Enfin depuis la terrasse, la vue est majestueuse. Les lumières sont irréelles au coucher du soleil et les nuages et les bateaux semblent se figer à l'horizon.

VOGA EXCLUSIVE GUESTHOUSE
Galos 435
Cerro Alegre
✆ + 56 9 7498 4871
www.vogahotel.com
gonzalo@vogahotel.com
A partir de 150 US$ la chambre double, petit déjeuner inclus.
Dans une maison coloniale datant de 1885 et restaurée, on propose 5 chambres douillettes et très confortables, avec vue sur un jardin ou sur la baie (longues-vues dans certaines chambres). Chacune porte le nom d'un personnage plus ou moins connu qui a marqué l'histoire de Valparaíso. La déco allie joliment meubles aux couleurs modernes et objets anciens, vestiges d'un riche passé. Petit jardin verdoyant avec terrasse en hauteur, très agréable. Une adresse intime, élégante et charmante. Excellent accueil de Gonzalo et de son épouse. A découvrir.

Luxe

HOTEL CASA HIGUERAS
Calle Higuera 133
Cerro Alegre
✆ +56 32 2497900
www.casahigueras.cl
info@casahigueras.cl
Compter de 230 US$ à 320 US$ pour deux pour une chambre traditionnelle selon la saison et à partir de 290 US$ jusqu'à 410 US$ la chambre supérieure. Petit déjeuner et wifi inclus. Parking en sus.
Vingt chambres élégantes et modernes dotées de toutes les aménités d'usage, dans une belle bâtisse des années 1920 rénovée avec soin. On apprécie la jolie terrasse panoramique avec sublime piscine et Spa (sauna, massages...). Le restaurant Montealegre jouit d'une presse favorable. Les chambres sont sophistiquées, lumineuses et spacieuses. La décoration n'a rien de particulièrement charmant ou d'exceptionnel, mais la literie est excellente et les salles de bains un délice ! Bonne adresse dans cette gamme de prix.

HOTEL PALACIO ASTORECA
Calle Montealegre 149
Cerro Alegre
✆ +56 2 3284 4200
www.hotelpalacioastoreca.com
Chambres standard à 230 ou 270 US$ selon la saison, supérieure à 260 ou 310 US$, suite Deluxe à 440 ou 480 US$, avec terrasse à 450 ou 480 US$. Petit déjeuner, wifi, piscine intérieure et sauna inclus.
Ouvert fin 2012, ce superbe hôtel de 23 chambres est situé dans une mansion victorienne de 1923, entièrement restaurée (et monument historique) par l'architecte chilien Mathias Klotz. Toutes les chambres (de grand confort) sont différentes (4 catégories possibles), la déco est très réussie : nombreuses antiquités locales, textiles artisanaux, parquets originaux, céramiques peintes à la main, papiers peints importés d'Europe... Belles vues sur la baie ou les collines (sauf pour les chambres standard), superbes depuis les suites Deluxe. Piscine intérieure chauffée, salle de massage, sauna et bain bouillonnant, piano bar fourni, cave à vins, bibliothèque et terrasse des plus agréable sur la place du Paseo Yugoslavo. Le couple propriétaire helvético-chilien a réussi son pari : voici l'un des plus beaux établissements de Valparaíso, à découvrir.

ZERO HOTEL
Lautaro Rosas 343
Cerro Alegre
✆ +56 32 2113113
www.zerohotel.com
escaparse@zerohotel.com
Compter de 200 à 300 US$ la double, petit déjeuner inclus.
Cette maison ancienne de 1880, à la façade bleu clair, a été restaurée avec un goût exquis. C'est l'un de nos hôtels favoris à Valparaiso, une adresse que les amoureux retiendront ! Les neuf chambres, au décor minimaliste et coloré, rappellent le charme haussmannien. De grand standing (la literie, les draps et les douches

Pescado de roca ?

Alors qu'on sert partout de la *corvina*, du congre, de la *reineta*, du saumon ou de la sole (*lenguado*), depuis quelque temps un nouveau venu a fait son apparition sur les cartes des meilleurs restaurants de la ville : le *pescado de roca* (poisson de roche). Celui-ci regroupe plusieurs variétés, comme la *Vieja Tiuque* (un poisson rouge qui se nourrit seulement de crevettes de roche), la *Vieja Negra* (un poisson plus suave et tendre, qui ne mange que des crustacés), le *Rollizo* (corps plus ferme et savoureux, c'est celui qu'on retrouve sur les meilleures tables), le *Pez Leopardo* (poisson-léopard, au goût assez amer, qui mange beaucoup d'algues) et le *Bilagay* (très savoureux et délicat).

notamment), elles sont composées de grandes fenêtres avec une vue imprenable sur la baie. Patio avec vue sur le port et petite piscine pour les chaudes journées d'été. Ambiance conviviale, chaleureuse et distinguée.

Se restaurer

Valparaíso propose des restos pour toutes les bourses. Menus pas chers le midi dans le centre affairé (à partir de 3 000 $ environ), bonnes tables sur les *cerros* Alegre, Concepción et Bellavista notamment (menus le midi à partir de 6 000 $, plats à la carte entre 5 000 et 10 000 $ environ). Les tarifs sembleront toutefois un peu élevés pour une cuisine somme toute inégale et un service souvent aléatoire. La belle vue sur l'océan compense parfois. Mais pas toujours, d'autant que, depuis quelques années dans les endroits touristiques, on impose plus ou moins un pourboire « suggéré »... mais inclus sur la note !
Les vendredis et samedis soir, pensez à réserver, car les habitants de Santiago affluent en masse (presque toute l'année) et squattent les meilleures tables de la ville. En général, on vient dîner vers 21h/21h30...

El plan de Valparaíso

Pause gourmande

■ **EMPORIO LA ROSA**
Plaza Aníbal Pinto 1189
✆ +56 9 7516 4920
www.emporiolarosa.com
Tous les jours de 8h30 (9h le samedi et 11h le dimanche) à 21h30. Coupes de glace entre 2 750 et 3 300 $, sandwichs autour de 3 800 $. Plats autour de 5 000 $.
Petit frère de celui de Santiago, cet Emporio (nom donné jadis à une boutique de qualité ou *gourmet,* comme on dit ici) propose petits déjeuners, croissants, jus de fruits, cafés, sandwichs, soupes, salades, quiches et quelques spécialités chiliennes (*porotos granados*, *charquicán* ou *tomaticán* notamment). Très connu aussi pour ses glaces à la coupe (sur place ou à emporter).

■ **VITAMIN**
Pedro Montt 1746
✆ +56 32 2212689
Depuis 1959, cette adresse propose les meilleures glaces de Valpo (80 parfums), des douceurs, des jus naturels et même des menus pas chers le midi. Minuscule terrasse sur la rue prise d'assaut en été. Ne paie pas de mine, mais il est difficile de trouver plus typique... et sans aucun touriste !

Bien et pas cher

CAFE DEL POETA
Plaza Aníbal Pinto 1181
✆ +56 32 222 8897
Une décoration classique pour l'un des meilleurs cafés de la ville. Menu pas trop cher le midi et plats de qualité (essayez le tiramisu en dessert) le tout accompagné d'un service amical et souriant. La terrasse sur la place est très appréciée en été, un peu en retrait de la rue (et on peut y fumer).

CASINO SOCIAL J. CRUZ
Condell 1470
✆ +56 32 221 1225
Au fond d'une impasse, une vraie petite découverte. Les crucifix et les missiles cohabitent dans un capharnaüm de bibelots aussi incongrus les uns que les autres. Les tables et les murs sont le livre d'or de la maison, où chaque visiteur laisse une petite trace de son passage. Ambiance bohème. C'est ici que la fameuse *chorrillana* (morceaux de viande de bœuf, oignons frits, saucisses, œufs et frites), typique de Valpo, aurait été inventée... Hélas, si le local mérite encore un coup d'œil (difficile de faire plus pittoresque), la qualité de la cuisine n'est plus à la hauteur (plus gras, tu meurs !) mais est tout de même correcte pour s'essayer à la gastronomie chilienne !

EL PIMENTON
Ecuador 27
✆ +56 9 9622 3024
Ouvert tous les jours de 13h à 23h (01h les vendredis et samedis soir).
On adore. La déco, bohème et allègrement loufoque, avec une vraie identité. L'ambiance, entre amis, en famille, est détendue. Et la cuisine, typiquement chilienne et bien préparée : énormes *empanadas*, *pastel de choclo*, *chorrillana* (l'une des meilleures de Valpo, le soir seulement), lasagnes végétariennes, ceviche... On y revient avec plaisir, aussi bien le midi (menu pas trop cher, souvent plein) que le soir pour boire un verre entre amis.

LA MONEDA DE ORO
Bernardo O'Higgins 1252
✆ +56 32 225 1733
Tous les jours midi et soir, sauf le dimanche. Menu à 4 000 $ le midi, empanadas autour de 1 500 $, plats entre 3 800 et 6 400 $ environ.
Un resto typique de Valparaíso, à la faune cosmopolite. Cuisine de chez grand-mère, notamment des *cazuelas*, des *merluzas* ou *reinetas* frites, du *bife a lo pobre*, du *pastel de jaiba* ou des *machas a la parmesana*. Bonnes *empanadas*. Les portions sont copieuses. Le service, parfois un peu débordé. Terrasse pour fumeurs le midi.

Cerros

Pause gourmande

AMOR PORTEÑO
Almirante Montt 418
Cerro Alegre
✆ +56 32 221 6253
Ouvert de 10h à 21h du mardi au jeudi et jusqu'à 22h le vendredi. Dès 10h30 les samedi et dimanche. Pizzas et jus à partir de 5 290 $.
Glacier qui, en quatre ans, a acquis une solide réputation. Toutes les glaces artisanales proviennent de Córdoba en Argentine. On apprécie le *chocolate africano* ou chocolat chaud qu'on accompagne de churros, le *dulce pecado* (*dulce de leche* argentin), un délicieux chocolat végan est aussi à découvrir ainsi que la *copa valparaíso* : brownie, meringue, deux parfums de glace et de la crème chantilly ! Les glaces sont sans additifs et 100 % naturelles. Aussi des petits déjeuners, des sandwichs, du café et des jus de fruits.

Bien et pas cher

CAFÉ DEL PINTOR
Urriola 652
Cerro Alegre
✆ +56 32 223 7023
Menu à 7 900 $ (café inclus). Plats entre 7 000 et 8 500 $. Ouvert du lundi au mardi de 13h à 21h30 et jusqu'à 23h30 du mercredi au dimanche.
Ce petit local, dont les murs sont recouverts de peintures et fresques, donne l'impression d'entrer chez des amis (artistes, bien sûr). Le service de Rodrigo et Viviana est dans le ton, souriant et chaleureux. La *reineta* et son risotto de champignons est un délice, tout comme le suprême de poulet et ses légumes sautés. Une excellente adresse à découvrir qui reste parmi nos préférées.

EL INTERNADO
167 Dimalow
Cerro Alegre
✆ +56 32 3354153
contacto@elinternado.cl
Ouvert du lundi au jeudi de 17h30 à minuit et le week-end de 13h à minuit. Menu à 5 900 $. Plats et burgers de 6 000 $ à 11 500 $.
Créé par les propriétaires du Fauna, cet ancien internat est à la fois un restaurant, un bar et un centre culturel. Les burgers, spécialité de la maison, sont particulièrement savoureux et le menu du midi est d'un bon rapport qualité/prix. Une adresse à part où l'on vient davantage pour le cadre expérimental et la vue imprenable sur les *cerros*. Bonne ambiance le week-end.

Bonnes tables

LA CAPERUCITA Y EL LOBO

Florida 75, Cerro Florida
✆ +56 32 317 2798
www.lacaperucitayellobo.cl
contacto@lacaperucitayellobo.cl
Du mardi au samedi de 12h30 à 15h30 et de 20h à 23h, le dimanche de 12h30 à 15h30. Plats principaux entre 7 400 et 9 800 $.
Cadre très agréable, dans une maison familiale habilitée en restaurant, avec une terrasse extérieure bien agréable (et chauffée avec un brasero). Excellente cuisine chilienne et internationale : *ceviche*, tartare de bœuf, congre et ses croquettes de pomme de terre, *merluza* austral, côte de porc, papardelles... Carolina sert les délicieux plats de Leonardo, le très bon chef cuisiner. Très bons desserts. Service souriant et diligent. Récent et à découvrir.

COCINA PUERTO

Almirante Montt 455
Cerro Alegre
✆ +56 32 327 3899
Tous les jours de 13h à 16h30 et de 19h à minuit. Compter entre 5 000 et 11 000 $ le plat. Curanto à 14 900 $ pour deux.
C'est l'histoire d'une bande de potes de Puerto Montt qui ont décidé d'ouvrir ensemble un resto à Valpo. Ils ont retapé cette vieille maison (déco originale et de bon goût, faite d'objets recyclés, comme le menu dans une enveloppe de vieux papiers journaux, les tables à base d'anciennes fenêtres...), et proposent des plats typiques du Sud, surtout des produits de la mer. A recommander en saison : le *ceviche* de *locos* et crevettes, le *levanta muertos* (« lève-morts » ou remède contre la « gueule de bois »), une soupe à base de fruits de mer, porc fumé, poisson et légumes, ou le *curanto* pour deux (bien pour trois, en fait). Ambiance décontractée, d'où un service parfois un peu lent. Mais la cuisine est vraiment de qualité !

LA CONCEPCIÓN

Papudo 541
Cerro Concepción
✆ +56 32 249 8192
Compter entre 11 000 $ et 20 000 $ le plat. Pour 2 personnes avec plat et vin compter autour de 35 000 $. Ouvert de 12h30 à 23h, fermé le lundi.
Au premier regard le lieu paraît plutôt banal mais lorsque l'on s'y attarde on rentre ici dans l'un des meilleurs restaurants de la ville ! On y trouve des plats traditionnels chiliens s'inspirant de la cuisine italienne : craquez pour *les raviolis de centollas* ou *les machas a la parmesana*. Originaux et raffinés, les plats, servis sous cloche sont d'un excellent rapport qualité-prix et le service est plutôt rapide (ce qui est chose plutôt rare au Chili !). N'oubliez pas d'apprécier la vue sur la baie de Valparaiso en demandant une place en terrasse.

EL PERAL

El Peral 182
Ouvert tous les jours de 11h30 à 17h, jusqu'à 23h le week-end. Compter 8 000 $ le menu du midi et autour de 10 000 $ pour un plat.
Un bon restaurant de fruits de mer où l'on savoure *ceviche*, poulpe grillé, gnocchis aux crevettes et autres spécialités locales au rythme des notes de musique des artistes de passage. La vue est pour le moins spectaculaire et rend le cadre particulièrement plaisant du haut de cette jolie terrasse aménagée. Le menu du jour, qui change quotidiennement, offre un choix vaste et réjouissant, aux associations toujours réussies. Le service est impeccable et souriant, les assiettes soignées et les prix restent raisonnables. Une petite pause bucolique sous la brise du Pacifique, idéal pour un déjeuner estival.

ESPÍRITU SANTO

Héctor Calvo 392, Cerro Bellavista
✆ +56 32 327 0443
www.hosteriaespiritusanto.cl
info@hosteriaespiritusanto.cl
Ouvert du mercredi au samedi de 13h à 15h30 et de 20h à 23h30 (jusqu'à 15h30 le mercredi). Le dimanche de 13h à 16h. Compter entre 12 000 $ et 15 000 $ le plat.
Dans un cadre moderne et minimaliste, Laura et son fils Manuel proposent une petite carte de plats alliant les saveurs des produits locaux avec une subtilité rare (à Valparaíso). A savourer : le *pescado de roca con puré de porotos, acelgas y emulsión de ají* (poisson de roche et sa purée de haricots, blettes et émulsion de piment), notre plat préféré, ou un délicieux poulpe à la *parrilla* et sa purée de citrouille et *camote*. Exquis ! Desserts à croquer : glace maison, crème brûlée de lavande... Bières artisanales et bonne sélection de vins. Service professionnel et amical. Une belle expérience.

FAUNA

Pasaje Dimalow 166, Cerro Alegre
✆ +56 32 327 0719
contacto@faunahotel.cl
Ouvert tous les jours de 13h à 22h30. Compter à partir de 6 000 $ le plat et jusqu'à 15 000 $ la tabla pour deux.
On apprécie surtout sa grande terrasse ensoleillée et délivrant une vue panoramique sur Valparaíso. On y propose des salades, des sandwichs, et des *tablas* délicieuses (essayer la Playa Ancha, aux fruits de mer). Plats variés, quoique pas très copieux, mais il y en a pour tous les goûts. Ambiance agréable en soirée. Des musiciens *porteños* y jouent parfois.

■ **MALANDRINO**
Almirante Montt 532
Cerro Alegre
✆ +56 32 318 4827
www.malandrino.cl
info@malandrino.cl
Ouvert du lundi au jeudi de 12h30 à 17h30 et de 18h30 à 23h, le vendredi et le samedi de 13h à 17h30 et de 19h à minuit, le dimanche de 12h à 17h30. Compter entre 6 500 et 9 600 $ la pizza ou le plat.
De très bonnes pizzas cuites dans un grand four au feu de bois, à la pâte fine et croquante, avec une garniture de qualité (pâte à la farine complète le jeudi comme en Italie !)... Patricio, toujours présent, a su faire de son petit local une halte très appréciée de tout gastronome. En dessert, la *panna cotta* est tout aussi bonne. On peut aussi dîner dans le petit patio à l'arrière, sous un superbe citronnier.

Luxe

■ **APICE**
Lautaro Rosas 343
✆ +56 9 5708 9737
contacto@restaurantapice.cl
Ouvert tous les jours sauf le mercredi en haute saison et le week-end en saison basse. Entrées de 8 600 à 9 300 $, plats à 15 000 $ et desserts à 6 500 $.
Au sein de l'hôtel Zero, un couple franco-chilien, Alexandra et son mari Ivan, propose depuis 2017 une carte courte, mais réjouissante. Les deux chefs se sont lancés dans une démarche créative pour confronter les cuisines de leurs pays respectifs. Ici les produits locaux s'associent au savoir-faire français : saumon fumé à la crème de citron sauce curry, coquilles Saint-Jacques sauce béchamel et fromage de chèvre ou encore gratin dauphinois et huile de truffe noire, les assiettes font la part belle aux produits de la mer. Le repas est servi dans un beau jardin où l'on profite d'une vue plaisante sur la baie. Les plus observateurs remarqueront la qualité du service dans ses moindres détails : les couverts sont en argenterie française et la vaisselle en porcelaine de Limoges !

■ **RESTAURANTE MARALEGRE**
Higuera 133
Cerro Alegre
✆ +56 32 236 5350
www.maralegre.cl
reservas@restaurantmontealegre.cl
Plats entre 11 000 et 15 000 $. Menu dégustation 23 500 $. Déjeuner de 13h à 15h et dîner de 19h30 à 22h30.
Au gré des saisons, dans un cadre de cuir et de bois ou sur la terrasse aux beaux jours, on dégustera un steak à l'aligot sauce porto, du bœuf Wagyu aux potirons ou la pêche du jour à l'émulsion de citron. Le tout très bien présenté, c'est beau et savoureux ! Le cadre est propice aux rendez-vous amoureux, on a envie de s'y éterniser !

Sortir

Valparaíso... ou la vie bohème nocturne. Ville éminemment estudiantine, Valpo regorge de bars et clubs qui enflamment les nuits. C'est bien la capitale nationale du *carrete*, la fête à la chilienne, dont le principe n'indisposerait sans doute aucun Breton qui se respecte : boire un bon coup entre amis.
Valparaíso est donc une ville qui se découvre aussi la nuit, et il serait regrettable de ne pas en connaître ses mille et une facettes.

- **La *súbida* Ecuador**, une rue montante sertie jadis de bars de marins, est aujourd'hui repaire d'une faune nocturne accomplie : public étudiant jeune et éméché, mais de nouvelles adresses plus consensuelles sont en train d'ouvrir.
- **Sur la rue Cumming,** plusieurs bars bien sympathiques attirent un public qui a la trentaine.
- **Les sorties en boîte** se passent dans les endroits précités ou près du port (rue Blanco ou Errázuriz près de la place Sotomayor). L'entrée est souvent payante en club : compter alors entre 1 500 et 4 000 $, une boisson étant souvent incluse (on dit : « con cover »). A noter qu'on sort dans les bars vers 22 h environ, et pour danser c'est souvent après minuit, voire 1 h du matin.

Cafés - Bars

El plan de Valparaíso

■ **CASA CERVECERA ALTAMIRA**
Elias 126
Au pied de l'ascenseur Reina Victoria
✆ +56 32 319 3619
cerveceraaltamira.cl
contacto@cerveceraaltamira.cl
Du lundi au samedi de 18h à 1h. Concerts de jazz live le mardi, mercredi et jeudi à partir de 19h30.
Idéal pour goûter aux bières artisanales, confectionnées sur place, et profiter des concerts de jazz trois fois par semaine. La bière est reine et on trouve de nombreuses options sur la carte même si la maison sert aussi des burgers et des tapas. L'atmosphère est aussi particulièrement sympathique et le service attentionné. Une bonne adresse pour commencer l'apéro entre amis !

CINZANO
Plaza Aníbal Pinto 1182
✆ +56 32 2213043
www.barcinzano.cl
info@barcinzano.cl
Ouvert midi et soir.
C'est depuis 1896 que les locaux se donnent rendez-vous ici, et on dirait que le décor n'a jamais changé ! On l'aura compris, cette « gargote » est une institution. Venez-y le soir, et surtout en fin de semaine quand on joue du tango, du boléro ou de la cueca (très bonne ambiance). Pour le reste, les plats chiliens sont copieux mais fort simples (menu pas trop cher le midi, mais il n'y a alors pas vraiment d'ambiance). *Pura tradición* !

EL RITUAL
Almirante Montt 48
✆ +56 32 225 2610
Ouvert tous les jours de 17h à 1h30.
Un design artistique et une bonne ambiance pour ce bar apprécié des artistes locaux, qui y exposent souvent. Carte végétarienne (crêpes, sandwiches) et des punchs insolites (on peut combiner deux fruits, raisin-kiwi par exemple).

PAJARITO
Salvador Donoso 1433
✆ +56 32 225 8910
Ouvert du lundi au samedi. Menu à 3 800 $ le midi.
Rendez-vous des artistes trentenaires, voire plus, souvent bondé. On y récite des poèmes, on y joue de la musique et on y expose des tableaux, des peintures... le tout dans une atmosphère pour le moins pittoresque. On y boit force bière, bouteilles de vin ou *piscola* aussi. Menu pas cher le midi et plutôt correct.

Cerros

CAFE CON LETRAS
Almirante Montt 316
Cerro Concepción
✆ +56 32 223 5480
A l'opposé du concept café con piernas, ici on préfère la compagnie des livres. Des tables en terrasse, et une atmosphère paisible et chaleureuse près de la grande bibliothèque à l'intérieur.
Une bonne adresse pour faire une petite pause avec les arts. De temps à autre, on lit des contes, des poèmes.

EL CANARIO
Cumming 140
Cerro Cárcel
✆ +56 32 291 2784
Ouvert du lundi au samedi de 21h à 04 ou 05h.
Un petit air de Montmartre d'il y a des lustres, des affiches plein les murs, des tables brinquebalantes, tout cela dans un local riquiqui où tout le monde finit par se connaître et discuter, au son de la *bossa nova*, du folklore latino-américain, du jazz ou de la musique du monde. Chaude ambiance après minuit. Une institution.

ILÍCITO
Cumming 66
Cerro Concepción
✆ +56 9 8178 5396
Ouvert du lundi au samedi à partir de 20h.
Un bar bien sympa, tenu par deux frères enthousiastes. On y écoute beaucoup de rock. Soirée blues le mercredi, concert à l'étage le vendredi. Les consos ne sont pas chères du tout (il y a même du pastis en principe, essayez aussi la *michelada*), le mojito donne vite le sourire et l'ambiance est animée.

MI CASA
Cumming 29
Cerro Cárcel
✆ +56 32 273 5178
Du mardi au samedi de 20h à 02h30.
Ambiance rétro, voire kitsch, pour ce bar souvent rempli de jeunes universitaires. On y boit beaucoup de bières au litre, du vin, du rhum et de la vodka.
Empanadas et sandwichs notamment au menu, pour caler l'estomac.

Clubs et discothèques

EL HUEVO
Blanco 1386
A partir de 21h du lundi au samedi en été. Entrée entre 3 000 et 5 000 $ selon les jours de la semaine.
La discothèque la plus animée, bondée même en semaine. Trois ambiances, une terrasse avec salsa à l'étage (électronique à l'intérieur), deuxième étage avec musique variée (rock, latino, électronique) et bière pas chère, rez-de-chaussée plutôt *rockero*. Les jeunes étrangers aiment venir y discuter avec les jeunes Chiliennes !

MÁSCARA
Plaza Aníbal Pinto 1178
✆ +56 32 221 9841
www.mascara.cl
info@mascara.cl
Ouvert tous les jours dès 21h30.
Club central, gay-friendly, et très prisé par la faune nocturne. Chaque soirée propose un thème différent. On y vient en général après minuit ou 1h du matin. Deux salles principales, et alcool pas très cher.

LA PIEDRA FELIZ
Errázuriz 1054
✆ +56 32 2256788
www.lapiedrafeliz.cl
Du mercredi au samedi de 21h30 à 04h. Entrée à partir de 3 000 $ par personne.
L'un des clubs les plus connus du port. Concerts récurrents de bonne facture, très bonne atmosphère dans ses nombreuses salles (jazz, tango, rock...). Restaurant au 5e étage (ouvert midi et soir). Un cran au-dessus des autres bars/disco de Valpo.

LA PLAYA
Serrano 567
✆ +56 32 259 4262
Du dimanche au jeudi de 10h à 2h, les vendredis et samedis de 10h à 5h.
Ouvert en 1903, ce bar bien agréable propose une solide cuisine chilienne traditionnelle (menu le midi). On y vient toutefois surtout en soirée, pour s'accouder au grand bar... du moins quand c'est possible, car, après minuit, c'est souvent archi-bondé. Grosse ambiance, touristes et locaux inclus.

Spectacles

CINE HOYTS
Av. Pedro Montt 2177
www.cinehoyts.cl
sugerencias@cinehoyts.cl
Ouvert de 10h à 23h
Sur le Parque Italia, il dispose de six salles et présente les dernières sorties internationales (mais surtout nord-américaines…) et parfois quelques films chiliens (assez rare).

À voir - À faire

On ne connaît vraiment Valparaíso qu'en marchant, en errant au fil des collines, en découvrant de nouvelles optiques, de nouveaux panoramas, insoupçonnés, au détour d'un escalier brinquebalant. Il faut aimer se perdre dans cette coiffure de tôles colorées. Il faut aimer flâner, sans raison, sans destination, pour le simple plaisir de marcher et découvrir. Les photographes, ravis de ces perpétuelles mises en perspectives, seront aux anges.

Passez le moins de temps possible dans le centre (*el plan*), où grouille une multitude affairée dans de petites rues vite encombrées par les *micros* (minibus urbains) et les taxis collectifs.

Grimpez sur les collines, perdez-vous sur les hauteurs, là où l'océan se découvre enfin. Car en bas, l'absence de la mer se fait curieusement et cruellement sentir. Conscients de ce paradoxe insolite, les pouvoirs publics ont récemment entrepris plusieurs chantiers afin de « rapprocher les habitants de l'océan », dont le projet de grand centre (commercial avant tout...) qui va transformer certaines zones aujourd'hui réservées aux *containers* des bateaux, en promenades, jardins, restaurants, etc. Certains craignent que Valparaíso arbore à l'avenir un autre visage, plus moderne et commercial... mais peut-être moins populaire et moins bohème aussi.

Visites guidées

BALADES EN BATEAU
Compter 2 000 $ par personne en bateau collectif, 25 000 $ le bateau privé, en haute saison.
Depuis le Muelle Prat, on peut partir en excursion d'une demi-heure environ (un peu plus avec les bateaux privés) dans la baie de Valparaíso, pour observer la ville et ses collines depuis la mer. En bateau collectif, on peut parfois être très nombreux, notamment le week-end et en janvier/février. Une balade assez sympa au final.

ECOMAPU
Pedro León Gallo 457
✆ +56 9 95107772
www.ecomapu.com
info@ecomapu.com
Tours les jours à 12h depuis la place Sotomayor. Tours en espagnol, français et anglais. Compter 20 000 $ pour 3h de tour.
Rendez-vous place Sotomayor pour découvrir les autres quartiers de Valparaiso : du Barrio Puerto à Playa Ancha en passant par le Cerro Cordillera, les circuits vous proposent de découvrir les zones moins fréquentées par les touristes. Aux côtés de guides locaux passionnés, on découvre ici un autre regard sur l'histoire de la « Perle du Pacifique », son ancienne citadelle (Cerro Cordillera), ses habitants et ses vieilles rues. Des visites complètes et de qualité qui offrent une immersion des plus authentique !

VALP'OTOP
✆ +56 987 677 841
www.valpotop.com
valpotoptours@gmail.com
Tous les jours de 15h30 à 18h30. Départ de la place Sotomayor, au pied du monument central.
La jeune équipe francophone de Valp'Otop est orchestrée par l'énergique Jonathan, un Chilien francophone de père suisse, qui organise des visites privées dans Valparaíso. Au programme : histoire, politique, *street-art*, culture, architecture et quelques anecdotes pour parfaire votre connaissance sur Valparaíso ! Jonathan et son équipe sont plus que des guides passionnés, ce sont de véritables encyclopédies, toujours

un commentaire, une histoire, une adresse à recommander au rythme d'une visite captivante. Depuis 2018 l'équipe a fait aussi ses premiers pas avec Santiag'Otop, une adaptation du même format dans la ville de Santiago. Notre option préférée pour découvrir la ville de Valparaíso.

El plan de Valparaíso ★★★

■ CALLE PRAT ★

En partant de la place Sotomayor, on emprunte la calle Prat, la grande artère financière de la ville. Le premier grand bâtiment que l'on rencontre est la Bourse des Valeurs, la première du Chili, témoignage d'un règne financier de la ville. En face s'élève un édifice Renaissance, l'ancienne banque A. Edwards. Viennent ensuite les édifices de la Banque de Santiago, puis celui de l'ancienne Banque de Londres. Puis on passe devant le siège du journal *El Mercurio*, construit entre 1900 et 1903, devant l'ancien hôtel Colón, le grand hôtel du XIXe siècle, et, enfin, devant l'étroit immeuble de l'opticien Hammersley, qui ne dépasse pas les 6 m de largeur.

■ EDIFICIO DIARIO EL MERCURIO ★

Esmeralda 1002

Les imposants bâtiments du journal *El Mercurio* comptent parmi les plus anciens de la ville puisqu'ils datent de 1827.

■ EDIFICIO LUIS COUSIÑO ★

Errázuriz 1020

L'édifice Luis Cousiño, entre les rues Blanco et Errázuriz, fut construit entre 1881 et 1883, par Isidora Goyenechea en mémoire de son époux. Un incendie en détruisit l'intérieur en août 1997. L'industrielle chilienne comptait parmi les plus grandes fortunes du monde lors de la seconde moitié du XIXe siècle.

■ IGLESIA DE LA MATRIZ ★

Santo Domingo 71

A deux pas de la place Echaurren, au cœur du Barrio Puerto, on peut se rendre du côté de la Iglesia de la Matriz, construite entre 1837 et 1842. C'est la quatrième église érigée sur ce site, les trois précédentes ayant été endommagées successivement par les attaques du pirate Sir Francis Drake et par de nombreux séismes.

■ IGLESIA DE LOS SAGRADOS CORAZONES ★

Independencia 2086

A côté du Parque Italia se trouve l'église du Sacré-Cœur-des-Pères-Français. Celle-ci servait surtout de siège à cet ordre qui évangélisait les îles de la Polynésie. Il est possible que le frère Eugène Eyreaud, le missionnaire de l'île de Pâques, en ait fait partie.

■ MERCADO CARDONAL ★

Uruguay 125

Derrière le terminal de bus.

On ne manquera pas de jeter un coup d'œil au marché Cardonal : c'est là que la ville propose ses fruits, ses légumes et ses fruits de mer. Le bâtiment précédent, érigé sur le même site en 1855, a été détruit par le tremblement de terre de 1906. En 1912, la ville de Valparaiso construit ce marché dont la structure métallique est caractéristique de l'époque. Bons petits locaux où manger un repas rapide le midi, à l'étage. Cependant la zone n'est plus très sûre la nuit venue (les alentours du port en général sont à éviter la nuit tombée).

■ MUELLE BARÓN – CALETA PORTALES ★★

Muelle Barón

Longeant la mer à l'est du *plan*, le quai Barón doit à l'avenir devenir le projet « Parque Barón », une installation colossale comprenant musée interactif, jardin botanique, boutiques et bibliothèque publique. Mais son inauguration est prévue pour 2030, ce qui vous laisse pas mal d'années pour encore profiter de la tranquillité de la zone. Du quai Barón, vous pouvez monter vers le Cerro Barón, ou bien poursuivre le long de l'océan, via le Paseo Wheelwright, vers la plage de Caleta Portales. En chemin, on observe une colonie de lions de mer et des pélicans, qui font la joie des photographes. Cette jolie promenade aménagée passe par deux plages avant de rejoindre Caleta Portales, où se tiennent le marché aux poissons et fruits de mer (de préférence, tôt le matin), ainsi que plusieurs restaurants de qualité variable. On peut ensuite revenir en bus vers le centre de Valpo (tous ceux qui disent : Errázuriz, Aduana, Pedro Montt…).

■ MUELLE PRAT ★★

Ce quai, qui concentre l'activité portuaire de la ville, date de 1850. C'est un lieu de promenade apprécié les fins de semaines et un des lieux les plus typiques de Valparaíso. Avec ses boutiques d'artisanat, ses barques colorées et ses énormes grues on y observe le quotidien de la ville : discussions et accolades entre Porteños, présence d'otaries et chargement et déchargement des navires. C'est ici que vous pourrez partir pour une promenade en bateau, ces excursions dans la baie de Valparaíso offrent une attraction authentique et typique, où le point de vue de la ville depuis la mer est assez surprenant ! Depuis 2016, la Compagnie Portuaire de Valparaiso a commencé à traiter son projet, Amélioration de l'Accessibilité du Port de Valparaiso. Cette initiative, dont les travaux vont prendre quelques années, vise à séparer le flux des piétons et des camions dans la zone interportuaire.

Jadis au nombre de 27 (le premier fut construit en 1883), ces « ascenseurs » étaient indispensables pour les populations qui vivaient sur les *cerros* pentus et se rendaient dans le centre. Ce sont des funiculaires, puisqu'ils se déplacent le long de rails disposés en oblique, à l'exception de l'ascenseur Polanco, qui se déplace verticalement. Véritables icônes de la ville, ils ont été déclarés Monuments nationaux. Parmi eux, les incontournables sont ceux de la Reina Victoria, du Cerro Concepcion et du Cerro Alegre (El Peral). Sur un total de 27 ascenseurs originaux, 8 sont toujours en activité. Ils ont presque tous ont été rapportés d'Angleterre et d'Allemagne, et certains conservent encore leurs pièces originales. À leur inauguration, le mécanisme de montée utilisé s'actionnait grâce à des contrepoids hydrauliques et à l'aide de réservoirs d'eau situés aux deux extrémités du parcours. Plus tard, c'est en utilisant la vapeur et le charbon comme combustible qu'ils se déplaçaient. Ce n'est qu'en 1906 que les moteurs électriques actuels sont introduits. En 2012, conscient que ces funiculaires (terme plus approprié en réalité) font partie du patrimoine culturel et social de la ville, le gouvernement chilien a décidé d'en racheter une dizaine : Mariposas, Monjas, Artillería, Cordillera, Concepción, Larraín, Espiritu Santo, Villaseca, Reina Victoria et Lecheros. Un programme de rénovation a aussi été entrepris sur chacun de ces ascenseurs. Pour certains d'entre eux, la restauration a nécessité plusieurs années et d'autres sont encore en cours de réhabilitation. Enfin l'autre partie des ascenseurs sont municipaux comme le Barón, El Peral, Polanco, Reina Victoria et San Agustín. Aujourd'hui 12 ascenseurs ont été détruits et 9 sont encore opérationnels.

Nouveau tarif : jusqu'en juin 2019, l'accès aux ascenseurs coûtait 100 $ par personne, en descendant ou en montant, mais désormais ces tarifs s'appliquent seulement aux citoyens chiliens. Aujourd'hui, les visiteurs étrangers doivent payer 700 $ pour chaque billet acheté. Cette augmentation est justifiée par le besoin d'une solution de financement pour la maintenance des ascenseurs et assurer leur durabilité.

ASCENSOR BARÓN
Avenida España
700 $ par personne.
La longueur des rails de ce funiculaire construit en 1906 atteint 75 m et ce fut le premier à être doté d'un moteur électrique. Il se situe à l'extrême est de l'amphithéâtre de la ville et a été récemment rénové.

Autre adresse : Avenida Diego Portales 224, Cerro Barón.

ASCENSOR ARTILLERÍA ★★★
Plaza Wheelwright
(plaza de la Aduana)
Compter 700 $ pour les visiteurs étrangers (300 $ pour les Chiliens).
Situé sur la colline du même nom et inauguré en 1893, ses cabines, colorées, sont un

L'ascenseur Artillería.

peu différentes des autres ascenseurs de la ville, avec ses grandes fenêtres donnant sur la baie, elles ont aussi une plus grande capacité d'accueil pour les passagers. On y admire une vue panoramique sur toute la baie. Magnifique ! Toutefois, les installations sont vieillissantes et pas très bien entretenues : l'ascenseur est souvent en manutention et des travaux de restauration devraient bientôt être entamés (lors de notre dernier passage en août 2019).

Autre adresse : Paseo 21 de Mayo, Cerro Artillería.

ASCENSOR CONCEPCIÓN ★★★

Calle Prat
Au croisement
avec l'avenue Esmeralda
700 $ par personne.
C'est le 1er décembre 1883 que l'ascenseur Concepción, le tout premier de la ville, fut inauguré. À l'époque, les cabines étaient en bois et fonctionnaient grâce à un système de contrepoids hydraulique. En 2019, après deux ans de restauration, l'ascenseur a repris ses opérations.

Autre adresse : Paseo Gervasoni, Cerro Concepción.

ASCENSOR CORDILLERA ★★

Calle Serrano
Compter 700 $.
Inauguré en 1887 et fonctionnant à la vapeur, c'est le deuxième ascenseur le plus vieux de la ville. Fermé pendant plusieurs années pour restauration, il fonctionne de nouveau depuis janvier 2019. Sur le côté, vous pouvez accéder à un escalier, plutôt raide, de 161 marches pour accéder au *cerro.*

Autre adresse : Plaza Eleuterio Ramírez, Cerro Cordillera.

ASCENSOR EL PERAL ★★★

Plaza de Justicia
700 $ par personne.
Inauguré en 1902 et rénové en 2016, il relie la Plaza de Justicia au Cerro Alegre. Au siècle dernier il était majoritairement utilisé par les colonies étrangères venues s'installer sur les cerros, désormais célèbres, d'Alegre et Concepción.

Autre adresse : Paseo Yugoslavo, Cerro Alegre.

ASCENSOR ESPÍRITU SANTO ★★

Calle Aldunate
Compter 700 $ par personne.

Ascenseur Espíritu Santo.

Sur le Cerro Bellavista, l'Espíritu Santo fut inauguré en 1911 et porte le nom d'une église qui se dressait jadis sur la Plaza Victoria. Fermé depuis 2014 pour restauration, il n'a rouvert qu'en août 2018 pour le plus grand bonheur de tous ceux qui souhaitent se rendre à La Sebastiana, la maison du poète Pablo Neruda. Vous l'emprunterez donc sûrement !

Autre adresse : Calle Rudolph, Cerro Bellavista.

ASCENSOR POLANCO ★★★

Calle Almirante Simpson
Calle Latorre, Cerro Polanco.
700 $ par personne.
Inauguré en 1915, c'est selon nous l'ascenseur le plus atypique de Valparaíso ! Tout d'abord c'est le seul de la ville à se déplacer verticalement et l'accès se fait par un tunnel étroit de 150 m de long dont les murs sont recouverts de fresques et de graffitis.

ASCENSOR REINA VICTORIA ★★★

Calle Elías
700 $ par personne.
Lorsque vous prenez cet ascenseur vous accédez à la promenade Dimalow sur le Cerro Concepción, un des quartiers les plus charmants de la ville. Inauguré en 1903, il détient le record du trajet le plus court.

Autre adresse : Paseo Dimalow, Cerro Alegre.

MUSEO DE HISTORIA NATURAL ★

Palacio Lyon
Condell 1546
✆ +56 32 254 4840
www.mhnv.cl
contacto@mhnv.cl

Ouvert du mardi au jeudi de 10h à 18h, le vendredi et le samedi de 10h à 20h. Fermé le dimanche et le lundi. Entrée libre.

Logé dans l'ancien Palacio Lyon, construit en 1881, le musée, rénové en 2012, présente des salles consacrées à l'anthropologie, aux sciences naturelles ainsi qu'aux cultures mapuche et pascuane. Expos temporaires, bibliothèque et café.

PARQUE ITALIA ★

Entre Avenida Pedro Montt et Calle Victoria

C'est l'un des parcs municipaux les plus anciens du Chili aux arbres plus que centenaires. Il appartenait à un particulier avant de devenir le lieu de prédilection des balades dominicales. Il fut aussi le théâtre de la première tentative de vol en montgolfière au Chili, tentative qui, malheureusement pour le pilote, se termina dans la baie du port.

PLAZA ANIBAL PINTO ★

Cette place est aujourd'hui au cœur de Valpo. Nombreux cafés et restaurants (comme le café-resto historique Cinzano) avec terrasses, et la plupart des transports urbains y passent. La nuit venue, on pourra découvrir l'un des très nombreux bars de la rue Cumming qui part vers les hauteurs, ou autour de la Pérgola de las Flores.

PLAZA ECHAURREN ★

Ce fut la première place de la ville, à l'époque coloniale. Il subsiste quelques jolis bâtiments, mais les environs n'ont presque pas été restaurés. De fait, la nuit, ce n'est pas un quartier sûr. A un angle de la place, l'historique Mercado Puerto est fermé depuis un tremblement de terre de 2010 et sa réhabilitation traine. Engageons-nous ensuite dans la calle Serrano, au cœur du Barrio Puerto de Valparaíso. Au XIXe siècle, c'était l'une des principales artères commerciales de la ville, d'où les très belles maisons que l'on peut voir encore aujourd'hui. Hélas, une explosion de gaz en 2007 détruisit cinq des édifices les plus emblématiques. On pourra emprunter l'ascenseur Cordillera (de 1887), s'il est réhabilité lors de votre passage… ou alors les 162 marches de « l'escalier de la mort » comme l'appelle ici, l'un des plus grands du port.

PLAZA O'HIGGINS ★

La plaza Bernardo O'Higgins est fort animée les dimanches et les jours fériés puisqu'il s'y tient une foire aux antiquités où l'on peut également trouver de nombreux livres à petits prix. Le joli Teatro Municipal longe la place sur la rue Uruguay.

De l'autre côté de la place se trouve le bâtiment du Congreso Nacional avec ses 40 000 m². Il abrite le Sénat, la Chambre des députés et la bibliothèque du Congrès depuis 1990, date à laquelle on a décidé, pour des raisons de décentralisation, d'abandonner l'ancien édifice de Santiago pour installer le Congrès dans ce colossal bâtiment en forme d'arche construit pour l'occasion.

PLAZA SOTOMAYOR ★★

Plaza Sotomayor

La Plaza Sotomayor est l'une des places les plus importantes de la ville. Au centre, on peut observer le Monument aux Héros de Iquique, en commémoration de la bataille navale du 21 mai 1879 lors de la Guerre du Pacifique contre le Pérou. C'est aussi un site archéologique important : on y découvrit en effet le premier quai en bois de Valparaíso datant de 1825, et les vestiges de l'Hôtel Inglés, de la première Bourse de commerce ainsi que de la première frégate espagnole *Esmeralda*, capturée par Cochrane en 1820. Toutefois, le musée souterrain *in situ* qui avait ouvert en 2001 est aujourd'hui fermé au public. C'est aussi sur cette place que se trouve le très emblématique Edificio de la Comandancia en Jefe de la Armada de Chile.

EDIFICIO DE LA COMANDANCIA EN JEFE DE LA ARMADA DE CHILE ★

Plaza Sotomayor

Cet imposant bâtiment bleu de style néoclassique français de 5 étages et de 7 000 mètres carrés, inspiré par l'architecture de l'Hôtel de Ville de Paris, a été inauguré en 1910 pour fêter le centenaire du Premier Conseil National. Il fut le siège de la mairie de Valparaiso (Intendencia) jusqu'au coup d'Etat de 1973, avant de devenir le centre de décision de la marine chilienne (Armada), et déclaré Patrimoine National en 1979.

PLAZA VICTORIA – PLAZA SIMÓN BOLÍVAR ★★

Plaza de la Victoria

La belle Plaza de la Victoria (ou Plaza Victoria) est bordée par la cathédrale de Valparaíso, construite dans les années 1930 à 1950. Avec ses très beaux arbres, cette place est sans doute l'une des plus agréables de Valparaíso. Elle fait face à une seconde place, dotée de sculptures et d'une fontaine en bronze, la place Simón Bolívar. Ces deux places étaient le centre chic de la ville vers la fin du XIXe siècle puisqu'on y trouvait l'église de l'Esprit-Saint, l'église à la mode des élégants, mais aussi l'opéra de la Victoria, où l'on aimait à se pavaner. Détruit en 1906, l'opéra faisait face à la bibliothèque Santiago Severin (c'est aujourd'hui le magasin Ripley, bien moins agréable à l'œil). L'église de l'Espíritu Santo a elle aussi été détruite, en 1972, pour laisser place à un immeuble d'habitation...

■ PLAZA WHELLRIGHT ★

Juste au pied du Cerro Artillería, c'est l'extrémité nord-ouest du Barrio Puerto et du *plan*. Le point de départ de l'ascenseur Artillería se situe juste à côté du joli bâtiment rouge de la Aduana, inauguré en 1855, qui est l'un des plus anciens édifices de la ville, classé en 1976, et qui abrite toujours les services de la douane.

■ RELOJ TURRI – EDIFICIO AGUSTÍN EDWARDS ★★

Cochrane 893

L'un des monuments emblématiques de la ville est le clocher Turri, construit en 1929 à l'intersection des rues Prat, Cochrane, Carreño et Esmeralda, en face de l'ascenseur Concepción, en plein cœur du quartier financier de Valparaíso. Son nom original est Cruz de Reyes.

■ TORRE RELOJ BARÓN ★

Avenida España

La tour Barón, déclarée Monument historique en 1972, se dresse comme un phare au pied de l'un des premiers *cerros* de Valparaíso. Il appartenait aux édifices du chemin de fer entre le port et Santiago. Le pendule pèse quelque 10 kg.

■ VILLA VICTORIA ★

Avenida Washington 33
✆ +56 9 7374 9422
www.villavictoria.cl
info@villavictoria.cl

Visites guidées du lundi au samedi d'une durée d'une heure (projection comprise), à 9h30 en anglais, à 11h en espagnol. Réservations par email ou par téléphone. 11 000 $ par personne.

Maria Victoria et Kenneth ont mis toute leur belle énergie dans la restauration de cette demeure de 1904, qui témoigne que ce quartier proche du port fut, un temps, au cœur de la ville. Lors d'une visite d'une heure conduite avec passion par leurs soins, on découvre cette maison magnifiquement restaurée, qui replonge le visiteur dans le passé de Valparaiso au XIXe siècle. De l'atelier aux pièces à vivre reconstituées en passant par le salon de thé, ce voyage vers une époque pas si lointaine ravira les passionnés d'histoire. Les guides, en costume d'époque, parlent anglais et espagnol. Possibilité de prendre un thé accompagné d'un gâteau après la visite.

Cerros ★★★★

■ CERRO ALEGRE ★★★

A deux pas de la place Sotomayor, on pourra emprunter l'ascenseur El Peral (de 1902) pour monter vers le Paseo Yugoslavo, un des plus beaux miradors de la ville, avant de se lancer à l'assaut des Cerro Alegre et Cerro Concepción, deux quartiers bien restaurés. Ce sont les plus touristiques de la ville. Aujourd'hui, abondent les hôtels, restaurants, cafés et boutiques d'art. Le Cerro Alegre est magnifique, avec ses belles maisons de style victorien réhabilitées. Perdez-vous au hasard des rues (notamment sur Lautaro Rosas, San Enrique et Galos), buvez un café par ici, visitez une galerie par là... Et prenez le temps de découvrir toutes les richesses de ce beau quartier.

Depuis la Plazuela San Luis, jolie place toute de pavés vêtue, tout au-dessus de la rue Almirante Montt, on peut emprunter l'Avenida Alemania, une rue plus qu'une avenue en fait, qui relie plusieurs *cerros* entre eux. Cette belle balade ensoleillée permet d'embrasser plusieurs superbes panoramas sur la ville et la mer.

■ PASEO YUGOSLAVO ★★

Paseo Yugoslavo
Cerro Alegre

C'est l'un des belvédères plus connus de la ville, bondé lors des festivités du 31 décembre. Réhabilité il y a peu, il n'en est que plus agréable. On peut y visiter le Palais Baburizza ou faire un tour du côté du nouveau Palacio Astoreca (un hôtel et un excellent restaurant gourmet).

■ PALACIO BABURIZZA – MUSEO MUNICIPAL DE BELLAS ARTES ★

Paseo Yugoslavo 166
Cerro Alegre
✆ +56 32 2252332
www.museobaburizza.cl
contacto@museobaburizza.cl

Ouvert du mardi au dimanche de 10h30 à 18h. Entrée 4 000 $.

Edifié en 1916 par les architectes italiens Barison et Schiavon, puis racheté en 1925 par le magnat du salpêtre Pascual Baburizza, cet étonnant édifice de style Art nouveau est aujourd'hui un musée. Après des années de fermeture, il a rouvert officiellement en octobre 2012. On peut visiter les jardins, les beaux intérieurs restaurés et son exposition de peintures chiliennes et étrangères des XIXe et XXe siècles. On appréciera les œuvres *Bahía de Valparaíso* de Rugendas, celles de Thomas Somerscales, de Juan Francisco González ou *La niña del gallo* de Sergio Montesinos. Tout cela accompagné d'un audio-guide disponible en français.

CERRO ARTILLERÍA ★★

On accède à la colline par le très touristique ascenseur Artillería, qui part juste à côté de la douane (*Aduana*), pour atteindre le Paseo 21 de Mayo, l'un des plus touristiques de Valpo. On peut aussi y visiter le musée naval et maritime (ancienne école navale) du Chili.

PASEO 21 DE MAYO ★★★

Paseo 21 de Mayo

Le Paseo 21 de Mayo est une courte promenade, mais délivre l'un des plus beaux (et classiques) panoramas sur le port et la baie. On y trouve des échoppes d'artisan et quelques cafés pour prendre le frais. Depuis peu, plusieurs maisons ont été restaurées et accueillent des *hostales* ou des restaurants.

Casa Cuatro Vientos. C'est ici que se dresse la très pittoresque Casa Cuatro Vientos, une maison bleue pour le coup vraiment accrochée à la colline, que presque tout le monde prend en photo. Le cadrage qui englobe le port, l'ascenseur et la maison bleue est devenue la carte postale de la ville.

MUSEO MARÍTIMO NACIONAL ★

Paseo 21 de Mayo, Cerro Artillería

✆ +56 32 243 7651 – www.mmn.cl

educacion.visitas@mmn.cl

Ouvert de 10h à 17h30 du mardi au dimanche. Entrée : 1 500 $ pour les adultes et 500 $ pour les enfants. On y accède par l'ascenseur Artillería.

Le musée, installé dans le bel édifice de l'ancienne école navale, retrace l'épopée navale de la marine chilienne à travers une collection d'armes, d'uniformes, de maquettes, de documents officiels ou encore de pièces de bateaux,. Il est divisé en quatre périodes : les guerres d'Indépendance, la guerre contre la Confédération péruviano-bolivienne, la guerre contre l'Espagne et la guerre du Pacifique. Assez intéressant.

CERRO BARÓN ★★

Tout à l'est du *plan*, dans les environs du Muelle Barón, on peut emprunter l'ascenseur Barón, nouvellement remis en service derrière le grand centre commercial Jumbo, vers le cerro Barrón. En plus d'un mirador, on y verra l'église et couvent San Francisco dont le clocher permettait l'orientation des bateaux entrant dans le port. Elle fut affectueusement surnommée « Pancho » par les marins.

CERRO BELLAVISTA ★★

Quartier agréable qui jouit de belles vues sur la baie et sur les autres collines. La fameuse photo de maisons colorées collées les unes aux autres est souvent prise depuis là (juste à l'arrivée de l'ascenseur Espíritu Santo). Il ne faut pas hésiter à se promener dans le Cerro Bellavista, qui connaît depuis quelques années un regain d'intérêt et a vu s'ouvrir de nombreux hôtels et restaurants. On arpentera le Museo a Cielo Abierto, avant de redescendre (à pied ou par l'ascenseur Espíritu Santo s'il est ouvert) jusqu'à la Plaza de la Victoria.

MUSEO A CIELO ABIERTO ★★★

Cerro Bellavista

Pour s'y rendre, soit depuis l'Avenida Alemania en descendant la rue de La Sebastiana, empruntez l'escalier Pasteur ou prenez soit l'ascenseur Espiritu Santo.

Entre 1969 et 1973, le professeur Mendez et ses étudiants de l'Instituto de Arte de l'université catholique de Valparaíso réalisent plusieurs fresques en divers endroits de la ville. L'initiative s'inspire des muralistes mexicains, porteurs de la démocratisation de l'art en l'exposant dans la rue. Mais après l'assassinat d'Allende, Pinochet ordonne de recouvrir de gris toutes les peintures murales qui coloraient alors la ville. Après la chute de la dictature, le projet renaît, cette fois avec des peintres renommés, qui peignent alors 20 fresques murales (chacune des fresques est numérotée) sur le cerro Bellavista. Les principaux artistes participants sont Eduardo Pérez, Maria Martner, Roberto Matta, Francisco Méndez ou encore Nemesio Antúnez. Cette balade, qui alterne œuvres d'art pictural et architectural, est un must labyrinthique de ruelles, de passerelles et d'escaliers qui nous fait découvrir de somptueuses maisons et des ruelles invraisemblablement tortueuses, notamment près des escaliers réalisés par Maria Martner. Une visite à coupler, par exemple, avec celle de la Sebastiana.

CERRO CÁRCEL

En suivant la rue Cumming (qui part de la place Anibal Pinto, dans le *plan,* et passe par les cimetières du Cerro Panteón), on atteint le Cerro Cárcel. Une balade dans le récent Parque Cultural de la ex-Cárcel s'impose. On gagnera ensuite la Plaza Bismark, récemment remodelée, qui jouit d'un beau mirador très apprécié pour le 31 décembre. Vous y trouverez également le musée du théâtre de marionnettes et de clowns.

PARQUE CULTURAL DE VALPARAÍSO ★

Cárcel 471, Cerro Cárcel

www.pcdv.cl – comunicaciones@pcdv.cl

En lieu et place de l'ancienne prison, qui d'ailleurs donna son nom à la colline, s'étend depuis début 2012 l'un des parcs culturels les plus intéressants du Chili. La prison fut construite en 1853 et vit notamment passer le fameux Emile Dubois. Ce fut aussi un centre de détention pendant la dictature. Fermée en 1999 (il y avait alors 1 500 prisonniers qui furent transférés vers la nouvelle prison, édifiée tout en haut du cerro Playa Ancha), la prison devint un centre culturel jusqu'à l'inauguration du parc. Celui-ci comporte un grand jardin très agréable, un théâtre et une salle d'exposition. Excellentes manifestations culturelles et artistiques tout au long de l'année. A découvrir.

■ CERRO CONCEPCIÓN ★★★

Pour s'y rendre, on peut prendre l'ascenseur Concepción (le premier de Valpo, en 1883) vers le Paseo Gervasoni, où l'on peut visiter la Casa Mirador Lukas notamment.

Tout comme le Cerro Alegre voisin, ce *cerro* est le plus touristique et le plus apprécié des résidents, artistes, bourgeois bohèmes et amateurs de culture et gastronomie fine. On y déniche des ateliers d'artistes, des boutiques de produits vantant le commerce équitable, des galeries d'art, d'excellents restaurants et de nombreux hôtels de charme. C'est là qu'habitaient les Européens, et notamment les Anglais, au cours du XIXe siècle (le commerçant anglais William Bateman fut l'un des premiers).

Emile Dubois, le « tueur à la dague » sanctifié

La figure d'Emile Dubois, une sorte de Landru austral, a connu un véritable culte après sa mort.

De son vrai nom Louis Brihier, il naît à Etaples dans le Pas-de-Calais, connaît quelques soucis dans sa prime jeunesse, rallie Le Havre et s'embarque comme marin pour l'Amérique du Sud. Dès lors, il se présente sous le nom d'Emile Dubois. Il a vingt ans.

Il débarque à Bolivar au Venezuela, sur l'Orénoque, passe un temps dans les mines d'El Callao, finit par atterrir au Pérou, en Colombie, au Panama, de nouveau en Colombie. L'aventurier s'engage dans un bataillon légaliste (c'est la révolution en Colombie), se bat, devient capitaine, puis se fait passer pour ingénieur des mines quand cesse le conflit et part à Guayaquil en Equateur, avec sa compagne Ursula. A Oruro, en Bolivie, Dubois commet son premier vol, plante son poignard dans le cœur de sa victime, avant de découper le cadavre en plusieurs morceaux. Il gagne Antofogasta où il se déclare ingénieur des mines. Puis Emile prend le bateau pour Valparaíso, rencontre Ernest Lafontaine, un Français installé à Santiago et un soir, assomme son nouveau compère, lui vole des broutilles et finit par le poignarder. Dubois s'installe dans une pension rue Cochrane, puis commence à fréquenter le quartier de la Bourse. Sa rencontre avec un Allemand qui possède une boutique rue Blanco entraîne un troisième meurtre… Installé rue Cumming, il revend désormais les objets volés à ses victimes, mène grand train, rencontre un Allemand qui possède une mine. Puis assassine celui-ci de la même façon le jour où il portait la paye des mineurs : trois mille pesos. Un trésor qui lui permet de vivre comme un bourgeois. Les crimes font la une des journaux. Il donne son avis. On l'écoute. On l'admire.

Il retrouve un Français qui avait refusé de l'aider, le guette, le tue à son tour. La police commence à le suspecter mais elle n'a aucune preuve. Quand l'argent manque à nouveau, Dubois attaque un dentiste américain d'Anibal Pinto, mais le coup rate : une course-poursuite commence dans toute la ville. Il se retrouve bloqué dans une impasse. Dubois est jeté en prison. Tous les journaux suivent l'instruction avec une passion indescriptible. Dubois est un monstre, mais ses crimes, ses mots d'esprit, son autorité, sa cruauté, son impassibilité fascinent. Non seulement il a tué ses bienfaiteurs, mais il a même envoyé des lettres de condoléances aux familles des victimes… et assisté à leurs obsèques ! La foule veut le lyncher. Il est enchaîné dans sa cellule. Mais Dubois clame son innocence.

Tout l'accuse pourtant. Le procès s'ouvre dans la cohue, et Dubois est condamné à mort le 4 janvier 1907. Son avocat tente de plaider un « cas pathologique », mais le Français s'emporte, il revendique sa pleine santé mentale et décide d'assurer sa propre défense. De l'avis général, sa plaidoirie fut brillante. Sa défense dure trois jours. Mais la fatigue le surprend, il se contredit. La sentence est confirmée. La veille de la cérémonie, il se marie avec Ursula dans sa cellule. Le lendemain, dans la cour de la prison, il refuse d'avoir les yeux bandés, proclame encore son innocence et s'écroule sous les balles.

Ce geste héroïque lui octroie une gloire posthume. On vend ses photos. Le petit peuple lui voue un véritable culte. Plus tard, on rasera sa tombe et on jettera ses os à la fosse commune. Qui continua à être fleurie. Aujourd'hui, on peut encore la visiter au cimetière de Playa Ancha. La dalle qui porte son nom est couverte d'ex-voto. On l'invoque pour avoir de la chance et on le remercie pour les faveurs accordées. *Gracias, Emilio Dubois…*

PASEO GERVASONI ★★

Paseo Gervasoni
Sur le mirador du Paseo Gervasoni se situent le Café Turri, l'ascenseur Concepción, le mirador de Lukas et le récent hôtel de luxe Gervasoni.

CASA MIRADOR DE LUKAS ★

Paseo Gervasoni 448
Cerro Concepción
✆ +56 32 2221344
www.lukas.cl
Ouvert du mardi au vendredi de 10h30 à 18h30 et de 11h à 19h30 le week-end. Entrée : 2 000 $, 1 000 $ pour les étudiants.
Lukas (1934-1988), de son vrai nom Renzo Pecchenino, fut le caricaturiste chilien le plus fameux du XXe siècle. Amoureux de Valparaíso, il nous fit vivre sa passion dans ses *Apuntes Porteños* notamment (1971), un merveilleux recueil de dessins et d'anecdotes historiques. Le musée, entièrement rénové en 2018, expose une grande partie des dessins de Lukas, et vous convie à cette balade dont le personnage principal n'est autre que Valpo. Dans une interview donnée en 1969, l'auteur disait : « La ville est le personnage. Valparaíso a une topographie, une configuration qui la convertit en kaléidoscope : nous avons toujours la ville en face de nous. Si on la compare par exemple à Santiago, où l'on voit seulement ce qu'on a en face de nous, la rue où nous sommes arrêtés, à Valparaíso on ne voit pas seulement l'immédiat mais aussi, par une fissure entre deux édifices, une étroite ruelle, les collines lointaines, l'horizon, un autre endroit, de manière que dans Valparaíso la ville est toujours présente dans son intégralité. Ceci me paraît être une caractéristique prépondérante de notre ville. » Pour lui, dans cette ville « il suffit d'un pas pour changer de monde ».

PASEO ATKINSON ★

Non loin du Paseo Gervasoni, on peut se rendre sur le Paseo Atkinson et longer ses petites maisons aux belles couleurs et aux jardins fleuris. Un petit escalier en descend qui aboutit dans la rue Serrano, derrière le siège du *Mercurio*.

IGLESIA ANGLICANA SAINT PAUL ★

Pilcomayo 566
saintpaulchile.cl
saintpaulchurchvalpo@gmail.com
L'église anglicane Saint-Paul a été construite dans un style gothique en 1858. Elle contient surtout des plaques commémoratives aux noms d'Anglais illustres mais aussi un très bel orgue. Juste à côté, la minuscule Plaza de los 14 Asientos permet de se reposer sur des bancs.

IGLESIA LUTERANA DE LA SANTA CRUZ ★

Cerro Concepción
iluterana.cl
iglesia@iluterana.cl
L'église luthérienne a été construite en 1897 et inaugurée le 1er janvier 1898 et offre un bel intérieur boisé. Connue à l'origine sous le nom d'Evangelische Kirchengemeinde zum Heiligen Kreuz (Communauté évangélique de La Santa Cruz), elle devient ainsi la première église protestante à ériger une église et son clocher en Amérique du Sud. Gravement endommagée lors du tremblement de terre de Valparaiso en 1906, elle a pu être restaurée grâce aux dons de la communauté allemande. Mais en 2010 les dégâts causés par le tremblement de terre ont été si conséquents que l'église a fermé ses portes pour réhabilitation. Elle a été rouverte au public et il est possible de la visiter.

CERRO CORDILLERA ★★

En plein cœur de la ville et abritant les vestiges de la forteresse du Castillo San José, ce fut un quartier résidentiel huppé, flanqué de boutiques de luxe et de maisons commerciales. Leur état a bien changé, et l'on s'imagine avec peine que Cordillera était le foyer vital de la ville jusqu'au milieu du XXe siècle. Aujourd'hui, c'est un *cerro* populaire et relativement dangereux la nuit tombée.

CERRO FLORIDA ★★★

Pour atteindre le Cerro Florida, préparez-vous à grimper ou alors empruntez le bus urbain 517 pour aller jusqu'aux hauteurs. Là-haut, se trouve l'une des principales attractions de la ville : accrochée à la colline, la Sebastiana, maison de Pablo Neruda dont la visite est sans doute inscrite sur votre agenda, offre une vue imprenable sur la ville. C'est l'une des trois maisons que le célèbre poète chilien utilisait comme résidence.

LA SEBASTIANA ★★★

Ferrari 692
Cerro Florida
✆ +56 32 225 6606
www.fundacionneruda.org
info@fundacionneruda.org
Ouvert de mars à décembre du mardi au dimanche de 10h10 à 18h ; en janvier et février, de 10h à 19h. Fermé le lundi. Entrée à 7 000 $ par personne. Pour s'y rendre, prendre le bus O ou 612 depuis la Plazuela San Luis (Cerro Alegre) sur l'avenue Alemania, ou grimper à pied depuis le Musée à ciel ouvert.
En 1959, Pablo Neruda demande à ses amies Sara Vial et Marie Martner de lui trouver une petite maison pas trop chère, isolée mais pas

trop, à Valparaíso, car il ressent « la fatigue de Santiago ». Son choix se porte finalement sur cette maison, construite à moitié par l'Espagnol Sebastian Collao jusqu'à sa mort en 1949. Mais il la trouve trop grande : donc il l'achète en copropriété avec Marie Martner et son mari, le docteur Francisco Velasco, et s'installe dans les 3e et le 4e étages.
Se référant à cet achat, il plaisantait : « Je me suis fait rouler, j'ai juste acheté des escaliers et des terrasses ». Mais la vue sur la baie compensait largement ! Selon Neruda, Collao voulait faire du troisième étage une volière et de la terrasse un héliport pour des possibles « astronavigations ». En hommage, le poète appela la maison Sebastiana car il considérait que Collado faisait de la construction poétique. Elle fut inaugurée le 18 septembre 1961 et, à cette occasion, Neruda composa un poème en son honneur : *« Yo construí la casa / La hice primero de aire / Luego subí en el aire la bandera / y la dejé colgada / del firmamento, de la estrella, de / la claridad y de la oscuridad... »*. Depuis la tour, il aimait voir les feux d'artifice sur la baie lors du Nouvel An. Après sa mort en septembre 1973, Francisco Velasco entra dans la maison à la demande des voisins, et découvrit un aigle qu'il libéra en ouvrant les fenêtres. Il ne put jamais expliquer comment le rapace s'était retrouvé à l'intérieur !
Le vestibule et l'entrée de la maison sont ornés de tableaux de Delia del Caril, la seconde femme de Pablo Neruda, surnommée la Hormiguita (petite fourmi). Ils y ont été placés par la Fondation alors que Neruda, déjà divorcé, vivait avec Mathilde Urrutia. Un autre tableau, accroché derrière un superbe sofa, représente José Miguel Carrera, héros de l'indépendance chilienne. Le mural en pierres colorées et la mosaïque du sol sont l'œuvre de Maria Martner. Les vitraux de couleur, dont Neruda était friand, donnent au hall d'entrée une très belle luminosité. Au premier étage se trouvent le salon, la salle à manger et le bar. Toujours en hommage à l'indépendance, on y est accueilli par des représentations de lord Cochrane, le héros de la prise de Valdivia. On peut y voir également un bon nombre de bizarreries, dont un petit cheval de carrousel qui témoigne des goûts ludiques de Neruda, une vache en céramique posée sur une petite table ronde qui servait à préparer le punch, etc. Dans le salon, outre le toucan empaillé Coro-Coro, on aperçoit une table en ammonite sculptée par Maria Martner ou encore les verres colorés qui, d'après le poète, « donnaient meilleur goût à l'eau ».
On arrive ensuite au bar, l'antre secret du poète, où il était le seul autorisé à officier et où sa poésie prenait une consistance liquide, notamment avec son célèbre cocktail le Coquetelón. Dans une ambiance rosée et jaune, les invités ne devaient jamais se montrer pédants, et les seuls vers autorisés étaient ceux du poète Osnofla (anagramme d'Alfonso, un pseudonyme de Neruda à Valparaíso), qui devaient être prononcés correctement (bon exercice pour les hispanophones). Et toujours la présence marine, avec le cabestan, la montre et le compas. On remarque une impressionnante photographie de Whalt Whitman qui, avec Baudelaire et Rimbaud, était le poète favori de Neruda. Sur cette photo, il paraît être centenaire mais est en fait assez jeune. Le charpentier qui l'avait encadrée avait demandé à Neruda si c'était la photo de son père, et Pablo, le premier moment de surprise passé, avait répondu : « Oui, c'est mon père… dans la poésie ». Tout dans la maison n'est certes pas du meilleur goût et, si chaque objet a certainement une histoire, l'ensemble manquera d'harmonie pour certains mais l'architecture et les couleurs chatoyantes de la maison méritent définitivement le détour, même si on ne connaît rien du poète !
Le musée comporte aussi un superbe jardin avec des balançoires colorées, des sculptures ainsi qu'un petit café et une excellente librairie. A côté de la maison se trouve aussi une salle d'expositions temporaires. Après l'avoir visitée, vous pouvez ressortir par la rue Ferrari et la contourner ; après un méandre de rues apparaît la seconde entrée (fermée) qui vous permettra d'observer un somptueux mural.

■ CERRO PANTEÓN ★★

En remontant la rue Cumming, on arrive aux somptueux cimetières de la ville, sur le Cerro Panteón. Le Cementerio n° 2 et le Cementerio Católico entourent celui des Dissidents, sans doute pour que leur esprit, moins conventionnel, ne contamine pas la ville. Le Cementerio de Disidentes était réservé aux non-catholiques, majoritairement des protestants anglais et des juifs. Ces cimetières sont réellement impressionnants par la beauté des stèles des riches familles mais aussi par leur situation en hauteur, comme si l'âme des morts régnait sans partage et planait au-dessus de la ville.
A ce propos, Lukas, dans ses *Apuntes porteños*, rapporte la célèbre anecdote du tremblement de terre qui, provoquant un glissement de terrain, ouvrit certaines sépultures. Et comme le cimetière est situé au-dessus des maisons, certains squelettes se retrouvèrent à califourchon sur les toitures !
Tout près de là, on pourra voir également l'ancienne prison publique, la Ex-Cárcel qui fait aujourd'hui l'objet d'un centre culturel de qualité (parque Cultural de Valparaíso).

CEMENTERIO N° 1 ★

Cerro Panteón

Déclaré Monument Historique, c'est dans ce cimetière que furent enterrés les premiers grands noms de l'histoire portègne et chilienne, militaires, politiques et bienfaiteurs de la ville. Un mural permet de repérer les tombes les plus notables, tombes qui ont l'air parfois de vrais petits palais. Belle vue depuis le mirador à côté du mausolée de Pascual Baburizza.

CEMENTERIO N° 2 ★

Cerro Panteón

Adjacent au cimetière N°1, ce cimetière de 3 000 âmes permit de rendre des hommages *post mortem* plus conformes que la simple fosse commune qui existait jusqu'alors (1840). On y trouve notamment la tombe de l'amiral Manuel Señoret Astaburuaga, un officier qui a participé à la guerre du Pacifique et à la bataille des torpilles de 1880, et le mausolée de la mère et des frères de Arturo Prat, héros du combat naval d'Iquique, reconstruit après le tremblement de terre de 1906.

CEMENTERIO DE DISIDENTES ★

Dinamarca 217

Cerro Panteón

Beaucoup moins grandiose que les autres cimetières de la ville, c'est ici que furent enterrés nombre d'immigrés européens qui, contrairement à ce que le nom du cimetière pourrait laisser penser, n'étaient pas des rebelles marxistes léninistes, mais tout simplement des protestants. Ce fut le cas des 40 Nord-américains morts en 1814 dans la baie de Valpo, alors que leur pays était en pleine guerre (navale en l'occurrence) contre les Anglais.

CERRO PLAYA ANCHA ★★

C'est aujourd'hui le *cerro* le plus grand et le plus peuplé de la ville (environ un tiers des habitants). De nombreuses universités y ont leur campus. Pour jouir d'un fantastique panorama sur la baie, gagnez le mirador Marina Mercante. Une visite au cimetière de Playa Ancha est recommandée. Comme une « petite ville des morts » qui jouissent, en leur repos éternel, d'un panorama agréable sur la côte.

CEMENTERIO PLAYA ANCHA ★★

Avenida Subida Cementerio s/n

Cerro Playa Ancha

Construit en 1887, c'est le plus grand de la région. Véritable petite ville que l'on peut parcourir en voiture, il délivre de superbes panoramas sur la côte. On y verra de magnifiques mausolées, de petite croix discrètes et colorées, mais aussi la tombe fleurie (et pleine d'*ex-voto*) de l'intrigant français Emile Dubois, qui défraya la chronique locale au début du XXe siècle. Une balade pleine de mystère et très intéressante.

Shopping

El plan de Valparaíso

Cadeaux

PUTA MADRE

Almirante Montt 42

www.bazarputamadre.cl

contacto@bazarputamadre.cl

Ouvert de 10h30 à 21h30.

Ouvert en 2012, cette boutique est administrée par une coopérative d'une centaine d'artisans locaux et indépendants. Artistes amateurs ou professionnels, chacun propose ici son univers et ses produits. On trouve des petits objets atypiques aux concepts séduisants, idéal pour un cadeau personnalisé et original. Recyclé, ethnique ou encore respectueux de l'environnement, chaque objet respecte les valeurs de la maison. On trouve notamment des médecines naturelles, des brosses à dents en bambou, du dentifrice en poudre, des culottes périodiques, des cotons réutilisables… ici, on fait la part belle à l'écologie !

Marchés

Sur l'Avenida Argentina, à l'est du *plan*, se tient un marché aux fruits et légumes des plus colorés, tous les mercredis et samedis. Le dimanche, place à un marché aux puces qui mérite une visite.

Cerros

BAHÍA UTÓPICA

Almirante Montt 372

Cerro Concepción

✆ +56 32 273 4296

www.bahiautopica.cl

Ouvert tous les jours de 11h à 19h30.

Tenue par Bertrand, un Bordelais, et son épouse chilienne Nancy, cette galerie d'art bien située propose un panorama intéressant sur l'art portègne. Peintures de Juan Pablo Neira et Gonzalo Ilabaca (dont le nom est maintenant connu des amateurs), gravures de Roberto Acosta et de Loro Coirón bien sûr, sculptures originales et pas mal d'objets/souvenirs des plus intéressants.

CHATARRA LAB

564 Urriola

✆ + 56 9 950125335

www.ChatarraLab.cl

somos@chatarralab.cl

Ouvert tous les jours de la semaine de 11h à 20h et de 10h à 21h le week-end.

Cette petit boutique située sur le Cerro Alegre propose des produits et des accessoires créés à partir de la récupération et du recyclage. Bijoux, portefeuilles, cartes postales, peintures, dessins, oreillers, tabourets, sacoches… Ici on recycle pour créer et cela donne des résultats très originaux : des cassettes audio reconverties en pochettes aux sacs en PVC, vous y trouverez assurément quelque chose d'unique !

HIPERFOCAL

Lautaro Rosas 392
Cerro Alegre
© +56 9 9781 0768
www.hiperfocal.cl
lagos.alberto@gmail.com
Tous les jours de 11h à 19h (sauf le dimanche à 17h).
Atelier et galerie de photos, Hyperfocal est tenu par Alberto, qui utilise un procédé photographique non argentique, appelé « gomme bicromatée », pour révéler ses photos sur du tissu. Il est possible d'assister à la production de ces dernières. Original.

Sports - Détente - Loisirs

CHILEAN CUISINE

25 Pasaje Galvez © + 56 966214626
www.chileancuisine.cl
De 10h à 15h sur réservation. Compter 40 000 $ le cours de cuisine. Cours proposés en anglais, français, allemand et mandarin.
Créé en 2010 par Martin, un Australien venu s'installer à Valparaíso, Chilean Cuisine propose une expérience culturelle à partir de la gastronomie chilienne. Vous commencerez votre journée au marché afin de vous produire les ingrédients nécessaires, puis vous commencerez à cuisiner un plat typique chilien : *pastel de choclo, charquican, cazuela, empanadas* ou encore *pisco sour*, les possibilités sont nombreuses et alléchantes ! Enfin, la dégustation de la préparation est accompagnée de vins locaux. Un bon plan pour apprendre dans la bonne humeur et découvrir le Chili autrement.

VIÑA DEL MAR ★★

Viña del Mar (327 000 habitants environ d'après le recensement de 2017) n'a pas connu une urbanisation très planifiée comme la plupart des villes chiliennes. Il existait deux haciendas sous la colonie : celle de las Siete Hermanas (les Sept Sœurs), comprenant sept collines, et l'hacienda de la Viña de la Mar. En 1835, un riche commerçant portugais, Francisco Alvarez, acheta cette dernière, puis l'autre en 1840, et devint propriétaire de toute la vallée de Viña.
Rapidement, l'endroit devint un lieu de villégiature de fin de semaine, et de riches Porteños, dont beaucoup d'étrangers, y achetèrent des terrains sur lesquels ils construisirent en bordure de la nouvelle voie ferrée. Parallèlement, la femme d'Alvarez, grande passionnée de plantes, commença à créer un jardin qui allait devenir la Quinta Vergara. En 1870 apparut le Grand Hotel qui profita du nouvel engouement portègne pour les séjours estivaux à Viña, un engouement favorisé par le chemin de fer. Ainsi, très tôt, Viña acquit une réputation de grande station balnéaire à la mode. En 1870, l'apparition d'une raffinerie de sucre contribua à peupler le site qui, peu à peu, commença à devenir une ville dans les vingt dernières années du XIXe siècle. La municipalité de Viña fut d'ailleurs créée en 1879. Sur les collines de Chorillos et Miraflores commencèrent à pousser de nombreux cottages en bois, à l'anglaise, résidences d'été des nantis, qui imprégnèrent d'un certain romantisme la cité naissante. En 1892, on commença à tracer ce qui deviendra le quartier de Vergara. En son centre s'ouvrit la rue principale, que le colonel Vergara lui-même baptisa La Libertad et qui donna enfin un noyau urbain à cette ville encore anarchique. Toutefois, les secousses n'épargnèrent pas Viña, qui fut frappée de plein fouet par le tremblement de terre du 16 août 1906. Les travaux de reconstruction entrepris ainsi que l'installation de familles venues de Valparaíso donnèrent à la ville sa configuration architecturale et urbaine actuelle. De cette époque (entre 1906 et 1910) date le palais Vergara, un immense édifice de 3 000 m² dans le style vénitien.
Un autre facteur important du caractère de la ville fut, à l'époque, l'installation d'étrangers : des Anglais, principalement à Chorillos et Miraflores, des Allemands, sur le cerro Castillo, des Français et des Italiens. Chacun apportait les coutumes de son pays, ce qui se traduisit par une grande variété de styles européens.
Mais ce sont les années 1930 qui allaient être les plus riches pour le développement de Viña puisqu'une aide du gouvernement permit la construction du casino municipal, du théâtre municipal et du palais présidentiel.
Depuis, la cité s'est fortement développée devenant sans doute, avec Mar del Plata en Argentine et Punta del Este en Uruguay, l'une des stations balnéaires les plus réputées du sud de l'Amérique du Sud. On comprendra dès lors que pour un voyageur étranger, elle ne représente qu'une énième étape du vacancier ordinaire ; à moins d'être particulièrement fatigué, de rechercher une ambiance confortable et la foule des grands soirs (en été surtout), Viña n'a pas grand-chose à nous offrir. Mais y passer repose les yeux et l'ouïe après un séjour dans le chaotique port voisin.

Viña del Mar

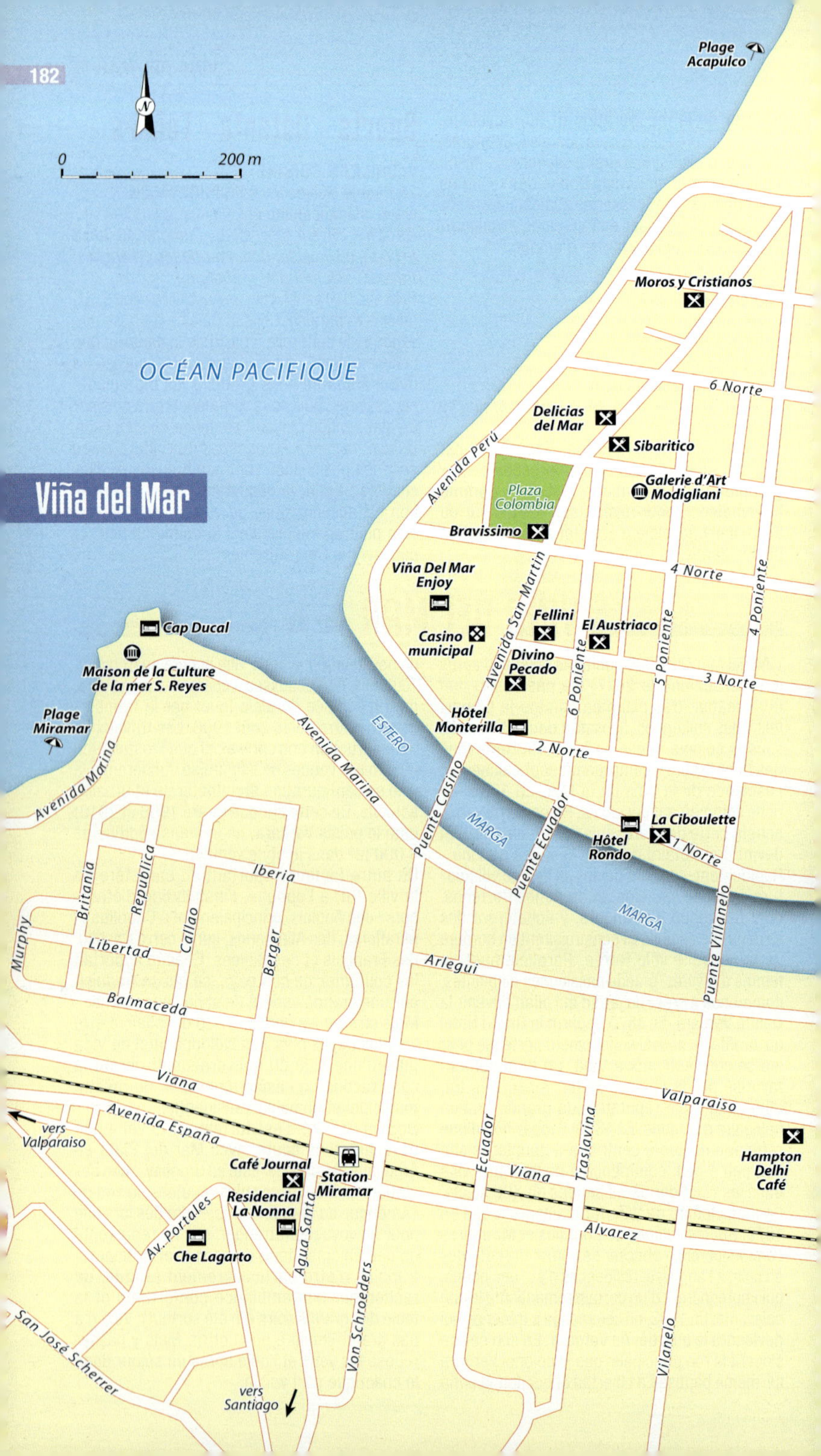

N
0
200 m
OCÉAN PACIFIQUE
Plage Acapulco
Moros y Cristianos
6 Norte
Delicias del Mar
Sibaritico
Avenida Perú
Plaza Colombia
Galerie d'Art Modigliani
Bravissimo
Viña Del Mar Enjoy
4 Norte
4 Poniente
Avenida San Martin
Fellini
El Austriaco
Casino municipal
Divino Pecado
6 Poniente
5 Poniente
3 Norte
Cap Ducal
Maison de la Culture de la mer S. Reyes
Plage Miramar
Avenida Marina
Estero
Hôtel Monterilla
2 Norte
Puente Casino
Marga
Puente Ecuador
Hôtel Rondo
La Ciboulette
1 Norte
Marga
Puente Villanelo
Iberia
Britania
Republica
Callao
Murphy
Libertad
Berger
Arlegui
Balmaceda
Viana
Valparaiso
vers Valparaiso
Avenida España
Café Journal
Station Miramar
Residencial La Nonna
Ecuador
Viana
Traslavina
Hampton Delhi Café
Av. Portales
Che Lagarto
Agua Santa
Alvarez
Von Schroeders
San José Scherrer
vers Santiago
Vilanelo

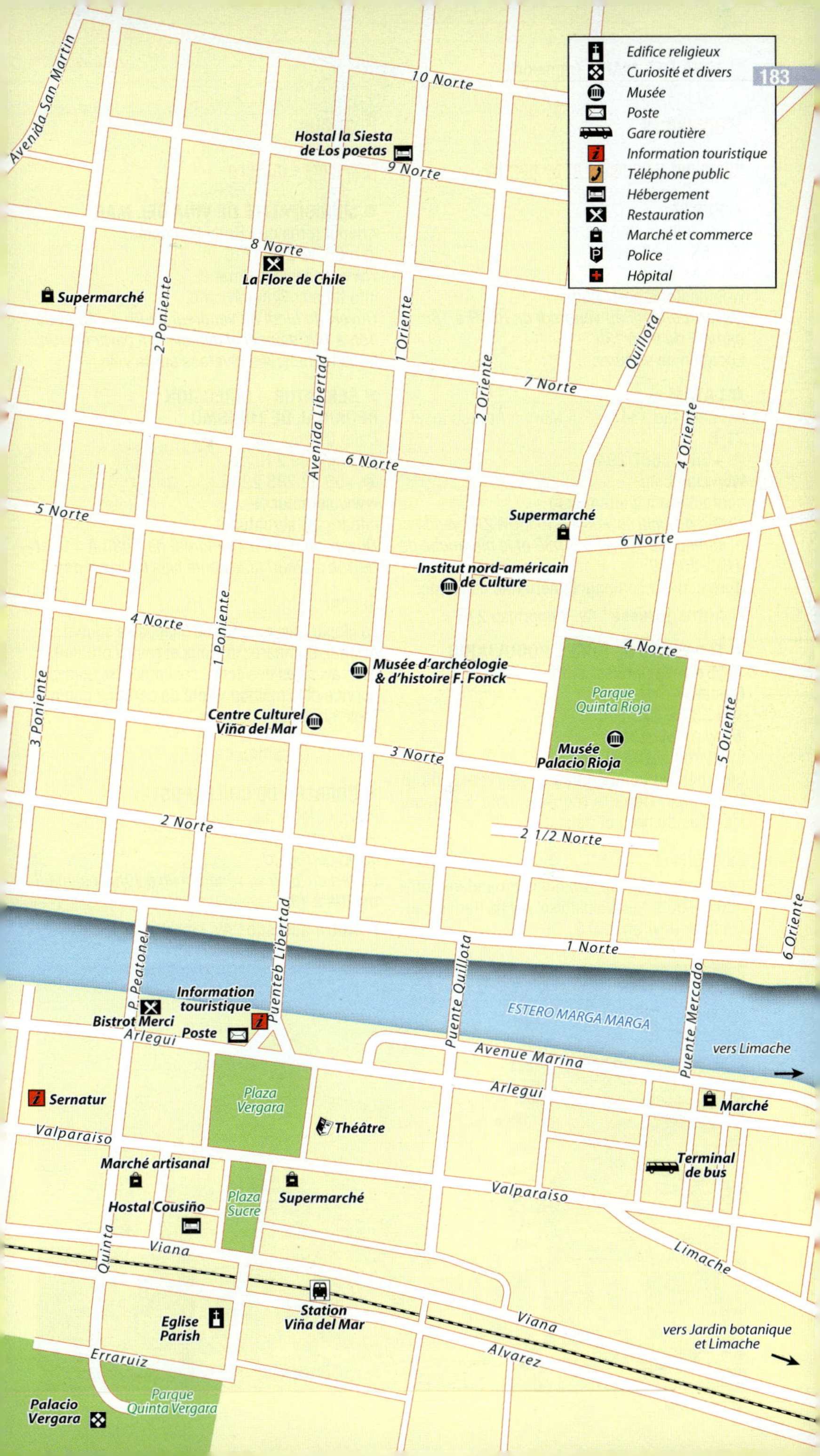

Edifice religieux
Curiosité et divers
Musée
Poste
Gare routière
Information touristique
Téléphone public
Hébergement
Restauration
Marché et commerce
Police
Hôpital
Avenida San Martin
10 Norte
Hostal la Siesta de Los poetas
9 Norte
8 Norte
La Flore de Chile
Supermarché
2 Poniente
1 Oriente
Avenida Libertad
2 Oriente
Quillota
7 Norte
4 Oriente
6 Norte
5 Norte
Supermarché
6 Norte
Institut nord-américain de Culture
4 Norte
1 Poniente
4 Norte
Musée d'archéologie & d'histoire F. Fonck
3 Poniente
Parque Quinta Rioja
Centre Culturel Viña del Mar
Musée Palacio Rioja
5 Oriente
3 Norte
2 Norte
2 1/2 Norte
Puenteb Libertad
Puente Quillota
1 Norte
6 Oriente
P. Peatonel
Information touristique
Puente Mercado
ESTERO MARGA MARGA
Bistrot Merci
Poste
Arlegui
Avenue Marina
vers Limache
Arlegui
Sernatur
Plaza Vergara
Marché
Théâtre
Valparaiso
Marché artisanal
Terminal de bus
Plaza Sucre
Supermarché
Valparaiso
Hostal Cousiño
Quinta
Viana
Limache
Station Viña del Mar
Eglise Parish
Viana
vers Jardin botanique et Limache
Erraruiz
Alvarez
Parque Quinta Vergara
Palacio Vergara

Transports

Comment y accéder et en partir

HERTZ
Calle Quillota 766
✆ +56 32 2381020
www.hertz.cl
webmaster@hertz.com
Ouvert du lundi au vendredi de 8h30 à 18h, le samedi de 9h à 13h.
Location de voitures.

LATAM
Av. Libertad 1348, Mall Marina Arauco local 71-B
✆ +56 2 2687 2941
www.lan.com
contactlatam@latam.com
Ouvert du lundi au jeudi de 10h30 à 21h, vendredi et samedi de 10h30 à 21h30 et le dimanche de 11h à 20h30.
Bureau de la compagnie aérienne chilienne.
Autre adresse : Av. Valparaíso 276

TERMINAL DE BUSES RODOVIARIO
1055 Av. Valparaíso, entre Quilpué et Crucero
✆ +56 32 275 2000
www.rodoviario.cl
info@rodoviario.cl
Les mêmes compagnies desservent Viña et Valparaíso. Départs réguliers pour Santiago, les villes du nord et du sud.

Se déplacer

Les *micros* (minibus urbains) demandent entre 500 et 700 $ pour Valparaíso. A Viña (tarif local), compter environ 250 $.

Pratique

Tourisme - Culture

MUNICIPALITÉ DE VIÑA DEL MAR
Arlegui (près de l'Hotel O'Higgins)
✆ +56 32 218 5710
www.visitevinadelmar.cl
info.turismo@munivina.cl
Ouvert du lundi au vendredi de 9h à 14h et de 15h à 19h, samedi et dimanche à partir de 10h.
Infos touristiques diverses sur la ville.

SERNATUR – DIRECCION REGIONAL DE TURISMO
Calle Quillota 72
A l'angle de 2 Norte
✆ +56 32 288 2285
www.sernatur.cl
infoarica@sernatur.cl
Ouvert du lundi au vendredi de 8h30 à 14h et de 15h à 17h30 (une heure plus tôt le vendredi).

Argent

La plupart des bureaux de change se situent sur Arlegui. Comparez les taux et restez prudents : nous avons eu des échos concernant le mauvais service et la malhonnêteté de certains comme Afex, situé sur Cochrane.

Moyens de communication

CORREOS DE CHILE (POSTE)
Plaza Latorre 32
www.correos.cl
sac@correos.cl
Ouvert du lundi au vendredi 9h à 19h, et samedi de 10h à 13h.
Autre adresse : Av. Libertad 741

Viña del Mar.

Santé - Urgences

■ **HOSPITAL GUSTAVO FRICKE**
Av. Alvaréz 1532
✆ +56 32 257 7603
www.hospitalfricke.cl

Se loger

Pour les plus démunis, les meilleures adresses (enfin, les moins pires) se situent autour de la station de métro Miramar (rue Agua Santa notamment, en entrant à Viña). En saison (janvier-février et notamment pendant le festival), les tarifs dans les établissements supérieurs peuvent s'envoler, et il est conseillé de réserver longtemps à l'avance.

Confort ou charme

■ **LA CASA DEL ALMIRANTE**
Pasaje el Hogar, casa 3, Recreo
✆ +56 9 7898 4546
www.lacasadelalmirante.com
info@lacasadelalmirante.com
En haute saison, compter 60 000 $ la chambre double et 90 000 $ la suite pour deux. Petit déjeuner et wi-fi inclus.
Cet hôtel propose des chambres spacieuses et confortables (ventilées en été et chauffées en hiver) avec TV câblée. La suite est équipée d'une cuisine et d'un petit salon avec vue sur la mer et la ville. La maison, de style colonial, a été restaurée, avec des meubles d'époque et des couleurs rappelant les maisons de Valparaíso. Quartier calme, à l'écart des agitations urbaines. Accueil chaleureux des propriétaires et service de qualité. Une adresse charmante à découvrir !

■ **HOTEL MONTERILLA**
Dos Norte 65, Plaza México
✆ +56 32 2976950
www.monterilla.cl – hotel@monterilla.cl
Compter à partir de 90 US$ la simple, 110 US$ la double, 130 US$ la triple et 150 US$ pour quatre. Suite pour deux à 235 US$.
Un hôtel clinquant à quelques rues du casino de Viña. Les chambres récemment rénovées sont confortables. Déco moderne, petit patio, salles de conférence, accès wi-fi gratuit et parking sur demande. Ensemble très fonctionnel et service agréable.

■ **HOTEL RONDO**
1 Norte 157
✆ +56 32 2479611
www.hotelrondo.cl – reservas@hotelrondo.cl
Compter 45 000 $ la simple, 55 000 $ la double, 62 000 $ la triple, 72 000 $ la quadruple. Petit déjeuner inclus.
Les chambres, propres, confortables (TV câblée, téléphone et chauffage central) et assez bourgeoises, peuvent paraître légèrement désuètes pour certains. La situation est cependant excellente, pas loin du casino et aussi du centre, et l'accueil est chaleureux.

Luxe

■ **HOTEL DEL MAR – ENJOY**
San Martin 199
✆ +56 32 284 6100 – www.enjoy.cl
Compter à partir de 135 000 $ la double et 210 000 $ la suite en haute saison. Prix variables selon les jours de la semaine et les mois de l'année.
L'un des emblèmes de la ville, qui abrite le fameux casino. Structure cylindrique et ambitieuse, d'un luxe grec clinquant mais efficace. Chambres avec vue sur la mer, sur huit étages, et suites dont deux présidentielles. Service très formel et un peu prétentieux mais le confort et le professionnalisme sont irréprochables. Spa complet. Le restaurant le plus cher propose une excellente cuisine.

■ **SHERATON MIRAMAR**
Avenida Marina 15
✆ +56 32 2388 600
A partir de 245 US$ la nuit pour deux.
D'une audace architecturale surprenante, le bâtiment a été construit sur un promontoire rocheux, à l'entrée de la ville, à côté de la plage. Inutile de dire que la vue est saisissante. Chambres de grand confort : baignoire et douche séparées, TV câblée, balcon, minibar, machine à café, accès handicapés. Piscine, spa et parking accessibles. Structure et déco moderne. Même si vous n'y logez pas, profitez de la terrasse pour la belle vue panoramique.

Se restaurer

Nombreux petits restos pas chers au centre-ville, notamment sur l'artère principale, la Avenida Valparaíso.

Sur le pouce

■ **PANINICAFÉ**
441 Arlegui ✆ + 56 9 84840177
www.paninicafe.cl – info@paninicafe.cl
Compter entre 2000 $ et 3000 $ le panini. Ouvert de 8h à 20h en semaine et de 11h à 19h le week-end.
Une adresse italo-belge simple et accueillante pour déguster des paninis respectant la recette italienne. Choisissez de préférence le panini Caprese ou le Toscano, le pain est fait maison et les produits, bien que basiques, font leur travail au niveau des saveurs ! Les cafés sont aussi particulièrement savoureux et sont les seuls de la ville à être préparés avec la technique du filtre-papier.

Bien et pas cher

LE BISTROT MERCI

Quinta 11 ✆ +56 32 268 0276

Ouvert du lundi au samedi de 12h30 à 16h et jusqu'à 22h le vendredi et samedi. Menu le midi à 6 990 $. Choix de pâtisseries. Happy Hour de 17h à 20h. Wifi gratuit.

Ce restaurant récent tenu par Philippe et Martine propose une cuisine française avec quelques notes chiliennes. Bœuf bourguignon, soupe à l'oignon, lapin aux prunes, confit de canard ou encore escargots... Les saveurs de la mère-patrie raviront vos papilles ! La maison propose aussi des options végétariennes et véganes. De plus, Philippe n'hésite pas à sortir de sa cuisine pour pousser la chansonnette avec les clients, une belle ambiance ! N'hésitez pas non plus à lui demander quelles sont les curiosités à découvrir dans la région, il connaît tout comme sa poche ! Des soirées thématiques et/ou des événements sont proposés parfois.

LA FLOR DE CHILE

8 Norte 601

✆ +56 32 268 9554

www.laflordechile.cl

Menu à 4 000 $ le midi. Plats à la carte à 7 000 $ en moyenne. Ouvert du lundi au samedi de 11h à minuit.

Ouvert depuis 1930, cet établissement propose des plats typiques et copieux. Ambiance traditionnelle et familiale, terrasse agréable en été. La carte propose pas mal d'options, des plats typiques aux empanadas en passant par de simples salades. La déco de bric et de broc évoque un peu Valparaíso. Une de nos adresses préférées.

Bonnes tables

DIVINO PECADO

San Martin 180

✆ +56 32 297 5790

www.divinopecado.cl – divinopecado@vtr.net

Tous les jours de 13h à 16h et de 20h à 23h (minuit les vendredi et samedi soir, fermé le dimanche soir). Compter environ 15 000 $ le plat.

Petit restaurant de cuisine italienne qui séduit pour la qualité de ses plats : carpaccio de thon, *fettucine de merquén* et son ragoût d'agneau (notre meilleur choix), lapin à la casserole, *saltimboca a la romana*... Les plats sont joliment présentés et le service est familial et agréable. Une bonne adresse toute en finesse.

EL AUSTRIACO

3 Norte 105, à l'angle de 6 Poniente

✆ +56 32 268 3692

www.elaustriaco.com

restaurant@elaustriaco.com

Ouvert midi et soir, sauf le dimanche soir et le lundi. Compter une moyenne de 14 000 $ à la carte.

Excellente cuisine autrichienne, sous la houlette du chef/propriétaire Dieter (très prévenant et amical) et son épouse. A la carte, Wiener Schnietzel, goulash... et du gibier de superbe facture (notamment le cerf, l'autruche, le canard...). L'ensemble laisse un superbe souvenir. A découvrir.

FELLINI

3 Norte 88

✆ +56 32 2975742 – www.fellini.cl

Du lundi au samedi de 12h30 à 16h et de 19h30 à 23h (16h30 et minuit le vendredi et samedi), dimanche de 12h30 à 17h. Plats entre 8 000 et 10 000 $.

Cuisine italienne (pâtes en tête, bien sûr, avec toutes sortes de sauces), de poissons et de fruits de mer : carpaccios maison, risottos, thon sauce *pisco sour*, truite fourrée aux champignons et aux crevettes... Ambiance chaleureuse et familiale (bois, brique). Souvent bondée, l'adresse perd cependant peu à peu de sa qualité. Reste tout de même une bonne option.

Sortir

Les adresses ne manquent pas. Si vous n'avez pas trop de sous, dirigez-vous vers les rues Santa Ana et Von Schroeders, à l'entrée de la ville en venant de Valpo (plein de bars étudiants pas chers). Sinon, les inconditionnels pourront tenter leur chance aux alentours du Casino municipal, en bord de mer (tenue correcte exigée).

CAFE JOURNAL

Avenida Agua Santa 1-10

✆ +56 32 266 6654

www.cafejournal.cl

Du dimanche au jeudi de 12h à 4h, les vendredis et samedis jusqu'à 5h. Entrée gratuite (passeport ou carte d'identité demandés).

Viña ne serait plus la même sans cet endroit mythique. Bondé dès le mercredi soir. Plusieurs sall es et terrasse ouverte à l'étage (originale : on se croirait dans une ruelle de Valpo !). On peut y manger pizzas, calzones (ça ne reste cependant pas le genre d'adresse que nous recommandons pour manger) et y boire ce qu'il faut pour passer une soirée animée.

À voir – À faire

AVENIDA COSTERA ★★

Avenida España

Suivie des avenidas Marina et Perú

Une promenade sur l'avenue côtière vous donnera l'occasion, après un bain sur la playa Caleta Abarca, d'admirer l'horloge fleurie de

Viña, puis l'ancien palais Ross. On pourra ensuite s'arrêter au Castillo Wulff (entrée gratuite), passer par le Palacio Presidencial – en fait, un autre château construit en 1930, et la résidence d'été des présidents de la république -, puis, en remontant par l'avenida Perú, arriver au casino municipal. On continuera ensuite le long de l'Av. Perú jusqu'aux plages bordées de grands immeubles un peu laids, jusqu'à l'ancienne jetée et les stands d'artisanat et de souvenirs.

■ CASTILLO ROSS – CLUB UNIÓN ÁRABE

Avenida Marina

Edifice de 1912, c'est une réplique exacte d'une résidence écossaise construite au XIXe siècle et dont le travail de la pierre apparente est remarquable. Cet édifice, acquis en 1967 par une compagnie immobilière arabe, abrite le Club Unión Arabe, d'où la présence, face au palais et abritée par une allée de palmiers, de la statue du poète Khalil Gibran.

■ CASTILLO WULFF

Avenida Marina 37

Du mardi au dimanche de 10h à 13h et de 15h à 17h30.

Gustave Wulff, magnat salpêtrier, fit construire ce château en 1906, dans un style gothique. A l'intérieur, un passage en verre permet de voir les vagues au-dessous. Superbe. Aussi, le musée de la Culture de la mer contient des objets ayant appartenu à l'écrivain Reyes et des pièces marines. Mais c'est surtout pour apprécier le Castillo Wulff que vous vous y rendrez.

■ CASINO MUNICIPAL DE VIÑA DEL MAR

Avenida San Martín 199

www.enjoy.cl/vina-del-mar

reservas@enjoy.cl

Le casino de la ville fut édifié en 1930. Son architecture assez monumentale et ses grands jardins en font le symbole de l'esprit de Viña.

Les plages de Viña

Viña est la station balnéaire chilienne la plus réputée du Chili. Rien de bien réjouissant, honnêtement, pour l'amoureux des petites baies sauvages et des criques du bout du monde ; mais enfin, il y a foule en janvier/février et certains apprécient l'ambiance.

■ ACAPULCO ★

Juste au sud de l'embarcadère, à proximité des hôtels, des bars et des restaurants.

La plage la plus accessible si vous passez une journée dans la ville. Les Chiliens trouvent en général que les grands édifices contigus sont fort jolis, nous vous laissons juge de leur appréciation.

■ CALETA ABARCA ★★

Avenida España

A l'entrée du centre-ville, à côté de l'hôtel Sheraton et au pied du Cerro Castillo (qui mérite une visite pour ses vieilles maisons bourgeoises), c'est la plage préférée de nombreux estivants. On peut y nager tranquillement. Facile d'accès, puisque proche de tout ou presque, elle est équipée en conséquence : restaurants, bars, discothèques, etc.

En février, la plage évoque parfois la Côte d'Azur et il est difficile d'y marcher sans écraser quelqu'un.

■ EL SOL ★

Dans la partie nord de la ville

(là où est situé le centre commercial Marina Arauco, entre la 11e et la 14e Rue), jusqu'à l'embarcadère (muelle) Vergara.

Longue de presque 2,5 km, elle n'a pas les mêmes faveurs des nageurs que la plage Las Salinas en raison de sa situation ouverte sur la mer, de ses vagues incessantes, et du vent permanent (ou presque) qui y souffle. Les familles chiliennes s'y regroupent généralement pour bronzer et papoter sur la plage, plutôt paisible.

■ LAS SALINAS ★

La plage de Las Salinas se situe à 2 km au nord de la ville, en direction de Reñaca. Etroite et à l'abri des vents, elle est propice à la baignade. Assez tranquille, même si elle est pourvue de restaurants. Quelques soirées électro endiablées en été.

JARDÍN BOTÁNICO NACIONAL ★

Camino El Olivar, sector El Salto
A la périphérie de Viña ✆ +56 32 2675091
Prendre le micro 203 sur l'avenida Alvares (mais il ne passe pas souvent) jusqu'au pont (restent ensuite 300 m à pied). Ouvert tous les jours de 9h à 19h. Entrée : 2 000 $ par adulte.
Belle promenade autour d'une lagune rafraîchissante. Cet immense jardin ravira les férus de botanique puisqu'il leur réserve près de 3 000 espèces végétales différentes, dont certaines fort rares. On le doit à un industriel du salpêtre, Pascual Baburizza. Concerts en été tous les dimanches à partir de 17/18h. Belle occasion pour marier les arts et la nature.

MUSEO FONCK ★

4 Norte 784
✆ +56 32 268 6753
www.museofonck.cl
Ouvert le lundi de 10h à 14h et de 15h à 18h, du mardi au samedi de 10h à 18h, le dimanche et les jours fériés de 10h à 14h. Entrée à 2 800 $, 500 $ pour les enfants.
Ce Musée archéologique et d'histoire naturelle, très fourni, nous renseigne sur les cultures indigènes du pays (Atacameños, Diaguitas, Mapuche, Rapa Nui...). Les passionnés de l'île de Pâques pourront dénicher de nombreuses informations, cartes, etc., dans sa riche bibliothèque Fulloy. Dans le jardin, on pourra voir un moai. Le premier étage abrite un musée d'Histoire naturelle, présentant la faune chilienne. Conférences très régulières. Le meilleur musée de Viña.

PALACIO CARRASCO ★

A l'angle de la 4 Norte et de l'avenue Libertad 250 ✆ +56 32 218 4414
Ouvert du lundi au vendredi de 9h à 17h30, le samedi de 10h à 13h. Entrée libre.
Ce palais appartint au magnat du salpêtre Emilio Carrasco, qui ordonna à l'architecte français Alfred Azancot sa construction en 1912. Les travaux se poursuivirent jusqu'en 1924 et le palais fut racheté par la municipalité en 1930. C'est un édifice de trois étages, d'inspiration néoclassique française, avec une ample entrée composée d'arcs de style Tudor et de petites mansardes aux fenêtres ornées de pinacles. Le palais fut assez secoué par le séisme de 1985, mais on le réhabilita pour y installer le Centre culturel, la bibliothèque Mackenna et les archives historiques de la ville. Sur la petite place qui fait face à l'entrée, on remarquera la statue La Defensa, d'Auguste Rodin (1878), offerte à la ville par le gouvernement français. Rodin avait présenté cette statue à un concours organisé en hommage à Prat mais le gouvernement chilien l'avait refusée.

PLAZA JOSÉ FRANCISCO VERGARA ★★

La place José Francisco Vergara, centrale, est l'un des épicentres de l'activité diurne de la ville. Un orchestre municipal y joue tous les dimanches, attirant les familles qui aiment s'y délasser. On peut y admirer un ensemble de bâtiments comprenant l'église Notre-Dame-des-Douleurs, l'ancienne résidence Subercaseaux (construite en 1912 et devenue le Club espagnol, elle présente des éléments architecturaux de style nordique : la toiture est d'influence hollandaise et la coupole d'origine bavaroise), le théâtre municipal construit en 1930 (de styles corinthien-gréco-romain, il se caractérise par son imposant classicisme et sa sévère élégance) et le Gran Hotel O'Higgins (construit entre 1931 et 1935, sa façade épurée est un mélange de l'élégance classique et de fonctionnalisme annonciateur de la nouvelle architecture en vogue dans l'urbanisme de la ville à cette époque). Les amateurs du grand écran y dénicheront l'édifice de Cine Arte, un excellent cinéma d'art et d'essais.

QUINTA VERGARA ★

Errázuriz 563-596
A deux pas de la place Vergara
Ouvert du mardi au dimanche de 7h à 18h.
Le plus beau parc de Viña. Il a été dessiné par Doña Dolores Pérez de Álvarez (famille des fondateurs de la ville), mais c'est également à son fils, grand voyageur, que l'on doit la diversité des plantes rapportées d'Océanie et d'Extrême-Orient. Le magnifique Palacio Vergara, aux airs de palais vénitien, qui abrite le musée des beaux-arts, est malheureusement toujours en cours de restauration. On ne manquera pas l'Amphithéâtre à l'air libre (le fameux Festival international de la chanson de Viña del Mar s'y tient tous les ans en février), et, en janvier, la petite foire artisanale qui s'y déroule. Un grand bol d'air frais.

Shopping

Trois points forts en ce qui concerne l'artisanat : le pasaje Cousiño où les commerçants exposent à ciel ouvert, et la rue suivante, la calle Quinta, où un hall est prévu à cet effet. Vêtements, bijoux, bibelots, statuettes de l'île de Pâques (pour ceux qui n'auront pas la chance d'y aller). Enfin, sur le front de mer, à hauteur de l'ancien quai, sur le passage piéton qui borde la plage. En janvier, Viña accueille un marché artisanal international, au sein même de la Quinta Vergara. Des articles de toute l'Amérique latine, d'Indonésie et même de quelques pays africains y sont exposés et vendus tous les jours de 10h à 22h.

VERSION NUMÉRIQUE
OFFERTE
Obtenez votre guide numérique en scannant le QR code
ou rendez-vous sur le site
www.ebookfute.com
avec le code avantage
HZ8HRM
petit futé
2019 2020
CHILI
ÎLE DE PÂQUES
OFFERT
WWW.PETITFUTE.COM
OFFRE VALABLE JUSQU'À L'ARRÊT DE COMMERCIALISATION DU TITRE EN FRANCE MÉTROPOLITAINE ET DANS LE MONDE ET SOUS RÉSERVE QUE LE NOMBRE
DE TÉLÉCHARGEMENTS SOIT INFÉRIEUR OU ÉGAL AU NOMBRE D'EXEMPLAIRES DE GUIDES PAPIER IMPRIMÉS. FORMATS DISPONIBLES POUR SMARTPHONES, TABLETTES, LISEUSES ET ORDINATEURS PC OU MAC.
© PERFECTLAB - SHUTTERSTOCK.COM

LES PLAGES

En partant de Valparaíso ou Viña, il est possible de longer la côte nord de plage en plage, jusqu'à Papudo. C'est aussi une alternative séduisante si vous allez vers La Serena. De Papudo, des bus circulent vers La Ligua ou Los Vilos (sinon, le stop marche aussi). De là, on peut continuer vers Ovalle, puis La Serena ou Coquimbo.

Autour de La Ligua, remarquez les nombreuses femmes qui hèlent bus ou voitures particulières au bord de la route : elles vendent les fameuses douceurs locales, ou *dulces de la Ligua*, des petites gourmandises à base de *manjar*, une sorte de confiture de lait caramélisée.

LAGUNA VERDE ★★

Ce petit village se situe 15 km juste au sud de Valparaíso. Pour s'y rendre, prendre le bus Sol de Reñaca sur l'avenue Brasil devant le supermarché Lider de Bellavista (à ne pas confondre avec le cerro du même nom !). Compter 30 minutes de trajet.

La route qui y conduit, serpentant à flanc de falaise, est assez impressionnante. Mais sur place, pas grand-chose à se mettre sous la dent : deux ou trois restaurants, une ou deux adresses pour se loger (dont un camping), et une plage pas trop vilaine, que gâche toutefois une vilaine usine.

Cependant, inutile de s'arrêter ici : il faut descendre au terminus du bus. De là part une piste carrossable pour la plage de Las Docas, une petite baie magnifique pour camper.

■ LAS DOCAS ★★

Pour s'y rendre, prendre les bus de Laguna Verde jusqu'au terminus (un magasin en bois qui est votre dernière chance pour acheter des vivres). Compter environ 1 000 $ par personne. Ensuite, poursuivez la même piste à pied pendant quelques centaines de mètres, bifurquez à gauche (un panneau doit indiquer la plage, tout droit on se rend au phare, un autre joli site), puis suivez la même piste jusqu'à parvenir à la falaise qui surplombe la crique. Attention, cette piste ne va pas toujours tout droit (à un moment, il faut prendre à gauche et ne pas se laisser tenter par le sentier qui continue). Pas si difficile à trouver toutefois. Et la beauté du site récompense largement tous vos efforts. Compter environ 1h de marche.

Le site naturel de cette petite baie est superbe. Toutefois, la plage est aujourd'hui aux mains d'une concession (accès payant en voiture, compter 2 500 $ par véhicule, sanitaires et douches payants aussi mais on peut prendre de l'eau à une source entre les rochers). À noter : jadis paradis de quelques connaisseurs, il y a aujourd'hui foule en janvier et février et certains longs week-ends. Le reste du temps, venez-y en semaine et vous serez tranquille ! Sans doute la plage la plus sympa de la région de Valpo.

QUINTAY ★

Quintay est un petit village de pêcheurs alangui jouissant d'une grande et jolie plage au nord, ainsi que d'une autre plus petite au sud (moins connue), idéale pour camper.

Un bol d'air frais près de Valparaíso (distant de 47 km) et une excursion très agréable pour sortir des sentiers battus. La route pour y accéder est jolie.

Transports

Compter entre 45 minutes et 1h de voyage depuis Valpo par une bonne route goudronnée à travers des forêts de pins et d'eucalyptus. Les départs en bus s'effectuent rue Chacabuco, à l'angle de 12 de Febrero juste derrière le terminal de bus. Compter 1 500 $ par personne. En semaine (au moins de mi-septembre à mi-juin), plusieurs départs de Valpo.

Les *colectivos* partent dès qu'ils sont pleins depuis la Avenida Argentina, à deux pas du terminal de bus (1 500 $ par personne).

Se loger

Il est possible de dormir en *cabañas* à Quintay, mais la proximité de Valpo en fait plutôt une excursion à la journée.

Se restaurer

Plusieurs restaurants au niveau de la *caleta* (petite plage de pêcheurs) et de ses barques colorées.

■ MIRAMAR

✆ +56 32 236 2046

Compter entre 6 000 et 9 000 $ par plat.

Un très beau cadre avec tables en bois et jolie vue sur les barques et la mer. Spécialités de poissons et fruits de mer bien sûr. A découvrir : les *machas a la parmesana*, le *pastel de jaiba* ou le *chupe de locos*. Délicieux ! Venez-y tôt les week-ends ou en janvier/février, il y a alors beaucoup de monde (et le service est donc assez lent...).

ALGARROBO

Contrairement au littoral nord, aucune route ne relie les stations du littoral sud jusqu'à Algarrobo. Il convient, en voiture, de revenir vers Santiago jusqu'à Casablanca, et là, de bifurquer à droite sur des routes départementales ou la nouvelle autoroute.

■ LA MIRAGE PARADOR

Tunquén
✆ +56 9 9034 4555
www.lamirage.cl
contact@lamirage.cl
Selon la saison et le type de chambre (queen ou king size), compter entre 63 000 et 76 000 $ la simple, 80 000 à 92 000 $ la double et à partir de 105 000 $ la triple. Petit déjeuner inclus. Restaurant ouvert seulement le week-end en basse saison. Pas d'accès Internet. Fermé l'hiver.
Ce boutique-hôtel de charme, entièrement rénové en 2019 se trouve à Tunquén, à environ 50 km au sud de Quintay, sur la route côtière vers Algarrobo. Chambres sobrement décorées, confortables et chauffées (pour les saisons fraîches). Restaurant proposant une bonne cuisine chilienne et française. Belle petite terrasse pour prendre le soleil. Endroit paisible et à proximité d'une plage sauvage. Recommandé, d'autant que les lieux ne sont pas encore très courus.

ISLA NEGRA ★

À 4 km au sud de la station balnéaire El Quisco se situe la localité de Isla Negra (qui, de fait, n'est pas sise sur une île, mais sur un promontoire, et qui n'a rien d'un petit village charmant blotti contre l'océan : la route la coupe de part en part). Trois plages lui garantissent une certaine notoriété auprès des estivants, dont la playa de las Agatas, où Pablo Neruda avait coutume de chaparder des pierres pour orner sa maison.
Car c'est bien la raison pour laquelle vous vous rendrez dans ce coin un peu perdu : le grand poète chilien y vécut une partie de sa vie, et des trois maisons qu'il s'était inventées, celle-ci était incontestablement sa préférée. D'ailleurs, sa tombe se trouve dans les jardins.

Transports

- **Depuis Valparaiso,** prendre les bus Pullman Lago Peñuelas depuis le terminal (départs toutes les demi-heures environ). Le trajet dure environ 1h30 pour 3 600 $ par personne.
- **Depuis Santiago,** Pullman Bus part du terminal Alameda toutes les demi-heures pour 1 heure 30 de route et quelque 5 000 $.

À voir - À faire

■ CASA MUSEO ISLA NEGRA ★★★

Poeta Neruda s/n
✆ +56 35 2469280
www.fundacionneruda.org
info@fundacionneruda.org
En janvier/février, du mardi au dimanche de 10h à 19h, le reste de l'année jusqu'à 18h. Entrée avec guide (obligatoire) à 7 000 $ par personne. Réservations indispensables en saison.
« Cette maison est mon bateau ancrée sur terre ». C'était la maison préférée de Neruda et sans doute sa plus poétique. Il la nomma ainsi (« l'île noire ») en raison de la couleur noire des rochers et parce qu'il y vivait presque en ermite. Achetée en 1938 et agrandie en 1945, elle n'était alors qu'une ruine accessible qu'en charrette et chevaux. Elle fut à nouveau agrandie en 1965.
Entièrement en granit et en bois, la maison est tournée vers l'océan Pacifique, omniprésent, qui fut une grande source d'inspiration pour Pablo Neruda, notamment dans l'écriture de son chef-d'œuvre, *Canto General*, un hymne en plus de 15 000 vers à l'Amérique latine, et bien d'autres de ses ouvrages. Comparée à ses autres demeures de Valparaíso et Santiago, cette maison est lumineuse (il y a de nombreuses baies vitrées), bien que les pièces, elles, demeurent toujours exiguës... La collection d'objets hétéroclites et incongrus est impressionnante : des cartes postales, de la vaisselle, des maquettes de bateaux, des coquillages, des sculptures... un drôle d'inventaire qui nous plonge dans l'univers du poète. Dans la cour, vous remarquerez très certainement un bateau de pêche et une locomotive à vapeur !
Le poète y passa sa dernière *Fiestas Patrias* le 18 septembre 1973 avec des amis, quelques jours après le coup d'Etat de Pinochet, avant d'être emmené malade le lendemain à Santiago où il mourra. Il reviendra ici dans son cercueil en décembre 1992, pour reposer près de son épouse Matilde Urrutia.
Le mystère autour de sa mort règne toujours et en 2017, un groupe d'experts mandaté par la justice chilienne a révélé que la mort du poète n'était pas due à un cancer (cause officielle rapportée dans son certificat de décès). La famille du poète soupçonne un empoisonnement : le mystère demeure et des recherches sont toujours en cours.
La visite guidée, qui dure environ 40 minutes, est souvent insuffisante. Il faut prendre le temps de flâner ici ou là. Au restaurant, cuisine correcte mais service presque toujours débordé.

La maison-musée de Pablo Neruda à Isla Negra.

REÑACA ★

A 9 km au nord de Viña, c'est la station balnéaire à la fois la plus chic et la plus populaire de la côte. Beaucoup d'Argentins en janvier ! Ceux qui recherchent une vie nocturne animée, et toutes les commodités d'usage seront satisfaits. La balade le long de la « croisette » locale, le soir, est très prisée. Il est possible de loger dans des hôtels ou des appartements loués à la semaine.

CONCÓN ★

Cette ville (qui a connu un essor inconsidéré ces dernières années avec l'édification d'affreuses tours de dizaines d'étages) se situe au niveau de l'embouchure du río Aconcagua qui termine sa course de 190 km depuis la cordillère des Andes. Situé à 17 km au nord de Viña, Concón était un village de pêcheurs et aujourd'hui une autre station balnéaire à la mode. Plusieurs plages : Playa Amarilla (la plus concourue), Playa Negra et Playa Los Lilenes sont idéales pour les bains de soleil, Playa Las Bahamas est appréciée par les surfeurs.

La playa La Boca a un côté plus ludique et offre la possibilité de pratiquer diverses activités sportives, comme le windsurf.

Pour déguster de bons fruits de mer, rendez-vous dans l'un des restaurants de la caleta Higuerillas, à l'entrée de la ville. Rendez-vous gastronomique très apprécié de la côte centrale chilienne. Les *picadas* du secteur La Boca (à la sortie de la ville, peu avant le pont où se séparent la route côtière et la route de l'intérieur) sont toutefois plus populaires et moins chères (délicieuses *empanadas*).

HORCÓN ★

Une plage populaire et pittoresque auprès des artisans chiliens ou argentins (certaine ambiance hippie en été), mais aussi des étrangers. Les maisons traditionnelles composant un tableau pittoresque relevé par le halage des barques des pêcheurs, le matin, par des chevaux. D'ailleurs, n'hésitez pas à discuter avec les pêcheurs, de sacrés personnages, qui partageront avec vous leur bonne humeur : certains vous emmèneront même pêcher au large ! Au plus fort de l'été, il y a foule (beaucoup de familles chiliennes).

La plage Cau-Cau, à l'ouest de la baie, de l'autre côté de la pointe, est saturée en saison, mais très calme le reste de l'année. Elle est abritée du vent, et pour cette raison même, très courue parmi les estivants.

La plage de Quillicura, tout au nord de la playa Larga (à 4 km environ depuis la caleta), accepte les campeurs. Il est bien sûr possible de se loger dans le village et de s'y restaurer.

MAITENCILLO

Des plages, des plages, et encore des plages ! Elles sont assez agréables, car le village n'est pas écrasé sous le béton (pas d'immeubles gigantesques).

Beaucoup de maisons particulières à louer, bars et restaurants animés en saison, et un marché d'artisanat.

■ LA CALETA

Avenida del Mar

Pour la pause-repas, le restaurant La Caleta, au niveau de la plage du même nom (peut-être la plus intéressante du lot, avec ses barques de pêcheurs), est bon marché et propose de très bons plats de poissons ou de fruits de mer.

CACHAGUA ★

Cette petite ville balnéaire résidentielle à la mode auprès de la « haute société santiaguine », jouit d'une bonne plage où la pratique du surf est envisageable. Un bon plan futé : rendez-vous au bout de la « pointe », si l'on peut dire, qui sépare la playa de Cachagua de la petite playa Las Cujas. Ce petit détour (à pied) vous permettra d'admirer (au loin) l'île de Cachagua

(sanctuaire de la nature) : y nidifient autour de 2 000 pingouins de Humboldt, sur une superficie de 4,5 ha, ce qui constitue la plus forte population de la zone centrale du Chili. Il est également possible d'observer des loutres, appelées *nutrias de mar* ou *chungungos.*
Un sentier magnifique, tout de pierre vêtu, poursuit le long de l'océan : n'hésitez pas à vous balader, en observant les luxueuses villas des riches chiliens (certaines disposent même d'un héliport).
Très peu de services sont à la disposition des voyageurs. Il n'y a pas d'hôtels, mais on peut louer des chambres chez l'habitant. La vie nocturne est assez paisible.

ZAPALLAR ★

Zapallar est la localité balnéaire la plus huppée de la côte. Au milieu des arbres se dressent de superbes maisons. On y voit des voitures de prestige. La petite plage est jolie.

■ EL CHIRINGUITO
Av Zapallar 151 ✆ +56 33 2 741 024
Pour déjeuner, arrêtez-vous (comme tout le monde ou presque) au resto El Chiringuito : depuis la terrasse, on contemple la mer et les pélicans. Vue magnifique, décoration intéressante et poissons savoureux. C'est bondé en saison, mieux vaut réserver. La meilleure adresse pour manger.

L'INTERIEUR DES TERRES

PARQUE NACIONAL LA CAMPANA

Créé en 1967, ce parc national, méconnu, s'étend sur une superficie de 8 000 ha, entre 400 et 2 200 m d'altitude. Le climat est typique de la zone centrale du Chili : méditerranéen, avec des précipitations assez importantes en hiver et une absence de précipitations en été. La température moyenne avoisine les 17,5 °C. La flore et la faune du parc sont d'une grande richesse. On remarquera en particulier le magnifique palmier chilien (*Jubaea chilensis*) ou *kan kan.* Celui-ci peut atteindre une hauteur de 30 m et avoir une longévité d'un siècle. Jadis, cette essence était commune au Chili ; on l'utilisait pour produire du miel de palmier ou des noix de coco.
Aujourd'hui, elle ne subsiste plus que dans certains secteurs. On observe de très beaux spécimens de ce palmier dans le secteur Ocoa (nord). A voir aussi : l'abondance de robles de Neuquén (*Nothofagus obliqua*), qui peuvent atteindre jusqu'à 50 m de hauteur. La faune est riche de plusieurs espèces de renards et de nombreux rapaces.
C'est une superbe excursion à proximité de Valparaíso et de Santiago, pour de belles balades au contact de la nature.

Transports

Si vous ne disposez pas de votre propre véhicule, le mieux est de gagner le secteur Granizo depuis Valparaíso ou Viña del Mar. On prend le métro jusqu'à Limache (compter entre 720 et 880 $ depuis Valparaíso), compter environ 45 minutes de trajet. A Limache, on attend la micro numéro 45 juste à la sortie du métro (départ toutes les 10 minutes environ) qui, pour 400 $ par personne environ, nous mène à 1 km de l'entrée du parc. Une petite mise en jambe jusqu'à l'entrée, et c'est parti !
Il n'existe aucun transport en commun pour le secteur nord du parc, situé à 100 km au nord de Santiago. Une déviation de 14 km environ part de la ruta 5 Norte (Panaméricaine), essayez le stop qui marche plutôt bien en saison et le week-end.

Pratique

- **Droit d'entrée :** 4 000 $ par adulte, 2 000 $ par enfant (tarifs étrangers). Ouvert du lundi au dimanche entre 9h et 17h30 (16h30 le vendredi). A chaque entrée du parc se trouve un poste de garde qui pourra vous fournir des renseignements.
- **Téléphones et premiers secours :** à Hijuelas (Palmas de Ocoa) et à Olmué (secteur Granizo et Cajon Grande).

■ ADMINISTRATION DU PARC
3 Norte 541
Viña del Mar
✆ +56 32 230 212
Ouvert du lundi au vendredi de 9h à 14h.

Se loger

La Conaf a aménagé plusieurs aires de piquenique et de camping dans chaque zone du parc. Compter 6 000 $ par site (six personnes maximum). Sanitaires en bon état : l'eau n'y est pas potable, mais nous l'avons bue sans problème ; cependant, si votre estomac est fragile, abstenez-vous. Il est également possible de passer une nuit à Olmué, une ville à vocation agricole (fruticulture notamment).

LA LINDA LOMA

✆ +56 9 4461 4836

lalindaloma@gmail.com

De Santiago, suivez l'autoroute Ruta 5 Norte jusqu' à la sortie pour Tiltil – à Tiltil puis suivez «Camino a Cuesta La Dormida», puis la route «F-684» et enfin la route «F-682». Il faut 1h30 de l'aéroport. Parking gratuit sur la propriété. Il est également possible de prendre le bus ligne Santiago – Olmue (1h30), on viendra vous chercher à la Quebrada de Alvarado (arrêt Selva Negra). Comptez 50 €/nuit et 50 000 $ le tour à la journée. Pensez à réserver.

Faites-donc une petite pause dans ce havre de paix ! Au pied du parc national La Campaña et avec l'aide de ses parents, Nicolas, Suisse d'origine chilienne, propose des séjours et des journées de détente en pleine nature. Sa maison, qui offre aussi pour ses hôtes une jolie cabane propre et confortable, est situé dans le parc Las Palmas, dont l'accès est interdit au public. Ainsi, vous êtes de grands privilégiés : à travers de superbes randonnées à pied ou à cheval, vous profitez de balades que l'on ne peut imaginer si on ne les fait pas ! Ici, Nicolas vous prépare des petits plats simples et très sains à base de produits biologiques provenant du jardin et de producteurs voisins. L'endroit est splendide, on profite d'une vue à 360° sur les montagnes environnantes, impossible de s'en lasser ! Un véritable coin de paradis incluant espaces de détente, piscines rafraichissantes, grand jardin rempli de fruits, de fleurs et d'herbes aromatiques... chaque espace est une invitation à éveiller les sens. Enfin, offrez-vous des repas préparés à partir de produits frais du jardin grâce à la cuisine extérieure. En bref, un endroit plein de zénitude carrément incontournable.

À voir – À faire

Le parc se divise en trois secteurs, correspondant à trois entrées différentes : au nord, celui d'Ocoa (le plus vaste et sans doute le plus intéressant d'un point de vue botanique), au sud près de la ville d'Olmué (Granizo et Cajón Grande).

- **Dans le secteur Granizo**, on peut emprunter le sentier El Andinista (environ 7 km, compter 5h pour grimper, environ 2h pour descendre) qui permet d'accéder au sommet du mont La Campana (1 880 m), d'où la vue est enivrante par (très) beau temps sur les Andes et l'océan Pacifique. Ne manquez pas la plaque qui commémore l'ascension de Darwin en 1834. On regrettera en revanche une abondance grotesque de gribouillis.
- **Dans le secteur Cajón Grande**, il y a plusieurs points d'eau dont la Poza del Coipo, très appréciée des visiteurs en été.
- **Dans le secteur Ocoa**, l'un des lieux les plus intéressants est la cascade Salto de la Cortadera, qui chute dans une béance naturelle d'une hauteur de plus de 30 m. Compter entre 3 et 4h pour 7,7 km de marche depuis l'entrée. Le site est magnifique depuis le mirador aménagé. On peut continuer le sentier pendant 5 petites minutes, afin de gagner un point d'eau et un endroit idéal pour pique-niquer à l'ombre. A ne pas manquer.
- **Deux autres sentiers, plus courts,** vous permettent d'apprécier la vallée d'Ocoa ou de connaître un peu mieux le milieu où vous évoluez. Un sentier permet de rallier l'entrée nord (Ocoa) à l'entrée sud (Granizo). Compter entre 4h30 et 7h de marche, selon votre vitesse et votre santé. Magnifique et à ne pas manquer.
- **Si vous avez besoin d'un guide,** nous vous conseillons de réserver les services de connaisseurs comme Fueguinos, à Santiago – www.fueguinos.cl.

CASABLANCA ★★

Comment visiter la région sans voir le pays viticole chilien ? Depuis Valparaiso ou Santiago de nombreuses excursions proposent des sorties d'une journée dans cette vallée classée au Patrimoine mondial de l'UNESCO. « Casablanca » se caractérise, comme son nom l'indique, par une production de vins blancs comme le chardonnay et le sauvignon blanc. Plusieurs domaines sont présents dans la vallée et proposent des tours dans leurs vignobles respectifs. Si vous voyagez de Santiago à Valparaíso et disposez de votre propre véhicule, vous pourrez facilement vous y arrêter puisque le site se trouve le long de la route, entre la cordillère de la côte et l'océan pacifique.

VALLÉE CENTRALE

Reserva Nacional Radal Siete Tazas.

VALLÉE CENTRALE

★★

Peu connue des visiteurs étrangers, cette région propose pourtant un paysage varié (plages pour le surf, vignobles, stations de ski...) et de très beaux parcs nationaux, où il fait bon camper ou séjourner dans des cabañas (bungalows) en pleine nature. Nous parlons ici de la Región Vitícola del Valle Central et non de la région géographique de la vallée centrale, qui englobe elle aussi la région de Valparaiso et du Bío Bío. Riche d'un terroir unique et d'un patrimoine vieux de plusieurs siècles, la région est gardienne d'un savoir-faire particulier grâce à son activité agricole : la vigne y est omniprésente (plus de 50 % de la production chilienne) et on y cultive de nombreux fruits et légumes et des céréales. La mine y a une importance considérable : l'un des gisements de cuivre les plus riches du pays y est situé (El Teniente, à 2 500 m d'altitude). A noter aussi l'importance de sa population rurale (environ 40 %). Les températures sont relativement clémentes : entre 2 °C (minimum) et 21,3 °C (maximum) en hiver, entre 7,6 °C et 32,5 °C en été. Une zone à inscrire dans votre programme si vous désirez connaître « l'arrière-pays » chilien, encore typique et authentique, si l'on peut dire ! Cette zone géographique au climat méditerranéen comprend les bassins de Santiago et de Rancagua. Vers le sud, l'organisation longitudinale du relief se maintient, mais la vallée centrale s'élargit ; la cordillère de la Côte est moins haute, de même que la cordillère des Andes.

Histoire

Avant l'arrivée des Espagnols, la population indigène, peu nombreuse, était constituée par des représentants de l'ethnie mapuche, qui s'appelaient les Picunche (Hommes du Nord). Cette ethnie avait été métissée avec des membres de tribus du Nord, sans doute du Pérou, que les Incas avaient fait émigrer jusqu'ici. En effet, le territoire inca s'étendait jusqu'au sud de Santiago (on a retrouvé dans la région le fameux Chemin de l'Inca) et cette civilisation avait imposé ses règles de vie ainsi que son organisation sur tout le Nord du Chili. L'activité de la population indigène consistait alors en une économie de subsistance centrée sur l'agriculture (culture des pommes de terre, du quinoa, élevage du lama). Cette population va rapidement décroître au contact des Européens et du système d'exploitation qu'ils mettent en place.

Jusqu'au début du XVIIIe siècle, Santiago, fondée en 1541, restera le seul foyer de peuplement important de la zone. Au cours de cette période, l'occupation du territoire se structure autour d'un système d'haciendas dont les plus gros propriétaires sont les ordres religieux, au premier rang desquels on trouve la Compagnie de Jésus. Ainsi les différents pôles habités restent très isolés les uns des autres. Chaque hacienda travaille à la mise en valeur de son territoire et au développement de l'agriculture. Chacune représente une petite économie intégrée de type quasi autarcique. Au début du XVIIIe siècle, les gouverneurs du Chili décident d'urbaniser le pays. C'est à cette époque que furent créées les villes de Rancagua, Melipilla ou San Jose de Maipo. L'économie de la région va alors subir de profondes mutations. Les échanges se multiplient, les types de culture changent, les techniques s'améliorent. Le paysage de la région se transforme avec l'apparition de la vigne, de la culture maraîchère et fruitière. La culture du blé prend une grande importance en raison de la demande extérieure. De nouvelles essences d'arbres sont introduites (eucalyptus en particulier).

La région aujourd'hui

Aujourd'hui, c'est une région que l'on traverse pour aller vers le sud (Araucanie, Patagonie...) ou en revenir. Pourtant, elle mérite amplement qu'on s'y arrête quelques jours. Si le puissant séisme de février 2010 a laissé des traces, et si de nombreux anciens bâtiments coloniaux sont encore en ruines, toutefois l'activité touristique a repris de plus belle ces derniers temps.

VALLE DEL MAIPO

Cap sur la plus ancienne région viticole du Chili, à seulement 40 minutes de Santiago. Surnommée le « Petit Bordeaux », la vallée del Maipo fourmille de vignobles-boutiques d'inspiration française. Cette vallée est divisée en deux zones : Alto Maipo (Puente Alto, Pirque, Buin) et Maipo Central (Isla de Maipo, Talagante, Melipilla, María Pinto et Alhué). Les différences les plus importantes entre ces secteurs sont les sols, les altitudes et les microclimats. Les vignobles del Maipo sont plantés entre 180 et 1 000 mètres d'altitude, ce qui a un impact significatif sur les différents types de vins. La vallée del Maipo est bien sûr réputée pour la qualité de ses vins rouges, en particulier, le Cabernet Sauvignon. Lors des premières récoltes, ce cépage libère des arômes de tabac et se caractérise également par des notes fruitées. Cette vallée produit également d'excellents vins de Carménère et de Syrah. Cette route des vins offre des visites et des dégustations parmi les vignobles suivants : Chocalán, Almaviva, El Principal, Aquitania, Odfjell, La Montaña, Undurraga, Santa Rita, Pérez Cruz, Concha y Toro, Huelquén, Tarapacá, de Martino, Causino Macul et Haras de Pirque.

PIRQUE

A Pirque, Concha y Toro est l'attraction œnologique principale de la région de Santiago.

■ CONCHA Y TORO

Avenida Virginia Subercaseaux 210
✆ +56 2 224 765 269
www.conchaytoro.com
reserva@conchaytoro.cl
Ouvert tous les jours de 10h à 17h. Bar et wine boutique de 10h à 18h45.
Les caves anciennes et les vignobles de Concha y Toro se trouvent à Pirque, dans la vallée du Maipo, zone privilégiée pour la production de vins de qualité mondiale à une heure du centre de Santiago. Ici on pourra goûter au fameux Casillero del Diablo et en connaître la légende. Le restaurant propose une carte délicieuse pour accompagner ses vins.

CAJÓN DEL MAIPO ★★

Cette vallée encaissée, située à quelque 25 km au sud-est de Santiago, est l'un des plus jolis lieux d'excursion dans les abords immédiats de la capitale. La route suit le cours du *río* Maipo et ses rives verdoyantes qui contrastent avec l'aridité de la cordillère dans cette zone. De nombreux petits restaurants bordent la route. Sur les rives du *río* sont venus s'installer de nombreux campings et auberges qui offrent autant de possibilités de séjourner quelques jours dans la vallée. On pourra y pratiquer de multiples activités : randonnée, thermalisme, ski (entre juin et octobre), rafting (classe III entre novembre et mars), balades à cheval…

Transports

Pour se rendre à San Alfonso ou San José de Maipo, prendre le métro, ligne 4, jusqu'à la station Las Mercedes, ou la ligne 5 jusqu'à Bellavista de La Florida. Puis attraper le bus MB-72A ou MB-72B (toutes les demi-heures environ). Compter 950 $ par personne. D'octobre à fin décembre, un bus par jour jusqu'aux Baños Morales les samedi et dimanche. Du 1er janvier au 15 mars, un bus par jour depuis la station de métro ligne 5 Bellavista de la Florida. Compter 5 000 $ l'aller/retour, départ à 8h30 pour une arrivée prévue vers 11h. Ce bus passe par la station Las Mercedes (ligne 4) à 8h50. On peut descendre avant Baños Morales, à l'entrée du parc national El Morado (trek de 2 heures vers le glacier San Francisco, compter 2 000 $ l'entrée).

■ BUSES TUR MAIPO

✆ +56 2 2283 0082
www.turmaipo.cl – info@turmaipo.cl
Compter 1 200 $ depuis Santiago.
Compagnie qui assure les trajets vers le Cajón del Maipo.

Se loger

La plupart des structures se situent près du village de San Alfonso.

■ LA BELLA DURMIENTE

Calle Los Maitenes 107 ✆ +56 2 8611525
www.labelladurmiente.cl
Compter 90 000 $ pour une cabane d'une à deux personnes, 105 000 $ pour trois personnes et 125 000 $ pour quatre. Petit déjeuner inclus.
Cadre magnifique pour des *cabañas* qui, bien que rustiques (dans leur construction), sont très charmantes. Chacune est différente et n'offre pas la même luminosité non plus. Le tout reste confortable et spacieux, avec cuisine équipée. L'établissement s'est également engagé dans une politique de développement durable et met l'accent sur son environnement naturel : ici c'est la détente assurée ! Un spa est même à votre disposition : au programme massages, reiki, séances de réflexologie et de biomagnétisme. Il y a même une maisonnette pour les amoureux. Un petit restaurant et une piscine chauffée complètent le tableau idyllique.

■ CASCADA LODGE

Camino al Volcán 31087, San Alfonso
✆ +56 2 2861 1860 – www.cascadalodge.cl
Propose des séjours tout compris avec l'agence Cascada de Las Animales à partir de 70 000 $ en semaine (2 jours/1 nuit avec petit déjeuner et excursion) et à partir de 100 000 $ le week-end. Compter 120 000 $ de transfert (aller et retour) depuis Santiago.
Une structure bien complète lovée dans un environnement superbe. Les *cabañas* sont rustiques mais confortables, le tout dans une atmosphère pour le moins chaleureuse, à la Cascada de las Animas. Le bois est partout ! Les 12 nouveaux bungalows/suites (Cascada Lodge) sont très bien décorés et de grand confort. Certaines des *cabanas* ont une terrasse. Très belle piscine également. Service de restauration et de Spa, et possibilité de faire du kayak, du rafting, du cheval, du canopy… ainsi que de se rendre en excursion aux parcs naturels des alentours.

Les Immanquables de la Vallée centrale

- **Découvrir les arômes des meilleurs vins du continent dans la vallée de Colchagua et Cachapoal.** Situés autour de Santa Cruz, des vignobles d'excellence ont plusieurs fois été récompensés par des organismes prestigieux à l'international.
- **S'offrir un séjour de luxe dans l'un des vignobles de la vallée de Colchagua.** Entre Relais & Châteaux et chambres luxueuses, vous n'aurez que l'embarras du choix pour une escapade au cœur d'une nature romantique !
- **Un trek** dans les réserves Altos de Lircay (Talca) ou Las Siete Tazas (Curicó).
- **Du surf** vers Pichilemu pour celles et ceux qui souhaiteraient dompter la vague chilienne.

HOTEL ALTIPLANICO
Camino al Volcán 29955
✆ +56 2 2861 2078
www.altiplanico.cl
reservas@altiplanicocajondelmaipo.cl
Compter 230 US$ la simple standard, 320 US$ la double et 420 US$ la triple, tout compris (hébergement + repas + Internet). Avec juste le petit déjeuner, compter 190 US$ la simple et 240 US$ la double.
Un très bel hôtel, à l'image de ses petits frères de San Pedro, Rapa Nui, Puerto Natales et Santiago. Quel charme ! Les huit chambres sont très bien équipées, dans un style boutique-hôtel. Parfait pour se détendre (joli coin piscine et bain bouillonnant) et passer un séjour au calme, à proximité de Santiago.

LA PETITE FRANCE
Camino al volcán 16096
✆ +56 2 2861 1967
www.lapetitefrance.cl
contacto@lapetitefrance.cl
Compter 50 000 $ la double.
Au milieu des amandiers, des noyers, des boldos et des quillayes, près de San José de Maipo, un petit hôtel-restaurant sympa comme tout de 12 chambres. La chambre deluxe est de loin la meilleure avec son bain à remous privé, son grand lit king size et son mini bar. Piscine en bois exotique, terrasse ensoleillée, pergolas près d'une cascade et salon de massage : bref, ça fait du bien. Bon resto, prisé des Santiaguinos le week-end (fermé le lundi). Accueil en français par le proprio et chef cuisinier, Christian, un compatriote qui vous invitera à savourer les plaisirs de la gastronomie française !

À voir - À faire

Le bourg de San José de Maipo constitue une halte très agréable. On remarquera ses constructions en adobe et son église de style colonial. Un office du tourisme se situe rue Comercio 19788. Dans la même rue (Comercio 930), pour déjeuner, nous vous conseillons la Picada Inesita, où l'on mange une très bonne cuisine traditionnelle chilienne pour pas cher. Pour un repas plus gastronomique, voyez à la Casa del Bosque (Camino al Volcán 16829), à l'architecture complètement fantaisiste (vaut le coup d'œil), et aux *parrillas* succulentes (ne pas y venir le week-end, c'est l'émeute, et vous risquez de ne pas apprécier ce que l'on vous sert dans une ambiance de cantine insupportable), ou La Petite France. Sinon, pour réaliser une excursion dans la vallée, avec un accompagnateur qui parle français et vous assure une très belle journée de découverte (vers la magnifique vallée du glacier San Francisco par exemple), contactez l'agence Fueguinos (voir à Santiago).

Sports - Détente - Loisirs

Le développement touristique de la vallée est en grande partie axé sur les sports en eaux vives. En effet, le río Maipo constitue un parcours de qualité, avec de nombreux rapides et des passages de difficultés variées. La meilleure saison pour s'adonner à ce sport d'aventure se situe entre le mois de novembre et le mois de mars : les eaux de fonte des glaciers amènent des rapides de classe III la plupart du temps et jusqu'à IV parfois. La descente du río se réalise sur 15 km, et elle dure une heure environ. Plusieurs départs par jour avec différentes compagnies (vers 10h, 13h et 15h). Compter environ 20 000 $ par personne. Mais les possibilités sont nombreuses : marche à pied, sports aériens ou aquatiques, équitation ou même ski alpin, la vallée du Maipo est un grand bol d'air frais.

CASCADA DE LAS ANIMAS
Camino al Volcán 31087
✆ +56 2 2861 1303
www.cascadadelasanimas.cl
info@cascadadelasanimas.cl
Compter à partir de 66 000 $ la sortie à cheval ou la sortie en rafting.
Basée à la Cascada de las Animas, cette entreprise est la plus fiable pour faire du rafting. Bien d'autres activités sont disponibles (balade vers une superbe chute d'eau, cheval, visite des vignobles...).

La vallée centrale
Ville principale
Ville secondaire
Parc et Réserve
Autoroute
Route principale
SANTIAGO
Maria Pinto
Cartagena
San Antonio
Rocas de Santo Domingo
Bollenar
Peñaflor
Las Vertientes
San José de Maipo
El Monte
Talagante
Pirque
Melipilla
Buin
Alto Jahuel
Isla de Maipo
San Alfonso
Réserve El Yali
Paine
Huelquén
Laguna de Acuelo
Champa
Villa del Valle
San Pedro
Rapel
Navidad
San Francisco de Mostazal
Cerro El Diablo 4210 m.
La Punta
Villa Alhué
Codegua
OCEAN PACIFIQUE
Lago Rapel
Graneros
Sewell
Litueche
Parc Nat. Robléria del Cobre de Loncha
RANCAGUA
Lo Miranda
La Estrella
Doñihue
Olivar Alto
Machali
Coinco
Quinta de Tilcoco
Requinoa
Pichidegua
Rosario
PICHILEMU
Marchihue
Peumo
RESERVE NATIONALE LOS CIPRESS
Rengo
Poblacion
Malloa
Peralillo
San Vicente de Tagua Tagua
Angostura
Pumanque
SANTA CRUZ
San Fernando
Bucalemu
Placilla
Paredones
Nancagua
Tinguiririca
Chimbarongo
Cerro El Portillo 4980 m.
Réserve Nat. Laguna Torca
Lolol
Chépica
Auquinco
Teno
Vol. Tinguiririca 4300 m.
Vichuquén
Rauco
Licantén
Romeral
Hualañe
Sagrada Familia
CURICO
40 km
Rio Mataquito
Curepto
Molina
ARGENTINE
Cumpeo
San Rafael
CONSTITUCIÓN
Pelarco
Pencahue
Réserve Nat. Radal 7 Tazas
TALCA
Rio Maule
RESERVE NATIONALE ALTOS DE LIRCAY
San Clemente
Maule
Volcan Descabezado Grande 3830 m.
San Javier
Empedrado
Estacion Villa Alegre
Embalse Colbun
Villa Alegre
Colbun
Chanco
Yerbas Buenas
Réserve Nat. los Bellotos
Pelluhue
Las Garzas
Curanipe
Linares
El Salto
Cauquenes
Longavi
Vol. San Pedro 3621 m.
Paso Pehuenche 2553 m.
Retiro
Laguna del Maule
Parral

VALLE DEL CACHAPOAL

Le Chili, comme la France, est une destination mondiale du vin. Et même si l'on vient dans ce pays filiforme de l'autre bout du monde pour s'abandonner à ses terres sauvages et à ses mystères, il serait dommage de manquer les quelques belles surprises que vous réserve la Vallée de Cachapoal, à 2h de Santiago. Située entre les villes de San Fernando et Santiago, cette vallée tire son nom de la rivière Cachapoal qui serpente entre la cordillère des Andes et le Pacifique. Sous un soleil présent quasi toute l'année, une campagne chilienne aux accents bucoliques se dessine et des vignobles centenaires proposent des visites guidées et authentiques. L'escapade se révèle à la fois surprenante et immersive, entre la découverte d'un terroir, d'un patrimoine et d'un microclimat uniques en son genre : soleil estival et pluies hivernales, voici le combo gagnant d'un vin réussi. Le Carménère, cépage français importé au Chili, est la variété emblématique de la région avec le cabernet sauvignon, les vins rouges sont à l'honneur et représente 90 % des raisins cultivés de la vallée ! Des caves d'excellence sont à découvrir lors de votre visite et il faut préciser que le bonheur n'est pas que dans le verre ou dans l'assiette : les œnophiles avides de prendre le grand air devraient y trouver leur compte !

RANCAGUA

Capitale de la région VI, berceau du libérateur O'Higgins, Rancagua est située à 87 km au sud de Santiago. La région fut d'abord habitée par les Picunche, comme en témoigne le pukara (forteresse) du cerro La Compañía. Cette grande ville d'environ 215 000 habitants fut fondée en 1743 par Don José Antonio Manso de Velasco, sur des terres données par le cacique picunche Tomás Guaglén, et baptisée Villa Santa Cruz de Triana. L'histoire chilienne y a été écrite en 1814 lorsque les troupes de O'Higgins et José Miguel Carrera résistèrent pendant deux jours à l'armée royaliste trois fois supérieure en nombre, avant de capituler (événement connu comme le Désastre de Rancagua). Aujourd'hui, son activité tourne autour de l'agriculture fruitière mais surtout de la mine de cuivre El Teniente, fondée en 1904, la plus grande mine souterraine au monde avec pas moins de 1 500 km de tunnels !

Peu attractive d'un point de vue touristique, elle peut néanmoins constituer une halte intéressante, puisqu'elle se targue d'être la capitale chilienne du rodéo, et que des sites méconnus aux alentours constituent autant de destinations en-dehors des sentiers battus.

RESERVA NACIONAL RÍO DE LOS CIPRESES

La réserve, d'une superficie de 36 882 ha, présente un écosystème typique de cette zone des Andes. Le principal attrait du parc demeure la grande diversité de ses paysages ; les cimes de la cordillère (El Indio, El Agujerado, le volcan Palomo – qui culmine à 4900 m d'altitude – ou Los Punzones) épousent d'innombrables chutes d'eau (Ranchillos, Maitenes, El Relvo, El Indio, Los Pangues…) et de superbes lagunes (Los Piuquenes, Agua de la Vida, Agua de la Muerte). Nombreux animaux, comme le *zorro culpeo* ou le *zorro chilla* (espèces de renard), ou encore le perroquet *tricahue* (en voie d'extinction). De temps à autre, il est même possible d'apercevoir des vizcachas (viscache, une sorte de lapin/écureuil/gerboise). Quant à la flore, admirez les bosquets de cyprès (secteur Urriola) et d'oliviers. On peut également observer des pétroglyphes datant de 5 000 ou 8 000 ans en divers endroits.

Des récits épiques et légendaires rapportent l'histoire des frères Pincheira, derniers partisans du régime royaliste espagnol, qui, au début du XIXe siècle, se réfugiaient dans les gorges et les défilés de la cordillère après leurs méfaits. Ils empruntaient alors le Paso de la Guardia, un pont naturel étroit sur le río Chachapoal.

Transports

Le parc s'étend à 50 km à l'est de Rancagua. L'accès se fait par la route qui mène à Coya, puis par une piste sur 16 km. Aucun transport en commun. Les courageux marcheront jusqu'à l'entrée du parc, sinon avec une voiture privée c'est beaucoup plus simple !

Pratique

Visitez le parc entre septembre et décembre, ou entre fin février et avril (temps très agréable, beaucoup moins de visiteurs). Ou encore en juin ou juillet si vous aimez la neige !

A votre disposition : un refuge dans le secteur d'Urriola (à 32 km de l'administration et à 20 km environ de Maitenes), et des aires de camping à l'entrée (zone de Ranchillo), à la Quebrada El Toro et à Urriola.

Pour atteindre Urriola depuis le secteur Maitenes, un sentier peut être emprunté à pied ou à cheval, à travers le canyon Cipreses. Compter 6h à pied, 4h à cheval.

- **La réserve est ouverte** tous les jours de 8h30 à 18h.

Droits d'entrée à 7 000 $ par adulte, 3 000 $ pour les moins de 18 ans et gratuit pour les moins de 11 ans. Compter 7 000 $ par site de camping (sept personnes maximum).

SEWELL

Située à 60 km de Rancagua, à 2 130 m d'altitude, cette ville abandonnée hébergea plus de 16 000 habitants pendant les années 1960. Construite en 1905 pour l'exploitation des mines de cuivre El Teniente, et dotée de toutes les infrastructures propres à une véritable cité, elle commença à péricliter en 1969. Se balader aujourd'hui parmi tous les édifices colorés, habilement restaurés, en grimpant et en descendant tous les escaliers qui ont remplacé les rues (la plupart du temps), est une expérience fascinante, d'autant que le site est plutôt impressionnant, en pleine précordillère. Le musée de la Gran Minería del Cobre, situé dans un édifice construit en 1936, fut restauré en 2002 et présente en huit salles le monde du cuivre. L'Unesco l'a classé patrimoine de l'humanité en 2006.

SAN VICENTE DE TAGUA TAGUA

TORREON DE PARADES

✆ +56 9 9274 2137 – www.torreon.cl

Visites et dégustations du lundi au samedi à 10h30, 12h, 15h et 16h30. Compter à partir de 8 000 $.

Javier et Alvaro, deux frères charismatiques aux airs de cow-boys sophistiqués, vous accueillent au sein d'une demeure de choc et de charme située à 30 min en voiture de San Vincente de Tagua. Depuis sa fondation en 1979, Torreón de Paredes a développé ses activités de vinification tout en préservant sa tradition familiale. Don Amado Paredes, fondateur et père d'Álvaro et Javier, a su donner un caractère tout particulier à ce domaine qui se visite tout d'abord en extérieur. La cordillère des Andes, située à quelques kilomètres, ne se voit pas toujours, mais se sent. Ici, il fait très frais le matin, la chaleur n'arrive qu'en début d'après-midi : des conditions exceptionnelles pour la vigne. Les nappes souterraines du domaine proviennent des neiges éternelles qui se cristallisent dans les sols : ici les grappes sont poétiquement surnommées les fruits des Andes, de quoi inviter à un voyage gustatif tout à fait unique… En anglais ou en espagnol (bien que l'on vous dira gentiment quelques mots en français), la visite se poursuit parmi les séquoias, importés d'Amérique du Nord, les bougainvilliers centenaires et les vieilles bâtisses de plus de 300 ans d'existence : le domaine fut un lieu stratégique et point de vigilance durant la guerre d'indépendance. Un détour par la plus ancienne cave à vin du vignoble, située entre des murs intacts depuis 1700, vous fera découvrir le processus de vinification des vins primés du domaine. Sous fond de chants grégoriens, votre guide vous contera l'histoire de leurs vins les plus emblématiques. Toute la production est stockée ici : quelques bougies surgissent dans l'obscurité et 30 000 bouteilles dorment tranquillement dans la pénombre. Parmi ces bouteilles, on retrouve la vedette du vignoble, nommée en hommage à Don Amado Paredes. Les raisins de ce vin sont récoltés manuellement et sont soumis à un processus de double sélection rigoureux. Son vieillissement a lieu dans des barriques de chêne français neuves pendant une période de 18 à 24 mois. Un délice à découvrir en fin de visite dans une pièce chaleureuse où chaque détail est soigné et chaque attente dépassée : les vins sont exquis et les guides hautement qualifiés. Un excellent moment où l'on savoure davantage que les arômes du vin, l'histoire a aussi sa place dans cette visite guidée et ce n'est pas pour nous déplaire.

VIÑA VIK ★★

Tranque Millahue

✆ +56 9 5668 4852

www.vik.cl – info@vik.cl

Compter de 28 000 $ (tour Tradicional) à 40 000 $ (tour Vik) avec visite et dégustation. Les visites ont lieu tous les jours à 10h, 12h, 15 et 16h. Pour rester sur place, compter à partir de 600 US$ par personne et par nuit avec repas compris.

Fruit du travail acharné d'un investisseur norvégien, Alexander Vik, passionné des vins, le complexe œnotouristique VIK est l'un des bijoux incontestables de la région, voire du pays ! Ce vignoble de classe mondiale s'étend sur 4 400 hectares où l'on retrouve, entre autres, une cave à vin, un spa, un hôtel et un restaurant. Véritable chef-d'œuvre, tant dans son architecture que dans son concept, le vignoble éblouit par un panorama à 360° tout en exaltant vos papilles. L'expérience œnotouristique atteint ici son apogée puisque rien n'est laissé au hasard, tout évoque et rappelle avec subtilité l'art de savourer le vin noble tout en profitant d'un cadre d'exceptionnel : en 2019, la maison inaugurait ses chambres d'hôtel, avec des baies vitrées du sol au plafond et suspendues à flanc de collines. Au sein d'une nature romantique, le luxe ne fait pas défaut, tout est merveilleusement bien pensé et designé pour offrir intimité et évasion à un public de voyageurs qui, il faut le dire, doit être prêt à payer pareille expérience. De la magnifique piscine à débordement en passant par les traitements princiers du Vik Wine Spa, vous tomberez sûrement en émerveillement en découvrant les chambres et les salles de bains qui invitent, elles aussi, à se lover dans de grandes baignoires tout en sirotant un verre de vin.

VALLE DE COLCHAGUA

Chaque week-end une foule de touristes curieux, aussi bien nationaux qu'internationaux, se précipite vers la vallée de Colchagua (« Vallée des petits lacs ») à la découverte d'un patrimoine extraordinaire tout en y flattant leurs papilles ! En plein essor et unique en son genre du fait de l'importance de ses centaines de propriétés viticoles, Colchagua séduit par la qualité de ses vins rouges comptant parmi les plus réputés du pays… et du monde ! Nichée au pied des Andes tout en étant bercée par les brises du Pacifique, la vallée forme un couloir de 30 km dans lequel on observe un microclimat bien particulier et propice au développement viticole. Tout a commencé en 1870, lorsque de riches familles d'agriculteurs introduisent les ceps du Bordelais, peu à peu, la vallée s'agrandit et affirme de plus en plus son caractère agricole : Cabernet Sauvignon, Chardonnay, Merlot ou encore Sauvignon Blanc, les cépages bénéficient d'un environnement privilégié pour libérer leurs arômes. Spécialisée dans la production de vins rouges haut de gamme (comme le Cabernet Sauvignon, le Carménère et la Syrah), les vins se distinguent par leur maturité et leur puissance qui impressionnent dès la première gorgée. D'autres cépages, comme le Malbec et le Cabernet Franc ont également gagné en popularité.

Plus récemment le Garnacha et le Mourvèdre se sont distingués par leurs cépages méditerranéens, il s'agit du résultat de différents assemblages de vins rouges qui donnent des vins à la saveur très particulière. Les différences de température entre le jour et la nuit permettent d'équilibrer les vins, la sécheresse est limitée par la présence des rivières tandis que la chaleur est tempérée par la proximité des montagnes andines. Cette belle région, partie intégrante de la route des vins, existe depuis 1997 et les vignobles et les caves couvrent aujourd'hui plus de 20 000 hectares dans la région. Voici quelques-uns des vignobles les plus réputés dans la vallée : Bisquertt, Casa Lapostolle, Cono Sur, Casa Silva, Neyen, Santa Cruz Jacques & François Lurton, Las Niñas, Koyle, Los Vascos, MontGras, Ventisquero, Apaltagua, Santa Helena, Montes, Emiliana et Viu Manent. Des visites guidées sont organisées aussi bien pour les amateurs que les connaisseurs, à la demi-journée ou sur toute la journée, elles comprennent souvent une visite au Musée Colchagua de Santa Cruz.

▶ **Pour vous rendre dans la vallée,** vous pouvez contacter directement « la Ruta del Vino », une association de 13 caves en plus d'être le premier circuit œnotouristique créé au Chili en 1996, Colchagua Wine & Tours, l'opérateur officiel, par lequel vous pouvez connaître l'offre complète, ou vous rendre directement dans les vignobles.

SANTA CRUZ ★

Située sur la rive sud de la rivière Tinguirrica, cette petite ville paisible au charme colonial certain (dans le centre surtout, endommagé par le tremblement de terre de février 2010) est au cœur d'une belle région vitivinicole, la vallée de Colchagua. On y séjourne avec plaisir lors d'une visite de la *Ruta del vino* (route du vin). Mais au-delà des plaisirs gustatifs, Santa Cruz est une immersion sympathique dans la campagne chilienne : offrez-vous une ascension en téléphérique au sommet de la colline de Chaman, admirez les constellations de l'hémisphère sud à l'observatoire ou profitez encore du musée de la ville pour en apprendre plus sur l'histoire du pays.

Transports

Les compagnies Jet Sur et Nilahue effectuent le voyage en bus depuis/vers Rancagua.

Pratique

■ BCI
Plaza de Armas 268
✆ +56 2 2692 7000
Bureaux ouverts du lundi au vendredi de 9h à 14h.
Distributeur de billets.

■ COLCHAGUA WINE & TOURS
✆ +56 9 6285 8265
casa.ollagua@gmail.com
Juste avant le village de San Carlos qui se situe sur votre droite, prenez à droite sur la D317 et aussitôt à gauche : un panneau vous indiquera Casa Ollagua.
Bureaux ouverts de 9h à 18h du lundi au vendredi et de 10h à 17h le samedi. Compter à partir de 228 US$ par personne le tour à la journée pour une journée dans les vignobles (4/5 visites et dégustations).
Depuis Santiago ou Santa Cruz, ce tour-opérateur organise des tours à la journée ou à la demi-journée dans les vignobles les plus réputés de la vallée. Vous aurez notamment droit à une visite de Viña Montes, Clos Apalta Lapostolle et Ventisquero. Les dégustations sont comprises dans le tarif annoncé et l'option du déjeuner est à compter en supplément.

■ MUNICIPALIDAD DE SANTA CRUZ
Plaza de Armas 286
De 8h15 à 18h.
Possibilité de demander des infos sur la ville et ses alentours.

Se loger

■ HOSTAL COLCHAGUA
428 Av. Errázuriz
✆ +56 72 2 824 560
www.hostalcolchagua.cl
hostalcolchagua@hostalcolchagua.cl
Compter 22 000 $ la simple, 32 000 $ la double avec salle de bains privée et petit déjeuner ; 50 000 $ l'appartement familial (quatre personnes) et 60 000 $ la cabaña ou maison équipée.
Chambres propres, confortables et assez colorées, avec TV câblée et wi-fi. Espaces communs agréables, avec une déco rustique de bon goût et un patio couvert. Bien situé. Accueil chaleureux.

■ HOTEL SANTA CRUZ
Plaza de Armas 286
✆ +56 72 2 209 600
www.hotelsantacruzplaza.cl
reservas@hscp.cl
Compter 270 US$ la simple, 330 US$ la double, 380 US$ la suite junior, 490 US$ la suite, 700 US$ la suite présidentielle. Promos sur Internet (280 US$ la double). Petit déjeuner inclus.

Hôtel d'un style colonial des plus séduisant, refait à neuf en 2010. Les 116 chambres (dont 15 suites et 1 suite présidentielle) sont d'un confort irréprochable et bien arrangées. Dommage que les salles de bains soient un peu étriquées. La piscine sent bon les tropiques. Gymnase, sauna, jacuzzi. Le petit déjeuner buffet est très correct, mais le restaurant peut être inégal. Si les prix semblent bien lourds, l'expérience est globalement positive.

Se restaurer

■ LA CASITA DE BARREALES
Rafael Casanova 570 ✆ +56 72 824468
Ouvert du lundi au samedi de 13h à 23h30 et le dimanche de 13h à 16h.
Un restaurant sans prétention qui sert une cuisine péruvienne, bonne et bien présentée, à des prix raisonnables. La carte est variée (*ceviche*, risottos, soupes, pâtes, poissons, viandes, etc.) et le service rapide.

■ CASA COLCHAGUA
Barriales-Boldos
✆ +56 9 424 5007
ccolchagua@gmail.com
Ouvert du mardi au samedi de 12h30 à 23h et le dimanche de 12h30 à 15h30. Plats à partir de 10 000 $.

Au milieu des champs du vignoble de Laura Hartwig, ce restaurant (tout récent !) jouit d'une vue privilégiée sur la vallée de Colchagua. Vous serez accueilli par le chef Bruno et son épouse Giovannia qui ont rénové cette maison toute en adobe, abandonnée après le tremblement de terre. On y sert de délicieuses recettes, accompagnées des meilleurs vins du pays, s'inspirant de la gastronomie chilienne et locale. Les produits sont frais et la carte donne l'eau à la bouche... Les spécialités maison comme le *Quinotto de mariscos, camarón y calamar* (risotto à base de graines de quinoa accompagné de fruits de mer, crevettes et calamars) ne devraient pas vous laisser sur votre faim ! Bref, une valeur sûre !

À voir – À faire

■ MUSEO COLCHAGUA

145 Av. Errázuriz
✆ +56 72 2 821 050
www.museocolchagua.cl
museocolchagua@fundacioncardoen.cl
Ouvert tous les jours de 10h à 18h en hiver, jusqu'à 19h en été. Entrée : 7 000 $ pour les adultes et 4 000 $ pour les enfants. Compter presque 4 heures de visite.
C'est un musée très intéressant, le plus vaste de tous les musées privés du pays. Inauguré en 1995, il présente une superbe collection de résines fossilisées (ambres) où des insectes vieux de quelque 45 millions d'années se sont retrouvés attrapés ; des collections archéologiques (du Chili, mais aussi du Pérou et de Colombie) ; une exposition d'antiques machines agricoles, et une présentation de l'univers du huaso (ustensiles, vêtements, etc.). L'ensemble est extrêmement bien fait et passionnant.

■ CASA MUSEO SAN JOSÉ DEL CARMEN

Huique, 24 km au nord de Santa Cruz
✆ +56 9 733 1105
www.museoelhuique.cl
informaciones@museoelhuique.cl
Pour s'y rendre, prendre un bus depuis Santa Cruz : trois départs par jour, en principe vers 8h30, 13h et 15h.
Ouvert d'octobre à mars (été) le mardi de 14h à 18h, du mercredi au vendredi de 10h30 à 12h et de 14h à 18h, le samedi jusqu'à 17h. Ouvert d'avril à septembre (hiver) de 10h à 16h30. Entrée : 3 000 $ pour les adultes et 2 000 $ pour les enfants. Visite guidée toutes les 30 minutes.
Ce musée peut mériter une visite. Très belle bâtisse coloniale, construite par Juan José Echenique en 1829 (la chapelle, toutefois, date de 1852). Superbe patio principal aux effluves capiteux, et quinze patios secondaires autour desquels s'activait la petite communauté de l'hacienda. L'ensemble est dans un très bon état de conservation, et le mobilier est parfaitement authentique. Une visite très intéressante.

■ VIÑA ESCONDIDA

✆ +56 9 8360 3016
www.vinaescondidadecolchagua.cl
Compter à partir de 13 000 $.
Un joli festin de saveurs vous attend au sein de Viña Escondida, un petit vignoble familial où la visite se fait sous le signe de la détente et de la convivialité. Martin, le propriétaire n'est pas avare de conversation et vous invitera à une balade bucolique parmi les vignes de son domaine. Fin connaisseur et grand passionné, il prend le temps de tout expliquer dans les moindres détails. La visite se termine par un déjeuner, concocté avec amour, par la famille de Martin. On savoure de délicieuses viandes fondantes et parfaitement cuites, le tout arrosé de très bons vins (le rosé et le cabernet sauvignon sont les vins emblématiques du domaine), un beau moment de partage d'anecdotes et de sourires à s'offrir auprès d'une famille des plus attentionnées !

Visites guidées

■ COLCHAGUA WINE & TOURS

✆ +56 9 6285 8265
Voir page 203.

■ VIÑA SANTA CRUZ

✆ +56 72 235 4920
turismo@vinasantacruz.cl
Compter à partir de 35 000 $ le tour pour la Viña Santa Cruz (1h30) et 130 000 $ le tour à la journée entre vignoble, musées et tour en téléphérique.
Ce circuit propose surtout des visites guidées avec dégustation de vins. On retrouve aussi d'autres tours, toujours dédiés au patrimoine de la région, comprenant notamment l'ascension en téléphérique jusqu'au village indigène Aldea Indígena, des tours astronomiques, des tours thématiques pour les séjours en couple et des randonnées à la journée.

MILLAHUE

■ CLOS APALTA

kilometro 4 camino Apalta
El Condor
✆ +56 72 295 3360
www.closapalta.com
info@marnierchile.com
Tour d'1h30 avec visite de la cave et dégustation de 3 vins (Sauvignon Blanc, Merlot et le Clos Apalta). Compter à partir de 20 000 $ la visite.
Plusieurs fois récompensé et mondialement estimé par les fins connaisseurs (James Suckling, The Wine Advocate...), le *Relais &*

Châteaux du Clos Apalta est la propriété des Français Alexandra Marnier-Lapostolle et Cyril de Bournet. Dignes promoteurs d'un cépage originaire de France, ils sont impliqués dans la vinification depuis des générations et ont fait de ce lieu un temple du design et du raffinement ! Dans une démarche respectueuse de l'environnement, le design se conjugue à des paysages calmes et verdoyants. Vous en prendrez plein les yeux et les papilles, à travers une visite guidée de plus d'1h30 à la rencontre de vins rouges artisanaux comme le carmenère, le merlot et le cabernet aux arômes très bordelais. On découvre notamment une cave de 6 étages où les fûts de chêne français sont plongés à 25 mètres sous terre.

■ VIÑA MONTES – LA FINCA DE APALTA

I-350
✆ +56 9 4181 0969
monteswines.com
tours@monteswines.com
Compter 16 000 $ à 40 000 $ pour une visite d'1h30. En été, visites guidées de 10h30 à 12h puis de 15h30 à 17h. De mai à août, en hiver, visites à 10h30, 12h, 15h et 16h30. Pour les dégustations (30 minutes), compter de 10 000 $ à 30 000 $.

Situé au milieu de la vallée d'Apalta, ce vignoble se distingue de ses voisins par sa philosophie toute particulière et son environnement mystique. Ici, on chouchoute le vin à travers un processus d'élaboration dit *feng shui* que l'on repère facilement avant même de rentrer dans le bâtiment : chaque visiteur doit traverser un pont suspendu sur une lagune avant de se livrer totalement aux secrets bien gardés de ce vignoble. La visite s'accompagne de chants grégoriens, gardiens des fûts 24h/24 ! Le vin emblématique de la maison est le Montes Alpha M, un assemblage de cabernet sauvignon, de cabernet franc, de merlot et de petit verdot. Vous pourrez également vous rendre à la boutique de vin et de souvenirs, où vous trouverez toutes les lignes de vins de Montes. Et si vos papilles vous démangent, l'autre option est de se rendre au restaurant du domaine, le Fuegos de Apalta. Au milieu des vignes, le célèbre chef argentin Francis Mallmann vous servira les meilleures viandes de la région, arrosées de très bonnes bouteilles de vin. A noter que le vignoble a été élu à la 6e place des meilleurs vignobles du monde – World's Best Vineyards 2019 – (avec le vignoble de Lapostolle, tous deux à la sixième place).

MARCHIHUE

Cette charmante petite commune d'à peine 7 000 habitants se dédie principalement aux activités agricoles et met en valeur des vignobles de prestige. Depuis la période coloniale, le temps semble s'être suspendu et les traditions se perpétuent jusqu'à l'architecture des maisons faites d'*adobe*.

■ HACIENDA HISTORICA

Fundo los Maitenes s/n
✆ +56 2 2334 7802
www.haciendahistorica.com
reservas@haciendahistorica.com
Compter à partir de 100 000 $ la chambre double standard, 145 000 $ les chambres Coloniales et à partir de 190 500 les appartements.

Son ambiance si particulière et authentique remonte au temps des missionnaires jésuites, venus s'installer dans la région en 1770. Ils établirent ici leur communauté avant d'être expulsés par la communauté espagnole au début des années 1780. Après avoir été un refuge, une école et une hacienda, l'immense bâtisse fut rénovée pendant 10 ans, de 2003 à 2013 pour devenir un hôtel de charme empreint d'histoire. Les chambres, qui accueillaient autrefois les villageois ou les cavaliers de passage, ont un goût d'antan, les grands lits confortables se dressent sur un beau parquet d'époque bien conservé tandis que les salles de bains, luxueuses et parfaitement équipées pour bichonner votre corps, sont une vraie invitation à la détente et au repos. Le mobilier provient d'Italie, pays d'origine de l'actuelle propriétaire des lieux. Le domaine est une visite en soi, sachez que le personnel se fera un plaisir de vous offrir un petit tour parmi les jardins et les allées labyrinthiques. La chambre n°1 était autrefois la chapelle jésuite et cela se devine facilement par sa configuration, très atypique pour y passer la nuit ! Construite en adobe et en roches en provenance du Cerro Trinidad, l'hacienda conserve la chaleur en hiver et la fraîcheur tout au long de l'été. De quoi couler des jours heureux pour une escapade qui se voudra définitivement romantique ! Enfin, le restaurant est une véritable pépite : le chef Julio vous prépare des petits plats aux saveurs et aux associations créatives uniques : soupe au potiron et vin rouge, saumon mariné au sucre et aux agrumes ou encore croquettes de boudin noir, vos papilles se régaleront !

PALMILLA

Cette charmante bourgade, forte de son héritage colonial et de ses vignes centenaires, conserve encore son cachet et ses traditions d'antan. Sa situation géographique entre les Andes et le Pacifique révèle un microclimat unique au Chili : les domaines viticoles se régalent des terres fertiles et ce n'est pas un hasard si les environs fourmillent d'activités œnotouristiques.

■ **VINA MAQUIS**
✆ +56 2 2374 1801
www.maquis.cl
turismo@maquis.cl
Compter 25 US$ le tour « Lien » (tour premium) et 50 US$ le tour « Franco » (tour iconique). Tour « Jardines de Maquis » avec déjeuner inclus à 120 US$.
Carlos vous accueille avec sourire et professionnalisme au sein de cette charmante *bodega* ouverte au public en 2003. Et pourtant, on se promène ici parmi des vignes centenaires, le domaine conserve encore, d'ailleurs, des machines qui ont plus d'un siècle d'histoire et qui se remarquent d'emblée lors de votre arrivée sur les lieux. Ce qui se remarque peut-être moins, mais qui a son pesant d'or pour les vins de Viña Maquis, c'est les terres fertiles sur lesquelles vous vous trouvez : baignée par deux rivières, la propriété bénéficie d'un sol spongieux et humide qui permet aux racines de vignes de puiser facilement l'eau. Entretenu génération après génération Viña Maquis est un cas rare dans le pays et se distingue également par son caractère écologique : ici on recycle les bouteilles et les tonneaux en chêne importés depuis la France, pour les réutiliser jusqu'à 6 ou 7 fois ! Vous découvrirez notamment le cabernet franc, père du cabernet sauvignon qui ne se produit pas beaucoup au Chili, et les vins Viola et Frances, vins rouges les plus emblématiques du domaine. Celui-ci produit 2 millions de litres par an et exporte principalement en Chine, en Italie et aux Etats-Unis. A 3 km, à la « Junta » où se joignent les deux rivières, l'équipe organise des petits déjeuners et déjeuners dans un potager d'avocatiers, un moment champêtre et bucolique qui prolongera la visite !

■ **VIÑA MONTGRAS**
✆ +56 72 282 2845
www.montgras.cl
tours@montgras.cl
Tours du lundi au vendredi à 10h30, 12h30, 15h et 16h et le samedi et dimanche à 10h30, 12h30 et 15h30. Compter à partir de 15 000 $.
Sur ce domaine viticole, la tradition rencontre la haute technologie pour garantir des vins de qualité exceptionnelle. L'établissement MontGras produit aujourd'hui les vins les plus haut de gamme du Chili et a reçu de nombreux prix internationaux. Des guides compétents vous invitent à découvrir l'univers complexe du vin avec patience et professionnalisme, on vous expliquera notamment les détails de la vinification, les cycles de traitement et les caractéristiques des cépages vedettes du domaine, avec en tête le Cabernet Sauvignon.

PICHILEMU ★★

Pichilemu (« *petite forêt* » en mapudungun), est la principale station balnéaire de la région VI. Située à 182 km au sud-ouest de Rancagua et à 250 km au sud de Santiago, c'est une petite localité populaire et très active, réputée autour du monde auprès des surfeurs pour ses belles vagues. Il s'y tient d'ailleurs une manche du championnat mondial de surf et de SUP (Stand Up Paddle).
Pichilemu garde les traces d'un passé aristocratique qui remonte à la seconde moitié du XIXe siècle, quand Don Augustin Ross Edwards entreprit d'amener le chemin de fer pour favoriser la production de la vallée de Colchagua, et de construire une station estivale sur le modèle européen.
La ville dispose de plusieurs plages très agréables. Il y règne une atmosphère plaisante. En avril, vous pourrez assister à la *Muestra Nacional de Cueca*, des festivités où s'exprime joyeusement cette danse nationale, ou au *Ceremonial de Punta de Lobos*, une compétition de surf reconnue.

Transports

■ **TERMINAL DE BUS**
Millanco, à l'angle de Alerces
✆ +56 72 2 841 907
Plage principale à six cuadras, centre-ville un peu plus au nord (à droite en allant du terminal vers la plage).
Pullman del Sur et Nilahue font la navette avec San Fernando (3 heures de voyage pour 3 500 $ environ), Rancagua (5 000 $) et Santiago (entre 3 heures 30 et 5 heures 30 de voyage selon le trajet, 5 000 ou 6 000 $, départs toutes les heures environ avec Nilahue).

Pratique

■ **HOSPITAL PROVINCIAL**
Errázuriz s/n
✆ +56 72 2 336 600
Assez bien équipé pour les surfeurs.

Se loger

■ **NATURAL SURF LODGE**
Av. Comercio 2980
✆ +56 981466725
www.naturalsurflodge.cl
contacto@naturalsurflodge.cl
Chambre double à partir de 45 000 $ et appartement à partir de 115 000 $. Petit déjeuner (buffet) inclus.
Belle structure toute de bois vêtue, lumineuse, bien agencée et bien tenue, qui propose

5 chambres entièrement équipées. On a le choix notamment entre des chambres doubles, une chambre triple et un loft spectaculaire de 105 m² avec bain à remous. Ce qu'on remarque au premier coup d'œil : c'est très lumineux, très *cosy*, on s'y sent immédiatement très bien. La décoration est une agréable fusion entre détails ethniques et accents scandinaves. Bon accueil de Martin et Romy (et de leur chien Manu). Copieux petit déjeuner. Demi-pension possible (dîner de qualité). Cuisine équipée. On loue du matériel et on peut prendre des cours de surf, on loue aussi des chevaux et des vélos. Petite piscine chauffée (en principe). Une bonne adresse, très tranquille, à 2 km environ de Punta de Lobos et du centre-ville.

■ PICHILEMU HOSTEL
Costanera
✆ +56 9 96364067
pichilemuhostel@gmail.com
Lit en dortoir à partir de 12 000 $.
Cette auberge est idéalement située à 30 m de la mer dans le centre de Pichilemu. Dortoirs sommaires avec tout le confort nécessaire et propreté générale satisfaisante. Jolis espaces communs avec de grandes baies vitrées pour profiter de la vue jusqu'au coucher du soleil. Yoga, skate, surf... Les activités proposées sont nombreuses. Un endroit calme et reposant à quelques rues des adresses festives de Pichilemu.

■ POSADA PUNTA DE LOBOS
Catrianca S/N, Lote B,
Punta de Lobos
✆ +56 9 7609 2846
www.posadapuntadelobos.cl
reservas@surflodgepuntadelobos.cl
En haute saison, compter à partir de 15 000 en dortoir, compter à partir de 80 000 $ pour une chambre double, 85 000 $ pour une chambre triple et 90 000 $ pour la chambre pour quatre ; dans les maisons, de 110 000 $ pour deux à 160 000 $ pour dix. Petit déjeuner et Internet inclus. Pas mal de promotions sur le site internet. Organise aussi des cours de surf.
Réhabilitée en 2010, cette adresse au design contemporain des plus réussi propose huit chambres douillettes et bien aménagées (quelques soucis d'insonorisation relevés), des lits en dortoirs, ainsi que dix maisons tout aussi agréables dans un grand parc. Restaurant dans le ton. Pas sur la plage (mais elle n'est pas loin). Une foule d'activités sont proposées : trekking, balades à cheval, visites des vignobles, mais le point fort de la maison reste le surf, la planche à voile et le kitesurf. On loue d'ailleurs des équipements complets et on donne des cours.

■ THE SIRENA INSOLENTE
Camino a Punta de Lobos 169
✆ + 56 9 9326 3527
www.sirenainsolentehostel.cl
info@sirenainsolentehostel.cl
Selon la saison, compter entre 9 000 et 11 000 $ par personne en dortoir, entre 25 000 et 35 000 $ la chambre avec salle de bains privée. Petit déjeuner inclus. Location de vélos, de matériel de surf, classes de surf et d'espagnol.
A cinq minutes de la plage, cet Hostel tout nouveau, tout beau, propose des lits en dortoir et des petites chambres privées. Architecture intéressante, à base de conteneurs ! Cuisine équipée, terrasse en bois avec chaises longues pour prendre le soleil, coin barbecue. Ensemble agréable, un peu compact. Le propriétaire Juane, qui a aussi le populaire Princesa Insolente à Santiago, est un surfeur aguerri et saura vous refiler tous les bons plans. A découvrir cette année.

Se restaurer

Sur le pouce

■ LA CASA DE LAS EMPANADAS
Aníbal Pinto 268
Compter entre 1 500 et 2 500 $ pour une empanada.
Les surfeurs apprécient les *empanadas* de ce petit local sans prétention. Pas super folichon, soyons francs (et plutôt gras !) mais après une soirée en discothèque ou après une grosse session dans la mer, on s'en contente bien : il y a plusieurs options (*camarones, pollo, queso, jamon, champinon...*) et on repart le ventre bien plein !

Bien et pas cher

■ LA CASA VERDE
Ortuzar 215 ✆ +56 72 284 1163
Ouvert de 13h à 23h en semaine, jusqu'à minuit le week-end. Compter environ 5 000 $ par personne minimum.
Une adresse simple et accueillante, une présentation soignée et une nourriture de qualité à prix abordable. Les burgers sont la spécialité de la maison. Jus naturels délicieux et rafraichissants avec possibilité de combiner plusieurs fruits et bonnes options pour les végétariens.

■ PICA DEL NEGRO
JJ. Prieto 382 ✆ +56 72 2 842 830
Ouvert tous les jours de l'année.
Spécialités de fruits de mer. Essayez le *pastel de jaiba*. Une bonne petite picada comme on les aime au Chili avec de grosses portions ! Vous y croiserez certainement le propriétaire, véritable personnage local. Menu pas cher.

Bonnes tables

EL PUENTE HOLANDÉS
Costanera Diaz Lira 167
Plage El Infiernillo
✆ +56 72 2 842 350
Ouvert de 9h à 23h tous les jours.
Une adresse agréable, surtout pour le coucher du soleil, tenue par les mêmes propriétaires du Pichilemu Surf Hostal. La cuisine est correcte, on y sert des fruits de mer, mais le tout reste peut-être un peu cher. On peut aussi juste y boire un verre, c'est surtout pour l'emplacement et le cadre qu'on s'y arrête !

LA LOBA
Playa Punta de Lobos
✆ +56 9 7798 4146
Ouvert du dimanche au jeudi de 13h30 à 16h (et de 20h à 22h le vendredi et le samedi).
La Loba (« la louve »), qui est en fait la propriétaire, vient vous accueillir et sert une bonne cuisine à base de fruits de mer ou de viande (essayez la *plateada*). C'est une des meilleures adresses de Pichilemu. L'accueil est professionnel, l'atmosphère lumineuse et les assiettes préparées avec beaucoup de raffinement. Poulpe grillé à la sauce olive, risotto de locos, ceviche de thon, lasagnes ou encore gnocchis, Leonor prépare des plats d'excellente qualité en se basant sur le principe du *slow food,* un mouvement venu d'Italie qui se base sur l'éco-gastronomie (respect de l'environnement et alimentation locale).

À voir – À faire

EDIFICE CASINO
Situé sur le côté est du parc Ross, c'est un bâtiment de trois étages, construit avec des matériaux importés de l'étranger. Achevé en 1909, il accueillit la poste et le télégraphe ainsi qu'un magasin. Son architecture est remarquable.

PLAYA HERMOSA
Grande plage située sur le chemin qui mène à Punta de Lobos (la pointe des lions de mer). Très agréable pour se baigner et pour pêcher.

PARQUE AGUSTIN ROSS ★
Construit à la fin du XIXe siècle, restauré en 1987, à l'occasion du neuvième anniversaire de la création de la commune, il fut déclaré monument national en 1988. On remarquera en particulier ses palmiers centenaires. Belle vue panoramique sur la plage.

PLAYA INFIERNILLO ★★
Cette plage est située à l'extrême sud de la ville. Elle se caractérise par les formations rocheuses sur lesquelles viennent se casser les vagues du Pacifique. La foule y est un peu hype et fashion en saison, c'est là que les beaux surfeurs viennent essayer de séduire les belles filles de la capitale.

PLAYA LA PUNTILLA ★
Sur la plage La Puntilla se déroule chaque année en été le Campeonato Nacional e Internacional de Surf. Il y a foule (chiliens et étrangers), la localité est bondée et l'ambiance surchauffée.

PLAYA PUNTA DE LOBOS ★
Cette magnifique plage est située à 6 km au sud de Pichilemu (compter environ 4 000 $ en taxi). Elle est dominée par une falaise dont la hauteur avoisine les 100 m. Son nom provient de la présence de nombreux lions de mer qui viennent se prélasser sur les rochers de la plage. Vous y trouverez deux petits restaurants le Pepi et La Loba, situés à l'extrémité de la pointe. Excellent coin pour se baigner et pour pratiquer la pêche, ainsi qu'un très bon spot pour le surf, l'un des meilleurs de toute l'Amérique du Sud disent les spécialistes, puisque Punta de Lobos est considérée comme la meilleure gauche du continent ! Enfin, notons aussi la présence de nombreux cactus, accrochés aux rochers, qui font définitivement de cette plage un cadre exceptionnel !

PLAYA TERRAZAS ★★
Située en face du parc Ross et bordée de petits bars, elle dispose d'un parking et de douches. Au sud de la plage se déroule une superbe gauche qui ravira les surfeurs. Autour de la plage, descendant du parc, de larges escaliers et des balustrades rappellent la splendeur des années Ross.

VALLE DE CURICÓ

Reconnue comme l'une des plus grandes vallées viticoles du Chili, la vallée de Curicó possède la plus grande superficie de culture de la vigne blanche du pays, où prédomine le Sauvignon Blanc, suivi du Chardonnay, du Viognier et du Riesling. Les conditions viticoles de la région, optimisées par une qualité climatique exceptionnelle, permettent également une plus grande diversité de cépages rouges comme le Cabernet Sauvignon, suivi par le Merlot, le Carménère, le Malbec, la Syrah et le Pinot Noir, entre autres. Cette route des vins propose des visites de différents vignobles et caves aux caractéristiques et profils différents. Les visiteurs pourront profiter

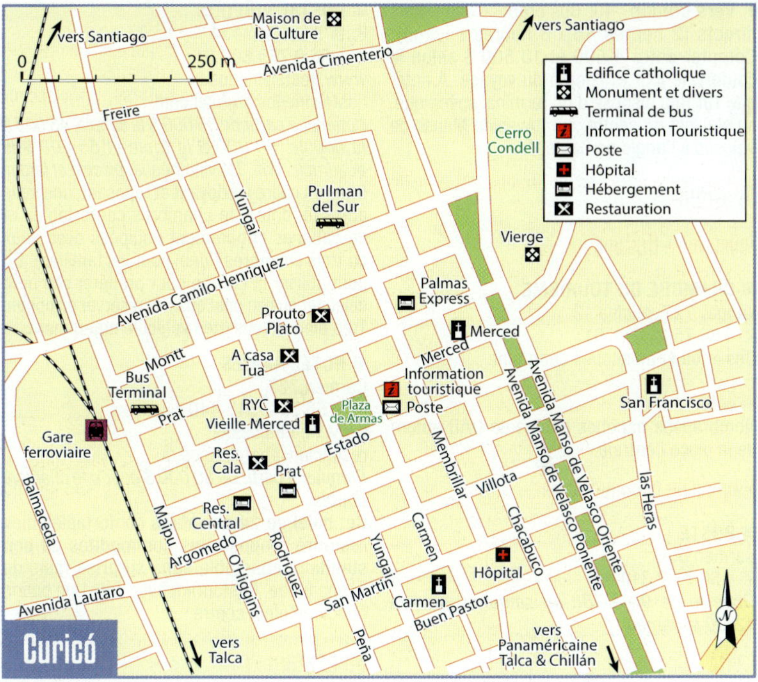

du paysage à partir de points de vue imposants, découvrir des vignobles centenaires ou visiter d'anciens domaines entretenus par la tradition familiale dans des circuits de différentes durées. La Vallée de Curicó compte 12 vignobles qui allient technologie d'avant-garde et tradition, représentant ainsi la grande industrie viticole de la Vallée de Curicó. Voici la liste exhaustive des vignobles : Miguel Torres, Aresti, Alta Cima, Millamán, Correa Albano, Puertas, Valdivieso, Echeverría, San Pedro, Requingua, Folâtre et Las Pitras.

CURICÓ ★★

Curicó, dont le nom signifie « eau noire » en mapudungun, fut fondée le 9 octobre 1743 par José Manso de Velasco. Elle fut transférée quatre ans plus tard vers son site actuel (5 km plus au nord). Aujourd'hui, forte de ses quelque 140 350 habitants (recensement 2012), son économie tourne autour de l'agro-industrie et elle sert d'étape touristique aux voyageurs qui vont visiter les alentours (notamment les vignobles). Le moment de liesse de la ville est sa grande fête des Vendanges. Se déroulant la 3e semaine de mars, elle dure trois jours et est l'occasion de se familiariser avec la culture *criolla* (créole) locale.

Curicó est une ville propre, plutôt cossue, au passé colonial (mais la plupart des vieilles maisons se sont effondrées lors du séisme de 2010), jouissant d'une superbe place centrale et dont les habitants s'avèrent particulièrement accueillants. Une heureuse surprise, finalement.

Transports

■ BUS

Angle de Maipu et Prat, à trois cuadras à l'ouest de la place principale
✆ +56 75 2 328 575

- **De/vers Santiago** : départs très fréquents depuis le terminal d'Alameda, compter environ 3h de trajet, autour de 3 000 - 8 000 $ selon le confort et le jour de départ, avec Andesmar, Pullman del Sur ou Tur Bus.
- **De/vers Iloca** : autour de 2 500 $ avec Ilomar. Le fameux poète chilien Pablo de Rokha (1894-1968) y est né.
- **Vers Molina** (départ de la route du vin et des bus se rendant au parc Siete Tazas) : toutes les cinq minutes, en face du terminal, pour environ 700 $ par personne avec Aquelarre.
- **Vers Talca** : compter 1 heure de trajet pour des prix oscillant entre 1 200 et 4 000 $.

Vers Chillán : Tur Bus propose des trajets directs (2 heures 45 / 3 heures environ). Compter entre 4 500 et 10 500 $ selon le confort, le jour et l'heure du voyage. A noter que Tur Bus dispose d'un terminal spécifique, au sud-est du centre, sur l'Avenida Manso de Velasco à l'angle de Castellón.

Pratique

Tourisme - Culture

CHAMBRE DU TOURISME
Yungay 737, oficina 13
✆ +56 75 2 324 761
Des infos et un accueil charmant.

Argent

Nombreuses banques dotées de DAB autour de la place centrale.

Moyens de communication

POSTE
Carmen 556
✆ +56 72 2 310 001
Ouverte de 9h à 18h en semaine, jusqu'à 12h30 le samedi.

Santé - Urgences

HÔPITAL
Angle de Chacabuco et San Martín
✆ +56 75 2 565 900
www.hospitalcurico.cl
comunicacioneshbc@gmail.com

Se loger

VILLA EL DESCANSO
Panaméricaine, km 187
✆ +56 75 2 382238
www.villaeldescanso.com
En bungalow, compter 59 300 $ pour un, 64 000 $ pour deux, 70 000 $ pour toute la famille. En chambre, compter 66 000 $ pour un, 70 500 $ pour deux, suites à 103 000 ou 108 000 $, petit déjeuner et wi-fi inclus (prix HT).
Certainement le meilleur endroit où loger. Peu avant la bifurcation vers le centre de la ville en venant du nord, un ensemble de chambres et de bungalows dans un cadre verdoyant, avec une jolie piscine. Confortable et bien tenu. Les bungalows sont préférables mais les chambres offrent des commodités appréciables, la décoration n'est pas tout à fait au goût du jour mais les lits sont douillets et l'ensemble confortable. Restaurant rustique, bar à vin et parking. Spa.

HOSTAL VIÑEDOS
Ruta 5 Sur, km 194
✆ +56 9 755 802 01
www.hostalvinedos.cl
hostalvinedos@gmail.com
Compter à partir de 35 000 $ la simple, 45 000 $ la double, 50 000 $ la triple et 55 000 $ la quadruple. Wifi, TV, vinothèque, piscine et jardin.
Dans un cadre verdoyant et reposant, une belle adresse, dotée de chambres confortables et de cabanes entièrement équipées avec deux ou trois chambres (idéal pour les familles). On peut utiliser la cuisine pour préparer son petit déjeuner où l'on peut aussi le réserver en option. Très bien si vous êtes véhiculé notamment.

HOTEL RAICES
Carmen 727
✆ + 56 75 2 543 440
www.hotelraices.cl
recepcion@hotelraices.cl
Compter à partir de 80 000 $ pour une chambre double.
Cet hôtel de 24 chambres confortables bien restauré propose des commodités de bon standing, ensemble sans surprise mais de bonne tenue. Restaurant avec wifi. Une bonne option en plein centre.

Se restaurer

RESTAURANT CECINAS SOLER
Panamericana Sur, km 189
✆ +56 75 2 545 570
cecinassoler.cl
comercial@soler.cl
Ouvert tous les jours de 8h30 à 22h.
Une *picada* (aux allures de cafétéria aujourd'hui) bien connu des *Santiaguinos* sur la route du Sud. Ils adorent les sandwichs *de lomo* (au porc, copieux et délicieux), les *arrollados italianos* et les *pailas*. On peut aussi acheter de la viande séchée, des saucisses, des chorizos, du jambon ou des pâtés du terroir, de bonne facture et à bon prix.

TORTAS MONTERO
Prat 659
✆ +56 75 2 310 149
www.tortasmontero.cl
info@tortasmontero.cl
Ouvert du lundi au samedi de 10h à 20h30, et le dimanche de 10h à 16h30.
Avis aux gourmands ! Les tortas Montero sont l'une des spécialités de la ville. La recette est la même depuis son invention par Doña Cristobalina Montero en 1891, et en 1995 Tortas Montero est entré dans le livre de Record Guinness pour avoir élaboré le plus grand gâteau du monde ! Mais ici, il n'est vendu qu'aux formats 100 g, 250 g ou 1 kilo.

À voir – À faire

Le centre colonial historique fut gravement touché par le tremblement de terre du 27 février 2010 (entre 70 et 90 % des édifices détruits ou endommagés).

ALAMEDA MANSO DE VELASCO ★

Jolie avenue bordée d'arbres centenaires, notamment des platanes orientaux, et parsemée de monuments érigés à la gloire de Luis Cruz Martinez, O'Higgins, Prat, à la Force aérienne et à Gabriela Mistral. Cette avenue mène vers le cerro Condell, une colline d'une altitude de 95 m, offrant d'agréables promenades et une très belle vue. Au pied de la colline s'étend le parc Balmaceda, planté au début du siècle.

IGLESIA SAN FRANCISCO

Angle de Las Heras et San Francisco
Construite en 1732 en adobe, elle fut transportée à son actuel emplacement en 1758 avant d'être reconstruite en 1880 en brique de style néogothique, avec des arcs en pointe et une svelte tour centrale. Détruite en grande partie lors du séisme du 27 février 2010, elle a été rénovée en 2014.

MIGUEL TORRES ★★

Panamericana, km 195
✆ +56 75 2564100
www.migueltorres.cl
contacto@migueltorres.cl
Tous les jours de 12h30 à 15h30, dîner uniquement le vendredi de 20h30 à 23h. Vignoble à visiter tous les jours de 10h à 19h en été, jusqu'à 17h en hiver. Boutique ouverte tous les jours de 8h30 à 20h en été, 18h en hiver. Réservations indispensables. Compter à partir de 15 000 $ le tour de dégustation.
Le vignoble le plus accessible est celui de Miguel Torres. Une grande propriété totalisant 400 ha, proposant des tours gratuits tous les jours de 10h à 18h, jusqu'à 19h en été. Vidéo en français pour entamer la visite.
Le restaurant du vignoble est réputé et sert d'excellents plats catalans comme la terrine de lapin au cognac. Il est ouvert tous les midis de la semaine et seulement le vendredi soir (sur réservation).

PLAZA DE ARMAS ★

Une des plus belles places du Chili ! Déclarée « zone typique » en 1986 en raison de sa beauté, elle est entourée d'une soixantaine de palmiers centenaires (*Phoenix canariensis*) et de nombreuses fontaines aux eaux désaltérantes et décorées de sculptures. On y aperçoit aussi la figure du chef Lautaro, taillée dans le tronc d'un hêtre séculaire par Heraclio Calquín. Sur le côté ouest de la place se dresse le kiosque civil en fer forgé, monument historique depuis 1978.

Visites guidées

RUTA DEL VINO CURICÓ

Prat 301-A ✆ +56 76 2 328 972
www.rutadelvinocurico.cl
Bureaux ouverts du lundi au vendredi de 9h à 14h et de 15h30 à 19h30. Organisation de tours avec départs fréquents le matin (9h30, 10h30 et 12h30).
Le site web recense les différents programmes possibles et tous les vignobles qui intègrent le circuit des vallées de Curicó.

RESERVA NACIONAL RADAL SIETE TAZAS ★★

Ce parc national permet de belles randonnées au milieu de paysages magnifiques et peu connus encore. N'hésitez pas à inscrire cette visite sur votre agenda. D'une superficie de 4 138 hectares, le parc offre un paysage de cordillère andine très boisé, avec maintes espèces d'arbres comme le noisetier (ou coudrier), le cyprès de la cordillère et le chêne, qui composent en automne un panache de couleurs merveilleuses avec le blanc des cimes (au mois de mai surtout) en arrière-fond. C'est un lieu naturel privilégié, abritant aussi bien la végétation méditerranéenne que la forêt humide du sud. Le parc permet aussi de se familiariser avec des vestiges d'anciennes tribus nomades de chasseurs-cueilleurs (comme les pierres utilisées pour moudre les aliments).
A 3 km de l'entrée, on peut voir des chutes d'eau, de plus de 50 m, appelées Velo de la Novia (voile de la fiancée). Ensuite, au bout d'un petit chemin balisé, apparaissent, au milieu d'une dense végétation, les Siete Tazas, sept chutes d'eau (en fait il y en a plus ou moins, tout dépend de la façon de compter) du río Claro de Molina qui, avec le temps, a creusé « sept » petits puits dans la roche basaltique. Les amateurs de kayak trouveront bien sûr là un circuit sur mesure, reconnu au niveau international. Mais gare, les eaux ne conviendront pas aux débutants !

Pratique

Parc ouvert tous les jours de 8h30 à 19h30 en été et de 8h30 à 17h30 en hiver. Attention toutefois, durant la saison d'hiver il est possible que le parc ferme pour des raisons météorologiques. Prévoyez donc votre visite à l'avance en consultant notamment le site de la CONAF www.conaf.cl ou appeler le ✆ +56 712 224 461. Pour se rendre au parc, suivre la route de Molina, puis celle du parc.

- **Droit d'entrée :** 6 000 $ par adulte, 3 000 $ entre 12 et 17 ans et gratuit pour les plus petits.

Se loger

CAMPING LOS ROBLES
Parque Inglés
8 000 $ par personne.
Au bout de la piste carrossable, après les principaux sites d'attraction touristique, le Parque Inglés sert d'aire de pique-nique et de camping (camping Los Robles, réaménagé il y a peu) sur les berges du río Claro, qui offre des eaux claires et transparentes où l'on peut s'ébattre. Cet endroit est vraiment merveilleux par beau temps, idéal pour pique-niquer aussi à l'ombre des arbres centenaires.

CAMPING VALLE DE LAS CATAS
valledelascatas@sietetazas.cl
Camping à 10 000 $ par adulte et 8 000 $ pour les enfants (de 4 à 12 ans). Cabane à partir de 50 000 $ pour deux et 65 000 $ pour six.
Au camping Valle de las Catas, 27 sites en tout. Douches chaudes et infrastructures suffisantes. On peut aussi loger dans une cabane bien équipée (deux chambres, cuisine) avec une jolie vue sur la vallée. Ici, on oublie son portable et les écrans en général : il n'y a pas d'électricité (on utilise l'énergie solaire pour les ampoules) et il n'y a pas de réseau téléphonique. Toutefois pas de panique, l'eau chaude est au rendez-vous avec un chauffage au bois. Une belle adresse pour se déconnecter donc !

À voir – À faire

Deux sentiers notamment méritent l'attention : Los Chiquillanes (7 km), d'une durée de 4/5 heures environ, et El Bolsón-Valle del Indio (15 km, un à deux jours de randonnée).
Trois petits sentiers permettent de jolies photos : La Montañita (2 km), Salto La Leona (1,2 km, c'est de là que vous aurez la meilleure vue sur les petites chutes d'eau) et El Coigue (1 km).
Il est possible de rejoindre la réserve nationale Altos de Lircay, puis Talca et ses alentours. Mais ne partez pas seul, il est très difficile de ne pas se perdre sur le chemin (qui d'ailleurs n'est pas vraiment défini). Choisissez la sécurité et prenez un guide. L'option est aussi possible en empruntant le sentier dans l'autre sens.

VALLE DEL MAULE

Autour de San Javier et Villa Alegre au sud de Talca, et à l'est de la ville près de San Clemente, de nombreux vignobles de la vallée del Maule se sont regroupés pour vous permettre de connaître leur production. Il existe plusieurs circuits organisés, sachant que le transport est inclus dans les prix, mais que vous pouvez bénéficier de tarifs plus avantageux si vous avez une voiture. Un minimum de deux personnes et 48 heures de réservation au préalable sont requis. Les circuits peuvent durer 4 ou 7 heures, voire deux jours, et concerner une thématique (nature, vins et villages coloniaux...). On peut ainsi visiter les thermes de Quinamávida et Panimávida, le centre artisanal de Rari, la réserve nationale de Lircay, le port de Maguillines... Il y en a pour tous les goûts.

TALCA

Située à 258 km au sud de Santiago, Talca est la capitale de la région VII del Maule. Son nom signifie « lieu du tonnerre » en mapudungun. Fondé en 1692, le bourg périclita presque aussitôt et fut reconstruit cinquante ans plus tard par le gouverneur José Antonio Manso de Velasco, le 17 février 1742. Son nom officiel était alors *Villa San Augustin de Talca*. Bernardo O'Higgins y signa l'Acte de déclaration d'Indépendance du Chili en 1818. Terriblement secouée par le séisme de février 2010, Talca constitue une base utile pour explorer la réserve Altos de Lircay ou découvrir le littoral très peu visité (épicentre du fameux séisme), et pour cette raison même très authentique. Toutefois, soyons honnête : Talca n'offre pas grand intérêt en soi. Une étude de l'OMS (Organisation Mondiale de la Santé) en 2011 la place même en 11e position des villes les plus polluées au monde (juste devant Santiago !) !

Transports

Comment y accéder et en partir

BUSES BIOLINATAL
Bureaux 9 et 16 dans le terminal de bus
✆ +56 71 2 614 464
www.linatal.cl
contacto@linatal.cl
Trajets vers Linares et vers Chillán (compter 3 500 $) et Concepción (compter 5 000 $) toutes les 2h. Egalement vers Santiago.

BUSES CONTIMAR
Local n° 20 au terminal de bus
✆ +56 71 2 244 197
Compter 2 500 $ pour Constitución.
Départs vers Constitución toutes les 20 minutes, Putú, Pellines, San Javier et Chanco (un par jour, 1h20 de route) et aussi Iloca. Depuis Santiago, les départs se font depuis le terminal sud.

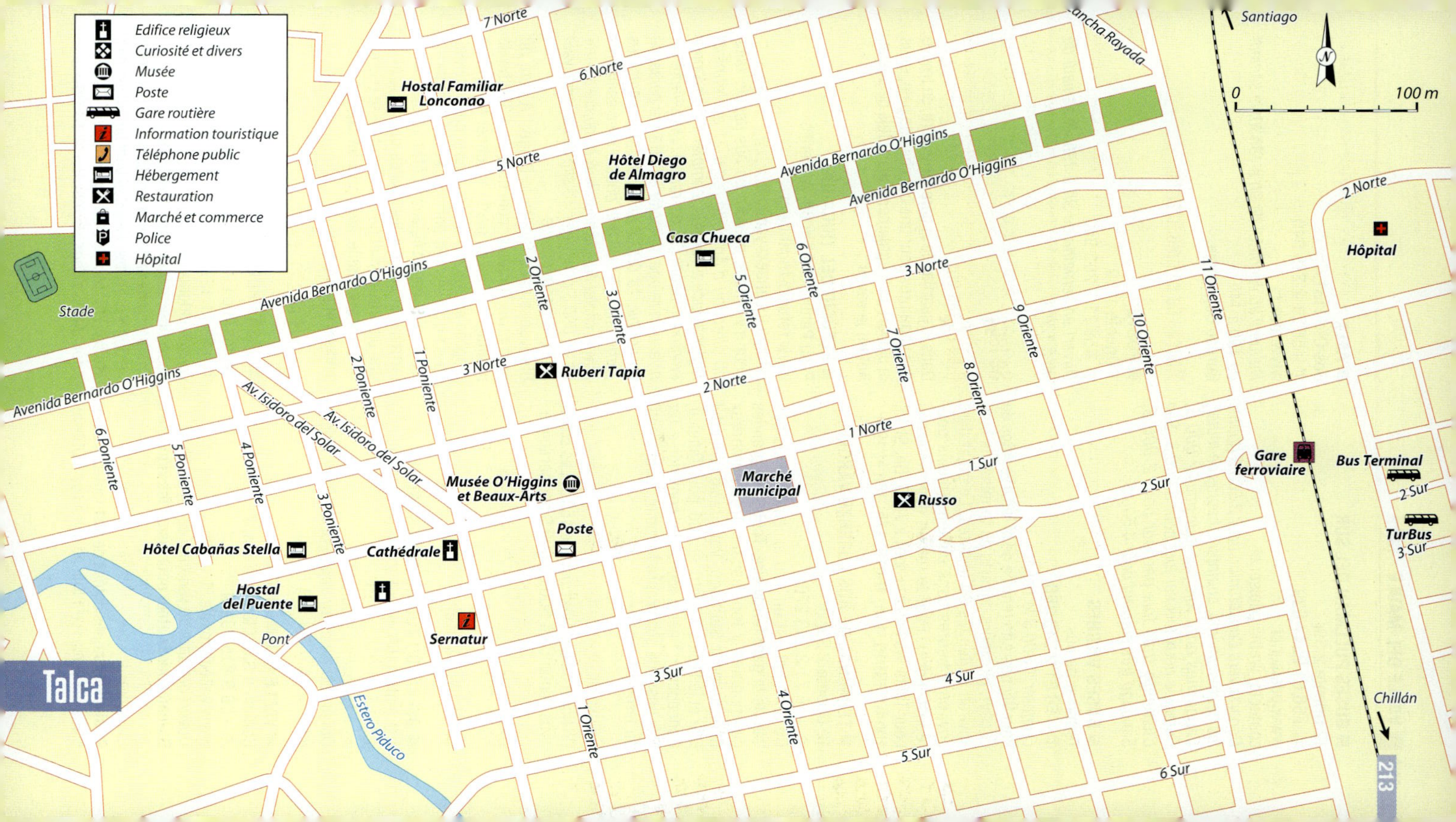
Talca
Edifice religieux
Curiosité et divers
Musée
Poste
Gare routière
Information touristique
Téléphone public
Hébergement
Restauration
Marché et commerce
Police
Hôpital
Santiago
Chillán
0
100 m
Stade
Avenida Bernardo O'Higgins
Av. Isidoro del Solar
Hostal Familiar Lonconao
Hôtel Diego de Almagro
Casa Chueca
Ruberi Tapia
Musée O'Higgins et Beaux-Arts
Poste
Cathédrale
Hôtel Cabañas Stella
Hostal del Puente
Sernatur
Pont
Estero Piduco
Marché municipal
Russo
Gare ferroviaire
Bus Terminal
TurBus
Hôpital
7 Norte
6 Norte
5 Norte
3 Norte
2 Norte
1 Norte
1 Sur
2 Sur
3 Sur
4 Sur
5 Sur
6 Sur
6 Poniente
5 Poniente
4 Poniente
3 Poniente
2 Poniente
1 Poniente
1 Oriente
2 Oriente
3 Oriente
4 Oriente
5 Oriente
6 Oriente
7 Oriente
8 Oriente
9 Oriente
10 Oriente
11 Oriente

BUSES PULLMAN DEL SUR
12 Oriente 2 Sur
✆ +56 61 2244 039
www.pdelsur.cl
contacto_web@pdelsur.cl
Départs vers Constitución pour 2 500 $ (toutes les heures environ, compter 2 heures de route), Cauquenes onze fois par jour pour 2 000 $, Curanipe deux fois par jour pour 3 000 $, San Clemente trois fois par jour pour 2 000 $, Santiago très souvent pour 4 500 $.

BUSES VILCHES
Terminal de bus
✆ +56 61 2 243 366
Compter 1 800 $ le ticket.
Pour Vilches Alto (entrée de la réserve Altos de Lircay), plusieurs départs du terminal de bus, environ toutes les 30 minutes. Le trajet dure environ 2 heures dans ce sens (moins pour redescendre). Pour le retour, depuis Vilches pour Talca les départs sont à 7h15, 8h, 9h15, 10h40, 13h15, 14h, 16h15, 17h, 18h et 19h.

TERMINAL DE BUS LORENZO VAROLI
12 Oriente 2 Sur
✆ +56 71 2 243 270
Ce terminal est un peu excentré, mais pas loin de la gare ferroviaire. Toutes les grandes compagnies y font escale. Très nombreux départs pour Santiago, Valparaíso, Viña del Mar et les villes du nord. Au sud, pour Temuco, Concepción, Puerto Montt. La compagnie Tur Bus possède son propre terminal, juste à côté du terminal général.

Se déplacer

Un ticket de bus (*micro*) coûte 450 $. Les *colectivos* demandent 500 ou 600 $ par personne.

Pratique

Tourisme - Culture

OFFICE DU TOURISME SERNATUR
1 Oriente 1150, piso 1 y 4
✆ +56 71 2 233 669
infomaule@sernatur.cl
Ouvert du lundi au vendredi de 9h à 18h, le samedi de 10h à 14h.

VALLE DEL MAULE
Camino a San Clemente Km, 7
✆ +56 9 8157 9951
www.valledelmaule.cl
Ouvert du lundi au vendredi de 9h à 16h30.
Bureau coordinateur pour visiter les vignobles.

Argent

Plusieurs banques dotées de distributeurs automatiques sur la rue 1 Sur, au niveau de 3 Oriente.

AFEX
Dos Ote 1131
✆ +56 71 2 215 040
www.afex.cl
Du lundi au vendredi de 9h à 18h30, le samedi de 10h à 14h.
Bureau de change.

Moyens de communication

POSTE
1 Oriente 1150
✆ +56 71 2 205 950
Ouvert en semaine de 9h à 19h, le samedi de 9h à 12h30.

Se loger

Bien et pas cher

Dans le quartier de la gare ferroviaire, on trouve des chambres pour une bouchée de pain, mais la plupart sont également des hôtels de passe. Autant le savoir...

REFUGIO DEL TRICAHUE
Paso Pehuenche Km 69, Armerillo
www.refugio-tricahue.cl
refugio.tricahue@yahoo.fr
Pour s'y rendre, prendre un bus depuis Talca en direction d'Amerillo (quai 21 du terminal régional face à Tur Bus, compter 1 000 $ pour environ 1 heure 30 de route). Descendre au niveau du refuge. Compter 8 500 $ par personne en dortoir, 18 000 $ la double avec sanitaires communs, 25 000 $ la double avec sanitaires privés, chalet équipé pour deux ou quatre à partir de 35 000 $ pour deux. Le site de camping vaut 5 000 $ par personne.
Bienvenue chez Dimitri le Belge ! A côté du parc privé Tricahue, constitué de 4 300 ha de montagnes où l'on peut randonner sans fin, il propose un grand chalet chaleureux et convivial, où sont situés les dortoirs et les chambres, ainsi qu'un chalet équipé à côté (cuisine, salon, terrasse et vue sur les étoiles depuis le lit !). Une piscine permet de bronzer et de se relaxer. Ambiance agréable. Idéal pour un séjour au plus près de la nature.

Confort ou charme

CASA CHUECA
Sector Alto Lircay, Viña Andrea s/n
✆ +56 71 1970097
www.trekkingchile.com
casachueca@trekkingchile.com
Compter (prix par personne) 55 000 $ la simple, 30 000 $ la double. Petit déjeuner buffet compris. Maison DiVino : 89 000 $ pour un ou 47 000 $ pour deux. Dîner végétarien à 14 000 $ et

barbecue à 17 500 $. Hôtel fermé de juin à août.
Très bonne adresse, appréciée par la clientèle germanique, le long de la rivière Lircay. Le site naturel agrémenté d'une piscine, d'un bar et d'un centre de fitness est tout à fait charmant. L'hôtel propose des hébergements de différentes catégories, les chambres sont très spacieuses et bien tenues. L'ensemble est impeccable et douillet avec de vraies valeurs écologiques : cuisine végétarienne, panneau solaire, chauffe-eau, panneaux photovoltaïques... L'équipe de Franz et Kati connaît la région comme sa poche et peut vous fournir quantité d'informations pratiques, notamment sur les treks à réaliser. Très convivial.

■ HOTEL CABAÑAS STELLA

4 Poniente 1 Norte 1183
✆ +56 9 8903 6242 – www.turismostella.cl
Compter 30 000 $ la simple, 42 000 $ la double, 58 000 $ la triple, 68 000 $ la quadruple.
Dix bungalows tout en bois, en plein centre mais au vert, avec sanitaires privés, télévision, air conditionné, wi-fi. Piscine avec hydromassage et beaucoup de verdure. Parking et espace commun. Bonne petite adresse, à découvrir.

Luxe

■ HOTEL CASINO

Av. Circunvalación Oriente 1055
✆ +56 71 2 528 000
www.hotelcasinotalca.cl
contacto@hotelcasinotalca.cl
À partir de 150 US$ la double. Petit déjeuner inclus.
Propose des chambres spacieuses, de grand confort, plus deux très bons restaurants et une piscine. Comme son nom l'indique, cet établissement de luxe possède aussi un casino. Parfois un peu bruyant à cause d'une discothèque juste en face.

■ HOTEL DIEGO DE ALMAGRO

Alemada 4 Norte 1011
✆ +56 71 2 714600 – www.dahoteles.com
centraldereservas@dahoteles.com
Compter à partir de 150 US$ la simple et 170 US$ la double, petit déjeuner inclus.
Un hôtel de cette grande chaîne chilienne proposant 107 chambres et toutes sortes de services et de commodités, mais qui ne peut prétendre jouer dans la catégorie charme. Confortable, moderne, pour hommes d'affaires ou voyageurs exigeants et orthodoxes.

Se restaurer

Sur le pouce

■ NATURAL

1 SUR 811
✆ +56 67 597 5607
Ouvert de 7h30 à 21h. Compter autour de 5 000 $ par personne.
Un endroit petit mais charmant qui propose de bons produits à deux pas de la place principale. Le service est rapide, le menu est varié, on s'y sent plutôt bien. On y propose des salades assez élaborées (avec option végétarienne) et de délicieux sandwichs, au choix on garnit sa fajita, son *churrasca,* son pain buger ou son pain intégral. Les jus naturels sont pas mal également.

Pause gourmande

■ VIA LACTEA

1 Sur 1339, local 10
✆ +56 71 2 230 156
www.vialactea.cl
contacto@vialactea.cl
Ouvert de 10h à 22h. Plats autour de 8 000 $.
Des glaces tout simplement délicieuses, aux parfums originaux, que l'on vous sert de la même manière que la guimauve dans les fêtes foraines. C'est aussi une très bonne option pour déjeuner ou dîner, la carte est plutôt généreuse et propose une variété de plats comme des salades, des quiches et des pâtisseries. Les viandes sont bonnes, on retrouve notamment du filet de bœuf, et les plats italiens sont d'un rapport qualité-prix tout à fait raisonnable (gnocchis, pâtes, lasagnes, etc.).
▸ **Autre adresse :** Mall Plaza Maule

Bien et pas cher

La *picada* Las Viejas Cochinas, le long du río Claro, tient encore sa place dans certains guides de voyage chiliens et étrangers, mais ses spécialités de *pollo mariscal* (sauce *pisco* et fruits de mer) et de *chancho en piedra* (mélange de tomate, oignon, ail et aji, moulu avec une pierre) ne sont plus guère satisfaisantes de nos jours. Attente très longue et propreté souvent aléatoire ! Complètement surévaluée à notre humble avis.

À voir – À faire

■ MUSEO O'HIGGINIANO Y DE BELLAS ARTES

1 Norte 875
✆ +56 71 2 210428
Fermé temporairement lors de notre dernier passage (été 2019). Entrée gratuite.
A côté de la plaza de Armas. La maison, de style colonial, date de 1762 ; elle a appartenu à Juan Albano Pereira, le tuteur du jeune Bernardo O'Higgins, qui y vécut de 4 à 10 ans. C'est là que le général signa la déclaration d'Indépendance du Chili en 1818. Exposition d'ustensiles et de mobilier d'époque. Nombreux tableaux de la période classique chilienne, qui valent un coup d'œil.

RESERVA NACIONAL ALTOS DE LIRCAY ★★

La réserve nationale Altos de Lircay, d'une superficie de 12 163 ha, se situe 66 km à l'est de Talca, après San Clemente, au niveau du village de Vilches Alto. Ce milieu naturel superbe et méconnu permet de merveilleuses randonnées (possibilité de rejoindre avec un guide la réserve Radal Siete Tazas et de poursuivre vers Curicó, au nord). Côté flore, la réserve abrite de nombreuses espèces différentes, notamment du genre Nothofagus, ainsi que des orchidées sylvestres. La faune est abondante. L'histoire est également présente, puisque, peu après le poste de la Conaf, on peut admirer au lieudit Piedras Tacitas des entailles fabriquées probablement par les premiers habitants de la région del Maule, servant jadis à moudre le grain. Pour passer d'agréables moments, suivez les ríos Lircay, Blanquilo et Claro. Ce dernier s'effondre en une grande chute d'eau. Le secteur El Enladrillado, populaire, est également recommandé. Les amateurs de montagne pourront s'intéresser au volcan Descabezado Grande, qui culmine à 3 830 m d'altitude. Enfin, ceux qui désirent se promener à cheval pourront s'adonner à leur loisir autour du río Lircay. Les chevaux se louent près de l'administration, au niveau de Vilches Alto, à l'entrée du parc. Une excellente alternative à la marche (mais gare, il fait frisquet quand on avance au pas sous des rafales d'eau...) pour gagner des sites un peu lointains (comme le volcan Descabezado Grande, qui nécessite un périple de cinq jours).

Transports

Pour s'y rendre, les bus Vilches quittent le terminal de Talca plusieurs fois par jour (voir dans la rubrique Transports de cette ville). Ils s'arrêtent presque 1 km avant l'entrée du parc. Difficulté d'accès possible en hiver à cause de la neige.

Pratique

L'administration est ouverte de 8h30 à 20h de décembre à mars, le reste de l'année de 8h30 à 18h. Il est possible de camper à 800 m de l'entrée. Le site est bien aménagé : douches avec eau chaude. Plusieurs sites de camping sauvage vous attendent en cours de route. Rappelons qu'il est interdit d'allumer des feux de camp.

- **Droit d'entrée** : compter 6 000 $ par adulte et 3 000 $ par enfant.

À voir – À faire

■ ENLADRILLADO ★★

Ce trek est superbe, valant bien n'importe quelle marche dans la région des lacs, vous ne croiserez presque personne et les paysages traversés sont époustouflants. On traverse des plateaux recouverts d'étranges formations, résultat des activités volcaniques des siècles passés. Ces paysages lunaires attirent même les passionnés d'ufologie : un grand nombre d'observations d'ovnis a été recensé au cours des dernières décennies. Sur 10 km de longueur, *a priori* il est possible de monter et descendre jusqu'au plateau basaltique en moins de 8h de marche, mais il vaut mieux camper en route et réserver le panorama sur le canyon du río Claro pour le petit matin (superbe campement quelques centaines de mètres avant le sommet – en fait, le plateau –, soit une petite heure de montée par le même sentier, déviation au niveau d'une étrange formation rocheuse érodée, il y a un refuge). A noter : vous pouvez parfaitement combiner le trek de la laguna avec celui-ci (compter deux ou trois jours, selon votre rythme de marche).

■ LAGUNA EL ALTO ★

4 km d'extension, mais vous pouvez y passer la journée (ça monte !) ; de nombreux miradors livrent de fantastiques panoramas sur les montagnes alentour, et la lagune, blottie au fond d'un cratère volcanique à 2 000 m d'altitude, est magnifique – vous pouvez éventuellement camper tout près. Il existe une autre façon d'y arriver, réservée cependant aux plus sportifs : empruntez le chemin qui mène au secteur d'El Enladrillado. L'endroit est connu pour avoir la forme d'une piste d'atterrissage extraterrestre.

■ VALLE DEL VENADO ★

17 km de longueur, entre trois et quatre jours de trek, en suivant le río Blanquillo (vous passez alors vers la laguna del Alto, le cerro El Peine qui culmine à 2 448 m d'altitude et la vallée de Lircay) ; vous aurez la possibilité d'observer des phénomènes volcaniques intéressants. Une marche plus directe jusqu'au mirador vous demandera environ 7h (aller-retour).

Sports – Détente – Loisirs

■ FRANCISCO PACHECO

✆ +56 9 9763 5447

Compter à partir de 10 000 $.

Cet *arriero* bien connu ici loue des chevaux et peut vous guider vers le Descabezado (sommet inclus) ou vers le parc Radal de Siete Tazas en deux ou trois jours. Recommandé.

RÉGION DU BÍO-BÍO

Parque nacional Nahuelbuta.

© NATALIA

RÉGION DU BÍO-BÍO

Cette partie, qui ne correspond pas exactement au découpage géographique administratif chilien, comprend la région VIII, celle du fleuve Bío-Bío et une infime partie du nord de la région IX, celle de l'Araucanie (autour d'Angol). Le découpage des zones géographiques en bandes longitudinales (cordillère des Andes, plaine centrale et cordillère de la côte) est ici particulièrement visible dans le nord de la région. Quand on va vers le sud, la cordillère de la Côte devient plus massive (elle prend le nom de cordillère de Nahuelbuta) et se scinde en deux cordons montagneux au milieu desquels coule le fleuve Bío-Bío.

La région est surnommée « région de la Frontière » en raison de la résistance acharnée qu'opposèrent les habitants indigènes – appelés Araucans par les Espagnols – à l'avancée des conquistadors. Dans leur langue, les Araucans se nomment Mapuche (Hommes de la terre). Cette dénomination recouvrait un ensemble de tribus peuplant le Sud du Chili jusqu'à l'île de Chiloé, les Picunche, et les Huilliche, peuple du Nord.

La pénétration des colons dans cette zone débuta en 1550, année au cours de laquelle fut créée la ville de Concepción. Mais l'avancée des conquistadors fut arrêtée par une rébellion générale des Mapuche en 1599. Les territoires situés au sud de Concepción furent reconquis par ceux-ci et une guerre de position de plus de deux siècles s'engagea dans cette région, d'où son nom de « Frontière », frontière entre le territoire colonisé et le territoire mapuche. Cette résistance fut d'autant plus forte que les Mapuche considéraient le territoire situé entre les ríos Tolten et Itata (au nord de Concepción) comme le foyer de leur civilisation. Malgré de nombreuses tentatives d'incursions des colons, la frontière ne se déplaça pratiquement pas pendant deux siècles, restant matérialisée par le río Bío-Bío. Les choses évoluèrent au cours du XIXe siècle. Plusieurs facteurs motivèrent la décision de la jeune République chilienne de briser définitivement la résistance des autochtones. D'une part, avec la colonisation du sud de l'actuelle région des Lacs (Puerto Montt en 1853), le territoire mapuche était devenu un îlot au milieu du territoire national ; d'autre part, en 1860, la région vit l'extraordinaire arrivée d'Orélie-Antoine Ier, roi auto-proclamé d'Araucanie et de Patagonie. La conquête du territoire mapuche fut conduite par le colonel Cornelio Saavedra, qui s'avança au-delà du Bío-Bío et fonda des forts, ce qui provoqua le déplacement de la frontière vers le sud. En 1882, les Chiliens atteignirent Villarrica, mettant ainsi fin à la « pacification » du territoire. Cette nouvelle zone fut déclarée « propriété nationale », à l'exclusion de 500 000 ha qui furent laissés aux Mapuche (ces terres sont les actuelles reducciones mapuche). Les terres furent ensuite attribuées à des colons chiliens et étrangers (3 800 Européens dont la moitié était suisse ou allemand). Les colons entreprirent de défricher les zones forestières pour développer l'agriculture. Le début du XXe siècle vit le développement de l'industrie minière autour du pôle de Lota et de sa mine de charbon. L'agriculture s'imposa rapidement comme l'activité centrale et les cultures céréalières valurent à la région d'Angol le surnom de « grenier du Chili ». Mais les techniques d'exploitation épuisèrent la terre et les rendements se mirent à baisser, faisant décroître la capacité productive de cette zone. L'industrie commença à se développer dans les années 1950, grâce notamment à la construction du complexe sidérurgique de Laja. Aujourd'hui, la région de Concepción est la deuxième zone industrielle du Chili, après la région de Santiago. C'est, d'après toutes les statistiques officielles, la région la plus pauvre du pays aussi. Les industries présentes sont surtout des industries de transformation des produits agricoles ou de la pêche. Cette dernière s'est énormément développée, comme en témoigne l'activité du port de Concepción. L'exploitation forestière et l'agriculture sont toujours des activités très importantes pour l'économie régionale.

Les immanquables du Bío-Bío

- **Découvrir les trésors naturels des environs de Chillán,** en arpentant ses montagnes à Nevados de Chillán ou en se prélassant dans ses stations thermales.
- **Partir sur les traces du puma et du renard de Darwin dans le parc national de Nahuelbuta,** tout en contemplant la majesté des araucarias du Chili, l'arbre national du pays.
- **S'offrir une escale historique dans la ville de Concepcion,** où Lapérouse fit escale en 1786.
- **Se livrer à une immersion en terres mapuche,** lors de la visite de la région d'Arauco.

Santiago
Longaví
Cauquenes
Unicaven
Tregualemu
Parral
San Gregorio
Termas de Castillo
Cobquepureo
Taicú
Quirihue
Torrecilla
San Carlos
Ninhue
Treguaco
La Puntilla
Coihueco
Vn. Chillán
3212 m
Coelemu
Chillán
Dichato
Pinto
Réserve de los Huemules de Niblinto
Tomé
Bulnes
Termas de Chillán
Lirquén
Quillón
San Ignacio
Talcahuano
Penco
Florida
El Carmen
Réserve Nat. Nuble
Concepción
Pemuco
San Pedro
Chiguayante
Cabrero
Laguna de La Laja
Hualqui
Yungay
Yumbel
Huépil
Coronel
Antuco
El Chacay
Lota
Abanico
Santa Juana
San Rosendo
La Laja
Vn. Antuco
3585 m
Quilleco
Arauco
Parque Nacional Laguna del Laja
Los Angeles
Nacimiento
Santa Barbara
Curanilahue
Negrete
Renaico
Quilaco
Esperanza
Mulchén
Lebu
Los Alamos
Vn. Callaqui
3164 m
Parque Nacional Nahuelbuta
Angol
Sara de Lebú
Cañete
Collipulli
Lepoy
Lago Lanalhue
Los Sauces
Encilla
Contulmo
Purén
Termas de Pemehue
Antiquina
Réserve Nat. Malleco
Réserve Nat. Nalcas
Victoria
Lumaco
Traiguén
Lonquimay
Curacautín
Relún
Quidico
Perquenco
Galvarino
Tirua
Cautín
Lautaro
Tirúa
Cholchol
Refugio Llaima
Vilcún
Vn. Llaima
3125 m
Temuco
Carahue
Nueva Imperial
Imperial
Melipeuco
Puerto Saavedra
Cunco
Lago Budi
Pto. Domínguez
Radal
Lago Colico
Pto. Puma
Lago Caburgua
Barros Arana
Pitrufquén
Peleco
Gorbea
Hualpín
Toltén
Pucón
N
0
20 km
Temuco
Villarrica
Lago Villarrica
OCEAN PACIFIQUE

CHILLÁN ET SES ENVIRONS

La région possède de beaux espaces naturels, des routes agréables pour les sillonner et quelques gros bourgs dignes d'intérêt notamment au niveau historique. La visite commence naturellement par un détour vers la capitale régionale Chillán.

CHILLÁN ★

L'édification de Chillán ne fut pas une mince affaire dans cette région à la nature indomptable. Le 26 juin 1580, Fernando Ruiz de Gamboa ordonne la fondation de San Bartolomé de Chillán, sur la rive nord de la rivière du même nom.

En 1599, les indigènes incendient la ville naissante. Une fois reconstruite, c'est la terre qui la secoue lors du séisme de 1655. Elle est de nouveau reconstruite en 1664, quelques kilomètres plus au nord. Détruite par le séisme de 1751, elle est cette fois relevée à l'actuel emplacement du vieux Chillán. Elle est à nouveau ruinée en 1835 mais les habitants, tenaces, la ressuscitent pour la énième fois. Pour un petit siècle seulement : le tremblement de terre de 1939 la raye quasiment de la carte. Mais les hommes sont plus têtus que les forces telluriques encore : le président Cerda ordonne sa reconstruction, et Chillán devient l'une des villes les plus modernes du Sud. Mais pour combien de temps ? Le séisme de 2010 n'a pas été tendre à nouveau.

Avec ses thermes, son marché et sa végétation douce à l'œil, elle constitue une agréable étape sur le chemin du Grand Sud (plus pour ses environs que pour la ville elle-même).

Transports

Comment y accéder et en partir

■ **TERMINAL DE BUSES MARIA TERESA**
Avenida O'Higgins 010
✆ +56 42 2 272 149
Tur Bus se rend à Concepción (1h30, entre 5 900 et 20 000 $), Talca, Los Angeles (8 départs environ, entre 5 900 et 26 000 $), Angol, Temuco, Osorno, Valdivia, Puerto Montt et Puerto Varas, mais aussi à Viña del Mar et Valparaíso. Les bus Nilahue, en provenance de Santiago, passent à Chillán deux fois par jour en direction de Las Trancas. Pullman Bus va à Los Angeles à 16h, 18h et 20h (compter 2 850 ou 3 400 $, le bus de 20h passe par le salto del Laja), à Angol à 18h (2 heures 50 de route pour 4 500 ou 11 100 $ selon le confort) et à Temuco à 12h10 et 16h10.
Terminal des bus inter-régionaux. Pour Santiago, très nombreuses compagnies (Condos Bus,

Tur Bus, Pullman, etc.) et d'autres destinations comme Pucon, Osorno, Puerto Montt, Concepcion ou Talca.

■ TERMINAL DE BUSES RURALES LA MERCED
Sargento Aldea s/n, à l'angle de Maipon
✆ +56 42 2 223 606
Derrière le marché, c'est le marché des bus locaux et régionaux. Petoch et Via Itata vont à Cobquecura du lundi au samedi (7 départs par jour entre 6h30 et 16h30) et à 7h30, 10h45, 14h 17h et 18h30 le dimanche. Aussi pour Quirihue, Talca et Santiago avec un départ quasiment toutes les heures. Et pour le spot de surf de Buchupureo, tous les jours à 7h30, 9h, 13h30 et 16h30 (compter 2h30 de route). Vers Las Trancas (Termas de Chillán) et la station de ski, les bus REM partent tous les jours du lundi au vendredi de 6h50 à 19h20 (une dizaine de départs dans la journée). Retours à 7h15, 10h, 13h, 15h, 17h et 17h30, aussi à 21h, mais jusqu'à Pinto seulement (un village à mi-chemin). A noter qu'il y a des bus toutes les demi-heures de 7h20 à 21h40 pour Los Lleuques, un patelin assez proche de Las Trancas.

Se déplacer

Les *colectivos* (taxis collectifs) demandent 400 $ par personne en journée, jusqu'à 600 $ la nuit.

Pratique

■ BANCO DE CHILE
Constitución 580
✆ +56 42 2 436 530
www.bancochile.cl
acciones@bancochile.cl
Banque dotée d'un DAB.

■ CAMBIOS SCHÜLER
Constitución 550, local 15
✆ +56 42 2 238 688
Ouvert en semaine de 10h à 14h puis de 16h à 18h30, samedi de 11h à 14h. Fermé le dimanche.
Maison de change.

■ CORREOS DE CHILE
5 de Abril 638
Ouvert du lundi au vendredi de 10h à 13h30 puis de 14h30 à 18h, et samedi de 10h à 13h.
Bureaux de la Poste.

■ OFFICE DU TOURISME SERNATUR
Calle Bulnes 847
✆ +56 42 2 223 272
infochillan@sernatur.cl
Ouvert du lundi au jeudi entre 9h et 14h puis de 15h à 18h. Le vendredi de 9h à 13h puis de 15h à 18h.
Des cartes de la ville et quelques infos.

Se loger

■ HOTEL LAS TERRAZAS
Constitución 664, 4e étage
✆ +56 42 2 437 000
www.lasterrazas.cl
En semaine, compter à partir de 80 US$ la chambre pour deux.
Situé au 4e étage (piso 5) d'un édifice près du centre, cet établissement lumineux offre des chambres de taille moyenne, confortables, modernes et assez agréables. La décoration est au goût du jour (ce qui est plutôt agréable en comparaison aux autres hôtels de la ville) et la literie est bonne. Petit déjeuner buffet, parking, et wifi gratuit, accueil souriant. Une adresse bien située.

▸ **Autre adresse :** Constitución 633

■ HOTEL LIBERTADOR BERNARDO O'HIGGINS
85 Avenida Libertad
✆ +56 42 2 223 255
www.hlbo.cl – info@hlbo.cl
Compter à partir de 50 US$ la chambre simple, 60 US$ pour deux. Promotions régulières sur le site internet.
Assez calme et près de la gare. Chambres confortables, propres, avec TV câblée. wi-fi gratuit. Accueil chaleureux.

Se restaurer

■ MERCADO CENTRAL
Maipón, entre 5 de Abril et Isabel Riquelme
En été, ouvert du lundi au vendredi de 7h à 20h, le samedi jusqu'à 18h et le dimanche de 7h à 15h. En hiver, ouvert du lundi au vendredi de 7h30 à 19h et le samedi de 7h30 à 18h. Compter 5 000 $ pour un repas.
Les *cocinerías* de ce marché typique proposent une cuisine abondante et bon marché. Vous pourrez y goûter la saucisse de Chillán (*longanizas*), spécialité de la ville, mais aussi des plats chiliens typiques : la *cazuela* de dinde, le *pastel de choclo*, les *empanadas* et le *pebre cuchareado* (intraduisible). L'un des marchés les plus pittoresques du pays.

■ ONDE'L PALA
Flores Millán 31 ✆ +56 42 2 320 705
Ouvert du lundi au jeudi de 12h à 2h, le vendredi et samedi jusqu'à 3h.
Une picada très connue, à l'ambiance populaire, proposant une bonne cuisine chilienne traditionnelle. Mobilier en bois natif pour un choix de *sopaipillas* de saucisse (très typiques de la région) ou *anticuchos*, avec un bon rouge du cru ou une chicha pour faire passer tout ça. Musique folklorique de temps à autre.

À voir – À faire

CATEDRAL DE CHILLÁN ★

Calle Arauco

Du lundi au samedi de 10h à 18h, le dimanche jusqu'à 14h.

En face de la place se dresse la cathédrale, construite en 1941 et déclarée Monument national en 2014. D'une architecture moderne, elle présente 11 arcs paraboliques qui lui donnent une luminosité toute particulière. À l'intérieur, on verra un Christ en bois de facture italienne et dont la croix a été sculptée dans le bois provenant de l'ancienne église détruite par le séisme de 1939. Sur le côté droit, une croix de plus de 36 m de hauteur fut élevée à la mémoire des milliers de Chillanejos (habitants de Chillán) morts pendant le tremblement de terre de 1939.

IGLESIA CARMELITAS ★

Rosas 588

Elle a beau n'être que néogothique, elle passe pour un joyau architectural. Construite entre 1910 et 1913, elle comporte une nef centrale de 16 m de hauteur sur 8 m de largeur. La majeure partie de la construction et de ses ornements est l'œuvre des pères eux-mêmes. On remarquera les vitraux et images saintes venus d'Espagne, la taille de l'autel et des confessionnaux. L'église servit également de couvent et elle en a gardé un joli patio intérieur. En 2017, des travaux de restauration ont permis de découvrir les vitraux de l'artiste Ernesto Buttner, né à Quilpé dans la région de Valparaiso.

MURAL BERNARDO O'HIGGINS

Face à la place Isabel Riquelme, Chillán Viejo

On peut se rendre en colectivo à Chillán Viejo. Réalisée par Maria Martner, avec la collaboration de Manuel Soto et Carlos Sepúlveda, voici une fresque mi-pierre, mi-mosaïque qui illustre la vie du Libertador sur plus de 60 m ! Un monument équestre lui est également dédié dans le parc reposant qui entoure le mural. On peut également y aller pour s'y restaurer (les restos de la place sont assez bons) et profiter du parc.

Sports – Détente – Loisirs

AGUAVENTURA

Camino las termas de chillan km 71,5

✆ +56 950 130 580

www.aguaventura.com

Pour l'ascension du volcan, comptez de 85 000 à 95 000 $.

Une agence réputée pour sa bonne humeur et son professionnalisme, emmenée par Benoist et Vincent, deux Français. Toute l'année, une foule d'activités est proposée : ascension du volcan Villarrica bien sûr, kayak de rivière, hydrospeed, rafting, ducky, escalade, canyoning, quad, parapente, pêche à la mouche, balade en traîneau à chiens (réserver à l'avance)... et bien d'autres encore puisque l'agence propose plus de 60 activités dans son catalogue. En hiver, on loue des équipements (snowboard, ski, raquettes...). Enfin, c'est ici qu'on est incollable sur la météo.

Visites guidées

EL TREN DE LA ARAUCANÍA

Barros Arana 0565 ✆ + 56 452 973 941

La vente des billets s'effectue au Museo Ferroviario Pablo Neruda. Compter 6 000 $ par personne.

Attraction récente et sympathique proposant un parcours de Temuco à Victoria à bord d'une locomotive à vapeur. Vous traverserez les anciennes stations de Cajón, Lautaro, Quillén, Perquenco, Púa et Victoria. Cette initiative du musée du Chemin de fer a pour but de revaloriser le patrimoine de Temuco. En 2019, le projet se modernisait avec l'achat de trois trains à la fine pointe de la technologie. En 2020, la ligne devrait également être modifiée et améliorée.

Shopping

MERCADO DE CHILLAN

Maipón, entre 5 de Abril et Isabel Riquelme

Tous les jours de 9h à 18h.

Outre ses fruits et légumes somptueux qui en font un des marchés les plus colorés du Chili, on y trouve également beaucoup d'objets d'artisanat local : du bois travaillé, des chapeaux, du cuir, des mantas, de la céramique. Un marché superbe, et une halte indispensable pour humer un air plus chilien que mondialisé.

VALLE DE LAS TRANCAS ★★

Cette vallée, encore peu connue des voyageurs étrangers, délivre de superbes panoramas, parmi les plus beaux paysages du centre du Chili. La plupart des hôtels sont en fait des *cabañas* en bois qui respectent l'environnement. Y règne une ambiance de montagne qui rafraîchit et fait du bien : car c'est aussi la porte d'accès au très agréable domaine skiable des Nevados de Chillán. En hiver ou en été (magnifiques balades champêtres le plus souvent sous le soleil), Las Trancas est un paradis brut et pur à quelques heures à peine de Santiago. Une étape incontournable selon nous.

Transports

Depuis Chillán, on s'y rend par une route superbe, à travers la cordillère boisée et de petits villages accueillants. Vers le km 70, si vous êtes véhiculé, vous pourrez faire une halte à la grotte des Pincheiras, une grande et profonde caverne aux colonnes de basalte (résultant de la cristallisation de la roche volcanique). Elle doit son nom aux frères Pincheira dont la troupe de montagnards royalistes saccagea Chillán durant la fameuse « guerre à mort » en 1819. Une superbe forêt de copihue, où l'on peut pique-niquer, succède à la grotte.

■ **BUSES LÍNEA AZUL**
www.buseslineaazul.cl
Liaisons tous les jours entre Concepción et Valle de Las Trancas. Départs depuis Concepción au terminal de Collao.

■ **REM BUS**
Maipon 890 Of n° 15,
Terminal La Merced (Chillán)
✆ +56 42 2 229 377
contacto@busesrembus.cl
Départ quotidiens fréquents de 6h50 à 19h.
Liaisons tous les jours du lundi au samedi, entre Chillán et Las Trancas.

▸ **Depuis Chillán,** au terminal de bus rural La Merced, une dizaine de départs par jour du lundi au dimanche de 6h50 à 19h20. Compter 2 200 $.

▸ **Depuis Las Termas de Chillan,** 4 départs par jour depuis Chillan à 7h50, 8h20, 13h et 13h20, et vers Chillan à 9h30, 9h40, 16h30 et 16h45. Deux départs par jour en été. Compter 3 300 $.

Pratique

Au centre du hameau, Rucahue propose des cabanes un peu vieillottes, mais l'endroit s'avère indispensable pour se connecter à Internet : toutefois, le coût est élevé (heureusement, la connexion est assez rapide). Il y a aussi un magasin (le seul ou presque) pour faire ses courses. La plupart des hôtels et *cabañas* offrent maintenant la connexion wi-fi.

Se loger

Bien et pas cher

■ **CHIL'IN**
Valle de las Trancas, km 72
✆ +56 9 9368 2247 – www.chil-in.com
infochilin@gmail.com
Compter entre US$10 et US$25 par personne en dortoir selon la saison, US$32 à US$67 la double avec salle de bain partagée et entre US$58 et US$117 avec salle de bain privée (compter entre +US$10 et +US$25 pour un lit additionnel), petit déjeuner et wi-fi inclus. Bungalows entre US$100 et US$200, selon la saison.
Une bonne adresse pour les budgets moyens (adresse officielle de Hostelling International), d'autant que l'un des propriétaires, Gregory, est Français. Dispose de huit chambres de standing normal, 8 autres d'un standing plus élevé (avec salle de bain privée) et de deux bungalows. Beaucoup de bois pour la structure et une ambiance conviviale et chaleureuse. Les pizzas cuites au feu de bois sont très bonnes. On sert aussi de la fondue ou des plats chiliens. A découvrir.

Confort ou charme

■ **CABAÑAS ANTUE**
Camino Termas de Chillán Km 71
✆ + 56 42 423774
www.antuecabanas.cl
Compter entre 35 000 et 48 000 $ pour deux selon la saison, entre 50 000 $ et 60 000 $ pour quatre, entre 60 000 et 70 000 $ pour six.
Jolies *cabañas* rustiques et confortablement aménagées (cuisine équipée, télévision câblée.), bénéficiant d'une piscine avec îlot ravissante. Décoration agréable. Service excellent, on est présent et disponible. On peut aussi faire des balades à cheval, louer des films ou des vélos. Une bonne adresse, aussi bien pour les couples que pour les familles ou les groupes d'amis.

■ **ECOBOX ANDINO**
Camino Shangri-lá Km 0,2
✆ +56 42 2 423 134 – www.ecoboxandino.cl
info@ecoboxandino.cl
En haute saison, 120 000 $ la cabaña équipée pour 2 à 5 personnes. Petit déjeuner en extra.
Un concept original, proposé par la charmante Rosa María. Il s'agit en fait de containers recyclés et habilités avec goût. Très confortables et colorés (et bien chauffés !), ils nous ont beaucoup plu. Le design est innovant, l'ensemble moderne comprend également de grandes fenêtres sur la nature environnante. Des passerelles en bois permettent de circuler et mènent à une petite piscine agréable. Dans une autre catégorie, des chambres composées de lit *king size* sont tout à fait charmantes et offrent leur lot d'intimité. Demandez la chambre au deuxième étage avec la vue panoramique sur les montagnes et le bain à remous. Ambiance familiale et conviviale. Bonne adresse.

■ **MI LODGE**
Fundo Los Pretiles, camino Shangri-lá
✆ +56 9 93217567
www.misnowchile.com
info@milodge.com
Par personne, compter de 45 500 à 55 800 $ la double, selon la saison, de 40 000 à 45 500 $ la triple, de 36 000 à 41 600 $ la quadruple. Dîner, petit-déjeuner et accès à la piscine intérieure chauffée. wi-fi et Spa inclus. Réductions à partir de trois nuits et forfaits pour les fins de semaine. Pour 12 €, un observatoire astronomique et son télescope de 18 pouces permettent d'observer le ciel.

Un superbe lodge, plein de charme et de lumière, dont les propriétaires sont Français : Bertrand, Maylis, sans oublier Alice et Emile. L'architecture fait la place belle au bois et aux vitres. Les dix chambres à l'étage (prière de se déchausser) sont joliment pensées, vives et confortables. Les repas sont excellents et originaux. Des bains d'eau chaude (appelés *tinas*) permettent de contempler les étoiles et le volcan enneigé, la nuit, tout en sirotant une bière fraîche. Et si vous aimez beaucoup le ciel nocturne, un petit observatoire astronomique est à votre disposition. Enfin, un Spa avec bain bouillonnant et service de massage prendra soin de vous. Location de DVD, de motos neige, salle de gym, mur d'escalade *indoor*, piste de skate, ping-pong et salle de conférence. Une très bonne adresse pour se balader en été et skier en hiver.

■ TERMAS DE CHILLAN RESORT DE MONTAÑA

✆ +56 2 2322 3500
www.termaschillan.cl
info@termaschillan.cl
A partir de 100 000 $ par personne, incluant : nuit, pension complète, accès aux piscines...

En juin 2018 l'hôtel a effectué une refonte complète de ses commodités afin de proposer une expérience plus moderne et adaptée à ses visiteurs. Dans ses 120 chambres confortables et douillettes, vous aurez vue sur la montagne ou sur la forêt. Vous retrouverez une foule de services et d'activités : location de skis, piscine couverte et chauffée, spa, sauna, salle de sport... Il est également très agréable de boire un verre dans le nouveau restaurant, au milieu du bois et de la pierre. Belles vues sur le massif andin. Un casino, juste à côté, draine toute la vallée et même plus loin. Pas mal pour les familles notamment.

Luxe

■ HOTEL NEVADOS

✆ +56 42 2 206100
www.nevadosdechillan.com
reservas@nevadosdechillan.com
Compter à partir de 92 000 $ la double, en haute saison. En pleine période de ski, des programmes sont proposés à la semaine, incluant la demi-pension, le pass pour skier, l'utilisation de la piscine thermale, la garderie et l'école de ski pour les enfants, ainsi que le transfert de et vers Chillán.

Chambres bien décorées et de grand confort. Spa et piscines thermales à disposition. On peut faire du canopy à Valle Hermoso (pas loin, on peut aussi y camper) et un bike park de cinq pistes a été aménagé (fermé en hiver). Une valeur sûre.

À voir – À faire

■ PARQUE ET LAGUNA ESMERALDA

Situé à l'extrémité ouest de la calle Lautaro et à cinq cuadras de la place, ce petit parc et son plan d'eau sont un lieu de repos idéal pour le voyageur fatigué.

Sports – Détente – Loisirs

■ TERMAS DE CHILLÁN & NEVADOS DE CHILLÁN

✆ +56 42 2 206 100
www.nevadosdechillan.com
reservas@nevadosdechillan.com
Ticket pour le domaine skiable : 29 000 ou 38 000 $ par jour selon la saison, 20 000 ou 28 000 $ par enfant.

Situés sur les flancs du volcan Chillán dans l'enceinte d'un établissement hôtelier 5-étoiles, les thermes comportent neuf piscines avec des bains de vapeur naturelle, des bains de soufre et de fer. Un spa propose massages et autres douceurs bienfaisantes. Ce bel endroit devient en hiver une station de ski réputée auprès des riches chiliens. Cinq télésièges, quatre téléskis et 32 pistes attendent les amoureux de la glisse entre les mois de juin et d'octobre.

Cette station de ski est une excellente alternative aux sites de Santiago. Sa particularité est de compter avec une piste (rouge) de 13 km de longueur, Las Tres Marías. Le télésiège Don Otto, avec ses 2,5 km, est le plus long d'Amérique du Sud.

Il existe de bonnes infrastructures autant pour les débutants que pour les amateurs confirmés désirant pratiquer le hors-piste.

CONCEPCIÓN ET SES ENVIRONS

Autour de Concepción, on pénètre dans la région des mines de charbon les plus anciennes et les plus importantes du Chili, le foyer de la contestation ouvrière... mais aussi de la résistance mapuche. Ainsi, le pont du km 20 de la route baptisée *La Araucana* a été le théâtre, le 18 novembre 1557, de la bataille de Lagunillas, à laquelle Ercilla participa. Elle se solda par une victoire espagnole et la capture de Galvarino.

Les Espagnols lui coupèrent les mains et, comble de barbarie, l'obligèrent à porter un tronc d'arbre tel un Christ indigène portant une dépouille de la déesse forêt...

Concepción
Edifice catholique
Monument et divers
Terminal de bus
Information Touristique
Poste
Hôpital
Hébergement
Restauration
150 m.
Serrano
Maipu
Colo Colo
Tucapel
Hotel Alameda
Cruz del Sur
Parroquia de la Merced
Freire
El Medio Toro
Hotel Cecil
Gare ferroviaire
Zone des Pubs
Plaza España
Genovès
Zone des Pubs
Apt. Concepción
Mezcat
El Rancho de Julio
Alborata
Araucano
Plazza
Ritz
Biohio
Lamiton
Terminal de Bus
Barros Araira
Musée des arts sacrés
El Dorado
San Sébastián
Cathédrale
Plaza Independencia
Nuria
Maquehue
Palacio de los Tribunales
El Don
Poste
Anibal Pinto
Salas
O'Higgins
Fuente Alemania
Terrano
Disco Magie
Artiro Prat
Angol
San Martin
Silvestre
Hotel A. de Ercilla
Quick Biss
Ongolmo
Paicavi
Janequeo
Germania
Caupolican
Castellón
Pedro Aguirre Cerda
Casablanca
Della Cruz
Cochrane
Orompeilo
Lincoyán
Rengo
Don Aurelio Rent Apart
Ciao Pizza
Café du midi
Antonino
Plaza Péru
Pedro de Valdivia
Chacabuco
Maison des Arts
Diego de Almagro
Esmeralda
Victor Lamas
Galerie de l'Histoire
PARQUE ECUADOR
Parque

CONCEPCIÓN ★★

Concepción ne jouit pas des faveurs du tourisme international, qui file droit au sud vers les immensités patagonnes. Toutefois, la ville offre une ambiance estudiantine vivifiante et festive, une fresque célèbre et une histoire mouvementée, l'une des plus riches du pays : à mettre en contraste sans doute avec la situation sociale actuelle, la Région VIII étant la plus pauvre du Chili. De très beaux petits villages de pêcheurs traditionnels s'égrènent le long de la côte, et les amateurs peuvent se pencher sur les mines de charbon qui firent la grandeur puis la décadence de la région.

Histoire

Le moment fort de l'histoire de Concepción fut sans doute le discours de O'Higgins : « Le 1er janvier 1818, en tant qu'organe de la volonté nationale, je déclarais solennellement l'indépendance du Chili, dans la ville de Concepción. »

Avant la conquête et la tentative d'incursion inca en 1460, le territoire était occupé par les Picunche et les Huilliche (regroupés sous le nom Mapuche). La lutte interminable entre les Espagnols et les Mapuche explique la quantité impressionnante de soldats et de capitaines venus en Araucanie, population qui est à l'origine de ce qui est connu à Concepción comme « l'aristocratie militaire penquiste ».

Les premières expéditions espagnoles dans la zone de l'actuelle Concepción et du Bío-Bío furent menées dès 1544 par le capitaine Juan Bautista Pastene à bord du San Pedro. Au nom du roi, il prit possession de la provincia de l'Araucanie mais sans jamais mettre pied à terre. Très vite, la progression vers le sud et une véritable colonisation des terres devinrent l'obsession de Pedro de Valdivia. Lors de sa première expédition en 1546, il arriva sur les berges du Bío-Bío mais subit une première attaque des indigènes à Quilacura, ce qui l'obligea à plier bagage. D'après le lieutenant Marmolejo, les Mapuche auraient été plus de 80 000. En 1550, Valdivia affréta une seconde expédition, comportant plus de 200 soldats ainsi qu'un contingent d'autochtones. Il reposa ses troupes dans la vallée de l'Andalien (site de l'actuelle Concepción) le 22 février mais, la nuit même, il fut attaqué par une formidable armée indigène. Le 25, il conduisit ses troupes au bord de la mer, espérant l'arrivée de renforts de Valparaíso. Ce lieu magnifique, appelé Pegnco (ou Penco) par les indigènes (*pen* : « je trouve » et *co* : « de l'eau »), abondait en poissons et en fruits de mer. Le 3 mars, il ordonna la construction de baraques et de bodegas, puis, le 5 octobre 1550, décréta officiellement la fondation de la ville de Concepción del Nuevo Extremo. Après la mort du conquistador, la défaite de son successeur, le gouverneur Francisco de Villagra, à Mariguentes devant l'armée de Lautaro le 23 février 1554, s'accompagna de la prise de la ville et de sa mise à sac par les Mapuche. Le gouverneur ordonna alors son évacuation, quand Caupolicán la détruisit presque entièrement. L'Audience de Lima ordonna son repeuplement le 24 novembre 1555, mais les indigènes la détruisirent vingt jours plus tard. Entreprise par le nouveau gouverneur Hurtado de Mendoza, la troisième reconstruction ne s'effectua que deux ans plus tard, précédée par celle d'un fort (à cette époque, dans les troupes espagnoles se détache la présence de Alonso de Ercilla).

En février 1564, Concepción fut à nouveau assiégée par les Mapuche, que les renforts maritimes dispersèrent en avril. Suivit une période d'accalmie pendant laquelle la ville devint le siège des gouverneurs de la Royale Audience chilienne. Mais les indigènes reprirent le combat, et leur grand soulèvement de 1599 coûta la vie au gouverneur Oñez de Loyola et se solda par l'incendie de nombreuses fortifications espagnoles. Le 20 février 1655, ils assiégèrent la ville et la saccagèrent de nouveau. Le conseil municipal et les voisins penquistes déposèrent alors le gouverneur général et élurent un remplaçant, fait exceptionnel dans l'histoire coloniale espagnole.

Au cours du XVIIIe siècle, le bellicisme mapuche se calma et le gouverneur Ambrosio O'Higgins parvint même à organiser une rencontre avec les principaux caciques de la région (ils seront près de 161) à Negrete, le 27 février 1793, arrivant à quelques accords de paix et d'échanges commerciaux. Ce siècle fut également marqué par la création de l'Université pencopolitana, qui fut détruite par le tremblement de terre de 1751. En effet, aux soulèvements mapuche s'ajoutèrent, à trois reprises, ceux de la terre et de la mer (raz-de-marée). Les Espagnols décidèrent alors de quitter ce lieu trop hostile et de s'installer cette même année 1751 dans la vallée de la Mocha. Mais ils n'échappèrent pas non plus aux effets dévastateurs du tremblement de terre et raz-de-marée de 1835, surnommé « La Ruina ». Entre-temps, le Chili était devenu indépendant et Concepción y était pour beaucoup. La capitale penquiste, avec son port de Talcahuano, était ouverte sur la mer et accueillait les vents révolutionnaires qui soufflaient depuis la France et les Etats-Unis. C'est ici que se forma le premier club révolutionnaire du Chili et que de grands penseurs progressistes commencèrent à diffuser leurs idées : O'Higgins père et fils,

Martinez de Rosas et sa femme María de Las Nieves Urrutia, José Antonio Prieto Vial, Joaquín Prieto son frère mais aussi Ramón Freire ou Manuel Bulnes.

C'est Concepción qui subit sans doute le plus grand nombre d'assauts pendant la guerre d'Indépendance : une première expédition espagnole en mars 1813, une seconde en janvier 1814, puis celle de Mariano Osorio le 13 août 1814, qui se termina à Rancagua par la défaite des indépendantistes chiliens et le début de la reconquête.

La quatrième expédition fut menée par ce même Osorio alors que l'indépendance avait déjà été proclamée. Il fut battu à Maipu, en avril 1818. Pendant la dernière expédition espagnole, l'amiral chilien Blanco Encalada captura la corvette espagnole María Isabel, en octobre 1818. L'indépendance officiellement acquise, Concepción dut également faire face, vers 1820, aux derniers assauts des royalistes les plus durs, au cours d'une guerre qui fut connue comme « la guerre à mort ».

La République chilienne proclamée, Concepción garda son rôle politique prépondérant et n'accepta aucun gouvernement élu sans sa participation ni d'accords adoptés sans son consentement. La ville fut célèbre entre 1822 et 1829 pour ses fameuses joutes penquistes où se jouait le sort de la patrie.

L'ultime participation *pencopolitana* (surnom donné à l'activisme politique des habitants de la ville) aura lieu en 1851, quand le général María de La Cruz se présenta aux élections contre le candidat officiel du gouvernement, Manuel Montt, beaucoup plus centralisateur et conservateur. Ce dernier ayant obtenu la majorité par les urnes, le général de La Cruz se souleva et la révolution de 1851 trouva son dénouement à Loncomilla, avec la défaite d'un général qui symbolisait aussi la défaite de Concepción devant Santiago. Aussitôt des mesures politiques furent prises visant à museler toute velléité de contestation politique de la part de Concepción, dont la région administrative fut limitée au seul périmètre de la ville afin de circonscrire son influence. Concepción se replia alors sur elle-même et prépara son développement urbain. La place principale et sa statue devinrent les symboles de la ville : au milieu de superbes jardins, la colonne centrale supporte une Cérès, déesse de l'Agriculture, entourée de sirènes qui soufflent de l'eau par des escargots de mer-trompettes.

L'essor commercial de la ville fut à cette époque fantastique grâce aux richesses charbonnières de Lota, Coronel et Lirquén, aux fabriques de faïences et d'étoffe de Concepción et Tomé, et aux nouvelles provinces riches en blé rendues exploitables par la pacification de l'Araucanie. Le revers de la médaille fut la croissance démographique énorme de la ville s'accompagnant d'insécurité sociale, de maladies, de pauvreté, autant d'éléments qui furent à l'origine de nombreuses grèves et firent de la région un foyer d'agitation sociale. Dans les années 1970, la plupart des intellectuels locaux soutenaient Allende, et Pinochet s'en souvint par la suite...

La nature ne fut pas magnanime pour cette grande cité : des tremblements de terre la détruisirent en 1939 (15 000 maisons en ruines), 1960 et 2010 (nombreux dégâts et scènes de pillages dans les jours qui suivirent).

Toutefois Concepción, surnommée « la porte du Sud », est devenue une cité relativement prospère et industrieuse. Avec ses 215 000 habitants (recensement 2012), c'est la plus grande ville du pays au sud de Santiago.

Présence française à Concepción

La présence d'une Alliance française à Concepción n'est pas un hasard. Elle trouve ses fort lointaines raisons dans les liens de parenté unissant Louis XIV et son neveu, Philippe V d'Espagne. Le roi espagnol autorisa les Français à commercer avec l'Amérique latine, et Louis XIV donna à Saint-Malo l'exclusivité de ce commerce.

Les marins français abordaient à Concepción, alors située dans la baie de Pengo, puis, du fait de la destruction de la ville par le tremblement de terre de 1751, ils durent accoster dans la rade de Talcagueño où, peu à peu, se forma une véritable colonie française composée de marins tombés sous le charme de quelques Chiliennes et restés à terre. Ainsi, l'actuelle ville de Talcahuano a une origine bien différente des autres villes chiliennes : elle est le fruit de quelques Français qui y ont jeté l'ancre pour toujours. Prenant prétexte de l'alliance franco-espagnole, ces Français désobéissaient aux lois locales espagnoles et se livraient à la contrebande, avec l'accord tacite des fonctionnaires. C'est ainsi que débarquèrent au Chili de nombreux Français attirés par les affaires. Marins, commerçants, industriels s'installèrent à Talcahuano mais aussi à La Serena, Coquimbo ou bien Valparaíso. Il y eut tant de navires français que les prix chutèrent. Les navires furent obligés de se mettre en quarantaine jusqu'à ce que la demande dépasse l'offre, ce qui condamnait les marins à une paresse quasi totale et créait de nouveaux pauvres. Un Français, Le Gentil, écrivait à ce propos : « La première chose que faisaient nos compatriotes était de nous féliciter ironiquement d'avoir augmenté le nombre de desgraciados ; les autres nous maudissaient comme cause de la faillite de leurs négoces. »

Concepción reçut par la suite, en 1710, la visite du franciscain Louis Feuillé qui, à son arrivée sur la plage, fut frappé par les *buzos de resuellos* (littéralement, « combinaison de souffle »), ancêtres des équipements de nos actuels hommes-grenouilles.
Amédée François Férier relatait son arrivée en 1712 dans la rade de Talcahuano en ces termes suggestifs : « Après avoir passé l'île Sainte-Marie, nous tardâmes peu à voir les seins du Bío-Bío, éloignés à une dizaine de lieues au nord-ouest. Ce sont deux montagnes contiguës, de hauteur et de périmètre quasiment uniformes, comme deux mamelles, si facilement reconnaissables qu'il est impossible de se tromper [...] ».
C'est une tout autre aventure qui attendait le médecin Denis Rocuet, parti aux Indes en 1750. Attaqué par des corsaires anglais, il resta prisonnier des cachots irlandais pendant un an et demi. Echangé contre un autre prisonnier, il put poursuivre son voyage et s'installer à Concepción, devenant le professeur de français de nombreux personnages illustres, dont Ambrosio O'Higgins, intendant de Concepción. Mais c'est surtout pour avoir réalisé l'une des premières autopsies de l'histoire de la médecine chilienne qu'il se rendit célèbre. Celle-ci se fit dans une atmosphère pour le moins étonnante puisqu'elle visait à faire taire une rumeur qui circulait dans le fort espagnol et selon laquelle un des soldats aurait trouvé la mort pour avoir été engrossé. Les résultats de l'autopsie révélèrent que l'intestin du soldat avait été gangrené, ce qui provoqua le gonflement tapageur. Le médecin put ainsi rétablir l'honneur de l'escadron qui subissait les quolibets de la ville.
Concepción reçut également la visite de Charles Marie de La Condamine en 1735, celle de Bougainville en 1777, et celle du comte de La Pérouse, à bord de l'*Astrolabe* et de la *Zélée*. Et les Français continuèrent, semble-t-il, à être aussi bien accueillis puisque La Pérouse eut l'occasion de noter, sans doute ravi : « il n'y avait plus de place sur mon navire pour ranger tous les plateaux chargés de sucreries que nous envoyèrent les Penquistes ».

Transports

Comment y accéder et en partir

Il existe deux terminaux de bus à Concepción et certains bus passent par les deux.

AEROPUERTO CARRIEL SUR

Jorge Alessandri s/n
✆ +56 9 7789 3569
www.carrielsur.cl
contacto@carrielsur.cl
Vols quotidiens avec Latam et Sky Airlines pour Santiago, Temuco, Puerto Montt. Des connexions internationales directes sont proposées vers Miami et Dallas (American Airlines), Buenos Aires (Aerolineas Argentinas) et Lima (Taca Perú). Pour gagner le centre-ville, de nombreux minibus font le trajet, comme AeroVan. Un taxi revient à 8 000 $ environ.

BIOTREN

Av. Padre Hurtado 570
Face à la gare de Concepción
✆ +56 41 286 8015
www.fesur.cl
informaciones@fesub.cl
La carte Biotren coûte 2 000 $ et nécessite 750 $ de charge initiale.
Le Biotren se rend de Talcahuano à Hualqui en passant par Concepción, et une autre ligne mène de Concepción à Lomas Coloradas. Un peu comme à Santiago avec le métro, il existe un service de bus et location de vélos de concert avec le train : le Biobus et le Biobici.

BUDGET

Av. Prat 750
✆ +56 41 2887420
www.budget.cl
reservas@budget.cl
Du lundi au vendredi de 8h15 à 18h45 et le samedi de 9h à 12h45.
Aussi à l'aéroport.

BUSES BÍO BÍO

Au terminal Camilo Henriquez
✆ +56 45 265 7877
www.busesbiobio.cl
atencionclientesbiobio@busesbiobio.cl
De nombreuses connexions entre les villes de Concepción, Chillán, Los Angeles et Temuco.
Les bus Bío Bío demandent 3 700 $ pour se rendre à Los Angeles. Ils se rendent aussi à Lebu, Cañete, Contulmo, Angol, Chillán, Temuco, Curacautín et Lonquimay.

BUSES JOTA EWERT

Lincoyán 1425
✆ +56 41 285 5670
Pour la côte sud vers Cañete, Lebu, Contulmo...

FIRST RENT A CAR

Arturo Prat 750
✆ +56 41 2887420
www.firstrentacar.cl
reservasnacionales@first.cl

TERMINAL CAMILO HENRIQUEZ

Camilo Henriquez, à l'angle de General Bonilla
✆ +56 41 231 5555
Terminal aussi appelé Chillancito.
Départs pour Chillán, Santiago, Talca, Temuco, Valdivia, Puerto Montt. Des bus partent vers Lota et Coronel toutes les vingt minutes et

reviennent à environ 1 000 $. Pour Lota, d'autres bus partent de l'angle des rues Los Carrera et Tucapel pour le même tarif. Magabus se rend à Cobquecura trois fois par jour en semaine et le samedi, une seule fois le dimanche.

TERMINAL DE BUS COLLAO
Tegualda 860
✆ +56 41 274 9000
www.terminalcollao.cl
terminal@terminalcollao.cl
C'est le plus grand terminal de bus de la ville. Départs pour Chillán, Talca, Santiago, Valparaíso, Viña del Mar, Temuco, Valdivia, Osorno, Puerto Montt, Los Angeles, Angol. Nombreuses compagnies (voir le site web du terminal), dont Emebus qui offre le wifi gratuit vers Santiago.

Se déplacer

En ville, le tarif de la *micro* (bus urbain) est de 420 $, 140 $ pour les étudiants. La nuit (entre minuit et 06h du matin), on peut prendre un *colectivo* (taxi collectif) qui demande 1 500 ou 2 000 $ (par voiture) selon la distance.

Pratique

Tourisme - Culture

OFFICE DU TOURISME SERNATUR
Aníbal Pinto 460
✆ +56 41 274 1337
www.destinobiobio.cl
infobiobio@sernatur.cl
Ouvert du lundi au jeudi de 9h à 14h et de 15h à 18h, le vendredi de 9h à 14h et de 15h à 17h.

Représentations - Présence française

CONSULAT DE FRANCE
O'Higgins 445
✆ +56 41 274 8282
consulat.concepcion@gmail.com
Mardi et jeudi de 9h30 à 13h.

Argent

Nombreuses banques avec ATM autour de la Plaza Independencia, dont le Banco de Estado qui est souvent le plus pratique.

Moyens de communication

Pléthore d'endroits pour se connecter à Internet au centre.

CORREOS DE CHILE (POSTE)
Colo Colo 417
✆ +56 41 221 4345
www.correos.cl
sac@correos.cl
Ouvert du lundi au vendredi de 9h à 19h et samedi de 9h30 à 13h.

Santé - Urgences

HÔPITAL REGIONAL
San Martín 1436
✆ +56 41 272 2500
www.hospitalregional.cl
Hôpital public.

Se loger

Bien et pas cher

Adresses bon marché mais parfois un peu glauques du côté du terminal de bus.

HOSTAL JUNGE
Arturo Junge 216
✆ +56 41 322 5186
www.hostaljunge.cl
contacto@hostaljunge.cl
Compter à partir de 29 000 $ la simple avec sanitaires privés et 41 000 $ la double. Petit déjeuner inclus.
L'établissement propose des chambres confortables, chauffées et dotées de TV câblée. wi-fi gratuit, deux salons (avec cheminée), parking et terrasse pour les *asados*. Une adresse chaleureuse et conviviale où l'on se sent comme à la maison.

Confort ou charme

HOTEL ALBORADA
Barros Arana 457
✆ +56 41 291 1121
www.hotelalborada.cl
reservas@hotelalborada.cl
A partir de 40 000 $ la double le week-end (tarif HT).
Un hôtel moderne et central, au design minimaliste. Chambres confortables dotées de toutes les aménités d'usage (TV câblée, coffre-fort, minibar, Internet...), centre d'affaires, parking. Bon petit déjeuner et accueil agréable.

IBIS CONCEPCIÓN
Av. San Andrés 37
Lomas de San Andrés
✆ +56 41 229 1900
www.ibis.com
h6939-re@accor.com
Compter 45 000 $ la chambre pour deux. Petit déjeuner inclus.
Appartenant au groupe Accor, cet établissement propose des chambres à la literie confortable et avec TV câblée, air conditionné et sèche-cheveux. Aussi des chambres pour les personnes à mobilité réduite. Bar restaurant, wi-fi gratuit, centre d'affaires et parking privé. Une adresse moderne et bien située, d'un bon rapport qualité-prix.

Luxe

HOTEL EL DORADO
Barros Arana 348
✆ +56 41 2229400
www.hoteleldorado.cl
reservas@hotelhd.cl
Compter à partir de 45 000 $ la chambre simple, de 60 000 $ la double. Petit déjeuner inclus.
Cent chambres bien habillées, chaleureuses et d'une certaine élégance.
Bar et restaurant. La façade très moderne n'évoque pas l'ambiance plus feutrée et classique à l'intérieur. Une bonne adresse pour les hommes d'affaires et touristes exigeants, très centrale.

Se restaurer

Sur le pouce

HAMBURGUESAS RICH
Colo-Colo 325
✆ +56 41 224 5829
www.richamburguesas.cl
richcolocolo@gmail.com
Lundi au samedi de 10h à 22h. Autour de 5 000 $.
Les locaux vantent les hamburgers de ce local bien connu qui ressemble plutôt à un fast-food. Rien de typique ici, mais les portions sont généreuses.

Bien et pas cher

MERCADO DE CONCEPCIÓN
Entre les rues Freire, Maipú,
Caupolicán et Rengo
Comme dans beaucoup de villes chiliennes, on trouve des petits restaurants à la cuisine généreuse et pas chère au marché central. Malheureusement, ce dernier fut touché par un grand incendie en avril 2013. En attendant sa reconstruction (toujours pas entamé en 2019), on peut trouver quelques bonnes picadas dans la rue attenante au marché.

LA PASTA DE LA NONNA
Pedro de Valdivia 521
✆ +56 41 279 3999
www.pastadelanonna.cl
Plats entre 6 000 et 7 900 $.
Très bon restaurant italien, bien décoré et au service souriant. *Antipastos* variés, excellentes pâtes et lasagnes.
On a craqué pour les *cannellone* (notamment au crabe ou *jaiba*). Bon choix de vins. Une bonne adresse que vous pourrez retrouver également rue San Pedro de la Paz et dans le centre historique.

Bonnes tables

JAZZ
Lomas de San Andrés
A Garcia de Ramon 215
✆ +56 41 317 6800
www.dipal.cl
jazz@jazzrestaurant.cl
Ouvert du lundi au vendredi de 12h30 à 15h30 et de 19h30 à minuit. Ouvert le samedi soir.
Très belle architecture qui fait la part belle au bois. On y mange aussi bien poissons et fruits de mer (essayez le *Maryte*, un ensemble de noix de St. Jacques, calamars et camarons sautés à l'huile d'olive avec riz au curry) que viandes et gibiers (cerf au carménère, bife de chorizo...). Excellente carte des vins. Bonne adresse sous tous les plans.

LATITUD SUR MICROCERVEZERÍA
Victor Lamas 401
✆ +56 41 223 5727
www.latsur.cl
Ouvert du lundi au samedi à partir de 11h. Menu entre 5 000 $ et 6 500 $. Pizzas entre 10 000 et 15 000 $.
Ce pub restaurant sur trois étages possède une belle terrasse. Pizzas, salades, viandes, poissons, pâtes, etc. On y sert également des bières artisanales, différents cocktails et *tablas* à partager entre amis. wi-fi. Endroit agréable, bonne cuisine, mais plats individuels assez chers.

Sortir

La zone de plus grande activité nocturne se situe aux alentours de la plaza España, au bout de Barros Arana pas loin de la gare. Baladez-vous et faites votre choix en fonction de la musique et de l'ambiance.

À voir – À faire

CATEDRAL DE LA SANTÍSIMA CONCEPCIÓN
Caupolicán 455
Construite entre 1940 et 1950, cette cathédrale gothique est dotée de nombreux vitraux. Sur l'autel latéral trône une image en bois de l'Immaculée Concepción, datant du XIXe siècle.

GALERIA DE LA HISTORIA
Hospicio 25
A l'angle de Lincoyan et Victor Lamas,
Parque Ecuador
✆ +56 41 285 3759
www.ghconcepcion.cl
galeriahistoriaconcepcion@gmail.com

En été, ouvert du mardi au dimanche de 11h à 20h et en hiver jusqu'à 19h. Fermé le lundi. Entrée gratuite.
Cette galerie expose des armes et des céramiques mapuche ainsi que des dioramas très intéressants de Roberto Guterriez (surnommé Zerreitug, son anagramme) qui retracent l'histoire de la région et de la ville. Après cela, vous aurez bien mérité une petite balade à l'ombre des arbres du parc Ecuador.

■ PINACOTECA – CASA DEL ARTE ★★★

A l'angle de Paicavi et de Chacabuco
En face de la plaza Perú
✆ +56 41 220 3835
pinacoteca@udec.cl
Ouvert du mardi au vendredi de 10h à 18h, le samedi de 11h à 17h et le dimanche de 11h à 14h. Entrée gratuite.
Cette pinacothèque offre le meilleur panorama de l'histoire de la peinture chilienne. Sa collection comporte près de 2 050 toiles et couvre toute l'histoire récente du Chili : la période coloniale (la plupart des auteurs sont anonymes), le début du XIXe siècle (avec José Gil de Castro, Mauricio Rugendas ou encore Ernesto Charton, considérés comme les initiateurs de la peinture nationale chilienne), les précurseurs de la peinture paysagiste (dont Ramirez Rosales ou Antonio Smith) et la période de maturité de la peinture chilienne et dont les représentants sont Agustín Raya, avec sa superbe *Niña del Cántaro*, ou encore Subercaseaux ou Pedro Lira. Une grande place est également faite aux mouvements picturaux de notre siècle, un domaine dans lequel ce musée est peut-être le plus riche du Chili : génération du 13, mouvement Montparnasse, génération du 28 et du 40. Des expositions temporaires permettent de mieux connaître des artistes chiliens d'aujourd'hui, comme Benjamin Lira.

▸ ***Presencia de América Latina.*** Une immense fresque murale se trouve dans le hall d'accès de la Casa del Arte de l'université, et couvre une superficie de 250 m². Elle est entièrement réalisée en acrylique spécial (*acrylatos mejicanos*), matériau qui résiste parfaitement aux épreuves du temps puisque le mural n'a jamais dû être restauré. Le tremblement de terre de 1960 – qui dévasta le sud du Chili et ses villes les plus importantes, comme Valdivia, Puerto Montt, Chillán ou Concepción – fut à l'origine d'un vaste élan de solidarité de l'ensemble du continent sud-américain, notamment de la part du Mexique qui offrit de nombreuses écoles au Chili. L'université de Concepción ainsi que le mural qui l'orne sont sans doute les plus beaux symboles de la solidarité mexicaine. Le gouvernement mexicain décida en cette occasion d'organiser un concours en l'honneur du muraliste Clemente Orozco, dont le gagnant réaliserait la fresque de l'université de Concepción. Jorge Gonzales Camarena remporta le prix et, aidé de ces trois compagnons mexicains ainsi que de deux Chiliens (Eugenio Brito et Albino Etchegarria), il consacra près de cinq mois à la réalisation de cette œuvre grandiose. Le mural, qui illustre les origines du peuple sud-américain, se devait être une allégorie de l'histoire tourmentée de ce continent, continent si souvent relégué au second rang, dépecé, pillé et incompris, mais dont personne n'a pu éteindre le souffle créatif ni le magnétisme poétique. Ce fut donc *Presencia de América Latina* (Présence de l'Amérique latine) symbolisant l'unité culturelle qui transcende ses peuples.
Une lecture attentive de ce mural permet d'en découvrir les richesses et messages. Cette lecture se fait d'ailleurs à l'envers, de droite à gauche, car l'auteur a voulu respecter l'orientation géographique du continent, plaçant le Chili au sud (à droite) et México au nord (à gauche). Une petite brochure doit vous être remise à l'entrée, détaillant cette fresque grandiose. Les vers inscrits sur la frise située au-dessus du mural sont signés de Pablo Neruda.

■ PLAGES ★

En général, les plages situées près de Concepción ne sont pas sablonneuses et sont balayées par des vents forts, d'où de hautes vagues qui les rendent assez dangereuses. Néanmoins, certaines d'entre elles ne présentent pas ces inconvénients et sont même équipées de douches. Il s'agit de Playa Blanca, El Morro et Dichato. Vous n'êtes pas les seuls à le savoir et le problème sera bien sûr la foule en été. Pour les agoraphobes, il existe des plages intermédiaires, presque sans infrastructures : Cocholgüe (petit restaurant), Playa Llio ou Cokura et Chivilingo (plages de sable). Mais vous ne serez jamais à l'abri d'un coup de vent.

TALCAHUANO ★

Talcahuano se situe au nord de Concepción. On s'y rend en bus urbain (compter 450 $) depuis la rue O'Higgins (en face de la place Independencia), surtout pour visiter le Musée naval.

■ MONITOR HUÁSCAR ★★

Zona Naval
✆ +56 41 2 274 5520
www.huascar.cl
huascar@armada.cl
Ouvert du mardi au dimanche de 9h30 à 11h30 puis de 14h à 16h30. Entrée : 1 000 $, 500 $ pour les enfants. Pour y pénétrer, vous devez présenter votre passeport.

L'histoire du *Huáscar* est définitivement liée à la guerre du Pacifique. Deux commandants perdirent la vie à bord de ce bateau : Arturo Prat, commandant de l'*Esmeralda*, lors du premier abordage, le 21 mai 1879, dans la rade d'Iquique ; et Michel Grau, commandant péruvien du *Huáscar* et gentleman devant l'Eternel, pendant le combat d'Angamo, le 8 octobre 1879. C'est durant ce combat que la flotte chilienne parvint enfin à capturer le cuirassé. Cet abordage coûta la vie à 12 marins ainsi qu'au lieutenant Ignacio Verno, côté chilien, et à 30 hommes d'équipage, côté péruvien.Le *Huáscar* capturé, les Chiliens s'en serviront pour continuer la guerre. Un troisième commandant perdra la vie sur ce navire apparemment maudit, Manuel Thompson, tué par une grenade péruvienne lors du bombardement d'Arica.Sur le pont, pour nous faire revivre les combats, de petites plaques en laiton nous indiquent les principaux impacts des tirs de canons ennemis lors des différentes batailles. Des monuments commémoratifs indiquent les lieux où sont tombés les principaux héros de la guerre navale la plus importante d'Amérique du Sud. L'intérieur de ce musée-bateau est évidemment consacré aux combats, dépeints par maints tableaux.Lors de cette bataille, ce sont en fait deux navires blindés chiliens, l'Almirante Cochrane et l'Almirante Blanco Encalada, qui ont permis la prise du *Huáscar*. Ce fait devrait vous permettre de calmer les esprits patriotiques chiliens qui ne manquent pas une occasion pour vous expliquer qu'ils ont défait un cuirassé péruvien avec une coquille de noix, l'*Esmeralda*. De plus, les Chiliens bénéficiaient de l'appui logistique de l'Angleterre (les véritables gagnants de cette guerre) ainsi que de l'oligarchie bolivienne, dont de nombreux membres étaient actionnaires de la mine de Huanchaca. La visite s'achève par la salle à manger et de réunion des officiers commandant le bateau.

On peut se restaurer à côté de la base, dans des restaurants assez recherchés pour leurs spécialités marines, bien que le cadre en soit un peu tristounet, militaire et industrieux.

COCHOLGÜE ★★

Ce village de pêcheurs pittoresque est situé dans une jolie baie. La route pour s'y rendre depuis Tomé a été goudronnée ; le minibus (ou le taxi) s'arrête d'abord au niveau de la plage et des maisons secondaires (Caleta Chica, surf et bodyboard possible), avant de plonger vers la *caleta* proprement dit : ne descendez donc pas au premier arrêt, même s'il est possible de marcher à pied (à marée basse) d'une baie à l'autre (en évitant les détritus). Les falaises, les gros rochers, les maisonnettes aux couleurs éparses, la petite placette insolite, l'impression de vivre un Chili qui peu à peu se perd constituent autant de belles rencontres et de superbes images que l'on garde en tête bien longtemps.

LOTA ★

Lota, à 43 km au sud de Concepción, mérite votre attention malgré son nom (en mapudungun, « petit endroit insignifiant »). C'est un gros bourg de 50 000 habitants qui se divise en Lota Alto et Lota Bajo. La ville fut fondée en 1622 sous le nom de Santa María de Guadalupe. Lota Bajo était plus ancienne et surtout habitée par quelques pêcheurs. Vous pourrez y visiter l'église paroissiale, qui contient une Vierge taillée dans du charbon (l'artisanat du charbon est d'ailleurs une des curiosités de cette région).

Monitor Huáscar, Talcahuano.

Lota Alto, située sur une colline, appartenait à la famille Cousiño qui s'y installa lors de la découverte des mines ; c'est là que se concentrait la vie minière : baraquements et administration. On y découvre aussi l'église gothique médiévale San Matías, construite entre 1923 et 1926. Les restes de Matías Cousiño reposent dans sa crypte. Ici, les capitaines d'industrie ont droit à la sainteté tandis que les mineurs reposent dans des tombes en charbon, au fond des mines. Le Pabellón 83, construit en 1913, hébergeait dix familles ouvrières et a été restauré en l'an 2000, mais on a conservé sa façade à moitié déliquescente afin d'en avoir une vue d'ensemble historique. Ce bel édifice se situe après la déviation vers le parc et le musée qui méritent une visite.

Transports

Des bus partent vers Lota et Coronel toutes les vingt minutes et reviennent à environ 1 000 $ depuis le terminal de Camilo Henriquez.

Pratique

INFORMATIONS

Avenida El Parque 21
Lota Alto
✆ +56 9 54026183
www.lotasorprendente.cl
lsorprendente@fundacionchile.cl
L'entrée pour le musée, la mine, le parc et le *pueblito minero* coûte 9 300 $ par personne. Service de guide inclus dans le prix. C'est plus cher de visiter les sites séparément mais cela reste possible.

À voir – À faire

EL CHIFLÓN DEL DIABLO ★★

La mine est ouverte tous les jours de 9h30 à 18h (dernière visite à 16h30). Compter 8 700 $ par personne.

Ne partez pas sans vous inscrire pour une visite organisée de la mine Chiflón del Diablo (850 m de parcours), à 20 minutes de marche du Parque de Lota. La mine a fonctionné entre 1857 et 1990 avant de devenir un pôle économique pour les sociétés minières au cours de la première moitié du XXe siècle. Aujourd'hui, l'ancienne mine est une attraction touristique où vous serez pris en charge par des ex-mineurs expérimentés. Mieux vaut entendre quelques notions d'espagnol. On y prend conscience du difficile travail des mineurs, et l'on imagine avec effroi l'incroyable chaos qui devait y régner pour charger les chevaux dans la galerie principale, afin de ramener le précieux butin au-dehors. Le film chilien *Subterra*, une sorte de *Germinal* local, y a été tourné, et l'on peut se promener au milieu du décor artificiellement recréé pour l'occasion.

FUERTE DE LOTA ★

Au sud, de l'autre côté de la baie, se dresse le fort de Lota, construit en 1661 par les Espagnols. Il fut renforcé en 1865 pour mieux protéger le port. Enchaînez ensuite par une descente dans les mines de Lota Bajo. Elles constituaient le gisement charbonnier le plus important du Chili.

PARQUE DE LOTA ★

Ouvert du lundi au vendredi, de 10h à 18h, le week-end jusqu'à 18h30 (en été, ouvert tous les jours jusqu'à 20h).

Promenez-vous dans le parc de Lota, qui abrite une superbe collection d'arbres et de plantes chatoyantes, évoquant pour un peu les jardins exubérants de Madère. Situé sur une sorte de péninsule et dessiné par un paysagiste anglais (Bartelet), entre 1862 et 1872, ce parc de 14 hectares offre une superbe vue sur la baie de Lota. Il est orné de sculptures, jarres et autres pièces ornementales rapportées d'Europe par Isidora Goyenechea Cousiño. Le palais qui se dressait dans le parc, et qui ne fut jamais vraiment une résidence, fut détruit par le tremblement de terre de 1960. En allant au bout de la péninsule, vers le phare, vous passerez par un kiosque chinois en fer forgé.

Vous pouvez également visiter le musée (juste avant l'entrée du parc), qui relate l'essor de la région au travers de l'épopée du charbon par une série de plus de 600 photographies, des objets et ustensiles d'époque.

ARAUCO

Arauco est l'une des quatre provinces de la région du Biobió. La route côtière qui relie la commune d'Arauco à Tirúa vous permettra de découvrir un Chili authentique encore peu connu des étrangers.

La province s'étend sur un vaste territoire Mapuche où les forêts vierges de pins et d'eucalyptus rejoignent la côté bordée de hautes falaises. Ici les communautés mapuches sont appelées *lafkenche* (ce qui signifie : populations de la côte). Ces dernières ouvrent peu à peu leurs portes aux touristes et visiteurs afin de faire connaitre les aspects culturels de la région, comme notamment la gastronomie ou les différentes légendes qui font partie de la mémoire collective.

ARAUCO

Cette paisible municipalité, entourée de collines et d'une belle plage de sable blanc, sera sans doute votre première escale dans cette charmante province du même nom. Arauco a été fondée en 1555 par Pedro de Valdivia et il fait bon s'y arrêter pour découvrir ses rues, sa place et son église de 1963. Pour reprendre des forces et se restaurer, direction le centre où quelques restaurants proposent une gastronomie typique, à base de poisson et de fruits de mer. Le musée historique de la ville vous permet de découvrir l'histoire de la commune. Descendez à la plage, avec ses plus de 5 km de long, son calme et son sable blanc, elle vous accueillera pour une petite pause. À la sortie de la ville, bordant la plage vers l'ouest, vous pouvez également vous arrêter au km 22 à la crique de Las Penas ; on y trouve logements et excursions. Poursuivez jusqu'au sentier qui monte sur une petite colline et au km 26, descendez la vallée de la rivière Tubul, où vous pourrez découvrir la culture des algues *pelillo.*

■ HOTEL ANTULAFKEN
✆ +56 41 255 2406
www.antulafken.cl
antulafken@yahoo.com
Hôtel, cabañas et appartements familiaux.
Un centre touristique très agréable et avec une offre d'activités de plein air très complète et variée : trekking, balade à cheval, kayak, pêche, canopy, paintball, accrobranche et ping-pong. L'hôtel est en pleine nature, face à la mer avec un joli jardin et un restaurant à base de produits locaux. wi-fi, parking et tous les services nécessaires pour passer de vraies vacances au contact de la nature.

CURANILAHUE

Construite sur une couche de charbon, cette ville était à l'origine un camp minier qui comptait même des mines dans ses rues. Aujourd'hui, cette commune de 30 000 habitants est la plus dense de la province d'Arauco. Ses petites maisons nichées dans les collines apportent une touche de charme et ses attractions aux alentours méritent le coup d'œil. Une foire agricole a lieu tous les 15 jours, à un pâté de maisons du centre, dans les rues Balmaceda et Juan Benitez Mesa. De Curanilahue, vous pouvez découvrir des endroits hors des sentiers battus comme la vallée de Trongol, à 12 km au sud, en partant du secteur d'El Dos et en passant par Plegarias, une ville qui a survécu à la fermeture de ses mines de charbon. Ici on se rapproche des zones forestières indigènes et des lieux prisés par les pêcheurs. On y trouve aussi quelques campings. Empruntez également le sentier de Trongo Alto qui monte vers le sud-est jusqu'aux secteurs les plus élevés de la cordillera. On pénètre ici dans une forêt habitée par les *araucarias* et les *coigües*, deux espèce d'arbres originaires de la région. Pour poursuivre, continuez jusqu'à Bajo Los Rios qui est une zone de production de miel où les anciens moulins à eau sont encore utilisés pour moudre le blé. Enfin, de Curanilahue, vous pouvez également emprunter la route jusqu'à Cifuentes, la route est vraiment superbe. Ici, au sud de Cifuentes, la région est traversée par la rivière Carampangue, on y vient faire du kayak et des championnats de pêche sont organisés chaque année.

Transports

■ BUS JELDRES
✆ +56 41 269 1359
Entreprise inter-urbaine qui vend des billets pour Concepción et Cañete.

■ TERMINAL JOTA EWERT
Av. Arturo Prat 882
✆ +56 41 269 1094
Compter 3 200 $ le billet jusqu'à Concepción.
Départs quotidiens pour Concepción, Lebu et Contulmo.

Pratique

■ BANCO DE ESTADO
Calle Ernesto Riquielme 774
✆ +56 600 200 7000

■ PHARMACIE CRUZ VERDE
✆ +56 41 269 2649

Se loger

■ CABAÑAS PICHI TRAYEN
✆ +56 9 7381 7690
www.pichitrayencuranilahue.cl
liliana.medinacuevas@gmail.com
Compter 40 000 $ pour une cabane pour quatre et 50 000 $ la cabane pour six.
Bienvenue à Pichi Trayen, un petit coin de paradis qui porte bien son nom quand on sait que cela signifie « petite cascade ». À 90 minutes de Concepción et dans un environnement complètement naturel, le centre d'éco-tourisme de Curanilahue propose trois cabanes entièrement équipées. L'hôtel propose aussi des tentes pour camper et des barbecues. Des bains à remous et une piscine naturelle, nés de la cascade, rajoutent du cachet à ce lieu plutôt sympathique et d'un bon rapport qualité/prix. Vous serez accueilli par Guillermo et Liliana, les propriétaires du lieu, qui vous feront découvrir tous les petits trésors de ce lieu tranquille et isolé.

ORÉLIE-ANTOINE DE TOUNENS, ROI DE PATAGONIE ET D'ARAUCANIE

Singulière histoire que celle de cet enfant de fermiers, né le 12 mai 1825 à Tourtoirac, en France. Qui était-il ? Un illuminé ? Un rêveur ? Un ambitieux ? Un mégalomane ? Ou juste un fou ? Orélie-Antoine de Tounens acquiert une charge d'avoué à Périgueux en 1851. Mais il s'ennuie. Peu à peu naît en lui la certitude d'appartenir à la noblesse... Sa demande (fort gaussée par ses contemporains) de faire précéder son nom d'une particule fut curieusement acceptée par la cour impériale de Bordeaux. Dès lors, sa tête n'est plus qu'un vaste chantier d'ambitions les plus saugrenues.

L'une d'elle, renforcée par la lecture du poème épique *La Araucana* (une œuvre fameuse évoquant la bravoure des Mapuche contre les invasions espagnoles, écrite par Alonso de Ercilla et traduite par Voltaire), révèle en lui un destin royal ; c'est décidé : le jeune avoué périgourdin sera roi des Patagons.

Tounens vend sa charge en 1857, puis il s'embarque l'année suivante pour le Chili ; il ne possède que 25 000 francs sur lui quand il parvient à Coquimbo (le port de La Serena, à quelque 400 km au nord de Santiago). C'est là qu'il peaufine la Constitution qu'il destine à son futur royaume. Deux ans plus tard, en 1860, il parvient enfin en Araucanie (les Mapuche furent appelés Araucan par les Espagnols), alors que la résistance indigène est au plus mal.

Rien ne semblait prédisposer ce rêve un peu insolite à entrer dans l'Histoire. Pourtant, des circonstances invraisemblables, un opportunisme à toute épreuve, quoi d'autre encore (le mythe récurrent chez les peuples autochtones du retour d'un « sauveur », représenté par un homme blanc portant une barbe) entraînent Tounens aux côtés du cacique Quillapán, qui lui accorde sa confiance et semble (de manière assez incroyable) le sacrer chef général des troupes mapuche. En un discours fracassant, Tounens s'intronise roi de l'Araucanie et de Patagonie, établit sa Constitution et nomme plusieurs ministres pour le seconder. En réalité, ces péripéties pour le moins singulières naquirent probablement d'un malentendu, ou, mieux dit, d'une sorte d'arrangement tacite de la part des indigènes : leur souhait à eux était de posséder des armes, et Tounens, dans ses visions, les avait persuadés que le roi de France les secondait et qu'il s'apprêtait à envoyer des bateaux à leur rescousse. Le pauvre homme songeait vraiment que la France verrait d'un bon œil l'implantation d'une colonie sur le Nouveau Monde, et il pensa, peut-être un temps, que ces mensonges prendraient corps et, de fait, que ses promesses seraient exaucées.

Tounens s'emballe : il gagne Valparaíso et affiche son nouvel Etat aux autorités, tant chiliennes que françaises (consulat, etc.). Sa capitale était Perquenco ; ses deux langues officielles, le mapudungun et le français ; sa monnaie, le peso. Ses frontières furent les suivantes : le *río* Bío Bío et le *río* Negro au nord, l'océan Pacifique à l'ouest, l'océan Atlantique à l'est et le détroit de Magellan au sud. La souveraineté de ce micro royaume n'a bien sûr jamais été reconnue par aucun État. Tout le monde le prend pour un fou furieux, et on ne fait pas grand cas de lui ; on le tourne même en ridicule et les sarcasmes ne manquent pas.

Tounens décide alors de regagner les terres dont il croit être investi roi. Alors que tout devrait démontrer la supercherie aux indigènes, ceux-ci se rallient pourtant sous ses ordres. Orateur de grande qualité, sans doute, il galvanise ses troupes et leur fait miroiter les délices de l'indépendance. Au moins, il gagne sur un point : on commence à prendre ses manipulations au sérieux du côté du gouvernement chilien, et le roi de Patagonie est enlevé et fait prisonnier le 5 janvier 1862. Tout d'abord, on le condamne à mort : puis sa peine est commuée en réclusion à perpétuité... pour folie. Neuf mois de prison auront raison de sa santé, il tombe malade. Cependant, les bons offices d'un certain Cazotte, consul général de France au Chili, lui accordent la liberté, et Tounens est libéré, en échange de sa parole d'honneur : ne plus prétendre à accéder à ce trône imaginaire. En octobre 1862, il est rapatrié en France.

Peu lui chaut : une fois arrivé à Paris, le diable d'homme lance une souscription nationale pour restaurer la monarchie bafouée. Personne ne l'écoute. Sauf sa propre famille, qui lui permet de se renflouer financièrement.

En 1871, Tounens retourne en Amérique du Sud. Il traverse la steppe patagonique argentine, mais les Tehuelche (ses propres sujets !) le maintiennent prisonnier et le torturent : les Blancs n'étaient pas vraiment en odeur de sainteté en ces temps-là. Les Mapuche, qui entrent de nouveau en contact avec lui, ne croient plus à ses fariboles : ils lui assurent qu'ils le mettront à mort s'il ne respecte pas ses engagements de leur envoyer des armes. Tounens n'hésite pas et leur annonce qu'un navire est en provenance d'Europe pour les sauver, qu'il est prêt de mouiller sur les côtes Pacifique. Inconscience ? Sursaut du condamné ? Vision démente ? Ou espoir de la dernière chance ? Toujours est-il que cette annonce lui accorde quelques jours de répit. Il en profite pour abandonner son royaume et retourne en France.

Paysage d'Araucanie.

Cependant, le rêve n'a pas pris fin. En 1874, Tounens revient dans la capitale argentine sous une fausse identité (il est indésirable sur tout le territoire). Un colonel argentin le reconnaît, on l'emprisonne, et il est de nouveau réexpédié dans son pays qui ne lui réserve pas un meilleur accueil.

En 1876, une ultime tentative est à deux doigts de lui coûter la vie, et on le retrouve en haillons, mourant de faim sur les trottoirs de Buenos Aires. Un nouveau rapatriement sera le dernier. Meurtri, blessé au plus profond de ses fantasmes d'enfant, Tounens trouve refuge à Tourtoirac, chez son neveu, qui est le seul être au monde à ne pas le déconsidérer (il avait trompé sa famille en assurant partir aux Amériques pour faire fortune... et l'avait bel et bien ruinée). Le 17 septembre 1877, il meurt, seul et sans amis. Saint-Loup (de son vrai nom Marc Augier), l'un des premiers à redécouvrir cette fabuleuse épopée dans les années 1950, le surnomma « Cyrano de Tourtoirac ».

Des successeurs se manifesteront par la suite, revendiquant l'héritage du trône de Patagonie et d'Araucanie, de Gustave-Achille Laviarde (sous le nom de Achille Ier), à Antoine IV de nos jours.

À lire - À voir : il faut lire bien sûr le roman de Jean Raspail, *Moi, Antoine de Tounens, roi de Patagonie.* Avant lui, Saint-Loup avait fait redécouvrir cette épopée dans *Le Roi blanc des Patagons.* Bruce Chatwin évoque le personnage et bien d'autres dans son récit de voyage *En Patagonie.* Jean-François Gareyte rétablit quant à lui beaucoup de vérités historiques dans *Le Rêve du sorcier.* Côté cinéma, le réalisateur argentin Carlos Sorín, dans *Le Film du roi* (*La película del rey,* 1986), envoie toute une équipe de tournage en Patagonie pour réaliser un film en costumes d'époque sur le sujet. Plus récemment, en 2017, le réalisateur américano-chilien Niles Atallah en a livré une vision assez libre et artistique dans *Rey, l'histoire du Français qui voulait devenir roi de Patagonie.*

HOTEL PLAZA LOS LEONES

Los Leones 790
✆ +56 41 269 2056
www.hotelplazalosleones.com
hotelplazalosleones@gmail.com
Compter 25 000 $ la simple, 32 000 $ la double et 48 000 $ la chambre pour quatre.
Situé en plein centre, à deux pas de la Plaza de Armas et du musée, cet hôtel confortable mais un peu vieillot dispose de neuf chambres et de trois appartements. Les chambres sont sommaires mais propres et fonctionnelles. L'hôtel dispose aussi d'un restaurant, La Terraza, qui propose des plats traditionnels chiliens. Bref, un hôtel simple et correct.

Se restaurer

LE LAGON BLEU

✆ +56 9 9700 3563
Zone de pique-nique à 3 000 $. Réserver à l'avance par mail ou par téléphone.
Ici, le bonheur n'est pas que dans l'assiette ! Ne manquez surtout pas cet endroit unique si vous êtes dans les parages ! Plus qu'un restaurant le Lagon Bleu est un coin privé, en pleine nature, où vous pourrez pêcher, vous détendre, profiter des bains norvégiens, faire du kayak ou encore vous aventurer un peu plus loin vers la vallée du Trongol. Les propriétaires, Romain (un Français) et Paula, ne manqueront pas de vous filer un coup de main et vous donneront les bons filons pour découvrir la région ! Le restaurant, rustique et chaleureux, propose une carte délicieuse : raclettes ou encore bœuf bourguignon, un mélange d'influences locales et françaises se retrouve jusqu'aux confins du Chili !

À voir - À faire

BALNEARIO ECOLÓGICO MUNICIPAL

✆ +56 41 240 5900
Ouvert de décembre à mars.
A un kilomètre au sud, en sortant sur la rue Tucapel, se trouve cette piscine naturelle de 200 m et ses jeux d'eau. Agréable en été, avec quelques infrastructures (une discothèque, un restaurant et un camping) qui devraient suffire à votre divertissement !

ESTATUAS CHEMAMULL

Ces statues sont également situées à l'entrée nord de la ville, dans le même secteur que la *Mano de Madera.* Les *chemamull* sont des statues mapuche en bois. Elles étaient surtout utilisées lors des rites funéraires pour accompagner l'âme du défunt vers l'au-delà. Elles font généralement entre 2 et 4 mètres. Ici, les statues représentent un homme et une femme (celle-ci est facilement identifiable avec sa coupole sur la tête et ses boucles d'oreilles) dont le regard est orienté à l'est. Cette orientation n'est pas anodine : en effet, autrement dit, ils regardent en direction du lever du soleil, où chaque jour, ils attendent la renaissance de leurs proches avec l'arrivée de l'aube. Une jolie anecdote plutôt poétique...

LA MANO DE MADERA

Cette sculpture de bois située à l'entrée nord de la ville est gravée de la phrase suivante *: Tengo las manos ásperas pero hay pan en mi mesa,* qui peut se traduire par « J'ai les mains rugueuses mais au moins j'ai du pain sur ma table ». Ce slogan bien connu des habitants décrit en quelque sorte le dur labeur des mineurs de Curanilahue.

MUSEO MINERO DE CURANILAHUE

Arturo Prat 1328
✆ +56 9 8810 7777
Du lundi au vendredi de 10h à 12h et de 14h à 18h. Entrée libre.
Ne manquez pas ce nouveau musée créé en souvenir de l'activité minière. Après la fermeture des principaux gisements de la région, un groupe d'anciens mineurs a voulu sauver l'activité du charbon en un héritage culturel. Ainsi est né ce projet de musée interactif, très instructif, où les miniers se sont réorientés en tant que guides. Le circuit, qui comprend une galerie souterraine, reproduit l'expérience, à l'échelle réelle, du contexte de travail des mineurs.

Sports - Détente - Loisirs

ARAUCO TUR

Arturo Prat 1375
www.araucotur.com
araucotur@gmail.com
Cette agence propose plusieurs excursions thématiques dans la cordillère, du rafting et du trekking, des parcours d'accrobranche et des initiations à la pêche a la mouche dans les fleuves et les rivières de la cordillère de Nahuelbuta.

RAFTING NAHUELAN TOUR OPERADOR

Arturo Prat 452
✆ +56 9 8487 9323
claudiacisterna@outlook.com
Compter 15 000 $ pour 2h30 de rafting.
Si vous êtes à la recherche de sensations et d'aventure, cette agence vous propose de descendre la rivière Carampangue, dans les contreforts de la chaine de montagnes Nahuelbuta. Un circuit adapté aux adultes et aux enfants, accompagné de guides qui vous fourniront l'équipement et les instructions nécessaires. Une bonne alternative pour profiter de la beauté de la région tout en dévalant les rapides de la rivière en toute sécurité.

LEBU

Capitale de la province d'Arauco, Lebu est une petite ville minière tranquille dédiée à la pêche et à la sylviculture. A Lebu se trouve la *Carbonífera Victoria*, la dernière des grandes mines de charbon, après la fermeture des mines Lota, Schwager et Trongol. Lebu est un lieu idéal pour les activités sportives et de plein air.
Dans la région du phare de Bocalemu, la côte offre d'excellentes conditions pour la pratique du surf et du bodyboard. La Playa Grande est davantage fréquentée pour la pêche côtière. Enfin, des promenades en bateau ou en kayak sont aussi possibles pour découvrir les alentours de la ville.

Pratique

OFFICE DU TOURISME
Mackay 730
✆ +56 41 285 4411
turismo@lebu.cl

Se loger

HOSTERÍA MILLANECO
Boca Lebu Norte s/n
✆ +56 41 2511540
www.hosteriamillaneco.cl
contacto@hosteriamillaneco.cl
À deux pas de la plage, ce complexe hôtelier propose des chambres, une piscine ainsi qu'un restaurant spécialisé dans les poissons et les fruits de mer.

À voir - À faire

Il est facile de visiter cette petite ville portuaire à pied. Commencez votre balade par la Plaza de Armas. Continuez ensuite le long de la rue Saavedra jusqu'au fleuve, en traversant le pont, pour arriver au chantier naval de Bocalebu. C'est ici que l'on construit les bateaux. À l'embouchure de la rivière Lebu, des collecteurs d'algues marines effectuent la « cosecha » : ils ramassent le charbon traîné par la rivière... À l'ouest, vous pourrez admirer le petit phare de Bocalebu, ici la côte est particulièrement jolie. Ensuite, entreprenez la petite ascension jusqu'au Cerro La Cruz, pour terminer ce petit tour par une vue panoramique.

CAVERNA DE BENAVIDES
Cette grotte, célèbre dans la région, fait 20 m de diamètre pour 50 m de profondeur et accueille chaque année au mois de février le Festival international du cinéma. La caverne tient son nom du militaire chilien Vicente Benavides qui aurait caché ici en 1830 un butin de guerre colossale. La légende suppose qu'un trésor est encore caché ici... Si le cœur vous en dit, vous pouvez épier les moindres recoins de la grotte à la recherche du fameux magot, sinon poursuivez votre chemin vers la Playa Millaneco et son banc de sable blanc.

MUSEO MINERO DE LEBU
Ramirez s/n
Ouvert du mardi au dimanche de 11h à 13h et de 14h à 18h. Entrée gratuite.
Ce musée, construit dans les locaux qui correspondaient autrefois aux bureaux du personnel d'une entreprise de minerai, commémore la vie et le travail de milliers de mineurs. Un guide accompagnera votre visite et retracera pour vous l'histoire du charbon, qui a rythmé la vie de la région pendant des décennies.

PLAZA DE ARMAS
La Plaza de Armas est aussi appelée place Benjamin Vicuna Mackenna. Ici, on peut observer deux beaux canons de bronze de près de 3 m de long. Ils ont même des petits noms, El Mars et El Rayo, et une histoire. Pendant la guerre du Pacifique, les autorités militaires ordonnèrent d'entreprendre des travaux de fortification dans la région de la baie de Lebu. Afin de renforcer ces ouvrages, le gouvernement décida de faire don de quatre vieux canons de bronze en secours à la ville.
En 1910, le président de la République Pedro Montt, en visite à Lebu, autorisa la municipalité à disposer des vieux canons de bronze abandonnés près du cimetière pour décorer la place principale.

Sports - Détente - Loisirs

SURFCAMP
✆ +56 9 66847213
koto.sandoval@gmail.com
Cours à partir de 18h en semaine et pendant toute la journée le week-end.
Jorge vous enseignera les pratiques fondamentales de l'initiation au surf. L'école dispose d'un service personnalisé et d'un service de cours collectifs de 4 personnes maximum.

CAÑETE

Cette ville, reconnue pour être l'une des plus anciennes du Chili et d'environ 30 000 habitants (en 2016), se consacre aujourd'hui aux activités agricoles et forestières, ici la vie est un long fleuve tranquille... ce qui n'était pas le cas il y a quelques siècles. En effet, Cañete possède un riche passé historique. Il s'agissait d'une région densément peuplée par les communautés Mapuche *Lafkenches,* (peuple de la côte), d'ailleurs la municipalité rend hommage à cette culture encore bien vivante. Cañete était également un point de repère stratégique sur la route des Conquistadores en provenance de la Concepcion, de nombreux événements historiques s'y sont déroulés : la bataille de Tucapel, qui opposa les Mapuches et les espagnols et où Pedro de Valdivia trouva la mort, et même une partie de la guerre du Pacifique.

Se restaurer

■ LA SAZÓN DEL LAGO

✆ +56 9 9078 0863
lasazondellago@gmail.com
Plats autour de 8 000 $. Horaires assez irrégulières, mais souvent ouvert le week-end.
Ce restaurant propose une cuisine simple et raffinée tout en s'inspirant de la gastronomie mapuche. La carte est plutôt fournie et les plats sont généreusement servis.

À voir - À faire

■ FUERTE TUCAPEL

Tucapel
Ce fort, Monument national, dont il ne reste que quelques ruines aujourd'hui, fut construit par Pedro de Valdivia en 1553 et fut détruit en décembre de la même année lors de la bataille de Tucapel. C'est Garcia Hurtado de Mendoza qui décida de le reconstruire quatre ans plus tard, en 1557, avant de fonder officiellement la ville de Cañete un an plus tard. Détruit de nombreuses fois suite à des attaques mapuche, il fut reconstruit à plusieurs reprises au XVIIe siècle.
Une petite exposition permet de découvrir des objets d'époque, tant de culture mapuche qu'espagnole.

■ MUSEO MAPUCHE DE CAÑETE

P70
✆ +56 41 2 611 093
museomapuchecanete@gmail.com
Ouvert du mardi au vendredi de 9h30 à 17h30, le samedi de 11h à 17h30 en été et de 13h à 17h30 le reste de l'année. Entrée gratuite.
Le musée, dont l'architecture est inspirée des *ruka* (les maisons traditionnelles mapuche), abrite plus de 1 200 objets de la culture mapuche, notamment sur les terres Lafkenche. On y découvre le quotidien de cette communauté, aussi bien dans son passé que dans le présent, à travers ses rites, ses croyances et sa vie sociale. Le musée dispose aussi d'un centre interactif, n'hésitez pas à le consulter pour assister à des spectacles de danses et cérémonies traditionnelles !

■ OBSERVATORIO YEPUN ET CENTRO TURÍSTICO QUELÉN

✆ +56 41 261 1168
www.quelen.cl
reservas@quelen.cl
Depuis Cañete, continuer en direction de Tirúa par la route P-60 vers le sud. Passez la jonction Peleco et traversez le pont «Lanalhue», tournez à gauche sur la route P-660 : à la fin de l'asphalte, passez 200 mètres plus loin et vous trouverez la porte d'accès à «Quelén Centro Turístico» à votre gauche. Pour les sessions astronomiques, compter 8 000 $ par personne, 6 000 $ pour les enfants. Les horaires varient entre 18h30 et 2h du matin selon la saison. Réservez à l'avance.
Ce magnifique bâtiment, au design et à l'architecture plutôt moderne, offre un panorama spectaculaire sur le lac Lanalhue. Dédié aux expériences touristiques et culturelles, il accueille l'observatoire Yepun qui propose des tours astronomiques passionnants : au-delà de l'astronomie moderne, vous apprendrez à apprécier la science ancestrale des Mapuche. On découvre alors une autre lecture de l'univers avec les yeux de nos ancêtres... une découverte sympathique.

CONTULMO

Fondé comme un fort en 1868, la petite ville de Contulmo borde le lac Lanalhue au pied de la cordillère de Nahuelbuta. Si l'activité touristique se concentre davantage aux abords du lac, la ville a elle aussi quelques atouts.
En 1884, la ville accueillit un groupe d'immigrants berlinois, 48 familles exactement, issus de l'agriculture et de l'artisanat. C'est ici que le première école allemande du pays fut fondé en 1893. Désormais les rues de la ville conservent encore la trace d'une architecture aux influences allemandes. Si vous voulez en apprendre davantage sur cet héritage colonial, ne manquez pas la rue Millaray où vous trouverez les maisons patrimoniales de Pfaff, Vyhmeister, Hotel Central et Casa Geister (où Pablo Neruda a d'ailleurs vécu), datant des années 1890.

Se loger

■ HOTEL LICAHUE

Ruta Contulmo Km 4
✆ +56 9 8209 4403
contacto@licahue.cl
Compter 39 000 $ la cabane pour 5 personnes et 44 000 la cabane pour 6 personnes.
Au pied de la cordillère de Nahuelbuta, cette « casa antigua » allemande offre un point de vue privilégié sur le lac Lanalhue. Dans un cadre reposant et une atmosphère au contact avec la nature, on vous propose des chambres et des cabanes propres, équipées et idéales pour se détendre en famille dans ce lieu d'un calme difficilement égalable.

À voir – À faire

■ LAGO LANALHUE ★

Situé à 150 km au sud de Concepción, entre les communes de Cañete et Contulmo, ce lac de 32 km^2 est le premier maillon de la route des lacs du sud du Chili. On peut y observer des forêts indigènes (coigües, tineo et mañío, entre autres) et des centaines *cisne de cuello negro* (des cygnes à cou noir) qui ont élu domicile sur le lac, il ya quelques années. Vous trouverez notamment de quoi vous loger et vous restaurer : chalets, camping et restaurants abordent les berges du lac. Durant les mois d'été, les activités proposées sur le lac sont nombreuses : sports nautiques, planche à voile ou encore kayak de mer, il y en a pour tous les goûts, sont les points forts. Et bien qu'en hiver les révolutions s'essoufflent, l'offre multiculturelle et naturelle variée qui entoure le lac continue d'assurer le divertissement et de satisfaire tout le monde.

■ LAGO LLEU LLEU ★★

À 18km de Contulmo
Moins touristique que le Lago Lanalhue, le Lago Lleu Lleu vous plonge dans un cadre totalement isolé. Ici nature et silence sont les maîtres-mots, même les bateaux à moteur ne sont pas permis ! Considéré comme le lac le plus pur d'Amérique du Sud, il est aussi habité par les communautés mapuche qui ouvrent petit à petit leurs portes aux touristes. Profitez d'un contact avec eux si vous en avez l'occasion. Vous pourrez planter votre tente dans les nombreux campings qui bordent le lac ou poursuivre votre chemin vers la laguna de Butaco (à 15 min en voiture), autre attraction de ce secteur, idéale en ce qui concerne l'observation des oiseaux.

■ MONUMENTO NATURAL CONTULMO ★

✆ +56 9 68159186
Tous les jours de 8h30 à 18h. Compter 3 000 $ par adulte et 1 500 $ pour les enfants.
Administré par la CONAF, ce parc de 82 ha abrite une faune et une flore abondantes avec 146 espèces végétales et 51 espèces animales telles que des renards, des pumas ou encore des poudous (ces cervidés de la taille d'un lièvre sont les plus petits de leur catégorie !). Créé en 1941, c'est aussi l'un des recoins protégés de la chaîne de montagnes Nahuelbuta et de ses forêts indigènes. Des sentiers et aires de pique-nique vous permettront de profiter de cet environnement sauvage encore magnifiquement préservé.

■ MUSEO DUNGUNWE ★

Calle Los Notros 647
Du mardi au dimanche de 10h30 a 13h et de 15h à 19h. Entrée : contribution volontaire.
À deux pas de la place principale, cet ancien manoir, converti en musée en 2004, met en lumière l'héritage historique que les cultures, allemande, mapuche et chilienne, ont apportées à Contulmo. Des objets quotidiens aux documents historiques, on rencontre ici, génération après génération, la richesse de chaque communauté et son rôle dans le développement de la commune. Dungunwe signifie « lieu de rencontre ».

■ PLAZA DE ARMAS ★

Cette jolie place est entourée d'énormes tilleuls, de cèdres, d'ulmos et d'araucarias (des panneaux indiquent d'ailleurs leurs noms) et de maisons patrimoniales datant des colonies.

TIRUA

À environ 65 km de Cañete, ce village très tranquille, et d'une authenticité à part, compte pas moins de 10 000 habitants dont 2 000 familles mapuche qui vivent essentiellement de la pêche et de l'agriculture. La petite bourgade compte deux plages où vous pouvez pratiquer des sports nautiques comme la planche à voile, le kitesurf ou le kayak.

▶ On vient surtout à Tirúa pour découvrir ses alentours dont le village de Quidico (à 11 km) et la Isla Mocha (à 34 km).

■ INALAFKEN HOSPEDAJE

✆ +56 9 8913 4647
www.inalafken.cl
contactoinalafken@gmail.com
Compter entre 20 000 et 25 000 $ la chambre simple, de 30 000 à 35 000 $ la chambre pour deux avec salle de bains commune et de 30 000 à 35 000 $ avec salle de bains privée. Pour les cabanes, compter entre 40 000 et 55 000 $ pour 2 ou 3 personnes et de 55 000 à 65 000 $ pour 4 ou 5 personnes. Compter 140 000 $ la cabane pour 10 personnes.
Cet *hospedaje* fait partie d'un complexe touristique dont la vue privilégiée sur l'ocean Pacifique

est particulièrement majestueuse ! Le service est chaleureux et l'ambiance détendue, on propose différentes chambres et des excursions comme le kayak, le trekking ou encore le surf et le VTT. Idéal en couple et en famille.

QUIDICO

Avant d'atteindre la ville de Tirúa par le nord, vous passerez certainement par le petit village côtier de Quidico. Cet endroit paisible est réputé pour sa délicieuse cuisine et ses plages sablonneuses et venteuses propices à la pratique de la planche à voile. On peut égaement y observer de nombreuses espèces marines. On y vient pour découvrir la gastronomie régionale (la plupart des restaurants sont concentrés sur l'avenida Costanera), pour pêcher ou pratiquer quelques activités sportives.

ISLA MOCHA ★★

Habitée à l'origine par le peuple Lafkenche (les Mapuche de la région), l'île fut découverte en 1544 par Juan Bautista Pastene, explorateur italien au service de la Couronne espagnole et lieutenant de Pedro de Valdivia. D'une superficie de 5 200 ha et à 34 km de la côte, l'île est occupée par une petite chaîne de montagnes de 300 m d'altitude et d'une forêt dense qui constituent la partie de la réserve nationale. Empreinte d'histoire, cette île était notamment sacrée pour les Mapuche. La Isa d'Amachura (la résurrection des âmes) était pour ce peuple la terre sacrée de leurs ancêtres défunts. Les Mapuche croyaient qu'à leur mort, ils traverseraient la mer pour vivre éternellement sur l'île. Riche en flore, l'île est aussi habitée par une faune abondante et compte un grand nombre d'espèces d'oiseaux, dont certaines sont endémiques. Des mammifères marins peuplent aussi la zone tels que les lions de mer et les baleines qui recommencent à fréquenter les côtes de l'île après avoir été chassées dans le passé. La côte de l'île a des aspects très différents, on peut même observer des émanations de gaz naturel dans le secteur du phare, les guides locaux peuvent allumer des feux de joie sur la surface de la mer, quand la marée est basse, donnant lieu à un beau et inhabituel spectacle connu sous le nom de « geysers del fuego ».

Transports

Comment y accéder et en partir

Vous pouvez vous rendre sur l'île en avion (10-15 minutes de vol de Tirua, compter 40 000 $ par passager) ou en bateau *La Mocha Dick* (une heure et demie de traversée, 15 000$ aller-retour)

Pratique

La forêt comprend deux sentiers de randonnée : Sendero Laguna hermosa Norte (2 h, de faible difficulté) et Sendero Laguna hermosa Norte (1 h de faible difficulté).

Se loger

■ **CABAÑAS VISTA HERMOSA**
✆ +56 9 8502 8991
www.turismoislamocha.cl
info@islamochacabanas.cl
Compter 48 000 $ la cabane équipée pour cinq personnes, 68 000 $ jusqu'à sept personnes et 88 000 $ jusqu'à dix personnes.
L'adresse idéale pour ceux qui souhaitent s'éloigner de la civilisation... et renouer contact avec la nature ! les cabanes sont fonctionnelles (eau chaude, cuisine équipée), les salles de bains sont plutôt *cosy*. Vous pourrez aussi réserver vos excursions telles que des promenades à cheval ou des randonnées.

La légende de Moby Dick

Bien qu'Herman Melville, l'auteur américain du célèbre roman *Moby Dick*, n'ait jamais mis les pieds sur l'île chilienne, il paraîtrait pourtant que l'histoire originelle de la plus célèbre des baleines soit née sur l'Isla Mocha. D'après J. N. Reynolds, explorateur américain du XIXe siècle, une lutte acharnée s'organisait en ces eaux afin de combattre une baleine blanche à la taille et la force colossale. J. N. Reynolds relate même dans son ouvrage *Mocha Dick, ou la baleine blanche du pacifique* le grand nombre de bateaux qui ont coulé suite au passage de ce monstre des mers. Cette dernière se faisait appeler Mocha Dick, d'après une petite île d'origine volcanique située à 35 km de la côte chilienne... la Isla Mocha. Le changement de nom opéré par Melville se serait fait uniquement pour se rapprocher du public anglophone. La légende aurait donc été une grande source d'inspiration pour l'auteur, quant à Moby Dick, ayant échappée aux flèches et aux harpons du capitaine Achab, il se pourrait bien qu'elle rôde encore dans les parages !

■ **CAMPING TÍA PETA**
✆ +56 9 9371 3568
Ouvert toute l'année, compter 3 000 $ par personne pour une nuit.
Un camping mignon bien situé et bien tenu où l'on peut planter sa tente au milieu des arbres. Les patrons, souriants et plein d'énergie, vous accueilleront avec grand plaisir.

■ **LODGE PUNTA NORTE**
✆ +56 9 62298543
www.islamocha.cl
info@islamocha.cl
Séjour de 3 jours et 2 nuits en demi-pension avec excursions et transferts à partir de 195 000 $ par personne.
Construit à partir de matériaux organiques en provenance de l'île, ce lodge est empreint de magie et d'histoire. Né en 2001, ce projet hôtelier est celui de Hernán Neira Larronde, descendant de colons espagnols, qui a grandi sur l'île. Nourri par des histoires de pirates et de baleines blanches plus fascinantes les unes que les autres, il récupère des objets authentiques et des bouts d'épaves pour habiller son hôtel. Le résultat est absolument renversant ! Ainsi, ici, la cheminée est une vieille chaudière récupérée sur une machine à vapeur. On apprécie la chaleur et l'originalité du lieu. Le Punta Norte dispose de 13 chambres simples et doubles ainsi que des appartements familiaux, tous ont vue sur la mer. Des excursions ainsi que des prises en charge complètes depuis Tirúa sont proposées.

■ **PUNTA DEL SACO**
Mario Hahn, parcela 21
✆ +56 9 5864 9644
www.isla-mocha.cl
contacto@isla-mocha.cl
Pour deux, compter 240 000 $ le séjour de 2 jours et 1 nuit tout compris (transfert, excursion et demi-pension).
Après son départ à la retraite, Imme Bernhardt Timmermann revient avec son mari, Mario Hahn Cortes, sur les terres de leurs ancêtres, les premiers colons de l'île. Ils y construisent alors ce joli petit *hospedaje* boisé qui propose des chambres spacieuses adaptées aux couples et aux familles. Chaque chambre possède sa propre salle de bains. Eau chaude, électricité, et de nombreuses activités et excursions à la carte.

LOS ANGELES ET SES ENVIRONS

Santa Maria de Los Angeles est située au centre d'une région jadis appelée La Isla de la Laja, comprise entre les *ríos* Laja au nord et Bío-Bío au sud.Si une visite de la ville n'est pas indispensable (elle peut néanmoins constituer une bonne étape), il est possible de réaliser de très belles excursions vers le parc national del Laja dans la cordillère, le célèbre Salto del Laja (chute d'eau) juste au nord, ou Angol et son parc national Nahuelbuta au sud-ouest.

LOS ANGELES ★

Santa María de Los Angeles est située à 520 km au sud de Santiago. Ce centre commerçant de grande importance (environ 190 000 habitants en 2012), fut créé le 26 mai 1739 par le gouverneur José Manso de Velasco. Il vécut plusieurs destructions et reconstructions et fut le quartier général de l'armée de la frontière : son histoire coïncide avec celle de la conquête de l'Araucanie.Bernardo O'Higgins fut le premier maire de Los Angeles, en 1811.
Los Angeles fut aussi la ville où prit fin l'extraordinaire histoire d'Orélie-Antoine Ier, roi autoproclamé de Patagonie et d'Araucanie, qui fut arrêté dans la région et incarcéré dans la prison locale.Cette ville paisible possède de nombreux espaces verts qui lui confèrent un charme très particulier de petite ville de province, mais il n'y a pas grand-chose à voir. Le tourisme y est encore fort peu développé.

Transports

Comment y accéder et en partir

■ **FIRST RENT A CAR**
Nestor del Rio 402
✆ +56 43 2 369 119
www.firstrentacar.cl
losangeles@firstrentacar.cl
A partir de 21 000 $ à la journée en basse saison (+ 20% de novembre à mars) pour une catégorie A.
Location de voitures.

■ **TERMINAL DE BUS SANTA MARIA**
Avenida Sor Vicenta 2051
✆ +56 43 2 363 035
www.rodoviariolosangeles.cl
contacto@rodoandina.cl
Pour s'y rendre du centre-ville, prendre un taxi de la rue Villagran (à deux cuadras de la place).
Ce terminal est un peu excentré, sur la voie d'accès nord de la Panaméricaine. Toutes les principales compagnies proposent des bus vers le nord ou le sud du pays et les villes principales, dont Santiago, Concepción, Chillan, Angol

(avec Linea Azul ou Jota Be, départs toutes les 30 minutes environ), Temuco, Valdivia, Puerto Montt, Castro...

■ TERMINAL DES BUS RURAUX SANTA RITA
José Manso De Velasco 550
A l'angle des rues Rengo et Tucapel
Pour les destinations régionales, les bus partent de deux petits terminaux situés de part et d'autre du marché municipal, dans la rue Villagrán.

- **Deux compagnies effectuent le voyage vers Antuco et Abanico** (parc national Laguna del Laja), plusieurs fois par jour : R-R et Expresos Volcán. Compter 1 800 $ pour Antuco, 2 000 $ pour Abanico.
- **Vers le Salto del Laja**, Jota-Be part à intervalles très réguliers entre 6h45 et 22h.

Se déplacer

Les bus urbains demandent 320 $ par personne et par trajet. Les taxis chargent 200 $ d'emblée puis 120 $ tous les 200 m ou toutes les minutes.

Pratique

Tourisme - Culture

■ SERNATUR
Caupolicán 450, Piso 3, Oficina 6
✆ +56 43 231 7107
www.sernatur.cl – infoarica@sernatur.cl
Du lundi au vendredi de 9h à 17h30.

Argent

Aucun problème pour retirer de l'argent : nombreux DAB dans les banques sur la place principale et dans le centre commercial (Mall) où se situent les grands magasins Paris, Falabella...

Moyens de communication

■ CORREOS DE CHILE (POSTE)
Caupolicán 464
Ouvert du lundi au vendredi de 9h à 18h45 et le samedi de 9h à 12h45.

Santé - Urgences

■ HÔPITAL
Avenida Ricardo Vicuña 147
✆ +56 43 2 336 000
www.hospitallosangeles.cl

Se loger

Los Angeles n'est pas du tout une ville touristique : aussi est-il difficile de dénicher une adresse bien et pas cher qui sorte du lot. Quelques hôtels d'affaires s'élèvent au milieu des maisons basses, mais là aussi, rien de bien folichon...

■ FOUR POINTS BY SHERATON
Colo Colo 565
✆ +54 43 2 406 400
www.fourpointsbysheraton.com
A partir de 125 US$ pour deux (tarifs promotionnels sur Internet avec le petit déjeuner). Wifi en chambre à 11 US$/jour.
Cet hôtel de haut standing propose 90 chambres au design contemporain, dotées de toutes les aménités d'usage. Petit casino, parking, Spa et piscines (la tempérée est payante). On regrette que la cuisine au restaurant soit parfois inégale et le service assez aléatoire. Correct pour les hommes d'affaires.

Se restaurer

Il existe très peu de bonnes tables à Los Angeles, et même d'ailleurs bien peu de restaurants (si l'on excepte les *fast-foods* et autres pizzerias locales). Aussi notre sélection est-elle à prendre en compte !

■ KAVASSO
Rengo 557-B
✆ +56 43 2 310 711
www.kavasso.com
kassavo@kavasso.cl
Ouvert du mardi au samedi de 12h45 à 16h et de 20h à minuit, le dimanche et les jours fériés de 13h à 16h. Menu le midi en semaine. Compter 6 000 $ pour les entrées, 9 000 $ pour un plat.
Plats très bien préparés : *dorado de ave* (blancs de poulet fourrés au fromage, aux camarons et à la sauce aux champignons), *mahi mahi* de l'île de Pâques, saumon fourré aux noix de Saint-Jacques et au fromage avec sauce au cœur de palmier... Aussi des ceviches ou des pâtes. Service agréable. La carte change de temps à autre.

■ MERCADO MUNICIPAL
Intersection, Villagrán et Tucapel
Ouvert tous les jours de 8h à 14h.
Le marché municipal, avec ses petits restaurants typiques et son ambiance si particulière. On aime bien chez Juanito, qui sert de bons plats du cru (*porotos granados*, cazuelas, fruits de mer...).

SALTO DEL LAJA ★

A une trentaine de kilomètres au nord de la ville, voici une jolie cascade de presque 50 m de hauteur, en forme d'arc. La balade est agréable et le détour intéressant pour ceux qui disposent d'un peu plus de temps. Nombreux hôtels, plusieurs campings et quelques restaurants sur place, une vraie petite bourgade qui a poussé le long de l'ancienne route. La vue depuis le pont est agréable, mais vous pouvez vous approcher jusqu'à un mirador.

Transports

Pour s'y rendre, prendre n'importe quel bus de la compagnie Jota Be au terminal rural Santa Rita de Los Angeles. Les bus qui se rendent à Concepción depuis le terminal inter-régional passent également par le Salto.

Se loger

EL RINCON
A 20 km au nord de Los Angeles, au bord du rio Huaqui
© +56 9 9441 5019
www.elrinconchile.cl
info@elrinconchile.cl
Compter 30 000 $ pour la simple et 38 000 pour la double avec sanitaires communs. Avec sanitaires privés, de 40 000 et 45 000 $ la double. Petit déjeuner inclus. Dîner à 16 000 $, incluant les boissons sans alcool. Accès Internet gratuit. Pour s'y rendre, prendre un bus pour le Salto et descendre au croisement El Olivo (aussi appelé La Mona) : il vous reste ensuite 2 km ; vous pouvez appeler pour un transfert gratuit.
Dans un cadre verdoyant des plus agréable, une bonne adresse tenue par Wendy et Roland, d'anciens voyageurs qui se sont établis dans la région pour monter leur hostal. Les chambres rustiques et l'ambiance romantique donnent du charme à l'ensemble. Ambiance conviviale et chaleureuse. Nombreuses activités proposées (randos, balades à cheval), dont la visite du parc national Laguna del Laja.

LOS MANANTIALES
© +51 43 2 314 275
www.losmanantiales.saltosdellaja.com
Camping de 25 000 à 30 000 $ pour six (sans/avec sanitaires privés) ; cabañas équipées pour six à 70 000 $; chambres entre 48 000 et 60 000 $ pour deux, 56 000 $ la triple, jusqu'à 66 000 $ pour cinq, petit déjeuner inclus, selon la saison.
Un peu en retrait de la route, un complexe pour tous les goûts. Pas mal d'activités. L'ensemble est un peu désuet, mais reste accueillant et plutôt confortable.

LAGUNA DEL LAJA – VOLCÁN ANTUCO ★★★

Le parc national Laguna del Laja constitue une excellente destination pour une excursion à partir de Los Angeles. Il est situé à 90 km à l'est de la ville. La route d'accès suit une vallée qui s'enfonce peu à peu dans la cordillère. Après Antuco, le volcan du même nom apparaît dans l'axe de la route (par temps clair). La partie la plus agréable du voyage est constituée par les dix derniers kilomètres avant le parc, entre Abanico et le pied du volcan. Le chemin est bordé de petites chutes d'eau et longe un torrent encaissé avec, en toile de fond, la masse impressionnante du volcan Antuco. Au fur et à mesure que la route s'élève, la végétation change. A l'entrée du parc on atteint le niveau des coulées de lave solidifiée recouvertes de scories du volcan. Le paysage devient alors extraordinaire. Les couleurs de la végétation contrastent avec le noir du volcan et des coulées qui donnent aux flancs de la montagne un aspect lunaire. La montée jusqu'au pied du volcan s'effectue au milieu de cet étrange paysage ponctué par endroits de superbes chutes d'eau. Sur la gauche du chemin, creusant son lit dans la roche volcanique, coule un torrent issu de la lagune.
Environ un kilomètre après le centre de ski, un sentier cheminant entre la lave et les scories permet d'accéder à la Laguna del Laja. Sa découverte offre un très beau spectacle. Ses eaux bleu-vert contrastent avec les pentes de la cordillère. Le plan d'eau offre un contour accidenté, entrecoupé de nombreuses criques et plusieurs bras.
Avec une voiture de location, on peut poursuivre le chemin qui longe la rive sud et mène à un poste-frontière avec l'Argentine. En l'empruntant, on découvre un second bras de la lagune et les glaciers qui descendent des sommets de la cordillère.

Transports

La route est goudronnée jusqu'à 10 km après la petite ville d'Antuco, puis une route de terre en bon état permet d'atteindre le parc. Si l'on ne dispose pas de voiture particulière, prendre un bus au terminal rural situé à droite du marché municipal de Los Angeles (rue Villagrán et Rengo) ; la compagnie R-R propose plusieurs allers-retours quotidiens de Los Angeles jusqu'au petit village d'Abanico situé 11 km avant le parc : à partir de 8h30. Retours vers Los Angeles à partir de 6h45. Compter 1h30 de trajet. Pour effectuer les derniers (11 !) kilomètres, les deux seules possibilités sont alors la marche (1h30/2h) ou l'auto-stop en saison.

Pratique

Le parc, qui s'étend sur une superficie de 11 600 ha et s'étage entre 976 et 2979 m d'altitude, est géré par la Conaf, dont le poste est situé 6 km après Abanico, à Chacay. L'entrée se trouve 5 km plus loin. Il est ouvert de décembre à avril de 8h30 à 21h (mais on ne peut rentrer après 18h), de mai à novembre de 8h30 à 18h30 et des excursions guidées sont éventuellement possibles. Plusieurs sentiers balisés (de 2h30 à 8h environ) permettent de découvrir la flore et la faune et on peut observer le joli volcan d'Antuco et même poser les pieds en Argentine dans certaines parties du parc ! En empruntant le sentier Salto las Chicas (2h30 environ), vous traverserez plusieurs cascades qui coulent à flots dans un cadre verdoyant et pour le moins féérique. N'oubliez pas non plus de lever la tête : bon nombre de condors tournoient dans les airs et jouent avec le vent. Le parc comporte un restaurant, plusieurs aires de pique-nique et une zone de camping (située à 2 km de l'entrée, au secteur Lagunillas). Le río Laja offre un excellent parcours de pêche pour les amateurs de salmonidés (renseignements et permis à retirer au poste de la Conaf).

- **Droit d'entrée :** l'entrée coûte 3 000 $ pour les adultes, 600 $ pour les enfants (arrêtez-vous pour payer même si on ne vous arrête pas ; vous contribuerez ainsi à l'amélioration des infrastructures d'accueil du parc).

Se loger

Le mieux est d'effectuer cette visite en une journée avec un véhicule privé. Toutefois, pour les *mochileros* et ceux qui désirent prendre leur temps peuvent trouver de quoi se loger dans le bourg d'Antuco (à moins de camper).

ANTUCALHUE MOUNTAIN RESORT
Ruta Q45 km 82
✆ +56 9 6849 6340
www.antucalhue.cl
contacto@antucalhue.cl
Compter 30 000 $ la double, 65 000 $ la cabaña équipée pour cinq et 98 000 $ pour dix. Petit déjeuner à 6 000 $ par personne.
Située à environ 2 km de la laguna de la Laja et du volcan Antuco, dans le parc, cette adresse propose de nombreux services et activités (pêche, canopy, randos, balades à cheval...). Restaurant rustique sur place (non inclus dans le tarif d'hébergement). Le site est intéressant et offre une belle vue sur les sommets enneigés, toutefois ce n'est pas le grand luxe, on appréciera tout de même mieux cette adresse que les hôtels plus proches de Los Angeles.

Sports - Détente - Loisirs

SKI ANTUCO
✆ +56 43 2327556
www.skiantuco.cl
contacto@skiantuco.cl

© JOSÉPHINE – ICONOTEC

Laguna del Laja.

En haute saison, compter 21 000 $ la demi-journée par adulte, 25 000 $ le ticket pour une journée complète, 20 000 $ par enfant. Transfert depuis Los Angeles le week-end. Départ à 7h30 et retour à 17h pour 10 000 $ par personne (4 personnes minimum). Pensez à réserver. Attention : quand il n'y a pas assez de neige, ce centre est fermé !
Au pied du volcan, le centre de ski Antuco dispose de trois remonte-pentes. Ambiance familiale, paisible, bien loin des foules. En été, la vision de ce tire-fesses sur les pentes noires du volcan a quelque chose de surréaliste. Possibilité de louer un équipement. En voiture, l'accès est ouvert de 8h30 à 14h pour la montée, la descente vers la vallée s'effectue entre 14h30 et 18h en hiver (entre juin et septembre).

ANGOL

La position militaire stratégique d'Angol, au pied de la Cordillera Nahuelbeta et à côté du río Vergara, explique son histoire mouvementée où, aux assauts indigènes s'ajoutèrent des catastrophes naturelles. Angol, qui acquit son statut de ville en 1871, fut ainsi détruite et reconstruite sept fois ! Elle fut le lieu de départ de la dernière expédition d'occupation définitive de l'Araucanie. C'est maintenant une ville de 51 000 habitants dont la place ombragée mérite un coup d'œil, avec ses tilleuls entourant un jardin circulaire très fleuri où des statues en marbre finissent leurs jours. Allongez-vous sur un banc, fermez les yeux, oubliez la ville mais surtout n'oubliez pas le bus du départ !

Transports

TERMINAL DE BUS RODOVIARIO

Bonilla 428

Bus fréquents (toutes les demi-heures) pour Concepción (2 heures 30 de route) et Los Angeles (avec Jota Be, 1 heure de route). Aussi vers Chillán, Rancagua et Santiago (compter 8 heures de route). Vers le sud, Temuco est très bien desservie notamment avec les bus Bío-Bío (une douzaine de fois par jour, depuis leur propre terminal, rue Caupolicán 98).

TERMINAL RURAL RANCEL DE ANGOL

Au bout de Caupolicán et Lautaro (intersection avec Ilabaca).

Pour des destinations régionales. Les bus Angol, par exemple, assurent une liaison avec Vegas Blancas, à 7 km de l'entrée du parc Nahuelbuta.

Pratique

Pour changer de l'argent, plusieurs DAB, notamment au Banco Estado sur Chorillos 390.

Se loger

HOTEL MILLARAY

Av. O'Higgins 1037

✆ +56 45 2 711 570

consultas@millarayinn.com

Compter 39 000 $ la simple, de 51 000 $ (standard) à 60 000 $ (supérieure) la double, 65 000 $ la suite. Petit déjeuner inclus. wi-fi.

Entre le bon residencial et l'hôtel, pas le grand luxe, mais cela reste très convenable. TV câblée, minibar et coffre dans chaque chambre, parking, piscine.

À voir – À faire

EL VERGEL DE ANGOL

A la sortie de la ville. De nombreux colectivos s'y rendent (le n° 2, par exemple, depuis la plaza de Armas).

Ce jardin fut fondé en 1880 par Manuel Bunster, qui y fit pousser de nombreuses plantes fruitières, forestières et ornementales et même de jardins japonais. Son musée attenant est ouvert du mardi au dimanche de 9h à 13h et de 15h à 18h30 (entrée payante). Il propose d'assez belles collections d'histoire naturelle et d'archéologie. Il faut aussi visiter le Jardin des plantes (surtout en septembre ou octobre, tous les jours de 8h30 à 13h et de 14h30 à 18h30), quand fleurissent plus d'une centaine d'espèces de camélias, plus de quatre-vingts espèces de rhododendrons, des dizaines et des dizaines de variétés d'azalées, et un grand nombre de copihues.

PARQUE NACIONAL NAHUELBUTA ★★

A 37 km au nord-ouest d'Angol, ce parc national (dont le nom en mapudungun signifie « grand jaguar »), s'étend sur 6 832 ha ; il est situé sur la cordillère du même nom et dispose de 30 km de routes et de 15 km de sentiers. L'un de ses principaux attraits est la Piedra El Aguila, un mirador situé sur un piton rocheux et qui délivre une vue superbe de l'océan jusqu'aux volcans andins (circuit pour s'y rendre de 3 heures aller-retour environ). Un autre de ses attraits tient à sa végétation, et notamment à ses forêts d'araucarias, dont certains ont plus de deux millénaires. Cet arbre se situe habituellement dans la précordillère ou la cordillère des Andes. Le parc présente étonnamment certaines ressemblances avec ceux du sud patagonique : on y retrouve en effet la sympathique mais parasite « barbe blanche » qui orne les arbres, mais également des tourbières dont l'accès est cependant fermé.

Transports

Les bus Angol assurent une liaison avec Vegas Blancas, à 7 km de l'entrée du parc Nahuelbuta. Départs les lundi, mercredi et vendredi à 7h et 16h, retours à 9h et 18h. Compter environ 1 700 $ par personne pour un peu moins de 2 heures de trajet (le bus s'arrête partout, c'est très « typique » !). En été, la navette poursuit jusqu'au parc, mais seulement le dimanche à 6h45. Retours à 20h, on embarque avec un guide de la Conaf à bord. Quand le bus s'arrête à Vegas Blancas, il faut marcher 7 km jusqu'à l'entrée du parc, puis 5,5 km à l'intérieur jusqu'à la zone de camping et l'administration de Pehuenco. Bref, il est impossible, sans voiture, de parcourir le parc en un seul jour, surtout que les 7 premiers kilomètres peuvent être très pentus ! Les gardes-forestiers de la Conaf peuvent éventuellement vous prendre en stop… quand ils circulent, bien sûr. Quant au bus Nahuelbuta, ils partent les mardi, jeudi et samedi à la même heure que les bus Angol, depuis Ilabaca et Caupolicán.

Pratique

Le parc est ouvert tous les jours de 8h30 à 18h20. Pour le camping Pehuenco, compter 12 000 $ par site (six personnes), sans limite de temps. Sanitaires en bon état, l'eau cristalline est excellente à boire. Il est strictement interdit de faire du feu ou un barbecue.

- **Droit d'entrée :** l'entrée coûte 7 000 $ pour les adultes et 3 500 $ pour les enfants en haute saison.

ARAUCANIE

Rivière Truful-Truful, Parc national Conguillio.

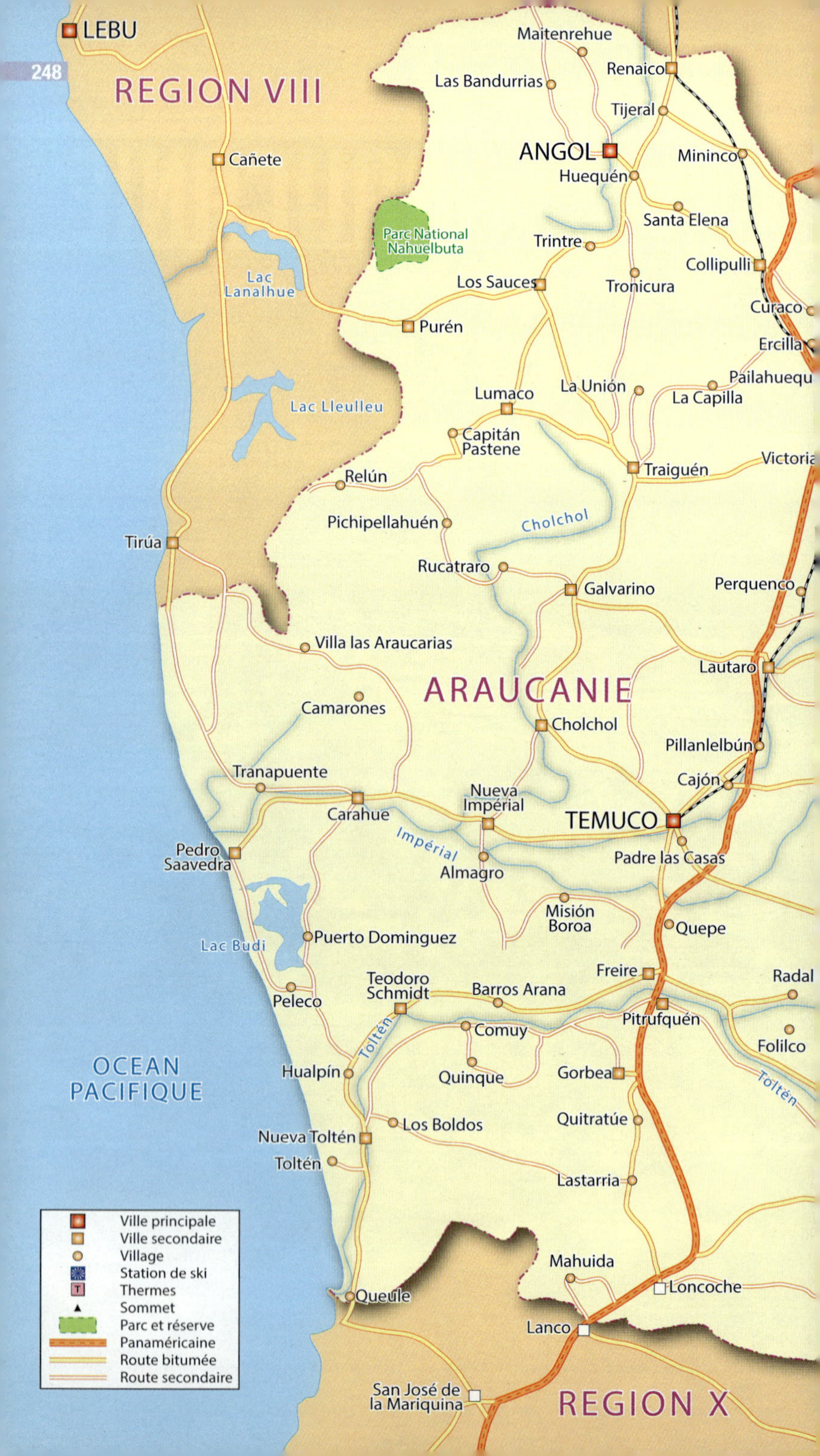
LEBU
REGION VIII
Cañete
Lac Lanalhue
Lac Lleulleu
Parc National Nahuelbuta
Tirúa
Maitenrehue
Las Bandurrias
Renaico
Tijeral
ANGOL
Mininco
Huequén
Santa Elena
Trintre
Collipulli
Los Sauces
Tronicura
Curaco
Purén
Ercilla
Pailahuequ
La Unión
La Capilla
Lumaco
Capitán Pastene
Traiguén
Victoria
Relún
Pichipellahuén
Cholchol
Rucatraro
Galvarino
Perquenco
Villa las Araucarias
Lautaro
ARAUCANIE
Camarones
Cholchol
Pillanlelbún
Tranapuente
Cajón
Carahue
Nueva Impérial
TEMUCO
Impérial
Pedro Saavedra
Almagro
Padre las Casas
Misión Boroa
Quepe
Lac Budi
Puerto Dominguez
Freire
Radal
Teodoro Schmidt
Barros Arana
Peleco
Pitrufquén
Toltén
Comuy
Folilco
OCEAN PACIFIQUE
Hualpín
Quinque
Gorbea
Toltén
Quitratúe
Los Boldos
Nueva Toltén
Toltén
Lastarria
Mahuida
Loncoche
Queule
Lanco
San José de la Mariquina
REGION X
Ville principale
Ville secondaire
Village
Station de ski
Thermes
Sommet
Parc et réserve
Panaméricaine
Route bitumée
Route secondaire

ARGENTINE
Araucanie
0
25 km
Mulchén
Quilaco
Biobio
Ralco
Réserve Ralco
El Almargo
Réserve Malleco
Termas de Pemehue
Casa de Villucura
P.N Tolhuaca
San Gregorio
Termas de Tolhuaca
Troyo
Tolhuaca 2806 m.
Réserve Nalcas
Tres Esquinas
Selva Oscura
Réserve Malalcahuello
Station de Ski Los Arenales
Cautín
Curacautín
Malalcahuello
Lonquimay
Termas de Manzanar
Manzanar
Termas de Malalcahuello
Biobio
Tunel las Raices
Réserve Alto Biobio
Los Tambores
Lac Conguillio
San Patricio
Laguna Galletue
Liucura
ilcún
Cherquenco
Lac Verde
Paso Pino Hachado 1884 m.
Station de Ski Las Araucarias
Llaima 3125 m.
PARC NATIONAL CONGUILLO
Laguna Icalma
Réserve China Muerta
Icalma
Paso Icalma 1298 m.
Villa Garcia
Melipeuco
Cunco
Allipén
Las Hortensias
Curacalco
Los Laureles
Lac Aluminé
Colico
Lac Caburga
Reserve Villarrica
Termas de Rio Blanco
Lac Colico
PARC NATIONAL VILLARICA
P.N Huerquehue
Reigolil
ARGENTINE
Lac Huilipilun
Termas Los Pozones
Pedregoso
Caburgua
Huife
Termas de Huife
Termas de Peumayen
Termas de Quimey-Co
Termas de Panqui
LAC VILLARRICA
Pucón
Aluminé
Termas de Trancura
Villarrica
Termas de Menetué
Termas de San Luis
PARC NATIONAL DE LANIN
Palguin Bajo
Catripulli
Curarrehue
Station de ski de Pucón
PARC NATIONAL VILLARRICA
Carén
Villarrica 2847 m.
Lac Quillen
Lican Ray
Termas de Palguín
Lac Tromen
Lac Calafquen
Puesco
Paso Manuil Malal 1207 m.

ARAUCANIE

★★★

La région de l'Araucanie (31 842 km², 907 000 habitants lors du recensement en 2012) est l'une des principales destinations touristiques du Chili. Sa capitale, Temuco, se situe à 675 km au sud de Santiago. Les Mapuche, peuple indigène de cette zone tampon entre la vallée centrale au climat méditerranéen et les fjords du Grand Sud, représentent environ 40 % de sa population. La région est dominée par les volcans de la cordillère des Andes : Llaima (3 125 m), Lonquimay (2 865 m), Villarrica (2 840 m), Quetrupillan (2 360 m) et Lanín (3 870 m). Ces turbulents voisins constituent aujourd'hui l'un des atouts touristiques majeurs et l'un des symboles identitaires de la région.

Histoire

L'Araucanie est le territoire historique du peuple Mapuche. La colonisation de la zone commença par le sud, avec l'arrivée de Chiliens et une importante immigration (allemande notamment) à Puerto Montt, encouragée par l'octroi de terres par le gouvernement (Vicente Perez Rosales fut l'un des principaux acteurs de cette politique). La fondation de Temuco, en 1881, marqua la fin de la conquête du territoire Mapuche par l'armée chilienne. L'activité de cette région repose principalement sur l'agriculture, l'exploitation forestière et quelques pôles industriels régionaux.

L'Araucanie a su aussi valoriser son potentiel touristique en développant des infrastructures de haut niveau autour de quelques pôles très attrayants : certains lacs, Pucón, les parcs nationaux (Villarrica et Conguillío notamment), autant de possibilités pour les adeptes d'activités en contact avec la nature (pêche, ski, randonnée, thermalisme). En revanche, la côte pacifique reste encore à l'écart de ce développement. Mais la richesse de la région est également de nature culturelle. Les descendants des Mapuche ont gardé vivantes les coutumes de leurs ancêtres. Ils sont malheureusement marginalisés ; leur territoire est convoité par de grandes compagnies et soumis aux avatars de l'industrialisation et du « progrès social et technique ». Leur lutte quotidienne pour récupérer ces terres ancestrales se heurte à l'incompréhension des politiques, leur esprit de système et le silence des médias, qui préfèrent parler des granges brûlées, plutôt que de l'exploitation abusive à laquelle ce peuple entier a été soumis depuis des siècles. De nombreux militants sont à ce jour emprisonnés, des grèves de la faim sont menées... bien souvent sans succès. Toutefois, ce « conflit mapuche », comme on le surnomme, revient de temps à autre sur le devant de la scène et témoigne d'un vrai mouvement « indigéniste » en Amérique latine.

TEMUCO ★

Temuco, dont le nom en langue mapudungun signifie « eau de temu » (un arbre médicinal utilisé par les autochtones pour se soigner), est le centre d'un territoire marqué par l'histoire du peuple mapuche, qui, bien que marginalisé, demeure une composante majeure de l'identité régionale (13 % des habitants de la ville sont mapuche). Temuco, forte de 220 000 habitants en 2017, est aussi une des capitales de région en plein développement. Située sur la Panaméricaine, à 677 km au sud de Santiago, elle jouit d'une activité économique centrée sur l'agriculture, l'industrie du bois et le commerce. Le tourisme y a pris une ampleur sans précédent

Les immanquables de l'Araucanie

- **Une balade** de 2 ou 3 jours en voiture de Temuco vers le parc national Conguillío.
- **Un séjour sportif et détente** à Pucón, capitale touristique de la région : escalade du volcan Villarrica, rafting et farniente aux thermes.
- **La découverte culturelle** du peuple mapuche sur la côte de Temuco.
- **Un circuit paisible** dans la région des Sept Lacs, près de Panguipulli et Coñaripe.
- **La traversée vers l'Argentine** par le Paso Hua Hum.
- **Une mise au vert complète** dans les alentours de Curacautin et Malalcahuello. Au programme : trekking, ascension de volcan, rafting, descente en ski, randonnée en raquettes et relaxation dans les thermes naturels en pleine forêt.

ces dernières années. La ville se situe en effet à proximité de centres touristiques importants, comme Pucón ou le parc national Conguillio. Si Temuco en soi n'offre pas un grand intérêt, un séjour prolongé dans la région est vivement recommandé.

Histoire

La région est découverte, au milieu du XVIe siècle, par des troupes espagnoles commandées par Pedro de Valdivia. Celui-ci, émerveillé par la beauté du site, fonde, en 1552, sur les bords du río Cautín, une ville appelée Ciudad Imperial, en l'honneur de l'empereur Charles Quint. Située à une cinquantaine de kilomètres de l'implantation actuelle de Temuco, elle se trouvait en bordure du cœur du territoire mapuche compris entre les ríos Cautín et Toltén, c'est-à-dire sur la « frontière » entre la zone contrôlée par les conquistadors et le territoire des indigènes (emplacement de l'actuelle ville de Carahue). En 1599, un soulèvement général mené par Pelantaro détruit la ville et fait reculer les Espagnols jusqu'au nord de l'actuelle région du Bío-Bío. Après cette victoire, les Mapuche vont vivre pendant près de trois siècles libres. Mais, en 1862, le gouvernement chilien décide de constituer l'unité du territoire (trains, télégraphes, nouveaux bourgs...). La reconquête est entreprise par l'armée de la Frontière et, en 1881, est créé le fort de Temuco, sur les rives du río Cautín. Les colons cultivent du blé et élèvent des bovins. En 1893, la ville compte environ 10 000 habitants. Au début du XXe siècle, les premières banques, des journaux (dont l'un en allemand), des hôtels, des fabriques de bière artisanale, des casinos font leur apparition. Son essor commercial et immobilier ne tarit pas depuis vingt ans.

Transports

Comment y accéder et en partir

LATAM
Manuel Bulnes 687
✆ +56 45 227 2138 – www.latam.com
contactlatam@latam.com
Bureaux ouverts du lundi au vendredi de 9h à 13h30 et de 15h à 18h30, le samedi de 10h à 13h30.
Au moins un vol par semaine vers Osorno (45 minutes de vol), un vol par semaine vers Pucón en saison (30 minutes de vol), un vol hebdomadaire vers Coyhaique (Balmaceda), trois ou quatre vols quotidiens vers Santiago.

SKY AIRLINE
Manuel Bulnes 677
✆ + 56 45 2 747 300
www.skyairline.cl
Bureaux ouverts du lundi au vendredi de 9h à 14h et de 15h à 19h30, le samedi de 9h30 à 13h30.
Deux vols quotidiens vers Santiago et Puerto Montt, un vol par jour vers Coyhaique (Balmaceda) et Concepción. Il faudra compter environ 115 000 $ pour un vol Santiago – Temuco.

TERMINAL DE BUS RURAUX
A l'angle de Avenida Balmaceda
Avenida Pinto
✆ +56 45 2 210 494
Billets pour la côte, la cordillère, etc. Bus souvent moins chers pour des destinations comme Villarrica ou Pucón. Inter Sur va à Nueva Imperial et Puerto Saavedra très régulièrement, vers Cañete, Lebu, Cherquenco, Melipeuco. Pour Curacautín, départs très fréquents de 7h à 20h30. Certains bus poursuivent vers Lonquimay (notamment le matin et en fin d'après-midi).
Les bus Erbuc se rendent à Icalma.
Bus pour Chol Chol, Vilcún, Cunco et Melipeuco assez réguliers : la route est goudronnée tout au long. Vers Melipeuco, Nar Bus part quatre fois par jour (2 heures de trajet).

TERMINAL RODOVIARIO
Pérez Rosales 1609
✆ +56 45 2 225 005
Situé à 1,5 km au nord du centre, ce terminal dispose de boutiques, restaurants, sanitaires et DAB. Taxi pour le centre : environ 3 000 $. Un colectivo demande entre 450 et 600 $ (jour/nuit). Pour Concepción, compter entre 7 000 et 8 000 $ l'aller simple, 3 000 $ pour Panguipulli, 4 200 $ pour Lonquimay, 3000 $ pour Curacautín.
La plupart des destinations sont desservies : Concepción, Chillán, Lican Ray, Los Angeles, Osorno, Panguipulli, Pucón, Puerto Montt, Santiago, Talca, Valdivia, Villarrica, et l'île de Chiloé.

- **Pour Concepción**, voyez avec Bío Bío, Cruz del Sur ou Tur Bus. Compter 4 heures de route et environ 5 000 $.
- **Vers Panguipulli** via Loncoche et Lonco, avec Panguisur, JAC (départs réguliers entre 7h30 et 15h) ou Pullman. Compter 2 heures 20 de route.
- **Vers Neuquén,** Albus part les lundis, mardis, jeudis et samedis, retours les vendredis, dimanches, lundis et mercredis.
- **Vers San Martín de los Andes**, Andesmar part les mardis, jeudis et samedis.
- **Vers Lonquimay**, Compter entre 2 heures 40 et 3 heures 30 de route avec Bío Bío. Les bus Erbuc effectuent aussi ce trajet.
- **Vers Curacautín**, Bío Bío propose neuf départs entre 9h et 21h15 (1 heure 30 ou 2 heures de route).

Se déplacer

AVIS
San Martín 755
✆ +56 600 368 2000
reservas@avis.cl
Ouvert en semaine de 8h30 à 19h30.
Location de voitures tous modèles.

VERSCHAE
Lagos 521
✆ +56 45 2 231 788
www.verschae.cl
contactoweb@verschae.cl
Bureaux ouverts en semaine de 8h30 à 19h, le samedi de 9h30 à 13h.
Location de voitures tous modèles.

Pratique

Tourisme - Culture

OFFICE DU TOURISME SERNATUR
à l'angle de Manuel Bulnes 590
Claro Solar
✆ +56 45 2 312 857
infoaraucania@sernatur.cl
Ouvert de 9h à 18h du lundi au vendredi.

Argent

BANCO DE CHILE
Antonio Varas 818
✆ +56 45 234 461
www.bancochile.cl
acciones@bancochile.cl
Doté d'un DAB.

GLOBAL
655 Manual Bulnes,
Oficina 1
✆ +56 45 2 213 699
Bureau de change.

Moyens de communication

Aucun souci pour se connecter à Internet en ville.

CORREOS DE CHILE (POSTE)
Portales 801
✆ +56 45 2 977 101

Autre adresse : Avenida Alemania 671, local 1061

Santé - Urgences

HÔPITAL REGIONAL DE TEMUCO
Manuel Montt 115
✆ +56 45 2 559 000
www.hhha.cl

Se loger

DON EDUARDO
Andrés Bello 755
✆ +56 45 2 214 133
www.hoteldoneduardo.cl
info@hoteldoneduardo.cl
A partir de 125 US$ la chambre simple et à partir de 145 US$ la chambre double, jusqu'à 165 US$ la suite supérieure. Petit déjeuner et wifi inclus.
Une bonne adresse, pour ses chambres confortables et bien aménagées (la plupart sont dotées d'une kitchenette et d'un salon à part), au service jamais complaisant et toujours arrangeant. Essayez de réserver dans les étages supérieurs pour bénéficier d'une très jolie vue sur la ville.

HOSPEDAJE TRIBU PIREN
Prat 69
✆ +56 45 2 985 711
www.tribupiren.cl/
A partir de 15 000 $ par personne avec sanitaires communs (30 000 $ pour deux). Petit déjeuner et wifi inclus.
Situé à environ trois pâtés de maisons du centre-ville, cet établissement propose des petites chambres propres avec petite TV câblée. Certaines ont un accès au balcon. Accueil chaleureux. Un bon plan.

HOTEL DREAMS ARAUCANIA
Alemania 945
Compter à partir de 150 US$ la chambre double standard avec petit-déjeuner.
Hôtel aux chambres immenses et modernes, bien équipées (lit kingsize, écran plasma, lecteur DVD...) et climatisées. On ne s'ennuie pas, l'hôtel propose une belle sélection de services : spa, sauna, salle de massage, piscine intérieure, salle de sport et jardin. Si vous souhaitez tout de même sortir un peu, l'hôtel est très bien situé sur la rue commerciale de la ville. Le petit déjeuner est servi sous forme de buffet. Personnel charmant et accueillant, une belle adresse.

HOTEL FRONTERA
Manuel Bulnes 726 ✆ +56 45 2 200 400
www.hotelfrontera.cl
reservas@hotelfrontera.cl
Comptez de 62 000 $ à 90 000 $ la simple ou double. Petit déjeuner et wifi inclus.
Cet établissement ouvert il y a plus de 65 ans propose en fait des logements dans deux hôtels mitoyens au style assez différent : l'un est plus traditionnel et l'autre, inauguré en 2014, propose un style plus créatif et moderne. Les chambres sont confortables (parquet, coffre-fort, téléphone, télé câblée, wi-fi, les supérieures possèdent même un ordinateur personnel). Parking et centre d'affaires. Nombreux services, dont un bar et un restaurant.

Se restaurer

Sur le pouce

■ **GOHAN**
Hochstetter 401
✆ +56 45 2 911 110
Compter entre 3 000 et 5 000 $ les rolls.
Bonne ambiance et excellents sushis, certains très exotiques. Dommage que le service soit un ton en dessous. Reste l'une des bonnes adresses de la ville.

Bien et pas cher

Avenida Alemania. Il s'agit de la rue « branchée » de Temuco. Ici, vous aurez l'embarras du choix pour manger ou boire un verre.
La plupart des bars et restaurants sont bondés en soirée : l'Avenida Alemania est en effet le repère universitaire de Temuco.

Sortir

La vie nocturne se concentre autour de l'avenue Alemania et la rue Hochstetter, à l'ouest du centre-ville. Resto-bar où les sushis sont plus que jamais à l'honneur.

■ **PERRERA**
907 O'Higgins
✆ +56 45 2 403 939
barlaperrera@gmail.com
Ouvert du lundi au jeudi de 21h à 3h30, vendredi et samedi de 21h à 4h30. Compter autour de 3 000 $ pour un plat.
Notre adresse préférée, à deux pas du centre. Si la porte est fermée, ce n'est pas grave, frappez et on vous ouvrira. Dans ce bar alternatif, on joue de la musique, on chante avec les musiciens et on danse la salsa. Pour les plats, on déguste une cuisine correcte à petits prix. Le meilleur endroit où passer la soirée à Temuco.

À voir - À faire

■ **CERRO ÑIELOL** ★
✆ +56 45 2 298 222
Accès par la rue Balmaceda.
Ouvert toute l'année de 8h30 à 18h20. Compter 3 000 $ par adulte, 1 500 $ par enfant. Depuis l'entrée, compter environ 1 heure 30 aller-retour sur le sentier.
Géré par la Conaf, ce parc de 90 hectares domine la ville. C'est un endroit fort agréable pour pique-niquer ou pour admirer Temuco et ses alentours. C'est aussi un lieu historique : en effet, c'est ici qu'en 1881 l'armée de la Frontière et les Mapuche ont signé le traité qui a permis l'implantation de la ville (au lieu-dit La Patagua).

■ **MUSEO REGIONAL DE LA ARAUCANÍA** ★
Av. Alemenia 84
✆ +56 45 2 747 948
www.museoregionalaraucania.cl
museo.araucania@museosdibam.cl
Ouvert du mardi au vendredi de 9h30 à 17h30, le samedi de 11h à 17h, les dimanches et fêtes de 11h à 1 4h. Horaires variables en hiver. Entrée gratuite.
Sans aucun doute le musée le plus intéressant consacré à l'histoire et à la culture mapuche. Salles thématiques, échantillons de leurs bijoux traditionnels et témoignages sur leurs mœurs et coutumes. Plusieurs salles sont également consacrées à l'histoire de la conquête de l'Araucanie et à la ville de Temuco. Le musée s'attache par ailleurs à montrer à quel point l'histoire des deux Prix Nobel de littérature du Chili, Gabriela Mistral et Pablo Neruda, est liée à celle de la ville.

Araucarias près du Parc Conguillio.

Shopping

MERCADO DE TEMUCO

Ouvert d'octobre à mars, de 8h à 20h du lundi au samedi, de 8h à 16h les dimanches et fêtes. D'avril à septembre, du lundi au samedi de 8h à 19h et les dimanches et fêtes de 8h à 16h.

Le marché de Temuco, construit en 1930, est considéré comme l'un des plus beaux du Chili. Malheureusement, après un incendie en avril 2016, le marché a été considérablement détruit et les travaux pour assurer sa restauration ne semblent pas avancer. 100 % des locaux marchands ont été détruits et leurs locataires, principalement mapuche, sont depuis sans source de revenus.

Les Mapuche venaient y vendre leurs produits artisanaux (tissages, paniers tressés, objets en bois) et agricoles. Le marché devrait à nouveau être ouvert au public en décembre 2018. Toutefois, la conception architecturale s'oriente cette fois vers une construction plus moderne, à base de bois, inspirée des marchés européens.

VERS LA CÔTE

Pour se rendre aux destinations suivantes, prendre les transports en commun qui partent du terminal rural de Temuco. Départs toutes les 15 minutes environ pour Nueva Imperial (compter 40 minutes de trajet pour cette destination).

RENGALIL ★

Rengalil est un petit village situé à environ 16 km de Temuco, dans la commune de Chol Chol. Il est le point d'encrage de la fondation Chol Chol, un organisme qui contribue au développement humain durable chez les Mapuche. On pourra y admirer quelques maisons traditionnelles et acheter des produits artisanaux.

FUNDACIÓN CHOL-CHOL

Km 16 de la route de Temuco
à Nueva Imperial
✆ +56 45 2 614 007
www.cholchol.org
info@cholchol.org

Du mardi au vendredi de 9h30 à 17h30. L'entrée, avec la visite commentée du petit musée mapuche et d'une ruka (habitat traditionnel), coûte 500 $. Aussi une boutique dans le Museo Regional de la Araucanía, ouverte du mardi au vendredi de 9h30 à 17h30 et le samedi de 11h à 17h.

Environ 600 femmes mapuche travaillent en permanence pour la réalisation de ces textiles aux dessins traditionnels. Qualité artisanale assurée. Beaux ponchos, sacs, etc. Dans la même rue, de l'autre côté de la grande route, resto typique et sympa, avec divers plats à des prix bien doux.

PUERTO SAAVEDRA ★

Puerto Saavedra est un centre commercial important sur la côte. Le cerro Mirador offre une vue panoramique de la ville. Plus au sud, à 4 km, la longue plage grise de Boca Budi attire de nombreux visiteurs en été. On y trouvera campings, petits hôtels et restaurants typiques de poissons. C'est aussi un lieu historique important : en effet, c'était le seul lieu autorisé par les Mapuche pour que les Espagnols transportent leurs marchandises entre Vadivia et Concepción.

Un office de tourisme pourra peut-être vous donner plus de renseignements ; il se situe en face de la municipalité. Ouvert seulement en été. Plus au sud encore, à 6 km de Puerto Saavedra, sur le lac Budi (www.lagobudi.cl), la péninsule de l'Isla Huapi est un centre communautaire Mapuche-Lafkenche, qui invite les voyageurs à connaître la culture et le folklore de ce peuple. En été, on peut goûter à des plats typiques et acheter de l'artisanat. Il y a un camping et on peut louer des chevaux pour de très agréables promenades dans cette région très peu visitée par les touristes étrangers. Une autre expérience est de naviguer dans les barques mapuche, les *wampo*.

LE NORD-EST

CURACAUTÍN ★

Cette ville de 16 500 habitants se situe à proximité des volcans Llaima, Tolhuaca et Lonquimay. C'était autrefois un point de passage obligé pour les tribus pehuenche qui vivaient des deux côtés de la cordillère ; les tribus y trouvaient de nombreux pignons d'araucaria, base de leur alimentation. Il est possible de se loger dans des hôtels de diverses catégories et de camper près du río Cautín (balneario Trahuilco), mais il vaut mieux voir du côté des adresses mentionnées, sur la route de Lonquimay. Car, plus qu'un lieu de séjour en soi, Curacautín est idéalement nichée pour gagner les thermes de Tolhuaca (au nord), le parc national Conguillío (au sud), les thermes de Manzanar, les superbes paysages de Lonquimay et la source de la rivière Bío-Bío, à l'est.

Transports

Les bus Bío Bío proposent neuf départs par jour vers Temuco entre 6h30 et 16h45, compter 3 500 $, et 1 heure 20 à 2 heures de route.
Pour se rendre à Curacautín depuis Temuco, prendre un bus Erbuc depuis le marché aux légumes, au niveau du terminal rural, ou un bus Curacautín Express. Plusieurs départs par jour. Ce bus continue parfois jusqu'à Lonquimay.
Des bus partent vers Concepción et Los Angeles, mais aussi vers Angol.
Des navettes assurent la liaison avec l'entrée du parc Conguillío à la Guadería Captrén, du lundi au vendredi, pour environ 1 500 $. Elles poursuivent même parfois jusqu'à la laguna Captrén, en été.

Pratique

■ OFFICE DU TOURISME

Manuel Rodriguez, à l'angle de Miraflores
✆ +56 45 2 464 858
De 8h30 à 21h tous les jours en été, jusqu'à 19h du lundi au samedi le reste de l'année.
Quelques infos sur les sites à voir et les hébergements.

Se loger

■ ANDENROSE

Camino Internacional km 68
✆ +56 9 9869 1700
www.andenrose.com
andenrose@gmail.com
A 12 km de Curacautín, sur la route de Lonquimay, juste après le pont Manchuria.
En haute saison, pour les appartements, comptez 59 000 $ pour deux, 79 000 $ pour quatre et 83 000 $ pour cinq. La chambre double est à 56 000 $ et les cabanes sont à partir de 62 000 $ pour 4 et 82 000 $ pour 6.
Très bel emplacement près de la rivière. Chambres neuves avec sanitaires privés (à l'intérieur ou dehors) très confortables. On propose aussi des cabanes et des appartements *cosy* tout équipés avec chauffage central et télévision. Petit déjeuner copieux et vraiment bon. Possibilité de louer des VTT, des kayaks… Hans s'efforce de satisfaire ses hôtes et propose une excellente cuisine bavaroise. Pour s'y rendre, prendre un bus de Curacautín à Lonquimay ou appeler pour que l'on vienne vous chercher (transfert gratuit).

■ HOTEL BOUTIQUE NALCAS

Malalcahuello, km 88 carretera Victoria Lonquimay
✆ +56 45 2 371 1327
www.hotelnalcas.cl
reservas@hotelnalcas.com
Compter en fonction de la saison 59 000 à 110 000 $ la chambre pour deux, petit déjeuner et wifi inclus. De 110 000 à 190 000 $ la cabane pour 6/7 personnes. Demi-pension optionnelle à 14 900 $.
Cet hôtel situé dans les bois, à mi-chemin entre Curacautín et Lonquimay, offre des chambres confortables, bien décorées, dans une atmosphère lumineuse et chaleureuse. Bon restaurant et accueil tout à fait convenable. Idéal pour les amoureux de la nature et de la tranquillité.

■ LA SUIZANDINA

✆ +56 45 2 197 3725
www.suizandina.com
info@suizandina.com
A 28 km de Curacautín. Compter selon la saison 15 000 ou 18 000 $ par personne en dortoir, jusqu'à 44 000 $ la simple, 62 000 $ pour deux, 82 000 $ pour trois et 116 000 $ pour six, petit déjeuner et wifi inclus. Camping à 6 000 $ ou 8 000 $, bungalow de 98 000 $ à 112 000 $ pour six, sans petit déjeuner.
Sur la route de Lonquimay (prendre un bus vers cette direction). Une adresse très sympa et appréciée des voyageurs, tenue par un couple suisse-chilien. Ensemble champêtre et confortable, petits déjeuners très copieux. Spécialités suisses au resto (fondue, raclette…). Nombreuses activités possibles, transport vers le parc et/ou les thermes, massages, treks ou balades à cheval d'une demi-journée à plusieurs jours.

PARQUE NACIONAL Y TERMAS DE TOLHUACA

Ce parc, d'une superficie de 6 374 hectares, dispose d'une aire de camping près de l'administration, au sud-est du lac Malleco (camping Inalaufquén). Deux sentiers de 12 km (toute la journée) vers Mesacura et Lagunillas traversent une très belle forêt d'araucarias ; un autre, de 8 km (6 heures aller-retour), mène au Salto del Malleco, une chute d'eau de 50 m de haut, et au Salto de la Culebra (de la même taille), puis à la laguna Malleco, un coin tranquille, idéal pour pêcher.

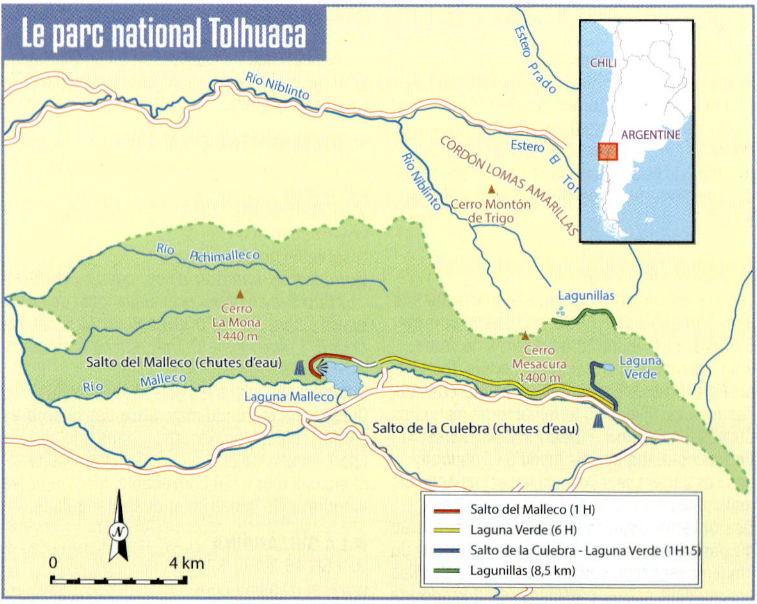

Transports

▶ **Pour accéder au parc,** il faut prendre une piste, 5 km au nord de Victoria sur la Ruta 5 (Panaméricaine, direction Rosario) – état assez moyen, seulement carrossable en été –, ou alors (alternative plus réaliste) prendre la piste depuis Curacautín vers les thermes de Tolhuaca (34 km), et poursuivre les 8 derniers kilomètres vers le parc. Seulement accessible en été. Des taxis collectifs assurent la liaison depuis Curacautín (seulement jusqu'aux thermes, compter au moins 20 000 $).

Pratique

▶ **Droit d'entrée :** compter 7 000 $ l'entrée par adulte, 3 500 $ par enfant. Camping à 12 000 $ par site et par jour.

RESERVA NACIONAL MALALCAHUELLO ★

Ce parc national abrite un centre de ski accessible en véhicule privé ; le chemin d'accès n'est pas en très bon état, mais ça passe. L'environnement est superbe (magnifiques balades sur le versant du volcan. De nombreuses autres activités sont possibles dans le parc comme l'ascension du volcan Lonquimay et la découverte de son cratère de Noël.

■ CORRALCO MOUNTAIN SKI RESORT

✆ +56 2 2206 0741
www.corralco.com
reservas@corralco.com
Pistes accessibles de 9h à 17h. Compter à partir de 160 000 $ la chambre pour deux.
Ce domaine skiable de 26 pistes possède aussi un hôtel de luxe, le Valle Corralco Hotel & Spa, avec piscine intérieure tempérée, salle de ciné, Spa, restaurant, etc. A découvrir.

■ VOLCÁN LONQUIMAY ★★

Le volcan Lonquimay (2 865 m) se situe sur le « cordon de feu du Pacifique », nom donné au groupe de volcans les plus actifs au sud du Chili, approchant ou dépassant bien souvent les 3 000 m d'altitude. Bien que son nom signifie « forêt dense » en langue mapuche, une autre signification se cache derrière ce géant cracheur de feu. Les Mapuche racontent que l'autre nom donné à ce volcan signifie « grand précipice » en raison d'un ravin de 120 mètres de haut qui se trouve sur la face est de la montagne.
Les trois dernières éruptions enregistrées datent d'il y a moins de 150 ans : la dernière s'est produite le 25 décembre 1988, ce qui a donné d'ailleurs naissance au cratère Noël, le « crater Navidad ».
Son accès se fait depuis la station de ski de Corralco, près du village de Malalcahuello, attention à ne pas vous perdre, il y a très peu d'indications et l'ascension, bien qu'elle soit facile sur les deux premiers tiers, se complique

sur les derniers dénivelés. La vue depuis le sommet est tout de même magnifique : on domine un horizon d'une douzaine de monstres volcaniques tels que les volcans Villarica, Lanín, Llaima ou encore le Sierra Nevada. On peut aussi accéder à son surprenant et immense cratère de 800 mètres de longueur. A noter que le volcan est catégorisé comme volcan actif et est surveillé par l'Observatoire volcanologique des Andes du Sud, basé dans la ville de Temuco.

PARQUE NACIONAL CONGUILLÍO ★★★

S'étendant sur une superficie de 60 832 ha, ce superbe parc national (dont le nom signifie « eau avec des pignons » en mapudungun) est dominé par le volcan Llaima dont le sommet enneigé culmine à 3 125 m. Cette aire naturelle protégée abrite des espèces natives comme l'araucaria ou différents types de Nothofagus (coigüe, ñirre). La graine (ou pignon) de l'araucaria, el piñón, est à la base de l'alimentation du peuple pehuenche, d'où son nom : pehuén = araucaria ou pignon, et che = le peuple, les gens. En langue indigène, Llaima signifie par ailleurs « ressuscité » ou « réapparu » (dernière résurrection du volcan : 2009 !) et Truful-Truful « de saut en saut ». Au pied de la Sierra Nevada (nord du parc), on pourra admirer la laguna Conguillío et, un peu plus au sud, les lagunas Arco Iris (arc-en-ciel) et Verde. Ces lagunes sont assez jeunes, elles ont entre cent et six cents ans d'âge.

Le climat du parc est caractérisé par de fortes précipitations en hiver (chutes de neige) et un été relativement doux.

Transports

Il existe deux entrées : au nord, près du village de Curacautín ; au sud, près de Melipeuco. En outre, une troisième entrée, à l'ouest, après Cherquenco, conduit à la station de ski Araucarías. On peut se rendre aux deux villages mentionnés en voiture particulière ou en transports collectifs.

- **Pour Cherquenco,** départs toutes les heures du terminal rural de Temuco avec Vegabus, sauf le dimanche. Compter 1 heure 30 de route pour 2 000 $. Restent ensuite 17 km de marche…
- **Depuis Curacautín,** navette vers le parc national (en réalité, la Guardería Captrén, à 2 km de l'entrée proprement dite), en saison avec Erbuc tous les jours (500 $), ou avec Curacautín Express du lundi au vendredi.

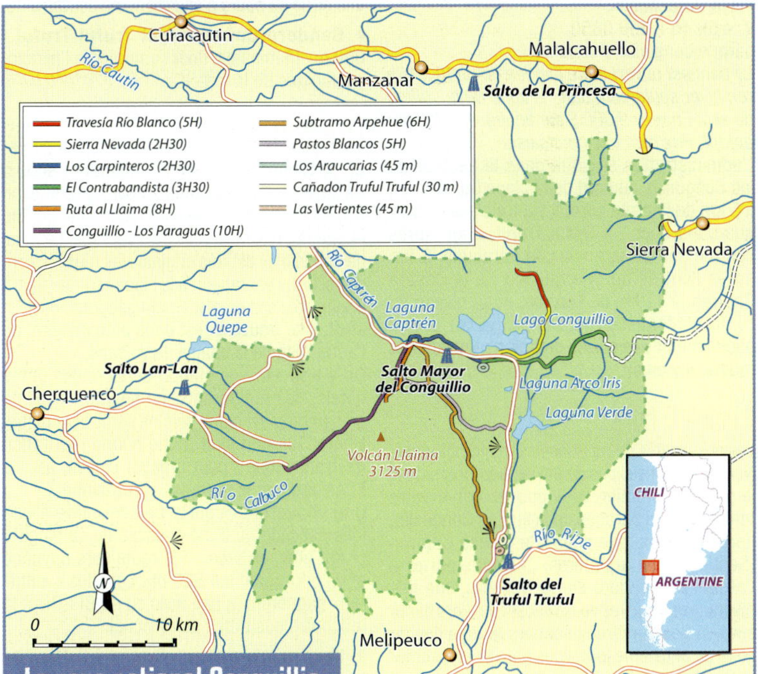

Le parc national Conguillio

Pratique

Le parc compte cinq aires de camping, des *cabañas*, une cafétéria, un magasin (Playa Curacautín). Ce sont des concessions, donc des propriétés privées. Ils sont normalement ouverts de début décembre jusqu'en avril. Pas de prises électriques, mais il y a de la lumière.
Compter 6 000 $ l'entrée pour les adultes (moitié prix en basse saison).
Deux campings se situent au secteur La Caseta (à 3 km de l'administration, près du lac Conguillío, sanitaires privés pour chaque site), et El Hoyón (à 2 km de l'administration, sanitaires privés pour chaque site). Compter 40 000 $ par emplacement.
A El Estero (à 5 km de l'administration, sanitaires, eau chaude, électricité), Los Carpinteros (500 m plus loin, sanitaires) et Los Ñirres (le plus grand et sans doute le plus confortable, trois sanitaires, eau chaude, électricité), compter 20 000 $ par site (jusqu'à cinq personnes), ou 5 000 $ par personne si vous êtes un *mochilero*.
Autre aire de camping près de la laguna Captrén (avec sanitaires, eau froide, à 10 km de l'administration, au nord-est du parc).

■ ADMINISTRATION DU PARC

Lago Conguillío
Playa Curacautín
✆ +56 45 2 196 0850
parque.conguillio@conaf.cl
Le parc est ouvert toute l'année de 8h30 à 18h (en hiver seulement dans la zone de la station de ski). Entrée : 9 000 $ par adulte, 4 500 $ par enfant. Prix plus bas hors saison.
L'administration se situe dans le secteur du lac Conguillío, au bord de la plage Curacautín, à 5 km de l'entrée nord. Il y a trois guérites de guardaparques : à Truful-Truful, 2 km après l'entrée sud du parc ; à Los Paraguas, 3 km après l'entrée de Cherquenco ; à la Caseta Captrén, à 11 km de l'entrée, et au niveau du centre d'information (laguna Conguillío), où l'on peut acheter des cartes de trek plutôt valables (quand il y en a).

À voir – À faire

Les possibilités de randonnée sont nombreuses. Nous vous conseillons de passer deux jours dans le parc. Le premier, vous pouvez armer votre tente dans les parages de la laguna Conguillío, après avoir marché depuis la laguna Captrén (Sendero Los Carpinteros) ; ensuite, partez à l'assaut du Sendero Sierra Nevada ; une fois revenu, vous pouvez vous reposer ou alors flâner sur l'un des nombreux sentiers autoguidés du coin. Le deuxième jour, vous pouvez emprunter le Sendero de Chile qui vous mènera au sud du parc ; vous pourrez alors loger à La Baita ou vous diriger vers Melipeuco et revenir vers Temuco (pas la peine de se presser).

▸ **Depuis la laguna Captrén,** le trek le plus exigeant (en termes de kilomètres) est celui qui fait partie du Sendero de Chile. Long de 35 km, il vous emmène d'abord à la laguna Conguillío, avant de longer le versant est du volcan Llaima et de poursuivre vers le Salto de Truful-Truful, près de l'entrée sud du lac et Melipeuco. Un autre sentier, de 8 km environ (2 heures 30 aller) unit la laguna Captrén et la laguna Conguillío, à travers des forêts de coigües et d'araucarias : c'est le Sendero Los Carpinteros.

▸ **Depuis le centre d'information ambientale (et la laguna Conguillío)**, plusieurs sentiers s'offrent à vous : Sendero autoguiado Las Araucarias : 1200 m, 1 heure. Douze panneaux explicatifs suivent votre promenade pour vous en apprendre davantage sur le milieu naturel dans lequel vous évoluez.

▸ **Le Sendero Sierra Nevada** part du secteur Playa Linda : 10 km, 5h aller-retour environ. Belles vues sur le lac Conguillío, le volcan Llaima et les glaciers. Paysages à couper le souffle. C'est la plus belle balade du parc.

▸ **Depuis le secteur de Truful-Truful :** Sendero Las Vertientes : 800 m, 1 heure. On croise toute une série de cours d'eau d'origine souterraine.

▸ **Sendero Cañadón del Truful-Truful :** 600 m, 45 minutes. Pour comprendre l'histoire géologique de la région.

LONQUIMAY ★

Ce gros bourg de 10 400 habitants se situe à 63 km à l'est de Curacautín. Pour s'y rendre, on traverse le plus long tunnel d'Amérique du Sud (4 528 m), payant si vous êtes véhiculé. Le tracé de Lonquimay est très original : les rues forment des ellipses par rapport à la place centrale. Autre originalité : son emplacement géographique. En effet, il se trouve à l'est de la précordillère, de l'autre côté de la chaîne de volcans.
On y trouvera une station-service, des petits hôtels, des restaurants, un hôpital, et même un camping avec une piscine semi-olympique. L'hôtel Turismo jouit d'une bonne réputation gastronomique ; pour manger chilien, allez à El Arriero, sur la route vers l'Argentine.
Une chouette et courte balade mène à une jolie cascade où il est possible de se baigner (7 km aller, en prenant la route vers Coyunco et en bifurquant sur 500 m). Les plus aventureux gagneront la rive nord du río Bío-Bío à la rencontre des tribus pehuenches.

▸ **Vous pourrez vous informer à l'office de tourisme du village,** à l'angle de O'Higgins et Carrera.

Transports

Pour s'y rendre, il faut emprunter les bus qui viennent quelque fois par jour depuis Temuco via Malalcahuello et Curacautin. Les bus Bío Bío vont à Temuco tous les jours. Compter 4 500 $, entre 2h15 et 2h50 de route. Sinon, des bus effectuent la liaison depuis Santiago tous les jours (Tur Bus, Intersur...), via Curacautín.

Se loger

DONDE JUANCHO
O'Higgins 1130
✆ +56 45 2 891 140
www.dondejuancho.cl
dondejuancho@gmail.com
Compter 30 000 $ la simple, entre 35 000 $ et 40 000 $ la double.
Cinq chambres avec chauffage et télévision sur la place de la ville. Une bonne surprise dans un tel bled ! Le resto n'est pas mal non plus (menu dans les 7 000 $ le midi).

MELIPEUCO

Ce village de 5 700 habitants est la porte d'entrée sud du parc Conguillío. On pourra y séjourner, y manger (Los Pioneros à l'écart du village, ou Ruminot en plein centre), faire le plein d'essence (assez cher), etc.

Transports

Pour s'y rendre depuis Temuco, prenez les bus Nar-Bus qui partent du terminal rural. Plusieurs départs par jour. Ensuite, pour gagner le parc national, il convient de solliciter un taxi. Négociez la course. Nar-Bus propose aussi en janvier/février un seul départ par jour de Temuco à l'entrée sud du parc.

Condor Bus propose un voyage par jour depuis Viña del Mar et Santiago.

Pratique

OFFICE DU TOURISME
Pedro Aguirre Cerda 14 ✆ +56 45 2 581 062
Ouvert en été seulement.
Quelques infos sur la région.

Se loger

ADELA Y HELMUT
Faja 16 000, km 5 norte
✆ +56 9 9825 8230
www.adelayhelmut.com
Compter 15 000 $ par personne en dortoir, 30 000 ou 34 000 $ pour 2 personnes, 56 000 $ pour 4 personnes, petit déjeuner à 4 900 $. Transferts inclus.
A la campagne, mais avec un minimum de confort. Trois appartements avec cuisine et chauffage central. Repas typiques chiliens proposés. Location de vélos, balades à cheval... Un grand bol d'air frais.

LA BAITA
✆ +56 45 2 581 073
www.labaitaconguillio.cl
info@labaitaconguillio.cl
A 15 km de Melipeuco.
Cabañas totalement équipées. Selon la saison, compter entre 75 000 et 90 000 $ la cabane de 3 ou 4personnes. Chambres doubles ou triples à partir de 110 000 $ pour deux. Petit déjeuner inclus. Demi-pension possible.
Cadre sauvage enthousiasmant, près de l'entrée sud du parc. On propose six cabanes rustiques mais confortables et depuis peu un écolodge avec 15 chambres, de même qu'un spa et un restaurant. Nombreuses excursions proposées. Location de vélos, kayaks, trekking, etc.

PUCÓN ET SES ENVIRONS

Pucón est l'une des villes les plus visitées de cette Patagonie chilienne. C'est un peu devenu, au fur et à mesure des années, le « San Pedro » du sud tant le petit village a vu quantité d'établissements ouvrir ces dernières années. Pour autant, les centres d'intérêt ne résident pas dans la ville elle-même, quoique sa situation au pied du volcan et au bord du lac soit très pittoresque, mais dans les multiples activités qu'il est possible de réaliser alentour. La région de Pucón est par exemple réputée pour ses thermes et ses parcs nationaux facilement accessibles pour une randonnée à la journée. Les thermes, nombreux, sont l'occasion de se reposer après une bonne journée de trek. Il est possible d'y dormir dans la plupart des cas. Les thermes les plus récents sont ceux de Peumayen, évoqués dans la rubrique « hébergement » de Pucón. Tenus par un couple franco-chilien, ils possèdent aussi l'un des meilleurs restaurants de toute la région, un argument de poids au moment de choisir !

Pour Peumayen, Quimey-Co, Huife et Los Pozones, des bus circulent tous les jours. Compter 2 000 $ l'aller simple, la route est goudronnée tout le long.

PUCÓN ★★

Pucón est l'un des principaux centres touristiques du Chili. D'aucuns regrettent le temps où ce n'était qu'un petit village, accessible aux plus audacieux, et désespèrent que ce village-vacances soit le fief des nantis, de la *farándula* (jet-set) chilienne, un coin *pituco* ou *cuico* – en un mot, snob. En fait, Pucón est assez tranquille hors du grand rush de janvier et février. Pendant ces deux mois, il peut être en effet très difficile de circuler dans les rues, les hébergements sont bondés, les plages saturées (notamment Playa Grande). Ce ne sont pas des bons mois si vous recherchez la tranquillité et le silence, mais c'est alors que la fête bat son plein, les discothèques sont ouvertes, on se couche fort tard... A chacun ses plaisirs, mais de notre côté on préfère Pucón avant la haute saison, vers novembre. En tout cas, un passage par Pucón est sur l'agenda de (presque) tous les voyageurs qui se rendent au Chili.

Transports

Comment y accéder et en partir

BUS

- **Un bureau sur O'Higgins 448** permet de réserver vos places de bus pour les compagnies JAC et Tur Bus. Plus pratique, cela vous évite de gagner le terminal Tur Bus légèrement excentré.
- **La compagnie Villarrica** (en face du terminal JAC) propose des départs pour Villarrica et Temuco.

BUS CABURGA

Uruguay 540
✆ +56 9 9838 9047

- **Vers le lac Caburgua,** départs toutes les 30 minutes, de 7h à 19h. Compter 1 000 $ pour moins d'une heure de route.
- **Vers le parc Huerquehue,** départs à 8h30, 13h ; 16h et 18h20 durant le mois de janvier/février retours à 9h30, 14h10, 17h10 et 19h30 durant le mois de janvier/février. Compter 2 200 $.
- **Vers Curarrehue,** départs toutes les 20 minutes de 6h45 à 20h30. Compter 1 000 $.
- **Des liaisons** aussi jusqu'aux thermes et la réserve d'El Cañi.

BUS JAC

Uruguay 505
✆ +56 45 2 990 885 – www.jac.cl
Des minibus partent toutes les 15 minutes environ en direction de Villarrica (compter 1 000 $ le voyage), départs quotidiens pour Santiago.

- **Pour Temuco,** compter 3 700 $ (départs toutes les 30 minutes environ), pour Valdivia 4 700 $ (départs toutes les 45 minutes de 6h15 du matin à 18h), pour Osorno à 16h pour 8 400 $, pour Puerto Montt ou Puerto Varas 9 800 $ ou 11 700 $.
- **Vers Currarehue** en été, compter 800 $.

PULLMAN BUS

Palguín 555
✆ +56 45 2 414 217
www.pullman.cl
Bureau ouvert tous les jours de 7h à 22h.
Vers les principales villes du Chili, et notamment Santiago.

TUR BUS

route de Caburgua, O'Higgins 910
✆ +56 45 2 443 564
www.turbus.cl
atencion_clientes@turbus.cl
Bureaux ouverts du lundi au vendredi de 9h à 13h et de 15h30 à 19h, le samedi de 9h à 19h.
Départs vers les grandes villes du sud et vers Santiago.

Se déplacer

- **Location de vélos.** De nombreuses agences louent des vélos sur l'avenida O'Higgins. Vous n'avez que l'embarras du choix pour des prix plus ou moins similaires.

CHILE CAMPERS

✆ +56 45 2 443 309
chile.campers.pucon@gmail.com
De janvier à avril, compter 55 900 $/ jour pour une semaine, 45 400 $/ jour, pour un mois. En basse saison (de mai à août) compter 39 000 $/ jour pour une semaine et 31 780 $/ jour pour une location d'un mois.
Décidément Vincent est partout ! Le propriétaire des hostals French Andes et de l'agence Aguaventura propose depuis 2017 des locations de vans entièrement équipés : lit deux places, nombreux rangements, une cuisine fonctionnelle, poire de douche et toilettes d'urgence. Les vans sont également isolés et sont équipés d'un ventilateur et d'une isolation complète. Pas de buée aux réveils sur les vitres... ce qui vous permettra d'admirer encore plus les paysages ! Autonomie, confort et conseils personnalisés, c'est sans aucun doute la meilleure des alternatives pour découvrir la région, les stations de ski et la Patagonie été comme hiver. Des propositions d'itinéraires précis et bien conçus sont également mis à disposition, l'équipe fournit toutes les informations et conseils nécessaires pour votre voyage. Enfin, n'oublions pas un détail qui a son importance : les véhicules sont blancs, sans publicité et passent inaperçus ce qui garantit plus de discrétion et de tranquillité.

■ **PUCON RENT A CAR**
Pedro de Valdivia 636
✆ +56 9 8998 0294
www.puconrentacar.cl
info@puconrentacar.cl
Bureau ouvert tous les jours de 8h à 19h. Location à partir de 25 000 $ par jour et 175 000 $ la semaine.
Tarifs dégressifs pour une semaine ou quinze jours. En haute saison, il faut réserver bien à l'avance (difficile de trouver un véhicule sur place).

Pratique

Réceptif

■ **POLITUR**
Av. Bernado O'Higgins 635
✆ +56 45 2 441 373
Voir page 30.

Argent

Les taux de change ne sont pas forcément très avantageux, mais c'est beaucoup mieux que par le passé.

■ **BANCO DE CHILE**
O'Higgins 311
✆ +56 45 637 3737
ATM mais pas de change.

■ **BANCO ESTADO**
O'Higgins 240 ✆ +56 45 2 945 800
www.bancoestado.cl

■ **BCI**
Fresia 174
www.bci.cl
gerenciageneral@bci.cl

■ **SANTANDER**
O'Higgins 318
✆ +56 45 443 569

Moyens de communication

Nombreuses possibilités de se connecter à Internet, notamment sur O'Higgins. Les prix sont un peu plus élevés qu'ailleurs au Chili. Pas mal de restaurants proposent aussi une connexion wi-fi gracieuse.

■ CORREOS DE CHILE

Fresia 183
✆ +56 45 2 441 177

Santé - Urgences

■ FARMACIA AHUMADA

O'Higgins 412
✆ +56 45 2 444 363
Pharmacies Cruz Verde (n°373 et 400) et Salcobrand n° (171) sur la même rue.

■ HÔPITAL

Uruguay 325
✆ +56 45 229 0400

Se loger

Les prix y sont plus élevés que dans le reste du pays pour les hôtels de catégories moyenne et supérieure, ce qui n'est pas vrai pour les adresses bas de gamme : la compétition assure des prix raisonnables pour une qualité souvent supérieure à d'autres endroits du Chili. De janvier à mars, certains tarifs flambent carrément, pensez aussi à réserver votre hébergement à l'avance.

Bien et pas cher

■ CAMPING PARQUE LA POZA

Av. Costanera Roberto Geiss 769
Sector La Poza
✆ +56 45 2 444 982
campinglapoza@hotmail.com
Selon la saison, compter entre 6 000 et 9 000 $ par personne. Ouvert toute l'année.
A l'entrée de la ville, bien situé. Pas mal de facilités (dont des lockers) et des emplacements agréables, cependant les sanitaires ne sont pas toujours très propres et les douches chaudes ne sont pas toujours au rendez-vous... Les emplacements de camping proposent lumière et électricité. La route est bruyante à l'occasion, mais ce n'est pas si dérangeant. Une adresse sympathique pour camper une ou deux nuits à Pucon !

■ CHILI KIWI HOSTEL

Roberto Geiss 355
✆ + 56 452 449 540
www.chilikiwihostel.wixsite.com
chili.kiwi.lakefront@gmail.com
Lit en dortoir à partir de 8 500 $ (dortoir de 6 personnes) ou 10 000 $ (dortoir de 4 personnes). Chambre Hobbit à partir de 26 000 $, la Three House à partir de 30 000 $.
James et Peter, respectivement néo-zélandais et hollandais, proposent des chambres et des dortoirs atypiques dans un cadre qui ne manque pas de charme. C'est face au lac que cette adresse, encore jeune, s'est installée avec pour mot d'ordre le partage et la convivialité. Il est possible de dormir dans un van, dans un dortoir « Harry Potter », ou encore dans une cabane de « hobbit ». Toutes les salles de bain sont communes mais propres et modernes. Un petit bar sert des bières artisanales et des *pop-quizz* ont lieu en fin de semaine. Le spectacle à ne pas rater : le coucher de soleil sur le lac depuis la petite cabane dans les bois. Une superbe adresse.

■ ÉCOLE

General Urrutia 592
✆ +56 45 2 441 675
www.ecole.cl
reservas@ecole.cl
En haute saison, compter entre 9 000 $ par personne en dortoir sans couverture et 12 000 $ avec couverture fournie. Compter entre 22 000 $ et 24 000 $ la chambre simple ou la chambre double avec sanitaires communs, à partir de 36 000 $ la chambre double ou matrimoniale avec salle de bains privée, de 44 000 à 62 000 $ la triple et 60 000 $ la suite matrimoniale. Wifi gratuit. Sans petit déjeuner.
Bonne adresse pour les voyageurs du monde entier. Ambiance intime et chaleureuse. Certaines chambres sont un peu étriquées, mais toutes sont bien tenues et chauffées. La suite matrimoniale (la plus spacieuse) possède même une cheminée centrale faite en pierre. On organise des excursions (notamment au superbe sanctuaire naturel El Cañi), des balades à pied ou à vélo. Le restaurant végétarien est excellent, on peut y manger des plats mapuche tel le *catuto* (pain traditionnel à base de farine de blé avec différentes sauces) et des artistes y exposent leurs œuvres picturales. Des lunch-box, des massages, et un film tous les jeudis soir (de mars à novembre) sont aussi proposés. Bref, une valeur sûre.

■ HOSPEDAJE GUESTHOUSE VICTOR

Palguín 705
✆ +56 45 2 442 525
www.hostalvictor.cl
pucon@hostalvictor.cl
Selon la saison, compter de 25 000 à 45 000 $ pour une chambre à deux.
Sans doute un des meilleurs plans hébergement de la ville en termes de rapport qualité-prix. Juste derrière le terminal de bus JAC, vous serez accueilli par l'aimable Victor et Rosa. On y trouve 8 chambres, petites mais bien tenues.

Sanitaires communs très propres, deux cuisines bien équipées, un accès (payant mais rapide) à Internet, et la télévision câblée.

■ HOSTAL FRENCH ANDES
Pasaje Tinquilco 3
✆ +56 452 44 33 09
www.french-andes.com
french.andes@gmail.com
Selon la saison, lit en dortoir de six personnes de 6 500 à 10 000 $, lits en capsule de 7 500 à 15 000 $. Chambre double avec terrasse de 21 000 à 48 000 $ et appartement pour 2 personnes entre 25 000 et 60 000 $.
Chez Vincent, on se sent comme à la maison ! De fait, le gérant de l'agence Aguaventura a fait de sa maison un petit nid douillet, prêt à accueillir jusqu'à 17 personnes. Tout récemment, et toujours dans la même rue, l'Hostal French Andes 2 propose 23 lits dont des chambres matrimoniales et des chambres « capsules » de style japonais, parfaitement équipées. Prolongé d'un jardin, dont la vue sur le volcan est absolument sublime, l'ensemble est agréable et il n'est pas rare de voir cette joyeuse communauté de voyageurs se regrouper dans le salon, au son d'une bonne bossa nova (dans le respect des dormeurs). Grande cuisine à disposition, équipe jeune et dynamique, chauffage en hiver et bien sûr, organisation hors pair d'excursions !

■ HOSTAL LA MAISON
Lincoyán 261
✆ +56 45 2 443 138
www.hostallamaison.com
hostel.lamaison@gmail.com
Compter à partir de 58 US$ la chambre double ou matrimoniale, et 200 US$ la maison indépendante pour 7 personnes, petit déjeuner en sus. Les prix varient en saison.
Etienne, un Chilien ayant vécu 15 ans en France, propose un accueil chaleureux. L'hostal est constitué de deux maisons charmantes disposées autour d'un joli jardin, avec la possibilité pour les groupes de 6 à 8 personnes de louer l'une d'entre elles. A quelques pas du centre et des commerces, de nombreuses informations (en français) sur les activités de Pucón et des environs. Etienne se fera un plaisir de vous raconter l'histoire du village !

■ LA TETERA
Urrutia 580
✆ +56 9 9837 1440
www.tetera.cl – info@tetera.cl
Avec les sanitaires communs, compter de 29 000 à 39 000 $ la chambre simple et de 36 000 à 49 000 $ la double. Avec une salle de bains privée, la simple vaut entre 36 000 et 49 000 $, la double entre 43 000 et 59 000 $. Terrasse équipée d'un hamac.
Une petite adresse conviviale et charmante qui propose six chambres boisées et douillettes. On est au chaud et on s'y sent bien ! Excellents petits déjeuners inclus. La sélection de thés est également impressionnante : c'est d'ailleurs le nom de baptême de cet endroit très sympa, intime et convivial, presque toujours plein en saison. Vous pourrez aussi organiser des excursions.

Confort ou charme

■ HOSTEL B&B FRONTERA
Pedro de Valdivia 36
✆ + 56 045 442896
www.fronterapucon.com
Selon la saison compter de 70 000 à 80 000 $ la chambre pour deux standard, et de 80 000 à 130 000 $ la chambre deluxe. Petit-déjeuner compris.
L'adresse idéale pour ceux qui souhaitent trouver le bon compromis entre une auberge et un hôtel ! Ana et Léo, deux brésiliens installés à Pucon depuis plusieurs années, proposent 5 chambres cosy et douillettes dont les salles de bain sont presque dignes d'un hôtel de luxe. Demander la chambre n°5, cette chambre luxueuse comprend un bain bouillonnant. Ici l'ambiance est cocooning et on s'y sent vite chez soi. Grand jardin sur l'arrière, cuisine familiale et salon très convivial.

■ LOUNGE BRASIL
Colo colo 485
✆ +56 45 2443508
www.cafeloungebrasil.com
contacto@cafeloungebrasil.com
Compter 30 000 $ la simple et de 35 000 à 60 000 $ la double (selon saison).
Une adresse charmante qui se distingue par son cadre *buena onda* et coloré. La pièce commune regorge de détails et d'objets : livres à gogo, photos et tableaux, casse-tête chinois... le tout aménagé et décoré avec goût. Les chambres et les salles de bain sont à tomber ! Bien équipées, elles évoquent une atmosphère montagnarde et cosy. Ici, ce sont les détails, comme les guirlandes de lumières qui habillent les têtes de lit, qui font la différence. Le petit-déjeuner organique est fait maison et à base de produits frais. Un petit coup de cœur.

■ MAISON NOMADE
A 15 km de Pucón sur la route de Caburgua
✆ +56 9 8293 6388
www.chile-nomade.com
info@chile-nomade.com
Chambre double avec salle de bains privée à 105 000 $ (140 000 $ avec vue sur le volcan) et suite familiale pour quatre personnes à 175 000 $. Wifi et petit déjeuner inclus.

Cette belle maison d'hôtes de bois et de pierre, tenue par Alain (français) et sa femme (chilienne), propose des petites chambres confortables, bien chauffées et des salles de bains dignes de ce nom. La décoration est faite d'objets recyclés et d'inspiration mapuche. Cuisine ouverte aux locataires, petite aire de jeux pour enfants et grand jardin avec arbres fruitiers. Vue magnifique sur le volcan Villarrica depuis le jardin, la pièce commune du premier étage et l'une des chambres. Vente de produits artisanaux locaux. L'adresse est excentrée, mais en fait à proximité des thermes, du lac Caburgua et du parc Huerquehue.

MONTE VERDE HOTEL & CABAÑAS
Sur la route vers Villarrica, km 6
✆ +56 45 2 441 351
www.monteverdepucon.cl
info@monteverdepucon.cl
Au B&B, compter entre 85 000 et 120 000 $ pour deux, entre 100 000 et 140 000 $ pour trois, selon la saison. Dans les cabañas, compter entre 75 000 et 110 000 $ pour deux, jusqu'à 130 000 ou 185 000 $ pour huit personnes.
Quatorze bungalows bien décorés et tout en bois, six chambres spacieuses et tout aussi charmantes (chacune avec sa propre déco). Perché sur une colline, surplombant le lac, cet établissement propose une ambiance agréable et un service attentif (bouteille de vin gracieusement offerte lors de votre arrivée). Kayaks et bateaux à disposition en été. Piscine et bain bouillonnant complètent une solide infrastructure.

PEUMAYEN LODGE & TERMAS
A 27 km de Pucón
sur la route menant à Huife
✆ +56 9 4010 3595
www.termaspeumayen.cl
info@termaspeumayen.cl
Selon la saison, compter de 103 à 119 US$ pour la chambre double, de 119 à 132 US$ la chambre pour trois, entre 151 et 184 US$ la quadruple. Petit déjeuner (copieux), accès illimité à la piscine et aux pozos compris. Formule en demi-pension ou en pension complète possible.
Ce grand établissement dispose de chambres avec salle de bains privée et de *cabañas* de grand standing (terrasse privée et bain bouillonnant privatif) avec vue plongeante sur le cours d'eau qui traverse la propriété. Restaurant, piscine intérieure chauffée et *pozos* extérieurs (petits bassins d'eau thermale). Différentes activités telles qu'un parcours d'accrobranche, des trekkings et des promenades à cheval sont proposés. Massages en été. Transfert depuis et vers Pucón sur demande. Atmosphère de montagne avec toutes les constructions en bois. Le restaurant La Fleur de sel est l'une des meilleures tables de Pucón.

Luxe

ALDEA NAUKANA
Gerónimo de Alderete 656
✆ +56 9 6479 5729
www.aldeanaukana.com
info@aldeanaukana.com
Selon la saison, compter entre 162 et 215 US$ la chambre double et entre 200 et 255 US$ la chambre triple. Baisse des prix en basse saison.
Cet hôtel d'une élégance rare conjugue parfaitement l'architecture moderne au design intérieur plus traditionnel et cosy. La décoration, majoritairement composée de matières organiques, apporte une atmosphère chaleureuse et douillette aux 10 chambres de l'établissement. Les salles de bains sont chic avec tout l'essentiel. On trouve aussi un jacuzzi sur la terrasse avec une vue imprenable sur le volcan : à tester obligatoirement lors de votre séjour ! Les salons communs ne manquent pas de charme : boisson chaude et tapis en peaux de bêtes vous attendent au coin du feu. Salle de thérapie, massage et sauna sont également proposés dans les petites yourtes du jardin de l'hôtel. Une prestation de qualité.

HOTEL ANTUMALAL
Route vers Villarrica
✆ +56 45 2 441 011
www.antumalal.com
info@antumalal.com
En haute saison, compter à partir de 340 US$ la simple ou la double, 400 US$ la suite supérieure, 440 US$ la suite pour quatre, chalets de 4 à 6 personnes de 525 US$ à 705 US$. wi-fi et petit déjeuner inclus. Formule de demi-pension possible.
Dans un cadre superbe, un véritable raffinement, tout en élégance naturelle (architecture Bauhaus). Les 22 chambres sont dotées de cheminée et offrent des points de vue magnifiques sur le lac (fenêtres de la taille du mur, pas de télé). Un parc exotique et tropical de 5 hectares invite à la promenade. Plage privée à disposition, terrain de tennis, piscine et un spa complet. Côté gastronomie, le restaurant Del Parque est à la hauteur. Service très professionnel. D'ailleurs, les propriétaires sont souvent sur place pour accompagner leurs hôtes !

MAGMA LODGE
Camino Pucon-Villarica km 30,5
Playa Carmelito
✆ +56 45 2 442 005
www.magmalodge.cl
reservas@magmalodge.cl
Selon la saison, compter entre 68 000 et 95 200 $ pour une personne, entre 78 000 et 109 200 $ pour deux. Petit déjeuner, usage du kayak et bains chauds inclus.

Situé à 2 km de Pucón, cet établissement propose des dômes écologiques très confortables avec vue sur le lac. Grande terrasse sur la plage privée de 300 m, Spa, parcours d'accrobranche pour les grands et les petits, yoga et bien d'autres activités. Demi-pension possible. Une expérience originale et étonnante.

■ MIRADOR LOS VOLCANES
KM 10 Ruta S-905
✆ +56 9 8189 8801
www.miradorlosvolcanes.com
reservas@miradorlosvolcanes.com
À 18 km de Pucón
en direction du lac Caburgua.
Compter à partir de 190 US$ pour deux, jusqu'à 330 US$ pour cinq. Les prix varient en fonction de la saison. Wifi et petit déjeuner inclus.
Joli complexe de bungalows situé dans un parc de 10 hectares. Les cabanes sont confortables, modernes et entièrement équipées (cuisine, écran plasma, coffre-fort, etc). Mais le plus surprenant est sans aucun doute la vue incroyable sur les volcans. Une adresse agréable, au contact de la nature, qui propose de nombreuses excursions également.

Se restaurer

La plupart des restaurants touristiques sont concentrés sur la rue Fresia. On y propose une cuisine variée et internationale, avec quelques bonnes tables de *parrillada*.

Pause gourmande

■ CASSIS
Fresia 223
✆ +56 45 244 9088
Ouvert tous les jours.
Cette belle enseigne faite entièrement en bois propose un large choix de cafés, thés et chocolats, ainsi que de très bons jus de fruits. On y mange des crêpes, des tartes et des gâteaux faits maison, ainsi qu'une superbe fondue au chocolat. Vous y trouverez aussi des pizzas, sandwichs et salades. Service un peu lent par moment.

Bien et pas cher

■ AGORA
O'Higgins 415
Local 1
✆ +56 45 2 443 231
Quelques tables en terrasse, une ambiance conviviale à l'intérieur. Les murs sont couverts de peintures (certaines très intéressantes), à la vente. On peut y boire des chocolats chauds et grignoter. On peut aussi se connecter gracieusement à Internet (wi-fi).

■ ÉCOLE
General Urrutia 592
✆ +56 45 2 441 675
www.ecole.cl – reservas@ecole.cl
Plats entre 3 500 et 7 000 $. Ouvert tous les jours de 8h à 22h (23h30 en été).
Plats végétariens créatifs et de très bonne facture. Burgers, quiches, calzones, *burritos*, soupes, *chop suey*, salades fraîches, sandwiches (pain maison)... Excellent petit déjeuner. Les produits sont organiques. Menu pas cher le midi en semaine. Une adresse simple et efficace que nous aimons beaucoup.

■ LATITUDE 39
Urrutia 436
Compter environ 6 000 $ le burger.
Lancée par un couple d'Américains tombé amoureux de la région, cette adresse change des adresses plus traditionnelles que l'on peut trouver tout le long de la rue O'Higgins. Ici, c'est toujours l'Amérique mais celle du nord ! On y sert principalement des burgers et des bières d'un rapport qualité-prix tout à fait satisfaisant. Les patrons sont souvent dans les parages et adorent venir papoter avec les clients. On y rencontre aussi pas mal de backpackers et de jeunes anglophones.

■ WED WED
Arauco 302 ✆ +56 45 244 3521
Menu à 5 000 $. Ouvert tous les jours de 19h à 18h en été (fermé le week-end en hiver).
Si vous voulez échapper aux endroits bondés et touristiques de la ville, ce petit restaurant vous offrira un moment de répit. Le chef propose des menus uniques (soupe, plat, dessert et boisson), des plats aux options végétariennes, ainsi qu'une sélection de boissons chaudes. Le tout est très bien préparé et les plats sont généreusement servis. On y sert des soupes à la betterave, au céleri, à la courge, et de délicieux gâteaux vegan à la framboise. Le meilleur rapport qualité-prix de la ville, et on y reviendra !

Bonnes tables

■ EL CASTILLO
Camino al Volcan – KM 8
✆ +56 98 9 018 089
Sur la route qui mène au volcan, vous ne manquerez pas ce restaurant tout en pierre volcanique et à l'intérieur cosy. On y sert une gastronomie goûteuse et différente axée sur le gibier : cerf, chevreuil, sanglier ou encore lapin sauvage, la carte est sympathique ! Des plats plus basiques, comme des soupes et des pizzas, sont également proposés. On apprécie tout particulièrement le cadre, tant à l'intérieur – tapis en peaux de bête et cheminées – qu'à l'extérieur, avec la vue sur la forêt de sapins.

LA MAGA
Gerónimo de Alderete 276
✆ +56 45 2 444 277
www.lamagapucon.cl
lamagapucon@gmail.com
Ouvert de mars à décembre du mardi au samedi, de 12h à 16h et de 20h à 23h30, de 12h à 16h le dimanche. Ouvert tous les jours en janvier et février. Compter entre 14 000 $ et 35 000 $ pour deux la parrillada (mais trois personnes mangeront facilement à leur faim !)
Excellente table de viandes dans un cadre agréable (patio ouvert sur l'arrière). On y vient bien sûr pour la *parrillada*, très bonne et copieuse : filet mignon, *bife ancho, asados...* Le saumon à la moutarde est aussi très savoureux. Gardez une place pour les desserts ! On recommande les gaufres au chocolat ou les fameuses « Maga Cup ». Une adresse au coin du feu, conviviale et définitivement pour les viandards !

SENZO
Fresia 284
✆ +56 45 2 449 005
Tous les jours de midi à minuit.
On y mange bien : tartare de saumon et sa sauce à l'aneth, risottos, pâtes (lasagnes, gnocchis au roquefort...), saumon (accompagné d'une très bonne sauce aux champignons, camarons et échalotes). Le propriétaire, Gerzzon, parle français. A découvrir.

D'TOROS
Avenida Bernardo O'Higgins 524
✆ +56 45 272 6308
Ouvert tous les jours de 12h à minuit. Plats aux alentours de 10 000 $.
Tout récent mais déjà emblématique ce restaurant réalise quasiment un sans faute. L'atmosphère est cosy, le personnel attentionné, la cuisine créative et raffinée. Soupes, sandwichs, salades, ceviche et plats typiques comme la *trucha rellena*, le *costilla de cerdo*, ou les *ravioles de salmon* (exquis !). Bonne sélection de vins et de bières artisanales. Une expérience gustative à un très bon rapport qualité-prix. Seul bémol : le service peut s'avérer très lent, veillez donc à avoir du temps devant vous !

TRAWEN
O'Higgins 311
Local 5
✆ +56 45 2 442 024
Ouvert de 8h30 à minuit. Petits déjeuners entre 3 500 et 4 500 $. Tablas, empanadas, salades, pâtes (maison et copieuses) entre 5 000 $ et 8 000 $. Desserts (dont le fameux fondant au chocolat) autour de 3 000 $. Grande carte de cafés (Illy) entre 1 500 et 2 500 $.
A l'angle de la rue Fresia, une bonne adresse proposant des « aventures gastronomiques » aux influences mapuche. On trouve des viandes, des risottos au poulpe et des raviolis à la truite, des menus pour les enfants et des options végétariennes et sans gluten. Les plats s'avèrent parfois étonnants. Ambiance rustique et confortable à la fois, service plaisant. Bar avec différentes propositions en *happy-hour* toute la journée et bières artisanales de Pucón (dont Newen et Pillán). Espace à l'étage pour se connecter à Internet (wifi). Bonne adresse.

VIVA PERU
O'Higgins 761
✆ +56 45 2 444 285
Tous les jours de midi à minuit. Compter autour de 10 000 $ par personne.
Carla Piana propose une cuisine typique du... Pérou cette fois ! On y trouve des plats de bonne qualité : ceviche, *pisco sour*, *arroz chaufa*, *pollo salteado*... Agréable et accueillant. En dessert, les gourmand(e) s ne peuvent manquer le *suspiro limeño* (on prévient, c'est assez sucré). Le patio jouit d'une belle vue sur le volcan.

Luxe

LA FLEUR DE SEL
Km 28
✆ +56 45 2 197 0060
www.termaspeumayen.cl
info@termaspeumayen.cl
Sur la route menant à Huife.
Ouvert du mardi au dimanche de 13h à 16h. Réservation recommandée. En basse saison, du mardi au samedi de 13h à 16h et de 19h30 a 21h, dîner sur réservation uniquement. Ouvert tous les jours de la semaine en haute saison.
Il s'agit du restaurant des thermes de Peumayen. Cuisine très élaborée et délicieuse, composée à partir de produits locaux et d'herbes fraîchement sorties de leur « Jardín de Sentidos ». Carte de bons vins. Michel, le chef français, a travaillé dans des restaurants trois étoiles Michelin avant de monter ce charmant établissement. Excellent confit de canard au porto, le mouton est un régal, les salades sont exquises. Recommandé !

REPÉREZ LES MEILLEURES VISITES
★ INTÉRESSANT ★★ REMARQUABLE ★★★ IMMANQUABLE ★★★★ INOUBLIABLE

Sortir

BLACK FOREST

OHiggins 524
✆ +56 45 244 34 10
info@blackforest.cl
Musique live, DJs le week-end jusqu'à tard...
Des bons sushis, et surtout une ambiance agréable dans ce bar *lounge* de clientèle internationale. Cocktails et bières artisanales pour réchauffer les soirées d'hiver.

MAMAS AND TAPA'S

O'Higgins 587
✆ +56 45 2 449 002
Ouvert tous les jours de 10h à 5h de décembre à mars, et à partir de 18h d'avril à novembre.
Dans ce pub au nom sympathique, beaucoup de jeunes et de touristes et des spécialités de cuisine mexicaine. En fin de semaine, c'est souvent bondé mais l'ambiance est agréable. Une institution qui ne désemplit pas !

Sports - Détente - Loisirs

Sports - Loisirs

AGUAVENTURA EXPEDICIONES

Palguín 336
✆ +56 45 2 444 246
www.aguaventura.com
info@aguaventura.com
Selon la saison, compter entre 90 000 et 100 000 $/personne pour l'ascension du volcan, équipement et transferts inclus.
Une agence réputée pour sa bonne humeur et son professionnalisme, emmenée par Benoist et Vincent, deux Français. Toute l'année, une foule d'activités est proposée : ascension du volcan Villarrica bien sûr, kayak de rivière, hydrospeed, rafting, ducky, escalade, canyoning, quad, parapente, pêche à la mouche, balade traîneau à chiens (réserver à l'avance)... et bien d'autres encore. En hiver, on loue des équipements (snowboard, ski, raquettes...). Service de billetterie (avion, ferry...). Enfin, c'est ici qu'on est incollable sur la météo.

AVENTURPUCON

Palguin 383
✆ +56 45 2 442796
turismoaventur@hotmail.com
Compter 25 000 $ pour 2 heures d'hydrospeed.
Après le rafting, l'hydrospeed est devenu le sport d'aventure incontournable de Pucón. Un peu plus *fun* et tranquille que la plupart des sports aquatiques, on descend ici les rapides à l'aide d'une petite planche et en contact permanent avec l'eau dans les rivières Trancura et Liucura autour de Pucón. C'est simple, on utilise les mouvements de l'eau, on évite les obstacles et on joue avec les vagues. Appelé aussi surf de rivière, l'hydrospeed est une activité excitante pour celles et ceux qui ne seraient pas habitués aux sensations fortes et qui seraient venus chercher un peu de frisson et d'adrénaline en Patagonie. A savoir : l'agence propose d'autres excursions.

CENTRE ÉQUESTRE HUEPIL-MALAL

✆ +56 9 9643 2673
www.huepilmalal.cl
info@huepilmalal.cl
A 27 km de Pucón sur la route
des thermes de Huife,
puis une bifurcation de 1 km sur la droite.
Prix selon activités choisies, mais comptez 40 000 $ la sortie à cheval à la demi-journée et 70 000 $ la journée complète.
Balades à cheval d'un ou de plusieurs jours. Rodolfo, qui entraîna autrefois l'équipe olympique d'Espagne, et Carolina vous accueillent et vous dirigent. Ils sont très expérimentés. On peut loger sur place, et certains vantent la qualité de l'accueil et la convivialité des lieux. A découvrir.

CANOPY BOSQUE AVENTURA

Route de Caburga, km 10
Puente Metreñehue
✆ +56 45 2 444 030
www.bosqueaventura.cl
contacto@canopypucon.cl
Compter 20 000 $ par personne pour 1h30 incluant les transferts depuis la ville, un petit snack et un service de photos digitales gratuites.
Sur 1,2 km, dix passerelles (la plus longue mesure 140 m) ont été agencées à une hauteur moyenne de 25 m ; on atteint parfois la vitesse de 42 km/h en glissant le nom des tyroliennes. Compter 1 heure de parcours au milieu des coihues et des copihues, près du río Trancura. L'équipement vous est fourni, ainsi que le service de guide.

CANYONING PUCON

✆ +56 9 9294 6913
www.canyoningpucon.cl
info@canyoningpucon.cl
Compter 35 000 $ pour une demi-journée. Activités d'octobre à avril.
Miguel pratique le canyoning depuis plus de 15 ans et s'est aventuré au-delà des Andes pour vivre sa passion tout autour du monde. Pourtant, c'est dans son Pucón natal qu'il est resté et qu'il propose aujourd'hui des excursions qui plairont à tous ceux qui recherchent une bonne dose de nature et d'aventure. On descend en rappel, on glisse, on saute, on se cramponne et on s'éclabousse, tout ça dans un contexte cadré et sécurisé. Les guides parlent anglais et espagnol et trimbalent une bonne humeur hautement contagieuse. Une expérience sympathique à découvrir.

■ **SUMMIT CHILE**
Urrutia 585
✆ +56 45 2 443 259
www.summitchile.org
info@summitchile.org
Prix selon les activités.
Réputé pour son expérience et sa connaissance, Claudio, guide de haute montagne international, a monté cette agence pour faire partager son goût de l'escalade, de la randonnée et des sommets de la région. Il propose de nombreuses excursions alternatives, des cours d'escalades pour tous niveaux sur les sites de Pucón et Peinatas.

Détente - Bien-être

■ **MASSAGES THÉRAPEUTIQUES EL CERRO**
Caupolicán Alt. 750
✆ +56 9 9405 5555
www.elcerromassage.cl
info@elcerromassage.cl
Compter entre 25 000 et 30 000 $ le massage de 50 minutes. Ouverture du sauna de mars à décembre.
Duneti, forte de plus de 15 ans de pratique, vous reçoit dans son petit chalet, situé dans un bosquet à quelques *cuadras* du centre de Pucón. Le cadre est reposant et le massage très relaxant. Idéal pour ceux qui souhaitent s'accorder un moment de détente et de tranquillité après une journée de marche ou d'ascension.

Shopping

■ **PLAZA DE LA ARTESANÍA**
Fresia 124
Sous une grande tente où le bois domine, un marché artisanal local non dénué d'intérêt !

■ **TRAVEL AID**
Ansorena 425, Local 4
✆ +56 45 2 444040
www.travelaid.cl
info@travelaid.cl
Hans a aménagé cette librairie remplie de surprises pour le voyageur : cartes (routières, trekking, touristiques ou topographiques), guides de voyage... Infos touristiques et réservations de bateau (Navimag, Skorpios, Catamaranes del Sur...). On peut aussi y acheter une assurance (obligatoire depuis fin 2005) pour se rendre en Argentine en voiture de location. Enfin, on y déniche des CD de musique chilienne.

LAGO CABURGUA Y PARQUE NACIONAL HUERQUEHUE

En louant une voiture, vous pourrez réaliser une fascinante journée d'excursion : direction le site des sources « Ojos » del Caburgua tôt le matin, puis les lagunes du parc national Huerquehue ; le bus vous dépose à l'entrée mais vous pouvez aller plus loin avec un véhicule (économisant au moins une demi-heure de marche) ; vous avez ensuite largement le temps d'effectuer le circuit de 5h (qui, de fait, demande moins de temps pour les bons marcheurs), et même de 7h pour les plus courageux. Une fois votre randonnée terminée, partez vous reposer aux thermes de Los Pozones, à proximité, pour un bon bain relaxant !

■ **LOS OJOS DEL CABURGUA ET LAGO CABURGUA** ★★
A 25 km environ de Pucón en empruntant le camino internacional 7.
L'entrée revient à 1 000 $ par personne. Le camping revient entre 3 000 $ et 5 000 $ par personne, la location de cabanes est à partir

© ARNAUD BONNEFOY
Chalet au bord d'un lac.

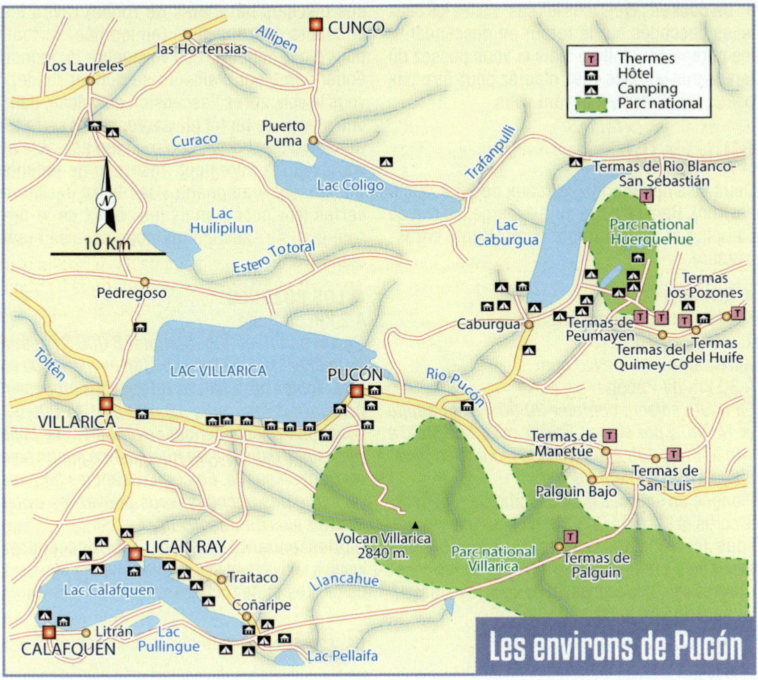

Les environs de Pucón

de 35 000 $ pour deux, un guide depuis Playa Negra à 15 000 $ par groupe, et si vous désirez partir à cheval (plaisante alternative), comptez 20 000 $ au moins.

C'est la source d'une rivière souterraine qui se jette dans le lac Caburgua et forme comme des puits ressemblant à des yeux. L'eau a des teintes bleues et vertes somptueuses. Ces « yeux » se trouvent sur deux propriétés privées. A 5 km de là s'étend le lac Caburgua d'origine volcanique, aux eaux tièdes et entouré de collines boisées. La plage de sable noir est congestionnée en été (campings, restaurants, etc.), mais il est possible de marcher 3 km environ autour du lac (côté gauche) pour gagner une plage de sable blanc (curiosité géologique, due à des roches cristallines), très courue l'été également, où il est possible de camper ou de loger dans des hosterías plus confortables. Cette plage est aussi accessible en voiture (stationnement payant). C'est une jolie excursion. Depuis le Refugio Playa Blanca, un sentier s'enfonce dans l'aire protégée Namuncahue, d'une superficie de 118,2 hectares, sur une distance de 8,5 km environ, jusqu'au campement de base (superbes forêts d'araucarias). Un *guardaparque* devra ensuite vous accompagner jusqu'à un belvédère fascinant et spectaculaire sur les lacs et les volcans de la région (4 km environ, mais ce n'est pas tout plat). Trek très peu connu encore, et l'on accepte seulement dix personnes par jour.

PARQUE NACIONAL HUERQUEHUE ★★

Visites du lundi au dimanche de 8h30 à 18h (20h en été). Compter 7 000 $ par adulte et 3 500 $ par enfant. Un camping, cinq aires de pique-nique ainsi que tous les autres services se concentrent autour du lac Tinquilco. Il est possible de se loger peu avant l'entrée (chambre d'hôte ou camping), d'acheter du (bon) pain, de déguster des spécialités germaniques et même... des sushis.

Le parc, 35 km au nord-est de Pucón sur la route vers Caburgua, s'étend sur 12 500 hectares et renferme une vingtaine de lagunes. Les paysages sont superbes et sauvages (très beaux panoramas sur le lac Tinquilco et le volcan Villarrica en arrière-plan). Avec un peu de chance, vous pourrez même apercevoir un condor ! Deux sentiers d'excursion sont balisés : Sendero Quinchol, 3 km de montée (assez raide), 5 heures aller-retour (accès aux lacs Toro, Verde et Chico) ; et Sendero a Los Lagos, 8 km de montée, 7 à 8 heures aller-retour (continuation du circuit précédent jusqu'à la magnifique lagune Huerquehue et la lagune de Los Palos, où il est possible de camper).

Un conseil : dans tous les cas, visitez les deux jolies cascades sur le retour en descendant ; les photos sont jolies, mais si vous passez du temps aux lagunes vous n'aurez peut-être pas beaucoup de temps devant vous.

QUIMEY-CO

Deux piscines thermales (eaux de 38 à 40 °C environ). Bain de boue. Une auberge, un site de camping et un restaurant complètent l'infrastructure.

QUIMEY-CO

Sur la route de Huife, km 30
✆ +56 9 8775 2113
www.termasquimeyco.com
À 30 km de Pucón.
En haute saison, compter 20 000 $ par adulte et 14 000 $ par enfant. En été, ouvert de 9h30 à 14h30 et de 15h à 20h tous les jours ; en hiver, jusqu'à 19h seulement.
Plongée en sources chaudes afin de régénérer le corps et l'esprit ! On s'y rend pour une journée sous le signe de la détente. Les piscines thermales chauffent entre 38 °C et 43 °C et d'autres services proposent de vous faire masser au sein du spa dédié.

HUIFE

Lorsque l'on évoque Huife, on parle notamment de l'hôtel et de ses thermes. Une parenthèse idéale pour celles et ceux qui aimeraient s'offrir un pur moment de détente.

HUIFE

Sur la route entre Pucón et Huife, km 33
✆ +56 45 2 441 222
www.termashuife.cl
info@termashuife.cl
En fonction de la saison, compter de 120 000 à 140 000 $ pour un, de 150 000 à 20 000 $ pour deux, de 230 000 à 280 000 $ pour quatre, petit déjeuner, bains thermaux et bain bouillonnant inclus. Accès aux piscines de 12 000 à 14 000 $ par enfant et 18 000 à 22 000 $ par adulte. Compter de 10 000 à 12 000$ pour une hydrothérapie additionnelle. Ouvert tous les jours de l'année, de 9h à 21h.
Dans un environnement naturel, ce joli chalet entouré de piscines thermales propose une escale détente et bien-être. Elegant et chaleureux, le cadre convient aux amoureux en quête d'intimité et de relaxation. Sur place, on trouve un hôtel, les piscines thermales, un restaurant et un spa.

LOS POZONES ★

Le site des « puits » thermaux (traduction littérale de *pozones* qu'évoquent bien ces piscines naturelles de roche) ravira les amateurs de tranquillité (en journée, surtout, pour pique-niquer). Les voyageurs du monde entier semblent d'ailleurs se donner rendez-vous le soir, après l'ascension du volcan, dans une ambiance tantôt plaisante, tantôt surfaite. L'ensemble est quand même bien agréable et vous séduira sûrement, même si de récents travaux ont « aménagé » les lieux, facilitant certes leur accès, mais leur ôtant ce je-ne-sais-quoi de sauvage qui nous séduisait tant auparavant.

LOS POZONES

A 2 km de Huife
Ouvert de 11h et 20h. Compter 8 000 $ l'entrée en journée, 10 000 $ le soir (18h en hiver, 20h en été). Toutes les agences de voyages proposent cette excursion (entre 12 000 $ et 15 000 $). Louer un véhicule permet de terminer une belle randonnée dans le parc Huerquehue par un bain relaxant en soirée. En connaissant les horaires de sortie des agences, vous pouvez les éviter et avoir plus de tranquillité.
En descendant l'escalier, vous descendrez jusqu'à la rivière et ses six piscines aux bordures de pierres et de roches.

EL CAÑI ★

La fondation Lahuén (qui gère aussi l'excellent hébergement Ecole à Pucón) protège cette réserve située dans la zone du río Liucura. Il s'agit d'un projet de reforestation et de conservation d'espèces natives (notamment le magnifique *araucaria*), dont l'objectif est de développer la conscience écologique des visiteurs mais aussi des habitants de la région.

Un sentier de 9 km gagne la laguna Negra (très forte montée au départ). On peut encore poursuivre pendant une petite heure jusqu'à un mirador superbe, où, disent les personnes bien informées et les voyageurs futés, il est possible de camper : autant vous dire que le panorama, à l'aube, sur les volcans alentour et la cordillère est à couper le souffle ! Une expédition à ne pas manquer pour sortir un peu des sentiers battus.

Transports

Pour se rendre dans cette réserve privée, de plus de 500 hectares, il faudra emprunter les bus qui mènent aux thermes le long du río Liucura (1 000 $ environ l'aller simple). On peut s'y promener sur une journée entière à travers des sentiers (visites guidées) qui offrent de beaux points de vue sur la vallée, la nature environnante et les volcans. La marche se fait tout en douceur, aucune difficulté ici.

▸ **Entrée payante** : compter 4000 $, plus 45 000 $ pour le guide obligatoire (22 500 $ par personne si l'on est deux, 15 000 $ de 3 à 8 personnes).

TERMAS DE SAN LUIS

Au km 29 de la route internationale, une déviation mène à ces thermes rénovés il y a quelques années.

■ TERMAS DE SAN LUIS

Ruta Internatcional Pucón – Curarrehue km 27
✆ +56 45 2 412 880
www.termasdesanluis.cl
ventas@termasdesanluis.cl
Ouvert de décembre à mars de 9h à minuit, le reste de l'année de 10h à 20h en semaine et de 9h à 21h30 le week-end. Entrée : 16 000 $ (7 000 $ pour les enfants de moins de 12 ans). Sauna possible à 15 000 $ les 45 min, bain individuel à 12 000 $.
Trois piscines (deux extérieures et une intérieure), dont les eaux fluctuent entre 37 et 40 °C. Très bon contre le stress. Il y a un restaurant.

TERMAS DE MENETUÉ ★

Ces thermes disposent de trois piscines couvertes, deux piscines extérieures, de bains individuels couverts, d'un bain de boue. Ses eaux oscillent entre 38 °C et 44 °C. Ouverts toute l'année, ils disposent d'un Spa, d'une cafétéria, d'un restaurant et de six cabañas équipées, près de la lagune Ancapulli (superbe site).

■ HOTEL TERMAL DE MENETUE

✆ +56 45 2324 800 – www.menetue.com
info@menetue.com
A partir de 130 000 $ la chambre pour deux personnes, jusqu'à 300 000 $ pour six. Petit déjeuner et accès aux thermes inclus. Pour l'accès aux piscines pour les visiteurs extérieurs : compter de 16 000 à 20 000 $ selon la saison et de 21 000 à 25 000 $ avec le transfert.
Un bel établissement qui allie confort et nature. Tout est de bon goût et très *cosy*, les cabanes sont douillettes, propres et propices à un séjour relaxant. Des massages thérapeutiques sont proposés. Transfert gratuit depuis Pucón pour ceux qui louent une chambre.

CURARREHUE ★

De nombreuses communautés mapuches y résident, ce qui fait du village de moins de 2 000 habitants (route vers l'Argentine) une halte intéressante. Il y a un office de tourisme, une station-service, des cabines téléphoniques et la possibilité de loger et de se restaurer.

■ ALDEA INTERCULTURAL TRAWUPEYÜM

Heroes de La Concepción 21
✆ +56 45 2 922060
Ouvert de mi-décembre à mi-mars tous les jours de 10h à 20h, et le reste de l'année du jeudi au dimanche de 10h à 18h.
Le Village interculturel (où vous pouvez manger) mérite une visite pour son musée évoquant l'histoire des Mapuche (au travers de photos réalisées par des étrangers, notamment) et pour son marché artisanal Lalén Kuzé, où l'on peut acheter de l'artisanat local traditionnel.

■ BUSES JAC

Camino Internacional
O'Higgins 927
✆ +56 45 2 197 1510
www.jac.cl
atencionclientesjac@jac.cl
Comptez 1 000 $ jusqu'à (ou au départ de) Pucon.
Les bus JAC passent environ toutes les trente minutes au croisement de Palguin et Urugua, et relient Curarrehue à Villarica et Pucón.

■ PASTELERÍA PUCON

✆ +56 45 2 1971 557
Bonne pâtisserie inspirée de la cuisine mapuche. Des petits plats aussi sont proposés.

TERMAS DE PANQUI

■ TERMAS DE PANQUI

✆ +56 9 74787178
Entrée à 10 000 $ par personne.
Deux piscines d'eau chaude (entre 37 et 40 °C), une piscine d'eau tiède, bains de boue (seulement en été), sauna indigène, bain froid. Pour les amateurs de médecine naturelle, tout un programme comprenant massage, yoga, taï-chi, étude des plantes, écologie profonde, tout ça en anglais ou en espagnol. Sympathique et original. En plus, on peut dormir dans des tentes « sioux ».

▸ **Autre adresse :** Bureaux à Pucon : 555 Avenida O'Higgins

VILLARRICA ★★

En 1552, après avoir fondé la cité qui portera son nom, Pedro de Valdivia chargea Don Gerónimo de Alderete de parcourir la région andine afin d'y établir une nouvelle ville qui servirait d'étape en direction de la cordillère. Alderete examina d'abord la région de Panguipulli, où il découvrit des gisements aurifères, puis il se dirigea vers les abords d'un superbe lac nommé Mallolafquén (ou Villarrica). Après l'avoir inspecté, il y établit un campement et donna l'ordre d'y édifier une ville.

En septembre 1552, la forteresse reçut le nom de Santa María Magdalena de Villarrica, en remerciement des nouveaux gisements que les Espagnols venaient d'y découvrir. Au cours du XVIe siècle, de nombreuses communautés religieuses s'y installèrent. Villarrica, qui, malgré son nom, avait connu des années de misère, commença à prospérer. En effet, elle bénéficiait d'une situation géographique avantageuse en tant que lieu de passage des caravanes allant vers Buenos Aires. Sa situation stratégique militaire était cependant mauvaise car la ville, au milieu de la région des Lacs, était fortement isolée au cœur du territoire des féroces Mapuche. Ceux-ci se réveillèrent fin décembre 1598, date à laquelle ils assassinèrent le gouverneur Garcia Oñez de Loyola. Cet événement marqua le début du grand soulèvement mapuche conduit par les deux caciques, Anganamón et Pelantaro. Repliés à Villarrica, les Espagnols commencèrent à faire des provisions dans le but de soutenir un siège cruel. Mais les assaillants nommèrent à leur tête Curimanque, ami de l'un des chefs espagnols, auquel il révéla les positions de ses troupes : les assiégés purent ainsi tendre une embuscade qui fut fatal aux autochtones. Le traître fut châtié et très vite, les Mapuche attaquèrent à nouveau Villarrica mais, incapables de prendre la forteresse, ils finirent par se retirer, vers le milieu de l'année 1599. Villarrica put alors jouir d'une paix relative et les Espagnols mirent à profit cette période d'accalmie pour demander des renforts aux troupes stationnées à Valdivia. Cependant, l'armée mapuche progressait partout ailleurs. Remontant au-delà de la frontière naturelle de leur territoire, le fleuve Bío-Bío, les insurgés détruisirent les villes de Santa Cruz, Nueva Imperial et Angol. La riposte espagnole s'incarna en la personne du colonel del Campo qui, à la tête d'une troupe aguerrie de 265 hommes, reprit Osorno. Mais il ne put aller sauver Villarrica, comme il le souhaitait, car une nouvelle menace arrivait du sud : celle des corsaires hollandais qui nourrissaient des vues sur Chiloé. Del Campo fit cependant route vers le sud et réussit à déloger les corsaires qui s'étaient emparés de la ville de Castro. Les indigènes eurent alors les mains libres pour attaquer Villarrica et assiégèrent à nouveau le fort, avec une armée impressionnante. Les Espagnols ne se résolurent jamais à se rendre mais, de leur côté, les Mapuche ne furent jamais capables de prendre la forteresse. Ils firent donc durer le siège près de trois ans, durant lesquels les assiégés furent quasiment réduits à la famine, ne devant leur survie qu'à une ruse du mulâtre Beltrán, qui avait déjà joué un grand rôle dans la traîtrise de Curimanque et qui était respecté pour sa bravoure parmi les indigènes. Beltrán réussit à entrer en contact avec des caciques mapuche, en leur affirmant qu'il voulait passer dans leurs rangs, et leur proposa un plan pour exterminer les ennemis : les autochtones iraient proposer aux Espagnols de leur vendre de grandes quantités de nourriture et profiteraient de la surprise pour s'emparer du fort. Pour donner le change, une partie des troupes mapuche devait se retirer, tant et si bien que le fort ne se trouva pas assiégé par des soldats mais par des victuailles !

Les indigènes, sûrs de leur fait, pénétrèrent dans le fort sous prétexte de livrer la marchandise. Là, ils furent accueillis par des Espagnols armés jusqu'aux dents qui, sur un signal de Beltrán, se jetèrent sur eux. Ils en massacrèrent un bon nombre, mirent en déroute les autres et firent main basse sur des provisions qui leur permirent de tenir plus de six mois. La trahison ayant décuplé la rage des assaillants, les Espagnols subirent de nouveaux sièges, dont un qui faillit incendier la ville. La disette revint et les assiégés durent se résoudre à manger des racines ainsi que les cadavres d'autochtones tués au combat. En février 1602, il ne restait plus dans le fort que onze hommes et dix femmes résolus à ne pas se rendre malgré les propositions ennemies. Le 7 février, le fort subit un ultime assaut des Mapuche sûrs de leur victoire. Ils mirent le feu au fort, tuèrent quelques assiégés et capturèrent le nouveau commandant du fort, le capitaine Bastidas, un des plus grands héros de cette guerre défensive. Sa mort fut atroce : assommé par un gourdin, il fut décapité puis son cœur fut partagé entre les principaux caciques. Peu d'Espagnols en réchappèrent ; ce fut le cas cependant du capitaine Chavarri et de sa femme, libérés contre rançon en 1627, vingt-cinq ans plus tard. La région fut dès lors aux mains des guerriers mapuche, qui récupéraient la terre de leurs ancêtres. Il fallut attendre plus de deux siècles et demi pour voir la reconstruction de la ville, le 1er janvier 1883, quand Urrutia put poser le pied sur les ruines de l'ancien fort réduit en cendres. Depuis, la région est peu à peu devenue un centre d'intérêt touristique ; au début du XXe siècle, les pionniers gagnaient Freire en train, puis Villarrica après un périple de 7 heures à cheval. En 1924, une voiture à moteur faisait la liaison en 5 heures de voyage. L'année précédente, la localité connaissait son premier hôtel. Et aujourd'hui ? Villarrica est l'une des zones les plus appréciées du tourisme national et reste plus traditionnelle et moins fashion que Pucón. De fait, moins de voyageurs étrangers y séjournent et l'ambiance est plus calme. Pucón est mieux située, Villarrica est plus « chilienne ». A chacun de voir...

Villarrica
vers Loncoche et Valdivia
vers Loncoche & Hotel Kolping
Vers Freire & Temuco
TOLTÉN
Isabel Riquelme
Manso de Velasco
Police Internationale
José Miguel Carrera
Eglise
B del Mercado
José Manuel Balmaceda
Pedro de Valdivia
Office du tourisme
Sargento Aldea
Andrès Bello
V Letelier
Urrutia
Hôpital
Musée Leandro Penchulef
Embarcadère El Lanchón
Manuel Antonio Matta
Police
San Martin
Poste
Eglise luthérienne
TurBus
ALSA
Minibus
Terminal de Bus
Anfion Muñoz
Café-Bar 2001
La Cava de Roble
Prat
Cathédrale
S. Epulef
Geronimo de Alderete
P.L. Gallo
Francisco Bilbao
Vicente Reyes
B. O'Higgins
Travellers Bar-Rest.
Pedro Montt
Théâtre
Hostal Don Juan
El Ciervo
General Körner
Torre Suiza
Julio Zegers
Muestra Cultural Mapuche
Information touristique
Musée
El Rey del Marisco
Aviador Acevedo
LAGO VILLARICA
Colo Colo
Stade
vers Pucón
0
300 m
Edifice religieux
Curiosité et divers
Musée
Poste
Gare routière
Information touristique
Téléphone public
Hébergement
Restauration
Marché et commerce
Police
Hôpital

Transports

Comment y accéder et en partir

Le terminal de bus se situe à l'angle d'Alderete et Pedro de Valdivia, mais la plupart des compagnies possèdent leur propre terminal aux environs, dont Tur Bus et Intersur. Nombreux bus (de nuit) vers Santiago (compter environ de 7 500 $ à 35 000 $ selon le confort et le moment de l'année), mais aussi vers Concepción, Chillán, Valdivia, Osorno, Puerto Varas, Puerto Montt. Les bus pour Lican Ray, Pucón, Temuco, Valdivia et Los Angeles sont principalement des bus JAC, dont le terminal est situé à côté du terminal principal, à l'angle de Muñoz. En janvier et en février, les départs sont plus nombreux pour certaines destinations, et les prix peuvent être plus élevés également. Pour Temuco, toutes les demi-heures jusqu'à 21h, toutes les heures le dimanche. Prix du billet : entre 3 500 et 6 000 $ avec Pullman Bus. Toutefois, il est possible de payer moins cher avec les bus Villarrica. Pour Pucón, toutes les demi-heures jusqu'à 22h en été (sinon 20h). Compter à partir de 1 000 $. Pour Huerquehue, autour de 2 600 à 2 900 $ (en été). Pour Lican Ray, même chose que pour Pucón. Même prix.

Se déplacer

- **Location de vélos.** Le mieux est de se renseigner auprès de la Torre Suiza qui propose des balades sympas de 2 heures autour de Villarica. Des parcours plus longs et plus « sportifs » sont aussi possibles.

Pratique

Tourisme - Culture

Pucón est le véritable centre touristique de la zone et il est bien plus facile de rayonner à partir de là-bas pour découvrir les environs.

OFFICE DU TOURISME
A l'entrée de la ville, dans le parc de Guaíra.
Point d'informations touristiques utiles.

Argent

Vous trouverez les DAB sur l'avenue Pedro De Valdivia.

BANCO DE CHILE
Av. Pedro De Valdivia 799
✆ +56 45 2 919 773

Moyens de communication

CORREOS DE CHILE
Muñoz 315
✆ +56 45 2 977 171
Ouvert du lundi au vendredi de 9h à 18h30 ainsi que le samedi de 9h à 13h.

Santé - Urgences

FARMACIA CRUZ VERDE
712 Av. Pedro de Valdivia
✆ +56 45 2 410 607
www.cruzverde.cl
Ouvert du lundi au vendredi de 9h à 22h, le week-end de 10h à 21h30.

HÔPITAL
San Martín 460
✆ +56 45 2 555 250
L'hôpital de la ville.

Se loger

Les prix sont sensiblement plus élevés en janvier et février. On trouve essentiellement des *cabañas* (bungalows) ainsi qu'un nombre important d'auberges familiales qui n'ouvrent qu'en été (des pancartes en indiquent l'emplacement). Vaste choix de campings sur la route vers Pucón, qui pratiquent en général des tarifs par site jusqu'à 6 personnes (de 12 000 à 30 000 $ environ).

HOSTAL DON JUAN
General Körner 770
✆ +56 45 2 411 833
www.hostaldonjuan.cl
contacto@hostaldonjuan.cl
En haute saison, compter 25 000 $ la simple et 34 000 $ la double avec sanitaires communs, et entre 44 000 et 55 000 $ de la double à la quadruple avec salle de bains privée. En bungalow, compter 64 000 $ pour quatre et 69 000 $ pour six. Cuisine équipée, wi-fi.
Le service est plaisant et les chambres sont très correctes (propres et assez décorées). Les *cabañas* sont plus spacieuses, un bon choix pour les familles ou les groupes. Bonne adresse.

HOSTERIA DE LA COLINA
Las Colinas 115
✆ +56 45 2 411 503
www.hosteriadelacolina.com
Entre 50 000 et 75 000 $ pour deux, 75 000 $ et 100 000 $ pour trois, 90 000 $ et 112 000 $ pour quatre. Petit déjeuner et wi-fi inclus.
Au-dessus du village, sur la route vers Lican Ray (à seulement 10 minutes à pied du centre, vélos prêtés gracieusement), une superbe maison cossue. Derrière le délicieux jardin, depuis la terrasse, on domine le lac et les volcans Llaima et Villarrica. Les chambres sont joliment décorées, confortables et très calmes. L'accueil de Beverly (qui parle un peu francais) et Glen, deux adorables Nord-Américains, est chaleureux, et Glen saura répondre à toutes vos attentes sur la région. Bonne cuisine (glaces maison), le petit déjeuner remportant nos suffrages. Excellente adresse.

■ **HOTEL EL CIERVO**
General Körner 241
✆ +56 45 2 411215
www.hotelelciervo.cl
villarrica@hotelelciervo.cl
Selon la saison, compter de 100 à 155 US$ la double et entre 145 et 175 US$ les suites. Petit déjeuner buffet et wi-fi inclus.
L'environnement est très paisible et la vue magnifique. Au milieu d'un jardin merveilleusement fleuri et entretenu s'étend une piscine. Les 8 chambres sont spacieuses, coquettes et bien aménagées. Le personnel de l'hôtel est d'une gentillesse remarquable. Une très bonne adresse.

■ **HOTEL TERRAZA SUITE**
Julio Zegers 351
✆ +56 9 5864 7892
www.hotelterrazasuite.cl
info@hotelterrazasuite.cl
En basse saison, compter entre 57 000 et 85 000 $ en fonction de la vue pour la chambre double. Entre 77 000 et 100 000 $ en haute saison. Petit déjeuner, wi-fi inclus.
Bel hôtel, jouissant d'une superbe vue sur le volcan. L'établissement offre tout le confort d'un hôtel moderne : lits confortables, minibar, TV, coffre de sécurité. En été, les plus chanceux pourront jouir de la piscine, et du bar dont la superbe terrasse domine le lac. A découvrir.

Se restaurer

Au marché, des coins sympas séduiront les *mochileros* ou ceux qui recherchent une ambiance typique. On y mange fort bien pour pas cher du tout.

■ **SWEET & GOURMET**
Camilo Henríquez 331
✆ +56 45 2 414 087
www.sweetandgourmet.com
Ouvert tous jours à partir de 9h.
Café situé en centre ville. On y sert d'excellents cafés ainsi qu'une bonne bière. La carte propose un choix intéressant et varié de plats en tout genre (allant de la pizza à la cuisine fusion…). A découvrir.

■ **TABOR**
Saturnino Epulef 1187
✆ +56 9 6355 2852
Du lundi au jeudi de midi à minuit, le vendredi et samedi jusqu'à 3h et le dimanche jusqu'à 4h.
Chaudement recommandé pour ses fruits de mer, mais les plats de viande font l'affaire. Un peu excentré.

■ **THE TRAVELLERS**
Valentin Letelier 753
✆ +56 45 2 413 617
Happy-hour tous les jours entre 18h et 21h30.
Déco sympa et carte bien remplie dans ce resto-bar. Le propriétaire s'est installé ici il y a 20 ans après de nombreux voyages en Europe. Des rouleaux de printemps jusqu'aux *burritos* mexicains, en passant par la salade grecque, les plats sont cosmopolites, copieux et servis avec le sourire. Menu à prix doux. Un des seuls lieux *gayfriendly* de la région.

À voir – À faire

■ **FERIA ARTESANAL MAPUCHE** ★
Derrière le musée et l'office de tourisme.
Ouvert en janvier et en février tous les jours de 9h à minuit.
Présente de l'artisanat mapuche. Un marché simple, sans prétention.

■ **RUCA** ★
A l'angle de Pedro de Valdivia
Julio Zegers
Ne se visite pas.
Aux yeux de tous se trouve la reproduction exacte d'une maison mapuche, faite de *totora* et de *junquillo.*

PARQUE NACIONAL VILLARRICA ★★

Situé à 12 km de Pucón, c'est l'un des objectifs de visite d'un séjour à Pucón. Le parc s'étend sur une superficie de 61 000 hectares où se concentrent trois volcans : Villarrica (2 847 m), Quetrupillán (2 382 m), Lanín (3 776 m, le point culminant), et de nombreuses lagunes. La flore est, sans surprise, constituée de forêts d'araucarias et de *lenga* sur les hauteurs, de *raulí* et de *coigüe* en contrebas. A noter que depuis août 2019, l'accès et l'ascension du cratère du volcan Villarrica sont limités dans un rayon de 500 mètres. Vérifiez les conditions lors de votre visite.
Côte faune, il vous sera sans doute difficile d'admirer l'un des trois marsupiaux du pays, le *monito del monte*. Il existe trois voies d'accès :

- **Le secteur Rucapillán** (nom mapuche du volcan lui-même, à 8 km de Pucón), où se situe le centre de ski (opérationnel en hiver) et où la plupart des voyageurs se lancent à l'assaut du volcan.
- **Le secteur Quetrupillán** (à 36 km de Pucón), près des thermes de Palguín, où l'on peut camper et louer des chevaux ; c'est la plus belle zone du parc national.
- **Le secteur Puesco** (à 56 km de Pucón), où l'on peut également camper. Cette entrée se situe près de la frontière avec l'Argentine, sur la route qui conduit à Junín de los Andes (au sud de Curarrehue).

Pratique

BUREAU DEL PARQUE NACIONAL VILLARRICA

✆ +56 45 2 443 781
parque.villarrica@conaf.cl
Bureaux ouverts de 8h30 à 18h tous les jours, toute l'année. Compter 7 000 $ l'entrée, 3 500 $ pour les enfants. Pour camper, compter 8 000 ou 12 000 $ par site pour les étrangers selon la saison.

Autre adresse : Bureaux à Pucón : Lincoyán 336

À voir – À faire

VOLCAN VILLARRICA

Comptez entre 45 000 et 55 000 $ l'ascension selon les agences. C'est un peu plus cher si vous décidez de louer des skis pour la descente (sympa comme tout).

Il perce l'horizon du haut de ses 2 874 m. Aussi magnifique que menaçant, ce volcan est l'un des plus actifs du pays et est l'un des trois plus grands volcans des Andes. Une excursion nécessite une assez bonne condition physique (une partie du chemin peut être glacée) et surtout les services d'un guide. Le paysage est somptueux. A l'arrivée au sommet, la vision du cratère rempli de lave récompense au centuple vos efforts. Sachez toutefois qu'à l'heure où nous rédigeons ces lignes, le Bureau national des Urgences a émis une alerte jaune après la confirmation de l'activité accrue du volcan, l'accès est d'ailleurs restreint à 50 m du cratère.

C'est une excursion d'une journée. On part en général vers 7h du matin, on gagne le poste de Conaf, puis un télésiège, que l'on peut prendre ou pas (dans les 5 000 $). Ensuite, attendez-vous à 4 heures d'ascension. On revient vers 16h, et certaines agences (comme Aguaventura) vous accueillent avec un petit pot (bière, etc.) pour revivre vos émotions, partager un moment sympa entre les randonneurs, ou raconter vos dernières frayeurs.

En hiver (de mi-juin à début octobre), les pentes du volcan se transforment en station de ski.

Sports – Détente – Loisirs

Pour les randonneurs, voici les différents sentiers du parc :

Depuis Rucapillán : sendero El Volcán (pour monter jusqu'au cratère) ; sendero Los Cráteres (8 km), sendero Challupén Chinay (23 km, deux jours de marche, vous terminez à l'entrée du secteur suivant, ce n'est pas la plus belle section).

Depuis Quetrupillán : sendero A Los Nevados (16 km, une journée de marche, très belles vues) ; sendero Los Nevados (15 km, pour admirer les lagunes Azul et Blanca) ; sendero Pichillancahue (6,6 km, jusqu'au glacier Pichi Llancahue).

Depuis Puesco : sendero Lagos Andinos (12 km, compter un bon jour de marche, en compagnie des lacs Huinfiuca, Perdido et Plato) ; possiblité de connecter ce dernier avec le sendero Momolluco (compter autour de 25 km les deux parcours, pour au moins deux jours de périple) ; sendero Las Aburtadas (17 km, superbe également), que l'on peut entreprendre en poursuivant le sendero

Funiculaire amenant au sommet du volcan Villarrica.

Le parc national Villarrica

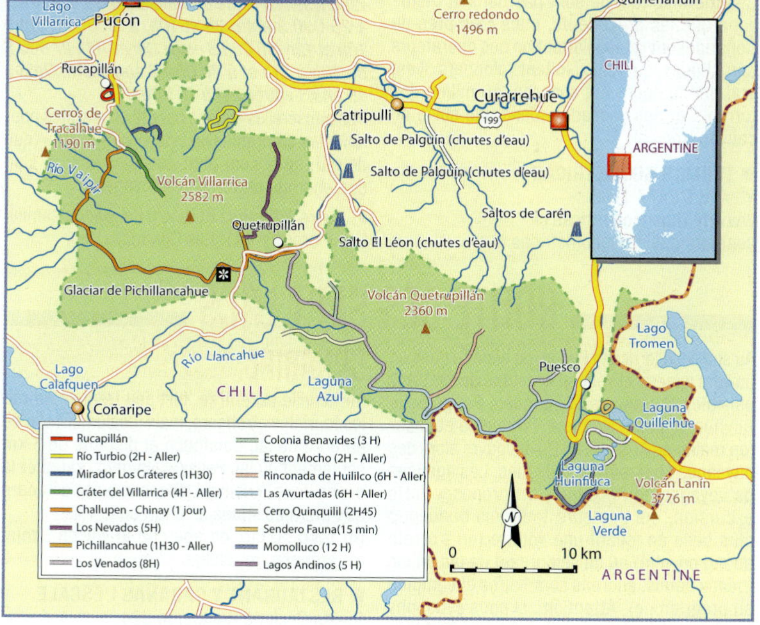

Los Nevados (précédemment cité, entrée secteur Quetrupillán).

Ainsi, ceux qui désirent effectuer à pied la grande traversée du parc (compter trois jours au minimum, l'ensemble fait quand même 55 km) devraient suivre l'itinéraire suivant : emprunter le sentier Challupén Chinay depuis le premier secteur jusqu'au deuxième (23 km) ; de là, gagner le sentier Los Nevados et poursuivre par le sentier Las Aburtadas vers l'entrée du troisième secteur, à Puesco (32 km), où il est possible de trouver des transports en commun ou de faire du stop pour Curarrehue avant de revenir à Pucón (c'est la route qui se rend à Junín de los Andes en Argentine). Fascinant, tout simplement, si le beau temps est de la partie.

SKI PUCÓN
© +56 45 2 441 901
www.skipucon.cl
info@skipucon.cl
Compter 39 500 $ par adulte en saison haute (45 000 $ lors des vacances d'hiver) pour un ticket à la journée, 33 000 $ pour la demi-journée (38 000 $ lors des vacances d'hiver). Les prix baissent d'environ 10 000 $ en saison basse.
Les pentes du volcan Villarrica font d'habitude la joie des amateurs de ski en hiver, 9 remonte-pentes et 20 pistes étant installés. En temps normal, on loue des skis et on donne des cours, privés ou collectifs, et la saison hivernale a lieu au mois de juillet.

Autre adresse : Bureaux à Pucón : Clemente Holzapfel 190.

TERMAS DE PALGUÍN ★

Dans un décor naturel magnifique (chutes d'eau, montagnes et fleuves), près du secteur Quetrupillán (accès au parc national, ces thermes (entre 29 et 54 °C) disposent d'une piscine à l'air libre et de treize bains thermaux individuels (un peu décevants), également d'un service d'hôtellerie et de restauration.

Pratique

Ouvert toute l'année. Entrée : 10 000 $.

Se loger

HOTEL LAS TERMAS DE PALGUÍN
A 30 km au sud-est de Pucón
© +56 45 2 441 968
Compter autour de 100 000 $ la nuit.
On peut loger sur place. Les prix sont assez élevés.

TERMAS GEOMÉTRICAS ★★★

Ces thermes (qui ne sont pas dans la même zone que les précédents, mais plus près de Coñaripe) ont retenu l'attention des opérateurs touristiques, qui les exploitent volontiers. Il est vrai que le cadre est superbe, au milieu des torrents et des cascades, dans une sorte de canyon tropical.

■ TERMAS GEOMETRICAS
✆ +56 9 7477 1708
www.termasgeometricas.cl
contacto@termasgeometricas.cl

A partir du moment où vous payez l'entrée vous pouvez y rester toute la journée, toutefois les tarifs varient selon l'heure de votre arrivée. L'entrée est à 25 000 $ entre 9h et 10h, à 27 000 $ entre 10h et 12h, 30 000 $ entre 12h et 18h, 27 000 $ de 18h à 21h et à 20 000 $ après 21h. De 3 à 15 ans, l'entrée est à 16 000 $.

Des passerelles en bois ont été construites pour relier les différentes piscines « naturelles » (qui, de fait, ne le sont peut-être plus assez). L'un des endroits préférés des voyageurs.

Autre adresse : Bureau à Santiago : Camino Las Flores 11 441, Las Condes

ROUTE DES SEPT LACS

Au sud de Villarrica et Pucón, on pénètre dans un univers minéral et végétal constitué de sept lacs paisibles et alanguis : Calafquén, Panguipulli, Riñihue, Pellaifa, Neltume, Pirihueico et Lacar (en réalité en Argentine). On découvre alors des paysages champêtres idylliques. Les agences de voyages de Pucón aiment proposer cette excursion, qui demeure toutefois beaucoup plus belle en louant une voiture (on s'arrête quand on veut) ou en séjournant de lac en lac (beaux hôtels, endroits sommaires et camping au programme). Attention : si nous évoquons ce circuit dans le chapitre consacré à l'Araucanie pour des raisons « pratiques », toutes les villes (sauf Lican Ray) font en fait partie de la récente région des fleuves, dont la capitale est Valdivia.

LICAN RAY

Petit village paisible au parc ravissant, assez peu fréquenté par les étrangers.

■ LA PÉNINSULE

La péninsule est en fait un petit parc naturel, avec un grand nombre de conifères et d'arbres spécifiques de la région. Ce parc, d'environ 18 ha, est un lieu de promenade très agréable. On y vient après la plage ou pour se baigner dans ses charmantes criques. Situés sur une colline, à 50 m au-dessus du lac, deux miradors offrent une excellente vue sur la ville, les îles et le lac Calafquén. On accède à ce parc par la rue Costanera Felipe Manquel, Playa Chica, embarcadero.

La péninsule sépare deux plages de Lican Ray : la Playa Grande, donnant sur les îles du lac, et la Playa Chica, près de l'embarcadero, d'où l'on peut observer l'Escorial et le volcan Lanín. L'embarcadero est un petit quai où sont amarrés de nombreux bateaux colorés, dont certains peuvent être loués pour une balade sur le lac.

COÑARIPE

Petite ville excentrée, fort peu fréquentée par les touristes étrangers, mais idéalement placée au bord du lac Calafquén et distante de 6 km seulement du lac Pellaifa. On peut pratiquer la pêche dans la rivière Llancahue ou se détendre aux thermes situés à 16 km de la ville.

Du bord du lac, on aperçoit le volcan Lanín, mi-argentin, mi-chilien.

■ RESTAURANT Y CABAÑAS L'ESCALE
Guildo Beck de Ramberga 924
✆ +56 9 8519 4251
www.trawun.cl
lescale924@gmail.com

Compter de 45 000 à 85 000 $ la cabane tout équipée.

Ivone et Michel, un couple franco-chilien qui vit dans la région depuis plusieurs années, gèrent cet hébergement doté d'un restaurant de gastronomie française, élaborée avec des produits de la zone, truites et autres fruits de la forêt (*murta, rosa mosqueta, arrayan*, miel...). Menu végétarien ou végan à la demande.C'est un bon camp de base pour partir explorer la forêt d'araucaria voisine, les volcans Villarrica, Mocho et Choshuenco, ou faire différentes activités dans la région : parcours équestre, sources thermales, trekking, visite des communautés mapuche.

PANGUIPULLI ★★

Panguipulli, dont le nom signifie « terre des lions » (pumas) en mapudungun, est le centre de la région des Sept Lacs. La petite ville, fondée le 31 décembre 1946 et forte de quelque 8 000 habitants, s'étend au bord du lac dont elle porte le nom. Elle est surnommée « cité des roses » car, en 1980, 1 000 rosiers y ont été plantés ; ils sont plus de 14 000 aujourd'hui. A l'origine, la ville était un port d'où l'on acheminait le bois des vallées intérieures vers la vallée centrale, où des vapeurs débarquaient leur cargaison de bois et où arrivait une ligne de chemin de fer. Aujourd'hui, Panguipulli offre des infrastructures de bon niveau, des paysages superbes et de nombreuses possibilités d'excursions.

Transports

Tous les bus partent du terminal de la rue Gabriela Mistral 1000, sauf Tur Bus qui dispose d'un terminal à lui tout seul, au croisement de Pedro de Valdivia et de Carrera. Une guérite d'information au terminal peut vous fournir tous les renseignements dont vous avez besoin pour voyager en transports en commun dans la région.

- **Vers Pucón :** il faudra prendre deux bus pour vous y rendre, il vous faudra pour cela prendre un bus jusqu'à Villarica (2h de bus pour 1 500 $ environ) puis un bus (ils circulent toutes les 20 min environ) pour Pucón. Compter environ 2 heures 30 à 3 heures pour un coût total de 4 500 $ environ.
- **Vers Valdivia :** départs toute la journée, entre 6h et 20h avec Buses Pirihueico. Compter autour de 3 500 $.
- **Vers Puerto Montt :** au moins cinq départs quotidiens. Bus directs ou arrêt via Valdivia. Buses Pirihueico. Compter minimum 3 000 $.
- **Vers Temuco :** départs toute la journée, entre 6h50 et 16h50. Compter environ 2h de trajet avec Buses Panguisur.
- **Vers Santiago** (voyage de nuit, environ 10/12h). Plusieurs départs entre 19h20 et 21h. Tur Bus, Buses Panguisur, IGI Llaima, Inter Sur. Compter à partir de 12 000 $.
- **Vers Coñaripe et Lican Ray.** Aller-retour dans la journée. Buses Carrasco, Cordillera, San Pedro, Pirihueico.
- **Vers Puerto Fuy,** les bus Lafit et Lipinza partent tous les jours. A partir de Puerto Fuy, on peut gagner l'Argentine en prenant un bac sur le lac Pirihueico jusqu'au poste-frontière Hua Hum. Une route, qui traverse le parc national argentin Lanín, mène ensuite à San Martín de los Andes (Argentine).
- **Vers San Martín de los Andes.** Les bus Lafit font le voyage de Panguipulli à San Martín, une fois par semaine en hiver le samedi à 10h, trois en été. Compter autour de 15 000 $ par personne.

■ **BUSES JAC**
Pedro de Valdivia 84
✆ +56 63 2 311 309
www.jac.cl
Les bus JAC effectuent une boucle depuis Panguipulli passant par Loncoche, Gorbea, Pitrufquen, Temuco et retournant vers Panguipulli.

ARAUCANIE

BUSES PIREHUEICO
A l'angle de G Mist, Diego Portales
✆ +56 63 316 355
Départs vers Lanco, Osorno, San Jose de la Maquina, Valdivia, Puerto Montt puis retour à Panguipulli.

TERMINAL DE BUS
1000 Gabiela Mistral ✆ +56 63 2 310 055
Tous les bus partent de ce terminal, sauf Tur Bus. Une guérite d'information peut vous fournir tous les renseignements dont vous avez besoin pour voyager en transport en commun dans la région.

TUR BUS
José Miguel Carrera 750
✆ +56 63 2 311 309
www.turbus.cl
atencion_clientes@turbus.cl

Pratique

OFFICE DU TOURISME
Padre Sigisfredo
en face de la Plaza Arturo Prat
✆ +56 63 2 310 435 – www.sietelagos.cl
Ouvert toute l'année de 8h30 à 14h et de 15h30 à 18h en semaine et le week-end de 9h à 14h et de 15h30 à 18h.
Bon accueil.

Se loger

Deux campings bien équipés accueillent les touristes : Camping El Bosque (Padre Sigisfredo s/n) et Camping Roble Huacho (chemin de la plage Roble Huacho).

HOSTAL LA CASITA DEL CENTRO
José Miguel Carrera 674
✆ +56 63 2 311 812
Chambre double à partir de 50 000 $. Petit déjeuner et wifi inclus.
Une petite maison tenue par une famille sympathique. Très bon petit déjeuner. Location de bicyclette.

HOTEL RESTAURANT ESCUELA
Martínez de Rosas 772 ✆ +56 63 2 310 925
Compter 45 000 $ pour une chambre simple et 55 000 $ pour une chambre double. Petit déjeuner et wi-fi inclus.
Jolies chambres, sobrement décorées. L'hôtel est traversé par une lumière naturelle chaleureuse. Serti d'un bar et d'un restaurant. Une bonne adresse.

Se restaurer

EL CHAPULIN
Martínez de Rosas 639
✆ +56 63 231 2395
Ouvert de 10h à 22h.
Cuisine rapide et bar à bière. Le restaurant propose aussi des spécialités de poisson et de fruits de mer.

À voir - À faire

IGLESIA PARROQUIAL DE SAN SEBASTIÁN ★
Construite en 1947 par le père Barnabé de Luserne, c'est une église typique de la région de Berne, en Suisse, d'où était originaire son fondateur. Là où elle se trouve, son aspect est forcément surprenant, bien qu'elle ne soit pas la seule : les missionnaires capucins ont construit de nombreuses chapelles de ce style dans la région de Panguipulli.

CHOSHUENCO ★

Blotti au pied du volcan éponyme (2 415 m), le modeste petit village de Choshuenco (moins de 800 habitants) s'est développé grâce à l'exploitation forestière. Choshuenco étant situé à l'extrémité est du lac Panguipulli, le bois abattu était acheminé par des barges sur le lac avant d'être expédié par chemin de fer de Panguipulli vers les villes de la zone centrale. Aujourd'hui, la mise en valeur de la réserve nationale Mocho-Choshuenco, le centre de ski créé sur les pentes du volcan ainsi que la présence du lac Panguipulli favorisent la carrière touristique du village, peu attrayant en soi mais au cœur d'un paysage de toute beauté. Les bus Lafit effectuent le trajet depuis Panguipulli.

Transports

BUSES LAFIT
Oficina 7, Gabriela Mistral 1000
✆ +56 63 2 311 647
Les bus Lafit font la liaison entre Choshuenco et les villes suivantes : Valdivia, Mafil, Los Lagos, Panguipulli, Neltume, Puerto Fuy, Puerto Pirihueico, San Martín de los Andes (en Argentine).

Se loger

Il est possible de camper au Camping Choshuenco, en été seulement. Certains sites donnent sur la plage. Quelques particuliers louent des chambres à des prix autour de 5 000 $ par personne. Il suffit de regarder les pancartes indiquant « hospedaje ».

HOSTERIA RUCAPILLAN
San Martín 85
✆ +56 63 2 318220
www.rucapillan.cl
reservas@rucapillan.cl

En fonction de la saison, compter de 35 000 à 45 000 $ le bungalow pour deux, de 59 000 $ à 79 000 $ pour cinq (sans petit déjeuner).
Cette auberge restaurant propose des *cabañas* et des chambres avec salles de bains privées Le cadre est très agréable. Les prix sont relativement peu élevés pour la qualité de l'ensemble. Le restaurant est une bonne table. Enfin, on vous propose des activités comme du rafting sur les ríos Fuy et Enco, ou l'ascension du volcan Mocho Choshuenco.

PUERTO FUY ★

Puerto Fuy est un endroit complètement paumé, où vous pourrez quand même trouver à loger. Si le village n'a aucun intérêt, le site est grandiose !

- **A Puerto Pirihueico,** il est possible de loger dans des *cabañas* assez confortables ou de camper. Trois belles lagunes n'attendent que vos pas solitaires.

■ BARCAZA HUA HUM

Ruta T-350 s/n
Niebla
✆ +56 9 4277 3450
www.barcazahuahum.com
reservashuahum@somarco.cl
Le traversier part de Puerto Fuy vers Puerto Pirihueico de décembre à mars à 9h, 11h, 13h30, 15h30 et 18h (retour de Puerto Pirihueico à 11h30, 13h30, 16h, 18h et 20h30). Plus de départs le week-end. Entre avril et octobre, deux départs par jour, à l'aller à 9h et 13h, au retour à 11h30 et 15h30. Les tarifs sont de 900 $ par piéton, 5 480 $ par moto, 17 940 $ par voiture.
La barcasse exhibe fièrement ses couleurs rouge et blanche et embarque tous les jours pour Puerto Pirihueico, de l'autre côté du lac, pour une traversée de 90 minutes environ.

■ LAGO NELTUME ★

À 55 km de la ville sur la route internationale Panguipulli-Neltume.
En retrait du circuit touristique, le lac Neltume séduira tous ceux qui rêvent de connaître le Chili sauvage.

■ LA MONTAÑA MAGICA LODGE & NOTHOFAGUS HOTEL & SPA

✆ +56 2 2887 3535
www.huilohuilo.com
info@huilohuilo.cl
Dans la réserve de Huilo Huilo.
A la Montaña Mágica, compter entre 113 000 et 163 000 $ la simple, 80 000 et 120 000 $ (par personne) la double. Au Nothofagus Hotel & Spa, entre 127 000 et 175 000 $ la simple, 162 000 et 250 000 $ la double (petit déjeuner inclus).
Deux architectures loufoques en forme de pyramide (inversée pour le Nothofagus), où le bois vient épouser la pierre, dans un style qui n'aurait peut-être pas déplu au facteur Cheval. Les chambres, insolites, sont d'un romantisme fou. Deux adresses sans pareille au Chili ! Atypique et hors des sentiers battus, c'est l'adresse idéale pour découvrir la réserve Huilo Huilo, méconnue du grand public.

■ RESERVA BIOLÓGICA HUILO HUILO ★

✆ +56 2 335 5938
huilohuilo.com
reservas@huilohuilo.com
Au sud de Puerto Fuy.
Entrée payante. Compter 3 000 $ par personne.
En route depuis Puerto Fuy, si vous êtes motorisé, arrêtez-vous au Salto de Huilo Huilo, dans la réserve du même nom, une chute d'eau spectaculaire de 37 m de hauteur, dans un très bel environnement. On peut aussi admirer le Salto del Puma.

Vers San Martín de los Andes (Argentine)

Des voyageurs désireux de sortir un peu de la traditionnelle boucle en « V » pour connaître la Patagonie (route Santiago-Punta Arenas-Ushuaia-Buenos Aires, ou inversement) peuvent gagner San Martín de los Andes, une ville argentine touristique plaisante, par trois voies différentes :

- **Depuis Pucón,** des bus font la liaison en passant par le Paso Puesco (une route magnifique qui délivre, par beau temps, d'incroyables panoramas sur le volcan Lanín) ;
- **Depuis Villarrica,** Lican Ray, Coñaripe et Liñique, en passant par le Paso Carirriñe (pas de transports en commun a priori, piste difficile pour les berlines et fermée pendant de nombreux mois) ;
- **Depuis Villarrica,** Coñaripe, Lican Ray ou Panguipulli, en passant par le Paso Hua Hum et le lac Pirihueico (faisable en transports en commun, bus Lafit, minibus, bateau, etc.).

Valle de Cochamo.

RÉGIONS
DES FLEUVES ET DES LACS

RÉGIONS DES FLEUVES ET DES LACS

★★★

Les deux régions des fleuves et des lacs sont séparées administrativement mais constituent un ensemble touristique uni : nous les regroupons donc dans ce guide. Les paysages, volontiers alpins à nos yeux d'Européens (les volcans et les araucarias en plus !), comptent parmi les plus beaux du Chili. Les montagnes, les îles et les lacs y sont rois. La pluie aussi, persistante et provocante.
D'un point de vue géographique, il convient de distinguer le secteur continental (jusqu'à Puerto Montt), l'archipel de Chiloé et la zone des fjords accoudés aux Andes (Chaitén et la province de Palena). Les températures ne sont pas aussi faibles qu'on pourrait le supposer : autour de 25 °C en été et 7 °C en hiver. L'océan Pacifique joue en effet un rôle de régulateur et maintient un climat raisonnablement tempéré.
La région des Fleuves, dont la capitale est Valdivia, s'étend sur 18 429,5 km² pour environ 364 000 habitants (recensement 2012). Nantie de plus de 785 000 habitants, la région des Lacs, dont la capitale Puerto Montt fait figure d'ultime confin de la civilisation avant le « vide » patagon des canaux et des fjords. Ces deux régions fascinent pour leurs paysages et son histoire où la colonisation allemande a joué un rôle prépondérant. Dans les ports, une importante activité de pêche a entraîné l'implantation d'industries de transformation des produits de la mer : le saumon du Chili est l'un des étendards économiques du pays, au même titre que le cuivre au nord. Le tourisme, deuxième source de revenus, a pris une ampleur sans précédent, notamment autour des pôles constitués par Valdivia, le parc Puyehue, Puerto Varas et l'île de Chiloé.

VALDIVIA ET LA BAHÍA DE CORRAL

La baie de Corral fut découverte le 22 septembre 1544 par Juan Bautista Pastene. Très vite, le port va acquérir une certaine importance en relation avec celui de Valdivia, qui se développe dès 1558 avec la découverte de la mine d'or Madre de Dios. Mais toutes les richesses produites à Valdivia suscitent la convoitise des corsaires et pirates qui sont légion à l'époque. Cependant Valdivia ne cesse de croître et devient même, en 1571, la deuxième ville la plus peuplée du Chili. Néanmoins, sa destruction en 1599, lors du grand soulèvement mapuche mené par Aganamón, Paillamachu et Pelantaro, sonne le glas de la grande ville et, par la même occasion, de son port avancé : le vice-royaume du Pérou décide le retrait de la présence espagnole.
Le champ reste alors libre aux Hollandais. En effet, ces derniers, qui livrent une bataille sans merci aux Espagnols en Europe, décident d'aller les combattre en Amérique du Sud. Après avoir réussi à dominer une partie du Brésil, ils veulent maintenant s'approprier le Sud du Chili, spécialement Valdivia, pour ses richesses en or. Les Hollandais, après avoir eu le plus grand mal à pénétrer dans la baie, rencontrent les indigènes qui ne leur témoignent pas d'animosité. Ils peuvent construire un fortin et chercher l'or, mais leurs recherches restent vaines. Sentant l'animosité des Mapuche naître puis grandir, et ne trouvant toujours pas le métal précieux, ils décident de s'en aller. Les Espagnols reviennent sur les lieux en mission de reconnaissance. Sachant les Hollandais partis, le vice-roi du Pérou donne l'ordre de reconstruire Valdivia. Il confie cette mission à son fils, le marquis de Mancera. Celui-ci équipe alors la plus grande flotte qu'on ait jamais vue en Amérique du Sud (elle est composée de 2 000 hommes et de 22 galions avec des tonnes de vivres et d'armes) et, le 6 février, il fait son entrée dans la baie. Des fortifications sont construites à Corral, Niebla et sur l'île du Constantin (qui deviendra l'île de Mancera). Au bout de trois mois, le marquis gagne le Pérou, laissant une garnison de 900 hommes.
Peu après, cette garnison est attaquée par les autochtones et se voit contrainte de vivre pendant deux ans de conserves et d'eau saumâtre. Celle-ci provoque une épidémie qui réduit la garnison à 300 hommes. Son gouverneur, jugé incapable, est remplacé par Francisco Gil Negrete qui réussit, après plusieurs sorties, à rétablir la paix avec les Mapuche. Le fort est maintenant approvisionné et Negrete décide de repeupler Valdivia. Il part avec huit embarcations vers l'ancienne place, le 6 janvier 1647. Peu à peu, leurs attaques des autochtones se font moins virulentes à cause du métissage et d'épidémies.

Régions des fleuves et des lacs

Le XVIIIe siècle est assez prospère puis vient, en 1818, la proclamation de l'indépendance du Chili. Cependant, les Espagnols gardent sous leur contrôle une bonne partie du sud du pays et notamment Chiloé, Valdivia et Talcahuano (port de Concepción). C'est cette dernière qui finira par tomber en premier et les troupes indépendantistes en profiteront pour capturer le bateau María Isabel, qui sera rebaptisé O'Higgins et jouera un grand rôle dans la prise de Valdivia. Cochrane décide de faire voile vers Valdivia le 21 décembre 1819, expliquant à son état-major, surpris, son intention de prendre les fortifications réputées imprenables de la baie de Corral. Il sait que cette prise aurait des conséquences psychologiques irrémédiables pour ses ennemis et qu'elle sonnerait leur glas. Le 17 janvier 1820, à bord du Santa María, il fait route vers les forts arborant le pavillon espagnol. La flotte à la disposition de l'amiral est alors de trois navires avec 420 marins, 80 soldats d'infanterie de marine et 340 militaires. Quant aux forces royalistes, elles disposent de 954 hommes dans le fort et de 400 hommes sur la rivière menant à Valdivia. Bien vite, deux petits navires espagnols sont arraisonnés.

Le 28 janvier, les soldats de Cochrane passent dans deux petits navires (le Santa María étant bien connu du fort) et font route vers Corral. Le 3 février, à 15h, la vigie aperçoit ces deux navires battant pavillon espagnol. Les hommes qui en descendent racontent qu'ils sont des Espagnols qui ont perdu beaucoup des leurs en passant le cap Horn. Devant eux, leur font face, sur la plage, 70 hommes prêts à intervenir. Les patriotes chiliens décident de préparer discrètement leur débarquement, mais leurs intentions belliqueuses sont dévoilées. Le fort fait alors immédiatement feu et la bataille s'engage. Les Chiliens, aux ordres de Beauchef, livrent une âpre bataille et prennent le dessus progressivement. Ils arrivent enfin, vers minuit, pratiquement au pied de l'imposante forteresse de Corral. A 1h du matin, ils lancent l'attaque devant la porte où trônent les armes des Bourbons et celles du marquis de Mancera. La bataille est brève, au corps à corps ; les patriotes l'emportent très vite et peuvent hisser le drapeau tricolore. Le lendemain, Cochrane félicite ses troupes et veut mobiliser 200 hommes pour attaquer les forts de l'île et de la rive opposée. De leur côté, les autorités espagnoles ont envoyé 100 hommes supplémentaires à Niebla. Pendant ce temps, la flotte de Cochrane (les deux navires capturés et le Santa María) fait route vers les Espagnols. Ceux-ci, voyant ce grand bateau – qui, en fait, était quasiment vide – pensent que les Chiliens sont très nombreux. Ils décident alors de se replier sur Valdivia, laissant les autres forts déserts, et Cochrane et les siens s'en emparent aussitôt. Quand la nouvelle de la défaite des Espagnols parvient à la population de Valdivia, le vent tourne et l'insurrection se met à gronder. Les Espagnols s'enfuient alors, en mettant cap vers le sud. La foule en liesse accueille ses nouveaux héros et, le 8 février, on convoque un conseil pour l'élection d'un nouveau gouverneur, Vicente Gómez, tandis que Beauchef est nommé chef des forces militaires de la province.

VALDIVIA ★★

Valdivia est une ville agréable à parcourir : la présence du fleuve est apaisante, la nature n'est jamais loin, et l'architecture alémanique flatte le regard. L'offre gastronomique comblera les amateurs de poisson et fruits de mer... mais aussi de chocolat. Si l'on passe outre un climat plutôt instable et parfois déprimant, on sera enchanté par de superbes excursions dans les environs, au milieu de l'histoire de la conquête du Chili (ou du massacre des Mapuche, c'est selon) et d'une nature exubérante : la forêt valdivienne (dominance du coigüe) est en effet l'une des plus belles au monde d'après les spécialistes.

Les immanquables de la région des fleuves et des lacs

- **Valdivia** et ses maisons en bois typiques, son ambiance agréable, sa bière de qualité et ses forts en ruine.
- **Puerto Varas** et les superbes excursions à réaliser alentour (volcan, rafting, canyoning, trek, cheval, bateau...).
- **Un trek** dans la vallée de Cochamó jusqu'à La Junta, un lieu des plus enchanteurs.
- **Un trek sauvage** de Puelo à El Bolsón en Argentine.
- **La découverte,** à pied ou en voiture, du parc national Puyehue (thermes pour se refaire une santé).

Le centre de Valdivia

Histoire

Capitale de la province du même nom, Valdivia est fondée par le premier gouverneur du Chili, Don Pedro de Valdivia, le 9 février 1552, sous le nom de « Santa Maria la Blanca de Valdivia ». Le site est choisi pour sa position stratégique : près du meilleur port de la côte, au cœur des vallées Calle Calle et de Las Cruces, il est également ouvert sur les riches plaines intérieures. L'ouverture de la route du détroit de Magellan en fera un centre névralgique et un lieu de ravitaillement obligatoire pour les marins épuisés par le passage de ce même détroit, au sud du continent. Aussi la ville attise-t-elle toutes les convoitises et les Espagnols doivent la défendre aussi bien des attaques terrestres mapuche que de l'ennemi venu de la mer, les corsaires anglais et hollandais. Mais les indigènes qui travaillent aux mines d'or se révoltent et tuent Valdivia. En 1575, un tremblement de terre détruit la ville à moitié, mais, en 1590, Valdivia s'affirme tout de même comme la deuxième ville en importance du Chili, forte d'environ 650 Espagnols et quelque 6 000 indigènes.

Le soulèvement général des Mapuche, le 24 novembre 1599, provoque la destruction de la ville et l'évacuation totale de la population. Profitant de l'aubaine, le corsaire hollandais Sebastian de Cordes l'occupe en 1600, imité dès 1643 par son compatriote Elias Herckmans, qui poursuit le rêve d'y établir une colonie hollandaise. Il doit y renoncer devant le manque de vivres et l'hostilité des Mapuche, qui résistent encore et toujours à l'envahisseur, sans distinction ni discrimination aucune. Le site est cependant trop important et le vice-roi du Pérou ordonne, en 1645, que ses troupes se le réapproprient, cette fois-ci en y construisant des fortifications. Cet ordre est à l'origine de l'édification des forts de Corral, Niebla et Mancera dont le rôle sera déterminant pour la colonie.

En 1740, la ville dépend de la Capitainerie générale du Chili et non plus du vice-royaume, ce qui marque le début de son expansion géographique, mais les mouvements indépendantistes obligent le vice-royaume du Pérou à refaire passer Valdivia et Chiloé sous sa juridiction. Même si l'indépendance chilienne est proclamée en 1818, les fortifications restent entre les mains d'une poignée d'irréductibles soldats espagnols. Il faut l'exploit militaire du marin anglais lord Cochrane, en 1820, pour rendre la ville à la patrie naissante. Une grave crise économique suit cette prise et dure jusqu'aux premières vagues de la colonisation allemande, en 1850. Le président Manuel Montt favorise en effet l'arrivée de contingents d'Allemands pour dynamiser la colonisation de certaines terres vierges du pays et défricher les mauvaises herbes. Valdivia voit ainsi s'installer bon nombre d'intellectuels, d'industriels, d'artisans et de commerçants qui peu à peu s'intègrent à la société hispanisante. C'est le début de l'âge d'or de Valdivia. A la fin du XIXe siècle, l'industrie valdivienne est la plus prospère du Chili : se multiplient les brasseries, les distilleries, les fonderies de bronze, les chantiers navals et les usines (chaussures, colle, bougies, savon). La première moitié du XXe siècle continue sur cette lancée avec l'apparition de l'industrie sidérurgique (première usine du pays et d'Amérique latine en 1906 grâce à l'apport de capitaux français) et

La ville de Valdivia.

des hauts-fourneaux de Corral. Les compagnies maritimes et de cabotage se multiplient et le premier centre de traitement du bois au Chili est installé. Hélas, le 22 mai 1960, un terrible tremblement de terre (9,5 sur l'échelle de Richter pendant trois minutes : le plus grand séisme jamais enregistré au monde selon les spécialistes), suivi d'un tsunami dévastent Valdivia et ses industries. Le niveau de la ville baisse de trois mètres, à tel point que son avenue côtière est totalement submergée. Dans le même temps, le fleuve se soulève de plusieurs mètres, inondant ses rives, et son cours est modifié. Près de 5 000 personnes périssent dans cette tragédie.
Mais l'industrie valdivienne est, depuis, redevenue florissante. Profitant de son charme, la ville développe aujourd'hui fortement l'activité touristique.

Transports

AEROPUERTO DE PICHOY
Route de San José de la Mariquina
✆ +56 2 2222 8400
www.aeropuertovaldivia.com
À 32 km au nord de la ville.
Un taxi vers le centre revient à 15 000 $. Transfert en minibus à 5 000 $ par personne.
Avec Latam ou Sky Airline, vols vers Santiago, mais aussi Concepción en été. L'aéroport est situé à 32 km au nord-est de la ville.

EUROPCAR
Vicente perez rosales 674
✆ +56 63 2558660
www.europcar.com
reservationfr@europcar.com
Ouvert du lundi au vendredi de 8h30 à 12h50 et de 15h à 19h, samedi de 9h à 11h30, fermé le dimanche.

SKY AIRLINE
Walter Schmidt 303, local 5
✆ +56 63 2 226 280
www.skyairline.cl
Vols entre Santiago et Valdivia tous les jours sauf le samedi.

TERMINAL DE BUS
Muñoz 360 et Andwanter
✆ +56 63 2 220 498
www.terminalvaldivia.cl
Un taxi revient entre 1 000 et 2 500 $ selon votre destination en ville. Pour la côte, nombreux petits bus, compter autour de 1 000 $.
Départs régionaux (Panguipulli, Futrono...), nationaux et internationaux. C'est un grand terminal bien organisé (on y trouve même un office du tourisme), et dont les compagnies desservent toutes les villes susceptibles de vous intéresser. La compagnie San Martín se rend à San Martín. Andesmar gagne Bariloche quatre fois par semaine (7 heures de route). Pour gagner le centre depuis le terminal, vous pouvez marcher plusieurs cuadras ou prendre les minibus qui indiquent « Plaza ».

Pratique

Tourisme - Culture

OFFICE DU TOURISME SERNATUR
Pedro de Valdivia 260
✆ +56 63 223 90 60
www.sernatur.cl
infoarica@sernatur.cl
Ouvert du lundi au jeudi de 9h à 18h et le vendredi de 9h à 17h en été.

Argent

Les DAB ne manquent pas en ville.

Santé - Urgences

HOSPITAL DE VALDIVIA
Buerras 1003
✆ +56 63 2 263 300
www.hbvaldivia.cl

Adresse utile

CORREOS DE CHILE (POSTE)
O'Higgins 575
www.correosdechile.cl
sac@correos.cl
Ouvert du lundi au vendredi de 9h30 à 18h30 et le samedi de 9h à 13h.

Se loger

Bien et pas cher

De nombreux particuliers offrent un lit pendant l'année scolaire ou en été. Il suffit de laisser votre flair vous guider. Moins cher en général.

CAMPING ISLA TEJA
Los Cipreses 1125
✆ +56 63 2 225 855
www.islateja.com
Prendre le bus 9 vers le marché municipal.
Compter à partir de 15 000 $ pour 1 à 2 personnes.
De l'autre côté du pont Pedro de Valdivia, on propose ici des emplacements où planter sa tente, des chambres sommaires et des cabanes équipées pour les groupes plus nombreux. Nombreuses facilités (dont piscine). Il y a même une petite plage.

■ **HOSTEL AIRES BUENOS**
Garcia Reyes 550
✆ +56 63 2 222 202
www.airesbuenos.cl
reservas@airesbuenos.cl
Compter à partir de 12 500 $ en dortoir, à partir de 20 000 $ la simple avec salle de bains privée et à partir de 35 000 $ la chambre double. Petit déjeuner et wifi inclus, cuisine à disposition.
Cette auberge de jeunesse revendique une attitude résolument éco-responsable que nous aimons beaucoup. Recyclage, compost, petit verger où réside la mascotte de l'hôtel, Gardel… le canard ! Et puis Lionel, le propriétaire s'est engagé dans la permaculture, cette méthode écologique qui consiste à ne produire aucun déchet. Lumineuse, accueillante et colorée, cette auberge écologique est un petit coup de cœur. Les dortoirs et les chambres sont propres et confortables (petit bémol pour les sanitaires). L'ambiance est chaleureuse et l'ensemble bien tenu, avec de jolis détails dans la décoration. Cuisine équipée, salon avec TV câblée, lecteur DVD, guitare, jeux de société. Très bons renseignements sur la ville. Bon point de chute pour les voyageurs au budget réduit.

■ **HOSTEL BOSQUE NATIVO**
Fresia 290
✆ +56 63 2 433 782
www.hostelnativo.cl
contacto@hostelnativo.cl
Selon la saison, compter de 12 000 à 13 000 $ le lit en dortoir, 24 000 à 30 000 $ la chambre simple, 28 000 à 33 000 $ la double, 26 000 à 30 000 $ la triple et 32 000 à 45 000 $ la quadruple. Petit déjeuner et wifi inclus.
Dans un endroit très calme, près du río Calle Calle et du centre-ville. Petites chambres propres, confortables et chauffées. Espace commun agréable et *cosy*, cuisine très bien équipée. Recommandable.

Confort ou charme

■ **APPART HOTEL RIO CRUCES**
Av. Arturo Prat 1561
✆ +56 63 2202000
www.aparthotelriocruces.cl
reservas@aparthotelriocruces.cl
Compter à partir de 45 000 $ pour la simple, 56 000 $ pour deux, 70 000 $ pour trois, 83 000 $ pour quatre et 135 000 $ le bungalow pour 6 personnes. Petit déjeuner et wi-fi inclus. Bonnes promotions sur le site internet.
Ce bel hôtel offre des chambres spacieuses, lumineuses et confortables. Il est équipé d'une grande cuisine commune. L'accueil est chaleureux et le personnel attentionné.

■ **HOTEL NAGUILÁN**
General Lagos 1927
✆ +56 63 2 212 851
www.hotelnaguilan.com
reservas@hotelnaguilan.com
Les prix pour la haute saison varient entre 58 000 $ pour une chambre standard et 78 500 $ pour une chambre supérieure. A une vingtaine de minutes du centre à pied.
Situé près du fleuve (embarcadère privé), cet hôtel jouit d'une vue superbe, surtout au coucher du soleil. L'ensemble est élégant et les 36 chambres sont de bon confort. L'ancienne partie est plus vieillotte, la nouvelle propose une déco plus contemporaine, les pieds dans l'eau tout près de la rivière. Très bon accueil pour une très bonne adresse.

Luxe

■ **HOTEL PUERTA DEL SUR**
Avenida Los Lingues 950
✆ +56 63 2 224 500
www.hotelpuertadelsur.com
reservas@hotelpuertadelsur.com
Près de la Pelues, sur l'île Teja.
Selon la saison, compter de 80 000 à 105 000 $ pour un, de 100 000 $ à 120 000 $ pour deux et de 160 000 $ à 320 000 $ la suite. Petit déjeuner et wi-fi inclus.
Un grand hôtel luxueux. L'emplacement est enchanteur, mais la déco ne séduit pas tout le monde. L'ensemble est néanmoins très confortable, avec une vue imprenable sur les deux fleuves. Excursions possibles en bateau ou en kayak depuis l'embarcadère privé. Piscine, bain bouillonnant, location gracieuse de vélos.

■ **HOTEL VILLA DEL RIO**
Avenida España 1025
✆ +56 63 2 216 292
www.hotelvilladelrio.com – hotel@villadelrio.cl
En haute saison, compter entre 60 000 $ et 70 500 $ la simple, entre 72 000 $ et 87 500 $ la double, selon la catégorie. wi-fi gratuit.
Un établissement qui offre toutes les commodités nécessaires dans un environnement de charme. Marina, centre business, salle de sport, piscine et terrain de tennis. Convient davantage aux visiteurs en voyage d'affaires.

Se restaurer

Bien et pas cher

■ **CAFE LA ULTIMA FRONTERA**
Vicente Pérez Rosales 787
✆ +56 63 2 235 363
Tous les jours sauf le dimanche. Sandwichs entre 3 000 et 4 500 $ environ. Menu à 4 900 $.

Ambiance bohème et artistique, couleurs chaudes, revues à disposition, plats végétariens, jus de fruits, bonne sélection de bières artisanales et sandwichs et menus pas chers le midi. Certains recommandent particulièrement les tacos. L'une de nos meilleures adresses en ville, saine et chaleureuse.

■ ENTRELAGOS
Pérez Rosales 640
✆ +56 63 2 218 333
www.entrelagos.cl – info@entrelagos.cl
Du lundi au vendredi de 9h40 à 13h et de 15h30 à 20h. Le samedi de 10h à 13h30 et de 16h à 19h. Compter autour de 7 000 $ le plat.
Dans ce temple des douceurs du sud chilien, on peut déguster de très bons cafés et de délicieux chocolats chauds. Sandwiches particulièrement recommandés. La confiture maison est succulente. Menu pas cher le midi. A ne pas manquer.

■ FERIA FLUVIAL
C'est le marché aux poissons et aux légumes de Valdivia où les promeneurs du dimanche viennent se régaler de cerises au bord du lac. Le marché reçoit également la visite de plusieurs lions de mer. Ils y ont élu domicile et viennent régulièrement y faire leurs courses. Faites comme eux et dégustez, pour trois fois rien, poissons, *mariscos* (fruits de mer) et *curantos* de Chiloé. A ne pas manquer.

Bonnes tables

■ ESPACIO COCINA
Doctor Arturo Gunther 1641, Casa Plumas
✆ +56 63 2 233 052
reservas@espaciococina.cl
En été, ouvert du mardi au vendredi de 12h30 à 15h et de 19h à 0h, samedi de 13h à 16h et de 19h à 0h, dimanche de 13h à 16h. Menu du midi entre 5 000 $ et 9 000 $. Le soir, compter entre 14 900 $ et 19 900 $ le repas par personne.
Tomas, jeune chef, est à l'origine de ce projet ambitieux. C'est ouvert pour tous le midi, mais, le soir, l'espace cuisine reçoit sur réservation uniquement (48h à l'avance, entre 6 et 12 personnes). Tomas vous fera alors part de son savoir-faire culinaire, une fusion entre cuisine traditionnelle et saveurs du monde. Un bar à vins propose également des dégustations de bons crus chiliens, du fromage et de la charcuterie. Les plats font l'unanimité : c'est fin et gourmet, un sans-faute. Petit patio agréable ouvert en été, et cours de cuisine. A découvrir.

■ NEW ORLEANS
Ruta 215, km 56
✆ +56 9 9128 4523
www.nomeolvides.cl
contacto@nomeolvides.cl
Ouvert du lundi au vendredi de 12h à 15h30 et de 19h à 0h30, le samedi de 7h à 0h30. Environ 10 000 $ le plat.
L'un des restos les plus populaires en ville, toujours plein ou presque. Patio extérieur agréable. Plats consistants et de bonne facture. Que ce soit du poisson grillé ou un risotto aux crevettes, une expérience gustative vous y attend ! Le menu change souvent. On y parle fort, les enfants apprécient, et c'est parfait entre amis ou en famille.

■ LA NUEVA MARISCOTECA
Costanera
Los Molinos 580
✆ +56 63 2 282 315
Ouvert du mardi au samedi midi et soir.
Le restaurant qui rend hommage aux richesses de la mer. Tous les vendredis à partir de 20h30, buffet à volonté, avec amandes à la parmesane, oursins, huîtres, crevettes, saumon fumé, ceviche, congre, paëlla marine… Le service aurait quelque peu dépéri ces dernières années, mais le bon rapport qualité-prix est toujours là.

Sortir

Cafés - Bars

■ CERVECERIA KUNSTMANN
Ruta T-350
Camino Niebla, km 5
✆ +56 63 2 292 969
www.lacerveceria.cl
contacto@lacerveceria.cl
Ouvert de midi à minuit. Pour s'y rendre, attraper un colectivo ou le bus 20 en direction de Niebla, sur la côte, depuis le centre. Tours chaque heure pas forcément très intéressants.
La Cervecería ravira les amateurs de bière : on y déguste la marque la plus fameuse du Chili. D'ailleurs, la bière vendue sur place est différente de celle qui est distribuée partout au Chili (maintenant produite à Temuco). Les plats cuisinés sont plutôt bon et le cadre, avec de belles photos, est particulièrement agréable. Il y a même un petit musée à visiter. D'autres établissements de ce type (brasseries) sont apparus sur la route pour Niebla.

■ CHUNGA CHACOTERA
O'Higgins 374
Tous les soirs sauf le dimanche de 18h à 03h.
A côté du café Haussman, auquel il ne ressemble pas du tout. Une déco bohème et fantaisiste, pour l'un des repaires de la faune nocturne. Ambiance vagabonde et désinvolte (on peut écrire sur les murs).

Clubs et discothèques

La vie nocturne, renforcée par un important contingent estudiantin, est très animée. La zone autour de Esmeralda est le repaire des couche-tard.

Spectacles

CINE CLUB UNIVERSITARIO
Campus Isla Teja
Universidad Austral de Chile
✆ +56 63 2 221 209
Le meilleur endroit pour découvrir une production d'auteur latino-américaine, européenne, asiatique ou nord-américaine.

À voir – À faire

Plusieurs manifestations tout au long de l'année, dont voici les plus grandes :

- **La Gran Noche Valdiviana** est sans doute l'événement majeur de l'année. Elle a lieu le deuxième samedi suivant le 9 février, date anniversaire de la fondation de la ville. C'est aussi l'occasion d'une immense fête qui réunit plus de 100 000 personnes. Plus de 200 artisans font des démonstrations de leur savoir-faire dans le parc Saval. Des groupes folkloriques venus de tout le pays et du continent animent musicalement les feux d'artifice.
- **La Bierfest Kunstmann**, dans la plus pure tradition alémanique, le dernier week-end du mois de janvier. De la bière à gogo. Plus d'infos sur www.bierfestkunstmann.cl.
- **Un rodéo et des joutes nautiques**, la deuxième semaine de février.
- **Le Festival international de cinéma**, le plus réputé au Chili : la 26e édition a eu lieu du 7 au 13 octobre 2019. Pour plus de renseignements : www.ficvaldivia.cl.

CENTRO CULTURAL EL AUSTRAL ★
Yungay 733
✆ +56 63 2 213658
centrocultural@australvaldivia.cl
Ouvert de 10h à 13h et de 16h à 19h30 du mardi au dimanche. Entrée libre.
Le centre occupe une maison coloniale allemande, construite en 1870 par la famille des Thater-Hoffman. Au rez-de-chaussée, le musée présente du mobilier du XIXe siècle et des expositions temporaires à caractère principalement historique. Le premier étage accueille des ateliers et les expositions de leurs membres.

IGLESIA SAN FRANCISCO ★
Vincente Pérez Rosales
À l'angle de Yerbas Buenas
C'est un superbe édifice en pierre, planté dans un jardinet orné de palmiers, petit coin de paradis faisant face à un saule pleureur. Si l'intérieur est assez austère, la façade est en revanche très originale, avec un frontispice dont les ondulations rappellent les extravagances de Gaudi.

MUSEO DE ARTE CONTEMPORÁNEAO ★★
Los Laureles 47
À côté du musée historique
✆ +56 63 2 221 968
www.macvaldivia.cl
contacto@macvaldivia.cl
Tous les jours de 10h à 20h en janvier et février. De 10h à 13h et de 14 à 18h le reste de l'année. Entrée à 1 000 $.
L'histoire nous apprend qu'il a été construit dans les entrepôts de l'ancienne brasserie Andwandter, détruite par un incendie en 1912. L'espace d'exposition est superbement aéré par une immense baie vitrée donnant sur le petit port de Valdivia. Le directeur a également conservé la rouille des poutres métalliques. Avec leurs mille nuances rougeâtres, elles décorent le plafond en espaces contrastés avec les sculptures exposées au-dessous. Au rez-de-chaussée, donnant sur une berge pacifique et reposante, est installé un petit bureau de vente de livres d'art, très bon marché.

MUSEO HISTÓRICO Y ANTROPOLÓGICO VAN DE MAELE ★★
Los Laureles 47
Sur l'île de Teja
✆ +56 63 2 212 872
www.museosaustral.cl
secmuseologica@uach.cl
Ouvert tous les jours de 10h à 20h en été, le reste de l'année du mardi au dimanche de 10h à 13h et de 14h à 18h. Entrée : 1 500 $ par adulte.
Cette belle demeure, aussi appelée Casa Andwandter, a été déclarée Monument national. Diverses salles présentent les cultures ayant donné naissance à l'identité régionale et l'influence germanique dans la région (on passe en revue les grandes familles de colons), un exemple de ce que fut une riche maison coloniale aux XVIIIe et XIXe siècles, des explications sur la vie de lord Cochrane et Fray Camilo Henriquez (qui participèrent à l'indépendance du pays)... Belle exposition archéologique au premier étage exhibant une collection d'argenterie, de céramiques, textiles et vannerie correspondant au Complexe Pitrén (300 av. J.-C. – 1200 apr. J.-C.) et au style Valdivia (1400-1800). Admirez la finesse des toiles mapuche ainsi que des *trawuras*, ceinturons aux magnifiques coloris. L'argent était traditionnellement associé à la lumière argentée de l'aube et au mystérieux éclat de la lune. Parure de femme, mais aussi du guerrier qui aimait à en orner ses chevaux,

l'argent conférait des pouvoirs magiques associés à l'abondance et à la fertilité. On disait en Araucanie : *« une parure en argent sous l'oreiller donne à votre sommeil des rêves merveilleux »*. La symbolique et le pouvoir magique de ces bijoux tiennent également à leur nature sonore, les bijoux mapuche (bracelets, boucles d'oreilles, colliers ou pectoraux) produisant, en s'entrechoquant, un tintement enchanteur. Mais le bijou est surtout un fort symbole d'appartenance sociale, ce qui, dans une communauté où les croisements de lignages sont d'une haute complexité, n'est pas un de ses aspects les moins importants. La femme parée des plus beaux atours était celle dont le père ou le mari possédait le plus de richesses ou de pouvoir.

■ PUNACAPA ★★

Petite bourgade paisible située juste en face du *Santuario de la Naturaleza*. Vous pourrez y visiter une fabrique de « chicha », ainsi qu'une *cervercería* (brasserie) locale. Le cimetière arbore de jolies couleurs et l'église, vieille de plus d'un siècle, vaut le détour. La *Feria costumbrista*, en été, propose toutes sortes de spécialités locales. Plusieurs départs en bateau sont proposés tous les jours depuis la *feria fluvial*, cependant renseignez-vous avant, les horaires changent régulièrement.

■ UNIVERSIDAD AUSTRAL (JARDIN BOTANIQUE ET PARC SAVAL) ★

On pourra s'y rendre afin de consulter les programmes du conservatoire ou du cinéma. Ce dernier organise souvent des cycles qui vous changeront des superproductions américaines qui monopolisent les écrans chiliens. Il est possible de visiter le jardin botanique attenant, qui abrite une impressionnante collection d'espèces de la faune native ; une belle balade bucolique jusqu'aux berges de la rivière, où se promènent des cygnes à col noir. Puis on peut poursuivre vers le parc Saval (entrée payante, pas chère), plus vaste, où les amoureux parlent d'autre chose que de botanique ou, tout simplement, ne parlent pas.

Visites guidées

■ EL VALDIVIANO ★★

www.fesur.cl/es/tren-turistico

Pour acheter les billets, oficina Motonave Calle Calle, Muelle Schuster. Compter 5 heures de paisible voyage. Service de cafétéria à bord. Départs irréguliers, se renseigner. Compter à partir de 8 500 $.

Ce petit train fonctionne en été seulement (janvier-février) depuis la gare ferroviaire de Valdivia (Avenida Ecuador 2000) jusqu'à Antilhue, via Huellelhue et Pishuinco. Au sein d'une locomotive à vapeur de 1913, vous faites un petit saut dans le temps dans d'anciennes voitures au charme inestimable. Le voyage est charmant.

Dans les environs

■ SAN JOSÉ DE LA MARIQUINA ET LE CHÂTEAU ESPAGNOL ★★

Au nord de Valdivia

Le château est ouvert en été du lundi au dimanche de 10h à 13h et de 14h à 20h ; en hiver, ouvert à partir du mardi et jusqu'à 18h seulement. Entrée : 500 $.

Si l'on y vient (bus régionaux depuis Valdivia), c'est surtout pour le château espagnol San Luis de Alba de Cruces. Construit en 1647 par le gouverneur Negrete, sa première fonction était de défendre la ville contre de possibles incursions d'Anglais ou de Hollandais par voie fluviale, mais il se convertit en dernier poste du chemin de la frontière. Quand les Espagnols y arrivaient, ils pouvaient ensuite continuer leur route par le fleuve, libres de toute menace mapuche. Après son occupation en 1820 par les troupes de Beauchef, le fort sombra dans l'oubli total. En 1967 seulement, l'Université australe entreprit de le restaurer en se basant sur les plans de l'époque.

NIEBLA ★

Nous recommandons de combiner un trajet en bus pour Niebla puis autour en bateau, avant de revenir par la route. Réalisable en une seule journée et bien plus économique que les tours proposés depuis le port fluvial de Valdivia.

Transports

- **Des bus** partent toutes les demi-heures sur la rue Yungay à Valdivia, au pied du pont vers l'île Teja. Compter 700 $ par personne en *colectivo*, 500 $ en bus. A Niebla, vous pourrez en profiter pour déjeuner dans l'un des délicieux restaurants de poisson du village.
- **Petits bateaux** disponibles en permanence pour Corral (650 $, jusqu'à 13h) et/ou Mancera (800 $), le matin surtout.

REPÉREZ LES MEILLEURES VISITES

★ INTÉRESSANT ★★ REMARQUABLE ★★★ IMMANQUABLE ★★★★ INOUBLIABLE

À voir – À faire

FUERTE NIEBLA ★★

Ouvert du mardi au dimanche de 10h à 17h30, jusqu'à 19h en été. Pour se rendre à Niebla, emprunter les bus 4 et 20 à Valdivia. Compter 500 $ par personne en bus, 700 $ en colectivo. L'accès au site est gratuit.

Le fort de Niebla, œuvre du marquis de Mancera, doit son nom au premier propriétaire de ces terres, Francisco Niebla. À l'entrée, on remarque un tunnel (partiellement détruit par le tremblement de terre de 1960) qui permettait aux Espagnols un accès direct à la plage. Du promontoire, on peut apercevoir l'île de Mancera qui avait été convertie en prison (la plus inexpugnable du vice-royaume du Pérou). On visite ensuite les casernes, dont les murs ont près de 80 cm d'épaisseur. Les 240 soldats étaient répartis dans 4 baraques disposant au total de 120 lits. On pratiquait en effet le système du lit chaud : pendant que le premier contingent dormait, le second gardait le fort et vice-versa. On descend ensuite vers la batterie de canons, composée, pour moitié, de répliques. Les boulets tirés par ces canons pesaient entre 8 et 11 kg. Leur portée pouvait atteindre 700 m. On les appelait les *bolas rojas* (boules rouges) car ils étaient préalablement chauffés au rouge dans l'espoir que l'un d'entre eux atteigne la Sainte-Barbe (le lieu de stockage de la poudre) du navire ennemi et le fasse ainsi exploser directement. Les petites cavités visibles dans la roche servaient d'abris aux soldats. Elles étaient plus petites que la taille d'un homme afin d'obliger les soldats à rester à genoux et à ne pas s'endormir. Les canons du fort ne furent en fait jamais utilisés, car personne n'osait entrer dans cette baie réputée inviolable, personne sauf Cochrane, en 1820... Il est à noter que seuls des Espagnols ont participé à la construction de ces forts. Sur ordre royal, il était interdit d'utiliser de la main-d'œuvre indigène pour éviter toute fuite d'information. Un petit musée très intéressant a été ouvert à l'intérieur des anciens baraquements. Il montre des cartes de la baie, des plans des forts, des uniformes de l'époque, accompagnés de nombreuses explications sur la fabrication des boulets, etc.

ISLA DE MANCERA ★★

Un superbe sentier fait le tour de l'île en 1 heure, une balade chaudement recommandée, dans un univers verdoyant où les pêcheurs vivent encore à un rythme naturel et humain. Pour repartir, il suffit de revenir vers l'embarcadère et d'attendre un autre bateau qui effectue la liaison entre Niebla et Corral. Il est à noter que l'arrêt à Mancera n'est pas obligatoire : il faut donc le signaler à la personne qui donne le billet.

CASTILLO SAN PEDRO DE ALCÁNTARA ★★★

Fort ouvert du mardi au dimanche de 13h à 18h en hiver, tous les jours de 10h à 20h en été. Entrée : 700 $. Prendre une lancha depuis l'embarcadère de Niebla (800 $). Départs toutes les 20 minutes.

L'île de Mancera, appelée Guigua Cabin par ses premiers habitants et située stratégiquement au centre de la baie de Corral, constituait le point central de défense de la baie. Le *castillo* (ici castillo ne signifie pas « château » mais « fort ») a été construit en 1648, sur une petite montagne couverte d'arbres. L'île connut son apogée entre 1760 et 1765. Plus tard, elle servit de prison, sa situation en faisant une sorte d'Alcatraz du vice-royaume du Pérou.

CORRAL ★

Corral est le principal port de Valdivia. On peut y parvenir en bateau (*lancha*) depuis Niebla ou depuis l'île de Mancera. Un ferry assure aussi la liaison pour les véhicules entre Corral et Niebla. Au niveau de l'embarcadère de Corral, centre d'informations touristiques et petit musée qui expose surtout des photographies (fermé le mercredi).

CASTILLO SAN SEBASTIÁN DE LA CRUZ ★★

Le fort est ouvert en janvier et février de 9h à 19h30, le reste de l'année de 10h à 17h30, tous les jours. Entrée : 700 $ par adulte.

Construit en 1678, le castillo fut perfectionné en 1764. Il possédait 21 canons et même un tunnel à sa base afin de faciliter le passage du chemin de fer qui reliait Alto Horno au port. En janvier et février, des reconstitutions historiques sont organisées ici par la ville.

OSORNO

La ville d'Osorno, située à 954 km au sud de Santiago et forte de 140 000 habitants environ (recensement 2017), constitue un carrefour important sur la route panaméricaine : par la route 215, on rejoint en effet San Carlos de Bariloche en Argentine. Osorno fut fondée en 1553 par le général Don Francisco de Villagra, dans le cadre de la conquête des territoires du Sud. Détruit par les indigènes à plusieurs reprises, le site fut redécouvert en 1792. En 1846, arrivèrent les premiers colons allemands. Leur mise en valeur des terres donna à la région un rôle important dans la production agricole chilienne. Leur influence fut également déterminante pour la formation de l'identité culturelle régionale. Les années 1920 et 1930 virent l'arrivée de familles arabes (syriennes et palestiniennes notamment), qui allaient favoriser le développement du commerce régional. Aujourd'hui, Osorno s'est imposée comme l'une des capitales régionales les plus dynamiques du Chili. La ville joue un rôle majeur dans l'élevage bovin et l'agriculture ainsi que dans les activités commerciales. Y séjourner ne présente pour autant pas un grand intérêt, les curiosités touristiques étant rares.

Transports

Comment y accéder et en partir

Osorno est très bien desservie par les transports en commun. Sa situation en fait un passage obligé pour ceux qui veulent rejoindre la région de Magallanes en bus. En effet, il est plus simple alors de passer par l'Argentine !

■ **LATAM**
Eleuterio Ramírez 802
www.latam.com
contactlatam@latam.com
Bureau ouvert du lundi au vendredi de 9h à 13h et de 15h à 19h, samedi de 9h30 à 13h30.
Jusqu'en 2016, on comptait 2 vols par jour vers Santiago, dont un *via* Temuco. Toutefois, le trafic aérien se réduit peu à peu et les vols ont lieu davantage en fin de semaine. Comptez autour de 60 000 $ le billet.

■ **TERMINAL DE BUS (LIGNES NATIONALES)**
Errázuriz 1400
✆ +56 64 2 234 149
Toutes les grandes villes du Chili sont desservies, aussi bien celles du nord que celles du sud. Les grandes compagnies disposent d'un bureau. Services réguliers pour l'Argentine (San Carlos de Bariloche ou Villa La Angostura, compter de un à trois départs par jour avec chaque compagnie). Départs aussi pour Magallanes (Coyhaique, Punta Arenas). Du terminal partent aussi des bus pour quelques destinations régionales : Río Bueno, Lago Ranco, Rupanco, Panguipulli, Puerto Octay et La Cascada.

■ **TERMINAL MERCADO MUNICIPAL (LIGNES RÉGIONALES)**
Errázuriz 1300
✆ +56 64 2 211 120
Destinations desservies : la côte Pacifique (Bahia Mansa, services de colectivos également à l'angle de República et Victoria), le parc national de Puyehue (Entre Lagos pour 45 minutes de trajet et 1 500 $, Termas de Puyehue, Aguas Calientes – compter 1 heure 30 de trajet pour 2 500 $ –, éventuellement Anticura s'il y a plus de deux passagers) avec les bus Puyehue. Fréquence très régulière.

Se déplacer

Un taxi coûte environ 6 000 $ pour rejoindre le centre depuis l'aéroport (à 8 km).

■ **MOTO AVENTURA**
Gregorio Argomedo 739
✆ +56 64 2 249 127
www.motoaventura.cl
sonia@motoaventura.cl
Pour tous les passionnés d'enduro, l'agence Moto Aventura propose la location de Yamaha XT 600, de BMG 650 GS, de Honda Africa Twin XRV 750 ou de BMW. Des programmes de plusieurs jours sur les routes de la Patagonie, et aussi dans d'autres pays d'Amérique du sud, sont proposés. Une agence très professionnelle, qui possède également son propre atelier à Santiago, Punta Arenas et Iquique.

Pratique

Tourisme - Culture

■ **OFFICE DU TOURISME SERNATUR**
O'Higgins 667
Edificio Gobernación Provincial, 1er étage
✆ +56 64 2 237 575
www.osornochile.cl – infosorno@sernatur.cl
Ouvert du lundi au vendredi entre 9h et 13h30 puis de 14h30 à 17h30.

Argent

Aucun problème pour retirer de l'argent en ville (banques avec DAB).

Moyens de communication

Nombreux cybercafés en ville.

Se loger

■ **HOSPEDAJE LOS CARRERA**
2304 Los carrera
✆ +56 64 2 267 740
www.alojamientoenosorno.cl
francis264@gmail.com
Compter entre 16 000 et 25 000 $ la simple, à partir de 25 000 $ la double et 35 000 $ la triple. Petit déjeuner express inclus. Pour un petit déjeuner complet ajouter en moyenne 2 000 $ par personne. Pension complète possible. Wifi gratuit.
Joli petit B&B en centre-ville. Sanitaires communs pour tout le monde (serviettes en extra). Les chambres sont assez petites mais propres et récentes. L'ensemble est correcte pour le visiteur de passage.

HOSTAL VERMONT
Toribio Medina 2020
✆ +56 64 2 247 030
www.osorno.hostelvermont.cl
info@hostelvermont.cl
Compter 15 000 $ par personne en dortoir et 38 000 $ la double avec sanitaires communs, 50 000 $ le petit appartement (indépendant) pour deux personnes avec salle de bains privée, cuisine équipée, un salon et un lit Queen size. wi-fi gratuit.
Petit établissement fréquenté par des voyageurs de tous les âges. Chambres basiques mais propres, la chambre matrimoniale avec le lit *queen size* est très jolie et tout à fait correcte. Les dortoirs sont petits, mais les lits bien équipés de prises et de lumières individuelles. Cuisine ouverte aux clients. Infos sur les manifestations artistiques, culturelles et les endroits branchés de nuit à Osorno. Accueil chaleureux.

HOTEL GARCIA HURTADO DE MENDOZA
Avenida Mackenna 1040
✆ +56 64 2 237111
www.hotelghm.cl
hotel-ghm@telsur.cl
Simple à partir de 85 000 $, double à 100 000 $, triple à 115 000 $, suite à 140 000 $. Petit déjeuner et wifi inclus.
31 moquettées avec des aménités correctes. Sauna, laverie, parking, salle de conférence, restaurant. Ensemble confortable et bourgeois, pour voyageurs exigeants. L'adresse de luxe en ville.

Se restaurer

Sur le pouce

DINO'S
Eleuterio Ramirez 898
✆ +56 64 2 233 880
Du lundi au samedi de 8h30 à minuit.
Propose des bons sandwichs et un menu classique avec soupe, plat principal et dessert à très bon prix. On retrouve aussi des plats typiques à la carte. Pas mal, une bonne option pour déjeuner à Osorno.

Pause gourmande

RHENANIA
Cochrane 651
✆ +56 64 223 5457
www.rhenania.cl
talia.alvarez@rhenania.cl
Ouvert du lundi au vendredi de 9h à 21h, le samedi de 10h à 20h.
Une adresse pour les gourmands au sein d'un joli établissement à la façade fleuri et bucolique. On y sert d'excellentes douceurs (pains et pâtisserie), des gros gâteaux colorés ainsi que des alfajores, des chancacas et des empanadas. L'endroit dispose d'un salon de thé avec un menu le midi.

Bien et pas cher

CAFÉ CENTRAL
610 O'Higgins
✆ +56 64 2 257 711
Ouvert du lundi au samedi de 8h à minuit, le dimanche de 11h à 23h.
Une option plutôt pas mal pour un déjeuner pas trop exigeant : on y sert les fameux *completos* ! On trouve aussi d'autres hamburgers et sandwiches à la carte. On peut y boire du bon et vrai café. Une institution !

MERCADO MUNICIPAL
Errázuriz 1300
A Osorno comme ailleurs, on peut y manger très bien pour des prix dérisoires. Le local Descanso del Curicano est typique et très bon (*pastel de choclo*).

Bonnes tables

CLUB DE ARTESANOS
MacKenna 634
✆ +56 64 2 230 307
Ouvert tous les jours de 12h30 à 23h.
Spécialités de poissons et de fruits de mer depuis 30 ans : la déco n'a pas changé et la cuisine non plus ! On y sert des plats cuisiné à la sauce chilienne.
Bonnes et très généreuses recettes traditionnelles même si le service peut-être un peu long de temps en temps... mais ça vaut le coup d'attendre !

DEL PIERO
Ejército 395
✆ +56 64 2 156 767
Ouvert du lundi au samedi entre 12h45 et 15h30 et entre 20h et minuit. Compter 10 000 à 15 000 $ par personne.
Restaurant *cosy* de cuisine italienne, proposant aussi de bonnes viandes, des poissons et des fruits de mer. L'ensemble reste correct bien que les portions peuvent s'avérer petites. Une option qui saura toutefois convaincre tout le monde puisqu'il y en a pour tous les goûts !

Sortir

TABERNA PIRATA
Mackenna 1873
✆ +56 64 2 276 782
Du mardi au jeudi de 19h à 3h, jusqu'à 4h le vendredi et samedi.

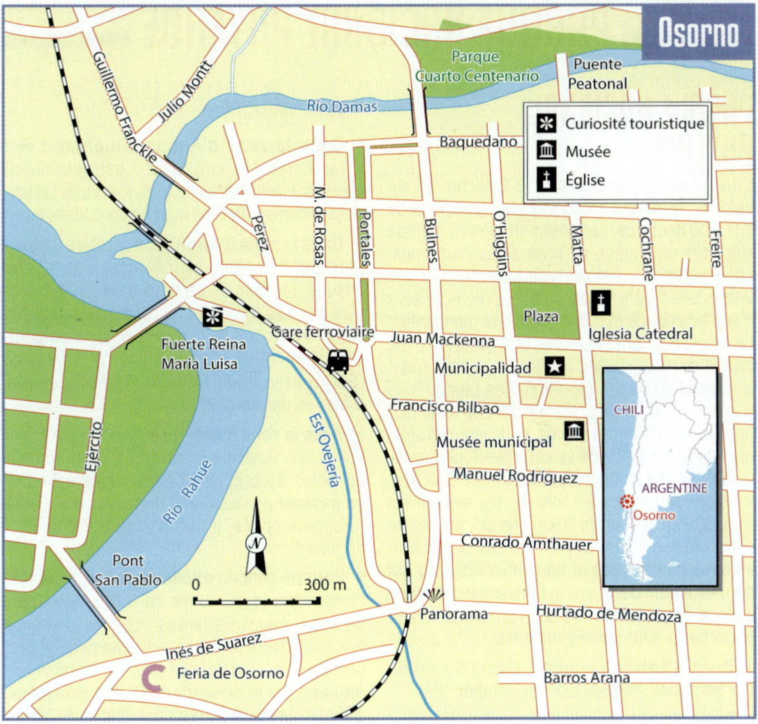

Comme son nom l'indique, la « taverne » organise des rencontres d'artistes, des concerts de rock ainsi que des soirées thématiques autour des années 80-90's. On y boit de la bière artisanale ainsi que de généreux cocktails. A l'abordage !

À voir - À faire

CENTRE CULTUREL

556 Manuel Antonio Matta
✆ +56 64 2 221 611
ccultural@gmail.com
Ouvert du lundi au vendredi entre 8h et 18h, et le samedi entre 9h et 14h.
Centre d'expositions et d'activités culturelles recommandé à ceux qui se sentent fatigués du tourisme historique. Ils pourront y découvrir un aspect plus moderne du dynamisme culturel de la région.

CATEDRAL SAN MATEO APÓSTOL

En face de la Plaza de Armas
Datant de 1577, cette imposante cathédrale et sa grande façade en béton armé fut détruite à cinq reprises par des tremblements de terre et des incendies. Elle se distingue des autres cathédrales de la région grâce à son architecture des plus atypiques. Elle a même reçu le prix O*bra Bicentenario* qui l'a reconnue comme l'un des projets urbains les plus impactants au cours des cinquante dernières années.

MUSÉE HISTORIQUE MUNICIPAL

Antonio Matta 809
✆ +56 64 2 238 615
museosyarchivos@imo.cl
En été (janvier et février), ouvert du lundi au jeudi entre 9h30 et 18h, le vendredi entre 9h30 et 17h, les samedi et dimanche de 14h à 19h. Le reste de l'année, du lundi au jeudi entre 9h30 et 17h30, le vendredi entre 9h30 et 16h30, le samedi de 14h à 18h. Entrée gratuite.
Créé en 1946, le musée occupe une résidence construite en 1929 par la famille Schilling Buschmann. Il est consacré à l'histoire et la préhistoire d'Osorno et de sa région (dont la culture mapuche). En 2014, le petit musée a fusionné avec la bibliothèque municipale et propose désormais un nouveau circuit de visite : à travers des espaces et des salles d'exposition, on retrouve notamment des animaux empaillés contant l'histoire du pays ou encore des échantillons d'objets de l'époque de la colonisation allemande.

PARQUE NACIONAL PUYEHUE

PARQUE NACIONAL PUYEHUE ★★

Situé sur les provinces d'Osorno et de Valdivia, le parc s'étend sur une superficie de 107 000 hectares. Les zones situées en altitude sont très enneigées en hiver et au printemps. La végétation y est de type humide, *siempre verde*. Les forêts (*tepa*, *manio*, *coigüe*...) sont d'une luxuriance et d'une épaisseur étonnantes. En ce qui concerne la faune, on observera avec intérêt de nombreuses espèces d'oiseaux (dont le *carpintero negro*, pic-vert), des pumas, des *pudús*, des *huemules*, etc. Le parc se distingue par un grand nombre de lacs et de lagunes ainsi que par la proximité de volcans (secteur d'Antillanca). Le volcan Puyehue culmine à 2 240 m et le volcan Antillanca à 1 990 m ; sur ses pentes est installée une petite station de ski, praticable entre juin et octobre. Le parc est très bien équipé en aires de camping et en sentiers balisés qui permettent de découvrir la richesse de sa faune et de sa flore. Il dispose d'une capacité d'accueil importante pour les thermalistes.

- **Droit d'entrée :** compter 6 000 $ l'entrée par personne. Interdiction de camper.

- **Important :** le complexe volcanique del Caulle, comme on l'appelle, est entré en éruption en juin 2011, bouleversant l'afflux de touristes dans la région (notamment à Bariloche en Argentine). Mais depuis mi-2013 toutefois, toutes les alertes ont été levées et le parc est normalement ouvert au public.

Pratique

- **Deux secteurs principaux** pour accéder au parc : secteur Aguas Calientes (où se situe l'administration de la Conaf et le Centre d'information environnementale), d'où l'on peut poursuivre vers le secteur d'Antillanca (station de ski) et le secteur d'Anticura, un peu plus à l'est vers l'Argentine.

- **L'administration** est ouverte du lundi au samedi de 9h à 17h30. Tout au long de l'année, les guardaparque pourront vous renseigner sur les conditions météo (qui peuvent changer à tout moment).

BUREAU DU PARC PUYEHUE
Puerto Montt
Ochagavía 458
✆ +56 6 5248 6102
www.conaf.cl
parquepuyehue@terra.cl

À voir – À faire

- **Dans la zone d'Aguas Calientes :** vers le lac Bertín (11 km), d'où il est possible de poursuivre vers Antillanca (refuge près du lac pour six personnes). Petites marches possibles aussi.

- **Dans la zone d'Antillanca :** cratère Raihuén (3,5 km), Cerro Mirador (500 m plus loin) ; il est ensuite possible de se rendre au lac Rupanco (rive est, Las Gaviotas), et même de poursuivre vers le lac Todos los Santos (mais renseignez-vous bien). Aussi vers le Mirador Valle Gaviotas (5 km) et le Lago Paraíso (17 km, compter 4 heures de marche).

- **Dans la zone d'Anticura :** trek vers le volcan Puyehue (« Puyehue Traverse », 22 km, compter au moins 2 jours, plus commodément 3 ou 4), en passant par les bains thermaux d'El Caulle (propriété privée, il faut s'acquitter d'un droit de passage).

- **Pour un trek de plusieurs jours,** nous vous conseillons le parcours suivant : descendre du bus à Aguas Calientes ; gagner le secteur Antillanca (en s'offrant éventuellement un petit détour par les lacs Paraíso et Toro) ; marcher vers Anticura par le Sendero de Chile ; et rayonner enfin à Anticura, jusqu'au volcan Puyehue par exemple. Compter une bonne semaine de marche. Se renseigner impérativement sur les conditions climatiques lors de votre passage.

- **Si vous disposez de moins de temps,** suivez le trek classique des voyageurs étrangers : descendez à El Caulle peu avant Anticura, payez les 10 000 $ par personne pour transiter sur une propriété privée (on devrait vous remettre une carte plutôt bonne). Location de chevaux possible. Il y a un refuge. On peut gagner les sources d'eau chaude en un jour (6 km, 2h environ) mais il est plus raisonnable de camper. 1 heure et demie plus tard, on découvre de petits geysers, mais le sentier n'est pas bien marqué et il est facile de se perdre. On poursuit ensuite pour boucler la Puyehue Traverse en 3 ou 4 jours.

ENTRE LAGOS ★

On accède à la bourgade d'Entre Lagos depuis Osorno (50 km), par la ruta 215 qui relie la province à l'Argentine par le passage international Puyehue (ou Cardenal Samoré). Celui-ci permet de rejoindre les villes de San Carlos de Bariloche et de San Martín de los Andes. Forte de quelque 4 000 habitants, Entre Lagos est une étape possible si vous désirez découvrir les merveilles du parc national Puyehue.

Le parc national Puyehue

Transports

Pour s'y rendre, nombreux départs du marché municipal d'Osorno. Des taxis collectifs assurent aussi le trajet.

Se loger

■ LODGE EL TAIQUE

Sector El Taique km 4
✆ +56 9 9213 8105
www.lodgeeltaique.cl
lodgeeltaique@hotmail.com
Selon la saison, compter entre 74 et 97 US$ la chambre double et de 87 à 121 US$ la triple (double avec lit supplémentaire). Salle de bains privée et vue sur le lac Rupanco. Petit déjeuner inclus. Cabaña jusqu'à 5 personnes de 80 à 121 US$.
Tenu par Audrey et Mickael (des Français), ce lodge est situé dans un environnement champêtre magnifique. Depuis le salon et commun et la jolie réception, on admire le superbe panorama sur le lac Rupanco et es volcans Osorno et Puntiagudo. Les chambres, douillettes et confortables, ont toutes été rénovées il y a peu et offrent un coin salon où vous trouverez du thé et du café à disposition. On apprécie beaucoup les 24 m² d'espace et les lits *king size* propices à un doux repos... En 2019, les cabanes étaient en cours de rénovation afin de bénéficier elles aussi d'un petit coup de jeune. Les propriétaires prévoient de les équiper d'une terrasse plus grande avec barbecue. Enfin, le restaurant est très correct. Diverses activités sont proposées : randonnée à cheval, kayak, trekking... Une bonne adresse, un peu loin de tout.

■ NO ME OLVIDES

Ruta 215, km 56
www.nomeolvides.cl
contacto@nomeolvides.cl
Camping à 5 000 $ par personne, cabaña pour quatre à six personnes à partir de 25 000 $ pour deux environ.
Cet ensemble de *cabañas*, totalement équipées pour deux à six personnes, et de sites de camping, très bien tenus, est un bon choix dans le coin. Petite supérette, plage privée, jeux pour les enfants, plus un service de restauration ouvert en janvier/février. Un complexe bien complet !

TERMAS DE PUYEHUE ★

Ouverts toute l'année. Piscines d'eau thermale (entre 24 et 77 °C), bains de boue, centre thermal Spa. Les eaux sont riches en sulfate et en sodium. Tout comme aux thermes d'Aguas Calientes situés à quelques kilomètres de là, de nombreuses activités sont proposées aux curistes (pêche, promenades dans le parc national, ski...).

HOTEL TERMAS DE PUYEHUE
Km 76, ruta 215
✆ +56 64 2 331 400
www.puyehue.cl
reservas@hotelpuyehue.cl
En haute saison, compter à partir de 350 000 $ la simple et 660 000 $ la suite pour deux, all inclusive (tout inclus).
Un établissement de très haut niveau, situé en bordure du parc national, au milieu d'une forêt. Malgré sa taille, il évoque un lodge pour les matériaux naturels utilisés (bois, pierre, etc.). Préférez les 55 suites lumineuses et de très bon goût aux chambres standard, décevantes. L'hôtel dispose de piscines thermales, d'un centre de soins, d'un bar et d'un restaurant, ainsi que de plusieurs salons et d'une salle de conférences. Vous pourrez également profiter des très nombreuses activités organisées (cheval, trekking, VTT, windsurfing, pêche, tennis...). Le luxe dans un cadre champêtre, même si le service peut parfois être un ton en dessous.

TERMAS AGUAS CALIENTES ★

Situés à 80 km à l'est d'Osorno, à l'intérieur du parc national Puyehue. L'eau jaillit du sol à une température qui oscille entre 57 °C et 75 °C, au bord du río Chanleufú. Les thermes sont indiqués pour le traitement des rhumatismes, de l'arthrose, des sciatiques ainsi que des maladies respiratoires. Ils offrent une véritable infrastructure touristique, avec une zone de camping (au bord du *río*, cadre superbe et possibilité d'utiliser la piscine extérieure, très courue en été) et de pique-nique, un restaurant, des *cabañas* équipées (kitchenette, salon, frigo, TV), très confortables. Service de massages et bains d'herbes, de sels ou de soufre.

TERMAS AGUAS CALIENTES
Camino Antillanca, km 4
✆ +56 64 2 236 988
www.termasaguascalientes.cl
reservas@termasaguascalientes.cl
En dôme, compter à partir de 44 US$ avec salle de bains extérieure et commune et de 69 à 82 US$ en dôme premium avec salle de bains privée. Entrée libre aux piscines comprise.
Véritable infrastructure touristique, avec une zone de camping (au bord du *río*, cadre superbe et possibilité d'utiliser la piscine extérieure, très courue en été) et de pique-nique, un restaurant, des cabanes et des dômes atypiques et bien confortables. Service de massages et bains d'herbes, de sels ou de soufre.

ANTILLANCA ★

Saison de ski ouverte de juin à octobre. La station est petite, avec quatre remonte-pentes et un télésiège. Restaurant, bar, cafétéria, discothèque, gymnase complètent l'ensemble.

HOTEL ANTILLANCA
✆ +56 64 2 612 070
www.antillanca.cl
info@antillanca.cl
Compter entre 40 500 $ et 180 000 $ pour 1 à 6 personnes, selon la saison. Petit déjeuner inclus.
Petit coin de civilisation à des années-lumière du grand monde. Rien de fantastique dans les chambres (surtout au prix affiché), mais les paysages sont magnifiques et les services complets (disco, boutique, etc.). L'établissement possède son restaurant, son école de ski et loue également des équipements. Endroit agréable et bonne ambiance en saison.

LAGO LLANQUIHUE

Le naturaliste prussien Bernardo Eumon Philippi fut sans doute l'un des premiers Européens à s'intéresser à ce grand lac au sud d'Osorno (le troisième plus grand d'Amérique du Sud, avec 87 700 hectares) ; lequel, selon les indigènes, était hanté par de mauvais esprits et des monstres fabuleux. Les conquistadors espagnols l'avaient déjà visité plusieurs siècles auparavant, mais il fut oublié suite à la reconquête mapuche. Philippi parvint sur les rives en 1842, émerveillé par l'immensité du lac et la majesté du volcan couvert de neige. Un an plus tard, il participa à l'expédition menée par le capitaine anglais John Williams au service du gouvernement chilien pour la colonisation définitive du détroit de Magellan. Le naturaliste s'enthousiasma pour cette région australe, et il convainquit neuf familles d'artisans de la ville de Hessen de s'y installer. En 1846, 34 colons allemands débarquèrent du Catalina et s'établirent au lieu-dit Santo Tomas, sur les berges du río Bueno, au nord d'Osorno. Deux ans plus tard, plusieurs dizaines de nouvelles familles allemandes gagnaient la région, tandis que Vicente Pérez Rosales se voyait investi de la délicate mission de gérer la colonisation autour de Valdivia. L'afflux de colons allemands ne cessait de croître. Il fallut percer les mystères de la forêt vierge pour gagner de nouveaux territoires, et finalement Rosales atteint le lac Llanquihue, tout en découvrant l'estuaire de Reloncaví, qui s'avéra une nouvelle porte d'entrée admirable pour prendre possession de cette région.

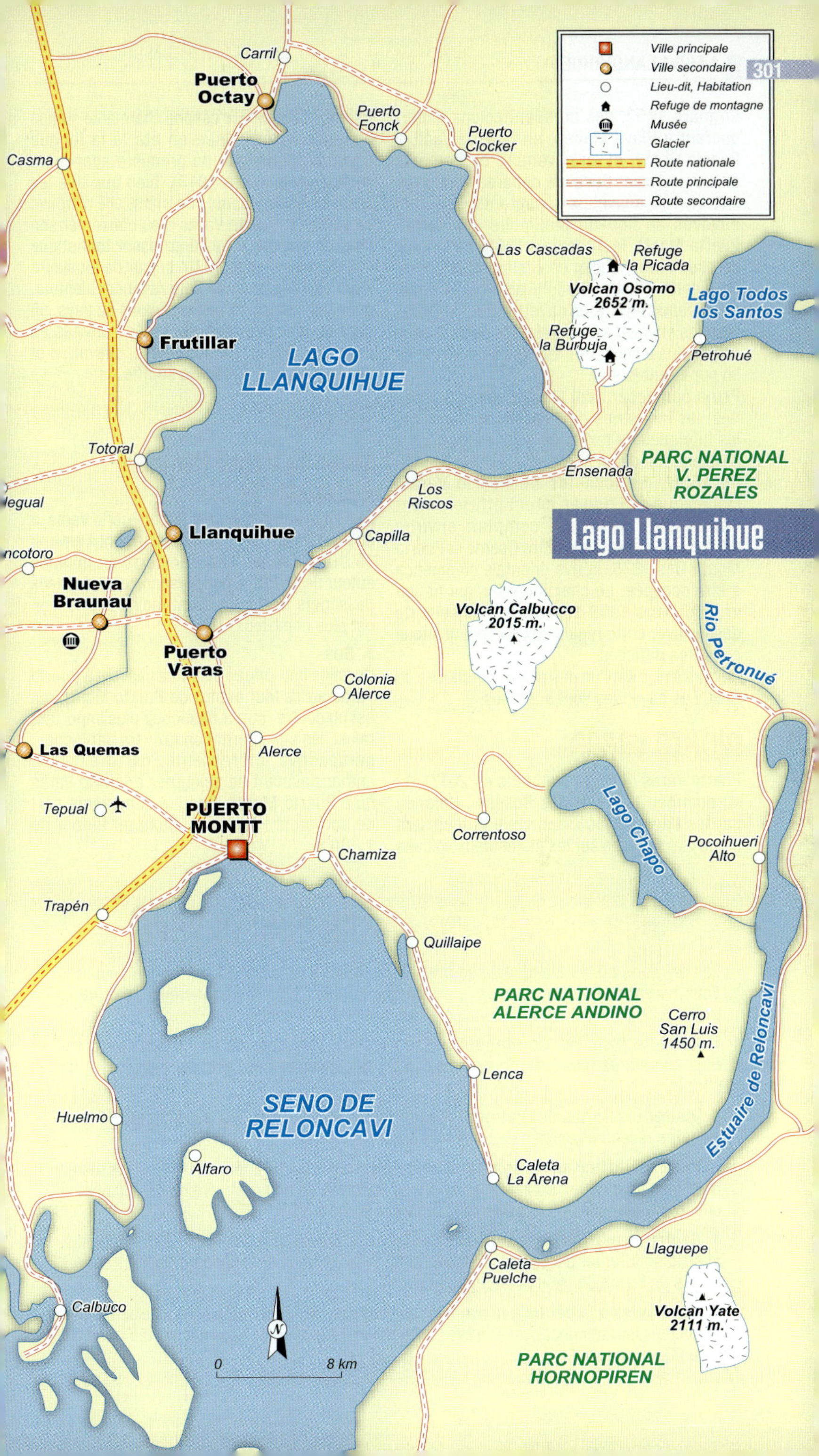
Lago Llanquihue
Ville principale
Ville secondaire
Lieu-dit, Habitation
Refuge de montagne
Musée
Glacier
Route nationale
Route principale
Route secondaire
Carril
Puerto Octay
Puerto Fonck
Puerto Clocker
Casma
Las Cascadas
Refuge la Picada
Volcan Osomo 2652 m.
Lago Todos los Santos
Refuge la Burbuja
Petrohué
Frutillar
LAGO LLANQUIHUE
Totoral
Ensenada
PARC NATIONAL V. PEREZ ROZALES
Los Riscos
Llanquihue
Capilla
Nueva Braunau
Volcan Calbucco 2015 m.
Rio Petronué
Puerto Varas
Colonia Alerce
Alerce
Las Quemas
Tepual
PUERTO MONTT
Correntoso
Lago Chapo
Pocoihueri Alto
Chamiza
Trapén
Quillaipe
PARC NATIONAL ALERCE ANDINO
Cerro San Luis 1450 m.
Lenca
Estuaire de Reloncavi
Huelmo
SENO DE RELONCAVI
Alfaro
Caleta La Arena
Llaguepe
Caleta Puelche
Calbuco
Volcan Yate 2111 m.
0
8 km
PARC NATIONAL HORNOPIREN

En mars 1852, des premiers colons débarquèrent à Playa Maitén, en face de l'actuel Puerto Octay, et en novembre de la même année, le voilier Susanne débarda à Valdivia, fort de 105 nouveaux immigrants. Ils furent envoyés au lieu-dit Mellipulle, qui devint Puerto Montt, le 12 février 1853. La colonie de Llanquihue, quelques kilomètres au nord, fut bientôt établie. On cultivait alors la *linaza* et le *nabo* (linette et navet) autour d'Octay pour les envoyer à Valparaíso, la *cebada perla* (orge) plus à l'est ; des fabriques de textile de lin pur virent le jour.

Peu à peu apparurent les premières brasseries, les industries de salaison, de tannerie, les fabriques de textile en osier ou dédiées à l'exploitation des ruches.

En 1856, les localités de Puerto Varas, Llanquihue et Frutillar furent officiellement fondées. En 1860, on comptait environ 1 570 colons allemands entre Osorno et Puerto Montt. Dès 1875, la rive orientale commença à être occupée. Le chemin de fer, qui fit son irruption vers 1909-1912, permit ensuite de désenclaver cette région aux communications alors très difficiles.

Aujourd'hui, c'est l'un des pôles touristiques du Chili. Les paysages sont superbes.

PUERTO VARAS ★★

Puerto Varas (44 500 habitants en 2017) est surnommée la « cité des Roses ». Baignée par les eaux du lac Llanquihue et jouissant d'une vue superbe sur les majestueux volcans Osorno et Calbuco, c'est une charmante station balnéaire, très prisée en été, à la longue tradition touristique (la première agence de voyages remonte à 1913), bien que dès les premiers jours du mois de mars, elle retrouve sa sérénité. Puerto Varas a su conserver son charme, malgré un évident essor touristique ces dernières années. Un séjour de plusieurs jours est recommandé pour rayonner alentour, dans l'une des plus belles régions du pays, un paradis pour les amoureux des activités en plein air (rafting, trekking, vélo, cheval...) et des paysages à couper le souffle.

Transports

Comment y accéder et en partir

Aéroport

Il se situe entre Puerto Montt et Puerto Varas, à quelque 25 km environ. Un taxi revient à environ 15 000 $. Aussi des transferts en minibus autour de 15 000 $ par personne environ (deux passagers minimum, c'est moins cher si l'on est plus nombreux).

Bus

Certains bus longue distance passent à Puerto Varas après leur départ de Puerto Montt, qui est un centre routier beaucoup plus important (ainsi, les bus internationaux vers Bariloche) : perspective intéressante, car il est plus enthousiasmant de séjourner à Puerto Varas qu'à Puerto Montt. Chaque compagnie part de son propre terminal. Compter autour de 1 000 $.

Une semaine autour de Puerto Varas

Les environs du lac Llanquihue se prêtent aisément à un séjour d'une bonne semaine. Vous ne vous ennuierez jamais, à moins que la pluie, toujours capricieuse, soit de la partie. Les différentes excursions possibles sont les suivantes :

- **Faire le tour du lac Llanquihue,** en voiture (une journée) ou à vélo pour les plus courageux (plusieurs jours seront alors nécessaires pour profiter pleinement du périple) ;
- **Visiter les Saltos del Petrohue, le lac Todos los Santos et le parc Vicente Pérez Rosales**, avec possibilités de treks très agréables ;
- **Faire du rafting sur le somptueux río Petrohue** (classe III, dans l'un des plus beaux paysages au monde), du kayak de rivière ou du kayak de mer (estuaire de Reloncaví), ou encore du canyoning... et même une croisière sur le lac !
- **Gagner la merveilleuse vallée de Cochamó,** encore à l'écart des circuits touristiques, et se laisser tenter par une inoubliable randonnée à cheval de deux ou trois jours sur les traces de Butch Cassidy et du Sundance Kid ;
- **Vous livrer à la pêche à la mouche** sur l'un des ríos de la région (río Puelo, Maullín, Petrohue) ; les eaux abondent en truites notamment. Le Río Puelo Lodge est un établissement reconnu et très exclusif.

Vers Route Panaméricaine et Musée A. Ferrer
Del Salvador
Casa Angulo
Casa Hitschfel
Casa Alemana
Casa Maldonado
San Martin
Casa Emhart
Hôpital
Giesseler
Casa Opitz
Casa Tempe
San José
W. Martinez
Decher
Compass del Sur
Casa Binder
Casa Yunge
Casa Horn
Casa Wetzel
Casa Kaschel
Casa Villalobos
Gare ferroviaire
Melmac Hostel
Purisima
Casa Droppelmann
Marché
Casa Niklitschek
Klenner
Casa Kuschel
Gare routière
Café Dane's
Informations
San Ignacio
Maria Brunn
Eglise du Coeur Sacrée
San Francisco
Poste
Informations
Colon
Salvador
Gran Hotel Colonos del Sur 3 étoiles
El Greco
Solace Hotel
Muelle de Paseo
Garcia Moreno
San Francisco
Casino
Impérial
Casa Azul
Bellavista
Av. Costanera Teobaldo Kuschel
200 m.
Manzanal
Puerto Varas
Edifice religieux
Maison ancienne
Informations
Hôpital
Poste
Centre téléphonique
Gare routière
Divers
Hotel Cumbres Patagonicas
Itata
Hotel Puelche
Hotel Cabañas Los Alerces
LAGO LLANQUIHUE
Biobio
Tronador
Reloncavi
Avenida Colon
Eglise Luterana
PUERTO VARAS CENTRE
Portales
Av. Costanera Teodoro Kuschel
Santa Rosa
TurBus
Walker Martinez
Tas Choapa
Le Garage
Station service
Cruz del Sur
Casa Margouya
San Bernardo
San Francisco
Poste
San José
San Pedro
Licarayén
Santa Rosa
Plaza
San Juan
Marché
Las Brisas
Del Salvador
Anibal
Puente
Avenida V. Perez Rosales
Ibis
F. Errazuriz
Antonio Varas
Avenida Colon
Ramirez
Casa Apel
Casa Raddatz
M. Bulnes
Puerto Chico
Avenida los Colonos
Capitainerie du Port
Casa Hoffmann
Casa Brandau

■ **BUSES JAC**
Walker Martínez 227
✆ +56 65 2 383 800 – www.jac.cl
Compter entre 6 000 et 9 000 $ pour Pucon.
Vers Pucón, trois fois par jour. Aussi vers Temuco.

■ **CRUZ DEL SUR**
Walker Martínez 239-B
✆ +56 65 2 231 925
www.busescruzdelsur.cl
gerencia@busescruzdelsur.cl
Bureaux ouverts du lundi au samedi de 9h à 13h et de 15h à 18h45.
Nombreux bus pour Osorno, Temuco et Valdivia. Aussi pour Los Angeles et Concepción, trois départs par jour. Pour Bariloche, un bus par jour minimum, le matin à 10h50 et arrivée à 17h du côté argentin. Compter 17 000 $. Pour Ancud et Castro, plusieurs fois par jour. Attention, certains jours il y a moins de départs mais en moyenne comptez 2h40 et entre 2 900 et 5 500 $.

■ **PULLMAN BUS**
Portales 318
✆ +56 65 2 234 612
www.pullmanbus.cl
Vers Santiago plusieurs fois par jour. Compter 13h de trajet pour 25 000 $. Le mieux est de prendre le bus du soir, à 22h30, pour arriver le lendemain matin à 9h50.

■ **TUR BUS**
San Pedro 210
✆ +56 65 2 232 982 – www.turbus.cl
atencion_clientes@turbus.cl
Dessert Osorno, Valdivia, Temuco, Santiago et Bariloche le matin, une fois par jour… En été, des trajets directs vers Pucón sont proposés.
▸ **Autre adresse :** Del Salvador 1093

Se déplacer

■ **MICROS INTERURBANOS**
Des bus font la liaison régulière entre Puerto Varas et quelques villes de la région (notamment Thaebus).

▸ **Puerto Montt.** Départs toutes les 3 minutes à l'angle de Santa Rosa et Portales (compter à partir de 1 000 $).

▸ **Frutillar.** Départs toutes les 15 minutes à l'angle de San Bernardo et San José (compter à partir de 800 $).

▸ **Puerto Octay.** Cinq départs par jour à l'angle de San Bernardo et San José (compter à partir de 1 500 $).

▸ **Ensenada** (compter 1 200 $), **Petrohue** (compter 2 500 $). Départs toutes les 30 minutes à l'angle de San Bernardo et Walter Martinez.

▸ **Ralun/Cochamó.** Trois départs par jour à l'angle de San Bernardo et Walter Martinez.

Pratique

Tourisme - Culture

■ **INFORMATUR**
à l'angle de Santa Rosa
San José
✆ +56 65 2 237 773
www.informatur.com
info@informatur.com
En face de la Plaza de Armas.
Agence ouverte toute la semaine de 8h à 23h en été (janvier-février) et du lundi au samedi de 9h30 à 14h puis de 16h à 20h hors saison.
Infos touristiques de la région.

Puerto Varas.

Réceptif

■ CHILOETNICO

✆ +56 65 263 0951
www.chiloetnico.cl
info@chiloetnico.cl

Une agence qui cherche à promouvoir un tourisme local et de développement durable, dans la découverte et le respect des cultures différentes. Circuit de huit jours organisé depuis Temuco, incluant notamment la visite de Pucón, de Curarrehue (artisanat mapuche), des thermes de Menetue, de Valdivia (Musée anthropologique, parc botanique), du parc Oncol (balade à pied), du musée Mocopulli sur la route de Puerto Montt (le propriétaire possède la plus grande collection de Studebaker du pays et une imposante collection de musique des années 1950), de la réserve forestière Edmundo Winkler à Frutillar, du parc Vicente Pérez Rosales, de Ancud… Circuit de quatre jours à Chiloé également.

Argent

Aucun souci pour dénicher un DAB au centre-ville.

Moyens de communication

Plusieurs cybers en ville et presque tous les hôtels et restos proposent le wi-fi gratuit.

■ CORREOS DE CHILE (POSTE)

San José 242
www.correosdechile.cl
sac@correos.cl

Ouvert du lundi au vendredi de 9h à 13h30 et de 15h à 18h, samedi de 9h à 13h.

Se loger

Bien et pas cher

■ CASA AZUL

Manzanal 66
✆ +56 65 2 232 904
www.casaazul.net

Selon la saison, compter de 9 000 à 11 000 $ en dortoir ; 16 000 ou 22 000 $ la simple, 24 000 ou 32 000 $ la double avec sanitaires communs ; 30 000 ou 40 000 $ la double avec sanitaires privés.

C'est une maison bleue, accrochée à la colline… On y vient à pied, mais gardez vos clés quand même. Adresse populaire (et bien située), pour ses commodités de bon standing (cuisine très bien équipée), son jardin aménagé si accueillant, son ambiance zen et tranquille, sa propreté quasi immaculée, et son petit déjeuner copieux sous forme de buffet… Les chambres sont coquettes, bien tenues, on s'y sent vite chez soi. Ce n'est pas pour les fêtards, l'endroit est plutôt tranquille, mais tous les autres devraient apprécier. Passez le bonjour au très aimable propriétaire de cette superbe maison, Andreas, un Allemand expatrié à Puerto Varas depuis près de 20 ans. Il vous réservera un accueil des plus sympathiques et vous fera profiter de ses connaissances sur la région. La maison organise aussi quelques tours.

■ CASA MARGOUYA

Santa Rosa 318
✆ +56 65 2 237 640
www.margouya.com
info@margouya.com

Compter de 10 000 à 13 000 $ en dortoir et 22 000 $ pour les chambres privées. Sanitaires communs. wi-fi et petit déjeuner inclus.

Les chambres sont disposées tout autour d'une salle commune, idéale pour les rencontres. Echanges fructueux et soirées animées garanties. Le soir, on se refile de bons tuyaux. Cuisine tout équipée, Internet dispo. Couleurs chaudes, accueil extra de Nicolas, un Français, et de toute sa petite équipe chilienne. La meilleure adresse pour les jeunes à l'esprit fêtard.

■ COMPASS DEL SUR

Klenner 467
✆ +56 65 2 232 044
www.compassdelsur.cl
hostalcompassdelsur@gmail.com

Selon la saison et le nombre de personnes, compter de 10 000 à 15 5000 $ en dortoir, de 26 000 à 39 000 $ la chambre double avec salle de bains partagée, de 40 000 à 54 700 $ pour une chambre double avec salle de bains privée. Pour une chambre triple, compter de 40 000 à 60 000 $ et à partir de 50 000 $ pour la quadruple. Camping de 8 500 à 13 000 $. Wifi et petit déjeuner inclus.

A cinq minutes du centre-ville, ce B&B entièrement rénové en 2018 offre de nombreuses facilités : deux cuisines équipées, télévision câblée, laverie, parking, ordinateurs… A travers ses beaux parquets et quelques détails du siècle passé, on redécouvre par endroit cette maison construite dans les années 30 par un architecte allemand. Le patio invite à la détente et à l'échange, l'ambiance plaisante et l'accueil aimable. Les chambres sont de bon confort, il y fait chaud même en hiver puisque l'établissement fonctionne sur le principe de la biomasse (chaudière à granulés de bois) : pratique et écolo ! Les améliorations sont vraiment de qualité, on apprécie les jolies salles de bains parfaitement équipées et le buffet bien garni du petit déjeuner. D'autres services (location de voitures et de VTT, transferts vers l'aéroport, etc.). Une bonne adresse !

■ HOSTAL ERIKA
Maipo 290
✆ +56 65 2 233 760
www.hostalerika.cl
hostalerika@hotmail.com
A partir de 30 000 $ pour un, de 38 000 à 40 000 $ pour deux et de 45 000 à 50 000 $ pour trois avec sanitaires privés. Cabaña à 55 000 $ pour trois et 80 000 $ pour sept. Petit déjeuner de qualité et wifi inclus.
Ce n'est pas un *hostal* mais plutôt un B&B. Si les chambres sont assez simples et étroites, elles n'en sont pas moins chaleureuses, et l'accueil d'Erika est aux petits oignons.
Son petit déjeuner remporte tous les suffrages. A moins de 10 minutes à pied du centre, c'est une bonne adresse, appréciée des voyageurs.

■ HOSTEL MARGOUYA PATAGONIA
Purísima 681
✆ +56 65 223 7695
www.mapatagonia.cl
contacto@margouya.com
Compter entre 12 000 et 19 000 US$ en dortoir et entre 32 000 et 50 000 US$ pour une chambre double. Option petit-déjeuner entre 1 500 et 2 500 $.
Située dans une ancienne maison coloniale construite par un colon allemand il y a près d'un siècle, cette charmante auberge de jeunesse est aussi confortable que chaleureuse. Les dortoirs sont gigantesques, hauts de plafond, tout en bois, la décoration est soignée. Chaque lit a son propre coffre pour ranger sacs et autres affaires précieuses. Une cuisine tout équipée est à votre disposition et le soir venu le salon devient un lieu d'échanges et de conversations. L'ambiance est plutôt internationale et le ton bienveillant, bref on s'y sent vite comme chez soi, et il est même possible que cette simple adresse vous donne envie de passer quelques jours de plus dans le coin ! La maison organise aussi pas mal d'excursions, renseignez-vous auprès de la réception. On recommande chaudement.

Confort ou charme

■ CASA KALFU
à l'angle de Manzanal
Tronador 1134
✆ +65 56 2 751 261
www.casakalfu.cl
reservas@casakalfu.cl
Selon la saison, entre 72 et 112 US $ pour un, 83 et 112 US $ pour deux, 92 et 145 US $ pour trois, avec petit déjeuner et wi-fi (dans les parties communes surtout).
A 10 minutes à pied du centre, voici une superbe maison à l'ambiance familiale. Très belles chambres confortables (préférez celles aux étages, qui jouissent de meilleures vues), bien décorées et chaleureuses, et services de qualité. L'ensemble laisse un très bon souvenir.

■ MÍTICO PUELO LODGE
Walker Martínez 807
✆ +56 9 81840544
www.miticopuelo.com
info@miticopuelo.com
À Puerto Maldonado,
rive sud du lac Tagua Tagua.
Pour deux nuits compter à partir de 240 000 $ la simple, 170 US$ la double en demi-pension, incluant les transferts sur le lac Tagua Tagua. Offres aussi en pension complète 260 US$ et 195US$ en « tout compris ».
Un lodge cosy et accueillant, qui plaît beaucoup aux pêcheurs à la mouche. Le lodge propose deux catégories de chambres toutes très confortables, avec vue sur le lac ou les montagnes. Bar, restaurant et bain d'eau chaude à disposition. Des activités et excursions sont proposées, notamment la traversée vers El Bolsón en Argentine.

■ HOTEL EL GRECO
Mirador 134, casilla 733
✆ +56 65 2233388
www.hotelelgreco.cl
reservas@hotelelgreco.cl
Selon la saison, compter 85 à 120 US$ la simple, 96 à 130 US$ la double, 112 à 145 US$ la triple, 140 à 160 US$ pour quatre et 165 à 180 US$ pour cinq personnes. wi-fi et petit déjeuner inclus. Possibilité de promotions en réservant via le site internet de l'hôtel.
Cet hôtel a été réhabilité il y a quelques années avec les portes, les fenêtres et les parquets en *alerce* de l'ancien Collège allemand. Au gré des pièces et des couloirs, on découvre de nombreuses œuvres d'art et objets d'époque, une sorte de caverne d'Ali Baba. Les 36 chambres avec moquette sont confortables (sanitaires privés, TV câblée). Accès pour personnes à mobilité réduite. Une adresse esthétique, artistique et chaleureuse. Passez le bonjour au très aimable Alfredo Soto, un hôte chaleureux.

Luxe

■ HOTEL ARREBOL PATAGONIA
Route à Ensenada, km 1,1
✆ +56 978 522 751
www.arrebolhotel.com
reservas@arrebolpatagonia.com
Matrimoniale à partir de 230 US$, supérieure avec living à partir de 290 US$, suite master à

partir de 350 US$, wi-fi et petit déjeuner inclus. Possibilité d'un séjour « all inclusive » à partir de 600 US$.
Une merveille d'architecture (voir le comptoir de la réception), où le bois d'alerce domine. Cet hôtel propose 22 chambres, dont une suite master, qui regardent toutes vers le lac et le soleil couchant. Lumineuses et délicates, les chambres arborent des couleurs sobres, dans les tons organiques, et sont tout à fait plaisantes. Chauffage géothermique, terrasse, accès wifi : le grand luxe (à un certain prix quand même…). Espace de diffusion de l'art local et restaurant Aleli où l'on sert une bonne cuisine. La déco est minimaliste. On apprécie son ambiance familiale, insolite, séjour dans un petit bout du monde absolument inoubliable !

■ **HOTEL BELLAVISTA**
Avenida Vicente Pérez Rosales 60
✆ +56 65 2 232 011
www.hotelbellavista.cl
info@hotelbellavista.cl
Compter entre 140 US$ à 180 US$ la chambre pour deux, 180 US$ la triple, 220 US$ la suite et 240 US$ l'appartement.
La plupart des chambres ont vue sur le lac dans cet établissement aux airs de chalet de luxe. L'ensemble, parfois rustique, est toutefois beaucoup plus design et moderne dans les chambres particulièrement spacieuses. Rénovées il y a peu, elles révèlent de jolies couleurs et l'ensemble est vraiment de bon goût. Appartements duplex également avec fenêtres panoramiques. Superbe parc aux arbres centenaires.

■ **HOTEL CABAÑAS DEL LAGO**
Luis Wellmann 195
✆ +56 65 2 200 100
www.cabanasdellago.cl
reservas@hcdl.cl
Compter 200 US$ pour une simple, 220 US$ pour la double, 240 US$ pour la triple et 260 US$ pour la suite. wi-fi et petit déjeuner inclus. Possibilité d'obtenir des réductions en réservant via le site internet.
Parmi les nombreux hôtels de haut standing, le Cabañas del Lago est certainement l'un des plus attrayants. A l'origine, il était composé de petites cabanes en bois. Aujourd'hui, son imposante structure témoigne de son succès. L'hôtel propose 157 superbes chambres, chacune d'entre elles a vue sur le lac. Restaurant gastronomique, bar, sauna, piscine chauffée, Spa, le tout bien disposé. De plus, l'hôtel revendique une étiquette résolument éco-responsable. Un bel endroit pour passer de belles vacances.

■ **HOTEL CUMBRES PATAGONICAS**
Imperial 561
✆ +56 65 2 222 000
www.cumbrespatagonicas.cl
info@cumbrespatagonicas.cl
En haute saison, compter entre 260 et 350 US$ la nuit pour 2 personnes. Possibilité de promotion en réservant via le site internet.
Cette superbe bâtisse propose des chambres luxueuses et un éventail complet de services touristiques. On apprécie les grandes fenêtres qui délivrent de magnifiques panoramas sur le lac et le volcan Osorno. Un restaurant (très correct) et un Spa complètent une infrastructure de très haut niveau. Prêt de vélos. Le haut du pavé à Puerto Varas.

Se restaurer

Sur le pouce

■ **CAFE DANE'S**
Del Salvador 441
✆ +56 9 5982 9296
Compter entre 1 500 et 6 500 $/personne environ. N'accepte pas la carte bancaire.
Un café agréable et convivial. Leur pain maison est pétri à la main, leurs sandwiches et *empanadas* sont copieux et leurs pâtisseries excellentes. Très populaire et souvent bondé le midi.

■ **CAFE EL BARRISTA**
Walker Martínez 211
✆ +56 65 2 233 130
www.elbarista.cl
elbaristacaffe@gmail.com
Menu à 6 000 $ le midi. Happy-hour du lundi au vendredi de 19h à 22h.
Bonne ambiance, excellent café, menu de qualité le midi, petit déjeuner délicieux, service agréable, vaste choix de bières artisanales… Bref, l'un de nos endroits préférés à Puerto Varas. Concerts parfois le week-end. Les nostalgiques y boiront un pastis. Recommandé.

Bien et pas cher

■ **CHAMACA INN**
Del Salvador s/n,
angle de San Bernardo
✆ +56 65 2 232 876
Au-dessus du marché, populaire pour déguster poissons frais et fruits de mer. On peut se contenter d'une entrée pour un repas complet : les portions sont en effet très conséquentes. Essayez la paella, c'est particulièrement un délice ! Service en dents de scie, mais une bonne adresse malgré tout, surtout pour ceux les amoureux des produits de la mer.

DONDE EL GORDITO
à l'angle de Del Salvador
San Bernardo 560, Local n° 7
✆ +56 65 2 233 425
Compter une moyenne de 10 000 $ par personne.
Dans l'enceinte du marché municipal (à gauche en entrant). Un restaurant qui conviendra bien aux petits budgets pour le déjeuner. Les prix sont moyens, mais la cuisine reste de qualité (grosses portions). Essayez l'excellente spécialité du coin, le saumon ou la truite à la plancha, ou alors le congre, le crabe, les crevettes… sans oublier un bon pisco sour ! L'endroit est parfois agité et le service pas toujours correctement assuré, mais Donde El Gordito reste tout de même une institution !

DONDE JORGE
Walker Martínez 561
Menu local autour de 3 900 $.
Ici, l'ambiance est plus calme, les plats sont bons et copieux et la carte est plutôt est variée. Les plats sont fait maison et le menu est vraiment peu cher pour les bonnes portions qu'ils proposent. Un bon plan pour les petits budgets.

LA MESA TROPERA
Santa Rosa 161
✆ +56 65 223 7973
www.mesatropera.cl
contacto@mesatropera.cl
Ouvert du lundi au samedi de 10h à 2h. Compter entre 4 900 $ et 9 900 $ la pizza et entre 6 900 $ et 8 000 $ pour les plats.
Un grand bar-restaurant assez récent mais qui profite déjà d'une grande popularité étant donné le nombre de locaux et d'étrangers qui s'y précipitent chaque soir pour y boire une bière artisanale ou goûter à un des nombreux plats italo-patagons. Il faut dire que la bâtisse peut accueillir plus d'une centaine de personnes et elle est idéalement située sur le lac. L'ambiance y est animée et les plats d'un bon rapport qualité-prix. N'hésitez pas à faire le pied de grue dehors pour pouvoir entrer. Service dynamique et sympathique, on y reste souvent plus que prévu. Un petit incontournable si l'on souhaite bien manger et bien boire dans une ambiance bel et bien vivante.

PARÉNTESIS
Santa Rosa 302
✆ +56 65 2 232 958
mcano.sur@gmail.com
Ouvert tous les jours de 9h à 00h (plus tard le week-end), fermé le lundi en hiver. Menus entre 4 900 et 7 900 $. Pizzas et pâtes entre 8 000 et 13 000 $.
Excellent resto de pâtes et cuisine italienne, en plein centre sur la place. Les prix sont corrects, l'ambiance informelle. Les proprios sont aux fourneaux et le service est de qualité. Une bonne adresse.

Bonnes tables

IBIS
Avenida Vicente Perez Rosales 1117
✆ +56 65 2 232017
restaurant@ibisdepuertovaras.cl
Ouvert tous les jours de 8h à 22h.
Une bonne table, proposant une carte variée. Les fruits de mer sont délicieux (essayer le plateau comportant toutes sortes de variétés, très copieux). Le filet de bœuf sauce tomate est très bon. On y mange aussi des pâtes, des sushis ou des crêpes... mais surtout on goûte aux délicieuses huîtres locales, directement venues de la pêche du jour ! Bref, cette adresse saura ravir tous les estomacs !

LA JARDINERA
Santa Rosa 131
✆ +56 65 2 231684
contacto@lajardinera.cl
Plats entre 8 000 et 10 000 $.
Une belle découverte pour ce restaurant qui a ouvert ses portes en février 2017 et qui possède déjà une adresse à Santiago. Les grandes baies vitrées qui donnent sur le lac en font une adresse à l'atmosphère intime et plaisante avec seulement douze tables. On y goûte viandes et poissons et des menus sont proposés le midi seulement. La carte des vins est courte mais de bonne tenue. Très bon produits de la mer, poisson frais et local. Ne manquez par le saumon et son risotto de crevettes : un délice ! Une adresse à retenir pour les amoureux en quête d'un dîner romantique.

LA MARCA
Santa Rosa 539
✆ +56 65 2 232 026
www.restaurantlamarca.cl
info@restaurantlamarca.cl
Ouvert tous les jours de 12h à 23h30. Compter environ 10 000 $/plat.
Le meilleur resto de viandes (filet mignon, entrecôte…), dans un beau cadre alliant le charme des maisons chilotes (toutes en bois avec façade rappelant les écailles du poisson) à la modernité (grandes fenêtres, baies vitrées, lumières…). Carte des vins fournie. Le service est à la hauteur. A découvrir, pensez tout de même à réserver !

Autre adresse : Av. Vicente Perez Rosales, sur la Costanera

LA OLLA
Route 225, Los Castaños
Ruta 225 Loteo Los Castaños Sitio 1
✆ +56 65 2233 540

Ouvert du lundi au dimanche de 12h à 23h.
Un restaurant souvent plein (c'est bon signe) à des prix abordables et avec un grand choix de vins. Spécialités de fruits de mer, dont le fameux *curanto* ou encore la *paella* marine. Il vous faut goûter au *congrio al arriero*, délicieux. Choix d'oursins, de *picorotos* (des balanes géantes, en fait)... Bon rapport qualité-prix même si le service est parfois un peu débordé.

Sortir

■ CLUB ORQUIDEA

San Pedro 537
✆ +56 65 2 233 024
Ce bar lounge/restaurant est le rendez-vous incontournable de la jeunesse branchée de Puerto Varas. Il dispose d'un grand espace sur plusieurs étages, de terrasses, d'une piste de danse, le tout mis en valeur par une déco élaborée. Nombreux concerts, salsa le mardi et DJ le week-end.

À voir - À faire

Peu riche en monuments, Puerto Varas constitue pourtant un ensemble architectural dont le style colonial allemand ne manquera pas de surprendre dans ce coin d'Amérique du Sud.

■ IGLESIA DEL SAGRADO CORAZÓN DE JESÚS ★

La vue de cette église vous projette d'un seul coup en Bavière. Lego géant, bleu ciel et blanc, semblant avoir été artificiellement planté au milieu de la ville, le temple paroissial a été inauguré en 1915. Il est la copie, de style baroque monumental, de l'église allemande de Marienkirche, en Forêt Noire.

■ MUSEO PABLO FIERRO ★★

Camino a Ensanada
www.pablofierro.cl
museopablofierro@gmail.com
Du lundi au samedi de 9h30 à 13h et de 15h à 20h. Entrée gratuite. Entrée libre.
Cette ancienne bicoque abandonnée fut offerte par la municipalité de Puerto Varas à l'artiste un peu fou Pablo Fierro, qui connaissait à l'époque un succès notable dans la ville de Puerto Montt. Pablo s'est emparé des lieux en amassant une collection impressionnante de vieilleries en tout genre (photos, voitures, objets du quotidien, articles de presse, etc...), à travers lesquels vous pourrez observer l'évolution de la ville et de ses habitants. C'est dans ce joyeux bazar que l'artiste expose ses peintures et dessins. Il se fera un plaisir de vous accueillir et de vous raconter son incroyable parcours. A ne manquer sous aucun prétexte !

■ PASEO PATRIMONIAL DE PUERTO VARAS ★★

Cette petite balade à travers les rues de la ville vous permettra de contempler certaines des plus belles maisons d'architecture allemande. On longe la côte direction le Cerro Philipi avant de monter par la rue Santa Rosa, puis on se dirige vers les hauteurs de la ville avant de regagner l'avenue Imperial. Cet itinéraire est décrit dans des brochures à retirer auprès des hôtels et agences de tourisme. Les amateurs de photographie pousseront la balade jusqu'au sommet du Cerro Calvario qui offre une vue imprenable sur le lac et les deux volcans qui le surplombent.

Sports - Détente - Loisirs

■ KO'KAYAK

San Pedro 311
✆ +56 9 9310 5272
www.kokayak.cl
info@kokayak.com
La base d'activité se situe sur la route pour Ensenada, km 40. Compter 35 000 $ la demi-journée ou 75 000 $ la journée entière en kayak. Pour le kayak de mer compter à partir de 70 000 $ (jusqu'à 530 000 $ pour 5 jours).
Assisté d'une brillante équipe de spécialistes et de joyeux lurons, Richard (un Français) dirige une agence conviviale et efficace. La base se situe dorénavant à Ensenada, mais on vient vous chercher à Puerto Varas de toute façon. Au programme :

- **Rafting sur le *río* Petrohue,** superbe (avec un excellent snack sur le retour). Rafting aussi sur deux jours, notamment sur le *río* San Pedro.
- **Kayak de mer de Ralún a Cochamó** très sympa, et aussi jusqu'aux thermes de Sotomo et la lobería de Mari Meli (pour observer de très nombreux lions de mer). Jusqu'à trois jours possibles, soit sous la tente pour les durs, ou dans des lodges pour les âmes plus sensibles.
- **Trekking au Paso Desolación,** 7h de marche sur le versant de l'Osorno avec belle vue sur le lac Todos los Santos. Ou trois jours jusqu'au pied du volcan Puntiagudo, en passant par les thermes del Callao et le lac Rupanco.

Richard fourmille de projets : il vient d'habiliter un lodge sur les flancs du volcan Calbuco, genre chambre d'hôtes (il y en a cinq avec sanitaires privés), d'où l'on part à cheval vers le sommet (superbes panoramas) : compter 28 000 $ la double, 14 000 $ la simple, ou alors 12 000 $ par personne avec sanitaires communs et trois lits. Enfin, un nouveau trek dans une réserve d'alerces du parc Perez Rosales est proposé, incluant un jour de kayak et deux jours de rando, avec guides locaux huilliches.

FRUTILLAR

Située à environ 50 km de Puerto Montt, Frutillar (16 400 habitants en 2012) est l'une des stations balnéaires les plus agréables et les plus prisées du lac Llanquihue. La ville, officiellement fondée le 23 novembre 1856 par une colonie d'immigrants allemands, est divisée en deux parties, reliées en permanence par un service de *colectivos* : Frutillar Alto, en bordure de la Panaméricaine, concentre de nombreux commerces et supermarchés. Frutillar Bajo en revanche, serpent sinueux collé au lac, a beaucoup de charme avec ses maisons d'architecture allemande et ses plages ravissantes. L'événement marquant de Frutillar Bajo est sa semaine musicale (musique classique) entre le 27 janvier et le 5 février, qui attire beaucoup de monde depuis 1968. Vous aurez alors du mal à trouver un logement sans réservation.

Transports

- **Pour prendre des bus** vers Osorno (arrêt à Puerto Octay) ou Puerto Montt *via* Puerto Varas (900 $), allez sur Manuel Montt, à l'angle de Philippi. Des départs ont lieu toutes les demi-heures (toutes les heures le dimanche) à partir de 7h30.
- **Si l'on est pressé,** on peut également prendre un colectivo ou un micro vers Frutillar Alto où se situe le terminal principal qui jouxte la Panaméricaine. Départs pour Osorno, Valdivia, Temuco et Santiago ainsi que Chiloé avec Cruz del Sur ou Tur Bus.

Pratique

■ OFFICE DU TOURISME
Costanera
✆ +56 65 2 421 685
www.frutillar.com
info@frutillar.com
Ouvert en saison tous les jours de 9h30 à 19h30, et hors saison du lundi au vendredi de 9h à 13h et de 14h à 17h30.
Le minimum syndical c'est ce qui vous sera proposé ici.

Se loger

Bien et pas cher

■ CAMPING LOS CIRUELILLOS
Camino a Punta Larga, km 1
✆ +56 65 2 420 163
www.losciruelillosfrutillar.cl
info@losciruelillosfrutillar.cl
A partir de 10 000 $ pour camper, 30 000 $ en bungalows pour six.
Une cinquantaine de sites disséminés dans la végétation, avec douches séparées (eau chaude), supérette.
Les bungalows sont simples, confortables et bien équipés. L'ensemble borde le lac (plage privée) à 50 mètres et on peut louer des *lanchas* (vedettes rapide).

■ HOSTERIA EL ARROYO
Philippi 989
✆ +56 65 2 421560
www.hosteriaelarroyo.com
reservas@hosteriaelarroyo.com
Compter à partir de 35 000 $ la simple,70 000 $ la double et de 65 000 à 85 000 $ les chambres familiales. Les prix varient en fonction de la vue sur le lac. Petit déjeuner et wifi inclus.
Une bonne adresse. Situé en face de la plage, cet hôtel dont la bâtisse date de 1891 offre des chambres impeccables dans un style montagnard et un petit déjeuner local (c'est-à-dire copieux et varié), que l'on prend dans une salle à manger réchauffée par une cheminée et donnant sur un petit parc. C'est douillet et les prix restent vraiment raisonnables.

■ PLAYA MAQUI LODGE
Camino a Los Bajos, km 6
✆ +56 65 2 339 166
www.playamaqui.cl
reservas@playamaqui.cl
En haute saison, compter environ 100 US$ pour la double, 135 US$ pour la triple et 145 US$ pour la quadruple.
Une superbe maison traditionnelle construite en 1880 par des immigrants allemands. Entourée d'un beau jardin très bien entretenu, on y séjournerait rien que pour les photos ! L'architecture d'origine est bien conservée et maintient une certaine harmonie entre confort et nature : les bois nobles se marient à merveille avec les forêts indigènes des alentours, les chambres douillettes arborent des couleurs sobres, la literie est excellente (les couettes sont en plumes naturelles) et les salles de bains modernes et lumineuses. Une jolie option.

Confort ou charme

■ HOTEL ELUN
Camino a Punta Larga
✆ +56 65 2 420 055
www.hotelelun.cl
elunreservas@hotelelun.cl
En haute saison, compter 100 000 $ la simple, 130 000 $ la double, 150 000 $ la suite junior. Petit déjeuner et wifi inclus.
Cette maison bleue est une alternative plus « moderne ». Lumineuse et bien située, elle

offre des chambres agréables (moquette) avec vue sur les volcans et le lac Llanquihue. Les chambres sont coquettes et spacieuses, l'établissement dispose d'un bain bouillonnant extérieur, d'un sauna et propose des massages en extra. Le tout, toujours avec un point de vue panoramique remarquable ! Les suites Junior sont très spacieuses. La chambre numéro 24 délivre un superbe panorama sur la ville. Des excursions sont proposées. Bon rapport qualité/prix.

■ HOTEL FRAU HOLLE

Antonio Varas 54
✆ +56 65 2 421 345
www.frauholle-frutillar.cl
reservas@frauholle-frutillar.cl
Selon la saison, entre 75 000 et 87 000 $ la chambre simple, 84 800 et 95 700 $ la double, et à partir de 175 000 $ l'appartement pour 4 personnes. Petit déjeuner allemand et wifi inclus.

Comme la fable d'où est tiré le nom de l'hôtel, les songes d'enfants perdurent dans cette magnifique demeure. Chambres à l'étage (la matrimoniale est dotée d'un balcon privé) qui offrent une vue splendide sur le lac et le volcan, et petit jardin superbement entretenu. Norma et Patricio prennent un soin tout particulier à votre bien-être. Le restaurant est aussi recommandé (en particulier pour ses viandes).

Luxe

■ HOTEL AYACARA

Av. Philippi 1215
✆ +56 65 2 421 550
www.hotelayacara.cl
reservas@hotelayacara.cl
Pour deux personnes, compter entre 150 et 220 US$, wi-fi et petit déjeuner inclus. Promotions disponibles en réservant via le site internet.

L'hôtel a su jouer de la formidable vue dont il dispose sur le lac Llanquihue. Encore une superbe demeure que l'on cherche à immortaliser en photo ! Les huit chambres bien équipées sont toutes différentes. La chambre la plus spectaculaire (la plus chère aussi), appelée El Capitán, se situe à l'étage et bénéficie de larges baies vitrées. Recommandable.

Se restaurer

Sur le pouce

Pour un petit creux le soir, vente de gâteaux, de frites, d'*empanadas* et de saucisses près du 880 Philippi, à l'angle de la rue Montt. Stand ouvert moins tard à l'angle de Balmaceda et de Philippi.

Bonnes tables

■ LA OLLA

Ruta 225 km 1, camino a Ensenada
✆ +56 65 2 234 605
Compter environ 12 000 $ le plat.

Une adresse intéressante, devenue classique pour les locaux, qui mélange influences gastronomiques allemande, chilote et chilienne. Pas mal d'options pour goûter aux fruits de mer du sud du pays et aux poissons accompagnés de sauces particulièrement succulentes (soja, gingembre, roquefort...). Attention toutefois le service peut être aléatoire et il vaut mieux arriver à l'avance (l'endroit est souvent plein).

■ SE COCINA

Taller Restorán,
Camino Totoral km2 Fundo Santa Clara
✆ +56 9 8972 8195
www.secocina.cl
reservasfrutillar@secocina.cl
Du mardi au samedi de 12h à minuit, le dimanche de 13h à 17h. Compter 12 000 $ par plat environ. Un repas complet pour deux avec vin revient à 60 000 $.

Ce restaurant intime et chaleureux (toutefois un peu excentré) fait aussi atelier et école de cuisine. On y propose de succulents plats traditionnels chiliens (*pastel de centolla, machas a la parmesana, ciervo...*) dans un cadre tout à fait charmant et divinement typique ! On y produit une bière artisanale délicieuse. Une des meilleures adresses du coin, le service est attentionné, la cuisine est locale et le cadre tout à fait plaisant. Réservation nécessaire.

À voir - À faire

■ MUSEO COLONIAL ALEMÁN ★

Pérez Rosales
✆ +56 65 2 421 142
En face de Prat.
Ouvert tous les jours de 9h à 19h en été, jusqu'à 17h30 en hiver. Compter 2 500 $ par adulte l'entrée, 500 $ par enfant.

Ce musée, qui dépend de l'Université australe de Valdivia, est consacré à l'histoire de la colonisation allemande de la région de 1880 à 1920. On y verra un très beau moulin à eau servant à moudre le blé pour le pain mais aussi l'orge utilisée pour alimenter le bétail, des photographies sur l'architecture allemande de la région, une grange réunissant les différents instruments utilisés pour fabriquer le beurre et le saucisson, sceller les bouteilles de vin ou de bière, ou trier le blé, ainsi qu'une maison de forgeron et son atelier. Au premier étage, une superbe terrasse offre une vue somptueuse sur le parc et les jardins.

PUERTO OCTAY ★

Puerto Octay est située sur la rive nord du lac Llanquihue. Son économie repose sur l'agriculture petite et moyenne, le tourisme (balbutiant) et la salmoniculture. La bourgade (8 900 habitants en 2012) vous enchantera grâce à ses plages, sa petite vie tranquille et sa presqu'île de Centinela qui permet de jolies promenades. La ville possède également quelques constructions typiques allemandes. En revanche, son musée ne vaut pas celui de Frutillar. Sur la route 5, en direction de Puerto Montt, le mirador Sur offre une vue impressionnante sur la ville, la petite baie (Bahia Chica) et, quand le ciel est bien dégagé, sur les volcans Osorno, Cabulco et Puntiagudo. La plage la plus proche est celle de La Baja, sur la péninsule de Centinela, à 3 km du village. La plage Maitén, plage de sable fin tout équipée, se situe à 9 km par la route 5 menant à Osorno.
Pour s'y rendre, bus réguliers de/vers Osorno (1 400 $), Puerto Varas (1 500 $, cinq fois par jour) ou Puerto Montt (1 700 $).

■ CORREOS DE CHILE
www.correosdechile.cl
sac@correos.cl
Sur la place, à côté de l'office du tourisme.

■ OFFICE DE TOURISME
à l'angle de Pedro Montt
Balmaceda
✆ +56 64 2 391 764
info@turismopuertoctay.cl
Ouvert le matin en semaine, tout l'été.
Quelques infos sur la région.

■ RANCHO ESPANTAPAJAROS
Sur la route de Frutillar
Quilanto, km 6
✆ +56 64 2 330 049
www.espantapajaros.cl
contacto@espantapajaros.cl
Sur la route de Frutillar, km 6.
En haute saison, tous les jours de 10h à 22h. Le reste de l'année, du lundi au samedi de 10h à 17h30, le dimanche de 10h à 20h. Buffet à volonté à partir de 15 000 $/personne.
Dans un cadre champêtre, on offre un buffet à volonté, incluant une excellente viande de jabalí, un cochon sauvage. Le tarif inclut un jus ou un verre de vin. On peut aussi louer des chevaux pour une demi-journée ou une journée complète. Superbes confitures maison. Très bons jus, sirop et pain intégral. Artisanat à la vente. Une bonne adresse.

■ ZAPATO AMARILLO
A 2,5 km au nord du village
✆ +56 65 2 210 787
www.zapatoamarillo.cl
info@zapatoamarillo.cl
Les bus pour Osorno passent
toutes les vingt minutes ;
si vous appelez depuis le village,
on viendra vous chercher gracieusement.
Compter environ 15 000 $ par personne en dortoir, 38 000 $ la double avec sanitaires communs, 45 000 $ avec sanitaires privés. Petit déjeuner et wifi inclus. Compter à partir de 100 000 $ la cabane de 4 à 6 personnes. Dîner à 17 US$, location de vélo à 15 US$ la journée, de voilier à 28 US$, de voiture. Service de laverie.

Vue sur le volcan Osorno.

Un petit chalet aussi hospitalier que chaleureux. Des petites chambres sommaires conçues à partir du bois de la région et des lits en dortoir vous sont proposés.
Depuis peu, on peut également louer des *cabanas* pouvant accueillir de 4 à 6 personnes, entièrement équipées avec cuisine et salle à manger. La jolie terrasse offre un panorama sur le volcan Osorno. Produits du terroir côté cuisine, qui s'avère de qualité. Un endroit conçu pour les voyageurs, bien pensé, très agréable.

ENSENADA ★

Sur la route qui mène à Petrohue, pourquoi ne pas vous arrêter à Ensenada, qui vous offre ses longues plages bordant le lac Llanquihue mais aussi la possibilité de vous approcher du maître volcan Osorno ? Le site est superbe et l'offre touristique limitée mais de qualité. Certains préfèrent séjourner ici que dans les bourgs du lac, pour l'ambiance naturelle et la paix infinie qui y règnent.

Transports

Pour s'y rendre, bus réguliers depuis Puerto Varas, compter 1 200 $.

Sports – Détente – Loisirs

■ **CENTRO DE SKI MONTAÑA VOLCAN OSORNO**
✆ +56 9 6679 2284
www.volcanosorno.com
info@volcanosorno.com
Route goudronnée jusqu'au sommet. Tickets de ski à 22 000 $ la journée (semaine/week-end) et 18 000 $ la demi-journée. Réductions pour les étudiants et les enfants.
Une école de ski et de snowboard est à disposition. Location d'équipement complet. La saison commence à partir du 1er juin. D'autres loisirs sont possibles : snowcar, tyrolienne, raquettes, etc. En été, on peut grimper en voiture (puis en télésiège) pour jouir d'un superbe panorama.
Autre adresse : Bureau à Puerto Varas : San Francisco 333.

PARQUE NACIONAL VICENTE PÉREZ ROSALES

PARQUE NACIONAL VICENTE PÉREZ ROSALES ★★★

C'est l'un des plus beaux parcs du Chili, le plus ancien aussi (créé en 1926), sur une superficie de 253 780 hectares. Tout autour se dressent d'imposants volcans, comme le Puntiagudo (2 490 m), l'Osorno (2 661 m), la Picada (1 710 m) ou le Tronador (3 491 m). Le site est aussi d'intérêt ethnologique : les Huilliches vivaient en effet un peu plus à l'ouest, commerçant avec les Poyas ou les Puelches qui habitaient sur le versant oriental de la cordillère (actuelle Argentine).
Cette région du Chili est de fait historiquement intimement liée à celle de Nahuel Huapi (autour de Bariloche, en Argentine). Au XVIIe siècle, les jésuites de Chiloé avaient tracé un chemin (dit chemin de Vuriloche) en vue de fonder des missions dans la région orientale de la cordillère. Ce chemin contournait le sud du volcan Tronador, pour éviter de traverser la lagune Cayutue et le lac Todos los Santos, et permettait ainsi aux « colons » de Chiloé de commercer avec les villes du Nord, quand les indigènes se rebellèrent dans les années 1600 et empêchèrent tout passage par l'Araucanie. De nombreux chercheurs en tout genre l'empruntèrent aussi en quête de l'utopique cité des Césars, tout comme une multitude d'évangélisateurs qui s'en allèrent répandre la « bonne nouvelle » aux « païens » *poyas* et *puelches*.

Droit d'entrée : compter 6 000 $ par adulte et 3 000 $ pour les enfants.

Transports

Pour vous rendre à Petrohue depuis Puerto Varas, allez à l'angle de Martínez ou le long de la Costanera. Des minibus y passent très fréquemment en été, un peu moins en hiver. Le dernier bus de retour part à 17h30, quand arrive le catamaran à Petrohue. Compter 2 000 $. La route a été refaite il y a peu, avec une piste cyclable sur les côtés.

Pratique

L'administration du parc se situe à Petrohue. Le parc est ouvert tous les jours de 8h30 à 20h en été, jusqu'à 18h30 en hiver. Depuis juillet 2019, l'ascension au sommet du volcan Osorno est de nouveau autorisée, veillez à vous renseigner sur place.

Le parc national Vincente Pérez Rosales

Se loger

CAMPING ET HOSPEDAJE KÜSCHEL

✆ +56 9 58039134

Compter 6 000 $ par personne pour camper, 12 000 $ dans une chambre, petit déjeuner inclus.

De l'autre côté de la rivière (traversée à 500 $), dans un cadre bucolique et rustique, cet établissement fera aisément l'affaire. Le site est charmant.

HOTEL PEULLA

A Peulla

✆ +56 9 3382 9278

www.hotelpeulla.cl

Compter entre 124 et 131 US$ pour un ou deux, 168 US$ pour trois et 205 US$ pour quatre, petit déjeuner et wi-fi inclus.

Un établissement qui privilégie le bois natif et nous plonge dans le passé. Ouvert depuis 1913, l'ensemble est plutôt traditionnel, les chambres correctes bien que la décoration ne soit pas vraiment au goût du jour. Toutefois la vue est splendide et il y règne le plus grand des calmes ! Le restaurant sert une cuisine correcte, à un prix moyen. Pas mal de services et d'activités sont proposés.

NATURA PATAGONIA

A Peulla

✆ +56 65 2 566 612

www.hotelnatura.cl

reservas@hotelnatura.cl

Compter 211 US$ la simple, 220 US$ la double, 273 US$ la triple, 328 US$ la quadruple, entre 331 et 439 US$ la suite, petit déjeuner et wi-fi inclus.

Un impressionnant établissement de grand confort et très écologique. Les 45 chambres spacieuses sont chaleureuses et bien pensées entre aménagement moderne et touches plus traditionnelles. Les grandes fenêtres omniprésentes donnent un joli point de vue sur la nature environnante. Des activités sont proposées.

PETROHUE LODGE

✆ +56 65 2 212 025

www.petrohue.com

reservas@petrohue.com

Compter 210 US$ la simple en haute saison, 290 US$ la double et 370 US$ la triple avec petit déjeuner. Demi-pension et pension complète possibles. Les cabañas reviennent de 250 à 335 US$, pour 4 à 8 personnes. Nombreuses excursions proposées.

Très élégant, l'hôtel est construit en bois et en pierre. Environnement romantique à souhait.

Chambres sobres très confortables, aux accents bucoliques, et bénéficiant d'une bonne luminosité naturelle. Piscine couverte et à l'air libre, terrasse ensoleillée. Une excellente adresse loin des grandes foules. Pensez à réserver en saison.

À voir – À faire

SALTOS DEL PETROHUE ★

Ouvert en été de 8h30 à 20h30 et le reste de l'année jusqu'à 18h seulement. Droit d'entrée de 4 000 $.

Charmante balade dans ce petit parc où les cascades trébuchent sur de la pierre volcanique, avec en toile de fond l'inévitable volcan Osorno (superbe le matin ou en fin d'après-midi). Suivez le lit de la rivière jusqu'à la petite forêt qui offre maints endroits bucoliques, loin de la foule qui se concentre davantage auprès des cascades en provenance du lac Todos los Santos (sentier Los Enamorados) : un système de passerelles rénové début 2016, permet de s'en approcher.

Après avoir quitté le petit parc, reprenez le bus suivant ou faites du stop vers Petrohue, qui se trouve à environ 6 km. La balade à pied, accessible à tous, est superbe.

LAGO TODOS LOS SANTOS ★★★

Le lac Todos los Santos (175 km²), également nommé Esmeralda en raison de la couleur émeraude de ses eaux, mène en Argentine. On peut y faire des excursions en bateau : la traversée est somptueuse. Si vous ne voulez pas vous mêler à la foule de Cruce de Lagos, adressez-vous à des pêcheurs ; ils vous feront faire cette traversée à des prix plus doux peut-être. Demandez qu'on vous dépose à Cayutue, sur la rive sud du lac, pour gagner Ralún à pied en passant par des paysages grandioses. Possibilité aussi de se rendre à l'Isla Margarita, où l'on pourra admirer un beau lagon. Cette dernière petite croisière est proposée par Turismo Peulla, qui propose deux départs par jour en été à 12h30 et 15h. Une excursion sur le lac est un moment magique, mais la pluie persistante et le rideau de brouillard peuvent gâcher votre plaisir.

Visites guidées

CRUCE ANDINO ★

✆ +56 9 3406 2885
www.cruceandino.com
contacto@cruceandino.com

De nombreuses agences et la plupart des hôtels de Puerto Varas ou Puerto Montt peuvent vous réserver cette traversée, organisée par Cruce Andino. En saison haute, compter 295 US$ la traversée et 442 US$ pour l'aller/retour. Pensez à faire votre enregistrement 48 heures à l'avance avec checkinchile@cruceandino.com

Traversée de trois magnifiques lacs (lago Llanquehue, lago Todos Los Santos et lago Nahuel Huapi en Argentine) Puerto Varas ou Puerto Montt jusqu'à San Carlos de Bariloche en Argentine. L'excursion est longue et onéreuse mais splendide et, par beau temps, à ne pas manquer. Il est possible de la réaliser en une seule longue journée (on part vers 7h45 de Puerto Montt, 8h de Puerto Varas, pour arriver à Bariloche autour de 20h), ou en deux jours plus paisibles : il convient alors de loger aux hôtels de Peulla, dont les chambres ne sont pas comprises dans le tarif du circuit.

Lago Todos los Santos.

- **Si vous venez d'Argentine,** il est possible de réaliser l'excursion en sens inverse. Vous partirez alors de San Carlos de Bariloche.
- **Cette excursion est superbe par beau temps.** Mais s'il pleut ou si vous ne voyez rien, vous risquez d'être sacrément déçu. Le temps peut d'ailleurs changer d'un moment à l'autre. Compter 1 heure 50 de navigation. On peut découvrir les volcans Osorno et Puntiagudo et le Cerro Tronador.
- **Attention :** l'entrée Saltos del Petrohue et le déjeuner ne sont pas compris dans le tarif. Pour l'excursion en deux jours, l'hôtel et le dîner sont aussi à rajouter.
- **A Peulla,** nous vous conseillons de longer le lac depuis l'embarcadère vers l'hôtel (20 minutes de marche environ). En janvier-février, enduisez-vous de produit anti-moustiques, les *tábanos* (sortes de taons) sont féroces. Si vous avez choisi l'excursion d'une journée, il est temps de grignoter. L'hôtel de Peulla propose un restaurant mais aussi un snack, où l'on peut manger des en-cas pas trop chers. A l'étage, le restaurant est raisonnablement bon, un peu cher peut-être. L'hôtel Natura propose une cuisine plus gastronomique. Si vous avez choisi l'excursion de deux jours, des activités sont proposées (payantes) : excursion vers la lagune El Encanto (1 heure 30), balade à cheval (2 ou 3 heures), pêche (3 heures), jet-boat sur le río Negro (1 heure 30) ou canopy (1 heure 30, beau cadre).
- **On franchit ensuite la frontière chilienne,** puis un bus nous mène à la frontière argentine sur le lac Frías : le trajet dans la forêt valdivienne est magnifique, asseyez-vous de préférence sur la droite ; arrêt pour une photo inoubliable du Cerro Tronador. Une fois les formalités argentines effectuées, un petit trajet en bateau nous mène de l'autre côté du lac, où un autre bus nous conduit en une vingtaine de minutes vers le superbe site de Puerto Blest, qui compte aussi un hôtel (possible d'y séjourner). Là, on embarque sur un dernier bateau qui se rend à Bariloche (compter encore 40 minutes de bus pour rallier le centre de la ville depuis le port). En général, on arrive épuisé mais content !

La Ruta de Los Parques : la nouvelle odyssée incontournable du Chili

Randonneurs, aventuriers, explorateurs modernes et autres grands amoureux des espaces sans fin seront comblés, carte en main, par cet itinéraire de tous les possibles : la Ruta de los Parques est ce parcours de plus de 115 000 km² qui traverse 90 % d'espaces protégés. Livrés aux instincts sauvages d'une nature toujours plus majestueuse et indomptée, les randonneurs courageux peuvent, depuis 2018, se lancer sur les 2 800 kilomètres qui séparent Puerto Montt de Cabo de Hornos. Du parc national, Alerce Andino, à l'est de Puerto Montt, à Torres del Paine en passant par les parcs Corcovado, Laguna San Rafael, Melimoyu ou encore Bernardo O'Higgins, on retrouve pas mal de parcs nationaux créés par la fondation Tompkins Conservation. Et ceci est loin d'être un hasard ! Depuis les années 1990, Douglas Tompkins, aujourd'hui décédé, et sa femme Kristine ont œuvré ensemble pour la préservation de la Patagonie chilienne. Après des années d'efforts et de persévérance, ils ont inauguré la Ruta de los Parques en septembre 2018. Voici la liste des 17 parcs nationaux que vous pourrez visiter lors de votre périple :

- **Parque Nacional Alerce Andino**
- **Parque Nacional Hornopirén**
- **Parque Nacional Pumalín Douglas Tompkins**
- **Parque Nacional Corcovado**
- **Parque Nacional MelimoyuParque Nacional Queulat**
- **Parque Nacional Isla Magdalena**
- **Parque Nacional Laguna San Rafael**
- **Parque Nacional Cerro Castillo**
- **Parque Nacional Patagonia**
- **Parque Nacional Bernardo O'Higgins**
- **Parque Nacional Kawésqar**
- **Parque Nacional Torres del Paine**
- **Parque Nacional Pali-Aike**
- **Parque Nacional Alberto de Agostini**
- **Parque Nacional Yendegaia**
- **Parque Nacional Cabo de Hornos**

PUERTO MONTT ET SES ENVIRONS

PUERTO MONTT ★

Le grand port de Puerto Montt, fort d'environ 213 000 habitants (recensement 2017) et capitale de la région des Lacs, est situé dans une sorte de cirque naturel qui fait face à l'océan. La ville constitue une étape indispensable, soit avant de s'enfoncer vers le sud et ses paysages déchiquetés, soit pour renouer avec des régions au climat et aux infrastructures plus accueillants. Comme le poétisait Benjamin Subercaseaux, Puerto Montt est comme un *« trampoline qui lance ceux qui viennent coulissant par le toboggan de la vallée centrale et les précipite, effrayés, dans le labyrinthe des canaux »* . Cependant, la croissance urbaine rapide et peu contrôlée des dernières années ne fait pas de cette ville une halte inoubliable. Elle paraîtra chaotique et sans grand charme, à des lustres de la paisible vie quotidienne des villages alentour.

Histoire

Puerto Montt fut fondée le 12 février 1853 par Don Vicente Pérez Rosales. Son nom lui fut donné en l'honneur du président Manuel Montt. Le lieu d'implantation fut choisi en raison de la qualité de son port (l'actuel Angelmó). Dès 1852, les premiers colons allemands débarquèrent. Le gouvernement accorda à chacun un lopin de terre en fonction de la taille de la famille et de la construction prévue par le colon (un ou deux étages). De simple port de services pour les nouvelles régions colonisées, la ville devint bientôt un port de commerce d'envergure. Toutefois, le tremblement de terre de 1960 détruisit le port et une partie du front de mer de la ville. Les décennies suivantes virent la mutation des activités de la ville avec la transformation du commerce maritime et le développement de nouvelles activités (notamment pisciculture du saumon et industries connexes). En 1979, la ville devint la capitale de la région des Lacs. Ce statut de capitale régionale traduit son importance dans la zone comme pôle de pouvoir politique et économique ainsi que comme point stratégique pour l'intégration du territoire chilien (liaison avec Chiloé et les territoires du Sud). Le boom du saumon à partir de 1985 déclencha une vague d'immigration des autres régions chiliennes, et la ville prit alors une ampleur soudaine et, parfois, inconsidérée. La crise de 2007, suite à une anémie infectieuse du saumon, a eu des répercussions brutales, mais depuis deux ou trois ans le secteur est de nouveau en plein essor, grâce aux demandes considérables des marchés japonais et brésiliens notamment.

Transports

Comment y accéder et en partir

- **Bateau.** Le port de Puerto Montt est situé à Angelmó, 2 km à l'ouest du centre-ville. On y accède en bus urbain, en taxi collectif (400 $ environ par personne), en taxi ou à pied (les deux localités sont collées l'une à l'autre).
- **Bus.** Les grandes compagnies sont localisées au terminal sur l'Avenida Diego Portales. Toutes les capitales régionales sont desservies (nord et sud du pays) ainsi que toutes les destinations régionales : Puerto Montt est le grand centre des transports dans le Sud.
- **Lignes régionales.** De nombreuses compagnies desservent les petits villages de la région. Départs toutes les 10 minutes en bus pour Puerto Varas (1 000 $) Frutillar (1 400 $, 2h de route) et Puerto Octay (2 000 $, compter 2h de trajet). Vers Chiloé, les départs sont très nombreux avec Cruz del Sur (toutes les demi-heures vers Ancud et Castro) ou Transchiloé. Vers Quellón, Cruz del Sur part toutes les heures (via Ancud, Castro et Chonchi). Le ferry est gratuit pour les passagers. Vers Hornopirén, voir dans la rubrique correspondante de cette ville. Pour le parc national Alerce Andino, Correntoso et Chaicas, départs sur le côté du terminal de bus. Les bus JB se rendent à Correntoso du lundi au samedi. Compter 45 minutes de trajet pour 1 200 $ environ (il poursuit vers Lago Chapo). Aussi vers Cochamó et Río Puelo, quatre fois par jour. Vers Chaicas et Caleta La Arena, les bus Fierro partent toutes les 30 minutes entre 7h45 et 19h. Compter 2 000 $ environ et 2h de route. Depuis 2011, Kemel Bus part tous les jours à 7h pour Chaitén via Hornopirén. Compter 9 heures de route pour 14 000 $ environ.
- **Lignes nationales.** Pour Osorno, 1 heure 30 de route pour 2 500/3 000 $ environ. Pullman part toutes les 30 minutes • Pour Valdivia, compter entre 4 300 et 6 800 $ (3 heures 30 de route) avec Tur Bus • Pour Panguipulli, les bus Pirehueico partent plusieurs fois par jour pour quelque 6 000 $ • Pour Villarrica/Pucón avec JAC, compter 9 000 ou 11 700 $ • Pour Temuco, entre 5 000 $ et 11 500 $ (6 heures de voyage) avec Pullman.

Tur Bus et Jac font aussi le voyage • Pour Concepción, Tur Bus propose six départs par jour, à partir de 11 000 $ et jusqu'à 16 500 $ selon le confort • Pour Santiago, compter 13 heures de route au moins, nombreux départs, entre 12 000 et 55 000 $ environ selon la compagnie et le confort. On peut parfois trouver des billets autour de 10 000 $ (Linea Azul, Bus Norte, Cóndor...) • Pour Valparaíso et Viña del Mar, au moins 15h de route. Entre 17 500 et 35 600 $ environ (tarifs Tur Bus, moins cher avec d'autres compagnies) • Pour Punta Arenas (via l'Argentine, mais on ne peut sortir du bus), compter 30h de route. Pullman ou Queilén Bus (moins cher, mais moins confortable).

Lignes internationales. Départs vers l'Argentine et Bariloche via Temuco avec de nombreuses compagnies, dont Andesmar, Tas Choapa, Bus Norte, Cruz del Sur, Via Bariloche, pour environ 15 000 $ et 6h15 de trajet.

Navimag : croisière de Puerto Montt à Puerto Natales et vers le glacier San Rafael

De très nombreux voyageurs empruntent le cargo aménagé de Navimag pour effectuer le trajet de Puerto Montt à Puerto Natales, dans un sens comme dans l'autre. Ce périple de 4 jours/3 nuits (4 nuits en fait depuis Puerto Natales, puisqu'on embarque la veille au soir du départ) permet à la fois de rallier deux zones d'intérêt touristique majeur, de connaître les canaux et fjords patagons, et de se livrer au loisir d'une paisible navigation... enfin, pas toujours si paisible, la traversée du bien nommé Golfo de Penas (« golfe des Peines ») laissant en général de pâteux souvenirs dans l'estomac des passagers. L'ambiance à bord est plaisante. On mange plutôt bien (mieux encore dans la classe supérieure, et le vin est compris), l'équipe est consciencieuse et amicale. Le confort n'est pas optimal (pas mal de promiscuité dans les dortoirs de la classe C), mais amplement suffisant, surtout dans la classe supérieure. Ensuite, tout dépend du temps qu'il fait... On peut parfois observer des baleines, des orques, des dauphins, mais n'y comptez pas trop quand même. On visite le site insolite de Puerto Edén (sauf si la pluie torrentielle nous en empêche), on observe le port de Puerto Aguirre, des glaciers...

Selon nous, une excursion bien agréable et très conviviale. On se fait des amis, on se refile des bons plans, on se donne rendez-vous pour après... Si vous avez l'esprit assez indépendant et ne vous attendez pas à une croisière au sens propre du terme, vous devriez passer un excellent moment !

NAVIMAG
Avenida Diego Portales 2000
✆ +56 22 8 699 900
www.navimag.com
sales@navimag.cl
Bureaux ouverts du lundi au jeudi de 9h à 13h puis de 14h30 à 18h30, le vendredi de 9h à 17h, et le samedi de 15h à 18h.
Faites un tour sur le site Internet pour connaître les différents points de vente dans le pays (et même à l'international), le circuit ainsi que les tarifs en vigueur pour les différentes catégories. Le site est très bien fait (on peut réserver). *Grosso modo*, on part les vendredis pour trois nuits à bord, en direction de Puerto Natales. La haute saison s'étend de novembre à mars, mais on peut aussi faire ce périple d'avril à octobre. On peut aussi amener sa voiture.

Plan futé : si vous avez loué une voiture à Puerto Montt et êtes descendu à Puerto Natales, sur le retour (et uniquement dans ce sens) vers Puerto Montt, vous pouvez ramener votre voiture gracieusement !

Attention, certains lecteurs nous ont rapporté avoir été témoins de véritables maltraitances à l'égard de chevaux embarqués par la compagnie et entassés dans des *containers* de telle sorte que certains sont morts pendant la traversée.

Nouveauté : pour la saison 2020, Navimag met à flot son nouveau ferry baptisé *Esperanza*, un navire pouvant transporter plus de 250 passagers à bord. Les cabines, très luxueuses, sont à partir de 1 400 US$ pour deux.

Puerto Montt

AEROCORD
Hangar 7 y 8
Aeródromo La Paloma
✆ +56 65 2 262 300
www.aerocord.cl
aperez@aerocord.cl
Compter à partir de 60 000 $ par personne l'aller vers Chaitén. Les vols s'effectuent tous les jours sauf le dimanche. Bureaux ouverts du lundi au vendredi de 8h30 à 18h30 et le samedi de 9h à 14h.
Vols réguliers pour les touristes qui souhaitent prendre un peu de hauteur sur l'immensité des terres patagonnes. Des vols partent quotidiennement pour Chaitén, Quellón et Melinka. D'autres services peuvent être assurés sur demande : survoler le volcan Osorno, se rendre à Coyhaique ou la Laguna San Rafael.

AEROPUERTO EL TEPUAL
✆ +56 65 2 294 161
À 16 km à l'ouest du centre-ville.
Compter 2 000 $ par personne pour le bus. En taxi, comptez 13 000 $.
Refait il y a peu, cet aéroport est agréable. Des bus ETM se rendent au centre et au terminal,. Départs réguliers pour Santiago, Punta Arenas et vols irréguliers pour Balmaceda.

ALAMO
A l'aéroport El Tepual
✆ +56 2 2225 85 24
www.alamochile.com
puertomontt@alamochile.com
Face à la sortie des bagages.
Ouvert du lundi au vendredi de 8h à 22h et le week-end de 9h à 19h. Compter au moins 700 000 $ pour trois semaines de location d'une double cabine 4x2 Nissan Terrano par exemple, en kilométrage illimité. Compter 300 US$ en plus pour le permis, l'assurance, la sortie temporaire (limitée à 30 jours).
Rolando et Pedro se plient en quatre pour vous aider dans votre parcours. On peut laisser la voiture à Punta Arenas.

BUSES CRUZ DEL SUR
Av. Diego Portales
✆ +56 65 2 254 731
www.busescruzdelsur.cl
gerencia@busescruzdelsur.cl
Ouvert du lundi au dimanche entre 6h30 et 22h.
Dans le terminal de bus. Plusieurs agences en ville.

- **Autre adresse :** Antonio Varas 437

NAVIERA AUSTRAL
Angelmo 1673
✆ +56 65 2 270 430
www.navieraustral.cl
contacto@navieraustral.cl
En janvier-février, départs vers Chaitén entre deux et cinq fois par semaine. Bien vérifier les horaires sur le site web. Tarifs entre 18 000 et 32 200 $ selon le confort, voiture à 90 000 $, moto à 20 500 $ et vélo à 9 500 $.

SKORPIOS
Angelmó 1660
✆ +65 2 275646
www.skorpios.cl – skoinfo@skorpios.cl
Pour la croisière CHRONOS en haute saison, compter 2 200 US$ par personne en cabine pour deux, 1 700 US$ en cabine pour trois et 1 500 US$ en cabine pour quatre.
Skorpios est une véritable croisière, avec un bon confort et des aménités de qualité. Avec les croisières « Chronos », on part les samedis (entre septembre et avril) pour six jours de découverte. On commence par explorer les côtes de l'île de Chiloé, on passe par les fjords de Puerto Aguirre, les thermes de Quitralco et Punta Pescadores jusqu'au parc national de la lagune San Rafael. L'itinéraire « Kaweskar » part pour 4 jours et 3 nuits de Puerto Natales et remonte les fjords situés un peu plus au nord de Torres del Paine. A bord, l'hébergement en cabine avec sanitaires privés, tous les repas et un bar ouvert sont inclus.

TRANSMARCHILAY
Angelmó 2187
✆ +56 65 2 270 700
www.transmarchilay.cl
transporte@tmc.cl
Compter 13 200 $ pour les voitures, 9 000 $ pour les motos et 2 600 $ les bicyclettes. La traversée dure environ 35 minutes.
Assure le transport de passagers et de véhicules vers Chiloé. Plusieurs départs par jour entre 8h40 et 22h50 vers Chacao et en continu (il y a même un service de nuit) de Chacao à Pargua.

Se déplacer

- **Un colectivo** coûte 400 $ en journée et 600 $ après minuit, en ville.
- **Louer une voiture** peut s'avérer une plaisante solution dans une région où les possibilités de visites sont nombreuses, mais où l'offre des transports n'est pas à la hauteur des exigences du voyageur.

Pratique

Tourisme - Culture

CONAF
Ochagavía 458
✆ +56 65 2 486 102
www.conaf.cl
loslagos.oirs@conaf.cl

Trois postes de la Conaf accueillent les visiteurs. Ils sont situés à Correntoso (secteur nord), dans la zone du lac Chapo (secteur nord) et dans la vallée du río Chaicas (plus au sud).

■ **DIRECTION RÉGIONALE DU TOURISME SERNATUR**
Antonio Varas 415, esquina San Martín
Edificio Intendencia Regional, piso 2
✆ +56 65 222 30 16
www.sernatur.cl
infoloslagos@sernatur.cl
Du lundi au vendredi de 9h à 18h, le samedi de 9h à 14h.

Argent

Aucun souci pour dénicher une banque, un bureau de change, et un DAB.

Moyens de communication

■ **CORREOS DE CHILE (POSTE)**
Rancagua 126
✆ +56 65 2 254 499
Du lundi au vendredi de 9h à 19h et de 9h30 à 13h.

■ **INTERNET**
Plusieurs cybercafés en ville. Connexion très rapide.

Se loger

En été, des panneaux affichés sur les maisons précisent qu'on y loue des chambres. Le plus souvent, vous serez « cueilli » au terminal de bus.

Bien et pas cher

Pour camper, deux sites en direction de Chinquihue ; des bus locaux assurent les transferts depuis le terminal de bus.

■ **HOSTAL DON NICOLAS**
Chiloé 1373
✆ +56 9 9699 5803
www.hostaldonnicolas.com
marceloramirez@hostaldonnicolas.cl
Compter à partir de 12 000 $ par personne en chambre privée. Petit déjeuner, TV, wifi, certaines chambres disposent d'une salle de bains privée.
Située en amont du terminal de bus, cette petite auberge familiale propose 23 chambres et tout le confort nécessaire pour passer une bonne nuit sur Puerto Montt. Chambres sommaires mais propres. Jolies vues et service très amical.

■ **HOTEL INN**
Av Costanera, S/N
✆ +56 65 256 6000
reservas@talbot.cl
Compter entre 90 000 et 100 000 $ la chambre double
Situé en plein cœur de Puerto Montt, cet hôtel dispose de grandes baies vitrées qui offrent un panorama continu sur le lac. Les chambres, avec vue également, sont grandioses et d'une propreté exemplaire. Rien de bien original pour la décoration qui reste sobre mais moderne. Accueil professionnel et chaleureux, la courtoisie est de mise. L'hôtel dispose d'une salle de gym et d'un sauna. Très bon petit-déjeuner servi sous forme de buffet. Un très bon rapport qualité-prix compte tenu du service.

Confort ou charme

■ **HOSTAL PACIFICO**
A l'angle de Juan José Mira 1088
Salvador Allende
✆ +56 65 2 256229
www.hostalpacifico.cl
info@hostalpacifico.cl
Compter entre 30 000 $ et 38 000 $ pour un, 44 000 $ à 48 000 $ pour deux, 55 000 $ pour trois. Petit déjeuner et wi-fi inclus.
A 200 m du terminal de bus, cet hôtel offre des chambres convenables avec salle de bains privée, télévision, téléphone et petit déjeuner. Parking. Le tout est confortable, un peu vieillot peut-être. Une bonne option pour une nuit avant de reprendre la route. A ne pas confondre avec l'hôtel Gran Pacifico.

■ **HOTEL MIRAMAR**
Andrés Bello 972
✆ +56 65 2 251 548
www.hmiramar.cl
contacto@hotelmiramar.com
Compter 25 000 $ la chambre simple, 33 000 $ la double, 39 000 $ la triple, et 50 000 $ la chambre pour quatre personnes. Petit déjeuner, wi-fi inclus.
Plusieurs petites chambres avec vue sur la mer, sanitaires privés et TV câblée. Bar et restaurant également. L'hôtel est situé à côté du terminal de bus et on peut vous accueillir à l'aéroport si vous avez réservé, toutefois l'endroit mériterait tout de même un petit coup de jeune, le tout reste vieillot, rien d'extraordinaire, mais encore une fois une adresse à garder en tête si vous devez passer la nuit à Puerto Montt.

Luxe

■ **APART HOTEL CLUB PRESIDENTE**
Avenida Diego Portales 664
✆ +56 65 2 251666
www.presidente.cl
infocp@presidente.cl
Chambres à partir de 170 US$ et suites jusqu'à 200 US$. Petit déjeuner et wifi inclus. Possibilité de bénéficier de packages (3 jours plus 2 nuits) en réservant via le site internet.

Dans le centre et au bord de l'eau, une option assez classique finalement (pour la déco). Chambres doubles spacieuses et équipées d'une kitchenette, mais les suites sont plus confortables. Service très professionnel. Ensemble harmonieux pour un rapport qualité-prix intéressant dans cette gamme de prix.

Se restaurer

Pour déguster poissons et fruits de mer, un passage au port d'Angelmó (à 3 km du centre-ville) est impératif. Nombreux petits restaurants qui servent une cuisine copieuse, appétissante et d'un bon rapport qualité/prix. Les deux autres « spots » pour bien manger, à part le centre (rue Antonio Varas) et le port, sont Pelluco (zone de la plage) et Chinquihue.

■ CATANGO

Guillermo Gallardo 231
✆ +56 65 227 6988
Ouvert du mardi au samedi de 12h30 à 23h30 et le dimanche jusqu'à 16h30.
Quelques tables pour un petit café qui propose des menus pas chers le midi, des jus et des *smoothies*. Le soir, on y joue de la musique des années 1980 et 1990 en live.

■ CIRUS BAR

Miraflores 1177
✆ +65 65 225 2016
Compter 6 000 $ le plat.
Offre une cuisine typique chilienne avec des quantités abondantes ! Ce n'est pas de la cuisine d'auteur mais on y mange à sa faim et la cuisine faite maison est plutôt correcte. L'ambiance est agréable et décontractée, le service dynamique, et on y trouve de bonnes bières artisanales. Un endroit sympathique à découvrir entre amis.

■ COTELÉ

Av. General Juan Soler Manfredini 1661
Secteur Pelluco
✆ +56 65 2 278 000
www.cotele.cl
reservas@cotele.cl
Du lundi au samedi de 13h à 16h et à partir de 20h. Réservations recommandées car peu de tables.
Le rendez-vous de tous les carnivores : on y mangerait les meilleures viandes d'Amérique latine ! C'est pour sûr la meilleure adresse pour manger à Puerto Montt. Nous avons essayé le *lomo vetado*, et nous n'en revenons toujours pas : c'est en effet un délice ! Essayez aussi le *filete* ou le *lomo liso*. C'est fondant et divinement cuit. Excellent accueil et service, sous la houlette du Sud-africain Jérémy.

■ RINCON DE LA CARNE

Inés Gallardo 2142, Sector Pelluco
✆ +56 65 753 371
Ouvert tous les jours de 13h à 23h.
Bien qu'excentré (15 minutes du centre, compter 4 000 $ en taxi), ce restaurant propose l'une des meilleures viandes de la région. Le service est excellent et le prix correct pour l'ensemble. Une belle surprise qui vaut le détour.

Sortir

■ CAFE CENTRAL

Rancagua 117, entre Varas et Urmeneta
✆ +56 65 2 482 888
Ouvert tous les jours de 11h à 4h.

Monte Verde : un site d'exception

Monte Verde est un site de fouilles archéologiques situé à une trentaine de kilomètres au sud-ouest de Puerto Montt. Il est classé au patrimoine de l'Humanité depuis 2004. Découvert en 1976, notamment par le professeur Tom Dillehay de l'université du Kentucky, il a dévoilé la présence d'êtres humains il y a environ 12 500 à 15 000 ans, ce qui en ferait l'un des plus anciens foyers de peuplement sur le continent américain. Comme le site a été recouvert par une tourbière saturée d'eau, les matières organiques ont été très bien conservées. Les recherches ont aussi mis au jour des peaux d'animaux, des graines comestibles, des baies, des tiges, des champignons… et aussi des pommes de terre. De nombreux objets en bois (bâtons, lances, mortier) ou en pierre (pointes de lances) ont également été découverts. Le plus étonnant reste toutefois cette empreinte de pied humain (sans doute d'un enfant) conservée dans l'argile, près d'un foyer. Depuis 1997, de nouvelles fouilles ont été organisées. Les analyses au radiocarbone 14 prouvent que le foyer remonte à 33 000 ou 35 000 ans au moins, ce qui remettrait totalement en cause le peuplement des Amériques. Ces dates recoupent celles du squelette de Luzia ou du site de Pedra Furada, au Brésil, de Cerro Toluquilla et de Hueyatlaco, au Mexique, ou de Topper et de la caverne de Pendejo, aux Etats-Unis.

Un lieu de rendez-vous idéal pour un début de soirée ou un café en milieu d'après-midi, dans la veine d'un resto-pub, avec un écran pour les matchs de foot.

À voir – À faire

Le mieux est encore de se balader près du port, de s'imprégner de l'atmosphère si particulière des bateaux qui vont et viennent, imperturbables.

■ CATEDRAL DE PUERTO MONTT ★

Construite en 1856, c'est le monument le plus vieux de la ville. Elle est en bois d'alerce, son style s'inspire du Parthénon d'Athènes. La chapelle de San Francisco de Sales est, quant à elle, de style gothique. Elle fut restaurée de nombreuses fois : en 1941, dans les années 1960 suite au tremblement de terre massif de Valdivia, en 1975 et en 2002.

■ MERCADO DE MARISCOS Y PESCADOS

Tous les jours de 10h à 20h.

Un sympathique marché aux fruits de mer et poissons dans un grand hangar d'environ 40 locaux. Chacun a sa propre table, à côté d'une cuisine qui vous prépare et sert le repas. Une visite qui en vaut le détour !

■ MIRADORS ★

Le point de vue le plus intéressant sur la ville et l'estuaire se trouve au mirador Manuel Montt. Architecture de style alémanique. Plusieurs bâtiments évoquent l'influence de la colonisation allemande au milieu du XIXe siecle. Voyez par exemple l'ancienne banque de Llanquigue (Urmeneta et Quillota), l'ancien collège de l'Immaculée Concepcion (Rengifo 474), la maison de la famille Pauly (Rancagua 210), du docteur Arteaga (San Felipe 146), de la famille Ibarra (Benavente 308) ou la maison Bischoffshausen (Huasco 235).

■ MUSEO MONTEVERDE ★

Bombero Luis Mancilla 173

Près du mirador Manuel Montt.

Payant le week-end.

On en apprendra davantage sur le site archéologique de Monte Verde (foyer de peuplement datant de la période glaciaire, il y a environ 13 000 ans), près de Maullín, à l'ouest de la ville. Un beau voyage dans le passé pour découvrir les origines des civilisations d'Amérique.

ISLA TENGLO ★★

Cette très belle île est située en face de la ville de Puerto Montt. On y accède en bateau, par le canal de Tenglo, depuis Angelmó. La traversée dure moins de 5 minutes, et le prix est ridicule. Du sommet de l'île, où se dresse une croix (qui semble suspendue la nuit lorsqu'elle est illuminée), on peut admirer Puerto Montt et tout l'arrière-pays dominé par les volcans de la cordillère.

ANGELMÓ ★

Angelmó est situé à 2 km à l'ouest de Puerto Montt, le long du canal de Tenglo. C'est le port de la ville, caractérisé par l'effervescence qui règne autour de ses nombreuses boutiques d'artisanat, de son marché et de ses petits restaurants. C'est aussi le lieu idéal pour déguster un plat typique de la région et faire vos achats de produits artisanaux et du terroir (miel, fromages, fruits...).

■ FERIA ARTESANAL DE ANGELMÓ

Ouvert tous les jours de 9h à 19h.

Chaque « artisan » (hélas souvent un simple commerçant aujourd'hui) dispose d'une cabane en bois pour y exposer ses créations (pulls en laine d'alpaga, gants, chaussettes, et également tout un attirail d'objets souvenirs dont la qualité est très variable). On regrettera la présence de plus en plus navrante d'articles importés du Pérou ou de Bolivie, mais on peut encore dénicher de belles choses faites localement.

CALBUCO ★

A 29 km de Puerto Montt en direction de Pargua, un bourg réputé pour la culture du saumon, fondé en 1602 comme refuge contre les attaques des Mapuche. Le site est intéressant (jolies photos de barques colorées).

■ MUSEO HISTÓRICO MUNICIPAL ★

A l'angle de Goycolea

Errázuriz

Ouvert de 10h30 à 13h et de 15h à 18h.

Ouvert en 2011, ce musée expose divers objets passionnants contant l'histoire de la région de Calbuco. De la culture ancestrale à la vie religieuse en passant par les piedras horadadas, des pierres percées dans la partie centrale il y a quelque 6 000 ans pour des raisons inconnues, la visite est intéressante et les informations présentées sont en deux langues (espagnol et français).

PLAYA DE PELLUCO ★

Située à 4 km de la ville sur la route du parc Alerce Andino, cette plage est équipée de restaurants, de bars et de discothèques. On y trouve également une chapelle récemment reconstruite sur le modèle des églises de Chiloé. Pour y accéder, prendre un bus sur l'avenue Juan Soler Manfredini, sur le bord de mer (à côté de la gare).

ESTUAIRE DE RELONCAVÍ

PARQUE NACIONAL ALERCE ANDINO

Ce parc est situé dans la région des Lacs, sur les communes de Puerto Montt et de Cochamó. On y accède de Puerto Montt en passant par le lac Chapo (46 km). Sa superficie est de 39 255 ha et son altitude varie entre 100 et 1 558 m. Les températures oscillent entre 7 °C en juillet et 15 °C en janvier. Il pleut beaucoup dans le coin, habillez-vous en conséquence ! Trois types de forêts sont présents dans le parc, qui doit son nom à l'espèce la plus remarquable, l'alerce, en voie de disparition. Près de la laguna Fría (secteur Correntoso), on pourra admirer un alerce de 3 000 ans d'âge. On découvre également d'autres espèces de la forêt sempervirente : *coigüe* (une sorte de hêtre) *tepa*, *laurel* (laurier), *avellano* (noisetier), *lenga*, *mañío*, *tineo*, *canelo*... La faune du parc présente une diversité exceptionnelle. Parmi les mammifères, on peut citer le *pudú* (petit cervidé), le puma, le *zorro gris* (renard gris), les *viscachas*... Et parmi les oiseaux : condor, martin-pêcheur, *carpintero negro* (pic-vert)... Enfin, ses rivières et ses fleuves sont très riches en salmonidés. On pourra aussi y pratiquer la pêche sportive ou parcourir en canoë le lac Chapo. Une cinquantaine de petites lagunes se nichent au creux de la forêt : les plus fameuses sont les lagunes Sargazo, Chaiquenes, Triángulo, Fría et Pangal.

Transports

Voir dans la rubrique transports de Puerto Montt.

Pratique

- **Le parc est ouvert** tous les jours de 9h à 17h30.
- **Droit d'entrée :** 5 000 $, gratuit pour les enfants de moins de 12 ans.
- **Période conseillée :** de novembre à mars.

Se loger

On peut camper à l'entrée de Correntoso, et des refuges assez rustiques sont installés à río Pangal, Laguna Sargazo et Laguna Fría. Ceux qui préfèrent davantage de confort pourront loger à l'Alerce Mountain Lodge, en dehors du parc.

À voir - À faire

Plusieurs sentiers permettent de se familiariser avec le parc naturel, de 20 minutes, pour le Salto del Río Chaicas, jusqu'à 2 heures, pour le secteur des lagunes Chaiquenes et Triángulo.

COCHAMÓ ★★

Petit village niché dans un environnement spectaculaire, Cochamó séduira les amateurs de tranquillité et d'authenticité. Pas de bars trépidants ni de restaurants gastronomiques ! Ici, on vient profiter de la nature qui est reine.

■ CAMPO AVENTURA
Riverside Lodge, San Bernardo 318
A côté du río Cochamo
✆ +56 9 9289 4318
www.campo-aventura.com
Ouvert d'octobre jusqu'à mi-avril. Possibilité en septembre et mai, sur réservation.
Spécialisée dans les longues randonnées à cheval (des balades d'un seul jour sont aussi possibles), l'agence propose des circuits de trois jours sur les traces de Butch Cassidy et du Sundance Kid. Paysages idylliques. Kayak de mer, rafting, VTT, pêche à la mouche, trekking sont aussi au programme.

- **Autre adresse :** Mountain Lodge, valle La Junta/Cochamo.

■ HOSTAL MAURA
✆ +56 9 9334 9213 – www.hostalmaura.cl
reservas@hostalmaura.cl
À côté de la cathédrale et de l'embarcadère.
En haute saison, compter à partir de 20 000 $ en chambre individuelle et 40 000 $ en chambre double. Petit déjeuner à 4 000 $. Service de taxi jusqu'au trek pour la Junta (7 000 $). Cabanes à partir de 55 000 $ pour deux, 56 000 $ pour trois et 75 000 $ pour quatre.
Ambiance familiale pour cette bonne petite adresse chaleureuse. Engagée dans l'écotourisme et le développement durable, cette auberge propose des chambres simples et doubles ainsi que des cabanes de 2 à 4 personnes. Plusieurs activités en plein air sont proposées comme des sorties en kayak. Les repas laissent un bon souvenir.

■ HOSTAL PATAGONIA NATIVA
Avenida Aerodromo s/n, sector el Bosque
✆ +56 9 9316 5635
www.patagonianativa.cl
cochamo@patagonianativa.cl
A l'entrée de la ville. En saison haute et avec salle de bain partagée, compter 42 000 $ pour une chambre à deux et entre 19 000 et 21 000 $ par personne en dortoir. La chambre matrimoniale avec salle de bain privée est à partir de 46 000 $. Petit-déjeuner inclus.
Claudia et Cristián proposent 6 chambres confortables avec sanitaires privés ou partagés. Les chambres n'ont rien d'exceptionnel,

mais il s'y dégage une atmosphère de petit cocon, elles sont tapissées de bois indigène. Les parties communes sont bien tenues avec de nombreux fauteuils et canapés, à travers les fenêtres on admire la très belle vue sur le volcan Yates. Taxi pour la vallée (10 000 $ par voyage).

SOUTHERN TRIPS
✆ +56 9 8407 2559
www.southern-trips.com
Propose des balades à cheval à la journée ou pour plusieurs jours, de l'escalade, du trekking. Tatiana et son frère Favian gèrent le business familial debout depuis plus de trois générations, une option authentique où l'on vous recevra chaleureusement.

VALLE DE COCHAMÓ ★★★

Cette superbe vallée est un enchantement. Certains la comparent au parc du Yosemite aux Etats-Unis... On randonne à pied ou à cheval jusqu'à La Junta et même plus loin encore. Cette excursion n'est à manquer sous aucun prétexte pour les amoureux de la nature. Peu touristique, elle n'en est que plus sauvage. Un circuit beaucoup plus long est envisageable à cheval : une boucle qui vous mènera de Cochamó à Puelo (environ 10 jours de randonnée). On gagne la vallée El Arco (refuge sommaire) et le lac Gormaz. La vallée de Cochamó est aujourd'hui très fameuse pour les escaladeurs.
Attention : en janvier/février, les *tábanos* (gros taons) sont féroces à La Junta !

A cheval : louez un cheval avec un arriero à Cochamó (on demande et on finit toujours pas tomber sur quelqu'un de sympa) ou avec Campo Aventura ; un guide vous accompagnera jusqu'au site de La Junta, à une journée à cheval du lodge. Les paysages sont idylliques et la balade est somptueuse. Le périple dure environ 5h jusqu'au gîte (pique-nique près d'une rivière fougueuse, le río Pedra, normalement). Il faut autant de temps pour redescendre. Le mieux est de rester au moins deux nuits là-haut, pour avoir le temps, le deuxième jour, de profiter des lieux.
Autour du gîte, un sentier (bien fléché) de 6 km mène à deux cascades ; des panneaux évoquent les principales essences d'arbres que l'on croise en chemin. On peut admirer de très beaux et très anciens alerces.

A pied : il faut suivre la piste sur la gauche avant le pont jusqu'au camping, pendant 8 km, puis continuer sur le sentier qui longe toujours plus ou moins la rivière, s'en écartant un peu (vous la surplombez parfois). On parvient au site de La Junta en franchissant la rivière sur la fin (suivez au maximum les empreintes des chevaux). Là-bas, on peut camper si on le désire, en bénéficiant du *quincho* pour préparer un *asado*. Le couple qui y vit peut vous vendre deux ou trois produits, et aussi du vin. A noter que les trekkeurs peuvent aussi s'aider d'un *pilchero*, un cheval porteur. Si votre sac à dos est lourd, c'est préférable (le sentier monte sec à un moment).

CAMPING LA JUNTA
www.cochamo.com
Compter 5 000 $/personne/nuit en basse saison et 7 000 $ en haute saison.
Situé à La Junta, juste avant le refuge, cet emplacement est l'endroit idéal pour qui veut camper dans les environs. A proximité des treks, des chutes d'eau et des murs d'escalade, le camping est, en février, peuplé de la jeunesse chilienne en quête de nature. Le soir, feux de camps et *asados* illuminent l'endroit : parfait pour faire des rencontres !

REFUGIO COCHAMÓ
www.cochamo.com
reten.cochamo@carabineros.cl
Ouvert de décembre à mars. Compter entre 17 000 $ par personne en dortoir (sac de couchage en sus), 48 000 $ en chambre double. Petit déjeuner inclus. Repas à 7 000 $.
Au site de La Junta, voici un refuge rêvé après 5 heures de marche ! Les sanitaires sont propres et l'eau est chaude. On peut prendre ses repas (pizzas, empanadas...), cuisiner (cuisine équipée) ou jouer de la musique (instruments disponibles). Silvina et Daniel sont des hôtes accueillants. Pas mal d'infos pour l'escalade aussi. Un grand bol d'air frais.

RÍO PUELO ET LE TREK VERS EL BOLSÓN ★★

Río Puelo est un tout petit village qui dispose quand même de restaurants et d'endroits assez simples où passer la nuit. Un office de tourisme pourra vous donner quelques renseignements sur les treks à effectuer dans la région (en été seulement). Le site est superbe, on s'y sent comme au bout du monde.
Des pêcheurs vous conduiront aux Baños de Sotamó, si vous leur demandez. Mais le must du must, pour les aventuriers, est de gagner le petit paradis argentin d'El Bolsón, de l'autre côté de la cordillère. Nous allons essayer de vous donner quelques « pistes » pour réaliser ce trek fabuleux, une autre opportunité de franchir les Andes par des endroits complètement retirés.

Il faut d'abord gagner le lieu-dit Los Canelos, sur les rives du lac Tagua Tagua, où une barcaza (compter 1 000 $ par piéton et 6 500 $ par voiture) vous emmènera en 45 minutes de l'autre côté, au lieu-dit Puerto Maldonado. Ensuite, on poursuit en bus vers Llanada Grande sur une nouvelle route (2 000 $ par personne).

Peu avant d'embarquer sur le ferry, on peut grignoter dans un petit resto local, chez Doña Grisele et Don Tomás. Pour atteindre Llanada Grande, il y a un bus par jour de Puerto Montt. Tous passent par Puerto Varas (à 8h30 depuis l'angle des rues San Pedro et Del Salvador), Ensenada et Cochamó. Compter 4 heures 30 de trajet. On peut loger dans des hospedajes rustiques et camper sur place.

La deuxième partie du parcours doit vous emmener à Segundo Corral, sur les rives du Lago Interior. Elle ne se fera pas en un jour, puisqu'à partir de là il faut marcher. Premier objectif : le Lago Azul, à 2 km du Fundo La Colina où se termine la piste. Si tout s'est bien passé depuis le départ, vous devriez passer la première nuit sur la rive nord du lac Azul, par exemple chez Miguel et Miroslava Eggers, environ 45 minutes avant d'arriver au lac Las Rocas.
Il faut d'abord vous renseigner au préalable à Llanada Grande sur la possibilité de traverser le lac Azul (demandez à parler par radio à Miguel, afin qu'il vienne vous chercher là où se termine la piste), puis, pour le lendemain, pour franchir le lac Las Rocas (mettez-vous d'accord sur le prix et l'horaire, compter 20 000 $ par barque pour 30 minutes de traversée).

Vous devriez ensuite arriver sur l'autre rive du lac Las Rocas. A noter qu'une Française (Françoise Dutheil) vit sur une île, Las Bandurrias (demandez à y loger si vous le désirez, le site est superbe et la cuisine excellente, voir le site www.islalasbandurrias.cl), que vous contournerez soit par l'est si vous avez pris le bateau (ça économise de l'énergie), soit à l'ouest si vous avez décidé de marcher tout au long (plus difficile de se repérer, compter 7 heures de marche) ; puis au lac Interior après 15 min de marche. Les carabineros veillent à cet endroit et pourront viser votre passeport. Il est possible de camper à l'extrémité du lac Interior (nouvelle traversée de 30 minutes et 20 000 $, voyez avec le fils de Miguel, Fernando), mais vous pouvez aussi poursuivre Segundo Corral, à 3 heures environ, où se trouvent quelques boutiques pour s'alimenter et des chambres où dormir. Depuis la douane chilienne, on peut privatiser un bateau rapide et remonter le lac, puis le río Puelo (et ses rapides) jusqu'au lac Puelo et la frontière argentine (si vous ne voulez pas marcher…).

A partir de Segundo Corral, deux options : prendre un bateau jusqu'au lieu-dit Los Hitos, à la frontière du Chili et de l'Argentine, avant de continuer à pied (demandez à Fernando comment traverser ce lac) ; ou partir à pied tout de suite, en suivant un ancien sentier utilisé par les colons pour gagner le pays voisin. Cette marche vous conduira aussi à Los Hitos. Vous êtes alors sur le Lago Puelo. Des bateaux assurent le transfert vers la localité de Lago Puelo (douane argentine), d'où il est très facile de prendre un transport public pour El Bolsón (on peut aussi y camper). Si vous voulez encore marcher, c'est possible : un sentier part de Los Hitos pour la guérite de la Gendarmerie nationale argentine (2 heures environ), avant de poursuivre vers une autre guérite, celle de l'administration du parc argentin Lago Puelo. El Bolsón n'est plus qu'à 15 km, et les transports en commun sont nombreux. C'est la fin de l'aventure. El Bolsón est un endroit rêvé pour se ressourcer et poursuivre l'aventure patagonne.

A noter que le Mítico Puelo Lodge, Miralejos ou Ecotravel réalisent cette excursion en une longue journée ou en deux jours depuis le lac Tagua Tagua, jusqu'à El Bolsón.

DOMO CAMP
✆ +56 9 6802 4275
www.andespatagonia.cl
victorv@andespatagonia.cl
Compter à partir de 35 000 $ pour deux et 60 000 $ pour quatre.
Des dômes géodésiques simples mais confortables, et, surtout, chauffés ! Les sanitaires sont communs. Pas mal d'excursions sont organisées. Le restaurant Tique, sur place, propose des plats typiques de qualité.

MÍTICO PUELO LODGE
Walker Martínez 807
PUERTO VARAS
✆ +56 9 81840544
Voir page 306.

PARQUE TAGUA TAGUA
✆ +56 65 2 234 892
www.parquetaguatagua.cl
info@parquetaguatagua.cl
On ne peut y accéder que sur réservation, afin de limiter l'impact touristique. Entrée à 8 000 $ par adulte. On s'y rend en bateau depuis El Canelo (10 000 $ par personne) ou Puerto Maldonado (5 000 $ par personne, trois fois par jour). Refuges Alerce sur place à 15 000 $ par personne (en refuge), Quetrus à 80 000 $ pour deux (20 000 $ par personne supplémentaire).
Il s'agit d'un parc privé, dirigé par la Universidad Mayor de Santiago et géré par Secret Patagonia à Puerto Varas. Il protège pas moins de 3 000 hectares de forêt *siempre verde*, dont des alerces impressionnants. Les sentiers (18 km en tout) sont bien aménagés (pour atteindre le refuge Alerce, comptez 4 heures de marche). On y pratique aussi la pêche à la mouche et l'observation de la faune.

Autre adresse : Bureaux à Puerto Varas : San Pedro 311

ARCHIPEL DE CHILOÉ

Maisons sur pilotis (palafitos).

ARCHIPEL DE CHILOÉ

★★

L'archipel de Chiloé est situé dans une zone où le continent se fragmente. L'origine de cette configuration géographique tient à deux types de phénomènes distincts : d'une part le choc entre les plaques tectoniques océanique et sud-américaine, d'autre part une longue période glaciaire. La conjugaison de ces deux phénomènes a conduit à l'immersion de la vallée centrale située entre la cordillère de la Côte et la cordillère des Andes. La première a engendré l'archipel de Chiloé, la seconde est restée profondément érodée, donnant naissance à une zone où terre et mer s'interpénètrent, la région des fjords océaniques. L'archipel est constitué par la « grande île de Chiloé » et par 40 îles plus petites, dont 35 sont habitées aujourd'hui. Il est séparé du continent par le canal de Chacao, le golfe d'Ancud et le golfe de Corcovado. La densité moyenne pour l'ensemble de l'archipel est de dix habitants au km². La Grande Ile (Isla Grande) présente une forme rectangulaire de 180 km de longueur du nord au sud, une largeur moyenne de 50 km et une superficie de 8 300 km². C'est la 2e plus grande île d'Amérique du Sud après la Terre de Feu. Elle est soumise à deux climats distincts en raison de la présence de la cordillère de la Côte qui la parcourt du nord au sud. La côte Pacifique est balayée par des vents humides venus de l'océan et reçoit de fortes précipitations. La côte orientale dispose d'un microclimat caractérisé par des précipitations beaucoup moins abondantes. Les îles de la mer intérieure ont un relief peu élevé, une végétation abondante et sont séparées par des canaux qui, pour certains, sont presque vides à marée basse.

Les coutumes chilotes

- **La *minga*.** Cette coutume de l'île de Chiloé est significative de l'esprit qui habitait les pionniers et qui a perduré parmi les habitants de l'île jusqu'à nos jours. Selon la *minga*, tous les voisins se réunissent pour œuvrer en commun quand le travail est trop considérable pour être effectué par un seul homme (ex : semailles, moisson, abattage d'arbres, déménagement et déplacement d'une maison par voie terrestre ou maritime...). Les voisins sont remerciés par un repas ou parfois par un bal qui célèbre la fin des travaux. Ainsi, à l'occasion de la restauration de l'église de Castro, l'aide de la communauté a été sollicitée tant sur le plan financier que sur celui de l'entraide aux travaux. Si vous avez l'occasion d'assister au déplacement d'une maison, en janvier-février, ne manquez cette occasion sous aucun prétexte. Tous ceux qui y ont assisté en sont revenus bouleversés : un sacré boulot !
- **Le *medan*.** Autre coutume très ancienne de Chiloé, le *medan* permettait de se procurer un objet ou un animal, qui venait à manquer dans une famille, en sollicitant l'aide de voisins ou de parents. A cette occasion, ces derniers étaient invités à festoyer et à assister au bal la nuit du *medan*. Le bal était organisé par le chef de la famille solliciteuse et tous les invités se devaient d'y apporter l'objet ou l'animal demandé. Il y avait donc des *medan* de mouton, de blé, de volaille ou de tout produit ou animal de première nécessité. En favorisant la circulation dans une communauté de produits que l'on était dans l'incapacité d'acheter, cette coutume permettait de limiter les effets d'une année de mauvaises récoltes.
- **La fête de Saint-Jean.** Le 21 juin, jour du solstice d'été et jour le plus long de l'année, s'entoure de nombreux rituels et croyances. Ainsi ce jour-là, vers minuit, les gens vont regarder sous leur lit des pommes de terre qu'ils y avaient jetées au hasard préalablement. Une pomme de terre entièrement pelée annonce la pauvreté, une pomme de terre à demi-pelée prédit des hauts et des bas et une pomme de terre dont la peau est intacte promet richesse et abondance. Le lendemain matin, c'est ses souliers que l'on jette par la porte. S'ils retombent pointe vers l'extérieur, c'est signe que leur propriétaire entreprendra un voyage qui le tiendra éloigné de la maison. Dans le cas contraire, il restera chez lui toute l'année.

Puerto Varas
Las Quemas
Los Muermos
Correntoso
Lago Chapo
Puerto Montt
Maullín
Misquihue
Lenca
Puelo
Cta. La Arena
Cero Yate 2111 m
Maullín
Calbuco
Cta. Puelche
Seno de Reloncaví
Contao
Pargua
Chacao
Caulín
Manao
Ancud
Linao
Lliuco
Cta. Gualaihue
Cholgo
Termas de Llancahue
Pichanco
Piguinera Puñihuil
Pudeto
Golfo de Ancud
uerto guay
Quemchi
Isla Caucahué
Poyo
Butalcura
Auca
Huinay
Isla Butachauques
San Juan
Tenaún
Parque Nacional de Chiloe
Buill
Dalcahue
Isla Tac
Curaco de Vélez
Isla Meulin
Achao
Isla Quinchao
Cta. Gonzalo
Castro
Isla Chulin
Reñihue
Rilán
Curahue
Puqueldon
Isla Chaulinec
Lago Cucao
Lago Reñihue
Chonchi
Isla Lemuy
Isla Talcan
Cucao
Teupa
Vn. Michimahuida 2404 m
Huillinco
Cta. Santa Bárbara
Ahoni
Lago Tarahuin
Aitui
Chaitén
Lago Tepuhuico
Queilén
Compu
Isla Puduguapi
ISLA GRANDE DE CHILOE
Isla Tranqui
Chadmo Central
Yelcho
Pto. Cárdenas
Coinco
Golfo de Corcovado
Medina
Quellón
Ferry a Puerto Chacabuco
Vn. Corcovado 2300 m
Lago Chaiguata
Isla Coldita
Isla Cailin
Lago Yelcho
Isla Laitec
Isla San Pedro
Villa Vanguardia
Vn. Nevado 2042 m
Isla Quilán
N
0
20 km
Isla Gran Guaiteca
Isla Refugio
Canal Moraleda
Melinka
Chiloé et la côte

Les immanquables de Chiloé

- **La Pinguinera Puñihuil,** près d'Ancud, où l'on embarque à bord d'un bateau jusqu'aux petites îles peuplées de pingouins.
- **Les églises de l'île,** dont la plupart sont classées à l'UNESCO.
- **Les maisons sur pilotis** (*palafitos*) de Castro, uniques en leur genre et très pittoresques.
- **Un trek** au milieu d'une nature exubérante et sauvage, dans le parc national de Chiloé.
- **Goûter au fameux curanto,** des fruits de mer, des pommes de terre, du veau, des saucisses, du poulet et des algues, tout ça dans un même plat !

Histoire

Les Chonos furent les premiers habitants de l'archipel. Ce peuple indigène parcourait dans leurs canoës (dalcas) la mer intérieure et vivait des ressources de la mer (poissons et crustacés). Mais leur culture disparut peu à peu jusqu'à s'éteindre, au XVIIIe siècle, au contact des colons européens. Toutefois la toponymie des îles est l'héritière de leur civilisation (ex : Quenac, Apiao...). On a également retrouvé des traces de leurs zones d'habitat au cours de fouilles archéologiques. Après les Chonos, les Veliche, ou Huilliche, furent la seconde ethnie à arriver dans l'archipel. Ce peuple d'agriculteurs et de pêcheurs contribua au déplacement des Chonos vers le sud. Les descendants de ces pionniers habitent toujours à Chiloé, et leur apport à la culture de l'archipel a été majeur tout au long de leurs cinq siècles de vie dans les îles.

En 1540, un Espagnol signale la présence de l'archipel. Alonso de Camargo sera suivi, en 1553, par Francisco de Ulloa, puis par Cortes Ojea, en 1557. En 1558, Alonso de Ercilla atteint le seno de Reloncavi mais ne pose pas le pied sur l'archipel. Ce n'est qu'en 1563 que Francisco de Villarga explore plusieurs îles de Quinchao. En 1567, soit 27 ans après le début de la conquête du Chili, le processus de conquête de Chiloé commence. Le gouverneur du royaume, Rodrigo de Quiroga, confie à son gendre don Martin Ruiz de Gamboa y Avendano la mission de rattacher l'archipel à la couronne d'Espagne. Celui-ci traverse le canal de Chacao avec une troupe de plus de cent hommes. Arrivé au centre de l'île, il fonde, un jour de février, la ville de Santiago de Castro, la plus australe des possessions de la Couronne espagnole. Le nom de Santiago est donné en hommage au saint patron de l'Espagne et celui de Castro en souvenir du second nom de famille du vice-roi du Pérou, Lope Garcia. Quant à l'archipel, il est rebaptisé Nueva Galicia en raison de l'origine galicienne de Gamboa. Mais l'usage n'a finalement retenu que le vocable huilliche « Chiloé ». Au cours de l'année 1567 sont également créées les villes de San Antonio de Chacao et Tenaun puis, plus tard, celles de San Carlos de Ancud, San Carlos de Chonchi et Santa Maria de Achao.

Les fondations se poursuivent à un rythme rapide en réutilisant souvent les foyers de peuplement indigènes et en imposant l'influence occidentale à tous les niveaux (culturel, religieux, social...). Avec les premiers colons arrivent des missionnaires franciscains qui travaillent à convertir les populations locales. Cette œuvre est poursuivie par les jésuites qui arrivent dans l'île en 1608 et ont une influence déterminante dans la création d'une nouvelle identité insulaire. Les jésuites procèdent de façon méthodique dans leur entreprise d'évangélisation de l'ensemble de l'archipel, créant un système de missions circulaires afin de visiter chaque année les nouvelles églises, chapelles et paroisses. A chaque nouvelle fondation est associé un saint patron avec les manifestations de foi correspondantes (célébrations, processions). Les jésuites ouvrent également des écoles à Castro, Achao et Chonchi, poursuivant cette œuvre jusqu'à leur expulsion du royaume d'Espagne, en 1767. L'évangélisation et la responsabilité religieuse de l'île sont alors confiées à l'ordre franciscain. L'héritage légué par les jésuites a eu un impact déterminant sur l'identité insulaire.

Un autre fait marquant de l'histoire de l'archipel a lieu au début du XVIIe siècle. Il s'agit en fait de la conjugaison de deux phénomènes. D'une part, la révolte mapuche marque un recul de la conquête espagnole dont les positions au sud de Concepción sont détruites. D'autre part, dans l'archipel, l'effet de cette révolte est amplifié par l'arrivée de corsaires hollandais qui se liguent avec les indigènes pour détruire la ville espagnole de Castro, en 1600. Ainsi l'archipel est de nouveau isolé géographiquement et culturellement. Cette situation, qui va durer plus de deux siècles, favorise un syncrétisme culturel intégrant les influences indigène et espagnole pour donner naissance à une véritable identité insulaire, distincte du continent latino-américain et marquée par les traits caractéristiques d'une vie très liée à la mer et à la terre de l'archipel. Cependant, au XVIIe siècle, même si une identité propre s'est développée, l'archipel est étranger aux idées d'indépendance qui se propagent sur le continent. Le système monarchique garde un appui inconditionné, faisant de Chiloé une tête de pont de la royauté sur le sous-continent sud-américain. Les habitants de l'archipel fournissent des hommes aux armées de la Couronne, intégrant des troupes qui vont jusqu'au Haut-Pérou. Même lorsque triomphèrent les forces de l'indépendance, l'archipel ne se départit pas de sa fidélité au roi. L'armée chilienne dut mener deux expéditions avant de réussir à réintégrer l'archipel de Chiloé au territoire chilien. Avec la signature du traité de Tantauco, en 1826, Chiloé devient une province chilienne à part entière. Aujourd'hui la province de Chiloé est découpée en neuf communes : Ancud, Castro (capitale provinciale), Curaco de Velez, Quemchi, Dalcahue, Chonchi, Puqueldón, Queilén et Quellón. La population est en majorité rurale et la structure de la propriété est caractérisée par de petites parcelles où sont cultivés des légumes et où l'on pratique l'élevage. Sur les côtes (en particulier côté mer intérieure) se développent toutes les activités liées à la mer : pêche, pisciculture (salmonidés), cultures des algues. Le tourisme représente aujourd'hui une nouvelle manne pour l'économie insulaire. Reste à réussir à concilier préservation des traditions et développement économique…

Les églises de Chiloé

Chiloé constitue un monde à part, une région d'une personnalité et d'une culture singulières, issues de la rencontre entre les ethnies indigènes et les colons espagnols. Le bois est le matériau qui permit le développement de la culture de l'île. Depuis l'époque préhispanique, ce matériau conditionne la vie des habitants de la région. C'est en bois que sont construites les maisons, en bois que sont façonnés les outils, les serrures, en bois encore qu'était pavé le chemin qui reliait, au XIXe siècle, les villes d'Ancud et de Castro. C'est dans ce monde que s'inscrivent les églises et les chapelles de Chiloé, un des ensembles architecturaux le plus important du Chili. On dénombre une centaine d'églises appartenant à « l'école de Chiloé ». Les plus anciennes églises conservées datent du milieu du XVIIIe siècle, comme l'église Santa María de Loreto à Achao, édifiée avant 1740. La tradition en a été perpétuée jusqu'à nos jours avec la construction, en 1962, de la chapelle de Tey selon le schéma traditionnel.

L'architecture des églises de Chiloé est héritée du plan des églises des missionnaires jésuites, mais ce plan initial a subi des transformations importantes qui ont donné naissance à un style très particulier. L'église d'Achao est sûrement le plus bel exemple de cette école avec son plan basilical, ses trois nefs, dont la centrale présente une voûte en berceau, sa tour centrée sur le portique. La construction est remarquable par son assemblage de grandes pièces de bois et par l'absence de tout clou ou autre pièce en fer. Au cours de deux siècles d'histoire, la structure générale de ces édifices n'a pas varié, même si, d'une église à l'autre, on note des différences d'ornements et d'influences. Du côté des similitudes, les églises ont été construites à partir de bois endémique du sud du Chili et la quasi-totalité ont une petite tour dressée sur leur façade. L'implantation de ces églises est naturellement à relier à la mission évangélisatrice des jésuites et à son organisation, centrée sur ces pôles. Chaque église se voyait attribuer un saint patron et était visitée une fois par an, à l'occasion de la célébration de ce saint, par un missionnaire. Fusion d'une culture locale et d'une technique européenne, la richesse de ce patrimoine ne se limite pas à son architecture : c'est une identité gardienne des traditions et des histoires de la région.

- **Seize églises de Chiloé** sont protégées depuis 2000 comme patrimoine culturel de l'Humanité par l'UNESCO : les églises d'Achao, Caguach et Quinchao à Quinchao, de San Francisco, Rilán, Nercón et Chelín à Castro, de Aldachildo, Ichuac et Detif à Puqueldón, de Vilupulli et Chonchi à Chonchi, de Colo à Quemchi, de Tenaún, San Juan et Dalcahue à Dalcahue. Parmi les plus importantes, ne pas manquer celles d'Achao, de Chonchi, de Tenaún, de Dalcahue et de Caguach.

FUNDACIÓN AMIGOS DE LAS IGLESIAS DE CHILOÉ (FAICH) ★
Errázuriz 227
ANCUD
✆ +56 65 2 621 046

ANCUD ET SES ENVIRONS

ANCUD ★★

Ancud (41 000 habitants selon le dernier recensement de 2012) est située à 88 km au nord de Castro, sur les rives d'un golfe auquel la ville a donné son nom. Ce nom viendrait du vocable mapudungún *ancun*, qui signifie « montagne ventrue », « terre fertile ». Un terrible raz-de-marée dévasta le port en 1960 et détruisit presque toutes les maisons sur pilotis. Depuis 1982, la capitale provinciale a été transférée à Castro, et la ville, un peu boudée aujourd'hui peut-être par les touristes étrangers, dégage une atmosphère plus authentique que sa rivale du sud chilote. On y séjourne avec plaisir pour découvrir une ambiance typique de Chiloé. L'écrivain chilien Subercaseaux, impitoyable, y voyait le « *triomphe de l'ennui sans gloire ni espoir* ». Mais la « *pluie qui tombe éternellement compréhensive sur les inquiétudes* » d'Ancud la rend aussi moins allègre peut-être que Castro, mais plus brute et plus paisible à la fois. Aujourd'hui l'activité d'Ancud est centrée sur l'industrie de la pêche et sur les services.

Transports

- **Bateau.** La traversée du canal de Chacao dure une trentaine de minutes environ. Il est parfois possible de voir des *toninas* (dauphins) ou des lions de mer (otaries). Couvrez-vous sur le pont, le vent peut souffler très fort. Compter 13 200 $ par véhicule, les voyageurs en bus ne paient pas de supplément.

■ **BUS CRUZ DEL SUR**
Los Carreras 850
✆ +56 65 2 622 249
www.busescruzdelsur.cl
gerencia@busescruzdelsur.cl
Bureaux ouverts tous les jours de 6h30 à 22h30.
Bus vers Puerto Montt et toutes les villes jusqu'à Santiago, Punta Arenas, mais aussi Castro et Quellón.

Pratique

Tourisme - Culture

■ **OFFICE DU TOURISME SERNATUR**
Libertad 669
✆ +56 65 2 622 665
infochiloe@sernatur.cl
Du lundi au jeudi de 8h30 à 17h30, le vendredi de 8h30 à 16h30.
Distribue quelques prospectus sur les hébergements, des cartes sommaires des villes et quelques informations sur les sites touristiques.

Réceptifs

■ **AUSTRAL ADVENTURES**
Avenida Costanera 904
✆ +56 65 2 625 977
www.austral-adventures.com
tours@austral-adventures.com
Devis selon les activités choisies.
Cette équipe dynamique et internationale propose divers circuits à la journée, comme la réserve des pingouins, en passant par les plages de Guabún ou du kayak de mer. Des excursions plus longues invitent à sillonner les différentes petites îles qui encerclent Chiloé ainsi que les nombreuses églises de l'archipel. Location de VTT, observation de la nature... Chaque excursion est aménageable en fonction de la demande du client.

■ **CASA DAMASCO CHILOÉ**
Errazuriz 209
✆ +56 9 7882 4232
casadamascochiloe.wixsite.com/casa
casadamascochiloe@gmail.com
Location de vélo et kayak à respectivement 7 000 $ et 15 000 $ la journée. Toute l'année et sur réservation en saison basse.
Cette agence propose des circuits classiques (*pingüineras*, *iglesias*, *costa pacifico*, etc.) et des parcours plus aventureux pour celles et ceux qui souhaiteraient se mettre en jambe ! Des tours en kayak sur les *ríos* Chepú et San Antonio, des randonnées de 4 à 5 heures et des tours à vélo sont ainsi proposés à des prix raisonnables. Eduardo, le patron, parle anglais et a une expérience de plus de 15 ans dans le secteur du tourisme, il tient aussi la *guesthouse* du même nom. Equipe flexible et sympathique.

Argent

■ **BANCO DE CHILE**
Av. Libertad 621
✆ +56 600 637 3737
www.bancochile.cl – acciones@bancochile.cl
Dispose d'un ATM.

Moyens de communication

■ **CORREOS DE CHILE**
Pudeto 201
Blanco Encalada
En semaine, de 9h à 13h30 et de 15h à 18h, le samedi de 9h30 à 12h30.

100 m.
Edifice religieux
Curiosité et divers
Musée
Poste
Gare routière
Information touristique
Téléphone public
Marché et commerce
Police
Hôpital
Playa
Arena Gruesa
Costanera Norte
Galerie artisanale
Baquedano
Fort
San Antonio
Hosteria
Ancud
Ruines de
Polvorin
José Mucke
Antonio Burr
San Antonio
San Antonio
Bellavista
Baquedano
Cochrane
O'Higgins
Pedro Montt
San Vicente
Hostal
Lluhay
Police
Hôpital
Ancud
Almirante Latorre
Aldea
Kuranton
Madryn
Arturo Prat
Marché
Libertad
Marché de
souvenirs
El Congrejo
Bus locaux
Arturo Prat
Hospedaje
Polo Sur
Colo Colo
Informations
touristiques
Poste
Lacuy
Hospedaje
Visat al Mar
Chorrillos
Municipalité
Pedro Montt
Musée de
l'Île de Chiloé
Bus Mar Brava
vers Termianl de bus,
Castro & Puerto Montt
Cathédrale
Galéon Azul
Aguilera
Pudeto
Anibal Pinto
Av. Ignacio carrera Pinto
Hospedaje
San Bernardo
Chacao
Maipu
Mocopulli
Ramirez
Goycolea
San Carlos
Los Alerces
Hostal
Mundo
Chacabuco
Las Heras
Errazuriz
BAIE DE
ANCUD
Los Cavada
vers Lechaga
Eglise
San Francisco

Santé - Urgences

HOPITAL
Almirante Latorre 301
✆ +56 65 2 622 356
www.hospitalancud.gov.cl
Urgences 24h/24.

Se loger

Bien et pas cher

13 LUNAS
Los Carrera 855
✆ +56 65 2 622 106
www.13lunas.cl
contacto@13lunaschile.com
En face du terminal
des bus Cruz del Sur.
De 11 à 13 000 $ en dortoir (de 4 ou de 6), 20 000 $ la simple et entre 28 et 33 000 $ la matrimoniale avec sanitaires privés. Petit déjeuner et wifi inclus. Cocina equipada disponible.
Cette auberge de jeunesse, cosy et toute en bois, est un excellent lieu de rencontre pour les voyageurs. Elle est dotée de lits larges et confortables et de casiers, ainsi que de nombreuses pièces de vie commune. Commodités très agréables. Cuisine et jardin à disposition où l'on peut cueillir des fruits et se détendre dans les hamacs. Excursions vers la *pingüinera*, *asado* en soirée, observation des baleines...
Vous trouverez toutes les informations nécessaires pour bien connaître la ville et ses environs. Excellent accueil de Pancho et Claudio. Très bon rapport qualité/prix. Notre meilleur choix.

CASA DAMASCO
Errazuriz 209
✆ +56 9 7882 4232
www.casadamascochiloe.wixsite.com
casadamascochiloe@gmail.com
Compter 45 000 $ la chambre pour deux en haute saison.
Dans cette maison entièrement construite en bois, qui fait d'ailleurs honneur aux cyprès, l'ambiance est calme et chaleureuse. On y propose des chambres simples, doubles ou triples avec une très belle vue sur la baie. Le petit déjeuner est succulent et copieux (pain, café, yaourt, beurre, confiture, jambon, fromages, fruits et gâteaux !). Situation idéale à trois cuadras du terminal et à 50 mètres de la mer. On s'y sent vite chez soi et vous serez sûrement tenté de partir en tour avec Eduardo, le maître des lieux, qui propose également des excursions.

HOSPEDAJE AUSTRAL
Aníbal Pinto 1318
✆ +56 65 2 624 847
www.ancudchiloechile.com
hospedajeaustral@hotmail.com
Situé derrière le terminal de bus municipal (terminal Puerto Montt et Castro).
Compter entre 12 000 $ et 16 000 $ par personne en chambre simple ou matrimoniale, 20 000 $ pour une double (28 000 $ avec salle de bain privée) ou une triple. Petit déjeuner à 1 000 $. wi-fi.
Excellente adresse, à mi-chemin entre la *guesthouse* et l'auberge de jeunesse, dont tous les voyageurs relèvent l'accueil formidable de Mirta et Pedro, qui donnent de très bons conseils et se plient en quatre pour vous accueillir. Les chambres peuvent accueillir de 1 à 3 personnes et sont proposées avec sanitaires privés ou sanitaires communs bien tenus avec eau chaude. L'ensemble reste sommaire, mais tout à fait correct pour des prix bon marché.

HOSTAL LLUHAY
Lord Cochrane 458
✆ +56 65 2 622 656
www.hostal-lluhay.cl
contacto@hostal-lluhay.cl
Compter 22 000 $ la simple, 38 000 $ la double, 45 000 $ la triple et 55 000 $ pour quatre. Petit déjeuner et wi-fi inclus. Location de vélos et kayaks.
Un hôtel charmant et plein de caractère, donnant sur le port de pêche, avec des chambres convenables. Toutes sont équipées d'une salle de bains, d'un radiateur électrique et d'une télévision. La gérante, Nélida (qui a vécu en France) est adorable. Bar, parking, feu de cheminée et superbe terrasse avec vue sur la mer. Service de restauration possible (en été).

HOSTAL MUNDO NUEVO
Costanera 748
✆ +56 65 2 628 383
www.newworld.cl
hostal@newworld.cl
En haute saison, compter 14 000 $ le lit en dortoir, 41 000 $ la chambre double avec sanitaires communs et entre 39 000 $ (simple) et 52 000 $ (double) pour une salle de bains privative. Petit déjeuner (copieux et délicieux) et wi-fi inclus.
Martin, de Suisse (allemande) a mis en place une auberge confortable où toutes les chambres ont vue sur l'océan. Location de vélos, accès Internet, salle de séjour et cuisine à la disposition des clients. Depuis peu, Martin propose également un service de spa avec bain à remous en extérieur. L'ensemble est impeccable. Une adresse de qualité qui tient toujours la route.

Confort ou charme

GALEON AZUL
Libertad 751
✆ +56 65 2632359
www.hotelgaleonazul.cl
info@hotelgaleonazul.cl
Compter 50 000 $ la simple, 54 500 $ la double, 81 000 $ la triple, petit déjeuner et wifi compris.
C'est une maison jaune, adossée à la colline, à deux pas de la place centrale. L'ensemble est lumineux et délivre une vue saisissante sur la baie, mais on pourra regretter que les salles de bains ne soient pas plus spacieuses. Une bonne adresse toutefois dans sa catégorie, que certains préfèrent en raison de son indéniable cachet « pittoresque ».

HOTEL BALAI
Pudeto 169
✆ +56 65 262 2541
www.hotelbalai.cl
consultations@hotelbalai.cl
A partir de 27 000 $ pour une simple, 36 000 $ pour une double et 43 000 $ pour la triple. Petit déjeuner et wifi inclus.
Situé sur la place même. L'intérieur est en bois, la déco comporte tableaux et objets d'artistes de l'île. Ensemble plutôt réussi, agréable capharnaüm d'œuvres ou d'ustensiles divers. Jetez un coup d'œil à la table dans le *comedor* : elle représente une *minga*. Bon accueil et plutôt bon restaurant attenant.

PANAMERICANA HOTEL ANCUD
San Antonio 30
✆ +56 65 2 622 340
www.panamericanahoteles.cl
reservas@hotelancud.cl
Compter à partir de 115 US$ pour deux. Petit déjeuner et wi-fi inclus. Possibilité de bénéficier de promotions en réservant via le site internet.
Situé au-dessus du Fuerte San Antonio, cet établissement, vieux d'une cinquantaine d'année, construit en bois massif, propose tous les services d'un hôtel de standing. Les chambres sont un peu étroites, mais les lits sont confortables. Bar, restaurant de qualité, avec une vue imprenable sur la mer.

Se restaurer

La majorité des restaurants propose toute une gamme plus ou moins sophistiquée de plats à « écailles ». En dehors du fameux curanto – le mets typique de l'île, délicieux : il s'agit de fruits de mer accompagnés de viandes fumées (poulet, saucisses...) et de pommes de terre, cuits dans une grande casserole –, goûtez le plat typique des pêcheurs de Chiloé, à savoir, la cazuela de mariscos, sorte de bouillon où trempent des pommes de terre, des carottes, des petits pois, du riz mais surtout des fruits de mer.

Sur le pouce

CAFE EL EMBRUJO DE CHILOE
Maipu 650
✆ +56 65 9544 9052
Compter moins de 2 000 $.
Ce café à deux étages est apprécié des locaux. Idéal pour déguster du café colombien ainsi que de nombreuses tartes faites maison. Evelyne vous propose aussi une sélection de sandwichs et de *comida rápida* chilienne.

Bien et pas cher

EL CANGREJO
Dieciocho 155
✆ +56 65 2 623 091
Du lundi au samedi de midi à 22h.
Les fruits de mer de ce restaurant sont particulièrement recommandés. Goûtez à la *centolla*, crabe géant ou araignée de mer. On trouve aussi des plats typiques et des empanadas. Les prix sont plus que raisonnables et l'attention tout particulièrement amicale.

CHILOTE MENA
Pudeto 318
✆ +56 65 2 625 835
Du lundi au samedi de midi à 22h.
Une adresse recommandée pour son ambiance et ses plats très simples et typiques. C'est effectivement très bon.

LA CORITA
Local 3
Mercado municipal
Autour de 5 000 $ le plat et verre de vin à moins de 1 000 $.
Petite gargote qui propose des plats du jour délicieux très copieux que vous pouvez accompagner d'un verre de vin.
Spécialités chiliennes traditionnelles à base de fruits de mer, poissons et mouton. On retrouve le célèbre *curanto* et des options végétariennes. Très typique.

MERCADO MUNICIPAL
Avenida Prat
Angle rue Dieciocho
Dans l'ancien marché municipal, des restaurants servent les mêmes plats qu'ailleurs pour des prix sensiblement moins élevés. Moins modestes que dans d'autres marchés du pays, les locaux du *mercado* municipal sont plutôt de vrais restaurants. Vous pourrez aussi y acheter du *salmón ahumado* (saumon fumé), délicieux.

Bonnes tables

KURANTON
Arturo Prat 94
✆ +56 65 2 623 090
Du lundi au samedi de 11h à 22h. Compter autour de 20 000 $ par personne.
Cuisine typique de Chiloé. C'est là que tout le monde vient essayer le fameux *curanto*, ou des fruits de mer très frais. La décoration est originale et typique, on retrouve d'innombrables tableaux qui font référence à la culture de l'île. La cuisine est très correcte, même si elle n'a rien d'inoubliable. Les prix sont cependant très décents.

Sortir

CAFE LA ESTACIÓN
Pundeto 115
Ouvert tous les jours de 15h à 21h.
Sur la place, ce charmant petit café tenu par Fernando et Veronica, propose une sélection de cafés et desserts faits maison. Le midi de bons menus à prix doux sont proposés. Le soir, vous pourrez y goûter un cocktail.

CLUB FAMA
Pudeto 263
Ouvert le mercredi de 23h à 5h, le vendredi et samedi de 23h à 5h.
La discothèque où se retrouve la jeunesse d'Ancud. Elle se remplit à partir de 1h du matin, du mercredi au samedi. Idéal pour apprendre à danser la *cumbia* et la *bachata*.

À voir – À faire

ARENA GRUESA ET BALNEARIO LECHAGUA
Au cœur d'Ancud, à 5 minutes du centre, s'étend la plage d'Arena Gruesa. Plus loin, le Balneario Lechagua vous offre ses 15 à 20 km de plage. Pour s'y rendre, prendre un *colectivo*. Attention, si les plages sont sablonneuses, l'eau, en revanche, est très froide en raison de la présence d'un courant.

FUERTE SAN ANTONIO ★
Ouvert du lundi au vendredi entre 8h30 et 21h, le week-end entre 9h et 21h. Entrée libre.
Situé dans la partie haute de la ville, il a été construit en 1770 afin de protéger la baie d'éventuels assaillants. C'est également un symbole historique émouvant pour les Chiliens, puisqu'il s'agit du dernier endroit où flotta le drapeau espagnol avant que le pavillon soit définitivement baissé, le 19 janvier 1826. Pour y accéder, longer le front de mer en remontant la rue Cochrane.

FUNDACIÓN AMIGOS DE LAS IGLESIAS DE CHILOÉ (FAICH) ★
Errázuriz 227
✆ +56 65 2 621 046
www.iglesiasdechiloe.cl
contacto@iglesiasdechiloe.cl
Ouvert tous les jours de 9h30 à 13h30 et de 14h30 à 18h.
Situé dans l'ancien couvent de l'Inmaculada Concepción (datant de 1875), ce centre de visiteurs est aussi un musée passionnant pour en savoir plus sur les quelque 70 églises de Chiloé, dont 16 sont inscrites au patrimoine de l'Humanité. Maquettes des églises en bois, pièces originales de ces églises…

MIRADOR CERRO HUAIHEN ★
Pas loin du terminal de bus, en prenant l'avenida La Paz depuis là, ou alors la rue Antonio Burr depuis les environs du fort. Vaste panorama sur la ville, la baie, et, par beau temps, sur les falaises du continent au loin.

MUSEO REGIONAL DE ANCUD ★
Libertad 370
✆ +56 65 2 622 413
www.museoancud.cl
museo.ancud@museosdibam.cl
Ouvert du mardi au vendredi de 10h à 17h30, le week-end de 10h à 13h30 (jusqu'à 15h30 en janvier et février). Entrée gratuite.
Le musée propose une approche très intéressante de l'histoire de Chiloé – culture indigène et mythologie *chilote*, conquête espagnole – ainsi qu'une attrayante section consacrée à la faune de l'île. La présentation des collections est agréable, de même que la promenade sur les remparts du bâtiment qui abrite le musée. Installations interactives ludiques et intéressants. Jeux éducatifs pour les enfants.

Shopping

KELGWO
Eleuterio Ramirez 359
✆ +56 65 2 628 021
mmansilla@kelgwo.cl
Cette boutique vend des vêtements dessinés par un styliste de Chiloé. De très bonne qualité, tous ces articles sont en tissu de laine de brebis, habitantes de l'île. Reconnus par le gouvernement chilien et 100 % naturels, ces produits ont même traversé l'Atlantique pour être présentés en Europe.

CAULÍN

Ce patelin se situe à quelque 8 km au sud-ouest de Chacao (embarcadère pour le continent).

Puente Chacao

Approuvé depuis décembre 2013 sous le premier gouvernement Sebastián Piñera, le projet de construction d'un pont reliant le continent à l'archipel de Chiloé a débuté en 2017 et devrait être inauguré en 2023. Le sujet divise. Majoritairement contre, les Chilotes ont dû céder devant les pressions du consortium international (brésilien, coréen, français et norvégien) chargé de sa construction avec la crainte, notamment, de l'arrivée de la petite délinquance en provenance de Puerto Montt, d'une percée des sociétés d'exploitations gourmandes d'un sol riche en minéraux et jamais exploité, et de la perte de leur identité insulaire. Aspect positif cependant, l'essor du tourisme, déjà en plein boom depuis l'inauguration de l'aéroport de Castro en 2012. Il faut dire que cet archipel fascinant ne manque pas d'atouts... on lui souhaite pour autant de garder toute son authenticité.

■ OSTRAS CAULIN CHILOÉ

✆ +56 9 9643 7005
www.ostrascaulin.cl
ramonmolina@ostrascaulin.cl
À 9 km de Chacao ou 13 km d'Ancud (dont 9 km de goudron).
Huîtres locales de 5 cm, vendues autour de 6000 $ les quinze (avec toasts, citron et beurre).
Les meilleurs huîtres du Chili ! On se régale. A essayer aussi : le potage aux huîtres, les huîtres sauce cocktail ou les huîtres frites. Une halte indispensable où l'on peut même dormir sur place.

PINGÜINERA PUÑIHUIL ★★

Il existe une colonie de pingouins à Chiloé. Celle-ci est d'autant plus admirable qu'il s'agit de l'unique endroit du Chili où cohabitent deux espèces de pingouins, les pingouins de Magellan et les pingouins de Humboldt, en voie d'extinction. On y observe aussi des oiseaux marins et même des loutres (*nutrias de mar*, aussi appelées *chungungos* ici). La meilleure période pour les admirer s'étend de novembre à mars, les mois de janvier et février étant les plus propices. Vous pourrez manger dans les locaux situés sur la plage. La plupart des agences de la région vous proposeront la visite, mais il est possible de s'y rendre seul. Il faut prendre un bus pour le hameau de Pumillahue (1 500 $) depuis le terminal de bus Mar Brava, et descendre à la pancarte qui indique la direction de Puñihuil. Restent alors 3 kilomètres à parcourir à pied, une jolie randonnée au milieu d'un paysage champêtre de toute beauté. Le bus revient aussitôt ; il convient donc d'attendre que le prochain arrive au même endroit et s'en retourne à Ancud. Si vous vous emmêlez les pinceaux avec les horaires, peut-être aurez-vous la chance d'être reconduit à destination par un pêcheur. Mais ne comptez pas trop là-dessus non plus. Un taxi depuis Ancud revient à 20 000 $ environ (pour quatre personnes maximum). Une fois sur place, on part en bateau visiter les pingouins.

▸ **Visite et droits d'entrée :** les visites se font entre 10h30 et 17h45, du mois d'août à fin mars. Les guides parlent espagnol, anglais et allemand. Pensez à amener des jumelles. Compter une demi-heure de bateau pour 7 500 $ par adulte.

■ ECOMARINE PUÑIHUIL ★★

✆ +56 9 8174 7592
ballenaschiloe.cl
contacto@ballenaschiloe.cl
Le tour, proposé entre décembre et avril, dure 3 ou 4 heures (avec snack) et revient à 65 000 $ par personne (huit personnes maximum, départ à 7h30). Trekking de 4 heures pour 33 000 $, toute l'année.
Depuis assez peu de temps, il est possible de partir observer les baleines bleues au large (et aussi des dauphins, des orques, des albatros...). D'autres excursions, toujours très orientées faune et flore, tout aussi passionnantes sont proposées, comme le trekking le long de cette superbe côte.

■ INFORMATIONS

✆ +56 9 8317 4302
www.pinguineraschiloe.cl
Toutes les infos à jour sur les excursions.

DUATAO ★★

Superbe site, sans aucun touriste, au milieu d'un paysage sauvage de toute beauté. Le bus qui se rend à Pumillahue continue un peu plus loin jusqu'au lieudit Duatao (c'est également le nom d'une rivière). Descendez au dernier arrêt, et si vous n'êtes pas exactement à destination, poursuivez la piste jusqu'à son terme : un pont en marque l'aboutissement. Franchissez-le, poursuivez quelques centaines de mètres et bifurquez à droite au croisement (jetez un coup d'œil à la maison qui surplombe le sentier, dont la base est constituée de canettes de bière).

Longez la rivière, jusqu'à ce que vous arriviez à l'estuaire, un endroit magique, propice à toute sorte de méditation. Les plus hardis songeront bien sûr à camper, mais prenez garde au vent qui souffle très fort : d'ailleurs, voyez la végétation qui croît naturellement penchée !
N'hésitez pas à poursuivre sur la gauche ; si par hasard la marée est trop haute, essayez quand même de passer un peu plus en amont. Vous finirez par distinguer une petite cabane perchée et un escalier en bois. Une superbe crique s'offre alors à vos regards ; il est possible de s'y baigner (mais gare ! l'eau n'est pas chaude).
Sur la gauche encore, il est possible de s'enfoncer sur quelques dizaines de mètres dans des cavités naturelles. L'endroit est merveilleux. L'agence Austral Adventures à Ancud organise aussi cette excursion, ainsi qu'une autre de 2 heures environ, un peu plus en amont, où il est possible d'observer des pudús, des lions de mer sur un îlot avoisinant, et où les perspectives sur la côte sont surtout extraordinaires. Le sentier n'est pas marqué, n'essayez donc pas de le trouver par vous-même.

FUERTE AHUI ★

Un lieu complètement naturel où la main de l'homme n'a jamais mis le pied, comme dirait Monsieur Fenouillard. Enfin, presque jamais. Pour s'y rendre, prendre le bus qui affiche « Fuerte Ahui », pour un prix d'environ 1 500 $. Marcher ensuite 200 m à travers les buissons.

FARO CORONA ★

Sur la péninsule du golfe d'Ancud, au bout du bout, où est installée une station météorologique. Belles balades pour se perdre dans le coin à la recherche d'une séduisante plage de sable. Un bus s'y rend aussi depuis Ancud, mais il ne va pas exactement jusqu'au phare.

CHEPU ★★

Chepu est un lieu sauvage et de toute beauté au sud-ouest d'Ancud, au bord du río Chepu qui court se jeter dans le Pacifique.

Transports

Pour se rendre à Chepu, prendre un bus rural de l'ancien terminal d'Ancud. Les bus Yañez partent les lundi, mercredi et vendredi à 16h. Un autre bus part à 6h30 de l'angle des rues Prat et Goycolea (station-service), mais il faut bien lever la main pour l'arrêter (le bus ne stoppe que s'il y a des gens qui attendent). Sinon, un taxi demande environ 15 000 $ depuis Ancud.

CÔTE NORD-EST

QUEMCHI ★★

Quemchi est un petit port d'environ 8 350 habitants, situé sur la rive orientale de la grande île de Chiloé. Son nom signifie « terre argileuse » ou « terre ferrugineuse ». La ville s'étend le long du canal de Caucahue et fait face à l'île du même nom.
Quemchi est la ville où naquit Francisco Coloane Cardenas, l'un des plus grands écrivains chiliens, dont nombre d'écrits ont été traduits en français.

Transports

Pour se rendre au village ou en partir, de nombreux *colectivos* ou des bus font la liaison depuis Ancud (environ 2 000 $), Dalcahue ou Castro (3 000 $).

Se restaurer

■ **EL CHEJO**
Bahamonde 251
✆ +56 65 2 691 239
Sur le front de mer.
Ouvert tous les jours de 8h à minuit. Plats entre 3 000 et 5 000 $ environ.
Restaurant familial exceptionnel, de par l'accueil de ses propriétaires qui viennent vous faire la causette, et pour la qualité de la cuisine. Les *empanadas* de *centolla* (crabe géant), aux fruits de mer ou au fromage sont délicieuses en entrée. On vous sert ensuite le poisson du jour. Et El Chejo en personne s'attable enfin avec vous pour déguster une liqueur locale… Tous les dimanches midi, on sert le fameux *curanto al hoyo* pour un prix modique. A ne pas manquer !

À voir – À faire

La fabrique municipale de tissus expose et vend sa production. Fouinez et faites votre choix. Quemchi constitue en outre une bonne étape pour des excursions sur le littoral intérieur de Chiloé. On pourra admirer le canal Caucahue et l'île du même nom située au large du village. En remontant vers Ancud par la route du littoral, on découvrira une superbe côte accidentée et, au-delà, la cordillère des Andes dominant le continent.

■ **CASA MUSEO FRANCISCO COLOANE** ★

La costanera de Quemchi

Ouvert de mars à décembre du lundi au vendredi, de 8h30 à 18h, en janvier et février du lundi au samedi de 11h à 18h.

Il s'agit de la maison d'un des plus célèbres écrivains chiliens du XXe siècle, Francisco Coloane (né à Quemchi et décédé en 2002). Un conteur magnifique qui n'a cessé de décrire les terres australes, notamment dans l'une de ses œuvres majeures, *Terre de Feu*. Ne manquez pas le documentaire explicatif, à l'intérieur du musée, retraçant le parcours incroyable de cette maison : au début de l'année 2010, elle a fait l'objet d'une *minga* par voie maritime.

Ce grand événement a réuni environ 2 000 personnes sur la *costanera* de Quemchi. Depuis, le petit bâtiment a été élevé sur pilotis et inauguré le 5 août 2010 en tant que musée. Celui-ci expose des pièces, objets et autres petits trésors de la vie quotidienne de l'auteur. Il est aussi possible d'observer ses archives, ses photos, ses travaux littéraires et des publications relatives à l'écrivain. Une visite atypique et sympathique où l'on découvre les origines et l'héritage d'un des écrivains les plus importants du pays.

TENAÚN

Au sud de Quemchi, sur la côte, le village de Tenaún mérite une petite visite pour sa superbe église datée de 1837, au clocher bleu et rouge, qui a été déclarée patrimoine de l'humanité par l'UNESCO. Pour s'y rendre, des bus font la navette entre Quemchi et Dalcahue : c'est par ailleurs une très belle route, qui nous fait découvrir la réalité quotidienne de Chiloé.

DALCAHUE ★

Dalcahue signifie « lieu des dalcas » (un type d'embarcation autochtone). Cette ville de 13 250 habitants est située à 20 km au nord-ouest de Castro, le long du canal de Dalcahue. A l'origine foyer de peuplement indigène, elle vit l'installation de la première scierie mécanisée d'Amérique du Sud en 1828. Aujourd'hui, Dalcahue est un port de pêche important et ses halles voient se dérouler chaque dimanche matin l'une des férias artisanales les plus importantes de Chiloé. Les artisans des environs et des archipels voisins y viennent vendre des articles tissés ou tressés (paniers). En face de la ville, se découvre l'île de Quinchao (une étape incontournable), que l'on rejoint en traversant le canal.

Transports

- **Les *colectivos*** qui desservent Castro (700 $) partent de l'avenue côtière (Pedro Montt), en face de la Municipalité. On peut également les prendre à l'arrêt situé à l'angle des rues Freire et O'Higgins. Un peu plus chers que les bus, qui partent toutes les demi-heures environ (Dalcahue Expreso, rues San Martín et Eugenin). Des colectivos gagnent Achao (1 000 $) sur l'île de Quinchao très régulièrement.
- **Des bus** font aussi la navette avec Quemchi au nord, en passant par de beaux paysages typiques de l'archipel, et vers Tenaún et sa magnifique église (trois départs par jour, environ 1 500 $). Une façon originale de rejoindre ensuite Ancud ou de revenir sur le continent.

■ **BAC POUR QUINCHAO**

Horaires continus entre 7h et 23h. Compter 5 000 $ l'aller-retour pour une voiture. Gratuit pour les piétons.

La traversée dure 10 minutes.

Se loger

■ **HOTEL LA ISLA**

Mocopulli 1313

✆ +56 65 2 641241

www.hotellaisladalcahue.com

hotellaisla@hotmail.com

Compter à partir de 35 000 $ la chambre simple, 48 000 $ la double, 53 000 $ la triple et 60 000 $ la chambre pour 4.

L'établissement le plus confortable de la ville. On propose 19 chambres simples, mais confortables et des *cabanas* entièrement équipées. L'établissement est charmant, arborant une architecture chilote très typique, mais l'ensemble reste toutefois plutôt modeste.

Se restaurer

■ **COCINERÍAS DE DALCAHUE**

À côté du marché d'artisanat.

Tous les jours de 10h à 20h.

Vous pourrez vous sustenter à faible coût dans l'un des huit modules culinaires qui sont proposés. Plats typiques de l'archipel, bien servis avec bonne humeur par des locaux très sympathiques. On peut y trouver des *empanadas*, des *curantos* ou encore des casseroles d'agneau. Très bon rapport qualité-prix. Bon appétit !

■ **DALCA**

Freire 502

Ouvert tous les jours sauf dimanche soir.

Près de l'embarcadère. Pas mal du tout, surtout pour les fruits de mer. Pas cher et assez copieux.

REFUGIO DE NAVEGANTES
Plaza de las armas, San Martin 165
✆ +56 65 264 1128
www.refugiodenavegantes.cl
hotel@refugiodenavegantes.cl
Du mercredi au jeudi de 13h à 20h, jusqu'à 22h le vendredi et samedi, le dimanche de 11h à 20h.
Un grand café salon de thé et ses tartes ! Idéal pour une pause après la visite de l'église et de la petite feria artisanale, surtout en hiver.

À voir – À faire

IGLESIA DE NUESTRA SEÑORA DE LOS DOLORES ★★★
Classée Monument national et surtout patrimoine de l'Humanité, elle fait partie des églises de l'école chilote issue des missions jésuites. Construite en 1858, sur l'ancienne chapelle jésuite c'est l'une des plus grandes et anciennes églises de Chiloé. Son intérieur à trois nefs est essentiellement habillé de bois de la région, on retrouve notamment le cyprès, l'ulmo et le malèze, aussi présent sur la façade extérieure. Singulière et caractéristique du charme insulaire de Chiloé, l'église se distingue également par son portique à neuf arcs d'ogive et sa haute tour qui culmine à 26,5 mètres. La fête patronale de cette église se tient tous les 15 septembre en l'honneur de Nuestra Señora de los Dolores (Notre-Dame des douleurs).

FERIA ARTESANAL ★★
La foire la plus colorée et authentique de l'archipel ouvre tous les jours. On pourra y acheter des articles tissés en laine de mouton (pulls, bonnets...). Pour un meilleur choix, nous vous conseillons d'arriver assez tôt le matin, les touristes ayant investi les lieux depuis quelques années. Cette *feria* est aussi un haut lieu de la gastronomie chilote : vous pourrez y déguster un *asado al palo* (agneau à la broche) ou du saumon grillé.

ISLA MECHUQUE ★★

D'après les connaisseurs, Mechuque est l'une des îles les plus intéressantes de l'archipel de Chiloé, au sein des Islas Chauques. C'est là qu'on peut y découvrir les plus beaux *palafitos* (maisons sur pilotis) et un joli pont de bois. Pour s'y rendre, des bateaux partent de Dalcahue les mardi, mercredi, vendredi et samedi à 13h (les retours s'effectuent les lundi, mercredi et jeudi à 9h, les vendredi à 9h30). Compter 3 500 $ le ticket pour 2 heures de navigation. Magnifique, et bien loin du circuit touristique traditionnel à Chiloé. A noter qu'on peut aussi attraper une *lancha* à Tenaún, sur la route de Quemchi (45 minutes de navigation seulement). Sur place, on peut loger chez Orfelina Ruiz (Hospedaje Palafitos), ce n'est pas cher du tout, ou au récent Hospedaje María Humilde (15 000 $ par personne avec sanitaires communs). On peut se sustanter au Fogón La Pincoya (poissons, fruits de mer et *curanto al hoyo*).

ISLA DE QUINCHAO

Une agréable petite île ayant conservé un caractère champêtre reposant.

ACHAO

Le village principal de l'île se nomme Achao, et il est possible de s'y rendre en *colectivo* depuis Dalcahue. Une bonne route goudronnée part de l'embarcadère jusqu'à ce petit port de pêche (environ 3 500 habitants), niché au creux d'une jolie baie.

Pratique

Une sorte d'office du tourisme (Serrano et Ricardo Jara) vous donnera quelques informations et pourra peut-être vous être de quelque utilité si vous songez à gagner les petits îlots alentour ou l'île Llingua. Il y a aussi un bureau de poste, un centre téléphonique et un hôpital pour les premières urgences.

À voir – À faire

IGLESIA SANTA MARÍA DE LORETO ★★
On vient à Achao bien sûr pour son église Santa María de Loreto toute de bois d'*alerce* et de cyprès vêtue, la plus ancienne de l'archipel puisqu'elle a été construite en 1764 (patrimoine de l'Humanité de l'UNESCO). Heureusement, l'incendie de 1784, qui ruina presque complètement le hameau, n'eut pas le temps de s'attaquer à ce superbe témoignage de l'architecture jésuite *chilote*. Autrefois, des ailes latérales permettaient d'abriter les pèlerins de la pluie (qui persiste et signe dans la région, autant le savoir). L'intérieur – le choeur notamment – est vraiment magnifique.

MUSEO DE ACHAO
Amunátegui
A l'angle de Delicias

De décembre à février, ouvert de 10h à 19h. Ouvert de 11h à 13h et de 14h à 16h le reste de l'année. Entrée à 300 $.
Un petit musée qui évoque la vie quotidienne des autochtones, notamment des Chonos.

VILLA QUINCHAO ★

Depuis Achao, ne manquez pas une visite à Villa Quinchao, un tout petit bled paumé blotti contre la plage. Son église a également été déclarée patrimoine de l'Humanité, et c'est la plus vaste de l'archipel. Le 8 décembre de chaque année s'y effectue un pèlerinage : c'est la Fiesta de la Virgen de la Gracia.

CURACO DE VÉLEZ

Une autre destination prisée sur cette petite île : Curaco de Vélez. Petite bourgade complètement retirée de tout, qui a souffert du tremblement de terre de 1960 et dont l'église est partie en fumée lors d'un incendie en 1971. De belles maisons demeurent, datant de l'époque dorée du village, au XIXe siècle, à l'époque de la chasse aux baleines. On pourra y faire une halte en allant à Achao ou sur le retour (les *colectivos* s'y arrêtent), pour manger par exemple d'excellents fruits de mer dans l'un des restaurants qui bordent la plage (par exemple Ostras Los Troncos qui sert des huîtres fraîches à l'unité).

CASTRO ET SES ENVIRONS

CASTRO ★★

C'est en février 1567 que Martin Ruiz de Gamboa arrive sur les bords du fleuve Gamboa et fonde la ville de Castro, la plus australe d'Amérique du Sud au XVIe siècle. Il la nomme ainsi en l'honneur du vice-roi du Pérou, Lopez Garcia de Castro. Jusqu'au début du XIXe siècle, l'histoire du village sera marquée par des raz-de-marée, des assauts de pirates (Enrique Brower en 1643 par exemple) et des tremblements de terre (comme en 1786). Charles Darwin, qui visite la bourgade en 1832, la décrit comme « *triste et déserte* » . Dans les années 1920, le développement de l'activité maritime fait du port le principal pôle d'activité de la ville mais le tremblement de terre de 1960 détruit le port, la ligne de chemin de fer, la mairie et une partie des maisons sur pilotis ; désormais la ville va s'étendre sur les hauteurs et le plateau, son actuel emplacement.
En 1982, elle devient capitale de la province. Aujourd'hui, c'est de loin la ville la plus active et la plus dynamique de l'archipel, avec ses 43 300 habitants (recensement 2012). Certains la jugent trop touristique pour vraiment refléter l'essence de Chiloé, ce qui n'est pas totalement faux (surtout qu'un nouveau grand centre commercial indigeste vient d'être construit !). Reste néanmoins qu'il est plaisant de s'y attarder un peu, d'autant que sa situation est idéale pour gagner en une journée d'autres sites remarquables de l'île.

Transports

- **Avion.** Des vols de LATAM relient Santiago au nouvel aéroport de Mocopulli à 20 minutes de Castro. Vols pour le moins irréguliers.

■ **CRUZ DEL SUR**
San Martin 486
✆ +56 65 2 635 152
www.busescruzdelsur.cl
Tous les jours de 6h30 à 21h.
Cette compagnie dessert Ancud, Quellón, Puerto Montt, Frutillar, Valdivia, Temuco et toutes les capitales régionales jusqu'à Santiago, ainsi que Punta Arenas. Bus de bonne qualité et tarifs pas forcément supérieurs, même si pour dormir il est préférable d'opter pour une compagnie plus confortable comme ETM www.etm.cl.

■ **NAVIERA AUSTRAL**
Latorre 238, Agence Turismo Pehuén
✆ +56 65 2 635 254
www.turismopehuen.cl
reserva@turismopehuen.cl
Compter entre 16 000 et 25 700 $ par personne, selon le confort. Voiture à 82 000 $, vélo à 7 500 $. Excursions à partir de 65 000 $ par personne.
En janvier/février, un départ en bateau par semaine le samedi à minuit vers Chaitén.

■ **QUEILÉN BUS**
Villa Llau Llao
✆ +56 65 263 2594
www.queilenbus.cl – contacto@queilenbus.cl
Compter à partir de 6 000 $ pour Puerto Montt, de 19 000 $ pour Santiago et plus selon la catégorie...
Queilén Bus part vers Puerto Montt, Santiago et Valparaíso.

■ **TERMINAL DE BUS MUNICIPAL**
San Martín 667
Compter 1 500 $ l'aller simple
Départs pour l'aéroport de Mocopulli, Dalcahue, Chonchi, Achao, Tenaún et Quemchi. Aussi pour Cucao et le parc national de Chiloé, départs très réguliers toute la journée : asseyez-vous sur la droite.

Pratique

Tourisme - Culture

CONAF
Gamboa 424 ✆ +56 65 53 2501
www.conaf.cl – consulta.oirs@conaf.cl
Bureaux ouverts de 9h à 13h et de 14h à 17h45, du lundi au vendredi.
Pour toute info sur le parc national.

OFFICE DU TOURISME
Plaza de Armas ✆ +56 65 2 490 548
Ouvre normalement de 10h à 18h en hiver, du mardi au samedi. En été, de 9h à 21h tous les jours de la semaine.
Quelques brochures et cartes.

Réceptif

CHILOETNICO
Los Carrera 435
✆ +56 9 40421505
www.chiloetnico.cl
info@chiloetnico.cl
Tours de 65 000 à 140 000 $. Devis sur demande.
Agence de tourisme éco-responsable proposant un large panel d'activités sur l'île. De nombreuses possibilités de randonnées à travers les forêts et le parc national, mais aussi le nouveau parc Tantauco. Visites guidées des églises, des îles Quinchao et Lemuy. Excursions en kayak, randonnées et location de vélo. Les prix varient entre 25 000 $ et 55 000 $ en fonction du programme choisi et du nombre de personnes.

Argent

Nombreux DAB autour de la Plaza de Armas.

Moyens de communication

CORREOS DE CHILE
O'Higgins 338
Du lundi au vendredi de 9h à 13h et de 15h à 18h, le samedi de 9h à 12h30.

Santé - Urgences

HOPITAL DE CASTRO
Freire 852 ✆ +56 65 2 490 548
www.hospitalcastro.gov.cl
direccion@hospitalcastro.gov.cl
Urgences 24h/24.

Se loger

Bien et pas cher

En poursuivant la rue Sotomayor vers le port, on gagne des escaliers, Barros Arana. Une bonne demi-douzaine d'*hospedajes* vous y attend.

HOSPEDAJE EL MIRADOR
Barros Arana 127
✆ +56 65 2 633 795
www.hostalelmiradorcastro.cl
maboly@yahoo.com
Selon la saison, compter de 10 000 à 12 000 $ la chambre simple et de 15 000 à 20 000 $ la double avec sanitaires communs. Avec une salle de bains privée, la chambre vaut entre 20 000 et 27 000 $. Petit déjeuner et accès wifi inclus.
Bonne adresse, avec ses quatorze chambres disposées sur deux étages, son accès à la cuisine et son accueil agréable. Le côté tranquille et familial ressort comme un leitmotiv, que l'on retrouve également lors des excursions organisées en camionnette dans le parc national ou autre. Possibilité de louer des vélos à la journée. Populaire, non sans raison. L'établissement a aussi une deuxième adresse sur Eusebio Lillo.

HOSPEDAJE EL MOLO
Barros Arana 140
✆ +56 65 2 635 026
www.elmolochiloe.cl
elmochiloe@gmail.com
Compter en moyenne 11 000 $ par personne pour une chambre double ou matrimoniale, 9 000 $ pour la triple avec sanitaires communs. Petit déjeuner et accès wifi compris.
Maria vous offrira un accueil chaleureux. Grande cuisine à disposition, chambres correctes et bien entretenues et salles de bains assez spacieuses. Certaines chambres ainsi que le salon ont vue sur la mer. Possibilités d'excursions, et d'information. Pas mal, pour résumer.

HOSTAL COSTA AZUL
Lillo 67
✆ +56 65 2 632 440
www.hostalcostaazul.cl
contacto@hostalcostaazul.cl
Compter 18 000 $ la simple, 20 000 $ la double, 25 000 $ la triple, avec petit déjeuner. Prix hors taxes.
Juste en face du marché d'artisanat, un bon petit hôtel (maison chilote traditionnelle) aux chambres plaisantes, propres et lumineuses, avec chauffage, TV câblée et sanitaires privés.

PALAFITO HOSTEL
Ernesto Riquelme 1210
✆ +56 65 2 531 008
www.palafitohostel.com
palafitohostel@gmail.com
Selon la saison compter de 16 000 $ à 17 000 $ par personne en dortoir, 34 000 à 48 000 $ la chambre simple, 58 000 à 75 000 $ la double, 69 000 à 78 000 $ la suite familiale. Petit déjeuner et accès wifi inclus.

Edifice religieux
Curiosité et divers
Musée
Poste
Gare routière
Information touristique
Téléphone public
Marché et commerce
Police
Hôpital
Maisons sur pilotis
Vers Ancud
Puerto Montt
vers Pointe
Ten Ten
Piedraplén
Eglise
O'Higgins
Serrat
Gustavo Riveros
Hôpital
Gabriela Mistral
San Martin
Supermarché
Gare
routière
Cimetière
Aldea
Los Carrera
O'Higgins
Ramirez
Puerto Montt
Thompson
Gare
routière
Sotomayor
Eglise
San Francisco
Centre
culturel
Gamboa
Poste
Municipalité
Blanco Encalada
Musée Régional
Av. Pedro Aguirre Cerda
Marché aux
souvenirs
BARRIO
GAMBOA
FIORDO DE
CASTRO
200 m.
Aérodrome
Vers
Quellón

Cet hôtel à la déco minimaliste est sur pilotis, ce qui lui confère un charme indéniable. Chambres confortables et bien chauffées. La chambre n° 9 (spacieuse et avec petite terrasse privée) est recommandée pour les couples. Et celle perchée dans une tour pour les aventuriers. Espaces communs agréables. Cuisine équipée, terrasse avec vue sur la mer. Tous les textiles accrochés aux murs sont à vendre ainsi que des vêtements de fabrication artisanale. Populaire auprès de la jeunesse voyageuse. On y propose aussi des excursions notamment à cheval et à vélo. Paula, la jeune et sympathique propriétaire, parle bien français.

■ PALAFITO WAIWEN
Ernesto Riquelme 1236 ✆ +56 65 263 3888
www.palafitowaiwen.com
info@palafitowaiwen.com
Lit en dortoir à partir de 15 000 $, chambre à 30 000 $, chambre double et chambre matrimoniale à partir de 55 000 $ et suite à partir de 90 000 $ (pour quatre personnes).
Une belle découverte que cet établissement ouvert en 2015. En couple, en famille ou en solo, vous trouverez votre bonheur, les prix restent très corrects pour la qualité du service. On aime beaucoup la décoration au charme minimaliste et les chambres douillettes dont la propreté est sans reproches. Les espaces communs, plutôt petits, sont lumineux et offrent une vue magnifique sur la baie. Une cuisine toute propre est aussi à disposition. Bref, une adresse tout confort bien au-dessus de la moyenne dans cette catégorie, d'autant plus que l'accueil est plus que souriant !

Confort ou charme

■ HOSTERIA DE CASTRO HOTEL & SPA
Chacabuco 202 ✆ +56 65 2 632 301
www.hoteldecastro.cl
reservas@hosteriadecastro.cl
Les prix variant selon la saison, comptez environ 50 000 pour une simple, 60 000 $ pour une double et 100 000 $ pour la suite. Wifi et petit déjeuner inclus.
Une bonne adresse, jouissant d'une très belle vue sur la baie. Vingt nouvelles chambres modernes, spacieuses et lumineuses. Wifi gratuit. Spa parfaitement équipé (spa, jacuzzi, piscine chauffée, salle de sport…). Bien confortable… toutefois pour la partie moderne ! Car l'ancienne partie, aux chambres standard, laisse plus à désirer : toutes petites chambres, commodités un peu vétustes… Vous avez compris : choisir les chambres supérieures et suites en priorité !

■ HOTEL UNICORNIO AZUL
Pedro Montt 228 ✆ +56 65 2 632 359
www.hotelunicornioazul.cl
info@hotelunicornioazul.cl
Compter à partir de 53 000 $ la double, 110 000 $ la triple.
Architecture victorienne très séduisante. C'est un peu labyrinthique, ce qui certes brise la monotonie des hôtels classiques, mais rend le retour aux chambres un peu plus problématique. Ces dernières, d'ailleurs, n'ont rien de fantastique, mais sont bien tenues avec des petits détails ethniques et une vue sur l'océan. Le restaurant est recommandé. De nombreux services sont proposés. Pour sa situation et son originalité, une bonne adresse, mais pas la plus confortable.

■ PALAFITO 1326
Ernesto Riquelme 1326
✆ +56 65 2 530 053
www.palafito1326.cl
info@palafito1326.cl
En haute saison, compter environ 89 000 $ la simple ou la double et 107 000 $ la triple, les prix variant en fonction de la vue sur la mer. Wifi et petit déjeuner complet inclus.
Le grand frère du Palafito Hostel, d'ailleurs à deux pas de celui-ci. Le principe est le même (sur pilotis), les commodités sont en revanche un cran au-dessus. Ambiance tout aussi chaleureuse et conviviale. Petites chambres très douillettes… et bien chauffées ! Wifi disponible. Café (ouvert du mercredi au dimanche de 15h à 21h) et terrasse panoramique au dernier étage. Toutes sortes d'excursions sont proposées. Une superbe adresse, et un petit coup de cœur.

Se restaurer

La rue Ernesto Riquelme est devenue à la mode à Castro : normal, les maisons sur pilotis se succèdent, offrant de belles vues sur la mer dans une ambiance pittoresque.

Sur le pouce

■ LA BRUJULA DEL CUERPO
O'Higgins 308 ✆ +56 65 2 633229
Ouvert tous les jours du matin au soir.
Situé à un angle de la place, il sert de très bons sandwiches, des pizzas et d'excellents jus de fruits. Un lieu de rendez-vous agréable.

Bien et pas cher

■ MERCADO PALAFITOS
Le classique marché municipal des villes du Chili. Mais à Castro le cadre est quelque peu inhabituel puisque le marché est situé en bordure du fjord de Castro et à côté de maisons sur pilotis. Spécialités de fruits de mer et de poissons.

■ LA NUEVA GALICIA
Pedro Montt 38
✆ +56 65 2532 828
Comptez 8 000 $ le curanto.

Un sympathique restaurant sur la Costanera d'une petite dizaine de tables. La décoration est soignée avec quelques touches ethniques, et quelques morceaux de piano accompagnent l'ambiance plutôt tranquille et intime. On s'y sent bien et le rapport qualité-prix est respecté. Le service est attentionné et le personnel prendra plaisir à vous présenter les plats en détail : les serveurs sont vraiment aux petits soins du début jusqu'à la fin. On propose des poissons, du crabe et le fameux curanto (généreusement servi !). Une belle découverte cette année, idéale pour les dîners romantiques.

Bonnes tables

■ DONDE ELADIO

Lillo 97
Costanera
✆ +56 65 2 631 470
La cuisine est également centrée sur les produits de la mer. Cadre très agréable pour dîner et/ou déjeuner. Une bonne cuisine, pas mal de choix parmi des plats souvoureux. Une valeur sûre.

■ EL CAZADOR

Ernesto Riquelme 1212
✆ +56 65 2 531 770
contacto@cazadorchiloe.cl
Du mardi au vendredi de 13h à 15h et du lundi au dimanche de 20 à 22h. Compter autour de 15 000 $ le plat principal.
Ce resto sur pilotis sert des plats créatifs et originaux qui changent du traditionnel régime de fruits de mer. Déco agréable et belle vue sur la mer. On trouve un bon pâté de production local, de la truite fumée, des huîtres absolument divines et plusieurs plats de viande : canard, lapin, porc... Quelques bouquins sur Chiloé à lire et une petite boutique d'artisanat à l'entrée.

■ EL MERCADITO

A l'angle de Ramirez
Pedro Montt 210
✆ +56 65 2 533 866
Ouvert du lundi au samedi de 13h à 15h30 et de 19h30 à 22h30. Compter environ 5 000 ou 6 000 $ par plat.
Très joli petit restaurant sans prétention, situé face à la mer. Le chef renouvelle son menu toutes les semaines en fonction de la pêche et propose une sélection de plats élaborés. *Ceviche* de saumon et *pisco sour* délicieux. La majorité des produits proposés sont de Chiloé ou de la région. Très bon rapport qualité/prix et bon service. La meilleure adresse à ce jour.

■ EL SACHO

Thompson 213
✆ +56 65 2 632 079
Ouvert de 12h à 23h.
L'une des meilleures tables de la ville selon nous. Plats de poissons, de fruits de mer en fonction de la saison et de viande. Commandez un *pulmay* (curanto à la casserole) ou des *locos* sans hésiter, c'est délicieux. En semaine, le midi, un menu au prix fixe ravira les bourses dégarnies. Ici viennent surtout des locaux. Normal, l'accueil est exceptionnel.

Sortir

Pour sortir à Castro, rendez-vous Avenida Blanco Encalada, où se succèdent différents bars/ambiances pour danser toute la nuit.

■ ALMUD BAR

Serrano 325
✆ + 56 65 253 0084
Du mardi au jeudi de 13h à 16h et de 18h30 à 1h, le vendredi et samedi de 13h à 16h et de 19h30 à 3h30.
Un bar, du vin et des choses à grignoter type tapas, sympa !

■ LA CUEVA DE QUICAVI

Blanco Encalada 55
✆ + 56 65 253 0515
Du lundi au jeudi de 18h30 à 2h30, le vendredi et samedi de 19h à 4h30.
Une cave dans un lieu un peu mythique « habité » par les sorciers. Rock à souhait !

À voir - À faire

■ IGLESIA SAN FRANCISCO DE CASTRO ★★

Conçue d'après les plans de l'architecte italien Eduardo Provasoli, cette église a été achevée en 1906 et elle est aujourd'hui inscrite au Patrimoine de l'Humanité. Elle a été réalisée avec des essences locales et selon la tradition de l'école chilote héritée des missionnaires jésuites. Entièrement en bois, sans un clou ni autre élément de fer, elle présente un travail de charpente et d'ébénisterie impressionnant (52 m de longueur pour 27 m de largeur). Sa couleur actuelle (mauve et marron clair) surprend un peu... À l'intérieur, sur la gauche, une superbe sculpture en bois représente la justice qui terrasse l'archange du Mal en brandissant son glaive rédempteur. L'église abrite de nombreuses sculptures de saints comme saint Antoine de Padoue, protecteur des pauvres, ou bien de saints chiliens comme Alberto Hurtado Cauchaga ou sainte Thérèse de l'Enfant Jésus des Andes, la première sainte chilienne, morte à 20 ans. On admirera surtout un magnifique retable où figure un Christ vêtu d'une longue toge rouge et blanche. L'empreinte du royaume espagnol s'y mesure au nombre de lys rouges et blancs qui l'ornent.

ARCHIVES – BIBLIOTHÈQUE DE CHILOÉ ★

Visiteurs fascinés par les églises en bois de l'île ou par les trolls et sirènes de sa mythologie, cette bibliothèque vous ouvrira l'accès aux mystères insulaires !

CENTRO CULTURAL COMUNITARIO ★

Ignacio Serrano 320

✆ +56 65 2 538 011

Ouvert du lundi au vendredi de 9h à 13h et de 15h30 à 19h.

Le centre dispose d'une très bonne bibliothèque sur l'histoire et la culture de l'archipel. Il organise également des expositions temporaires consacrées aux artistes de Chiloé.

MUSEO DE ARTE MODERNO (MAM) ★

Parque Municipal

✆ +56 65 2 635 454

www.mamchiloe.cl

contacto@mamchiloe.cl

Ouvert tous les jours de 10h à 18h en janvier et février, et de 11h à 14h en novembre, décembre et mars (variable selon les expositions) ; fermé le reste de l'année.

Ce musée est situé dans un bâtiment en bois qui s'élève au milieu d'un pré. Fondé en 1988, il présente des collections d'art contemporain chilien chaque année autour d'un thème différent. Lieu phare de l'art contemporain au Chili (la collection la plus importante du pays), il offre un cadre très exceptionnel, un véritable espace de liberté, sans gardien ni caméra, comme on aimerait en voir en Europe. Son entrée est gratuite et il fonctionne grâce aux dons des visiteurs et du groupe des Amis du musée. Visitez-le absolument et faites un don !

MUSEO MUNICIPAL DE CASTRO

Esmeralda s/n

✆ +56 65 2 635 967

Ouvert seulement lors des expositions. En hiver du lundi au vendredi de 10h à 17h et jusqu'à 18h en été.

Toute une collection d'objets indigènes (serrures, instruments de musique…) et de photos qui retracent l'histoire de l'île, dont le tremblement de terre de 1960 (photos en noir et blanc).

PALAFITOS – MAISONS SUR PILOTIS ★★

Typiques de la ville et de l'archipel, ces maisons sur pilotis sont situées à l'entrée nord de la ville, le long de la rive du fjord Castro, le long de l'avenue côtière et dans le quartier Gamboa, à l'embouchure du fleuve du même nom. Les constructions actuelles datent d'après le tremblement de terre de 1960 mais elles sont construites selon la tradition ancestrale de Chiloé. Les piliers, construits en bois ultra-solide, sont conçus pour osciller au gré des marées, sans jamais flancher. Des petites maisons de pêcheurs colorées au charme fou qui font partie du patrimoine local.

PORT ET AVENUE CÔTIÈRE ★

Cette rue accueille la feria artisanale de la ville, le marché municipal et des restaurants situés dans des maisons sur pilotis. C'est l'endroit parfait pour acheter des produits de l'artisanat local et déguster des plats de la gastronomie de Chiloé.

Sports - Détente - Loisirs

PALAFITO TRIP

✆ + 56 9 98849552

www.palafitotrip.cl – info@palafitotrip.cl

Tours à thème (visite des églises, etc.). Deux heures de kayak sur le lac Cucao à partir de 25 000 $ par personne, balade à cheval à partir de 34 000 $. Trekkings de différents niveaux (de 2h à 5h) à partir de 40 000 $.

Trekking, balades en kayak, à cheval et tours organisés figurent parmi les spécialités de cette excellente agence, ce qui en fait l'une des plus recommandables du coin !

Shopping

Nous ne vous conseillons pas d'acheter des articles à la Feria artisanale, sur le front de mer. La grande majorité n'ont rien de *chilote* et sont importés d'un peu partout dans le monde.

NERCÓN ★

A 4 km au sud de Castro sur la route de Chonchi, une visite à l'église de Nuestra Señora de Gracia de Nercón s'impose. Encore une qui a été déclarée patrimoine de l'Humanité par l'Unesco. Elle date de 1895, mesure 40 m de longueur et 15 m de largeur, et a été bâtie entièrement en alerce et en cyprès. Les murs intérieurs sont peints en blanc et dégagent une atmosphère de saine simplicité. On peut monter à la galerie et sur le toit.

VELIPULLI ★

Une autre église déclarée patrimoine de l'Humanité, à 7 km de Chonchi. Darwin la visita en 1834. La tour, qui mesure 22 m de hauteur, est magnifique. L'intérieur ne comporte pas de voûte. Avec un peu de chance, vous pourrez observer des dauphins (*toninas*) depuis le parvis.

CHONCHI ★★

Cette grosse bourgade est surnommée « la ville aux trois étages », en raison de sa pittoresque situation, accrochée à une colline. Le premier étage correspondrait au port, le deuxième étage

Une superbe journée d'excursion au départ de Castro

Cette excursion implique de louer une voiture. Après une visite des maisons sur pilotis et de la cathédrale de Castro, prenez la route de Nercón puis de Velipulli (deux belles églises). Puis direction Chonchi pour visiter l'église et le village. Une pause déjeuner au Trébol et c'est reparti, vers l'île Lemuy, dont la découverte occupera bien tout l'après-midi (3 heures de visite au pas de course, 5 heures en respirant). Retour en soirée sur Castro pour un bon pisco sour à l'apéro !

aux infrastructures urbaines et au musée, et le troisième étage à la petite église et la place principale. Elle fut fondée en 1764 par les jésuites, et connut un certain essor économique comme port d'embarquement pour le bois. Il subsiste de très jolies constructions traditionnelles de la fin du XIXe siècle.

■ IGLESIA DE SAN CARLOS BORROMEO

L'église de San Carlos de Borromeo est inscrite au Patrimoine de l'Humanité. Sa particularité réside dans sa construction : entamée en 1754, elle ne fut achevée qu'en 1859, dans un style néoclassique. En mars 2002, des vents violents eurent raison de sa tour qui s'écroula ; depuis, elle a été reconstruite.

■ MUSEO DE LAS TRADICIONES CHONCHINAS ★

Calle Centenario 116
✆ +56 65 2 672802
museodechonchi.blogspot.fr
museochonchi@gmail.com
Ouvert du lundi au vendredi de 9h30 à 13h30 et de 14h30 à 18h. Le samedi jusqu'à midi. Entrée : 800 $.

Ne manquez pas le musée des Traditions *chonchinas*. Vous pourrez vous imprégner de l'intérieur d'une maison traditionnelle du début du XIXe siècle, au rez-de-chaussée, et vous pencher sur quelques objets non moins traditionnels au premier étage.

ISLA LEMUY ★

Des bateaux font régulièrement (toutes les 30 minutes) la navette depuis le patelin de Puerto Huicha, à environ 5 km au sud de Chonchi sur la route qui mène à Queilén. A 4 km du débarcadère, l'église d'Ichuac, Patrimoine de l'Humanité, mérite une visite, tout comme la chapelle d'Aldachildo (construite en 1910 en cyprès et coigüe) peu après le village de Puqueldón, ou encore l'église de Detif à l'extrémité de l'île, où il est d'ailleurs possible de camper ; les plages alentour d'Apabon et de Punta Pilar (autre possibilité de camping, plage de sable blanc, des toninas peuvent être vus dans la matinée) sont très séduisantes. Un superbe mirador peu après San Agustín et Puchilco délivre une vue imprenable sur les îles Quehui, Chelin, les Chaulinec et le volcan Michinmahuida sur le continent. On peut séjourner dans le village de Puqueldón, où se trouve la municipalité, et un peu plus loin au camping El Paso, déguster un bon saumon fumé et partir en excursion à pied ou en barque.

Transports

- **Traversée des bateaux Naviera Puelche** de 7h à 0h30. C'est gratuit pour les piétons. Compter 500 $ pour une moto et 2 500 $ pour une auto. La traversée dure 15 minutes et vous mène à Puerto Chulchuy, sur l'île Lemuy.
- **Des bus** font des liaisons régulières entre Chonchi et diverses localités sur l'île (700 à 1 200 $ selon la destination). Pour Puqueldón, départs de Chonchi.

PARQUE NACIONAL DE CHILOE ★★

Le parc national de Chiloé fut créé le 17 novembre 1982. Il est situé sur la côte Pacifique de l'île et s'étend sur 43 057 ha, répartis sur trois secteurs : Chepu, Anay et l'îlot Metalqui (Abtao). On y accède à partir de Castro en empruntant la ruta 5 vers le sud jusqu'au croisement Notuco, puis en se dirigeant vers la localité de Cucao (route goudronnée, ce n'est plus une piste !). L'entrée du parc est payante entre décembre et mars. Le reste de l'année, il peut pleuvoir affreusement. Le secteur sud du parc offre des possibilités d'hébergement et de restauration. La Conaf accueille les visiteurs dans un centre qui présente le parc et ses richesses, peu après le pont suspendu. De ce secteur, on accède facilement aux longues plages de sable fin qui serpentent entre le Pacifique et les forêts du parc. Un petit sentier (passerelle en bois) juste derrière le centre vous permettra de découvrir la forêt de tepuales.

D'autres circuits donnent la possibilité de parcourir la zone côtière, d'atteindre le lac Huelden et les zones du río Cole-Cole et du río Anay en traversant la mystérieuse forêt de Chiloé. La zone boisée est du type *siempre verde* (toujours verte). Elle couvre une grande partie de la superficie du parc et se caractérise par la présence d'un grand nombre d'espèces, les plus remarquables étant le *tepu* et l'*alerce*. La faune est représentée par des lions de mer ainsi que par une grande variété d'oiseaux. On note aussi la présence du *zorro chilote* (renard), du *ratón rojo* de Chiloé (rongeur rouge), du *pudú* (petit cervidé) ou encore du *monito del monte* (petit marsupial). Le littoral est également le lieu de vie de nombreux oiseaux, dont plusieurs types de canards et de pingouins.

- **Droit d'entrée :** compter 5 000 $ par adulte et 2 500 $ pour les enfants.

Transports

Bus de Castro tous les jours avec Express Interlagos. Le prix varie entre 1 500 $ et 1 800 $ en fonction du lieu où le bus vous dépose.

Se loger

A Cucao, il est possible de dormir et d'acheter des victuailles. Un camping est situé dans les parages de l'administration (pas mal), ainsi que des bungalows (dont un qui fait office de dortoir, pas mal non plus). Il y a beaucoup de campings dans les environs, notamment près du lac Huelde.

PALAFITO CUCAO LODGE CHILOE

© +56 65 2 971 164
www.palafitocucaolodge.com
reservas@palafitocucalodge.com
Selon la saison, 44 000 ou 52 000 $ la simple, 55 000 ou 65 000 $ pour deux. Dortoir (pour six) à 17 000 $ ou 18 000 $ par personne. Petit déjeuner de qualité inclus.

Ce superbe établissement, petit frère des hôtels éponymes de Castro, propose douze chambres confortables avec vue sur le lac Cucao (les grandes fenêtres ont été bien pensées !), sanitaires privés, chauffage central, cuisine bien équipée (sinon des repas sont proposés le soir) et wifi. En 2019, de nouvelles chambres flambant neuves étaient en cours de construction.Terrasse bien agréable pour se reposer après un trek dans le parc. Location de kayaks (5 000 $ par heure) ou excursion à 15 000 $ pour deux heures. Aussi des balades à cheval et du trekking. Service très affable. Un excellent choix.

Se restaurer

EL ARRAYÁN

© +56 9 9219 3565
À l'entrée du parc.

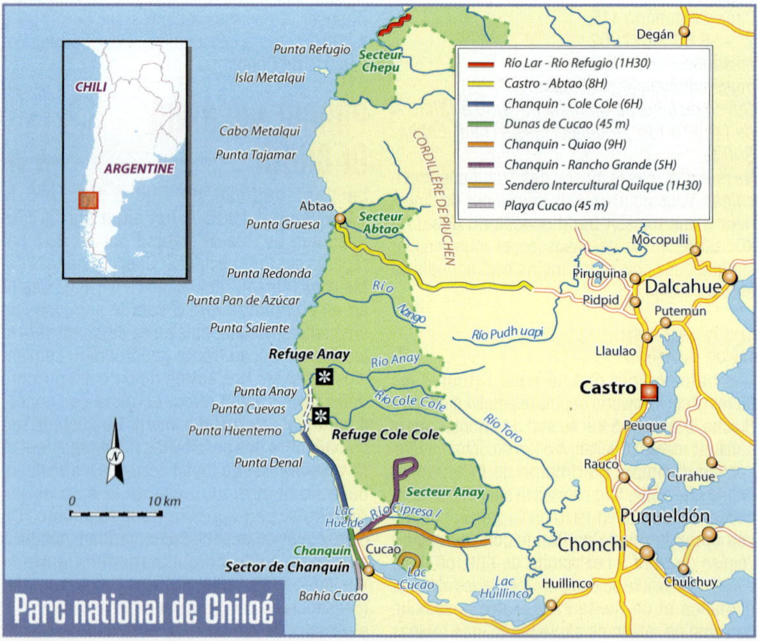

Parc national de Chiloé

Horaires variables, environ de midi à 15h tous les jours.
Accueil agréable et prix très corrects pour cette adresse authentique où l'on sert des plats simples et locaux.

À voir - À faire

■ PARQUE NACIONAL DE CHILOE ★★

✆ +56 9 8412 2279
www.parquechiloe.cl
contacto@parquechiloe.cl
L'entrée du parc revient à 5 000 $ par personne.
Voici une liste des sentiers du parc. Attention, avant de vous engager à l'aveuglette, mieux vaut faire vos provisions dans le village de Cucao.

- **Depuis le secteur Anay (vers Cucaco) :** El Tepual (700 m seulement), pour connaître une forêt de tepú ; Dunas de Cucao (2 km) ; Playa Cucao (1,5 km) ; Chanquín-Rancho Grande (12 km) ; Chanquín-Cole Cole (20 km, compter environ 5 heures, refuge rustique à 2 000 $ par personne avec cuisine, camping à 1 000 $ par personne, de nombreux randonneurs s'arrêtent avant à Huentemó, refuge rustique à 4 000 $ par personne avec cuisine) en passant par la lagune Huelde jusqu'à la plage ; Río Cole Cole-Río Anay (6 km, refuge rustique), qui poursuit le circuit précédent en passant par une forêt d'arayanes.
- **Depuis le secteur Abtao (nord de la zone Anay),** il est possible de marcher jusqu'à San Pedro et de revenir sur la côte, juste au nord de Castro ; compter 18 km de marche.
- **Depuis le secteur Chepu :** Chepu-Río Lar (14 km), en partant de Puerto Anguay, plus au nord (on utilise un petit bateau pour gagner le début du trek), on gagne le refuge du Río Liar pour terminer à Metalqui (sendero de Chile de Mar Brava à Metalqui).
- **Les refuges** se situent au bord des sentiers de randonnée : Río Anay, Cole Cole, Río Liar, Río Abtao.

QUELLÓN ★★

La ville de Quellón est située à 92 km au sud de Castro, à l'extrême sud de la Grande Ile de Chiloé, à l'extrémité sud aussi de la Panaméricaine, qui traverse tout le continent depuis Anchorage (Alaska) pour aboutir ici (à Punta Lapa exactement). Cette localité se caractérise par une grande activité économique centrée sur la pêche, la transformation des produits de la mer (fabrique de conserves de poissons et de fruits de mer), et sur la pisciculture (saumons). Les dernières communautés de Huilliche de Chiloé y sont implantées (à Compu, Chadmo Central, Huaipulli, Huequetruamo et Incopulli).

Soyons francs : il n'y a pas grand-chose à faire et l'ambiance n'est pas des plus primesautière, mais le cadre est pittoresque.

Transports

■ CRUZ DEL SUR

Aguirre Cerda 52
✆ +56 65 2 681 284
Compter environ 2 000 $ le billet.
Nombreux départs quotidiens pour Castro (compter 2 heures de voyage) et Ancud. Départs aussi pour Puerto Montt.

■ NAVIERA AUSTRAL

Pedro Montt 457
✆ +56 65 2 682 207
www.navieraustral.cl
contacto@navieraustral.cl
Consulter le site web pour prendre connaissance des horaires et des tarifs.

Pratique

■ CHAMBRE DU TOURISME LOCAL

Agustin Gómez Garcia Esquina, local 4
✆ +56 9 91912150
info@turismoquellon.cl
Au niveau de la foire artisanale Llaquil, on peut y obtenir des infos touristiques sur la ville et ses environs.

Se loger

■ EL CHICO LEO

Pedro Montt 325
✆ +56 65 2 681 567
Compter 18 000 $ pour un, 20 000 $ pour deux avec sanitaires communs, 25 000 $ pour deux et 28 000 $ pour trois avec sanitaires privés.
Petit hôtel situé sur le front de mer, très bien tenu, aux salles de bains un peu exigües. Le restaurant au rez-de-chaussée est recommandé pour ses poissons et fruits de mer.

■ HOTEL PATAGONIA INSULAR

Av. Juan Ladrilleros 1737
✆ +56 65 2 681 610
www.hotelpatagoniainsular.cl
reservas@hotelpatagoniainsular.cl
Compter 62 000 $ pour un, 68 000 $ pour deux, 81 000 $ pour trois, 103 000 $ la suite. wi-fi et petit déjeuner inclus. Possibilité de bénéficier de promotions en réservant via le site internet de l'hôtel.
Trente chambres spacieuses et confortables, avec télé câblée, chauffage central. Salle de réunion, restaurant plutôt bon (une plaisante surprise), cafétéria, centre Internet. La meilleure adresse.

Se restaurer

TABERNA NOS

O'Higgins 150
✆ +56 65 268 3046
Du lundi au samedi de 20h à 4h.
Les *tapas* galiciennes préparées par Carlos Gomez font mouche. A ceci s'ajoute une bonne ambiance et de la bonne bière qui coule à flots !

TABERNA NOS

O'Higgins 150
✆ +56 65 268 3046
Du lundi au samedi de 20h à 4h.
Les *tapas* galiciennes préparées par Carlos Gomez font mouche. A ceci s'ajoute une bonne ambiance et de la bonne bière qui coule à flots !

À voir - À faire

FERIA ARTESANAL

Au centre-ville.
L'édifice abritant ce marché artisanal s'inspire de l'architecture traditionnelle de l'île. On pourra y acheter des tissus en laine de mouton confectionnés par les tisseuses de Chadmo Central et Yaldad, ainsi que des objets en bois et d'autres créations artisanales de l'île de Chiloé.

MUSEO MUNICIPAL AMADOR CÁRDENAD

Agustín Gómez Garcia s/n
✆ +56 65 2 683543
Ouvert du lundi au vendredi de 8h30 à 13h30, entrée gratuite.
Ce petite musée porte le nom de son créateur, Amador Cárdenas Paredes, musicien, auteur-compositeur et ancien maire de Quellón. L'exposition relate les diverses traditions chiliennes et illustre le passé historique de la ville.

PARQUE TANTAUCO

Av. La Paz 350
✆ +56 6 52 633782
www.parquetantauco.cl
info@parquetantauco.cl
Bureau ouvert du lundi au vendredi entre 9h et 13h puis de 14h à 18h. L'agence Chiloetnico à Castro peut vous fournir toutes les infos nécessaires. Entrée à 3 500 $ par adulte, 500 $ par enfant. Camping Inio ou Chaiguata entre 10 000 et 15 000 $ par adulte, Senderos à 3 000 $; refuge ou dôme à 15 000 $ par adulte. Des programmes complets sont proposés en été.Transports. On y parvient en lancha depuis Quellón : départs les lundi, mercredi et vendredi à 9h30 du 1er janvier au 15 mars, le reste de l'année seulement le mercredi ; retours les mêmes jours à 15h. Compter 3 heures de navigation pour 28 000 $ par personne, sous réserve des conditions climatiques. Un bus effectue aussi le trajet depuis Quellón en janvier et février : départs les lundi, mercredi, vendredi, samedi et dimanche à 10h, jusqu'à Chaiguata, retours à 15h. Compter 8 000 $ par personne. Sinon, en voiture, direction le lac Yaldad, où se situe l'une des entrées du parc ; ensuite, restent 20 km de piste carrossable jusqu'au camping du lac Chaiguata. Hébergement. Pour loger, on dort chez l'habitant à Caleta Inio, dans des dômes ou en camping (il en existe deux, l'un à Inio ; l'autre, plus au nord, près du lac Chaiguata). Chez l'habitant, compter 25 000 ou 35 000 $ pour deux avec sanitaires communs et petit déjeuner selon la saison, 35 000 ou 45 000 $ avec sanitaires privés.
Aux alentours du village de Inío (accessible seulement par voie maritime, et comptant une trentaine de familles environ), un nouveau parc a vu le jour, administré par la fondation Futuro sous l'égide du PNUD (Programme des Nations unies pour le développement). L'un des initiateurs de ce projet n'est autre que l'homme d'affaires et ex-président du Chili, Sébastian Piñera. Sur environ 108 120 hectares, des forêts, des lagunes et des rivières de grande beauté attendent d'être découvertes. On découvre aussi une forêt native riche en cyprès de las Guaitecas et d'espèces *siempre verde* (coihue, ulmo, repa, olivillo, canelo, mañio, luma, pitra...). Cette végétation bénéficie d'un climat très pluvieux qui favorise son exubérance. Sept sentiers ont été aménagés. Un parcours magnifique relie Caleta Inio à Caleta La Zorra, sur la côte, puis au lac Chaiguata (où l'on peut camper).

PUNTA DE LAPA

Située sur une péninsule à 7 km en face de Quellón, cette pointe dispose de plages de sable fin équipées en infrastructures d'hébergement et de loisirs. Le calme de ses eaux en fait un lieu privilégié pour la pratique des sports nautiques. La vue sur le volcan Cocovado et l'île Cailín est tout simplement magnifique. C'est surtout le terme de la Panaméricaine en provenance de l'Alaska. Photos souvenirs assurées !

QUELLON VIEJO

Ce lieu est l'ancien site du port et du village de Quellón. La côte, bordée de plages de sable fin, convient parfaitement à la pratique de la pêche sportive. On devine à l'horizon les îles Laitec et Coldita.

ROUTE AUSTRALE

Capilla de Mármol, Lago General Carrera.

ROUTE AUSTRALE

★★★★

La région isolée d'Aysén est l'une des plus belles du Chili. C'est aussi l'une des moins peuplées, avec seulement 98 500 habitants (recensement 2012) sur une superficie de 108 494,4 km². La population urbaine représente 80 % du total, plus de la moitié d'entre elle vivant à Coyhaique. L'activité économique de la région repose sur six secteurs principaux : l'élevage, la sylviculture, les ressources maritimes, le tourisme, les ressources hydroénergétiques et l'exploitation minière.La cordillère des Andes présente une topographie abrupte, avec des grandes zones enneigées et glacées (les deux champs de glace nord et sud). Elle est jalonnée par un cordon de volcans. Le climat est fortement influencé toute l'année par le front polaire. Il lui doit de fortes précipitations qui confèrent au versant ouest de la cordillère un caractère maritime marqué.

Le problème majeur auquel doit faire face la région tient à sa pauvreté en infrastructures de transport, un sous-équipement qui la condamne à un certain isolement et augmente ses coûts d'approvisionnement. Sur le plan touristique, les ressources sont immenses mais la région n'en est encore qu'au début de leur mise en valeur, bien qu'un véritable essor se profile depuis quelques années. Il s'agit de richesses naturelles (plusieurs parcs nationaux), mais aussi d'une richesse humaine, issue de l'esprit des pionniers et de la lente intégration qui a formé l'identité culturelle de la région.

Histoire

Avant le XVIe siècle, le territoire de la région d'Aysén était peuplé d'ethnies indigènes : les Chonos, les Alakalufs et les Tehuelches. Les premiers contacts des Européens avec la région eurent lieu en 1553, lorsque Don Francisco de Ulloa débarqua sur la péninsule de Taitao. Les expéditions coloniales se multiplièrent par la suite. L'installation à Castro de la Compagnie de Jésus joua un rôle important dans le processus de développement, ses membres travaillant à la reconnaissance des côtes de la région. En 1674, Bartolomé Díaz Gallardo atteint, pour la première fois, la lagune San Rafael. La première carte de la région fut établie par Don José de Moraleda en 1793.

Les premiers Européens à pénétrer à l'intérieur d'Aysén furent peut-être ces « deux marins espagnols qui, vers 1650, sortirent des forêts en face de l'île de Chiloé. Ils venaient de remonter le flanc oriental des Andes depuis le détroit de Magellan. Peut-être pour détourner l'attention du gouverneur de leur crime, ils rapportèrent l'existence d'une ville aux palais couverts d'argent, dont les habitants avaient la peau blanche, parlaient espagnol et descendaient des survivants de la colonie de Pedro Sarmiento sur le détroit de Magellan. » (Bruce Chatwin, *En Patagonie.*) Ainsi naît la légende de Trapalanda, la « cité enchantée des Césars », l'Eldorado du sud des Andes. A la suite de ce récit, plusieurs expéditions partent en quête de cette cité extraordinaire. Toutes échouent dans leur recherche...

C'est au début du XXe siècle que la colonisation de la région d'Aysén connaît un tournant décisif, l'Etat tentant de reproduire ici le processus qui avait conduit à la colonisation de la région de Magellan. En 1903 est concédé à Don Luis Aguirre le droit d'occuper pour vingt ans les vallées de Coyhaique, Ñirehuao et Mañihuales. Cette concession va conduire à la formation de la Sociedad Industrial Aysén. Deux autres sociétés obtiennent des concessions par la suite. En contrepartie de la concession, les compagnies

Les immanquables de la Route australe

- **Une croisière vers la Laguna San Rafael** et son glacier.
- **Le parcours complet de la Route australe de Puerto Montt à O'Higgins** en plusieurs étapes.
- **La visite du village de Tortel**, des plus pittoresque.
- **Les chapelles de marbre** à côté de Puerto Rio Tranquilo.
- **Un trek** dans la réserve de Cerro Castillo.
- **Un séjour chez l'habitant** dans un coin perdu et loin de tout autour du Lago.
- **La pêche à la mouche** dans l'une des folles rivières de la région.

« Patagonia sin represas » : la Patagonie sans barrages

Un grand mouvement de contestation s'est levé au Chili pour critiquer les projets de mégacentrales hydroélectriques dans la région d'Aysén. Transelec, la plus grande entreprise de transmission électrique au Chili est en négociation avec la filiale énergétique Xstrata pour la construction de barrages et de lignes électriques à haute tension dans cette région, afin de pallier, officiellement, les carences énergétiques et la demande toujours croissante du pays. Xstrata prévoyait d'investir 600 millions de dollars dans la construction d'une centrale sur le río Cuervo et de conduire l'électricité ainsi obtenue à Santiago. En fait, ce ne sont pas moins de cinq centrales hydroélectriques qui étaient prévues avec Endesa Chile et Colbún.

Des organisations et des citoyens chiliens ont constitué un « Conseil de la défense de la Patagonie chilienne » et mis en place un site Internet www.patagoniasinrepresas.cl, tout en publiant des livres, en proposant des conférences, des manifestations, afin de défendre l'idée d'une Patagonie libre de tours électriques et de câbles de toutes parts qui dénatureraient cette région si riche au niveau de l'environnement. Au-delà d'un intérêt économique immédiat, ces projets risquent, selon ce mouvement de contestation, de polluer les rivières, les lacs, de limiter le potentiel touristique de la région, tout cela dans un climat de monopole et de concentration économiques. Bien d'autres énergies renouvelables pourraient être utilisées afin de préserver le patrimoine naturel du Chili. Le projet a d'abord été rejeté par le gouvernement de Michelle Bachelet en juin 2014, avant d'être définitivement enterré en novembre 2017.

s'engagent à développer les infrastructures de la région. Seule la première remplira en partie ses obligations. La colonisation se fait également par l'arrivée progressive, par la Patagonie argentine, de familles chiliennes attirées par la possibilité d'acquérir un lopin de terre. Ainsi sont créés les premiers foyers de population de la région (Balmaceda, Chile Chico). L'histoire d'Aysén va d'ailleurs être marquée par le combat qui les oppose, dans la défense de leurs terres, aux grandes sociétés, soutenues par les autorités.
La loi de colonisation de 1937 va causer un désastre écologique sans précédent puisque les colons vont allumer de gigantesques incendies pour défricher les territoires boisés qu'ils viennent de se voir concédés. Certains de ces incendies vont durer plusieurs années et le paysage de la région en porte encore les stigmates, par exemple sur les versants de la cordillère qui bordent la Route australe au nord de Coyhaique ou autour du lac Carrera. Les troncs calcinés témoignent de ces incendies.

Les dernières décennies ont vu un développement progressif de la région qui continue cependant à pâtir de son enclavement, même si les efforts des trente dernières années ont conduit à l'ouverture de routes maritimes et de la Route australe, et à la mise en place de plans de développement régional.

A noter que dans cette région, la cordillère des Andes ne constitue pas la frontière entre le Chili et l'Argentine : elle se dresse le long du Pacifique. Le territoire chilien s'étend donc aussi à l'est de la cordillère et cette configuration géographique a favorisé le développement des liens entre les provinces chilienne et argentine situées de part et d'autre de la frontière. Ainsi, de nombreux pionniers de la région d'Aysén sont arrivés par le territoire argentin. De plus, l'approvisionnement de cette région a longtemps été très dépendant de l'Argentine. Aujourd'hui encore, de nombreux produits sont importés de ce pays.

Le 2 mai 2008, le volcan Chaitén est entré en éruption, obligeant plusieurs milliers de personnes à être évacuées (Chaitén fut abandonnée). Cette éruption fut terrifiante, produisant une colonne de cendres de près de 30 km de haut ! Ces dernières recouvrirent les champs et les vallées d'Esquel en Argentine, et parvinrent même à Buenos Aires et en Uruguay... Depuis, on a parlé de la création d'une nouvelle ville de Chaitén, mais en réalité, la plupart des habitants sont revenus habiter au même endroit.

Il est important de signaler aux touristes désireux de s'aventurer sur ce parcours que, sous le nom de « route », se cache en réalité une voie en partie non goudronnée qui s'apparente parfois à un simple chemin (impraticable par endroits à certaines périodes). Il est important de se renseigner sur place avant d'emprunter ce trajet, même si, en été, une simple berline passe aisément (au moins jusqu'à Tortel). Pensez à emporter des bidons d'essence de secours.

Parcourir cette route à vélo est une expérience inoubliable : les paysages sont superbes, les haltes très agréables et le trafic routier est très faible.Enfin, nous vous déconseillons de faire du stop sur la Route australe à moins de disposer de beaucoup de temps. Très peu de voitures empruntent la route sur de longues portions, le transport de marchandises y est peu important et les 4x4 des touristes sont souvent pleins.

HORNOPIRÉN ★★

Cette bourgade (aussi appelée Río Negro) est un lieu de séjour agréable pour rayonner dans les environs, si vous manquez le ferry pour le Sud. A découvrir : le parc national Hornopirén, le parc Pumalín, l'ascension du volcan, des randonnées vers le lac Cabrera, des thermes situés dans des lieux majestueux... Un grand bol d'air frais !

Transports

De Puerto Montt à Hornopirén

- **Bus.** Compter 4 heures de voyage pour 4 000 $ l'aller simple et 7 000 $ l'aller/retour. Ils passent par La Arena, prennent le bac jusqu'à Caleta Puelche et poursuivent vers Hornopirén. Les bus Kemel partent quotidiennement de Puerto Montt à 14h30 et 17h, du lundi au vendredi à 11h30, du lundi au samedi à 8h ; depuis Hornopirén, départs quotidiens à 13h et 17h et départs du lundi au samedi à 7h, dimanche à 8h.
Les bus M&M partent de Puerto Montt du lundi au samedi à 13h et 16h40, le dimanche à 16h40, et reviennent du lundi au vendredi à 5h et 6h, le samedi à 5h et 7h, le dimanche à 12h30. Compter 3 500 $.

- **Ferry**. A La Arena, à 45 km de Puerto Montt, on prend un ferry pendant 30 minutes jusqu'à Caleta Puelche, de l'autre côté du détroit de Reloncaví. Compter 9 200 $ par voiture, 2 700 $ par vélo et 600 $ pour les piétons. Si vous voyagez en bus, vous n'avez rien à payer. Départs toutes les 45 minutes de 6h45 à 0h30.

De Hornopirén à Caleta Gonzalo.

- Un nouveau système a été mis en place en 2011 : la Ruta Bi-Modal, entre Hornopirén et Chaitén (alternance de ferries et de bus ou voiture particulière).

- **Bus.** Les bus Kemel proposent le voyage complet de Puerto Montt à Chaitén en incluant les deux ferries (de La Arena à Caleta Puelche puis de Hornopirén à Caleta Gonzalo) tous les jours à 7h. Retour de Chaitén tous les jours à 12h. Compter 9 heures de route pour quelque 14 000 $.

- **Ferry.** Il effectue le voyage de Hornopirén vers Leptepú (3 heures 30 de voyage environ). De là, on vous transporte en bus jusqu'à Fiordo Largo (9 km, compter 10 minutes) d'où un autre ferry se rend à Caleta Gonzalo (56 km au nord de Chaitén, compter 45 minutes de bateau). Reste ensuite 1 heure de route jusqu'à Chaitén. Départs de Hornopirén tous les jours à 9h, retour de Caleta Gonzalo à 15h. En janvier et février, les départs sont à 10h30 et 12h, les retours à 14h et 15h. Certains jours de février, aussi, un départ à 22h de Hornopirén, à 5h de Caleta Gonzalo. Compter 55 000 $ par voiture et 12 000 $ par passager (le conducteur ne paie pas).

Les différents circuits vers le Grand Sud

Considérons que vous vous trouvez à Puerto Montt et que vous désirez « descendre » vers Punta Arenas. Plusieurs opportunités s'offrent à vous :

- **Passer par l'Argentine :** c'est l'option la plus pratique via Bariloche, les Sept Lacs, El Bolsón... Au choix, vous pouvez prendre un bus pour Bariloche ou traverser le lac Todos los Santos en bateau.

- **Rester le plus longtemps possible au Chili :** la seule façon de ne pas passer par l'Argentine, en fait, est de prendre le bateau de Navimag pour Puerto Natales ; sinon, toutes les routes termineront, à un moment ou à un autre, vers Coyhaique. Vous pouvez : prendre un bateau pour Chaitén depuis Puerto Montt ou depuis l'île de Chiloé ; descendre la Carretera Austral jusqu'à Chile Chico et passer en Argentine ; descendre tout en bas jusqu'à Villa O'Higgins, où les purs aventuriers pourront continuer vers El Chaltén, en Argentine (Fitz Roy), en suivant un trek sauvage et authentique...

- **Autour de l'estuaire de Reloncaví :** Ce circuit est évoqué dans les environs de Puerto Montt ; les zones de Cochamó ou Puelo méritent une visite prolongée. A noter que le tronçon entre Puelo et Caleta Puelche suit une route en corniche de toute beauté (aucun transport en commun).

La route australe
OCEAN PACIFIQUE
ARGENTINE
Ville principale
Ville secondaire
Parc national
Route nationale
Route principale
Route secondaire
Chonchi
Queilén
ISLA CHILOE
Quellón
Caleta Gonzalo
Chaitén
El Amarillo
Futaleufu
Golfe de Corcovado
Isla Guafo
Palena
Isla Gran Guaiteca
Melinka
Puerto Raœl Marin
La Junta
Réserve Lago Rosselot
Puerto Puyuhuapi
Canal Moraleda
Parc Nat. Isla Magdalena
Rio Cisnes
Villa Amengual
La Tapera
Puerto Cisnes
Réserve Lago Carlota
Isla Guamblín
Isla Melchor
Puerto Aguirre
Mañiguales
Puerto Aisen
Nireguao
RESERVE NATIONALE LAS GAITECAS
Isla Rivero
Isla Traiguen
Puerto Chacabuco
Parc Nat. Simpson
Coihaique Alto
OCEAN PACIFIQUE
Coyhaique
Balmaceda (aéroport)
Réserve Cerro castillo
Villa Cerro Castillo
Puerto Ing. Ibañez
Puerto Grosse
Puerto Murta
PARC NAT. LAGUNA SAN RAFAEL
Lac General Carrera
Cerro San Valentin 4058 m.
Puerto Tranquilo
Puerto Fachinal
Chile Chico
Campo de Hielos San Valentin
Puerto Guadal
Isla Javier
Campo de Hielo Norte
Puerto Bertrand
GOLFE DE PENAS
Cochrane
PARC NAT. LAGUNA SAN RAFAEL
Isla Byron
ARGENTINE
Tortel
Isla M. Jarpa
Puerto Yungay
Canal Baker
RESERVE NATIONALE KALALALIXAR
Villa O'Higgins
N
Isla Prat
Campo de Hielo Sur
PARC NAT. O'HIGGINS
0
60 km

■ **KÉMEL BUS**
✆ + 56 65 2 253 530
www.kemelbus.cl
gerencia@kemelbus.cl
Assure les trajets entre Puerto Montt et Hornopirén (plusieurs trajets par jour), et un bus par jour à 7h jusqu'à Chaitén (retour à 11h).

■ **TRANSPORTES AUSTRAL**
bureau 403, Antonio Varas 216
✆ +56 65 2 217 266
www.taustral.cl – info@taustral.cl
Pour un trajet d'Hornopirén à Caleta Gonzalo, compter 55 500 $ par véhicule et 9 200 $ par passage supplémentaire.
Ce consortium regroupe plusieurs compagnies maritimes et assure les liaisons entre La Arena et Caleta Puelche, puis de Hornopirén à Caleta Gonzalo (deux ferries et un bout de route en bus). Pour ce dernier trajet, il convient de réserver une bonne semaine à l'avance en été (virement bancaire sur leur compte, avec numéro de passeport et plaque de la voiture).

▸ **Autre adresse :** Edificio Torre del Puerto à Puerto Montt

Pratique

■ **OFFICE DU TOURISME**
21 de Septiembre (face à la place)
✆ +56 65 2 217 330
oficinadeturismohuailahue@gmail.com
Sur la place principale.
Ouvert de 9h à 19h de décembre à février.

Se loger

■ **CAMPING BOSQUE NATIVO**
Deny Pérez
✆ + 56 9 9073 5921
www.campingbosquenativo.com
deny21perez@hotmail.com
À 1 km de la place centrale,
secteur Los Canelos,
peu après le camping Arrayán Florido.
Compter 6 000 $ pour un, 10 000 $ par couple, 2 000 $ par enfant.
Propose aussi un service de restauration voire d'*asados* sur demande, et la pêche sportive sur les *ríos* Blanco et Negro.

■ **HOSTERÍA CATALINA**
Ingenieros Militares s/n
✆ +56 65 2 217 359
www.hosteriacatalina.cl
hchornopiren@hosteriacatalina.cl
Selon la saison, la simple est à 23 000 ou 36 300 $, la double à 33 900 ou 46 200 $. Bungalows pour six à 55 900 ou 79 200 $. Wifi. Petit déjeuner à 4 200 $.
A l'entrée de la ville, une bonne option. Les dix chambres (dont six avec sanitaires privés) sont assez confortables, et les bungalows pratiques pour les groupes ou les familles. La salle commune, boisée, est accueillante. Service de restauration. Accueil agréable.

■ **HOTEL TERMAS LLANCAHUÉ**
Isla de Llancahué
✆ +56 9 8529 9771
www.termasdellancahue.cl
info@termasdellancahue.cl
En basse saison, compter 25 000 $ par personne avec sanitaires communs, 30 000 $ avec sanitaires privés ; en haute saison, 34 000 et 38 000 $. Transferts à 10 000 $ l'aller-retour par personne (trois personnes au minimum) ou 13 000 $ incluant l'entrée aux thermes (dont la valeur seule est de 7 000 $ par personne).
Dans un cadre grandiose (la vue depuis les piscines thermales reste un excellent souvenir), cet hôtel accueille les visiteurs dans des chambres simples mais correctes. Service de restauration. Des excursions sont proposées. On a vraiment l'impression d'être au bout du monde.

Se restaurer

■ **EL CARRITO**
O'Higgins
✆ +56 65 2 217 263
Au centre de l'avenue.
Sandwiches, plat du jour, plats à la carte... Compter une moyenne de 2 500 $.
Restaurant tout simple situé à deux pas de la place centrale. On a bien aimé le saumon fumé.

À voir – À faire

La région est connue pour ses thermes :

▸ **Ceux de Pichicolo**, sur la route de Puerto Montt (entrée à 10 000 $ par adulte, 5 000 $ par enfant), dans un beau paysage verdoyant.

▸ **Ceux de Llancahué**, au large de la bourgade (compter 13 000 $ par personne incluant le transfert et l'entrée aux thermes).

▸ **Et ceux de Porcelana**, complètement retirés dans le fjord Comau (appelé également Leptepu). Les thermes sont sur des terres privées, vous devrez donc payer, mais cela vous permettra même de camper sur place pour passer la nuit si vous le souhaitez.

PARQUE NACIONAL HORNOPIRÉN ★

S'étendant sur une superficie de 48 000 ha, le parc n'est sûrement pas le plus visité du pays, bien qu'il offre de superbes perspectives sur

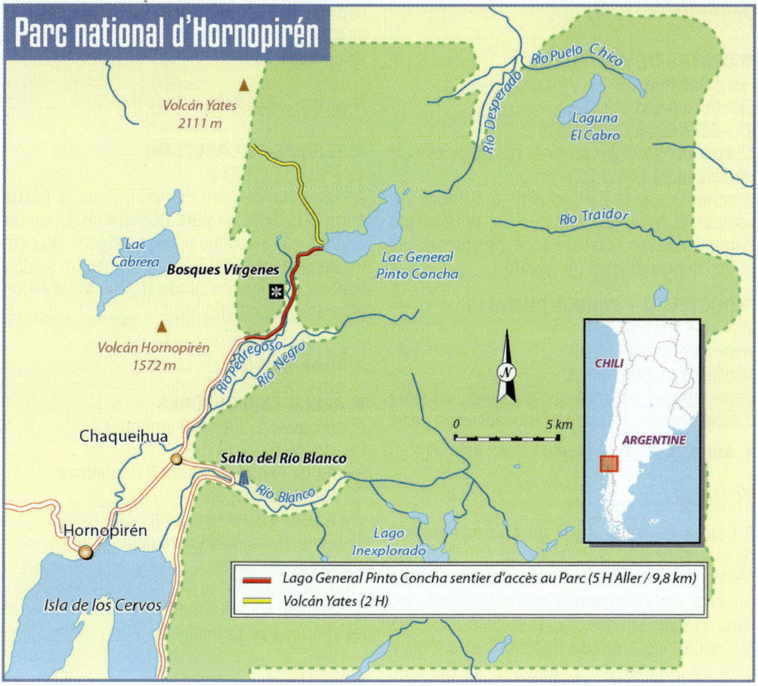

la cordillère et les paysages du Sud patagonique chilien. Près de 9 000 ha d'alerces sont encore conservés et des nuances de couleurs et de reliefs s'étendent à l'horizon : entre lacs, volcans, montagnes et forêts, la nature affiche une beauté encore intacte le long du sentier principal menant au lac Pinto Concha (à 9 km). Il est assez difficile de s'y rendre. Il faut gagner le lieu-dit Chaqueihua, à quelques kilomètres au sud d'Hornopirén. Ensuite, marcher encore pendant 3 heures et demie environ jusqu'à l'entrée ; et encore 3 autres kilomètres pour gagner le lac General Pinto Concha, où vous pouvez camper au bord d'une belle plage. Depuis ce point, vous aurez également la possibilité de poursuivre votre exploration en empruntant deux autres sentiers : vous pouvez contourner le lac (compter 3h de randonnée) ou, s'il vous reste des forces vous pouvez entamer l'ascension du volcan Yates, autrefois entièrement recouvert de glaciers. Avec le réchauffement climatique, la fonte a malheureusement déshabillé le volcan de sa belle robe blanche et les glissements de terrain menacent de plus en plus ce géant de s'effondrer. La visite vaut cependant le coup d'œil (l'entrée du parc est en plus gratuite), encore un décor sublime menacé par un monde qui gronde... à découvrir donc de toute urgence.

PARQUE PUMALÍN ★★

Ce superbe parc (déclaré sanctuaire de la nature le 19 août 2005), mis en valeur par l'entrepreneur américain Douglas Tompkins (fondateur de la marque The North Face, décédé en 2015 lors d'une expédition en Patagonie chilienne) sur près de 317 00 ha, est l'un des meilleurs endroits pour approcher la nature au sud du Chili. Il protège des zones écologiquement fragiles de la forêt sempervirente et des alerces vieux de 3 600 ans. La forêt de type valdivienne est vraiment magique.Il n'y a pas de droit d'entrée. De courts sentiers permettent une bonne approche de la flore et de la faune ainsi que de belles chutes d'eau. Sinon, nous recommandons une balade dans la vallée d'El Amarillo (secteur sud), pour ses beaux sites de camping et l'approche du glacier du volcan Michinmahuida. Enfin, The Conservation Land Trust, la fondation créée par Doug a développé un réseau de chalets, de terrains de camping, de sentiers et plusieurs centres d'informations : tout est très bien organisé afin d'optimiser l'exploration du visiteur ! A savoir également qu'à la mort de Tompkins, la fondation a fait don de ses terres à la Fundación Pumalín, une fondation chilienne, afin de poursuivre les efforts de préservation.

Pratique

■ CENTRE DE VISITEURS

Fjord Reñihué
Caleta Gonzalo
✆ +56 9 9256 6624
Ouvert du lundi au samedi de 9h à 19h, le dimanche de 10h à 16h.
Brochures sur le parc et artisanat local. Au secteur El Amarillo, plus au sud, la boutique Puma Verde vend de l'essence, des provisions et de l'artisanat local de qualité.

■ PROYECTO Y PARQUE PUMALIN

✆ +56 65 2 250 079
www.parquepumalin.cl
info@parquepumalin.cl
Donne toutes les infos sur les treks, les lieux d'hébergement et les différents accès au parc.

- **Autre adresse :** A Puerto Varas : Klenner 299

Se loger

A Caleta Gonzalo, il y a un café/restaurant (compter 12 500 $ le repas complet) et une belle adresse pour se loger aux Canañas Caleta Gonzalo, vous trouverez 7 chambres très jolies dans un style rustique chic. Des *lanchas* (petites embarcations à moteur) peuvent être louées pour se balader dans l'estuaire de Reñihue (nombreuses otaries). Il y a beaucoup d'autres campings dans le parc, notamment au secteur El Amarillo, avec un *quincho* pour cuisiner. Compter 1 500 $ par personne.

À voir – À faire

■ SENTIERS ★★

Le sentier La Cascada mène, depuis le café à l'entrée de Caleta Gonzalo, en 3 heures environ (aller-retour) à une cascade très jolie.
Le sentier Tronador, de 12 km (et 1 km au sud de Caleta Gonzalo), est en réalité une suite d'escaliers en bois et mène à un camping rustique.
Le sentier Los Alerces, de 3 km, permet une bonne approche de ces arbres magnifiques, à partir du trek Tronador. Le sentier Ventisquero El Amarillo, au sud du parc et de Chaitén (au croisement de la Carretera Austral), est l'un des plus beaux du parc. Il part du camping et s'avère assez plat, sur 10 km. Panoramas splendides.

Sports – Détente – Loisirs

■ TERMAS DE CAHUELMÓ

✆ +56 65 223 2300
A l'intérieur du parc Pumalín, dans la partie nord, attenante au parc Hornopirén. Compter 3 500 $ par personne pour se baigner. On peut y camper pour 1 500 $ par personne. Un sentier conduit à la lagune Abascal. Une réservation préalable est obligatoire.

Visites guidées

■ ALSUR EXPEDICIONES

Aconcagua, à l'angle de Imperial
Puerto Varas,
à côté de l'hôtel Cumbres Patagónicas
✆ +56 65 2 232 300
www.alsurexpeditions.com
alsurexpediciones@gmail.com
Devis sur demande.
Propose toutes sortes de circuits dans la région, notamment vers Hornopirén, le parc Pumalin et les thermes de Cahuelmó.

CHAITÉN ★

Capitale de la province de Palena, Chaitén fut fondée sur la rive d'une baie superbe ouverte sur le golfe de Corcovado. Les Huilliche, peuple originel du lieu, appelaient la ville *Chaitén*, ce qui signifiait « faire passer dans des corbeilles ». Le nom pourrait être issu de la topographie de l'endroit, qui évoque un panier (une plaine entourée de montagnes).
L'influence maritime confère à Chaitén des températures douces malgré sa latitude (environ 9 °C de juin à août, 20 °C en janvier et février). Jadis un port et centre administratif important disposant de tous les services publics ainsi que d'une bonne capacité d'hébergement, Chaitén a vu son destin changer le 2 mai 2008, quand le volcan éponyme est soudain entré en éruption à la surprise générale (il dormait depuis 9 400 ans). Pour des infos et

des photos, les amateurs peuvent voir le site geology.com/volcanoes/chaiten (en anglais). La ville fut évacuée, et si certains habitants revinrent peu après (une centaine), l'effondrement partiel du dôme volcanique obligea les autorités à interdire l'accès au site. En 2010, le gouvernement de Michelle Bachelet décida de construire une nouvelle ville un peu plus au nord, près de Santa Bárbara. Toutefois, les habitants sont revenus... mais sur le site de l'ancienne bourgade. Des hôtels et des restaurants ont rouvert et un nouvel aérodrome a été inauguré en 2014. Les services de base sont aujourd'hui tous proposés. Si vous désirez séjourner dans le village, prenez vos précautions et informez-vous bien de la situation (activité du volcan et infrastructures ouvertes sur place).

Transports

On atteint Chaitén, porte d'entrée vers le grand Sud de la route australe :

- **Soit par air** : depuis/vers Puerto Montt avec Aerocord ou Pewen.
- **Soit par bateau** : depuis/vers Puerto Montt ou Quellón à Chiloé.
- **Soit par bus** : depuis/vers Puerto Montt et toutes les localités jusqu'à Coyhaique.

■ AEROCORD

✆ +56 65 2 262 300
www.aerocord.cl
aperez@aerocord.cl
Bureaux ouverts du lundi au vendredi de 8h30 à 18h30, le samedi de 9h à 14h.
Toutes sortes de vols dans la région en petit coucou, notamment charters (vers la laguna San Rafael). Vers Santa Bárbara (Chaitén), départs les lundis à 10h30 et du mardi au samedi à 10h, retours 1 heure plus tard. Compter 45 000 $ par personne.

- **Autre adresse :** Puerto Montt : Aérodromo La Paloma

■ BUS

Les départs ne sont pas si nombreux vers le sud (Coyhaique ou Futaleufú), et il vaut mieux réserver son siège à l'avance : en été, parce que le nombre de touristes s'accroît ; en hiver, parce qu'il y a peu d'opportunités.
Rendez-vous devant les bureaux de Chaitur pour monter à bord et prendre toutes les dernières infos.

- **Vers Hornopirén et Puerto Montt** : Kémel Bus part tous les jours à 11h, pour environ 20 000 $, compter environ 5h de voyage.
- **Vers Coyhaique :** les bus Becker partent le mardi à 8h, le mercredi à 7h et 11h30, le samedi à 8h et le dimanche à 11h30 pour 24 000 $. Ils s'arrêtent à Villa Santa Lucía, La Junta, Puyuhuapi, Villa Amengual et Mañihuales.
- **Vers La Junta :** départs 3 fois par semaine avec Buses Terraustral et deux fois par semaine avec Buses Becker. Connexion le lendemain pour Puyuhuapi et Coyhaique (compter autour de 10 500 $).
- **Vers Futaleufú :** tous les jours à 13h avec les bus Cardenas et 17h avec les bus Cumbres Nevadas (pour environ 8 000 $).
- **Vers Palena :** tous les jours à 13h et 17h (pour quelque 8 500 $).

■ NAVIERA AUSTRAL

Av. Corcovado 466
✆ +56 65 2 731 011
www.navieraustral.cl
contacto@navieraustral.cl
Ferries depuis/vers Puerto Montt, Hornopirén et Quellon sur l'île de Chiloé. Tarifs et horaires sur le site Web, mais normalement départs de Chaitén vers Puerto Montt toute l'année, les lundis, mercredis, vendredis et dimanches (entre 16 000 et 29 000 $ par personne selon le confort, 88 000 $ par voiture, 9 500 $ par vélo) pour 12 heures de voyage ; vers Quellón les lundis en janvier/février (entre 16 000 et 23 600 $ par personne, 82 000 $ par voiture et 7 500 $ par vélo) pour 6 heures de traversée.

■ PEWEN

✆ +56 65 2 224 000
www.pewenchile.com
ventas@pewenchile.com
Leurs deux Cessna pour 9 passagers partent de Puerto Montt pour Chaitén, Melinka, Quellón, Palena ou Futaleufú. Renseignez-vous par mail.

Pratique

■ BANCO DEL ESTADO

Libertad 298
✆ +56 65 2 565 540
Dispose d'un ATM.

■ CHAITUR

O'Higgins 67
✆ +56 9 7468 5608
www.chaitur.com
nchaitur@hotmail.com
Nicolas est une mine d'informations sur la région. Il organise des excursions, vend des billets de bus et vous donnera les bons plans pour dormir ou manger. Incontournable.

■ INFORMATIONS TOURISTIQUES

Ouvert de 9h à 19h en janvier/février.
Quelques infos sur les services disponibles.

Se restaurer

Pour manger, nous vous conseillons la pizzeria Reconquista sur l'avenue O'Higgins. Au Rincon del Mate, les pizzas sont également très bonnes dans un cadre plus rustique, mais tout autant sympathique.

À voir - À faire

La ville de Chaitén est la porte d'entrée la plus pratique du parc Pumalín. Toutefois, on peut aussi réaliser de superbes excursions alentour. Des voyageurs ont évoqué la plage de sable noir de Santa Bárbara, 10 km au nord (belle balade à pied) : la chance de pouvoir observer des dauphins est, paraît-il, très élevée.

Sports - Détente - Loisirs

TERMAS EL AMARILLO

25 km au sud (puis déviation de 5 km). Ouverts tous les jours de 9h au crépuscule. Compter 7 000 $ par personne.

Ces thermes sont situés à l'entrée sud du parc Pumalín. Ils disposent de deux piscines thermales couvertes et deux piscines thermales à l'air libre. Nombreux sites de camping. On peut aussi dormir à l'Hospedaje Marcela dans le village voisin d'El Amarillo (compter dans les 8 000 $ par personne).

Excursions à cheval possibles vers le volcan Michinmahuida en 4 heures aller-retour ; des périples plus longs (jusqu'à cinq jours) sont envisageables.

LAGO YELCHO ★

Les amateurs de pêche sportive se donnent tous rendez-vous dans le coin : ce lac situé à 50 km au sud de Chaitén est supposé être l'un des meilleurs spots au monde. On y pêcha un jour (à la mouche) un saumon de plus de 17 kg !

HÔTEL YELCHO EN LA PATAGONIA

© +56 6 52 576008
www.yelcho.cl
hotel@yelcho.cl

Compter 175 US$ pour un, 180 US$ pour deux, avec petit déjeuner et wifi ; bungalow à 220 US$ pour quatre, sans petit déjeuner (compter 15 US$) ; camping couvert à 60 US$ pour quatre, sans petit déjeuner.

Tout en bois, c'est un établissement confortable et chaleureux, proposant une grande quantité d'activités et de belles options d'hébergement. Vous aurez le choix entre des chambres avec vue, des cabanes plutôt sophistiquées et des emplacements de camping. Sur place, on admire les montagnes, on s'adonne à la randonnée, on emprunte des vélos et on savoure la cuisine locale du restaurant plutôt pas mal. Mais surtout, vous ne manquerez pas de passer par la petite plage pour prendre un grand bol d'air frais avec vue sur les montagnes et les glaciers : c'est calme et magnifique, surtout au petit matin.

FUTALEUFÚ ★

Futaleufú (du mapudungún *Futa Lewfü* ou Grande Rivière), communément appelé *Futa*, est un village de 2 623 habitants (recensement 2017), au milieu d'un paysage de toute beauté. C'est La Mecque des amateurs de kayak et de rafting. Mais on s'y adonne aussi à la pêche à la mouche, à la randonnée, aux balades à cheval... Bref, une foule d'activités en connivence avec Mère Nature.

▶ **A noter :** le meilleur mois pour la pratique du rafting ou du kayak est mars. Si vous ne vous sentez pas d'attaquer un classe IV, IV+ voire V et même V+ (c'est très violent), le río Espolón est une alternative plus paisible (classe III).

Transports

BUS

▶ **Pour Chaitén,** départs tous les matins avec les bus Cardenas, pour environ 3 heures 30 de route. Egalement tous les jours à 12h avec les bus Cumbres Nevadas. Compter autour de 2 500 $.

▶ **Pour Palena**, les bus Frontera del Sur partent les lundis, mercredis et vendredis. Retours les lundis, mercredis et vendredis à 8h. Départs également avec Cumbres Nevadas également. Compter 2h de trajet pour 1 200 $.

▶ **Pour Coyhaique** (et les villages en route, comme Puyuhuapi), les bus Daniela partent les mardis, jeudis et samedis matin. Retours les lundis, mercredis et vendredis matin. Les bus Beckers partent également, mais moins régulièrement. Compter 12h de trajet pour 24 000 $.

▶ **Pour Puerto Montt** (via Osorno), avec Ferryval les mardis matin, avec Lago Espolón les lundis matin, avec Transaustral tous les jours pour 25 000 $. Depuis Puerto Montt, Ferryval part les jeudis matin, Lago Espolón les vendredis matin, Transaustral les mardis et samedis matin. On passe par l'Argentine, également avec Kemelbus pour 22 000 $, mais il est strictement interdit de descendre.

▶ **Pour la frontière avec l'Argentine**, la frontière est ouverte de 8h à 20h environ en été. En Argentine, les bus Jacobsen assurent la liaison avec Trevelín et Esquel.

Pratique

BANCO DEL ESTADO

O'Higgins et Rodríguez
www.bancoestado.cl
Ouvert en semaine de 9h à 14h.
Dispose d'un ATM qui accepte les Mastercard. Change les euros, les dollars américains et les pesos argentins. On doit pouvoir obtenir une avance avec sa carte Visa aux guichets.

OFFICE DU TOURISME

O'Higgins 596
✆ +56 65 2 237 629
www.futaleufu.cl
turismo@futaleufu.cl
Ouvert en été seulement de 9h à 21h.
Dans l'enceinte de la Municipalité.

Se loger

ALDEA PUERTO ESPOLÓN

✆ +56 65 2 721 509
puertoespolon@gmail.com
Juste à l'entrée du village.
Camping à 7 000 $ par personne (douches avec eau chaude, barbecue et quincho avec électricité et tables). Dans les tipis, compter 9 000 $ par personne.
Juste après le pont à l'entrée de la ville, cet ensemble de sites de camping, dômes et tipis profite de son superbe emplacement, en bord de rivière. Simple et agréable.

HOSTERIA RÍO GRANDE

O'Higgins 397
✆ +56 65 2 721 320
www.pachile.com
reservas@pachile.com
En haute saison, chambre simple à 80 US$, double à 115 US$, triple à 135 US$, appartement pour six à 185 US$. Petit déjeuner inclus.
Tout de bois vêtue, une adresse confortable et chaleureuse. Une foule d'activités sont proposées. Très bon accueil de Renzo, le propriétaire, et de toute son équipe, et cuisine de bonne facture (notamment leur spécialité, le *ceviche* de saumon).

HOSTAL LAS NATALIAS

✆ +56 9 6283 5371
http://hostallasnatalias.info
hostallasnatalias@gmail.com
Compter 22 US$ par personne en dortoir, 50 US$ pour un ou deux en chambre avec sanitaires communs, 56 US$ la double, 74 US$ la triple et 90 US$ la quadruple avec sanitaires privés. Wifi. Petit déjeuner inclus.
Ouvert en 2012, cette petite auberge est le bon plan pour les petits budgets. Les chambres n'ont rien de luxueux, mais elles restent confortables et agréables. Ici, on récolte les produits du jardin, on cuisine ses légumes, on recycle, on réduit ses déchets et on travaille main dans la main pour préserver la nature et la culture locale. En 2019, de nouvelles chambres ont été construites au troisième étage. De très bonnes ondes !

HOTEL EL BARRANCO

O'Higgins 172
✆ +56 65 2721 314
www.elbarrancochile.cl
hotel@elbarrancochile.cl
Chambre double à partit de 180 US$, petit déjeuner, wifi, vélos et accès à la piscine inclus. Compter 45 US$ supplémentaires pour l'hébergement en demi-pension et 60 US$ le massage de 45 minutes.
Lodge de pêche avant tout, qui accueille tous les voyageurs recherchant le confort. Construit en bois natif, cet hôtel est le meilleur du village : les neuf chambres sont très agréables. Piscine et sauna également ainsi que des sessions de massage. Bon restaurant proposant d'excellents vins. Plusieurs activités (pêche, kayak et rafting) sont proposées. Excellent accueil de Juan Pablo et Soledad, le couple propriétaire.

Se restaurer

MARTIN PESCADOR

Balmaceda 603
✆ +56 65 2 721 279
Cuisine ouverte tous les jours de 17h à 22h, le bar ferme vers 1h du matin. Compter à partir de 6 000 $ par plat.
Tatiana propose de très bons plats de nouvelle cuisine chilienne. Bonne ambiance (le cadre est vraiment bien pensé, avec sofas et feu de cheminée) et un bon point de rendez-vous.

Sports – Détente – Loisirs

Futa est un paradis pour tous les sports de plein air. Trekking, escalade, pêche, balades à cheval, kayak et rafting constituent autant d'offres pour un grand bol d'air frais. Le río Futaleufú (dit aussi Futa et même Fu) est très technique.
Compter environ 50 000 $ par personne pour une demi-journée sur la portion la plus populaire (entre classes III et IV+). Pour la portion la plus délicate (classes V et V+), compter 75 000 $ pour une journée complète. Les familles, les trouillards ou les tranquilles peuvent descendre le río Espolón, plus calme (classe III). Compter dans les 15 000 $ par personne pour une demi-journée.

PALENA ★

Palena est un village de 1 800 habitants, qui a su conserver une certaine authenticité chilienne. On y réalise de mémorables balades à cheval, et l'on pratique le rafting ou la pêche. Il est possible de loger dans des familles chiliennes des environs (conditions rustiques mais authenticité garantie !). Depuis l'embranchement de Puerto Ramírez, il reste une quarantaine de kilomètres de piste.

- **Il y a quelques hospedajes pas trop chers** et un ou deux endroits où manger.
Des bus se rendent à Chaitén tous les jours à 7h. Compter 4 heures de route.

- **Pour se rendre en Argentine,** il faut d'abord prendre un colectivo pour la frontière, puis un bus de Carrenleufú à Esquel.

- **Si vous voulez vous balader,** nous vous conseillons de gagner le pont El Salto, 28 km avant le village, sur la route de Puerto Ramírez. De là, un sentier (compter environ 5h de marche) vous conduit à une superbe chute d'eau d'une centaine de mètres de haut. Le sentier n'est pas toujours bien défini.

- **Un superbe trek** mène au lac Palena, à un peu moins d'une semaine de marche au sud (aller-retour). On borde le río Tigre, puis on pénètre dans la vallée El Azul, avant de gagner le Portozuelo Casanova. Ce périple peut aussi être effectué à cheval.

LA JUNTA

La Junta est une petite ville de fondation récente (années 1950). Elle compte aujourd'hui environ 1 300 habitants. D'un intérêt touristique limité en soi, elle pourra cependant constituer une étape reposante avant de repartir vers Chaitén ou Coyhaique. En effet, elle se situe au centre de la Cuenca del Palena, un carrefour en quelque sorte de deux vallées qui confluent en son site (ríos Rosselot et Palena).Le village est équipé d'Internet, d'un centre de santé, d'une station-service (observez le panneau Carretera austral de l'autre côté de la route, qui surmonte une plaque rendant hommage à Pinochet, « patriote visionnaire »...), d'hôtels et de restaurants en tous genres, de téléphone, de supermarchés et d'un bureau touristique. On peut visiter le lac Rosselot et la réserve nationale du même nom, le lac Verde vers l'est (rafting et kayak sur le río Figueroa) ou le pittoresque village de pêcheurs de Raúl Marín Balmaceda, en direction des fjords (superbes paysages, rues en sable, observation des dauphins, plages...). Depuis début 2009, une piste de 75 km a été habilitée vers ce village. Pas de transport en commun. A la fin, on prend un bateau rapide pendant 5 minutes sur le río Palena (départs à 8h, 10h, 12h, 14h, 18h et 20h).La pêche sportive est particulièrement fameuse dans toute la région.

Transports

- **Pour Coyhaique,** les bus Becker en provenance de Chaitén passent les mercredi et dimanche vers 12h30/13h. Les bus Terraustral partent une fois par jour à 5h30 du matin. Compter entre 12 000 et 22 000 $ pour parcourir ces 270 km (dont 122 km goudronnés).

- **Pour Chaitén,** les bus Becker en provenance de Coyhaique passent les mardi et samedi vers 13h/16h. Compter 12 000 $. Les bus Terraustral partent le lundi, mercredi et vendredi à 7h du matin pour 6 000 $. 105 km de bonne piste et 46 km goudronnés.

Se loger

■ ALTO MELIMOYU B&B
Carretera Austral 375
✆ +56 67 2 314 320
altomelimoyu.cl
info@altomelimoyu.cl
Selon la saison, comptez entre 74 et 96 US$ pour une chambre simple avec salle de bains privée ; 96 ou 130 US$ pour une chambre double avec salle de bains privée et de 155 US$ à 190 US$ pour quatre.
Hôtel récent et confortable, sur la rue principale, proposant huit chambres dont trois avec sanitaires communs (partageant deux salles de bains). Très bien aménagées et agréables à l'œil, elles disposent toutes d'une TV satellite. Le petit déjeuner, inclus, est de qualité. wi-fi partout. Ensemble *cosy*, comme on dit.

■ HOTEL ESPACIO Y TIEMPO
Carretera Austral 399
✆ +56 67 2 314141
www.espacioytiempo.cl
info@espacioytiempo.cl
Compter, selon la saison, 58 000 $ pour un, 75 000 $ pour deux, 95 000 $ pour trois (avec IVA), petit déjeuner inclus. Wifi.
Un hôtel très confortable et charmant bordé par la réserve nationale du lac Rosselot. Les neuf chambres spacieuses et coquettes sont bien chauffées, on aime particulièrement le bois, le beige et le blanc qui apporte un effet *cocooning* réussi, les petites lampes pour tamiser la lumière le soir venu apportent une touche d'intimité. Aussi une excellente table à

prix très raisonnable (c'est de loin la meilleure option dans le bled). Alan et Connie (Constanza) sont aux petits soins. Une très bonne adresse, qui mérite une étape de deux nuits pour bien visiter les environs.

PUERTO PUYUHUAPI ★

Petit village portuaire d'environ 600 habitants, situé à l'extrémité nord du Seno Ventisquero, et dont l'implantation s'effectua dans les années 1930. Aujourd'hui, le village se développe peu à peu grâce au tourisme : le parc national voisin et les thermes de Puyuhuapi, peut-être les plus fameux du pays.
Il y a des petites supérettes et une station-service.

Transports

- **Les bus** qui circulent entre Chaitén, La Junta et Coyhaique passent tous par ici ; priez seulement pour qu'il reste de la place. Compter 9 000 $ pour Coyhaique, 15 000 $ pour Chaitén.

Pratique

On peut consulter le site www.puertopuyuhuapi.cl pour glaner des informations.

Se loger

■ **CAMPING LA SIRENA**
✆ +56 67 2 325 100
Compter 8 000 $ par personne.
Sites couverts avec un endroit pour manger et de l'eau chaude. Il y a aussi des chambres dans la maison principale, proposées au même tarif. Balades en bateau possibles.

■ **EL PANGUE LODGE**
Carretera Austral, km 240
✆ +56 65 2 526 906
www.elpangue.cl
info@elpangue.com
À 25 minutes du village environ.
Selon la saison, compter de 97 900 à 132 000 $ la simple, de 108 900 à 154 000 $ la double et de 126 500 à 170 000 $ la triple. Pour le bungalow pour sept personnes en haute saison, compter à partir de 145 200 $. Petit déjeuner à 8 000 $, cuisine dans les bungalows. Wifi.
Un lodge confortable proposant des programmes de quatre à huit jours, avec de nombreuses activités et excursions à la clé. Le restaurant sert une très bonne cuisine. Une piscine chauffée semi-couverte, des bains bouillonnants naturels et un sauna complètent une infrastructure de bon niveau.

■ **PUYUHUAPI LODGE & SPA**
canal Puyuhuapi
Bahia Dorita
✆ +56 2 2225 6489
www.puyuhuapilodge.com
info@puyuhuapilodge.com
Hébergement seul avec petit déjeuner à 175 US$ en saison haute. Possibilité de bénéficier de formule en demi-pension et pension complète. A noter que les thermes sont fermés le mardi.
Complexe comportant un très bon hôtel et un restaurant de qualité, seulement accessible par bateau. Avec sa végétation luxuriante et ses bâtiments en bois s'intégrant parfaitement au paysage, c'est un lieu enchanteur, situé sur la rive du fjord, avec des bains bouillonnants naturels à l'air libre (le soir, sous les étoiles, c'est juste magique !) et un Spa où il fait bon se prélasser. La plupart des hôtes viennent en « package » d'au moins trois jours incluant de nombreuses excursions, mais il est possible de venir juste pour une nuit avec petit déjeuner, et même d'y venir à la journée pour profiter des thermes (embarcadère à 13 km au sud de Puyuhuapi, à Bahía Dorita). A noter qu'une expédition vers le glacier San Rafael est proposée, mais plus depuis le lodge (il faut d'abord gagner Puerto Chacabuco). En résumé : un très beau site, un très beau lodge, une adresse de charme pour se reposer et profiter des magnifiques paysages du bout du monde.

■ **RESIDENCIAL DOÑA NURY**
O'Higgins 40
✆ +56 67 2 325 109
Propose des chambres à 12 000 $ par personne, avec sanitaires privés et petit déjeuner.
Agréable et un heureux rapport qualité-prix, parfait pour y passer la nuit avant de reprendre la route. Sommaire et propre, cette petite adresse fait parfaitement l'affaire en proposant des petites chambres impeccables et confortables.

Se restaurer

■ **EL MUELLE**
Otto Uebel
✆ +56 9 7654 3598
www.elmuellepuyuhuapi.cl
elmuellepuyuhuapi@gmail.com
Tous les jours de midi à 16h
Propre et agréable pour une pause déjeuner. On y propose poissons (*merluza* austral, *congrio dorado* et *salmón* en tête), viandes, pizzas, salades ou *empanadas*. Pas cher et de qualité.

Sports – Détente – Loisirs

TERMAS DEL VENTISQUERO

✆ +56 9 79666805
www.termasventisqueropuyuhuapi.cl
À 6 km au sud de Puyuhuapi.
Ouvert de décembre à février de 9h à 23h et parfois le week-end hors saison. Compter 24 000 $ par personne pour l'entrée.
Une grande piscine thermale et trois petits bassins, au bord de la route, face au fjord. L'eau est chaude. C'est un délice ! On peut grignoter au restaurant.

Shopping

ALFOMBRAS DE PUYUHUAPI

Calle Aysén s/n ✆ +56 9 9818 3839
www.puyuhuapi.com
alfombras@puyuhuapi.com
Visite guidée et explications du processus de fabrication des tapis en réservant au préalable par mail seulement. Ventes par Internet.
Cette fabrique a été créée en 1945 par le colon allemand Walter Hopperdietzel, un ingénieur textile. La fabrication d'un seul tapis demande environ deux mois et demi de travail manuel et artisanal. Les motifs sont originaux et exclusifs (tapis à la demande).

PARQUE NACIONAL QUEULAT ★

Situé à 180 km au sud de Chaitén et à 165 km au nord de Coyhaique, le parc national Queulat fut créé en 1983. Il est aujourd'hui l'une des principales aires protégées de la région d'Aysén avec 154 000 ha et présente un climat maritime tempéré, froid et pluvieux à l'ouest et de plus en plus sec au fur et à mesure qu'on se dirige vers l'est. Il culmine à 2 225 m avec le massif Alto Nevado. La géomorphologie du parc est de type glaciaire.Le parc est ouvert tous les jours de décembre à mars de 8h30 à 21h, le reste de l'année jusqu'à 17h30 seulement.
L'administration se situe au secteur Ventisquero Colgante, 22 km au sud de Puyuhuapi. Trois zones distinctes sont destinées à l'accueil des visiteurs. Attention, lors de notre dernier passage (été 2019) le sentier du Bosque Encantado était fermé jusqu'à nouvel ordre pour cause de glissements de terrain.

- **Droit d'entrée :** l'entrée est de 8 000 $ par adulte, 4 000 $ par enfant.
- **Le secteur Angostura,** situé à 36 km au sud de La Junta et 15 km au nord de Puyuhuapi, dispose d'une aire de camping installée sur les rives du lac Risopatrón, dans une forêt de type sempervirente. Un sentier de 5,5 km environ mène à la lagune Los Pumas.

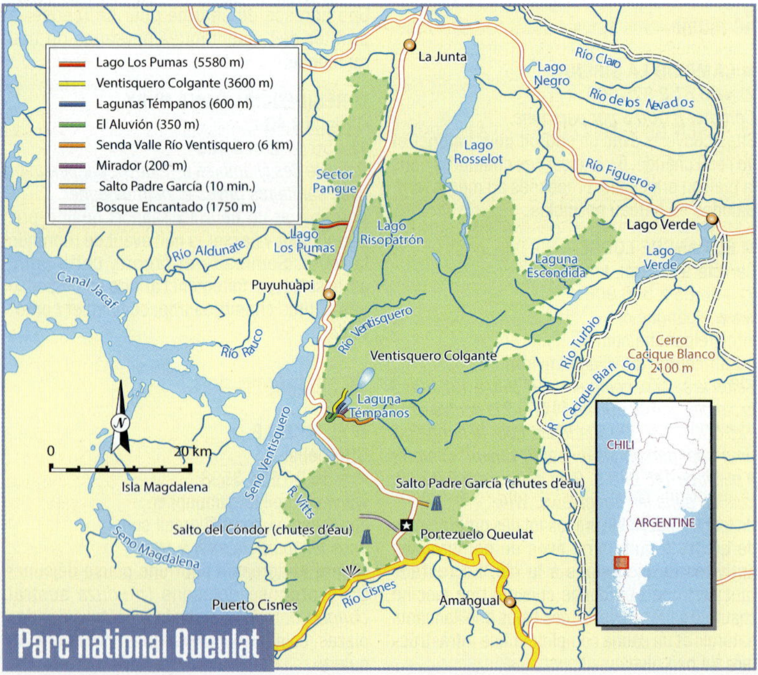

Parc national Queulat

Le secteur Ventisquero, qui se situe au sud de Puyuhuapi, offre une vue superbe sur le glacier suspendu. Il propose aux visiteurs deux aires de camping et trois sentiers balisés. Le premier sentier, d'une longueur de 3,5 km, donne accès à un mirador d'où une vue grandiose se déploie sur le glacier. Le second (environ 600 m) rejoint la laguna Témpanos. Le troisième parcourt la moraine et la forêt sur un peu plus de 1,5 km.

Le secteur Portezuelo propose deux sentiers, l'un vers une chute d'eau, l'autre vers un point de vue sur le glacier Pudu.

PUERTO CISNES ★

Gros village de pêcheurs d'environ 2 500 habitants, Puerto Cisnes s'est construite dans les années 1950 et semble complètement perdu à l'écart de la Carretera Austral. Le Cerro Claudio Gay veille sur les ruelles et l'activité du port. Des pêcheurs peuvent d'ailleurs vous louer des embarcations pour vous balader dans la baie. En face du village s'étend l'île Magdalena, la deuxième plus grande du Chili et un parc national très peu exploré depuis 1967.
A bon entendeur : il pleut environ 320 jours par an à Puerto Cisnes...

Transports

Les minibus Terra Austral et Sao Paulo vous emmènent à Coyhaique tous les jours vers 6h du matin pour 7 000 $. Compter 2h30 de trajet.

Pour le nord, vers Puyuhuapi et La Junta, départs *a priori* tous les jours pour 3 heures de route, mais renseignez-vous bien.

En ferry, la compagnie Naviera Austral relie Quellón et Puerto Chacabuco à Puerto Cisnes. Vous pourrez trouver des tickets dans le petit village, appelez le bureau au ✆ +56 67 346 426.

Pratique

Le village est équipé de tous les services de base : un office du tourisme de mi-janvier à mi-février, un café Internet, des centres d'appels, une poste, une gendarmerie, une pharmacie et un dispensaire... mais aussi une station-service !
A noter que la route est goudronnée jusqu'à Coyhaique début 2013, sauf une portion d'environ 20 km.

Important : il existe aussi un DAB (acceptant Visa et MasterCard) dans le supermarché, qui ouvre du lundi au samedi de 9h à 23h et le dimanche de 10h à 14h et de 17h à 22h30. Pas sûr à 100 % qu'il fonctionne tous les jours, donc prenez vos précautions ! Sinon, allez faire un tour du côté de la station-service, on y trouve également un guichet automatique.

Se loger

BELLAVISTA
7 de Linea 112
✆ +56 67 2 346 408
www.tourbellavista.cl
tourbellavista18@gmail.com
Chambres à 15 000 $ par personne, chambres matrimoniales à 30 000 $ petit déjeuner inclus.
Bonne petite adresse où règne une certaine chaleur. Les prix sont vraiment tout doux et comprennent un petit déjeuner plutôt correct (thé, café, pain, beurre, confiture, fromage...). Les lits sont étonnamment très confortables, les salles de bains bien équipées (sèche-cheveux) et vous pourrez même laver votre linge. Des excursions, de la pêche sportive et du kayak sont proposés. A noter que si vous poursuivez votre chemin vers le sud, vous trouverez leur nouvelle agence à Puerto Natales.

Se restaurer

Port de pêche oblige, les petits restaurants du village proposent notamment des plats frais et savoureux à base de merlu et de truite. Le restaurant Panchita est une bonne option.

VILLA AMENGUAL ★

Joli petit village, situé dans une sorte de cirque montagneux aux cimes recouvertes de neiges éternelles. Vu de la route, l'ensemble ressemble à un hameau miniature, à un jouet. Une impression que confirme la vue d'une petite église jaune qui s'élève en son centre.

Pour les transports, voyez avec les bus qui font le trajet entre Chaitén et Coyhaique.

Il est possible de se loger dans le village, pour des prix modiques, autour de 7 000 à 8 000 $ par personne.

VILLA MAÑIHUALES

Petit village d'environ 1 500 habitants, fondé par des colons en 1930 et traversé en son centre par la Route australe. On pourra s'y arrêter pour y passer une nuit et/ou faire une randonnée dans la réserve nationale qui porte son nom.
La réserve est ouverte tous les jours de décembre à mars de 8h30 à 21h ; le reste de l'année, jusqu'à 17h30 seulement. L'entrée est gratuite.
A savoir : la ville dispose d'un DAB pour vos retraits d'argent (mais comme d'habitude, pas sûr qu'il fonctionne tous les jours).

COYHAIQUE ★★

Coyhaique est la capitale de la région d'Aysén et la seule ville importante de la Routa australe (près de 58 000 habitants selon le recensement de 2012). Siège des quelques industries locales, elle pourrait devenir un pôle touristique majeur. Point de départ pour effectuer les excursions dans les parcs nationaux de la région (Queulat, Laguna San Rafael) et autour du lac Carrera, c'est aussi une halte agréable. Le centre-ville présente une structure peu habituelle pour une ville chilienne : la traditionnelle place est ici de forme pentagonale. Toute l'activité de la ville se déploie dans ses alentours. En janvier 2006, une équipe de scientifiques chiliens a mis au jour les ossements d'un jeune homme datant d'au moins 9 000 ans, dans une grotte du lieu-dit Baño Nuevo.

Transports

AEROPUERTO BALMACEDA

Vers Punta Arenas, réservez un siège sur la gauche de l'avion : superbes panoramas sur les Andes (par beau temps). Vaut la dépense ! Au sein du petit aéroport, vous apercevrez dès votre arrivée plusieurs stands de location de véhicules, notamment Rent a Car, Hertz et EuropCar.

- **De l'aéroport au centre-ville :** A 50 minutes de la ville en minibus ou taxi. Des services de minibus sont assurés pour 4 000 $ l'aller simple (8 000 $ depuis Puerto Chacabuco), depuis votre hôtel qui peut se charger de la réservation.

BUS

Le terminal de bus est situé sur Lautaro, à l'angle de Magallanes. En hiver, il n'y a presque pas un bus. En été, ils sont pleins très vite... Le problème : il est impossible de réserver son siège par téléphone ou email ! Les horaires changent souvent, donc renseignez-vous bien auprès de Sernatur.

- **Vers Villa Amengual et Mañihuales.** Tous les bus qui se rendent à Puerto Cisnes, Puyuhuapi ou Chaitén passent par Villa Mañihuales et Villa Amengual : on pourra donc descendre en route.
- **Vers Puerto Cisnes.** Compter 7 000 $ par personne. Terraustral et Sao Paulo partent du lundi au samedi à 17h. Compter 2h de trajet.
- **Vers Puerto Tranquilo :** tous les jours à 8h, s'asseoir du côté droit de préférence même si les paysages sont sublimes de toutes parts. Comptez autour de 10 000 $.
- **Vers Puyuhuapi et La Junta.** Avec les bus Becker ou Daniela. Compter 12 000 $ par personne, les départs sont toutefois irréguliers, renseignez-vous.
- **Vers Chaitén.** Avec les bus Becker, les mardi et samedi à 8h. Ils passent par Villa Amengual, Mañihuales, Puyuhuapi et La Junta. Compter 24 000 $ pour 11h de trajet.
- **Vers Futaleufú.** Les bus Daniela partent les lundi, mercredi et vendredi à 9h. Compter 20 000 $.
- **Vers Osorno / Puerto Montt / Ancud / Castro.** Queilén Bus part les lundi, mercredi, vendredi et samedi à 17h ; retour les mêmes jours à 8h de Castro, 9h30 d'Ancud, 12h de Puerto Montt et 13h d'Osorno. Trans Austral part les mardi et vendredi à 16h30.
- **Vers l'Argentine (Comodoro Rivadavia, 11 heures de bus).** Trans Austral part les lundi et vendredi à 8h (retour les mercredi et samedi à 8h).
- **Vers Puerto Aysén.** Les minibus Suray partent toutes les 30 minutes. Compter 2 700 $ l'aller-retour.
- **Vers Puerto Ibáñez (pour se rendre à Chile Chico).** Plusieurs compagnies assurent le trajet, en 1 heure environ pour 4 000 $.
- **Vers Cochrane.** Les bus Sao Paulo partent du mardi au dimanche à 9h. Don Carlos part du lundi au samedi à 9h30. Aguilas Patagonicas part les mardi (ou jeudi) et dimanche à 8h30/9h. Acuario 13 part du mardi au dimanche à 10h. Les bus passent par Cerro Castillo, Río Tranquilo, Cruce Guadal et Puerto Bertrand. Le tarif est dans tous les cas de 13 000 $ pour 339 km, dont 95 km goudronnés (soit environ 6 à 7 heures de route).

LATAM

Moraleda 402
✆ 6005262000
www.latam.com
contactlatam@latam.com
Ouvert du lundi au vendredi de 9h à 13h et de 15h à 18h45, le samedi de 9h30 à 13h30.
Pour Santiago, au moins deux fois par jour ; l'avion passe par Puerto Montt. Un aller simple est bien plus cher qu'un aller/retour (dans les 203 000 $ l'aller simple, et... à partir de 55 000 $ l'aller/retour !).

NAVIMAG

✆ +56 2 2442 3120
www.navimag.com
sales@navimag.cl
Site Internet très bien fait avec tous les parcours et horaires. On peut réserver en ligne.
Ferry tous les mardi et vendredi à 16h de Puerto Chacabuco vers Puerto Montt (deux jours/1 nuit), en été. Pas de ferry après fin mars. Compter entre 57 000 et 143 000 $ par personne, selon le confort. Depuis Puerto Montt, les départs s'effectuent les mercredi et samedi à minuit. On peut transporter sa voiture (assez cher).

Coyhaique
250 m.
ZOOM CENTRE VILLE
Casa Greca
Hotelera San Rafael
Parra
Casino de Bomberos
La Piel Roja
E. Lillo
El Reloj
Monreal Oriente
Gral Schneider
Rio Coyhaique
Rio Simpson
Ignacio Serrano
Simon Bolivar
Hostal Belisario Jara
Crisóbal Colón
Sgto Aldea
Pedro Aguirre Cerda
Monreal
Avenida General Baquedano
Ve-intiuno de Mayo
Almte Barrosco
Francisco Bilbao
Ramon Freire
Hospedaje Don Santiago
Lautaro
Victoria
Lito's
Magallanes
A. Prat
Supermarchés
Lillo
Pdte Errázuriz
Residencial Monica
Simpson
Bus Terminal
Albergue La Salamandras
RECINTO OGARRA
Avenida Ogana
Los Coigües
Los Maños
Las Lumas
Las Quintas
Simpson
Avenida Divisadero
G. Adarme
Edifice religieux
Curiosité et divers
Musée
Poste
Gare routière
Information touristique
Téléphone public
Hébergement
Restauration
Marché et commerce
Police
Hôpital
CENTRE VILLE
Moraleda
Baquedano
Hotelera San Rafael
Traeger Turismo
La Piel Roja
Musée Régional de la Patagonie
Centre Téléphonique
21 de Mayo
Rodriguez
Riquelme
Présidente Ibañez
Balmaceda
Cathédrale
Bulnes
Condell
Hôpital
Carrera
Balmaceda
Casino de Bomberos
PLAZA
Montt
Informations touristiques
Parra
Barroso
Poste
Cruz
Dussen
La Fiorentina
Horn
Café Ricer
Magallanes
Bar West
Bilbao
Municipalité
Lillo
Simon Bolivar
Serrano
Freire

SKY AIRLINE
Arturo Prat 203
✆ +56 67 2 240 826 – www.skyairline.cl
Vers Puerto Montt et Santiago une à deux fois par jour. Compter à partir de 70 US$ l'aller simple vers Santiago, hors saison et en s'y prenant bien à l'avance. Pour Punta Arenas, à partir de 80 US$ l'aller simple cinq à six fois par semaine en été, trois fois en hiver.

TRAEGER
Av. Baquedano 457
✆ +56 67 2 231 648
www.traeger.cl – contacto@traeger.cl
Bureaux ouverts tous les jours du lundi au vendredi de 8h30 à 13h puis de 15h à 18h30, le samedi de 9h à 14h.
Un loueur de voiture sérieux, avec son propre garage. Réservez longtemps à l'avance, en été tous les véhicules sont vite occupés !

Pratique

Tourisme - Culture

On peut aussi se connecter aux sites www.recorreaysen.cl et www.aysenpatagonia.cl pour obtenir des infos sur la région.

CASA DEL TURISMO RURAL
Plaza de Armas ✆ +56 67 2 524 929
www.casaturismorural.cl
casadelturismorural@gmail.com
Bureaux ouverts du lundi au vendredi de 10h à 13h et de 14h30 à 19h.
Réseau de logements familiaux, de guides et de services touristiques offerts par des particuliers le long de la Route australe. Programmes spéciaux disponibles. Pas le grand luxe, mais au plus près des habitants et de la nature.

CONAF
Ogana 1060
✆ +56 67 2 212 109
www.conaf.cl
aysen.oirs@conaf.cl
Pour s'informer sur les parcs nationaux des environs.

OFFICE DU TOURISME DE SERNATUR
Bulnes 35
✆ +56 67 224 02 98
www.sernatur.cl
infoaysen@sernatur.cl
Ouvert de 9h à 18h30 en semaine, de 9h à 18h le week-end en été.
Pas mal d'infos.

Argent

Plusieurs banques disposent de DAB, notamment sur la rue Condell entre la place et l'avenue Baquedano. Les supermarchés en sont aussi équipés.

Moyens de communication

CORREOS DE CHILE
Cochrane 226
✆ + 56 5 959 001
près de la Plaza de Armas.
En semaine de 9h à 18h30, le samedi de 10h à 13h.

Santé - Urgences

HÔPITAL RÉGIONAL
À l'angle de Carrera
Dr. Jorge Ibar 68
✆ +56 67 2 262 001
www.hospitalregionalcoyhaique.cl

Champ de lavande à Coyhaique.

Se loger

Bien et pas cher

Nombreux *hospedajes* sur Simpson et alentour. Compter à partir de 8 000 $ par personne avec petit déjeuner environ.

■ CAMPING ALBORADA

✆ +56 67 2 238 868
À 1 km sur la route de Puerto Aisén.
Compter 4 500 $ par personne.
Jolis sites couverts, avec électricité et eau chaude.

■ HUELLA PATAGONICA

Ignacio Serrano 687-921
✆ +56 9 4410 1571
www.huellapatagonica.cl
huellapatagonica.coyhaique@gmail.com
Une adresse moderne et colorée qui propose des lits en dortoirs et des chambres privées. L'ensemble est propre, chaleureux et confortable. Les dortoirs sont spacieux et chaque lit à son propre locker. Tout est judicieusement pensé pour mettre le voyageur à l'aise : les chambres sont chauffées, chaque lit a sa lampe et sa prise individuelles. Les pièces communes sont agréables et plutôt bien pensées pour faciliter les rencontres. L'hostel a aussi son propre café et propose de délicieux petits déjeuners. Une adresse conviviale où l'on se sent vite chez soi, le personnel est aimable et serviable. Une jolie découverte.

Confort ou charme

■ HOSTAL BELISARIO JARA

Bilbao 662 ✆ +56 67 2 234 150
www.belisariojara.cl
reservas@belisariojara.cl
Compter à partir de 75 000 $ la simple, 98 000 $ la double et 115 000 $ la triple en haute saison.
Un établissement très charmant, dont toutes les chambres ont quelque chose d'unique et de particulier. Confortables et spacieuses, elles sont plus ou moins lumineuses. Superbe salle de séjour. Une très bonne adresse, au service remarquable.

■ HOTEL EL RELOJ

Baquedano 828
✆ +56 67 2 231108
www.elrelojhotel.cl – contacto@elrelojhotel.cl
Compter 65 000 $ pour un, 85 000 $ pour deux, avec le petit déjeuner.
Bel hôtel à l'atmosphère familiale. Le salon est somptueusement décoré. Les chambres, aux murs en bois, sont très confortables (avec écran plat et wifi), bien qu'un peu étroites. Le restaurant (fermé le dimanche), est l'une des meilleures tables en ville.

■ RAICES B&B

Baquedano 444
✆ +56 9 9619 5672
www.raicesbedandbreakfast.com
info@raicesbedandbreakfast.com
En saison haute, compter 70 000 $ la simple, 80 000 $ la double et 120 000 $ la chambre familiale, petit déjeuner inclus, selon la saison.
Beaucoup de charme rustique dans cette adresse confortable, avec son bois, ses pierres, ses textiles locaux, ses cheminées... et ses lits si douillets ! La propriétaire, Cecilia, est très accueillante et fournit quantité d'informations. Le petit déjeuner est très bon et le wifi est gratuit. Bref, que demander de plus ? Un excellent choix.

Luxe

■ NOMADES HOTEL BOUTIQUE

Baquedano 84
✆ +56 67 2 2377723
www.nomadeshotel.com
info@nomadeshotel.com
Compter 170 000 $ pour deux, wifi et petit déjeuner inclus.
Un superbe établissement, ouvert en février 2012, proposant huit chambres très spacieuses et deux appartements équipés d'un confort absolu (avec wifi et grand écran plat), divinement décorés (bois, pierre, cuir... on y sent partout la culture tehuelche) et avec un souci du détail qui ravit. Avec une vue sur la rivière en prime ! Mariana et Hugo, nos hôtes, sont très aimables et attentionnés. Le restaurant est un délice. La meilleure adresse de Coyhaique, sans hésiter.

Se restaurer

Pause gourmande

■ CAFE ORIENTE

Condell 201
✆ +56 67 2 231 622
Du lundi au samedi de 8h à 21h.
Le plus ancien café de la ville. Parfait pour prendre son petit déjeuner ou son goûter avec les habitués de ce lieu mythique de Coyhaique.

Bien et pas cher

■ CASINO DE BOMBEROS

General Parra 365
✆ +56 67 2 231 437
Menu à 5 000 $, sauf le dimanche (6 000 $).
Cuisine traditionnelle chilienne (poissons surtout, mais aussi le fameux *steak a caballo* – avec un œuf au plat dessus), très populaire auprès des locaux. Ce n'est pas fantastique, le service est un peu lent, mais c'est copieux et très typique.

EL DUENDECITO DE LA EME
Serrano 150
✆ +56 9 9499 9291
Ouvert de 12h45 à 15h30 et de 18h à 23h, le dimanche de 12h45 à 16h. Menu le midi à 6 500 $ en semaine. Rodizio de pizzas à 8 000 $.
Un restaurant « italien » servant d'excellentes pizzas. Il s'agit d'un *rodizio* (restaurant populaire au Brésil ou au Portugal, à base de viandes en principe) : on paie un prix fixe et on goûte plusieurs types de pizzas jusqu'à satiété. Certaines sont même sucrées (au manjar, au chocolat...) ! On sert aussi des viandes, des pâtes... Côté déco, il y a des lutins (*duendes*) de toutes tailles, partout. Bon service.

RUIBARBO
Baquedano 208
✆ +56 9 7496 7072
ruibarbocafe@gmail.com
Menu à 4 000 $ le midi en semaine.
Pedro et Soledad sont aux petits soins dans cette nouvelle adresse intime et conviviale. On apprécie les petits déjeuners copieux et les menus le midi au très bon rapport qualité/prix. On y goûte notamment au fameux agneau de Patagonie. A découvrir.

Bonnes tables

LITO'S
Lautaro 147
✆ +56 67 2 254 528
Ouvert de 10h à 2h du matin.
Spécialité exquise de parrillada. Elle est servie sur un brasero, avec des *sopaipillas* (beignets de farine de blé). Sur commande, on sert un *asado de cordero* (agneau), avec pommes de terre et salade. Autres découvertes : la *paila marina* avec *picorocos* (balanes) et des *puyes* (petits poissons frits) au persil, entre autres délices de la mer, ou le *pastel de jaiba*. Décoration plus recherchée que ne le laisse supposer l'entrée. C'est une vraie bonne *picada*, à ne pas manquer.

MAMMA GAUCHA
Horn 47-D
✆ +56 67 2 210 721
www.mammagaucha.cl
mammagaucha@gmail.com
Ouvert de 10h à 2h du matin. Fermé le dimanche. Pizzas entre 4 500 et 7 900 $. Tablas entre 6 900 et 14 000 $. Salades entre 4 500 et 6 800 $.
Sur la place ou presque, une excellente pizzeria à l'ambiance toujours animée. Essayez celle à l'agneau, un régal.
Wifi gratuit. Bière artisanale du cru (Tropera), de qualité. Très populaire et le service peut parfois s'en ressentir un peu.

Sortir

PIEL ROJA
Moraleda 495
✆ +56 67 2 236 635
www.pielroja.cl – info@pielroja.cl
Tous les jours de 18h à 05h du matin. Entrée payante (avec cover). Happy-hour en semaine au bar de 19h à 21h. Le week-end à l'étage, de 22h à 0h30.
On boit en bas et on danse en haut (entrée différente, sur Condell). Il y a de l'ambiance, mais ne pas compter y venir trop tôt. On sort tard même à Coyhaique !

Autre adresse : Condell 117

À voir - À faire

CENTRO CULTURAL COYHAIQUE ★
Lillo 23
✆ +56 67 2 211 596
contacto@culturalcoyhaique.cl
Ouvert de 9h à 21h en été ; de 8h30 à 13h et de 15h à 19h du lundi au samedi, le samedi de 8h30 à 13h le reste de l'année.
Le musée retrace l'histoire de Coyhaique et de sa région, sa lente colonisation par les pionniers arrivés au début du siècle et rappelle qu'il y a à peine cent ans l'intérieur de la région d'Aysén était encore inhabité.

RESERVA NACIONAL COYHAIQUE ★★
Ouverte tous les jours de décembre à mars de 8h30 à 17h. Entrée : 6 000 $ (3 000 $ pour les enfants). À seulement 5 km de la ville (sortir par la rue Baquedano en direction de Puerto Aysén). Pour s'y rendre, ça monte, mais la vue sur la vallée de Coyhaique récompense. Camping au secteur Casa Bruja, à 2,5 km de l'entrée.
Sur une superficie de 2 150 ha, plusieurs sentiers vous retiendront une bonne journée ; par exemple celui qui vous mène aux belles lagunes Los Sapos et Malline. Mais nous recommandons de gagner le sommet du Cerro Cinchao, qui culmine à 1 361 m d'altitude (12 km de marche). On traverse une superbe forêt de lengas, et les panoramas sont magnifiques sur la ville et la face nord du Cerro Castillo, au loin.

RESERVA NACIONAL RÍO SIMPSON ★
Compter 8 000 $ l'entrée. Une aire de camping (San Sebastián) est située à 5 km à l'est de l'entrée, mais le camping Río Correntoso, au bord de l'eau (à 24 km de Coyhaique), est plus champêtre et plus intéressant. Compter 7 000 $ par personne pour camper. Tous les bus qui se rendent à Puerto Aysén peuvent vous déposer à l'entrée.
D'une superficie de plus de 41 370 ha, cette réserve, créée en 1967, est située à l'ouest de

Coyhaique. La faune du parc, nombreuse et variée, est représentée par le huemul et le puma, ainsi que par plusieurs types de renards. Près de la route se trouve un centre d'information avec un petit musée. Vous pourrez également observer un gigantesque tronc, dont les anneaux de croissance sont encore bien visibles. Il s'agit du vestige d'un arbre de près de 400 ans abattu dans les années 1970. Le río Simpson, qui donne son nom à la réserve, est celui dont le débit est le plus important. Son principal affluent est le río Correntoso.

Shopping

■ **LAVERIE ALL CLEAN**
General Parra 55
✆ +56 67 2 219 635
Compter 5 000 $ pour 3 kilos.
En déposant son linge vers 9h, on vous le rend lavé et repassé vers 18h. Pratique.

PUERTO AISÉN

On pourrait croire que le temps s'est arrêté dans cette petite ville au charme fou, nichée dans les contreforts des fjords et des montagnes. Pas mal de voyageurs en provenance de Puerto Chacabuco (et donc arrivés en ferry) décident de faire escale dans cette ville d'à peine 15 000 habitants. Les rivières abondent de poissons qui attirent chaque année de grands amateurs de pêche à la mouche tandis que les plus aventureux s'adonnent à la randonnée ou encore l'escalade. Le tourisme est encore naissant dans cette région isolée, mais Puerto Aisén devient de plus en plus à la mode : sa nature sauvage est à portée de main et attire de plus en plus les foules de touristes avides de grands espaces.

PUERTO CHACABUCO

Nommée d'après la bataille de Chacabuco qui eut lieu en 1817 pendant la guerre d'indépendance chilienne, Puerto Chacabuco et le principal port de la région et sert essentiellement d'escale et de terminus aux navires en provenance du nord du pays. Situé à 80 km de Coyhaique, la plupart des voyageurs décident d'entamer leur séjour sur la Carretera Austral en descendant du ferry, c'est un point de départ privilégié pour le parc national Laguna San Rafael.

Transports

▶ **Le ferry Navimag** part de Puerto Montt jusqu'à Puerto Chacabuco. Compter aux alentours de 50 000 $ pour une cabine en dortoir partagé avec salle de bains commune.

PARQUE NACIONAL LAGUNA SAN RAFAEL ★★

Le parc national Laguna San Rafael s'étend sur une superficie de 1 742 000 ha, ce qui en fait le plus grand parc naturel de la région d'Aysén. En raison des ressources naturelles dont il dispose, il fut déclaré réserve mondiale de la biosphère en 1979 par l'Unesco.Le relief du parc se caractérise par la présence de plusieurs des sommets les plus hauts des Andes australes, dont le mont San Valentín qui culmine à 4 058 m. Les Campos de Hielo Norte, situés sur le territoire du parc, donnent naissance à de nombreux glaciers, dont celui de San Valentín que l'on contemple aujourd'hui.

Transports

■ **CATAMARANES DEL SUR**
Av. Pedro de Valdivia 0210
Providencia, Santiago
✆ +56 2 2231 1902
www.catamaranesdelsur.cl
info@catamaranesdelsur.cl
Compter, pour 3 nuits, à partir de 541 000 $ par personne (base double) ; pour 6 nuits à partir de 1 127 000 $. Un peu plus cher en single.
Cette compagnie propose des programmes de 3 ou 4 nuits (du jeudi au dimanche ou du dimanche au jeudi), incluant le logement (dans leur très bel hôtel Loberías del Sur, à Puerto Chacabuco, avec piscine et wifi), la pension complète, une excursion en catamaran au parc national Laguna San Rafael (journée complète tout compris) + au parc Aikén del Sur avec *asado* + les transferts de/vers l'aéroport). A partir d'août jusqu'à fin avril.

■ **SKORPIOS**
A Puerto Montt
✆ +56 2 2477 1900
www.skorpios.cl
skoinfo@skorpios.cl
Pour la croisière CHRONOS en haute saison, compter 2 200 US$ par personne en cabine pour deux, 1 700 US$ en cabine pour trois et 1 500 US$ en cabine pour quatre.
La Ruta Chonos vous conduit de Puerto Montt vers le glacier San Rafael. Ce voyage magnifique et très confortable, inclut une visite des thermes de Quitralco et de la ville de Castro sur l'île de Chiloé. Une très belle expérience.

Pratique

Tourisme - Culture

▶ **Droit d'entrée :** compter 8 000 $ par adulte, 4 000 $ par enfant de 12 à 17 ans.

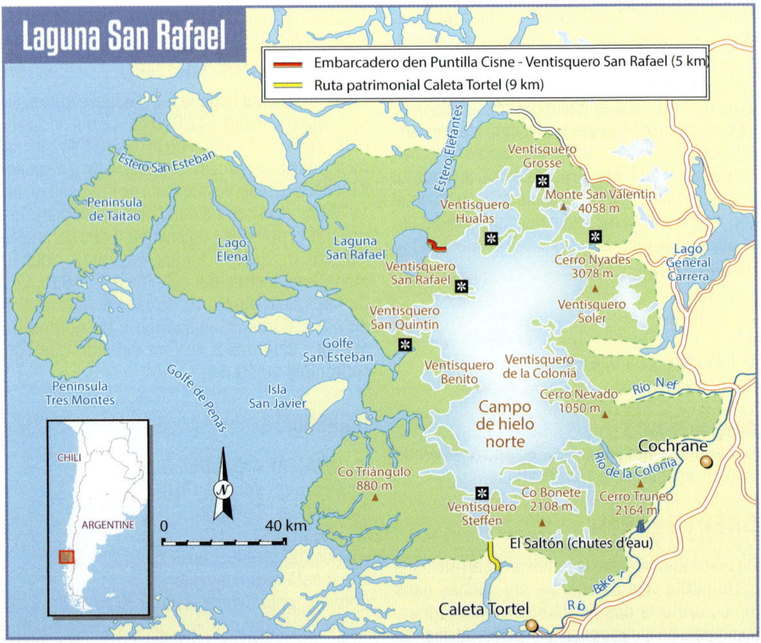

Réceptifs

■ **DESTINO PATAGONIA**
Gilberta Flores 208, Puerto Tranquilo
✆ +56 9 8822 9491
www.destinopatagonia.cl
contacto@destinopatagonia.cl
Pour une journée complète sur la laguna San Rafael, compter à partir de 230 US$ par personne, pour l'excursion de 2 journées et 1 nuit, compter à partir de 345 US$ par personne.
Propose une excursion à la journée vers le parc national, depuis le km 75 de la route de Puerto Tranquilo vers Bahía Exploradores (soit 2 heures de voiture). On trouve aussi des excursions complètes sur le glacier où vous pourrez même passer la nuit, des randonnées sur plusieurs jours à travers les glaciers, les forêts et les fjords et une sortie de 3 nuits sur un petit bateau à la recherche de la flore australe. Aussi un tour de 4 jours/3 nuits tout inclus, depuis l'aéroport de Balmaceda, avec balades en kayak et visite de la Capilla de Mármol.

■ **EMTREX**
✆ +56 9 82594017
www.exploradores-sanrafael.cl
reservas@exploradores-sanrafael.cl
Devis sur demande.
Journée complète, tout inclus, à partir de 130 000 $ par personne, depuis le km 75 de la piste vers Bahía Exploradores. Départ vers 9h et retour vers 19h. Une excursion de deux jours incluant une nuit en refuge et un petit trek dans le parc national est aussi proposée.

■ **LOBERIAS DEL SUR**
Pedro de Valdivia 0210
Providencia
SANTIAGO DE CHILE
✆ +56 65 482 308
www.catamaranesdelsur.cl
info@catamaranesdelsur.cl
Programmes de 4 jours/3 nuits ou 5 jours/4 nuits dans le parc de la Laguna San Rafael. Excursions d'un seul jour possibles. A partir de septembre jusqu'à mi-avril. Compter entre trois et neuf départs par mois (le mois de février étant le plus chargé). La compagnie gère aussi le bel hôtel Loberías del Sur à Puerto Chacabuco, et le parc Aikén del Sur près du lac Riesco (beaux paysages agrestes).

▸ **Autre adresse :** A Santiago ✆ +56 2 231 1902.

RESERVA NACIONAL RÍO SIMPSON

D'une superficie de plus de 41 370 ha, cette réserve, créée en 1967, est située à l'ouest de Coyhaique. Elle est soumise à un climat pluvieux, avec des précipitations moyennes

annuelles de 1 500 à 2 500 mm. La faune du parc, nombreuse et variée, est représentée par le huemul et le puma, ainsi que par plusieurs types de renard.
Le río Simpson, qui donne son nom à la réserve, est celui dont le débit est le plus important. Son principal affluent est le río Correntoso. Une aire de camping est située à 5 km à l'est, mais le Camping Río Correntos, au bord de l'eau, est plus champêtre et plus intéressant. Tous les bus qui se rendent à Puerto Aysén peuvent vous déposer à l'entrée.

LAGO GENERAL CARRERA

D'une superficie totale de 97 000 ha, le lac General Carrera est le deuxième plus grand lac d'Amérique du Sud après le lac Titicaca (Pérou-Bolivie). Il est partagé entre l'Argentine et le Chili (du côté argentin, il a pour nom lac Buenos Aires). Enigmatique, il a accueilli ses premiers habitants au tout début du XXe siècle, attirés par les mines de cuivre, de plomb et de zinc présentes dans la région. On se laisse facilement séduire par ses trésors naturels, comme les désormais célèbres cathédrales de marbres, mais aussi, plus simplement, par la couleur magnétique de son bleu turquoise. Ses eaux, pourtant si calmes, ont emporté en 2015 le célèbre entrepreneur Douglas Tompkins (créateur notamment de la marque North Face) qui a consacré ses richesses et sa vie à la préservation des réserves naturelles du pays.

PUERTO INGENIERO IBAÑEZ

Si vous désirez traverser le lac pour Chile Chico, c'est là qu'on prend le ferry. Nombreux départs en bus depuis Coyhaique, en harmonie avec les horaires du ferry.

Transports

Un nouveau ferry (La Tehuelche) assure la traversée vers Chile Chico. Attention, les horaires changent souvent. Depuis Chile Chico, départs à 8h les lundi, mardi et jeudi, 16h les mercredi et dimanche, 17h le vendredi et 9h le samedi. Au retour, depuis Puerto Ibañez, départs à 19h les lundi, mercredi et dimanche, 10h le mardi, 20h le jeudi et vendredi et 12h le samedi. La traversée dure 2 heures 10. Compter 2 300 $ par personne et 19 750 $ la voiture.

Se loger

▶ **On peut dormir sur place,** à tout hasard. Plusieurs *residenciales* à environ 8 000 $ par personne.

PUERTO MURTA

Ce petit village d'environ 550 habitants, fondé dans les années 1930, est situé sur un bras du lac Carrera. On y accède en empruntant une bifurcation de 6 km à partir de la route australe. Aujourd'hui le village vit de l'élevage (bovin et ovin).
On y trouvera plusieurs auberges et restaurants, et l'une des deux seules pompes à essence autour du lac avant Chile Chico.

CERRO CASTILLO ★★

Peu après l'embranchement vers Puerto Ibáñez se situe cette petite bourgade sans intérêt mais qui jouit d'une superbe vue sur le massif du Cerro Castillo.
Vous trouverez un kiosque d'informations touristiques, des bouis-bouis où acheter des victuailles et des opportunités pour dormir. La route goudronnée se termine ici et les passionnées de randonnée s'y arrêteront aussi afin de partir à la conquête de ce merveilleux massif.

■ **CONAF**
✆ +56 67 2 212 109
aysen.oirs@conaf.cl
Compter 8 000 $ par adulte.
Responsable de l'administration du parc, possibilité d'obtenir plus d'informations et de se procurer des cartes.

■ **TREK DU CERRO CASTILLO**
Le Cerro Castillo est encore peu connu mais certains en parlent déjà comme le prochain Torres del Paine, et on comprend pourquoi : on profite de la même beauté concernant les paysages pour un prix, admettons-le, nettement moins cher. Le début du fameux trek de quatre jours se situe au km 64, donc avant le village (31 km exactement). Quelque 5 km auparavant se situe la guérite de la Conaf (au niveau de la Laguna Chiguay), où il faut payer 1 000 $ de droit d'entrée (faites-le pour que le parc soit maintenu). On peut garder vos affaires si vous le demandez gentiment. Il y a un camping (payant) avec eau chaude.

▶ **La meilleure source d'informations sur le parc** auprès de Condor Explorer à Coyhaique. Les conditions climatiques sont très instables et le sentier n'est pas évident (surtout depuis les terribles pluies de 2009). Ne pas partir sans préparation préalable.

- **Commencez votre marche au km 64,** au lieu-dit Las Horquetas. Le premier segment de 16,5 km vous mène jusqu'au camping Portozuelo Río Turbio. On traverse des fermes, des forêts de lengas, on découvre d'anciens moulins. Le camping est situé dans un endroit charmant. Comptez au moins 6 heures de marche depuis Las Horquetas.

- **Le deuxième jour,** vous voilà parti pour une marche d'au moins 5 heures, beaucoup plus ardue puisque vous ne parcourez que 7,1 km. Il faut monter, le vent est souvent fort et le temps très instable. Il est possible d'observer des condors, des *huemules* et bon nombre d'oiseaux. Le camping se situe au niveau de l'Estero El Bosque, à 15 minutes de la Laguna Castillo. On peut aussi continuer pendant 1 heure 30 environ jusqu'à l'extrémité de la forêt (bons sites de camping).

- **Le troisième jour,** vous avez la possibilité de descendre déjà vers le village de Cerro Castillo si vous êtes fatigué ; cette section mesure 8,2 km et demande environ 5 heures de marche. Les plus courageux poursuivront toutefois vers le campement néo-zélandais (au moins 5 heures de marche). C'est la plus belle partie du trek, qui délivre un superbe panorama sur la vallée de la rivière Ibáñez et du lac General Carrera. On peut aussi faire un aller/retour à la lagune Duff depuis le camping néo-zélandais : un endroit magnifique (il faut grimper sur de gros rochers pour s'y rendre, attention aussi à la descente s'il pleut).

- **Enfin, le quatrième jour,** on descend vers Cerro Castillo : une marche de 13,2 km que l'on effectue en 5 heures environ. La forêt de lengas est ancestrale, puis on parvient dans un bois de *ñirres* et des prairies.

MUSEO DE LA ESCUELA
Carlos Soza n° 161
✆ +56 67 2 423 216
info@museoescuela-cerrocastillo.cl
Ouvert du mardi au dimanche de 10h à 17h, comptez 2 000 $ l'entrée par adulte et 1 000 $ par enfant.
Construite en 1955, l'ancienne école de Villa Cerro Castillo, appelée l'école n° 9, a été restructurée en 1997 en Musée de l'Ecole du Cerro Castillo. Cette ancienne école est un parfait exemple de la colonisation de la région et du mode de vie des habitants, déterminés à faire face aux difficultés de leur isolement géographique. Le musée héberge des pièces de collection qui racontent l'histoire passionnante de ces premiers hommes et femmes colons du district d'Ibañez. En raison de la valeur patrimoniale de ce bâtiment qui abrite la mémoire historique du processus de colonisation de cette ville et la richesse archéologique de ses environs, il a été déclaré monument national dans la catégorie des monuments historiques, le 5 février 2008. Au cours de l'année 2011, dans le cadre du programme « Bicentenaire Legacy », des fonds ont été alloués à l'exécution d'un nouveau remodelage et à la transformation de l'ancienne école en salle muséographique, centre d'information touristique et centre d'études scientifiques. Les nouvelles œuvres ont été inaugurées en janvier 2014 par la présidente de la République de l'époque, Michelle Bachelet. De plus, un centre d'accueil a été également construit pour mener des recherches, recevoir des thèses et organiser des réunions de recherche et d'analyse qui pourraient être centrées sur l'étude du bassin de la rivière Ibáñez, très riche en peintures rupestres, minéraux, et sites archéologiques.

PUERTO TRANQUILO ★★★

Petit village de moins de 500 habitants situé sur les rives du lac Carrera, à 233 km au sud de Coyhaique et 97 km au nord de Cochrane. Son activité est fondée sur la pêche et l'élevage, mais aussi sur le tourisme. En effet, une nouvelle piste a été percée dans la vallée Exploradores, permettant une approche optimale du glacier de la laguna San Rafael. C'est ici aussi qu'on propose la visite (indispensable) de la Capilla de Mármol.

Transports

Comment y accéder et en partir

- **Vers Coyhaique.** Les bus en provenance de Cochrane y passent vers 10h du matin environ. Compter 8 000 $ pour 4 heures de route. Aguilas Patagonicas partent quasiment quotidiennement à 9h30 et le dimanche à 12h.

- **Vers Cochrane.** Les bus en provenance de Coyhaique y passent vers 13h. Compter 2h30 de route pour 7 000 $.

- **Vers Chile Chico (via Puerto Guadal).** Transportes Pía part les mercredi et dimanche à 14h. Les bus Baker partent les lundi, jeudi et samedi à 13h. Compter 10 000 $ par personne. Avec les transports Martin Pescador. Départ de Puerto Tranquilo (et achat des billets à la petite cafétéria qui se trouve au croisement des rues Exploradores et Dagoberto Godoy). Compter 15 000 $ par personne, départ généralement à 13h ou 15h. S'asseoir du côté gauche afin de contempler le lac et son hypnotique couleur bleue.

- **Vers Puerto Guadal.** Les bus Eca partent les mardi et vendredi à 17h. Les bus Seguel partent le mercredi à 17h.

Vers Los Antiguos : rendez-vous de nouveau à la petite cafétéria qui se trouve au croisement des rues Exploradores et Dagoberto Godoy afin d'acheter vos billets pour Chile Chico. Le trajet est souvent assuré en début d'après-midi par une femme de forte corpulence et très sympathique qui pourra s'arranger afin de vous emmener jusqu'au poste-frontière. De là, il vous faudra trouver un taxi ou faire de l'auto-stop pour rejoindre le poste-frontière de Los Antiguos. Vous pouvez aussi marcher (environ 2 km) si vous n'êtes pas trop chargés ! Après avoir fait tamponner votre passeport par les services argentins, prenez un taxi pour rejoindre la bourgade ou, pour ceux qui voudraient rejoindre El Chalten, demandez le terminal de bus. Sachez qu'il est donc possible de faire Puerto Tranquilo – Chile Chico – Los Antiguos en une seule après-midi et d'attraper un bus pour El Chalten en soirée (nombreux bus de nuit). Toutefois, insistez bien auprès de votre conductrice pour partir le plus tôt possible : on arrive souvent pile-poil à l'heure avant que les postes-frontières ne ferment...

Pratique

Argent

Attention ! Pas de DAB dans le village.

Se loger

Bien et pas cher

Pour trouver à se loger à bon prix, demandez à la supérette Pía. On devrait vous proposer une chambre double à 14 000 $.

CAMPO ALACALUF
Camino Exploradores km. 44, Comuna Ibañez
www.campoalacaluf.cl
campoalacaluf@yahoo.de
Compter 28 000 $ la double et 42 000 $ la triple avec sanitaires communs ; 42 000 $ la double, 56 000 $ la triple et 70 000 $ la quadruple avec sanitaires privés, petit déjeuner inclus. Tarifs haute saison (en basse saison, 24 000 ou 36 000 $ la double).
Dans la vallée Exploradores, près du lac Bayo, une structure construite en bois autochtone. Loin de tout, pour revenir à soi. Les propriétaires sont très accueillants. On parle allemand, espagnol et anglais.

HOSTERIA Y CAMPING BELLAVISTA
El Salto
✆ +56 9 8152 8505
www.campingriotranquilo.wordpress.com
Près du terrain de football.
Camping à 5 000 $ par personne, chambre à 10 000 $ par personne (sans petit-déjeuner). Petit-déjeuner à 4 500 $.
Une option pas chère, mais c'est plus un *hospedaje* qu'une *hostería*. Les sanitaires sont communs. Les tours vers la Capilla reviennent à 5 000 $ par personne, et le transport vers Coyhaique à 7 500 $.

Confort ou charme

EL PUESTO
Pedro Lagos 258
✆ +56 9 62073794
www.elpuesto.cl
contacto@elpuesto.cl
En haute saison, compter de 92 à 115 US$ pour une personne, de 118 à 155 US$ pour deux et entre 205 et 245 US$ pour quatre, petit déjeuner à 15 US$. Dîner pour 28 US$ par personne.
Un petit coin chaleureux et convivial, tenu par Tamara et Francisco (qui s'occupent aussi de l'agence du même nom). On apprécie l'architecture intégrale en matériaux de la région, la luminosité naturelle, le chauffage et le bon confort des neuf chambres. Délicieux petits déjeuners. En outre, on vous propose une marche inoubliable sur le glacier Exploradores, du kayak, des treks ou de l'escalade. Chaudement recommandé.

HOSTERIA COSTANERA

✆ +56 9 5743 2175
www.hosteriacostanera.com
ipinuerhostal@gmail.com
Comptez à partir de 35 000 $ par personne.
12 chambres privées avec salle de bain, chauffage central, restaurant, service aimable et souriant. Chambres plutôt sobres mais certaines ont une jolie vue sur le lac. Une adresse tout à fait satisfaisante pour un séjour de quelques nuits. Le petit déjeuner est plus que correct et varie selon les jours.

Se restaurer

CAFETERIA LA NUTRIA

Valle Exploradores km 20
✆ +56 9 8528 4127
r.rojas.delpino@gmail.com
Churrasco à 6 000 $.
Entre forêts et glaciers, arrêtez-vous un instant à cette adresse après une journée de marche sur le glacier. On propose des plats typiques (churrascos avec viande et fromage locaux, waffles au dulce de leche), simples et délicieux. Tenu par une famille originaire de Santiago tombée amoureuse de la région, cette petite cafétéria a gagné à plusieurs reprises des concours culinaires nationaux. Les produits locaux sont réellement savoureux, la viande et le fromage ne peuvent vous laisser de marbre. La propriété propose aussi des emplacements pour camper avec salle de bains privée à 6 000 $ par personne. L'endroit est d'une tranquillité envoûtante et on vous gâtera sans le moindre doute, la mère de la maison est un amour et vous régalera de certains produits de son jardin. Des chèvres, des chiens, des arbres majestueux et l'énergie du lieu font que vous y resterait certainement plus d'une nuit !

CERVECERIA RIO TRANQUILO

Carr Austral
Des plats plutôt bons et originaux, des spécialités locales et des bières artisanales (on les brasse sur place). Le service est sympathique et la vue sur la terrasse est assez jolie au coucher du soleil.

À voir – À faire

CATEDRAL DE MÁRMOL – CAPILLA DE MÁRMOL ★★★

Depuis Bahía Mansa, à 5 km au sud de Puerto Río Tranquilo, le site n'est qu'à 5 minutes de bateau. Depuis le village même, nombreux bateaux proposant leurs services, mais le trajet est plus long.
Pour vous y rendre, rendez-vous sur la costanera de Rio Tranquilo, ici plusieurs petites agences proposent des tours d'1h30 jusqu'à la cathédrale et la chapelle de marbre. Comptez entre 10 000 et 20 000 $ par personne.
La Cathédrale, la Chapelle et la Grotte de marbre sont des formations géologiques et minérales de carbonate de calcium produites par l'érosion (on appelle ce phénomène la roche de marbre). Elles se trouvent sous trois îlots voisins du Lago General Carrera. L'origine de ce phénomène est purement géologique et est dû au dépôt de sédiments calcaires (il y a 370 millions d'années). Le passage du temps et l'érosion produite par la houle du lac, sur la roche, ont débarrassé celle-ci de toutes ses impuretés et ont créé ces merveilleuses chapelles déclarées «Sanctuaires de la Nature» en 1994, une des catégories de protection envisagée dans la législation chilienne sur les monuments nationaux. L'existence des chapelles a été documentée pour la première fois par l'explorateur italo-argentin Clemente Onelli dans son œuvre *Trepando los Andes*. Il y raconte son voyage en Argentine entre 1896 et 1897, commandé par le gouvernement argentin dans le cadre de ses campagnes d'exploration. Un spectacle magnifique à ne surtout pas manquer, qui rappelle les vers de Rabindranath Tagore : « Ce n'est pas le marteau qui a rendu ces pierres si parfaites, mais l'eau, avec sa douceur, sa danse et sa chanson. Là où la dureté ne fait que détruire, la douceur parvient à sculpter ». Une bien belle excursion, magnifique peu avant le coucher du soleil.

Sports – Détente – Loisirs

EL PUESTO EXPEDICIONES

✆ +56 9 5 1893 146
www.elpuesto.cl
expediciones@elpuesto.cl
Compter à partir de 115 US$ par personne pour le trekking sur le glacier, 70 US$ pour la sortie en kayak (3 heures), 125 US$ pour le rafting (3 heures) et 250 US$ pour la journée complète sur le Laguna San Rafael.
Une des premières agences à proposer des excursions dans le parc Laguna San Rafael. Avec professionnalisme et bienveillance, les guides certifités d'El Puesto proposent des excursions d'une très grande qualité, en anglais ou en espagnol, à la découverte des beautés environnantes. L'agence propose des tours parmi les plus beaux de Patagonie ! Pour le glacier, le départ se fait le matin à 8h30 pour un retour à 19h (compter 6 heures en tout sur le glacier), on prévoit tout le nécessaire pour garantir votre confort et votre sécurité (gants, casque, lunettes de soleil, crampons, genouillères...) et un snack à déguster à la mi-journée. Au retour, une boisson chaude et des gâteaux vous attendent au refuge.

Capilla de Mármol.

Visites guidées

MARMOL GUÍAS
à Bahía Mansa
✆ +56 67 2 258 168
www.marmolguias.com
info@marmolguias.com
À 5 km au sud de Puerto Tranquilo.
Balade de 30 min à 1 heure, entre 20 000 et 30 000 $ pour quatre selon l'afflux de voyageurs et une ristourne.
Visite de la Chapelle et Cathédrale de marbre (Capilla et Catedral de Mármol), un grand classique de la région et une superbe excursion.

TURISMO RIO TRANQUILO
Costanera
Tour d'1h30, départ en bateau depuis Rio Tranquilo. Comptez 10 000 $ par personne pour un groupe de 6 personnes.
Située sur les rives du lac, comme la plupart des agences qui proposent des tours vers les chapelles de marbre, cette petite agence propose un tour d'1h30 intéressant et efficace pour découvrir les merveilles du Lago General Carrera. L'embarcation est plutôt petite (une capacité d'environ 10 personnes), vous serez accompagné d'un guide dont les explications sont en espagnol. Une alternative économique pour découvrir le *must* de la région dans un contexte unique et intimiste.

PUERTO GUADAL ★

Ce petit village d'à peu près 500 habitants est situé à l'extrême sud-ouest du lac Carrera. C'est l'un des plus anciens foyers de peuplement de la région d'Aysén, créé dans les années 1920. Sa position avec sa grande plage de sable fin ont valu à ce village le surnom de « perle du lac Carrera ». Puerto Guadal jouit d'un microclimat que l'on attribue à la hauteur des cimes de la cordillère et aux champs de glace continentaux.

Transports

Puerto Guadal est situé à 10 km du croisement vers la Route australe, à 30 km de Puerto Bertrand et à 115 km de Chile Chico. Il y a une station-service.

- **Vers Chile Chico,** départs avec les bus Eca les mardi, mercredi et vendredi à 7h du matin. Compter 3h de trajet pour 7 000 $ environ. Les bus Seguel partent les lundi et jeudi à 7h.
- **Vers Coyhaique.** Les bus Eca partent les mercredi et dimanche à 8h, et reviennent les mardi et vendredi à 13h. Autres départs également le mardi, mercredi et vendredi à 19h, retour à 16h. Les bus Seguel partent les lundi et jeudi à 7h avec un retour à 16 et le mardi à 20h30 (retour le mercredi à 13h).
- **Vers Puerto Tranquilo.** Les bus Baker partent les lundi, jeudi et samedi à 9h30, et reviennent le même jour à 13h.
- **Vers Cochrane.** Les bus Baker partent les mercredi, vendredi et dimanche à 9h30, et reviennent le même jour à 16h. Compter 5 000 $ par personne.

BUS ECA
✆ +56 67 2 431 224
Vers Coyhaique et Chile Chico.

TURISMO BAKER
✆ +56 9 8464 1067
Vers Puerto Tranquilo et Cochrane.

Se loger

UN DESTINO NO TURÍSTICO
Camino La Manga 1,5 km
✆ +56 9 8756 7545
www.destino-noturistico.com
info@destino-noturistico.com
Compter 25 000 $ en dortoir, 60 000 $ en chambre double. Visites guidées à 10 000 $,.
Une auberge dont les maîtres-mots sont : écologie, tourisme durable et commerce équitable. Energie solaire, petits déjeuners du terroir, atelier pour les vélos, pas de télé ou d'Internet, et observation des étoiles pour toute activité nocturne ! Les deux proprios se feront un plaisir de partager leur passion pour un mode de vie alternatif. Les chambres et dortoirs sont bien douillets et le site de toute beauté.

EL MIRADOR DE GUADAL
✆ +56 2 2813 7920
www.elmiradordeguadal.com
reservas@elmiradordeguadal.com
Compter à partir de 155 US$ pour une chambre double standard, 185 US$ la supérieure et jusqu'à 310 US$ pour quatre, petit déjeuner inclus.
Au bord du lac, les huit bungalows en bois offrent tout le confort souhaité (avec un souci du détail qui fait plaisir), dans un site magnifique. Excellent accueil de Stefan et Carola et de toute l'équipe. Service de restauration de qualité. Nombreuses excursions proposées. Une bonne adresse.

HACIENDA TRES LAGOS
✆ +56 2 2333 4122
www.haciendatreslagos.com
ventas@haciendatreslagos.cl
Croisement entre la Route Australe et la piste vers Chile Chico, au niveau du Cruce El Maitén.
Toutes sortes de programmes et de multiples excursions sont proposés sur le site web. Chambre simple à partir de 210 US$.
Dans un paysage d'une puissante beauté, sur un domaine d'environ 1 500 hectares, c'est une adresse de luxe d'un goût exquis. 18 chambres de différentes catégories, parfaitement équipées, toutes avec vue sur le lac. Les aménités comprennent : Spa, sauna, bain bouillonnant, deux restaurants gastronomiques, une salle TV, Internet, wifi, laverie, bar, cafétéria, bibliothèque, plage privée... Toutes sortes d'excursions sont proposées : canopy, promenades à cheval, kayak, pêche, trekking, navigation sur les lacs et des longs séjours.

TERRA LUNA
Route vers Chile Chico, km 1.5
✆ +56 9 8449 1092
www.terraluna.cl
info@terra-luna.cl
Tarifs par nuit ou par programme sur le site Web. En haute saison, compter de 60 à 130 US$ pour un ou deux, jusqu'à 190 US$ pour six, avec petit déjeuner.
Un cadre enchanteur et un ensemble aussi charmant que confortable. Les services et activités proposés sont nombreux (le lodge est géré par Azimut 360, un réceptif français au Chili connu pour sa grande expérience dans les activités de plein air) : excursions partout dans la région, pêche, balades à VTT ou à cheval, trekking, transferts vers Coyhaique... Le petit refuge pour les amoureux, avec bain bouillonnant panoramique, vaut le coup d'œil ! Un lieu idéal pour séjourner quelques jours autour du lac.

FACHINAL ★

Petite plage du lac Carrera, située à une cinquantaine de kilomètres de Chile Chico, à l'endroit où le lac est le plus étroit. On ne peut atteindre Fachinal qu'en véhicule privé (attention aux vaches qui paissent en liberté sur le bord de la route ou qui, nonchalantes, se plaisent à stationner sur la chaussée !).
De Puerto Guadal à Chile Chico, la route serpente le long du lac. Elle s'élève pour offrir une vue superbe sur une eau bleu turquoise dominée par les cimes enneigées de la cordillère, puis redescend au niveau du lac, comme sur un parcours de montagnes russes. On traverse de nombreux petits ponts surplombant des canyons où s'écoulent des torrents aux eaux grises. On passe également au-dessus de *ríos* aux eaux bleu turquoise (comme le *río* Baker, le cours d'eau au débit le plus important du Chili, qui naît du lac Carrera au niveau de Guadal), des eaux propices à la pêche à la mouche, le premier sport régional.
Ceux qui viennent d'Argentine seront étonnés par le contraste entre l'aridité de la pampa et la luxuriance de la végétation de cette région. Celle-ci permet l'élevage des bovins, l'activité principale des *estancias* de cette zone.

CHILE CHICO ★

Chile Chico est un bourg de 5 100 habitants (recensement 2015), accoudé à la frontière argentine. On y passe plus qu'on y reste... ce qui est bien dommage ! Car les alentours recèlent des paysages à couper le souffle. Une caractéristique de la région : la grande connivence qui existe avec les Argentins, voisins frontaliers. On est loin des clichés ou des mouvements de troupes bien réels. Ici, les deux peuples ont véritablement la même culture, plus régionale que nationale. On boit du maté à Chile Chico et, lors de l'éruption du volcan Hudson en 1991, les secours et les aides sont venus plus rapidement d'Argentine que du Chili même. A noter que la région jouit d'un micro-climat bien agréable.

Transports

■ BUS

Il n'y a pas de terminal de bus à ce jour, donc les départs s'effectuent depuis plusieurs endroits différents sur l'Avenue O'Higgins.

- **Vers Puerto Guadal.** Eca (O'Higgins 210) part les mardi, mercredi et vendredi à 16h ; Seguel (O'Higgins 394) par les lundi à jeudi à 16h ; Pía (O'Higgins 426) part les mardi et vendredi à 16h ; Baker (à côté de la Municipalité) part tous les jours sauf le mardi à 9h. Compter 3 heures de route pour 7 000 $ par personne. Le bus vous dépose à 500 m du village.
- **Vers Puerto Tranquilo.** Il faut d'abord se rendre à Puerto Guadal. Compter 5 heures de route pour 10 000 $.
- **Vers Coyhaique.** Prendre d'abord un ferry pour Puerto Ibáñez, où attendent les bus.
- **Vers Los Antiguos (frontière argentine).** Compter environ 3 000 $ pour 20 minutes de voyage mais des taxis sont aussi à disposition aux postes-frontières. Départs depuis O'Higgins 426.

Pratique

■ BANCO DEL ESTADO

González 112

En semaine de 9h à 14h.

DAB acceptant les MasterCard. On peut changer des dollars américains, des euros et des pesos argentins aux guichets.

■ CONAF

Alberto Blest Gana N° 121

✆ +56 67 2 411 325

andres.cossio@conaf.cl

Du lundi au vendredi de 10h à 18h, le samedi de 10h à 14h.

Des renseignements sur les parcs nationaux alentour et conseils pratiques.

■ OFFICE DU TOURISME

Mairie de Chile-Chico

O'Higgins 333

✆ +56 67 2 411 123

www.chilechico.cl

administradora@chilechico.cl

En été, ouvert tous les jours de 9h à 21h.

On peut y acheter son permis de pêche.

Se loger

■ HOSPEDAJE BRISAS DEL LAGO

Manuel Rodríguez 443

✆ +56 67 2 411 204

brisasdellago@gmail.com

Compter à partir de 20 000 $ dans une chambre simple et à partir de 34 000 $ la chambre double. Salle de bains partagée.

Une adresse tout au bord du lac qui bénéficie d'une jolie vue. On propose des chambres simples ou doubles avec salle de bains commune ou des cabañas pouvant accueillir de 2 à 5 personnes. Rien d'exceptionnel, c'est plutôt rustique, mais très propre d'autant plus que l'on est bien accueilli. Une bonne petite adresse pour ceux qui souhaitent faire une halte avant de traverser la frontière.

■ HOSTERIA DE LA PATAGONIA

✆ +56 67 2 411337

www.hosteriadelapatagonia.cl

hdelapatagonia@gmail.com

Sur la route de Los Antiguos.

Camping à partir de 5 000 $ par personne. Compter 45 000 $ la simple, 66 000 $ la double et 90 000 $ pour quatre avec sanitaires privés. Petit déjeuner inclus.

Cette jolie propriété est celle d'une famille belge arrivée en 1949. L'ambiance *gaucho* nous plonge dans une atmosphère tout à fait agréable, l'endroit est inattendu et définitivement une bonne surprise. On est au milieu d'un paysage verdoyant et des animaux, les chambres abordent des tons neutres, sont décorées avec goût et laissent entrer une belle lumière naturelle.

Partout, la maison regorge de petits trésors qu'elle accumule au fur et à mesure des décennies : on déambule presque dans un musée ! Le navire échoué apporte un certain cachet au lieu et le restaurant est la meilleure table de la ville. N'oubliez pas de plonger dans le petit bain à remous extérieur : particulièrement plaisant dans un cadre aussi reposant !

■ HOSTERIA POSADA DEL RIO

Caminon internacional, km 4

✆ +56 9 9647 0968

reservas@posadadelriolodge.com

Chambre simple à 44 000 $; chambre double à 56 000 $; chambre familiale à partir de 70 000 $. Wifi et petit déjeuner compris.

Adresse récente, un peu éloignée de la ville, aux 16 chambres confortables où le bois domine. Dispose de son propre transport pour Puerto Ibáñez.

KON AIKEN
Carretera Austral km 6
✆ +56 67 2 411 598
www.konaikenturismo.cl
jmercegue7@hotmail.com
Compter 3 000 $ par personne pour camper, 8 000 $ en chambre. Dans les cabañas, 35 000 $ jusqu'à sept personnes.
Les sites sont protégés du vent. On peut aussi dormir dans des chambres ou des *cabañas*. La *cabaña* El Calafate intéressera sans aucun doute les grands groupes puisqu'elle peut accueillir jusqu'à 14 personnes ! Depuis 2018, Victor et ses parents, propriétaires du camping, ont mis en place des pratiques respectueuses de l'environnement : ici on trie ses déchets, on recycle, on composte et on se chauffe grâce à des panneaux solaires. En 2019, un salon et une cuisine se sont également construits pour accueillir des dîners pour le moins conviviaux ! A l'occasion Victor cuisine le fameux *Cordero Patagon al Palo*, un délice !

RESERVA NACIONAL LAGO JEINIMENI ★

Cette réserve de 160 000 ha, située à 65 km au sud-ouest de Chile Chico, est agréable pour passer quelques jours à flâner et à rêvasser. On y découvrira de superbes lagunes (dont une avec de nombreux flamants roses). A l'intérieur du parc, mais avant de parvenir à l'administration, on pourra visiter la Grotte des Mains (Cueva de las Manos). Pour y accéder, on doit laisser la voiture vers le km 25 et continuer à pied par un sentier montagneux, sur une dénivellation de 400 m. Compter 2 à 3 heures de marche.

Pratique

L'administration de la Conaf se situe au km 60 d'une route qui longe le río Jeinimeni (marquant la frontière avec l'Argentine). La réserve est ouverte de décembre à mars de 8h30 à 21h, le reste de l'année jusqu'à 17h30. A 2 km de l'entrée, il est possible de camper près du lac Jeinimeni.
A Chile Chico, des opérateurs se feront un plaisir de vous emmener visiter la réserve. Il n'y a pas de transport en commun.

- **Droits d'entrée :** 3 000 $, 1 000 $ pour les enfants.
- **Accès :** pour vous rendre à la réserve de Jeinimeni, vous devez emprunter la route internationale en provenance de Chile Chico et prendre la route qui mène à l'aérodrome. En arrivant au pont du lac Jeinimeni, vous serez à l'entrée de la réserve. La zone de camping est le meilleur point de départ pour la randonnée.

À voir – À faire

CUEVA DE LAS MANOS ★
Pour s'y rendre, aller jusqu'au stade Anfa, au bout de la Diego Portales, puis prendre le sentier piétonnier qui longe le ruisseau Marquez.
On verra ici des vestiges de peintures rupestres, prétendument faites par des chasseurs nomades Tehuelche il y a plus de 10 000 ans. Sur le flanc est de la colline, c'est une grotte naturelle d'environ 60 m de hauteur. Elle servit d'habitation occasionnelle mais aussi de point d'observation pour les chasseurs indigènes tehuelche. Le sommet de la colline, à 120 m au-dessus du niveau de la vallée, en offre une très belle vue. On y voit même le delta de la rivière Jeinemini (frontière naturelle avec l'Argentine) qui se jette dans le lac.

LAGUNA VERDE

A 30 km à l'ouest de Chile Chico, sur le chemin vers Fachinal, s'étendent les eaux vertes de cette lagune, saupoudrée de petits îlots rocheux. Un spectacle de toute beauté.

GRAND SUD

Au sud de Puerto Guadal commence une région sauvage et moins visitée, au climat rude et sain. Nombreux sont ceux qui se déplacent encore à pied, à cheval ou en bateau pour rejoindre leur maison ou se rendre « en ville ». Magique et farouche, la dernière partie de la Carretera Austral se mérite ; elle demande du temps, de la patience, enchantera ceux qui ont fait l'effort d'apprendre un peu l'espagnol et auront l'occasion de discuter avec des gens authentiques, tout comme ceux qui savent aimer les petits moments anodins de la vie.

PUERTO BERTRAND ★★

Petite localité sise dans un paysage enchanteur, au bord du lac Bertrand et du Campo de Hielo Norte.
Nombreux lodges de pêche dans les environs. Prenez le temps de respirer !

Transports

On prend le bus au niveau du Crucifix sur la route principale. Vers Cochrane, les bus passent vers 12h ; vers Coyhaique, vers 7h.

Pratique

On trouvera dans le village des magasins, une poste, une école, un camping municipal pas cher près de la rivière et des *cabañas*.

■ **PATAGONIA ADVENTURE EXPEDITIONS**
Casilla 8
Cochrane
✆ +56 9 8182 0608
www.adventurepatagonia.com
contact@adventurepatagonia.com
Devis sur demande.
Nombreuses excursions inoubliables de plusieurs jours, dont la descente du río Baker jusqu'à la mer ou le fameux trek Aysén Glacier. Pour une immersion complète dans la nature patagonne, avec des guides de qualité et des services de premier ordre.

Se loger

Bien et pas cher

Doña Ester loue des chambres à 6 000 $ par personne environ. On peut aussi commander des repas.

Confort ou charme

■ **GREEN BAKER LODGE**
✆ +56 2 196 0409
www.greenlodgebaker.com
info@greenbakerlodge.cl
A 3 km au sud du village.
Compter entre 75 000 et 90 000 $ pour deux en chambre, 95 000 $ dans les cabañas (jusqu'à 115 000 $ pour quatre environ).
Jolies *cabañas* bien équipées (télé et wifi) au bord du fleuve. Nombreuses excursions terrestres (canopy, trekking, balades à cheval...) ou lacustres (kayak, rafting...), même si la pêche à la mouche reste le point fort du lodge. Restaurant agréable. Notre meilleur choix.

■ **RAPIDOS DEL RÍO BAKER**
✆ +56 9 7886 6722
www.rapidosdelriobaker.cl
info@rapidosdelriobaker.cl
A 3 km au sud du village.
Forfaits de 5 nuits incluant les transferts, la pension complète et un guide pour pêcher avec bateau (voir le site web).
Très beau site. Des sorties pêche vous sont proposées ainsi que toutes sortes d'excursions (rafting, cheval...).

Sports - Détente - Loisirs

On peut se lancer à l'assaut du río Baker en rafting (classe III), Patagonia Adventure Expeditions vous propose des sorties d'une demi-journée, ou des épopées de cinq à dix jours. Cette rivière poursuit son cours torrentueux pendant 200 km pour finir par se jeter dans l'océan à Caleta Tortel. Leur expédition de huit jours en bateau gonflable jusqu'à Caleta Tortel (de novembre à mai, tout inclus, dont le transfert de/et vers l'aéroport de Balmaceda) est un *must* : très paisible la plupart du temps, quelques passages classe III en raft. Cheval, marche et escalade sont aussi proposés. Pour les sportifs et les amateurs de vie en plein air, une sacrée équipe !
Depuis le village, d'autres prestataires offrent leurs services pour gagner le Ventisquero Soler ou le río Nef.

COCHRANE ★

Bourgade de 2 980 habitants, Cochrane est bien le dernier endroit où parvient la civilisation sur la Carretera Austral. L'explorateur Hans Steffen pénétra le premier dans la vallée en 1899, lorsqu'il remontait le río Baker. Pour les voyageurs d'aujourd'hui, c'est une halte intéressante et reposante, avec de superbes endroits à découvrir dans les environs. Une atmosphère particulière se dégage de ces rues balayées par le silence... Plus pour très longtemps, peut-être, des projets de centrale hydroélectrique en cours sur le río Baker pouvant sans doute changer la donne à tout jamais.

Transports

- **Vers Coyhaique.** Don Carlos part du mardi au dimanche à 9h. Acuario 13, les mardi, jeudi et samedi à 8h. Sao Paulo, les mercredi, vendredi et dimanche à 8h. Aguilas Patagónicas, les lundi, mardi, mercredi et samedi à 5h30. Compter 15 000 $.
- **Vers Chile Chico (via Puerto Guadal).** Les bus Baker Costa Carrera et Marfer partent une fois par jour. Compter 13 000 $.
- **Vers Puerto Guadal.** Tous les bus qui vont à Coyhaique passent par Cruce El Maitén, à 10 km de Puerto Guadal, vers 9h.
- **Vers Caleta Tortel.** Aldea part les mardi, jeudi, vendredi et dimanche à 9h30 (retours les mêmes jours à 15h). Acuario 13 part les mercredi, vendredi et dimanche à 9h30. Compter 4 heures 45 de route pour 6 000 $.
- **Vers Villa O'Higgins.** Les bus Aguilas Patagónicas partent les mercredi et samedi à 8h30 pour 12 000 $ par personne.

Pratique

Il y a une station-service : c'est la dernière avant l'aventure !

Vers l'Argentine par le Paso Roballo

Si vous avez loué un véhicule et désirez poursuivre vers El Chaltén et El Calafate en Argentine, sans remonter jusqu'à Chile Chico (poste frontalier le plus courant), vous pouvez passer par le Paso Roballo. Pour ce faire, repartir au nord de Cochrane sur 18 km, puis prendre à droite direction Estancia Chacabuco. On découvre alors une vallée magnifique, peuplée de guanacos, de nandous, de huemules, de condors... et même de pumas à ce qu'il paraît ! Au km 80 se dresse le poste frontalier chilien, suivi 11 km plus loin par le poste argentin. Après 2 km, prenez à droite sur la ruta provincial 41 qui conduit en une centaine de km de pampa vers le nord de Bajo Caracoles, où l'on retrouve le nouveau goudron de la ruta 40, vers le sud. En tout, compter 2h30 de route de Cochrane à la frontière, 2h30 vers le goudron. Faites le plein d'essence à Cochrane, puis à Bajo Caracoles (s'il y en a...).

BANCO DEL ESTADO
Esmeralda 460
www.bancoestado.cl
Sur la place centrale.
Ouvert du lundi au vendredi de 9h à 14h.
Change les dollars américains et les euros. Le distributeur accepte les Mastercard, et on doit pouvoir obtenir une avance sur sa carte Visa aux guichets.

CIBER CAFETERIA MAZAL
O'Higgins 650
www.ciberte-mazal.neositios.com
Tous les jours de 9h à 23h.
On peut se connecter à Internet tout en buvant un thé, un café, un jus de fruits, et savourer wraps, sandwichs ou gâteaux.

HÔPITAL
O'Higgins 755
© +56 67 2 522 310
Les urgences sont ouvertes 24h/24.

OFFICE DU TOURISME
Esmeralda 398
© +56 67 2 522 115
www.cochranepatagonia.cl
turismo@cochranepatagonia.cl
Ouvert en semaine de 8h30 à 17h30, en été le weekend aussi de 11h à 20h.
Site Web très bien fait avec les hôtels, bungalows, campings (avec tarifs), toutes sortes d'infos touristiques et culturelles.

Se loger

Bien et pas cher

Le nombre de *residenciales* est impressionnant pour une aussi petite ville, vous aurez donc pas mal de choix. Les petits budgets s'orienteront vers la Casa Raices tandis que les voyageurs à la recherche de confort et de services plus luxueux iront vers l'Ultimo Paraiso.

Confort ou charme

HOTEL ULTIMO PARAISO
Lago Brown 455
© +56 67 2 522 361
www.hotelultimoparaiso.cl
hotelultimoparaisochile@hotmail.es
En haute saison, compter 105 000 $ la chambre double et 125 000 $ la triple, petit déjeuner, télé câblée et wifi inclus.
Cet hôtel de six chambres seulement propose de belles aménités et s'avère le plus confortable en ville. Parking, laverie et de nombreuses infos pour réaliser des excursions aux alentours.

Se restaurer

La plupart des hôtels disposent de leur propre restaurant. Compter environ 4 500 $ pour un menu. On peut faire ses courses au supermarché Modelo (du lundi au samedi de 10h à 13h et de 15h à 20h).

CAFÉ TAMANGO
Esmeralda 464
© +56 9 9158 4521
Ouvert de 9h à 21h sauf le dimanche. Menu le midi à 5 000 $.
Petites pièces colorées. On propose pizzas, sandwiches, des plats assez simples mais bien préparés. On y sert aussi du vrai café !

À voir – À faire

Autour de Cochrane, on peut faire du trekking et aussi de mémorables balades à cheval (notamment vers le refuge/camping Los Ñadis).

RESERVA NACIONAL TAMANGO ★
Située à 6 km au nord-est de la ville, le long de la rive nord du lac Cochrane. La réserve est ouverte tous les jours de décembre à mars de 8h30 à 21h, le reste de l'année jusqu'à 18h30. Entrée : 5 000 $, 1 500 $ pour les enfants.

Camping à 5 000 $ par site et des cabañas (25 000 $ pour quatre personnes). Visites guidées sur réservation, compter 25 000 $ par groupe (sept personnes au maximum) pour 3 heures de balade.
Sa particularité est de renfermer une colonie de 50 huemules environ (*Hippocamelus bisulcus*), un cervidé chilien qui mesure environ 1 m et peut peser jusqu'à 70 kg. Au sud, on ne le trouve plus aujourd'hui que sur l'archipel de Chiloé ou dans les régions d'Aysén et de Magallanes. Cependant, soyez averti, il n'est pas si courant d'en voir. La réserve compte neuf sentiers.

■ VALLE CHACABUCO ★★

www.conservacionpatagonica.org
info@conservacionpatagonica.org
Entrée gratuite.
Au cœur de cette sublime vallée, un nouveau parc privé a vu le jour tout début 2019, sous l'égide des époux Tompkins qui ont déjà mis en place le parc Pumalín au nord de Chaitén. Pour le moment, l'agence NacionPatagonia propose une visite guidée d'environ 4 ou 5 heures depuis Cochrane, pour 60 000 $ (six personnes maximum), afin d'observer les superbes paysages et la faune locale (condors, nandous, renards, *vizcachas*, canards, guanacos, flamants roses, cygnes et, peut-être, des *huemules*, avec beaucoup de chance). Des sentiers sont en train d'être tracés et balisés, le dernier en date étant le trek Valle Aviles, qui risque de devenir dans les prochaines années un must des randonneurs en Patagonie, au même titre que Torres del Paine. Long de 23 km, ce trek (qui compte depuis fin 2012 un pont suspendu impressionnant) permet de rallier la réserve du Lago Jeinimeni puis Chile Chico (ou vice-versa). Des guides sont en train d'être formés. Renseignez-vous et profitez-en avant que la foule ne découvre ce spectacle de toute beauté.

CALETA TORTEL ★★

Pittoresque petit village de 512 habitants fondé le 28 mai 1955 pour exploiter le bois de cyprès et allongé autour du río Baker (déviation de la Carretera Austral), à 470 km au sud de Coyhaique. Les maisons sont reliées par un ingénieux système de passerelles en bois (en cyprès de las Guaitecas), sur près de 7 km d'extension. L'ensemble a été déclaré zone typique en 2001.
Un séjour à Tortel est une expérience rare et exaltante. C'est probablement l'un des plus beaux villages du Sud chilien. Soyez prévenu, il n'y a pas grand-chose à faire : écouter, partager, se reposer et vivre des émotions différentes, en s'enivrant de la nature.

Transports

Comment y accéder et en partir

Le village est situé à 22 km de l'embranchement sur la Route australe (lui-même situé à 128 km au sud de Cochrane). On parvient à un parking d'où arrivent et partent tous les bus.

Isla de Los Muertos : le mystère irrésolu des confins du monde

Sur les rives de la rivière Baker se trouve un macabre cimetière où reposent les premiers colons de cette région du bout du monde. Ces croix de cyprès, toujours debout, bien qu'abîmées par le temps et les vents, racontent l'histoire tragique d'un groupe d'ouvriers abandonnés à leur sort au cours de l'année 1906. Envoyés par la Baker's Operating Society, les 200 travailleurs avaient pour but d'ouvrir une route reliant l'embouchure de la rivière Baker à la province argentine de Chubut. Après avoir installé leur camp de base, le groupe de colons a attendu pendant des semaines et des mois l'arrivée de provisions à bord d'un navire qui n'est jamais venu. En terre hostile, affrontant des conditions météorologiques extrêmes et mourant de faim, la plupart des hommes n'ont malheureusement pas survécu. Les 33 survivants placèrent les corps dans des boîtes rustiques en bois de cyprès et enterrèrent leurs compagnons sous des croix sans nom au bord de la rivière. Les théories divergent sur l'origine de cette véritable hécatombe : certains prétendent que la compagnie aurait empoisonné ses propres ouvriers afin d'éviter de leur verser leurs salaires pendant que d'autres accusent les guérisseurs indigènes de les avoir assassinés pour avoir trop « approché » les femmes de leur ethnie. Quoi qu'il en soit, le mystère reste entier et le site, déclaré Monument national en 2001, continue d'attirer les curieux avides de *dark tourism* (« tourisme noir »), cette manière de voyager qui privilégie les lieux morbides et pour le moins mystiques...

- **Vers Coyhaique.** Aguilas Patagónicas part les jeudi et dimanche à 8h. Compter 10h de trajet pour 22 000 $. Depuis Coyhaique, départs les mercredi et samedi à 8h.
- **Vers Cochrane.** Aldea part les mardi, jeudi, vendredi et dimanche à 15h. Acuario 13 part les mercredi et dimanche à 9h30, les vendredi à 14h. Compter 7 000 $.
- **Vers Villa O'Higgins.** Les bus Hielo Sur partent les mardi, vendredi et dimanche à 8h pour 15 000 $ et 4h30 de route. Attention, ce service ne fonctionne qu'en janvier/février et peut être supprimé à tout moment.
- **Vers Puerto Edén.** En été, il y a des services réguliers en bateau tous les jours. Vous pourrez ainsi connaître le village le plus reculé de toute la Patagonie chilienne.

Se déplacer

Les rues de Tortel n'étant en fait que des passerelles en bois, celles-ci peuvent s'avérer glissantes par temps de pluie. Il y a aussi pas mal d'escaliers. Les personnes âgées ou souffrant de rhumatismes peuvent utiliser les services des bateaux-taxis.
La ville est constituée en quartiers. On se déplace en bateau-taxis. Pour aller de Rincón au centre, compter 3 000 $; de Rincón à Playa Ancha, 5 000 $. Possible aussi de gagner la Isla de los Muertos et de faire le tour de la baie.

Pratique

Il y a parfois des coupures d'électricité en été par temps sec. Dans ce cas, électricité seulement le matin et en soirée.

■ TÉLÉPHONE PUBLIC
Vous n'allez pas le croire : et pourtant si, on trouve un centre d'appel et... Internet (gratuit) à la librairie municipale sur la place !

Se loger

A noter qu'il existe un camping municipal gratuit (secteur Playa Ancha), si vous êtes équipé en conséquence.

Bien et pas cher

Nombreux *Hospedajes* ou *Residenciales* proposant des chambres entre 6 500 et 10 000 $ par personne environ.

■ RESIDENCIAL HIELO SUR
Sector Rincón Bajo
✆ +56 9 7573 5490
Demande 6 500 ou 7 5000 $ par personne avec petit déjeuner. Pension complète possible.
Simple et correct, propose des chambres simples et doubles avec sanitaires communs.

Confort ou charme

■ LODGE ENTRE HIELOS
Sector Centro
✆ +56 9 9579 3779
www.entrehielostortel.cl
contacto@entrehielostortel.cl
Avec petit déjeuner, compter 94 000 $ la simple, 119 000 $ la double (TVA en sus). Box lunch à 15 US$. Le dîner revient à 40 US$ par personne.
Une structure récente, intime, chaleureuse et confortable. Les six suites sont douillettes (abondance du bois et de la laine), le restaurant remarquable. Salles de bains impeccables et fonctionnelles. Bain bouillonnant pour se croire au paradis ! On organise aussi toutes sortes d'excursions et de transferts. Internet est accessible (un peu lent, mais bon...). Excellent accueil de Maria Paz et son époux Noël. Une adresse bienvenue.

À voir - À faire

Les prix proposés sur place (voir au kiosque d'informations touristiques, qui les tient à jour) valent pour la location de l'embarcation en entier ; celle-ci peut contenir de 8 à 18 personnes. Précisons que les *chatas* sont de plus petites embarcations (pouvant contenir 6 personnes en général), donc plus rapides... mais aussi plus chères. Pour les tours les plus longs, un café et parfois un sandwich sont offerts.

- **La visite du village** est à ne pas manquer. Surprenant et insolite.
- **On peut aussi naviguer dans la baie de Tortel :** une balade d'une heure environ, afin de jouir du meilleur panorama possible sur la pittoresque situation du village.
- **Une visite de la Isla de los Muertos** constitue le troisième circuit possible. On navigue pendant environ 40 minutes sur l'un des bras du río Baker, puis on gagne l'île où l'on découvre un cimetière de 1906 : y sont enterrés les bûcherons de Chiloé qui travaillaient à l'époque pour la compagnie exploitant le cyprès, morts dans des circonstances douteuses. Compter 4h30 de visite.
- **Visite de la cascade Pisagua et de l'île des Morts.** Au temps mentionné ci-dessus pour la navigation, il faut ajouter environ 4h de marche. La cascade mesure quelque 100 m de haut, au milieu d'une végétation luxuriante. On visite aussi le cimetière que nous venons d'évoquer.
- **Ventisquero Montt ou au Ventisquero Steffen.** Plusieurs embarcations peuvent être louées pour des périples de respectivement 8h en *chata* ou 12h en *lancha* ; et 3h ou 5h de navigation plus 5h de randonnée pour le second périple.

▶ **Des voyages spéciaux peuvent être effectués vers le río Bravo** (entre 5 et 9h selon le type d'embarcation), vers Yungay (entre 3 et 5h), ou encore vers le río Pascua (avec possibilité de dormir là-bas, compter entre 8 et 13h de voyage au fil de l'eau).

VILLA O'HIGGINS ★★

Eh voilà... vous y êtes. Le bout du bout. Impossible de continuer plus au sud (par la route, tout du moins). Fondé en 1966, ce village abrite quelque 550 âmes. Francisco Perito Moreno découvrit le lac lors de son périple en Patagonie, en 1877. La colonisation ne commença que dans les années 1920, mais surtout dans les années 1960 pour sécuriser (militairement) la zone. Le secteur de la Laguna del Desierto ne fut attribué à l'Argentine par un tribunal international qu'en 1994 ! La route est arrivée au bled en 1999 seulement. Le lac O'Higgins se situe à 7 km au sud.

Transports

▶ **Don Carlos propose des vols** depuis Coyhaique les lundi et jeudi à 9h pour 36 000 $ (1h15 de trajet, retours à 11h). Vous n'atterrirez pas dans la brousse, la piste est asphaltée. En revanche, les locaux sont favorisés, et vous ne partirez que s'il reste des places.

▶ **La Route australe** est coupée à Puerto Yungay, au sud de Cochrane et de Caleta Tortel ; il faut embarquer (gratuitement) sur la barcasse Lago General Carrera en direction de Puerto Bravo, tous les jours en été à 10h, 12h et 18h ; retours à 11h, 13h et 19h. Hors saison, depuis Puerto Yungay à 12h et 15h, retours à 13h et 16h. Vous pouvez transporter un véhicule. Voyage de 45 minutes. En attendant votre bac à Puerto Yungay, passez manger une *empanada* ou acheter une confiture de framboises chez Inés et Francisco (kiosque El Peregrino), qui proposent aussi des toilettes neuves.
Depuis Puerto Bravo, il vous reste une centaine de kilomètres pour Villa O'Higgins. Compter autour de 2 à 3h de route si vous êtes véhiculé.

▶ **Côté bus,** Aguilas Patagónicas part à Cochrane les lundi et vendredi à 10h pour 12 000 $ par personne. Compter 7h de voyage au moins. Vers Caleta Tortel, les bus Hielo Sur partent les mardi, vendredi et dimanche à 16h pour 15 000 $.

▶ **Bateau sur le lac O'Higgins.** Le L/M Quetru propose jusqu'à quatre départs par semaine de Puerto Bahamóndez à Candelario Mansilla en saison (janvier-février), les lundi, mercredi, jeudi et samedi pour un coût de 40 000 $ l'aller simple ou 65 000 $ l'aller/retour. En décembre, les mercredi et samedi et certains lundis ; en novembre, les samedis seulement : en mars, les samedis et certains mercredis ; et le premier samedi d'avril aussi. A certaines dates, le trajet inclut aussi une visite du glacier O'Higgins (surtout en janvier/février) : le coût est alors de 55 000 ou 65 000 $ par personne.

■ **HIELO SUR**
Carretera Austral
✆ +56 67 2 431 909
info@robinsoncrusoe.com
En face de l'aéroport.
Opère le ferry qui se rend de Puerto Bahámondez à Candelario Mansilla, avec ou sans détour par le glacier O'Higgins. Gère aussi les navettes de O'Higgins vers Puerto Bahamondez (2 000 $) et deux bus par semaine vers Caleta Tortel (seulement en janvier/février et sous réserve, ce service pouvant être supprimé à tout moment).

Pratique

Tourisme - Culture

■ **OFFICE DU TOURISME**
✆ +56 67 2 431 821
www.villaohiggins.com
info@villaohiggins.com
Ouvert en semaine de 9h à 13h et de 14h30 à 18h30. En été, un kiosque est ouvert sur la place, mêmes horaires.
Ce site web d'une agence locale donne toutes les infos.

Argent

Pas de DAB ici, donc pensez à apporter assez de liquide.

Se loger

Plusieurs familles proposent de vous loger, avec le petit déjeuner ou en pension complète. Ils sont tous plus ou moins au même prix, autour de 8 000 à 10 000 $ par personne.

■ **EL MOSCO**
Carratera Austral km 1240
✆ +56 67 2 431 819
www.elmosco.cl
patagoniaelmosco@yahoo.es
Compter 6 000 $ par personne en camping, dortoir à 12 000 $ (sans/avec petit déjeuner), chambre double avec sanitaires privés à 45 000 $, triple à 55 000 $, avec sanitaires communs compter 18 000 $ pour un et 30 000 $ pour deux. Petit déjeuner inclus. Enfin, cabaña avec cuisine équipée à 45 000 $ pour quatre, 50 000 $ pour cinq, 60 000 $ pour six ou sept. Wifi gratuit.

Un super plan pour à peu près tout le monde. Jorge et son équipe se démènent pour vous filer toutes les infos sur les treks et sont aux petits soins pour que vous vous sentiez ici comme chez vous. Les chambres sont petites, mais mignonnes, la propreté est clairement irréprochable ! De nombreux vététistes y séjournent. Cuisine équipée. On peut se délasser dans un bain bouillonnant ou un sauna (paiement en sus). En été, on assure les transferts vers Caleta Tortel. Bref, une adresse sympa comme tout.

LODGE ROBINSON CRUSOE DEEP PATAGONIA
✆ +56 2 2334 1503
www.robinsoncrusoe.com
info@robinsoncrusoe.com
Compter 210 US$ pour un, 250 US$ pour deux, petit déjeuner inclus.
Hôtel de catégorie supérieure proposant 12 chambres confortables, spacieuses et chauffées. Le bois abonde partout. Deux bains bouillonnants pour se prélasser. Internet disponible. Le restaurant est très bon. Une foule d'excursions sont proposées (dont la pêche à la mouche). Mêmes proprios que le ferry sur le lac.

Se restaurer

Quelques petits restos dans le village servant des plats à base de saumon ou de viande rouge. La table de l'hôtel Robinson Crusoé est de qualité.

À voir - À faire

De superbes promenades à pied, à vélo, en bateau ou à cheval peuvent être entreprises dans les environs. Notons, par exemple, le sentier qui mène en 6 km au cerro Submarino, pour observer un très joli panorama sur les environs ; le sentier Altavista, pour une journée à cheval ou à pied ; le parc Cerro Santiago, dans les parages, mérite une visite ; le sentier Río Mosco vous mène en 10 km environ (compter 5h) au glacier du río Mosco, avec de beaux panoramas du río Mayer et du lac O'Higgins. Ou encore cette incroyable épopée vers Cochrane en une semaine, sur les traces des premiers colons. Les amoureux de la nature peuvent passer presque deux semaines dans le coin, s'ils ne sont pas pressés. Mais il faut aimer le bout du monde : car au bout du monde, on vit à un rythme beaucoup plus lent !

Vers El Chaltén et le Fitz Roy (Argentine)

Un périple inoubliable pour tous ceux qui aiment voyager hors des sentiers battus (encore que ce parcours soit en train de devenir à la mode) : depuis Villa O'Higgins, il est possible de rejoindre El Chaltén, autre coin à ne pas manquer en Argentine (massif du Fitz Roy). Cette possibilité est limitée de mi-novembre à début avril. Grosso modo, le circuit se compose comme suit :

- **Gagner Puerto Bahamóndez** en bus depuis Villa O'Higgins : départ à 8h, compter 2 000 $ par personne.
- **Prendre le ferry Quetru** qui conduit en 3h de Bahía Bahamóndez à Candelario Mansilla, au sud du lac (40 000 $ l'aller simple). En janvier/février et à certaines dates, un détour est effectué vers le glacier O'Higgins. Compter 55 000 ou 65 000 $ par personne. La douane chilienne se situe à Candelario Mansilla.
- **Se rendre à cheval ou à pied à la laguna Redonda.** Compter 2h. Demandez par exemple Ricardo à Candelario (compter 15 000/20 000 $ par cheval).
- **Poursuivre à pied, en 1h30 environ, vers la laguna Larga** et continuer vers le lago del Desierto, rive nord (encore 1h30). La douane argentine s'y trouve. C'est le seul endroit où le camping est autorisé. Considérant que vous arrivez à Candelario Mansilla vers 13h et qu'il vous reste ensuite 5h de marche, ce trek ne pose aucun problème de temps. N'oubliez pas qu'en été, le soleil se couche fort tard, autour de 22h.
- **Prendre le ferry sur le lago del Desierto vers la rive sud.** Départ à 18h30 (L/M Viedma) avec un minimum de quatre passagers (1h de traversée, dans les 150 pesos argentins). Les plus courageux pourront contourner le lac à pied (4h30 de marche). Il est possible de camper sur la rive sud, si jamais vous ne pouvez attraper un minibus qui vous conduira en 1h30 (et pour quelque 150 pesos argentins de plus) à El Chaltén, pour une douche bien méritée.

MAGALLANES ET
TIERRA DEL FUEGO

Icebergs et Glacier, Puerto Natales.

Parc National Torres del Paine
Paine Grande 2400 m.
Parc National B. O'Higgins
Posada Cona
Co. Castillo
Tapi Aike
Est. Chali Aike
40
Esperanza
Cancha Carrera
Dorotea
RIO TURBIO
El Turbio
Est. Punta Alta
Estrecho Nelson
Peninsula Munoz Ganero
Cueva del Milodón
PUERTO NATALES
Bella Vista
El Zurdo
Réserve Forestière Alacalufes
Morro Chico
Host. Rio Penitente
Gallegos Chico
CHILI
Villa Tehuelches
9
Dinamarquero
Rio Verde
Seno Skyring
255
Estrecho de Magallanes
1200 m.
Est. Rocallosa
Mina Carbón Peket
Terminal Cabo Negro
Isla Beauclerk
Réserve Forestière Isla Riesco
Seno Otway
Rio Seco
Mina Loreto
PUNTA ARENAS
Isla Recalada
Peninsula Córdova
1189 m.
Réserve nationale Magallanes
PORVENIR
Isla Crafton
Isla Santa Ines
Estrecho de Magallanes
Réserve nationale Parrillar
Puerto del Hambre
Parque marino Francisco Coloane
Cabo Foward
Isla Dawson
Isla Clarence
Isla Araceno
Parc National H. de Magallanes
Isla Magill
OCEAN PACIFIQUE
Canal Cockburn
Parc National Alberto de Agostini
Peninsula Rolando
Islas Gilbert
Ilsa Londonderry
Bahia Cook
Ville principale
Ville secondaire
Estancia
Parc et réserve
Aéroport
Glacier
Lac

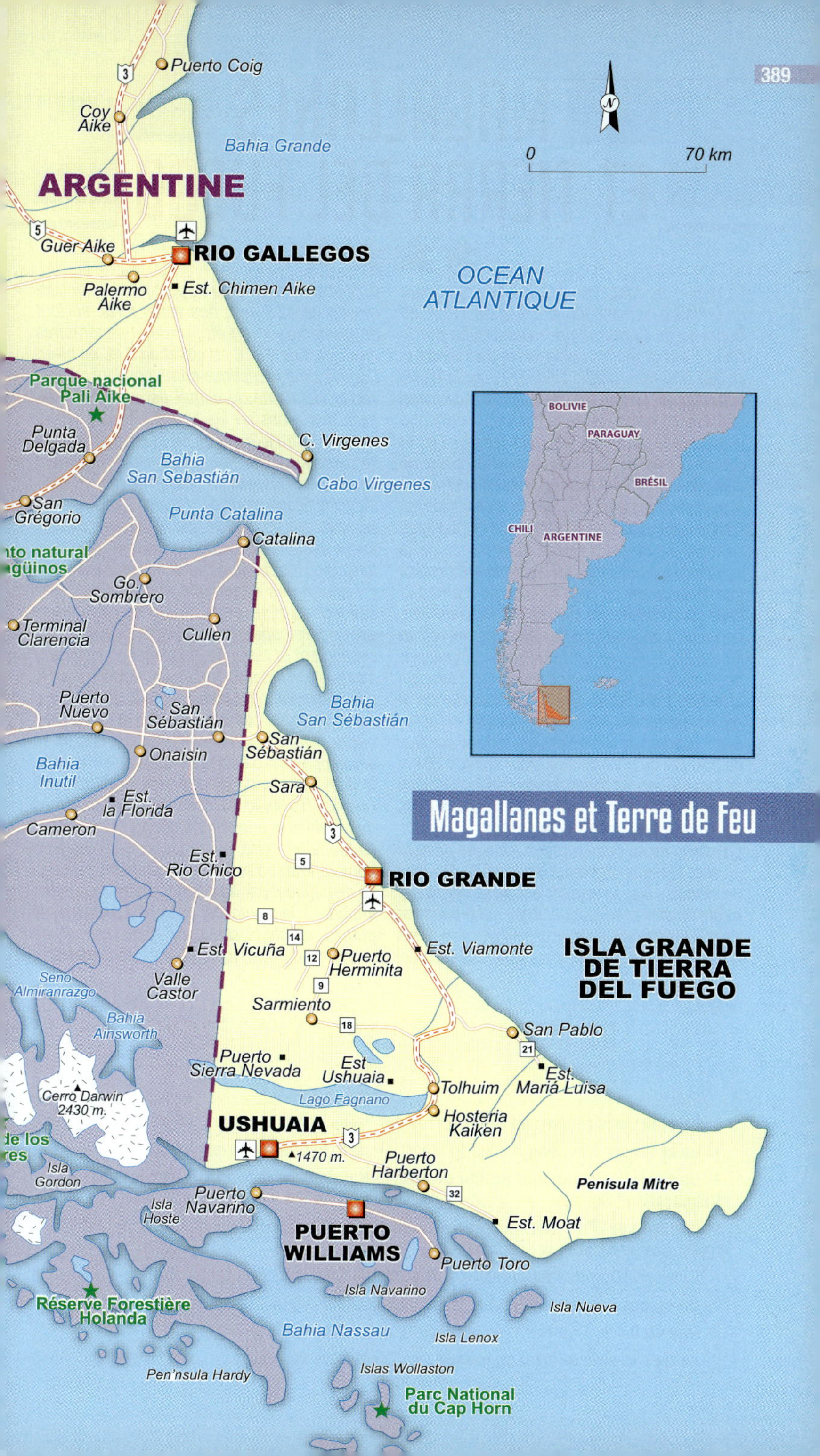

Magallanes et Terre de Feu
ARGENTINE
RIO GALLEGOS
Puerto Coig
Coy Aike
Bahia Grande
Guer Aike
Palermo Aike
Est. Chimen Aike
OCEAN ATLANTIQUE
0
70 km
Parque nacional Pali Aike
Punta Delgada
C. Virgenes
Bahia San Sebastián
Cabo Virgenes
San Grégorio
Punta Catalina
Catalina
Go. Sombrero
Terminal Clarencia
Cullen
Puerto Nuevo
San Sébastián
Onaisin
Bahia San Sébastián
San Sébastián
Bahia Inutil
Est. la Florida
Cameron
Sara
Est. Rio Chico
RIO GRANDE
Est. Vicuña
Puerto Herminita
Est. Viamonte
ISLA GRANDE DE TIERRA DEL FUEGO
Seno Almiranrazgo
Valle Castor
Sarmiento
Bahia Ainsworth
San Pablo
Puerto Sierra Nevada
Est Ushuaia
Est. María Luisa
Cerro Darwin 2430 m.
Tolhuim
Lago Fagnano
Hosteria Kaiken
USHUAIA
1470 m.
Puerto Harberton
Isla Gordon
Penísula Mitre
Isla Hoste
Puerto Navarino
PUERTO WILLIAMS
Est. Moat
Puerto Toro
Isla Navarino
Réserve Forestière Holanda
Isla Nueva
Bahia Nassau
Isla Lenox
Islas Wollaston
Pen'nsula Hardy
Parc National du Cap Horn
BOLIVIE
PARAGUAY
BRÉSIL
CHILI
ARGENTINE

MAGALLANES ET TIERRA DEL FUEGO

★★★★

La région de Magellan occupe l'extrême sud du territoire chilien continental, auquel s'ajoute la partie de l'Antarctique revendiquée par le Chili. C'est la région chilienne la plus étendue (1 382 033 km², dont 1 250 000 pour la partie antarctique). Le territoire de Magellan comprend la partie méridionale de la Patagonie chilienne ainsi qu'une partie de l'île de la Terre de Feu et des archipels adjacents au sud et à l'ouest de cette île. La percée d'est en ouest du détroit de Magellan offre à la région une situation unique qui l'ouvre aux deux océans, Atlantique et Pacifique.

Le relief se caractérise par la présence de la cordillère des Andes, qui se prolonge jusqu'à une latitude de 52 degrés sud, puis prend le nom de cordillère de Darwin en Terre de Feu. Le point culminant de la région est le volcan Murallón (3 600 m). La cordillère se singularise également par la présence des monts Paine qui atteignent 3 050 m. Une grande partie de la région est recouverte par le « champ de glace Sud » (Campo de Hielo Sur), qui s'étend sur plus de 350 km du nord au sud (pour environ 70 km de largeur), et des zones de steppes à végétation naine, zones de prédilection pour l'élevage ovin, s'étendent autour de Punta Arenas.

En raison de sa configuration allongée du nord au sud, la région présente une grande diversité de climats. Sur le versant est de la cordillère, existe un climat de steppe, froid, qui prédomine dans le secteur continental central (zone de Punta Arenas). C'est la zone de peuplement privilégiée. On y observe un niveau de précipitations annuel moyen de 425 mm, des vents forts, surtout au printemps et en été, et des températures moyennes de 11 °C en été et de 2 °C en hiver. Dans la zone touristique correspondant au parc Torres del Paine, le climat est plus clément, avec des zones où les températures peuvent s'élever jusqu'à 25 °C en été. Ce climat austral se caractérise par une durée d'ensoleillement particulière (jusqu'à 18 heures de jour en été).

L'activité économique de la région repose sur les secteurs miniers (pétrole, gaz, charbon), l'élevage (ovins et camélidés) ainsi que sur l'exploitation forestière, les services maritimes et le tourisme.

En raison des conditions climatiques particulières, la flore de la région se caractérise par le développement privilégié d'espèces qui constituent la base de l'exploitation forestière locale et qui ont une grande importance pour le développement économique de la région. Ainsi sur le versant Pacifique et en Terre de Feu, les hauts niveaux de précipitation favorisent le développement d'essences telles que le guindo, le ñirre et la lenga (toutes trois appartenant à l'espèce Nothofagus), destinées à la fabrication de meubles et à la construction.

La faune terrestre, quant à elle, se limite à un nombre réduit d'espèces. Cependant celles-ci se distinguent par leur rareté. Outre un nombre important de guanacos, on note la présence de pumas, de chats sauvages et du huemul, de la famille des cervidés, en voie de disparition.

Les immanquables de Magallanes et Tierra del Fuego

- **Un trek dans le parc national Torres del Paine**, entre un jour et dix jours.
- **La croisière Navimag** de Puerto Montt à Puerto Natales ou inversement.
- **Une croisière d'un jour autour de Puerto Natales**, sur les canaux, vers les glaciers Balmaceda et Serrano.
- **Une balade d'un jour en voiture au sud de Punta Arenas**, jusqu'au *río* San Pedro (présence de nombreux dauphins).
- **L'observation des baleines** dans le parc maritime Francisco Coloane.
- **Un séjour à Puerto Williams**, la véritable localité la plus australe au monde.
- **Une visite du Cap Horn** (en hélicoptère ou par bateau).
- **Le trek le plus austral au monde**, aux Dientes de Navarino.

Parmi les oiseaux se détachent les cygnes, les condors, les flamants roses et les pingouins (manchots) de Magellan.

Histoire

Les archéologues et les historiens estiment que les premiers hommes arrivèrent il y a environ 12 000 ans. La préhistoire de cette région se caractérise par l'existence de deux grands types de populations : des chasseurs terrestres dans les zones de steppes orientales, et des populations qui se déplaçaient en canoë dans les zones sylvestres humides des archipels occidentaux. Ces deux groupes culturels eurent des contacts et évoluèrent jusqu'à engendrer quatre groupes ethniques fondamentaux.

Les chasseurs terrestres, groupes indigènes nomades, finirent par constituer deux ethnies indépendantes : les Tehuelche, localisés entre le fleuve Santa Cruz et le détroit ; et les Onas, ou Selk'nam, habitants de la Terre de Feu. De leur côté, les groupes nomades se déplaçant en canoë donnèrent naissance aux ethnies Alakaluf, ou Kaweskar, habitant des fjords et des canaux situés entre le golfe de Penas et la péninsule de Brecknock ; et Yámana, ou Yaghan, localisée sur les côtes du canal de Beagle et dans les îles australes jusqu'au cap Horn. A partir de la seconde moitié du XIXe siècle, toutes ces ethnies connurent une extinction rapide au contact des colons (massacres, déplacements des populations de leur milieu originel, maladies).

Le territoire patagonique austral fut découvert par Hernando de Magallanes au printemps 1520. Le 1er novembre 1520, le célèbre Portugais (qui commandait une flotte espagnole) pénétra dans les eaux du canal interocéanique qu'il nomma Todos los Santos (Tous les Saints). Les navigateurs suivants donnèrent le nom de détroit de Magellan au canal, en mémoire du fameux capitaine général, tué près des îles Moluques quelques mois plus tard. Juan Ladrilleros en prit possession, ainsi que des terres côtières, au nom du gouverneur du Chili, don Garcia Hurtado de Mendoza, en 1558. La première expédition colonisatrice eut lieu sous le commandement de Pedro Sarmiento de Gamboa, avec pour but de peupler la zone du détroit. Deux villes furent créées : Nombre de Jesus, à l'entrée orientale du détroit, le 11 février 1584, et Ciudad Rey Don Felipe, à la pointe Santa Ana, le 25 mars 1584. Pour avoir été frappé par une terrible famine, ce dernier lieu est connu également sous le nom de « Puerto de Hambre » (port de la faim). En 1843, le gouvernement chilien, sous l'impulsion de Bernardo O'Higgins, libérateur et organisateur de la République, décida de rendre effective son autorité sur la zone patagonico-fuégienne. Pour cela, une expédition fut organisée à partir du port d'Ancud, avec la goélette de même nom placée sous le commandement de Juan Williams. Elle arriva le 21 septembre 1843 à Punta Santa Ana, avec 23 personnes à son bord (dont deux femmes), et, l'après-midi de ce même jour, Williams prit possession de Fuerte Bulnes, lieu d'implantation de la première population chilienne sur le détroit. Plus tard, le gouverneur Jose de los Santos Madones décida de déplacer le pôle de peuplement 60 km plus au nord, dans un lieu idoine sur la côte de la péninsule de Brunswick. A partir de 1848 commença la construction d'un nouveau village qui allait devenir Punta Arenas. Jusqu'au milieu du XIXe siècle, la Patagonie et la Terre de Feu resteront des zones pratiquement inexplorées tant du côté chilien que du côté argentin. Punta Arenas fut la tête de pont à partir de laquelle s'organisa leur exploration. L'expansion débuta dans les années 1867-1868 avec l'arrivée d'immigrants facilitée par le gouvernement. Le développement économique commença (agriculture, mine, exploitation forestière) et s'intensifia à partir de 1877 avec la mise en place d'un élevage ovin intensif. Cette activité entraîna le développement de la navigation et de l'industrie ainsi que l'arrivée de nouveaux immigrants (Croates et Espagnols notamment). Au début du XXe siècle, Punta Arenas est la capitale culturelle, économique et politique florissante de la Patagonie. Bruce Chatwin relate les débuts de l'élevage ovin dans la région : *« L'élevage du mouton en Patagonie débuta en 1877, lorsqu'un négociant anglais de Punta Arenas, Henry Reynard, fit venir un troupeau des Falklands dans l'île Elisabeth, sur le détroit de Magellan. Les bêtes s'y multiplièrent de façon prodigieuse et d'autres marchands suivirent l'exemple ainsi tracé. Les plus entreprenants furent un impitoyable Asturien, José Menendez, et son aimable gendre, le juif Moritz Braun. Rivaux d'abord, ils s'associèrent plus tard pour bâtir un empire d'estancias, de mines de charbon, d'abattoirs, de magasins à succursales, de navires de commerce, et une entreprise de récupération d'épaves »*. (*En Patagonie*). L'ouverture du canal de Panama (1914) fut préjudiciable à la région qui vit son activité économique ralentir. Mais celle-ci, à partir de 1950, connut une nouvelle impulsion avec l'exploitation pétrolière, au point qu'elle se centra bientôt sur cette seule production. Aujourd'hui s'impose la nécessité d'une diversification des activités que le gouvernement de Santiago et la région entendent opérer en faisant appel aux capitaux étrangers. Il faut signaler à ce sujet l'importance croissante prise par l'activité touristique pour la région. Il est vrai que ses richesses historiques, culturelles et naturelles en font un point de passage obligé pour tous ceux qui voyagent au Chili.

PUERTO NATALES ET SES ENVIRONS

PUERTO NATALES ★★

La ville de Puerto Natales, fondée en 1911 et forte d'environ 21 450 habitants aujourd'hui (recensement 2017), est située sur les bords de la baie d'Última Esperanza (« dernier espoir »). Ses petites maisons aux toits de tôle ondulée multicolores lui donnent un certain charme. Si elle fut jadis un port important pour l'industrie ovine, c'est aujourd'hui un foyer touristique en plein essor : elle sert en effet de base pour découvrir le merveilleux parc national Torres del Paine. L'ambiance y est très cosmopolite, les paysages sont d'une puissante beauté sauvage. Malgré l'afflux constant de voyageurs du monde entier (de mi-octobre à mi-avril environ), il y règne toujours une ambiance un peu particulière, propre à ces gros bourgs patagons égarés dans une nature sublime et mystérieuse.

Puerto Natales offre maintenant des infrastructures de très bon niveau, pour tous les budgets. Tous les services sont présents (supermarchés, banques, boutiques pour s'équiper, restaurants internationaux ou *picadas* chiliennes...). Bref, c'est une étape incontournable pour tout séjour en Patagonie et au Chili.

- **Une anecdote** : les habitants de Puerto Natales s'appellent les *Natalinos*. Mais on les surnomme « Natalinos tira piedras » (lance-pierres). Certains soutiennent que ce sobriquet vient de l'époque de Pinochet et du couvre-feu : ceux qui circulaient la nuit jetaient des pierres aux fenêtres pour aviser de leur présence. D'autres affirment qu'il provient d'un match de football contre Punta Arenas (le derby local le plus austral au monde !) : il paraît que les esprits s'enflammèrent, et les Natalinos lancèrent alors des pierres sur les supporters ennemis ! On aura compris en tout cas que les Natalinos ont un caractère bien trempé.

Transports

Le principal accès à la ville par voie terrestre s'effectue par la ruta 9 en provenance de Punta Arenas. On peut aussi gagner Puerto Natales par l'Argentine (depuis El Calafate et Río Gallegos par exemple) en empruntant les passages frontières de Casas Viejas Dorotea et Río Guillermo.

Comment y accéder et en partir

- **Le terminal de bus** construit fin 2009 entre l'avenue España et la rue Simón Bolívar, en face de l'avenue Santiago Bueras, est en service depuis fin 2012.

- **Bus vers le parc Torres del Paine.** Plusieurs compagnies assurent le transfert, dont JB, Gómez, Bus Sur et Maria José. On vous prend à votre hôtel (avec réservation préalable). Départs autour de 7h/7h30 et 14h/14h30, pour un prix de 8 000 $ l'aller simple et 15 000 $ l'aller-retour (promo parfois possible à partir de 12 000 $). Les bus se rendent d'abord à l'entrée de la Laguna Amarga, puis au lac Pehoé (Camping Pudeto), avant d'achever leur parcours à l'administration (voir plan du parc). Le voyage dure environ 2h15.
Pour le retour, vérifiez bien les horaires de passage aux trois différents points du parc précités, afin de vous arranger au mieux selon votre circuit. En théorie, les départs s'effectuent vers 13h et 18h/18h30 depuis l'administration, 13h30/13h45 et 19h/19h30 depuis le Camping Pudeto, entre 14h et 15h et vers 19h30/20h depuis la Laguna Amarga.

- **Bus vers Punta Arenas.** Plusieurs départs par jour avec diverses compagnies pour environ 3h de route. Compter environ 8 000 $ l'aller simple, promotions aller-retour hors saison. Les bus Fernandez partent toutes les 2h maximum, le premier part le matin à 7h.

- **Bus vers El Calafate (Argentine).** Compter 5h de voyage pour 13 000 $ l'aller simple, 25 000 $ l'aller-retour.

- **Bus vers Río Gallegos (Argentine).** Bus Sur propose ce nouveau service : départs les mardis et jeudis à 7h30, retours à 16h30 les mêmes jours. Pacheco part les lundis et vendredis à 7h45 et revient les mêmes jours à 16h. Taqsa part tous les jours à 8h40 pour arriver autour de 15h, compter 8 500 $.

- **Bus vers Ushuaia (Argentine).** Plus de départs depuis Punta Arenas, mais Bus Sur propose toutefois des voyages directs à partir de 35 000 $ par personne, les lundis, mercredis, vendredis et samedis en haute saison. Départs à 7h et 14h de trajet.

- **Bateau vers Puerto Montt**. Par voie maritime, on peut rejoindre la ville de Puerto Montt avec Navimag. Le voyage dure 5 jours/4 nuits depuis Puerto Natales (4 jours/3 nuits depuis Puerto Montt). Départ le mardi à 4h du matin depuis l'hôtel CostAustralis, mais on embarque le lundi soir. Compter selon le confort et en haute saison, de 400 US$ en couchette/dortoir (promotions parfois dernière minute à 300 US$) à 1 150 US$ par personne (base double), jusqu'à 2 220 US$ sur une base single.

Puerto Natales

AEROVIAS DAP

Bulnes 100
✆ +56 61 2 415 100
www.aeroviasdap.cl
ventas@aeroviasdap.cl
De novembre à mars, des vols charters peuvent être organisés vers El Calafate, Punta Arenas ou Río Gallegos. Les avionnettes ne disposant que de sept places, mieux vaut réserver à l'avance !

BUS COOTRA

✆ +56 61 2 412 785
Départs vers El Calafate en Argentine.

BUS FERNANDEZ

Eleuterio Ramirez 399
✆ +56 61 2 411 111
www.busesfernandez.com
pasajespuntaarenas@busesfernandez.com
Vers Punta Arenas, une dizaine de départs par jour entre 7h et 20h. Comptez 3h de trajet et 7 000 $ par personne.

BUS GOMEZ

Av. España 1455 Oficina 6 Rodoviario
✆ +56 61 2 415700
www.busesgomez.com
Vers Torres del Paine à 7h. Retours à 13h30 depuis l'administration, 13h30 et 19h depuis Pudeto, 14h30 et 19h45 depuis la Laguna Amarga.

BUS MARIA JOSE

Av. España 1455 - LOCAL 8 Rodoviario
✆ +56 61 2 410951
Bus régulier vers le parc national Torres del Paine avec un départ tous les jours à 7h. Bus de retour à 14h30.

BUS SUR

Baquedano 668
✆ +56 612 614 224
www.bus-sur.cl
info@bus-sur.cl
Vers Punta Arenas tous les jours à 7h, 8h30, 10h, 12h30, 15h, 17h15 et 19h. Plus de fréquence en haute saison de septembre à avril. Compter 7 000 $ l'aller simple.
Pour Torres del Paine à 7h30 et 14h30.
Départs aussi vers Río Gallegos trois fois par semaine et vers Ushuaia en Argentine.

BUS TURISMO ZAAHJ

Prat 236
✆ +56 61 2 412260
www.turismozaahj.co.cl
zaahj@entelchile.net
En haute saison, départs vers El Calafate en Argentine les mardis, jeudis, samedis et dimanches à 7h, les lundis, mercredis et vendredis à 8h et les lundis et vendredis à14h depuis leurs bureaux sur Prat. Compter 5 heures de voyage environ. Retours les mardis, jeudis et samedis à 8h, les lundis et vendredis à 4h30. Aussi des « Full day » (excursion d'un jour) vers le glacier Perito Moreno, à 6h45 depuis votre hôtel (compter 45 000 $ si vous restez à El Calafate, 55 000 $ si vous revenez avec leur bus normal).

EMSA RENT A CAR

Barros Arana 118
✆ +56 61 2 614 388
www.emsarentacar.cl
Ouvert du lundi au vendredi de 9h à 12h30 et de 14h30 à 19h. Le samedi de 10h à 12h30.
Cette agence affiliée à Avis propose un service sérieux de location de voitures. Accueil amical.

NAVIMAG

Pedro Montt 262
✆ +56 61 2 411 642
www.navimag.com
sales@navimag.cl
Bureaux ouverts du lundi au vendredi de 9h à 13h et de 15h à 19h, le samedi de 10h à 14h.
Fameuse croisière de 5 jours/4 nuits (en réalité 3 jours pleins) vers Puerto Montt à la découverte des fjords, des glaciers et de Puerto Edén (si le temps le permet !). Une excellente opportunité de rejoindre le centre du Chili après un séjour en Patagonie.

Attention, certains lecteurs nous ont rapporté avoir été témoins de véritables maltraitances à l'égard de chevaux embarqués par la compagnie et entassés dans des *containers* de telle sorte que certains sont morts pendant la traversée.

Plan futé : si vous avez loué une voiture à Puerto Montt et êtes descendu à Puerto Natales, sur le retour (et uniquement dans ce sens) vers Puerto Montt, vous pouvez ramener votre voiture gracieusement !

Nouveauté : pour la saison 2020, Navimag met à flot son nouveau ferry baptisé *Esperanza*, un navire pouvant transporter plus de 250 passagers à bord. Les cabines, très luxueuses, sont à partir de 1 400 US$ pour deux.

SKY AIRLINE

Bulnes 682, local 4
www.skyairline.cl
Trois vols par semaine depuis Santiago en haute saison (décembre à février), via Puerto Montt et Punta Arenas, les lundis, jeudis et samedis à 10h25. Arrivées à 15h45. A partir de 240 US$ environ l'aller simple.

Se déplacer

Mieux vaut louer une voiture à Punta Arenas : les tarifs sont plus attractifs et le choix plus vaste. De plus, lorsque l'on cherche à improviser une excursion tout en partant à l'aventure, louer une voiture est une bonne option, économique qui plus est. Vous éviterez également la galère administrative que requiert un trek sur le W et établirez votre itinéraire dans le parc à votre façon. Vous aurez notamment accès à des sites de camping (hors circuit W) où il est possible de camper sans réserver au préalable.

Pratique

Tourisme - Culture

■ CONAF

Baquedano 847
✆ +56 61 2 691 931
www.conaf.cl
consulta@conaf.cl
Gère les parcs nationaux au Chili. Possibilité de réserver des emplacements de camping gratuits, mais attention il faut s'y prendre vraiment à l'avance (plusieurs mois) !

■ OFFICE DE TOURISME SERNATUR

A l'angle de Philippi
Pedro Montt 19
✆ +56 61 2 412 125
infonatales@sernatur.cl
Ouvert du lundi au vendredi de 8h30 a 20h. Le samedi et le dimanche de 10h a 18h.
Informations sur la région et le Chili en général.

Réceptifs

■ PUNTA ALTA

Blanco Encalada 244
✆ +56 9 7899 6995
www.puntaalta.cl
alira@puntaalta.cl
Devis sur demande.
Propose des navigations à la journée sur le río Serrano et vers les glaciers Balmaceda et Serrano, mais aussi des circuits plus classiques dans le parc national Torres del Paine et sur le lac Grey. Des expéditions de plusieurs jours sont aussi possibles. Fait enfin location de voitures.

■ TURISMO 21 DE MAYO

Eberhard 560
✆ +56 61 2 614420
www.turismo21demayo.cl
21demayo@chileaustral.com
Bureaux ouverts tous les jours de 7h15 à 22h (d'octobre à mars) et du lundi au samedi de 9h à 12h30 puis de 15h à 20h d'avril à septembre.
Ils furent les premiers à naviguer vers ces glaciers en... 1965. Autant dire que leur slogan, « avec un esprit pionnier », est tout à fait justifié. Si vous revenez à Natales après la visite des glaciers, vous déjeunerez à l'*estancia* Perales (qui leur appartient) : succulent *asado* et un petit vin chilien qui ravit les papilles. On peut aussi poursuivre l'excursion : après un bon déjeuner à l'Hostería Monte Balmaceda (qui leur appartient aussi), on poursuit en zodiac vers le parc Torres del Paine, 35 km au rythme paisible de la rivière. Quelques oiseaux égayent le parcours et les paysages sont magnifiques. On découvre au loin le glacier Tyndall. L'aventure se termine aux portes du parc, du côté de l'administration (secteur Serrano), où l'on arrive vers 16h30. Des programmes de deux ou trois jours sont possibles, incluant une nuit à l'*estancia* Perales (mémorables balades à cheval possibles dans les environs) et/ou à l'Hostería Monte Balmaceda.

■ TURISMO NUNATAK

Balmaceda 597
✆ +56 9 9821 0903
www.nunatak-patagonia.com
info@nunatak-patagonia.com
Devis sur demande.
Sophie la Française et Luis le Chilien peuvent organiser vos excursions partout en Patagonie (réservations, séjours en *estancia*, création de programmes sur mesure, etc.). Ils proposent notamment une croisière de 2 jours et 2 nuits à bord d'un petit bateau afin d'aller observer les baleines à bosse entre océans Pacifique et Atlantique, la magie est à son comble parmi les fjords et les imposants glaciers. Une croisière un peu plus longue, sur 4 jours et 3 nuits, vous emmène jusqu'à Ushuaia. Bons conseils. Français parlé, un atout considérable !

Argent

Trois DAB pour vos retraits d'argent : au Banco de Chile, au Banco Santander et dans l'enceinte du petit casino. En 2018, la ville a également installé un guichet automatique dans l'enceinte du terminal de bus.

■ BANCO DE CHILE

Bulnes 544
✆ +56 61 600 637 3737
ATM ouvert 24h/24.

■ CAMBIO SUR

Calle Eberhard 285
✆ +56 61 2 411 304
Change du liquide et des chèques de voyage.

Moyens de communication

Quelques cybercafés en ville, mais la plupart des restaurants et hôtels proposent aujourd'hui une connexion wifi gratuite (pas toujours très rapide, mais on est au bout du monde, oui ou non ?).

■ CORREOS DE CHILE

Eberhard 429
www.correos.cl
sac@correos.cl
Du lundi au vendredi de 9h30 à 12h30 et de 15h à 18h30, le samedi de 10h à 13h.

Santé - Urgences

HÔPITAL

Avenida España 1650
✆ +56 61 245 2000
Hôpital neuf inauguré en 2018. Personnel très qualifié et bon équipement.

Se loger

Puerto Natales dispose d'un nombre impressionnant d'hébergements. A la descente du bus, vous serez souvent abordé par des particuliers (des femmes en général) qui vous proposeront un lit chez eux à bas prix. Pas de panique ! C'est une pratique courante et vous aurez parfois (souvent) de très belles surprises. Tous les établissements (ou presque) s'occuperont de vous réserver un billet de bus pour partir au parc (sans commission en principe), de vous donner une ou deux bonnes adresses pour louer du matériel, etc. Très important : les prix s'envolent dans les structures les plus confortables entre novembre et avril.

Bien et pas cher

HOSPEDAJE GLORIA

Esmeralda 440
✆ +56 61 241 2540
info@hospedajegloria.com
Comptez 12 000 $ par personne.
Une adresse modeste et très chilienne tenue par Gloria, une sexagénaire aux petits soins et à l'écoute qui sera ravie de vous accueillir dans son humble demeure. Les chambres sont confortables bien que vieillottes et assez démodées mais au moins vous n'aurez pas froid : le nombre de couvertures est plus que suffisant ! Gloria s'adaptera à votre programme et vous pouvez décider de l'heure à laquelle vous prendrez votre petit déjeuner. Une adresse économique et sympathique où faire escale si vous êtes en route (ou de retour) vers Torres del Paine.

HOSTAL CHORRILLOS

A l'angle de Chorillos, Galvarino 598
✆ +56 61 2 411 448
www.hostalchorrillos.cl
contacto@hostalchorrillos.cl
Compter à partir de 38 000 $ pour une chambre double avec salle de bains privée, petit déjeuner inclus.
Petit hôtel simple et agréable. Bon accueil. Les chambres disposent de sanitaires privés ou non. Le petit déjeuner est copieux. Une adresse très chilienne !

HOSTEL LAST HOPE

Manuel Bulnes 541
✆ +56 61 241 3707
hostel.last.hope@gmail.com
Compter à partir de 12 000 $ en dortoir et de 28 à 35 000 $ pour une chambre double.
Ouvert en 2015 par Diego et sa femme, voici un hostel qui porte tout de même mal son nom... Si vous comptez sur quelques lits douillets à la dernière minute, croisez donc les doigts, car cette adresse est devenue très vite populaire ! Une bonne adresse pour tous les *mochileros* en route (ou de retour) pour le parc Torres del Paine. On apprécie la chaleur humaine, les causeries internationales et la présence des chiens et des chats qui facilite la sociabilité entre voyageurs. Les chambres sont soignées, les douches correctes et on profite d'un bon petit déjeuner. Les hôtes sont adorables et Diego répond présent au moindre de vos besoins. En 2019, nos sympathiques propriétaires ont embelli les zones communes (de très bon goût !) et même pris la peine de rénover les petits soucis d'insonorisation. Une de nos adresses préférées, définitivement !

THE SINGING LAMB

Arauco 779
✆ +56 61 2410958
www.thesinginglamb.com
info@thesinginglamb.com
En saison haute, compter 28 US$ par personne en dortoir de six (sanitaires communs), 23 US$ en dortoir de neuf (sanitaires privés), 84 US$ en chambre double avec sanitaires privés, petit déjeuner inclus. Wifi gratuit. Échange de livres.
Plusieurs dortoirs et chambres avec sanitaires privés ou non. Lits confortables, superbe petit déjeuner, cuisine équipée, chauffage central, *living*, jardin extérieur pour les *asados* et petit potager. L'ensemble dégage une heureuse impression de propreté. De plus, cet *hostal* s'est engagé dans la préservation de l'environnement (recyclage, compost, récupération de l'eau de pluie, usage de produits biodégradables pour le nettoyage...). L'accueil est aux petits oignons et on peut organiser toutes ses excursions. Un excellent choix dans cette catégorie.

YAGAN HOUSE

O'Higgins 584
✆ +56 61 241 4137
www.yaganhouse.cl
info@yaganhouse.cl
Compter de 20 à 28 000 $ la simple, de 30 000 à 42 000 $ la double avec salle de bains partagée et de 35 000 à 47 000 $ avec salle de bain privée. Compter de 13 000 à 16 000 $ par personne en dortoir.
Une adresse cosy et élégante où l'on ne fait pas pour autant de chichis. Paulina, la patronne, est souvent sur place et vous accueillera avec son grand sourire. Les chambres sont douillettes et agréables avec une décoration de bon goût

(une petite touche *chilote* qui vient décorer les murs). Les dortoirs sont plus sobres mais propres et lumineux, les salles de bain sont petites mais bien entretenues. On craque sur la salle commune et la cuisine à disposition, c'est spacieux, lumineux et plein de bonnes ondes ! On retrouve même les créations colorées de la propriétaire accrochées sur les murs. On échange ou alors on se relaxe dans le gros canapé qui vous fera sûrement de l'œil après une longue randonnée. Une belle découverte cette année.

Confort ou charme

■ HOTEL ALTIPLANICO

Huerto Familiar 282
✆ +56 61 2 412 525
www.altiplanico.cl
recepcionsantiago@altiplanico.cl
Juste à la sortie de la ville.
Compter 170 US$ la simple, 220 US$ la double et 270 US$ la triple en haute saison.
Vingt-deux chambres délivrant toutes une jolie vue sur l'estuaire et le glacier Balmaceda. Très confortables, minimalistes, lumineuses, d'un charme à la fois moderne (le métal) et rustique (réplique d'adobe en noir). Restauration (menu fixe), cafétéria, wifi. Une adresse élégante et appréciée.

■ HOTEL HALLEF

Eleuterio Ramirez 604
✆ +56 61 2 614 679
www.hallef.cl
info@hallef.cl
En haute saison, compter 110 US$ la double, 125 US$ la triple. Sanitaires privés, TV satellite, coffre-fort, chauffage, wifi.
Hôtel confortable doté de chambres assez spacieuses, agréables et bien tenues, à quelques *cuadras* du centre. wi-fi gratuit. Petit déjeuner plutôt de qualité. Fait parfaitement l'affaire pour une nuit ou deux de transit.

■ HOTEL IF PATAGONIA

Magallanes 73
✆ +56 61 2 410 312
www.hotelifpatagonia.com
info@hotelifpatagonia.com
Compter à partir de 140 US$ la simple, 150 US$ la double, 180 US$ la supérieure en haute saison, 115, 120 et 170 US$ en basse saison. Petit déjeuner et wifi inclus.
Dans une structure moderne, on propose des chambres petites, mais chaleureuses et confortables, avec pour certaines une belle vue panoramique. L'ensemble est assez design et décoré par des artisans locaux, on aime les détails ethniques, les petites couvertures de laine et les salles de bains plutôt bien équipées. Le tout fonctionne à l'énergie solaire et il faut dire qu'en journée l'établissement est traversé par une superbe lumière naturelle. Accueil aux petits oignons et très serviable. Le petit déjeuner remporte aussi tous les suffrages.

■ INDIGO BY NOI HOTELS

Ladrilleros 105
✆ +56 61 274 0670
www.indigopatagonia.cl
reservas@noihotels.com
Compter entre 150 et 260 US$ la double selon la saison, 170 et 290 US$ la chambre Corner et 200 à 350 US$ la suite Indigo.
Une adresse étonnante et à l'architecture attrayante. Les 29 chambres (dont 23 avec vue sur le fjord) sont de grand confort et bien pensées. Salles de bains ouvertes (peu d'intimité, mais très convivial). Le *must* : les trois bains bouillonnants extérieurs tout en haut avec vue sur l'estuaire (superbe), un sauna et deux salles de massage. Les couleurs sont bien choisies, le tout très *cosy* et on s'y sent vraiment dorlotés. Restaurant (Mama Rosa) de très bonne facture (cuisine typique) et bar bien fourni.

■ KAU B&B

161 Pedro Montt (Costanera)
✆ +56 61 2 415 978
www.kaulodge.com
info@kaupatagonia.com
Selon la saison, compter entre 90 et 125 US$ pour une chambre double. Petit déjeuner inclus. Wifi et parking gratuits.
Au premier étage d'un café et agence d'excursions, on propose cinq chambres douillettes et chauffées, avec vue sur la mer et les sommets enneigés. Design « rustique » minimaliste avec beaucoup de bois et de laine, rappelant les couleurs du paysage patagon. Les cafés du Coffeemaker sont très bons et on peut aussi profiter de la même vue que dans les chambres. Un excellent choix.

■ KEOKEN B&B

Señoret 267
✆ +56 61 2 413 670
www.keokenpatagonia.com
keokenpatagonia@gmail.com
En basse saison, compter 110 US$ la simple et 140 US$ la double. En haute saison, entre 120 et 140 US$. Petit déjeuner inclus.
Une très bonne adresse dotée de chambres confortables et bien chauffées, un brin démodée mais propres. Nombreux services, dont le wifi. L'accueil de Rodrigo est dans le ton, familial et professionnel à la fois. On loue des vélos et on organise votre séjour dans le parc national au besoin. Bref, on se sent comme à la maison. Recommandable.

WESKAR PATAGONIAN LODGE
Huerto 274-B
km 1
✆ +56 61 2240494
www.weskar.cl
contacto@weskar.cl
En haute saison, compter entre 160 et 210 US$ la double standard avec ou sans vue sur le détroit, double supérieure à 250 US$ et Deluxe à 280 US$. Bien moins cher d'avril à octobre (possibilité de réduction sur le site internet).
Deux belles structures en bois de *lenga* et en pierre (dont l'une incluant les chambres Deluxe, inaugurée en mai 2012) qui s'intègrent bien dans l'environnement. Décoration chaude et chaleureuse à partir de matières organiques, les tons sont bien choisis, les décorations murales et les parures de lits apportent une belle touche de personnalisation dans chacune des chambres. Petites, mais confortables, elles offrent une sublime vue sur le fjord. Le tout dégage une atmosphère intime et conviviale. Wifi, vélos, laverie, et un restaurant à disposition. Un poil cher peut-être.

Luxe

HOTEL REMOTA
Ruta 9 Norte km 1,5
✆ +56 2 2387 1270
www.remota.cl
info@remota.net
Selon la saison, la chambre double avec petit déjeuner inclus entre 295 et 390 US$ par nuit, demi-pension entre 420 et 495 US$. Deux types de programme tout compris entre 3 à 6 jours. Compter à partir de 2 220 US$ par personne. Excursions compris dans les programmes.
Le Remota, à l'architecture originale, est le plus impressionnant hôtel de luxe à Puerto Natales (avec le Singular). Les chambres ont du caractère et un style particulier, où les matériaux rustiques et indigènes épousent un confort de grand standing. Plusieurs salles de séjour à l'intérieur, dont un salon DVD et une aire dédiée à l'apaisement des corps et des esprits. Petite piscine (remarquable) tout en bas. Une structure très complète.

THE SINGULAR PATAGONIA
Puerto Bories s/n
✆ +56 61 2 722 030
www.thesingular.com
info@thesingular.com
57 chambres, dont 3 suites et 1 chambre pour personne à mobilité réduite. En haute saison, compter entre 460 US$ (chambre) et 850 US$ (suite) la simple, entre 550 et 990 US$ pour deux avec petit déjeuner et accès au spa inclus. Pension complète de 860 à 1 210 US$ pour une personne, 1 220 à 1 820 US$ pour deux personnes, avec tous les repas à la carte, les boissons (alcools aussi) et une excursion par jour inclus.
Un hôtel pour le moins... singulier ! Ouvert en novembre 2011 dans l'ancien entrepôt frigorifique de Puerto Natales, il marie avec un bonheur rare le patrimoine historique des bâtiments (magnifiquement restaurés – on peut les visiter, *a priori*, moyennant un droit d'entrée si vous n'y logez pas, renseignez-vous bien) et une déco industrielle contemporaine des plus réussie.
L'arrivée donne le ton (on descend par un petit funiculaire comme à Valparaíso !). On a l'impression de séjourner dans un musée vivant, en plein cœur de l'Histoire ! Les chambres, qui ont toutes une vue panoramique sur le fjord avec leur grande baie vitrée, sont de très grand confort (peignoir et pantoufles dans les salles de bains). Spa complet, restaurant gastronomique de haut vol et toutes sortes d'activités et d'excursions (l'hôtel dispose de son propre bateau). Sans aucun doute l'adresse de luxe la plus originale et la plus séduisante que nous ayons visitée depuis longtemps.

Se restaurer

Heureuse surprise : presque tous les restaurants acceptent les cartes de crédit.

Sur le pouce

MASAY
Bulnes 427
✆ +56 61 2 415 008
Compter autour de 5 000 $ par personne.
Très bons sandwichs, notamment des *churrascos* (viande grillée) ou des *Barros Luco* (viande grillée et fromage fondu). Large choix de pizzas (pâte préchauffée, mais ça va), dont les portions individuelles sont suffisantes pour une personne. De la bouffe rapide, pas trop chère et convenable.

Pause gourmande

PATAGONIA DULCE
Barros Arana 233
✆ +56 61 2 415 285
Ouvert tous les jours de 13h à 21h.
Fabrique de chocolat proposant diverses variétés toutes aussi délicieuses les unes que les autres.
On peut boire un bon café, dévorer des biscuits et des *kuchen*, ou conserver les bonnes vieilles traditions et opter pour une mousse... au chocolat bien sûr. Tables en terrasse agréables quand il fait beau.

■ THE COFFEEMAKER
Pedro Montt 161 (Costanera)
✆ +56 61 2 415 978
www.the-coffeemaker.com
fvuilleumier@mac.com
Tous les jours de 7h à 20h en haute saison, à partir de 8h en basse saison. Petit déjeuner entre 2 800 et 5 000 $.
Ambiance chalet de montagne conviviale avec ses grandes tables, sa déco cosy de laine et de bois, et la superbe vue sur la mer et les sommets enneigés. Café, thé, *empanadas*, muffins, sandwichs, soupes maison (environ 2 000 $)... Tout est bio et fait maison. wi-fi gratuit. Adresse très agréable.

Bien et pas cher

■ BRASSERIE BAGUALES
Carlos Bories 430
✆ +56 61 2 411 920
www.cervezabaguales.cl
cervezabaguales@gmail.com
Sur la place principale.
De décembre à février, tous les jours sauf le dimanche de 17h à 2h30 du matin.
Bonne bière artisanale de type Pale Ale et Dark Ale. Cuisine de bonne facture, notamment les tacos végétariens et les burgers. Bonne ambiance le soir pour boire un verre entre amis.

■ EL BOTE
Bulnes 380
✆ +56 61 2 410 045
Menu le midi à 3 000 $. Plats à la carte à partir de 2 400 $ (sandwichs) jusqu'à 8 800 $ environ.
Restaurant récent au cadre sympathique (bois, hublots...), servant des plats d'assez bonne facture, relativement copieux et à un bon rapport qualité/prix (poissons, fruits de mer, viandes au barbecue, etc.). Pas mal de locaux pour le déjeuner : normal, le menu n'est vraiment pas cher. Fait parfaitement l'affaire puisqu'on y trouve des plats pour tous les goûts et aussi pour tous les budgets. Toutefois nous recommandons davantage les viandes, les poissons et fruits de mer manquent parfois de saveur.

■ EL LIVING
Prat 156
✆ +56 61 2 413845
www.el-living.com
Sur la place principale.
Ouvert de 11h à 23h de fin octobre à mi-avril. Compter entre 2 500 et 5 000 $ par plat environ.
Cuisine simple et de qualité où l'on propose des plats 100 % végétariens (salades, sandwichs, *tapas*, *bruschettas*, douceurs...), sélection de thés et cafés, jus de fruits, vins, bières artisanales et *tragos* (alcool fort). Populaire depuis plus de dix ans. Ambiance chaleureuse.

■ LA MESITA GRANDE
Arturo Prat 196
✆ +56 61 2 411 571
www.mesitagrande.cl
pizzeria@mesitagrande.cl
Ouvert du lundi au samedi de 12h à 23h et le dimanche de 13h à 21h. Wifi gratuit.
Cette pizzeria, située dans une vieille maison de 1916 retapée, à l'angle de la place centrale, propose un concept original : deux grandes tables en bois (l'une est immense) autour desquelles s'assoient les commensaux sur des bancs. Très convivial... si l'on aime la promiscuité. Excellentes pizzas à prix doux (plus de 23 variétés de pizzas à la *piedras del horno*).

■ LA PICADA DEL MERCADITO
Esmeralda 720
✆ +56 61 2 410 203
Compter 3 000 $ le menu, en soirée aussi (voir à la 2e adresse du même nom, à deux pas sur Ramírez).
Petit restaurant chilien où l'on sert des spécialités du Sud telles que le *cordero* (mouton) ou la *paila marina* (soupe de fruits de mer et de poissons), mais également des sandwichs. Adresse très locale.

■ RUSTIKA
Tómas Rogers 131
✆ +56 61 2 414 585
Ouvert de 12h30 à 15h30 et de 19h à 23h30. Salades autour de 4 500 $, pizzas à partir de 4 500 $, plats entre 5 300 et 8 500 $.
Comme son nom l'indique, ce récent resto à l'ambiance très rustique (rondelles de bois et galets sur les murs) propose de très bonnes pizzas au feu de bois (dont l'une à la *centolla*), de l'agneau sous plusieurs formes, du saumon, des pâtes et des sandwichs.

Bonnes tables

Deux spécialités de la région : le *cordero al palo* (agneau à la broche) pour les carnivores et la *centolla* (crabe géant ou araignée de mer) pour les adeptes des fruits de mer. Pourquoi ne pas essayer les deux ?

■ ALDEA RESTAURANT
Barros Arana 132
✆ +56 61 2 414 027
http://aldearestaurant.cl
restaurant.aldea@gmail.com
Compter 8 000 $ le menu du midi et à partir de 10 000 $ le plat.
Très bonne cuisine patagonne (un peu revisitée), incluant bœuf, agneau, merluza ou palourdes *a la plancha*, et de bons vins pour faire passer le tout. Aussi des plats végétariens. La carte est succincte (sur une ardoise), mais bienvenue. Service amical (le propriétaire est aussi le chef). A découvrir.

EL ASADOR PATAGONICO

Prat 158

✆ +56 61 2 413 553

Ouvert de 12h30 à 15h et de 19h à 23h30. Pas de carte bancaire.

Le rendez-vous de tous les carnivores. La spécialité : *le cordero al palo*. Certes, le mouton est cuisiné dans la salle principale, qui se retrouve donc enfumée... Certains en sont dérangés, mais selon nous cela participe de l'ambiance, surtout que la déco (très locale) est sympa comme tout. Petite salle attenante pour les fumeurs, moins agréable. Autre recoin (le « club des éhontés ») où l'on peut jouer aux cartes. Prix cohérents. Une bonne adresse, que nous préférons au Don Jorge sur la même place (bien plus touristique et impersonnel selon nous).

MANUEL MARIN – ULTIMA ESPERANZA

Eberhard 354

✆ +56 61 2 411 391

Tous les jours entre 12h et 15h15 et entre 18h30 et 23h30. Compter 4 500 $ le menu du jour. Plats entre 4 500 et 7 000 $ environ, avec accompagnement.

Spécialités de poissons et fruits de mer (*chupe de centolla*, noix de Saint-Jacques, congre à la basque, saumon...), mais aussi du *cordero*. Service souriant et amical. Déco typique et locale, un peu vieux jeu et impersonnelle, diront certains. Une adresse très *chilena* et prisée des locaux (car au bon rapport qualité/prix). Malheureusement, le chef Manuel Marín, très estimé et respecté au sein de la petite ville, s'est éteint en 2019. Le restaurant, lui, fonctionnait toujours lors de notre dernier passage et les petits plats, eux, étaient toujours de même qualité.

Luxe

AFRIGONIA

Magallanes 247

✆ +56 61 2 412 877

Compter autour à partir de 15 000 $ par plat (avec accompagnement), centolla entière (une originalité et exclusivité) entre 35 000 et 70 000 $ (pour deux à six personnes).

Le meilleur restaurant de Puerto Natales à ce jour. Intime et conviviale, cette petite adresse tenue par un couple de la région et de Zambie (!) offre un véritable voyage culinaire : les produits du cru se marient à une certaine fusion (mais pas vraiment africaine en dépit du nom des plats). A la carte (certains plats sont proposés en sus, selon l'humeur du moment) : crabe géant à s'en lécher les babines (aussi en salade avec de la mangue...), *ceviche* de saumon, agneau à la menthe (ou aux abricots), tartare aux deux saveurs (bœuf et thon), steak de thon d'Equateur, filet mignon... sans oublier les fabuleux desserts (*panna cotta* notamment). Petites portions mais les assiettes ressemblent à de véritables petites œuvres d'art. Belle carte des vins. Service très attentif et professionnel. Petite surprise sympathique au moment de remettre l'addition ! Très populaire et souvent plein : il faut être patient et réserver. Un peu cher mais vaut son prix sans aucun doute.

THE SINGULAR PATAGONIA RESTAURANT

Puerto Bories s/n

✆ +56 61 2 722 030

http://thesingular.com/puertobories

info@thesingular.com

Compter entre 6 000 et 13 000 $ à la carte (accompagnement inclus).

Dans un cadre exceptionnel, au bord du fjord, voici notre coup de cœur à Puerto Natales (y aller en taxi si vous n'y logez pas, ou en voiture de location, c'est à 10 min à peine du centre). On adore l'architecture, la déco... et la succulente cuisine du chef français Laurent Pascualetto, un vrai cordon bleu. Cuisine ouverte sur la salle : on voit tout ce qui se passe et on peut discuter avec le chef ! En entrée, laissez-vous séduire par le lièvre à l'escabèche, le saumon fumé maison ou la salade de crabe géant ; poursuivez par un divin filet de *guanaco* de la Terre de Feu (un *must* !), un merlan austral, une souris d'agneau (et sa polenta au roquefort et vin rouge) ou un *chupe* de crabe géant... Ou alors plutôt du bœuf, de l'agneau ou du congre sur le grill ? Soyez sûr en tout cas de laisser une place pour les desserts : la tarte au citron et aux fraises de Natales, le millefeuille à la vanille et au *manjar* ou la crème brûlée à l'orange sont exquis ! Tout est frais et superbement présenté. Belle carte des vins. Un grand bravo !

Sortir

EL BAR DE RUPERTO

Bulnes 371

✆ +56 61 2 410 863

Ruperto est un âne qui apparaissait dans une publicité pour un *pisco* au Chili. Dans ce grand bar rustique, il y a parfois du monde, et parfois il n'y a pas un âne...

BRASSERIE BAGUALES

Carlos Bories 430

✆ +56 61 2 411 920

www.cervezabaguales.cl

cervezabaguales@gmail.com

Sur la place principale.

Ouvert de 17h à 2h du matin tous les jours sauf le dimanche. Verre de bière artisanale à 2 000 $ (45 cl), pichet (picher) à 7 500 $.

Le bar à la mode. Bonne ambiance presque tous les soirs. Patio intérieur pour les fumeurs (avec un petit feu qui réchauffe), donnant sur la fabrique de bière artisanale sur l'arrière. On y boit bien sûr la bière du cru, mais aussi moults cocktails, liqueurs, vins, etc. A découvrir !

À voir - À faire

■ FRIGORÍFICO DE PUERTO BORIES ★

Puerto Bories
Situé à 5 km au nord de la ville,
près du río Cucharas.
C'était le complexe industriel frigorifique le plus important de Magallanes. Il témoigne de la grandeur (et de la décadence) de l'industrie d'élevage en Patagonie. Il est l'œuvre du pionnier Rodolfo Stubenrauch qui importa 300 moutons des îles Falkland en 1877, puis de la Société d'exploitation de Terre de Feu à partir de 1893. Un chemin de fer permettait de s'y rendre depuis la ville de Puerto Natales. En 1914, la structure était plus ou moins complète, même si un lavoir (pour la laine) fut construit en 1923 seulement. A son apogée, en 1932-1942 (400 ouvriers y travaillaient alors), sa production s'élevait à 207 000 laines tondues (170 000 d'entre elles étaient congelées, ce qui représentait environ 3 000 tonnes), plus 340 000 kg de cuir d'agneaux et 150 000 kg de cuir de moutons. Puis ce fut la décadence, et le frigorifique cessa de fonctionner en 1970. L'architecture, de style anglais, mérite un coup d'œil. Tout un village se construisit autour de ce pôle industriel. En 1996, le Chili a déclaré l'ensemble Monument historique. En 2011, un hôtel de luxe a ouvert ses portes : le Singular (une merveille). A l'intérieur, on peut visiter les anciennes installations du frigorifique, bien restaurées (gratuit si on loge à l'hôtel, sans doute payant à l'avenir pour les visites extérieures).

■ MUSEO HISTÓRICO MUNICIPAL ★

Bulnes 285
✆ +56 61 2 209 534
Ouvert en été du lundi au vendredi de 8h à 19h, le samedi de 10h à 13h et de 15h à 19h. Entrée : 1 000 $, gratuit pour les moins de 12 ans.
Collection archéologique et ethnologique, histoire et vestiges du Frigorífico Bories. Intéressant si l'on a un peu de temps à tuer.

Sports - Détente - Loisirs

Quelques noms d'agences sélectionnées par nos soins pour organiser votre séjour autour de Puerto Natales.

■ ANTARES

Costanera Pedro Montt 161
✆ +56 61 2 414 611
www.antarespatagonia.com
info@antarespatagonia.com
Devis sur demande.
Le spécialiste incontournable du trekking dans le parc national Torres del Paine. Equipe sérieuse et soudée, avec une bonne expérience du terrain. Des circuits tout compris sont proposés depuis Punta Arenas.

■ BIGFOOT PATAGONIA

Costanera Pedro Montt 161
✆ +56 61 2 414 611
www.bigfootpatagonia.com
info@bigfootpatagonia.com
Compter à partir de 165 US$ par personne le trek (compter 9 heures pour l'excursion totale) sur le glacier Grey et 104 US$ par personne pour la sortie kayak (départs à 8h30, 12h30 et 16h30 pour 5 heures de balade). Trois personnes minimum.
Filiale d'Antares proposant du kayak sur le lac Grey et un trek magnifique sur le glacier (+ escalade pour les amateurs).

■ CHILE NATIVO

Eberhard 230
✆ +56 2 2717 5961
www.chilenativo.com
info@chilenativo.travel
Devis sur demande.
Pour faire du cheval, du kayak ou randonner. Equipe sérieuse et efficace. L'accent est mis sur la préservation du milieu ambiant et le partage des cultures. Circuits sur mesure selon vos centres d'intérêt (observation d'oiseaux ou de baleines, etc.).

Visites guidées

■ PINGO SALVAJE

✆ +56 9 6236 0371
www.pingosalvaje.com
contacto@pingosalvaje.com
Comptez 45 000 $ pour une randonnée à cheval d'une demi-journée, 120 000 $ la journée complète (avec déjeuner inclus) et 26 000 $ pour une heure.
Le complexe touristique Pingo Salvaje se situe au sein de l'Estancia Laguna Sofía. D'origine écossaise et croate, la famille Kusanovic Mc Leod s'est installée près de la laguna du même nom que l'estancia où elle vit en parfaite autonomie (c'est l'eau d'une cascade qui donne de l'électricité et de la chaleur à leurs ranchs). Le cadre est tout simplement magique et on peut même y rester dormir pour un prix raisonnable. Dédiée à l'élevage bovin, l'Estancia compte également une trentaine de chevaux et propose des randonnées à cheval dans les environs. Au programme, des paysages inoubliables bien sûr, mais aussi la découverte des écosystèmes de la région, des rives de la Laguna Sofia, des forêts anciennes de Lenga et de sites paléontologiques. Une expérience authentique et conviviale à ne pas rater.

SKORPIOS
✆ +56 61 2 2477 1900
www.skorpios.cl
skoinfo@skorpios.cl
Pour la croisière CHRONOS en haute saison, compter 2 200 US$ par personne en cabine pour deux, 1 700 US$ en cabine pour trois et 1 500 US$ en cabine pour quatre.
Bateau de croisière de très grand confort, le *Skorpios III* propose 45 cabines pour une capacité de 90 passagers, avec sanitaires privés, minibar en accès libre, bonne literie et écran plasma. La route d'exploration Kaweskar vous emmène en 3 jours vers le fjord de Las Montañas, le fjord Calvo, les glaciers Amalia, El Brujo, Fernando, Capitán Constantino, Alipio, Bernal, Herman, Alsina et Paredes... Une superbe croisière aux confins du monde dans une ambiance typiquement chilienne et chaleureuse.

Shopping

EL TALLER DEL ÁRBOL
Eberhard 316
✆ +56 9 8548 3066
joyasdelarbol@gmail.com
Créations uniques et de qualité, en or (18 carats), argent (950), pierres précieuses et semi-précieuses (notamment en lapis-lazuli). Le « maître » travaille sur place dans son atelier, à la vue de tous. Recommandé.

ESPACIO ÑANDÚ
Arturo Prat 200
✆ +56 61 2 414 382
www.nanduartesania.cl
Sur la place principale.
Ouvert de 7h à minuit en haute saison.
Dans une structure tout en bois et très moderne, on vend des objets artisanaux, bijoux, chocolats et bien d'autres souvenirs de la Patagonie chilienne. Une librairie spécialisée sur la région, une agence de voyage et un café restaurant, où l'on sert des boissons chaudes et quelques bons plats (notamment des spécialités du Sud, comme la *centolla* ou le mouton), complètent le tout. wi-fi gratuit, location de voitures et de vélos.

LE MOUTON VERT
Av. Pedro Montt 16
✆ +56 9 92 958 329
www.lemoutonvert.org
contact@lemoutonvert.org
Pauline Escobar, créatrice et designeuse, est à la tête de cette jolie boutique écoresponsable qui propose une collection de vêtements de qualité dans le respect de l'environnement : le processus de production est 100 % naturel, chaque création est filée à la main et la laine provient directement des moutons de la région, tondus dans le plus grand soin. C'est doux, c'est chaud et ça dure longtemps, un joli travail !

MONUMENTO NATURAL CUEVA DEL MILODÓN ★

Ce site, situé à 24 km au nord de Puerto Natales, est constitué de trois grottes et d'un ensemble rocheux appelé « chaise du diable ». La plus grande des grottes mesure 30 m de hauteur, 150 m de largeur et 200 m de longueur. L'intérêt des lieux réside dans la découverte, en 1896, de restes d'un animal préhistorique disparu, le *milodón*. La découverte de cet immense herbivore, qui disparut il y a environ 10 000 ans, entraîna un véritable engouement pour la région et plusieurs expéditions européennes furent lancées à la recherche d'éventuels survivants de cette espèce. Ne manquèrent pas bien entendu les pilleurs qui s'emparèrent de trésors préhistoriques inestimables. Une reproduction du monstre est exposée sur les lieux de la découverte des restes de son illustre prédécesseur. Un sentier d'environ 800 m mène aussi à un belvédère sur le fjord Eberhard et l'estuaire Ultima Esperanza. Ne boudez pas cette petite balade, elle est agréable et la vue est magnifique.

Transports

RADIO TAXI EL MILODÓN
✆ +56 61 2 410 426
Compter autour de 25 000 $ l'aller-retour.

Pratique

Le site est ouvert de 8h30 à 18h, tous les jours. Entrée : 8 000 $ par personne 4 000 $ pour les adolescents de 12 à 17 ans.

PARQUE NACIONAL TORRES DEL PAINE ★★★★

Ce parc national est le plus connu du Chili, peut-être aussi le plus beau. Le développement touristique de la région de Magallanes repose en grande partie sur lui. C'est de fait, l'une des destinations les plus prisées des étrangers qui visitent le pays. Situé entre le champ de glace sud-patagonien (*Campo de Hielo Sur*) et la steppe patagonienne, déclaré réserve de la biosphère par l'Unesco en 1978, il recouvre une superficie de 227 298 ha. Les différentes zones qui le constituent jouissent d'un climat particulier résultant des influences conjuguées de l'altitude, du relief et des glaciers.

Parc national de Torres del Paine
PARC NATIONAL TORRES DEL PAINE
TORRES DEL PAINE
CUERNOS DEL PAINE
Circuit Cordillera Paine
Glacier Olvidado
Lago Dickson
Lago Escondido
Camping Dickson
Lago Paine
Rio Paine
Laguna Escondida
Camping Seron
Camping Laguna Azul
Laguna Azul
Poste de Garde Laguna Azul
Sentier Vallée enchantée
Base Las Torres
Poste de Garde Avanzada
Camping Chileno
Las Torres
Poste de Garde Laguna Amarga
Laguna Amarga
Venisquero Torres
Campement britannique
Los Perros
Glacier los Perros
Paso
Glacier Grey
Glacier Olguin
Los Guardas
Campement Grey
Glacier del Frances
Campement Italien
Los Cuernos
Sentier Grey
LAGO GREY
LAGO NORDENSKJÖLD
Sentier d'observation de la Faune
Poste de Garde Lago Sarmiento
LAGO SARMIENTO DE GAMBOA
Lago Skottsberg
Mirador Cuernos
Largo Sarmiento Chico
Poste de Garde Péhoé
LAGO PEHOE
Campement Zapata
Rio Pingo
Circuit Vallée Pingo
Campement Pingo
Poste de Garde Lago Grey
Lago Pohoé
Laguna Verde
Poste de Garde Laguna Verde
Sentier Laguna Verde
Campement las Carretas
Laguna M. Antonio
Centre Administratif Conaf
Mirador Sierra del Toro
Laguna Ferrier
Rio Grey
LAGO DEL TORO
Rio Serrano
Lago Tyndall
Rio Tyndall
Laguna Clara
2h.
3h30
3h.
2h.
3h.
4h.
4h.
6h.
4h.
2h.
1h.
1h.
2h.
4h.
5h.
1h30
2h30
4h.
4h.
2h.
3h.
1h.
3h30
0h30
3h.
4h.
3h30
2h.
1h.
0
5 km
Route
Chemin de randonnée
Trajet en bateau
Poste de Garde-Information
Téléphone
Site et point de référence
1h30
Durée du trajet
Lac et Lagune
Glacier

Histoire

Le premier à s'aventurer dans la région fut Santiago Zamora (1870-1890), qui en devint un véritable expert. Dans les années 1879-1890, le gouvernement du Chili dépêcha l'explorateur Tomas Rogers pour cartographier la zone. L'histoire retient que les premiers touristes à visiter le Paine furent lady Florence Dixie et ses amis, en 1879. Puis les scientifiques débarquèrent, dont Otto Nordenskjöld (1895) et Carl Skottberg (1908). Le britannique Walter Ferrier obtint l'autorisation en 1896 de s'établir entre les rivières Paine, Serrano et Grey (au nord-ouest du lago del Toro, au niveau du secteur Serrano aujourd'hui) : comme le rappelle un panneau à l'entrée de l'administration du parc, le dernier propriétaire du terrain, le conte italien Guido Monzino, le céda au gouvernement chilien en 1976.

La première moitié du XXe siècle vit l'extension de l'élevage et l'apparition de plusieurs estancias, aujourd'hui réhabilitées pour le tourisme. Cet élevage intensif fut terrible pour la faune et la flore, les fermiers brûlant la terre pour favoriser la croissance de leur cheptel. Plusieurs incendies motivèrent les autorités à créer un parc national, le 13 mai 1959 : le parc national de tourisme Lago Grey, d'une superficie de 4 332 ha. Le nom « Torres del Paine » fut octroyé en 1961, lors de la première ampliation. Il est à noter qu'à l'intérieur du parc susbsiste un seul terrain privé, celui de l'estancia Las Torres, qui poursuit son exploitation bovine et s'est reconvertie en hôtel, très prisé des voyageurs.

Au fait, le nom *paine* vient d'un vocable tehuelche (l'ethnie indigène qui peuplait le versant est de la cordillère des Andes), siginifiant « bleu ». Vous n'aurez aucun mal à comprendre pourquoi : cette couleur domine les vallées, les lacs, les pierres et les glaciers.

Description

Le parc offre une géomorphologie unique en Patagonie. Son centre est constitué par le massif du Paine qui s'étend sur 400 km². Si l'on observe le massif de la rive sud du lac Nordenskjold, on découvrira plusieurs de ses plus hauts sommets, à savoir, d'ouest en est, les trois Cuernos (cornes), dont le plus haut culmine à 2 600 m, et les trois Torres (tours) de Paine, dont la plus haute culmine à 2 850 m. Le sommet le plus haut du massif est le Paine Grande, qui s'élève à 3 050 m.

Le parc se caractérise aussi par ses glaciers : glacier del Francés, glacier Grey, glacier Dickson... Le plus visité reste le glacier Grey, qui constitue l'une des extrémités sud du Campo de Hielo Sur. S'avançant dans le lac du même nom, il s'en détache parfois d'immenses blocs de glace qui s'en vont flotter sur ses eaux. Les glaciers Geike et Tyndall, un peu plus au sud dans le parc Bernardo O'Higgins, sont toutefois beaucoup plus impressionnants. On peut s'approcher du Geike : c'est d'ailleurs l'une des plus belles balades dans la région (mais peu connue).

La flore et la faune sont d'une grande richesse. On croise de nombreux guanacos qui migrent dans différentes parties du parc suivant les saisons. Les autres espèces communes sont les nandous (ñandus) et plusieurs types de renard, certains très faméliques et si habitués à ce que les touristes leur donnent à manger qu'ils errent comme des âmes en peine près des miradors de plus forte affluence. Plus rares et plus difficiles à observer sont les pumas et le *huemul,* de la famille des cervidés, en voie de disparition. Sur les rives des lacs, on pourra observer des cygnes et une multitude d'oiseaux. Le plus fameux reste bien sûr le condor, dont le vol gracieux enchante le regard.

Le parc est également une région de pêche sportive ; ses lacs et rivières sont riches en salmonidés (pour les permis, s'adresser au siège de l'administration du parc). Dans les zones de steppes du parc, la flore est dominée par un petit buisson du nom de coiron. Les zones boisées sont de type « magellanique », riches en essences natives du genre Nothofagus ou « faux hêtres » (lenga, ñirre, coigue).

La meilleure période pour visiter le parc se situe entre début décembre et fin mars, les températures sont appréciables et les journées très longues. Toutefois, les mois de novembre et d'avril peuvent être magnifiques (en plus il y a beaucoup moins de monde). D'une manière générale, le temps est très variable dans cette région : on a déjà vu des tempêtes en plein février, et en général les conditions climatiques sont plus stables en plein juillet. S'il fait plus chaud en été, de toute façon, comme partout en Patagonie, il y a aussi plus de vent. Pour terminer, un bon conseil d'amis : pour éviter la horde de touristes, c'est simple, il faut marcher tôt (à partir de 6h en été) et ne pas hésiter à arpenter des sentiers moins battus.

Le parc a défrayé la chronique ces derniers temps : le 17 février 2005 tout d'abord, quand un touriste tchèque enflamma environ 14 000 ha de forêt en campant dans un endroit non autorisé, près de la laguna Azul. Et plus récemment, le 27 décembre 2011, quand un touriste israélien mit le feu pour des raisons similaires (et une semblable irresponsabilité : il aurait admis avoir allumé un feu avec du papier hygiénique, mais se serait rétracté par la suite) à 17 606 hectares, cette fois dans une zone bien plus touristique (entre le lac Grey et la vallée del Francés), alors que des vents violents empêchaient d'éteindre l'incendie et le propageaient à grande vitesse (le feu ne fut vraiment maîtrisé qu'à la fin du mois de février 2012). Aujourd'hui, le spectacle de ces étendues brûlées, au début ou à la fin du trek W, a quelque chose de sinistre et de terriblement triste, et nous rappelle qu'il convient d'être particulièrement vigilant pour préserver la superbe flore de ce parc si fréquenté.

Transports

Comment y accéder et en partir

Pour les bus depuis et vers Puerto Natales, voyez les informations de la rubrique « Transports » de la ville. Le retour peut s'effectuer avec les mêmes compagnies à partir du siège de l'administration du parc, du poste du lac Pehoé ou du poste de la Laguna Amarga.

Un bus direct par jour de/vers El Calafate en Argentine, partant d'El Calafate à 5h30 et revenant du parc à 16h, depuis la Laguna Amarga. *A priori*, c'est l'agence Always Glaciers qui s'en occupe. Compter 3 heures de voyage. Attention : il s'agit d'un tour proposé par l'agence, mais les voyageurs se servent du bus juste pour le transport. Le coût est donc assez élevé (car correspondant au tour complet, incluant le retour, et non au transport simple !).

Accès. La route traditionnelle passe par Cerro Castillo puis par la Laguna Amarga, mais une nouvelle voie d'accès (magnifique) a été aménagée jusqu'au secteur Serrano. Avec le nouvel itinéraire on gagne 45 minutes de trajet pour atteindre l'entrée du parc. Essayez d'arriver par une route et de repartir par l'autre (idéal avec une voiture de location).

CATAMARAN HIELOS PATAGÓNICOS
✆ +56 61 2 411 438
www.hipsur.com
maclean@entel.net
Compter 30 US$ l'aller simple et 50 US$ l'aller-retour.
Le catamaran *Hielos Patagónicos*, d'une capacité de 70 personnes, assure le trajet sur le lac Pehoé. De début décembre à mi-mars, il part en principe de Pudeto à 9h, 11h, 16h15 et 18h, et revient de Pehoé à 11h35, 17h et 18h35 (sauf le 25 décembre et le 1er janvier, un départ à 9h30 et un retour à 10h) ; en avril, départs de Pudeto à 11h et 18h, retours de Pehoé à 11h35 et 18h35 ; de mai à août, départ à 12h, retour à 12h35. La traversée dure 25 minutes. Cette navigation vous permet notamment de terminer votre périple en W si vous êtes parti de la laguna Amarga et ne désirez pas contourner le lac en suivant le río Grey jusqu'à l'administration ; ou alors, d'entrer dans le parc (station lac Pehoé) pour commencer votre excursion vers le lac et glacier Grey ou la vallée del Francés.

Se déplacer

Voiture. A l'intérieur du parc, on peut se rendre à la Laguna Azul (peu avant l'entrée de la Laguna Amarga, une déviation sur la droite), c'est un trajet de 18 km. Depuis l'entrée, vers l'hôtel Las Torres, au pied du circuit qui mène aux Torres del Paine : trajet de 7 km. Et enfin, jusqu'au río Serrano (trajet de 7 km) d'où vous pouvez partir en excursion en zodiac vers le glacier Serrano (départs tous les matins à 9h30 en saison avec l'agence 21 de Mayo notamment).
Bien sûr, la piste qui traverse le parc entre La laguna Amarga et la Hostería Lago Grey est en elle-même une excursion à ne pas manquer : superbes vues sur le massif du Paine tout au long, pour environ 1 heure/1 heure 30 de route.

Navettes. Service de navettes entre l'entrée de la Laguna Amarga et l'hôtel Las Torres : compter 2 500 $ par personne, à l'arrivée des bus et pour le retour vers Natales (soit quatre fois par jour). Possible aussi d'attraper un bus entre les différentes entrées du parc (si jamais vous avez laissé votre voiture de location quelque part, par exemple...), compter au moins 3 000 $ par personne.

Bateau. Deux possibilités dans le parc : pour traverser le lac Pehoé du refuge Pudeto au Lodge Paine Grande (ou inversement) ; ou approcher le glacier Grey sur le lac du même nom, depuis l'Hostería Lago Grey (ou alors depuis le Lodge Grey, une seule fois par jour).

Pratique

L'administration se situe dans le secteur Lago Toro, à 33 km de l'entrée de la Laguna Amarga. Il existe plusieurs baraques des gardes forestiers à l'intérieur du parc. Afin de bien vous repérer, voici trois « points » principaux à connaître, d'ouest en est : l'entrée est, au niveau de la laguna Amarga ; le lac Pehoé, pour ainsi dire au milieu de la route d'accès au parc ; et l'administration, vers le lac Toro et le secteur Serrano, qui s'est notablement développé ces dernières années. Le parc est ouvert de 8h30 à 20h. De nombreux tour-opérateurs organisent des treks dans le parc. Les excursions proposées par Big Foot Patagonia sont notamment recommandées. Vous pouvez consulter le site Internet du parc www.parquetorresdelpaine.cl (en anglais et en espagnol).

Les droits d'entrée : ils s'élèvent à 21 000 $ par adulte étranger en saison (octobre-avril), et 11 000 $ hors saison. Les enfants paient 6 000 $.

Depuis le 15 octobre 2016, il est obligatoire d'avoir des réservations à l'avance pour tous les campings le long du trek W et du Circuit O : il est très fortement déconseillé de s'aventurer sur ses circuits sans avoir préalablement réservé vos hébergements. Il faut effectivement s'y prendre des mois à l'avance afin d'éviter toutes mauvaises surprises. Les emplacements de camping sont complets la quasi-totalité du temps et même si vous avez la chance de trouver une disponibilité il va falloir mettre le prix ! Passez donc par une agence afin de vous organiser votre séjour ou planifiez vos réservations vous-même. Cependant cela peut-être une véritable galère administrative : les tour-opérateurs s'emparent toujours les premiers des emplacements disponibles, il vous faudra donc jongler entre les trois organismes responsables de la gestion (CONAF, Vertice Patagonia et Fantastico Sur) pour caler vos dates. Pour celles et ceux qui souhaitent camper en dehors du W et O, vous pourrez vous rendre aux campings Pehoe (au sud de Pudeto) et Nash (à 1km de Laguna Amarga) sans réservation !

Se loger

Une remarque qui vaut son pesant d'or, surtout quand l'on vient de si loin : pensez bien à ce que vous comptez faire dans le parc. Les randonneurs doivent camper ou dormir en refuge. En effet, les hôtels plus confortables ne sont pas toujours idéalement situés et les possibilités de transferts à l'intérieur du parc sont limitées (une voiture de location est donc indispensable). Il est possible d'effectuer des treks à la journée (notamment l'ascension vers les Torres), mais pour découvrir les beautés moins accessibles du parc, il est impératif de réaliser un circuit : et donc de camper ou de dormir en refuge tout en réservant à l'avance ceux qui se situent le long des circuits W et O (nous ne le répéterons jamais assez, trop de voyageurs pensent pouvoir explorer le parc à leur guise et à l'improviste et se retrouvent déçus, ce que nous voulons éviter à tout prix !)

Bien et pas cher

Pensez à réserver vos emplacements de camping : trois organismes (CONAF, Fantastico Sur et Vertice Patagonia) possèdent les terrains de camping du parc. Pour planifier votre itinéraire le long du W ou du O, vous devrez donc réserver au moins un camping avec l'un de ces organismes. Les systèmes de réservation de ces organismes fonctionnent donc tous de manière indépendante. En conséquence, si vous ne passez pas par une agence qui s'occupera des réservations pour vous, cela peut arriver de réussir à réserver des emplacements pour plusieurs campings sauf un ou deux, car les dates ne sont pas disponibles. Ici la meilleure option est de contacter directement la société concernée. Il arrive parfois que le système de réservation soit défectueux (il faudra cependant vous armer de patience) et que vous constatiez qu'ils sont en mesure de vous aider à obtenir la date et l'emplacement dont vous allez avoir besoin.

Imprimez vos réservations : et apportez-les avec vous. Encore une fois, les trois organismes n'ont pas une logistique irréprochable et même si elles ont accès aux noms des campeurs qu'elles attendent chaque soir, certains randonneurs se sont retrouvés sans hébergement, car ils ne pouvaient pas prouver leur réservation.

Pensez à apporter tout le nécessaire pour camper. Partez bien équipé : la nature est reine au Paine. On peut acheter des victuailles dans certains refuges ; certains regrettent que les prix soient si élevés, mais vu leur éloignement de toute forme de civilisation, et l'affluence touristique, tout cela reste accessible.

Depuis la saison 2019/2020, sur tous les terrains de camping, vous pouvez payer en pension complète : cela inclut le petit déjeuner, le déjeuner et le dîner. Des services sont aussi proposés en demi-pension (petit déjeuner et dîner) ou sans repas (vous apportez toute votre nourriture et votre cuisine).

Une dernière précision : la plupart des campings sont ouverts de septembre à avril.

FANTASTICO SUR
Esmeralda 661
(bureaux à Puerto Natales)
✆ +56 61 2 614 184
www.fantasticosur.com
ventas@fantasticosur.com
Selon la saison, compter entre 16 et 21 US$ pour un emplacement de camping pour deux. Vous économisez 5 US$, si vous apportez votre propre sac de couchage. Voir le site web pour les autres tarifs et le protocole de réservation. Différentes catégories : cabanes seules, en demi-pension et/ou en pension complète. En refuge, avec draps ou pas, en pension complète ou pas. Location de matériel possible (tente, sac de couchage, etc.).
Dans les limites de l'estancia privée Cerro Paine, cette compagnie gère de nombreux refuges, campings et *cabañas* sur le circuit W : Francès, Torre Central, Torre Norte, El Chileno et Los Cuernos, ainsi que le camping Serón au début du Circuito. Vous devrez passer par leur site internet pour effectuer votre réservation. Leur service

s'est nettement amélioré ces dernières années et si vous avez des questions lors du processus de réservation vous pourrez correspondre avec eux via une boîte de dialogue. Voici une liste des emplacements proposés :

- **Camping Francés :** bonnes installations sur des plates-formes en bois surélevées, douches chaudes et pension complète (à préciser lors de votre réservation). Toutefois celle-ci n'est plus obligatoire puisque depuis 2019 le camping permet aux voyageurs d'apporter leur propre nourriture. Il y a également des petits dômes dans lesquels vous pouvez réserver des lits en dortoirs. Pour la saison 2019, il fallait compter 21 US$ par personne pour camper avec votre propre équipement et 71 US$ pour camper avec du matériel loué. En dortoir, compter à partir de 116 US$ et jusqu'à 196 US$ en pension complète.

- **Refugio et camping Los Cuernos :** joli refuge avec emplacements pour camper, lit en dortoir et cabanes pour deux personnes (il faut y mettre le prix cependant !). Lorsque vous prenez l'option de dormir en refuge (donc pas de camping) vous devez obligatoirement inclure l'option repas dans votre réservation. Les campeurs peuvent, eux, apporter leur propre nourriture. Pour la saison 2019, il fallait compter 21 US$ par personne pour camper avec votre propre équipement et 71 US$ pour camper avec du matériel loué. En dortoir, compter à partir de 116 US$ et jusqu'à 196 US$ en pension complète. Vous économiserez 5 US$ si vous avez votre propre sac de couchage. La cabane est à 360 US$ pour une personne.

- **Refugio et camping Torre Central et Torre Norte :** situé aux pieds des Torres, c'est un site magnifique et l'un des plus grands terrains du parc. Penser donc à réserver ici : il y a toujours plus de place qu'ailleurs ! On y trouve des tables où pique-niquer et cuisiner, un bar, une supérette, une cantine et des éviers pour faire sa vaisselle. Pour la saison 2019, il fallait compter 21 US$ par personne pour camper avec votre propre équipement et 71 US$ pour camper avec du matériel loué. En dortoir, compter à partir de 116 US$ et jusqu'à 196 US$ en pension complète. Vous pouvez laisser votre sac à la journée (5 US$) le temps de la randonnée jusqu'aux Torres.

- **Refugio et camping El Chileno :** c'est le camping qui se situe le plus près des tours, il est donc idéal de dormir ici la veille de votre excursion. Le lendemain, partez toutefois à l'aube si vous souhaitez faire un peu d'économies : il faudra payer 5 US$ pour laisser son sac le temps de l'excursion ou revenir avant 9h pour faire son *check-out*. Les douches sont chaudes et on trouve une petite supérette. Pour les lits en dortoir, vous devrez obligatoirement réserver le service de demi-pension.

- **Autre adresse :** à Puerto Natales : Esmeralda 661

VERTICE PATAGONIA

Bulnes 100 (bureaux à Puerto Natales)
✆ +56 61 2 412 742
www.verticepatagonia.cl
ventas@verticepatagonia.cl
Tarifs sur le site web. Location de matériel.
Cette compagnie gère les lodges et campings Paine Grande et Refugio Grey, le refuge et camping Dickson ainsi que le camping Los Perros. On peut généralement cuisiner et manger à l'abri. Comme pour Fantastico Sur, il faut réserver à l'avance sur le site internet. Sachez toutefois que la compagnie a changé son système de réservation en 2018 : il est impératif de sélectionner la catégorie « autre » dans la section « Passager » et de sélectionner la devise USD. Cela permet au système de vous identifier en tant que touriste étranger.

- **Refugio et Camping Paine Grande :** grand terrain de camping idéalement situé juste à côté du lieu de départs et d'arrivées des ferries. Pensez à planter votre tente à flanc de colline pour éviter le vent. Vous trouvez des lits en dortoirs également, une cantine, un bar et une supérette. La cantine est accessible pour tout le monde, mais il est impératif de réserver à l'avance pour celles et ceux qui dorment en refuge. De plus, vous trouverez des prises de courant, des douches chaudes et une connexion wifi (payante toutefois !). Pour la saison 2019, il fallait compter 11 US$ par personne pour camper avec votre propre équipement et 71 US$ pour camper avec du matériel loué. En dortoir, pensez à prendre votre propre sac de couchage puisqu'il faut compter à partir de 57 US$ si vous l'avez et 87 US$ si vous en louez un ! 121 US$ en pension complète.

- **Refugio et Camping Grey :** un emplacement idéal pour partir à la découverte du circuit 0 et des sentiers moins connus du parc. On propose ici des lits en dortoir et des emplacements de cantine avec eau chaude, cuisine, cantine et supérette. Pour la saison 2019, il fallait compter 9 US$ par personne pour camper avec votre propre équipement et 69 US$ pour camper avec du matériel loué. En dortoir, pensez à prendre votre propre sac de couchage puisqu'il faut compter à partir de 37 US$ si vous l'avez et 87 US$ si vous en louez un ! Soit une différence de 50 US$! 94 US$ en pension complète.

- **Autre adresse :** à Puerto Natales : Bulnes 1202

Confort ou charme

Les refuges installés dans le parc ont été concédés à des opérateurs privés. Les prix pratiqués sont élevés, et il faut réserver longtemps à l'avance en haute saison pour s'assurer une place au chaud (6 mois à l'avance n'est jamais de trop). Les chambres consistent en des dortoirs de quatre à huit lits. Les refuges sont assez confortables (il y a de l'eau chaude et il fait chaud à l'intérieur). L'ambiance est internationale, bien souvent les campeurs peuvent rentrer y boire un verre ; en général, l'accueil est sympathique (c'est notre expérience, en tout cas).
Un repas revient autour de 15 US$ (déjeuner) ou 21 US$ (dîner), un petit déjeuner autour de 11 US$. On peut louer des sacs de couchage et même des tentes (compter des différences de 50 US$ en moyenne avec location d'équipements).

ECOCAMP PATAGONIA
www.ecocamp.travel
info@ecocamp.travel
Voyez le site Internet pour les programmes complets de plusieurs jours, au départ de Punta Arenas ou Puerto Natales.
Situé près de l'entrée du parc national et du trek vers les Tours, délivrant des vues imprenables sur le massif mythique, l'EcoCamp est une bonne surprise : il s'agit en fait de dômes semi-transparents aménagés entre des passerelles en bois, dans l'esprit des habitats Alakalufes, mais dans un souci de confort moderne aussi (fenêtre panoramique, sol en bois vitrifié, lit avec couette et lumières tamisées pour les dômes supérieurs, mais pas de chauffage dans les dômes standard). Energies solaire, hydro-électrique et éolienne. Un système de tri des déchets est mis en œuvre.
Les sanitaires communs (pour les dômes standard) en bois respectent l'environnement de la même façon : division entre matières liquides et fécales, purification des eaux savonneuses. On mange dans deux dômes centraux et on se réunit tous dans un dôme living pour partager un délicieux cocktail. L'intérieur est chauffé au bois. Les dômes plus luxueux disposent de sanitaires privés et sont dotés de l'électricité et du chauffage. Ils sont d'un charme fou (déco locale). Enfin, la nourriture est bonne et copieuse et le service amical et disponible. Seul petit bémol : les tarifs, un peu élevés. Mais c'est le prix à payer pour une expérience originale, qui s'apparente plus au « camping de luxe » qu'à un banal séjour dans un hôtel.

Autre adresse : Réservations à Santiago : Barros Arana 166

HOSTERIA LAGO DEL TORO
✆ +56 61 2 223 351
www.lagodeltoro.com
hosteria@lagodeltoro.com
Compter 170 US$ pour un ou deux, 205 US$ pour deux ou pour trois en chambre supérieure, en haute saison avec petit déjeuner. Repas à 20 US$.
Dix chambres sobres où le bois domine. Ambiance conviviale et chaleureuse. Bon accueil de la famille. Site superbe.

Luxe

Force est de constater que les prix pratiqués dans cette catégorie sont très élevés et ne correspondent pas toujours au confort attendu (sans parler du service). Certaines chambres sont étroites, bien que confortables et propres, et on a parfois l'impression de se trouver dans n'importe quelle ville ordinaire de notre bonne vieille Terre : pas folichon quand même au bout du monde !
Si vous venez pour randonner, dormez en refuge ou sous la tente, c'est quand même plus sympa.

HOSTERÍA LAGO GREY
✆ +56 61 2 712 100
www.turismolagogrey.com
info@turismolagogrey.com
Compter 261 US$ pour un (130 500 $), 308 US$ pour deux et 358 US$ pour trois en haute saison, en chambre standard ; 321 US$ la simple et 368 US$ la double en haute saison. Déjeuner ou dîner à 21 000 $.
Sur les rives du lac du même nom, cet établissement jouit d'un emplacement magnifique. C'est ce qui fait sa force, surtout pour les 36 chambres supérieures récentes et mieux décorées (les 24 standard sont vieillottes, sans vue et bien chères).
Connexion wifi (très lent). Service en dents de scie, tout comme la qualité de la cuisine, dommage. Toutes sortes d'excursions sont proposées. Bref, une adresse assez confortable et au site grandiose, mais à des tarifs tout de même bien élevés.

Autre adresse : à Punta Arenas : Lautaro Navarro 1077

HOSTERÍA MIRADOR DEL PAYNE
✆ +56 61 2 228 712
www.miradordelpayne.cl
reservas@miradordelpayne.cl
Compter 200 US$ pour un, 245 US$ pour deux, 265 US$ pour trois avec petit déjeuner à 12 US$ en haute saison. Compter 30 US$ par lit supplémentaire.
Un vrai voyage dans le temps et les traditions, sur les rives de la Laguna Verde. C'est la vie à l'estancia, avec tout le confort souhaité (cela

reste toutefois assez simple). Des excursions sont proposées, on peut louer des chevaux, et les jardins alentour sont jolis. Superbe panorama sur les Cuernos del Paine. Très tranquille et éloigné de tout, c'est pour cela qu'on l'apprécie.

Autre adresse : à Punta Arenas : Fagnano 585

HOSTERÍA PEHOE

Isla Notro, Lago Pehoé
✆ +56 61 2617727
www.hosteriapehoe.cl
reservas@hosteriapehoe.cl

En saison haute, compter à partir de 235 US$ la chambre double standard, 269 US$ la triple standard. Pour les chambres supérieures, compter à partir de 303 US$ la chambre double et 319 US$ la chambre triple.

Située au cœur du parc, sur une petite île, cette structure offre aux visiteurs une vue unique sur le massif du Paine et le lac Pehoé... du moins depuis le restaurant.

Car les chambres sont en fait assez simples et n'offrent pas de vue sur le massif, curieusement… Dommage ! On regrettera aussi une cuisine très inégale et un service limité qui donnent l'impression d'un rapport qualité/prix plus que mitigé.

Autre adresse : à Santiago : Antonio Bellet 77, bureau 1201

HOTEL EXPLORA SALTO CHICO

✆ +56 2 2395 2800
www.explora.com
info@explora.com

A partir de 4 000 US$ par personne (base double) pour un forfait de 4 nuits, tout inclus (hébergement, transferts, repas, bar, entrées, excursions...).

C'est le luxe suprême, au pied des cascades de Salto Chico, et il faut avouer que l'ensemble est remarquable. Sa principale qualité est sans doute de se fondre plutôt bien dans le paysage, et de livrer, à peu près chaque endroit de l'hôtel, des panoramas à couper le souffle sur les environs. Confort de très haut standing, services de haute qualité...

Ne pas hésiter si vous avez les moyens : c'est la meilleure adresse du parc. Réservations indispensables.

Autre adresse : à Santiago : Américo Vespucio Sur 80

HOTEL LAS TORRES

✆ +56 61 2 617 450
www.lastorres.com
info@lastorres.com

Programmes tout inclus à partir de 3 nuits et 2 400 US$ par personne (base double) en haute saison (novembre à février), selon la vue. Hébergement, transferts (depuis Puerto Natales mais aussi El Calafate), repas, bar, excursions, wifi et entrée au parc inclus.

Cet hôtel est situé au début du trek vers les Tours, à 7 km de l'entrée du parc à la Laguna Amarga, et fait partie de l'*estancia* Cerro Paine, encore en activité. Il dispose de 82 chambres lumineuses et confortables (frigobar, téléphone, wifi) et deux suites. Cuisine très correcte. Nombreuses excursions, à pied et/ou à cheval : les chevaux appartiennent d'ailleurs à l'*estancia*, et de vrais *gauchos* (appelés ici *baquedanos*) vous accompagneront. Sa situation en fait un lieu de départ idéal pour les treks ou un bon point de passage. Un spa est aussi à disposition. Une bonne structure, qui remplit parfaitement son rôle.

Autre adresse : à Punta Arenas : Sarmiento 846

HOTEL RÍO SERRANO

Secteur Serrano
✆ +56 61 22 20878
www.hotelrioserrano.cl
reservas@hotelrioserrano.cl

Compter 280 ou 300 US$ la chambre double standard et 330 ou 370 US$ la chambre double supérieure de septembre à avril, petit déjeuner compris.

108 chambres supérieures et standard au confort parfait pour un séjour agréable en jouissant de superbes vues sur les environs (notamment sur le massif de Paine). Toutes sortes d'excursions sont proposées par des guides expérimentés et amicaux. Vous aurez le choix parmi des balades à cheval, des randonnées ou encore des sorties en voilier. Le service est dans l'ensemble correct et les prestations de haute qualité. L'hôtel propose également des programmes tout compris : hébergement en chambre supérieure, transferts, excursions, cocktail de bienvenue, open-bar, pension complète, massages de relaxation et billet d'entrée au parc national Torres del Paine.

Autre adresse : à Punta Arenas : Manuel Aguilar 1105

PATAGONIA CAMP

Ruta Y-290, camino Molodón
✆ +56 612415149
www.patagoniacamp.com
reservas@patagoniacamp.com

A partir de 2 nuits à 1 290 US$ par personne (1 000 $ si vous êtes en chambre double) en haute saison (novembre à février), en formule tout compris (hébergement, transferts, repas, vin, entrées, excursions...). Aussi des programmes de 3, 4 ou 5 nuits.

Cette superbe adresse propose dix-huit yourtes (en fait de grandes tentes en plastique) complètement équipées avec sanitaires privés, chauffage et déco ethno-chic de bon goût. Situées à côté du lac Toro, ces grandes tentes offrent des vues magnifiques sur le massif des Cuernos del Paine. Attention, elles sont très lumineuses en été (soleil dès 4h30 du matin) et bruyantes quand il pleut. Le restaurant est agréable et très bon en principe. Deux remarques toutefois : on est situé à l'écart du parc national et le parcours pour gagner les divers treks s'avère fastidieux à la longue ; dans le coin, les treks proposés sont assez pépères. Mais si vous venez pour vous reposer et marcher tranquillement au milieu d'une nature sublime, voici une adresse de qualité.

▸ **Autre adresse :** à Santiago : Hernando de Aguirre 414, Providencia

■ TIERRA PATAGONIA HOTEL & SPA

✆ +56 2 2929 6700
www.tierrapatagonia.com
info@tierrapatagonia.com
A partir de 3 nuits en formule tout compris (hébergement, repas, boissons, transferts, excursions, entrée au parc, spa), et 2 150 US$ par personne (base double) pour une chambre standard, 2 390 US$ pour une chambre supérieure et 3 100 US$ pour une suite. Formules de 4 à 7 nuits aussi disponibles.

Cette nouvelle structure de luxe, au bord du lac Sarmiento, propose 40 chambres, dont 34 chambres supérieures et 3 suites de grand confort, bien pensées, au design réussi et jouissant de superbes vue sur le massif du Paine. Espaces communs agréables (salle TV, librairie...), wifi et spa complet (incluant une piscine intérieure, un bain bouillonnant extérieur, un sauna et des massages). L'ensemble est infiniment charmant, les prestations de qualité et le service amical et disponible... mais il faut y mettre le prix. A recommander si vous avez le budget adéquat.

À voir – À faire

■ PARQUE NACIONAL TORRES DEL PAINE ★★★★

CONAF Región de Magallanes
y Antártica Chilena
Av. Bulnes 0309
Punta Arenas
✆ +56 61 2 238 581
www.parquetorresdelpaine.cl
Compter 21 000 $ par personne.

▸ **Pour découvrir le parc dans de bonnes conditions,** il est nécessaire de préparer sa visite depuis Puerto Natales. En effet, même en été, les conditions climatiques sont très changeantes et il n'est pas rare qu'il neige alors que le soleil brillait quelques heures auparavant. Il est donc important de prévoir un équipement adéquat pour ceux qui veulent faire un trek de plusieurs jours : chaussures de marche en cuir imperméables (membrane Gore-Tex), plusieurs paires de chaussettes, vêtements intérieurs synthétiques qui n'absorbent pas l'eau (pas de coton ni de jeans), coupe-vent, chapeau, lunettes de soleil (couche d'ozone très fine dans la région), duvet très chaud, tente imperméable, bâton de marche, nourriture (les postes d'approvisionnement dans le parc sont assez chers – aux yeux du campeur du moins), cuisinette à gaz, lampe frontale, trousse à pharmacie (crème solaire, aspirine, anti-inflammatoire, pansements, désinfectant, bandeaux, thermomètre, ciseaux, couteau suisse...). Un GPS ou au moins une boussole sont nécessaires si vous randonnez plusieurs jours. Surtout, il est strictement interdit de faire du feu dans le parc !

▸ **L'afflux des touristes en été.** Ils se concentrent heureusement dans quelques zones et ceux qui entreprennent de longs treks pourront profiter du parc dans le calme le plus total. Amis campeurs, dites-vous bien que vos « ennemis » ne sont pas les autres campeurs (même nombreux), mais les groupes organisés qui parfois descendent du catamaran au Lodge Paine Grande et gagnent le refuge Grey (par exemple).

Il existe deux options pour visiter ce merveilleux site naturel : en marchant tous les jours (logement en camping ou en refuge) sans jamais dormir au même endroit ; ou en se fixant quelque part et en gravitant (à pied ou en voiture) tout autour.

▸ **Important :** les temps de parcours signalisés sur toutes les cartes sont des moyennes ; sur des trajets comme celui qui monte jusqu'aux Torres, il est possible d'aller beaucoup plus vite, pour peu que vous soyez habitué à la marche. Le but n'est pas de faire la boucle en un temps record, mais un très bon randonneur peut effectuer de longues distances en une journée, surtout en été, lorsque le soleil se couche très tard. Enfin, si beaucoup d'entre vous partiront pour 4 à 7 jours de marche, en suivant les deux fameux circuits que nous évoquons plus bas, sachez que certains petits circuits d'une journée sont beaucoup moins connus, et tout aussi magnifiques : par exemple le sentier qui mène à la Laguna Verde, ou celui qui gagne le refuge Zapata. N'hésitez pas à faire ces petits détours. En réalité, pour avoir une bonne idée du parc, une semaine est le minimum (surtout si l'on part pour le grand circuit), et dix jours sont un must. Il faut bien sûr prévoir son sac en conséquence.

Le Lac Pehoé est dominé par les sommets du massif du Paine.

Les impressionnantes tours du massif du Paine ont donné son nom au parc.

Quelques guanacos aux aguets dans le parc.

Le circuit W est le trek le plus beau et le plus populaire du parc.

LAGUNA VERDE ★★

Compter une demi-journée.

Le circuit de la Laguna Verde constitue l'une des portes d'entrée du parc et offre une belle promenade sans difficultés sur les berges de la laguna du même nom. Ses eaux, oscillant entre le turquoise et le vert, se déverse un peu plus au nord, dans le lac Sarmiento. Située non loin de l'entrée du parc, vous pouvez tout d'abord vous rendre au Mirador del Paine et poursuivre jusqu'à la Sierra del Toro (1 000 m d'altitude).

LAGUNA AMARGA ★★

C'est l'entrée la plus populaire du parc. Riche en nutriments, les eaux émeraude de la laguna Amarga (« lagune amère ») ont une forte teneur en eau salée et abritent l'une des plus grandes diversités animales du parc. Par l'effet de l'évaporation, une couche blanche de sel se dépose sur le rivage. Encore une couleur parmi tant d'autres pour ce point de vue exceptionnel : il s'agit d'un emplacement en or pour photographier les Torres. Par beau temps, les tours se reflètent à merveille dans la laguna. Bref la carte postale parfaite ! Une colonie de flamants roses y vit pendant l'été. On peut continuer vers le lac Sarmiento, situé à environ 3 heures de marche, pour y croiser les guanacos. Le sentier est très facile.

Possibilité d'excursions en bateau sur la laguna.

LAGUNA AZUL ★★★

A environ 45 minutes en voiture de Portería Laguna Amarga. Possibilité de randonnée d'une journée à partir de la Portería Laguna Azul.

Située au nord-est du parc, il s'agit d'un de nos endroits préférés hors des sentiers battus. Plus sauvage et mystique, cette laguna d'un bleu turquoise n'est pas très fréquentée par les touristes. La plupart des bus ne s'y rendent pas et peu de touristes s'y trouvent même en haute saison. C'est le seul endroit du parc où l'on peut contempler les Torres dans leur intégralité. Des centaines de guanacos y gambadent paisiblement, et lorsque le vent n'est pas trop capricieux, la silhouette des Torres se reflète dans les eux de la laguna. Un spectacle incroyable. Une petite randonnée facile est également possible en suivant la piste de Sierra Masle (compter une heure). Il s'agit d'une magnifique promenade qui mène à un point de vue encore plus spectaculaire en haut d'un rocher massif.

LAS TORRES ★★★★

Compter de 6 à 8 heures pour une randonnée totale de 14 km.

Lorsque l'on découvre les Torres pour la première fois, on comprend vite pourquoi ces trois emblématiques pics de granit ont donné leur nom au parc, élu par certains sondages 8e merveille du monde. Respectivement appelées Torre Norte, Torre Central et Torre Sur, ces aiguilles culminent entre 2 600 et 2 850 mètres. Formés par de violentes secousses terrestres il y a 12 millions d'années, l'origine géologique de ces pics est encore complexe à comprendre. Cependant, la formation des Torres s'explique par l'intrusion de magma (dans la région du Lago Grey) dans les roches en fusion préalablement formées. Le granit s'est alors cristallisé, formant un noyau rocheux aux couleurs variant de gris à rougeâtre. Chaque impulsion de magma produisait des couches de granit de

Las Torres.

plusieurs mètres d'épaisseur, sculptant peu à peu le paysage tel que nous le connaissons aujourd'hui. Le sentier qui mène jusqu'aux trois tours est relativement facile mais le dernier kilomètre est particulièrement raide et sportif ! Un dernier effort à donner avant de découvrir un panorama époustouflant. La descente se fait ensuite plus rapidement.

LAGO NORDENSKJÖLD ★★

Situé au pied de Los Cuernos, ce lac doit son nom à Otto Nordenskjöld, naturaliste suédois qui a exploré la région en 1898. Une randonnée jusqu'au mirador Cuernos est possible depuis Salto Grande (compter une petite heure). Le sentier se termine devant le lac avec en arrière-plan Los Cuernos del Paine. Un autre mirador, le mirador Nordenskjöld, offre également une vue imprenable sur le lac et ses eaux couleur émeraude.

VALLE DEL FRANCÉS ★★★

C'est le cœur du circuit «W» et l'un des plus beaux endroits du parc puisque l'on peut profiter d'une vue splendide à 360°. Cet endroit a beaucoup à offrir grâce à sa localisation : à l'ouest, le Cerro Paine Grande, à l'est les Cuernos, et la vallée est également traversée par le Rio del Francès. On peut y contempler un amphithéâtre naturel formé par une série de montagnes et de murs de granit. On peut également contempler le glacier el Francès et tendre l'oreille pour assister à ses grondements : le bruit des petites avalanches au loin. Il est possible de marcher 2 heures de plus pour rejoindre le glacier mais attention à la météo car la brume peut rendre difficile votre visibilité. Le départ vers la vallée se fait le plus souvent depuis le Refugio Los Cuernos. Vous pourrez laisser votre sac au Campamento Italiano (situé 5,5 km plus loin) avant de rejoindre le Mirador Británico.

LAGO PEHOÉ ★★

Un grand lac aux eaux couleur turquoise qu'il est possible d'admirer le matin au réveil après une nuit au magnifique camping Pehoé. Rendez-vous au Mirador Condor pour contempler le lac (départ au niveau du camping).

Le mirador porte bien son nom : au sommet, vous planerez certainement tel un oiseau des Andes tellement la vue est belle... et le vent extrêmement fort ! Attention, vent violent ! On peut y contempler toutefois los Cuernos del Paine et y observer la faune abondante des environs.

GLACIAR GREY – LAGO GREY ★★★

www.lagogrey.cl
navegacion@lagogrey.com

Entre novembre et février, pas de minimum de passagers. Réservations par mail seulement. Le bateau Grey II assure le voyage entre l'Hostería Lago Grey et le glacier. En haute saison, départs à 9h, 12h, 15h et 18h (ce dernier horaire s'il y a au moins 8 personnes) pour une durée de 3 heures. Tarif : 75 000 $ par personne (65 000 $ l'aller). Une belle manière de finir son trek W par exemple. La balade près du glacier est superbe par beau temps ; on vous offre un pisco sour ou un whisky à bord.

C'est généralement l'ultime étape du circuit W. Le glacier Grey est le plus grand du parc, il se déverse dans le lac de 270 km² du même nom. Pour y parvenir, vous emprunterez un sentier de quelques heures. Avant votre arrivée vous profiterez d'une vue incroyable sur le lac et vous apercevrez les premiers blocs de glace qui flottent à sa surface.

Il est également possible d'accéder à un mirador donnant directement sur le glacier (à 45 min du refuge Grey). Le panorama vaut vraiment le détour ! En novembre 2017, le glacier Grey a fait parler de lui à l'échelle internationale puisqu'un immense morceau de glace s'est détaché avant de partir à la dérive. Mesurant près de 380 mètres de longueur, il s'agit d'un phénomène unique qui ne s'était pas produit depuis les années 1990. Et à mesure que le réchauffement climatique de la planète progresse, ses effets ne vont pas en s'améliorant : ce genre d'incidents, de plus en plus fréquents, provoque une augmentation du niveau de la mer, ce qui multiplie les inondations. En douze ans, le glacier a perdu un volume de 900 mètres cubes.

Sports - Détente - Loisirs

Les deux itinéraires les plus intéressants consistent soit à faire le tour du massif du Paine (circuit O, ou plutôt « Circuito » d'après les locaux, qui n'aiment pas la première appellation), soit à emprunter le circuit W. La plupart des trekkeurs qui font le tour du massif pénètrent aussi dans les vallées du W.

CIRCUITO

Pour effectuer ce trek, il faut compter au moins 7 jours et envisager la possibilité d'être bloqué par le mauvais temps au niveau du paso John Garner. Le circuit consiste à partir du poste de la Laguna Amarga (par exemple, mais on peut commencer dans le sens inverse, à partir de l'administration ou du Lodge Cerro Paine), à faire le tour du massif et à revenir en longeant le glacier Grey jusqu'au secteur Pehoé. Il est bien sûr recommandé de combiner ce circuit avec le W, afin de connaître la superbe Valle del Francés et la montée au belvédère sur les Torres. Plus il y a de jours, plus on rit !

▸ **Voici le programme :** depuis l'entrée, gagnez l'hôtel Las Torres (compter entre 1 à 1 heure 30 de marche, mais il existe des navettes payantes, compter 2 500 $ par personne). Bifurquez sur la droite (un panneau indique la direction à suivre) ; vous arriverez en 4 heures environ (3 heures pour les bons marcheurs) au camping Serón, où vous pouvez passer la première nuit. Possible aussi de continuer vers le camping Dickson, mais il faut alors compter autour de 9 à 13 heures de marche depuis l'entrée de la Laguna Amarga (un peu moins ou... un peu plus, selon votre rythme). A vous de voir... Depuis le refuge de Las Torres, à côté de l'hôtel du même nom, compter entre 8 et 12 heures de marche vers le refuge Dickson. Possible donc en partant tôt.

▸ **Le deuxième jour,** on quitte les berges du río Paine pour virer à gauche au campamento Coirón, puis au refuge et camping Dickson, que l'on atteint en 6 heures de marche environ. Y passer la nuit ; ou alors poursuivre pendant 4 heures 30 jusqu'au refuge et camping Los Perros (mais c'est alors une très longue journée, camping payant ou non là-bas, panorama incroyable sur des glaciers et des cascades). Si vous avez marché jusqu'au Dickson le premier jour, nous vous conseillons de prendre un moment pour découvrir les environs, très jolis (le matin par exemple), et de passer la nuit dans tous les cas au refuge Los Perros : la montée vers le paso Garner est compliquée et mieux vaut l'entreprendre le matin, bien reposé.

▸ **Le troisième jour,** c'est la partie la plus pénible, celle qui conduit le long du río de los Perros au campamento Paso, à 9 ou 10 heures de distance du campement Dickson et 5 heures du camping Los Perros ; le temps est ordinairement mauvais dans le coin et le sentier un peu délicat. Ne vous engagez pas si, au petit matin, vous constatez qu'il fait vraiment « pourri » : vous risqueriez de le regretter. Autant attendre à Los Perros. En outre, le panorama sur le glacier, quand vous avez terminé votre ascension (car on monte quand même pas mal, et c'est plutôt raide, surtout dans ce sens), est dantesque quand le soleil est de la partie. Pour résumer, nous recommandons de dormir la deuxième nuit à Los Perros, que vous ayez dormi à Dickson ou à Serón la nuit d'avant. Il est à noter que le campement Paso a été amélioré il y a peu, et dispose maintenant d'un abri et d'un coin pour faire la cuisine. Si vous n'êtes pas mort de fatigue, vous aurez peut-être le temps de gagner le campement Las Guardas, 3 heures 30 plus loin. Mais c'est un peu rude pour les jambes ! Ce dernier camping (gratuit) dispose d'un abri pour cuisiner et de toilettes.

▸ **Le quatrième jour,** vous longerez le versant oriental du glacier : compter 5 heures de marche environ pour rallier le refuge et camping Grey depuis le campamento Paso (2 heures environ depuis Las Guardas). Prenez du bon temps près du glacier.

▸ **Le cinquième jour,** vous avez la possibilité de prendre le bateau pour vous approcher du glacier et terminer à l'hostería Lago Grey (départ tous les jours à 13h), de poursuivre vers le lodge Cerro Paine (compter 3 heures 30 de marche) et de naviguer jusqu'au refuge Pudeto (pour attraper le bus), ou à pied le long du río Grey (4 heures 30 de marche) jusqu'à l'administration (pour attraper le bus également).

▸ **Si vous avez encore faim de merveilles,** continuez votre trek par le circuit W, dans ce sens. *Grosso modo*, dormez au campement Italiano (gratuit), visitez la vallée del Francés le sixième jour, puis passez la nuit au camping et refuge Los Cuernos et, le septième, gagnez la zone de l'hôtel Las Torres (4 heures 30 de marche environ). Si vous avez assez de forces, vous pouvez grimper jusqu'au campement gratuit Las Torres (3 heures supplémentaires) pour visiter la lagune et les Torres lors du coucher du soleil (camping) et, le huitième jour, vous redescendrez vers la Laguna Amarga. Départ pour Puerto Natales dans l'après-midi (pas à pied, ça va !).

▸ **Bien sûr, ce parcours n'est pas exhaustif** et dépend des conditions climatiques, de votre condition physique et de tout un tas d'éléments qui rendent la marche si séduisante. Il est important de souligner que ce trek est beaucoup moins usité que le circuit W, qu'il faut donc s'attendre à être seul pendant plusieurs heures au moins, et donc s'armer (de médicaments et tout le bastringue) en conséquence.

■ CIRCUITS D'UNE JOURNÉE

▸ **Depuis le refuge Laguna Amarga** (entrée du parc), vous pouvez gagner en 4 heures environ (aller) la Laguna Azul.

▸ **Depuis l'hôtel Las Torres,** compter de 3 heures 30 à 4 heures pour gagner la base des Torres et sa lagune ; ça monte à l'aller (et plutôt sec la dernière demi-heure), c'est plus facile au moins pour redescendre.

▸ **Depuis le Lodge Cerro Paine** (ou Pudeto, si l'on compte franchir le lac avec le catamaran au petit matin), vous pouvez gagner le glacier Grey (environ 3 heures 30 de marche aller) ou la vallée del Francés (compter de 4 à 5 heures de marche aller pour arriver là-haut).

▸ **Depuis l'hostería Lago Grey,** on peut gagner le lac Pingo et le refuge Zapata ; sentier peu usité, mais superbe, dans la forêt. Compter environ 3 heures 30 de marche aller. Un guide est indispensable.

Depuis l'administration ou l'hôtel Explora ou le camping Pehoé, on peut se rendre à la Laguna Verde (magnifique, possibilités beaucoup plus grandes d'observer des animaux, 4 heures aller).

Depuis le refuge Pudeto, un petit saut au Salto Grande ou au mirador de Los Cuernos (panorama à couper le souffle sur le massif et le lac Nordenskjöld) est à envisager ; compter 1 heure 30 de marche aller.

CIRCUIT W

Le W, qui est le trek le plus fameux et le plus populaire, consiste à emprunter la vallée qui mène au pied des Torres, puis le Valle del Francés et enfin à longer le lac Grey vers le glacier du même nom pour revenir ensuite vers l'administration du parc... ou inversement. Dans le sens ouest-est (donc depuis l'administration, ou le refuge Pudeto d'où part le catamaran vers le refuge Pehoé), c'est plus facile : en effet, la marche le long du lac Grey est bien moins éprouvante que celle de la vallée del Francés, qui est elle-même moins difficile que celle menant au mirador des Torres. Votre sac devant logiquement perdre du poids au fur et à mesure (à moins que vous ne le rechargiez de packs de bières chaque matin !), vous serez beaucoup plus léger lors de la dernière et relativement éprouvante ascension vers les Torres. Toutefois, nous préférons les panoramas dans le sens est-ouest (donc, en partant de l'hôtel Las Torres), sauf peut-être pour les vues sur les Cuernos le dernier jour.
Le circuit W peut être effectué en quatre jours pour les bons marcheurs (nous savons qu'il est même possible de le faire en trois, mais gare aux ampoules), cinq jours pour les randonneurs à allure régulière et qui veulent profiter pleinement de la joie des petits matins dans la nature.

Le premier jour, depuis l'hôtel Las Torres, on peut grimper jusqu'au campement Las Torres (gratuit) en 3 heures 30 environ ; de 30 à 45 min supplémentaires sont nécessaires pour gagner la lagune et les Torres (on grimpe sur les pierres, et c'est fatigant). Cela dit, on peut aussi essayer de laisser ses affaires en bas (au camping payant ou au refuge Chileno), grimper et redescendre le même jour ; c'est beaucoup plus commode, mais on ne jouira pas de la même vue au coucher ou au lever du soleil. Ne croyez pas que les campings du haut sont forcément moins bondés que ceux du bas : plein de gentils randonneurs auront justement la même idée que vous et, en fuyant la foule, vous risquez (peut-être) de la retrouver.

Le deuxième jour, on gagne le campement et le refuge Los Cuernos, ou même le campement Italiano (tout dépend où l'on a passé la nuit). Le premier est payant, le deuxième est gratuit.

Le troisième jour, on visite la vallée del Francés, une merveille. Laissez vos affaires au campement Italiano, grimpez tout en haut et redescendez pour dormir au même endroit. Cela dit, si vous avez dormi la première nuit par exemple au camping de l'hôtel Las Torres, vous avez eu le temps de gagner la veille le campement Italiano en début d'après-midi et de visiter la vallée jusqu'au coucher du soleil (il fait nuit vers 22h en été). Les amoureux des grands espaces et de la solitude dormiront au campement Británico.

Le quatrième jour, on peut se rendre au refuge et campement Grey ; il est payant, mais superbement situé en bord de lac, et surtout pratique au niveau timing. Compter environ 5 à 6 heures de marche depuis le campement Italiano en passant par le Lodge Cerro Paine. Se balader dans l'après-midi autour du glacier (possible de faire du kayak).

Le cinquième jour, retour au Lodge Paine Grande, et traversée jusqu'au refuge Puedeto avec le catamaran, ou alors marche jusqu'à l'administration. N'oubliez pas les horaires de retour des bus : si vous comptez marcher jusqu'à l'administration, partez tôt du camping Grey et ne ménagez pas vos efforts.

Un jour supplémentaire vous permettra de profiter de la nature et, pourquoi pas, de vous fendre d'une superbe balade en bateau sur le lac Grey pour vous approcher du glacier. On trouvera des victuailles aux refuges Los Cuernos, Chileno et Grey, ainsi qu'au Lodge Cerro Paine (le mieux achalandé).

PARQUE NACIONAL BERNARDO O'HIGGINS ★★★

Créé en 1969 et agrandi en 1985, c'est le plus grand parc national du Chili (3 525 901 ha). Il se caractérise par la présence de grandes zones de glaciers parmi lesquelles on peut citer le Campo de Hielo Dr. Juan Bruggen et le Campo de Hielo Patagónico qui couvrent à eux deux une étendue de 1 100 500 ha. Des excursions organisées à partir de Puerto Natales (en bateau) permettent d'atteindre le parc national Bernardo O'Higgins en naviguant sur le *seno Ultima Esperanza*. Au cours du trajet, on peut admirer les glaciers Balmaceda et Serrano ainsi que la richesse de la faune (lions de mer, cormorans, condors...) et de la flore locales. Le bateau s'arrête au niveau du glacier Serrano.

Il est alors possible de débarquer et d'aller jusqu'à la lagune où l'on peut observer les blocs de glace flottants qui se sont détachés du glacier. Cette expédition (en deux ou trois jours avec l'agence 21 de Mayo, pour terminer à l'entrée du parc Torres del Paine au niveau de l'administration), est l'une des plus belles de la région par beau temps.

Droit d'entrée : en haute saison (octobre-avril) : 10 000 $ par adulte. Fermé les autres mois de l'année.

GLACIARES SERRANO Y BALMACEDA ★★

On atteint ces glaciers en naviguant sur la baie d'Ultima Esperanza depuis Puerto Natales. Les départs s'effectuent le matin vers 8h30. On longe ensuite Puerto Bories ; après 1h de navigation, on devine le fjord Eberhard. Une demi-heure plus tard, on distingue l'Estancia Margot au pied du Cerro Ballena. 30 minutes supplémentaires nous mènent vers une imposante colonie de cormorans, qui ne séjournent ici que pendant les trois mois d'été. L'Estancia Perales (un très bon choix pour un séjour nature, trekking, pêche, cheval et agrotourisme) est la prochaine étape ; le paysage est superbe. Possible d'observer des condors dans les parages. Puis, on découvre le glacier Balmaceda, engoncé sur la falaise ; il s'élève à 2 035 m et il y a presque 20 ans, il touchait le niveau de la mer. Par beau temps, le spectacle est magique.

Le glacier Serrano est la dernière vision sublime du voyage. Un petit circuit permet d'observer le glacier depuis le bas. Avec les icebergs au premier plan, les photos sont jolies. Sinon, compter 30 à 45 minutes pour atteindre le mirador près du glacier, superbe par beau temps. Pas aussi imposant que le Perito Moreno, pas aussi majestueux que le Grey, mais un je-ne-sais-quoi de sauvage qui fascine le regard.

HOSTERÍA MONTE BALMACEDA

✆ +56 61 2 614 420
www.turismo21demayo.cl
21demayo@chileaustral.com
Compter environ de 180 US$ à 210 $ pour une ou deux personnes et 230 US$ pour 3.
Gérée par l'agence 21 de Mayo, cette *hostería* est idéalement située en face du glacier Serrano, que la plupart des chambres (mais pas toutes, hélas !) contemplent avec bonheur. Réhabilitées il y a peu, elles s'avèrent de bonne tenue (pas un confort optimal non plus). Eau chaude et chauffage au gaz. Les lits sont confortables. Bon accueil, à la chilienne. Peu de monde y séjournant, voici l'occasion idéale pour se ressourcer et avoir l'impression d'être au bout du monde !

KAYAK EN PATAGONIA

✆ +56 9 9480 7381
www.kayakenpatagonia.com
info@kayakenpatagonia.com
Ce prestataire sérieux propose d'inoubliables excursions en kayak : de deux jours sur le río Serrano, depuis le parc Torres del Paine jusqu'au glacier Serrano (avec retour en bateau via le glacier Balmaceda) ; en trois jours on découvre aussi le glacier Tyndall ; en quatre, on ajoute le glacier Geike. Une superbe expérience.

TURISMO 21 DE MAYO

Eberhard 560, PUERTO NATALES
✆ +56 61 2 614420
Voir page 395.

PUNTA ARENAS ET SES ENVIRONS

PUNTA ARENAS ★★

Nom mythique que celui de cette ville de 124 170 habitants (recensement 2017) de l'extrême sud de la Patagonie chilienne ! Il évoque la découverte du détroit de Magellan, l'épopée des pionniers dans cette contrée où la nature est hostile à l'homme, les grandes fortunes des familles propriétaires de l'élevage ovin... Aujourd'hui, la ville a perdu un peu de sa splendeur d'antan mais elle exerce toujours un mystérieux attrait sur le voyageur nourri des récits de Bruce Chatwin (venu au milieu des années 1970) ou des ouvrages de Coloane et Sepúlveda.

Punta Arenas est la capitale de la région de Magellan et de l'Antarctique chilien. Fondée en 1848, elle portait initialement le nom de Punta Arenosa. La ville fut d'abord une base militaire, ainsi qu'une enclave où furent envoyés les prisonniers de droit commun, ce qui ralentit son développement. C'est au cours de la décennie 1875-1885 que s'effectue le véritable décollage économique de la ville : le gouverneur Diego Duble Almeyda fait alors venir 300 moutons des îles Malouines pour initier l'élevage ovin. Les pionniers de l'élevage (un tiers des habitants est d'origine croate) et les futures grandes fortunes de la ville (Jose Menendez, Jose Nogueira, Jose Montes, Tomas Saunders et les Braun...) vont être à la base de son développement. Très vite les surfaces consacrées à cette activité augmentent et la ville construit ses édifices majeurs (place, cimetière, opéra et palais des grandes familles). L'élevage et les industries connexes se structurent en grandes sociétés et les vagues d'émigration se succèdent. En 1945, on découvre du pétrole en Terre de Feu. La ville devient le centre administratif et résidentiel de cette nouvelle industrie. La région diversifie ses activités avec le développement de l'industrie de la pêche puis l'exploitation du charbon. Aujourd'hui, l'économie de la ville repose sur l'exploitation des hydrocarbures (pétrochimie), l'élevage ovin et la pêche, ainsi que sur sa qualité de port de relâche pour les navires qui traversent le détroit. Le tourisme est également devenu l'une de ses activités principales. Un glorieux passé historique et un charme certain confèrent à la ville un certain attrait. Et Punta Arenas est surtout un point de passage presque obligé pour tous ceux qui veulent se rendre à Puerto Natales, au parc national Torres del Paine, ou en Terre de Feu.

Transports

Comment y accéder et en partir

■ ADEL RENT A CAR

Pedro Montt 962 ✆ +56 61 2 224819
www.adelrentacar.cl
adelrentacar@gmail.com
Trois jours minimum de location.
Accueil agréable et services sérieux, sous la houlette du très sympathique Gerson Reyes. Cartes de la région de Punta Arenas et de la Terre de Feu fournies, bons conseils pour visiter des coins moins connus. Les tarifs sont très honnêtes. Notre meilleur choix.

■ AEROPUERTO PRESIDENTE IBÁÑEZ DEL CAMPO

✆ +56 61 2 219 131
À 22 km au nord de la ville en direction de Puerto Natales.

▶ **Transferts** : des minibus vous mènent à votre hôtel pour 3 000 $ par personne (à chaque arrivée et départ d'avion). Un taxi pour le centre revient à 8 000 ou 9 000 $ (jour/nuit). Un bon plan si vous êtes au moins trois (même à deux, c'est plus pratique et guère plus cher).

▶ **Pratique** : ce petit aéroport dispose d'un ATM pour vos retraits d'argent, d'un service de restauration et de location de voitures, ainsi que de boutiques d'artisanat.

▶ **Compagnies aériennes :** des vols assurés notamment par LATAM vers Santiago, Puerto Montt, Concepcion ou encore Rio Gallegos. Vols également assurés par Sky Airline et JetSmart (vers Puerto Montt, Santiago).

■ AEROVIAS DAP

A l'angle de Menendez
O'Higgins 891
✆ +56 61 2 616 100
www.aeroviasdap.cl
ventas@aeroviasdap.cl

Compter à partir de 80 000 $ l'aller simple pour Puerto Williams (changements de billets possibles ou non), taxes incluses ; 190 US$ (soit environ 140 000 $) l'aller simple pour Ushuaia, taxes en sus (12 US$ depuis Punta Arenas, 21 US$ depuis Ushuaia). 10 kg de bagage maximum sont autorisés par personne. Offre aussi des vols charters et des programmes à la journée ou de deux jours en Antarctique (de novembre à avril uniquement).

▶ **Vers Porvenir**, trois départs par jour du lundi au jeudi à 8h15, 12h30 et 17h (retour à 8h35, 12h50, 17h20), le vendredi à 8h15, 12h30 et 16h45 (retour à 8h35, 12h50, 17h20) le samedi à 8h15 et 12h30 pour 12 min de vol et retour à 8h35 et 12h50.

▶ **Vers Puerto Williams**, du lundi au samedi à 10h (1 heure 15 de vol), retour à 11h30.

■ BATEAU

Deux façons de gagner la Terre de Feu depuis Punta Arenas : en bateau directement pour Porvenir, dans la partie chilienne de l'île ; ou en passant par Punta Delgada (sur la route de Río Gallegos en Argentine) pour franchir le petit détroit en une vingtaine de minutes vers Bahía Azul, avant de poursuivre vers Cerro Sombrero.

▶ **Le terminal des ferries** se trouve à Tres Puentes, à 5 km au nord de la ville. Des taxis ou des *colectivos* peuvent vous y mener depuis le centre.

▶ **Pour Porvenir** (ou plus exactement le terminal de Bahía Chilota, à 5 km de la ville de Porvenir, en Terre de Feu), la compagnie Transbordadora Austral Broom (TAB) assure le trajet avec sa barcasse récente Crux Australis.

▶ **Pour Puerto Williams**, TAB propose un voyage par semaine avec un nouveau ferry confortable (une belle occasion de visiter les fjords patagons, notamment la fameuse « Avenue des Glaciers » du canal Beagle, sans trop se ruiner).

▶ **Pour une expérience unique, choisissez la croisière proposée par Cruceros Australis vers Ushuaia en Argentine.**

■ BUS

Pas de terminal intégré à Punta Arenas, ce qui s'avère un peu pénible. Toutefois, les bureaux des différentes compagnies se situent tous dans le centre, à proximité de l'avenue Colón.

▶ **Vers Puerto Natales**. Très nombreux départs toute la journée avec plusieurs compagnies comme Buses Fernandez et Bus-Sur. Compter autour de 8 000 $ l'aller simple environ pour 3 heures de trajet (aller/retour parfois moins cher, à partir de 12 000 $ en discutant).

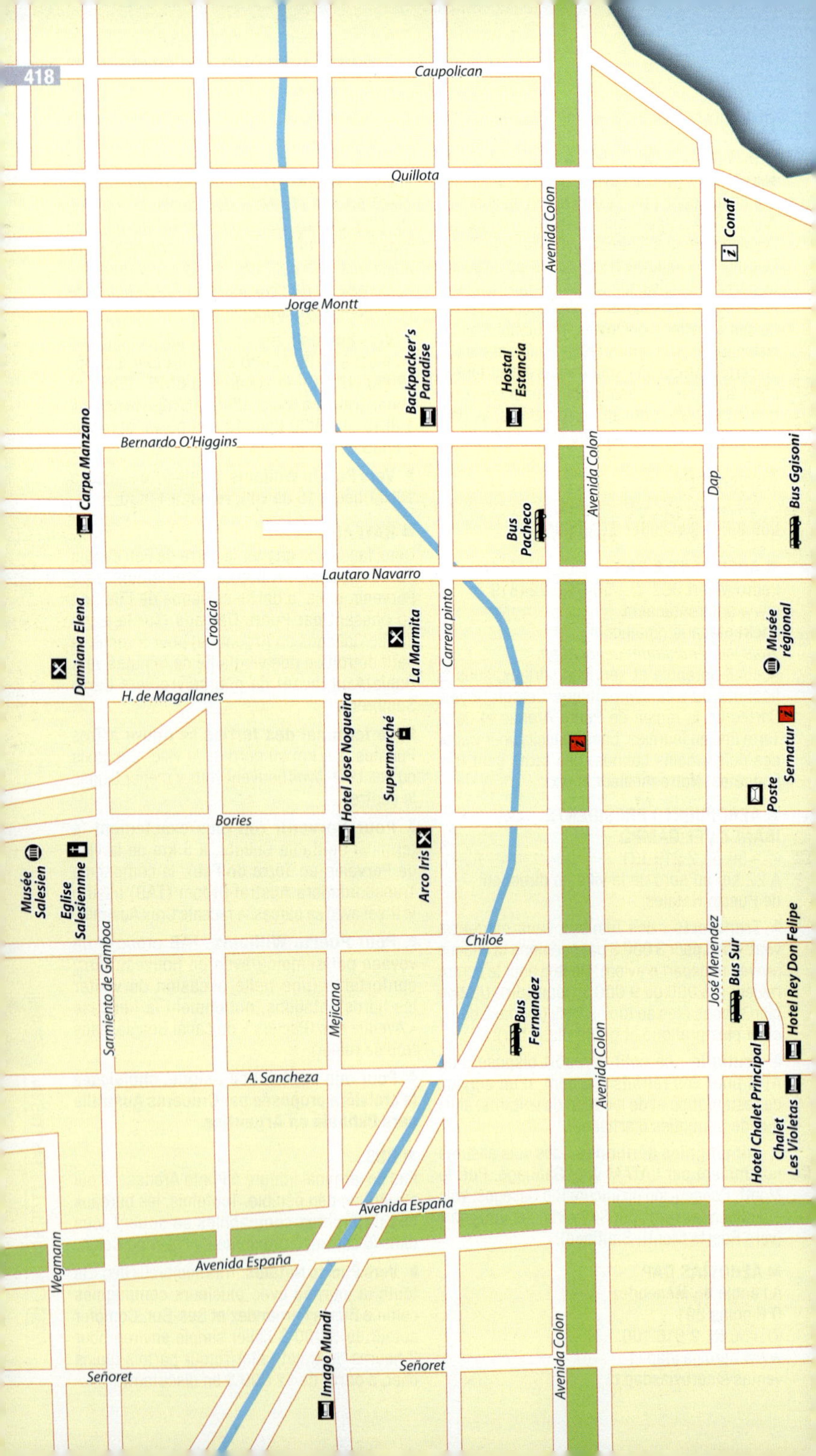
Caupolican
Quillota
Jorge Montt
Bernardo O'Higgins
Lautaro Navarro
H. de Magallanes
Bories
Chiloé
A. Sancheza
Avenida España
Avenida España
Señoret
Señoret
Wegmann
Sarmiento de Gamboa
Croacia
Mejicana
Carrera pinto
Avenida Colon
Avenida Colon
Avenida Colon
Avenida Colon
Dap
José Menendez
Conaf
Backpacker's Paradise
Hostal Estancia
Carpa Manzano
Bus Pacheco
Bus Ggisoni
Damiana Elena
La Marmita
Musée régional
Hotel Jose Nogueira
Supermarché
Sernatur
Poste
Musée Salesien
Eglise Salesienne
Arco Iris
Bus Fernandez
Bus Sur
Hotel Rey Don Felipe
Hotel Chalet Principal
Chalet Les Violetas
Imago Mundi

Punta Arenas
Eglise Anglicane
Coffee Net
Sernatur
Bus Transfer
Waldo Seguel
PLAZA
Kiosque municipal
Hotel Cabo de Hornos
Musée naval & maritime
La Luna
El Conventillo
Café Tapiz
Brocolino
Hostal Oro Fuegino
Mirador Cerro de la Cruz
Cathédrale
Fagnano
Roca
Hotel Plaza
Kiosk Roca
Sotito's
Turismo Whale Sounds aike
Errazuriz
Nogueira
Lautaro Navarro
Señoret
Avenida España
A. Sanchueza
Chiloé
Balmaceda
21 de mayo
Bernardo O'Higgins
Dream's
Avenida Independencia
Cour d'Appel
El Remezón
Mercado
Boliviana
Paraguaya
Temple de Shiva
Edifice religieux
Curiosité et divers
Musée
Poste
Gare routière
Information touristique
Téléphone public
Hébergement
Restauration
Marché et commerce
Police
Hôpital
N
0
150 m

Vers Río Gallegos (Argentine). Avec les bus Barria/Ghisoni les lundis, mercredis, jeudis, vendredis et samedis à 11h. Avec les bus Pacheco les lundis, mardis, vendredis et dimanches à 11h30. Avec Bus Sur, les lundis, mercredis, jeudis et samedis à 11h30. Compter 5 heures de voyage pour 10 000 $ environ.

Vers Ushuaia (Argentine). Avec Barria/Ghisoni les mercredis et samedis à 8h30 (retours les jeudis et dimanches à 8h). Avec Pacheco, trajets directs les mardis, jeudis et dimanches à 9h (retours les lundis, mercredis et vendredis à 7h) ; *via* Río Grande avec connexion, tous les jours sauf le dimanche, à 9h, retours tous les jours, sauf le lundi, à 10h. Enfin, avec Bus Sur les lundis, mercredis, vendredis et samedis à 8h30 (retours les mardis, jeudis, samedis et dimanches à 8h, le bus continue ensuite vers Puerto Natales). Ces parcours sont proposés en principe entre la mi-septembre et la mi-avril. Compter 12 heures de route et 30 000 $ vers Ushuaia (sur le retour, 34 000 $ vers Puerto Natales).

BUSES FERNANDEZ

Armando Sanhueza 745
✆ +56 61 2 242 313
www.busesfernandez.com
pasajespuntaarenas@busesfernandez.com
Bus vers Puerto Natales tous les jours à 8h, 9h, 10h, 11h, 13h, 14h30, 16h, 17h, 18h30, 19h15 et 20h.

BUSES GHISONI (BUSES BARRIA)

Avenida España 264
✆ +56 61 2 240 646
www.busesbarria.cl
Bus vers Ushuaia le mardi et le samedi et Río Gallegos tous les jours du lundi au dimanche.

BUSES PACHECO

Avenida Colón 900
✆ +56 61 2 242174
www.busespacheco.com
info@busespacheco.com
Bus vers Puerto Natales (12h et 18h), Río Gallegos, Río Grande et Ushuaia le lundi, mercredi et vendredi à 9h.

BUS SUR

José Menéndez 552
✆ +56 61 2 222 938
www.bus-sur.cl
info@bus-sur.cl
Pour Puerto Natales comptez entre 8 500 et 9 000 $.
Vers Puerto Natales, tous les jours de 7h à 21h (un bus presque toutes les heures). Vers Rio Gallegos lundi, mercredi et vendredi à 7h45 (retours les mêmes jours à 16h30). Vers El Calafate, tous les jours à 7h30, mardi, jeudi et samedi à 14h30. Vers Rio Grande (avec connexion vers Ushuaïa), mardi, jeudi et dimanche à 6h45. Vers Ushuaïa : tous les jours sauf le samedi à 6h45 ou 8h30 (faites attention ces heures de départ varient car certains bus passent par Rio Grande). Enfin, vers Torres del Paine départ tous les jours à 7h.

LATAM

Bories 884
www.lan.com
contactlatam@latam.com
Bureaux ouverts du lundi au vendredi de 9h15 à 13h et de 15h à 18h45, le samedi de 10h à 13h.
Plusieurs vols quotidiens de/vers Santiago, directs ou via Puerto Montt.

Autre adresse : Cofrima : Avda. España N° 01358, Local 10

SKY AIRLINE

Roca 935
✆ +56 61 2 710 645
www.skyairline.cl
Bureaux ouverts du lundi au vendredi de 9h à 19h, le samedi de 10h à 13h.
Plusieurs vols par jour en saison, via Puerto Montt en général (parfois aussi via Coyhaique).

TRANSBORDADORA AUSTRAL BROOM

Juan Williams 6450
✆ +56 61 2 218 100
www.tabsa.cl
correo@tabsa.cl
Bureaux ouverts du lundi au vendredi de 8h30 à 12h15 et de 14h à 18h15.

Départs tous les jours pour Porvenir, traversée tous les jours le plus souvent vers 9h-9h30, mais une ou deux fois par semaine dans l'après-midi vers 16h. Compter 2 heures 20 de navigation, 6 800 $ par passager et 43 500 $ par voiture.

De novembre à mars, des départs sont proposés pour la Isla Magdalena et sa colonie de 130 000 pingouins de Magellan, tous les deux ou trois jours à 9h ou 17h (les lundis, mercredis et samedis en principe). Compter 1 heure 50 de traversée pour 40 000 $ par adulte, 20 000 $ par enfant.

Enfin, des voyages sont proposés pour Puerto Williams tous les lundis à 8h et jeudi à 18h (retour les mardis et samedis), avec le nouveau Ferry *Yaghan* (construit en 2011 à Valdivia, bien plus confortable que l'ancien). Compter 28 heures de navigation pour 108 000 ou 151 000 $ par personne selon le confort (siège inclinable ou couchette), incluant les repas à bord (simples). Les enfants de 2 à 10 ans paient moitié prix. C'est une bonne opportunité de connaître les fjords patagons, et surtout les glaciers du canal Beagle (bras nord-ouest), un paysage sublime par beau temps.

LA GOLETA ANCUD ET LA PATAGONIE FRANÇAISE

Et si la Patagonie avait été française ?

Ce n'est pas que le rêve un peu fou d'un aventurier de Tourtoirac (Orélie-Antoine de Tounens, auto-proclamé roi de Patagonie), mais bien une possibilité que le gouvernement français envisagea sérieusement dans la première moitié du XIXe siècle. En 1827 déjà, le capitaine Jean-Baptiste de la Garde débarqua à Chiloé à bord du *Tarn*, et il émit l'idée qu'une occupation des archipels des Chonos et des Guaitecas serait bénéfique, en raison de l'abondance du bois pour la construction navale. En 1837, le commandant Dumont d'Urville et ses corvettes *Astrolabe* et *Zélée* débarquèrent à Puerto del Hambre, où ils réalisèrent des études hydrographiques. Lui aussi essaya de convaincre les autorités qu'une colonie au bord du canal *de Magallanes* serait idéale, afin de réapprovisionner les navires en partance pour les îles de la mer du Sud (Marquises notamment). Il y parvint d'ailleurs, car, en 1842, la frégate *Phaéton* fut envoyée dans la zone, sous la houlette du commandant Louis Maissin. Celle-ci parvint sur place le 22 septembre 1843... soit le lendemain de la prise de possession du détroit de Magellan par le gouvernement chilien (épopée de la Goélette *Ancud*) ! Le 23 septembre, le *Fleurus* (aussi français) mouillait dans les parages. Le 24 septembre, les équipages français mirent pied à terre à Santa Ana (juste au sud de l'actuel Puerto del Hambre) et célébrèrent une messe. Puis ils hissèrent le drapeau bleu, blanc, rouge. Le commandant des troupes chiliennes, Juan Guillermos (de son vrai nom anglais, John Williams Wilson), rédigea alors une note de protestation dans notre langue (écrite par Philippi). Maissin répondit qu'il avait hissé le drapeau comme l'exigeait la coutume, qu'il n'avait pas le pouvoir de reconnaître la souveraineté chilienne mais qu'il n'avait non plus aucune prétention à leur encontre. Les 26 et 27 septembre, les deux navires français mirent les voiles et l'incident fut clos. Imaginons ! Et si le *Phaéton* avait débarqué quelques jours plus tôt... Les *guanacos* et les nandous de la Patagonie chilienne seraient-ils aujourd'hui de paisibles ruminants français ?

La goélette Ancud

L'histoire de la goélette *Ancud* se confond avec celle de la prise de possession de la région de Magellan et de la création de Punta Arenas par les Chiliens, sous l'initiative de Bernardo O'Higgins qui, depuis le Pérou, exprima son désir de voir le Chili s'approprier cette région, très importante stratégiquement et convoitée par plusieurs puissances européennes.

La goélette quitta le port de la ville le 22 mai 1843. Après moultes avaries et péripéties, elle débarque à Punta Arenas 21 septembre, et les membres de l'équipage prirent possession de la région au nom du gouvernement chilien en hissant le drapeau national. Le jour suivant, un autre navire apparaissait dans le détroit de Magellan. Il s'agissait d'un navire français, le *Phaeton*, qui vint jeter l'ancre à côté de la goélette *Ancud*. Les Français firent une tentative pour s'approprier le territoire mais ils durent s'incliner devant les Chiliens. Ainsi des habitants d'Ancud et de Chiloé furent les premiers colons de la région de Magellan. Après avoir souffert d'épidémies, du climat et de la mauvaise situation géographique, ces premiers habitants quittèrent Fuerte Bulnes, le premier endroit où ils s'étaient installés, et fondèrent un nouveau village à Punta Arenosa, en 1848. Ainsi fut créée Punta Arenas.

Vue de Punta Arenas.

Se déplacer

- **Les *colectivos*** (taxis collectifs, identifiables avec leurs numéros sur le toit) suivent des routes définies, et passent le plus souvent par le centre et les avenues Bulnes ou España. Compter 400 ou 450 $ par personne (4 passagers maximum). Les numéros 15 et 20, par exemple, vous mènent de la rue 21 de Mayo en plein centre vers le cimetière, la zone franche et vous déposent à quelques minutes à pied de la Nao Victoria.
- **Les taxis** (noirs avec des bandes jaunes) demandent environ 1 500 $ dans le centre, pas plus de 2 000 $ pour la zone franche.

Pratique

Tourisme - Culture

OFFICE DU TOURISME SERNATUR
Monseñor José Fagnano 643
✆ +56 61 2 248 790
infomagallanes@sernatur.cl
D'octobre à mars, ouvert du lundi au vendredi de 8h30 à 20h, le week-end et les jours fériés de 9h à 13h et de 14h à 18h. D'avril à septembre, ouvert du lundi au vendredi entre 8h30 et 18h. Un kiosque est à disposition sur la plaza Muñoz Gamero.
Prospectus divers sur la ville, la région, le parc Torres del Paine, cartes de la ville, etc. Infos sur les transports en ville. Bon accueil.

Réceptifs

CRUCEROS AUSTRALIS
Bureaux à Santiago du Chili
Avenida El Bosque Norte 0440
11e étage, Providencia
✆ +56 2 442 3110
Voir page 32.

NATURA PATAGONIA
Magallanes 345
www.naturapatagonia.cl
info@naturapatagonia.cl
Observation de la faune et notamment des oiseaux (mais aussi des cétacés, comme les dauphins dans les fjords). Ricardo Matus a illustré le livre *Les Oiseaux de Magellan*, c'est dire qu'il connaît bien ce milieu. Aussi des excursions classiques vers Torres del Paine ou aux glaciers.

WHALE SOUND
Lautaro Navarro 1191
✆ +56 9 9887 9814
www.whalesound.com
info@whalesound.com
Chaudement recommandé. Expédition de trois jours et deux nuits vers le Cap Froward et le parc national maritime Coloane, à la recherche des baleines à bosse (elles sont nombreuses et on les voit de près). Excursion de 2 jours/1 nuit en Zodiac à 1 500 US$ par personne ; 4 jours/3 nuits en bateau à 1 700 US$ par personne ; 4 jours/3 nuits en bateau, incluant des balades en kayak à 1 500 US$ par personne. Ces tarifs s'entendent tout compris (hébergement, repas, boissons, vin, entrées, guides...).
Cette agence vous emmène vers le phare San Isidro, où elle dispose d'un hébergement loin des foules (agréable et confortable), puis vers le parc national maritime Francisco Coloane, où évolue une colonie de baleines à bosse. Sur place, on dort dans de confortables dômes aménagés, au plus près de la nature (bonne cuisine relevée). Les baleines sont assez nombreuses (entre décembre et mars surtout) et on les voit de près. Les paysages sont dantesques, et on est sûr de ne pas croiser son voisin de palier ! Une formidable expérience, grâce une équipe souriante, disponible et professionnelle.

Argent

Nombreuses banques sur Magallanes ou Lautaro Navarro. La plupart ouvrent en semaine de 9h à 14h et disposent de DAB acceptant MasterCard, Visa et autres cartes de crédit.

Moyens de communication

La plupart des hôtels, cafés et restaurants en ville proposent la connexion wifi gratuite et/ou des ordinateurs à disposition. Sinon, quelques cafés internet existent aussi.

POSTE – CORREOS DE CHILE
à l'angle de Menéndez
Bories 911
En semaine de 9h à 18h30, le samedi de 10h à 13h.

Santé - Urgences

HÔPITAL CLINIQUE MAGALLANES
Los Flamencos 1364
✆ +56 61 2 293 000
www.hospitalclinicomagallanes.cl

Se loger

L'offre est étendue et devrait contenter tous les budgets.

Bien et pas cher

BACKPACKER'S PARADISE
Ignacio Carrera Pinto 1022
✆ +56 61 222 1933
backpackersparadisepuq@gmail.com
Compter à partir de 10 000 $ par personne en dortoir. Pas de petit déjeuner.

L'un des derniers bastions des voyageurs purs et durs. Tout proche du terminal de bus et des commerces. Pas très intime, pas le grand confort, mais on apprécie l'accès à la cuisine, particulièrement conviviale, au petit salon avec TV câblée et Internet, ainsi que l'ambiance, la plupart du temps très festive. Aucun chichi et c'est ce qu'on aime.

■ **CHALET LAS VIOLETAS**
Waldo Seguel 480
✆ +56 61 2 220 728
www.chaletlasvioletas.com
hostal@chaletlasvioletas.com
Compter à partir de 25 500 $ la simple, 39 500 $ la double, 54 500 $ la triple et 64 500 $ la quadruple. Petit déjeuner inclus. Visa et MasterCard acceptées.
Dans un vieille maison d'époque, on propose des petites chambres chauffées, avec sanitaires privés et wifi gratuit. Certaines sont sans fenêtres, mais elles sont bien tenues et on apprécie l'ambiance familiale et chaleureuse. Service attentionné. Thé et café à volonté pendant la journée. Adresse très chilienne.

Confort ou charme

■ **CARPA MANZANO**
Lautaro Navarro 336
✆ 56 61 2613387
www.hotelcarpamanzano.com
info@hotelcarpamanzano.com
En haute saison, compter 95 US$ la simple standard, 115 US$ la double, et 125 US$ la triple. Dans la catégorie supérieure, compter 120 US$ la simple, 150 US$ la double ou la triple et 175 US$ la quadruple. Petit déjeuner inclus.
21 chambres avec chauffage central, télévision câblée et téléphone (appels locaux gratuits). Internet wi-fi. A quelques cuadras de la place centrale, dans un quartier résidentiel fort calme, voici un établissement très correct pour le prix, doté de chambres conviviales et lumineuses. Des fleurs égayent l'ensemble plutôt propre et moderne, beaucoup moins vieillot que la plupart des adresses de la ville. Bonne adresse.

■ **HOTEL CHALET CHAPITAL**
Armando Sanhueza 974
✆ +56 61 2 730100
www.hotelchaletchapital.cl
reservas@hotelchaletchapital.cl
Compter 120 US$ la simple, 130 US$ la double et 140 US$ la triple en haute saison, bon petit déjeuner inclus. Cartes Visa et MasterCard acceptées.
A deux pas du centre et à côté du terminal de Bus Sur, un petit hôtel de onze chambres intimes et chaleureuses. Rien de particulier en termes de décoration, les chambres ne dégagent pas une atmosphère particulière, mais la literie est jolie, confortable et l'ensemble est agréable. Les douches sont revigorantes ! Nombreux services comme Internet wifi, laverie, TV câblée, chauffage central, massages... Très bon service. Adresse au rapport qualité-prix cohérent.

■ **HOTEL ILAIA**
Ignacio Carrera Pinto 351
✆ +56 61 2723100
www.ilaiapatagonia.com
reservas@ilaiapatagonia.com
Entre 110 et 150 US$ pour une chambre simple, de 150 à 180 US$ pour une chambre double, 200 US$ la triple et 260 US$ la chambre familiale.
La « zen attitude » est au rendez-vous. Cet hôtel au décor minimaliste, reposant et chaleureux propose 9 chambres colorées et confortables et plus ou moins spacieuses. Petit déjeuner bio, wifi, massages, cours de yoga et... parking. Au 2e étage, salon avec vue panoramique + quelques livres et petit mirador. On aime beaucoup les petits messages positifs un peu partout (à la réception, sur les murs et les sous-plats par exemple). Service souriant et dynamique.

■ **HOTEL PLAZA**
José Nogueira 1116
✆ +56 61 2 241 300
www.hotelplaza.cl
hplaza@hotelplaza.cl
Compter à partir de 90 US$ la simple, entre 105 et 125 US$ la double, jusqu'à 220 US$ la quintuple, en haute saison, petit déjeuner inclus.
Situé en plein centre sur la place principale, un hôtel de bon niveau proposant 26 chambres lumineuses avec salle de bains privée (plus sombres), habillées à l'ancienne : hauts plafonds, photos historiques en noir et blanc... Agréable et professionnel, mais certains détails trahissent l'âge du bâtiment. Wifi et service de laverie. Chambres avec balcons sur la rue un peu bruyantes quand même.

■ **ORO FUEGUINO**
Fagnano 356
✆ +56 61 2 249 401
www.orofueguino.cl
reservas@orofueguino.cl
En haute saison, compter 62 000 $ pour un, 72 000 $ pour deux, 82 000 $ pour trois, petit déjeuner inclus.
Depuis le changement de propriétaire, l'ensemble est revenu à des couleurs plus sobres (blanc et bois) mais a tout de même gardé son cachet chaleureux et convivial. Toutes les chambres disposent de sanitaires privés et sont bien tenues. Plusieurs coins salon. Wifi, parking. Adresse au calme.

Luxe

A noter : les hôtels sur la place principale, le Plaza et le Cabo de Hornos, souffrent d'un phénomène local assez irritant si vous voulez bien dormir : toutes les nuits ou presque, de minuit à 5h du matin, des jeunes s'amusent à crier, faire vrombir leur voiture, etc. Privilégiez donc les chambres sans balcon et ne donnant pas sur la rue ! A bon entendeur...

HOTEL CABO DE HORNOS

Plaza Muñoz Gamero 1025
✆ +56 61 2 715 000
www.hoteles-australis.com
reservas@hotelesaustralis.com

Selon la saison, entre 115 et 190 US$ la simple, entre 125 et 210 US$ la double, entre 160 et 270 US$ la triple, petit déjeuner inclus. Possibilité de réduction en réservant via le site internet et aussi en cas de séjour supérieur à 3 nuits.

Le premier grand hôtel de la ville à avoir été construit en 1962, remodelé depuis peu. La façade élégante abrite cent onze chambres de grand confort qui jouissent d'une belle vue sur le détroit et la Plaza de Armas. Nombreux services à disposition. Les chambres sont sobres et modernes, et manquent un peu de chaleur peut-être. Les voyageurs exigeants ou hommes d'affaires devraient toutefois apprécier. Attention : chambres sur la rue bruyantes la nuit.

HOTEL DREAMS DEL ESTRECHO

O'Higgins 1235
✆ +56 600 626 0000
www.mundodreams.com
reservas@mundodreams.com

Compter à partir de 255 US$ la chambre pour deux et 305 US$ la suite, petit déjeuner compris. Possibilité de bénéficier de promotions en réservant via le site internet.

C'est l'établissement le plus moderne et le plus luxueux de la ville, sur le front de mer. Il fait partie de la chaîne Mundo Dreams. Chambres de très grand confort et services bien complets : plusieurs restaurants, spa, casino (très apprécié des locaux), discothèque et salle de spectacle... sans oublier une superbe piscine flanquée de grandes baies vitrées pour contempler le détroit.

HOTEL JOSE NOGUEIRA

Bories 967
✆ +56 61 2 711000
www.hotelnogueira.com
reservas@hotelnogueira.com

Selon la saison, compter entre 115 et 195 US$ la simple, entre 125 et 215 US$ la double, entre 180 et 300 US$ la suite, petit déjeuner inclus.

Bâtisse néoclassique, construite entre 1894 et 1905, dont tous les matériaux ont été importés d'Europe. Cette excellente adresse dispose de 22 chambres et 3 suites hautes de plafond et des chambres simples, notamment, fort honorables. Décoration réussie. Les suites avec bain bouillonnant sont luxueuses. Très bon restaurant La Pergola et agréable bar Shackleton. De nombreux services sont proposés (dont la connexion wi-fi). Bref, une bonne adresse.

HOTEL REY DON FELIPE

Armando Sanhueza 965
✆ +56 61 2 295 000
www.hotelreydonfelipe.com
info@hotelreydonfelipe.com

Chambre double à partir de 152 US$ (202 en haute saison) ; chambre triple à partir de 202 US$ (254 en haute saison) et suite à partir de 252 US$ (305 en haute saison). wi-fi et petit déjeuner inclus.

Hôtel proposant 45 chambres bien confortables, dont certaines sont habilitées pour les personnes à mobilité réduite. Service plaisant et de qualité. Toutes sortes de services sont proposés, dont la connexion wifi et une salle de sport. Un bon choix dans cette rubrique.

Se restaurer

Les amateurs de fruits de mer seront aux anges : crabe géant et *merluza* australe au menu ! Les carnivores apprécieront des mets exotiques comme le nandou, le castor et le guanaco. Quant aux petits budgets, ils iront faire leur course au supermarché Unimarc (ancien Abu-Gosch) en plein centre (qui dispose d'un DAB).

Sur le pouce

CAFÉ TAPIZ

Julia Roca 912
✆ +56 9 8730 3481
www.cafetapiz.cl
contacto@cafetapiz.cl

Compter entre 4 000 et 5 000 $ la salade ou les sandwichs (pita).

Café très agréable, à la déco hétéroclite réussie, servant de bons cafés, des douceurs exquises, ainsi que de grosses salades et une grande variété de sandwichs en pain *pita*, pour tous les goûts (végétariens aussi). Bon point de chute pour converser tranquillement entre amis et se réchauffer autour d'un bon chocolat.

KIOSKO ROCA

Julia Roca 875
✆ +56 61 2 223 436

Compter 400 ou 500 $ le verre, petits sandwiches à 350 ou 450 $. Attention : pas d'enseigne, juste une plaque évoquant le prix gagné en 2012 sur le mur extérieur, et un panneau indiquant «abierto» (ou pas) sur la porte.

Elue « meilleure picada du Chili » par vote populaire début 2012 et 2017, cette gargote est une institution locale depuis 1932. On y sert de petits pains ronds fourrés à la pâte de chorizo et au fromage : les *choripan* et *choriqueso*. Mangez-en deux ou trois, accompagnés d'un verre de *leche con plátano* (lait à la banane), accoudé à l'unique comptoir. Déco super kitsch. On peut aussi emporter. A découvrir !

Pause gourmande

■ **LA CHOCOLATTA**
Bories 852
✆ +56 61 2 248 150
De 10 à 21h30.
Bons cafés et douceurs... au chocolat bien sûr, pour oublier le froid des rues. Aussi des sandwichs. Agréable.

Bien et pas cher

■ **LA LUNA**
O'Higgins 1017
✆ +56 61 2 228555
www.laluna.cl
lalunachile@gmail.com
Menu le midi en semaine à 6 950 $. Plats autour de 5 000 à 8 000 $, sauf la centolla (12 500 $). Ouvert de 12h à 15h30 et de 19h à 23h30.
Ce resto tout en jaune et bleu et à la déco agréable (grandes étagères remplies de bouteilles de vin) propose une carte variée et des plats assez bien préparés. La spécialité : le *chupe de centolla* (gratin de crabe géant)... Le plus souvent très bon, mais bien cher aussi. N'oubliez pas de placer votre lieu d'origine sur la carte ! Un classique, souvent bondé, même si la qualité de la cuisine est très inégale.

■ **MERCADO**
Avenida Costanera 1466
Entre la rue Boliviana et l'avenue Independencia.
Ouvert pour le midi seulement. Compter entre 4 000 $ et 12 000 $ le plat selon les restaurants. DAB au dernier étage.
Pas vraiment typique car tout nouveau, ce marché propose au rez-de-chaussée des poissonneries qui flattent le regard (énormes congres et crabes géants en saison, mais aussi des *ceviches* en barquette pour 3 000 $). Au premier étage, quelques petits restaurants proposant des produits de la mer (autour de 5 000 $ le plat avec accompagnement), dont le *chupe de centolla*. Enfin, au dernier étage, le restaurant Vistamar propose une carte plus variée et élaborée, avec une belle vue sur le front de mer.

Bonnes tables

■ **BROCOLINO**
O'Higgins 1055
✆ +56 61 2 224 989
Ouvert tous les jours de 12h à 23h30.
Bon restaurant aux influences italiennes et françaises, à base de produits du cru. Les plats sont tous bien préparés (crabe géant, saumon, congre...).
L'agneau patagon est excellent. Service un peu en dents de scie. Le patron vient causer de temps à autre : on aime ou pas. Les grandes vitres donnant sur la rue lui donne un petit côté aquarium.

■ **DAMIANA ELENA**
Magallanes 341
✆ +56 61 2 222818
Ouvert de 19h30 à 23h du mardi au samedi. Compter autour de 10 000 $ le plat.
Déco champêtre bien agréable (beaux meubles) dans une vieille maison d'époque, pour une cuisine exquise sous la houlette de son chef et propriétaire Julián. Essayez les *fettucini* aux fruits de mer, le *ceviche* de saumon ou les *canelones* fourrés aux escargots et à la sauce au citron... et une succulente lasagne. Pensez à réserver, surtout le week-end. A découvrir.

■ **LOS GANADEROS**
Bernardo O'Higgins 1166
✆ +56 61 2 214 957
Du dimanche au samedi de 12h à 15h30 et de 20h à minuit.
Ambiance agreste, on se croirait dans une *estancia* (photos des premiers colons, tenues des serveurs, musique folklorique). On y mange des plats typiques de la région, et notamment un *cordero* rustique qui fait des jaloux. Desserts à base de fruits locaux (*calafate*, *ruibarbo*...). Pour se croire un vrai cow-boy !

■ **LA MARMITA**
Plaza Sampaio 678
✆ +56 61 2 222056
www.marmitamaga.cl
alimentosmanquehue@yahoo.com
Du lundi au samedi de 12h30 à 23h30. Lapin à 6 500 $, guanaco à 11 000 $... Plats entre 4 000 et 7 000 $ avec accompagnement. Pas de carte de crédit.
Rénovée il y a de cela quelques années (plus d'espace et de lumière, avec un deuxième étage flanqué d'une petite terrasse pour les fumeurs), cette adresse est toujours aussi colorée et chaleureuse. Pour des prix vraiment très corrects, Alfredo et son épouse Lorena (ils parlent bien français) proposent une carte métissée qui inspire les papilles gustatives (elle change tous les six mois). *Ceviche* ou soupe à l'ail en entrée, ragoût de lapin ou *guanaco* pour continuer... c'est un régal. Très populaire, même auprès des locaux, donc une réservation est indispensable en soirée.

SOTITO'S

O'Higgins 1138
✆ +56 61 2 221 061
Ouvert tous les jours, midi et soir à partir de 19h30.
Ce restaurant, officiellement le plus réputé de Punta Arenas, propose une cuisine chilienne traditionnelle et internationale qui ne convainc plus vraiment. Don José propose du crabe géant et du *cordero al palo*, ainsi que d'autres spécialités locales, mais la grande salle (qui évoque plutôt une salle des fêtes) et la qualité des plats, un peu décevante, n'ont pas laissé un grand souvenir. Pourtant, c'est toujours bondé... A vous de voir !

Sortir

Plusieurs bars et discothèques (Déja Vu, Kamikaze...) attirent une foule de très jeunes Chiliens en fin de semaine. Selon nous, la meilleure adresse pour boire un verre reste Santino.

BAR BULNES

Av. Bulnes 0408
✆ +56 61 2 214 654
Tous les soirs de 20h à 04 ou 05h, sauf le dimanche.
Un petit bar vite rempli où les locaux viennent picoler et s'amuser. Bonne ambiance, surtout lors de soirées électro avec DJ.

SANTINO

Colón 657
✆ +56 61 2 710 882
www.santino.cl
Ouvert toute l'année entre 18h et 3h du matin. Plats entre 5 000 et 9 000 $, sandwichs autour de 5 000 $, tablas entre 7 000 $ et 8 500 $.
On peut y manger des plats corrects, des sandwichs copieux, de bonnes *tablas*, et bien sûr y boire force bières (dont la délicieuse Hernando de Magallanes) et de très bons cocktails (*mojito* et *piña colada* notamment). Bonne ambiance.

À voir – À faire

CATEDRAL DE PUNTA ARENAS ★★

Plaza de Armas
Construite au début du XXe siècle, la cathédrale de Punta Arenas est de style romantique, avec des nefs séparées par des colonnes corinthiennes. C'est l'une des deux églises salésiennes de la ville. Dans la chapelle latérale reposent les restes du missionnaire Jose Fagnano. L'église initiale, entièrement en bois, fut complètement détruite par un incendie en 1892, quatre mois après son inauguration. Neuf ans plus tard, une nouvelle église fut construite, en brique cette fois-ci. C'était le premier édifice de la ville à avoir été bâti avec ce type de matériau.

CEMENTERIO MUNICIPAL SARA BRAUN ★

Av. Bulnes 29
✆ +56 61 2 212 777
À 20 min à pied du centre,
ou prenez les colectivos 15 ou 20
depuis la rue 21 de Mayo.
Tous les jours de 8h à 20h de septembre à mars, jusqu'à 18h le reste de l'année.
Inauguré en 1894 et rappelant celui de la Recoleta à Buenos Aires, ce cimetière mérite une visite pour la beauté de ses mausolées (notamment ceux de Sara Braun et des familles Menéndez Behety et Bitsch Saunders) et de ses jardins. On flâne, un peu surpris et curieux, entre ces véritables petites maisons pour le repos éternel des riches familles pionnières de Punta Arenas.

DÉTROIT DE MAGELLAN – ESTRECHO DE MAGALLANES ★★

Ce détroit interocéanique s'étend d'est en ouest sur 330 milles marins, soient environ 610 km, pour une largeur qui varie entre 3 et 40 km. Tout au sud du continent sud-américain, il sépare celui-ci de la Isla Grande de Tierra del Fuego, la Terre de Feu. Le détroit fut nommé en l'honneur du célèbre navigateur portugais qui fut le premier Européen à le découvrir en 1520. Le Chili en prendra possession en 1843 et en conserve toujours la souveraineté aujourd'hui. Le détroit de Magellan se singularise par une position stratégique déterminante en raison de son usage comme route maritime entre les deux océans. Juste derrière le passage du Cap Horn (passage de Drake), c'était la deuxième voie la plus importante pour relier l'Atlantique et le Pacifique avant l'ouverture du canal de Panama en 1914, qui changea la face du trafic maritime. La navigation à l'intérieur du détroit a de tout temps été redoutée à cause de certains passages étroits, de courants forts et changeants, et d'un climat très hostile et imprévisible. Il y a deux façons de gagner la Terre de Feu depuis le continent par voie maritime : la traversée en bateau de Punta Arenas vers Porvenir, ou la traversée entre Punta Delgada (sur la route de Río Gallegos en Argentine) et Bahía Azul, avant de poursuivre vers Cerro Sombrero. À cet endroit, le détroit est étroit et se franchit en une vingtaine de minutes. La traversée n'y est pas régulière et soumise aux conditions climatiques.

INSTITUTO DE LA PATAGONIA ET MUSEO DEL RECUERDO ★

Av. Bulnes 1855
✆ +56 61 207 056
Ouvert en semaine de 8h30 à 11h30 et de 14h30 à 18h30. Entrée : 2 000 $, les enfants ne paient pas.

Centre de recherche sur l'histoire de Magallanes (dépendant de l'université de Magallanes), l'Institut abrite en ses jardins le Museo del Recuerdo, qui s'attache à faire connaître les premiers temps de la colonie (machines, garage, maisons d'époque, boulangerie, etc.). Pas mal pour les enfants. Une bibliothèque fournie attend les amateurs pour toute recherche scientifique ou besoin de cartes.

■ MIRADOR DU CERRO DE LA CRUZ ★

à l'angle de Señoret
Fagnano
Cette colline offre un point de vue privilégié sur la ville et ses toits colorés. Au-delà du détroit se dessinent l'île de la Terre de Feu et la zone sud de la péninsule de Brunswick. A l'horizon, on devine la Terre de Feu et le mont Sarmiento.

En descendant la rue Señoret jusqu'à l'avenue Colón, on atteint un autre joli mirador, d'où la vue embrasse l'autre côté de la ville (Mirador de los Soñadores). En tournant à gauche sur l'avenue Colón, on emprunte un chemin pavé qui date de la colonisation.

■ MUSEO NAO VICTORIA ★

Ruta 9 Nord, km 7
✆ +56 9 9641 0772
www.naovictoria.cl
info@naovictoria.cl
Ouvert tous les jours de 9h à 19h. Entrée à 4 000 $ et à 1 500 $ pour les enfants. Audio-guide à disposition.
Ce musée interactif, inauguré en octobre 2011, exhibe trois reconstitutions grandeur nature de bateaux fameux : le *Nao Victoria* de Magellan (27 m de long et 7 m de large, ce fut le seul à faire le premier tour du monde), le *James Caird* (celui d' Ernest Shackleton, qui réalisa un véritable exploit en ralliant les îles de Géorgie du Sud en 1916) et la Goélette *Ancud*, mythique bateau *Chilote* (de l'île de Chiloé) qui prit possession du détroit de Magellan au nom du Chili en 1843. On découvrira la vie à bord de ces trois navires légendaires, ainsi que des armes et instruments de navigation anciens. On y verra enfin un atelier de charpenterie navale traditionnel.

■ MUSEO NAVAL Y MARITIMO ★

Pedro Montt 981
✆ +56 61 61 2245987
Ouvert du mardi au samedi de 9h30 à 12h30 et de 14h à 17h. Entrée : 2 000 $, 500 $ pour les enfants.
Présente des cartes maritimes du détroit, des canaux fuégiens et de leurs îles, ainsi que des restes de navires naufragés, dont ceux de la corvette anglaise *Doterel*, qui s'échoua en 1881. Au total, plus de 1 600 objets sont exhibés.

■ MUSEO REGIONAL DE MAGALLANES ★

Magallanes 949
✆ +56 61 2 242 049
www.museodemagallanes.cl
museo.magallanes@museosdibam.cl
Ouvert d'octobre à avril du lundi au samedi de 10h30 à 17h et le dimanche de 10h30 à 14h ; le reste de l'année, du lundi au dimanche de 10h30 à 14h. Entrée libre..
Le musée est situé dans le superbe édifice du centre culturel Braun-Menendez, ancienne résidence de Mauricio Braun, marié avec Josefina Menendez Behety, fille de l'homme d'affaires Jose Menendez. Ce mariage avait réuni les deux plus grosses fortunes de la région de Magellan. On expose des vestiges archéologiques de la ville de Punta Arenas. Une salle retrace l'histoire de la colonisation de la région.

Cathédrale de Punta Arenas.

MUSEO REGIONAL SALESIANO MAGGIORINO BORGATELLO ★

à l'angle de Sarmiento
Avenida Bulnes 336
✆ +56 61 2 221 001
Ouvert du mardi au dimanche de 10h à 12h30 et de 15h à 17h30. Entrée : 3 000 $, 500 $ pour les moins de 13 ans.
Créé en 1893 par des missionnaires salésiens, c'est le troisième musée le plus vieux du pays. Ce dernier expose des témoignages ethnographiques (passionnants) et des documents sur l'histoire des missions. La collection nous en apprend davantage sur les différentes ethnies qui vivaient dans la région, avant que les Occidentaux ne décident de les en déloger (pour la paix des moutons) : Tehuelche, Yamanas (ou Yaghan), Qawasqár (Alakalufe), Selk'nam (Onas)... On en saura plus aussi sur la flore, la faune et l'histoire locale du pétrole.

PLACE MUNOZ GAMERO OU PLAZA DE ARMAS ★★

La place fut déclarée Zone typique protégée en 1991. Son centre est décoré d'une sculpture en bronze inaugurée pour la commémoration, en 1920, du quatrième centenaire de la découverte du détroit. Elle représente le navigateur sur un piédestal avec à sa base des indigènes fuégiens. Autour de la place s'élèvent les demeures des grands pionniers de l'élevage (Alejandro Menendez, Jose Montes) et l'ancien siège de la société Braun et Blanchard (le Palacio Sara Braun, aujourd'hui Club de la Unión, on peut le visiter du lundi au samedi de 10h30 à 13h et de 16h à 20h30, sauf le samedi de 20h à 22h).

Visites guidées

COMAPA

Lautaro Navarro 1112
✆ +56 61 2 200 200
www.comapa.com
infocomapa@comapa.cl
Comptez 60 000 $ par personne pour le parc Pinguino Rey et à partir de 1 560 US$ pour une croisière de 4 nuits.
Une grande agence réputée pour la qualité de ses services, un bon nombre de touristes ont recours à ses prestations pour la navigation jusqu'aux glaciers Balmaceda y Serrano et jusqu'au Perito Moreno depuis Puerto Natales. Depuis Punta Arenas, navigation jusqu'à l'Isla Magdalena.

SOLO EXPEDICIONES

José Nogueira 1255
✆ +56 61 271 0219
canales@soloexpediciones.com
Compter 195 000 $ par personne pour l'excursion parmi les baleines, les pingouins et les glaciers, 69 000 $ par personne pour le tour sur l'Isla Magdalena et l'Isla Marta.
Cette agence organise des excursions quotidiennes sur l'Isla Magdalena à bord de son embarcation d'une petite trentaine de places. La marche sur l'île dure environ une heure, un guide vous accompagne tout le long du chemin pour vous apporter quelques explications scientifiques sur la faune et la flore de l'île. L'agence organise aussi des tours d'une journée complète au parc Francisco Coloane afin d'aller observer les baleines. Une expérience inoubliable qui vous demandera tout de même de vous lever tôt (3h30 !).

RESERVA NACIONAL MAGALLANES ★★

A une dizaine de kilomètres à l'ouest de la ville, étendue sur une superficie de 20 878 ha, cette réserve met en valeur les belles forêts de *coigüe*, *ñirre* et *lenga*. La piste d'accès (il faut continuer sur l'avenue Independencia puis Salvador Allende à Punta Arenas) mène au secteur Río Las Minas, où se situe l'administration du parc. Plus de 60 km de sentiers permettent d'admirer la faune, la flore, la ville et le détroit. Deux circuits principaux sont disponibles : un bout du Sendero de Chile vers les miradors Zapador Austral et de la Patagonia (sur le Cerro Mirador), et le Garganta Alta (une petite heure de marche, belle balade tranquille). Toutefois, la véritable aventure, c'est le sentier qui mène à Río Grande (28 km, entre 4 et 5 jours de périple à un pas très raisonnable).

Pratique

De novembre à mars, la réserve est ouverte de 8h30 à 17h du lundi au jeudi, jusqu'à 16h le vendredi, jusqu'à 20h les samedi et dimanche. Compter 5 000 $ l'entrée par adulte, 2 500 $ pour les enfants. Un site de camping pour six revient à 10 000 $ en été, pour pique-niquer 5 000 $ (de petites cabanes couvertes ont été habilitées, avec tables). Sanitaires et douches (chaudes) aussi disponibles.

Sports - Détente - Loisirs

CERRO MIRADOR

Club Andino
Cerro Mirador s/n
✆ +56 61 2 241 479
www.clubandino.cl
Entre juillet et septembre, vous aurez la joie de skier sur l'une des 11 pistes du domaine et

vous rappeler que le Cerro Mirador est l'une des stations les plus australes au monde (beaux panoramas sur le détroit de Magellan, on skie tout en contemplant la mer !). Location d'équipements, école de ski et restaurant-cafétéria sur place. Le Club Andino propose des cours de ski et de snowboard individuel ou collectif.

- **En hiver :** pour skier, compter entre à partir de 28 000 $ le forfait (semaine, week-end et jours fériés). Des tickets à la demi-journée, des passes de plusieurs jours ou à la semaine ou pour la saison complète sont possibles. La station compte une petite dizaine de pistes.
- **En été :** le télésiège fonctionne et vous conduit au mirador ; de là, de jolis sentiers serpentent dans la forêt. Compter 8 500 $ par adulte et 5 500 $ par enfant de 4 à 12 ans.

Il existe un service de canopy (compter 16 000 $ par adulte et 9 500 $ par enfant pour 8 plate-formes). On peut aussi louer des vélos avec casque pour une heure (3 500 $ par adulte, 2 000 $ par enfant).Le site est ouvert tous les jours sauf le lundi de 10h à 18h, entre novembre et mai. Le télésiège est opérationnel de 11h à 12h et de 16h à 17h.

RESERVA NACIONAL PARRILLAR ★

Cette réserve peu connue constitue un lieu idéal de pique-nique. Instituée en 1977 sur une superficie de 18 414 ha, elle protège la lagune du même nom et la végétation environnante (belle forêt du genre Nothofagus : *lenga* et *ñirre*, voire *coigüe* sur les hauteurs), à 53 km au sud de la ville. On y accède par une déviation de 25 km environ (piste carrossable sans aucun problème en été) sur la route goudronnée du Fort Bulnes. Il est possible d'y observer des *huemules*, même s'il ne faut pas vraiment y compter, et la pêche y est notoire (truites arc-en-ciel). A noter : le nom de la réserve ne provient pas des *parrilla*s que l'on y a installées pour de bonnes viandes à la braise, mais de *zarzaparilla* (Ribes magellanicum), un arbuste qui croît en grand nombre alentour.Un circuit (Chorrillo Hermoso) de 1 à 1h30 s'enfonce dans la forêt ; les oiseaux ne sont pas farouches, peu habitués aux visiteurs, et l'endroit est suprêmement tranquille. Par beau temps, c'est une balade très facile et bien plaisante (parfaite pour la digestion).

La Conaf a aménagé des sites de camping bien protégés contre le vent, avec une table couverte et du bois à profusion. Les sanitaires sont bien tenus (en principe).

Pratique

La réserve est ouverte de 8h30 à 20h en saison. L'entrée est à 5 000 $ par adulte, 2 500 US$ pour les adolescents et gratuite pour les enfants de moins de douze ans. Compter 5 000 $ pour bénéficier des infrastructures (bois et barbecue), 12 000 $ par site pour camper (six personnes maximum).

PUERTO DEL HAMBRE ★

Puerto del Hambre et son fort Bulnes sont situés à environ 60 km au sud de Punta Arenas. Ils ont joué un rôle important dans l'histoire de la colonisation de la région de Magellan puisque la première colonie chilienne dans la région s'installa à cet endroit.

La balade en voiture est jolie, le long du détroit puis dans une belle forêt de flore autochtone. La route est goudronnée sur 42 km. Dix autres kilomètres devraient être goudronnés bientôt, jusqu'au km 52, où se dresse le monolithe du *Hito Geográfico* (centre géographique du Chili entre Arica et le Pôle sud – le Chili considérant sans rire qu'un bon gros « camembert » de l'Antarctique lui appartient). La localité de Puerto del Hambre est sise sur les berges de Bahia Buena. C'est à cet endroit que, en mars 1584, le capitaine Sarmiento de Gamboa fonda la localité de Rey Don Felipe en hommage au roi d'Espagne. Ce premier foyer de peuplement connut une fin tragique : tous ses habitants moururent de faim. Le lieu fut baptisé Puerto del Hambre (« Port Famine » par le corsaire anglais Thomas Cavendish, qui découvrit des années plus tard les restes de la colonie.

Transports

- **De nombreuses agences de voyages à Punta Arenas** proposent des excursions incluant le fort Bulnes, Bahía Mansa et Puerto del Hambre, pour des prix qui tournent autour de 55 US$ par personne (environ 25 000 $, droit d'entrée non inclus, minimum deux ou quatre personnes selon l'agence). Départs vers 9h, retours vers 13h (tours réguliers). Aucun transport en commun.

À voir – À faire

■ **PARQUE DEL ESTRECHO DE MAGALLANES – FUERTE BULNES**
Calle 21 de Mayo 1261, Punta Arenas
www.parquedelestrecho.cl
info@delestrecho.cl
Ouvert de 10h25 à 18h30 tous les jours de l'année (dernière entrée à 16h40). Droit d'entrée de 8 000 $.

On verra, à Fuerte Bulnes, une reproduction fidèle du fortin des premiers colons chiliens (c'est la fameuse expédition de la Goélette d'*Ancud*, partie de Chiloé sur ordre du gouvernement chilien), fondé le 30 octobre 1843, et restauré en 2002. Ont été construits une cafétéria et un centre de visiteurs, un musée interactif et un centre de recherche en hommage aux générations successives d'habitants du détroit. Le concessionnaire (qui a dû verser une somme d'argent conséquente à l'Etat chilien pour avoir le droit d'exploiter le site pendant 25 ans) a tout nettoyé sur les lieux (c'était vraiment sale avant) et mis en place des gardes de parc qui protègent la flore et la faune locales. Fin 2019, les bureaux du parc étaient en restauration, rendez-vous à calle Bernardo O'Higgins 276 à Punta Arenas.

PARQUE MARINO FRANCISCO COLOANE ★★★

S'étendant sur une superficie de quelque 67 000 ha, autour de l'île Carlos III (au sud-ouest de la péninsule Brunswick), c'est le parc marin protégé le plus important du pays. Créé en 2003 dans le but de préserver la faune (zone d'alimentation des baleines et zone de reproduction des manchots), ce fut le premier parc marin créé au Chili. Il doit son nom à l'écrivain chilien, originaire de Chiloé, dont les inspirations n'ont eu de cesse de prendre racine dans cette zone australe du monde, la Patagonie chilienne.

Terre de légendes et de mystères propres à l'univers de Coloane, ce parc marin a tout d'abord un caractère géographique très intéressant puisqu'il se trouve au croisement des deux grands océans Atlantique et Pacifique. On peut y observer facilement (en saison de décembre à avril) quantité de baleines à bosse (*Megaptera novaeangliae*) d'une quinzaine de mètres. Peu connu, c'est pourtant l'un des endroits les plus fascinants de cette région. Tout récemment un groupe de scientifiques a découvert que le parc était un lieu d'alimentation indispensable aux baleines. On recense également un nombre considérable d'espèces d'oiseaux tels que le martin-pêcheur, le hibou, le condor ou encore l'albatros, et on retrouve bon nombre de mammifères marins comme la loutre, l'éléphant de mer et l'orque. Quant à la flore, le parc est caractérisé par des végétaux représentatifs de la Patagonie : présence de coigüe de Magellan et de cyprès des Guaitecas. A l'abri des vents violents et des conditions climatiques rudes, les arbres ont choisi des zones plus favorables pour garantir leur développement. On trouve aussi un élément de l'écosystème unique et complexe, les tourbières, ces zones humides colonisées par des sols organiques. Pour s'y rendre, vous devez contacter des agences qui proposent l'option dans leur « catalogue », il n'y a pas d'autre moyen. Voir Whale Sound pour les croisières en bateau notamment.

PINGÜINERA SENO OTWAY ★

Cette population de pingouins de Magellan (estimé à 60 000 individus) est installée à 65 km au nord de Punta Arenas, sur une aire de 80 ha au bord de l'estuaire Otway. Toutefois, si vous connaissez Punta Tombo en Argentine près de Puerto Madryn, passez votre chemin, c'est beaucoup moins spectaculaire. Sinon, la visite est assez agréable, quoiqu'un peu surévaluée. Lors de notre dernier passage, il ne semblait pas y avoir beaucoup de pingouins ! On peut visiter le site d'octobre à mars. Un sentier circulaire d'un kilomètre environ vous mène à différents endroits d'observation et à une plate-forme aménagée sur une plage (le site le plus intéressant). De nombreuses agences de Punta Arenas organisent des tours. Une précision : lorsque toutes les agences de voyages se réunissent là-bas, il y a vraiment du monde, et l'on pourra avoir l'impression de visiter un zoo et photographier de gentilles bestioles apprivoisées (elles ne le sont pas, prenez garde).

- **Droit d'entrée :** les tarifs vont de 15 000 à 20 000 $ par personne environ pour le transfert, et les tours sont seulement possibles de mi-octobre à mi-mars, à 10h ou à 16h, pour une durée de 4 heures (1 heure 30 min de trajet pour s'y rendre). L'entrée n'est jamais incluse : elle est de 7 000 $ à ce jour.

Pratique

On peut visiter le site de mi-octobre à fin mars, de 8h30 à 18h30. Un sentier circulaire d'1 km environ vous mène à différents endroits d'observation et à une plateforme aménagée sur une plage (le site le plus intéressant).

Le droit d'entrée (jamais inclus dans les tarifs d'agences) est de 7 000 $ par personne.

Quelques agences de Punta Arenas organisent des tours. Les tarifs vont de 12 000 à 25 000 $ par personne environ pour le transfert, en général à 10h et à 16h, pour une durée de 4 heures (1 heure 30 de trajet pour s'y rendre).

En véhicule privé, il faut tourner à gauche peu après l'aéroport (grosse pancarte en venant de Puerto Natales, parfois absente en venant de Punta Arenas) et poursuivre sur une piste pendant 38 km environ. Taxe à payer en route pour circuler sur le terrain d'un privé (grrr...).

MONUMENTO NATURAL LOS PINGÜINOS ★★

Cette réserve naturelle est située sur le détroit de Magellan, à environ 35 km au nord de Punta Arenas. Elle se compose des deux îles Marta et Magdalena, d'une superficie respective de 12 et 85 ha. L'île de Magdalena abrite une colonie de pingouins de Magellan (le nombre de couples est estimé à 69 000 fin 2012, soit une augmentation de 15 % en dix ans) ainsi que des cormorans, des lions de mer et d'autres espèces maritimes du détroit. Jadis, les indigènes, puis les premiers colons et les sempiternels pirates y débarquèrent, pour s'approvisionner notamment en nourriture.

- **A savoir** : les pingouins arrivent en septembre, les premières naissances se font en novembre et, en mars, tout le monde repart.
- **Pratique** : les compagnies Transbordadora Austral Broom, Comapa ou encore Solo Expediciones assurent l'excursion tous les jours en haute saison (d'octobre à avril). de novembre à mi-mars. Compter de 50 000 $ à 90 000 $ par adulte.

PARQUE NACIONAL PALI AIKE ★★

Ce parc de 5 030 ha se situe à 28 km au nord de Punta Delgada (à 195 km de Punta Arenas), à la frontière avec l'Argentine. La faune est abondante (*guanacos*, renards gris, pumas, *nandous*, flamants...), la flore est caractéristique de la steppe patagonne (taillis, graminées comme le *coiron*...), mais on s'intéressera particulièrement aux formations volcaniques du quaternaire qui confèrent aux paysages une atmosphère presque lunaire, qui valut au parc son nom, donné par les Tehuelche : « le pays du diable ». La grotte de Pali Aike est devenue fameuse, puisqu'on y a retrouvé des vestiges prouvant l'existence de tribus il y a quelque 11 000 ans, les Hommes de Fell ou Paléo-indiens. Après de probables convulsions telluriques il y a environ 8 000 ou 9 000 ans, de nouvelles tribus (les ancêtres des Aonikenk) peuplèrent la zone.

Pratique

Depuis l'entrée, on peut accéder en véhicule à la laguna Ana ou à la grotte de Pali Aike. Sinon, cinq sentiers vous permettront de mieux connaître le parc : le premier mène à la laguna Ana depuis la fin de la piste carrossable (1,5 km), le deuxième mène de la lagune à la grotte (9 km, c'est le parcours le plus long), le troisième concerne la grotte en question (600 m), le quatrième permet de rallier le cratère Morada del Diablo (1,7 km) et le dernier termine aux Pozos del Diablo (2 km). En une journée, en s'y prenant bien, on a le temps de faire le tour.

Mieux vaut dormir sur place bien sûr : il existe un refuge à l'entrée d'une capacité de quatre personnes. Sinon, il est aussi possible de passer la nuit à Punta Delgada (il y a une Hostería), avant de poursuivre vers la Terre de Feu. Si vous êtes en route pour Puerto Natales, vous pouvez éventuellement prendre la piste qui mène à Morro Chico ; renseignez-vous bien sur son état au moment de votre voyage. C'est dans tous les cas un bon raccourci.Sinon, certaines agences de Punta Arenas proposent la visite, comme Turismo Pali Aike.

- **Droit d'entrée :** l'entrée coûte 4 000 $ pour les adultes et 2 000 $ pour les personnes âgées de 12 à 17 ans.

TIERRA DEL FUEGO

Qui n'a jamais rêvé de fouler cette terre égarée aux confins de notre civilisation, mythique pour tout voyageur ? Au-delà de l'archipel de la Terre de Feu, la plus grande île d'Amérique du Sud partagée par le Chili et l'Argentine, il ne reste plus que l'Antarctique. Steppes, lacs et forêts composent les paysages de ce territoire où vient mourir la cordillère des Andes. Ce mélange de mer et de montagnes est l'une des belles images que l'on garde, longtemps après son retour, de cette terre au bout du monde.

Selon plusieurs théories, les premières traces de peuplement de l'archipel remontent à plus de 12 000 ans. Mais les premières expéditions européennes découvrirent ce petit bout de terre, habité par quelques tribus indigènes, au cours du XVIe siècle. On estime à 10 000 voire 20 000 habitants la population autochtone de l'époque, regroupée en quatre tribus : les Onas au nord (ou Selknams) et les Haush à l'est de l'île étaient des chasseurs ; les Yamanas (ou Yaghans), pêcheurs, habitaient au bord du canal de Beagle ; les Alakalufs (ou Kaweskars), nomades et excellents marins, vivaient entre différentes îles, aujourd'hui chiliennes. Tous habitués à des conditions très dures de survie, ces peuples ne firent pourtant pas longtemps opposition aux expéditions européennes... Ils disparurent totalement sous la pression graduelle de la colonisation.

Au cours du XIXe siècle, les côtes deviennent le terrain privilégié des chasseurs de lions de mer, mais sont aussi visitées par les explorateurs de l'époque dont Fitz Roy qui, à bord du *Beagle*, découvrit le canal, baptisé aujourd'hui du nom du bateau. Dès la fin du XIXe siècle, des éleveurs d'ovins vinrent se fixer sur ces terres étendues. Aujourd'hui encore, les exploitations agricoles sont d'une importance vitale pour l'économie de l'île.

En ce qui concerne l'origine du nom « Terre de Feu », les thèses varient. Une thèse plaisante veut que le territoire fut baptisé « terre de fumées » en 1520, par Magellan, en raison des fumées des Selknams que l'on percevait du détroit, et que Charles Quint, conformément à l'adage « il n'y a pas de fumée sans feu », nomma plus tard l'île Terre de Feu. Il est en tout cas probable que les îles se présentèrent à Magellan toutes illuminées par les feux des indigènes qui y vivaient : les Alakalufs partaient plusieurs semaines d'affilée sur la mer et allumaient des feux dans leurs barques en permanence pour se maintenir au chaud.

Longtemps, l'intérieur de l'île resta inexploré. Ce n'est qu'en 1879 que l'expédition de Ramón Serrano Montaner la traversa entre la baie de Gente Grande (nom donné en référence à la taille des indigènes selknams) et la baie de San Sebastián, sur l'Atlantique.

La première frontière entre l'Argentine et le Chili fut fixée en 1881. Elle dut plus tard être déplacée parce que la ligne droite qui la constituait passait au large des côtes argentines et séparait le territoire argentin en deux.

La mise en valeur économique sur l'île commença à la suite de la première expédition avec l'implantation de sociétés d'élevage ovin, puis avec la découverte de l'or dans la région de Porvenir.

L'Etat chilien mit en place un système de concessions. Ce système s'étendit à l'Argentine après l'accord passé entre les deux pays en 1899. Le développement de ces nouvelles sociétés entraîna une véritable guerre ouverte avec les indigènes selknams, accusés de détruire les troupeaux (alors qu'on venait de leur voler tous leurs territoires de chasse...). Malgré quelques initiatives isolées pour les protéger, leur nombre diminua rapidement jusqu'à l'extinction définitive de l'ethnie.

Le système de concessions fut renouvelé jusqu'en 1965 dans la partie chilienne, date où la réforme agraire y mit fin. Le développement des quelques villes argentines de l'île (Río Grande, Porvenir, Ushuaia) fut en grande partie issu de la nécessité de disposer de pôles de services pour l'exploitation des sociétés ovines. Puis, la région connut un regain de croissance grâce à l'exploitation pétrolière à partir de 1945.

L'avenir de la Terre de Feu passe sans doute par le développement du tourisme. Les gouvernements chilien et surtout argentin l'ont compris, en tentant de valoriser le potentiel de l'île (pêche sportive, trekking et activités sportives en tous genres, stations de ski, croisières dans les fjords ou vers l'Antarctique..). Jusqu'à aujourd'hui, l'île a été plutôt préservée de l'invasion des masses (surtout du côté chilien, car à Ushuaia l'essor a été impressionnant et peu contrôlé ces dix dernières années), une bonne raison pour profiter de ses charmes avant que la situation ne change... un jour, peut-être !

Canal de Beagle.

PORVENIR ★★

Porvenir est la capitale provinciale de la Terre de Feu chilienne. Son site, d'abord occupé par un simple détachement policier, vit ensuite l'arrivée d'une nouvelle population (surtout croate) attirée par la découverte d'or. De nouvelles routes sont en train d'être percées au sud de l'île afin d'y développer le tourisme dans les années à venir. Peu de voyageurs font l'effort d'y séjourner, car aucun bus ne la dessert. La ville dispose toutefois de commodités suffisantes : hôtels, restaurants, cybercafés et station-service... Et une ambiance de *far south* dont tous les amoureux de Patagonie raffolent.

Transports

AEROVIAS DAP
O'Higgins 891
La compagnie est basée à Punta Arenas
✆ +56 61 2 616 100
www.aeroviasdap.cl
ventas@aeroviasdap.cl

De Punta Arenas à Porvenir, trois départs par jour du lundi au jeudi à 8h15, 12h30 et 17h (retour à 8h35, 12h50, 17h20), le vendredi à 8h15, 12h30 et 16h45 (retour à 8h35, 12h50, 17h20) le samedi à 8h15 et 12h30 pour 12 min de vol et retour à 8h35 et 12h50.

TRANSBORDADORA AUSTRAL BROOM
Calle Señoret (sur la côte)
✆ +56 61 2 580 089
www.tabsa.cl
correo@tabsa.cl
Compter 6 200 $ par passager, 39 800 $ par véhicule pour 2 heures 20 de traversée (sauf si la mer est grosse). Les bureaux sont ouverts en semaine de 9h à 12h et de 16h à 18h30.
Départs tous les jours pour Porvenir depuis Punta Arenas traversée tous les jours le plus souvent vers 9h-9h30, mais une ou deux fois par semaine dans l'après-midi vers 16h. Compter 2 heures 20 de navigation, 6 800 $ par passager et 43 500 $ par voiture.

De novembre à mars, la compagnie propose des traversées de Punta Arenas à la Isla Magdalena et sa colonie de 130 000 pingouins de Magellan, tous les deux ou trois jours à 9h ou 17h (les lundis, mercredis et samedis en principe). Compter 1 heure 50 de traversée pour 40 000 $ par adulte, 20 000 $ par enfant.

Enfin, des voyages sont proposés pour Puerto Williams (depuis Punta Arenas) tous les lundis à 8h et jeudis à 18h (retour les mardis et samedis), avec le nouveau Ferry *Yaghan* (construit en 2011 à Valdivia, bien plus confortable que l'ancien). Compter 28 heures de navigation pour 108 000 ou 151 000 $ par personne selon le confort (siège inclinable ou couchette), incluant les repas à bord (simples). Les enfants de 2 à 10 ans paient moitié prix. C'est une bonne opportunité de connaître les fjords patagons, et surtout les glaciers du canal Beagle (bras nord-ouest), un paysage sublime par beau temps.

Pratique

BANCO DEL ESTADO
Phillipi 265
✆ +56 61 2 365 430
Dispose d'un ATM ouvert 24h/24.

HÔPITAL
Carlos Wood
✆ +56 61 2291 1809
Entre Señoret et Guerrero.

INFORMATIONS TOURISTIQUES
padre Mario Zavattaro 434
✆ +56 61 2 580 098
www.muniporvenir.cl
oficinadepartes@muniporvenir.cl
Ouvert de 9h à 17h en semaine, de 11h à 17h le week-end.
La mairie fournit les permis de pêche et donne quelques infos touristiques.

Se loger

En raison des nombreux travailleurs des chantiers voisins, les établissements peuvent afficher complet dès que l'été se termine. En haute saison, il y a souvent du monde : réservations préalables recommandées.

HOSTERÍA YENDEGAIA
702 Croacia 702
✆ + 56 61 2 581 919
www.yendegaiahouse.com
contacto@yendegaiahouse.com
En saison haute, compter à partir de 90 US$ la chambre double et 115 US$ la chambre pour quatre. Petit déjeuner inclus.
Le photographe chilien Enrique Couve (fameux pour ses clichés d'oiseaux de la Patagonie notamment), son fils Vicente et Cecilia proposent sept chambres confortables et chaleureuses dans une maison de 1925 superbement restaurée, avec sanitaires privés, télé câblée et wifi gratuit. Pas mal d'infos sur la région aussi (agence de voyage Far South Expeditions recommandée, notamment pour l'observation de l'avifaune) et bon restaurant pour ne rien gâcher. Toutefois, ces dernières années les prix ont malheureusement flambés et le rapport qualité-prix plus vraiment aussi intéressant qu'avant.

HOTEL BARLOVENTO
Villa Barlovento
Juan Williams 2
✆ +56 61 2 581 000
www.hotelbarlovento.cl
reservas@hotelbarlovento.cl
Compter 59 000 $ la chambre simple, 70 000 $ la double, petit déjeuner et wi-fi inclus.
Un sympathique hôtel de 16 chambres très confortables avec chauffage central, télé câblée, minibar, coffre-fort et sèche-cheveux. Restaurant, café/pub Fiamma (point de rencontre des locaux). Nombreuses activités et excursions. Déco agréable et une bonne adresse, notamment pour les couples.

HOTEL ESPAÑA
698 Croacia
✆ +56 61 2 580160
www.hotelespana.cl
info@hotelespana.cl
A partir de 20 000 $ pour deux avec petit déjeuner.
Un hôtel intéressant puisqu'il a été aménagé dans un ancien cinéma et conserve encore une atmosphère d'antan. La façade est joliment décorée, en hommage à la belle nature patagonne, et les chambres, plutôt classiques sont tout à fait correctes. Bien pour une nuit ou deux.

Se restaurer

Peu de choix en-dehors des hôtels et pensions. La spécialité locale : la *centolla* ou crabe géant (aussi appelée araignée de mer). Faites une cure de fruits de mer à bas prix !

CLUB CROATA
Calle Señoret 542
✆ + 56 61 2 580 053
Ouvert du mardi au dimanche de 11h à 15h et de 19h à 22h30. Compter de 4 000 à 8 000 $ à la carte environ.
Son nom rappelle l'importance de l'immigration croate en Terre de Feu. Voici une bonne table face à la baie, proposant d'excellents fruits de mer (huîtres et crabes géants notamment). Le bar reste ouvert jusqu'à une heure avancée de la nuit.

EL CHISPA
À l'angle de la rue Señoret
Viel
✆ + 56 61 2 580 054
Plat du jour pas cher le midi (4 000 $ environ).
Dans une bâtisse qui hébergea pendant longtemps le corps des pompiers, un *hostal* proposant des chambres fort simples mais qui sert surtout une bonne cuisine familiale pas chère, incluant saumon et *cordero* bien sûr !

À voir – À faire

COSTANERA ★
Cette avenue aux maisons anciennes de style victorien longe la plage sur laquelle déambulent des cygnes et des flamants roses.

MUSEO PROVINCIAL FERNANDO CORDERO RUSQUE ★
Mario Zavattaro 402
✆ +56 61 2 581 800
www.museoporvenir.cl
Ouvert toute l'année du lundi au jeudi de 9h à 17h30, le vendredi jusqu'à 16h30, le week-end de 10h30 à 16h. Entrée : 1 500 $.
Créé en 1980, le musée présente la culture des indigènes selk'nam (une constante occidentale : on massacre une culture, on l'éradique, puis on lui dresse un musée pour évoquer ses mystères et sa beauté...), aborigènes de l'île, et retrace les étapes marquantes de l'histoire de la région : ruée vers l'or, colonisation...

PARQUE PINGÜINO REY ★★
Ruta Y-85, km 14
Bahía Inútil, près de Onaisín
✆ +56 61 2 613 420
www.pinguinorey.com
info@pinguinorey.com
Entrée à 12 000 $, gratuit pour les moins de 10 ans. Parc ouvert du mardi au dimanche de 11h à 18h.
Depuis quelques années, une colonie de manchots royaux (*Aptenodytes patagonicus*) a élu domicile au large d'une plage de l'*estancia* San Clemente. Un vrai miracle, car en principe ces oiseaux vivent dans les îles froides des régions antarctiques et sub-antarctiques ! C'est la plus grande espèce de manchots après le manchot empereur : environ 90 cm pour un poids moyen de 13 kg. Une originalité : il ne nidifie pas, mais conserve l'œuf sur ses pieds, en le couvrant avec un repli de peau du ventre. Son cycle de reproduction s'étend sur 16 mois. Selon des études scientifiques, les manchots royaux pourraient bientôt disparaître en raison du réchauffement climatique. Aussi ce site est-il particulièrement important et la conservation de la colonie (environ 100 individus à ce jour) d'autant plus délicate. Un sentier a été défini pour les observer : douze personnes maximum sont acceptées par tour et il est interdit de s'en approcher à plus de 20 m.

Sports – Détente – Loisirs

PÊCHE
Toute la région est une invitation à la pêche sportive. Un parcours fascinant conduit à Cameron et au lac Blanco (pêche à la mouche,

Julio Popper et l'or de la Terre de Feu

Si tout au nord du continent américain, en Alaska et au Yukon, la ruée vers l'or du Klondike est restée célèbre, le Grand Sud a lui aussi connu sa fièvre de l'or. Un homme, le roumain Julio Popper, né à Bucarest en 1857, l'incarne plus que quiconque. Personnage intrigant, cet ingénieur des mines érudit et voyageur infatigable parcourt le monde de long en large, du Moyen-Orient jusqu'au Japon, de l'Alaska au Brésil. Mais c'est sa dernière aventure, en Terre de Feu, qui restera dans les mémoires. En 1885, attiré par la nouvelle de la découverte d'or dans la province argentine de Santa Cruz, il débarque à Buenos Aires. Il décide, par déduction, d'aller encore plus au sud que la province de Santa Cruz, de l'autre côté du détroit de Magellan, pour aller explorer la Isla Grande de Tierra del Fuego encore vierge. Il y découvre ce qu'il était venu chercher : des gisements aurifères importants près de la Bahía San Sebastián, en Argentine, à environ 140 km à l'est de l'actuelle Porvenir. Sa richesse sera rapide grâce à une invention à lui qu'il baptise « moissonneuses d'or ». Ces systèmes de tunnels, mécanismes et écluses installés sept mètres sous le niveau de la marée haute vont lui permettre de laver les sables aurifères à grande échelle en utilisant le phénomène naturel de la marée. Il va peu à peu bâtir une véritable dictature dans cette région désolée qui attire de nombreux prospecteurs. Il bat sa propre monnaie, édite ses timbres, dispose d'une véritable milice et fait régner ses propres lois. Popper et ses hommes se rendront tristement célèbres pour être également de cruels « chasseurs d'indiens », bien que seuls quelques clichés photographiques accréditent cette thèse. Ils figurent semble-t-il parmi les responsables du génocide des indiens Onas (ou selknam) en Terre de Feu. Julio Popper meurt à Buenos Aires en 1893, à l'âge de 36 ans.

A lire : Patricio Manns consacre son magnifique roman *Cavalier Seul* à ce personnage ambivalent. Le grand Francisco Coloane parle de Popper dans son recueil de nouvelles *Tierra del Fuego*. Le cinéaste Miguel Littín s'inspirera de ce dernier et des chroniques de Popper lui-même pour son film *Tierra del Fuego*. Une jolie bande dessinée signée Matz et Chemineau et sortie en 2015 retrace la vie de ce personnage.

on peut y camper et il y a un refuge). Du lac Blanco, si vous disposez de votre véhicule (4x4), vous pouvez emprunter le Paso Bellavista (superbe) pour gagner Río Grande en Argentine (en été seulement, renseignez-vous auprès des carabineros pour connaître l'état de la piste).

PARQUE NACIONAL ALBERTO DE AGOSTINI ★★

Avec sa superficie de 1 460 000 hectares, ce parc national est la troisième plus grande zone protégée du Chili. Il abrite de nombreux fjords, des glaciers (Marinelli, qui est le plus grand glacier de la région, Francia, Holanda, de Agostini, Italia, etc.), la chaîne de montages de Darwin et est caractérisé par ses nombreuses congères (amas de neige formés par le vent). Le parc national compte aussi quelques îles comme l'île Gordon ou les îlots Tuckers où l'on peut observer des manchots de Magellan. Riche d'anecdotes historiques, le parc recèle des trésors exceptionnels de biodiversité, on y trouve des guanacos, des colonies de loups, des éléphants de mer, des baleines ou encore des dauphins. Certains paquebots de croisière traversent le parc et ses somptueux paysages jusqu'au Cap Horn depuis Punta Arenas. Notons que le parc doit son nom au célèbre explorateur italien qui fut à la fois missionnaire, photographe, géographe, écrivain et ethnologue. Originaire du Piémont, au pied des Alpes, le Père Agostini est un fou de montagne. Connu avant tout pour ses expéditions en Patagonie, il tombe amoureux de la Terre de Feu où il se rend pour la première fois en 1910 en tant que missionnaire. Il y explore la nature, gravit des montagnes et rentre en contact avec les indigènes Yagans qu'il photographiera à de nombreuses reprises.

Au cours de ses pérégrinations, il explore notamment le parc qui porte aujourd'hui son nom. Il continuera à explorer l'Argentine, d'Ushuaia au parc Nahuel Huapi, et mourra lors d'un retour en Italie le 25 décembre 1960. Il laisse derrière lui une importante collection de précieuses photographies et une vingtaine d'ouvrages sur la Patagonie.

CORDILLERA DARWIN

Cette cordillère est une chaîne de montagnes nommée en hommage au célèbre naturaliste Charles Darwin par son découvreur, le commandant Robert FitzRoy. Elle est située sur une péninsule à l'ouest de la grande île de la Terre de Feu et elle constituerait l'une des dernières *terrae incognitae* de la planète...

BAHÍA AINSWORTH – ISLOTES TUCKERS

Ce long détroit est alimenté par le plus grand glacier du parc, le glacier Marinelli, et offre un petit aperçu de la fin du monde. Bien sûr, ce n'est en rien l'apocalypse qui se déroule sous vos yeux mais un paysage époustouflant de fjords, de champs de glace et de forêts subpolaires ! On peut se promener facilement sur des sentiers accessibles qui vous mèneront à la découverte de petites cascades, de ruisseaux cristallins ainsi qu'à la rencontre des habitants de la zone : éléphants de mer, oiseaux ou encore castors.

GLACIAR PÍA – AVENIDA DE LOS GLACIARES

Sur le canal de Beagle, on trouve la baie de Pia et son imposant glacier du même nom. Un mastodonte qui vous écrasera de son ombre de glace, haute d'une centaine de mètres. Malheureusement le réchauffement climatique menace. Fin 2016, une équipe internationale de 17 scientifiques s'est rendue sur le glacier afin de réaliser une étude sur les raisons de son recul. Les températures élevées de la saison printanière expliquent son recul d'environ 10 mètres chaque année (le glacier a perdu au total 12 km, une masse de glace anormale pour un glacier). On peut tout de même venir le contempler lors de croisières organisées sur les fjords de la Terre de Feu.

PUERTO WILLIAMS ★★

Puerto Williams, jadis simple ensemble de baraquements militaires, s'est récemment transformé en point de passage obligé des croisières et voiliers qui font route vers le cap Horn et l'Antarctique. Son nom était « Puerto Luisa » jusqu'en 1956 ; on le modifia en hommage à Juan Williams, qui s'empara du détroit de Magellan pour le Chili en 1843. Les Yamanas ou Yaghans appelaient le site « Uspashum ».
Situé sur les rives du canal de Beagle sur l'île de Navarino, ce gros bourg de 1 600 habitants à peine compte maintenant quelques infrastructures pour accueillir les voyageurs : une banque, des petits hôtels... Son charme réside bien sûr dans sa situation géographique : c'est la localité la plus au sud du monde. Un titre qu'Ushuaia en Argentine se dispute toujours, argumentant que Puerto Williams n'est pas une ville à proprement parler. Et pourtant en mars 2019, le Chili a annoncé vouloir changer la législation de la localité de Puerto Williams. Cette dernière va donc devenir une véritable ville au regard de la loi et sera officiellement reconnue comme la ville la plus australe du monde. Baladez-vous dans les environs pour ressentir pleinement cette volupté de l'extrême et jouir de paysages du bout du monde. N'oubliez pas de penser à repartir quand même (bien prévoir son bateau ou son avion).

Transports

Il existe plusieurs options pour arriver à Puerto Williams et en partir : en avion ou en bateau de/vers Punta Arenas, en bateau de/vers Ushuaia en Argentine, en bateau de croisière ou en voilier vers le cap Horn, la cordillère de Darwin et/ou l'Antarctique.

AEROVIAS DAP

Centre commercial
✆ + 56 61 2 616 100
www.aeroviasdap.cl
ventas@aeroviasdap.cl
Compter 65 000 $ l'aller simple entre Punta Arenas et Puerto Williams. Persévérez pour joindre DAP par téléphone ou mail, le temps suspend son vol par ici !
Du lundi au samedi (en saison), départs à 11h30 pour 1 heure 15 min de vol (départs de Punta Arenas à 10h). Réservations impératives deux semaines à l'avance (il faut payer pour s'assurer une place). La même compagnie peut assurer des vols (à la demande) au-dessus du cap Horn.

TRANSBORDADORA AUSTRAL BROOM

✆ +56 61 2 728 100
www.tabsa.cl
correo@tabsa.cl
Compter 186 US$ ou 258 US$ par personne selon le confort (50 % de réduction pour les enfants de moins de 10 ans). Le trajet dure 28 heures.
Avec le nouveau ferry *Yaghan* mis en service fin 2011, départ de Punta Arenas les lundi à 1h et jeudi à 18h, retours de Puerto Williams les mardis à 14h et samedis à 16h.

USHUAIA BOATING SERVICE

Yelcho 224
Agence Wulaia Expediciones
✆ + 56 9 9832 6412
Compter 57 500 $ l'aller simple entre Puerto Navarino et Ushuaia, incluant le transfert en bus depuis Puerto Williams. Départs du lundi au samedi à 9h, devant la Gobernación.
On prend le bus pour Puerto Navarino (52 km, 1 heure 30 de transfert environ), puis restent 30 minutes de bateau jusqu'à Ushuaia. On peut acheter les billets dans les bureaux de l'agence Wulaia Expediciones.

Pratique

Tourisme - Culture

■ INFORMATIONS TOURISTIQUES

Municipalité de Cabo de Hornos
O'Higgins 293
✆ + 56 61 2 621 013
www.imcabodehornos.cl
jfernandez@imcabodehornos.cl
En semaine de 8h à 13h et de 14h à 17h.
Des cartes et quelques infos.

Réceptifs

■ SIM EXPEDITIONS

Calle Austral 21
✆ + 56 61 2 621 050
Voir page 32.

■ TURISMO SHILA

O'Higgins, à l'angle de Prat
✆ +56 9 7897 2005
www.turismoshila.cl
turismoshila@gmail.com
120 US$ par personne, aller-retour 220 US$.
Incontournable pour préprarer son trek : cartes, matériel, conseils, guides... Vend aussi des tickets de bateau pour rallier Ushuaia. Attention : ouverture aléatoire parfois l'après-midi...

■ WULAIA EXPEDICIONES

Yelcho 224
✆ +56 9 9832 6412
wulaiaexpediciones@gmail.com
Organise toutes sortes de visites de la ville et de ses environs, de la baie Wulaia et de Puerto Toro, de Yendegaia et de la cordillère Darwin, assure les transferts et vend les tickets de bateau pour Ushuaia.

Argent

■ BANCO DE CHILE

Calle Yelcho 140 Base Naval
www.bancochile.cl
acciones@bancochile.cl
À côté de la proue du Yelcho.
Un ATM est à votre disposition.

Moyens de communication

On peut se connecter gratuitement à Internet à l'étage du musée Gusinde.

■ CORREOS DE CHILE

Centre Commercial s/n
✆ + 56 61 2 621 222
Ouvert du lundi au vendredi de 9h30 à 13h et de 15h à 18h30, le samedi de 10h à 13h30.
Pour envoyer sa petite carte postale du bout du monde !

Santé - Urgences

■ HOSPITAL NAVAL

Dans la base navale
✆ +56 61 2 621 098

Se loger

■ HOSTAL AKAINIJ

Calle Austral 22
✆ + 56 61 2 621 1173
www.turismoakainij.cl
turismoakainij@chileaustral.com
Compter à partir de 30 000 $ la double et 37 500 $ la triple, petit déjeuner et transfert (de/vers l'aéroport) inclus. Menu déjeuner ou dîner à partir de 5 000 $.
En vérité plus un B&B qu'un hostal, cette petite structure propose des chambres un peu étroites mais confortables et très bien tenues, avec sanitaires privés. Accueil remarquable de Gaby et Julio. Nos hôtes proposent aussi des balades à cheval et des excursions (guidées), à la demi-journée ou pour plusieurs jours (trek des Dientes notamment). Très agréable et recommandable.

■ LODGE LAKUTAIA

Seno Lauta s/n
✆ +56 61 262 1721
www.lakutaia.cl
lodge@lakutaia.cl
Compter 180 000 $ pour un, 220 000 $ pour deux et 260 000 $ pour trois, petit déjeuner inclus.
Cet hôtel récent de 24 chambres est le plus confortable de l'île, à 15 min à pied du village. Il offre sanitaires privés avec eau chaude, chauffage, connexion wi-fi et une salle de conférences avec des ouvrages sur la région. L'ensemble est bien tenu et le service attentif. Vélos et kayaks à disposition. Un service de restauration est assuré. Des programmes de 4 jours vers le cap Horn sont proposés, ainsi que des croisières, le trek des Dientes de Navarino, de la pêche à la mouche et la visite des environs (dont le parc Omora).

■ REFUGIO PADRINO

Costanera 276
✆ +56 61 2 621 136
www.visitnavarino.com
ceciliamancillao@yahoo.com.ar
Compter 10 000 $ par personne. Petit déjeuner inclus.
Face au nouveau quai. Si un lit est libre, installez-vous et mettez-vous à l'aise. Cécilia passe dans la journée pour faire le *check-in*. Petites chambres propres avec sanitaires communs, cuisine à disposition et terrasse agréable. On s'y sent vite comme chez soi ! Vélos et promenades à cheval sont également proposés.

RESIDENCIAL PUSAKI
Piloto Pardo 242
✆ +56 61 2 621 116
pattypusaki@yahoo.es
Compter 11 500 $ par personne avec sanitaires communs et 26 000 $ la chambre double avec salle de bains privée. Petit déjeuner inclus. Menu déjeuner ou dîner à partir de 6 000 $.
Atmosphère familiale et de bonnes rencontres. Les chambres sont simples, propres et chauffées. On y mange très bien (et beaucoup !) : Patty fait des merveilles avec le crabe géant. Tout le monde mange ensemble, c'est très convivial et on discute parfois jusqu'au bout de la nuit !

Se restaurer

Deux supermarchés : Simon & Simon et Temuco, l'un en face de l'autre sur Piloto Parado, à côté di Residencial Pusaki. La saison de la *centolla* (crabe géant) s'étend de juillet à novembre.

LA PICÁ DEL CASTOR
Centro Comercial
Sandwichs à 4 000 $ environ, castor à 15 000 $ (demander au moins 5 heures à l'avance).
Petit local où l'on sert des sandwichs (*Barros Luco*, etc.) très copieux, des menus, parfois avec de la *centolla* (pizza...) ou du castor. Le seul resto toujours ouvert en ville.

RESTO DEL SUR
Ricardo Maragaño 146
✆ +56 61 2 621 849
Heures d'ouverture parfois aléatoires.
Sur la place, l'ancien Cabo de Hornos fait *hostal* mais aussi restaurant, et l'on pourra y manger du très bon crabe géant et autres spécialités du cru.

Sortir

EL ÁRBOL
Piloto Pardo
Près de l'hostal Pusaki
Ouvert en fin de semaine.
Le pub du coin, animé en fin de semaine, où l'on peut aussi grignoter.

À voir – À faire

CALETA WULAIA ★★
Très belle baie située à l'ouest de l'île Navarino, au sud du canal Murray. Véritable monument historique, c'est ici que les premiers Blancs (missionnaires anglais) rencontrèrent les Yaghans. C'est là aussi que débarquèrent en 1830 Charles Darwin et le commandant Fitz Roy, et qu'ils prirent 4 indigènes pour les emmener en Angleterre, dont le fameux Jemmy Button âgé alors de 14 ans. Aujourd'hui, on peut visiter un musée très instructif sur les indigènes de cette région australe, et se balader vers un point de vue par un sentier bien défini. En chemin, on découvrira la flore locale et on pourra peut-être observer des castors.

CANAL BEAGLE ★★★
De nombreux catamarans et voiliers proposent une excursion sur le canal Beagle depuis Ushuaia, avec des variantes parfois significatives. Compter entre 2h30 et 6h d'excursion. En option : une visite de la Pingüinera de Yecapasela et de l'estancia Harberton. Plusieurs départs par jour, en général vers 9h30/10h et vers 15h.
Puerto Williams et toute la côte nord de l'Isla Navarino baignent dans les eaux du canal Beagle, un détroit qui s'étend d'est en ouest sur 129,6 milles marins (240 km) de long. Ce bras de mer sépare la Isla Grande de Tierra del Fuego au nord et la multitude des autres îles composant l'archipel de la Terre de Feu (îles Dawson, Navarino, Lenox, Wollaston, Horn, etc.). Les deux rives de la moitié ouest du canal appartiennent au Chili, tandis que dans la moitié est, ce canal constitue la frontière entre l'Argentine et le Chili. Ce bras de mer reliant Atlantique et Pacifique est navigable sur toute sa longueur, mais n'a jamais été la route privilégiée des navires, le passage de Drake (au sud du Cap Horn) et le détroit de Magellan étant considérés comme plus sûrs.
Le canal porte le nom du navire britannique HMS Beagle, qui vint inspecter ces régions australes entre 1826 et 1836, et dont le capitaine Robert Fitz Roy, chargé de missions hydrographiques et cartographiques, accompagna le prestigieux Charles Darwin, tout à ses études naturalistes et scientifiques.
De nombreuses excursions sur le canal sont proposées depuis Ushuaia, du côté argentin. Tous les départs s'effectuent depuis le quai d'embarquement (Muelle Turístico). L'excursion la plus classique vous mène à l'île des lions de mer (on y descend ou non), puis à l'île des oiseaux (les cormorans royaux et impériaux y nidifient) ; la balade se termine en général autour du joli phare des Eclaireurs (très souvent confondu avec le phare du Bout du monde de l'Isla de los Estados), mis en service en 1920, avec parfois une balade sur la Isla Bridges. Une extension à l'Isla Yécapasela et ses innombrables pingouins est parfois possible, tout comme une incursion dans la Baie Lapataia, dans le Parc national de la Terre de Feu.
Pour rejoindre Ushuaïa depuis Puerto Williams, il faut se rendre par la route à 55 km à l'ouest à Puerto Navarino d'où partent les bateaux pour Ushuaïa.

Les castors : de jolies petites bêtes mais une vraie plaie pour la nature !

Tout a commencé en 1947. Les gouvernements argentin et canadien s'imaginèrent que, puisque les castors se reproduisaient facilement au Canada et que leur fourrure se vendait bien, et puisque l'environnement du sud patagon semblait assez identique, l'importation de castors en Patagonie serait très productive et bénéfique. 50 individus furent donc amenés dans la région. Hélas ! En Patagonie, le castor n'a aucun prédateur (loup et ours), et il se mit donc à proliférer ; comme il ne se sentait plus menacé, l'absence de stress fit que la fourrure perdit en qualité et le business termina bien vite en queue de poisson.

Aujourd'hui, cette histoire prête à sourire, mais en réalité le castor est devenu une grave menace pour l'écosystème de la Terre de Feu et de la Isla Navarino : car ce paisible animal ronge les arbres natifs (*lenga* et *ñirre* surtout), et ses petits barrages entraînent de mortelles inondations partout où il passe. On dit qu'il y a environ 80 000 à 200 000 castors aujourd'hui dans la région (les sources divergent), en Argentine mais aussi au Chili (autour de Puerto Williams, vous pourrez constater leurs dégâts). Les gouvernements ont même autorisé la chasse (on paye 2 500 $ par queue de castor, 5 000 $ pour la peau entière), mais rien ne semble encore pouvoir endiguer ce fléau. Il semblerait que des mesures beaucoup plus drastiques soient envisagées dans un proche avenir.

CERRO BANDERA

Un sentier de 3,1 km mène au Cerro Bandera (610 m d'altitude, compter 3 ou 4 heures aller-retour). Il part de la statue de la Vierge Marie, à 2 km au sud-est de la ville. Beaux panoramas sur les cimes, le canal et le bled.

MUSEO ANTROPOLÓGICO MARTIN GUSINDE ★

À l'angle de Aragay et Gusinde
✆ +56 61 2 621 043
www.museoantropologicomartingusinde.cl
museomartingusinde@gmail.com
Du 1er novembre au 31 mars, ouvert du mardi au vendredi de 9h30 à 13h et de 15h à 18h, le week-end de 14h30 à 18h30 ; le reste de l'année du mardi au vendredi de 9h30 à 13h30 et de 14h30 à 17h30, le samedi de 14h30 à 17h30. Entrée gratuite.

Ce musée expose une intéressante série d'objets et photos relatifs à la culture autochtone. Il porte le nom d'un explorateur et anthropologue autrichien qui travailla avec les Yamanas (Yaghans), les Kawésqar et les Selk'nam, trois tribus vivant en Terre de Feu entre 1918 et 1924. Il s'agit de l'un des rares Occidentaux à avoir été introduit aux rites initiatiques de ces peuples aujourd'hui disparus. Il arriva en 1912 à Santiago en tant que professeur puis, conscient de la vitesse de propagation de la colonisation, il décida d'aller à la rencontre de ces peuples menacés de disparition. Au sein du musée, plusieurs clichés sont exposés et témoignent des conditions extrêmes dans lesquelles vivaient ces tribus. Les photographies sont sublimes et émouvantes, on y voit des hommes peints avec de l'ocre rouge et bariolés de peintures blanches, témoignages uniques des rites initiatiques. Une belle plongée dans le temps d'une époque aujourd'hui révolue. On peut se connecter à Internet à l'étage et consulter quelques ouvrages.

PARQUE ETNOBOTÁNICO OMORA

www.omora.org
En été de 9h à 18h, le reste de l'année de 10h à 15h. Entrée gratuite mais il faut payer 50 US$ par personne pour bénéficier d'un guide (très utile !).

« Omora » est le nom donné par les Yaghans au colibri du Chili. Dans ce parc, on pourra découvrir les forêts miniatures du cap Horn (paysage assez identique au parc national Tierra del Fuego près d'Ushuaia) et le martin-pêcheur à ventre roux. Intéressant pour les botanistes et autres amoureux de la flore.

PROUE DE LA VEDETTE YELCHO ★

À côté du centre commercial
et du Banco de Chile
Proue authentique de la vedette chilienne *Yelcho*, commandée par le fameux Piloto Pardo, laquelle sauva 22 hommes de l'expédition de Shackleton le 30 août 1916, sur la Isla Elefante en Antarctique. Leur bateau l'*Endurance* avait fait naufrage, et l'équipage était resté 4 mois et demi sur cette île. Un symbole national.

PUNTA GUSANO ★

Compter 1h de marche depuis le village environ. Une jolie balade vers la balise que l'on distingue au large des côtes du village, accessible à marée basse. Il faut prendre la piste vers Puerto Navarino puis bifurquer vers l'aéroport et continuer jusqu'à la pointe.

VILLA UKIKA ★

Au km 1 de la route qui mène à l'est, le « village » Ukika abrite les derniers descendants des Yamanas. Le centre Yamana Kipa-Akar expose leur artisanat (il n'y en a pas toujours).

Sports - Détente - Loisirs

TREK DES DIENTES DE NAVARINO

Pour le grand frisson, faites le circuit des Dientes de Navarino, le trek le plus austral au monde ! Compter au moins cinq jours de périple et 4 nuits pour une distance de 53 km, soit 6 à 8 heures de marche par jour, au milieu de paysages à couper le souffle. On ne peut s'y rendre qu'entre décembre et début avril. Les hôtels ou l'office de tourisme peuvent vous donner toutes les infos. Grosso modo, on rejoint les Dientes de Navarino le premier jour, la Laguna Martillo le deuxième, le Paso Virginia le troisième avant de revenir à Puerto Williams le quatrième jour.

Les sentiers sont difficiles : ne partez pas sans GPS et une bonne expérience du trekking. Sinon, prenez un guide (voyez à Turismo Shila par exemple, qui peut fournir aussi du matériel).

▸ **Un autre trek** pour une approche différente des Dientes mène au lac Windhond. Il dure aussi quatre jours. On rejoint le Paso Alinghi le premier jour, le Refugio Charles le deuxième, les Dientes de Navarino le troisième et Puerto Williams le quatrième après un détour par la Laguna Salto et le Valle Robalo.

PUERTO TORO

Puerto Toro est un petit port de pêche chilien situé sur l'île de Navarino, à 46 km au sud-est de Puerto Williams. A noter que de nombreuses cartes se trompent : il n'y a aucune route reliant Puerto Toro à Puerto Williams, on n'y parvient que par bateau. C'est le peuplement continu le plus austral du monde ; et il compte aujourd'hui une petite vingtaine d'habitants.Pour les puristes, c'est la localité (un ensemble de quelques maisons seulement) la plus australe au monde. Il y a 100 ans, la fièvre de l'or attira de nombreux aventuriers dans les parages. Aujourd'hui, ne reste qu'une poignée de pêcheurs, toutefois beaucoup plus nombreux lors de la saison du crabe géant (de juillet à novembre). La grande quantité de barques colorées en fait alors un endroit intéressant à visiter.

ISLA LENNOX - ISLA PICTON - ISLA NUEVA

Lennox, Picton et Nueva sont trois îles inhabitées situées à l'extrême sud du continent, à l'est de l'île Navarino. Au large de ces trois îles, le fond marin dispose d'une très importante réserve de pétrole.

PARQUE NACIONAL CABO DE HORNOS ★★

Ce parc national terrestre et marin est surtout connu car il comprend le très célèbre cap Horn. D'une superficie de plus de 631 km^2, c'est le parc le plus au sud de la planète ! Il comprend l'archipel des îles Wollaston et celui des îles L'Hermite dont fait partie l'île Horn et son fameux cap, point le plus austral des Amériques situé au sud de l'île Navarino. Découvert en 1616, c'est ici que tout s'achève, sur ces 425 mètres au-dessus de la mer. Le parc national Cabo de Hornos et le parc national Alberto de Agostini font partie de la réserve de biosphère du Cabo de Hornos, créée par l'UNESCO.

Jusqu'à l'ouverture du canal de Panamá en 1914, le Passage de Drake, entre le cap Horn et le continent Antarctique, était le passage privilégié pour les navires qui voulaient relier l'Europe à l'Asie ou à l'Amérique de l'Ouest (le détroit de Magellan, au nord de la Terre de Feu, était également utilisé). Un cap battu par les vagues les vents et les icebergs à la dérive, redouté par les cap-horniers et véritable cimetière marin. Combien de marins, combien de capitaines ont laissé leur vie au large de ce « cap dur », ce « cap redouté », ce « cap des tempêtes »...

Aujourd'hui, le cap Horn, s'il fait toujours rêver, fait moins peur. Les cargos n'y croisent plus et les plus grandes courses autour du monde à la voile – Vendée Globe en tête – le franchissent régulièrement, tout comme certaines excursions de plaisance et autres chalutiers de pêche.

Un phare et son gardien permanent, une chapelle, une station de la marine chilienne et un mémorial aux cap-horniers en forme d'albatros se trouvent aujourd'hui sur l'île Horn.

▸ **Il faut payer pour accéder à l'île Horn :** compter 7 000 $ par adulte.

PETIT NORD

Parque nacional Nevado Tres Cruces.

Routes principales
Routes secondaires
Voie ferrée
Frontières
Limites régionales
Parc nationaux
Taltal
Caleta San Pedro
Cifuncho
Punta Ballenita
Punta Ballena
Esmeralda
Parc National Pan de azúcar
Caleta Pan de Azúcar
Playa Refugio
Chañaral
Portofino
Flamenco
Obispito
Caldera
Calderilla
Bahía Inglesa
Parc marin protégé
Puerto Viejo
Baranquilla
Bahía Salado
Copiapo
Paipote
Tierra Amarilla
Nantoco
ANTOFAGASTA
Altamira
La Pólvora
Mina Rosario
Mina Estrella
Mina Dichosa
El Salado
Diego de Almagro
El Salvador
Bocamina
Porta del Inca
Llanta
Potrerillos
Montandón
La Ola
Finca de Chañaral
Vegas de Chañaral
Inca de Oro
El Pino
Azufrera Codocedo
Salar de Maricunga
Parc National Nevado de Tres Cruces
Tambo
La Puerta
Puquios
Los Azules
Salto de los Marayes
El Volcán
CoCopiapó 6052 m
Laguna del Negro Francisco
R. Figueroa
CORIDILLIÈRE DE DOMEYKO
Nudos Jotabeche
Azufrera Plato de Sopa
Salar de Gorbea
Salar de Agua Amarga
Salar de Aguilar
Co de la Isla 5763 m
Salar de la Isla
Salar Grande
Co Doña Inés 5075 m
CORDILLIÈRE DE CLAUDIO GAY
Río de la Sal
Salar de Pedernales
Co Tridente 5417 m
Lagunas Bravas
Salar de Piedra Parada
Co Sierra Nevada 6127 m
Termas de Río Negro
R. la Ola
Co Bravo Alto 5313 m
Laguna Escondida
Lagunas Wheelright
Laguna Verde
Cerros Tres Cruces 6749 m
Co Incahuasi 6621 m
Cerro Ojos del Salado 6879 m
Co del Nacimiento 6493 m
Laguna de La Salina
Laguna de Los Aparejos
Laguna Verde
Mte Pissis
Co Pajonal 5500 m
Co Aguas Blancas 5761 m
Cos Colorados 6080 m
Isla San Félix
Isla San Ambrosio
Isla Sala y Gómez
OCÉAN PACIFIQUE
MAR CHILENO
Parc National Napa Nui
Hanga Roa
Île de Pâque

Petit Nord

Punta Cachos
Caleta Pajonal
Totoral
Fundo Castilla
Chañarcillo
Hornitos
Los Loros
San Antonio
Río Copiapo
Río Jorquera
Las Juntas
Pastos Largos
Amolanas
Río Turbio
Carrizal Bajo
Punta Carrizal
Canto del Agua
Posada Algarrobal
Parc National Llanos de Challe
Punta Lobos
El Donkey
La Hoyada
Río Manflas
Los Colorados
Los Toyos
Freirina
Huasco
Vallenar
Maitencillo
Punta Alcade
Alto del Carmen
La Fragüita
Mina Algarrobo
Labrar
El Retamo
El Tránsito
Réserne Naturelle Los Huascoaltinos
Junta Valeriano
Río Conay
Conay
Pinte
ATACAMA
Domeyko
San Félix
Cachiyuyo
Minguela
Mina Los Cristales
Isla Chañaral
Caleta Chañaral de Aceituno
Réserve Nationale Pingüino de Humboldt
Bahía Carrizalillo
Carrizalillo
Caleta Punta Choros
Choros Bajos
Isla Damas
Isla Gaviota
Isla Choros
Chungungo
El Olivo
La Higuerita
Observatorio Las Campanas
Observatorio La Silla
Incahuasi
El Corral
Río Cholla y
Co del Toro 6380 m
Trapiche
Tres Cruces
Las Breas
La Higuera
COQUIMBO
Río del Carmen
Los Hornos
El Chacay
Agua Grande
La Laja
Condoriaco
Caserones
Llanos de Guanta
Las Hediondas
El Romeral
Miñita Baja
Chapilca
Guanta
41
Lambert
Cortadera
Balala
Río Turbio
Co de Las Tórtolas 6155 m
La Serena
La Compañía
Rivadavia
Varillar
Juntas del Toro
La Herradura
Vicuña
Andacollo
Paihuano
Nueva Elqui
5
Cº Bonete Chico 6850 m
Réserve provinciale Laguna Brav
Laguna Brava
Co Azul 5070 m
SIERRA DEL TORO NEGRO
CORDILLIÈRE DE LA BREA
SIERRA DE LA PUNTILLA
Parc National San Guillermo
CORDILLIÈRE DE LA BREA
CORDILLIÈRE DE COLANGUIL
ARGENTINE
CHILI
0
30 km
N

PETIT NORD

★★★

Formé des deux régions administratives d'Atacama (région III) et de Coquimbo (IV), situées entre les 27e et 33e parallèles sud, le Petit Nord se caractérise, au niveau géologique, par un enchevêtrement des cordillères des Andes et de la Côte, qui viennent couper de nombreuses vallées transversales. L'attrait de la région tient beaucoup à sa petite bande de littoral, comme dans le fantastique parc national Pan de Azúcar, aux plages sauvages et isolées, aux paysages grandioses et puissants de la cordillère, et aux incursions qu'il est possible de faire dans des vallées fleuries, fruitières et même vinicoles, comme la célèbre vallée du pisco (Valle del Elquí).

Au point de vue archéologique, la configuration de la zone en de nombreux défilés a rendu son accès facile à des tribus nomades, et ce, il y a déjà 14 000 ans, quand elles coexistaient avec les mastodontes et les mylodons.

On y trouve également, sur la côte, des Changos puisque ceux-ci sont descendus jusqu'à Huasco. Dans la région de Coquimbo, la période 8000-2000 av. J.-C. connaissait encore des peuplades de chasseurs-cueilleurs qui avaient développé une agriculture rudimentaire, sans cesser de rester nomades.

Un groupe d'agriculteurs se développa ensuite au début de notre ère jusqu'à 700 apr. J.-C., devenant quasi sédentaires, domestiquant les animaux et pratiquant un peu la métallurgie. Ce groupe fut appelé El Molle, du nom du lieu où l'on retrouva les vestiges de leur présence. Le groupe de Las Animas aurait vécu, lui, de 800 à 1000 apr. J.-C. Enfin, les Diaguitas, qui s'étendaient de Copiapó jusqu'à La Ligua, semblent être apparus dans la région environ 1000 ans apr. J.-C. Leur céramique était d'une extrême finesse. Ils tombèrent sous la domination inca dont ils assimilèrent les techniques agricoles et une partie de la culture, métissage culturel qui se retrouve dans l'évolution de leur céramique. Ici encore, l'histoire de la région tourne autour de la découverte de richesses naturelles : le cuivre (Las Animas, Potrerillas, Labrar, etc.), l'argent (Chañarcillo, découverte en 1832 par Juan Godoy, troisième mine d'argent d'Amérique du Sud), l'or (El Indio, dans la vallée d'Elquí, et le projet récent de Pascua Lama), le fer… Quant à l'agriculture, c'est la deuxième activité économique de la région. Le Petit Nord est l'un des vergers du Chili, celui qui produit son or liquide, la boisson nationale, le pisco.

Enfin, plus au sud, La Serena est un pôle touristique important dont l'atout principal est son climat exceptionnel (pas dans la ville même, souvent sous la brume, mais plutôt en allant vers la cordillère). Cet argument a d'ailleurs séduit les astronomes ; ils y ont installé de nombreux observatoires qui en font l'une des régions d'observation les mieux équipées du monde.

La région de Coquimbo se découpe en trois vallées principales, qui font chacune l'objet d'un développement touristique spécifique : la vallée del Elquí, la vallée de Limari (Ovalle, Hurtado) et celle del Choapa (Pichidangui).

LA SERENA ET SES ENVIRONS

LA SERENA ★★

La Serena est la deuxième ville historique du Chili puisqu'elle fut fondée dès 1544, peu après Santiago, afin de doter d'un port la nouvelle colonie. Détruite par les indigènes, elle fut reconstruite par Francisco de Aguirre en 1549. Mais c'est surtout dans son architecture que se lit son histoire. De la colonie, elle conserve le tracé rigoureux en damier et, surtout, ses nombreuses églises (une trentaine) fondées par de nombreux ordres. En 1825, la découverte de la mine d'argent d'Arqueros, puis la découverte de cuivre, vers la fin du XIXe siècle, lui apportèrent richesse et travail. En 1948, elle eut droit à un plan urbanistique appelé Plan Serena, œuvre du président Videla, originaire de la ville. Des édifices publics furent élevés dans le style colonial californien.

L'économie de La Serena est essentiellement basée sur l'exportation des fruits, l'or et l'industrie touristique. La ville (environ 205 635 habitants en 2017) a acquis une solide réputation touristique, surtout auprès des familles qui fuient les plages surpeuplées de Viña del Mar. Un fort contingent argentin envahit aussi l'avenida del Mar (excentrée), en été.

La Serena est une base très intéressante pour rayonner dans le sud (parc national Frey Jorge, Ovalle), vers l'est (vallée del Elquí, observatoires astronomiques), vers l'océan (plages) et vers le nord (jusqu'à Copiapó).

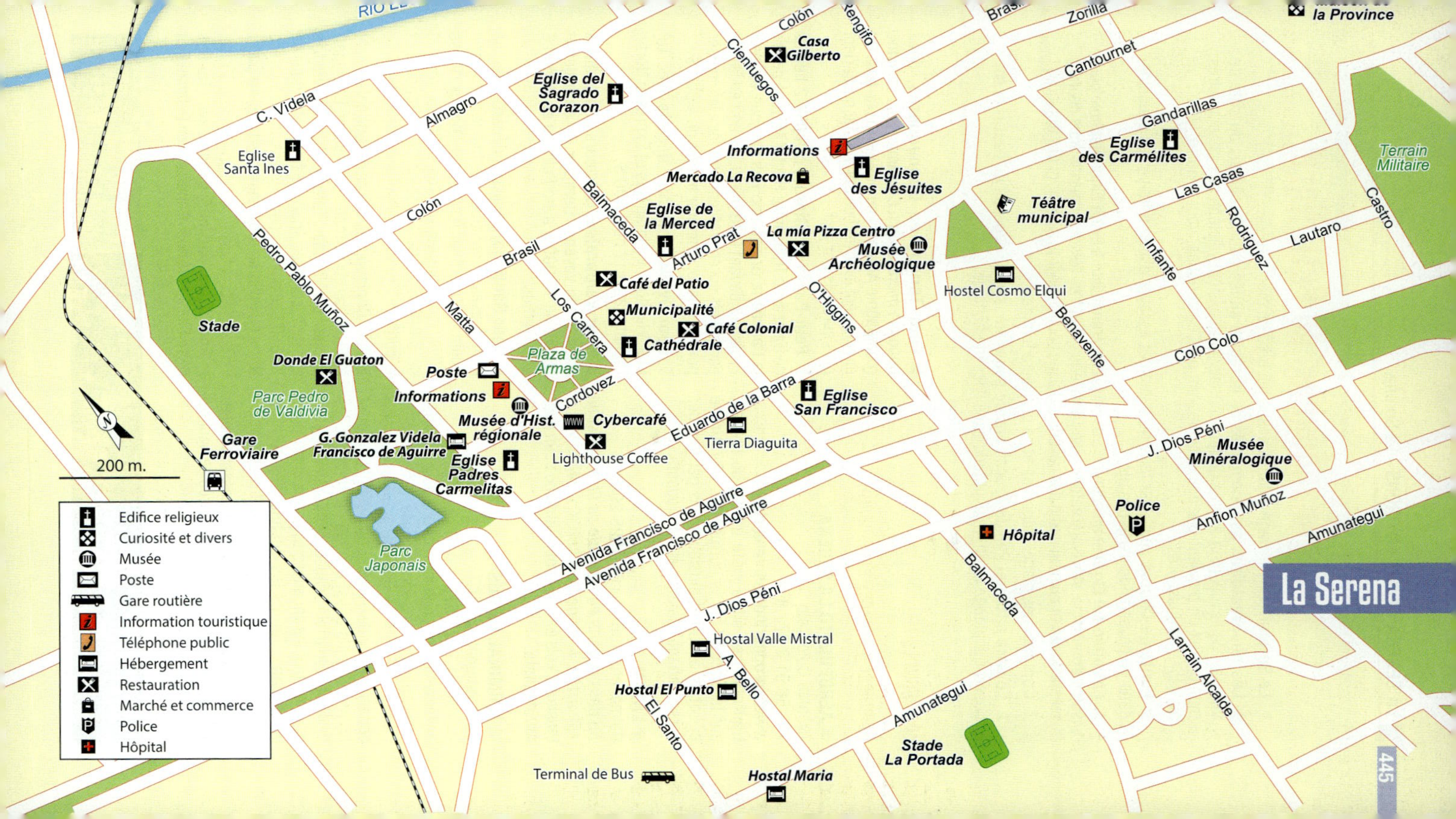
La Serena
Edifice religieux
Curiosité et divers
Musée
Poste
Gare routière
Information touristique
Téléphone public
Hébergement
Restauration
Marché et commerce
Police
Hôpital
200 m.
N
la Province
Casa Gilberto
Eglise del Sagrado Corazon
Eglise Santa Ines
Informations
Mercado La Recova
Eglise des Jésuites
Eglise des Carmélites
Terrain Militaire
Téâtre municipal
Eglise de la Merced
La mía Pizza Centro
Musée Archéologique
Hostel Cosmo Elqui
Café del Patio
Municipalité
Café Colonial
Cathédrale
Plaza de Armas
Poste
Informations
Musée d'Hist. régionale
Cybercafé
Lighthouse Coffee
Eglise San Francisco
Tierra Diaguita
Eglise Padres Carmelitas
G. Gonzalez Videla
Francisco de Aguirre
Donde El Guaton
Parc Pedro de Valdivia
Stade
Gare Ferroviaire
Parc Japonais
Musée Minéralogique
Police
Hôpital
Hostal Valle Mistral
Hostal El Punto
Terminal de Bus
Hostal Maria
Stade La Portada
Rio El
C. Videla
Almagro
Colón
Cienfuegos
Rengifo
Brasil
Zorilla
Cantournet
Gandarillas
Las Casas
Rodriguez
Lautaro
Castro
Infante
Benavente
Colo Colo
J. Dios Péni
Anfion Muñoz
Amunategui
Balmaceda
Arturo Prat
O'Higgins
Los Carrera
Matta
Pedro Pablo Muñoz
Cordovez
Eduardo de la Barra
Avenida Francisco de Aguirre
A. Bello
El Santo
Larrain Alcalde

Les immanquables du Petit Nord

- **La Serena,** son héritage colonial et son joli bord de mer.
- **Les observatoires** astronomiques de la région situés pour la plupart du côté de Vicuña : de l'expédition auprès de fins connaisseurs astrophysiciens aux observatoires municipaux en passant par des observations plus ésotériques, vous n'aurez jamais vu les étoiles d'aussi près !
- **Punta de Choros** pour aller faire du bateau et essayer d'aller admirer les dauphins, dans un paysage de carte postale.
- **La vallée del Elquí** et un séjour d'une puissante tranquillité à Pisco Elquí. Réputée pour son magnétisme, ses observatoires, ses distilleries et autres trésors naturels vous pourrez même observer au petit matin des colibris... Unique pour un endroit situé hors des tropiques !
- **Copiapó,** ses plages superbes et sa cordillère lumineuse.
- **Le parc national** Pan de Azúcar, encore peu visité, ses 27 espèces de cactus et son désert qui plonge à 800 m d'altitude dans l'océan Pacifique.

Transports

Comment y accéder et en partir

■ AEROPUERTO LA SERENA
Avenida Colo Colo
✆ +56 51 2 271 877
www.aeropuertodelaserena.cl
L'aéroport se situe juste à l'est de la ville, sur le plateau qui la surplombe. Sky Airline et Latam assurent plusieurs vols par jour de/vers Santiago, Calama et Antofagasta.

■ LATAM
Balmaceda 406 ✆ +600 526 2000
Bureaux ouverts en semaine de 9h à 14h et de 15h à 18h, le samedi de 10h30 à 14h.
Plusieurs vols par jour pour Santiago et un pour Antofagasta.

■ TERMINAL DE BUS
Calle Amunátegui 107
✆ +56 51 222 4573
Un terminal bien organisé. Les prix pour les différentes destinations sont affichés, faites un petit tour (si possible, la veille ou le matin de votre départ) et décidez-vous. Entre début janvier et fin mars, mais aussi les fins de semaine, les tarifs sont (parfois beaucoup) plus élevés, ainsi que pendant les vacances scolaires et les longs week-ends. Toutes les destinations au nord et au sud (jusqu'à Santiago) sont proposées.

- **Pour Coquimbo**, des *micros* passent toutes les 5 minutes sur l'avenida Francisco de Aguirre, du côté des numéros pairs.
- **Pour Tongoy ou Guanaqueros,** deux options : *micro* jusqu'à Coquimbo puis *colectivo* (compagnie Alfamar) ou bus jusque là-bas. Ou directement avec les bus Serena Mar qui partent plusieurs fois par jour.
- **Pour Punta de Choros,** compter 2 heures de trajet avec Transporte Hector Moyano depuis la Panadería Griego une fois par jour, ou avec Profetour devant le terminal. Il s'agit en fait de particuliers qui en profitent pour faire les courses pour le village. Compter autour de 4 000 $.
- **Pour Ovalle,** nombreux départs avec Tur Bus, Via Elqui, Pullman Bus et Expresso Norte. Compter à partir de 2 500 $.
- **Pour Valparaíso,** plusieurs compagnies assurent le voyage. Compter 7h de trajet et autour de 10 000 $ avec Pullman et 15 000 $ avec Turbus.
- **Pour Santiago,** plusieurs départs avec de nombreuses compagnies, surtout le matin avec Pullman Bus, Expresso Norte, Turbus, Pluss Chile, etc. Compter environ 6h30 de trajet et de 8 000 à 28 000 $ selon la compagnie et le confort.
- **Pour Copiapó,** pas mal de départs notamment avec les bus qui se rendent à Calama. La plupart passent par Vallenar. Turbus part plusieurs fois par jour, compter 4h30 de trajet et autour de 20 000 $, d'autres compagnies comme Expreso Norte ou Pullman proposent des tickets à partir de 9 000 $.
- **Pour Arica,** plusieurs départs avec Tur Bus entre 8h40 et 19h05. Départs avec Pullman Bus

© SYLVIE LIGON

Bâtiment de la Municipalidad et la cathédrale de La Serena.

de 5h30 à 23h30. Compter à partir de 25 000 $ pour 22h de trajet.

- **Pour Pisco Elquí et/ou Vicuña.** Avec la compagnie Vía Elquí par exemple. Départs toutes les heures environ (surtout le matin). Compter 1h jusqu'à Vicuna et 2h de route jusqu'à Pisco Elquí. Compter autour de 2 000 $. Les bus qui partent du terminal s'arrêtent une bonne demi-heure au niveau du marché aux fruits (Plaza de Abastos), au nord du marché de la Recova. On pourra en profiter pour flâner. On peut aussi prendre un *colectivo* jusqu'à Vicuña depuis la rue Domeyko, à l'angle de Balmaceda. C'est beaucoup plus rapide et guère plus cher.
- **Pour Chañaral (parc national Pan de Azucar),** plusieurs départs par jour avec Tur Bus notamment (presque toutes les heures). Compter 7h de trajet et 20 000 $, moins cher avec Expreso Norte et Pullman Bus (à partir de 9 000 $).

Se déplacer

En ville, compter entre 450 et 600 $ en *micro* (bus urbain).

AM RENT A CAR

50 De la Fragata Avenida del mar
✆ 0056512569833
www.amrentacar.cl
contacto@amrentacar.cl
Compter 20 000 à 25 000 $ par jour.
C'est le seul loueur de voitures de tourisme du coin, qui dispose d'une flotte moderne. Idéal pour visiter la région IV. Service de transfert possible entre l'hôtel, l'aéroport et leurs bureaux.

Pratique

Tourisme - Culture

OFFICE DU TOURISME SERNATUR

Matta 461, oficina 108
✆ +56 51 222 5199
www.turismoregiondecoquimbo.cl
infocoquimbo@sernatur.cl
Ouvert du lundi au vendredi de 9h à 18h, le samedi de 10h à 14h.
En été, les horaires peuvent être plus extensifs et des kiosques d'informations ouvrent près de l'église La Merced et près du phare sur la plage.

Réceptifs

Les tours typiquement proposés par les agences vous mènent dans la vallée del Elquí (Pisco Elquí et les observatoires astronomiques surtout), à l'île aux Dames et à la réserve de pingouins de Humboldt de Punta de Choros, ou encore au parc de Fray Jorge et sur la plage de Tongoy. Sans oublier les *city tour*, loin d'être indispensables.

ECO TURISMO

937 Andres Bello
✆ +56 51 218970
info@eco-turismo.cl
Tours classiques pour cette agence : Valle del Elqui, parc national Fray Jorge, Islas Damas, Valle del Encanto ou encore observations astronomiques, on y propose des services honnêtes et assez consciencieux. Les guides parlent anglais et espagnol et vous communiqueront, sans aucun doute, leur passion et leur savoir sur la région.

LES OBSERVATOIRES ASTRONOMIQUES

Les ciels chiliens présentent des conditions idéales pour l'observation astronomique. La région de La Serena a été choisie par des organismes internationaux pour l'installation d'observatoires parmi les plus importants du monde : La Silla, Tololo, SOAR, Gemini Sur, et Las Campanas. D'autres, privés, tiennent un rôle éducatif et touristique : Mamalluca, Collowara, Cerro Mayu, Cancana, Cruz del sur, El Pangue, Mamana et Inti-Runa...
Quatre raisons majeures ont motivé l'installation des observatoires dans la zone :

- **Le grand nombre de nuits** au ciel dégagé.
- **Un climat** exceptionnellement sec (l'humidité gêne l'observation).
- **Des ciels** sans pollution atmosphérique.
- **Une très grande stabilité** atmosphérique (peu de turbulences).

Il existe deux types d'observatoires dans la région : les scientifiques, qu'il est parfois possible de visiter (avec réservations préalables), mais sans observation du ciel ; et les privés, d'ordre touristique, qui permettent l'observation du ciel nocturne. Tous ne se valent pas. Certains sont plus chers que d'autres. Celui de Mamalluca est le plus populaire, mais, à notre avis, c'est sans doute le moins intéressant, surtout qu'il est situé juste à côté de la ville de Vicuña et que la pollution lumineuse y est donc beaucoup plus importante. Les observatoires sérieux ferment leurs portes lors des périodes de pleine lune, d'autres vous laisseront quand même venir... A bon entendeur...

On pourra également profiter de la clarté des ciels pour observer les étoiles à l'œil nu ou avec des lunettes astronomiques d'amateur. Les lieux d'observation aménagés dans la région et cités dans ce guide se caractérisent presque tous par leur éloignement de toute source de lumière artificielle et d'obstacles pouvant gêner l'observation ainsi que par leur facilité d'accès.

■ OBSERVATOIRE LA SILLA
LA SERENA
✆ +56 9 9839 5312

■ OBSERVATORIO CHAKANA
PISCO ELQUI
✆ + 56 9 71347300

■ OBSERVATORIO COLLOWARA ★
À Andacollo, à 54 km de La Serena
Bureaux de vente : Urmeneta 599, à l'angle de Condell
LA SERENA
✆ +56 51 2 431 419

■ OBSERVATORIO CRUZ DEL SUR
Cerro el Peralito S/N
Combarbalá – Región de Coquimbo
COQUIMBO
✆ +56 53 2 741 854

■ OBSERVATORIO DEL PANGUE ★★
Plaza de Armas
San Martín, 233
VICUÑA

■ OBSERVATORIO MAMALLUCA ★
À Vicuña
Bureau : Gabriela Mistral 260
VICUÑA
✆ +56 51 22 670 330

Vignes près de La Serena.

■ TURISMO DELFINES / TOUR OPERADOR
Pedro Pablo Muñoz 580
✆ +56 51 2 223 624
www.turismodelfines.com
info@turismodelfines.com
Compter de 45 000 à 70 000 $ l'excursion à la journée.
Toutes sortes de circuits et d'excursions dans la région : *city tour*, tours traditionnels, d'aventure, circuits astronomiques, vers les parcs nationaux, à la découverte du pisco, des pingouins de Punta de Choros... C'est aussi une très bonne alternative pour partir à la découverte du désert fleuri, des circuits de 3 jours sont proposés. Un vaste choix pour des services sérieux et amicaux. A conseiller.

Argent

Plusieurs banques et bureaux de change sur la rue José Manuel Balmaceda. DAB au centre, près de la place centrale.

■ BANCO ESTADO
Av. José Manuel Balmaceda 3070
✆ +600 200 7000 – www.bancoestado.cl
DAB. Plusieurs autres banques à proximité.

Moyens de communication

■ POSTE
Matta, à l'angle de Prat
Sur la place centrale
Du lundi au vendredi de 9h à 14h et de 15h à 18h, le samedi de 9h30 à 13h.

Santé - Urgences

■ HOSPITAL SAN JUAN DE DIOS
Balmaceda 916 ✆ +56 51 220 0560
Urgences 24h/24.

Se loger

Bien et pas cher

■ EL ARBOL HOSTAL
Eduardo de la Barra 29
✆ +56 51 2 216 053
www.hostalelarbol.com
reservas@hostalelarbol.cl
En haute saison, compter entre 9 500 $ et 10 500 $ par personne en dortoir, 29 000 $ la double et 38 000 $ la quadruple avec sanitaires communs. Séjour minimum de 2 nuits.
Situé près du Parque Japonés, cet *hostal* propose de petites chambres simples, bien tenues et sobrement colorées. Pas mal d'infos touristiques. Le petit déjeuner est copieux, le service est souriant et disponible : bref, cette adresse s'avère le meilleur plan à ce jour en ville et a d'ailleurs ouvert une deuxième adresse, un éco-lodge un peu plus chic, sur la calle Los Nísperos.

■ HOSTAL EL PUNTO
Andrés Bello 979
✆ +56 51 2 228 474
www.punto.de – info@punto.de
Selon la saison, compter de 11 000 $ à 12 000 $ par personne en dortoir, de 22 000 à 29 000 $ la chambre double avec sanitaires communs et de 32 000 à 37 000 $ avec salle de bains privée. Petit déjeuner et wifi inclus.
Très belle maison coloniale retapée par nos hôtes allemands ; plusieurs patios, un calme imperturbable, un charme séduisant. On trouve des chambres doubles ou triples avec salle de bains commune ou privée Toutes sont impeccables et bien pensées. Les couleurs sont apaisantes. Quantité de services sont proposés : excursions, service de laverie, etc. Ambiance résolument internationale pour l'une des valeurs sûres de la ville.

■ HOSTAL MARIA CASA
Las Rojas 18
✆ +56 9 74667433
www.hostalmariacasa.cl
andresmantra@gmail.com
Selon la saison, compter de 12 000 $ à 20 000 $ la chambre simple et de 18 000 $ à 25 000 $ la double avec salle de bains commune. Pour les chambres avec salle de bains privée, compter de 18 000 à 25 000 $ la simple et de 22 000 à 28 000 $ la double.
Une adresse pour les routards, proche du terminal de bus, aux couleurs vives, au patio aéré et au charme colonial. Chambres agréables, cuisine équipée, wifi, sanitaires impeccables, jardin... Les voyageurs apprécient beaucoup l'accueil du personnel, vraiment aux petits soins et toujours de bonne humeur. Bonne adresse.

■ HOSTAL VALLE MISTRAL
829 Andrés Bello
✆ +56 512498154
www.vallemistral.cl
reservas@vallemistral.cl
Chambre double à 46 000 $, chambre triple à 56 000 $ et lit en dortoir à partir de 12 500 $. Petit déjeuner inclus de 7h30 à 10h30.
Nouvelle construction propre et moderne avec de nombreuses chambres à la décoration sobre et charmante. Les salles de bains sont neuves, bien que l'eau chaude ne soit pas toujours au rendez-vous. Grands espaces communs et cuisine à disposition dans le patio extérieur arboré de cactus, idéal pour passer un moment convivial. En 2017, une terrasse et un bar au 4e étage ont même été inaugurés, ambiance au top ! Et ça ne s'arrête pas là : en 2019 un nouveau projet d'agrandissement est en cours : un restaurant devrait bientôt voir le jour. Enfin, les propriétaires, souriants et aux petits soins, auront toujours une réponse à vos questions.

■ **HOSTEL COSMO ELQUI**
795 Las Casas
✆ + 56 9 645 563 09
www.cosmoelqui.cl
Lits en dortoir avec salle de bains communes ou privées à partir de 8 500 $. Petit-déjeuner compris.
A 5 minutes à pied de la Plaza de Armas, cette adresse colorée et encore toute jeune est un repaire pour les *backpackers*. Les dortoirs sont propres, calmes et encore tout neufs. Cette auberge de jeunesse est le projet de deux architectes chiliens amateurs d'astronomie : un petit observatoire est installé sur la terrasse, les dortoirs portent des noms de galaxie et vous vous endormirez sous des plafonds étoilés. Vous n'échapperez pas à l'observation astronomique ! De plus les espaces communs sont bien pensés, propices aux rencontres et on s'y sent vraiment comme à la maison. Le petit plus ? La jolie piscine récemment aménagée. Une adresse sympathique et plutôt festive.

Confort ou charme

■ **HOTEL CAMPANARIO DEL MAR**
Avenida del Mar 4600
✆ +56 51 2 245 516
www.hotelescampanario.com
info@hotelescampanario.com
Compter entre 57 000 $ et 69 000 $ la double. Petit déjeuner et wifi gratuits.
Cette très belle demeure à l'architecture typique propose quatorze chambres confortables dans un style « bord de mer », ce qui est plutôt bien venu quand on se trouve juste en face de la plage ! Modernes et lumineuses, les chambres sont élégantes avec une jolie terrasse qui permet d'admirer la vue et les palmiers. Le petit déjeuner est servi sous forme de buffet. Piscine (dans un hôtel attenant, Playa Campanario) et restaurant.

■ **TERRA DIAGUITA**
Eduardo de la Barra 440
✆ +56 51 2 216 608
www.terradiaguita.cl
casa.tamaya@hotmail.com
Compter 38 000 $ la simple ou la double avec sanitaires communs, 45 000 $ avec salle de bains privée et 54 000 $ pour quatre. Petit déjeuner et wifi inclus.
A deux pas de la place principale, cet hôtel plein de charme (jadis appelé Casa Tamaya) offre de petites chambres confortables, sobrement décorées et dotées de la TV câblée et d'une bonne literie. Les sanitaires communs sont presque luxueux. Très agréable, le patio comporte un vaste salon pieds dans le sable et un coin *fogata* (grand feu). Belle déco rustique. Service attentionné et dynamique. Bon rapport qualité-prix.

Se restaurer

L'avenida del Mar (ou Costanera), qui longe la plage jusqu'à Coquimbo, est le centre à la fois gastronomique et nocturne de La Serena, surtout en été. Le reste de l'année, c'est ordinairement beaucoup plus tranquille.

Bien et pas cher

■ **BOULEVARD TERRAZAS**
581 Cienfuegos
boulevardterrazaslaserena@gmail.com
Ouvert du lundi au samedi de 10h à 21h.
Concept culinaire et point de rencontre en plein air, c'est le projet de *Boulevard Terrazas* et de ses 11 *foodtrucks* permanents aux propositions gastronomiques plus que variées : « Espíritu del Valle » (cuisine mexicaine), « Housetruck » (cuisine américaine), « Maloka » (cuisine brésilienne), ou encore « El Sahara » (cuisine arabe), les différentes possibilités sauront satisfaire les goûts de chacun ! On y sert du petit-déjeuner au dîner. L'endroit est agréable avec ses palmiers et les quelques groupes de musiques qui viennent se représenter de temps en temps. La terrasse commune permet également de profiter du soleil (presque) permanent de la Serena !

■ **LIGHTHOUSE COFFEE**
570 Matta
www.lighthousecoffee.cl
contacto@lighthousecoffee.cl
Ouvert de 9h à 21h en semaine et de 10h30 à 22h le samedi. Fermé le dimanche. Plats et brunchs à partir de 6 200 $.
Une adresse très agréable en plein centre-ville créée par deux amoureux du voyage. Il faut dire que l'endroit est rempli de bonnes ondes ! La terrasse aménagée dégage une ambiance de guinguette et l'accueil du personnel est particulièrement sympathique. Très fréquentée par les jeunes voyageurs et les locaux, vous y dégustez de délicieux burgers et des pâtisseries maison. On y propose aussi des plats végétariens. Bonne sélection de thés et de cafés.

■ **MERCADO LA RECOVA**
Cienfuegos, à l'angle de Cantournet
Un marché de style néocolonial, sur deux étages. Tous les restaurants se trouvent à l'étage, lequel forme une grande terrasse panoramique. La plupart envoient des racoleurs, et c'est à partir de là qu'on peut commencer à monnayer, en jouant sur la concurrence. Les tarifs sont toutefois similaires, voire supérieurs, aux restaurants classiques. On peut, en bas, grignoter une *empanada*, une papaye confite, acheter de l'artisanat...

■ **PICA MAR ADENTRO**
Avenida Costanera 20
✆ +56 51 2 240 121

Tous les jours de midi à minuit. Plats autour de 10 000 $.
Au bord de l'eau, cette *picada* propose des plats de poissons (essayez le *lenguado*, de la sole) et fruits de mer surtout. On trouve du poulpe, du thon, du ceviche, des crevettes, des coquilles Saint-Jacques... tout est frais et délicieux Les *empanadas* sont délicieuses (en journée seulement). C'est très copieux et très bon ! Un des meilleurs rapports qualité-prix de la ville.

Bonnes tables

DONDE EL GUATON
Matta 672
✆ +56 51 2 211 315
Du lundi au samedi de 11h30 à 23h30, le dimanche jusqu'à 18h. Compter autour de 10 000 $ par personne.
La meilleure table pour les carnivores, selon les connaisseurs. La viande est tendre et goûteuse et les portions sont bien généreuses. La décoration est chaleureuse et le service attentionné. Aussi des poissons et des plats classiques de la gastronomie chilienne... parfois revisités. Essayez le poulet à la papaye de La Serena !

POROTA'S RESTO BAR
Avenida del Mar 900 B
✆ +56 9 8289 4875 – www.porotas.cl
Tous les jours jusqu'à 23h.
Près du phare, pas trop loin du centre, Anka nous régale avec une bonne cuisine où l'on dénote des influences asiatiques. Le risotto, le poulet thaï ou le pastel de jaiba ont laissé un très bon souvenir. Mais laissez-vous guider par les conseils de votre hôte ! Quelques tables dehors. Parfait aussi pour boire un verre.

TOLOLO BEACH
Avenida del Mar 5200
✆ +56 51 2 242 656
www.tololo.cl – tololo@tololo.cl
Du lundi au samedi de 13h à minuit. Le dimanche jusqu'à 16h.
Un très bon restaurant de fruits de mer, même si on sert aussi des pizzas, des plats de viande et d'autres plats plus basiques qui conviendront toutefois à satisfaire tout le monde. Nous recommandons cependant d'orienter votre choix vers le risotto de fruits de mer ou le carpaccio de saumon si l'air de la mer vous met en appétit. Jolie terrasse, très sympa en été lorsque l'on s'y prélasse sous le soleil.

Sortir

La *nightlife* peut se révéler très (très !) festive du côté de la Serena ! Vous n'aurez que l'embarras du choix sur l'Avenida del Mar ; en été, il y a vraiment foule et de l'ambiance. Pas mal pour faire des rencontres ! Au centre, l'angle des rues Eduardo de la Barra et O'Higgins concentre plusieurs cafés/bars pour tous les goûts...

DUNA
Libertador B.O'Higgins 633
www.pubduna.cl
Du lundi au jeudi de 10h30 à 2h30, le vendredi jusqu'à 3h30, le samedi de 11h à 3h30, le dimanche de 17h à 1h30.
Un pub qui attire son lot de hard-rockeurs ! Musique *live* les vendredi, samedi et veilles de jours fériés ! Bien pour aller boire un verre entre amis.

RESTO BAR HUENTELAUQUÉN
Avenida del Mar 4500
✆ +56 51 2 233 707
En été, ouvert tous les jours à partir de 13h ; en hiver, du vendredi au dimanche seulement.
Belle déco tout en bois pour ce local qui se remplit vite le soir venu. On y mange des *empanadas*, des salades et des pizzas aux noms originaux... bien que l'ensemble soit très classique. Ni très bon, ni trop mauvais... Concerts tous les week-ends, bière pas trop chère (dont un super *pitcher* de 3,5 litres !) et terrasse karaoké au-dessus. Populaire.

TAKUBA
O'Higgins 589 ✆ +56 51 260 4342
Tous les jours de 13h à 3h.
Ambiance relax et bons cocktails. Idéal en couple, pour boire un verre paisible.

À voir – À faire

Difficile de passer en revue la trentaine d'églises que possède La Serena. Nous citons toutefois l'église San Francisco, la plus vénérable d'entre elles. Autres églises à visiter : la cathédrale sur la place centrale, construite en 1844 par un Français, Jean Herbage ; ou l'église des Jésuites (Cienfuegos et Cantournet), édifiée en 1755, qui devint celle de l'ordre des Augustins. Dans la calle Balmaceda, la chapelle San Juan de Dios, en *adobe*, pointe sa coupole en forme de bulbe. La ville conserve également quelques grandes et somptueuses demeures du passé. Pour aller à la plage, vous pouvez emprunter la Francisco de Aguirre et vous arriverez sur l'avenida del Mar, à la hauteur du Faro Monumental. C'est également ici que commence cette immense avenue côtière de plus de 6 km, le long de laquelle s'entassent hôtels, bars, restaurants et discothèques. Si vous aimez marcher, vous pouvez la longer jusqu'à Coquimbo. Une belle trotte !

CASA DE LA PROVIDENCIA ★
Cantournet, à l'angle de Justo Donoso
D'inspiration néoclassique, cette maison déclarée Monument national en 1981 est dotée d'une église et d'un patio superbe.

FARO MONUMENTAL

avenida del Mar

Entrée gratuite.

Déclaré en 2010 comme monument national, ce phare d'une hauteur de 28 mètres est l'un des emblèmes de la ville avec ses 100 000 visiteurs par an. Construit entre 1951 et 1953, il présente les caractéristiques iconiques d'un phare tel qu'on s'y attend mais s'apparente également à une forteresse coloniale espagnole avec sa structure à trois niveaux. Pour les visiteurs, l'accès est restreint aux terrasses.

IGLESIA SAN FRANCISCO ★

Balmaceda 640 et Eduardo de la Barra

Bâtie entre 1585 et 1627, c'est l'une des plus vieilles du Chili. Ses murs ont près d'un mètre d'épaisseur. Sa façade, baroque, montre un superbe travail sur la pierre.

MUSEO ARCHEOLÓGICO ★

A l'angle de Cordovez et Cienfuegos

✆ +56 51 222 4492

www.museoarqueologicolaserena.cl

Ouvert du mardi au vendredi de 9h30 à 17h50, le samedi de 11h à 17h et le dimanche de 11h à 14h. Entrée gratuite. Ticket valable aussi pour le Musée historique Casa Videla.

Expose des objets (12 000 en tout !) des cultures préhispaniques (notamment *diaguitas*) de la région : céramiques, outils, tissus (belle collection d'origine *diaguita*). On y présente aussi une momie atacaméenne et un moaï, originaire de l'île de Pâques, qui a beaucoup voyagé de par le monde et auquel il est arrivé quelques mésaventures à Bordeaux lors d'une exposition temporaire...

MUSEO HISTORICO CASA VIDELA ★

Matta 495, à l'angle de Cordovez

En face de la place centrale

✆ +56 51 221 5082

www.museohistoricolaserena.cl

museo.ggv@museosdibam.cl

Du lundi au vendredi de 10h à 18h, le samedi de 10h à 18h. Entrée gratuite. Ticket valable aussi pour le Musée archéologique.

On peut visiter cette maison qui date de 1890 : l'ancien président chilien González Videla (1946-1952) y vécut de 1927 à 1973. C'est lui qui obligea Pablo Neruda à s'exiler... Toutefois, aucune mention n'en est faite. A l'étage, on en saura plus sur l'histoire locale.

OBSERVATOIRE LA SILLA

✆ +56 9 9839 5312

www.eso.cl

visits@eso.org

Visite les samedis à 9h30 et 13h30 (jusqu'à 16h30), en s'inscrivant au moins 48h à l'avance. Pas de visites en juillet-août. Visite gratuite mais réservation conseillée.

A 150 km au nord de La Serena, à 2 440 m d'altitude. Ce projet est patronné par l'ESO (European Southern Observatory). Le voyage (par vos propres moyens) depuis La Serena dure environ 2 heures 30.

OBSERVATORIO COLLOWARA ★

À Andacollo, à 54 km de La Serena

Bureaux de vente : Urmeneta 599, à l'angle de Condell

✆ +56 51 2 431 419

www.collowara.cl

observatorio.collowara@gmail.com

Compter 6 000 $ par adulte, 4 500 $ pour les enfants. En été, tous les jours à 21h, 22h30 et minuit ; en hiver, tous les jours à 19h, 20h30 et 22h.

Un observatoire récent disposant de quatre télescopes dont l'un de 40 cm, à 1 300 m d'altitude sur le sommet du cerro Churqui (commune d'Andacollo), pouvant accueillir 54 personnes assises et proposant une projection multimédia, une boutique de souvenirs, une cafétéria et un ascenseur équipé pour les personnes handicapées. Pour s'y rendre, prendre un bus pour Andacollo (environ 2 000 $ par personne).

PARQUE JAPONES KOKORO NO NIWA

Ouvert du mardi au dimanche de 10h à 18h, jusqu'à 20h en janvier/février. Entrée : 1 000 $ pour les adultes, 300 $ pour les enfants.

Reproduction des jardins japonais avec cascades, ponts, cygnes noirs... Toute une atmosphère qui pousse à la flânerie, dans une ambiance zen. On regrettera malgré tout les alentours qui dénotent franchement avec la sérénité du lieu.

Sports - Détente - Loisirs

CERRO TOLOLO INTER-AMERICAN OBSERVATORY

✆ +56 51 2205200

www.ctio.noao.edu

ctiorecp@noao.edu

Ouvert tous les samedis. Gratuit. Visites à 9h15 et 13h15. Réservation obligatoire (et souvent longtemps à l'avance) au 51 2205 200. L'accès à l'observatoire se fait uniquement par véhicules privés (pas de bus, navette, etc.). Cartes d'accès à retirer à La Serena.

Le Cerro Tololo se situe à 80 km environ à l'est de La Serena, en direction de la vallée de l'Elqui. A son sommet à 2 200 m, l'Observatoire interaméricain exhibe fièrement ses coupoles immaculées et ses points de vue absolument superbes sur les montagnes et vallées de la région. Cet observatoire fait partie du National Optical Astronomy Observatory (NOAO), qui travaille en collaboration avec d'autres sites scientifiques américains

© SYLVIE LIGON

Port de pêche de La Serena.

réputés, comme le célèbre observatoire Kitt Peak installé en Arizona. Durant la visite (en anglais), on accède notamment au télescope « Blanco » de 4 m de diamètre (en fonction des éventuelles opérations de maintenance), particulièrement impressionnant vu depuis l'intérieur de la coupole. A noter la présence d'un autre observatoire, à 10 km environ sur un sommet (2 715 m d'altitude) en direction du sud-est : il s'agit de l'Observatoire Gemini Sud abritant un télescope de 8 m de diamètre. Hélas accessible uniquement aux professionnels et aux étudiants, il est le fruit de la collaboration entre les Etats-Unis, le Royaume-Uni, le Canada, le Brésil, l'Argentine, le Chili et l'Australie.

HACIENDA DES ETOILES

La Canelilla, Campanario
MONTE PATRIA – IVème Région
✆ +56 9 8831 2167
www.haciendadesetoiles.fr
contact@haciendadesetoiles.fr
Pension complète (douche et WC) avec mise à disposition de matériels astronomiques : 90 € environ par jour, 590 € environ la semaine, 990 € environ les deux semaines. Gîtes avec cuisine et matériels astronomiques : à partir de 200 € la semaine.

Ce gîte assez exceptionnel est situé au sud-est de La Serena, non loin de la petite commune de Monte Patria (à l'est d'Ovalle). Il s'adresse en priorité aux amoureux du ciel qui souhaitent s'immerger totalement dans leur passion le temps d'un séjour, tout en profitant du dépaysement absolu propre au site choisi pour son implantation : en montagne, dans une zone désertique accessible uniquement en 4x4 (rassurez-vous : on vient vous chercher !), à 1 555 m d'altitude ! C'est un couple de Français, Nadine et Raymond, qui se sont lancés dans l'aventure il y a quelques années... Et le résultat comble le passionné car les prestations offertes, tant par leur qualité que par la gentillesse et l'efficacité des propriétaires, sont efficientes. Signalons notamment le fait que les tarifs proposés intègrent l'accès aux équipements astronomiques (idéal pour celles et ceux, nombreux, qui ne peuvent venir au Chili les bagages emplis de trépied, monture et autre lunette ou télescope). Durant le séjour sur place, Nadine et Raymond proposent d'autres prestations plus « touristiques » avec la visite des meilleurs sites de la région.

OBSERVATOIRE CERRO MAYU

Quebrada de Talca
✆ 09 82497377
www.cerromayu.cl
Compter 5 000 $ pour la visite. Uniquement sur réservation 24h avant la sortie. Paiement en espèces seulement.

Cet observatoire atypique se situe à 25 km environ à l'est de La Serena, dans la commune de Talca, au niveau du centre culturel, un peu en dehors de la ville à l'est (route D.269). Le bâtiment qui abrite entre autres un télescope de 355 mm de diamètre et une salle de conférence, possède une architecture symbolisant la culture précolombienne, émergeant du sol pour s'élever vers le zénith. C'est le Colegio Seminario Conciliar de La Serena qui gère cet ensemble, qui lui se situe à La Serena (Manuel Rodriguez 650), d'où la présence évidente de la religion et de ses symboles parmi les infrastructures du site. Des soirées d'observations y sont programmées : pour les connaître, il est impératif de téléphoner au préalable. Attention les tours sont en espagnol seulement.

OBSERVATORIO TURÍSTICO COLLAWARA
Urmeneta 675 -A
Andacollo
✆ +56 9 7645 2970
www.collowara.cl
observatorio.collowara@gmail.com
Taris : 6 000 $ par personne, 4 500 $ pour les enfants en dessous de 12 ans. Soirées d'observations à 21h en hiver, et à 21h30, 23h et 00h30 en été.
Observatoire installé à environ 60 km au sud de La Serena, près de la commune d'Andacollo. Pour le trouver, il convient de sortir de la ville en direction du sud sur la D-447 (route non bitumée) durant 1 km, puis de prendre la route sur la gauche qui monte jusqu'à la coupole (des panneaux indicateurs sont normalement bien visibles). Cet observatoire situé à 1 300 m d'altitude jouit d'un excellent ciel malgré la présence d'Andacollo non loin de là. Les tarifs pratiqués sont particulièrement attractifs pour les touristes de passage. Le bâtiment qui abrite la coupole et le télescope principal offre une architecture vraiment sympa, et il est possible de se promener alentour pour profiter de la vue superbe sur la région.

LA SILLA OBSERVATORY
✆ +56 9 98395312
www.eso.org
visits@eso.org
Tous les samedis à 9h30 puis 13h30. Gratuit. Interdit aux enfants de moins de 4 ans. Inscription pour les visites obligatoire depuis le site web de l'observatoire. Se présenter 30 minutes avant le début de la visite. Venir impérativement avec une pièce d'identité.
L'Observatoire de la Silla est situé à 160 km au nord de La Serena. Il est en quelque sorte l'observatoire historique implanté au Chili par les Européens. L'ESO (European Southern Observatory) y a en effet construit pas moins de 19 coupoles abritant autant de télescopes et d'instruments de mesure chargés d'étudier un grand nombre de cibles célestes éclectiques. La Silla est aujourd'hui le plus grand observatoire en activité dans l'hémisphère sud. Pour le visiteur, c'est aussi l'image d'Epinal de l'observatoire moderne tel qu'on l'imagine, avec ses coupoles aux formes traditionnelles pour la plupart, tranchant sur fond de ciel bleu intense, installées sur un sommet montagneux à quelque 2 400 m d'altitude. D'ailleurs, à cette altitude, la vue sur le désert alentour est magnifique et vaut à elle seule le déplacement ; tout comme la lente montée jusqu'aux portes de l'observatoire sur une route qui semble aller droit vers le paradis. La visite guidée commence avec une présentation vidéo de l'observatoire. Puis on se dirige vers les deux « must » présents sur le site : le télescope de 3,6 m de diamètre, devenu aujourd'hui un des instruments les plus performants pour détecter les planètes orbitant autour d'autres étoiles que le Soleil, et le NTT (New Technology Telescope), premier télescope au monde à avoir utilisé de nouvelles techniques de compensation de la turbulence atmosphérique (afin d'accroître ses capacités à « voir » de fins détails), préfigurant le VLT implanté plus au nord, vers Antofagasta. Après ou durant la visite, il faut essayer de repérer à l'œil nu (ou aux jumelles), à une trentaine de kilomètres en direction du nord, les quelques coupoles installées au sommet d'une autre montagne : il s'agit de l'observatoire américain de Las Campanas (non accessible aux touristes), disposant notamment de deux télescopes géants de 6 m de diamètre. C'est à cet endroit que furent inaugurés en 2015 les deux télescopes géants Magellan, constitués de 7 miroirs primaires de 6,5 m de diamètre chacun !

COQUIMBO ★

Coquimbo est un grand port de 202 000 habitants. Son caractère industrieux ne le rend pas très attrayant, mais on pourra y voir quelques monuments anciens et surtout le Barrio Inglés, un quartier historique joliment restauré où il faut surtout venir le soir pour profiter des restaurants et des bars. On est toutefois bien loin de Valparaíso !

Transports

Des *micros* vont à La Serena en 20 minutes, pour 550 $. Arrêt juste devant le terminal de bus de La Serena. Un *colectivo* demande 800 $. Des bus se rendent à Guanaqueros et Tongoy pour 1 800/ 2 000 $ environ depuis le terminal (entre 7h30 et 21h), mais aussi des colectivos pour quelque 2 500 $ (de 6h30 à 21h30).

Pratique

BANCO DE CHILE
Melgarejo 890
DAB à disposition.

POSTE
Aldunate 951
Plaza de Armas
Du lundi au vendredi de 9h à 14h et de 15h à 18h, le samedi de 9h30 à 13h.

Se loger

On voit mal pourquoi vous aimeriez dormir à Coquimbo, vaut mieux rejoindre La Serena qui propose des établissements plus charmants et confortables.

Se restaurer

Meilleur rapport qualité/prix au marché ou dans les rues environnantes, comme calle Bilbao.

Sortir

Le Barrio Inglés est le plus joli quartier de Coquimbo. On a réhabilité de nombreuses maisons coloniales qui donnent un certain cachet à l'ensemble. Même si vous logez à La Serena, essayez de venir visiter le coin. On appréciera une ambiance différente, des fresques magnifiques et un ensemble de cafés, bars, pubs, théâtres, centres culturels et restaurants qui font frémir les nuits du port. Laissez-vous guider par votre flair la nuit venue !

À voir - À faire

CRUZ DEL TERCER MILENIO ★

Bilbao 348

✆ +56 51 233 5300

Compter 2 000 $ l'entrée, tous les jours de 9h à 21h

La première chose qui marquera votre arrivée à Coquimbo, et elle a d'ailleurs été faite pour ça, c'est la croix du Troisième Millénaire. Perchée sur le cerro El Vigía, elle mesure 93 m de hauteur. Elle se veut être la célébration « bitumée » des 2 000 ans de la naissance du Christ, ainsi que l'entrée du commun des mortels dans un nouveau millénaire. Malgré son aspect, repoussant selon nous, son élaboration a le mérite d'avoir été étudiée : trois colonnes symétriques qui symbolisent la Sainte-Trinité. Dans la partie basse, 10 colonnes pour les Amendements ; un escalier de 2 000 marches pour chaque année du Christ ; 12 piliers pour représenter les Apôtres ! La croix est également dotée de deux miradors, l'un à 20 m, l'autre à 70 m de hauteur.

MOSQUEE ★

Le nom complet de cette mosquée est : *Centro Mohammed VI para el Diálogo de las Civilizaciones*. Son minaret est une réplique de la mosquée Koutoubia de Marrakech, au Maroc. Elle a fière allure depuis l'extérieur. Les bâtiments incluent un centre culturel, une bibliothèque et un musée.

OBSERVATORIO CRUZ DEL SUR

Cerro el Peralito S/N

Combarbalá – Región de Coquimbo

✆ +56 53 2 741 854

www.observatoriocruzdelsur.cl

obscruzdelsur@gmail.com

À 3 km de Combarbalá. Compter 5 000 $ par adulte, 3 000 $ par enfant. Tours diurnes à 15h30 et 17h, nocturnes à 20h et 22h, en hiver ; en été, à 17h30 et 19h, et à 22h et minuit. Les bureaux sont ouverts en semaine de 9h30 à 14h et de 15h30 à 23h, le week-end de 10h à 14h et de 16h à 23h.

Un observatoire récent, situé dans le sud de la région de Coquimbo, à 1 140 m d'altitude et à moins de 4 km du bourg de Combarbalá, fameux pour sa pierre précieuse unique au monde, la *combarbalita*. Ce centre possède quatre télescopes de qualité (placés selon la position des étoiles de la Croix du Sud), une salle multimédia et un amphithéâtre pour diverses activités artistiques et scienfitiques. Moins connu des étrangers, ce site peut mériter le détour.

TONGOY ★

S'étendant à environ 60 km de La Serena, Tongoy est l'une des plages les plus connues de la région, très prisée en été mais quasi déserte hors saison. Plus au nord, d'autres plages étalent leur sable fin nappé d'eau limpide : Playa Blanca (l'une des plus belles de la région), et, encore plus loin, la longue plage de 17 km qui jouxte le village de Guanaqueros connu pour ses fruits de mer.

PARQUE NACIONAL FRAY JORGE ★

Ce parc national s'étend sur une superficie de 9 959 ha, dont un peu plus de 400 couverts par une forêt dite hydrophile de type valdivien. Ce type de végétation étant exceptionnel sous de telles latitudes (dû au brouillard côtier quasi constant, appelé *camanchaca*), le parc a été déclaré Réserve internationale de la biosphère par l'Unesco. Venez-y fin octobre-début novembre, lorsque les fleurs égayent le paysage, afin de mieux jouir du contraste entre la luxuriance de cette forêt comme dans le Sud chilien et les paysages semi-arides (typiques du Nord) alentour.

Transports

L'entrée se situe à 22 km de la Panaméricaine, et il n'existe aucun transport en commun. La route continue néanmoins après le poste de la Conaf, sur une distance de 10 km environ, pour terminer par un petit sentier qui mène à un superbe mirador (compter 45 minutes de marche).

Pratique

INFORMATIONS

✆ +56 51 2244 306

Ouvert de décembre à mars tous les jours de 9h à 15h, du jeudi au dimanche le reste de l'année. Entrée à 8 000 $ par adulte, 4 000 $ par enfant.

VALLE DEL ELQUÍ

Cette superbe vallée qui suit le *río* Elquí est le lieu d'une intense activité arboricole et vinicole qui fonde sa réputation sur le fameux *pisco*. La vallée est parsemée de petits villages attachants qui vous mèneront jusqu'à Pisco Elquí. Une belle balade champêtre et reposante, où la mémoire de l'illustre Gabriela Mistral, prix Nobel de littérature en 1945, est partout présente. Cependant, Vicuña, la ville principale de la vallée, connaît un succès grandissant et est devenue officiellement capitale mondiale de l'Astronomie en 2018. Lors de l'éclipse solaire du 2 juillet 2019, qui a provoqué deux minutes d'obscurité en plein jour, la vallée hébergeait pas moins de 200 000 visiteurs dont plus de 140 000 à Vicuña ! Une arrivée massive qui a quelque peu transformé le paisible village. D'élégants hôtels et des restaurants branchés voient le jour chaque année et pour l'instant le charme de la vallée n'a pas encore été trop dénaturé par les touristes curieux de goûter à tous ses trésors cachés : qu'ils soient culturels ou naturels, la vallée d'Elqui recèle de surprises. Entre un vol de colibri, une virée en *kitesurf* et un verre de pisco, nous vous invitons à savourer pleinement l'immensité mystique de cette oasis avant qu'elle ne devienne trop populaire.

EL MOLLE

Ce petit village pittoresque se trouve le long du Rio Elqui, après le pont qui enjambe la rivière. On y trouve une jolie église souvent animée par des groupes de chanteurs et de musiciens, de bonnes petites adresses où se ressourcer et une curiosité particulière : il y a environ 6 cimetières andins tout autour du village.

Toujours debout, ils se visitent facilement et témoignent de la présence d'indigènes dans la région depuis des millénaires. Avec silence et respect, il est intéressant de découvrir ces sanctuaires situés à flanc de collines. Sous influence des croyances ancestrales et des croyances catholiques, on y trouve un joli méli-mélo de couleurs et de fusion des cultures.

▸ **Cementerio El Molle :** il se situe de l'autre côté de la route principale en venant du village El Molle : passez le pont, traversez la route principale, continuez tout droit puis prenez la première à gauche (sentier en terre battue) puis le cimetière apparaît sur les hauteurs à votre droite. Prenez la montée et vous y serez directement. Si c'est fermé (généralement juste avec une petite cordelette), rentrez et visitez les lieux en silence. Evitez de prendre des photos et des vidéos en présence des locaux ou demandez c'est toujours mieux perçu.

■ LA CASITA DEL MOLLE

Dans le village d'El Molle,
sur l'avenue principale de Balmaceda
Compter entre 3 000 et 5 000 $.

Idéale lorsque l'on souhaite prendre une pause après une matinée en vélo, cette petite adresse sans chichi ni empressement propose des empanadas, des quesadillas, des sandwiches et autres spécialités à base de produits frais. Les portions sont généreuses, mais le service est plutôt lent... ce n'est pas grave puisque l'attente est agréable. Sur une terrasse colorée, où mandalas, attrape-rêves et autres touches bohèmes côtoient un jardin fruitier, il fait bon de se ressourcer sous fond de musique remixée à la sauce reggae.

■ REFUGIO EL MOLLE

Balmaceda, El Molle
✆ +56 51 2569631
www.refugioelmolle.cl
Compter à partir de 192 US$ la chambre double 220 US$ pour les catégories supérieures. En cabanes pour 4 personnes, compter 183 US$, pour 5 personnes, compter 220 US$ et pour 6 personnes, compter 247 US$.

Entourée de jardins et isolée de l'agitation, cette oasis de tranquillité offre aussi des couchers de soleil remarquables sur les collines de la vallée. On y trouve deux structures distinctes offrant 26 chambres. Toutes sont designées avec goût et dans un juste équilibre entre confort moderne et touches plus rustiques, inspirées de la culture régionale. Les chambres sont de véritables petits nids douillets et s'habillent de matières naturelles comme le bois et la pierre. Sur les murs on trouve des tentures andines et des créations artisanales, les salles de bains sont un délice et les lits très confortables. Il est aussi très agréable de se balader dans le domaine et d'apprécier les senteurs et les couleurs de la nature environnante, une belle piscine trône au milieu du jardin. Une vue à 360° sur les montagnes dévoile les courbes de Mère Nature à l'horizon, les lumières sont particulièrement sublimes en fin de journée. Reconnue pour ses vertus ésotériques, la Vallée d'Elqui s'incarne dans ce joli hôtel où l'on propose tout un tas de soins qui déconnectent complètement du monde extérieur : pas d'écrans, zone wifi, grand domaine avec spa, hammam, massages, piscine extérieure + intérieure, vélos à disposition... Le soir, l'expérience se poursuit sous les étoiles où des feux sont allumés. Une pépite !

VICUÑA

Vicuña est une petite ville de 27 771 habitants environ (en 2017), où naquit Gabriela Mistral (1889-1957), prix Nobel de littérature. C'est une charmante étape dans la vallée avec ses vieilles bâtisses coloniales, à 62 km à l'est de La Serena, et une base pratique pour rayonner aux alentours (nombreux observatoires, balades à vélo, fabriques de *pisco*, etc.). Depuis son officialisation en tant que capitale mondiale de l'astronomie et l'éclipse totale du 2 juillet 2019, la ville (qui a reçu des centaines de milliers de touristes) s'est quelque peu transformée, on y décèle un certain « marketing » orienté observation de l'univers et contemplation des étoiles. Il est vrai que vous vous trouvez sous le ciel le plus pur du monde donc ne manquez pas de planifier une sortie nocturne afin d'aller admirer la voûte céleste (évitez absolument les jours de pleine lune). Vous trouverez plusieurs observatoires dans les environs, certains sont gratuits, d'autres payants.

Transports

Le terminal de bus se situe à l'intersection de Prat et O'Higgins, à une cuadra au sud de la place.
Plusieurs départs vers La Serena pour 1 heure de voyage, Coquimbo et Pisco Elquí pour 50 minutes de trajet.
Pour/de Santiago, voyez avec les compagnies Expreso del Norte et Pullman Bus.
En face du terminal, des colectivos se rendent à Pisco Elquí, Monte Grande, Paihuano, et même La Serena.
A noter qu'aucun transport en commun ne circule en direction de Hurtado, au sud.

Pratique

Tourisme - Culture

■ **OFFICE DU TOURISME MUNICIPAL**
San Martín 275 au niveau de la place principal (Torre Bauer)
✆ +56 5 1267 0308
Ouvert en été de 8h30 à 20h, le reste de l'année jusqu'à 17h30 en semaine et de 9h à 17h, de 9h à 18h le samedi et de 9h à 14h le dimanche.
Dans cet petit office du tourisme, on vous donnera une carte de la ville et de ses alentours. On vous recommandera aussi quelques adresses utiles. Attention toutefois, les heures d'ouverture et les compétences du personnel sont souvent aléatoires !

Argent

Plusieurs banques avec DAB en ville. On peut changer son cash sur la place centrale.

Se loger

Bien et pas cher

■ **ANTAWARA HOSPEDAJE**
Freire 384
✆ +56 9 3291 1380
Compter à partir de 32 000 $ en chambre double et 10 000 $ en dortoir.
Bienvenue dans une atmosphère d'auberge accueillante qui met l'accent sur le confort et le service. Cette grande et jolie adresse a ouvert ses portes en 2017 et est tenue par les deux propriétaires/chefs cuisiniers du restaurant du même nom (situé juste à côté). Les chambres et les dortoirs sont organisés tout autour d'un jardin bien aménagé et d'une piscine propice à la détente. Propre et lumineux, chacun des dortoirs (6 lits maximum) comprend des casiers personnels, des tables, des chaises et une salle de bains. On est loin d'être à l'étroit ! Nous préférons toutefois les cabanes bleues et boisées, pas kitsch pour un sou et décorées avec goût : des tableaux, des cactus et des livres se font une place parmi les touches de décorations artisanales. Optez pour les cabanes situées au premier étage afin de mieux profiter de la lumière naturelle et de la vue sur les montagnes. Toutes les chambres sont chauffées à l'énergie solaire. La pièce commune, située entre la piscine et le restaurant, accueille de gros canapés, des tapis et une télévision pour des soirées *cosy* et conviviales. Une halte très sympathique.

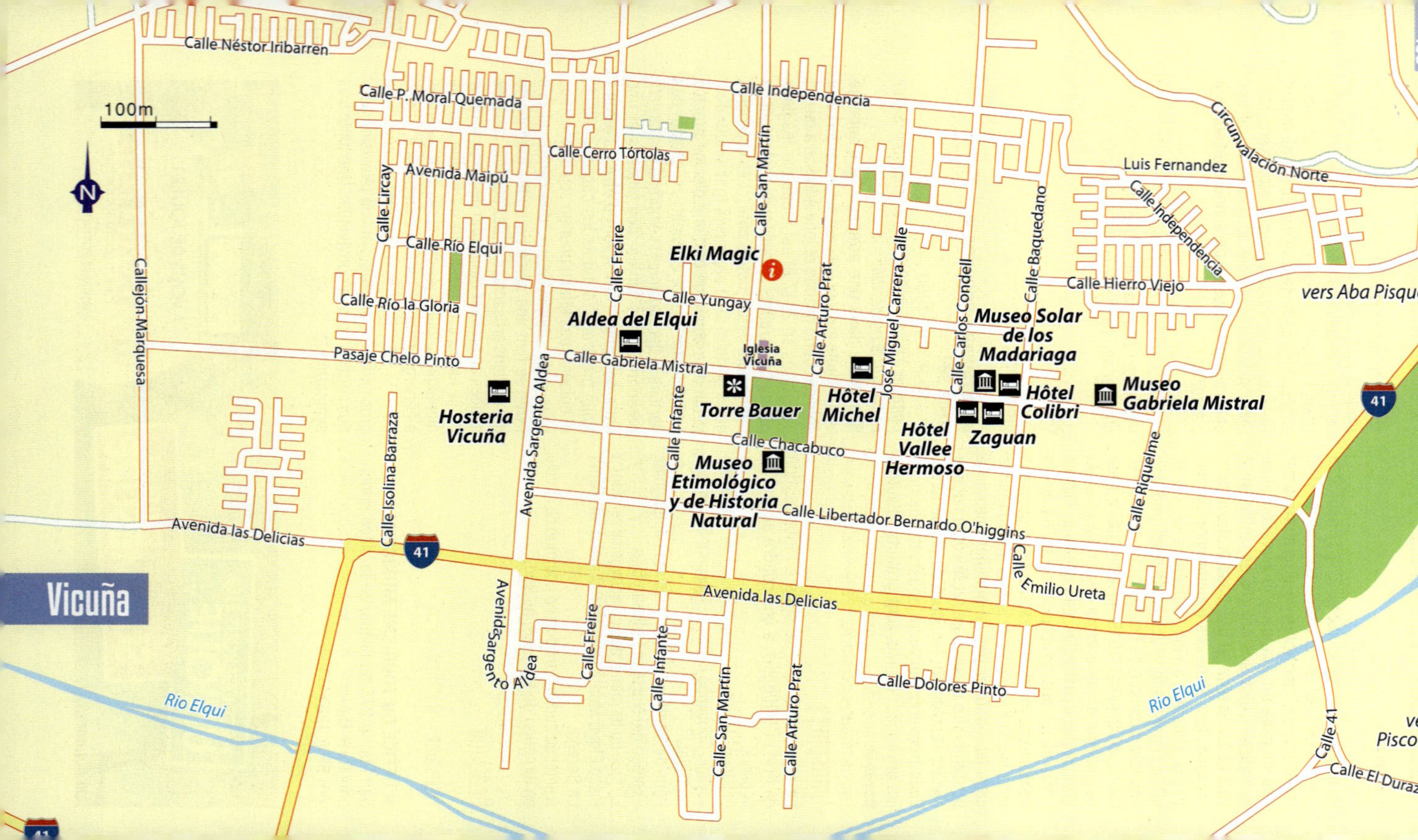
Vicuña
100m
N
vers Aba Pisquera
vers Pisco Capel
41
Museo Gabriela Mistral
Museo Solar de los Madariaga
Hôtel Colibri
Zaguan
Hôtel Vallee Hermoso
Hôtel Michel
Torre Bauer
Iglesia Vicuña
Elki Magic
Aldea del Elqui
Museo Etimológico y de Historia Natural
Hosteria Vicuña
Calle Néstor Iribarren
Calle P. Moral Quemada
Calle Independencia
Calle Cerro Tórtolas
Avenida Maipú
Calle Lircay
Calle Río Elqui
Calle Río la Gloria
Pasaje Chelo Pinto
Callejón Marquesa
Calle Isolina Barraza
Avenida Sargento Aldea
Calle Freire
Calle Infante
Calle San Martín
Calle Arturo Prat
José Miguel Carrera Calle
Calle Carlos Condell
Calle Baquedano
Calle Riquelme
Calle Yungay
Calle Gabriela Mistral
Calle Chacabuco
Calle Libertador Bernardo O'higgins
Avenida las Delicias
Calle Emilio Ureta
Calle Dolores Pinto
Calle Hierro Viejo
Luis Fernandez
Circunvalación Norte
Calle Independencia
Rio Elqui
Calle 41
Calle El Durazno

■ CASA OLLAGUA

✆ +56 9 6285 8265
casa.ollagua@gmail.com
En arrivant de La Serena, juste avant le village de San Carlos, situé juste sur votre droite après le passage du barrage, prenez la D-317 située à droite puis aussitôt à gauche : des panneaux vous indiquent ensuite Casa Ollagua située un petit peu plus sur les hauteurs.

Compter à partir de 35 000 $ pour deux. Petit déjeuner compris.

Gloria et son mari Rafael se sont installés dans la vallée d'Elqui en 2018 et plus précisément sur les hauteurs du tout petit village de San Carlos à à peine 10 minutes de Vicuña. Nichée sur les hauteurs du village et dominant le lac d'Embase Puclaro, Casa Ollagua porte plutôt bien son nom puisqu'il signifie « belle vue » en langage mapuche. De plus le concept de la maison est plutôt plaisant : trois containers ont été entièrement aménagés avec soin et décorés avec goût par vos hôtes aussi attentionnés que sympathiques. On aime particulièrement les jolies lampes de chevet en quartz fabriquées par Rafael : quel talent ! Une structure à part accueille le petit-déjeuner et les conversations entre visiteurs, un *asado* est également installé pour savourer de bons morceaux viandes tout en observant les étoiles. Ici pas besoin de télescope, à l'œil nu la voûte céleste est à couper le souffle. Et au petit matin, la magie ne s'est pas évanouie puisque l'on découvre ébahi une foule de colibris qui viennent butiner les fleurs du jardin. Une adresse où on se sent comme à la maison même s'il vaut mieux privilégier un séjour en été (à éviter pour les plus frileux en hiver).

■ HOSTAL ALDEA DEL ELQUI

Gabriela Mistral 197
✆ +56 51 2 543 068
www.hostalaldeadelelqui.cl
info@hostalaldeadelelqui.cl

Compter 25 000 $ la simple, 40 000 $ la double et 50 000 $ la triple avec petit déjeuner. Séances de soin à partir de 6 000 $ pour une heure. Sanitaires privés, wifi, laverie, jacuzzi, sauna, location de vélos.

C'est la meilleure affaire pour les budgets consciencieux. Les 18 chambres sont plaisantes avec télé câblée et Internet, et l'environnement est calme et agréable : vieille bâtisse en adobe, grand jardin sur l'arrière avec gazebo, bain bouillonnant et sauna ! En outre, l'accueil de Ricardo et de toute l'équipe est aimable, Ricardo est un personnage plutôt mystique, il propose des séances de reiki et d'ouvertures de chakras (on est, paraît-il, sur la zone la plus magnétique du continent).

■ **HOSTAL EL COLIBRI**
771 Gabriela Mistral
✆ + 56 51 2 688 676
elcolibri.vicuna@gmail.com
Dortoir avec salle de bain privée à partir de 22 US$, chambre matrimoniale à 49 US$ et location de cabane à partir de 140 US$ la nuit.
Un établissement récent, tenu par Richard, un Libanais venu s'installer à Vicuña. Les chambres sont simples, sans décoration particulière, offrant le confort nécessaire. Ne loupez pas le petit-déjeuner : c'est un vrai festival de saveurs ! Le yaourt maison, inspiré d'une recette libanaise, est excellent ! On y goûte plusieurs confitures maison – l'une d'entre elles est au pétale de rose – et pas mal de fruits, notamment la papaye, qui viennent de la vallée. Le propriétaire parle anglais, espagnol, français, italien et arabe, et oui ça calme nos ardeurs quand on vient tout juste de comprendre l'espagnol ! Café offert lors de votre arrivée.

■ **HOSTAL MICHEL**
Gabriela Mistral 573
✆ + 56 51 2 411538
www.hostalmichel.cl
Compter 10 710 $ le lit en dortoir, 18 000 $ la simple, 30 000 $ la double, 35 000 $ la triple et 42 000 $ la quadruple. Petit déjeuner en supplément 3 000 $.
Ce grand *hostal* peut accueillir jusqu'à 100 personnes et propose de nombreuses activités pour partir à la découverte de la vallée. Les chambres sont bien tenues, les salles de bains sont petites, mais fonctionnelles et le jardin profite d'un cadre bucolique avec ses nombreux arbres fruitiers. A l'occasion de l'éclipse totale, en 2019, une très jolie terrasse à ciel ouvert s'est construite dans le jardin. Le propriétaire de l'*hostal*, Victor, a longtemps vécu au Canada et parle un bon français. Dans la cuisine, il a mis au point un procédé ingénieux au premier coup d'œil (bien que ce soit finalement très facile à mettre en place) : l'eau est purifiée et filtrée à travers une roche qui ne laisse que les bons nutriments. Il est aussi à l'initiative du projet, *Vicuña capitale mondiale de l'astronomie*, et sera de bon conseil lors de votre séjour.

Confort ou charme

■ **HOSTAL VALLE HERMOSO**
Gabriela Mistral 706
✆ +56 51 2 411 206
www.hostalvallehermoso.com
hostalvallehermoso@gmail.com
Compter 24 000 $ la simple, 48 000 $ la double et 60 000 $ la triple en haute saison, avec petit déjeuner et wifi. Sanitaires privés.
Belle bâtisse coloniale aux tons blancs et rouges proposant huit chambres confortables s'organisant autour d'un joli patio. Hautes de plafond, avec parquet en noyer, elles ont un certain cachet ! On regrette un peu les salles de bains petites et un poil défraîchies. Les petits déjeuners se démarquent des autres établissements, on a le droit à un petit festin de roi avec jambon, fromage, avocat et confitures locales. Accueil souvent enthousiaste de Teresa, adorable !

Se restaurer

Pause gourmande

■ **DULCE AROMA**
Sur la place principale
Ouvert de 10h à 20h.
Une petite adresse pour les grands gourmands ! L'idéal pour se réchauffer autour d'un bon chocolat chaud et goûter à l'une des douceurs sucrées qui sont proposées sous de grosses cloches en verre, vous n'aurez plus qu'à choisir ! De notre côté on a opté pour les chouquettes au *dulce de leche.* Service aimable et accueillant.

Bien et pas cher

■ **CAFE CULTURAL FRIDA**
Arturo Prat 234
Compter 5 000 $ le plat. Ouvert en principe de 10h à 22h sauf le dimanche.
Il est bon de faire une petite pause déjeuner agréable et bon marché dans ce petit restaurant. Sur les murs comme à la carte, l'atmosphère mexicaine est définitivement présente : la célèbre peintre et icône est partout sur les murs à nous surveiller pendant que l'on déguste fajitas végétariennes, guacamole, nachos et autres tortillas. On sert aussi de bons jus et des bières artisanales. Le service n'est pas spectaculaire, mais c'est une adresse à retenir pour goûter à d'autres saveurs latines !

■ **CHIVATO NEGRO**
Gabriela Mistral 565
Du lundi au samedi de 9h à 23h et jusqu'à minuit le week-end. Attention ce ne sont pas les mêmes horaires en basse saison, le restaurant est parfois fermé. Menu du midi de 4 900 à 6 000 $. Plats entre 8 000 et 10 000 $, sandwiches à 4 300 $ et salades/soupes à partir de 4 000 $.
Une adresse sympathique au cadre populaire où les plats locaux sont mis en valeur. En 2019, le restaurant s'est agrandi, on a que l'embarras du choix pour s'installer : tout près du bar, dans le patio ou encore dans l'arrière-cour dans le joli jardin arboré. Parmi les luminaires et les fresques colorées, on s'installe dans des chaises en osier, l'atmosphère est vraiment très agréable. Le menu saura satisfaire toutes les soifs et les faims, on trouve notamment des

cocktails maison concoctés à partir des fruits de la vallée, des plats traditionnels revisités, des sauces pesto, moutarde et miel travaillées avec créativité, mais aussi et surtout de l'agneau ou encore chevreau, les viandards ne seront pas en reste... et les végétariens non plus figurez-vous ! Le cuisinier aime à dire qu'il utilise toujours le même ingrédient secret pour tous ses plats. Lequel ? L'amour ! Poésie quand tu nous tiens...

GOVINDA
C.C Vrinda Vicuña –
Prat 234 (au 2e étage)
Ouvert du lundi au samedi de 13h à 16h. Compter 2 500 ou 3 500 $ le menu. Desserts végans pour 1 000 $. Cours de yoga de 18h30 à 20h.
Située sur la place principale, cette jolie trouvaille située au premier étage d'un établissement n'attire pas beaucoup de visiteurs puisque l'entrée n'est pas forcément flagrante. Et pourtant on y mange sain et très bien pour des prix doux qui conviendront aux petits budgets et surtout à celles et ceux qui sont végétariens ou végans. Tous les jours, un menu unique est proposé accompagné d'un très bon jus frais et local. Le mardi et le jeudi, des tapis de yoga recouvrent les sols du restaurant : on fait un peu d'espace pour le cours de yoga, accessible à tous !

SOLAR VILLASECA
Chiloé 164, Villaseca
✆ +56 9 6907 1125
restaurantsolar@hotmail.com
Menu le midi (trois plats) à 6 000 $. Ouvert de 12h à 17h30 en hiver, jusqu'à 18h30 en été. Réservez avant, personne ne vous servira si vous vous pointez dare-dare.
Situé à 6 km de la ville, sur les hauteurs. La cuisine y est particulière : elle est cuite en effet à l'énergie solaire ! Et quand il ne fait pas beau, on utilise le four en terre cuite. On ne consommera rien ici qui ne soit pas naturel et savoureux. Bières artisanales locales. A noter que la fameuse Martita, à laquelle ce resto est souvent associé, a ouvert son propre restaurant en contrebas.

Bonnes tables

Le restaurant Halley, souvent cité, nous a paru plutôt moyen. Sans charme particulier, il accueille plutôt les tour-opérateurs et leurs grands groupes de touristes.

Sortir

ANTAWARA BAR DE PISCO
Gabriela Mistral 107
✆ +56 9 3291 1380
Ouvert de 12h à minuit. Compter autour de 10 000 $ par personne.
Un beau chandelier triomphe au beau milieu de cette structure boisée où de jolies nappes andines recouvrent les tables aux belles mosaïques colorées. Bienvenue dans le plus grand bar à pisco de la région avec une trentaine de piscos à déguster ! Vous pourrez même apprendre à confectionner la boisson emblématique de la vallée sur un atelier dédié de 30 min. A la carte, on découvre une cuisine d'auteur inspirée des spécialités locales et pas mal de poissons : des *carpaccio* de saumon, des *ceviche* ou même du *salmon papayero*, un saumon à la plancha et fromage de chèvre. Le soir, l'ambiance se veut plus festive avec de la musique *live* et des concerts.

À voir – À faire

ABA PISQUERA ★
Fundo San Juan –
El Arenal s/n
✆ + 56 51 2411039
www.pisquera-aba.cl
ventas@pisquera-aba.cl
Ouvert du lundi au dimanche de 10h à 18h en hiver et jusqu'à 19h en été. Accessible à 30 min à vélo depuis Vicuña. Entrée et dégustation de 30 min gratuites, départ toutes les 30 min.
Au détour d'un chemin parallèle à la route 41, on peut visiter cette charmante *pisquera* artisanale qui produit du pisco depuis 1921. Les productions de la maison sont exclusivement dédiées à l'export vers le Canada, la Nouvelle-Zélande ou encore l'Angleterre.
Les tours d'environ 30 minutes, guidés par un personnel souriant et sympathique, comprennent une visite des installations et une dégustation. Vous aurez la possibilité de choisir entre anglais et espagnol. Ne manquez donc pas l'occasion de goûter – et quels arômes ! – le *pisco maqui* et le pisco mango à la fin de la visite.

CERVEZA ARTESANAL GUAYACAN
Calle Principal 33
Diaguitas
✆ +56 9 8360 7002
info@cervezaguayacan.cl
6 différentes bières à 1 000 $ chacune, grande bière à 3 000 $. Ouvert de 12h (11h en été) à 19h du lundi au dimanche. Visites guidées à 1 000 $.
Bonne bière artisanale locale, *Golden Ale*, *Pale Ale* et *Stout*. La grande bière est à base de *chañar*, un arbre qui abonde dans la région (on ne la vend qu'ici sur place). A noter qu'on ne propose pas la visite de la brasserie pour le moment.

COMMUNAUTÉ HARE KRISHNA

Ouvert le dimanche dès 12h, contribution libre.

Autant vous le dire de suite, vous serez libres d'y aller et surtout d'en ressortir à votre guise ! La communauté Hare Krishna s'est établie dans les collines sacrées de la vallée afin de mieux vénérer Krishna (divinité hindouiste) et attire de plus en plus de touristes intrigués par leur mode de vie bien particulier (cette communauté est considérée comme une secte par les pays occidentaux). La communauté ouvre ses portes le dimanche, seul jour où les visites sont alors permises. On vous invite à partager le déjeuner dans une ambiance plutôt festive et enjouée. Même si les idéaux d'Hare Krishna ne sont pas le reflet de nos convictions, cela demeure tout de même une visite sympathique et instructive, d'autant plus que les membres de la communauté sont plutôt accessibles et ouverts à la conversation.

MUSEO ENTOMOLÓGICO E HISTORIA NATURAL

Chacabuco 334

✆ +56 9 93237177

Ouvert tous les jours de 10h30 à 13h30 et de 15h30 à 19h, en été jusqu'à 20h. Entrée 600 $ par adulte et 300 $ par enfant.

On y présente une collection d'insectes de plus de 25 000 pièces, dont des scorpions de 18 cm, des papillons du monde entier, ainsi que de superbes fossiles. Une visite qui n'est pas forcément indispensable, mais qui émerveillera les petits curieux amoureux de la nature.

MUSEO GABRIELA MISTRAL ★

Gabriela Mistral 759

✆ +56 51 2 411 223

www.mgmistral.cl

museo.vicuna@museoschile.gob.cl

Ouvert du mardi au vendredi de 10h à 17h45, le samedi de 10h30 à 18h et le dimanche de 10h à 13h en été ; en hiver, du lundi au samedi de 10h à 19h (18h le dimanche). Entrée gratuite depuis 2015.

Devenue prix Nobel en 1945, Gabriela Mistral est l'une des grandes figures de la littérature chilienne. C'est dans cette maison, devenue aujourd'hui un musée, que la poétesse a vu le jour. Sa vie y est retracée à travers ses livres, les peintures qu'elle possédait, ses objets de prédilection, etc. La maison fut décorée par le muraliste Leonidas Castro.

OBSERVATORIO MAMALLUCA ★

À Vicuña

Bureau : Gabriela Mistral 260

✆ +56 51 22 670 330

mamalluca@munivicuna.cl

Compter 7 500 $ par adulte, 2 500 $ par enfant et le transfert depuis le bureau à Vicuña est à 1 500 $ par personne. En été, tours tous les jours à 20h30, 22h30, 0h30 et 02h30 ; en hiver, à 18h30, 20h30, 22h30 et 0h30.

C'est un centre touristique (ce fut le premier observatoire en 1995), donc toutes les agences de voyage de la région s'y rendent : autant dire qu'il peut y avoir foule, surtout en été. La ville de Vicuña étant à deux pas, la contamination lumineuse peut gêner un peu l'observation. Toutefois, les tarifs sont doux, les guides connaissent leur métier, et, pour s'initier à l'astronomie amateur, pourquoi pas ?

OBSERVATORIO DEL PANGUE ★★

Plaza de Armas

San Martín, 233

www.odp-e.blogspot.fr

astronomicasur@gmail.com

À 17 km au sud de Vicuña –

Bureaux de vente : San Martín 233, sur la place centrale de Vicuña

Tour à 26 000 $ par personne, incluant le transfert. Attention : entre juin et août, Eric part souvent en France, et donc les tours se font en espagnol ou anglais. Fermé une semaine autour de la pleine lune.

Conçu et dirigé par un astronome français, Eric, avec deux collègues chiliens, cet observatoire se situe à proximité des observatoires scientifiques Gemini et Tololo. Télescopes de 30 cm, 40 cm et 63 cm hauts de gamme pour une observation optimale (celui de 40 cm est utilisé). Tours de 2 heures environ (hors transport), à partir de 18h30 en hiver et 22h en été (austral). 4 personnes au minimum, 12 au maximum. Aussi des programmes plus spécialisés pour astronomes amateurs. On apprécie les infos données par Eric, qui utilise des mots simples et compréhensibles par tous. Tarif plus élevé qu'ailleurs, mais la qualité de l'observation est bien là. Et tout cela dans notre langue bien sûr !

PISCO CAPEL ★

Camino a Peralillo s/n
© +56 51 2 554 337
www.piscocapel.cl
centroturistico@capel.cl
Tours tous les jours de 10h à 19h30 en été, jusqu'à 18h en hiver. Tours premium sur réservation. Compter 4 000 $ l'entrée avec une minuscule dégustation, 8 000 $ ou 16 000 $ pour une dégustation plus généreuse (le tour Mixologia ou Premium).

Sur la rive sud de la rivière, à environ 40 minutes de marche du centre, on peut visiter la coopérative Capel, qui produit le fameux *pisco* du même nom. On suivra tout le processus d'élaboration, de fermentation et de distillation, et on visite un petit musée du pisco. La coopérative réunit environ 1 200 producteurs locaux et on produit quelque 10 000 caisses de 6 à 12 bouteilles par jour. Tours guidés de 45 minutes environ, pas toujours très aimables. L'ensemble impressionne pour ceux qui sont habitués aux petites productions artisanales. C'est, comme qui dirait, de la « grosse artillerie ».

TORRE BAUER

San Martín 275
Cette tour en bois de pin d'Oregon reproduit une tour médiévale. Fabriquée à Ulm, en Allemagne, elle fut importée en 1905, sur l'ordre du maire Bauer, sans doute nostalgique du Vieux Continent.

Sports - Détente - Loisirs

EMBALSE PUCLARO

Ce lac artificiel est réputé pour être le meilleur spot de kitesurf du pays ! Entouré par des collines sauvages et une nature des plus paisibles, les vagues sont relativement calmes et les conditions optimales 98 % du temps pour aller jouer avec le vent ! Quelques hôtels et établissements proposent des leçons, renseignez-vous sur place pour goûter à la vague chilienne !

OBSERVATOIRE MAMALLUCA

Calle Gabriela Mistral 260
© +56 5 12670330
www.observatoriomamalluca.cl
contacto@observatoriomamalluca.cl
Renseignements et réservations : du lundi au vendredi de 9h à 14h et de 15h à 20h. Les samedis, dimanches et jours fériés de 11h à 14h et de 16h à 20h. Tarifs : 7 500 $ par adultes, 2 500 $ environ (enfants de 3 à 12 ans). Les visites commencent à 18h30 en hiver, et 20h30 en été.

Ce complexe astronomique installe ses (jolies) coupoles à une dizaine de kilomètres au nord de Vicuña, sur la D-359, dans une vallée particulièrement aride. L'agence de l'observatoire est quant à elle située dans la ville même. Bien équipés en télescopes divers et rompus aux activités touristiques liées à l'astronomie, ses animateurs proposent des programmes grand public avec soirées d'observations et explications sur les différents objets célestes pointés. Cet observatoire est d'autant plus réputé dans la région qu'il est sans doute le premier conçu initialement à dessein touristique dans tout le Chili ! En effet, dès les années 1980 des amateurs venaient s'installer sur site afin de profiter de son ciel de très grande qualité. Précisons enfin que, comme toujours, nous conseillons vivement de venir observer un soir sans Lune, et a fortiori avec un ciel parfaitement dégagé, afin de profiter au mieux de la Voie lactée et des merveilles qu'elle renferme.

Visites guidées

AMATISTA TRAVEL

Calle principal 54 Diaguitas
© +56 9 5053 3056
www.amatistatravels.net
info@amatistatravel.net
Tour à partir de 20 000 $, de 21h à 23h en été et de 19h à 21h en hiver.

Ivan et Paulina proposent un tour astronomique à la frontière de l'ésotérisme ce qui se prête plutôt bien à l'atmosphère de la vallée ! En immersion complète dans l'obscurité de leur grand jardin familial, on vous accueille chaleureusement autour d'un apéro fait maison. Plaids sur les genoux, regards vers le ciel, on est hypnotisés par la voix d'Ivan qui aborde, au-delà des faits avérés de l'astronomie, une lecture du ciel plus poétique et dépaysante. Il nous raconte comment les planètes et les astres ont une influence sur nos vies et sur nos êtres, comment décrypter les grands mythes des civilisations antérieures… et à travers un télescope motorisé, il nous invite à observer les curiosités de la voûte céleste : la lune, les nébuleuses, les planètes et autre station spatiale internationale. La visite se termine par une séance de sonothérapie (sons produits à partir de bols tibétains) sur des tapis de yoga afin de se connecter à la nature et aux forces de l'univers. Des jumelles sont fournies afin de poursuivre la contemplation du ciel : une visite pas comme les autres qui a définitivement son charme !

ELKI MAGIC

San Martin 472
✆ +56 9 6877 2015
www.elkimagic.com
info@elkimagic.com
Ouvert du lundi au dimanche de 10h à 19h. Location de vélo à 6 000 $ la journée.
Adeline (de France) et son mari Lincoln (de Vicuña) proposent location de vélos et descentes à vélo non guidées de Pisco Elqui et Alcohuaz. En toute autonomie, on part à la découverte de la vallée, c'est agréable, bucolique et accessible à tous ! Une très bonne option pour visiter les alentours de Vicuña en couple, en amis ou en famille, on prend son temps tout en défilant parmi de sublimes paysages ! On vous fournit les casques, les pompes et les antivols, on est bien équipés. Petit bonus : un plan avec les principaux points d'intérêts touristiques est fourni. Des tours moins réguliers en 4x4 dans la Vallée de l'Elqui, au Paso Agua Negra et aux thermes (dans les Andes) son également proposés. Adeline, Lincoln et leur bonne humeur contagieuse ne manqueront pas de vous indiquer tous les immanquables du coin. Une équipe disponible et très sympa !

VALLE DE COCHIGUAZ ★

Passez votre chemin si les méditations, les énergies cosmiques, le spiritisme et une savante dose d'écologisme ne vous inspirent pas. Jetez un coup d'œil, si vous êtes curieux et désirez savoir à quoi ressemble, en quelque sorte, une vallée de joyeux allumés pour certains, une vallée d'intellectuels à l'esprit ouvert pour d'autres. En effet, ici le mystère ne réside pas que dans le ciel et les étoiles : la vallée est réputée pour être l'une des zones les plus magnétiques au monde, cette croyance est certainement fondée sur le fait que les montagnes de la vallée sont gorgées de minéraux magnétiques, comme le quartz.
En discutant avec les locaux vous vous rendrez vite compte que cette croyance est fortement ancrée, certains vous affirmeront même qu'il s'agit d'un repère stratégique pour les extra-terrestres ! Il n'est pas rare d'entendre des histoires d'Ovnis et de tomber sur des offres de bien-être spirituel, de relaxation ou encore de yoga qui fleurissent dans la vallée depuis les années 1970. Une communauté Hare Krisna a également élu domicile à quelques kilomètres de Vicuña, renseignez-vous pour leur rendre visite, le site mérite le coup d'oeil et ils seront ravis de vous accueillir lors de l'un de leurs grands déjeuners organisés quotidiennement en été. Un moine tibétain a aussi construit son temple de méditation en plein centre de la vallée. Bref, vous l'aurez compris vous ne serez pas en rade d'adresses pour ouvrir vos chakras !

Se loger

Nombreux campings à partir de 4 000/5 000 $ par personne, et *cabañas* à partir de 30 000/40 000 $ pour deux.

SPA COCHIGUAZ

✆ +56 9 7141 0725
www.spacochiguaz.cl
Cabanes à partir de 60 000 $ et chambres doubles à partir de 41 000 $. Spa et massages entre 18 000 et 35 000 $.
Pour toute information sur les activités proposées par la communauté (thérapies naturelles, etc.), visitez ce site qui est celui du Spa Cochiguaz. Ce dernier est très populaire auprès des bobos chiliens (on dit ici « aristo-hippies »).
Dans les jardins, on propose aussi des chambres et des cabanes. On vient pour se relaxer, se reconnecter à soi-même et vivre au rythme de la nature. Tout est centré sur le bien-être afin de soulager du stress, l'adresse pour les angoissés qui ont besoin d'un nettoyage mental en profondeur !

PAIHUANO ★

Petit village situé à 978 m d'altitude, où l'on peut faire ses emplettes, manger ou dormir.

CASA PUKA YANA

Balmaceda 117
✆ +56 51 2 451 037
www.casapukayana.cl
info@casapukayana.cl
En haute saison compter de 35 000 $ à 45 000 $ pour deux et 45 000 $ pour trois ; compter 25 000 $ pour le massage. Petit déjeuner et wifi inclus.
Belle bâtisse coloniale avec patios, jardin (hamacs) et piscine. On parle français. Concerts, bibliothèque, promenades à cheval, massages, reiki et délicieux jus de fruit naturels. Excellent accueil de Juanita et Alvaro, passionnés de musique (ils joueront peut-être pour vous !). Une adresse remarquable à tous points de vue, hors des sentiers battus.

MONTE GRANDE

Monte Grande est un tout petit village qui ne serait sans doute pas connu, si Gabriela Mistral n'y avait pas vécu et n'avait pas demandé expressément d'y être enterrée. Gabriela (Lucila Godoy de son vrai nom) suivit sa scolarité à

La Casa Escuela, que l'on peut visiter rapidement. Tout dans ce petit bled rappelle ce grand nom de la littérature chilienne.

Se loger

Il est possible de se loger dans le village (Camping Los Paltos à 3 000 $ par personne ou Hotel Las Pleyades qui demande dans les 50 000 $ pour deux), mais les localités de Vicuña ou Pisco Elquí possèdent plus d'infrastructures pour accueillir les voyageurs.

Se restaurer

■ **MESÓN DEL FRAILE**
✆ +56 51 2 451 232
Compter autour de 7 000 à 11 000 $ par plat.
Bonne table située juste en face de la Casa Escuela. On y sert des hamburgers et des plats plus typiques. Les plats sont bons et généreusement servis, les lieux sont propres et agréables. Service parfois un peu long.

À voir - À faire

■ **CASA DE LA CULTURA GABRIELA MISTRAL**
✆ +56 512411223
www.mgmistral.cl
museo.vicuna@museoschile.gob.cl
Bibliothèque et boutique ouvertes du mardi au vendredi de 10h à 17h45, le samedi de 10h30 à 18h et le dimanche de 10h à 13h. Entrée libre.
Centre culturel avec bibliothèque, postes Internet et une boutique d'artisanat et textiles, sous la houlette d'une coopérative de femmes locales, gérée par l'ONG Montegabriela. Intéressant.

■ **CASA ESCUELA GABRIELA MISTRAL**
Rue principale
Ouvert du mardi au dimanche de 10h à 13h et de 15h à 18h. Entrée à 500 $.
Petit musée en mémoire de la poétesse qui a vécu dans cette maison avec sa sœur et sa mère entre ses 3 et 9 ans. Le musée contient la salle de classe (où sa sœur, institutrice, recevait ses élèves) et une chambre où vivait la famille. On y vient davantage pour le cadre et pour s'imprégner des lieux, le musée n'offrant pas une grande quantité d'informations (on y observe néanmoins les jouets et objets de l'enfance de la poétesse).

■ **CAVAS DEL VALLE**
Ruta R-485 km 14,5
✆ +56 9 6842 5592
www.cavasdelvalle.cl
contacto@cavasdelvalle.cl
Visites (en français sur demande) tous les jours de 10h à 20h en haute saison, et de 10h à 19h en basse saison.
Peu avant Monte Grande, on peut visiter (sur la gauche de la route) la vigne Cavas del Valle qui produit un bon assemblage syrah, cabernet et sauvignon organique. On produit aussi du *late harvest* et du moscatel. Pas plus de 20 000 bouteilles par an, et vente seulement ici. C'est le vignoble le plus septentrional du Chili. Explications gratuites, incluant des dégustations.

PISCO ELQUÍ ★★

Pisco Elquí est un très agréable petit village aux ruelles pavées et aux paysages superbes, situé à 1 280 m d'altitude. L'ambiance est très tranquille, sauf au plus fort de la saison touristique (janvier-février). Pour la petite histoire, ce n'était pas le nom originel de la commune, qui s'appelait La Unión et plus anciennement La Greda. En 1939, sur une proposition du président Videla, elle fut baptisée Pisco Elquí afin de déjouer les prétentions péruviennes à une exclusivité internationale sur le terme « Pisco », il faut dire également que cela a donné un petit coup de *boost* au tourisme dans la région. Mais Dieu sait si les Chiliens tiennent à cette liqueur ! Beaucoup de touristes considèrent Pisco Elqui comme un *must have* et y séjournent deux ou trois jours. On considère que ce petit village vaut la peine d'être visité en journée, mais dès que la nuit tombe, hormis du côté de l'église où on peut rencontrer du monde, l'ambiance est très calme, certains restaurants ferment même à 20h. On vous conseillerait donc d'y aller l'après-midi en sautant dans un bus depuis Vicuna ou de faire un arrêt d'une nuit maximum si vous êtes véhiculé et que vous reprenez la route le lendemain. Une visite méritée, mais, vous l'aurez compris, on ne s'y éternise pas !

Transports

Comment y accéder et en partir

■ **BUSES VÍA ELQUÍ**
Av. El Santo s/n
Bureaux à La Serena
✆ +56 51 211 707
Depuis La Serena, des bus partent en moyenne toutes les demi-heures entre 6h30 et 19h30 vers Pisco Elquí. Le trajet coûte 3 000 $ et dure entre 2h et 2h30. Depuis Vicuña, compter environ 1 800 $ pour 45 minutes de trajet.

Se déplacer

Il n'y a pas de station-service à Pisco Elquí (la dernière est à Vicuña).

Pratique

Tourisme - Culture

TURISMO MIGRANTES
O'Higgins s/n
✆ +56 51 2 451 917
www.turismomigrantes.cl
contacto@turismomigrantes.cl
Compter 21 000 $ pour le tour astronomique.
Une agence sympathique qui vous permettra de rayonner dans les environs. Location de vélos, descente en VTT des vallées, balades à cheval, trekking (notamment une journée vers des thermes, ou en deux jours), tours astronomiques... Barbara et Pablo sont de bon conseil. On peut boire un très bon café juste à côté.

Réceptif

EL QUIJOTE
✆ + 56 9 978 25 369
turismoelquijote@yahoo.com
Ouvert tous les jours de 9h à 21h. Environ 35 000 $ le tour.
Voilà l'une des agences les plus intéressantes en terme de qualité et de variété à Pisco Elqui ! Guillermo propose des tours d'aventures complets de la vallée : astronomie, promenades à cheval, locations de vélos, trekking ou encore kayak au lever du soleil. Les prix sont raisonnables et Guillermo parle anglais.

Argent

Vous trouverez un DAB sur la place principale.

Se loger

Locations

BALCONES DE PISCO ELQUI
Manuel Rodriguez s/n
✆ + 56 9 978 25 369
contacto@balconesdepiscoelqui.cl
Compter de 12 000 à 14 000 $ pour un lit en dortoir, de 24 000 à 26 000 $ la chambre pour deux.
Le patron Guillermo tient aussi l'agence de tourisme El Quijote. Son établissement bien que petit propose des chambres et des salles de bains neuves. Les deux appartements à l'étage, propres et tout équipés, offrent une vue imprenable sur les montagnes. C'est le choix idéal pour les familles ou les couples en quête d'un séjour à un bon rapport qualité/prix. On y vient aussi pour rencontrer Guillermo : sa belle présence rend l'endroit chaleureux et agréable. N'hésitez pas à lui demander un tarif spécial pour réserver un tour avec son agence.

Bien et pas cher

CAMPING REFUGIO DEL ANGEL
Calle El Condor s/n
✆ +56 51 2 451 292
www.campingrefugiodelangel.cl
refugiodelangel@gmail.com
Compter 10 000 $ par personne pour camper en haute saison.
Superbe site sur 2 hectares, au bord de la rivière. Piscines naturelles, électricité, cafétéria, boutique. A 10 minutes de la place centrale, un bon choix.

HOSTAL TRISKEL
Baquedano s/n
✆ +56 9 9419 8680
www.hostaltriskel.cl
info@hostaltriskel.cl
Compter 13 000 $ par personne hors-saison et 15 000 $ en saison, avec petit déjeuner et salles de bains communes. Réductions à partir du 4e jour.
Chambres propres, pleines de couleurs et lumineuses. Les espaces sont très agréables : jardin parsemé d'arbres fruitiers, hamacs et des aménagements pour manger ou boire entre amis, petite cuisine équipée (il y a même un lave-vaisselle) et salle à manger. Vente d'objets artisanaux locaux et pas mal d'infos touristiques. On se sent très vite chez soi !

HOTEL ELQUI
O'Higgins s/n
✆ +56 51 2 451 130
www.hotelelqui.cl
hotelelqui2015@gmail.com
Chambre avec salle de bains commune entre 15 000 $ et 17 000 $ par personne, petit déjeuner inclus.
L'ensemble est plutôt réjouissant pour les petits budgets. Les chambres à l'étage disposent d'une terrasse ensoleillée agréable. Piscines et restaurant aux prix raisonnables. Tours astronomiques.

Confort ou charme

CABAÑAS MIRA ELQUI
Av. Arturo Prat s/n, sur la route d'Horcón
✆ +56 9 5749 3287
www.miraelqui.cl
reservas@miraelqui.cl
En saison haute, compter à partir de 95 000 $ la chambre standard pour deux, 105 000 $ la chambre familiale et 125 000 $ la cabana familiale.
Cinq bungalows pour deux personnes, plus un bungalow double (quatre personnes), accoudés à la montagne, offrant une très jolie vue sur la vallée. Chacun dispose de sanitaires privés

avec eau chaude, d'une cuisine équipée, d'un frigo-bar et d'une télévision. Bonne literie. Un certain cachet artistique (reproductions d'œuvres de Miro ou de Kandinsky pour l'un d'entre eux). Jolie piscine ensoleillée. Bon accueil.

■ EL TESORO DE ELQUI

Prat s/n
✆ +56 51 2 451 069
www.tesoro-elqui.cl
info@tesoro-elqui.cl
Compter à partir de 60 000 $ pour deux, 75 000 $ pour trois et 85 000 $ pour cinq. Petit déjeuner inclus.
Les dix cabanes en bois sont délicieusement égrenées dans un jardin florissant. Charme rustique. La piscine est de bonne taille, on ne rechignera pas à y plonger ! L'accueil est serviable, l'ensemble impeccable, intime et convivial. Propriétaire allemande. Restaurant le midi à prix raisonnable. Un choix populaire, et pour cause.

■ HOTEL EL MILAGRO

A l'angle de Baquedano et Arturo Prat
✆ +56 9 9576 3158
www.hotelelmilagro.cl
reservas@hotelelmilagro.cl
Compter 65 000 $ la double et 85 000 $ pour la triple, petit déjeuner inclus.
L'une des premières maisons coloniales de la région (1910). Belles chambres (neuf) confortables et aux couleurs chaudes, donnant sur un joli patio. Piscine. Endroit charmant.

■ REFUGIOS LA FRONTERA

Alcohuaz, à 14 km de Pisco Elquí
✆ +56 9 9279 8109
www.refugioslafrontera.cl
contacto@refugioslafrontera.cl
A partir de 75 000 $ pour deux, 90 000 $ pour quatre et 140 000 $ pour huit, sans petit déjeuner.
Un ensemble de sept bungalows de toute beauté, en matériaux traditionnels (abondance de l'adobe, du bois et de la pierre), au bord d'une rivière. Recommandé pour un séjour loin de tout. Des balades à cheval sont proposées, ainsi que des expéditions à pied. Superbe.

Luxe

■ ELQUI DOMOS

Los Nichos, sur la route d'Horcón
✆ +56 9 7709 2879
www.elquidomos.cl
reservas@elquidomos.cl
Compter entre 155 et 190 US$ la double selon la saison (85 000 ou 105 000 $). Petit déjeuner et wifi inclus.
Sept dômes géodésiques sur deux étages (salon et salle de bains en bas, chambre en haut), avec minibar, café et thé gratuits, ainsi qu'une terrasse privative. L'accent est ici mis sur l'astronomie : livres, observations nocturnes accompagnées de guides spécialisés. Balades à cheval de nuit. Original et relaxant, et belle piscine extérieure.

■ REFUGIO MISTERIOS DE ELQUI

Av. Arturo Prat s/n
✆ +56 51 2 451 126
www.misteriosdeelqui.cl
reservas@misteriosdelelqui.cl
En haute saison, compter à partir de 95 000 $ pour deux, 115 000 $ la cabane familiale et 105 000 $ la cabane supérieure. Avec petit déjeuner.
Une adresse confortable et élégante, à deux pas du centre. Les sept bungalows, spacieux, sont impeccables ; beau mobilier, bonne literie, tout concourt à faire de votre séjour ici une féerie. Les couples en lune de miel apprécieront. Piscine de bonne taille en contrebas. On respire. Nombreuses activités, dont des massages et un practice de golf.

Se restaurer

■ EL DURMIENTE ELQUINO

Las Carreras s/n
Plats autour de 4 000/5 000 $.
Du bois, du bambou, des pizzas, des plats bien préparés (salade et risotto de quinoa), de la bière artisanale, des *sours* originaux (essayez celui à la framboise), un patio avec une jolie vue... Bref, une adresse sympa comme tout. Populaire et une halte presque indispensable à Pisco Elquí.

■ HACIENDA MIRAFLORES

A la sortie du village (environ 2 km) vers Horcón
✆ +56 51 2 285 901
www.haciendamiraflores.cl
Compter entre 6 000 et 10 000 $ par plat environ (accompagnement compris). Du mardi au samedi de 13h à 18h.
Belle vue sur la vallée. Très beau cadre. Viandes braisées délicieuses, dont une côte de porc au four (5 heures de cuisson) des grands jours. Le meilleur restaurant de la vallée à ce jour.

■ RUSTIKA RESTOBAR

Los Carrera s/n, calle de la Plaza
✆ +56 51 229 5740
Ouvert tous les jours de 8h30 à 16h, sauf le mardi ; le vendredi et le samedi à partir de 20h30.
Fogata (grand feu), musique... Ambiance bohème pour ce resto/pub agréable avec vue sur les montagnes. On y mange plutôt bien mais l'attention du personnel est toutefois variable. Une bonne adresse pour aller déguster un pisco entre amis.

Sortir

EL RUMOR

O'Higgins s/n

✆ +56 9 9744 8324

Menu le midi à 7 000 $. Grande variété de cocktails à base de pisco.

Très bon spot pour passer la soirée, notamment dans le patio sur l'arrière (ambiance hippie, grand feu, musique...). Ambiance colorée. Menu le midi pas mal du tout. Une belle adresse pour un petit dîner en amoureux en début de soirée ou une sortie entre amis.

À voir – À faire

L'église Nuestra Señora del Rosario se dresse sur la place. Bon point de repère !

Idée de balade. Une route goudronnée mène tout d'abord au Pueblo artesanal de Horcón où il est possible d'acheter de l'artisanat et de déjeuner. On jettera un coup d'œil à la jolie église d'azur vêtue, dans le village, un peu plus loin. Nous voici à 9 km de Pisco. Encore 5 km et l'on arrive à Alcohuaz, un tout petit bled perdu dans un paysage puissant. Là, n'hésitez surtout pas à manger au restaurant El Cielo, avec des tables en terrasse sous une pergola. Excellente cuisine à prix raisonnable.

DISTILLERIE PISCO MISTRAL ★

O'Higgins 746, Sur la place

✆ +56 51 2 451 358

www.piscomistral.cl

Restaurant ouvert en janvier et en février de 11h30 à 23h, tous les jours ; le reste de l'année, du mardi au dimanche, de 10h30 à 18h. Visites guidées toutes les heures de 12h à 17h en hiver, de 12h à 19h en été : compter 6 000 $ ou 10 000 $ par personne.

On vous expliquera les différentes phases de la préparation du divin breuvage : triage, pressage des grains, distillation, repos en fûts. Le liquide obtenu, appelé *mosco*, sera ensuite envoyé dans l'usine de La Serena pour y être définitivement transformé en *pisco*. La visite (1 heure environ) se termine par une dégustation dudit *pisco* (deux types différents) sous une tonnelle, avec vue sur la vallée... Il y a aussi un restaurant au sein de la distillerie.

FUNDO LOS NICHOS ★★

Sur la route d'Horcón

✆ +56 51 2 451 085

www.fundolosnichos.cl

contacto@fundolosnichos.cl

Ouvert tous les jours de 11h à 18h. Visites guidées à 11h30, 13h, 16h et 17h. Bouteilles de 3 000 à 7 000 $.

C'est le seul *pisco* encore artisanal de la vallée. Ce vignoble fut établi en 1868 par Rigoberto Rodriguez Rodriguez (à l'origine de la marque 3R). Il construisit d'abord une cave où il gardait ses vins qui vieillissaient et qui ont acquis ce bouquet peu à peu. Remarquez les épitaphes de personnalités relatant les réunions animées et capiteuses de jadis, comme celle de l'ex-président don Gabriel Ganzaléz Videla. Visite gratuite passionnante (si vous comprenez l'espagnol).

OBSERVATORIO CHAKANA

✆ + 56 9 71347300

www.observatoriochakana.cl

observatoriochakana@gmail.com

Compter 8 500 $ le tour astronomique de 1h30/2h.

Jorge, qui a reçu son apprentissage en astronomie d'Eric (qui tient l'Observatorio del Pangue à Vicuña), a ouvert ce petit observatoire en plein cœur de Pisco Elqui à quelques pas de la place principale. Durant 1h30, et selon la saison, vous pourrez observer les cratères de la lune, Jupiter ou encore Saturne tout en profitant du français parfaitement maîtrisé par Jorge. Par temps froid, couverture, bonnet et gants sont fournis, ce qui permet une immersion encore plus agréable parmi les étoiles ! Un tour accessible aux petits budgets que nous recommandons chaudement.

RESERVA NACIONAL PINGÜINOS DE HUMBOLDT

Ce groupe de trois îles (Choros, Chañaral et Damas), au nord de La Serena, abrite sur quelque 860 ha une faune abondante et notamment des pingouins de Humboldt et de Magellan, des dauphins, plusieurs types de baleines (dont la baleine bleue et la baleine à bosse), ainsi que des orques, parfois. On visite les îles de Choros et Damas depuis Punta de Choros, accessible avec une agence depuis La Serena (sans voiture privée, il est difficile de s'y rendre, sinon il faut descendre au village de Choros sur la Panaméricaine et faire du stop vers la côte). L'île Chañaral est accessible depuis le modeste village de Chañaral de Aceituno, dans la IIIe région d'Atacama. Une vingtaine de kilomètres séparent les deux villages, mais il n'y a pas vraiment de transport en commun. Pour résumer, les agences de La Serena proposent leur excursion autour de Punta de Choros, celles de Vallenar et Copiapó autour de Chañaral de

Le refus d'un projet minier pour protéger les manchots de Humboldt

Un comité ministériel au Chili a rejeté le lundi 21 août 2017 le projet Dominga d'Andes Iron, un projet minier prévu dans la région de Coquimbo. Celui-ci menaçait la zone maritime La Higuera qui héberge pas moins de 80 % des manchots de Humboldt. Avec un objectif de production annuelle de 12 millions de tonnes de fer et de 150 000 tonnes de concentré de cuivre, ce projet à risque ne garantissait pas la sécurité de ce trésor naturel. Elle devait être la plus grande mine jamais ouverte au Chili mais, cette fois-ci, le gouvernement s'est rangé aux côtés des défenseurs de l'environnement. Déjà, en juillet 2016, un rapport de l'Organisation de coopération et de développement économiques (OCDE) mettait en garde le Chili contre l'exploitation intensive de ses ressources et contre les impacts néfastes sur l'environnement. Par le passé, les protestations citoyennes et environnementales étaient peu prises en compte dans ce pays qui reste le principal producteur de cuivre au monde. Il semblerait que le vent tourne et que le Chili prend conscience que son développement économique ne doit pas uniquement s'appuyer sur ses richesses naturelles.

Toutefois, courant septembre 2017, l'entreprise Andes Iron a attaqué la décision du gouvernement… affaire à suivre de côté-là. En attendant, la lutte continue du côté des écologistes : l'ONG Oceana – protectrice des ressources maritimes – revendique la création d'un sanctuaire marin pour les manchots de Humboldt et une inscription au Patrimoine mondial de l'UNESCO.

Aceituno ! La seule île où l'on peut débarquer est Isla Damas (pendant 1 heure, et cela pourrait changer bientôt). L'eau est vert émeraude, le sable d'une blancheur immaculée… Superbe !

PUNTA DE CHOROS ★★

Il y a beaucoup plus de bateaux à Punta de Choros, donc c'est plus facile d'organiser votre visite (et donc de payer le tarif minimal). A Chañaral, c'est un peu encore la brousse ! Autant dire qu'on adore...

Transports

- **De/vers Punta de Choros.** Voir dans la rubrique « Transports » de La Serena. Seulement des particuliers proposant leurs services quand ils vont faire des courses pour le village : par exemple Hector Moyano, depuis la Panadería Griego à 9h à La Serena, retour à 15h30 depuis le camping Los Changos.

Pas de transport en commun pour Chañaral de Aceituno, mais le stop est une alternative.

Pratique

■ INFORMATIONS
✆ +56 51 2 244 306
www.conaf.cl
consulta.oirs@conaf.cl
Entrée à 7 000 $ par adulte et 3 500 $ par enfant. Ouvert tous les jours de 9h à 16h30. D'avril à novembre, seulement du mercredi au dimanche. A noter qu'il n'y a pas de droit d'entrée à Chañaral de Aceituno pour visiter la Isla Chañaral.
L'administration de la réserve se trouve à Punta de Choros.

Se loger

Bien et pas cher

A Punta de Choros, on peut camper pour pas cher dans la rue principale d'accès (entre 2 000 et 3 000 $ par personne), ou à la Caleta San Agustín dans des *cabañas* (compter à partir de 25 000 $ pour deux).

Confort ou charme

■ CENTRO TURÍSTICO MEMO RUZ
A Punta de Choros
✆ +56 9 9534 3644
www.memoruz.cl
memoruz@gmail.com
Pour camper, compter 8 000 $ par personne et jusqu'à 12 000 $ en haute saison. En cabane, compter 65 000 $ pour 2 personnes, 73 000 $ pour 3, 81 000 $ pour 4 et 89 000 $ pour cinq. Centre de plongée, compter 40 000 $ la plongée avec tout l'équipement.
Site de camping près de la mer, *cabañas* confortables et appartements avec vue sur la mer, mais aussi centre de plongée et tours organisés.

À voir - À faire

ISLA DAMAS

Un tour en bateau de 2 heures 30 environ revient à 10 000 $ par personne. Il y a deux caleta, ou ports d'embarquement, autour de la petite péninsule. Hors saison ou s'il n'y a pas assez de monde pour faire un tour (dix personnes minimum), compter entre 70 000 et 100 000 $ l'embarcation.

On observera nombre de pingouins de Humboldt, de lions de mer, de cormorans, de mouettes, et des daupins à gros nez (*Tursiops tuncatus*).

Un sentier fait le tour de la Isla Damas en une heure, temps limite pour rester sur l'île. La Conaf envisage même d'interdire la descente, vu que des centaines de touristes y débarquent tous les jours en été, mettant en danger son écosystème.

Sports - Détente - Loisirs

EXPLORASUB

Caleta Corales
Punta de Choros
✆ +56 9 9402 4947
www.explorasub.cl
info@explorasub.cl

Pour loger, compter 60 000 $ la cabaña (jusqu'à 6 occupants) en été, lors de la semaine et des fêtes, puis 40 000 $ pour deux et 5 000 $ par personne additionnelle en basse saison touristique.Plongée à partir de 20 000 $ par personne (pour un minimum de 3 plongées), si vous avez votre matos. Location d'équipements de plongée à 20 000 $.

Ce centre de plongée propose des excursions, loue du matériel et possède aussi des *cabañas* confortables.

CHAÑARAL DE ACEITUNO

Chañaral de Aceituno a un cachet de village paumé que n'a pas, ou plus, Punta de Choros.

Transports

▸ **De/vers Chañaral de Aceituno.** Depuis Vallenar, il faut d'abord gagner Domeyko sur la Panaméricaine, puis bifurquer vers la côte (80 km environ).

Transports en commun seulement les mercredi, vendredi et dimanche, mais c'est assez confus. Voyez avec Marinella pour organiser votre venue. Pas de transport en commun *a priori* pour Punta de Choros.

Pratique

MARINELLA MALDONADO

✆ +56 9 6813 8411
marinella.maldonado@gmail.com

Marinella, si accueillante et disponible, est votre meilleure source d'informations pour visiter la réserve à la Caleta Chañaral de Aceituno.

Elle peut organiser votre transport depuis Vallenar, votre hébergement sur place et votre visite en bateau. D'une amabilité hors pair, elle connaît le coin comme sa poche. A conseiller sans hésiter.

Se loger

CABAÑAS ISLA CHAÑARAL

Caleta Chañaral de Aceituno
✆ +56 9 9016 6881
gabrielairisalvarez@hotmail.com

Prix à discuter mais en général il faut compter à partir de 30 000 $ la nuit.

Quelques *cabañas*, dont l'une sur deux étages, à l'entrée de la Caleta. Gabriela, notre grand-mère à tous, est d'une amabilité désarmante. L'ensemble est simple, confortable, et l'on peut même capter le signal wi-fi de la *caleta* (gratuit) ! Que demander de plus ?

Se restaurer

A Chañaral de Aceituno, nous vous recommandons El Rincón del Tío, qui propose de bons poissons, et Doña Martita, pour ses excellentes *empanadas* et sa vue sur le petit port.

À voir - À faire

ISLA CHAÑARAL

Le tour en bateau de 2 heures 30 revient à 15 000 $ par personne (dix personnes minimum), sinon le bateau entier à 80 000/100 000 $. Y venir tôt pour être sûr de constituer un groupe suffisant, en-dehors de la période 15 janvier-15 février. En hiver, il faudra louer le bateau en entier.

Spectacle fascinant et même genre de faune qu'à Punta de Choros... les baleines en plus (même s'il est théoriquement possible d'en observer aussi à Punta de Choros).

Il est possible d'observer quatre types de baleines : la baleine bleue (*Balaenoptera musculus*), le rorqual commun (*Balaenoptera bonaerensis*), le petit rorqual de l'Antarctique (*Balaenoptera bonaerensis*) et la baleine à bosse (*Megaptera novaeangliae*). Un spectacle de toute beauté, surtout en janvier/février/mars !

VALLE DE HUASCO

Ici, la nature est généreuse et offre à l'homme une grande variété de fruits et de légumes. La vallée del Huasco est aussi le lieu de production d'une liqueur typique, *el pajarete*, un vin doux, et c'est à Vallenar que vous trouverez, selon les régionaux, le meilleur *pisco* du Chili. Pour les voyageurs, les points d'intérêt sont toutefois assez minimes, sauf en période de « désert fleuri », où l'on pourra visiter le parc national Llanos de Challe, 40 km au nord du port de Huasco.

VALLENAR ★

Fondée en 1789 par le gouverneur du Chili don Ambrosio O'Higgins, sous le nom de Villa de San Ambrosio de Vallenar, en souvenir de son village natal en Irlande (Ballinagh), c'est à l'heure actuelle le centre de l'activité minière et agricole de la province de Huasco, dont c'est même la capitale. La ville compte environ 52 000 habitants en 2012, qui se réjouissent de la fertilité de sa vallée.

Transports

Tous les bus vers le nord (Copiapó, Antofagasta, Calama...) ou vers le sud (La Serena, Santiago...) s'y arrêtent. Compter environ 3 heures de bus pour La Serena, 1 heure 45 pour Copiapó (3 900 $).

Pratique

Argent

Banques avec DAB au centre.

Pascua Lama

Sous ce nom étrange se cache l'une des affaires les plus rocambolesques et les plus impopulaires de ces dernières années. L'idée de départ est simple... mais d'une extravagance inouïe : dans la région du Valle del Huasco, au lieu dit Pascua Lama, à 5 280 m d'altitude, on a découvert de l'or, de l'argent et du cuivre, et le deuxième plus grand groupe extracteur au monde, le canadien Barrick Gold Corp, s'est mis en tête d'en tirer plus de 18 millions d'onces d'or, 731 millions d'onces d'argent et 662 millions d'onces de cuivre en vingt ans. Pour ce faire, le projet nécessitait cependant de... dynamiter trois glaciers millénaires (Toro I, Toro II et Esperanza) ! Enfin, pas exactement. En fait, il s'agissait de les « déplacer ». Outre l'invraisemblable débat autour de ce « voyage » glaciaire (on exposa avec force croquis les différentes modalités de déplacement géographique des « morceaux de glace », en niant la terminologie « glaciers »), le problème concerne bien sûr le tarissement de l'eau de cette zone où la pluviométrie est si faible. En outre, les méthodes d'extraction de l'or (dynamitage, utilisation du cyanure et du mercure) ont montré leurs limites en Argentine : en dix ans, les cas de cancer auraient explosé de 150 % ! Mais le projet concerne des milliers de travailleurs locaux (ou pas, de récentes études tendent à montrer que seulement 15 % des travailleurs sont nés dans la province), émoustillés devant l'aubaine d'un emploi à venir. Ce projet concerne aussi bien le Chili (au moins 75 % de l'ensemble) que l'Argentine : c'est d'ailleurs le premier projet binational au monde ! Les oppositions se sont multipliées depuis 2005, avec plus ou moins de chance. Les glaciers Toro I et II ont presque disparu d'après de nombreux analystes (en dépit des campagnes publicitaires de Barrick). En 2012, la Cour suprême d'Argentine a validé la loi de protection des glaciers datant de 2010. En avril 2013, un jugement de la cour d'appel de Copiapó a mis un frein aux travaux de Barrick, sommé de prendre davantage de mesures environnementales. Il était alors prévu que l'extraction commence en 2015/2016, avec un investissement d'environ 8 500 millions de dollars américains, mais en 2017 la société effectuait toujours des études de préfaisabilité. Nouveau coup de projecteur sur cette affaire en 2018, lorsque Barrick Gold annonce vouloir finalement revendre ses propriétés minières, mais le revirement de situation se poursuit lorsque la société annonce, en septembre 2019, vouloir reprendre le projet (toujours paralysé puisque toujours en attente du règlement de la justice environnementale) afin de le relier à son autre projet de mine Veladero qui opère en Argentine. En pourparlers avec plusieurs investisseurs internationaux, Barrick Gold ne semble pas se résigner et cherche au contraire à étendre son territoire. Force est donc de constater qu'à ce jour l'Etat chilien ne fait presque rien pour arrêter ce véritable désastre écologique.

Moyens de communication

POSTE
José J. Vallejos s/n
Du lundi au vendredi de 9h à 13h et de 15h à 18h30, le samedi de 9h30 à 13h.

Santé - Urgences

HOSPITAL PROVINCIAL DEL HUASCO
Merced 1455
✆ +56 51 233 1500
www.hospitalprovincialdelhuasco.cl

Se loger

HOTEL EL PUERTO DE VEGA
Ramirez 201
✆ +56 51 261 3870
www.puertodevega.cl
recepcion@puertodevega.cl
Compter entre 84 000 $ et 96 000 $ pour deux selon le confort, petit déjeuner inclus. Chambres avec minibar, téléphone, TV câblée, wifi.
Elégantes, confortables, bien pensées, les 12 chambres sont une vraie surprise dans une telle ville. Films DVD, service café/thé et eau minérale gracieux dans les chambres, énorme petit déjeuner buffet... Notre meilleure adresse en sachant qu'en périphérie de la ville, dans un quartier résidentiel, Apart Hotel Puerto propose des maisons avec toutes les commodités nécessaires.

RESIDENCIAL ORIENTAL
Serrano 720
✆ +56 9 7476 8200
contacto@cavasdelvalle.cl
Compter 15 000 $ par personne la chambre avec salle de bains commune et 40 000 $ par personne avec salle de bains privée et télévision. Sans petit déjeuner.
Des petites grands-mères tiennent ce residencial et, lorsqu'elles somnolent, ce sont les oiseaux qui montent la garde. Elles vous proposeront 29 chambres, de la simple à la quadruple, le plus souvent c'est Lee-Anne qui vous accueillera : en 2019 elle a fêté les 70 ans de la structure qui appartenait à l'origine à son arrière-grand-père. Simple et suffisant, le service est correct et l'ensemble propre.

Se restaurer

NATIVO RESTOBAR
Ramirez 1387
✆ +56 51 267 8304
www.nativoatacama.cl
Fermé le dimanche. Le midi, menu dans les 4 000 $. Huit menus pour le diner entre 11 000 et 17 000 $.

Le désert fleuri

La floraison du désert d'Atacama est un phénomène naturel peu commun qui apparaît lorsque la pluie, pratiquement inconnue dans cette région, fait renaître la végétation sur cette étendue aride.

Au cours des dernières décennies, le phénomène du « desierto florido » s'est produit en 1983, 1987, 1991, 1995, 1997, 2000, 2002 et 2005. En 2015, 2016 et 2017, le phénomène a été particulièrement exceptionnel : en 2015, deux floraisons ont eu lieu, la première entre avril et mai et la seconde en septembre. En réalité, ce phénomène se produit chaque année, mais l'explosion de couleurs n'arrive que rarement. Suivant l'intensité des précipitations, la floraison a plus ou moins d'ampleur, par exemple en 2018 et 2019, le désert n'a pas revêtu ses jolies couleurs : pour que cela se produise, il doit pleuvoir au moins 15 millimètres dans la région, mais il n'a quasiment pas plu dans la région ces deux dernières années. Ces précipitations changent le visage du désert, qui se transforme alors en un spectacle coloré unique en son genre. Les verts dominèrent au mois d'août, puis la gamme de couleurs s'élargit en septembre pour former un patchwork multicolore recouvrant de grandes zones de la région d'Atacama.

Les pluies, en permettant aux graines et aux bulbes enfouis dans le sol de germer et de pousser, donnent vie à une flore exceptionnelle et à un microsystème où cohabitent fleurs (environ 200 espèces, la plupart endémiques), insectes et lézards.

La zone concernée commence au sud de la région d'Atacama, les étendues fleuries les plus spectaculaires apparaissant dans la région de Vallenar, sur le chemin entre Vallenar et Copiapo. Le parc national Llanos de Challe est un endroit particulièrement propice à l'admiration du phénomène. Si vous êtes au Chili au moment de son apparition (entre septembre et novembre), vous ne devez manquer d'aller le contempler sous aucun prétexte.

Lieu bien pensé à la déco typique (bois et adobe), proposant une cuisine de qualité. Patio ensoleillé. En soirée, nombreux cocktails pas trop chers, sandwiches, pizzas (très bonnes), tablas à picorer mais aussi des menus complets. Le meilleur choix en ville.

PARQUE NACIONAL LLANOS DE CHALLE ★★

Ce parc, méconnu, de 45 000 ha est le meilleur endroit pour observer le phénomène du désert fleuri, entre août et septembre, quand les conditions climatiques sont adéquates. Un sentier de 2,5 km a été aménagé. On peut camper (payant). Très belles plages sauvages pour les surfeurs (on peut camper gratis).

■ PARQUE NACIONAL LLANOS DE CHALLE ★
A 40 km au nord de Huasco
✆ +56 51 2 611 555
atacama.oirs@conaf.cl
Entrée à 7 000 $ par adulte, 1 000 $ par enfant. Accès seulement en véhicule privé.

RÉGION D'ATACAMA

Selon nous, la IIIe région d'Atacama (que beaucoup de voyageurs confondent avec San Pedro plus au nord) compte parmi les plus belles du Chili. La capitale, Copiapó, est juste une ville étape, encore qu'elle compte quelques points d'intérêt. Mais dans cette région où le soleil brille plus de 300 jours par an (en 2018, il a plu et grêlé sur la ville, phénomène qui ne s'était pas produit depuis 1902 !), les activités ne manquent pas : mer de dunes traversées par le Dakar nouvelle version (la dune du Medanoso culmine à 1 643 m d'altitude et s'avère la 2e plus grande au monde), vallées viticoles verdoyantes au milieu de zones particulièrement arides, lagunes altiplaniques couleur émeraude, paysages andins de toute beauté... Amateurs de criques perdues et de rivages sauvages, vous voilà aussi prévenus : les plages du littoral d'Atacama sont peut-être les plus belles du pays. Qu'il fait bon s'y prélasser une journée ou camper...
Sortez des sentiers battus, et venez visiter cette région haute en couleur et accueillante !

COPIAPÓ ★★

La vallée de Copayapu (« coupe d'or » ou « vastes corrals ») était habitée par les Diaguitas à l'arrivée des troupes espagnoles, en 1536. Quatre ans plus tard, en 1540, Valdivia en prenait possession, au nom du roi d'Espagne. Jusqu'au milieu du XVIIIe siècle, les propriétaires d'*encomiendas* s'en occupèrent à leur manière (sans foi ni loi), et San Francisco de La Selva de Copiapó ne fut fondée qu'en 1744 pour réunir cette population clairsemée. La fabuleuse découverte de la mine de Chañarcillo par l'Ecossais Juan Godoy marqua véritablement l'essor de la région, un essor dont témoigne la gare de la ville qui accueillit le premier train du Chili et contribua à la mise en valeur de la ville et de la région d'Atacama. Copiapó est maintenant la capitale administrative d'une riche région minière (cuivre) et agro-industrielle. Il y a peu d'exploitations viticoles aux alentours, si ce n'est aux mains de grandes entreprises. La ville, qui en soi n'offre pas un grand intérêt, est toutefois une alternative séduisante pour sortir du circuit classique d'un voyage au Chili et visiter les parcs naturels fantastiques qui bordent la frontière argentine ou les superbes plages sauvages qui s'égrènent le long du Pacifique.

Transports

Comment y accéder et en partir

■ AEROPUERTO DESIERTO DE ATACAMA
Pour s'y rendre en transfert (avec Casther), comptez 8 000 $. Un taxi revient à 20 000 $ environ ; prenez-le au niveau de la cathédrale.
L'aéroport se situe à 50 km à l'ouest de la ville, au bord de la Panaméricaine, sur la route de Caldera.

■ LATAM
Colipí 484, local A-102 (bureau)
www.latam.com
Bureau ouvert du lundi au vendredi de 9h à 14h et de 15h à 18h, le samedi de 10h30 à 13h30.
Propose des vols journaliers de/vers Santiago (1h35 de trajet).

■ PAL AIRLINES
Mall Plaza Real
Colipi 484, local F 106
✆ +56 52 2 524 603
Vols quotidiens de/vers Santiago et Antofagasta.

■ SKY AIRLINE
Colipí N° 484
✆ +56 600 600 2828
www.skyairline.cl
Deux à trois vols par jour de/vers Santiago, deux vols par jour de/vers Antofagasta, aussi vers Calama, La Serena.

■ **TERMINAL DE BUS TORREBLANCA**
Chacabuco 112
Comme d'habitude, Tur Bus et Pullman Bus ont leur propre terminal, par chance juste à côté du principal.

▶ **Pour Santiago,** plusieurs compagnies proposent le voyage en 11 heures.

▶ **Pour Viña del Mar et Valparaíso,** plusieurs compagnies également proposent un trajet direct d'environ 10h dont le prix varie de 12 000 à 39 000 $.

▶ **Pour Caldera,** des *colectivos* partent toutes les demi-heures à côté du terminal, et ce jusqu'à 20h30, et même des bus, avec Buses Recabarren et Casther, à côté du Lider (compter 2 500 $ par personne). Départs très nombreux (environ toutes les 30 minutes).

▶ **Pour Puerto Viejo** (un village étonnant, né à partir de *tomas* – « squats » ou occupations illégales de terrains –, de belles plages s'étendent aux environs, on peut y manger, si vous comptez voir un lieu singulier et insolite cette destination est toute indiquée) : seulement le week-end en hiver.

▶ **Vers Los Loros et la vallée de Copiapó :** à partir de 7h et toutes les deux heures. Le bus poursuit vers Las Juntas et Iglesia Colorada. En achetant votre billet pour Las Juntas vous pouvez demander à descendre au niveau du centre métallurgique inca Viña del Cerro, qui, bien que gribouillé un peu partout par des inconscients, peut mériter la visite ; un peu après Tierra Amarilla sur cette même route, près de Copiapó, contemplez l'incroyable église de Nantoco, l'une des plus belles du pays, égarée dans un cimetière de bus rouillés et de ferrailleries.

Se déplacer

En ville, les *colectivos* demandent 500 $ par personne. Vers Tierra Amarilla, compter 1 200 $. Les taxis sont assez chers (compter 5 000 $ du centre à l'hôtel Antay par exemple).

Pratique

■ **BANCO ESTADO**
2242 Los Carrera 2242
D'autres banques dans la même rue, mais aussi sur Chcabuco et Colipi, à seulement une cuadra.

■ **OFFICE DU TOURISME SERNATUR**
Los Carrera 691
✆ +56 52 2212 838
infoatacama@sernatur.cl
Du lundi au vendredi de 9h à 19h, le samedi de 9h à 14h.
Pas mal d'infos sur la région, accueil agréable.

■ **POSTE**
Las Carreras 691
Juste derrière les bureaux de Sernatur
Du lundi au vendredi de 9h à 14h et de 16h à 18h30, le samedi de 9h30 à 13h.

■ **PUNA DE ATACAMA**
✆ +56 9 9051 3202
www.punadeatacama.com
info@punadeatacama.com
Compter 600 US$ la journée complète en 4x4 dans la cordillère tout inclus, pour 3 personnes maximum.
Ercio Mettifogo connaît la région comme sa poche, notamment la cordillère qui est son terrain de jeu et de travail. D'une compagnie très agréable, il vous fera découvrir ces paysages qui

Plage de Chorillos près de Copiapó.

comptent parmi les plus beaux du pays. En-cas, déjeuner, boissons inclus. Tour à ne manquer sous aucun prétexte si vous avez le budget.

Se loger

La plupart des hôtels sont destinés aux hommes d'affaires du cuivre et/ou aux mineurs. De fait, les prix paraîtront parfois élevés par rapport au reste du pays.

■ ANTAY CASINO & HOTEL

Los Carrera 2440
✆ +56 52 2 234 100
www.antaycasinohotel.cl
cine@antaycasinohotel.cl
Compter entre 100 000 et 215 000 $ la simple, entre 120 000 et 250 000 $ la double, petit déjeuner, wi-fi, sauna, bain bouillonnant, salle de gym et entrée au casino inclus.
Un hôtel de luxe récent (un peu excentré), proposant 58 chambres modernes (écran plat, wifi, douche et baignoire, air conditionné), spacieuses et plutôt bien tenues. Spa complet, piscine extérieure, restaurant, bar, discothèque et, bien sûr, le casino de la ville. Petit déjeuner buffet copieux. Le service pourrait cependant être meilleur. Reste l'établissement étendard de la ville.

■ HOTEL MONTECATINI

Infante 766
✆ +56 52 2 211 516
www.hotelmontecatini.cl
ventas@hotelmontecatini.cl
Compter 34 000 pour un, 41 000 $ pour deux, 49 000 ou 54 000 $ pour trois, 57 000 ou 63 000 $ pour quatre. Petit déjeuner inclus.
Un patio verdoyant qui repose un peu, d'autant qu'on jouit d'une petite piscine sur l'arrière (souvent vide toutefois). Les chambres sont confortables, sans plus. Pas folichon, mais mieux que la plupart des autres adresses à ce prix.

Se restaurer

La grande cuisine ne semble pas être la spécialité de Copiapó. En outre, les prix sont assez élevés. Toutefois, on dénichera toujours de petits stands et des bouis-bouis à prix d'amis.

■ LEGADO

O'Higgins 12
✆ +56 52 254 1776
legadocopiapo@gmail.com
Du lundi au samedi de 19h à minuit. Compter entre 8 000 et 20 000 $ à la carte.
Sans doute la meilleure table de Copiapó à ce jour. *Pastel de jaiba*, *ceviche*, variété de filets de bœuf, sanglier, agneau, cerf, filets de poissons (dont un original, la *mulata*) et des plats assez exotiques (*carpaccio* d'émeu, poulpe mariné à l'huile d'olive...). Déco attachante dans les trois salles. Bon accueil. Liste des vins impressionnante, mais les tarifs impressionnent aussi !

■ TOLOLO PAMPA

Atacama 291
✆ +56 52 2 365 641
Fermé le dimanche et le lundi. Ouvert jusqu'à 5h le week-end. Compter environ 6 000 $ les plats. Happy Hour de 20h à 23h.
Un bar un brin hippie avec sa déco rustique colorée, son patio sur l'arrière flanqué d'un espace *fogata* (grand feu). On y boit de bons cocktails, des plats et des *tablas* de bonne tenue (essayez celle avec le *salchichón de burro* ou saucisson d'âne, la spécialité locale).

À voir - À faire

■ CATEDRAL NUESTRA SEÑORA DEL ROSARIO ★

Plaza Prat
La cathédrale fut construite entre 1840 et 1851, en bois, avec un sol en marbre. De style néoclassique, elle est surchargée de nombreuses colonnes dont celles qui entourent la grande tour carrée qui la surmonte. Remarquez son très bel autel. En fin d'après-midi, il est agréable de flâner sur la place en contemplant l'animation urbaine.

■ ESTACIÓN DE FERROCARRIL ★★

Juan Martínez s/n
Construite entre 1852 et 1854, restaurée en 1982, cette ancienne gare est l'un des joyaux historiques de la ville. Sa base est en roche granitique et ses colonnes en pin d'Oregon. La façade est ornée d'une horloge, construite en 1852 à Liverpool.
La ville possède la première locomotive qui fonctionna en Amérique du Sud, la Copiapó (on peut la visiter dans l'enceinte de l'université de Atacama), inaugurée le 4 juillet 1851 en l'honneur de son constructeur américain Weelwright. Par la suite, l'essor minier impliqua la construction de nouvelles locomotives qui, en vitesse de pointe, atteignaient... 26 km/h. Fonctionnant avec du bois, elles furent la cause de la déforestation d'une région anciennement verdoyante (d'où le nom d'origine de la ville : *selva* signifiant « forêt ») et qui est maintenant, surtout sur la côte, semi désertique.
Le musée situé jadis dans la gare est aujourd'hui, hélas, fermé en permanence.

■ IGLESIA DE BELÉN

Yerbas Buenas, entre Portales et Infante
Très belle tour chapelle dédiée à sainte Thérèse des Andes, la première sainte chilienne. L'église a été construite par les jésuites au XVIIIe siècle. Son mobilier et les sculptures de saints viennent de France.

MUSEO MINERALÓGICO

A l'angle de Rodríguez, Colipí
✆ +56 52 206 606
Ouvert du mardi au vendredi de 10h à 13h et de 15h30 à 19h, le samedi de 10h à 13h. Entrée : 500 $ pour les adultes.
Ce musée est sans doute le plus intéressant du Chili dans sa spécialité. Il présente une collection de quelque 2 500 minéraux. A ne pas manquer pour les amateurs.

MUSEO REGIONAL DE ATACAMA ★

Atacama 98
✆ +56 52 2 212 313
www.museodeatacama.cl
museo.atacama@museosdibam.cl
Ouvert du mardi au vendredi de 9h à 17h45, le samedi de 10h à 12h45 et de 15h à 17h45 et le dimanche matin. Entrée gratuite.
Ce musée exhibe des objets indigènes et coloniaux de la région. On y verra l'intérieur d'une maison du XIXe siècle, à l'époque de l'épopée du chemin de fer. Mais le clou du spectacle, si l'on peut dire, c'est la salle dédiée aux mines (on y verra le très fameux billet « *Nous sommes bien au refuge, les 33* » des mineurs de San José) et la Capsula Fénix II, utilisée pour le sauvetage des 33 mineurs (c'est bien la capsule originale).

PARQUE NACIONAL NEVADO TRES CRUCES ★★★

Le parc national Nevado Tres Cruces (59 081 hectares en deux secteurs, traversé par la route menant en Argentine) est l'un des plus beaux du Chili, et encore hors des sentiers battus. On y découvre des lagunes d'une beauté incomparable (Laguna Verde, Laguna Santa Rosa, Laguna del Negro Francisco...), le plus haut volcan actif au monde (Ojos del Salado, à 6 893 m), des déserts de sel (Salar de Maricunga, de Pedernales...), une multitude de thermes naturels sauvages, une faune riche et variée (flamants roses de décembre à février, *guanacos*... C'est un paradis pour les amoureux de grands espaces et de paysages grandioses, tout cela à plus de 4 000 m d'altitude.

Pratique

- **Le droit d'entrée** au parc est de 7 000 $ pour les adultes (les enfants paient 3 500 $). Une excursion d'une journée depuis Copiapó demande environ 12 heures de circuit.
- **L'administration du parc** se situe au deuxième secteur, à la Laguna del Negro Francisco. On peut y dormir (avec sanitaires et cuisine… et il y a même de l'eau chaude et de l'électricité !). Compter 10 000 $ par personne.

À voir - À faire

LAGUNA SANTA ROSA ET SALAR DE MARICUNGA ★★

A la Laguna Santa Rosa et au Salar de Maricunga (3 700 m d'altitude), le paysage est à couper le souffle : hautes cimes enneigées, flamants roses, une lumière étrange et fascinante… et puis la solitude… Un recoin du monde pour les rêveurs. Il y a un petit refuge gratuit très rustique pour passer la nuit (toujours ouvert en principe). Excellent duvet obligatoire. Empruntez le sentier de gauche qui longe le Salar de Maricunga.

LAGUNA VERDE ★★

À l'est du Parque nacional Nevado Tres Cruces et à environ 250 km de Copiapó.
La Laguna Verde, située à plus de 4 325 m d'altitude, doit son nom à sa couleur vert émeraude. C'est probablement l'un des plus beaux endroits du Chili, un site somptueux, difficilement descriptible, puisque la lagune est entourée par une quantité unique dans les Andes de hauts volcans enneigés (plusieurs dépassent les 6 000 m, comme le Barrancas Blancas à 6 119 m et le Muerto à 6 470 m, sans oublier le Ojos del Salado). La route 31 mène ensuite au paso San Francisco, qui conduit en Argentine, et aux villes de Fiambalá et Tinogasta.

NEVADO OJOS DEL SALADO ★★

À l'est du Parque nacional Nevado Tres Cruces, à la frontière argentine.
Vous pouvez, si vous êtes andiniste ou accompagné d'un guide, escalader le Volcan Ojos del Salado (entre novembre et mars). Un laissez-passer est indispensable. Vous le présenterez aux gardes pour votre propre sécurité et parce que c'est une zone frontalière. Il s'obtient à la Difrol. Comptez 12 jours de trek et escalade pour bien s'acclimater à l'altitude. Plusieurs refuges sur le chemin.

SALAR DE PEDERNALES ★★

Au nord du Parque nacional Nevado Tres Cruces, entre le parc et El Salvador.
Peu avant le complexe frontalier San Francisco, quelques kilomètres avant de pénétrer dans le parc national, une route mène au nord au Salar de Pedernales (à 63 km au nord de l'embranchement). Situé à 3 350 m d'altitude, celui-ci est vraiment impressionnant. Une petite piste sur la droite (vers l'ancienne mine de Bórax) le longe sur son côté ouest, et permet d'en admirer toute l'étendue et la splendeur.

EL SALVADOR

La route est goudronnée peu après la Cuesta de Los Patos, et après une soixantaine de kilomètres on parvient à l'étonnante petite ville d'El Salvador, qui fut tout d'abord construite pour héberger les ouvriers d'une mine de cuivre, et dont l'architecture n'a rien de colonial, mais évoque bien plutôt le tracé postmoderne d'Oscar Niemeyer à Brasilia. Aujourd'hui, c'est un centre commercial et administratif suffisamment important pour qu'un aéroport ait été construit dans les environs. On peut y loger. Des bus assurent le trajet entre Chañaral ou Copiapó et Diego de Almagro, puis El Salvador.

CALDERA ★★

A environ 75 km de Copiapó, Caldera est une petite ville de 14 000 habitants, construite vers le milieu du XVIIIe siècle et qui, grâce au minéral de Chañarcillo, acquit très vite une grande renommée et devint même le second port du Chili jusqu'en 1870, date à laquelle il fut détrôné par les grands complexes du Nord, en plein essor du salpêtre. Le port de Caldera fut aussi le théâtre de la guerre civile de 1891 et de l'insurrection contre les Balmacédistes, dont le cuirassé *Blanco Encalada* fit les frais car il fut coulé par des torpilleurs des troupes de Balmaceda.
Aujourd'hui, c'est une petite ville très tranquille... à part durant les mois de janvier et février : c'est alors la déferlante de touristes (surtout chiliens) sur les plages. Vous pouvez vous promener sur le charmant port, assez animé en été, et visiter l'église San Vicente. Mais il est probable que Caldera se limite à un carrefour pour vous diriger ailleurs, notamment à Bahía Inglesa.

Transports

TERMINAL DE BUS

A l'angle de Gallo et Vallejos
Pullman, Tur Bus ou Atacama VIP proposent des départs vers le sud (Copiapó, La Serena, Santiago) et vers le nord.

TERMINAL DE BUS RÉGIONAL

Cifuentes et Ossa Varas
Vers Copiapó, compter à partir de 2 300 $ en bus ou environ 14 000 $ pour un *colectivo* (jusqu'à quatre personnes).

Se restaurer

Nous ne recommandons pas le Terminal Pesquero, près de l'ancienne gare ferroviaire. Assez cher en fait pour une qualité pas toujours optimale et des portions plutôt chiches. A la limite pour les petits pots de *ceviche* (1 000 $).

LA CASA DE LA EMPANADA

Calle Atacama 884
✆ +56 52 2 319 924
Compter 2 000 $ la empanada.
Paola et Osvaldo allaient vendre leurs *empanadas* à bicyclette à Bahía Inglesa en 1994. Depuis, ils ont ouvert ce très bon resto à prix doux. Plus d'une trentaine de variétés d'*empanadas* différentes, succulentes. Goûtez à l'*ostion-queso* (Saint-Jacques/fromage) et à la *jaiba-queso* (avec du crabe). Aussi d'autres plats chiliens, bien pensés et copieux. Super adresse.

À voir – À faire

CASA TORNINI ★

Paseo Gana 210
www.casatornini.cl
comunicaciones@casatornini.cl
Compter 2 500 $ l'entrée avec visite guidée, en espagnol, anglais ou allemand, tous les jours à 11h30 et 16h30 de mars à décembre, 12h, 19h et 20h en janvier et février.
Pour se replonger dans les années 1900, dans une ancienne mansion d'une famille de colons italiens... On en saura plus aussi sur l'histoire du port de Caldera.

PLAGES ★

Caldera est une station balnéaire bien connue car elle constitue le meilleur point de départ pour les plages alentour. Délaissez Calderilla, à 4 km de Caldera, qui ressemble à nos côtes bétonnées avec ses condominiums affreux.

- **Bahia Inglesa :** parmi les plus belles plages, à 6 km de Caldera. L'eau est incroyablement claire. Pour vous y rendre, prenez un taxi ou un *colectivo.*

Plus au sud, vous pourrez gagner des plages totalement vierges (4x4 pas nécessaire). Il suffit de suivre les traces laissées par vos prédécesseurs qui vous conduiront, en passant par des plaines et des dunes, jusqu'à des plages cachées comme la mirifique Chorrillos (à 20 km de Caldera), une étendue de sable doré donnant sur une baie d'un bleu intense (idyllique pour camper quelques jours, paysages lunaires alentour propices à la flânerie), ou la Bahía Cisne. Encore plus au sud, vers Puerto Viejo ou Bahía Salado, les petits coins magnifiques ne manquent pas, comme la Playa Virgen, aux eaux si belles qu'elles évoquent la Polynésie (on peut y loger dans des *cabañas* assez chères). Vers le nord et Chañaral, et si vous êtes motorisé, vous pouvez faire des étapes de plage en plage : à 11 km de Caldera d'abord, dans une crique étendue sur quelques kilomètres (plages de Rodillo et Ramada). Les vagues y sont plus fortes qu'ailleurs. Vers le km 12, on arrive à un sanctuaire de la nature où se dressent les rochers appelés Granito Orbicular. Ce sont des formations rocheuses composées principalement de biotite et de quartz, dont la particularité est d'avoir cette forme orbiculaire (ou ronde) qui leur donne son nom. Ces rochers se trouvant sur la plage, il est plus facile de les observer à marée basse.

BAHÍA INGLESA ★★★

La plage de Bahía Inglesa ressemble à une carte postale : sable d'un blanc immaculé, eau turquoise et émeraude… mais froide aussi. Le bord de mer, jalonné de petits restos, de petits hôtels et de stands d'artisanat, possède un certain cachet, presque méditerranéen ! Certains y resteraient des jours à ne rien faire et à voir la vie passer. Le site est de plus en plus populaire, mais les constructions restent rares et l'ambiance très décontractée.

Transports

Compter 900 $ en *colectivo* depuis Caldera (le prendre sur la place principale). Une piste cyclable a été aménagée entre les deux localités.

Pratique

Tourisme - Culture

■ **OFFICE DE TOURISME**
Av. del Morro s/n
✆ +56 2 316 076
De 10h à 21h en semaine et à partir de 11h le weekend, en saison ; sinon, de 10h à 18h.
Infos sur les plages locales, les *colectivos* qui rentrent à Caldera, etc.

Réceptif

■ **GEOTURISMO**
Av. El Morro 840
✆ +56 9 9331 8763
geoturismo-atacama.blogspot.com
Compter 30 000 $ par personne la journée complète vers le Pan de Azucar, 20 000 $ vers les plages jusqu'à Playa La Virgen.
Rodrigo et Monserrat forment un couple attachant, et ils vous font découvrir leur région d'adoption qu'ils aiment tant. Passionnantes excursions (points forts : géologie et histoire locale) vers les plages de la côte, le parc Pan de Azúcar et même la cordillère. Organise aussi des excursions lors du désert fleuri. Ils peuvent vous fournir pas mal d'infos sur le coin. Un excellent choix.

Argent

Attention, pas de banque ici !

Se loger

En janvier/février, il y a foule. Pensez à réserver votre logement bien à l'avance.

■ **CORAL DE BAHÍA**
Av. El Morro 559
✆ +569 9 8434 7749
www.coraldebahia.cl
contacto@coraldebahia.cl
Compter à partir de 50 000 $ pour deux et de 150 000 à 200 000 $ de quatre à six personnes. Wifi inclus.
Au bord de l'eau, une bonne adresse de 8 chambres et 3 appartements. Préférez les chambres avec vue sur la mer. Superbe terrasse du restaurant, qui s'avère l'un des meilleurs du village (cuisine fusion, aussi bien locale qu'arabe ou asiatique, bien réussie). Un bon point de chute, mais il faut réserver longtemps à l'avance en été.

■ **NAUTEL**
Copiapó 549
✆ +56 9 7849 9030
www.nautel.cl
reservas@nautel.cl

Bahia Inglesa.

Bien situé à deux pas de la plage, cet hôtel propose quelques chambres confortables et bien tenues, certaines avec une vue sur la mer. Très bel espace commun avec cuisine équipée, idéale pour partager avec les autres hôtes. On se prépare soi-même son petit déj avec tous les ingrédients à disposition.

Se restaurer

Les prix des restos sont globalement trop élevés : le rapport qualité/prix est celui d'une station balnéaire dans le vent... Une adresse peut toutefois se démarquer.

■ EL PLATEAO

El Morro 756

Compter entre 7 000 et 10 000 $ par plat environ.

Endroit branché et sympa, pieds dans le sable dehors ou à l'intérieur sur deux étages. Musique dans le ton. Menu varié, entre curry thaï, *pescado de roca* (poisson de roche), risotto, et viandes rouges. Service agréable. Un peu cher peut-être, mais notre meilleur choix.

Sports - Détente - Loisirs

Plusieurs kiosques proposent des kayaks ou des vélos en location, de la plongée avec masque et tuba, ou encore des tours en bateau vers El Morro, un îlot au large. On peut aussi gagner en voiture la Playa La Virgen (46 km au sud de Bahía Inglesa), l'une des plus belles plages du Chili avec ses eaux translucides et son sable d'une blancheur immaculée qui rappellent la Polynésie française (mais l'eau reste froide...). Le trajet est superbe. Des agences proposent cette excursion depuis Bahía Inglesa. Sur place, si vous êtes véhiculé, garez-vous au-dessus et marchez jusqu'à la plage (vous éviterez ainsi de payer le parking en bas, assez cher).

CHAÑARAL

Le parc national Pan de Azúcar est situé près de Chañaral, une grosse bourgade de 13 500 habitants (en 2016) liée à l'activité minière sans grand intérêt, et avec de dramatiques problèmes de salubrité de l'eau – tant potable que celle de l'océan – en raison des déchets produits par l'activité minière dans la cordillère. A l'origine, Chañaral était une crique peu habitée par laquelle transitait la production de la Finca de Chañaral, une petite oasis à l'intérieur des terres. La découverte, en 1824, de la mine de cuivre de Las Animas va être à l'origine de son développement. C'est ici qu'aura lieu la première exportation de cuivre du Chili. La découverte d'une nouvelle mine, El Salado, en 1836, nécessitera la fondation d'un véritable port. Maintenant, la ville est plutôt tournée vers la Panaméricaine et son transport routier mais profite également de la mine El Salvador.

Peu fréquentée des touristes, cette bourgade constitue un bon point de départ pour visiter le parc national, à environ 18 km. Les habitants, serviables et chaleureux, vous accueilleront avec plaisir, et les quelques adresses pour se loger et dormir suffiront à satisfaire votre séjour.

Transports

Chañaral est une ville étape sur la route entre Arica et Santiago. Des bus y passent le jour et la nuit, desservant différentes destinations. Rendez-vous cependant au terminal (Merino Jarpa 854) et réservez votre place, surtout en été. La plupart des correspondances se font directement sur la Panaméricaine, car la majorité des bus ne rentrent pas dans la ville.

Pratique

■ HÔPITAL

Arturo Prat 1000

✆ +56 52 2 465 553

■ MIGUEL LAI GUZMÁN

✆ +56 99 5 398 598

miguellai@live.cl

Compter 35 000 $ par personne (base double) pour la journée complète vers le parc.

Miguel, un guide natif de Chañaral, amical et certifié, propose une très intéressante journée à la découverte de sa ville et du parc national Pan de Azúcar. Son tarif inclut : le transport (depuis/vers le terminal de bus au besoin), le service de guide, le déjeuner, et des photos du circuit. Propose aussi des tours de 2 jours/1 nuit, des balades à vélo et de plus longues expéditions encore. A conseiller.

Se loger

■ HOSTAL PAN AZUCAR

1527 Dr.Herrera

✆ +56 52480754

hostalpandeazucar@hotmail.com

Compter 20 000 $ la simple, 30 000 $ la double et 45 000 $ pour une chambre de 3/4 personnes. Petit-déjeuner inclus.

À 500 m du terminal de bus, cet établissement propre et bien tenu propose 15 chambres. Chaque chambre est impeccable et a sa salle de bain privée. Bien que la décoration puisse paraître un peu démodée on s'en remet facilement à la sympathie du propriétaire Willy. Ce dernier a le souci du détail et apprécie particulièrement échanger avec ses convives. Une bonne adresse pour rester une ou deux nuits.

RESIDENCIAL MI CHICA
Merino Jarpa 867
✆ +56 52 2 480 100
Simple avec sanitaires communs à 10 000 $; avec sanitaires privés, compter 20 000 $ pour un, 25 000 ou 30 000 $ pour deux, 40 000 $ pour trois. Télé câblée et wifi inclus.
Correct pour passer la nuit. La patronne est très sympa et arrangeante. Economique et propre. Le restaurant « Mi chica » situé en face l'hôtel est tenu par les mêmes propriétaires.

PARQUE NACIONAL PAN DE AZÚCAR ★★

Ce parc national, qui s'étend sur 43 769 ha, est d'une grande richesse archéologique et historique. La végétation est à caractère xérophile (climat semi-désertique), incluant plus de vingt espèces de cactées (dont les étonnantes *copiapoa*, des cactus ronds mesurant de 15 à 70 cm de diamètre, sortes de boules de poils qui émergent de la terre). La *camanchaca* (ou brume côtière) permet en effet à une étrange végétation de croître, pour le plus grand bonheur des visiteurs. Vers le trentième kilomètre, bien à l'intérieur du parc, on parvient à la crique des pêcheurs, la Caleta de Azúcar. De là, on peut partir en bateau vers la fameuse île où vivent de nombreux animaux : pingouins de Humboldt (près de 3 000), lions de mer, pélicans, cormorans... Une superbe excursion d'environ une heure et demie (10 000 $ par personne, avec un minimum de dix personnes). En basse saison, la caleta redevient rapidement un paradis perdu, quasi vierge de présence humaine. Elle a quand même une certaine importance historique puisque s'y trouvait une fonderie et qu'on y embarquait le minéral de Carrizalillo. Elle fut même achetée par le puissant Cousiño et dut subir le bombardement de la corvette péruvienne *Unión* en 1879.
En vous enfonçant plus loin dans le parc, vous pouvez gagner les Lomitas (60 km aller-retour en voiture), situées 700 m au-dessus du niveau de la mer, qui livrent un mirifique point de vue. Les 4 derniers kilomètres se font maintenant à pied, au milieu d'un superbe paysage.
Vous pouvez également vous rendre au mirador du Pan de Azúcar (15 km aller-retour en voiture, les derniers 2,5 km se font à pied). C'est l'image typique du parc. Au niveau de Playa Blanca (superbe), deux sentiers croisent la route : celui de gauche (vers la mer) vous fera gravir une petite colline, et vous tomberez sur une colonie de lions de mer ; celui de droite s'enfonce dans le parc, et l'on peut y apercevoir des *guanacos*. Pour sortir du parc, vous pouvez emprunter un autre chemin, passant par les Lomitas, et retrouver plus rapidement la Panaméricaine. Tout cela si vous êtes véhiculé, bien sûr !

Transports

Pas vraiment de transport en commun depuis Chañaral, sauf en janvier/février où une entreprise, Destino Norte, propose le voyage 3 fois par jour (généralement un bus part à 10h, 13h et 19h entre la Costa Nera et Merino Jarpa. Comptez 6 000 $ pour 20 minutes de trajet.

- **En taxi.** Compter au moins 40 000 $, valable pour quatre personnes.
- **En voiture.** Il faut prendre à gauche à l'entrée de la ville, c'est indiqué. Au 12e kilomètre, on longe une superbe plage, la playa del Refugio, mais ne vous y baignez pas car les mines y jetaient leurs résidus pollués. Vers le 20e kilomètre apparaît l'entrée du parc. Vous passerez ensuite par la Playa Blanca et devant l'île du Pan de Azúcar, que vous pourrez approcher en bateau.

Pratique

Le parc est ouvert de septembre à mars de 8h à 20h, d'avril à août de 8h à 18h. Entrée : 7 000 $ par adulte, 3 500 $ pour les enfants.

CENTRE D'INFORMATIONS CONAF
Playa Piqueros
A 1 km au sud de Caleta Pan de Azúcar
✆ +56 52 213 404
www.conaf.cl – consulta.oirs@conaf.cl
Ouvert de 8h30 à 12h30 et de 14h à 18h.
Centre d'informations, et Cáctarium intéressant. Carte des treks possibles.

Se loger

Bien et pas cher

Camping possible à Playa Piqueros, Playa El Soldado et Caleta Pan de Azúcar. Il y a du monde en été. Compter à partir de 4 000 $ par personne environ. NE CAMPEZ PAS SUR LA PLAGE EL REFUGIO, sur la route de Chañaral : si le site a l'air idyllique, l'eau est contaminée par des résidus de minerais (du coup, la plage aussi).

PAN DE AZUCAR LODGE
✆ +56 9 9444 5416
pandeazucarlodge.cl
granatacama@gmail.com
Camping à 7 500 $ par adulte, 1 000 $ par enfant, avec sanitaires et douches. Cabañas à 65 000 $ pour deux, 90 000 $ pour six et 115 000 $ pour huit. Un peu plus cher en haute saison.
Sites de camping bien aménagés (avec toit en totora mais sans électricité), *cabañas* confortables avec cuisine équipée, douches chaudes, électricité (mais pas de prises de courant). En été, de nombreuses activités et excursions sont proposées.

GRAND NORD

Lama dans les bofedales face au Parinacota.

BOLIVIE
CHILI
RÉGION DE TARAPACA
RÉGION D'ANTOFAGASTA
Salar de Grande
Salar de Llamara
Pta Arenas
Pta Urcu
Cap Paquica
Pta Guamillos
Tocopilla
Caleta Boy
Pta Alala
Caleta Buena
Cobija
Pta Tames
Michilla
Pta Gualaguala
Hornitos
Baie de Mejillones
Pta Angamos
Mejillones
Reveca
Porvenir
PAMPA MIRAJE
María Elena
Co de la Mica 1821 m
Co Tetas 1799 m
Quillagua
Río Loa
PAMPA DEL TAMARUGAL
Río San Salvador
Río Loa
PAMPA DEL INDIO MUERTO
Sierra Gorda
Mina Spence
Mellizos
Caracoles
San Juan
Centinela
Calama
Co Blanco 4277 m
Co Aucanquilcha 6176 m
Réserve Nationale Alto El Loa
Lequena
Colachuz
Conchi Viejo
Río Loa
Ascotán
Vn San Pablo 6092 m
Vn San Pedro 6145 m
San Pedro
Conchi
Río Silala
Co Inacaliri o del Cajón 5626 m
Vn Ollagüe 5863 m
Inacaliri
Cupo
Cabaña
Vn Linzor 5610 m
Baños de Turi
Turi
Lasana
Linzor
Río Salado
Toconce
Ayquina
Caspana
Chiu Chiu
Géiseres del Tatio
San José
Tuina
Machuca
Vn Putana o Jorjencal
Santa Rosa
Río Grande
Co Sairecabur 5971 m
Termas de Puritama
San Bartolo
Vn Licancabur 5916 m
Puritama
San Pedro de Atacama
CORDILLERA DE DOMEYKO
CORDÓN DE LA PACIENCIA
... A SAL
... CAMA
Réserve Nationale Los Flamencos
Laguna Tebinquinche
Laguna Chaxa
Toconao
Alitar
Aguas Blancas
Réserve Nationale Los Flamencos
Laguna Cañapa
Laguna Hedionda
Laguna Seca
Laguna Ramadita
Soniquero
Juntacha
Peña Barrosa
Laguna Colorada
La Chita
Laguna Salada
Salar de Chalviri
Laguna Verde
Réserve Nationale de faune andine Eduardo Avaroa
1
5
21
23
24
25
27
Routes principales
Routes secondaires
Voie ferrée
Frontières
Limites régionales
Parc nationaux

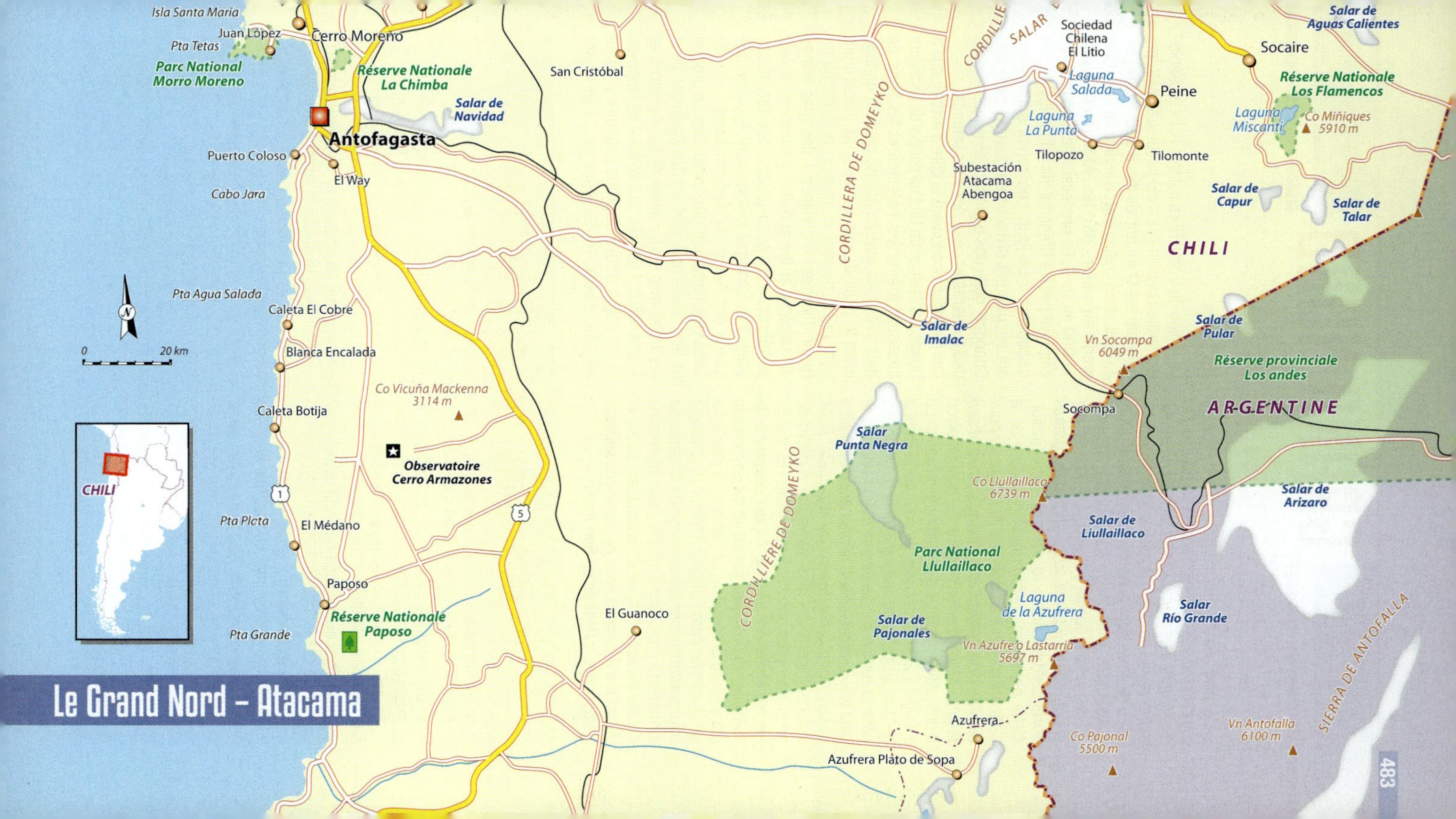
Le Grand Nord – Atacama
Isla Santa María
Juan López
Pta Tetas
Parc National Morro Moreno
Cerro Moreno
Réserve Nationale La Chimba
Salar de Navidad
Antofagasta
Puerto Coloso
El Way
Cabo Jara
Pta Agua Salada
Caleta El Cobre
Blanca Encalada
Caleta Botija
Pta Plcta
El Médano
Paposo
Réserve Nationale Paposo
Pta Grande
Co Vicuña Mackenna 3114 m
Observatoire Cerro Armazones
San Cristóbal
El Guanoco
CORDILLERA DE DOMEYKO
CORDILLIÈRE DE DOMEYKO
CORDILLIE
SALAR
Sociedad Chilena El Litio
Laguna Salada
Laguna La Punta
Tilopozo
Tilomonte
Peine
Subestación Atacama Abengoa
Socaire
Réserve Nationale Los Flamencos
Laguna Miscanti
Co Miñiques 5910 m
Salar de Aguas Calientes
Salar de Capur
Salar de Talar
CHILI
Salar de Imalac
Vn Socompa 6049 m
Socompa
Salar de Pular
Réserve provinciale Los andes
ARGENTINE
Salar de Arizaro
Salar Punta Negra
Co Llullaillaco 6739 m
Salar de Llullaillaco
Parc National Llullaillaco
Laguna de la Azufrera
Salar de Pajonales
Vn Azufre o Lastarria 5697 m
Salar Río Grande
Azufrera
Azufrera Plato de Sopa
Co Pajonal 5500 m
Vn Antofalla 6100 m
SIERRA DE ANTOFALLA
0
20 km
N
1
5
CHILI

GRAND NORD

★★★★

Le Grand Nord – qui comprend les régions administratives d'Arica-Parinacota (région XV) de Tarapacá (région I), d'Antofagasta (II) et une petite partie du nord de celle d'Atacama (III) – est une région qui présente une certaine unité géologique. Une coupe transversale, d'ouest en est, révèle qu'elle est occupée d'abord par la plateforme littorale où se situent les grands ports comme Arica, Iquique et Antofagasta. Cette plateforme rencontre la cordillère de la Côte qui culmine à hauteur d'Antofagasta pour diminuer progressivement jusqu'à Arica et son fameux Morro. La cordillère laisse ensuite place à une plaine centrale d'une altitude moyenne de 1 000 à 1 200 m, occupée au nord par la Pampa del Tamarugal et au sud par le désert d'Atacama (dès la région II). Le désert d'Atacama est le plus vieux, le plus haut, le plus aride et le plus hostile de tous les déserts de la planète. Dans ses contreforts les plus sauvages, il arrive de ne croiser plus une seule forme de vie, même les bactéries ont déserté ! Il est coupé par la cordillère de Domeyko, qui est en fait un morceau détaché de la cordillère des Andes. La cordillère de Domeyko commence à hauteur de Copiapó pour s'interrompre aux environs de Calama. Sa formation a créé dans cette zone une dépression andine qui est à l'origine de la cordillère du Sel et du salar d'Atacama. Vous en aurez une superbe perspective à l'entrée de San Pedro.

Histoire

La région du Grand Nord est très riche archéologiquement puisqu'elle a été peuplée à l'extrême nord par les Chinchorros dès 8 000-10 000 av. J.-C. et, dans la dépression andine de Chiu-Chiu jusqu'au salar, par les Atacameños dès 11 000 av. J.-C. Le processus de momification employé par les Chinchorros est le plus ancien découvert à ce jour. Les zones d'influence ont ensuite été divisées en quatre : celle des Changos, celle des habitants de la sierra, celle des Aymaras et celle des Atacameños.

Les Changos occupaient la côte d'Arica jusqu'à Huasco. C'était avant tout un peuple de pêcheurs chassant même les baleines et les lions de mer avec des embarcations confectionnées dans la peau de ces derniers. Ils disparurent vers la fin du siècle dernier, acculturés ou (pour d'autres) « civilisés » dans les mines de salpêtre et les activités portuaires, vivant parfois dans des semi-ghettos aux abords des villes. Les Changos ramassaient également le guano des îles qu'ils transportaient à dos de lama vers l'intérieur des terres avec le produit de leur pêche pour réaliser des échanges avec les habitants de la sierra et les Aymaras et Atacameños. Les premiers vivaient de l'élevage et de l'agriculture dont les produits (viande séchée, peaux, fruits, légumes…) servaient

Les immanquables du Grand Nord

- **Un circuit** à la découverte des anciennes villes du salpêtre autour d'Iquique ou Antofagasta, notamment celle de Humberstone et Santa Laura.
- **Un séjour** à San Pedro de Atacama à la découverte des merveilles naturelles et majestueuses de cette nature aux différentes facettes : volcans, geysers, lagunes, lac de sel... la beauté sauvage révèle des couleurs et des reliefs tout à fait uniques. Un sentiment d'infini !
- **Une escale à Pica** l'oasis de cette région sèche et aride, on y trouve de délicieux fruits comme des oranges et des citrons qui ravitaillent les meilleurs restaurants du nord du pays !
- **Une excursion** d'Arica vers le Parc National Lauca et la réserve Las Vicunas afin d'observer les élégantes vigognes dans leur environnement naturel.
- **Le parc national Tres Cruces Nevados,** un joyau de la cordillère qui n'a rien à envier aux trésors naturels qui encerclent San Pedro de Atacama. Des montagnes enneigées aux lagunes cristallines, c'est une explosion de couleurs dans une nature intacte et encore peu visitée.
- **Partir à la découverte des villages atacameños** qui comptent le plus souvent moins d'une cinquantaine d'habitants. En autarcie loin de toute civilisation, le temps semble ici suspendu.

au troc. L'Altiplano était, lui, le domaine des Aymaras, affiliés à la grande culture bolivienne qui donna naissance à Tiwanaku. Ces Aymaras participaient aussi au grand troc de la région en fournissant notamment le quinoa.
Situés plus au sud, les Atacameños (Atacaméens) étaient à l'origine des chasseurs et cueilleurs nomades, arrivés de l'Altiplano. Ils se sédentarisèrent, mirent peu à peu en place une agriculture rudimentaire et commencèrent à pratiquer l'élevage de lamas dont ils organisaient la transhumance depuis la Puna de la cordillère jusque dans les plaines. Leurs premiers peuplements s'établirent environ 3 000 ans avant notre ère. Le premier de leurs villages dont l'urbanisme peut être considéré comme avancé est l'Aldea de Tulor. Par la suite, les Aymaras vont commencer à rayonner dans la région durant la période de Tiwanaku (de 300 à 1100). Cette grande civilisation, dont le noyau central était le lac Titicaca qui s'étendait dans l'Altiplano bolivien, va diffuser sa culture dans la sierra mais aussi chez les Atacaméens. Ces derniers commencèrent à en utiliser les techniques agricoles, artisanales et même hallucinogènes (ils absorbaient les substances grâce à des tablettes que vous pourrez admirer au musée de San Pedro de Atacama). Par la suite, les Atacaméens perfectionnèrent leur urbanisme : ils organisèrent leur peuplement dans des plaines ou vallées, souvent avoisinantes d'une colline, où ils pouvaient construire des systèmes défensifs, les pukaras, qui fleurirent au XIIe siècle (San Lorenzo, Quitor...). Ces pukaras répondent en fait à l'apparition de territoires autonomes, dont elles sont les garantes.
Cette grande époque d'essor culturel va s'étendre de 1100 jusqu'en 1470, cette ultime année marquant l'apparition de l'Empire inca qui va assujettir toute la partie nord du Chili actuel jusqu'au fleuve Maule (région de Talca). Si certains pukaras restèrent imprenables, de nombreuses zones, au gré des alliances et victoires militaires, vont accepter la culture inca.
L'extension de la civilisation inca sera facilitée par le Camino del Inca (Chemin de l'Inca), qui en est la colonne vertébrale (un ancêtre de la Panaméricaine en quelque sorte). Les Incas vont d'ailleurs installer un centre administratif à Catarpe, près de San Pedro de Atacama. La fin de cet empire et le recul des cultures locales seront scellés par l'arrivée des Espagnols. Diego de Almagro, puis Pedro de Valdivia, partis de Cuzco, passeront par cette région. Ils s'empareront du territoire et construiront des villes coloniales avec, très tôt, des églises (dès la fin du XVIe siècle, les premières du Chili). On retrouve cependant certaines traces de ces populations dans la précordillère où les descendants des Aymaras continuent à pratiquer la culture en terrasses. Mais le quinoa et la pomme de terre originels ont été remplacés par d'autres légumes. Par la suite, lors de la création du vice royaume de La Plata en 1786, les régions I et II seront divisées entre ce vice-royaume et celui du Pérou. C'est cette division que l'on retrouvera au moment de la guerre du Pacifique puisque le Pérou perdit les régions de Tarapacá et d'Arica, mais aussi celle de Tacna (rendue en 1929) tandis que la Bolivie perdit celle d'Antofagasta.
Le Grand Nord est donc fortement marqué dans les esprits des trois pays, par cette guerre du Pacifique (la plus grande qui ait eu lieu en Amérique du Sud). Le sujet est encore délicat, la Bolivie pleurant toujours la perte de son accès à la mer. Si le Grand Nord apparaît comme le théâtre de grandes guerres (Pacifique mais aussi guerre civile de 1881), il fait surtout figure d'Eldorado dont les richesses successives ont permis aux hommes de transcender les conditions climatiques extrêmes de zones désertiques et isolées. La ruée vers les richesses naturelles n'a jamais cessé : ce furent d'abord les mines d'or et d'argent du temps des Espagnols puis, pour partie, l'épopée du guano péruvien (qui serait aussi à l'origine du conflit du Pacifique), ensuite celle du salpêtre (voir Iquique), qui a été également celle du chemin de fer. Le salpêtre déclinant (en raison des dérivés chimiques), le sol prodigua alors une nouvelle richesse minérale : le cuivre, avec l'ouverture en 1912 de Chuquicamata, la plus grande mine de cuivre du monde. Et maintenant, on a trouvé du pétrole et surtout du lithium dans le salar d'Atacama. Cette terre infertile semble en fait une inépuisable réserve de richesses.
Si celles-ci ont été à l'origine de comportements relevant de la cupidité la plus détestable (exploitation des ouvriers du salpêtre, North et ses intrigues, révolutions matées dans des bains de sang...), elles ont également lancé à l'homme de fabuleux défis pour venir à bout de ce climat hostile. Défi d'abord relevé par ces explorateurs du désert qu'étaient Diego de Almeyda, Antonio Moreno ou encore José Santos Ossa, manquant parfois de mourir de soif et découvrant de nouvelles mines. Défi de l'espace dompté grâce au chemin de fer (parmi les premiers d'Amérique du Sud). Problème d'eau, cruellement absente, et auquel on remédiera d'abord grâce aux navires-citernes, puis grâce aux usines de distillation de l'eau de mer (la région sera même témoin de la première utilisation mondiale de l'énergie solaire dans une usine de distillation en 1872 !) et, enfin, grâce à de nombreux aqueducs partant de la montagne pour acheminer l'eau dans les zones de peuplement.

Enfin, c'est une région somptueuse qui présente sans doute deux des plus grandes merveilles naturelles du Chili : le parc national de Lauca et la région de San Pedro de Atacama. Région imprégnée d'une histoire extraordinaire, inscrite à même le paysage, comme en témoignent les sculptures de rouille des anciennes oficinas de salpêtre, ou encore les géoglyphes (dessins gigantesques qui ornent les flancs des collines et dont les lignes ont été réalisées grâce à des amoncellements de pierres) et les pétroglyphes (dessins de taille plus petite, gravés sur la pierre) des vallées, qui guideront vos pas comme ils guidaient jadis les caravanes de lamas des diverses tribus. Le poète chilien Andrés Sabella, né à Antofagasta en 1912 et décédé à Iquique en 1989, fut le chantre du Grand Nord. Dans son poème El Norte de Chile, il écrit : « *Aquí la tierra vive dentro de su propia sombra, vive en equilibrio de inmensidad, mirándose en larguísima vigilia. Es la tierra donde la piedra habla a las piedras, donde un coro de piedras va de sí hasta lo infinito* ». (« *Ici la terre vit dans son ombre propre, elle vit dans l'équilibre de l'immensité, se regardant en une longue veille. C'est la terre où la pierre parle aux pierres, où un chœur de pierres s'ouvre à l'infini* »).

ANTOFAGASTA ET LA PAMPA SALITRERA

En vous rendant du port d'Antofagasta à Calama en bus ou en voiture, vous traverserez la Pampa Salitrera (pampa du salpêtre) où de nombreuses ruines d'anciennes *oficinas* parsèment aujourd'hui le paysage. Cette zone garde les traces d'une activité économique qui a durablement marqué les régions désertiques du Nord du Chili. La région de l'Atacama comptait sur son territoire cinq « cantons » d'exploitation du salpêtre, chacun d'eux regroupant un nombre important de postes d'exploitation. Cette division territoriale et administrative correspondait aux différents ports où le salpêtre était acheminé pour être exporté. Ainsi dans la région d'Antofagasta se trouvaient les cantons El Toco, Pampa Central, El Boquete, Aguas Blancas et Taltal (du nord au sud). Tous ces postes, sauf un, constituent aujourd'hui des villages fantômes d'où se dégage une grande tristesse. Mais en les visitant on aura l'impression de renouer avec la vie des pionniers du salpêtre. Un passé que Neruda décrit en ces termes simples dans son ouvrage *J'avoue que j'ai vécu* : « Pendant longtemps, les sociétés d'exploitation du salpêtre ont constitué de véritables dominions, fiefs ou royaumes dans la pampa. Anglais, Allemands et envahisseurs de toutes sortes barricadèrent les territoires auxquels ils donnèrent le nom d'*oficinas*. Ils imposèrent une monnaie, interdirent toute réunion, prohibèrent les partis politiques et la presse populaire. On ne pouvait pénétrer dans ces zones minières sans un sauf-conduit, qui n'était accordé qu'à quelques rares privilégiés. »

En suivant la Panaméricaine jusqu'à son embranchement vers Calama (km 95), vous arriverez en plein cœur de cette pampa. A 3 km de là se trouve une des seules *oficinas* qui aient été conservées, avec Humberstone et Santa Laura, près d'Iquique.

Ce circuit, qui ne suit pas le traditionnel sens nord-sud, passe par les *oficinas* de salpêtre sur la route de Calama, puis bifurque vers Maria Elena pour se terminer au bord de la mer, à Tocopilla, comme le salpêtre qui y embarquait. Nous vous conseillons de faire un tour sur le site – www.albumdesierto.cl (en espagnol) pour des renseignements sur ces villages d'un autre âge et vous guider dans votre visite.

ANTOFAGASTA ★★

Antofagasta (346 126 habitants selon le recensement 2012) ne jouit pas d'une très bonne réputation auprès des voyageurs. Ce port décati, chanté par le poète chilien Andrés Sabella, ne se distingue pas par une architecture remarquable. Toute son histoire est marquée par l'activité minière. De récents projets d'urbanisme essaient de redorer son blason, mais malgré tout, autant la fameuse plage artificielle que le Paseo del Mar (sorte de croisette locale) ne sont pas toujours bien entretenus... A la rigueur, on pourra apprécier son ambiance portuaire et les férus d'histoire sauront dénicher sur les traces du salpêtre un pan capital de la formation de l'Etat chilien.

Histoire

Le développement d'Antofagasta fut fortement lié aux richesses naturelles de la région. C'est le cas typique d'une ville-champignon qui a su résister au temps et construire une activité économique durable. Le premier habitant fut un Chilien (à l'époque, ce territoire était encore bolivien) connu sous le sobriquet de Chango Lopez (car il était ami avec les indigènes changos de la côte), employé dans les guaneras et les mines de cuivre et venu de Copiapó. Il s'installa avec sa famille dans la baie en 1866 et demanda une concession de terrain au gouvernement bolivien en 1872. C'est en accueillant dans son ranch, en 1866, José

Santos Ossa, le grand manitou du salpêtre de la région, que Chango Lopez scella le destin de la future Antofagasta. Ossa, qui était venu explorer la région à la recherche de nouveaux gisements, en trouva et acheta 300 000 m² de terrains dans la baie d'Antofagasta, appelée à l'époque Peñablanca. Des bateaux vinrent bientôt embarquer les chargements de salpêtre. En 1868, Ossa créa, avec son ami Puelma, la Compagnie exploratrice du désert. En 1869, ils s'associèrent avec un commerçant anglais de Valparaiso, Gibbs, et fondèrent la Melbourne Clark Co. Celle-ci ouvrit une usine de traitement à Antofagasta, fit venir des ouvriers, construisit des bâtiments administratifs et un quai pour embarquer la marchandise.

En 1870, la Caleta, qui bénéficiait également de la découverte de la mine d'argent de Caracoles, faisait vivre plus de trois cents habitants. En 1871, elle fut déclarée port majeur et rebaptisée du nom d'Antofagasta à l'initiative du président fou bolivien Melgarejo. Celui-ci s'était en effet souvenu d'une hacienda qu'il possédait dans les Andes atacaméennes, dans une ville qui s'appelait justement Antofagasta de La Sierra (actuelle Argentine), ce qui, en quechua, signifierait « la ville sur les eaux ». En 1873, la compagnie d'Ossa obtint le permis de construire un chemin de fer de plus de 100 km de longueur, destiné à relier Antofagasta à Salinas, et, six ans plus tard, elle devint l'Antofagasta Nitrate and Railways Company. En 1878, la ville comptait environ 8 500 habitants, dont plus de 6 000 étaient chiliens. C'est par l'occupation de la ville, le 14 février 1879, que débuta la guerre du Pacifique. Le changement de nationalité n'affecta en rien les affaires d'Ossa, qui allongea ses lignes de chemin de fer. Il obtint même, en 1883, une concession du gouvernement chilien qui lui permit de construire une ligne jusqu'en Bolivie où la compagnie Huanchaca (dont les principaux détenteurs du capital étaient chiliens et dont les actionnaires boliviens n'avaient pas joué un rôle des plus honnêtes dans la guerre) lui confia le traitement du minerai d'argent de ses mines de Pulcayo et d'Oruro. Cette ligne arriva à Uyuni en 1890. La fonte de cet argent se fit à Antofagasta, ce qui accrut encore la puissance économique de la ville et donc son attrait. De plus, en 1903, un nouveau train du salpêtre vit le jour et, dès 1912, Antofagasta enlevait à Iquique son titre de premier port du salpêtre. Cette même année commença l'exploitation du cuivre de Chuquicamata qui allait être la nouvelle richesse de la région et de la patrie. A temps, car dans les années 1920, l'industrie commença à décliner. Depuis, l'économie d'Antofagasta est restée fortement dépendante du précieux minerai mais s'est aussi considérablement industrialisée.

Transports

Comment y accéder et en partir

Toutes les grandes compagnies assurent les liaisons avec les grandes villes du Chili. Vers le sud et Santiago, en passant par Chañaral, Copiapó, La Serena, et vers le nord, en passant par Iquique, Arica, Calama ou San Pedro de Atacama. Elles disposent toutes de leur propre terminal. Flota Barrios est la compagnie la moins chère a priori pour Arica, Iquique et les villes du sud. Un peu plus de confort avec Pullman et Tur Bus. Tur Bus part toutes les heures à Calama. Aussi des départs pour Taltal (avec Tur Bus par exemple, cinq fois par jour) et Tocopilla (aussi avec Tur Bus, six fois par jour, ou avec Condor Bus, quatre fois par jour).

- **Pour San Pedro,** compter entre 9 000 $ et 23 000 $ selon le confort pour environ 4h30 de route. Plusieurs départs par jour : par exemple avec Tur Bus, 5/6 départ par jour entre 7h et 19h.
- **Pour Mejillones,** les bus Megatur et Corsal partent du centre de la ville pour environ 4 500 $ l'aller-retour. Départs toutes les demi-heures environ. Compter 1h de trajet.

AEROPUERTO INTERNACIONAL CERRO MORENO

A 25 km au nord de la ville
Route vers Mejillones
✆ +56 55 2 254 998
www.aeropuertoantofagasta.cl
aeropuerto.antofagasta@tattersall.cl
Trois compagnies domestiques sont présentes : LATAM Airlines, Sky Airline et JetSmart.
Du Terminal Pesquero, le bus 15 s'y rend (autour de 450 $) toutes les deux heures. Des *colectivos* partent aussi tout près de la plaza Colón : vous ne devriez pas payer plus de 4 500 $ par personne. Un taxi privé revient à 15 000 $ environ.

GEMINIS

Latorre 3355
✆ +56 55 2 892 059
www.geminis.cl
contacto@geminis.cl
Ces bus se rendent de Calama à Salta en Argentine, le mardi, vendredi et dimanche à 23h (de Calama). Toutefois, ils proposent aussi la connexion depuis Antofagasta s'il y a assez de passagers. Le voyage dure environ 15h.

LATAM

Arturo Prat 445
www.latam.com
A partir de 92 000 $ environ l'aller simple. Aller-retour toujours moins cher.
Vols depuis et vers Santiago entre 6h30 et 17h50.

■ **SKY AIRLINE**
General José Velásquez Bórquez 890, local 3
✆ +56 55 2 459 090
Vols vers Santiago (environ 350 US$), mais aussi les grandes villes du nord dont Arica, Calama, Iquique et La Serena. Pour l'étranger, vols vers Buenos Aires, Lima et La Paz.

▶ **Autre adresse :** Washington 2548

■ **TUR BUS**
Pedro Aguirre Cerda 5750
✆ +56 55 2 220 240
www.turbus.cl
Tur Bus propose, entre autres, des départs quotidiens pour Santiago (à partir de 30 000 $) Calama (à partir de 5 000 $) et Iquique (entre 8 900 $ et 24 000 $ selon la catégorie).

Se déplacer

En ville, un système de transport urbain a vu le jour fin 2005 : le Transantofagasta. Le tarif oscille autour de 500 $ selon l'humeur du moment et le coût du diesel…

■ **AVIS & BUDGET**
Cerro Moreno Airport
✆ +56 2 2795 3977
www.budget.cl
reservas@budget.cl
Ouvert du lundi au vendredi de 7h à 23h et le samedi et dimanche de 9h à 14h.

Pratique

Tourisme - Culture

■ **CONAF**
Av. Argentina 2510
✆ +56 55 2 383 320
www.conaf.cl
antofagasta.oirs@conaf.cl
La Conaf gère les parcs nationaux au Chili.

■ **OFFICE DU TOURISME SERNATUR**
Arturo Prat 348, Edificio Intendencia piso 1
Sur la place
✆ +56 55 2 451 820
www.sernatur.cl
infoantofagasta@sernatur.cl
Ouvert du lundi au vendredi de 8h30 à 18h, le samedi de 10h à 14h.

Argent

■ **BANCO ESTADO**
Arturo Prat Chacón 400,
sur la plaza de Armas
✆ +56 55 2 535 200
D'autres banques également dotées de distributeurs de billets se situent sur la même rue et San Martín.

Moyens de communication

Plusieurs cybercafés pour se connecter sur Baquedano.

■ **CORREOS DE CHILE (POSTE)**
Washington 2601
Plaza de Armas
Ouvert du lundi au vendredi de 9h à 18h.

Santé - Urgences

■ **HOSPITAL REGIONAL**
Av. Argentina 1962
✆ +56 55 2 656 729
www.hospitalantofagasta.gob.cl

Se loger

Il est possible de se loger à bas prix à Antofagasta, et il existe plusieurs hôtels de grand standing pour recevoir les hommes d'affaires.
Moins de choix dans le milieu de gamme. La qualité des services peut souvent varier selon la personne sur qui vous tombez.

■ **ENJOY HOTEL & RESORT**
Av. Angamos 1455
✆ +56 55 2 653 000
www.enjoy.cl
adquisiciones@enjoy.cl
Compter entre 149 US$ et 300 US $ pour deux personnes.
Cet hôtel, appartenant à la chaîne d'hôtels Enjoy, propose 92 chambres modernes haut de gamme dont certaines avec terrasses et délivrant de superbes vues sur la mer. Plusieurs restaurants, un casino, un Spa, une discothèque (Ovo), un musée, un centre de conférences et de nombreux services dont la visite des sites touristiques alentour.

■ **FLORENCIA SUITES**
Av. República de Croacia 126
✆ +56 55 2 798 221
www.florenciasuites.cl
reservas@florenciasuites.cl
Compter 101 150 $ pour deux dans les studios, 99 960 $ ou 111 860 $ dans les suites exécutives, 196 350 $ ou 232 050 $ pour un loft. Dans les appartements, entre 196 390 $ pour un et 230 000 $ pour quatre. Petit déjeuner et wifi inclus.
Un ensemble récent, moderne et très confortable de 24 studios, 6 suites, 3 lofts et 10 appartements.
Internet wi-fi, télé câblée, kitchenette équipée, piscine, terrasse, centre de conférences, un restaurant italien. Le meilleur choix dans cette gamme de prix.

▶ **Autre adresse :** José Toribio Medina 30

■ **HOSTAL 1127**
Coquimbo 1127
✆ +56 55 2 841 497
www.hostal1127.com
hostal1127@gmail.com
Compter entre 24 000 $ et 28 000 $ la simple et 34 000 $ la double avec salle de bains privée. Petit déjeuner et wifi inclus.
Situé à environ cinq pâtés de maisons du port, dans un quartier tranquille, on propose des chambres assez spacieuses, propres et dotées d'une TV câblée. Ambiance familiale.

■ **IBIS ANTOFAGASTA**
Av José Miguel Carrera 1627
✆ +56 55 2 458 200
www.ibis.com
h6940-re@accor.com
Compter à partir de 45 000 $ la nuit pour deux. Petit déjeuner et wifi inclus.
Cet hôtel possède 140 chambres aménagées selon les standards de la célèbre chaîne hôtelière du même nom. Les chambres sont modernes et dotées de TV câblées, d'air conditionné. L'hôtel dispose aussi d'un restaurant et d'un bar. La qualité des services peut parfois varier, mais le rapport qualité-prix pour une chambre reste très intéressant dans cette catégorie d'hôtel.

Se restaurer

La rue O'Higgins s'enorgueillit aujourd'hui de plusieurs bars et restaurants à l'architecture intéressante. Les plats ne sont pas toujours à la hauteur, mais vous pouvez dénicher de bonnes adresses à votre tour.

Bien et pas cher

Nous vous conseillons la Caleta de Pescadores, près du port où les pélicans essaient, sans grand succès, de voler les poissons jetés par les pêcheurs aux lions de mer.

■ **LA LEONERA**
Latorre 2670
✆ +56 55 2 251 436
Du lundi au samedi de 9h à 1h.
Ce genre de petits restaurants populaires qui pullulent ailleurs mais qui manquent à Antofagasta. Sur des tables jaune canari, vous aurez droit à une entrée, un plat et un dessert à prix doux.

■ **SCHOPDOG**
Manuel Antonio Matta 2554
✆ +56 55 2 253 467
www.schopdog.cl
Tous les jours de midi à 22h.
Cette chaîne de restauration rapide propose quelques plats chiliens à des prix honnêtes.

Bonnes tables

■ **DIVINUS**
Avenida O'Higgins 1456
✆ +56 55 2 385 841
www.divinus.cl
contacto@divinus.cl
Ouvert du lundi au samedi de 19h30 à 1h30. Compter entre 10 000 et 15 000 $ le plat, plus pour les viandes.
Une déco audacieuse dans une vieille maison du siècle passé, un peu kitsch : les rideaux en velours rouge vif épousent de grands vitraux de trois mètres de hauteur. Quatre ambiances différentes qu'unit un salon central plus minimaliste, couronné par un superbe candélabre en acier. Cuisine aux influences péruviennes et thaïlandaises, bien présentée et savoureuse. A la carte on retrouve des plats à partager, des *parillas*, du *cordero, cerdo* ou encore des pâtes. Côté poissons et fruits de mer l'offre est aussi alléchante. On peut aussi juste y boire un apéritif. L'une des meilleures adresses en ville, notre préférée en tout cas.

■ **DON KARL'S**
Antonio Toro 1093
✆ +56 55 2 419 401
Ouvert du mardi au dimanche de 13h30 à 15h et de 19h30 à 01h.
Pour un peu, on se croirait dans une auberge du Tyrol… Décor champêtre mais distingué à la fois, on y boit de la bière et la carte s'avère plutôt de bon ton. Un excellent point de rendez-vous.

■ **TIO JACINTO**
Teniente Luis Uribe 922
✆ +56 55 2 228 486
Du mardi au vendredi de 12h30 à 16h et de 10h à 22h30, le samedi et le dimanche de 12h30 à 16h30.
On y sert les meilleurs poissons et fruits de mer d'Antofagasta. Le *Jardín de mariscos* (assortiment de fruits de mer) est tout à fait recommandable.

À voir - À faire

■ **MUELLE SALITRERO** ★★
Dans le Barrio Histórico
Construit par la Melbourne Clark & Cie en 1872, il servit pour charger le salpêtre et décharger des marchandises. En 1885, la compagnie Salitre y Ferrocariles d'Antofagasta le destina à la réception de marchandises. Il est long de 197 m, large de 15,8 m et haut de 2,63 m. Abandonné depuis longtemps, c'est maintenant une merveilleuse sculpture en rouille que la mer façonne inlassablement. Déclaré Monument national en 1978.

■ MUSEO REGIONAL DE ANTOFAGASTA ★

Balmaceda 2786
✆ +56 55 2 227 016
www.museodeantofagasta.cl
museo.antofagasta@museosdibam.cl
Musée ouvert du mardi au vendredi de 9h à 17h, le week-end et les jours fériés de 11h à 14h. Entrée libre.
Construit par le gouvernement chilien dans le port bolivien de Mejillones, le bâtiment de la douane fut inauguré le 12 septembre 1866. Après 1879, le gouvernement chilien le fit démonter et reconstruire à Antofagasta, sur le lieu qu'il occupe maintenant. Il servit de bureau des douanes jusqu'en 1966. À l'intérieur se trouve le Museo regional de Antofagasta. Ce musée retrace les étapes marquantes de l'histoire de la région. Le second étage est consacré à l'épopée du salpêtre. Ce qui retient l'attention, c'est le nombre incalculable de fiches de paie alors en circulation. On payait en effet les ouvriers avec des jetons qui représentaient 500 g de pain, 200 g de viande, etc. Chacune des *oficinas* avait des jetons spéciaux qui ne pouvaient s'échanger qu'au sein de cette même *oficina*. Ainsi l'ouvrier était obligé de consommer dans la pulqueria de la concession qui appartenait à qui, on vous le demande ? Au patron bien sûr. Ce « faux » argent ne pouvant être employé librement par l'ouvrier, il revenait dans les poches du propriétaire qui avait le monopole des prix dans son *oficina*, selon le bon vieux système des *encomiendas*, du servage et de l'esclavagisme.

■ PLAZA COLÓN ★★

San Martín, A l'angle de Sucre
Vous pouvez gagner le centre-ville en vous dirigeant vers la plaza Colón. Sur trois de ses arêtes se dressent différents cadeaux : une statue offerte en 1913 par la colonie espagnole et qui représente le maire Poblete Cortès, un joli kiosque à musique à deux niveaux offert par la communauté slave et la fameuse Torre del Reloj. Cette tour, offerte à la ville en 1911, est une réplique de la tour du palais de Westminster dont la cloche principale produit les mêmes notes. Son diamètre est d'un mètre. Elle est secondée dans son rôle temporel et intemporel par quatre autres petites cloches qui sonnent les quarts d'heure. Dans les alentours de la place se dressent l'église-cathédrale, construite entre 1906 et 1917 dans le style néogothique, et le théâtre municipal, plus récent.

■ RUINAS DE HUANCHACA ★

Av. Angamos 1606
✆ +56 55 2 417 860
www.frh.cl
Ouvert du mardi au dimanche de 10h à 13h et de 14h30 à 19h. Entrée à 2 000 $ par adulte et 1 000 $ pour les enfants et les étudiants.
En allant vers le sud de la ville, vers l'avenue d'Argentine, vous tomberez sur les ruines de la fonderie Huanchaca. Propriété de la Compagnie Huanchaca qui avait des intérêts boliviens, chiliens et anglais – c'est louche -, elle fut construite en 1889. Elle produisait près de 20 tonnes d'argent par mois et employait quelque 1 000 ouvriers. Elle fut fermée en 1912 et déclarée Monument national en 1974. Depuis 2008, les ruines font partie du Parque Cultural Huanchaca, qui en fait un espace dédié aux arts et à divers événements culturels. Ce parc dipose aujourd'hui d'un musée (Museo del Desierto de Atacama), d'un café, d'un amphithéâtre, d'un auditorium et de plusieurs esplanades où se jouent les grands concerts et les manifestations de grande ampleur. Le dernier grand événement remonte au 2 juillet 2010, le Concierto del Bicentenario (année du Bicentenaire du Chili) a réuni Inti Illimani, la Orquesta et d'autres grands noms de la scène chilienne, devant un peu plus de 7 000 personnes.

■ VERY LARGE TELESCOPE – PARANAL OBSERVATORY

✆ +56 9 98395312
www.eso.org – visits@eso.org
Tous les samedis, à 10h et 14h. Gratuit. Interdit aux enfants de moins de 4 ans. Inscription pour les visites obligatoire depuis le site web de l'observatoire. Se présenter 15 minutes avant le début de la visite. Venir impérativement avec une pièce d'identité.
Le Very Large Telescope est probablement ce qui se fait de mieux actuellement dans le domaine de l'observation du ciel, hors télescopes spatiaux ! Installé sur le sommet du Mont Paranal à plus de 2 600 m d'altitude, à 130 km environ au sud d'Antofagasta (la route qui mène à l'observatoire est assez rapide et sans difficulté), il se compose notamment de 4 télescopes géants équipés chacun d'un miroir de 8,2 m, fonctionnant séparément ou de concert (en interférométrie) selon les besoins et les types d'objets à étudier. Le Mont Paranal bénéficie de conditions climatiques idéales avec plus de 300 nuits dégagées par an, une faible humidité et une grande stabilité de son atmosphère. Le VLT permet ainsi de faire des découvertes prépondérantes : c'est à travers ses télescopes qu'a été photographiée pour la première fois en 2004 une planète extra-solaire (située hors de notre Système solaire).
La visite de l'observatoire débute au visitor center avec une présentation des infrastructures. Puis on accède aux coupoles aux formes et teintes métallisées atypiques, avant de découvrir l'un des télescopes utilisés par les professionnels... Il faut reconnaître qu'à ce stade le plus blasé des voyageurs reste estomaqué devant le gigantisme du télescope et de son miroir principal. Miroir

© CHR. OFFENBERG – SHUTTERSTOCK.COM

Very Large Telescope, Paranal Observatory.

surprenant de par sa conception monolithique mince, 17,6 cm seulement pour 23 tonnes (!), qui repose sur une série de 150 vérins hydrauliques chargés de le déformer en temps réel afin de corriger les aléas de la turbulence atmosphérique. Si on a la chance de visiter l'observatoire au moment d'une maintenance technique, on peut admirer le télescope tourner sur lui-même dans un silence de cathédrale, à peine perturbé par le bruit des quelques accessoires en fonction 24h/24. La visite intègre normalement aussi la salle de contrôle de l'observatoire, d'où les astronomes et techniciens pilotent l'ensemble et préparent leurs manipulations. Enfin, il est possible de voir la résidence des astronomes (Paranal Residencia), luxueux complexe construit pour héberger notamment les astronomes, avec sa forêt luxuriante miniature, sa piscine, et son architecture si particulière qu'elle a servi de décor à plusieurs scènes du James Bond « Quantum of Solace », en 2008 !

Dans les environs

■ MANO DEL DESIERTO

Ruta 5
75 km au sud d'Antofagasta.

Ceux qui sont allés bronzer sur les plages de Punta del Este en Uruguay ont déjà vu une telle main géante sortir du sable. Le sculpteur de cette «main du désert» haute de 11 m est bien le même, il s'agit du chilien Mario Irarrázabal. Elle est construite en plein désert et a été inaugurée en 1992 pour le bonheur des photographes.

■ MONUMENTO NATURAL LA PORTADA ★

Av. Argentina 2510
antofagasta.oirs@conaf.cl

Pour s'y rendre, prendre les bus spéciaux n° 20 qui passent de 7h à 20h toutes les 2 heures devant la cathédrale (ou les bus Megatur qui circulent toutes les demi-heures en direction de Mejillones), pour un coût de 5 000 $ l'aller-retour. Il semble que si à l'aller le bus passe juste devant La Portada, au retour il faut marcher jusqu'à la route principale pour l'arrêter (environ 30 minutes de marche).

Compter 1 500 $ de droit d'entrée.

Situé à 16 km au nord-est d'Antofagasta, c'est un arc de triomphe naturel à la gloire des éléments et de Poséidon. Mesurant près de 43 m de hauteur, 70 m de longueur et 27 m de largeur, il est dû à l'érosion marine ; la roche volcanique est de l'andésite, qui remonte au Jurassique (il y a environ 100 millions d'années). Sur place, un promontoire permet d'observer de loin le phénomène. Vous pouvez aussi prendre un maillot de bain et descendre les escaliers. La plage n'est pas fabuleuse mais assez ludique car on passe dans des mini-grottes et les vagues sont assez sportives. De toute façon, les plages de la région ne sont pas exceptionnelles car le coin est plutôt industriel. Vous trouverez cependant, à 38 km au nord-est, la station balnéaire de Juan Lopez. Ses rochers sont léchés par une plage de sable fin assez agréable.

OFICINA DE CHACABUCO ★

C'est l'une des dernières exploitations de salpêtre qui aient été construites (entre 1922 et 1924) et la dernière à avoir été équipée du système Shanks. Sa capacité de production s'élevait à 15 000 tonnes mensuelles et à 900 quintaux annuels d'iode, dérivé du salpêtre.

Sa population se montait à quelque 6 000 à 7 000 personnes, dont 1 700 employés et ouvriers, vivant sur une surface de 37 hectares. L'*oficina* de Chacabuco se caractérise par une excellente distribution de ses zones industrielles et d'habitations. Son espace urbain, traditionnellement appelé *campamento* (campement), est quadrillé à la manière des villes coloniales espagnoles, avec des rues de 10 m de largeur. Elle se distinguait également par son équipement communautaire de haut niveau : église, hôpital, club social, *pulperia*, hôtel, piscine, théâtre, bibliothèque, poste, etc. Malgré le démantèlement de la zone industrielle et les dommages infligés par le temps aux hangars et machines, Chacabuco conserve une forte identité imprégnée de la grande geste salpêtrière. Son élément le plus singulier est sans doute le grand mur qui l'entoure, très inhabituel dans la Pampa Salitrera. Elle fut fermée en 1940.

Pratique

Ouvert toute l'année du lundi au dimanche de 9h à 18h. Entrée : 1 000 $, ou 500 $ pour les enfants.

PAMPA UNIÓN

En continuant vers Calama, vous arriverez au site de Pampá Unión (km 117). Créé en 1912, le site surgit par nécessité sociale comme centre de service prenant en charge les besoins de tous les campements voisins, surtout pendant la période 1920-1930. Comptant près de 5 000 habitants, Pampá Unión possédait une école, un registre civil, un corps de pompiers, des magasins, des bars, sans oublier les bordels. On y éditait même quatre journaux consacrés à la vie de la Pampa. En visitant le site, remarquez sur les murs les publicités vantant les mérites de divers produits… En 1940, les installations en fer des salpêtrières qui entouraient la Pampá Unión furent démantelées afin de satisfaire à la demande en fer provoquée par la Deuxième Guerre mondiale.

OFICINA MARÍA ELENA ★

Si toutes ces villes fantômes ont pour vous un quelconque attrait, vous pouvez visiter le dernier village salpêtrier qui fonctionne encore dans le monde. Il se trouve près de la Panaméricaine en direction de Quillagá. Il vous faudra donc rester sur la Panaméricaine et ne pas bifurquer vers Calama. L'histoire de l'*oficina* Maria Elena remonte aux années 1920-1930, quand un talentueux ingénieur, Cappelens, mit au point un nouveau procédé d'extraction et de purification du *caliche*, breveté sous le nom de système Guggenheim, le propriétaire des terrains du *salar* de Miraje. Celui-ci y construisit deux *oficinas*, Maria Elena (1926) et Pedro de Valdivia (1930), aux dimensions gigantesques par rapport aux *oficinas* de l'époque. En 1950, la Planta Coya vint perfectionner la technique dite d'évaporation solaire. En 1965, la société passa sous le contrôle de la Sociedad Quimica y Minera de Chile.

Transports

Plusieurs compagnies font escale à Maria Elena entre Antofagasta et Calama (Tur Bus, Condor Bus…), ce qui permet de rejoindre aisément l'oficina aussi bien en venant du nord que du sud.

Se loger

Un camping, un *residencial*, deux restaurants… Que demander de plus ? Si on le désire, on peut passer la nuit ici.

À voir – À faire

■ MUSEO COMUNAL DE MARÍA ELENA
Carrera Pinto s/n
✆ +56 55 2 891 108
Ouvert tous les jours sauf le dimanche de 15h à 19h. Entrée libre.
Le musée expose des témoignages concernant la population indigène préhispanique de la région et tente d'expliquer le mystère que représente la survie d'une civilisation florissante dans un désert aussi aride que celui d'Atacama. On y verra également retracée l'histoire de l'exploitation du salpêtre. Le nouveau musée a été inauguré en 2016, un projet ambitieux de 170 millions de pesos.

TOCOPILLA ★

Le port de Tocopilla (environ 24 000 habitants) est la capitale de la commune du même nom. Autour de ce port moderne où transite le nitrate, la ville a développé une très importante industrie de la pêche en haute mer : on compte quelques records mondiaux. Ses eaux abritent en particulier les plus gros thons albacore du monde. La majeure partie des constructions de la ville date de l'âge d'or de l'exploitation du salpêtre. A cette époque, la ville servait de port d'exportation pour les oficinas de l'arrière-pays. Cette activité est aujourd'hui encore importante mais le minerai a remplacé le salpêtre. Le 14 novembre 2007, un tremblement de terre a détruit plus de 6 000 maisons. La vie est peu à peu revenue à la normale depuis lors. Pour la petite histoire et si vous êtes amateur, sachez que le fantasque artiste chilien Alejandro Jodorowsky y est né. Le coin est sans beaucoup d'intérêt pour le voyageur ; toutefois, comme Antofagasta ne jouit pas de faveurs spéciales non plus, on pourra décider d'y passer la nuit. A noter que la route qui conduit à Iquique, en longeant l'océan, est beaucoup plus spectaculaire que la Panaméricaine, et que vous seriez très avisé de l'emprunter en transport en commun. Paysages désertiques sur fond d'écume et de soleil couchant (magique !).

Se loger

■ **HOTEL PUERTO CALICHE**
1040 Julio Montt Salamanca 1036
✆ +56 55 2 816 286
www.hotelpuertocaliche.com
hostalpuertocaliche@gmail.com
Compter à partir de 25 000 $ pour la simple et 40 000 $ pour la double. Petit déjeuner et wifi inclus. Services de restauration de 12h à 14h et de 21h à 22h30, compter 3 000 ou 4 500 $ le repas.
Chambres propres avec sanitaires privés, autour d'une cour avec une fontaine au centre. Les chambres à l'étage sont plus éclairées. Le propriétaire vous accueille chaleureusement et est d'une gentillesse imparable. Il vous donnera de bons conseils pour découvrir la région et prendra le temps de répondre à chacune de vos questions. Parking gratuit, transferts vers l'aéroport et tours organisés vers les sites touristiques. Bonne adresse.

Se restaurer

Pour manger, le Club de la Unión (Prat 1354) est certainement l'adresse la plus recommandable ; la chaîne Bavaria est présente (Rodriguez 1280), pour des plats rapides. Enfin, au niveau de la *caleta*, à la fin de la rue Baquedano, le Caleta Club propose de bons fruits de mer. Sinon, le marché est toujours une bonne alternative.

À voir – À faire

- **La Torre reloj de Coya.** Cette tour-horloge, qui date de 1800, a été transférée de l'oficina de Coya et restaurée avant d'être installée à Tocopilla. Son horloge est encore à l'heure des exploitations de salpêtre et, si vous tendez l'oreille, vous entendrez sûrement les voix des ouvriers de l'oficina de Coya (ou le bruit de la mer…).
- **Le port,** est la principale zone d'activité de la ville.
- **Plage El Salitre.** C'est la plage centrale de Tocopilla.
- **Plage municipale de Caleta,** Covadonga, ou Caleta Boy. Située à l'entrée sud de Tocopilla, elle dispose d'une piscine et de plusieurs restaurants.

MEJILLONES

Mejillones connaît une histoire pleine d'échecs et de rebondissements qui donne un caractère très spécial à ce petit port de pêche de 10 000 habitants, où tout semble suivre le rythme du soleil.
C'est une escale tranquille qui peut être vécue comme une pause régénérante… même si les rues sont parfois un peu sales et les maisons détériorées. Pas pour très longtemps, peut-être : en effet, il existe un projet bien défini de construire dans cette baie le port le plus important de toute l'Amérique du Sud (les fameux *corredores bioceánicos* qui doivent rallier l'Atlantique au Brésil, en Uruguay et en Argentine, pour faciliter le commerce dans cette zone).
Cependant le projet semble prendre du temps : un rapport publié en 2019 prévoyait avant tout de développer un maximum les infrastructures de la région. Ceci indique donc bel et bien que Mejillones a encore quelques années pour se la couler douce !

CALAMA ET SES ENVIRONS

CALAMA

Si Calama reçut la visite des conquistadors, Diego de Almagro et Pedro de Valdivia, le site, très peu peuplé, ne retint guère leur attention. C'est plutôt l'ancienne cité préhispanique de Chiu-Chiu qui va leur servir de base dans la région. Après avoir soumis les Atacaméens, lors d'un égorgement massif connu comme l'Histoire des têtes, c'est dans ce dernier village qu'ils s'installent. L'église de Chiu-Chiu, construite en 1557, est le témoignage de cette précoce présence espagnole. Le site de Calama ne connaîtra pas de développement avant longtemps. Le fait qu'il tombe sous la juridiction du vice-royaume de La Plata, créé en 1778 par le roi d'Espagne, n'y change rien. Il sert seulement de *tambo*, c'est-à-dire d'auberge pour les caravanes qui font la route entre le port de Cobija, Potosí et Oruro.

Comme la zone du désert est délaissée par le Chili et que la Bolivie veut faire de Cobija son accès à la mer, Calama devient une possession bolivienne. En 1869 se crée un service de courrier qui suit la route commerçante, puis le préfet de la région déménage de Chiu-Chiu à Calama. C'est alors qu'a lieu la guerre du Pacifique et, après avoir défait la coalition à Topater, les Chiliens occupent Calama le 23 mars 1879 – pour la conserver jusqu'à maintenant. La ville se développe peu à peu. Don Toro commence l'exploitation de cuivre de Zaragoza en 1882, on y construit une école en 1885 et, en 1886, Calama et ses 1 000 habitants se voient dotés d'un chemin de fer dont le but est de relier Antofagasta à la Bolivie. Calama doit son développement à de petites exploitations minières mais aussi à ses liens commerciaux avec la Pampa Union qui fournit les oficinas de la Pampa Salitrera. Ce sont les premiers forages de la mine de Chuquicamata, en 1911, qui vont être à l'origine de sa grande extension. C'est un peu la ville-dortoir de la mine où l'on vient dépenser son salaire. Puis, 1951 est une année clef pour la ville, d'une part avec l'ouverture de la première ligne aérienne mise en service entre Santiago et Calama pour les grands pontes de la mine, d'autre part grâce au détournement des eaux du río Salado. Si celles-ci ont ainsi pu être utilisées pour le lavage du minerai de cuivre, elles ont également, du même coup, rendu les terres de l'oasis de Calama plus fertiles.

Les découvertes récentes de lithium mais aussi de pétrole dans le salar d'Atacama devraient encore contribuer à la bonne fortune de Calama. Aujourd'hui, la ville compte environ 180 283 habitants (recensement 2017), et elle n'offre aucun intérêt touristique spécifique : elle s'enorgueillit de posséder le plus de bars et de bordels du Chili, un honneur dont vous ne serez peut-être pas friands. C'est la cité des 3 P (Polvo, Perros y Putas, « poussière, chiens et putes »). Il faut savoir que des bus font directement le voyage de San Pedro à Arica, Antofagasta ou Santiago (et toutes les villes en route), et que, si vous ne voulez pas séjourner à Calama, cela ne pose plus aucun problème. En revanche, si vous arrivez par la voie des airs, un passage (le plus bref possible) y est obligatoire.

Transports

Comment y accéder et en partir

- **Bus.** Chaque compagnie possède son propre terminal, ce qui ne facilite pas vraiment la recherche des meilleurs tarifs. Toutefois, les différents terminaux ne sont pas si éloignés les uns des autres. Essayez les compagnies qui, en certaines saisons, baissent les prix et font jouer la concurrence. Partout, plusieurs départs par jour. Tarifs : pour Arica, compter environ 15 000 $ et 10h de trajet, pour Iquique 19 000 $ et 5h30 de trajet, pour Copiapó 15 000 $ et 7h15 de trajet, pour La Serena 26 000 $ en moyenne et 11/12h de trajet pour Santiago environ 35 000 $ en semi-cama et à partir de 47 000 $ en bus cama (avec Tur Bus). Les bus Libac sont peut-être les moins chers du marché. Précisons que Tur Bus est la seule compagnie qui propose un trajet direct de Santiago à San Pedro de Atacama pour 36 400 à 42 600 $ en semi-cama, 52 500 à 61 700 $ en cama ou bus Premium.

AEROPUERTO EL LOA

L'aéroport se situe à proximité de la ville, et l'on peut s'y rendre en taxi pour 7 000 / 11 000 $. Un service de transfert (Transfer Licancabur) est proposé à chaque arrivée d'avion pour San Pedro de Atacama. Cela revient à environ 10 000 $ par personne l'aller simple ou 18 000 $ l'aller-retour. Latam et Sky Airline proposent des vols pour Antofagasta, Arica et Santiago, plusieurs fois par jour. Depuis 2019, Latam assure des vols directs pour Lima. Rappelez-vous que les tarifs les moins chers sont obtenus en achetant son billet au moins sept jours à l'avance, et sous réserve que votre séjour inclut aussi un samedi. Compter 2 heures 50 de vol depuis Santiago, avec une escale à Antofagasta, ou 2h si le vol est direct.

BUSES ATACAMA 2000

A l'angle d'Atacama et Abaroa

La compagnie Atacama 2000 propose aussi trois voyages par jour vers San Pedro (entre 3 000 et 4 000 $) et poursuivent vers Toconao (4 000 à 5 500 $) puis Peine (6 000 $).

BUSES FRONTERA

Antofagasta 2046

© +56 55 2 318 543

Pour environ 3 000 $.

Départs tous les jours vers San Pedro (les Buses continuent jusqu'à Toconao), avec 3 départs à 10h, 13h50 et 18h.

BUSES GEMINIS

Antofagasta 2239

© +56 55 2 341 993

www.geminis.cl

contacto@geminis.cl

Compter de 28 000 $ à 34 000 $ pour l'Argentine. Départ à 23h pour Salta.

Départs pour l'Argentine (Salta et Jujuy) le mardi, vendredi et dimanche à 23h. Des bus partent aussi pour Arica à 21h30 le lundi et le dimanche.

■ **MINIBUSES A CHIU CHIU, LASANA Y CASPANA**
Quetana 2289
✆ +56 5 52 543 254

▶ **Le village de Chiu Chiu** est desservi par les colectivos de la ligne 80 (Transport Asunción). Compter moins d'une heure de route.

▶ **Pour Chuquicamata,** les colectivos stationnés près de la plaza 23 de Mayo (Abaroa) s'y rendent très régulièrement pour environ 1 500 $. Si vous souhaitez vous y rendre en taxi privé cela vous coûtera 17 000 $ (soit plus de 10 fois plus)...

■ **TRANSFER ANDINO**
✆ +56 9 9879 2912
Une option rapide pour organiser un transfert depuis ou vers San Pedro de Atacama.

■ **TUR BUS**
Granaderos 3048
✆ +56 55 2 688 704
www.turbus.cl
atencion_clientes@turbus.cl
Vers San Pedro, compter à partir de 11 000 $ en clásico et 17 000 $ en cama ou premium.

Se déplacer

▶ **Taxi.** Compter de 6 500 à 8 000 $ le trajet en taxi pour aller à l'aéroport 17 000 $ pour Chuquicamata et 40 000 $ pour San Pedro de Atacama (1 à 4 passagers).

▶ **Colectivo.** Compter 501 $ par personne en journée, 551 $ entre 21h et minuit, 901 $ entre minuit et 7h du matin. Pour se rendre à l'aéroport compter 5 000 $.

■ **BUDGET**
A l'aéroport
✆ +56 55 563154
www.budget.cl – reservas@budget.cl
Du lundi au vendredi de 8h30 à 20h, le samedi de 9h à 19h et le dimanche de 14h30 à 20h.

▶ **Autre adresse :** Aéroport El Loa

Pratique

■ **BANCO DE CHILE**
Av. Balmaceda 3242 ✆ +56 55 2 575 870
Doté d'un distributeur automatique.

■ **CORREOS DE CHILE (POSTE)**
Vicuña Mackenna 2187
A l'angle de Granaderos
✆ +56 55 2 455 900

■ **HÔPITAL**
Carlos Cisternas s/n
✆ +56 55 2 655 700

■ **SOL DEL DESIERTO**
✆ +56 55 2 330 428 – www.soldeldesierto.cl
contacto@soldeldesierto.cl
On y propose des excursions meilleur marché qu'à San Pedro : le tour de la ville avec deux départs par jour (de 9h30 à 13h ou de 15h30 à 19h) ; la visite d'une demi-journée de Lasana et Chiu Chiu ; l'excursion d'une journée, de 8h30 à 22h30, à San Pedro avec le salar, le musée, la vallée de la Lune, les geysers du Tatio, avec un départ à 4h du matin pour le même prix plus ou moins, ou encore l'observation du ciel étoilé le plus pur de l'hémisphère Sud. Vous pouvez même loger sur place !

Se loger

■ **HOTEL EL MIRADOR**
Sotomayor 2064
✆ +56 55 2 340 329 – www.hotelmirador.cl
Compter 48 000 $ la simple, la double 55 000 $ et 65 000 $ la triple. Petit déjeuner inclus et wifi gratuit.
En plein centre. L'hôtel a conservé son fameux mirador d'où une vigie surveillait l'arrivée des troupeaux d'Argentine. Il fut converti en hôtel calme et confortable. Les chambres éclairées et sobrement décorées disposent toutes d'une salle de bains privée, d'une TV câblée, d'un téléphone, d'un radiateur électrique. Patio agréable.

HOTEL QUITOR
E. Ramirez 2116
✆ +56 55 2 314 159
www.hotelquitor.cl
info@hotelquitor.cl
Compter 38 000 $ à 45 000 $ la simple et 43 000 $ à 51 100 $ la double, la triple de 58 000 à 61 000 $. Petit déjeuner inclus et wifi gratuit.
Chambres très correctes avec sanitaires privés, minibar et TV câblée. L'hôtel est toutefois assez sombre et pour retrouver la lumière, il faut s'installer sur la terrasse qui ne jouit pas de la meilleure vue. La salle à manger donne sur la place.

NATIVO
Sotomayor 2215
✆ +56 55 2 310 377
www.nativo.cl
contacto@nativo.cl
Compter 20 000 $ la simple et 30 000 $ la double avec sanitaires communs, 26 000 $ la simple avec salle de bains privée, 28 000 $ la double, la triple pour 49 000 $. Petit déjeuner inclus. Restaurant proposant un menu à 3 900 $.
Chambres basiques et assez sombres, le tout est quand même propre et correct pour passer la nuit. Les salles de bains privées sont en meilleur état que les communes. Le restaurant du même nom, situé juste à côté, propose des menus bon marché et des plats traditionnels.

PARK HOTEL CALAMA
Avenida Aeropuerto 1392
✆ +56 55 2 715 800
www.parkcalama.cl
reserva@parkcalama.cl
Compter à partir de 100 US$ la double et jusqu'à 200 US$ la suite.
Hôtel de luxe, excentré. Chambres de grand confort avec minibar, wi-fi, télévision câblée, téléphone, air conditionné, lit king size. Elégantes, avec du bois précieux. Le restaurant sert une cuisine à la hauteur. Sauna, piscine chauffée. Pour un séjour princier et se reposer des longues excursions vers la cordillère.

Se restaurer

On mange très bien à la Feria El Loa et à la Feria Modelo, ces foires traditionnelles où l'on trouve du *pastel de choclo* (tarte de maïs), très différent du *sureño*. C'est que le maïs du Nord est grand, jaune et sec, tandis que celui du Sud est petit, blanc et juteux...

GALERIA COMMERCIAL GALA
Ramirez 2063
Petits locaux servant sandwichs et jus de fruits. La terrasse sur la rue piétonne vous invite à prendre une pause.

MINE DE CHUQUICAMATA ★

Si la mine de Chuquicamata était déjà connue par les Incas et si l'on exploita quelques gisements à fleur de terre dès 1882, c'est en 1912 que commencèrent les premiers forages et l'analyse du sous-sol. La mine fut achetée par le grand capital nord-américain et devint, en 1913, la Chile Copper Company. Les frères Guggenheim, propriétaires de la compagnie, fabriquèrent la première barre de cuivre en 1915. La mine deviendra par la suite la propriété de l'Anaconda Copper Mining Co, d'abord en 1923, quand cette compagnie racheta 51 % des actions, puis définitivement, en 1929, quand elle s'octroya 99,5 % des titres. L'anaconda est un serpent qui s'enroule autour de ses victimes et leur broie les os. C'est ce que l'entreprise nord-américaine voulait faire, mais elle en fut empêchée par la nationalisation de la mine, décrétée par Salvador Allende le 17 juillet 1972. Déjà Frei avait racheté 50 % des actions en 1969. Sous le nom de Codelco (créée en 1976), elle appartient aujourd'hui entièrement à l'Etat chilien. C'est l'une des 100 plus grandes entreprises au monde. Chuquicamata est en effet la plus grande mine de cuivre jamais exploitée. Ses dimensions sont impressionnantes : 4,5 km de longueur, 3 km de largeur et près de 850 m de profondeur (on estime sa profondeur maximale à 1,2 km dans une vingtaine d'années), véritable tour de Babel à l'envers, signe que l'avidité des hommes leur fait accomplir des miracles. Fin 2007, on y avait extrait 29 millions de tonnes de cuivre depuis le début de son exploitation. D'interminables cohortes de camions s'en échappent, semblables à des fourmis affairées convoyant leur butin inlassablement. Mais ces fourmis sont des mastodontes, de véritables monstres mécaniques qui mesurent 6,5 m de hauteur, 12 m de longueur et 6,8 m de largeur. Ils peuvent transporter entre 170 et 255 tonnes et consomment près de 1 000 litres d'essence toutes les 8 heures. La majorité d'entre eux sont des caterpillars qui coûtent chacun près de 1,2 million de dollars et ont une durée de vie de 10 ans. D'autres ont des roues qui ont un diamètre de 3,2 m, pèsent 3,5 tonnes et doivent être remplacés tous les 8 mois, moyennant 15 000 dollars pièce. Vous remarquerez que ces camions comme l'autocar qui vous a amené jusqu'ici conduisent tous à gauche pour une meilleure visibilité. La vue sur la plaie géante que les hommes ont faite à la terre est impressionnante ; de même que les installations industrielles, sculptures gigantesques, comme cette pelle que l'on verra au début de la visite, la plus grande du monde avec ses 26,5 m de hauteur et ses 450 tonnes (elle fonctionna jusqu'en 1971). Tout est ici démesuré. Le complexe industriel fait près de 22 km de longueur. Plus de 8 000 employés y travaillent et la mine fonctionne 24h/24 avec trois tours de 8 heures. Ces ouvriers comptent parmi les mieux payés et les plus protégés du Chili : le prix du cuivre ayant atteint des sommets historiques depuis l'année 2006, l'argent qui en découle représente 50 % des ressources du Fisc chilien !

Transports

Comment y accéder et en partir

La mine est située à 16 km au nord de Calama. Il est très facile d'y accéder en stop, beaucoup d'ouvriers et d'employés se rendant à la mine à toute heure. Vous pouvez également prendre les collectifs indiqués Chuquicamata, depuis Abaroa, près de la place centrale de Calama ; compter 1 500 $ par personne en colectivo et 15 000 $ l'aller pour 1 à 4 personnes en taxi privé. La visite de la mine est gratuite, mais il vaut mieux réserver.

Visites guidées

■ **CHUQUI AYUDA A LA INFANCIA DESVALIDA** ★★

Av. José Miguel Carrera et Tocopilla
Infancia Desvalida
✆ +56 55 2 327 550 – visitas@codelco.cl

Visites guidées (en anglais et en espagnol) tous les jours du lundi au vendredi, à 13h et parfois à 15h en haute saison.

Il faut se présenter une heure avant à leur bureau, puis montrer son passeport lors de son inscription. Habillez-vous entièrement. L'entrée est libre, mais un don à l'association sociale de la mine est fortement recommandé. L'Association s'occupe surtout d'enfants handicapés. Possibilité de déjeuner pour pas cher au club de los Empleados ou au club Obrero.

SAN PEDRO DE ATACAMA ET SES ENVIRONS

Pour le nouveau venu, l'offre touristique du village de San Pedro de Atacama semblera un peu confuse… On ne sait plus très bien qui vend quoi, où, et à quel prix… Nous vous proposons ainsi un itinéraire réaliste basé sur un séjour de 4 jours, ce qui est bien un minimum pour prétendre voir le coin. La liste des sites touristiques est développée par la suite. Cet itinéraire prend en compte la fatigue d'une journée complète à 4 000 m d'altitude (le deuxième jour) ainsi que le réveil matinal du dernier jour. En outre, la journée de repos s'apparente à une journée d'acclimatation supplémentaire avant la grande ascension vers les hauteurs volcaniques ! Si vous disposez de davantage de temps, vous pouvez combiner l'excursion aux geysers avec, dans l'après-midi, la visite de Caspana, Chiu-Chiu, etc. En revanche, ne choisissez pas cette option si vous avez un vol depuis Calama en soirée : vous risquez d'être stressé durant tout l'après-midi, par peur de manquer le départ, et vous ne profiterez en rien de ces sites merveilleux. Mieux vaut revenir paisiblement à San Pedro, ou alors passer la nuit à Calama.

- **1er jour :** Vallée de la Lune. Départs à 16h en été, à 15h après mars. Retour vers 20h30 ou 19h30. Possible de la faire à vélo et de coupler cette visite, pourquoi pas, avec la Pukara de Quitor.
- **2e jour :** excursion d'une journée au désert de sel d'Atacama, aux lagunes, à Socaire et à Toconao (Quebrada de Jerez). Départ à 7h pour un retour à 19h environ. Le soir, on sera bien avisé de choisir le tour astronomique, même si cela laisse relativement peu de temps pour dîner (on commence à 20h30 environ).
- **3e jour :** repos… Visite du musée, de la Pukara de Quitor (pas mal en fin d'après-midi). On peut se balader dans le village et profiter de la torpeur d'un après-midi, sans beaucoup de touristes (puisque tout le monde est parti en excursion !).
- **4e jour :** lever avant l'aube pour un départ aux geysers del Tatio à 4h. Retour vers midi environ. Si vous avez bien combiné et disposez de peu de temps, vous pouvez attraper le bus direct pour Santiago avec Tur Bus dans l'après-midi, ou alors un peu plus tard, en début de soirée, pour Arica.
- **D'autres possibilités :** demeurer quelque temps à Toconao, ou prendre le temps de connaître l'oasis de San Pedro… Enfin, reste une option que vous êtes de plus en plus nombreux à choisir : l'excursion de trois (ou quatre) jours au Salar d'Uyuni, en Bolivie.

SAN PEDRO DE ATACAMA ★★★

San Pedro de Atacama (quasiment 5 000 habitants en 2016) est l'un des plus grands sites touristiques du Chili. A vrai dire, ce noyau dur du tourisme se concentre dans deux ou trois rues : dès qu'on s'en échappe, on se retrouve dans un univers plus authentique.

Les excursions possibles alentour sont magnifiques et variées, l'offre hôtelière y est généreuse, les restaurants abondent, et même si certains se plaignent d'un agglutinement de *gringos*, on apprécie bien ce petit village en adobe qui évoque déjà (ou encore) le Pérou et la Bolivie... avec un cachet immanquablement chilien. Bref, un passage par San Pedro est inscrit sur l'agenda de presque tout le monde, et on y séjourne avec plaisir surtout hors saison où le village récupère un peu de sa sérénité. Cette oasis en plein désert d'Atacama fut très tôt investie par les populations atacaméennes, dont ce fut un grand centre culturel, protégé par la pukara (forteresse) de Quitor. En 1450, elle fut conquise par les Incas qui, à leur tour, durent la céder aux Espagnols.

Aujourd'hui, sa population se consacre surtout à l'agriculture (elle approvisionne les marchés de Calama) ou au tourisme. D'autres enfants du pays travaillent dans les mines avoisinantes ou même en Argentine et reviennent sporadiquement. La ville compte environ 5 000 habitants mais, l'été venu (ainsi qu'en juillet-août), elle se remplit d'une foule de touristes attirés par les merveilles que possède la région. Des touristes parfois envahissants d'ailleurs et irrespectueux : les codes andins n'intéressent pas tout le monde et ce décalage de culture créé des débordements d'attitude lorsque l'on ne sait pas où l'on met les pieds. Ici les terres sont sacrées et les gardiens de ce désert millénaire méritent que l'on soit un minimum sensibilisé à leurs croyances et à leurs cultures. Par exemple, évitez de toucher les pétroglyphes ou de graver vos initiales à côté d'une relique vieille de dizaines de milliers d'années... De plus, de plus en plus d'agences sauvages apparaissent et disparaissent, attirées par l'appât du gain rapide (veillez à ne pas prendre un guide à la sauvette) mais la petite communauté envisageait fin 2019 d'effectuer « un grand tri » en exigeant des certifications particulières aux agences. San Pedro est effectivement un brasier touristique au Chili, mais il n'est pas si difficile de faire abstraction des « visages pâles » en parcourant les rues non pavées aux heures d'excursions, ou le soir, après la nuit tombée (c'est d'ailleurs là que le charme du village opère le plus, sous la voûte étoilée et dans le silence mystérieux des ruelles pleines d'histoire). L'activité touristique se joue principalement entre deux rues (Caracoles et Gustavo Le Paige) : il suffit donc de s'en éloigner pour se retrouver enfin au Chili... ou même de visiter les villages aux alentours pour parfaire l'immersion. Une information, pour finir : le tourisme croît de plus de 30 % par an depuis 2000. Des dizaines de grands hôtels ont vu le jour, occupant des terres réclamées depuis des années par les autochtones (sites archéologiques ou sacrés, cimetières...). Certains sont dotés de grandes piscines qui font la joie des vacanciers, alors que les habitants ont des problèmes d'eau. L'électricité est parfois un vrai souci. Une récente étude a démontré qu'au moins 10 % souffrent d'une surcharge de visiteurs. Bref, une visite responsable est particulièrement recommandée.

Transports

Il n'existe pas d'aéroport à San Pedro, et les plus pressés débarqueront donc à Calama avant d'emprunter un transport en commun, de louer un véhicule ou de partir en voyage organisé.

Comment y accéder et en partir

Il n'existe pas d'aéroport à San Pedro, et les plus pressés débarqueront donc à Calama avant d'emprunter un transport en commun, de louer un véhicule ou de partir en voyage organisé. Plusieurs compagnies de bus sont basées à San Pedro de Atacama ; les bus viennent en général de Calama quand ils se dirigent vers la cordillère. La route du Paso Jama qui conduit à Jujuy en Argentine est goudronnée, et le voyage demande 3 heures depuis la frontière argentine, en passant par le village de Susques qui pourrait bien devenir un San Pedro argentin dans les années à venir. Attention, le prix du billet peut varier selon la saison.

▶ **Vers la Bolivie.** Il est désormais plutôt facile de rejoindre directement la Bolivie depuis San Pedro. Plusieurs agences de San Pedro proposent des tours au Salar d'Uyuni, ce qui vous permet d'effectuer la liaison. La plupart des agences proposent des tours groupés : le véhicule, un 4x4 de 6 places le plus souvent, part alors pour 3 jours d'excursion lorsque les sièges affichent complets. Prenez garde cependant à choisir une agence de qualité (tournez-vous par exemple par des agences privées ou semi-privées) afin d'éviter de tomber en panne en plein désert ou de dormir par zéro degré... (pour le coup, on a testé pour vous). Une autre éventualité est le stop auprès des camionneurs qui empruntent cette route, mais cela est de moins en moins recommandé pour cause de trafic de drogue.

▶ **Vers l'Argentine.** Les bus Geminis et Tur Bus font la liaison. Ce parcours est de plus en plus prisé par les voyageurs, et les places sont peu nombreuses. Pensez à réserver votre siège au plus tôt, dès que vous débarquez dans le village. Le prix est quand même très élevé.

San Pedro de Atacama
Edifice religieux
Curiosité et divers
Musée
Poste
Gare routière
Information touristique
Téléphone public
Hébergement
Restauration
Marché et commerce
Police
Hôpital
la Muerte (4 km)
vers Katarpe (12 km)
et Pukara de Quitor (3 km)
et Termas de Puritama (34 km)
vers
Calama (103 km)
Cordillera
de la Sal
Stade
Autres compagnies de bus
Buses Frontera
Terminal TUR BUS
Licancabur
Frontera
del Norte
Musée
Archéologique
Ckunne
Res. & Café
Sonchek
Informations
touristique
Municipalité
El Huerto
Gustavo le Paige
Ignacio Carrera Pinto
vers Vallée de
la Luna (16 km)
Diego Atienza
Calama
La Rose d'Atacama
Hôtel Tambillo
Grado 6
Eglise
San Pedro
La Plaza
Poste de
secours
Hostal Nuevo Porvenir
Poste
Café Export
Douanes et
Police internationale
Rio San Pedro
Terantai
Lodge
Desert
aventure
Andes
Travaller
Residential
Don Raúl
Hostal Lickana
Caracoles
Cosmo Andino Expediciones
Pizzaria
el Charrua
La Casona
Colque Tours
Café
Adobe
Blanco
La Estaka
Paso Jama (160 km)
Station Copec
Cactus
Ranch
Hôtel Kimal
Tocopilla
Toconao
Hostal Eden Atacameño
Domingo Atienza
Vers Aldea
de Tulor (11 km)
CONAF
vers Tocondo et
Quebrada de Jere (38 km),
Salar de Atacam (62 km),
Miñique (115 km)
Hôtel Tulor
0
500 m

Attention, lors de notre travail d'enquête en 2019, les bus TURBUS ne s'arrêtaient pas au terminal de bus, mais dans une rue un peu plus excentrée, à 15 min à pied des rues principales. Il s'agirait apparemment d'une sombre affaire d'impôts non payés qui interdirait la compagnie de fonctionner dans le village... toutefois, les bus continuent de circuler et évitent tout simplement de rentrer à l'intérieur de San Pedro.

BUSES FRONTERA DEL NORTE
Licancabur s/n
Vers Toconao, compter entre 3 000 et 5 000 $.

BUSES GEMINIS
Licancabur s/n
Les bus de cette compagnie vous conduisent en Argentine à Salta via le passage de Jama. Ils passent à San Pedro environ 1h30 après leur départ de Calama, soit vers 11h30 le mercredi, vendredi (à confirmer) et dimanche. Compter au moins 20 000 $ pour 9h de route.

TUR BUS
Licancabur 294
✆ +56 55 2 851 549
www.turbus.cl
Ouvert du lundi au vendredi de 9h à 14h et de 16h30 à 20h, puis le samedi de 9h à 14h. Pour Antofagasta, compter de 14 000 à 20 000 $ en fonction du confort. Pour Arica, compter entre 17 200 $ et 32 900 $ par personne. Pour Santiago, compter 43 000 $ en semi-cama, 55 000 $ en cama, 65 000 $ en premium.
En 2019, lors de notre dernier passage, les bus de la compagnie s'arrêtaient à quelques rues du centre de San Pedro et non pas au terminal : la compagnie n'aurait plus l'autorisation de s'y rendre.

Pour Antofagasta, compter entre 4h30 et 5h de voyage. Tous ces bus passent par Calama.

Pour Arica, un seul départ par jour à 20h25 en semi-cama. Arrivée le lendemain à 6h.

Pour Santiago, compter 20h de voyage.

Se déplacer

Pour les voitures de location : veillez à ne pas circuler la nuit et à respecter les limitations de vitesse. Ces dernières années, les voyageurs explorant la région à bord de leur véhicule se sont multipliés et cela fait du tort au désert : déchets abandonnés, animaux écrasés, circulations sur des zones défendues... Veillez donc à bien vous renseigner et à être le plus respectueux possible. On vient ici pour admirer la nature, ce serait donc un comble de contribuer à sa perte !

Station-essence COPEC : en septembre 2019 la station-essence déménageait du côté de la douane à l'extérieur de la ville du côté des bâtiments de la douane.

Pratique

Tourisme - Culture

Pour plus d'information vous pouvez visiter le site d'informations touristiques de la municipalité www.sanpedroatacama.com.

SERNATUR
Toconao 405
✆ +56 55 285 14 20
sanpedrodeatacama@sernatur.cl
Ouvert tous les jours de 9h à 21h.
Office du tourisme sur la place principale, on vous renseignera sur les différentes activités à faire dans le village et ses alentours.

Réceptifs

Les prix varient peu d'une agence à l'autre, mais attention au nivellement par le bas : les guides « sauvages » qui vous abordent dans la rue et vous proposent des excursions à très bas prix remettent en cause la logique du marché touristique, si l'on peut dire. Ce n'est pas que l'on soit pour la logique, ou que le marché touristique nous plaise beaucoup, mais il vaut quand même mieux s'assurer les services d'un guide établi, qui parle bien l'anglais ou le français (et même l'espagnol !), vous donne quantité d'informations sur les sites visités (et ne se contente pas de vous véhiculer pour prendre des photos), et dont la structure de l'agence est reconnue par les institutions. Les agences officielles paient des impôts, ce qui justifie en général leur tarif un peu plus élevé. Règle d'or : les prix les moins élevés ne correspondent pas forcément au meilleur des services... En outre, pensez au salaire des guides et des chauffeurs : pour qu'il soit convenable, ne faut-il pas, de fait, hausser le prix des excursions ? Des tarifs très bas cachent souvent des rémunérations misérables, et vous vous rendrez vite compte que tous les Chiliens qui s'activent dans le milieu du tourisme et vous emmènent à droite, à gauche, ne se soucient pas vraiment des 35 heures... La plupart enchaînent presque continuellement les excursions d'une journée complète aux lagunes avec un lever à 3h pour un départ aux geysers du Tatio ! Un rythme de dingue. Autre chose : les prix des excursions n'incluent jamais les droits d'entrée de chaque site, entretenu par la communauté atacaméenne, l'une des plus soudées (ce qui n'empêche pas les crêpages de chignon) et revendicatrices du Nord chilien.

Le désert d'Atacama : un environnement fragile à préserver et à respecter

Bon sens. Si vous êtes ici, c'est qu'a priori la nature vous fascine et que vous n'avez pas pu résister à l'appel du désert : pour célébrer chacune des merveilles que vous visiterez pendant votre séjour, il vous faudra adopter un comportement respectueux. Pour cela, lisez attentivement les panneaux d'information que vous trouverez et respectez ces règles à l'intérieur et à l'extérieur des parcs. Ne quittez pas les sentiers balisés et ne prenez pas de raccourcis. Emprunter des sentiers alternatifs peut causer des problèmes d'érosion et peut désorienter les prochains visiteurs. Méfiez-vous également des glissements de terrain et des bords de routes instables. Il est également interdit de fumer, de boire de l'alcool et de jeter ses ordures (une règle valable partout où vous irez d'ailleurs !).

N'urinez nulle part : utilisez les toilettes à votre disposition. Ne faites pas de feu. Enfin, les animaux domestiques ne sont pas admis et les drones ne sont pas autorisés. Pour nos lecteurs qui circuleront avec leur propre véhicule : conduisez prudemment, à vitesse modérée et avec beaucoup d'attention, pour éviter de heurter ou de déranger la faune et la flore.

Respect de la faune et de la flore. Ne nourrissez pas les animaux pour ne pas les rendre malades ou les déshabituer de leur mode de vie sauvage, ne les dérangez pas et ne faites pas de bruit. En ce qui concerne les flamants roses en particulier, certains touristes font parfois leur possible pour provoquer une envolée parfaitement « instagrammable », mais cela peut troubler leur tranquillité au point où ils ne pourraient jamais revenir dans le secteur.

Ne ramassez rien de végétal ou de minéral, ici dans le désert tout est rare et précieux, et les plantes poussent très lentement. Ne ramassez pas les pierres là où il y a tout un écosystème fragile à de faibles niveaux. Ne gravez rien sur la roche et ne peignez rien : rappelez-vous qu'il y a de l'art rupestre ici ! Enfin, n'empilez pas de pierres, cela perturbe le travail des archéologues.

Respect de la culture. Respectez le territoire autochtone Lican-antay et les animaux domestiques, les troupeaux, qui font partie de l'activité humaine locale. Respectez les lieux sacrés de la communauté locale, la vie privée et le mode de vie des habitants de la région. Ne pas toucher ou endommager les vestiges archéologiques, paléontologiques ou historiques. Portez des vêtements appropriés notamment lors des visites de petits villages reculés.

Voici les meilleures adresses sélectionnées pour vous dans la jungle des agences atacaméennes :

COSMO ANDINO EXPEDICIONES

Calle Caracoles 259
A l'angle de Caracoles et Tocopilla
✆ +56 55 2 851 069
www.cosmoandino.cl
reservas@cosmoandino.cl
Bureau situé un coin plus au sud :
à l'angle de Caracoles et Tocopilla.
Les tarifs dépendent du nombre de personnes et de l'excursion.
Dirigée par Martin Beeris, un Hollandais qui parle aussi français, c'est une agence très bien établie depuis de longues années. Les tarifs sont un peu plus élevés que chez les concurrents, un gage de qualité selon Martin, et il est vrai que le personnel connaît très bien la région et ne se contente pas de vous véhiculer. Certains guides parlent très bien français (jusqu'à 18 personnes pour des groupes francophones). Les horaires sont respectés, on sort beaucoup du minibus pour marcher et profiter de la nature, les guides sont passionnés et amicaux. Bref, voici une agence respectable et sa longévité le prouve.

CRUZ ANDINA TRAVELLER

419 Caracoles 4 – B14
✆ +56 9 6217 5033
Voir page 28.

DENOMADES.COM

5870 Alonso de Cordova
LAS CONDES SANTIAGO
✆ +56 229551857
Voir page 28.

Visiter le désert d'Atacama : recommandations et tarifs

Visiter Atacama et ses alentours avec une agence : méfiance !

Le petit village de San Pedro compte plus de 150 agences touristiques ! Cependant, la plupart pratiquent un service de prestations illégal, non sécurisé et non certifié. Même si certains prix paraissent très attractifs ne vous laissez pas avoir : beaucoup d'agences pratiquent la mode des « transferts » pour remplir leurs véhicules (avec des groupes de 40 touristes). Mais qu'est-ce que c'est exactement ? En pratique, à la fin de la journée, les agences baissent leurs tarifs afin de s'assurer des véhicules remplis dès le lendemain, et vont continuer à vendre des excursions même s'ils sont complets : dans ce cas-là, vous partirez avec une autre agence, on ne vous prévient même pas et la logistique laisse alors à désirer. On vous plante à l'hôtel sans jamais venir vous chercher, les guides vous traitent comme du bétail et le guide accompagnateur est souvent absent (un chauffeur simplement qui prend la double casquette) ! Soyez donc prudents et évitez d'être naïfs : on ne vient pas à l'autre bout du monde et vivre une expérience inoubliable pour être traité de la sorte. Ici la règle est plutôt simple et ce n'est pas un hasard : des prix exigeants reflètent une prestation de service exigeante et de qualité. Les réceptifs et agences que nous référençons ici sont sérieux, professionnels et transparents, n'hésitez pas à vous adresser à eux. En 2019, la communauté et les autorités locales étaient en train de réagir à l'explosion d'agences illégales, en demandant aux guides des certifications et de bonnes formations dans leur domaine. Il se pourrait qu'un prochain « nettoyage » engendre la fermeture de plusieurs agences.

Tarifs

Tarifs (étrangers) d'entrée aux différents sites touristiques de la région (non compris dans les forfaits des agences de voyages en général), par personne en septembre 2019 :

- **Vallée de la Lune :** 5 000 $ de 9h à 18h.
- **Salar de Atacama (laguna Chaxa) :** 2 500 $, de 8h à 20h.
- **Vallée de Jerez (Toconao) :** 2 000 $.
- **Thermes de Puritama :** 15 000 $, du lundi au vendredi de 9h30 à 17h15 (9 000 $ à partir de 14h).
- **Pukara de Quitor :** 3 000 $ de 8h30 à 19h.
- **Aldea de Tulor :** 3 000 $ de 9h à 19h.
- **Musée de la météorite :** 4 000 $ de 10h à 13h et de 15h à 19h.
- **Lagunes Miñique et Miscanti :** 3 000 $ de 9h à 18h.
- **Laguna Cejas :** 15 000 $.
- **Geysers del Tatio :** 10 000 $ de 6h à 18h.
- **Tebenquinche :** 2 000 $
- **Vallée de Catarpe** : 3000 $

LOCAVENTURAS
419 D Caracoles
✆ + 56 9 4407 0213
Voir page 29.

Argent

Pour changer des devises, il y a plusieurs maisons de change sur Toconao. Sinon, il y a maintenant plusieurs distributeurs automatiques pour vos retraits d'argent : deux DAB de Banco de Estado dont un en face du musée d'Archéologie (sur la plaza de Armas) et l'autre à l'angle de Caracoles et Toconao. Une banque BCI dotée d'un distributeur se trouve également sur Caracoles (ouverte de 9h à 14h).

© MIRALEX

Le Salar de Tala fait partie, tout comme le Salar de Atacama voisin, de la Réserve nationale Los Flamencos.

© ZHUZHU

La belle église de San Pedro de Atacama.

© STUDIO6

La Mano del Desierto surgit du désert près d'Antofagasta.

© SARA_WINTER

À une quarantaine de kilomètres à l'est de San Pedro se dresse le volcan Licancabur qui garde la frontière bolivienne.

Moyens de communication

Plusieurs locaux (dont quelques-uns sur Caracoles) proposent ce service pour environ 400 $ l'heure. Les prix sont moins élevés qu'avant, car aujourd'hui les différents établissements disposent presque tous d'un réseau wifi gratuit.

■ CORREOS DE CHILE (POSTE)
Gustavo le Paige 365
www.correosdechile.cl
sac@correos.cl
Ouvert du lundi au vendredi de 9h à 13h30 et de 15h30 à 18h, samedi le matin uniquement.

Se loger

Les voyageurs solitaires auront beaucoup de mal à trouver une chambre simple. Les dortoirs représentent la solution la plus commune. Les meilleurs plans sur San Pedro sont les campings, une petite dizaine en tout, qui proposent l'emplacement à partir de 7 000 $. En revanche, si les journées sont chaudes, voire étouffantes, pensez que la nuit dans le désert, ça pèle !

Bien et pas cher

■ HOSTAL CANDELARIA
Candelaria 170
Población El Carmen
✆ +56 55 2 851 284
www.hostalcandelaria.cl
caba.candelaria@hotmail.com
Avec salle de bains commune, compter à partir de 28 000 $ la chambre double, 42 000 $ la triple et 48 000 $. Pour une chambre avec salle de bains privée, compter 42 000 $ la chambre double et 48 000 $ la triple.
A 10 minutes à pied de la place centrale (transferts gratuits vers le terminal de bus), une excellente adresse pour les petits budgets. Huit chambres coquettes, propres et bien décorées. En chambre triple et double, vous avez le choix entre salle de bains privée ou commune. On trouve aussi une cuisine équipée, une terrasse avec hamacs (on y installe une piscine en saison), laverie et parking. L'accueil de Miriam et Mario, des locaux, est de premier ordre. A découvrir.

■ HOSTAL MAMA TIERRA
Calle Pachamama 615
✆ +56 9 34005658
www.hostalmamatierra.cl
hostalmamatierra@sanpedroatacama.com
Compter 25 US$ par personne en dortoir avec sanitaires communs, 45 US$ la double ou 80 US$ avec sanitaires privés.
Tranquille, accueillant. On se la coule douce dans les hamacs du patio ombragé. Dix chambres dont quatre avec sanitaires privés, de quoi profiter d'un séjour intime bien que les prix de l'établissement aient flambés ces dernières années. Toutefois le confort est assuré, l'eau chaude est assurée toute la journée, on y trouve une cuisine équipée, une laverie et vous pouvez profiter de transfert gratuit pour le terminal de bus (sur réservation préalable).

■ HOSTAL PANGEA
202 Gustavo Le Paige
✆ +56 55 3205080
www.hostalpangea.cl
hostalpangea@gmail.com
Compter à partir de 10 000 $ le lit en dortoir et 35 000 $ la chambre double. Petit déjeuner inclus.
Cette auberge de jeunesse propose des prix compétitifs pour San Pedro. Parmi les services proposés : échange de livre, cuisine à disposition, télévision, ordinateurs, table de ping-pong et jeux d'arcades. Les dortoirs sont bien équipés (rangements, nombreuses prises, etc.) et spacieux. Un dortoir est spécialement réservé aux femmes. Les salles de bain communes sont toutefois un peu éloignés des chambres et des dortoirs. La cour intérieure, fort sympathique, permet facilement de faire des rencontres. Feux de camps organisés en soirée. Idéal pour les backpackers aux petits budgets !

■ HOSTAL SOLOR
Volcán Tatio 737
Población Licancabur
✆ +56 9 82403463
www.hostalsolor.cl
contacto@hostalsolor.cl
Compter à partir de 56 000 $ la double standard avec salle de bains privée et petit déjeuner.
A une bonne dizaine de minutes du centre à pied, loin de la ferveur touristique. Sept petites chambres proprettes confortables et bien chauffées se font face dans un couloir ouvert. Toutes sont avec salle de bains privée. Connexion wifi, eau chaude, salle commune pour le petit déjeuner et location de vélos. Transferts assurés pour le terminal de bus.

■ HOSTAL SONCHEK
A l'angle de Calama
Gustavo Le Paige 198
✆ +56 55 2 851 112
www.hostalsonchek.cl
sonchekspp@hotmail.com
Compter de 17 000 à 20 000 $ la simple, de 28 000 à 33 500 $ la double et à partir de 52 000 $ la quadruple avec sanitaires communs, ensuite compter à partir de 44 000 $ la double et 70 000 $ la quadruple avec sanitaires privés. Les citoyens étrangers ne payent pas l'impôt, les prix pour eux sont 19 % inférieurs. Compter 3 000 $ pour le petit déjeuner.

Une adresse souvent recommandée par les voyageurs, qui s'y sentent bien. Il est vrai que l'ensemble est réjouissant : bonne literie, sanitaires communs propres avec eau chaude (solaire, donc réservez plutôt vos douches pour le soir !), patio ombragé, cuisine, wifi (pas toujours opérationnel) et ambiance familiale. Les chambres sont sympas et colorées, mais souvent froides en hiver. On vous délivrera pas mal d'informations touristiques et on vous réservera un bon accueil.

Confort ou charme

■ DON RAUL

Caracoles 130
✆ +56 55 3 217 441
http://www.donraul.cl – info@donraul.cl
Compter 69 000 $ la simple, 93 000 $ la double, 128 000 $la triple et 144 000 $ pour quatre. Petit déjeuner et wifi inclus.
Cette adresse nous avait beaucoup plu par le passé, mais le rapport qualité-prix n'est plus aussi intéressant qu'avant. Les chambres sont un peu étroites parfois, mais restent bien tenues et confortables. Certaines possèdent une télé. Il y a aussi deux chambres familiales sur l'arrière avec kitchenette. Abondance des matériaux traditionnels (comme en témoigne le restaurant côté rue avec petit déjeuner buffet, la décoration évoque la culture atacaméenne. Grand parking. L'accueil et le service sont très agréables, l'ambiance familiale. Bien situé à deux pas de Caracoles.

■ HOSTAL LICKANA

Caracoles 140
A l'angle de Domingo Atienza
✆ +56 55 2 566 370
www.lickanahostal.cl
contacto@lickanahostal.cl
Compter à partir de 94 US$ la double, 96 US$ la matrimoniale, 109 US $ la triple avec petit déjeuner et wifi gratuit.
Etablissement récent très bien situé, au centre et au calme, qui fait la part belle aux matériaux traditionnels de la région. Chambres bien tenues avec sanitaires privés et eau chaude. Parking. Prix accessibles. A prendre en compte.

■ HOTEL CASA DE JOSE

220 Los Algarrobos
✆ + 56 9 50781853
www.casadejose.cl
hotelcasadejose@gmail.com
Sur présentation du guide, 10 % de réduction (précisez-le lors de votre réservation) ! Compter à partir de 125 US$ la chambre pour deux, 155 US$ la triple et 210 US$ la quadruple. Petit-déjeuner inclus de 7h30 à 10h30. Les étrangers ne paient pas la taxe de 19 %.
Une adresse pleine de charme et un cadre tranquille un peu à l'écart de l'agitation du centre. Les 7 chambres ont une salle de bain privée plutôt accueillante, avec baignoire ou douche italienne, et la décoration dégage une atmosphère chaleureuse. Chaque chambre a sa télévision par câble et la climatisation. Service de parking inclus et piscine ouverte de septembre à mars. Personnel à la fois très accueillant – on vous offrira un verre de pisco lors de votre arrivée ! – et souriant. Un établissement, encore jeune, qui gagne à être connu !

■ HOTEL PASCUAL ANDINO

Gustavo Le Paige 150
✆ +56 55 2895313
www.pascualandino.com
contacto@pascualandino.com
Compter à partir de 150 US$ la chambre double. Petit déjeuner compris.
Cet hôtel dispose d'atouts non négligeables, le premier étant sa terrasse intérieure et la jolie structure faite de bois et d'adobe. Inspiré du village pré-colombien de Tulor, l'architecture de l'hôtel privilégie les matériaux naturels et s'habille d'éléments de décorations andins. A l'abri du bruit et des regards, les 10 chambres offrent confort et intimité. Tout est de bon goût : jolie literie, salle de bains élégante et terrasses privées bien aménagées. Tous les matins le petit déjeuner se prend dans une salle commune agréable et lumineuse. Un petit point d'eau (pas tout à fait une piscine) permet aux voyageurs de se rafraîchir.

■ LOMAS SANCHEZ

Caracoles 259 A
✆ +56 99 2 777 478
lomasanchez7@gmail.com
Compter 25 000 $ la simple avec sanitaires communs, 55 000 $ la double et 85 000 $ la triple avec sanitaires privés. Petit déjeuner et wifi inclus.
Bien situé en plein centre, cet établissement propose six chambres, dont deux simples avec sanitaires communs, deux doubles et deux triples avec sanitaires privés (plus spacieuses et mieux décorées). Mais nous recommandons chaudement les chambres en yourte situées en extérieur... des airs de Mongolie habillent alors le désert chilien, et ce n'est pas pour nous déplaire ! Spacieuses et atypiques, les yourtes (pour 2 ou 3 personnes) sont confortables et chauffées. Petit patio ensoleillé, coin TV satellite, laverie, parking gratuit... Felipe et María Angélica s'efforcent de vous recevoir en amis. Une adresse confidentielle, bien loin de l'esbroufe glamour et des grands concepts, pour tous ceux qui aiment les choses simples.

Luxe

Un nombre impressionnant d'hôtels de luxe ont ouvert leurs portes depuis le début des années 2010, changeant radicalement la donne touristique à San Pedro. Certains critiquent leur démesure, leur emplacement (sur des sites archéologiques ou sacrés), d'autres regrettent que leurs grandes piscines aient un rapport direct avec le manque d'eau chronique dans de nombreux quartiers du village... En tout cas, ces établissements sont souvent d'un charme inouï (tous sont construits en adobe ou terre séchée) et d'un confort de premier ordre. Les tarifs sont très élevés... trop sans doute, pour dire vrai.

■ ALTO ATACAMA DESERT LODGE & SPA

Camino Pukará s/n,
sector Suchor
Ayllú de Quitor
✆ +56 2 2912 3945
www.altoatacama.com
reservas@altoatacama.com
Chambre double entre 600 et 770 US$.

Alto Atacama est un superbe exemple d'architecture innovante et durable, niché dans une vallée d'une beauté à couper le souffle, à deux pas du Pukara de Quitor (donc un peu excentré, mais des navettes gratuites se rendent au village toute la journée jusque tard le soir). Les espaces publics et les 42 chambres (magnifiques, notamment les salles de bains), chacune avec terrasse privée et de superbes vues sur les environs, rendent hommage à la région, avec ses textiles locaux, son artisanat et la pierre. A disposition : un restaurant de qualité, six piscines (certaines chauffées), un spa, un espace commun avec cheminée, un observatoire, ainsi que des activités culturelles et d'aventure pour explorer le désert (excellentes excursions). Bref, du très haut de gamme pour les voyageurs soucieux de bien-être. Le haut du pavé à San Pedro.

■ HOTEL AWASI

Tocopilla 4
✆ +56 2 2233 9641
www.awasi.cl
info@awasi.cl
Programmes « tout compris » à partir de 2 480 US$ par personne (sur base double) pour trois nuits en suite standard, 2 980 US$ en suite supérieure.

Quel charme ! Les douze bungalows sont d'un confort remarquable et l'ensemble est décoré avec un goût exquis. Beaucoup d'attention et de soin dans les détails. Le resto est à la hauteur, le service aussi. Bref, une excellente adresse à tous points de vue.

■ HOTEL ALTIPLANICO

Domingo Atienza 282
✆ +56 55 2 851 212
www.altiplanico.cl
reservasatacama@altiplanico.cl
Compter 200 US$ (catégorie standard) la simple, 280 US$ la double, et 420 US$ la chambre familiale pour cinq personnes. Petit déjeuner wifi inclus.

Une structure superbe, à cinq minutes à pied du village. Les 21 chambres, avec terrasse privative, sont originales dans leur conception, mais les matériaux utilisés sont traditionnels. Il n'y a ni TV, ni téléphone, ni minibar, ce qui est louable dans cette gamme de prix : on privilégie le confort, le calme et la beauté. Piscine, accès Internet. Très charmant !

■ HOTEL EXPLORA

Ayllu de Larache
Près de San Pedro
✆ +56 55 2 851 110
www.explora.com
info@explora.com
Compter à partir de 4 600 $ par personne pour 3 nuits tout compris.

L'hôtel de tous les superlatifs (niveau prix aussi). 50 suites avec bain bouillonnant dans un style rustique et d'un confort absolu (excellente literie). Réservez si vous pouvez avec vue sur le volcan Licancabur. Quatre piscines, chacune dotée d'un propre sauna. Le séjour « tout compris » est de règle, et l'offre se situe entre 4 nuits-3 jours et 7 nuits-6 jours. Le restaurant est excellent. Albert de Monaco, Béatrice de Hollande, Vicente Fox (ex-président du Mexique), Tom Cruise y ont logé. Pourquoi pas vous ?

■ HOTEL KIMAL

Domingo Atienza 452
✆ +56 55 2 85 11 52
www.kimal.cl
reservas@kimal.cl
En haute saison, compter 213 US$ la simple, de 238 à 270 US$ la double, 313 US$ la triple et 362 US$ la quadruple, petit déjeuner et wifi inclus.

Très bel hôtel construit en adobe. Quarante chambres confortables et préservant toute l'authenticité, l'intimité et la chaleur d'une architecture de charme. Le petit restaurant borde une piscine rafraîchissante. Internet wi-fi. Bon accueil pour une adresse très bien située qui a vraiment du cachet. Une extension a ouvert de l'autre côté de la rue (Hotel Poblado Kimal), offrant plus d'espace et de bois pour un confort toujours aussi séduisant. Parmi les services, noter le centre de massages et de bien-être, le bain bouillonnant, les classes de yoga et l'organisation d'excursions et des transfers aéroport.

■ NOI CASA ATACAMA

Tocopilla E8
✆ +56 55 2 551 360
www.noihotels.com
recepcion@casaatacama.com

Compter à partir de 380 US$ la chambre double et 450 US$ la suite. Petit déjeuner et accès wi-fi inclus.

Vint-cinq chambres de grand confort, entre 32 et 42 m². Suite présidentielle de 67 m². Chaleureuses et bien pensées. Toutes possèdent un petit jardin intérieur (attenant à la douche) et une terrasse ensoleillée donnant sur la piscine. Spa avec sauna, bain bouillonnant, massages (sur réservation uniquement) et piscine extérieure. wi-fi dans toutes les chambres. Le restaurant La Romeria sert une bonne cuisine locale. Panneaux solaires et utilisation de bois recyclé. Des vélos sont disponibles. Petite bibliothèque avec livres sur le Chili et salle télé à l'accueil. A moins de 5 minutes à pied de la Calle Caracoles, au calme. Un boutique-hôtel de charme, très professionnel (les excursions qu'ils organisent reçoivent les éloges des voyageurs).

■ TERRANTAI LODGE

Tocopilla 411
✆ +56 55 2 851 045
www.terrantai.com
info@terrantai.com

Pour deux personnes et selon la saison touristique, compter de 215 US$ la chambre standard à 350 US$ la chambre supérieure. Petit déjeuner et accès wifi inclus.

Une petite construction traditionnelle (21 chambres) en adobe située juste à côté de la pittoresque église du village. Ce fut tout d'abord un petit hôpital, lors de sa construction en 1700, et c'est aujourd'hui l'un des plus beaux hôtels du village. Les grandes fenêtres des chambres supérieures décorées avec sobriété et un certain bonheur donnent sur un jardin calme et attrayant. Les chambres standard, moins spacieuses et avec des fenêtres plus petites, correspondent à l'ancienne partie de l'hôtel (sans jardin), mais dégagent encore une fois une atmosphère tout à fait plaisante. Les lits sont d'un confort sans nom... Une jolie piscine est également accessible dans un décor d'adobe et de pierre. C'est magnifique ! Vous pouvez choisir un forfait de plusieurs jours, ou alors payer à la nuit (moins intéressant). Une salle de détente avec petite bibliothèque et une petite boutique apportent une petite touche supplémentaire à l'établissement. Chaque saison, l'établissement propose aussi des excursions personnalisées pour deux à trois. Voici encore une bonne adresse avec un personnel tout particulièrement adorable. Le petit plus : on vous offrira une bouteille réutilisable, pratique et écolo !

■ TIERRA ATACAMA HOTEL & SPA
Calle Séquitor s/n, Ayllú de Yaye
✆ +56 2 2207 8861
www.tierraatacama.com
info@tierraatacama.com
Compter à partir de 2 700 US$ par personne (base double) pour deux nuits en tout compris.
Encore un très bon hôtel, de haut standing, à environ 25 minutes à pied du village. Les chambres sont décorées avec de l'artisanat local, aux couleurs du désert. Elles jouissent toutes d'une vue imprenable sur le volcan Licancabur et disposent d'un coffre-fort et d'un téléphone, ainsi que du wi-fi. Le Spa est de premier ordre. Bon restaurant. Service aimable.

Se restaurer

Les restaurants sont chers à San Pedro par rapport au reste du pays, mais demeurent accessibles. En revanche, ils proposent tous plus ou moins la même carte, plus ou moins au même prix... Pas très original. Ce qui change, par rapport aux petits villages de l'Altiplano, c'est que l'on vous propose une cuisine internationale, adaptée à la plupart des estomacs gringos... Mais si vous recherchez des bouis-bouis locaux, ce n'est pas facile ! En général, compter autour de 8 000 à 12 000 $ pour un menu le midi, et un peu plus pour un plat le soir (si aucun menu n'est proposé).

Sur le pouce

■ LA PLAZA
315-B Sur la place du village
✆ +56 9 7651 5282
Ouvert tous les jours de 10h à 23h. Wifi gratuit.
Agréable pour boire une bière (2 000 $ la choppe, 5 000 $ le pichet) ou un jus de fruit (2 000 $). Sandwichs un peu chers mais copieux. Service à l'avenant, en terrasse ou dans le patio.

■ ROOTS
Toconao 492
✆ +56 9 5993 3679
Compter entre 5 000 et 7 000 $ par personne. Ouvert de 8h à 22h.
Si vous désirez un petit restaurant passe-partout prêt à concocter vos collations du midi alors, ne cherchez plus ! Roots saura satisfaire toutes les envies avec des options sans gluten et végétariennes, les sandwiches sont faits maison et se dégustent avec amour, idéal à emporter pour une excursion. Sur place, le local est petit et charmant, les murs sont tapissés de photos d'icônes de la pop culture et les filles qui assurent le service sont tout sourire. Enfin, le café est particulièrement délicieux !

Pause gourmande

■ FRANCHUTERIA
527 Calle Gustavo Le Paige
✆ + 56 9 6660 1122
Ouvert tous les jours de 7h à 20h30.
En manque d'un bon pain au chocolat ou d'une baguette qui croustille ? Cette boulangerie-pâtisserie, tenue par Arthur, fabrique avec amour ses produits à la française ! On trouve de tout : des baguettes (natures, chèvre/origan, olives, lardons ou roquefort/figues, etc.), des croissants au beurre, des pains au chocolat, des pains aux raisins et autres. Arthur a lancé aussi une nouvelle gamme de pâtisseries : le Paris-Brest est une tuerie ! Côté salé, on retrouve des pizzas et des sandwiches, idéal pour un en-cas lors d'une excursion. Les produits sont frais et artisanaux et il est possible de consommer sur place. Idéal pour les petits déjeuners (très) matinaux avant un départ en excursion.

■ HELADERÍA TIERRA DEL SOL
Caracoles 169
✆ +56 9 7696 0500
Compter 2 500 $ les deux boules.
Très bon glacier artisanal en plein centre, proposant des saveurs très exotiques : pastèque, *chañar* (un fruit local), *rica-rica* (plante andine qui aurait de nombreuses vertus thérapeutiques), concombre... mais aussi à la fraise ou à la pistache bien sûr !

Bien et pas cher

■ CAFE ADOBE
Caracoles 211 A
✆ +56 55 2 851 132
www.cafeadobe.cl
adobe@sanpedroatacama.com
Ouvert tous les jours de 8h à 1h du matin. Petit déjeuner également.
Pizzas, spaghettis, soupes, salades ou *enchiladas*. Ambiance agréable, une valeur sûre qui saura plaire à tout le monde où la cuisine est très internationale, bercée par de la bonne musique et des peintures rupestres accrochées dans le patio. On peut se connecter à Internet dans la salle du fond. Il y a pas mal de monde le soir, c'est l'un des meilleurs points de rencontre... entre étrangers, il s'entend. Bien aussi le soir pour prendre un verre !

■ EL TCHIUCHI
Toconao 424
✆ +56 55 9 317 450
Compter 3 500 $ le quart de poulet accompagné de frites maison.
A deux pas de la place, entourée d'autres restaurants « attrape-touristes » vous trouverez ici

une adresse sans chichi qui cuisine le meilleur poulet-frites de la ville. C'est le repaire des jeunes de San Pedro pour manger pas cher.

■ EL HUERTO
Gustavo Le Paige 230
Compter 3 000 $ le plat.
Cuisine bon marché et chilienne idéale pour le repas du midi. On vous amène un petit bout de papier avec quelques options de plats (les *casuelas* et soupes de lentilles sont délicieuses) le tout sur une arrière-cour arborée où les oiseaux viennent pousser la chansonnette. Le service n'a rien d'exceptionnel, mais les portions sont généreuses et les prix minis par rapport à la moyenne des restaurants du village.

■ INTI SOL
Tocopilla 432
✆ +56 55 3205872
Almuerzo à 6 500 $ le midi, 6 900 $ le soir. Ouvert du lundi au samedi de 12h à 16h et de 19h à 21h30.
Bon restaurant proposant des plats de qualités aux portions généreuses. On y mange des salades, hamburgers et plats chiliens. Le service est correct, et l'emplacement central. Bon rapport qualité/prix et ambiance familiale.

■ LAS DELICIAS DE CARMEN
Caracoles 259 B
✆ +56 9 9089 5673
carmenpasteles@yahoo.com
Ouvert de 8h30 à 23h. Compter entre 4 000 et 10 000 $, pour une moyenne de 5 000 $ par plat.
Excellentes pâtisseries et plats traditionnels aux portions généreuses. On y vend aussi de très bonnes *empanadas* au fromage, tomate et basilic et des pizzas. Pizza *a la piedra, ajiaco con ensalada, cazuela vacuno, charquicán, pastel de choclo, costillar de cerdo, lomo a lo pobre, chupe de locos*... L'un des meilleurs endroits pour goûter à la cuisine chilienne typique. Bon rapport qualité/prix.

Autre adresse : Calama 370

■ LE LOLA
Toconao et Caracoles
✆ +56 55 2 851 547
Du mardi au dimanche de 10h à minuit.
De la rue, on distingue le foyer, ce qui invite à rentrer. Le menu n'est pas trop cher, et la cuisine est bonne et variée. Service un peu dilettante, mais ce n'est pas très grave puisqu'on nous accueille avec amabilité et bonne humeur. Le Lola devient peu à peu une institution, l'ambiance est agréable en début de soirée, il y a quelqu'un qui joue du piano de temps en temps, puis après le dîner l'ambiance se veut plus festive dans l'arrière-cour où se trouve un étage : on en prend plein les oreilles lors des soirées électro ou des *karaoke party.*

■ LOS CARRITOS
Compter entre 2 000 $ et 3 000 $ pour un repas le midi.
Situés après le marché artisanal, en face du terrain de foot, ces petits kiosques proposent des menus composés de viandes, poissons et omelettes. Les portions sont généreuses et le prix tout à fait abordable, les locaux viennent s'y restaurer.

■ PIZZERIA EL CHARRUA
442 Tocopilla
✆ +56 55 2 851 443
Ouvert de 11h à minuit. Entre 3 000 et 6 500 $ le plat.
Victor et sa femme uruguayenne Béatrice ont aménagé un petit coin sans prétention qui attire son lot d'habitués. Excellentes pizzas, bonnes pâtes dans un cadre intimiste. Prix raisonnables.

Bonnes tables

■ BALTINACHE
Domingo Atienza
Sitio 2
En moyenne 9 000 $ le midi, plats allant de 6 000 $ à 15 000 $, le soir.
Petit restaurant, un peu excentré après le croisement de Palpana et Atienza. On y sert un bon choix de viandes et poisson, du gibier, et des plats généreux. Vous aurez la chance d'y goûter du cerf ou du *guanaco* (camélidé sauvage semblable au Lama). Le menu du midi est unique et change tous les jours. Sans prétention et honnête, une adresse qui vaut le détour. Réservation conseillée !

■ LA CASONA
Caracoles 195
✆ +56 55 2 851 337
www.lacasonadeatacama.cl
reservas@cafeadobe.cl
Moyenne de 10 000 $ le menu du midi et à partir de 8 000 $ le plat. Ouvert de 11h30 à 23h.
Voici une table populaire, les propriétaires sont les mêmes que l'Adobe Café. Cuisine tout à fait honnête (*pastel de jaiba* ou *de choclo, ceviche, chupe de locos, tablas*...) et le cadre est mignon et accueillant. Bien pour un dîner en famille.

■ CKUNNA
Tocopilla 359
✆ +56 5 52 980 093
www.ckunna.cl
restaurante@ckunna.cl
Compter de 6 000 $ à 12 000 $ le plat et à partir de 11 000 $ la bouteille de vin. Ouvert tous les jours de 12h30 à 23h.

Un autre établissement qui cherche à mélanger les saveurs locales aux palais internationaux. Dans un cadre agréable, qui hébergea en son temps la première école du village, on essaye de présenter les plats d'une manière un peu plus originale. Choisissez de manger dans le grand patio frais et éclairé ou dans la petite salle plus intime avec une petite cheminée. Grande carte des vins. Menu pour le déjeuner. Musique live le soir le week-end.

LA ESTAKA
Caracoles 259
✆ +56 55 285 1286
www.laestaka.cl
laestaka@sanpedroatacama.com
Ouvert de 11h30 à 23h30. Soupe et salade entre 3 900 et 9 500 $ et plats à partir de 11 500 $. Menu du midi à 9 000 $.
L'une des adresses les plus populaires en soirée, et l'une des tables les mieux établies. La carte est définitivement internationale (elle ressemble à celle de l'Adobe), tout comme l'ambiance. L'intérieur possède un certain charme (galerie d'art local). Question cuisine, beaucoup de voyageurs la trouvent très recommandable, certains juste passable. Mais il y a souvent du monde en tout cas.

Sortir

Si vous rencontrez un petit bout de papier avec une adresse dessus, n'hésitez pas à vous y rendre, les soirées « atacaméennes » foisonnent dans les environs. Il y a encore quelques années, des fêtes clandestines s'organisaient plus loin dans le désert et des transferts s'organisaient à l'improviste pour débarquer un public jeune avide de ces *rave parties*. Pour autant la nuit, l'alcool et le désert ne font pas toujours bon ménage et certains voyageurs se sont perdus dans ces immensités... Il paraît que quelques fois par an, ces virées nocturnes dans le désert s'organisent de nouveau, si l'aventure n'a pas de limites pour vous restez tout de même prudent !

BARROS
Calle Licancabur 252
✆ +56 55 256 9317
Boissons d'1/2 litre à 3 500 $ (terremoto, daikiri aux fruits...). Happy hour de 19h à 23h : trois boissons pour 6 500 $ (pisco-ron, caipiroska...).
Une adresse pas chère et sympa où l'on sert à la fois des plats consistants souvent végétariens, et des boissons en quantité ! Les pizzas sont énormes, vaut mieux être deux ou trois personnes pour tout terminer ! Bonne ambiance le soir avec des concerts de groupes locaux. Idéal entre amis lorsque l'on est d'humeur festive.

LOS GOR2
Tocopilla 372
Happy hour 2 cocktails pour 5 000 $ (Mojito, Ron Cola, Caipirinha, Pisco sour...). Ouvert du jeudi au mardi de 16h à minuit.
Un bar à sandwichs (*completos*, végétariens...) et surtout un bar où l'ambiance fait foi le soir ! Musique live.

À voir – À faire

ALMA
www.almaobservatory.org
visit@alma.cl
Gratuit, ouvert tous les samedis et dimanches de 9h à 13h. Il vaut mieux réserver à l'avance

Manifestations

- **Janvier :** Fête de la Vierge de la Candelaria dans le village de Caspana, du 31 janvier au 3 février.
- **Février :** Carnaval dans de nombreux villages.
- **Semaine sainte de Chiu-Chiu** (entre avril et mars). Magnifique.
- **Mai :** Fête de la Sainte-Croix à San Pedro (début mai).
- **Juin :** Machaqmara, Nouvel An Aymara, le 21 juin.
- **24 juin :** Jour international des peuples indigènes. Mais aussi fête de San Pedro et San Pablo, l'une des plus importantes (pendant une semaine, jour principal le 29).
- **29 juillet :** Fête de Santiago, dans le village de Santiago de Río Grande.
- **1er août :** Fête de la Pachamama.
- **5 septembre :** Jour international de la femme indigène.
- **Le 8 septembre,** la fête de la Vierge de Guadalupe d'Ayquina attire près de 30 000 personnes. De septembre à octobre se succèdent les fêtes d'Ayquina, de Toconce et de Socaire où l'on procède à la traditionnelle *limpia de canales* (nettoyage des canaux).

sur le site Internet, en saison basse vous pouvez aussi vous y rendre directement, n'oubliez pas votre carte d'identité. Les bus ALMA partent à 9h de la rue Tumisa, près de l'angle de l'avenue Pedro de Valdivia. C'est près du «Pueblo de los Artesanos» et près du terminal d'autobus de San Pedro de Atacama. L'observatoire situé à 50 km de San Pedro de Atacama.

C'est dans le désert d'Atacama que ce vaste réseau de radiotélescopes aux 66 antennes, considéré comme le projet astronomique le plus ambitieux du monde, a élu domicile. ALMA (Atacama Large Millimeter Array), compte bien révolutionner la science en étudiant nos origines cosmiques à la fois dans l'espace et dans le temps. Fruit d'une collaboration mondiale entre l'Europe, les Etats-Unis et le Japon, ce projet à 1 milliard de dollars propose aux visiteurs de venir découvrir son fonctionnement. Seules les personnes inscrites à l'avance peuvent se rendre au Centre de soutien des opérations ALMA (OSF), où le personnel travaille. Vous pourrez observer la salle de contrôle, les laboratoires et généralement les antennes en cours d'entretien et le transporteur d'antennes. Pour des raisons de sécurité, les opérations sur le Plateau de Chajnantor (le site où se trouvent les antennes) ne sont pas ouvertes aux visiteurs, en raison de l'emplacement situé à 5 000 mètres au-dessus du niveau de la mer. Bref, à couper le souffle ! (et dans les deux sens du terme !)

■ IGLESIA SAN PEDRO ★★

Située à côté d'une place ombragée, cette église, la plus grande et l'une des plus belles de la région, convertirait un athée. Datant de 1744 et restaurée entre 1839 et 1843, après un incendie, elle est entièrement en adobe blanche. Une tour lui fut rajoutée en 1964. Sa toiture est faite de bois de caroubier relié par des lanières de cuir. L'intérieur, baigné d'une merveilleuse lumière, abrite un sympathique saint Pierre à la barbe dorée.

En face de l'église, la Casa Incaica est la plus vieille maison du village. Avec ses portes de forme trapézoïdale, elle offre un modèle typique de l'architecture inca. Mais comme c'est maintenant une propriété privée, on ne peut l'apprécier que de l'extérieur.

■ MUSEO DEL METEORITO ★

Tocopilla 159
✆ +56 9 8360 3086
www.museodelmeteorito.cl
Ouvert du mardi au dimanche de 10h à 13h et de 14h à 18h. Fermé le lundi. Entrée 3 500 $ pour les adultes, 2 500 $ pour les enfants et les étudiants. Audio-guides en français.

Ce musée d'un nouveau genre a ouvert ses portes à San Pedro en 2013. Situé dans un dôme à 5 minutes de Caracoles, on y expose toutes sortes d'objets spatiaux, des météorites, et de nombreuses explications autour du système solaire. La visite est intéressante et interactive (on peut toucher certaines météorites !).

Sports - Détente - Loisirs

■ CACTUS RANCH

568 Toconao
✆ +56 55 2 851 506
www.rancho-cactus.cl
faroloyvalerie@rancho-cactus.cl
Compter à partir de 23 000 $ les 2 heures (Oasis ou Valle del Tiempo) et 45 000 $ les 5 heures de balade à cheval (Paso de los Toros, Cornisa et Valle de La Muerte). Circuits de 1 à 12 jours avec tous les repas et les tentes ou hébergement inclus. Fermé le lundi.

Valérie, de France, et Farolo ont été les premiers à proposer des circuits équestres dans la région. Une chevauchée est particulièrement recommandée pour sentir le souffle puissant des déserts et des cimes alentour. Parmi les nouveautés : une randonnée avec nuitées dans le désert. C'est l'occasion de sortir de la routine des tours organisés en minibus, et de humer l'air frais de la vallée. Balades de deux heures à dix jours, en français et avec le sourire, vers la vallée de la Mort, la pukara de Quitor, Tulor, Catarpe, la cordillère du Sel, Beter et la vallée de la Lune. Le café de l'établissement propose des petits déjeuners à partir de 8h (1 800 $ à 2 800 $) et des encas le reste de la journée. Salades fraîches, sandwiches, quiches, grand choix de thés et de vrais cafés, bons desserts. Glaces maison délicieuses et très rafraîchissantes. Pour les amoureux du thé, le *tea time* est entre 16h et 18h30.

Visites guidées

■ ATACAMA EVASION

✆ +56 9 6211 1686
www.atacamaevasion.com
atacamaevasion2@gmail.com
Prix sur consultations.

Julie est arrivée à San Pedro il y a 12 ans et est littéralement tombée amoureuse du désert et de ses habitants. Proche de la culture atacamène et ethnologue de formation, elle réserve bon nombre d'anecdotes et d'histoires sur l'archéologie, la faune et la flore, la géologie… et offre des tours thématiques à travers des randonnées exclusives. Energique et attachante, Julie connaît le désert comme sa poche et vous emmènera hors des sentiers battus, là où l'authenticité règne encore : des villages encore vierges du tourisme aux vallées de l'Arc-en-Ciel et ses pétroglyphes, vous vivrez un séjour qui sort définitivement de l'ordinaire.

VERS LE SALAR D'UYUNI ET LE SUD-LÍPEZ, EN BOLIVIE

Uyuni est l'un des hauts lieux du tourisme en Bolivie et dans le sous-continent. De nombreuses agences boliviennes et chiliennes proposent un combiné San Pedro de Atacama – Sud-Lípez – Salar d'Uyuni (des excursions plus longues passent par Tupiza). Cette excursion, qui permet de découvrir l'un des plus beaux paysages au monde, est proposée par diverses agences de San Pedro. Renseignez-vous bien à l'avance sur l'agence avec laquelle vous partirez : souvent les guides sont aussi les conducteurs du véhicule, ils ne parlent qu'espagnol et les véhicules ne sont pas passés au contrôle technique depuis belle lurette...

▶ **Salar de Uyuni.** Le plus grand désert de sel du monde peut être visité en l'espace de quelques heures. 10 000 km² de sel à 3 646 m d'altitude, des îles d'un kilomètre de long, peuplées d'une faune de l'extrême. Le salar se visite toute l'année. A la saison des pluies (février, mars), le salar, recouvert par une pellicule d'eau, devient un gigantesque miroir. Même si les excursions sont plus limitées, le spectacle vaut assurément la peine. Les Japonais en raffolent et viennent d'autant plus à cette période.

▶ **Sud-Lípez.** Au sud du salar d'uyuni et jusqu'au Chili, déserts de sel, lagunes colorées, volcans et geysers se succèdent. Attendez-vous à avoir le souffle coupé devant la majestuosité des paysages du Sud-Lípez. Si la Laguna Verde, au pied du volcan Licancabur, et la Laguna Colorada sont incontestablement les deux sites les plus visités, d'autres attractions naturelles méritent votre attention : les geysers Sol de Mañana, le bien nommé Desierto de Dalí, les eaux thermales de la Laguna Salada, le volcan Sairecabur ou encore la Laguna Honda.

Pratique

▶ **Le circuit offre l'avantage** aux voyageurs désireux de poursuivre leur périple en Bolivie de descendre à Uyuni, même si l'on peut aussi revenir à San Pedro (coût supplémentaire). Le circuit dure trois jours (quatre si vous revenez à San Pedro) et les prix sont raisonnables : autour de 140 à 240 US$ tout compris (selon l'agence et le nombre de jours). Nous vous conseillons de passer par des agences offrant des tours privées ou semi-privées comme Locaventuras ou de passer par l'une des agences que nous conseillons pour les voyages en groupe. Pour ces derniers, ne vous attendez tout de même pas à un service de grande qualité : en réalité, tout dépend de votre guide, qui est soit extrêmement sympathique, soit... transparent. De fait, les commentaires sont contradictoires... Mais il n'en reste pas moins que la compagnie dispose d'une flotte importante de véhicules et peut, a priori, pallier tout problème éventuel. D'autres agences, comme Estrella del Sur ou Sajama, sont plus récentes, mais efficaces en termes de services avec des tours bien rodés. En revanche, d'autres compagnies proposent des véhicules âgés et ne disposent pas d'oxygène à bord ni de trousse de premiers soins !

▶ **Le passage vers la Bolivie** se fait à 47 km à l'est de San Pedro de Atacama, au passage Hito Cajón, juste au sud de la Laguna Verde et au pied de la sentinelle du volcan Licancabur qui garde la frontière à cet endroit.

▶ **Formalités.** Le visa n'est pas exigé des Français ne séjournant pas plus de 90 jours en Bolivie (par période de 12 mois calendaires). Les autorités boliviennes exigent que le passeport présenté soit encore valable 6 mois à compter de la date de l'entrée sur le territoire bolivien. Un cachet d'entrée, donnant droit à 30 jours sur le territoire, est apposé sur le passeport à l'arrivée dans le pays. Cette autorisation peut être prolongée gratuitement à 90 jours par les services de l'immigration (on vous donnera une fiche verte avec deux tampons « 30 jours »). Attention, il ne faut pas perdre la fiche verte que vous remet le douanier, elle sera exigée à votre sortie du territoire. Il vous sera demandé 20 Bs par jour de dépassement le cas échéant.

▶ **Taux de change.** La monnaie bolivienne est le boliviano (Bs). En septembre 2019, 1 Bs = 104 $, 1 000 $ = 9,5 Bs.

■ **VOLCÁN LICANCABUR** ★★★
SUD-LÍPEZ (Bolivie)
Compter minimum 800 Bs pour le guide, par groupe, jusqu'à 5 personnes.
Au-dessus de la Laguna Verde se dresse le volcan Licancabur (5 920 m), telle une sentinelle gardant la frontière boliviano-chilienne, à l'extrême sud-ouest de la Bolivie. Il est flanqué du volcan Juriques (5 704 m). Certains chanceux pourront attaquer avec des bonnes chaussures et des poumons à toute épreuve l'ascension du Licancabur. Du haut de cette montagne qui sépare les deux pays se déploie la plus belle vue de toutes les Amériques. L'ascension dure une journée avec nuit au campement de la Laguna Verde. Cette ascension requiert une très bonne condition physique et une forte résistance aux éléments.

■ EXPEDICIONES SAJAMA

Calle Caracoles 419 D local 10
✆ +56 9 40695221
www.expedicionessajama.com
expediciones_sajama@hotmail.com
Bureaux ouverts du lundi au dimanche de 9h à 20h. Tours de 4 jours et 3 nuits.
Cette agence très professionnelle existe à Uyuni (Bolivie) depuis 25 ans et a longtemps fait ses preuves avant d'ouvrir à San Pedro en janvier 2019. Les tours groupés proposés pour le Salar d'Uyuni sont intéressants puisque différents de la plupart des agences : vous serez accompagnés d'un guide expérimenté et d'un chauffeur (et non pas que d'un chauffeur/guide), le trajet emprunté s'éloigne des foules touristiques (et des 4x4 qui se suivent tous en file indienne) et les excursions sont possibles en espagnol, français et anglais. Une agence sérieuse qui plaira aux petits groupes d'amis et aux familles.

■ SANTIAGO ATTIAS

Caracoles 169
✆ +56 9 7970 6013
www.ranchochago.com
santiago@ranchochago.com
En excursions de groupe, compter 30 000 $ pour la vallée de la lune et le salar d'Atacama et 60 000 $ pour les lagunas altiplanicas, les piedras rojas et les geysers. Pour les excursions privées (sur une base de deux personnes) compter 215 000 $ pour la vallée de la lune et le Salar d'Atacama, 350 000 $ pour les lagunas altiplanicas, les piedras rojas et les geysers.
Santiago a vécu 25 ans en France avant de revenir pour de bon dans son pays natal. Véritable personnage et fin connaisseur de cette région qu'il connaît si bien, il vous fera découvrir les secrets du désert dans un français parfaitement maîtrisé. En tours groupés ou privés, Santiago souhaite proposer des tours de qualité en sortant du tourisme de masse : son parcours ne croise pas les autres agences et les groupes sont limités à 12 personnes. Il travaille également avec une base solide de guides francophones compétents qui vous feront découvrir la culture régionale. Agence sérieuse et amicale.

■ SPACE (SAN PEDRO DE ATACAMA CELESTIAL EXPLORATIONS)

Casilla 21
✆ +56 55 2 566 278
www.spaceobs.com
info@spaceobs.com
Le prix est de 25 000 $ par personne, incluant une boisson chaude et le transfert. Observation pour groupe de 10 à 24 personnes, à 21h en été et 19h en hiver (hors pleine lune).
Alain Maury (un Français) et sa femme chilienne (Ale, pour les intimes) proposent des « tours astronomiques » dans leur maison située à 7 km du village de San Pedro. Pédagogique et éducatif en même temps, on nous explique les étoiles, le cosmos, etc., avec des télescopes. Bien sûr, vous verrez des choses différentes selon l'époque de votre séjour. Les circuits (en français aussi, bien sûr) durent 3h en tout, avec une présentation de diapositives à la fin. Recommandé.

■ VOYAGE ATACAMA

✆ +56 9 91402926
www.voyageatacama.com
info@voyageatacama.com
Devis sur demande.
Tim est belge, mais bien chilien dans son cœur ! Il vit ici depuis 20 ans et, avec sa belle énergie contagieuse, il nous emmène découvrir ce désert qu'il aime tant. Engagé dans la protection des terres d'Atacama, il travaille avec des guides certifiés (sortis pour la plupart de l'Alliance française) et spécialisés. Tim propose des expériences insolites et surprenantes afin de goûter à tous les atouts qu'offre la région : ascensions de volcan, randonnées en caravane de lamas, tours archéologiques... l'immersion est complète et passe par de multiples facettes ! Les tours sont possibles en groupes privés ou semi-privés, mais la qualité de prestation est toujours au rendez-vous : véhicules confortables, bouteilles d'oxygène, téléphone satellite... Sécurité assurée pour des excursions inoubliables et personnalisées.

Shopping

Le pueblo de artesanos est le premier spectacle qui vous attend à la descente du bus. On peut s'y laisser tenter par quelques chemises, mais les prix et la qualité sont plus intéressants en Bolivie ou au Pérou. Sur la Caracoles, entre Tocopilla et Domingo Atienza, on trouvera deux ou trois boutiques intéressantes, dont l'une vend des sandales fabriquées par un artisan situé à l'angle de la Calama et de l'Antofagasta. De sympathiques odeurs se dégagent de cet atelier qui réparera aussi vos bottes usées par les sables.

■ EL PUEBLO DE ARTESANOS

Tumiza
✆ +56 55 2 852 135
Il s'agit d'un petit complexe artisanal. Des locaux en adobe qui servent d'ateliers et de points de vente. Toutes sortes d'articles : céramiques, textile, peintures, bijoux en cuivre, sacs, sculptures en bois et en pierre. Vous pourrez parfois assister aux différents processus de fabrication. Malheureusement, l'endroit étant excentré, les artisans vont de plus en plus vendre dans le centre touristique (surtout dans la Feria Artesanal où les objets sont un peu plus chers). Un concentré de culture atacaméenne.

PUKARÁ DE QUITOR ★★

Située à 3 km au nord-ouest de San Pedro, dans une vallée arrosée par le río San Pedro et le río Grande. Vous pouvez vous y rendre en voiture, à pied, à cheval ou à vélo, cette dernière option semblant la plus judicieuse puisque vous pourrez coupler cette expédition avec celle de la vallée de la Lune. La forteresse tire son nom des champs cultivés de l'Ayllo de Quitor qui prennent naissance à ses pieds. Quitor, comme les autres forteresses de la région, fut construite au XIIe siècle pour freiner les visées expansionnistes des voisins aymaras. Elle est défendue au nord par un *farellón* vertical qui domine la plaine fertile du río Grande, à l'ouest par une profonde fracture, au sud par un ravin couronné par un mur et à l'est par une épaisse muraille. Cette forteresse est sans doute, de toutes les pukaras atacaméennes, l'une des mieux situées stratégiquement.

A Quitor, toutes les constructions sont faites en liparite, extraite du rocher sur lequel elles sont situées. C'est un matériau de pierre blanc grisâtre, relativement tendre, lié par un mélange d'argile qui durcit à l'air extrêmement sec du désert. On remarque dans la forteresse les petites habitations avec leurs silos adjacents, les enceintes défensives situées à la périphérie et accolées au mur, les enceintes pour stocker les grains et les tours de guet. La pukara s'étend sur environ 2,5 hectares et, depuis sa base, contiguë aux champs de récoltes jusqu'à son point culminant, elle est haute de 70 m. Les constructions s'adaptent à la forme du terrain et, si certaines conservent une certaine orthogonalité caractéristique de l'architecture atacaméenne, d'autres sont fermées par un mur semi-circulaire. On remarque justement, au milieu, une construction semi-circulaire de grande taille, appelée *torreón* pour sa ressemblance avec les constructions médiévales, sans doute un poste d'observation et de combat, qui impressionne par sa portée et le champ de vision qu'il procure. Les toitures sont restées fidèles à un même patron, à savoir le bois de caroubier ou de *chañar*, de la paille d'ichu, le tout étant recouvert d'un mélange de boue. Située à l'entrée nord de l'oasis, Quitor perdit de son importance militaire à l'arrivée des Incas qui assujettirent une partie de l'oasis mais continuèrent à y vivre et à résister encore et toujours à l'envahisseur. Ils en furent finalement délogés par les Espagnols. En 1540, Francisco de Aguirre attaqua la forteresse avec une armée de 30 soldats à cheval qui profita de son avantage technologique, les Atacaméens ne connaissant ni les casques métalliques, ni les arquebuses, ni les armes à feu… ni les chevaux. Les Espagnols réussirent à passer la première muraille, puis obligèrent les indigènes à se rendre et coupèrent la tête aux caciques. Des travaux de restauration commencèrent seulement à partir de 1981, complétés en 1992 avec l'aide de l'Agence espagnole de coopération internationale, à l'occasion du 500e anniversaire de la découverte des Amériques. En poursuivant votre route, vous arriverez dans l'Ayllo de Tambillos, sur la colline duquel vous remarquerez le centre administratif inca de Catarpe. Plus loin se trouve la chapelle San Isodro, construite en 1913 par l'Italien Lucas Cenzano. Vous pouvez ensuite, si le cœur vous en dit, continuer votre route dans la vallée, où quelques paysages bucoliques invitent à un pique-nique rafraîchissant au bord de l'eau, puis pousser jusqu'à des collines d'où vous aurez une vue somptueuse.

ALDEA DE TULOR ★

Y aller à vélo ou en voiture. Prenez la rue Caracoles, passez le pont, puis prenez l'ancienne route de Calama. Tournez à gauche après 3 km dans la direction Sequitor puis, au km 4, tournez à nouveau à gauche dans la direction de Coyo. Vous arriverez bientôt à l'ayllo de Coyo, que vous pouvez visiter. Continuez ensuite par le chemin qui mène au désert. Vous passerez devant un terrain de football et arriverez au km 9, dans le Poblado de Tulor, lieu du plus ancien peuplement de la vallée, datant de 800 ans av. J.-C. Aujourd'hui, ce site archéologique est d'une valeur inouïe et a pu être conservé grâce au sable qui, au fil des ans, l'a recouvert. Mais vous n'apercevrez que les parties supérieures des 22 habitations puisque seule une portion du site a été dégagée par des fouilles archéologiques. En 2010, Tulor fut déclaré Monument National.

OASIS ALBERTO TERRAZA ★

Elle s'appelait jadis Pozo Tres. Le site accueille un camping, un resto rapide mais surtout une fameuse piscine assez étonnante puisqu'elle est toute en tôle et enjambée par un pont sur lequel se dresse un kiosque. Cette piscine, merveilleusement rafraîchissante, fut construite à l'intention des cadres d'une compagnie minière. On peut y camper : c'est l'un des campings les plus populaires en été et, par conséquent, l'un des plus bruyants. On apprécie la grande piscine et les sites de barbecue.

Transports

En partant du Musée archéologique Le Paige et en suivant la rue Le Paige jusqu'au bout, vous arriverez à un poste douanier sur la route de Toconao. Juste après la descente qui commence après le poste, tournez à gauche et continuez sur 3 km. Pour plus de sûreté, demandez votre chemin à la douane car il n'est pas très bien indiqué. Compter à partir de 5 000 $ pour s'y rendre en taxi depuis San Pedro.

Pratique

INFORMATIONS

© +56 55 2 851 042

À 3 km de San Pedro. Il faut s'acquitter d'un droit d'entrée de 3 000 $, gratuit pour les enfants.

VALLE DE LA LUNA ★★★

Il y a deux manières de s'y rendre, soit directement par l'ancienne route de Calama, soit par la nouvelle. Les circuits des agences incluent en général un passage par la cordillère du Sel et, moyennant un petit détour, par la vallée de la Mort. Un panoramique installé en bordure de route, vers Calama, permet de découvrir la cordillère du Sel, en fait le fond d'un lac qui a émergé. Les sédiments de sel battus par l'action de la pluie (très rare… mais le mois de février 2006 a été historique) et surtout du vent y ont apporté une nouvelle touche artistique. Le silence s'impose quand on surplombe la vallée de la Mort, rappelant celle des lépreux de Ben Hur. Celle-ci eut d'ailleurs la même fonction puisqu'elle fut le refuge des malades dont on craignait qu'ils contaminent leur village. On leur apportait de la nourriture qu'on faisait glisser dans des paniers à l'aide d'un système de cordages. Si vous envisagez une excursion dans la vallée de la Lune, assurez-vous que ces endroits figurent dans l'itinéraire prévu par votre agence. La fameuse vallée de la Lune est une vaste étendue de sable, parsemée de sel gemme et entourée de crêtes, de pics et de collines, qui donnent un aspect lunaire au site. Vous pouvez monter sur la grande dune, à votre droite, pour y observer le coucher du soleil (en compagnie de dizaines, voire de centaines d'autres touristes… eh oui !). Deux kilomètres plus loin s'ouvre une grotte dont certains passages sont à ciel ouvert. La foule touristique s'en va vite s'agglutiner sur la dune, ce qui vous laisse la grotte pour vous tout seul ! Moins impressionnant que le reste mais tout de même somptueux. Si vous comptez venir ici à vélo, y faire du trekking ou y camper, emportez de l'eau, beaucoup d'eau.

▸ **Accès :** si vous vous rendez à la Valle de la Luna par vos propres moyens, l'accès est uniquement possible le matin depuis l'été 2019. Cependant, cette restriction est susceptible de changer (notamment si vous réservez vous tickets d'entrée à l'avance). Renseignez-vous avant votre passage.

SALAR DE ATACAMA ★★★

Le Salar de Atacama, à une dizaine de kilomètres au sud de San Pedro, est le bassin salin le plus grand du Chili, avec ses 300 000 hectares, il est situé à une altitude de plus de 2 300 m. C'est un lac recouvert d'une couche saline, par endroits parsemée de lagunes. Le jeu de lumière sur le sel, sur les montagnes avoisinantes, le fait ressembler à une immense palette de peintre en permanente mutation. Son sous-sol, très riche, renferme 40 % des réserves mondiales de lithium et attise de plus en plus l'intérêt des exploitations minières qui menacent la conservation de ces paysages aussi magiques que fragiles. Cet or blanc si convoité, même s'il a fait du Chili le deuxième producteur mondial de lithium, a déjà commencé à faire défaut au salar : les lagunes se réduisent et la population sauvage de flamants roses est en fort déclin… De plus, les communautés autochtones subissent les effets négatifs causés par l'extraction du lithium : l'eau est infectée et les zones de développement de la mine s'étendent sur des terres sacrées… le coût environnemental est grave et de nombreuses ONG et associations se créent petit à petit afin de revendiquer les droits de la nature.

LAGUNA CHAXA ★

L'accès se fait depuis Toconao.

Entrée 5 000 $ pour les adultes.

Dans cette lagune, vous pourrez observer d'assez près les flamants roses, ces gracieux oiseaux et leur envol qui laisse derrière lui une traînée de poudre magique, et forcément rose. Sur les cinq espèces de flamants roses présents dans le monde, trois se trouvent au Chili : le flamant andin, le flamant chilien et le flamant de James. Aujourd'hui menacées, ces espèces de flamants exigent qu'on les observe en silence et en toute discrétion.

LAGUNAS CEJAR ★★

À 18 km au sud de San Pedro.

Compter 10 000 $ jusqu'à midi puis 15 000 $. Vous pouvez vous y rendre avec votre propre véhicule ou via une agence.

Situées en plein *salar*, ces cinq petites lagunes de couleur turquoise offrent un spectacle de toute beauté. En effet, elles possèdent une concentration en sel 40 % supérieure à la normale, un peu comme la mer Morte, en Israël. On flotte sur l'eau. Attention quand on va se baigner, comme la lagune est pleine de sel cristallisé, vous pouvez vous couper : pensez à amener des tongs et même des gants, et beaucoup d'eau pour enlever le sel après la baignade. Privilégiez la période de septembre à décembre pour faire trempette, c'est le meilleur moment, en juin, l'eau est très froide ! On s'y rend à vélo ou en 4x4 : les agences proposent maintenant cette diversion originale.

LAGUNA TEBINQUICHE ★★

Cette jolie lagune a été déclarée sanctuaire naturel en 2019, une bonne nouvelle pour cet écosystème unique capable de résister à des conditions environnementales extrêmes. On y admire notamment des flamants roses. Si vous disposez de votre propre véhicule (ou en tour privé), essayez de ne pas vous perdre et demandez au gardien comment vous rendre vers les Ojos del Salar et la lagune de Tebinquiche. Cette lagune est un endroit de toute beauté, et guère fréquenté : au coucher du soleil, c'est féerique !

TOCONAO ★★

Pour s'y rendre, sortir par la rue Le Paige et prendre la route vers Toconao, situé à 33 km de San Pedro. Elle vous permettra d'observer le Licancabur qui culmine à plus de 5 916 m. Toconao est un charmant village oasis d'à peine 800 habitants qui, favorisés par un climat heureux, s'adonnent à la culture des fruits. Les ruelles en pierre sont bordées de maisons en liparite qui leur donne cette couleur blanchâtre. Sur une petite place s'élève l'église San Lucas, édifiée dans les années 1740. En face se dresse son clocher, plus tardif, de 1750. Non loin de la place, quelques artisans tricotent pulls, bonnets, gants andins en se servant, selon l'ancienne tradition, d'épines de cactus. L'un d'entre eux, ou son conseiller en marketing, a eu l'idée de laisser traîner un lama dans son échoppe, pour une petite animation qui ravira les enfants. Approchez, approchez, les enfants… La principale activité du village est l'exploitation minière. L'entreprise Minsal, dont les bâtiments sont installés sur les terres de la commune, emploie une grande partie de la population active du village. L'agriculture vient en seconde position. Mais c'est surtout sa vallée du Paradis, la Quebrada de Jerez, qui rend Toconao si attachant.

© ARNAUD BONNEFOY

Boutique à Toconao.

EL TOCONAR

Carretera 23
✆ +56 9 8429 4492
www.eltoconar.cl
wpablocm@eltoconar.cl
En venant de San Pedro de Atacama, tournez à gauche une fois sorti du village de Toconao.

Compter 25 000 $ la chambre double avec salle de bain privée, 50 000 $ la chambre famille pour 5 et 60 000 $ le bungalow familial (salle de bain privative avec eau chaude, cuisine équipée, TV). Petit déjeuner inclus et très bon wi-fi sur tout le site

Que rêver de mieux que de loger au milieu du désert ? Las cabanas Del Toconar sont installées autour d'un vignoble, elles présentent tout le confort nécessaire pour visiter les principaux sites autour de San Pedro de Atacama sans être dans l'effervescence de la ville. Chambres ou bungalows indépendants, architecture traditionnelle autour de patios fleuris, personnel très attentionné, service de restauration. Wilfredo le gérant offre aussi un vin délicieux produit à 2 400 m d'altitude – une des vignes les plus hautes au monde – ; il propose d'observer les étoiles dans un des ciels les plus purs.Pour parfaire le séjour, surtout avec des enfants, la piscine en plein désert est très appréciable.

QUEBRADA DE JEREZ ★★

Cette vallée est située à la sortie de la ville, à côté de la carrière de liparite qui sert à la construction des maisons. C'est un petit défilé où se mêlent vignes, figuiers, poiriers, pruniers, au bord d'un petit ruisseau qui s'écoule paisiblement. Un mirage au milieu du désert ! En remontant, vous apercevrez des trous dans les grottes, les frigos de l'époque qui permettaient de conserver les aliments.

CAMAR ★

Ce village, situé à 2 800 m d'altitude, se situe à 65 km au sud-est de San Pedro et à 5 km de la route internationale. Son activité économique repose principalement sur l'agriculture (maïs et blé) et sur l'artisanat. Dans ce dernier domaine, les spécialités du village sont le travail du bois de cactus et de la laine de lama. Camar surprend par sa condition de petite oasis perdue entre des monts arides qui dominent l'étendue du salar d'Atacama. Ici comme à Toconao, l'habitat est caractérisé par l'utilisation de la liparite. L'église de Camar est un exemple de l'architecture simple des églises des villages qui bordent le salar : une nef et un autel tripartite. Le panorama sur le village depuis là-haut est superbe.

PEINE ★★

Tout petit village d'à peine 300 habitants, situé à 2 400 m d'altitude, c'est un ancien peuplement, puisque le Chemin de l'Inca y passait, et que Diego de Almagro et Pedro de Valdivia reconnurent le coin lors de la conquête. L'église de San Roque fut originairement construite en 1750, mais ce que nous avons sous les yeux est une réplique identique, édifiée en 1940. Si vous faites l'effort de séjourner ici (c'est possible), ne manquez pas de vous baigner dans les piscines de Peine (Cochas) pour un prix d'accès fixé à 2 000 $ (2019). Cadre absolument superbe, surplombant le salar à moins de 1h30 du cratère de Monturaqui. Il existe un transport en commun depuis Calama et San Pedro.

SOCAIRE ★

Village d'origine préhispanique, Socaire bénéficia également de la proximité de la route vers Antofagasta de La Sierra et de certaines mines d'or. C'est un tout petit village où ne vivent que 285 habitants, sous la protection d'une charmante petite église, dont la porte est en bois de cactus. La principale activité y est l'agriculture, avec la production de pommes de terre et de riz. L'élevage est consacré aux moutons et aux chèvres. Par ailleurs, une grande partie de la population active masculine travaille dans les entreprises minières du salar d'Atacama. La structure de l'habitat s'organise autour d'un noyau central. Les terres alentour sont consacrées à l'agriculture en terrasses et à l'élevage. Tous les ans, le 24 août, le village célèbre son saint patron, San Bartolomé. La proximité des lagunes Meñique, Miscanti et Legia semble favoriser le développement touristique de Socaire. De tout temps, Socaire s'est intéressé à la préservation de l'eau, richesse primordiale dans cette zone très sèche. Une tradition qui se manifeste notamment lors du lavage des canaux une fois par an, avec la participation de tous les habitants.

LAGUNAS MISCANTI Y MIÑIQUE ★★

En suivant la route qui mène vers l'Argentine au Paso Sico (qui n'est pas celui où passent les bus qui se rendent à Salta), on gagne les lagunes de Miscanti et Miñique, l'un des secteurs de la réserve nationale Los Flamencos. La visite se déroule le plus souvent via des excursions privées qui vous emmèneront également vers la lagune voisine de Chaxa et le salar d'Atacama. Superbes, elles sont entourées de *paja brava* jaune qui leur tresse une couronne magnifique. Très, très beau ! Miñique accueille aussi des flamants roses. On se trouve alors au pied des *cerros* Miscanti (5 622 m d'altitude) et Miñique (5 910 m).

TERMAS BAÑOS DE PURITAMA ★

Ces piscines d'eau chaude naturelle sont la propriété de l'hôtel Explora. Ouvert de 9h30 à 17h30 toute l'année. Entrée : 15 000 $, gratuit pour les moins de 5 ans. En général, quand on vous dit que vous vous baignerez dans des piscines naturelles lors de l'excursion aux geysers, il ne s'agit pas de celles-ci, mais d'une « poche d'eau » (un peu envahie par les touristes, mais bon… ils ne sont finalement pas si nombreux à se baigner à 4 300 m d'altitude !) près desdits geysers. Pour vous y rendre il faut suivre la route B245 et emprunter la bifurcation avec la route qui mène aux geysers.

GÉISERES DEL TATIO

C'est sans doute l'une des merveilles à ne pas manquer lorsqu'on est au Chili donc inévitable lorsque l'on passe par San Pedro. Allez-y très tôt, vers 4h du matin (les agences vous réveilleront), afin d'assister au réveil des geysers, qui saluent en crachant leur compère soleil et rivalisent avec lui de chaleur. Lorsque vous vous y rendez après 8h, les vapeurs se sont un peu dissipées, mais la foule a elle aussi disparu ce qui laisse la magie opérer de nouveau. C'est un champ géothermique dû au volcan El Tatio où affleurent le matin de violents jets de vapeur. Ces jets de vapeur sont dus au contact entre le fleuve souterrain gelé et le magma volcanique. La terre, colorée par divers minéraux, est sans cesse projetée comme si différents tubes de peinture étaient pressés en même temps. Les eaux bouillonnent et la terre qui gronde vibre sous nos pieds. On se trouve en fait sur une terre fragile et fine comme une coquille d'œuf : dessous le monde gronde ! Ne vous approchez pas trop près des résurgences volcaniques pour la photo de votre vie ou pour tourner un documentaire sur vos vacances. Une photo n'est jamais qu'une image qui se consumera comme votre vie… Malheureusement, en 2015, une touriste perdant l'équilibre lors d'une photo a chuté et n'a pas survécu à ses brûlures.

Prudence donc, car en plus du danger, on risque de détruire partiellement les geysers en s'approchant. Abstenez-vous également de mettre votre main dans l'eau (beaucoup trop de touristes continuent à être inconscients des températures...) et de jeter des pierres sur les orifices des geysers dans l'espoir de les voir projetés. Le seul effet est de les boucher (les orifices).

CASPANA ★★

Le village s'abrite dans un petit défilé. A l'est se trouvent la plupart des habitations, qui jouxtent des champs fertiles. On y voit un ruisseau enchanteur, des paysans, des ânes... La population, composée d'environ 400 habitants, vit comme vivaient ses ancêtres mais exporte sa production de fruits et de fleurs vers les marchés de Calama. A l'ouest, sur la petite montagne contiguë, parcourue par une rue en pierre magnifique, perchent les maisons les plus typiques : c'est le vieux village, le Pueblo Viejo. Par sa rue en pierre, on accède à l'église San Lucas, une charmante église d'une très belle couleur rouge foncé, construite avant 1641. Un peu plus haut s'étend le cimetière du village où les fleurs en papier rivalisent de beauté avec les autres. La vue depuis le Pueblo Viejo est vraiment somptueuse. Une visite à ne pas manquer !

TOCONCE ★

Situé à 3 310 m d'altitude, ce petit village d'une centaine d'habitants est surtout visité pour la vue splendide qui se déploie de l'esplanade de son église. Donnant sur la vallée et ses collines, la vue permet également d'apprécier tout l'art et tout le savoir-faire nécessaires par l'agriculture en terrasses héritées de l'époque inca. Ce qui ne manquera pas non plus d'étonner est l'importance du terrain de foot par rapport à la taille du village... Un programme de développement rural se met doucement en place pour pouvoir accueillir les voyageurs, leur proposer des plats typiques (viande de lama, soupe de quinoa...) et leur faire visiter les sites archéologiques des environs.

AIQUINA ★

Encore un superbe petit village, encore plus riquiqui, aux airs de ville fantôme puisqu'il ne compte que 40 habitants ! Situé à 2 980 m d'altitude, il est entièrement construit en pierre et les toits sont recouverts de chaume... même si depuis plusieurs années la mode est plutôt à la tôle. L'église Nuestra Señora de Guadalupe est superbe ; les villageois célèbrent sa sainte patronne les 7,8 et 9 septembre avec beaucoup de ferveur, et pour l'occasion... ils reviennent justement au village : on compte alors plus de 15 000 personnes ! Ainsi, la plupart du temps, vous ne croiserez pas grand monde sur la place, la plupart des maisons étant désespérément closes.

PUKARÁ DE TURI ★

Au bord de la grande plaine fertile appelée Ayquina ou Turi s'élèvent, vers le nord-ouest, les ruines de la pukara de Turi, cette ville fantôme qui fut autrefois une ville inca témoin des passages de caravanes de lamas. Construite sur des contreforts assez bas, n'excédant pas 25 m, elle se différencie des pukaras de Quitor ou de Lasana aux plus fortes dénivellations. D'une superficie de 3,5 hectares, ce fut le plus grand des villages atacaméens. Le peu de dénivellement a favorisé une architecture plus conventionnelle ou ordonnée, où se mêlent des habitations d'environ 5 sur 4 m, avec les silos attenants, des petits patios, des cours intérieures et des enclos communautaires. Ces derniers étaient sans doute un des éléments les plus importants dans une communauté plus pastorale qu'agricole. On remarquera quelques petites constructions circulaires, de 2 m de diamètre et d'une hauteur de 1,30 m. Ces constructions, dont l'usage n'a pas été totalement éclairci, se dressent par groupes de trois ou quatre. Et dans une zone plus élevée de la pukara, six de ces *torreones* forment un cercle de 14 m de diamètre. On considère que les matériaux employés pour les construire sont les meilleurs et que ce sont ces constructions qui ont le mieux résisté à l'épreuve du temps. Le matériau le plus communément utilisé pour les habitations est la pierre volcanique, plus difficile à travailler et à façonner. Ce n'est que vers la fin du XVe siècle, avec la conquête des Incas, que fut introduit à Turi l'usage de l'adobe qui, ici, se limite à quelques maisons seulement. La plus grande d'entre elles, qui est aussi la mieux conservée, mesure 9 sur 26 m. Elle est située à côté d'une assez grande place, isolée du reste du village par un mur défensif. Surnommée Casa del Inca (la maison de l'Inca) et également connue sous le nom d'église, sa magnificence et son isolement font penser aux archéologues qu'elle devait remplir des fonctions importantes, liées à l'administration inca de cette région andine. Par Turi passait en effet le tronçon du Chemin de l'Inca qui descendait de l'Altiplano. Le site fut occupé par les Espagnols au milieu du XVIe siècle, puis dépeuplé. On remarquera la muraille qui entoure le périmètre de la forteresse et qui fait un mètre d'épaisseur.

PUKARÁ DE LASANA ★

Peuplée de 800 habitants et datant du XIIe siècle, elle est située sur une falaise, à côté d'un fleuve, et paraît pratiquement imprenable. Les rues de la forteresse sont assez étroites. Elle compte environ 110 édifices, de 2 à 5 pièces. Là encore, les constructions sont soit semi-circulaires, soit rectangulaires. La forteresse présente un aspect militaire assez marqué du fait de son emplacement stratégique et de la vue sur la vallée qu'elle semble contrôler entièrement. Plus loin, dans cette même vallée, en direction de Chiu-Chiu, de nombreuses falaises sont gravées de pictogrammes (76 au total), réalisés entre les années 400 et la conquête espagnole. Ils représentent différentes figures humaines, oiseaux et lamas.

LAGUNA INCACOYA ★

Avant de pénétrer dans la superbe ville de Chiu-Chiu, vous aurez peut-être l'occasion de vous arrêter près de la lagune Incacoyan (les larmes de l'Inca). Elle tirerait son origine d'une histoire d'amour entre le grand guerrier Tupac Amaru et une belle jeune fille de la région. Les histoires d'amour « finissâânt mââl, en généraâl », le guerrier dut quitter sa belle pour épouser une princesse inca comme l'exigeait son père. Et ce sont les pleurs de la jeune fille qui auraient donné naissance à la lagune, ce qui explique la pureté de ses eaux cristallines. Cette lagune a, de plus, fait l'objet de fouilles de la part du commandant Cousteau lui-même.

CHIU-CHIU ★★★

Vous arrivez enfin à la mythique Chiu-Chiu, dont les riches terres attirèrent très tôt les peuplades de chasseurs-cueilleurs qui finirent par devenir sédentaires et s'y installer 1 000 ans avant l'ère chrétienne. Plus tard, le site fut fortifié et devint le lieu d'un intense commerce, comme en témoignent, mis au jour par les fouilles, des mollusques marins (échange avec les peuplades de la côte, les Changos) et même des plumes d'oiseaux du Brésil ! Le Chemin de l'Inca passait à Chiu-Chiu, et les Espagnols, ces grands randonneurs devant l'Eternel, s'y arrêtèrent. Ils y bâtirent la cité d'Atacama La Chica et, en 1611, y élevèrent une paroisse dépendante de Sucre, dans le Haut-Pérou. La ville, qui bénéficia également de la route reliant Cobija à Potosí et Salta, était à cette époque beaucoup plus importante que Calama. Mais cette dernière ayant pris de plus en plus d'importance grâce au salpêtre et au chemin de fer, les habitants de Chiu-Chiu quittèrent peu à peu leur ville pour Calama. Aujourd'hui, Chiu-Chiu n'est plus qu'un tout petit village de 330 habitants qui a su conserver son charme intact. Son église San Francisco est l'une des plus belles du Chili. Le portail de l'église, fait de planches de cactus reliées par des lanières de cuir, est un travail d'orfèvre. Les murs en adobe ont une épaisseur de 1,20 m. L'intérieur, somptueux, abrite une Passion du Christ peinte des deux côtés et que l'on promène lors des processions religieuses. L'église est ouverte de 9h à 14h et de 16h à 19h du mardi au dimanche. A côté de l'église, une petite tourelle bringuebalante offre une vue encore plus magnifique sur l'ensemble de la construction. Dans le village, on pourra manger rapidement au Café Tambo, dans la rue Esmeralda, ou s'arrêter plus longuement au restaurant Puntozero (fermé le lundi et le mardi), peu avant le village sur la route de Calama. Un service de *colectivo* est assuré pour la ville de Calama (ligne 80).

IQUIQUE ET SES ENVIRONS

La région d'Iquique offre plusieurs sites d'intérêt, négligés par beaucoup de voyageurs étrangers qui se contentent de circuler entre Arica et San Pedro de Atacama. Les transports en commun ne sont pas très pratiques, aussi songerez-vous peut-être à louer les services d'une agence de voyages.
Une journée complète vous emmène à Pica, Mamiña, aux ruines de Humberstone, à la réserve de Tamarugal et aux géoglyphes de Cerro Unita et Pintados. Une autre excursion d'une journée vous conduira le long de l'océan jusqu'au *río* Loa (plus ou moins le même tarif). Sinon, une très grosse journée vous attend pour le Gigante de Atacama (difficile à trouver par vos propres moyens) et Pisagua. En juillet 2005, les anciennes *oficinas* de Santa Laura et Humberstone ont été déclarées patrimoine de l'Humanité par l'UNESCO.

IQUIQUE ★★

Iquique, capitale de la région de Tarapaca, possède de jolies maisons coloniales, un riche passé industriel, une ambiance portuaire bohème, de belles plages alentour et des dunes idéales pour la pratique du parapente. On y séjourne avec plaisir, l'offre hôtelière y étant généreuse, après avoir usé ses sandales sur les hauteurs andines poussiéreuses. C'est lors de la fameuse période du salpêtre, entre 1880 et 1920, qu'Iquique connaît son heure de gloire...

Au cours de cette période, Iquique connait une transformation urbaine dont les fruits sont encore visibles aujourd'hui tout du long de la rue Baquedano et autour de la place Arturo Prat. Aujourd'hui Iquique est un grand centre de pêche. En 1975, la ville obtient le statut de zone franche, ce qui active son commerce et crée des industries d'exportation. Cela a également conduit à un remodelage urbain vigoureux. Boudés par certains touristes qui préfèrent terminer leur périple du nord chilien par San Pedro de Atacama, Iquique et ses environs réservent de nombreuses surprises, naturelles et culturelles, qui méritent qu'on s'y attarde quelques jours.

Transports

Comment y accéder et en partir

- **Près du marché Centenario,** des colectivos se rendent à Pozo Almonte et La Tirana, sur la route de Pica (compter 1 200 et 2 500 $ environ).

AEROPUERTO DIEGO ARACENA
✆ +56 57 2 410 684
www.aeropuertodiegoaracena.cl
A 40 km au sud d'Iquique. Compter environ 45 minutes pour gagner le centre-ville. Lignes régulières avec Sky Airline, Latam, JetSmart et Amaszonas à destination de Santiago, mais aussi de La Serena. Quelques vols en saison pour Salta en Argentine.

LATAM
Aníbal Pinto 699
✆ +56 57 2 414 128
www.latam.com
Bureau ouvert du lundi au vendredi de 9h à 14h et de 15h45 à 18h15, le samedi de 10h15 à 13h.
Départs pour Arica (au moins deux vols par jour, compter 40 minutes de trajet), Antofagasta (un par jour, environ 45 minutes) et Santiago. Lan propose aussi des vols vers La Paz. Compter 1h10 de vol.

TERMINAL DE BUS RODOVARIO
Patricio Lynch s/n
✆ +56 57 2 416 837
Compter 3 000 $ vers Pica, 3 500 $ vers La Tirana. Compter environ 5 000 $ par personne et 4h de trajet sur une route goudronnée pour Colchane, 7 ou 8h pour Oruro.

- **Vers Pica,** trois compagnies proposent des départs : Santa Rosa, Santa Angela et Chacón. Tous les jours à partir de 8h, jusqu'à 21h30.
- **Pour aller à Colchane** (village frontière) et Oruro (en Bolivie), l'offre est très confuse, beaucoup de compagnies proposent ce voyage (Transparaíso, Paloma, Gelmar, Bolivian Bus, Trans Salvador...). Les départs s'effectuent depuis l'intersection des rues Esmeralda et Juan Martínez, tous les jours avec plusieurs départs.
- **Pour se rendre à Salta en Argentine,** rien de plus simple : il faut d'abord gagner Calama puis attendre le bus en provenance d'Arica, qui passe ensuite par San Pedro. Les bus Pullman Chile Bus et Geminis proposant ce voyage au moins trois fois par semaine depuis Arica, leurs bus passent donc par Calama le lendemain, tôt le matin.

TERMINAL PULLMAN CUEVAS INTERNACIONAL
Sargento Aldea 850
✆ +56 57 2 517 899
www.pullman.cl
Départ vers La Paz (Bolivie) pour environ 15 000 $.
Départ vers la Bolivie (La Paz) tous les jours à minuit arrivée le lendemain à 16h.

- **Autre adresse :** Barros Arana 825

Se déplacer

- **Colectivos.** Compter entre 500 et 600 $ par personne.

AVIS
Manuel Rodriguez 730
✆ +56 57 2 574 330
Ouvert du lundi au vendredi de 9h à 19h, le samedi de 9h à 14h, fermé le dimanche.

BUDGET
Manuel Rodriguez 730
✆ +56 2 2795 3961
www.budget.cl
Du lundi au vendredi de 9h à 19h et le samedi de 9h à 14h.

Pratique

Tourisme - Culture

OFFICE DU TOURISME SERNATUR
Anibal Pinto 436
✆ +56 57 2 419 241
infoiquique@sernatur.cl
Ouvert du lundi au vendredi de 9h à 19h et le samedi de 10h à 14h.

Réceptifs

EXTREMO NORTE EXPEDICIONES
Avenida Prat 4775
✆ +56 32 3183553
www.extremonorte.cl
marcela@extremonorte.cl
Pour toujours plus d'aventure, voici des circuits spécialisés pour observer les oiseaux, randonner, découvrir les sites archéologiques, géologiques...

Iquique et Arica
Ville principale
Ville secondaire
Parc national
Salar
Route principale
Route secondaire
PEROU
BOLIVIE
BOLIVIE
OCEAN PACIFIQUE
Laguna Blanca
Visviri
Tacora
Carahuara de Carangas
Cerro Cosapilla 5200 m.
Tacna
Parinacota
Volcan Parinacota 6330 m.
Putre
Socoroma
Parc National Lauca
Lluta
Cerro Milagro 4975 m.
Cerro Acotango 6050 m.
Arica
Poconchile
Planta Pukara
Réserve Nationale Las Vicuñas
San José
Belén
Monument Nat. Salar de Surire
Codpa
Camarones
Lago de Coipasa
Cuya
Camiña
Cerro Latarana 5210 m.
Colchane
Parc National Volcan Isluga
Géoglyphes de Tiuiliche
Salar de Coipasa
Cariquima
Pisagua
Zapiga
Réserve Nationale Pampa del Tamarugal
Cerro Unitas
Tarapacá
Huara
Mamiña
Pozo Almonte
Iquique
Alto Hospicio
Salar de Huasco
Salar de Empexa
La Tirana
Salar de Pintados
Matilla
Pica
Réserve Nationale Pampa del Tamarugal
Salar de Bellavista
Salar Grande
Salar de Ollagüe
Cerro Aucanquilcha 6176 m.
Ollagüe
Salar de Ilamara
Cerro Paloana 6023 m.
Salar de Ascotan
Quillagua
N
0
30 km
Vers Tocopilla et Antofagasta

■ **MAGICAL TOURS CHILE**
997 Baquedano
✆ +56 572 721691
www.magicaltour.cl
info@magicaltour.cl
Tour de 18 000 $ pour Humberstone, 35 000 $ pour le Salar de Huasco.
Organise des circuits au Parc National Isluga (Geysers Puchuldiza et Laguna Roja), aux Salitreras et aux thermes de Chusmiza et de Mamina. Visite sympathique et dans la bonne humeur, service standard et en espagnol.

Argent

■ **AFEX**
Heroes de La Concepción 2855
✆ +57 2437532
www.afex.cl
contactenos@afex.cl
Ouvert en semaine de 10h à 20h et le samedi de 10h30 à 13h30.
Fait aussi le change de votre argent.

■ **BANCO DE CHILE**
Baquedano 626
www.bancochile.cl
acciones@bancochile.cl
Distributeur de billets.

Moyens de communication

■ **CORREOS DE CHILE (POSTE)**
Bolívar 458
Ouvert du lundi au vendredi de 9h à 14h et de 15h30 à 18h. Le samedi de 9h à 12h30.

Se loger

Bien et pas cher

■ **ALOHA INN**
Paseo Baquedano 1408
✆ +56 57 2 423 428
ptrvallis@hotmail.com
Compter à partir de 30 000 $ la double avec sanitaires communs et 50 000 $ la familiale pour 4 personnes. Prix flexibles selon la durée du séjour.
Sur la partie calme de la rue piétonne, dans une maison coloniale, on vous accueille chaleureusement dans un environnement cosy et de bon goût. La structure est principalement composée de bois, du plancher au plafond, et certains éléments de décoration appartenant au charme d'antan se conjuguent à des détails plus modernes et colorés. Des chambres meublées avec charme. Les chambres sont agréables et très bien tenues par une gérante au grand cœur. L'accueil est particulièrement souriant et aux petits oignons. On trouve aussi une grande terrasse surplombant la rue et une cuisine à disposition. On vous recommande chaudement.

■ **BACKPACKER'S HOSTEL IQUIQUE**
Amunategui 2075
✆ +56 57 2 320 223
www.hosteliquique.cl
contact@hosteliquique.cl
Dortoirs entre 7 000 et 8 000 $ par personne, simple à 16 000 $, double à 25 000 $, triple à 30 000 $, le tout avec sanitaires communs. Aussi des matrimoniales avec sanitaires privés à 32 000 $ en tout.
Près de la plage, et fréquenté par des voyageurs du monde entier. wi-fi, télévision câblée, location de vélos, bar, transferts gratuits depuis le terminal de bus et on vous invite à découvrir les nuits iquiquéennes... Cours de surf et parapente.

Confort ou charme

■ **HOTEL BARROS ARANA**
Barros Araña 1302
✆ +56 57 2 412 840
www.hotelbarrosarana.cl
reservashba@gmail.com
Compter environ 50 000 $ la simple, 60 000 $ la double, 77 500 $ la triple, 90 000$ pour quatre, avec petit déjeuner et wi-fi.
Service trilingue (anglais, français, allemand), chambres spacieuses et propres, un brin vieillottes, mais coquettes. Le petit patio intérieur est agréable et un service de restauration est à votre disposition. Plus proche de la plage que du centre, on trouve aussi une piscine extérieure où faire trempette.

Luxe

■ **HOTEL TERRADO ARTURO PRAT**
Aníbal Pinto 695
✆ +56 600 5820 800
www.terrado.cl
reservasterrado@terrado.cl
Compter à partir de 70 US$ la chambre standard, 80 US$ la suite et 115 US$ la suite premium pour deux. Petit déjeuner inclus.
Cet ancien hôtel a été racheté par la chaîne Terrado et a entièrement été rénové en 2012. Le bâtiment jouit d'un design et d'un confort modernes. Le restaurant ainsi que certaines chambres offrent une belle vue sur la place. L'ensemble est joli et plaisant, on s'y sent plutôt bien et on se prélasse au bord de la piscine. Les chambres sont équipées d'écrans plasma et de lits confortables, les salles de bains sont agréables. Le service est digne d'un grand hôtel.

Iquique
Ferry vers La Boya
Bus Terminal
Gare centrale
Sotomayor
Musée naval
Esmeralda
Cathédrale
Informations touristiques
San Martin
Serrano
Plaza Condell
Bolivar
Tarapaca
Plaza A. Prat
Théâtre municipal
Thompson
Bolatos
Wilson
Sargento Aldea
Marché
Latorre
Taberna
Musée Régional
Zegers
Palais Astoreca
O'Higgins
Bulnes
Orella
Musée historique militaire
Piscine
Riquelme
J.J. Perez
Manuel Rodriguez
Cespedes y Gonzalez
Libertad
Monument de O'Higgins
José Miguel Carrera
Bonilla
Herman Fuenzalida
Av. Prat
Patricio Lynch
Labbé
Barros Arana
Amunategui
Arturo Fernandez
18 de Septiembre
Avenida Arturo Prat
Covadonga
Lagos
Peatonal
Pinto
Vivar
Ramirez
J. Martinez
Errazuriz
Oscar Bonilla
OCEAN PACIFIQUE
Casino
Valenzeuela
Mall las americas
Avenida Heroes de la Concepcion
0
300 m
1 - Backpacker's Hostel Iquique
2 - Spark Hotel
3 - Hôtel Arturo Prat
4 - Hôtel Barros Arana
5 - Hosteria Cavancha
6 - Hôtel Terrado Suites
7 - La Ciocolatta
8 - Mikoo
9 - Tercer Ojito
10 - El Wagon
11 - Doña Filomena
12 - Chifa Nan King
Edifice religieux
Curiosité et divers
Musée
Poste
Gare routière
Information touristique
Téléphone public
Hébergement
Restauration
Marché et commerce
Police
Hôpital

HOTEL TERRADO SUITES
Avenida Aeropuerto 2873
✆ +56 57 236 3135
www.terrado.cl
reservassuites@terrado.cl
En haute saison, à partir de 95 US$ la double, 125 US$ la suite avec vue et 136 US$ la familiale.
Trois restaurants, deux piscines, un centre de conférence, et un spa complet. Le plus cher et le plus confortable, les chambres « supérieures » ont vue sur la mer. L'établissement ressemble à un gratte-ciel planté au milieu de quelques palmiers, mais il est à la hauteur pour le service.

Un autre hôtel de 120 chambres de la même société est un peu moins cher (81 000 ou 96 000 $ pour deux) : Hotel Terrado Club. Ce dernier propose des suites mais aussi des appartements (entre 116 000 $ pour trois et 141 000 $ pour cinq), une grande piscine, une salle de gym, deux restos, un sauna et un vaste parking.

Se restaurer

Pause gourmande

MUSELINA
Baquedano 1406
✆ +56 57 2 336 492
www.muselina.cl
pedidos@muselina.cl
Du lundi au vendredi de 17h à 21h.
Salon de thé, proposant de jolis desserts et parts de tartes. On y boit un bon café, et des jus de fruits frais pour un prix raisonnable.

Bien et pas cher

CHIFA NAN KING
Amunátegui 533
✆ +56 57 2 470 219
Compter autour de 12 000 $ par personne avec plat et boisson.
La présence des chifas chinois nous rappelle que le Pérou (où ce type de restaurant est monnaie courante) n'est pas loin. Celui-ci propose des prix plus élevés que les autres et un service peu accueillant, cependant la nourriture est copieuse et de qualité. Il existe un véritable quartier chinois et de nombreux restaurants de ce type à Iquique, autour du marché central. A vous de choisir !

LA CIOCCOLATA
Aníbal Pinto 487
✆ +56 57 253 2290
Menu du midi environ 5 000 $. Ouvert en semaine de 8h à 22h et le week-end dès 10h30.
On y boit un bon expresso et l'on y sert aussi sandwiches et desserts.

MERCADO CENTENARIO
A l'angle de Barros Arana et de Sargento Aldea
✆ +56 57 474 100
Compter 3 000 $ le déjeuner.
Un marché un peu moins coloré et moins intéressant que celui d'Antofagasta mais où l'on trouve toujours à se restaurer à bas prix. Nous recommandons Tios Jugos, pour ses excellents jus de fruits et ses empanadas.

LA NONA ROSA
Latorre 362
✆ +56 9 9367 4286
Menu à 5 000 $ le midi.
Restaurant populaire au large choix de plats et aux prix tout à fait corrects. On trouve de bonnes *casuelas* de viandes, du poisson frais, des sushis et différentes options de pâtes et de lasagnes. Sans doute l'une des meilleures tables où manger le midi pour un tel prix !

PIZZERIA AL FILO D'ORO
O'Higgins 964
✆ +56 57 2 420 418
Tous les jours de 18h30 à 1h. Compter en moyenne 7 000 $.
Les pizzas sont bonnes et il y a pas mal de choix pour tous les goûts. On peut s'asseoir dehors.

Bonnes tables

DONA FILOMENA
Filomena Valenzuela 298
✆ +56 57 231 1235
www.donafilomenarestaurant.cl
Ouvert de midi à minuit. Compter entre 10 000 et 15 000 $ pour les pizzas et entre 8 000 et 12 000 $ pour les plats.
Un emplacement idéal et un cadre plutôt agréable pour ce restaurant situé à deux pas de la plage. C'est une véritable institution depuis 1848, date de sa création en tant que cantine lorsque Filomena cuisinait pour les soldats de l'armée marine.
Les pizzas sont généreuses mais pas exceptionnelles. Essayez plutôt les poissons, frais et savoureux, comme le *ceviche*. Les *empañadas* ne sont pas mal non plus. Le service est parfois aléatoire mais ça reste un classique de la ville. En bref, ne vous attendez pas à une grande cuisine de qualité mais les plats sont corrects.

EL WAGON
Thompson 85
✆ +56 57 2 411 647
Compter entre 9 000 et 13 000 $ pour un plat. Pas de menu le midi.
Déco où abondent des antiquités régionales (du temps de l'épopée du salpêtre) et des

plats tout aussi locaux : *sibayano de cojinova y quinoa, huataca del chango, lapas rebozadas* ou *espumita de mango*... la nourriture est de qualité et les portions généreuses. Les cocktails sont à la hauteur. Des concerts sont organisés, ainsi que des récitals de contes (*cuenta-cuentos*). Populaire, mais le service peut s'avérer aléatoire et l'attente parfois longue.

TERCER OJITO
Patricio Lynch 1420-A
✆ +56 9 6157 6621
Compter entre 7 000 et 13 000 $ environ à la carte.
Salades, taboulé de quinoa, lasagne végétarienne, tarte aux oignons, *picante de locos*, saumon aux fines herbes, *ceviches,* plats thaïlandais et jus naturels et même des sushis : toutes les influences culinaires se rencontrent dans ce restaurant que nous affectionnons particulièrement. Les poissons et les crustacés sont délicieux, nous les recommandons particulièrement. Une ambiance saine et amicale dans un grand patio verdoyant.

Sortir

La vie nocturne d'Iquique est agitée, mais cela se passe par secteur : Playa Brava (Arturo Prat et Castro Ramos, pas mal de bars d'étudiants), la péninsule de Cavancha (nombreux restaurants) et le secteur Bajo Molles (où se situent les plus grandes discos : Sala Murano, Kamikaze, Estudio 54...). N'oubliez pas qu'on sort tard (après 1h du matin en général).

À voir - À faire

CALETA PESQUERA ★★
Vers le nord d'Iquique s'étend la Caleta Pesquera. On pourra y saluer nos amis les pélicans et rencontrer quelques lions de mer. En tournant ensuite dans la Sotomayor et en continuant jusqu'à la hauteur de la Vivar, on arrive aux deux stations de chemin de fer : l'ancienne et la nouvelle. La première, qui date de 1871, est assez originale. Dans sa cour sont exposées deux vénérables locomotives, la n° 8 et la n° 1035.

EDIFICIO DE ADUANA ★
Construit en 1871, c'est un édifice rectangulaire de deux étages, composé d'un patio intérieur bordé par des couloirs. Sur la terrasse s'élève une tourelle mirador octogonale, d'une facture assez originale. Remarquez les murs du rez-de-chaussée, de près d'un mètre d'épaisseur. Ce bâtiment servit de prison aux survivants du combat naval d'Iquique. En 1891, il fut le théâtre des combats entre forces balmacédistes et insurgés congressistes. Dans le port, une bouée située à 10 minutes en canot du quai Prat, indique le lieu exact du combat et celui où repose maintenant sous les eaux la corvette *Esmeralda*. Le musée naval se trouve juste à côté.

MUSEO NAVAL
Aníbal Pinto,
à l'angle de Esmeralda
✆ +56 57 2 517 138
Ouvert du mardi au vendredi de 9h30 à 14h puis de 15h à 17h30, le samedi de 10h à 14h. Entrée gratuite.
Fondé le 20 mai 1983 par la marine chilienne dans l'un des plus beaux bâtiments de la ville, déclaré ensuite Monument national. Situé dans les dépendances de l'ancienne douane, il retrace l'histoire des combats navals d'Iquique pendant la guerre du Pacifique. Intéressant, sans plus.

MUSEO REGIONAL
Baquedano 951
✆ +56 57 2 523 654
Ouvert du mardi au jeudi de 9h à 18h et le vendredi de 9h à 17h. Entrée libre.
Un musée consacré aux populations indigènes de la région et à l'épopée du salpêtre. Sa principale collection archéologique provient du cerro Esmeralda ; son élément le plus remarquable est une princesse inca (1450-1500) momifiée avec ses vêtements. Le musée expose aussi les uniformes, armes, documents et objets personnels du magnat du salpêtre, Santiago Humberstone.
Dans le patio, la reconstitution d'une maison indigène ravira les enfants. Enfin, sur la Baquedano, une dépendance du musée accueille des expositions temporaires. L'ensemble mérite une visite.

PALACIO ASTORECA ★
À l'angle de Baquedano et O'Higgins
✆ +56 2 526 890
Ouvert du lundi au vendredi de 10h à 13h et de 16h à 19h le samedi de 11h à 14h. Entrée gratuite.
De style géorgien, le palais fut bâti en 1904, pour les industriels du salpêtre, Astoreca et Granja. Comme c'était le cas pour de nombreuses demeures de riches, on utilisa pour sa construction le pin d'Oregon. Sa façade, ses amples balcons, ses vitraux multicolores, son escalier somptueux qui mène au premier étage ainsi que ses vastes dépendances confèrent à ce petit palais une allure imposante. Actuellement, il sert de centre culturel à la ville et expose une collection de coquillages (plus d'un millier), du mobilier d'époque et des peintures.

TEATRO MUNICIPAL ★

Thompson 289

✆ +56 57 2 544 733

Ouvert (visites guidées) du lundi au vendredi de 8h à 21h, le samedi de 10h à 14h et de 16h à 20h. Entrée à 1 000 $.

Inauguré en 1890, ce théâtre néoclassique fut construit (en pin d'Oregon !) par l'architecte Bieldhauser. Sa façade est ornée de quatre figures féminines qui symbolisent les quatre saisons de l'année. Destiné à accueillir les représentations théâtrales, lyriques (opéras, *zarzuelas*) et autres manifestations culturelles très prisées par la bourgeoisie du salpêtre, il a vu défiler sur sa scène (17 m de longueur sur 15 m de profondeur) les plus grands artistes internationaux. Il a d'ailleurs été inauguré le 21 décembre 1889 avec le fameux opéra de Verdi, Il Trovatore, par la compagnie Grandi. Sous la coupole du foyer, quatre chérubins symbolisent la danse, la peinture, la musique et la sculpture. La salle principale (*sala mayor*) comporte un lustre central de plus de 300 kg et de somptueux fauteuils. La coupole centrale montre des scènes de la mythologie grecque. On pourra visiter le complexe mécanisme du théâtre qui servait aux trucages, effets spéciaux et autres Deus ex machina. Au premier étage, le salon international accueille diverses activités culturelles et sociales. La municipalité y organise quelquefois des expositions temporaires.

En quittant la place Prat par le théâtre municipal, vous pourrez continuer votre promenade dans la calle Baquedano, une rue à deux voies séparées par une allée de palmiers. Elle est bordée par des maisons de style géorgien, construites entre 1880 et 1930 par les riches industriels du salpêtre. Ces maisons présentent des façades aux colonnes en bois, balcons et terrasses couvertes. Là encore, c'est surtout le triomphe du pin d'Oregon, mais certaines cloisons ont été faites de canne provenant de Guayaquil, en Equateur. Vous y trouverez de quoi vous restaurer, ainsi que de l'artisanat local essentiellement fait de cuivre.

TORRE RELOJ ★

Plaza Arturo Prat

Sorte de Big Ben tronquée, dressée au milieu de la place, la tour fut construite en 1877 par l'ingénieur Eduardo Lapey Rouse. Véritable symbole pour les habitants d'Iquique, elle comporte trois niveaux et se termine en pointe, le tout en bois d'Oregon bien entendu. Une vieille horloge y indique l'heure.

Sports - Détente - Loisirs

Iquique est l'un des meilleurs endroits du Chili (et même du continent, disent les spécialistes) pour la pratique du parapente. On peut prendre des cours dans les établissements suivants :

ALTAZOR SKYPORTS

Vía 6, Manzana A, Sitio 3, Bajo Molle

✆ +56 57 2 380 110

www.altazor.cl

altazor.iqq@gmail.com

Compter 40 000 $ pour un vol en tandem.

L'agence propose des sorties en parapente et on peut aussi y rester dormir, on y propose des petites chambres dans des containers.

PURO VUELO

Paseo Baquedano 1440

✆ +56 9 40160490

www.purovuelo.cl

purovuelo@gmail.com

Compter 45 000 $ pour un vol en tandem et un supplément caméra GoPro de 10 000 $.

Agence de parapente sérieuse et bien située qui propose de survoler Iquique et ses environs.

Shopping

LA ZONE FRANCHE, ZOFRI

Recinto Amurallado

✆ +56 57 2 413 995

www.zofri.cl

aclientes@zofri.cl

Ouvert du lundi au jeudi de 11h à 21h, le vendredi et le samedi jusqu'à 22h.

Pour les intimes, peut être considérée comme un monument. Avec ses 670 000 m² de magasins, c'est en effet la plus grande zone franche d'Amérique du Sud. L'activité portuaire y est très intense. On pourra s'y approvisionner en articles de première nécessité tels que cigarettes, alcool, etc. Malheureusement les quantités sont limitées : 400 cigarettes, 50 cigares et 2,5 litres d'alcool dédouanés et détaxés. Cependant la visite n'est pas indispensable puisque, après tout, cette zone n'est qu'un centre commercial géant.

HUMBERSTONE ★★

Créée en 1862 sous un autre nom, la ville fut rebaptisée à la fin des années 1930 du nom de Santiago Humberstone, l'un des grands pionniers du salpêtre. Aujourd'hui, c'est une véritable ville fantôme, où l'âme des habitants de jadis semble encore respirer. Toute la vie disparue de ce site est évoquée par la piscine, la *pulquería*, le théâtre où les ouvriers venaient assister à des spectacles et des concerts en fin de semaine. Des carcasses de toutes sortes côtoient les habitations rouillées et le vent désertique semble être le seul survivant d'une catastrophe qui a frappé la ville. Depuis juin 2005, le site est classé au patrimoine mondial de l'Humanité

L'épopée du salpêtre (el salitre)

C'est à la fin du XVIIIe siècle qu'un indigène, Mariano Ollero, commence à exploiter le salpêtre. Il installe un campement à Tarmatambo, dans le Pérou actuel. Le procédé utilisé est assez rudimentaire et à faible rendement : on met les pierres écrasées dans des récipients en cuir et l'on ajoute de l'eau. On fait chauffer le tout pendant 24 heures puis on récupère le liquide dans des cruches. On fait cuire ce liquide dans des poêles, des grains de salpêtre se forment, et on le raffine à nouveau. Le salpêtre est vendu à un fabricant de poudre et le reste de la production est écoulée en contrebande à des fabricants de feux d'artifice.

C'est véritablement en 1808 et 1809 que la région de Tarapacá va voir se développer l'exploitation industrielle du salpêtre. Les premières tentatives se soldent par des échecs. Mais en 1830, la situation change. Les Etats-Unis et l'Europe deviennent importateurs de salpêtre. L'augmentation de la production (favorisée par l'invention de Pedro Gamboni Vera qui a l'idée de supprimer le feu direct utilisé dans les paradas et de chauffer la masse de caliche avec de la vapeur d'eau, ce qui permet d'en chauffer une masse plus importante) appelle la création de nouveaux ports : Pisagua et Mejillones près d'Antofagasta.

C'est un Anglais, Santiago Humberstone, qui va mettre au point une nouvelle méthode d'élaboration du salpêtre, en 1876. Il applique le procédé Shanks (utilisé pour la soude) à la fabrication de la poudre magique. La méthode consiste à réduire les calories de vapeur utilisées pour chauffer le caliche. Les tubes conduisant la vapeur sont remplacés par des serpentins, ce qui permet de réduire les pertes et d'utiliser des caliches de teneur moins importante.

En 1914, le système Shanks est à son tour amélioré, grâce à l'installation de filtres qui permettent encore d'augmenter les rendements. Dans l'histoire de l'industrie salpêtrière, cette année 1914 est importante pour une autre raison : alors que les exportations avaient tendance à décliner, la guerre de 1914-1918 lui donne une seconde jeunesse. Cependant, au début des années 1930, avec la modernisation des armes et des engrais, s'achève l'aventure du salpêtre.

protégé par l'Unesco, mais ce statut n'empêche pas les graffitis d'encombrer les édifices.

■ RENSEIGNEMENTS

Visites de 9h à 18h (19h en été). Entrée : 4 000 $ pour les adultes, 2 000 $ pour les enfants.

■ OFICINA SANTA LAURA ★

Visites de 9h à 18h (19h en été). Compter 4 000 $ par adulte et 2 000 $ par enfant. À 2 km d'Humberstone.

On y verra l'usine de salpêtre, avec son haut-fourneau, mais aussi les bureaux de l'administration. Cette oficina, la plus ancienne du Chili, fonctionna entre 1872 et 1960. C'est l'une des trois oficinas, avec Humberstone et Chacabuco, près d'Antofagasta, qui n'ait pas été entièrement démantelée. L'occasion de constater le processus de fabrication du nitrate de sodium, utilisé pour l'agriculture intensive en Europe et aux Etats-Unis au milieu du XXe siècle. Ne manquez pas l'imposante « Maquina », où vous pourrez apprécier une partie du processus d'élaboration du salpêtre, et la « Casa de la Administracion » où est exposée une curieuse collection d'objets historiques liés à la vie quotidienne des habitants.

LA TIRANA

Ce sanctuaire religieux, le principal du Norte Grande, s'élève à 950 m au-dessus du niveau de la mer, à 72 km au sud-est d'Iquique. L'agglomération a été déclarée zone typique par le Conseil des monuments nationaux. Si sa population actuelle ne dépasse pas les 250 habitants, sa fête religieuse attire tous les ans (en juillet) plus de 200 000 personnes. Ses origines remontent au XVIIe siècle, quand le village connut un essor grâce à l'extraction de l'or et de l'argent. Le bois de Tamarugo fut la matière première principale employée pour la fonte de ces métaux.

■ IGLESIA DE LA TIRANA ★

L'actuelle église est l'œuvre du père Friedrich. Elle fut érigée au début du siècle, quelques années après les tremblements de terre de 1866 et 1877 qui anéantirent la précédente. Celle-ci devait dater du XVIe siècle et avoir été construite par le fameux père Rendón. L'église actuelle est en bois rempli de calamine. Son autel principal est, bien sûr, orné d'une représentation de la Vierge del Carmen.

La fête religieuse de la Tirana

Les siècles passés n'ont pas effacé cette légende mais ont, au contraire, généré une ferveur religieuse unique dont le paroxysme est atteint lors des fêtes religieuses de La Tirana. Elles ont lieu tous les ans, entre le 10 et le 19 juillet, la journée du 16 correspondant à leur apogée. Ce sont au total plus de 200 000 personnes qui s'y pressent et rendent hommage à la Vierge del Carmen. Pendant des jours, des centaines de confréries, chacune composée de dizaines de danseuses drapées dans des costumes multicolores, évoluent pratiquement de façon ininterrompue, dansant en hommage à la Vierge au son d'orchestres où rivalisent trompettes, cuivres, sifflets, caisses claires et instruments andins. La grande esplanade face à l'église devient le théâtre d'une formidable manifestation de ferveur religieuse, avec un mouvement incessant de dévots, de danseurs et d'allégories à la gloire de la sainte patronne, la Vierge de La Tirana. Ces danses ont été « importées » de Bolivie, après le passage de groupes folkloriques dans les années 1960 et 1970. Ce sont les habitants d'Oruro qui ont inventé tout le folklore (costumes, masques, chorégraphie) tel qu'il se pratique depuis 1789 lors du fameux carnaval.

RESERVA NACIONAL PAMPA DEL TAMARUGAL ★★

Sur un peu plus de 100 650 hectares (dont 24 000 de plantations artificielles), et divisée en trois secteurs : : le secteur de Zapiga et ses 17 750 ha dans la commune de Huara, et La Tirana et Pintados y Bellavista dans la commune de Pozo Almonte. Cette réserve protège des forêts de tamarugos et d'algarrobos notamment. il est également possible de rencontrer des reptiles et certains mammifères, comme les renards, et des rongeurs comme le *tuco-tuco* et la *yaca*. Il est possible de dormir dans l'une des trois *cabañas* qui accueillent jusqu'à 7 personnes. 12 sites de camping très agréables sont également à votre disposition.

La zone la plus intéressante, peut-être, est celle des géoglyphes de Pintados (à une vingtaine de kilomètres au sud de l'entrée de la réserve). Une multitude de figures y sont représentées, dont les principales correspondent à des figures humaines stylisées, vêtues de ponchos et portant sur la tête une couronne de plumes, de lézards et de condors.

CAMPING EL HUARANGO

Ruta A 665 Km 18 s/n
✆ +56 9 8129 9221
www.ecocampamentoelhuarango.cl
elhuarango@gmail.com
Compter 13 000 $ si vous venez avec votre propre tente, 98 000 $ la double, petit déjeuner compris. Demi-pension et pension complète possibles.
Cet éco-camping propose des tentes spacieuses et meublées d'une petite table et chaises pliables. On trouve aussi de jolies chambres où se mélangent la pierre et le bois. Aux murs, des toiles ethniques et sur les lits des couvertures colorées bien confortables. C'est douillet et plaisant. Accueil chaleureux de Marco (géologue) et Coca (sa compagne *designer*).

CONAF

Ruta 5, km 17b7 s/n
✆ +56 57 2 751 055
www.conaf.cl
sandro.maldonado@conaf.cl
Ouvert de lundi au vendredi entre 8h30 et 17h. L'entrée à la réserve vaut 6 000 $ par adulte. La réserve dispose d'une maison d'hôtes entièrement équipée et d'une aire de camping (5 500 $ le site de camping).

PICA

Pica est situé à 114 km au sud-est d'Iquique. Lui et son voisin Matilla ont été de longue date un centre important de la vie préhispanique. On y a découvert les preuves d'une présence humaine qui remonterait à 6 000 ans avant notre ère. Diego de Almagro et Pedro de Valdivia, dans leurs expéditions vers le Chili, laissèrent des notes sur leur passage à Pica. Plus tard, les Espagnols s'y installèrent et certaines de leurs réalisations ont perduré jusqu'à nos jours comme le complexe système de canaux d'irrigation, les pressoirs à vin, les églises… Pour alimenter Pica en eau, les Espagnols utilisèrent la même technique qu'à Potosí, construisant entre le XVIIIe et le XIXe siècle près de 12 km de galeries souterraines qui captaient les eaux filtrantes. Cette construction intéressa même North ; et sa Tarapacá Waterworks Co construisit un aqueduc jusqu'à Iquique. Pica est une typique oasis de désert, à 1 325 m d'altitude. Elle jouit toute l'année d'un climat privilégié qui en fait un paradis du fruit : mangues, goyaves, oranges, pamplemousses (pomelos)... Les événements locaux marquants sont la fête de San Andrés, le protecteur de Pica, le 30 novembre, et la fête de Saint-Antoine-de-Padoue, qui a lieu à Matilla le 13 juin. Actuellement, la commune, qui compte environ 2 600 habitants, est fameuse pour ses fruits et ses thermes. Ne manquez pas la Cocha Resbaladero, une piscine naturelle située entre les rochers et formée par deux cuvettes principales d'où sortent des eaux thermales très agréablement chaudes. La Cocha est publique (ouverte tous les jours de 8h à 20h, sauf quand on nettoie les piscines : ouverture alors à 14h, compter 1 000 $ l'entrée). Le village et l'architecture des maisons du village méritent une petite visite. Sur la place, l'église San Andrés est la troisième à avoir été bâtie sur ce lieu puisque les deux précédentes, de 1600 et 1768, furent détruites par des tremblements de terre. Elle possède deux clochers et un fronton. A l'intérieur, vous pourrez admirer une Dernière Cène, taillée dans le bois par le sculpteur José Maria Arias. La Quebrada de Quisma, qui a presque 70 m de profondeur, et les galeries de récupération de l'eau méritent également d'être visitées. On pourra emprunter le sentier qui part à 3 km au nord de Pica, sur la route du salar de Huasco.

Transports

Voir dans la rubrique « Transports » d'Iquique. Pas mal de *colectivos* et des bus interurbains également. Les transports Santa Angela partent pour/depuis Iquique toutes les 30 minutes. Compter environ 3 500 $.

Pratique

- **Petit office du tourisme** sur la place principale. Ouvert du lundi au vendredi de 8h30 à 13h et de 15h à 19h.

Se loger

CAMPING EL MIRADOR

✆ +56 57 2 741 338

Pas cher du tout (moins de 5 000 $ par site).

Un camping tranquille avec piscine aux installations très correctes.

HOTEL LOS EMILIOS

Cochrane 213

✆ +56 57 2 741 126

Compter environ 18 000 $ pour deux et ajouter 2 000 $ pour le petit déjeuner.

Sept chambres, service de laverie et restaurant. Petite piscine. Bonne ambiance, économique et basique.

MATILLA ★

Matilla est située en contrebas de Pica, à 1 160 m d'altitude. Son principal intérêt réside dans l'église San Antonio. Détruite par les tremblements de terre, elle fut reconstruite en 1887. Restaurée en 1981 (de la première église qui datait du XVIIe siècle subsistaient le clocher baroque et l'autel en pierre), elle fut de nouveau détruite par le terrible tremblement de terre du 13 juin 2005 (7,9 sur l'échelle de Richter). Heureusement, elle fut reconstruite à nouveau (selon l'archictecture originale), et on inaugura la nouvelle église en juin 2007. On peut visiter l'église à partir de 10h en demandant les clefs au kiosque de la place. L'autre point d'intérêt, c'est le pressoir de Matilla. Ouvert du lundi au dimanche de 9h à 17h. Là encore, demander les clefs au kiosque. Le pressoir, devenu le musée du site, fut construit au XVIIe siècle afin de fabriquer du vin. On remarque les installations viticoles encore très bien conservées comme la presse monumentale, les récipients à grains, les réservoirs de fermentation.

SALAR DE HUASCO ★★

Situé en plein altiplano, à 55 km de Pica. On peut y admirer des *parinas*, des canards, des *guanacos*, des *vicuñas*, des *ñandus*... Il est possible d'observer la faune d'assez près. A noter, pour les randonneurs accomplis : un sentier de presque 69 km relie le salar au village de Lirima (plus au nord), qui dispose de bains thermaux. Ce sentier suit le río Batea, puis Collacagua, avant de gagner la laguna Huantija. Depuis là, un autre sentier rejoint Cariquima plus au nord, pour terminer à Colchane (toutes ces sections font partie du Sendero de Chile qui traverse le pays du nord au sud).

MAMIÑA ★★

Les amateurs d'eaux thermales ne doivent pas manquer les sources de Mamiña (126 km à l'est d'Iquique), riches en éléments naturels plus dynamisant les uns que les autres : deux bains, celui d'Ipla ouvert de 8h à 13h30 et de 15h à 20h ; et celui de Chinos Manantial, ouvert de 9h30 à 15h, entrée payante. Les bienfaits thérapeutiques de ses sources est bien connu dans la région. Si vous disposez d'une journée complète, vous pourrez vous arrêter en chemin pour visiter Humberstone ou encore Pozo Almonte (le dernier lieu où se ravitailler en essence). Mamiña se trouvant à 2 700 m d'altitude, il faut quand même prévoir de partir tôt.

Remarquable pour son schéma urbain et son architecture, ce village d'environ 430 habitants a sans doute été construit sur l'emplacement d'un ancien site indigène, sorte de montagne-île au milieu de la vallée. La petite bourgade mérite d'être visitée, vous pourrez peut-être goûter à la spécialité locale : le lapin épicé. Perdez-vous dans les petites rues et passages sinueux, les superbes portails en pierre taillée et certaines demeures dont les toits sont faits de *paja brava*. Son monument majeur est l'église San Marcos. Construite en 1632, elle possède deux tours couronnées par deux clochers de bois peint en bleu. L'intérieur abrite un autel à trois niveaux. Le chœur est soutenu par des colonnes en bois dont les bases sont en pierre peinte. Sur la colline Isla, qui domine la vallée, se dresse la pukara del Cerro Inca, une forteresse préhispanique en cours de restauration. Mamiña est également connue pour son artisanat en pierre volcanique rose, utilisée pour décorer les maisons et leurs murs mais aussi pour confectionner des bijoux ou des ustensiles, ainsi que pour ses productions artisanales en laine de mouton, d'alpaga ou de lama (pulls, gants, bonnets, etc.). Kespikala, sur le chemin des bains, est un Centre d'art et de culture indigène, où vous aurez l'occasion d'acheter du bel artisanat. Ouvert tous les jours de 10h à 14h et de 16h à 20h. Pas de problème pour le transport en commun depuis Iquique (bus et *colectivos*).

Se loger

Si vous tombez sous le charme de ce village, sachez qu'il existe des hôtels pour vous accueillir.

■ HOTEL KUSITAMBU
Sulumpa s/n
✆ +56 57 2 574 645
www.hotelkusitambu.cl
info@hotelkusitambu.cl
Compter 18 000 $ la simple et 23 000 $ la double (sans petit déjeuner).
Hôtel confortable proposant quarante chambres avec sanitaires privés, Internet wifi, télé câblée. Vingt nouvelles chambres ont été construites et vous pourrez profiter de votre propre bain thermal.

Sports - Détente - Loisirs

Il existe différentes sources thermales à Mamiña et de nombreux hôtels et établissements offrant leurs services. Hypertoniques, oligométalliques, radioactives, hypothermales, chlorhydriques, etc., ces sources ont des vertus médicinales tout à fait reconnues, et on les recommande pour traiter de nombreux maux.

PARQUE NACIONAL VOLCAN ISLUGA

Ce parc, qui ne regroupe pas plus de vigognes que le parc Lauca, contrairement à ce que le nom pourrait laisser croire, s'étend sur une superficie de 174 800 hectares environ. L'administration de la Conaf se situe à Enquelga, à 3 850 m d'altitude, dans le secteur sud du parc. Pas de droit d'entrée. Ce village de quelque 90 maisons est habité par une communauté très soudée qui conserve ses propres modes d'organisation sociale. Comme d'habitude, si l'on souhaite dormir ici, il faut réserver au bureau central de la Conaf à Arica.

▸ **Droit d'entrée :** le prix est toujours de 5 500 $ par personne.

COLCHANE

Ce patelin fait office de poste frontière avec la Bolivie voisine. On retrouvera les joies de l'électricité, même si l'ensemble n'a pas la valeur historique et architecturale des petits villages andins. Des chambres sont proposées dans la rue Colchane, la seule rue. Les vents permanents qui y soufflent rendent les nuits assez glaciales (on est à 3 700 m d'altitude). Putre est alors à 275 km, et une route en bon état (goudronnée dans sa plus grande partie) rejoint Huara et Iquique en passant par les thermes de Chusmisa et Tarapacá. Des bus assurent la liaison entre Iquique et Colchane.

PISAGUA ★

Au nord d'Iquique, sur la côte, ce petit village de moins de 260 habitants, fut un port très important pour l'industrie du salpêtre au cours du XIXe siècle. La guerre du Pacifique y fit rage, tout comme la guerre civile en 1891. En 1941, Junius Bird découvrit les restes des momies Chinchorro. Mais Pisagua est aussi tristement célèbre pour avoir abrité un camp de concentration après la purge des communistes en 1947 (gouvernement de Gabriel González Videla, dont le nom rappelle le dictateur argentin des années 1970), et après le coup d'Etat de 1973. Il est à noter qu'un certain capitaine Pinochet était en charge du camp de Pisagua dans les années 1950.
L'histoire rapporte que Salvador Allende fit le déplacement en compagnie d'une délégation parlementaire afin de s'informer de la condition des prisonniers, mais que le capitaine lui conseilla de boucler au plus vite son enquête, s'il ne voulait pas avoir plus de problèmes. Aujourd'hui, on pourra éventuellement faire

le détour pour s'imprégner du charme des maisons en bois d'époque, comme l'imposant (mais déliquescent) théâtre municipal, construit en 1879 en pin d'Oregon, aux beaux balustres et corniches ; ou la Torre Reloj (le clocher) construite en 1887, qui mesure 12 m de hauteur.

Transports

Il n'y a aucun transport en commun pour le village ; la meilleure alternative reste donc de descendre à l'embranchement de la Panaméricaine, et de tenter le stop sur les derniers 40 km.

Pratique

En face du théâtre, un kiosque pourra vous donner une ou deux informations.

Se loger

Il est possible de camper gratuitement à Playa Seis (toilettes et douches).

■ **HOSTAL LA ROCA**
✆ +56 57 2 731 502
Compter 25 000 $ la double avec petit-déjeuner. Perché sur un rocher au-dessus du Pacifique, cet hostal propose quatre chambres charmantes, dont deux avec vue sur la mer.

GÉOGLYPHES DE TIVILICHE

Ils se situent à 600 m de la Panaméricaine, à l'entrée de la vallée, sur le versant sud. Le panneau fait plus de 300 m de longueur et témoigne d'une grande qualité artistique. Il représente, avec un remarquable respect des proportions, des lamas se déplaçant entre la cordillère et la côte.

ARICA ET SES ENVIRONS

Une excursion vers la Cordillère est à faire avec une voiture (le 4x4 n'est pas obligatoire) ou bien en se joignant à un tour organisé (à partir de 30 000 $ la journée complète, que nous ne recommandons pas). Cet itinéraire pourrait plus ou moins être appelé la route de l'Argent, puisque le chemin dégagé par les Espagnols pour rallier Potosí et sa mine fabuleuse du port d'Arica (ils embarquaient la marchandise vers l'Europe) y passait. On s'y rend d'Arica par la route de Tacna (frontière péruvienne et aéroport) puis, 9 km plus loin, en prenant la direction alléchante de la Bolivie. La route (goudronnée) menant à Putre est somptueuse.

ARICA ★★

Arica est une destination atypique au Chili : l'atmosphère évoque déjà le Pérou, les visages présentent des traits latinos plus prononcés, et l'ambiance tropicale qui se dégage de cette station balnéaire appréciée des Boliviens (la mer est relativement agréable toute l'année) peut retenir votre attention quelques jours. Au moins assez de temps pour découvrir la cordillère, ses petits villages coloniaux magnifiques, ses géoglyphes et ses superbes parcs naturels qui comptent parmi les plus impressionnants du pays. Comme l'écrit Subercaseaux, « *si l'on vient du nord, [Arica] nous paraît une ville débordante de chilénité ; si l'on vient du sud, elle respire la terre étrangère : c'est pour cela qu'Arica possède quelque chose d'un mythe, et que les visiteurs ne savent jamais où se situe sa réalité* ». Car Arica est une ville « *où tout le monde passe et reste* ». La situation géographique d'Arica, à l'embouchure du fleuve Azapa – une situation qui lui permet un approvisionnement en eau et une végétation assez luxuriante en comparaison avec le reste du Grand Nord – lui a très tôt conféré un rôle de foyer de peuplement. La culture Chinchorro y prospèrera environ 12 000 ans avant notre ère : les fameuses momies les plus vieilles au monde témoignent de ce passé lointain. Une autre culture indigène est celle des Camanchacos, passés maîtres dans l'art des géoglyphes.

La colonisation espagnole ne put ignorer cette « oasis du Grand Nord », dès les premières incursions dans la région en 1536. Le 25 avril 1541, Lucas Martínez Vegaso crée la ville d'Arica. Dès 1565, le vice-royaume du Pérou créa le Corregiment d'Arica (dont le nom signifierait peut-être « porte étroite vers l'altiplano » en aymara, même si certains évoquent le nom du cacique local Ariyaka), puis fit d'Arica une ville officielle en 1570. A l'époque, la ville est tournée vers le nord (Pérou et Bolivie), et le Chili actuel a forcément moins d'importance à ses yeux. Et c'est justement de ce Nord que vont venir les causes de son développement avec la découverte de la Potosí mythique et de ses richesses argentées. Arica va jouer le rôle de port commercial ainsi que de fournisseur de Potosí. Malheureusement, une épidémie de malaria va ralentir cet essor et faire fuir les Espagnols dans des lieux plus sûrs comme Tacna (dans l'actuel Pérou), Putre ou Belén. La malaria passée, Arica reprend son rôle qui se double de la fourniture de luzerne pour le fourrage. Même après le déclin de Potosí, Arica reste un port prospère qui a fait ses preuves.

Au XVIIIe siècle, les changements administratifs qui secouent l'Amérique espagnole annoncent le déclin temporaire de la ville. En effet, le Haut-Pérou passe sous la juridiction du vice-royaume de La Plata (comprenant entre autres l'Argentine actuelle) en 1776, et le trafic maritime est maintenant dominé par Buenos Aires, plus pratique. La création de l'intendance d'Arequipa, en 1782, accélère ce mouvement puisque toute l'administration y est transférée.

Il faut attendre l'époque post-révolutionnaire pour voir Arica récupérer son rôle de grand port. Elle fait désormais partie de la jeune République du Pérou qui y construit un chemin de fer la reliant à Tacna, en 1855. La ville accueille les bureaux du gouvernement et de la douane et la prospérité revient. Pour peu de temps. En 1868, un terrible tremblement de terre détruit une bonne partie de la ville. Puis Arica, qui se trouve propulsée au cœur de la guerre du Pacifique, est occupée par l'armée chilienne le 7 juin 1880. A la fin de la guerre, la ville est devenue chilienne. Mais elle ne peut oublier ses origines et les accords de compensation de 1904 entre les protagonistes de la terrible guerre lui permettent d'être également le port attitré de la Bolivie qui a perdu son accès à la mer (pendant ce temps, un référendum populaire plébiscitera la présence chilienne à Arica au détriment du Pérou). Pour entériner cette compensation, le gouvernement chilien décide de construire à ses frais, toujours en 1904, une voie de chemin de fer reliant Arica à La Paz et qui verra le jour en 1913. Le port conserve donc son caractère cosmopolite et une identité beaucoup plus régionale que totalement chilienne.

Puis Arica entre dans l'ère moderne grâce à la création d'un port libre, en 1953, sous la présidence d'Ibañez. En 1958, le président Alessandri crée La Junta de Adelanto qui confère à la ville une grande autonomie dans ses décisions administratives. Son développement s'accompagne d'une politique d'urbanisation dynamique : en 1964, une zone industrielle est créée (matériel électronique et automobile) et, d'année en année, de grands ouvrages publics voient le jour (hôpitaux, aéroport...). Actuellement, son statut de port libre ne lui confère plus d'avantages du fait des accords de libre-échange, mais elle a su garder son dynamisme économique grâce au commerce, à la pêche et au tourisme. Arica (environ 185 000 habitants) est en effet devenue le lieu de villégiature privilégié des Boliviens nostalgiques de leur Grande Bleue mais aussi des Péruviens voisins, des touristes étrangers et des Chiliens. Ses plages de sable, ses palmiers et une zone piétonne assez animée lui confèrent un charme bien à elle. Si Iquique semble plus intéressante par son architecture et ses maisons géorgiennes, Arica est sans doute plus à même de jouer un rôle de station balnéaire. La mise en œuvre d'une politique dynamique pourrait lui permettre de devenir un second Viña del Mar. N'est-elle déjà pas surnommée « la ville de l'éternel printemps » ? Le 8 octobre 2007, Arica est devenue la nouvelle capitale de la Région XV, ou région d'Arica et Parinacota.

C'est aussi le point de départ idéal pour découvrir le circuit connu sous le nom de *Ruta de las Misiones*. Inauguré en janvier 2012 pour promouvoir le tourisme et préserver l'héritage religieux et historique des régions du nord du pays, le circuit vous emmène de village en village, dans de petites localités du secteur montagneux, à la découverte des joyaux du nord. Les églises sont notamment un incontournable de la région. Dans n'importe quel village des régions d'Arica et de Parinacota, elles ont toutes des caractéristiques en commun : elles sont petites, faites d'adobe, peintes en blanc et ont un autel décoré selon les codes traditionnels. Cette immersion dans la culture andine est aussi une parfaite occasion de découvrir la surprenante fusion des cultures aymara et catholique.

Trekking Qhapaq Ñan

Marcher le long d'une route construite il y a 600 ans est une expérience sans pareil. D'autant plus si ce réseau routier est un site inscrit au patrimoine mondial de l'Unesco depuis 2014. Il serait dommage de manquer ce privilège, qui vous mènera à la découverte des splendeurs de la civilisation inca. Le sentier inca Qhapaq Ñan s'étend du sud de la Colombie jusqu'à l'est de l'Argentine et ce trekking, ouvert au public récemment, propose d'en arpenter un tronçon dans la région d'Arica et Parinacota. A plus de 3 000 mètres d'altitude, vous serez accompagné d'un guide Aymara qui vous fera découvrir les villages montagneux de la région entre Putre et Socoroma. Entre anecdotes historiques et culturelles, le périple (organisé de février à novembre) comprend aussi une rencontre et un moment de partage avec les communautés locales.

Pour plus d'informations, contactez trekkingaymara@gmail.com ou le ✆ +56 9 9763 9318.

0
250 m
OCEAN PACIFIQUE
HEBERGEMENT
1- Bahia Chinchorro
2- El Paso Park
3- Hôtel Plaza Colón
4- Residencial Real
5- Hôtel Savona
6- Hôtel Sotomayor
7- Casa Beltrán Hotel Boutique
8- Chifa Restaurant Urbano
9- Dimango
10- Los Aleros de 21
11- Museo del Mar
12- Museo Colon In Situ
Diego Portales
Office du Tourisme
Bus Rodoviario
Bus vers Tacna et Bolivie
Rio San José
J.A. Rios
Avenida Santa Maria
R. Peña
Regimiento Rancagua
Vicentine
Cimetière
Avenida Costanera Chile
Université
Parque Brasil
Casino
Lastarria
Esmeralda
Police internationale
Juan Noé
CONAF
Gare ferroviaire
Parque General C. Ibanez del Campo
Chacabuco
Lluta Bus
Av. Vicuña Mackenna
Bus Humire
Bus vers Bolivie
Bus vers Visviri
Maximo Lira
Pedro Montt
Arturo Prat
Velasquez
Colon
Baquedano
Patricio Lynch
Blanco Encalada
O'Higgins
Maipu
PUERTO DE ARICA
18 de Septiembre
Hôpital
21 de Mayo
General Lagos
San Martin
Gallo
Maison de la Culture
Poste
Municipalité
Sotomayor
sernatur
Plaza Colon
Marché ancien
Théâtre municipal
Cathédrale
San Marcos
Plaza V. Mackenna
Yungay
Arica
Installations Portuaires
Christ de la Concorde
Sanctuaire de la Vierge du Carmen
Musée d'Armes
Batterie
MORRO DE ARICA
Monument au Soldat inconnu
Edifice religieux
Curiosité et divers
Musée
Poste
Gare routière
Information touristique
Téléphone public
Hébergement
Restauration
Marché et commerce
Police
Hôpital

Transports

Comment y accéder et en partir

Destinations régionales. Pour Azapa, prendre un taxi collectif sur Chacabuco, pour 1 200 $ par personne (départs de 7h à 22h). Pour les villages de la précordillère, voyez avec les compagnies de bus La Paloma, Martinez et Humire.

Destinations nationales. Départs pour Iquique, Calama, San Pedro de Atacama, Santiago, Antofagasta et Copiapó, chez Tur Bus, Pullman Bus, Ramos Cholele et Carmelita.

Pour l'Argentine. Vers Salta, Chile Bus/ Pullman Bus part les lundi, jeudi et samedi à 22h45 (retour le lendemain en début de journée) pour 50 000 $ et 30h de trajet, repas inclus. On fait étape à Calama pendant environ 2h. Géminis part les lundi, jeudi et samedi pour environ 50 000 $, repas inclus (même arrêt à Calama). Ces deux compagnies partent du terminal national.
Vers Mendoza, au moins trois départs par jour pour Tur Bus pour un tarif de 50 000 $ environ, avec changement de bus à Santiago. Départs depuis le terminal national.

Pour le Pérou. Départs toutes les demi-heures pour Tacna, pour 3 000 $ le week-end, un peu moins en semaine, avec les bus Norte Grande.Un taxi collectif revient à 3 000 $ par personne environ. Tas Chopa propose aussi des services directs pour Lima (20 heures de voyage), mais ce n'est pas l'option la plus économique. Au Pérou, les prix sont inférieurs à ceux pratiqués au Chili, et le choix beaucoup plus large.

Pour la Bolivie. Pour la Bolivie, les départs suivants s'effectuent depuis le terminal international.
Vers La Paz, Trans Salvador part du lundi au vendredi à 1h pour un voyage de 11 heures environ. Compter environ de 30 à 55 000 $ selon le confort qui inclut parfois le petit déjeuner. Cali part tous les jours pour 7 000 $.
Vers Cochabamba, départs tous les jours avec Trans Lujan pour un coût de 20 000 $, repas inclus (arrivée à 16h).
Vers Oruro, départs les samedis pour 20 000 $ environ.
Certaines compagnies partent depuis le terminal national :
Chile Bus part tous les jours vers La Paz à 9h (arrivée à 17h) pour 12 000 $ environ, repas inclus. Les mardi et samedi, départs vers Cochabamba pour 20 000 $ (départ à 9h, arrivée à 20h). Cuevas Y Gonzáles se rend aussi à La Paz tous les jours deux fois par jour pour un tarif de 7 000 à 12 000 $.

AEROPUERTO INTERNACIONAL CHACALLUTA
✆ +56 58 2 211 116
Se situe à quelque 18 km au nord d'Arica, peu après l'embranchement vers la route qui mène au parc Lauca, et peu avant la frontière péruvienne.
Pour vous y rendre, comptez environ 4 000 $ par personne avec un *colectivo*, ou 12 000 $ avec un taxi privé.

ARICA SERVICE TOUR
Los Industriales 1237
✆ +56 58 2 314 031
aricaservice@gmail.com
Transfert vers/depuis l'aéroport à 10 000 $ par personne.

BUSES CARMELITA
Diego Portales 948
✆ +56 58 2 241 591
Dans le local n° 2 du terminal de bus. Propose plusieurs départs vers Iquique, Antofagasta, La Serena et Santiago.

BUSES LA PALOMA
Germán Riesco 2071
✆ +56 58 2 222 710

Bus réguliers pour Putre, Socoroma, Belén, Codpa, Tignamar, Parinacota, Visviri ou Caquena. Ceux qui désireraient terminer la boucle entre Tignamar et Belén n'ont pour option que le stop. Peu de trafic, mais ça devrait marcher avec un peu de patience.

BUSES MARTINEZ
Pour 5 000 $ environ.
Deux fois par semaine vers Parinacota et Visviri. Les bus passent à 5 km du centre de Putre, à l'embranchement de la Panaméricaine.

BUSES PULLMAN SANTA ROSA
Diego Portales 948
✆ +56 58 241 591
Au sein du terminal de bus. Départs pour Iquique à 6h, 8h, 14h, 17h, 20h, 22h et 1h30 pour 8 000 $ environ.

BUSES RAMOS CHOLELE
Diego Portales 948
✆ +56 58 2 221 021
Des bus tous les jours pour Iquique, Copiapo, Antofagasta, La Serena et Santiago.

LATAM
Prat 396
✆ +56 58 2 252 650
www.latam.com
Agence ouverte le matin de 9h à 13h et l'après-midi de 16h à 18h, ainsi que le samedi matin.
Vols vers La Paz via Iquique plusieurs fois par semaine. Départs pour Arequipa les samedis.

■ PULLMAN BUS

Local n°4, 11 16 et 21
Diego Portales 948
✆ +56 58 2 241 972
www.pullman.cl
Compter de 11 000 à 17 000 $ le trajet pour Calama ou Iquique.

- **Vers Calama,** deux départs par jour.
- **Vers San Pedro de Atacama,** deux départs par jour.

■ TERMINAL DE BUS

Diego Portales 948
✆ +56 58 2 225 202
Depuis le terminal, prendre le *colectivo* n° 1, 4 ou 11 pour vous rendre dans le centre. Une deuxième section du terminal, juste à côté, est réservée aux départs internationaux, notamment pour la frontière péruvienne. Arica étant une zone franche de grande activité commerciale, elle est reliée régulièrement par de nombreux bus à toutes les grandes villes et à Santiago. Assurez-vous d'avoir votre passeport car il y a une douane au terminal routier. On paye 2 000 $ comme droit d'embarquement. Un rapide tour du terminal vous informera sur les meilleurs prix. En basse saison, n'hésitez pas à marchander. En été, en revanche, il y a foule et il vaut mieux assurer votre départ. Pour les voyageurs désireux de se rendre au sud du Chili, il faut savoir que tout ce qui est d'origine végétale vous sera confisqué et détruit lors de deux contrôles phytosanitaires, avant de monter dans le bus tout d'abord, puis plus tard à la Quebrada de Camarones. Donc, si vous transportez des fruits, mangez-les auparavant. Evitez d'acheter du miel ou même des objets en fibre végétale (ce serait dommage de voir le souvenir, que vous pensiez ramener à grand-maman, finir à la poubelle !).

■ TUR BUS

Avenida Argentina 2364
✆ +56 58 2 224 340
www.turbus.cl – atencion_clientes@turbus.cl

- **Départs fréquents la journée pour Iquique, Antofagasta, Copiapó et La Serena**
- **Vers Calama,** départs quatre fois par jour. Compter entre 14 000 et 30 000 $ selon le confort et 9h de trajet.
- **Vers San Pedro de Atacama** (via Calama), trois départs par jour à 20h50, 22h et 22h30.
- **Vers Santiago,** le trajet dure environ 30 heures !

■ TRAIN

Máximo Lira 889 ✆ +56 58 2 231 115
Bureau ouvert du lundi au vendredi de 9h à 20h, mais les tickets s'achètent seulement de 10h à 12h et de 17h à 19h.

Il existe un train d'Arica à Tacna, et ce n'est pas une blague ! Construit en 1856 à l'époque où Arica était péruvienne, c'est un vrai joyau d'Antiquité ; il est administré par le Pérou, dont il fait la fierté puisque c'est le plus ancien de ce pays. Aujourd'hui, il effectue le trajet international le plus court au monde (62 km), en 1h30. Retour à 17h. Très pittoresque, à découvrir absolument. Il convient de réserver son billet au préalable, un jour ou moins. Comptez 3 800 $ l'aller simple et réservez à l'avance. Attendez-vous à des fouilles prolongées si vous venez du Pérou.

Se déplacer

En ville, les *micros* passent sur 18 de Septiembre (350 $), et les *colectivos* (plaque jaune) sur Maipú (environ 450 $). Les *colectivos* annonçant « Avenida Santa María » passent par le terminal de bus. Un radio-taxi (plaque orange) revient entre 1 500 et 2 500 $ en fonction de votre destination (en ville ou en dehors). Un taxi pour l'aéroport vous coûtera environ 9 000 $.

■ EUROPCAR

Av. Chacabuco 602
✆ +56 58 2 578 500
www.europcar.cl
reservationfr@europcar.com
Ouvert du lundi au vendredi de 8h30 à 19h30, le samedi de 9h à 14h, fermé le dimanche.

■ HERTZ

Baquedano 999
✆ +56 58 2 231 487
www.hertz.cl – webmaster@hertz.com
Du lundi au vendredi de 8h30 à 19h30 et le samedi de 9h à 13h.

Pratique

Tourisme – Culture

■ CONAF

Vicuña Mackeña 820
✆ +56 58 2 201 225
www.conaf.cl
consulta@conaf.cl
Ouvert du lundi au jeudi de 8h à 13h et de 14h à 17h, le vendredi jusqu'à 16h30.

■ OFFICE DU TOURISME SERNATUR

San Marcos 101
✆ +56 58 225 2054
infoarica@sernatur.cl
En été, ouvert du lundi au vendredi de 9h à 18h (sauf le samedi, de 10h à 14h seulement).
Un personnel très sympa et de la documentation sur toutes les régions du Chili. Un kiosque municipal d'informations touristiques est à votre disposition sur la plaza Colón et est ouvert tous les jours de 9h à 19h en été.

Argent

Nombreuses banques sur 21 de Mayo, entre les n° 200 et 400. Celles-ci sont dotées de distributeurs de billets.

Moyens de communication

Nombreux cybercafés. Pour une connexion wi-fi, voir à Café del Mar (21 de Mayo 260), Dimango (21 de Mayo 244) ou Tortas y Tartas (21 de Mayo 233).

■ CORREOS DE CHILE (POSTE)
Angle de Prat 305
© +56 58 2 585 910
Ouvert du lundi au vendredi de 9h à 18h, et le samedi de 9h à 12h30.

Santé - Urgences

■ CLINICA LAUTARO
Lautaro 487
© +56 58 2 231 672

■ HOSPITAL DR. JUAN NOÉ
18 de Septiembre 1000
© +56 58 2 204 592

Se loger

Bien et pas cher

■ ARICA SURF HOUSE HOSTEL
O'Higgins 661
© +56 9 9843 4227
www.aricasurfhouse.cl
viajeros@aricasurfhouse.cl

Ponton d'Arica.

Par personne, compter à partir de 10 500 $ en dortoir, de 27 000 à 33 000 $ la chambre double avec salle de bains commune ou privée et de 36 000 à 39 000 $ la triple. Petit déjeuner et wifi inclus. Cours de surf.
Hostel très spacieux. Les chambres sont propres et plutôt confortables. Espaces communs ouverts et très agréables. L'établissement propose des cours de surf dispensés par Kurr, surfeur aguerri. Location de planches et transport à la plage. L'accueil et l'ambiance sont bon enfant, bon rapport qualité/prix. La meilleure adresse petit budget pour Arica.

■ ARICA UNITE HOSTEL
Vicente Dagnino 117
© +56 09 79148547
arica-unite@hotmail.com
9 000 $ en dortoir de 4, 14 000 $ en chambre simple, 22 000 $ la chambre double avec salle de bain partagée, 26 000 $ avec salle de bain privée. wi-fi et petit déjeuner inclus.
L'auberge, tenue par deux jeunes Français, est située à 5 minutes du terminal de bus (idéal pour ceux qui sont en transit) et à 2 petites minutes de la plage de Chinchorro. Les chambres sont correctes et l'ambiance bon enfant. Le couple propose en supplément du petit déjeuner des crêpes, de quoi satisfaire nos amis bretons ! A découvrir.

■ HOSTAL LE PETIT CLOS
Cristobal Colón 9
© +56 58 2323746
www.lepetitclos.cl
info@lepetitclos.cl
Chambre simple 27 000 $, double 33 000 $, triple 49 000 $, quadruple 62 000 $, avec salle de bain privée.
Six chambres avec salle de bains privée, trois avec salle de bain partagée, dans un petit *hostal* accueillant doté d'une belle terrasse avec vue à 360°. Six chambres supplémentaires seront bientôt construites.

Confort ou charme

■ HOTEL PLAZA COLON
San Marcos 261
© +56 58 2 231 244
www.hotelplazacolonaricachile.com
Compter 30 000 $ la simple et 50 000 $ la double. Sanitaires privés, TV câblée, petit déjeuner et wifi compris.
Etablissement neuf et bien situé. Les chambres ne sont pas très spacieuses mais propres et confortables (salle de bains bien aménagée). Ascenseur et accès adapté aux personnes à mobilité réduite. Restaurant bar et café. Les chambres en haut jouissent d'une belle vue sur la place et l'église. Bon rapport qualité/prix.

■ HOTEL SAVONA
Yungay 380
✆ +56 58 2 231 000
www.hotelsavona.cl
administracion@hotelsavona.cl
Compter 36 000 $ la simple, 49 000 $ la double, 61 000 $ la triple, avec petit déjeuner et wi-fi inclus.
Des chambres gracieuses et agréables, plutôt classiques et assez lumineuses. Bar et cafétéria. La terrasse est avec piscine et invite au délassement, mais on loue aussi des vélos pour les plus actifs.

Luxe

■ CASA BELTRÁN HOTEL BOUTIQUE
Sotomayor 266
✆ +56 58 2 253 839
hotelcasabeltran.cl
Compter 130 US$ la simple, 155 US$ la double et 202 US$ la triple. Petit déjeuner et wifi inclus.
17 chambres assez spacieuses et agréables, salle de bains vraiment plaisante. Décoration minimaliste et épurée, lumière douce. Bon petit déjeuner et cafétéria. Les pâtisseries sont excellentes et on sert un délicieux pisco ! On pourra également vous organiser des excursions (trekking, tour en kayak, parapente, plongée, pêche, balades à cheval, etc.). Service attentionné et personnalisé, on peut même coordonner pour vous les services de taxis et de transferts.

■ HOTEL ARICA & RESORT
Avenida Comandante San Martín 599
✆ +56 58 2 254 540
www.panamericanahoteles.cl
reservas@hotelarica.cl
Compter à partir de 119 US$ la simple standard, 149 US$ la double, 209 US$ la cabaña pour trois ou quatre. Chambre supérieure pour deux à 179 US$ et suite à 209 US$.
L'un des deux hôtels les plus luxueux de la ville, appartenant à une grande chaîne chilienne et proposant 114 chambres. Tout le confort et l'équipement souhaités (wi-fi inclus). Restaurant, bar, parking, tennis, location de voitures, salle de jeux, centre d'affaires, boutique de souvenirs… On apprécie la piscine extérieure aux allures tropicales. L'ensemble est à la hauteur des tarifs pratiqués.

■ HOTEL ARUMA
Patricio Lynch 530
✆ +56 58 2 222 5000
www.aruma.cl
info@aruma.cl
Compter environ 90 000 $ pour la double et 120 000 $ pour la suite.
C'est l'un des hôtels les plus en vogue du Chili. Le couple à l'origine du projet a imaginé un espace sécurisé, écologique et à la pointe du design international. Les meubles et matériaux (recyclés pour la plupart) proviennent d'Italie, du Brésil et de Norvège. De longs couloirs lumineux relient les trois immeubles qui le constituent. La lumière naturelle est omniprésente. Le dernier étage offre une petite piscine et un café avec vue sur la ville et la mer. Ecrans plasma, lampes LED. Chaque salle de bains possède sa décoration propre. Un enchantement qui ne vous laissera pas de marbre.

Se restaurer

Pas mal d'adresses dans le secteur piétonnier de 21 de Mayo, et dans les secteurs Maipú, 18 de Septiembre et Sotomayor. Compter 3 000 / 5 000 $ pour un menu le midi.

Bien et pas cher

■ DIMANGO
21 de Mayo 244
✆ +56 58 2 257 070
Le lundi de 9h à 23h, le mardi de 11h à 2h (jusqu'à 3h le mercredi, 4h le jeudi, 5h le vendredi, midi le dimanche).
Une des meilleures adresses pour se restaurer à Arica. Vous devez absolument goûter aux glaces faites maison. Elles sont parmi les meilleures de tout le pays. Spécialités italiennes également (pizzas, pâtes, carpaccios) à un très bon rapport qualité/prix.

Autre adresse : Paul Rey 2592, agréable et avec tout autant de choix à deux pas de la plage.

Autre adresse : Sur la plage Chinchorro

■ LOS ALEROS DE 21
21 de Mayo 736
et Baquedano
✆ +56 58 2 254 641
Du lundi au jeudi de 12h à 16h et de 20h à minuit, jusqu'à 1h le vendredi et samedi, le dimanche de 12h à 16h30. Plats autour de 8 000 $.
Décoré comme une maison familiale, ce restaurant est spécialisé dans la cuisine typique chilienne. Les viandes sont très bonnes, les *empanadas* aussi. Une valeur sûre.

■ MATA RANGI
Port d'Arica
✆ +56 58 2 233 404
Plats entre 4 000 et 7 000 $ environ. Ouvert le midi uniquement.
Excellente cuisine à base de produits de la mer très frais. Situation pittoresque au bord de l'eau, avec une vue directe sur le port, l'océan, les lions de mer, les otaries et les pélicans qui se disputent le butin des pêcheurs. Une adresse authentique et pour le moins pittoresque. A ne pas manquer.

MERCADO COLÓN
A l'angle de Maipú et Colón
Environ 4 000 $ un plat de fruits de mer avec boisson.
De petits restaurants comme le Caballito del Mar (local 22) proposent une délicieuse cuisine à base de fruits de mer frais, à petit prix, dans une ambiance très locale. Excellents *ceviches*.

WAIKIKI
Av. Raúl Pey 2494
✆ +56 9 9978 5166
Ceviche mixte à 5 000 $, excellents chicharrones (beignets en anneaux) de calamars à 5 000 $. Un demi-litre de jus de fruits à 1 800 $ et jarre d'un litre à 3 500 $.
Très bon restaurant péruvien sur la costanera. A essayer : les jus naturels au fruit de la passion !

Bonnes tables

MARACUYA
Avenida San Martín 321
✆ +56 58 2 227600
www.restaurantmaracuya.cl
Ouvert de 12h30 à 15h30 et de 20h à 24h30.
Situé en face de la mer, c'est l'un des meilleurs restaurants chic de la ville, au panorama magnifique. L'air marin rend l'addition un peu salée (indigeste si vous venez du Pérou), mais on dégustera de très bons poissons et de succulents fruits de mer. Essayez les crevettes à la mangue et le steak au thon, le *ceviche* est également délicieux ! Idéal pour une soirée romantique.

RAYU
Ingeniero Raúl Pey 2590
✆ +56 58 2 216 446
rayu.gourmet@gmail.com
Compter en moyenne 9 000 $ pour une entrée, entre 10 000 $ et 15 000 $ pour un plat et 3 500 $ pour le dessert.
Ce restaurant, situé en face de la mer sur la plage Chinchorro, est la preuve que la gastronomie sud-américaine n'est pas en reste... La carte est composée de plats principalement péruviens. On y trouve essentiellement des produits de la mer, ainsi que d'excellentes viandes. Nous recommandons en dessert la mousse au chocolat pimentée au Merquen (délicieux !) Le prix est très élevé pour la région, mais le jeu en vaut la chandelle.

Sortir

Les lieux de prédilection de la jeunesse se concentrent près de la zone piétonne, sur la 21 de Mayo et dans le pasaje Bolognesi.

MOJITO
Avenida Raúl Pey 2861
✆ +56 55 2 213 055
www.mojito.cl
Entrée autour de 3 000 $, offerte si vous mangez sur place.
Une discothèque près de la plage, mais aussi un restaurant qui propose des plats à base de fruits de mer et de viande, rien d'exceptionnel cependant mieux vaut y venir pour s'amuser que pour manger. Vue de nuit sur la plage éclairée, depuis le bar riche en bouteilles du premier étage.

SOHO
Buenos Aires 209
www.discosoho.com
administracion@discosoho.com
La plus grosse structure et la plus à même de convenir à différentes humeurs avec son bar attenant, le Drake. Bonne ambiance.

Balade à travers la ville

La Casa de la Cultura est située dans l'ancienne douane d'Arica. Une visite intéressante car, chauvinisme oblige, la Casa fut construite par les ateliers de Gustave Eiffel et inaugurée en 1874. Non loin de la Casa, sur une place agréable, une réplique d'une vieille locomotive évoque l'importance passée du chemin de fer. Vous pouvez continuer votre promenade en vous rendant sur la plaza Colón en face de laquelle se trouve la cathédrale néogothique San Marcos. C'est encore une œuvre de ce diable d'Eiffel. Elle a été commandée par les Péruviens pour la station balnéaire d'Ancón, mais le tremblement de terre d'Arica, en 1868, qui détruisit l'ancienne église, décida les autorités péruviennes à préférer ce site. Elle fut préfabriquée en fer par les ateliers de Gustave Eiffel & Cie, envoyée par bateau au Chili, recouverte de planches de bois et, enfin, inaugurée en 1876. Une haute tour octogonale la domine. A l'intérieur, un Christ du XIIe siècle s'ennuie. Vous pouvez terminer cette petite promenade en traversant la place Vicuña Mackenna pour longer l'avenue côtière Comandante San Martín. Vous y admirerez la mer déchaînée, sous un beau coucher de soleil. La digue artificielle a vu l'arrivée d'un restaurant et d'une discothèque, où vous pourrez terminer la nuit. La jetée artificielle est assez étonnante, composée de milliers d'ancres en béton qui, avec l'âge et les algues, commencent à prendre un certain cachet. Attention, la nuit y est plutôt risquée et à éviter.

À voir – À faire

MUSEO DEL MAR ARICA

Pasaje Sangra 315
✆ +56 9 8225 4949
www.museodelmardearica.cl
info@museodelmardearica.cl
Du mardi au dimanche de 11h à 19h, le samedi jusqu'à 14h. Entrée : 2 000 $ par adulte, 1 000 $ par enfant.
Ouvert en octobre 2006, œuvre de Nicolás Hrepic Gutunic qui a réuni pendant 45 ans cette impressionnante collection de coquillages, du Chili et du monde entier. Plus de 1 000 espèces différentes.

MUSEO DE SITIO DE LA CULTURA CHINCHORRO

Colón 10
✆ +56 58 202 64 03
masma.uta.cl
masma@uta.cl
Ouvert du mardi au dimanche de 10h à 18h (19h en janvier et février). Entrée : 2 000 $ par adulte et 1 000 $ par enfant.
Inauguré le 17 décembre 2009, ce musée expose des momies chinchorro. Le point fort de cet endroit réside dans le fait que pour la première fois des corps sont exhibés *in situ*. Le point est mis sur les coutumes funéraires du peuple Chinchorro. Intéressant.

MUSEO HISTÓRICO Y DE ARMAS

Sur le Morro
✆ +56 58 2 229 192
Ouvert tous les jours de 10h à 20h. Entrée : 1 000 $ par adulte et 500 $ par enfant. Accès en voiture par la calle Sotomayor, à pied, par la calle Colón (sentier sablonneux, montée de 15 à 20 minutes).
Ce musée, situé dans la célèbre forteresse du Morro, est principalement consacré au Morro lui-même et aux événements qui s'y déroulèrent lors de la guerre du Pacifique. C'est un lieu mythique pour tout visiteur chilien, qui y retrouve ce dont on lui a tant parlé sur les bancs de l'école. Pendant la guerre, cette forteresse péruvienne défendait la ville. Dans la baie d'Arica, en ce mois de mai 1880, les navires de guerre chiliens encerclaient déjà la cité, mais le commandant péruvien Bolognesi refusait encore de se rendre. Des troupes chiliennes arrivèrent alors de Tacna, ville qu'ils avaient occupée, par la vallée d'Azapa, le 6 juin. A l'aube du 7 juin, elles attaquèrent et réussirent à prendre deux des quatre tours de la forteresse du Morro. Les Péruviens rescapés se réfugièrent dans les deux autres, le fort Morro Gordo et la base Morro Bajo mais les Chiliens, combattants acharnés, les poursuivirent malgré les mines dont le terrain était truffé. En moins d'une heure, ils réussirent à hisser le drapeau chilien sur la forteresse. Ce fut l'un des épisodes les plus sanglants de cette guerre sauvage et meurtrière, qui fit près de 1 250 morts parmi les Péruviens et 170 parmi les Chiliens, les commandants des deux camps compris.
Le musée présente de nombreux souvenirs de cette guerre : armes, uniformes, etc. La plupart des uniformes présents dans les vitrines sont ceux de l'armée française, qui fit une étude psychologique avant d'opter pour le bleu et le rouge (deux couleurs sur lesquelles le sang ne se voit pas) afin de conserver le moral des troupes. C'est entre autres pour cela que le Chili acheta les uniformes à l'armée française, alors que les Péruviens se battaient en blanc… Sur l'esplanade, vous pourrez voir les batteries de canons, un monument élevé à la gloire d'un soldat qui, comme toujours, est inconnu, et une statue du colonel Pedro Lagos. Si vous n'aimez pas la guerre, allez-y de préférence la nuit pour avoir une vue somptueuse sur la baie et la ville illuminée. De jour, l'activité portuaire et les camions qui se suivent en file indienne sont impressionnants.

PLAYA CHINCHORRO

Av. Luis Beretta Porcel
Idéal pour un petit bain de soleil ou pour prendre quelques vagues, cette jolie plage accueille régulièrement des compétitions de surf et propose quelques restaurants le long du front de mer. Plus au nord le long de la côte et au-delà du quai se trouve la plage Las Manchas. Ici le courant est plus fort, il n'est donc pas recommandé de se baigner. En vous baladant un peu plus loin, vers l'embouchure du Rio Lluta, vous rencontrerez un lieu plus sauvage et préservé, idéal pour l'observation des oiseaux.

Sports – Détente – Loisirs

MAGIC CHILE

Ginebra 3857
✆ + 56 9 87906124
www.surfschool.cl
surfcamp.magicchile@gmail.com
Cours particulier ou collectif. Cours à partir de 15 000 $ et location à partir de 8 000 $ par jour.
Cette école de surf tenu par Alfredo, véritable personnage local, vous donnera l'opportunité de pratiquer le surf dans l'un des spots les plus conséquents d'Amérique du sud. Quel que soit votre niveau, les cours sont adaptés et dirigés par des professionnels de la discipline. L'école fait aussi auberge de jeunesse, mais une condition pour y rester dormir : continuer de surfer ! Matériel à disposition pour la location.

Visites guidées

TURISMO LAUCA
Thompson 200
✆ +56 58 2252322
www.turismolauca.cl
reservas@tourlagochungara.cl
A partir de 25 000 $ pour un tour d'une journée complète.
Tours au parc national Lauca et lac Chungara sur plusieurs jours. Propose aussi des tours dans Arica et un tour archéologique. Les journées comportent différentes escales cependant elles ne durent guère plus longtemps qu'une dizaine de minutes. Les véhicules sont généralement blindés (parfois jusqu'à 40 touristes). À envisager si vous êtes de passage et que vous voulez tout de même visiter le parc national.

Shopping

PUEBLO ARTESANAL
Hualles 2825
✆ +56 58 2 228 594
pobladoartesanal@gmail.com
Ouvert en principe le lundi de 16h à 19h et du mardi au samedi de 10h à 13h30 et de 16h à 19h30. Le dimanche de 10h à 13h30.
Le meilleur choix d'artisanat. Y sont également organisées des peñas folkloriques chaque vendredi et samedi à 21h30. Dans une ambiance de village artisanal, tissus, sculptures, céramiques, bijoux, babioles, ocarinas…

VALLE DE AZAPA ★★

Le meilleur moyen de profiter de cette vallée (si l'on est un peu courageux) est de louer un vélo et de s'offrir un circuit particulièrement enchanteur. En partant du centre-ville, prenez l'avenue Diego Portales et continuez-la jusqu'au bout. Vous arriverez à un grand rond-point où vous continuerez tout droit. La route vers Azapa sera indiquée, et le musée se trouve au km 12. En louant une voiture, vous avez la possibilité de visiter le site totalement méconnu de Cachango.

GÉOGLYPHES ★★
Depuis le Musée archéologique de San Miguel de Azapa, revenez sur la route goudronnée (pour ceux qui ne sont pas véhiculés, des *colectivos* passent par là de temps à autre). Prenez à gauche, à l'embranchement, en direction de Las Maitas. Après avoir passé ce village, tournez à nouveau sur la gauche en direction de la pukara de San Lorenzo. Montez à l'assaut de la colline sur laquelle se dresse cette forteresse du XIIe siècle (vous pouvez laisser votre moyen de locomotion en bas). Vous pouvez ensuite reprendre votre balade en revenant sur vos pas, vers Arica, et parcourir une route bordée de géoglyphes. Tentez de le faire juste avant la tombée de la nuit pour bénéficier d'une luminosité idyllique. Vous passerez d'abord devant un petit temple inca faisant face à des tumulus. Le premier groupe de géoglyphes rencontré est celui du cerro Sagrado (le mont sacré). Il correspond à l'époque des développements régionaux incas (1000-1400) et représente des figures humaines et animales, comme des chameaux, des serpents et des lézards. Le second groupe, celui d'Atoca, représente la typique caravane de lamas précédée par deux personnages dansants. Derrière eux, vous apercevrez le groupe des géoglyphes Canchas de Golf (« terrains de golf » dans le désert ! une curiosité à ne pas manquer, même si ici l'explication n'a rien d'historique). Vous pouvez vous en approcher en délaissant vos vélos et en grimpant dans les collines. Enfin, avant d'arriver au dernier groupe, vous passerez par l'antique Aldea du cerro Sombrero, un hameau qui devait comporter quelque 500 habitants. Il date également de l'époque 1000-1400 durant laquelle la région s'était fortement développée. Ses occupants étaient des agriculteurs qui maintenaient de fortes relations d'échange avec les peuples éleveurs des Andes. Les caravanes de lamas apportaient viande, quinoa, laine et repartaient chargées d'aji, de maïs, de poissons et de mollusques. Pour terminer, vous arriverez aux géoglyphes du cerro Sombrero (pour les localiser plus précisément, demandez une carte au Musée archéologique ; elle est assez bien faite). Vous rentrerez sur Arica par la Panaméricaine en passant par le Terminal agricole, où un fruit frais pourra récompenser vos efforts. Vous pourrez également profiter de l'occasion pour aller faire un tour au village artisanal.

MUSEO ARCHEOLÓGICO DE SAN MIGUEL DE AZAPA ★★
✆ +56 58 2 205 555
Ouvert en janvier et en février de 9h à 19h, le reste de l'année de 10h à 18h. Entrée : 2 000 $.
Si vous avez peu de temps et que vous êtes sans voiture, vous pouvez privilégier cette visite et vous y rendre par taxi. Les taxis stationnent en face du parc Carlos Ibañez del Campo, sur la Chacabuco, à hauteur de la Patricio Lynch. Créé en 1967 et logé dans un ancien moulin à olives, c'est sans doute l'un des meilleurs musées de la région avec celui de San Pedro de Atacama. Il expose des pétroglyphes de la vallée d'Azapa et une collection de tissus, de céramiques et de vanneries andines. L'exposition, très bien faite, nous renseigne sur le mode de vie des indigènes de la côte et des vallées. Mais c'est surtout les momies chinchorras (on en dénombre 300 en tout), les plus anciennes du monde, qui retiendront votre attention, de même que les

explications du processus de la momification. Cette civilisation pratiquait en effet la momification 2 000 ans avant les Egyptiens ! En 2017, ces momies furent transférées au Musée national d'histoire naturelle du Chili afin de réaliser des tests de tomodensitométrie : le but était de comprendre et d'étudier certaines des caractéristiques de ces momies (notamment leur âge et le processus de momification). Raretés archéologiques absolues, ces momies devraient bientôt être inscrites sur la liste du Patrimoine de l'humanité de l'Unesco. Enfin, les techniques traditionnelles d'extraction de l'huile d'olive n'auront plus de secrets pour vous grâce à une grande presse du XVIIIe siècle exposée un peu plus loin. Le jardin du musée est superbement soigné, grâce, cette fois, à des techniques d'irrigation ancestrales. Derrière le musée se trouvent les tumulus San Miguel, des sépultures auxquelles l'accumulation successive de couches de sable et de fibres végétales a donné la forme de monticules. Elles appartiennent à l'étape culturelle dite d'Alto Ramirez (400 av. J.-C. – 400 apr. J.-C.). En sortant du musée, vous pouvez gagner le village de San Miguel, avec sa charmante église, et, si vous avez un petit creux, nous vous recommandons (secteur du cimetière) la Pica del Muertito (vous ne risquez quand même pas d'être empoisonné) : plus propre (il y a moins de mouches !) que la Pica de Doña Juanita, à côté, même si cette dernière est plus intime et moins intimidante (surtout si vous êtes seul ou seule). On y sert des plats assez corrects et typiques comme les fameuses *sopaipillas*.

■ PÉTROGLYPHES DE CACHANGO ★★

Ce site très peu connu, à une demi-heure de marche par un sentier qui poursuit la route de la vallée d'Azapa, est blotti dans une sorte de béance naturelle sauvage. Le chemin qui y mène emprunte la voie d'accès au sanctuaire de Las Peñas, qui fait l'objet d'un intense pèlerinage au mois de décembre. L'occasion de se rendre compte que si les voies de Dieu sont impénétrables, elles sont en revanche jonchées sans vergogne d'une triste quantité de détritus.

Un peu pitoyable. Cachango, dont on ignore encore l'histoire exacte, est en fait un cimetière de céramiques et d'ossements, au-delà des kollqas (là où on emmagasinait les réserves) que l'on peut découvrir. C'est une excursion à ne pas rater si vous voulez vivre avec l'esprit d'un découvreur. Rien de transcendant, pour sûr, mais le simple fait de marcher avec l'histoire (et d'y participer, un court instant) est enchanteur. Les pétroglyphes sont superbes. Il est possible de pique-niquer au bord de la rivière, à l'ombre de quelques arbres épars. La meilleure source d'information est certainement Oscar, chez Eco Tour.

Valle de Azapa.

CODPA

À moins d'une centaine de kilomètres d'Arica se trouve la commune de Camarones et sa charmante vallée de Codpa, une véritable oasis pleine de charme et de mystère. La vallée de Codpa est habitée par une petite rivière aux eaux cristallines, et grâce au travail de l'homme pendant des millénaires, une vallée fertile, où sont désormais cultivés un grand nombre de fruits et de légumes, s'est formée. On trouve notamment des mangues et des avocats. Ici, les produits sont locaux et frais, c'est aussi le moment de déguster les produits du terroir comme le vin *pintatani*, célèbre au XVIIe siècle comme vin de messe, et qui fait aujourd'hui la fierté de la vallée lors des fêtes de la Vendange (chaque année au mois de mai). Vous pourrez également observer les pétroglyphes d'Ofragia, conçus par les autochtones de la région entre 1 000 et 1 500 après J. -C. Puis, ne manquez pas l'une des églises les plus anciennes de la région : l'église de San Martin de Tours. À cinq kilomètres de Copda se trouve le village de Guañacagua, organisé le long de deux rues principales, il compte de nombreuses petites maisons en adobe. L'église, construite en pierre, date du XVIe siècle et son clocher est reconnu comme l'un des plus beaux du nord du Chili.

■ BUS DE CAMARONES

✆ +56 58 2 222 710

Les bus La Paloma partent en direction de la vallée de Codpa les lundis, mercredis, vendredis et dimanches à 9h, retour à 16h.

VALLE DEL RÍO LLUTA ★★

Dès les premiers kilomètres (km 13 et 15), c'est l'enchantement à la vue de ces géoglyphes qui représentent des lamas et des figures humaines. Prenez le temps de visiter aussi les pétroglyphes (de Rosario) et les kollqas. Au niveau du km 35, on pénètre dans le village de Poconchile. L'église San Geronimo fut selon les explications données la première paroisse du Corregiment d'Arica. En réalité, la première église était construite en contrebas, à l'endroit du premier emplacement du village. Derrière l'église, un cimetière souvent fleuri témoigne du respect dont les Chiliens entourent leurs morts. Sachez que les bus Lluta partent du terminal d'Arica vers Poconchile. Choisissez le restaurant qui possède le nom pittoresque de... km 38,5 ! On pourra y acheter du bon fromage produit dans la vallée, boire des jus pas chers et rafraîchissants ou manger des plats très corrects pour des prix qui le restent aussi. En dernier lieu, si on le désire, on aura la possibilité de se rendre sur l'arrière et de passer un bonjour à toute la clique d'alpagas dont les propriétaires du restaurant font l'élevage.

LA PRÉCORDILLÈRE

Aux environs du km 60 commence la montée, et progressivement le paysage devient plus sec. Rapidement, la vallée devient quasi désertique ; les grandes dunes de sable paraissent être des dinosaures endormis depuis des millénaires. Ensuite, dès le km 80, on commence à apercevoir sur le bord de la route une des curiosités végétales de la région : le cactus candélabre. Il se caractérise par sa hauteur, de 3 à 5 m, mais, surtout, par sa forme étonnante : un tronc très long, entouré de ce qui semble être des poils et terminé, comme son nom l'indique, par des pousses en forme de candélabre. Cette variété de cactée ne pousse qu'entre 1 700 et 3 800 m d'altitude. Il est appelé cardón, et son bois est utilisé dans l'artisanat comme dans la fabrication de meubles, de toits, de portes... Au km 96, on arrive à la pukara de Copaquilla, une forteresse à double rangée de murs de défense disposés de façon circulaire. Elle domine un canyon de 150 m de profondeur dans lequel vivait la population indigène qu'elle protégeait. Quand l'ennemi, souvent inca, arrivait, les habitants se réfugiaient dans la pukara. Un mirador, peu après le col, sur la droite, invite à embrasser le canyon et la pukara du regard ; il vaut mieux gagner ce belvédère en premier lieu pour observer la forteresse, quitte à revenir quelques centaines de mètres sur ses pas pour s'y balader un instant. Au km 106, dans un vaste plateau qui marque aussi l'embranchement pour le village de Belén (un peu plus loin), se dresse le Tambo de Zapahuira. En réalité, ce nom est erroné puisqu'il ne s'agit pas d'un tambo (sorte d'auberge inca pour héberger les coureurs chargés de porter des messages) mais de kollqas (entrepôts des vivres notamment). Si elles ne furent pas creusées dans la terre, c'est que le vent farouche et froid qui souffle sur le plateau permettait de conserver les aliments sans problème ; une auberge (qui, au contraire, doit fournir de la chaleur) aurait sûrement été établie en un autre lieu, plus abrité... et c'est d'ailleurs ce qui s'est passé, puisque le tambo en question se situait plus loin, dans la brèche de Zapahuira. Au niveau de l'embranchement avec Belén, deux restaurants vous proposent leur menu. Le Zapahuira a plus de cachet et les toilettes sont plus propres, mais l'Internacional, à peine plus loin, offre une meilleure nourriture.

BELÉN ★

Ce village de 150 habitants à 3 240 m d'altitude présente un intérêt historique évident : c'est le seul village de l'Altiplano chilien à ne pas avoir été habité par des indigènes avant la

Les refuges de la CONAF

Pour tout renseignement sur les parcs nationaux, rendez-vous aux bureaux de la Corporation nationale forestière. La Conaf administre des refuges à l'entrée des réserves naturelles (Putre, lac Chungara, salar de Surire, Enquelga, Guallatire). Parfait pour les plus aventuriers.

■ CONAF
Vicuña Mackeña 820
ARICA
✆ +56 58 2 201 225
www.conaf.cl
consulta@conaf.cl
Ouvert du lundi au jeudi de 8h à 13h et de 14h à 17h, le vendredi jusqu'à 16h30.

conquête. En effet, les Espagnols décidèrent d'y édifier un bled, en 1625, sur la route de l'argent entre Potosí et Arica. Son passé colonial est d'ailleurs plutôt bien conservé et facilement identifiable grâce aux rues pavées et ordonnées. Ici les maisons sont également en adobe. Leurs maisons au centre, il y a un carré en quinconce de trois niveaux. Deux églises peuvent être vues : la Iglesia de Nuestra Señora de Belén, la plus petite et la plus ancienne, et la Iglesia de Nuestra Señora de Carmen datant du XVIIIe siècle. María Martinez vous propose de vous héberger, et elle peut aussi vous faire à manger. Faites aussi des provisions de fromage de chèvre chez Angelina, dans la rue El Peral. Question transport, les bus La Paloma assurent le trajet depuis Arica les mardi et vendredi le matin. Compter dans les 4 000 $ pour Belén. Tout près du village, vous pourrez également visiter des vestiges de monuments pré-hispaniques. *El Pucara de Ancopachane*, en face du cimetière de Belen, possède une centaine d'enceintes circulaires et rectangulaires. Un mur le sépare de la Pucara de Chajpa, d'où arrive le Chemin Inca.

SOCOROMA ★★

Au niveau du km 116, vous pouvez tourner à gauche et prendre un sentier sinueux qui mène au village de Socorama (« eau qui coule » ou « infiltration » en aymara), en contrebas. C'est votre première rencontre avec un village typique qui préfigure la Bolivie et le Pérou, à l'instar de ceux de la région de San Pedro de Atacama. Dans ce village de 132 habitants, on y pratique la culture en terrasses et, si vous venez à la bonne saison, vous serez accueilli par une puissante odeur d'origan. Les petites rues, certaines en pierre, vous mèneront à l'église San Francisco, construite sur une éminence qui lui permet de dominer le paysage. Elle fut restaurée en 1883. C'est encore une église en adobe, blanche, avec un seul clocher et une toiture recouverte de paja brava (paille sauvage). A l'intérieur, elle présente un autel en pierre, des tableaux dans le style de ceux de Cuzco et un étrange aigle de bois taillé.

Lors de leurs préparations et pendant les messes, soyez respectueux des coutumes locales car certains habitants finissent par être excédés d'être photographiés comme des curiosités.

PUTRE ★★

Au cours d'expéditions menant au lac Chungara, il est conseillé de s'arrêter une ou plusieurs nuits à Putre afin de s'acclimater à l'altitude (on est déjà à 3 500 m), même s'il est possible de boucler ce tour en une journée, et que de nombreuses agences le proposent. C'est une excellente base pour rayonner alentour. Quand l'on prend la mesure de son emplacement, de sa beauté, bref, de toutes les possibilités touristiques du village, on songe que dans quelques années, Putre pourrait bien être un nouveau San Pedro de Atacama, et la rue Baquedano une nouvelle Caracoles. Pour l'instant, ce n'est pas encore le cas, et l'on peut savourer paisiblement les charmes d'un village authentique et préservé. Putre fut construite par les Espagnols en 1580, sur les restes d'habitations indigènes. Comme Socorama, elle avait un rôle stratégique dans la surveillance et le repos des transporteurs d'argent entre Potosí et Arica. Plus tard, vers le milieu du XVIIe siècle, elle jouera le même rôle pour les convoyeurs d'or de Choquolimpie. La ville périclita en 1825, du fait de la proclamation d'indépendance de la Bolivie et de la déviation du trafic vers Antofagasta qui s'ensuivit. En 1868, elle fut fortement touchée par le tremblement de terre. Elle ne compte plus maintenant que 2 000 habitants. Là encore, les maisons conservent quelques façades ou portails en pierre du XVIIe siècle, comme dans la rue O'Higgins, la plus ancienne.

Mais c'est sans doute l'église qui est le plus beau bijou de ce village, surtout par les nuits de la Semaine sainte, quand elle est décorée de manière irréelle. L'église de Putre fut construite en 1670, à la place de l'ancienne qui, selon les chroniqueurs de l'époque, était couverte d'or et d'argent. Restaurée en 1871, l'église actuelle présente un clocher antérieur à la restauration mais dont la date de construction est inconnue. A l'intérieur, l'autel, de 1895, est en pierre peinte en bleu. Le patio qui entoure l'église est fait de pierres qui dessinent une sorte de mosaïque mystérieuse. La nef mesure 33 m de longueur et 6 m de hauteur. Pour visiter, demander les clefs à la Casa Pastoral si l'église est fermée. La première semaine de novembre, si vous êtes dans le coin, ne manquez pas Pachayampe, la fête de la pomme de terre ! Lors d'un séjour à Putre, il est recommandé de gagner les thermes de Jurasi, à une dizaine de kilomètres à l'ouest, après une déviation de 3 km à partir de la Panaméricaine. Il y a deux bassins assez chauds, une piscine extérieure plaisante pour contempler d'éventuels vols de condors ou guetter un *huemul* dans les fourrés, et une dernière lovée à l'intérieur. Entrée payante, mais très bon marché.

Transports

- **Des taxis collectifs** peuvent se rendre à Putre si vous faites appel à leurs services.

Le mal de l'altitude

Il n'y a pas de vraie solution miracle, le tout est de savoir déceler les symptômes à temps pour ne pas aggraver la situation. En altitude, l'oxygène se fait plus rare et alimente donc moins le sang, qui coagule, s'épaissit… Il faut alors éviter les mouvements brusques, ou les efforts, et surtout ne pas s'affoler si le cœur bat plus vite que de coutume. Le maté de coca ou la mastication de feuilles de coca est utilisé depuis des siècles par les habitants de l'Altiplano pour supporter l'altitude, alors n'ayez aucune crainte à en prendre, cela n'a rien à voir avec le produit dérivé que les pays « industrialisés » ont pu en faire… Vous ne risquez pas de devenir accro ! Si toutefois vous aviez prévu de rester quelques jours dans les hauteurs et que ce genre de mal vous prenait, n'hésitez pas à redescendre, cela peut être un enjeu vital !

▸ **Les bus Paloma vont à Putre,** tous les jours depuis Arica. Départ à 7h et arrivée à 9h. Retour en début d'après-midi (vers 14h). Prix : 4 500 $ environ l'aller simple. Sinon, prendre n'importe quel bus entre Arica et La Paz et descendre à l'embranchement, restent alors 5 km de marche.

Pratique

Réceptif

■ **MAYURU TOUR**
Baquedano 411
✆ +56 9 8582 1493
www.mayurutour.com
reservas@mayurutour.com
Cette agence, gérée par Francisco, est le meilleur point de chute pour un voyage organisé dans la cordillère. On y privilégie la sécurité et le confort des voyageurs. Toutes sortes d'excursions (d'une journée à une semaine) sont au programme, notamment autour de l'Altiplano et de la Cordillère. L'agence propose aussi des excursions vers le désert d'Atacama, le Pérou et la Bolivie. Pour ceux qui craignent le mal de l'altitude, certaines voitures sont équipées d'oxygène. Tout à fait recommandée lors de votre passage à Putre.

Moyens de communication

On trouvera une poste et un centre Entel.

Se loger

■ **LA CHAKANA MOUNTAIN LODGE**
Marcapampa s/n
✆ +56 9 9745 9519
www.la-chakana.com
info@la-chakana.com
Par personne, compter de 12 000 à 14 000 $ en dortoir de quatre, de 30 000 à 35 000 $ dans une cabane simple avec salle de bains privée, 35 000 à 41 000 $ en double et de 43 500 à 51 000 $ en triple. Petit déjeuner inclus.
A 3 500 mètres d'altitude, des chambres simples mais agréables, bien entretenues et chauffées. Espaces communs chaleureux et conviviaux (surtout avec la cheminée dans le salon). Jolie vue sur la vallée. On peut y louer des chevaux.

■ **TERRACE LODGE**
Av. Circunvalación 25
✆ +56 58 2230499
www.terracelodge.com
info@terracelodge.com
Compter de 33 000 à 39 000 $ (lit simple ou lit matrimonial) pour une personne, et de 39 000 $ à 50 000 $ pour deux. Petit déjeuner et accès wifi compris.
Situé à 200 m du centre de Putre, ce lodge propose des chambres confortables et impeccables (bonne literie), dotées de salles de bains privées. Tenu par Flavio et Patrizia, l'endroit est très reposant. Bon rapport qualité/prix et un point de chute recommandé à Putre.

Se restaurer

■ **RESTAURANT ROSAMEL**
A l'angle de Cochrane et Prat
✆ +56 9 8342 1001
Tous les jours de 7h à 20h30.
Outre un repas convenable, il propose également des chambres. Accueille souvent les tours organisés. Menu pas cher du tout.

PARINACOTA ★★

Parinacota est un superbe village de la cordillère, situé à 4 392 m d'altitude, classé monument historique. Sa situation sur la route entre Arica et Potosí avait jadis favorisé son essor économique. Puis il déclina progressivement. A présent, il vit essentiellement de l'élevage et d'une petite activité artisanale. Ses maisons de pierre et d'argile sont coiffées d'un toit en *paja brava*, peu à peu remplacée par de la tôle, meilleur marché. Le plus intéressant bâtiment du village est celui de l'église, toute de blanc vêtue et

entourée d'un mur orné de représentations de divinités. Ce mur est troué de trois portes, couronnées par des pierres volcaniques roses. Bâtie au XVIIe siècle, l'église fut reconstruite en 1789 et blanchie à la chaux. On pourra voir à l'intérieur de superbes fresques, ainsi qu'un Christ, torturé par les Espagnols et non par les Romains. C'est sûrement l'un des chefs-d'œuvre du Nord chilien, la plus belle église du pays et l'une des plus intéressantes des Andes.
Près de la place principale s'étend une petite mare où s'ébattent des canards. En face de la place, quelques femmes installent leurs stands d'artisanat, en particulier des vêtements : pulls, vestes et *mantas* (pas aussi précieuses que celles de Bolivie). Si vous comptez monter plus au nord en Amérique latine, il vaut mieux attendre pour vous laisser tenter, à moins d'en profiter pour faire un petit geste... Le 8 septembre, jour de la célébration de la Nativité de la Vierge, donne lieu à une procession qui défile à travers toute la ville.

Les environs du village sont grandioses : de très nombreux camélidés paissent sur le vaste *bofedal* de Parinacota ; et le jeu des multiples petites lagunes avec le vert marécageux et le blanc ou le noir des bêtes, sur fond de volcan enneigé, est émouvant. Peu après le village, sur la route du lac Chungará, on s'arrêtera au point d'ailleurs culminant de la route pour admirer les lagunes de Cotacotani, qui, sur une superficie de 600 hectares, se blottissent entre les *bofedales*, dans un paysage qui évoque un champ de lave. Superbe, mais essayez de trouver un point de vue qui évite les fils électriques ! Un sentier part du village et passe par plusieurs miradors ; essayez de trouver celui qui vous plaît le plus.

Transports

Prendre n'importe quel bus d'Arica à La Paz, et descendre à l'embranchement (environ 5 000 $). Restent alors trois bons quarts d'heure de marche à pied.

Se loger

On peut dormir chez l'habitant dans le village. Il suffit de demander autour de vous...

PARQUE NACIONAL LAUCA ★★★

On ne peut omettre la visite du parc national Lauca, dont la frontière commence à Putre, lors d'un voyage dans le Nord du Chili. Décors lunaires étonnants, accueil chaleureux au village de Parinacota, ce serait dommage de ne pas en profiter (les Européens n'ont pas besoin de visa). Cette réserve mondiale de la biosphère mérite à elle seule un périple dans la région. C'est un paradis pour les oiseaux (130 espèces), les lamas, *viscaches*, alpacas et vigognes... Les passionnés d'archéologie pourront visiter le lieu-dit Tambo Quemado ou divers sites dans le secteur de Las Cuevas. C'est aussi dans le parc Lauca que l'on peut admirer les volcans Parinacota (6 342 m) et Pomerape (6 282 m) qui dominent le lac Chungara. Il s'agit véritablement de l'un des paysages les plus impressionnants de l'altiplano.

Droit d'entrée : l'entrée du parc national est libre.

Recommandations si vous êtes véhiculés : veillez à partir avec suffisamment d'essence, il n'y a pas de stations-service sur la route et voyagez avec un véhicule en bon état (vérifier les pneus). Enfin si vous venez directement d'Arica, passez la nuit à Putre : l'altitude monte vite et il est important de bien s'acclimater (si vous êtes allés à San Pedro juste avant, cela ne devrait pas poser de problèmes). Hydratez-vous, emmenez de la crème solaire et couvrez-vous : il fait froid mais, paradoxalement, le soleil tape fort !

LAGO CHUNGARÁ ★★

À 4 500 m d'altitude, surplombé par le stratovolcan Parinacota, un magnifique lac de 21 km² entouré d'un décor naturel et d'une faune exceptionnelle : alpagas, vigognes, pumas, lamas, renards, condors... Il n'est pas rare d'y apercevoir des flamants roses qui y résident malgré les nuits froides. On trouve 10 aires de pique-nique autour du lac.

VOLCÁN PARINACOTA ★★★

PARQUE NACIONAL SAJAMA (Bolivie)
Ce majestueux stratovolcan (volcan dont la structure est constituée de l'accumulation de coulées de lave) qui culmine à 6 348 mètres d'altitude forme, avec le Pomerape, les Nevados de Payachatas, anciens dieux pour les habitants de l'Altiplano andin, boliviens et chiliens. Depuis le village de Sajama, le Parinacota, avec son beau cratère et son allure de dessert italien, trône à gauche du Pomerape. Son sommet est situé du côté bolivien.

Côté chilien, le sentier du volcan part du village de Parinacota et monte à 5 000 mètres d'altitude sur le flanc sud-ouest du volcan, dans un paysage à la beauté austère. Compter 35 à 40 kilomètres aller-retour pour la randonnée. Le sommet n'est atteignable que par une ascension d'alpiniste avec crampons et piolets. Attention à ne pas quitter le sentier, car les abords de la frontière bolivienne sont minés côté chilien. Avant de partir se renseigner à la Conaf à Putre.

Côté bolivien, rejoindre depuis Sajama le camp de base en 4x4 (40 minutes), à presque 5 000 m d'altitude, puis compter 10 heures d'ascension aller-retour. Le Parinacota est le sommet le plus couru du parc pour sa facilité d'accès et sa facilité technique. À certaines époques, on peut même le gravir sans crampons ni corde. Cône parfait. Cratère impressionnant. Les guides de Sajama proposent son ascension, qui constitue un bon premier « 6 000 » pour les andinistes amateurs. Le départ se fait généralement vers 2-3 heures du matin pour éviter le vent qui souffle le matin mais aussi pour bénéficier d'une vue splendide au lever du soleil.

VOLCÁN POMERAPE ★★

Le stratovolcan Pomerape, moins pittoresque que le Parinacota, est un sommet peu couru mais fort intéressant qui culmine à 6 240 m. Il est situé du côté chilien. Belle voie d'ascension à 35°.

Depuis Sajama en Bolivie, même camp de base que le Parinacota. Arrivé au col, prendre tout simplement à droite (à gauche pour le Parinacota). Aller et retour dans la journée.

RESERVA NACIONAL LAS VICUÑAS ★

Située entre 3 200 et 3 800 m d'altitude, cette réserve de 209 000 hectares a été créée dans le but de préserver la *vicuña*, qui était sur le point de définitivement disparaître il y a quelques années. Parmi les immanquables de la réserve, on citera notamment les volcans Arintoca, Puquintica et Acotango. La réserve présente une végétation typique où l'on distingue deux types de prairies : l'une sèche, avec la fameuse *paja brava*, et l'autre plus humide (les *bofedales*), que parcourent par endroits des petits torrents paradisiaques où viennent se désaltérer les *vicuñas* et les canards. La ville de Guallatire, qui se situe dans la réserve, mérite un coup d'œil avec son église de la Inmaculada Concepción. Devant le village se trouve le volcan du même nom, le seul actif dans la région. Il est d'ailleurs possible d'observer ses petites fumeroles qui se dégagent quotidiennement de son cratère.

ADMINISTRATION DE LA CONAF

Vicuña Mackenna 820 (Arica)
✆ +56 58 2 250 570
Compter 6 000 $ par personne pour loger dans la réserve mais l'entrée à la réserve est gratuite.
Pour passer la nuit dans la réserve, il faut réserver impérativement à la Conaf à Arica.

SALAR DE SURIRE ★★★

Le salar de Surire (celui qui s'orne de plumes de Ñandu) est somptueux, peut-être plus impressionnant encore que celui de San Pedro, qui s'étend sur 17 500 ha, à 4 245 m d'altitude. Les flamants roses (parinas) y ont élu domicile et on peut les observer à la tombée de la nuit. Le coucher du soleil est d'ailleurs l'occasion d'un somptueux chassé-croisé de couleurs qui se déploient au-dessus de la colline située derrière le refuge de la Conaf. Vous croiserez sur votre chemin des troupeaux de lamas et de *vicuñas* qui saupoudrent les paysages de nouvelles couleurs. Les *ñandus* sont plus rarement visibles, sauf les deux compères qui ont été domestiqués par le garde et qui vous accueilleront à votre arrivée au refuge (compter 5 500 $ par personne). Si vous ne pouvez pas payer, les gardes ne vous laisseront pas dehors, mais vous n'aurez pas de couchette. Vous pouvez également camper, de préférence au pied du salar, davantage protégé du vent et du froid. Pour s'y rendre, il suffit de suivre la même route après la Reserva Nacional Las Vicuñas. Surire se situe 45 km au sud de Guallatire, et donc 129 km au sud de Putre.

TERMAS DE POLLOQUERES

A une vingtaine de kilomètres du salar, les thermes de Polloqueres proposent leurs bienfaisants bains de boue. Les bords sont tièdes et l'on s'y vautre à loisir, mais en certains endroits la température est de 66 °C. Ces thermes, dont l'odeur des fumerolles n'est pas des plus réjouissantes, ont la vertu de rajeunir la peau ou du moins de la revigorer.

LAGUNA ROJA

Appelée la « Mer Rouge » par les habitants de la région, la Laguna Roja était encore un lieu inconnu en 2009. Ici, les légendes racontent que les terres étaient habitées par le diable. D'ailleurs malgré son attrait grandissant, de nombreuses communautés environnantes craignent ce plan d'eau : on lui attribuerait des qualités surnaturelles et des disparitions mystérieuses… Certains racontent même que des milliers d'Aymaras sont morts en buvant ses eaux. Située à 3 700 m, sa profondeur est encore inconnue et ses eaux chaudes atteignent les 50°C. Les théories autour de sa couleur sont nombreuses, mais la théorie scientifique explique que cette couleur saisissante est causée par une algue microscopique qui s'adapte aux conditions du lieu. Pour s'y rendre, de nombreux agences au départ d'Arica (et même Iquique) organisent des circuits, souvent sur plusieurs jours. La Laguna Roja appartient à la commune de Camarones, par laquelle vous pouvez passer avant de visiter ce lieu hors du commun. L'alternative est aussi de passer par la ville de Camiña, située à 147 kilomètres d'Iquique. Les transports publics ne s'y rendent pas.

ÎLE DE PÂQUES

Ahu Tongariki est le plus grand ahu -des plates-formes de pierre- de l'île de Pâques.

ÎLE DE PÂQUES

★★★★

L'île de Pâques (Isla de Pascua ou Rapa Nui) appartient à la Polynésie, soit le triangle imaginaire regroupant les îles situées entre la Nouvelle-Zélande, Hawaï et Rapa Nui. Rappelons que l'Océanie est divisée en trois zones principales : la Mélanésie (ainsi nommée à cause de la peau foncée de ses habitants), la Micronésie (en raison de la petitesse de ses îles) et la Polynésie (qui signifie : beaucoup d'îles). Rapa Nui est l'endroit le plus isolé du monde puisque l'île polynésienne la plus proche est celle de Pitcairn, située à 1 900 km, et que la côte chilienne est, elle, à près de 3 700 km ! Une situation qui évoluera inexorablement dans les siècles et millénaires à venir, puisque le mouvement tectonique de la microplaque de Pâques la rapproche de l'Amérique du Sud à raison de 6,5 cm par an. Cet isolement a souvent accrédité la thèse que l'île était le centre et même « le nombril du monde » (ou plutôt de leur monde connu, c'est-à-dire de la Polynésie), au point que les Pascuans l'auraient nommée « Te Pito o Te Henua ». Bien nombreux sont ceux qui croient (dans le sens de cette thèse) que l'île de Pâques est la partie émergée d'un continent perdu... l'Atlantide, pour un peu. Les Pascuans l'appellent également « Rapa Nui » (la grande Rapa) du fait de sa ressemblance avec Rapa, une île de la Polynésie française, mais aussi parce que cette dernière est située plus ou moins à la même latitude (27°). Il est vrai que cette île présente la caractéristique d'être quasiment un triangle isocèle avec ses côtés mesurant 24, 18 et 16 km. Cette forme est due à son origine volcanique et à la présence de trois volcans marquant chacun de ses angles : le Rano Kau au sud (vieux d'environ 1,5 million d'années), le Poiké à l'est (3 millions d'années) et le Maunga Terevaka qui culmine à près de 510 m (plus récent, environ 370 000 ans). Mais ces volcans ne sont pas les seuls de l'île, qui en comporte près de 70, tous éteints. Cette origine volcanique pourrait expliquer la rareté des arbres et des paysages, qui ressemblent parfois aux terres irlandaises, mais nous verrons plus loin qu'il n'en est rien. En réalité, certains voyageurs avertis pourraient surprendre quelques similitudes entre Rapa Nui et les Açores (les calderas de Corvo ou de Faial, par exemple), îles portugaises d'origine volcanique également... La côte de l'île est rocheuse et sans baie abritée. Il existe seulement deux plages : Anakena et Ovahe, situées sur la côte nord de l'île, ainsi qu'une petite plage bien rafraîchissante dans le village même d'Hanga Roa, sur la route du cimetière et du musée. Trois îlots, Motu Iti, Motu Nui et Motu Kao, se situent non loin de la pointe sud de l'île : c'est ici que se célébrait le culte de l'homme-oiseau. La cérémonie religieuse avait lieu tous les ans à Orongo entre les chefs des différentes tribus. Le premier qui ramenait un œuf de manutara de l'îlot Motu Nui, était sacré chef dirigeant de l'île pendant une année entière.

Les immanquables de l'île de Pâques

- **Le « village d'Orongo » et le cratère de Rano Kau** (trek possible depuis Hanga Roa) afin de replonger dans le mythe de l'homme-oiseau
- **Une balade à cheval d'Ahu Te Peu à Anakena,** en longeant la côte nord, pour découvrir des pétroglyphes et des sites archéologiques encore peu visités.
- **Parcourir la côte est de l'île en voiture :** d'Anakena, sa plateforme et ses plages de palmiers, à la carrière du volcan Rano Raraku.
- **Une immersion dans la culture polynésienne** en assistant au ballet culturel de l'île.

Des chants, des danses et de la bonne humeur aux côtés d'artistes locaux passionnés par leur histoire.

- **Le lever du soleil** avec petit déjeuner sur le site de Tongariki : magistral !
- **Un *ceviche*** (poisson cru) dans l'un des bons restos de Hanga Roa.

L'île de Pâques

Carte d'identité de l'île de Pâques

- **Superficie :** 166 km^2, 16 628 ha.
- **Situation géographique :** longitude 109° 26' 10'' Ouest, latitude 27° 9′ 0″ Sud
- **Climat :** semi-tropical.
- **Température moyenne annuelle :** 20,3 °C.
- **Mois le plus froid :** août, entre 14,7 et 17,9 °C.
- **Mois le plus chaud :** février, entre 23,8 et 27 °C.
- **Mois le plus pluvieux :** mai, avec 153 mm de précipitations.
- **Distance depuis le continent américain** (Chili) : 3 700 km.
- **Distance depuis Tahiti :** 4 050 km.
- **Heure locale :** 2h de différence avec le continent. Lorsqu'il est 20h à Santiago, il est 18h sur l'île de Pâques.
- **Statut :** Le statut de Rapa Nui (ainsi que celui de Juan Fernández) a changé en 2007 : l'île a gagné une certaine autonomie administrative en tant que « territoire spécial ». Il existe aussi une Autorité d'importance morale (et politique, de fait) : un Conseil des anciens.
- **Population :** 7 000 habitants selon le recensement de 2017, soit une augmentation de plus de 50 % en dix ans...
- **Langue :** le rapa nui et l'espagnol. Le français est bien compris dans le secteur touristique en général.
- **Religion :** catholique en majorité. La messe est célébrée tant en espagnol qu'en rapa nui.
- **Monnaie :** peso chilien et dollar, euro aussi (de plus en plus courant).
- **Activités économiques :** tourisme, agriculture, pêche, élevage, fouilles archéologiques.
- **Courant électrique :** 220-240 V.
- **Santé :** aucun vaccin n'est exigé. L'eau courante est parfaitement potable.

Géographie

Climat

Le climat de l'île est subtropical océanique. Les mois les plus froids sont juillet et août, avec une moyenne qui atteint tout de même 18 °C. Le mois le plus chaud est février, avec une moyenne de 23 °C. La moyenne annuelle des précipitations est de 1 138 mm, mai étant le mois le plus pluvieux. Malgré un ciel assez nuageux, l'île est baignée par une grande luminosité et, entre les averses, il n'est pas rare de pouvoir observer plusieurs arcs-en-ciel en même temps. A noter : le surf est pratiqué toute l'année dans la baie d'Hanga Roa.

Faune

Elle a subi aussi des dommages écologiques, résultat de la révolte sanglante qui a agité l'île au XVIIe siècle (l'argument de la surpopulation n'étant pas forcément bienvenu, l'île n'ayant compté que de 10 000 à 15 000 habitants à son apogée, peu avant lesdites révoltes). Rapa Nui n'est plus visitée que sporadiquement par quelques oiseaux migrateurs comme l'oiseau du tropique (*tavake*), la frégate (*makohe*) ou encore les goélands et les mouettes dont, à de rares occasions, la légendaire mouette pascuane (*manutara*). De nombreux milans et rapaces ont été introduits pour venir à bout des rats des champs (qui ne sont plus comestibles, même s'ils le furent jadis) : ils prolifèrent aujourd'hui.

La faune marine est beaucoup plus variée, avec la *hakarana*, autrement dit la langouste géante, et des poissons comestibles comme le nanue, le poopo ou le *toremo* (bonite), que vous aurez peut-être la chance de déguster. Les poissons bizarres foisonnent également et leurs spécimens les plus sympathiques sont le poisson hérisson (*titeve*), le poisson trompette ou le poisson papillon. Sur les rochers immergés, se nichent de nombreux escargots de mer ; la plupart sont assez petits et servent aux habitants pour la confection de colliers.

En fait, 167 espèces de poissons sont reconnues à Rapa Nui, 28 % étant endémiques. Les eaux sont peut-être les plus pures du Pacifique Sud, et, comme le souligne Michel du club Orca : « Ici, c'est la Méditerranée en plein Pacifique » (en parlant de l'architecture corallienne des fonds marins). Les animaux terrestres ont pratiquement tous été introduits par l'homme : chien, cheval, ou encore lézards et rats, passagers clandestins de nombreux navires.

Flore

Des recherches ont montré que, il y a environ 3 000 ans, l'île était couverte de forêts peuplées d'une quarantaine d'espèces d'arbres. Leur disparition est peut-être due à un cataclysme d'origine volcanique mais surtout à la présence humaine et ses nombreux avatars. L'île est maintenant une terre dite aride, mais en fait parsemée de quelques pâturages et de petits bois isolés, généralement d'eucalyptus (et aujourd'hui de tulipiers d'Ethiopie), dont la fragrance accompagne les marches exaltées du promeneur solitaire ; ces derniers ont été introduits tardivement. Il ne reste plus que 34 espèces botaniques endémiques. Le *toromiro*, la plus connue d'entre elles pour être le bois utilisé dans l'artisanat primitif, est l'une des espèces qui a failli disparaître et que l'on tente à l'heure actuelle de réintroduire. Sous la mer poussent de nombreuses algues et des coraux tout à fait superbes (une patate de corail atteint même 5 m de diamètre).

Où est passée la forêt ?

L'île, on le sait aujourd'hui, était autrefois recouverte d'une luxuriante végétation. Aujourd'hui, certains évoquent un « caillou pelé ». Ne restent que des massifs d'eucalyptus, des lupins, des goyaviers ou des tulipiers d'Ethiopie qui égayent les bords de route et les paysages, tout comme les nombreux jardins tropicaux des hôtels, agrémentés de superbes fleurs, qui « tropicalisent » les rues de la capitale. Que s'est-il donc bien passé ? On parle maintenant de quatre causes principales, l'hypothèse d'une utilisation outrancière du bois pour transporter les moai n'étant plus vraiment retenue :

L'Île de Pâques va accueillir le plus grand sanctuaire marin d'Amérique latine

L'augmentation du nombre de touristes, l'introduction d'espèces exotiques envahissantes ou encore l'acidification des océans menacent aujourd'hui les espèces marines de l'Île de Pâques. Mais lors de l'IMPAC4 (Congrès international des aires protégées) de 2017, les habitants de l'île ont approuvé par consultation populaire la création d'une nouvelle aire marine protégée. Annoncée par le ministre de l'Environnement chilien, Marcelo Mena, le 4 septembre 2017, cette importante aire marine couvrira une superficie de 720 000 kilomètres carrés – une zone plus vaste que la France ! – autour de l'île la plus mystique de la planète. Il s'agit également de la plus grande aire marinée protégée d'Amérique latine. C'est la première fois qu'une consultation autochtone pour la création d'une zone marine protégée au Chili a été réalisée. Suite à cette approbation, le ministère de l'Environnement s'apprête à soumettre cette proposition au Conseil des Ministres dans les plus bref délais, afin que Michelle Bachelet puisse signer le décret créant la zone protégée. En octobre 2015, la présidente de la république avait déjà évoqué ce projet et l'avait soumis à un vote de la population de l'île.Rejoint par le Parc marin Nazca-Desventurados, de 300 000 km^2, et un réseau de parcs et d'aires marines protégées de 12 000 km^2 dans l'archipel Juan Fernández, les zones marines protégées de l'île de Pâques sont des zones où l'activité humaine est restreinte, voire interdite, afin de préserver les espèces animales présentes et la richesse de cet écosystème unique. L'île de Pâques a un écosystème marin très différent de celui de la côte continentale, certaines zones ont des récifs coralliens, qui structurent un écosystème très diversifié tant au niveau de la flore que de la flore, certaines espèces sont endémiques ! Bon nombre de ces espèces marines font partie intégrante de la culture des Rapa Nui, puisqu'elles constituent aussi la base de leurs régimes alimentaires (comme le thon, les requins, les mahi-mahi). D'autres espèces comme les oiseaux de mer choisissent les secteurs les plus rocheux de la côte de l'île pour installer leur nidification. Enfin, des mammifères marins tels que les baleines et les dauphins, côtoient également les eaux de l'île lors de leurs migrations. Enfin, le projet prévoit que les pratiques de pêches ancestrales soient agreement protégées : la pêche sera uniquement autorisée de façon artisanale par le peuple Rapa Nui.

Les tsunamis : ce sont les raz-de-marée gigantesques produits par des tremblements de terre en Océanie ou au Chili continental. Lors de la catastrophe au Chili en 1960, la vague qui a submergé l'île de Pâques au niveau du site de Tongariki se déplaçait à près de 850 km/h ! Elle a pu déplacer un moai de plusieurs tonnes sur une centaine de mètres. Ce genre de phénomènes se produit trois ou quatre fois par siècle environ. Il est clair que la forêt a dû beaucoup en souffrir...

L'élevage des chèvres et des moutons, qui a animé l'île pendant plusieurs décennies, a également contribué au « massacre écologique ». Il a bien fallu les installer, et donc leur faire de la place ! Il a bien fallu les nourrir ensuite.

Les incendies sont un autre facteur important. Des traces de sinistres ont pu être étudiées, et, comme le vent souffle presque en permanence, on imagine volontiers la violence des flammes et la difficulté de tout secours pour s'y opposer. En outre, la révolte « populaire » au XVIIe siècle s'est très certainement accompagnée de brasiers divers, et a joué un rôle non négligeable.

Enfin reste une raison que l'on peine toujours à formuler : les crémations (terme approprié). En effet, le culte de la mort s'était développé sur l'île, les ossements des chefs étant consacrés dans des niches placées sous les moai de chaque village ou de chaque tribu. Parfois, d'autres personnes importantes de la famille étaient également enterrées dans les ailes des plateformes. On a aussi pu retrouver des petits rectangles de pierres derrière les Ahu : il s'agit des tombes des prêtres, lesquelles, selon le discours des gens de l'île, étaient liées au culte solaire. Voici donc pour les premières loges. Mais qu'arrivait-il au peuple ? Eh bien, il était tout simplement brûlé ! On a découvert derrière chaque Ahu des lieux de crémation. Le rectangle surélevé était bien souvent un lieu de bûcher, à Tongariki : 98 kilos de cendres humaines ont ainsi pu être mises au jour lors de la restauration entreprise entre 1992 et 1995. Il fallait bien nourrir les flammes...

Histoire

L'histoire de l'île peut être déclinée en trois phases distinctes. A l'origine, le peuplement est issu de Polynésie, entre 400 et 800 probablement. Ensuite, de 800 à 1600 environ, on parle de la phase dite Ahu Moai : c'est l'étape classique, l'apogée de la culture mégalithique Rapa Nui. Enfin, on évoque la phase Huri Moai, de 1680 à l'arrivée des catholiques en 1864 : elle traite des conflits entre les différents villages et tribus, quand les moai sont mis à terre et qu'apparaît le culte de l'homme-oiseau. Ensuite, c'est l'évangélisation et l'annexion chilienne...

Les origines de l'île

Si l'origine de l'île fait l'objet de nombreuses hypothèses, parfois farfelues, les dernières analyses ADN effectuées prouvent sans aucun doute possible que son peuplement est le résultat d'une des multiples migrations polynésiennes dans les îles du Pacifique. En effet, lorsque sur une île polynésienne deux clans se battaient pour asseoir une domination territoriale, le clan battu choi- sissait souvent l'exil plutôt que la servitude. Ce choix était d'ailleurs entré dans les mœurs puisque les vainqueurs se devaient de fournir des bateaux à leurs adversaires afin qu'ils partent chercher de nouvelles terres. Ces derniers embarquaient alors dans leurs bateaux des victuailles, mais aussi des animaux domestiques et des semences. Alfred Métraux souligne la vaillance et la fierté de ces colonisateurs empreints de liberté, n'hési- tant pas à risquer leur vie dans les eaux du tumultueux Pacifique : « Emigrer n'était pas seulement une nécessité physique imposée par un vainqueur à un groupe vaincu, c'était aussi la seule solution honorable pour des gens de cœur qu'une défaite avait dépouillés de leur prestige et de leurs terres. »

C'est dans ces circonstances qu'auraient débarqué sur l'île de Pâques le roi Hotu-Matua et ses fidèles pour y fonder un royaume et ériger des statues qui allaient exciter l'imagination de nombreux hommes. La date d'arrivée de Hotu-Matua est sujette à controverses. Alfred Métraux, dont les travaux lui ont permis de retrouver la trace d'une trentaine de rois, la situe au XIIe ou XIIIe siècle. Or, en ethnographie polynésienne, on compte 25 années par génération, ce qui situe l'arrivée de Hotu-Matua vers 850 ou 900 de notre ère, peut-être même avant (à partir de 400).

La tradition liée à Hotu-Matua révèle que celui-ci, à sa mort, a partagé son île en six parts qu'il offrit à chacun de ses fils, formant ainsi six tribus, ou *mata*. Au fil des siècles, des sous-tribus apparurent, elles-mêmes divisées en clans (on compta jusqu'à une vingtaine de divisions sur l'ensemble de l'île, toujours sous la coupe de la tribu royale Miru).

Deux confédérations rivales ont existé : celle des tribus de l'Ouest et du Nord-Ouest, hiérarchiquement supérieure, les Ko Tu'u Aro, et celle de l'Est, inférieure, « les gens de Hotu Iti ». Au-dessus de cette division de l'île, il existait une autorité d'ordre plus mystique que politique qui les unissait, une sorte de caste noble qui n'avait pas grand pouvoir politique et dont la tête suprême était le roi. Ce roi appartenait

L'œuvre du père Eyraud

Le père Eugène Eyraud est un missionnaire dont l'entreprise est ancrée dans l'histoire de l'île. Il arriva aux abords de l'île en 1864, peu de temps après la terrible razzia, ce qui explique la grande hostilité que les Pascuans manifestèrent alors envers les marins. Il fut ainsi le premier Blanc à s'installer sur l'île de Pâques. Ne parlant pas du tout la langue locale, ses premiers contacts ne furent guère aisés. De fait, il abandonne l'île en montant dans le premier bateau de passage, et ne revient qu'en 1866, en compagnie du père Roussel et de trois Mangaréviens des îles Gambier. Ce n'est qu'alors que les choses allaient évoluer. Peu à peu la volonté des pères fit des « miracles », et la population changea de religion et devint de plus en plus assidue aux leçons de catéchisme. Il y eut bien une certaine résistance de la part des chefs, apeurés par cette doctrine qui refusait la polygamie ou le culte de l'homme-oiseau, mais la foi se propagea tant et si bien que le père baptisa de nombreux fidèles. Il s'éteignit en août 1868 ayant accompli la mission qu'il s'était fixée : baptiser tous les habitants de l'île. Pour la gloire du Dieu chrétien, sans doute, mais pas forcément celui des chercheurs, des scientifiques ou des touristes (ou tout simplement des amateurs), puisque les missionnaires, dans l'entreprise, firent brûler des tablettes Rongo Rongo, rendant encore plus obscure leur intelligence.

toujours au clan des Miru (du nom de l'un des fils – ou neveu, disent certains – de Hotu Matua) et était doté de pouvoirs magiques, son mana. C'était un être tabou auquel on attribuait, entre autres, le pouvoir d'infléchir le cours de certaines manifestations naturelles. C'est lui, par exemple, qui promettait une pêche abondante. Ainsi, lui et sa famille étaient les seuls à pouvoir manger du poisson en hiver ; puis les pêcheurs leur apportaient les premiers poissons de la saison de pêche et ce n'est qu'à partir de ce moment-là que le reste de la population pouvait en manger. Alfred Métraux constate encore, en 1934, toute la puissance qui était attribuée au mana du roi quand l'un de ses guides pascuans lui affirme que « les tortues ont cessé de venir ici depuis que les rois sont morts ». La société pascuane était fortement hiérar- chisée et il existait également une classe religieuse de médecins prêtres et une classe d'artisans.

Chaque sous-tribu possédait une partie de l'île, qui était divisée en franges allant de la côte vers l'intérieur des terres. La sous-tribu était donc subdivisée en clans et en familles dont les plus puissantes vivaient près de la mer, à proximité des *ahu* qui leur appartenaient. En face des maisons se dressait l'*umu,* sorte de four souterrain de forme carrée ou pentagonal dans lequel on cuisait les aliments. La maison la plus typique était la maison elliptique en pierre avec un toit en bouquets d'herbes ou en joncs, connue sous le nom de *hare paenga*, la maison-bateau. Il existe également un type de maisons rondes, les *hare oka*, dont le diamètre varie entre 1,50 et 9 m, mais aussi quelques maisons rectangulaires, surtout dans le secteur du Rano Kao. Ces deux derniers types sont les plus fréquents à l'inté- rieur des terres, mais la plupart des habitants vivaient dans des huttes faites de branchages. Enfin, aux XVIIIe et XIXe siècles, un dernier type apparaît : celui des maisons en pierre du site cérémonial d'Orongo. Ce site, qui fait environ 250 m^2 et qui comporte 53 maisons, est entouré par le vide puisqu'il donne d'un côté sur la falaise, en surplomb des îlots de Motu Nui, Motu Iti et Motu Kao Kao, et, de l'autre côté, sur le fond du cratère. Ces maisons sont entièrement construites en lauzes de basalte. A l'intérieur, les *mata toa* (chefs guerriers et accompagnateurs) attendaient le « dénouement » du culte de l'homme-oiseau (le *tangate manu*). A cette époque, l'économie de l'île reposait sur un système d'agriculture de subsistance. Cependant, les plantes importées par les colonisateurs polynésiens n'ont pas toutes supporté le climat subtropical de l'île, qui diffère du climat tropical de leur région d'origine, ce qui a posé des problèmes de subsistance importants. Les espèces qui se sont adaptées sont l'igname, la patate douce, le bananier, la canne à sucre, la courge ou la plante du Ti (les cendres de cette plante fournissaient une matière colorée servant pour les tatouages). Les Pascuans auraient un peu pratiqué l'agriculture en terrasses sur les flancs des volcans. Quant à l'élevage, il se limitait à celui de la poule.

L'importance de la pêche et de l'exploitation des ressources maritimes est difficile à évaluer. En effet, l'absence d'embarcations solides capables de partir en haute mer a limité celles-ci. De plus, la pêche de littoral était moins bonne que dans les îles polyné- siennes. Les hameçons étaient fabriqués en pierre, en bois et, parfois, en os humain... C'était une manière de récupérer l'esprit de l'ennemi afin qu'il vous serve dans la pêche.

Il reste peu de traces écrites qui permettent de déterminer exactement les anciens modes de vie de cette société. Si l'île de Pâques a connu un système d'écriture, il semble qu'il n'ait été tourné que vers la vie religieuse et les traditions. C'est ce que font apparaître les fameuses tablettes Rongo Rongo dont on n'a trouvé que 21 exemplaires et que seul un groupe d'initiés pouvait lire, les Tangata rongo rongo. Y apparaissent les chants liturgiques, les généalogies et les traditions se rapportant à la création du monde, les listes des victimes ou encore les prières préalables au tatouage. Malheureusement, les derniers Tangata sont morts et les chercheurs n'ont pas réussi à déchiffrer le sens exact de ces tablettes. Cette écriture, qui présente quelques similitudes avec celle de la vallée de l'Indus, au Pakistan, ou avec les idéogrammes chinois, est une écriture en boustrophédon, c'est-à-dire qu'on la lit en allant successivement de gauche à droite et de droite à gauche. Son savoir s'est aujourd'hui perdu.

Les premiers explorateurs

Le premier Occidental à découvrir l'île (selon nos connaissances actuelles, toujours incertaines) est le Hollandais Jacob Roggeveen, à bord de l'*Arena*. Il l'aperçut le dimanche de Pâques 1722, d'où son nom. Ce n'est que le lendemain que les marins débarquèrent après que quelques indigènes furent montés à bord, s'y montrant peu farouches et volant leur chapeau à quelques membres d'équipage. Après un premier échange amical (les Pascuans ayant pour habitude, toujours contemporaine, de faire des offrandes), le débarquement tourna au drame car l'un des marins, sans doute excédé par un nouveau vol (lequel, évidemment, n'était que l'effet d'un abîme culturel entre deux sociétés bien étrangères l'une à l'autre), tira sur les Pascuans, déclenchant une fusillade où des indigènes perdirent la vie. Malencontreux incident, témoignage d'une incompréhension mutuelle entre marins méfiants et peu compréhensifs et Pascuans oscillant entre accueil chaleureux et rapines.

Ce n'est que 50 ans plus tard, en 1770, qu'une expédition espagnole, menée par Felipe Gonzalez y Haedo, accosta à nouveau sur l'île et en prit possession au nom de Sa Majesté le roi d'Espagne. Elle prit alors le nom de San Carlos. Elle sera ensuite visitée par le capitaine Cook en 1774, lequel lui donna le nom de Rapa Nui. A cette époque, les rapports restent toujours relativement amicaux, les femmes pascuanes s'offrant facilement aux marins en échange de victuailles ou de pacotilles et leurs maris profitant de l'inattention des étrangers pour leur dérober quelque bien. Douze ans plus tard, en 1786, c'est La Pérouse qui débarque de la *Boussole*. En voyageur humaniste, il permet aux Pascuans de laisser libre cours à leurs rapines (qui furent bien réelles, mais bien compréhensibles aussi, puisqu'ils n'avaient jamais vu tant d'objets nouveaux et insolites) ; néanmoins, devant des assauts peut-être un peu trop fougueux selon lui, il ordonne de tirer à blanc sur les gaillards. Son expédition laissera d'inoubliables gravures représentant les divines statues et les indigènes. Les expéditions qui eurent lieu dans la première moitié du XIXe siècle ne témoignèrent pas toujours du même esprit humaniste. Ainsi en 1808, un navire américain, le *Nancy*, captura des Pascuans pour les emmener en esclavage à la pêche aux phoques. Ces prisonniers s'échappèrent dès qu'ils furent sur le pont et se jetèrent à l'eau (alors que le bateau naviguait déjà depuis trois jours !) pour rejoindre leur chère île.

En 1822, Waden, à bord de son baleinier *Pindos*, fit preuve d'un très grand cynisme, annonciateur des malheurs qui allaient s'abattre sur l'île : après avoir procuré une femme à chacun de ses hommes, il laissa repartir ces femmes à la nage avec quelques babioles, puis, en guise de cadeau d'adieu, dans un geste gratuit, il visa et tua un Pascuan sur la plage, tandis que son bateau s'éloignait. Dès lors, les Pascuans se montrèrent méfiants et de nombreuses expéditions, même scientifiques, furent accueillies avec moins de civilités et d'enthousiasme. Ainsi, sur le site de Tahai par exemple, la grande construction en rotonde était un refuge pascuan contre les navigateurs européens.

Les malheurs de l'île

C'est vers la fin de 1862 que l'île sera victime d'un véritable crime contre l'humanité. Crime qui est sans doute la principale cause du déclin de la civilisation pascuane. Le Pacifique était, à l'époque, sillonné par de véritables négriers qui cherchaient des esclaves destinés aux gisements de guano du Pérou, où les conditions de travail étaient extrêmement pénibles. C'est ainsi qu'une flottille de négriers apparut au large de Rapa Nui, le 12 décembre 1862, et se livra à une véritable razzia dans l'île, capturant plus de 4 000 indigènes. Au bout de quelques mois de travail dans les gisements ou d'esclavage dans les haciendas, il n'en restait plus qu'une petite centaine qui ne dut son salut qu'à l'intervention de Monseigneur Jaussen… pour le plus grand malheur de l'île. En effet, il alerta les autorités françaises et anglaises qui firent pression sur les autorités péruviennes pour que soient relâchés les forçats. Ceux-ci furent rapatriés sur un bateau, mais la plupart d'entre eux moururent de la tuberculose ou de la petite vérole durant la traversée. Quinze seulement survécurent. Et ces quinze rescapés ramenaient avec eux un

souvenir de la « civilisation » puisqu'ils étaient porteurs du germe de la petite vérole, contre laquelle les insulaires n'étaient pas immunisés. En quelques mois cette maladie décima la population de l'île. Les ravages du fléau, auxquels s'ajoutaient ceux qui étaient provoqués par les nombreuses guerres intestines claniques, entraînèrent une grave chute de la population : de 5 000 habitants en 1860, elle passa à 600. Presque toute la classe sacerdotale de l'île disparut lors de cette période et, avec elle, la civilisation et ses rites.
Tout le fonctionnement de la société pascuane se trouva ainsi profondément déréglé. Ce contexte favorisa sans doute l'implantation dans l'île du christianisme, dont le principal prosélyte fut le père Eugène Eyraud.
Après le missionnaire, c'est un mercenaire fort peu au fait des apparentes « civilités » et « bienséances » chrétiennes qui arriva sur l'île en 1870, le Français Dutrou-Bornier. Il installa une exploitation agricole à Mataveri, rapidement prospère grâce à des méthodes guère scrupuleuses, capturant des indigènes pour les mettre à son service. Il forma une milice, dont le chef n'était autre que Torometi, se dotant même d'un canon, et malmena l'île pendant un temps certain. L'évêque de Tahiti décida alors de rapatrier un maximum de personnes vers d'autres îles polynésiennes, notamment aux Gambier, prétextant une nouvelle féodalité colonisatrice. Toutefois, ces « courtoisies » ne rappellent pas que les missionnaires s'étaient eux aussi emparés de nombreuses terres.
Près de trois cents Pascuans partiront également vers Tahiti où Brander, l'associé de Dutrou-Bornier, guère plus philosophe, les embaucha. Ceci explique la présence actuelle de descendants pascuans à Papeete. Sur l'île de Pâques, où notre mercenaire avait réussi à maintenir 11 Pascuans captifs, les exactions de toutes sortes se succédaient à un rythme si régulier que finalement la population indigène, excédée, réussit à l'assassiner. Son associé Brander le remplaça alors par un Polynésien de Tahiti, Salmon, plus humain. Assez aimé de la population, il restera sur l'île une vingtaine d'années, avec une équipe de collaborateurs venus de Tahiti, ce qui explique les nombreux apports tahitiens dans la langue et les traditions de l'actuelle île de Pâques.
L'agonie de la culture originelle pascuane s'accélérera avec son annexion au Chili, en 1888. Le gouvernement chilien va s'empresser de donner l'île en concession à une compagnie anglaise, la Wiliamson et Balfour, qui fait de l'île une ferme géante où l'on élève le mouton et où les Pascuans sont confinés dans des baraquements, à Hanga Roa, avec une liberté de déplacement très limitée. L'île va également servir de prison politique au gouvernement chilien. En 1928, il y envoie un groupe d'insurgés politiques dont le fils du président Alessandri. Ces derniers réussirent à convaincre le gouverneur de la prison de se joindre à leur cause, qui triompha peu de temps après.
Le changement de vie des Pascuans à partir de cette époque s'avère assez rapide ; beaucoup s'habillent à l'européenne et oublient leurs traditions ancestrales ; seuls sont conservés les techniques de chasse et de pêche et quelques jeux de ficelle chez les enfants. Malgré l'interdiction d'émigration, nombreux furent les Pascuans qui embarquaient comme passagers clandestins sur le premier navire venu. Cette perte d'identité est décrite par Alfred Métraux (dont la parole ne doit pourtant pas toujours faire autorité, lui-même ayant coupé la tête d'un Moai), à la suite de sa visite de l'île, en 1934, au cours d'une mission scientifique franco-belge : « L'île de Pâques change lentement. Ces transformations ne doivent pas être regrettées. Elles ne détruiront rien qui n'ait déjà été ruiné, car la vieille civilisation de l'île de Pâques est morte entre 1862 et 1870. Après cette date, elle n'attendait plus qu'un devoir d'humanité : que la personne et la dignité des descendants des hommes qui ont taillé les grandes statues fussent respectées par les maîtres de l'île. »
La concession à la compagnie ne s'achèvera qu'en 1952, date à laquelle l'île repassera dans le giron chilien, ce qui ne changera d'abord pas grand-chose au mode de vie des Pascuans qui durent cette fois subir, pour raison « stratégique », une véritable occupation militaire de la part de l'armée. C'est au milieu des années 1960 qu'on assistera enfin à un retour de démocratie dans l'île puisqu'on accorde aux Pascuans le droit de vote et qu'ils ont accès à un progrès importé : l'électricité, l'eau (grâce à la présence américaine entre 1965 et 1972, il faut bien le dire, et non aux bons offices du gouvernement chilien), un système scolaire.

L'Île de Pâques aujourd'hui

Qu'en est-il de cette « île mystérieuse » aujourd'hui ? Certains regrettent toujours un passé légendaire (sans le connaître pourtant), ou fantasment sur un avenir apocalyptique (en faisant tout pour que celui-ci advienne). Mais s'il est assez facile de juger, voire de condamner, il l'est beaucoup moins de prendre conscience des réalités concrètes des choses. Contrairement à ce que certains pourraient penser, les vieux sages n'ont pas tous disparu et l'artisanat en bois, s'il a évidemment subi la loi de l'offre et de la demande du marché touristique, n'a pas périclité (certaines œuvres témoignent même d'un talent certain).

L'île jouit depuis quelques années d'un véritable renouveau culturel, dans le sens où de nombreux jeunes revendiquent leur mode de vie et leurs traditions (on se retrouve encore parfois à cheval), se disant bien plus volontiers pascuans que chiliens. Si l'apparence sociale est presque entièrement tournée vers le tourisme, il suffit de s'informer un peu, de converser, de prendre le temps d'apprendre et d'écouter, pour se rendre compte que les liens communautaires sont très tenaces et les traditions vivaces au sein de la société pascuane, très soudée. La célébration des grandes fêtes religieuses, comme Pâques par exemple (l'écrasante majorité des habitants est chrétienne), témoigne d'un mélange des cultures passionnant. A l'heure actuelle, l'île fait partie de la région de Valparaíso. L'année 2007 a marqué un changement profond dans la structure administrative, Rapa Nui ayant gagné une certaine liberté administrative. L'île peut négocier directement avec le gouvernement de Santiago, sans passer par la case « Valpo ». Rapa Nui est ainsi aujourd'hui un « territoire spécial ». Enfin, en 2017, la communauté de Rapa Nui et la CONAF signent un accord de co-administration pour les sites publics du parc national de Rapa Nui avant que celui-ci soit entièrement remis aux mains de la communauté Rapa Nui. Avec 115 000 touristes en 2018, le gouvernement a entamé des démarches de protection du territoire afin de limiter la surfréquentation touristique. Une loi, entrée en vigueur en août 2018, a fait passer la durée du séjour de 90 à 30 jours maximum pour les touristes. En effet, au cours de la dernière décennie, la croissance de la population à Rapa Nui a été désignée comme responsable de la dégradation de la qualité des services de base, de la gestion des déchets, de l'état de l'environnement et de la pollution des océans. Enfin, en mai 2019, le Sénat approuvait le changement de nom de l'île : désormais l'île de Pâques s'appelle officiellement Rapa Nui. Cet événement marque une victoire identitaire et la valorisation de ce petit peuple insulaire qui ne voulait pas d'une dénomination colonialiste pour leur territoire.

HANGA ROA ★★

« La baie allongée » (signification de Hanga Roa) est l'unique ville de l'île, où se concentre la grande majorité de la population. Grosse bourgade typiquement polynésienne, avec ses rues en goudron cassé ou en terre battue envahies de palmiers, son atmosphère tropicale, ses 4x4 qui déambulent sans raison d'être... On aime flâner le long de la baie et faire de multiples connaissances auprès des Pascuans. La présence des *carabineros* chiliens (les gendarmes nationaux) paraît parfois un peu incongrue, au milieu de tant de couleurs océaniques.

Transports

Comment y accéder et en partir

On ne peut s'y rendre qu'en avion (entre 4h30 et 5h30 de vol depuis ou vers Santiago, le trajet étant toujours plus rapide sur le retour). Pour la petite histoire, l'aéroport de Mataveri, qui existe depuis 1967, a bénéficié d'un financement de la part des Américains qui sont autorisés à l'utiliser en cas de problème lors des vols de leurs navettes spatiales.

La compagnie LATAM, qui a le monopole, dessert l'île depuis le Chili pour des prix qui fluctuent entre 500 et 850 € environ l'aller-retour. Il est peut-être plus judicieux d'acheter le billet sur place car la compagnie fait parfois des promotions à certaines périodes de l'année (à partir de 300 000 $). Plus vous restez longtemps sur l'île moins le billet vous revient cher.

En 2017, les départs ne sont pas forcément quotidiens. Le vol du lundi en provenance du Chili fait escale à Rapa Nui et se poursuit vers Papeete (Tahiti). Compter 6 heures de vol de l'île de Pâques à Papeete. Vol dans l'autre sens, en provenance de Tahiti, une fois par semaine (le mardi).

■ **LATAM**
A l'angle de Pont et Atamu Tekena
✆ +56 32 100 279
www.lan.com
Ouvert du lundi au vendredi de 9h à 16h30, le samedi de 9h à 12h30.
Les bureaux disposent de bornes pour faire son check-in. Désormais les départs vers l'île sont quotidiens depuis Santiago. Latam est l'unique ligne aérienne à desservir l'île.

Se déplacer

L'unique route asphaltée mène de Hanga Roa à Anakena et de Hanga Roa à Tongariki. Entre Anakena et Tongariki, c'est une piste en état très moyen. Toutes les agences de voyage proposent une excursion d'une journée en suivant le tracé du goudron dans le sens inverse des aiguilles d'une montre. Préférez un tour dans l'autre sens (celui des aiguilles) pour éviter la meute occasionnelle des touristes à Anakena à partir de 13h/14h environ (ce n'est pas Saint-Tropez quand même), ou sur les sites. Un guide est recommandé de prime abord, avant de louer un véhicule ensuite : en choisissant de connaître les sites d'une manière indépendante dès votre arrivée, vous risquez de passer à côté de bons nombres d'informations et d'anecdotes qui éclaireront vos connaissances sur la civilisation pascuane.

▶ **Location de véhicules.** On loue des VTT à partir de 8 000 ou 10 000 $ par jour environ, des motos à partir de 20 000 $, des quads à partir de 30 000 $, des petites Jeep 4x4 à partir de 40 000 $ (cela peut monter bien plus haut). Réductions parfois pour plusieurs jours ou hors saison.

■ **RENTA INSULAR**
Atamu Tekena s/n
✆ +56 32 210 0480
www.rentainsular.cl
info@rentainsular.cl
Location de véhicules à partir de 80 000 $ par jour.
Une très bonne adresse qui propose un service de qualité. On vous livre la voiture, le 4x4, le quad, la moto, le scooter ou le vélo à domicile. Avec carte de l'île et boîte à outils.

■ **STATION-SERVICE PUNA VAI**
Av. Hotu Matua
Ouvert tous les jours de 8h30 à 13h et de 15h à 19h.
A noter qu'il est possible d'y changer ses dollars ou ses euros.

■ **TAXIS**
✆ +56 32 220 0700
Pour Anakena ou Orongo, compter à partir de 15 000 $ l'aller simple ou 20/25 000 $ l'aller/retour. Pour les 7 Moais et la caverne Te Pahu, 10 000 ou 15 000 $. On peut aussi louer un taxi à la journée, à la demi-journée, etc.En ville, compter environ 3 000 ou 5 000 $ un peu plus pour l'aéroport.
Pratiques, ils peuvent vous déposer dans un endroit et venir vous rechercher (ou pas, si vous revenez à pied, comme du volcan et du site d'Orongo ou du site Ahu Akivi, celui des 7 Moais.

Pratique

Tourisme - Culture

■ **COMUNIDAD INDÍGENA POLINÉSICA MA'U HENUA**
Mataveri s/n
✆ +56 32 210 0236
www.conaf.cl – consulta.oirs@conaf.cl
Compter 54 000 $ ou 80 US$ par personne pour les droits d'entrée au parc.
Créé en 1935, le parc national a d'abord été administré par la Conaf entre 1972 et 2016, puis cogéré avec la communauté locale (Ma'u Henua) en 2017, avant que la présidente Michelle Bachelet transfère complètement l'administration du parc à Ma'u Henua. C'est ici que l'on achète son ticket d'entrée au parc national. L'autre option est d'acheter son ticket d'entrée à l'aéroport en arrivant.

■ **OFFICE DU TOURISME SERNATUR**
Policarpo Toro s/n
✆ +56 32 210 02 55
Du lundi au jeudi de 8h30 à 17h30, le vendredi de 9h à 17h.
Cartes, prospectus divers, etc. On vient notamment se faire tamponner son passeport, passage oblige pour celles et ceux qui aiment faire de leur passeport un véritable carnet de voyage… il faut dire que vous n'êtes pas sûr de revenir !

Réceptifs

■ **AGENCE DE L'HOTEL TAURA'A**
Dans la rue principale (au niveau du panneau « Tourist Information »).
Elle a été chaudement recommandée pour la qualité de son service et son sérieux. Encore une fois, vous ne courez pas de sites en sites mais prenez le temps de découvrir l'île. L'excursion dans le Nord, à cheval ou à pied, est l'un de leurs points forts. Vous pourrez aussi y louer des *boggies,* pour partir en excursion d'une façon un peu plus *fun* et originale. Plus cher que la voiture, certes, mais bien sympa aussi, surtout s'il fait beau !

■ **SENDEROS NATIVOS**
2251 Calle Capullo
SANTIAGO DE CHILE
✆ +56 22 897 3761
www.senderosnativos.com
info@senderosnativos.com
Spécialiste des voyages au Chili, en Argentine et Bolivie, Senderos Nativos est également l'intermédiaire idéal pour vous faire découvrir en profondeur (et même sous les mers !) la très envoûtante et étonnante île de Rapa Nui. Ainsi, sa formule « Aventure sans limite sur l'île de Pâques » allie randonnées à pied, à VTT et à cheval. Elle vous permet d'approcher les sites les plus magiques de cette destination au bout du monde et peuplée de légendes, de Pascuenses (les habitants locaux) et de statues en pierre de lave pouvant atteindre jusqu'à 10 m de hauteur. L'agence propose aussi plusieurs trekkings au Chili, dont un dans le site exceptionnel du parc national Torres del Paine.

Argent

L'argent circulant sur l'île est le peso chilien, mais les dollars américains sont acceptés, tout comme les euros (moins souvent). Attention, pour les voyageurs venant de Tahiti, renseignez-vous bien sur les taux de change en vigueur. Certains prestataires de services (hôtels, restaurants, locations de véhicules…) acceptent les autres cartes de crédit.

Conseil : préparez les stocks nécessaires avant d'embarquer, l'île étant de plus en plus chère (entre 2 et 4 fois plus qu'au Chili continental).

▶ **Pour retirer de l'argent :** rendez-vous à Banco Estado ou Banco Santander. Il existe un 3e DAB à Hanga Roa, dans l'aéroport (quand il est ouvert).

■ **BANCO DE ESTADO**
Tuu Maheke s/n
www.bancoestado.cl

■ **BANCO SANTANDER**
Policarpo Toro s/n
✆ +56 32 251 8007
www.santander.cl
comunicacion@gruposantander.com
Ouvert en semaine de 9h à 14h.
Cette banque accepte les cartes Visa et MasterCard, et dispose d'un DAB.

Moyens de communication

■ **CORREOS DE CHILE**
Te Pito O Te Henua
www.correosdechile.cl
sac@correos.cl
Ouvert en semaine de 9h à 13h et de 14h30 à 18h, le samedi de 9h à 12h30.
On peut aussi y faire tamponner son passeport (un joli tampon de trois *moiai*) gratuitement.

■ **OMOTOHI CIBERCAFE**
Atamu Tekena s/n, Galería Oceanic, local 6
Ouvert du lundi au dimanche de 9h à 21h. Compter 1 500 $ l'heure de connexion, sur poste fixe ou en wifi.
Service Internet efficace, service d'appels à l'étranger, ventes et recharges pour mobiles. On y sert aussi de délicieux café colombien.

Santé - Urgences

■ **FARMACIA CRUZ VERDE**
Atamu Tekena
✆ +56 32 255 1540
Ouvert du lundi au vendredi de 9h à 20h.
Bien achalandée, au centre du village.

Adresse utile

■ **LAVANDERIA NUI TÉ**
Av. Atamu Tekena s/n
Du lundi au samedi de 9h à 16h, le week-end l'après-midi seulement. Compter 4 000 $ le kilo (lavé et séché).
Laverie dans la rue principale.

Se loger

Les prix des hôtels sont assez élevés, du moins pour le voyageur qui débarque du Chili continental et d'autres pays d'Amérique latine. Ils sont néanmoins identiques, voire inférieurs à bon nombre de destinations de l'océan Pacifique. Les options d'hébergements sont nombreuses : bungalows, *cabanas,* chambres luxueuses, camping ou lodge en pleine nature, vous aurez de quoi satisfaire vos désirs. Pensez à réserver à l'avance, surtout pendant les mois de janvier, février et août, qui correspondent à la très haute saison. Les prix sont aussi plus élevés pendant le Tapati, début février. Réservations alors indispensables à l'avance.

Bien et pas cher

C'est chez l'habitant que l'on trouvera les meilleurs prix et, surtout, la possibilité d'échanger des points de vue culturels très enrichissants. Toutefois, le confort peut être parfois (très) limité et les prestations plus ou moins officielles. Pour le wi-fi, précisons que le plus souvent, il est horriblement lent, mais peu importe puisqu'ici la connexion avec l'île et ses habitants sera amplement suffisante à votre séjour !

■ **CAMPING ANATAKENA**
Sur la plage paradisiaque d'Anakena
✆ +56 9 9690 6941
Compter 12 000 $ par personne avec matériel et 16 000 $ par personne si vous louez la tente, le matelas et le sac de couchage. Transfert à 15 000 $. Transfert inclus à partir de 5 nuits.
C'est le seul camping situé sur la plage d'Anakena dans le nord de l'île. *Eco-friendly* et convivial (les propriétaires vivent sur place), le camping fonctionne à l'énergie solaire, possède son propre système de tri et utilise l'eau de pluie dans ses salles de bains. Un petit plus quand on sait à quel point l'écosystème fragile de l'île est menacé ! Sur place, un *Umu Pae* (Cuisine traditionnelle en pierres à faire du feu) vous permettra de partager votre repas avec les autres voyageurs. Une atmosphère plaisante dans l'un des plus beaux sites de l'île.

■ **CAMPING TIPANIE MOANA**
Tu'u Koihu
✆ + 56 032 2552192
campingtipaniemoana.cl
tipaniemoana@hotmail.cl
Compter 5 000 $ par personne pour camper. Dortoir de six personnes avec sanitaires à 9 000 $ par personne, chambre avec sanitaires privés à 25 000 $ pour deux, 30 000 $ pour trois. Pas de petit déjeuner et le wi-fi est payant (pas très cher). Location de voitures pas chère. Service de laverie.
A deux pas du centre, Benjamin et Jenny, dont tous les voyageurs relève l'excellent accueil, proposent des sites de camping plutôt bien protégés du vent, ce qui est important par ici ! Cuisine équipée comme il se doit, sanitaires bien tenus, avec eau chaude. L'ensemble est simple, familial, les prix bien doux sur l'île. Un vrai bon plan !

■ CAMPING MIHINOA
Avenida Pont s/n Caleta Anga Piki
✆ +56 32 2551593
www.camping-mihinoa.com
camping.mihinoa@gmail.com
Pour camper, 12 000 $ (ou 20 US$) par personne si vous disposez de votre propre matériel, 10 000 $ (ou 16 US$) la nuit pour 3 nuits ou plus (électricité en sus). Dortoir mixte ou féminin à 17 000 $ par personne, chambre double avec sanitaires communs à 35 000 $ et à 40 000 $ avec sanitaires privés. Chambre triple à 50 000 $ ou chambre quadruple à 55 000 $. Pour les cabanes, compter à partir de 75 000 $ pour 4 et jusqu'à 170 000 $ pour 11 personnes. Cuisine équipée. Wifi (5 000 $ pour le séjour). Transferts aéroport inclus. Laverie, location de voiture, de scooter ou de vélo.
Roger (originaire de Tahiti, il parle français) et sa famille proposent un site à la situation idyllique, face à la mer et au coucher du soleil. Plusieurs options d'hébergement qui sauront satisfaire le voyageur solo, les couples et les groupes nombreux : campings, dortoir, chambres ou encore cabanes les prix sont tout doux pour un confort assurément respecté. Pour le camping, vous pouvez louer une tente tout équipée avec matelas et sac de couchage. On y trouve une cuisine équipée, les douches sont chaudes et il est possible de faire des barbecues sur la petite terrasse aménagée. Toujours du monde, donc idéal pour faire des rencontres. Attention toutefois au vent, parfois (très) soutenu.

■ HOSTAL TOJIKA
Caleta Hanga Piko
✆ +56 9 9358 0810
www.tojika.com
reservas@tojika.com
Trois chambres avec sanitaires privés, salon, cuisine équipée, frigo, à partir de 80 000 $ pour deux, 95 000 $ pour trois, 105 000 $ pour quatre. Transferts inclus. Wifi payant. Location de voitures pas très chère.
A côté du camping Mihinoa, une belle petite adresse encore récente face à la mer et au coucher du soleil. Bon accueil de Jimena et Mauricio qui proposent des chambres doubles, triples et quadruples avec salle de bains privée. Comptez 15 minutes de marche pour le centre. Rapport qualité-prix très équitable.

■ CHEZ LES FRERES (EX CHEZ TITA ET LIONEL)
Situé au nord-est d'Hanga Roa
✆ +56 9 5762 4294
www.tita-et-lionel.com
nelly.cathalifaud01@gmail.com
Compter à partir de 65 000 $ la chambre double. Petit déjeuner compris.
A 5 min en voiture du centre, Nelly vous accueille dans un cadre charmant, idéal pour se détendre et se mettre au vert dans un environnement au calme. Fille d'un couple franco-rapa nui, elle a repris seule l'affaire familiale en proposant des petites chambres propres et douillettes. Tous les jours, elle vient parfumer les chambres des fleurs du jardin et vous concocte un petit déjeuner sur la terrasse à partager avec les autres visiteurs et sa famille. Sans empressement ni prétention, c'est l'adresse idéale des couples aux petits budgets, Nelly parle un bon français et, en tant qu'ancienne guide locale, pourra vous partager tout un tas d'anecdotes sur l'histoire et la culture de l'île. Un bon plan.

Confort ou charme

■ CABAÑAS CHRISTOPHE
Mataveri s/n
A environ 1 km du centre d'Hanga Roa
✆ +56 32 210 0826
www.cabanaschristophe.com
titiure@gmail.com
Compter à partir de 70 000 $ la double et 90 000 $ pour les cabanas. Transferts vers l'aéroport, petit déjeuner et wi-fi inclus. Location de voitures sur place.
A deux pas des grottes Ana Kai Tangata, au début du sentier de randonnée vers Orongo et le volcan Rano Kau, Christophe (un Français) et sa petite famille proposent quatre chambres très propres, rustiques et chaleureuses, où la pierre épouse le bois. Chacune possède frigo, micro-onde et un nécessaire à thé/café de courtoisie, plus un écran plat et des sanitaires privés. La chambre supérieure, à l'étage, jouit d'un très beau panorama sur le coucher du soleil depuis sa terrasse privée. Christophe est aussi un guide professionnel et enthousiaste. Structure très appréciée des voyageurs et au bon rapport qualité/prix, d'où l'importance de réserver longtemps à l'avance.

■ HOTEL GOMERO
Tu'u Koihu
Non loin de l'église
✆ +56 32 210 0313
www.hotelgomero.com
reservas@hotelgomero.com
Compter de 130 à 165 US$ la simple, de 156 à 200 US$ la double, 225 US$ la triple, transferts et petit déjeuner inclus.
Chambres confortables (minibar, petit coffre) avec salle de bains privée, entourant une piscine en forme de tortue, dans un jardin luxuriant bien agréable. Préférez toutefois les supérieures, plus spacieuses et avec air conditionné. On apprécie certains détails artistiques (notamment les piliers de la salle commune ou du restaurant). Très propre. Service de bar et restauration.

HÔTEL MANAVAI

Te Pito Te Henua s/n
✆ +56 32 2100670
www.hotelmanavai.cl – hotelmanavai@123.cl
Pour les chambres standards, compter de 124 à 146 US$ la simple, de 156 à 199 US$ la double, de 222 à 266 US$ la triple. Pour les chambres supérieures, compter de 154 à 176 US$ la simple, de 186 à 229 US$ la double et de 252 à 296 US$ la triple.
Une belle structure typique des îles polynésiennes vous accueille dans un environnement exotique. Les chambres entourent une petite piscine lovée dans un écrin de végétation tropicale. Décorées avec beaucoup de caractère, avec ventilation et TV, elles offrent un bon confort. Celles dites de « catégorie supérieure » disposent de l'air conditionné et d'un frigo-bar. Plus amples, elles disposent aussi d'une petite terrasse privative. Accueil plaisant.

HOTEL O'TAI

Te Pito Te Henua s/n
✆ +56 32 210 0250
www.hotelotai.com – contacto@hotelotai.com
Compter environ 155 US$ la simple et 220 US$ la double.
Un endroit de charme, avec ses quarante chambres confortables, son atmosphère tropicale (jolie piscine) et son service à la hauteur. Toutes les chambres disposent de l'air conditionné, d'un frigo-bar et d'une terrasse, elles n'ont rien d'exceptionnel, mais sont toutefois d'une propreté immaculée. Les tarifs restent acceptables. Prisé par de nombreux voyageurs, d'où l'importance de réserver longtemps à l'avance.

HOTEL TAURA'A

Atamu Tekena s/n
✆ +56 32 2100463
www.tauraahotel.cl
tauraa.pakarati@gmail.com
Compter 198 US$ la double, 231 US$ la triple et 260 US$ la familiale.
Les chambres sont proposées à des prix équitables : elles sont vastes, lumineuses, impeccables, et dotées d'une excellente literie. En prime : la vue sur la mer (vous n'êtes pas en face, néanmoins). Tout est pensé pour un séjour parfait (sèche-cheveux, douches spacieuses, etc.). Le service est particulièrement attentionné et le petit déjeuner, très copieux (pas besoin de manger le midi parfois). Nos deux hôtes sont extrêmement agréables, et les tours proposés également recommandés pour leur sérieux. Un excellent choix dans sa catégorie.

INA KIUHI

Atamu Tekena s/n
✆ +56 32 255 1160
alvaroatan@gmail.com
Compter 150 US $ en chambre double et 160 US$ avec salle de bains privée. Pas de petit déjeuner, wifi gracieux.
Chambres sobres et très bien tenues, de bon confort. Elles entourent un espace vert avec terrasse couverte où poussent cocotiers et bananiers. L'atout majeur : les quatre cuisines équipées pour faire sa popote (les familles apprécieront). Un appartement, avec deux chambres et une cuisine, est aussi proposé. Bon choix sur la rue principale.

KOA KOA LODGE

✆ +56 9 66 22 43 87
www.konakoalodge.com
konakoalodge@gmail.com
Compter à partir de 270 US$ pour 2 personnes, 310 US$ pour 3 personnes et 350 US$ pour 4 personnes. Tours locaux + privés + voiture location, full day 2 personnes 140 000 $ tours en espagnol, français et anglais.
Koa Koa Lodge est le projet ambitieux de Jérôme, un Français installé sur l'île depuis quelque temps, et quelle réussite ! Esthétiques et modernes, les 4 bungalows au design et à la décoration haut de gamme ne vous laisseront certainement pas insensibles. Les pièces sont harmonieuses et font honneur aux matières naturelles : acacia, cyprès, eucalyptus ou encore roche volcanique, le contraste subtil entre touches exotiques et modernité est parfaitement mené. Les salles de bains en marbre sont sublimes et proposent des douches italiennes particulièrement revigorantes. Avec vue sur la mer, les fins de journées sont marquées par des couchers de soleil époustouflants ! Enfin, le bungalow « famille » peut accueillir jusqu'à 6 personnes et possède une cuisine équipée. Une adresse *éco-friendly* où l'on sait recevoir : vous vous sentirez comme chez vous, entouré d'un personnel très accueillant et attentif à vos besoins.

CHEZ STEVE RESIDENCIA KYLE MIO

✆ +56 9 8761 6037
chezsteveresidencekylemio.com
anaraux@yahoo.fr
Chambre double à 43 000 $ la nuit avec petit déjeuner (l'hiver), de 45 000 à 48 000 $ l'été
Trois chambres seulement, tenues par Steve (originaire d'Angers) et Ana de Rapa Nui (sans oublier le petit Kyle Vairoa). C'est neuf, spacieux, simple mais confortable et bien pensé. Tous les voyageurs relèvent l'accueil formidable, les passionnants tours privés de Steve à l'envers (comme recommandé dans ce guide), sa bonne humeur, sa *piscola* (pisco avec coca-cola) et les petits déjeuners très copieux. Un peu à l'écart du centre, pas loin du site de Tahai, voici une bonne adresse francophone, amicale et chaleureuse.

Luxe

■ EASTER ISLAND ECO LODGE

Avareipua s/n ✆ +56 32 2703 141
www.eiecolodge.com
reservas@eiecolodge.com
Compter à partir de 240 US$ pour une chambre simple ou double, 260 US$ la triple et 280 US$ la familiale.
Cet hôtel, très bien situé, propose 38 chambres climatisées et parfaitement équipées. Simples mais confortables, elles sont réparties dans un joli jardin calme et exotique. La grande terrasse à disposition des voyageurs offre une vue absolument sublime sur l'océan. L'hôtel dispose également d'un restaurant et de services d'excursions.

■ HANGAROA ECO VILLAGE & SPA

Av. Pont s/n
✆ +56 2 2957 0141
www.hangaroa.cl – bookings@hangaroa.cl
Compter à partir de 780 US $ par nuit pour deux en haute saison, avec petit déjeuner, transfert depuis/vers l'aéroport inclus. Forfait premium possible à partir de 980 US $ pour deux avec pension complète, excursions et accès au spa.
Hôtel inauguré en 2012, dont l'architecture est inspirée des maisons du site archéologique d'Orongo. Les constructions, circulaires, possèdent des murs en pierre volcanique et une toiture d'herbe verte. Très charmantes, spacieuses et modernes (toilettes avec commande électronique dans la suite !), les chambres possèdent une baie vitrée donnant sur une terrasse privée, avec parfois une baignoire dans la même pièce que le lit. Le spa propose des services bien complets. A cela s'ajoutent deux restaurants au bord d'une ravissante piscine. Ensemble magnifique à découvrir.

■ HEVA ECO LODGE

Av. Miru s/n, secteur de Tahai
✆ +56 32 255 0375
www.hevaecolodge.com
Compter entre 250 US$ pour deux et 500 US$ pour sept ou huit personnes, par jour, selon la saison. Résa sur plusieurs jours le plus souvent. Parking fermé.
Michel Garcia (du centre de plongée Orca) et son épouse Patty ont fait construire 5 belles maisons dans un vaste terrain sur les hauteurs, à la sortie du village au nord. Le site, verdoyant, délivre un panorama imprenable sur l'océan et le coucher du soleil. Chaque maison dispose d'un équipement de très bon standing : chambres séparées, cuisine, salon, téléphone, télévision, buanderie, coin barbecue... Impeccable et de bon goût. La maison la plus récente (se renseigner pour les tarifs) est de grand luxe, avec du beau mobilier et un équipement dernier cri.

■ HOTEL ALTIPLANICO RAPA NUI

Hinere, à environ 1,5 km du centre au nord
✆ +56 2 3224 2370
www.altiplanico.cl
reservasrapanui@altiplanico.cl
Compter 280 à 350 US$ la simple, 305 à 390 US$ la double, 380 à 490 US$ la triple, petit déjeuner inclus.
C'est le cinquième hôtel de la chaîne Altiplanico qui propose de superbes établissements à San Pedro de Atacama, Cajón de Maipo, Santiago et Puerto Natales. Celui-ci comprend quatorze bungalows de grand standing, qui se distinguent par une déco simple et artistique. Le petit déjeuner est copieux et délicieux (tout est préparé sur place). Petite piscine et restaurant de qualité délivrant des vues superbes sur l'océan et le coucher du soleil. Un excellent choix dans cette catégorie.

■ HOTEL EXPLORA RAPA NUI (POSADA DE MIKE RAPU)

Te Miro Oone, à 6 km de Hanga Roa sur la route d'Anakena
✆ +56 2 2395 2700
www.explora.com
recrapanui@explora.com
A partir de 2 500 US$ par personne en chambre double, pour un séjour de trois jours tout compris.
Trente chambres de grand luxe, où abondent le bois et la pierre volcanique. Mini Spa avec piscine, salle de massages et bain bouillonnant à l'air libre. Bibliothèque, Internet, bar et boutique d'artisanat. On ne peut réserver que des programmes fixes de plusieurs jours, tout compris. Un établissement magnifique pour les voyageurs exigeants.

■ HOTEL HARE UTA

Av. Hotu Matu'a s/n
✆ +56 32 255 0134
www.hotelharenoi.com
reservas@hotelharenoi.com
Compter 450 US$ pour une chambre double.
Une adresse de charme où les 9 chambres sont de véritables temples de confort et de relaxation, le tout dans une décoration design et moderne. Dans un environnement spacieux, les grandes fenêtres connectent à une nature verdoyante, les détails sont faits de matières naturelles et d'éléments de décoration sobre et raffinée. Un peu excentré, l'hôtel offre néanmoins une jolie piscine et une splendide vue sur l'océan. Une adresse romantique et intimiste qui saura plaire aux couples en quête de tranquillité. Le restaurant concocte des plats aux portions généreuses et aux saveurs intéressantes, la carte des vins propose quant à elle de bonnes options : une bonne nouvelle lorsque l'on sait qu'on est tout de même perdus au beau milieu du Pacifique !

Se restaurer

Les prix sont assez élevés, surtout pour ceux qui viennent du Chili continental.

Sur le pouce

O TE AHI
Atamu Tekena s/n
✆ +56 9 7562 2166
Pour un churrasco avec frites, compter dans les 4 500 $ à 6 000 $
Une sorte de petite cabane installée à côté du terrain de foot, dans le coin des surfeurs : Gladys vend de très copieux sandwiches au thon, des *churrascos*, des plats de poisson, des *ceviches*... Un bon plan. Délicieuses *empanadas* préparées au four, à côté.

LA TIA BERTA
Atamu Tekena s/n
✆ +56 99 219 7330
Empanadas entre 3 000 et 4 000 $.
Chez la *tía* Berta, on mange surtout de délicieuses *empanadas* à base de viande, de fromage ou de poisson, qui peuvent constituer à elles seules un repas. La plus connue : celle au thon et au fromage. Une institution !

Pause gourmande

CARAMELO
Av. Atamu Tekena s/n
✆ +56 9 9787 3487
Ouvert tous les jours de 10h à 20h sauf le dimanche. Café à 2 500 $ et gâteaux à 3 500 $ en moyenne.
Petit local aux accents anglais où l'on peut manger des douceurs et gâteaux qui font la joie des gourmands. Excellents thés et chocolat chauds ! Pour le côté salé, on prépare également des plats chauds et des sandwiches frais à base de pain maison, idéal à emporter pour les excursions. Et si vous voulez combiner douceurs sucrées et touches salées rendez-vous au petit déjeuner : chaque jour de bons brunchs sont servis avec œufs brouillés, avocat, jambon, etc. Un bon plan.

Bien et pas cher

CAFE MOIKO RA'A
Atamu Tekena s/n
✆ +56 32 255 0112
Ouvert tous les jours midi et soir. Comptez autour de 10 000 $ par personne et 13 000 $ pour deux petits déjeuners.
Ce mignon petit café sert du bon café et des petits plats enthousiasmants, notamment un *carpaccio* de thon des grands jours. Prix moyens, comme partout. Quelques tables en terrasse pour prendre le frais.

MAKONA RESTAURANT
Atamu Tekena s/n
✆ +56 32 255 0017
Ouvert tous les jours de 12h30 à 23h30. Prix autour de 8 000/10 000 $ le plat.
Petit resto de quelques tables (la plupart en terrasse), qui pourrait passer inaperçu si les plats n'étaient pas aussi bons ! On recommande vivement les *camarones al pil pil*, la soupe de poisson et le *ceviche* bien sûr, savoureux. Avec un *pisco sour* en entrée, le tour est joué ! C'est frais et délicieux. Service très agréable et assuré par une propriétaire chilienne, longtemps mariée à un rapa nui. Une excellente découverte.

CHEZ RAMON
Te Pito O Te Henua s/n
✆ +56 32 210 0833
Ouvert le midi et le soir tous les jours. Menu à 7 500 $. Compter 10 000 $ un poisson avec accompagnement, 15 000 $ la cigale de mer, 30 000 $ la langouste, 2 000 $ une bière.
Excellente petite adresse servant des plats copieux et de très bonne facture, à des prix bien doux sur l'île. Essayez le *ceviche* ou encore la soupe de poissons. On apprécie la terrasse ombragée, idéale les jours de forte chaleur. Service familial bien agréable. Ramón, natif de l'île, parle bien français et permet aux voyageurs, pour quelques pesos, de camper dans son jardin. Allez-y plutôt pour le déjeuner.

Bonnes tables

AU BOUT DU MONDE
Policarpo Toro
Hanga Vare Vare
✆ +56 32 255 2060
Ouvert de 12h30 à 14h30 et de 18h30 à 22h30. Fermé le mardi. Compter entre 10 000 et 16 000 $ à la carte environ. Carte de crédit acceptée.
On y goûte une cuisine franco-belge aux accents locaux : poisson cru à la tahitienne, steak de thon à la vanille, tagliatelles maison avec saumon fumé, filet de bœuf, *ceviche* (délicieux avec son gingembre), plats végétariens et chocolats belges (la mousse en dessert est un *must*)... Des plats très bien préparés et présentés dans ce restaurant sur deux étages (en été), au bord de l'océan, tenu par Delphine, une Belge. Un poil cher, mais les saveurs changent du régime classique de thon sur l'île.

DOMINICAN
Av. Atamu Tekena s/n
✆ +56 9 9315 741
Ouvert tous les jours de 13h à minuit. Compter entre 10 000 et 16 000 $ le plat et 5 000 $ le cocktail.

Différents poissons et viandes proposés à la carte, dans un décor tropical. Petite terrasse agréable où l'on peut boire des cocktails rafraîchissants. Agréable et excellent accueil de Jorge !

DONDE LA TIA SONIA

Policarpo Toro

Une adresse très appréciée des touristes et des locaux notamment grâce à sa vue privilégiée sur l'océan. La nourriture est de qualité et les prix restent abordables. Portez votre choix vers les spécialités à base de poisson plutôt que vers les empañadas un peu trop grasses à notre goût.

HAKA HONU

Policarpo Toro s/n

✆ +56 32 255 2260

Fermé le lundi. Plats entre 9 500 et 13 500 $ environ.

Adresse très populaire en raison de sa situation idyllique, face à l'océan, aux surfeurs et au coucher du soleil, et de ses plats de qualité. A la carte tout est excellent, mais essayez le carpaccio de thon, un véritable délice avec sa sauce vanille et sa purée de *taro*. Portions généreuses. On y propose de la Hinano, la bière de Tahiti, ainsi que des cocktails bien préparés.

LA KALETA

A côté du club de plongée Orca

✆ +56 32 255 2244

www.lakaletarestaurant.com

Ouvert tous les jours de 12h à 22h30 sauf le dimanche. Compter autour de 15 000 $ par plat environ (sauf langouste, etc.). Cartes de crédit acceptées.

Bonne adresse située dans un superbe cadre, au bord de l'eau et d'une petite plage de sable où il fait bon prendre le soleil. Quelques tables seulement pour faire le plein d'iode : crevettes, thon, ragoût de poissons façon bouillabaisse... tout est frais, savoureux et bien assaisonné. Service discret et parfois un peu long quand c'est plein, il ne faut pas être pressés ! A découvrir.

KANAHAU

Atamu Tekena s/n

✆ +56 32 2551 923

Ouvert du lundi au samedi de 10h à minuit. Menu le midi (de 11h30 à 17h) entre 10 000 $ et 12 500 $. Compter 15 000 $ pour le spectacle et 50 000 avec le dîner compris.

On y propose une carte de plats variés à base de poissons, ceviches, crustacés et quelques viandes. L'endroit est agréable avec sa terrasse donnant sur la rue. La propriétaire, Colette, est originaire des Marquises : si elle est présente, vous pourrez discuter en français ! Service impeccable, magnifique présentation et excellent accueil. Le groupe local Varua Ora présente des danses typiques Rapa Nui et polynésiennes tous les lundi, mercredi et vendredi à 21h dans le restaurant.

KOTARO

Presque au niveau de l'avenue Atamu Tekena

✆ + 56 664 43 068

www.izakayakotaro.blogspot.com

izakayakotaro@hotmail.com

Compter 35 000 $ le menu. Plats entre 10 000 et 15 000 $ environ. Réservation obligatoire par téléphone. Ouvert le soir de 19h à 22h.

Excellent restaurant de cuisine japonaise authentique. Le chef/propriétaire a vécu à Tokyo et vous accueillera très chaleureusement : le service est aux petits oignons ! Il passe de table en table pour décrire et expliquer les saveurs de sa carte. La qualité est bien au rendez-vous dans un environnement particulièrement intimiste (quelques tables seulement). Toutefois les règles sont un peu strictes (réservation à l'avance, pas d'enfants, nombre de personnes limité), mais l'endroit vaut vraiment le détour.

TATAKU VAVE

Hanga Piko s/n

✆ +56 32 255 1544

apakomio@hotmail.com

Ouvert de 12h à 22h30.

Une jolie trouvaille, bien que le restaurant ne soit pas forcément évident à trouver. On y vient déguster de délicieuses préparations tout en profitant du coucher du soleil. Propose pas mal de poissons comme le ceviche – on parle du meilleur de l'île, le thon ou le *matahuira* à la patate douce, servis dans de grandes coquilles. La plupart des préparations sont accompagnées de sauces riches en goût (dont une excellente sauce au soja et au miel). Les prix sont relativement doux pour cette adresse que l'on recommande à 100%.

TE MOANA

Policarpo Toro

Caleta de Pescadores

✆ +56 32 2551578

Compter entre 12 000 et 15 000 $ à la carte en moyenne. Cartes de crédit non acceptées. Fermé le lundi.

Situé à côté de la *caleta*, au bord de l'océan, ce restaurant jouit d'une vue splendide (notamment au coucher du soleil), pour accompagner un excellent repas dans un cadre très pascuan. Goûtez au *ceviche* bien sûr, au *camarones al ajillo*, au *mahi mahi* et son *camote*... le risotto est excellent également ! Concerts de musique locale réguliers. Une excellente table, une de nos préférées.

Sortir

On ne sort pas avant 1h du matin. Deux discothèques se partagent les faveurs des noctambules qui y font parfois des allers/retours permanents, même si nous préférons n'en recommander qu'une !

BALLET CULTUREL KARI KARI

Amamu Tekena S/N
✆ +56 9 4280 5388
balletculturalkarikari@gmail.com
Compter 25 US$ pour le spectacle et 60 US$ en incluant le dîner avec cérémonie exclusive.
Avec plus de 18 ans d'existence, le ballet Kari Kari offre tous les soirs un spectacle enchanteur au rythme d'une musique polynésienne entraînante. Les danseurs et les danseuses sont clairement heureux d'être là, ils vous communiqueront sans aucun doute leur bonne humeur et leur énergie ! Le spectacle commence par un petit documentaire retraçant l'histoire du ballet puis se poursuit tout feu tout flamme sur la scène, les costumes sont magnifiques et l'enthousiasme des danseurs particulièrement contagieux. Soyez prêts à assurer le déhanché polynésien : on invite même le public à participer !

PIRITI

Avenue Hotu Matua,
près de l'aéroport
La plus sélect, ambiance très festive et clientèle internationale.

TE RA'AI

Kaituoe s/n
✆ + 56 32 255 1460
www.teraai.com
reservas@teraai.cl
Compter 40 000 $ par personne. Spectacles le lundi, mercredi et vendredi à 21h30. Service gracieux de transfert de/vers votre hôtel.
Original : on est maquillé en prenant l'apéro, pendant que se prépare l'*umu* ou *curanto* (four polynésien). Puis on passe à table (chacun se sert à volonté, la qualité est correcte, sans plus) avant d'assister à un bon spectacle typique de danses et chants polynésiens. En principe, tout le monde finit par danser ! Bien sûr, tout cela a un côté très touristique (on aime ou pas).

VAITEMIHI

A côté du restaurant Au Bout du Monde
api.matatoa@gmail.com
Spectacles les lundis, jeudis et samedis. Compter 15 000 $ par personne.
Le groupe de danseurs/chanteurs VAI TE MIHI RE'O O TE MATA TO'A propose un spectacle entraînant, considéré par certains comme le plus agréable sur l'île, même si la musique fait aussi la part belle à des instruments plus occidentaux (style rock ethnique fusion). Les chants ancestraux trouvent ainsi une nouvelle vigueur dans des sons plus modernes. A découvrir.

À voir – À faire

ANA KAI TANGATA ★★★

A proximité du centre de Hanga Roa, près des hébergements Chez Jérôme ou Chez Christophe, c'est une grotte dans laquelle on pourra observer des peintures rupestres représentant l'homme-oiseau. Allez-y avec un guide, afin de mieux comprendre sa signification culturelle et historique. Par exemple, vous apprendrez que, pour certains, le nom de la caverne signifie « là où l'on mange des hommes », sans doute en référence aux cérémonies anthropophages ancestrales ;

Grotte de Ana Kai Tangata.

pour d'autres, faisant appel à la tradition orale, Kai signifie enseigner : la grotte aurait pu être un lieu d'apprentissage pour construire des embarcations...

■ FUNDACIÓN CULTURAL TADEO-LILI ★

Au sein de l'établissement Chez Tadeo et Lili

Ouvert tous les jours, visites guidées. Entrée à 2 000 $.

Cette fondation est la première, sur Rapa Nui, à présenter la vie d'un Pascuan descendant de la tribu royale Miru. C'est aussi un mémorial, car Tadeo nous a quittés le 14 juillet 2011. Cette sorte de *Facteur Cheval de l'Ile de Pâques* propose une salle avec des documents, des photos, un arbre généalogique, mais aussi des conférences, des expositions temporaires et un atelier d'art. Les hôtes de la chambre d'hôtes y ont bien sûr accès à tout moment. A découvrir en complément du musée.

■ MUSEO ANTROPOLÓGICO P. SEBASTIÁN ENGLERT ★

Tout près de l'ahu Tahai, au nord de la ville
✆ +56 32 551 020
www.museorapanui.cl
mapse@mapse.cl

Ouvert du mardi au vendredi de 9h30 à 17h30, le samedi et le dimanche de 9h30 à 12h30. Entrée de 1000 $.

Pour un bon aperçu de l'héritage historique pascuan, ce musée est un témoignage édifiant, où l'on découvre l'histoire (supposée !) des *moai* et quelques éléments du patrimoine. Des objets, cartes et créations artistiques de la culture rapanui sont exposés. Le musée héberge également d'une bibliothèque et d'un laboratoire de conservation et de recherche des matériaux archéologiques.

■ TAHAI ★★

Un site jouxte quasiment la ville : celui du village de Tahai. On y trouve les fondations d'une des maisons-bateaux, les *hare paenga*, surnommées ainsi à cause de leur forme elliptique. On y aperçoit l'*ahu* Vai Uri, un *ahu* surmonté de cinq *moai* qui ont été redressés par les bons soins du chercheur Mulloy. Plus loin, il y a également deux *ahu* surmontés de *moai* solitaires, l'*ahu* Tahai et l'*ahu* To ko Te Riku, avec son couvre-chef rouge, le *pukao*. Tahai est un très beau site pour observer le coucher du soleil.

Sports - Détente - Loisirs

▸ **Chevaux.** Pour vous donner un ordre d'idée, une balade à cheval de 3 heures revient à 35 000 $ environ (dans les 55 €). Partez sur la côte nord, entre l'ahu Te Peu et la plage d'Anakena, car le sentier est quasi inexistant et très accidenté ; ou alors vers le site des 7 moai (Ahu Akivi) et le sommet du Terevaka. C'est une manière inoubliable de visiter l'île.

▸ **Plongée.** Quatre agences se partagent le marché de la mer à Hanga Roa ; deux au niveau du petit port, la caleta du village ; deux autres dans la baie de Hanga Piko, plus au sud. Si l'on n'a pas la chance d'apercevoir de gros pélagiques ici, on s'émerveillera de la beauté des coraux encore vivants et de sites bien peu encombrés et encore assez « exclusifs ». Comme le dit Michel Garcia du centre Orca, ici c'est le « monde du silence ».

▸ **Snorkeling.** Deux spots principaux : Ovahe où l'on peut plonger dans 1 ou 2 m d'eau, avec de superbes coraux accessibles depuis la plage (côté gauche au nord en arrivant, vers les rochers, attention quand le vent souffle la mer est agitée) ; et le Motu Nui, où l'on découvre une paroi couverte de coraux et pas moins de 40 m de fond ! A noter que la température de l'eau est autour de 26 °C en février, 24° en avril ou décembre, 20° au mois d'août.

■ CABALGATAS PANTU

✆ +56 32 210 0577
pikerauri@gmail.com

Compter 60 US $ pour une balade à cheval de 3 heures (ou 120 US en tour privé) vers Ana Kakenga, Ana Te Pahu et le site des 7 Moai, ou vers le sommet du Terevaka. Possible aussi à la journée sur la côte nord vers la plage d'Anakena avec un Tunuahi ou grillades de poissons (on revient ensuite en voiture). Rendez-vous au Pikera Uri, départs à 9h30 ou 14h30.

Le temps de quelques heures ou sur toute une journée vous aurez l'occasion d'accéder aux coins reculés de l'île. Sur la côte nord notamment, des randonnées sont organisées sur le secteur volcanique de Roiho, on y découvre des grottes souterraines, des points de vue à 360°, des pétroglyphes, des maisons-bateaux et autres sites archéologiques éloignés des sentiers battus de l'île. Il est possible d'organiser les tours en groupe ou en privé, les guides sont professionnels et les chevaux particulièrement calmes, les débutants peuvent y aller les yeux fermés.

■ ORCA DIVING CENTER

✆ +56 32 2550375
www.orcadivingcenter.cl
info@orcadivingcenter.cl

A partir de 40 000 $ la plongée, forfait trois plongées à 110 000 $, cinq plongées à 170 000 $. Cinq ou six plongeurs maximum sur deux bateaux qui partent quatre ou cinq fois par jour en saison. Aussi un tour en bateau au Motu Nui avec snorkeling à 25 000 $. Location de palmes, masque et tuba à 10 000 $ par jour.

C'est la plus ancienne structure de l'île, et l'une des meilleures de toute la Polynésie, selon les informés. En tout cas le matériel est très bien entretenu, et l'équipe fait tout pour s'assurer de votre sécurité sous l'eau. Pas de précipitation ni de course au profit. Très expérimenté, Michel, Français, a côtoyé de grands noms qui ont fait appel à ses services, comme Jacques Maillol.

Shopping

MARCHÉ (FERIA)

Ouvert du lundi au samedi de 10h à 18h.

Il constitue un peu le point névralgique de la ville, étant au centre de tout. On y trouve aussi une sélection d'artisanat local. On pourra y faire ses emplettes de fruits, encore qu'il ne pousse pas grand-chose sur l'île. De décembre à début mars, on pourra déguster de petits ananas locaux particulièrement sucrés, qui sont excellents.

MERCADO ARTESANAL

Ouvert du lundi au samedi de 10h à 19h.

Ara Hoa Rake, en face de l'église Santa Cruz. Plusieurs stands d'artisanat local (moai, manutara, tablettes parlantes, colliers...). Hélas, de plus en plus de produits boliviens, péruviens ou chinois aussi...

VAI A HEVA

Ana o Ruhi s/n
Juste à côté de la place municipale
✆ +56 32 255 2084
www.rapanui-shop.com
info@rapanui-shop.com
Ouvert du lundi au samedi de 10h à 13h30 et de 16h30 à 20h30. Le dimanche de 9h30 à 20h.

Une sélection de produits naturels fabriqués sur l'île : huiles essentielles, confitures, savons, sels de bains, chocolats et même du monoï. De quoi faire un petit assortiment de cadeaux-souvenirs de l'île de Pâques.

PARQUE NACIONAL RAPA NUI ★★★★

Le parc national Rapa Nui a été créé en 1935 et déclaré patrimoine de l'Humanité par l'UNESCO en 1995. Il recouvre plus de 40 % de l'île et notamment les nombreux *moai* et *ahu*.

Recommandations et règles du parc :

- veillez à respecter les chemins balisés et à rester dans les zones délimitées, le plus souvent, par des petites roches disposées autour des plateformes ;
- il est interdit de monter, marcher ou toucher les plateformes et les pétroglyphes ;
- ne ramassez aucun objet : chaque pierre, même si elle peut paraître insignifiante, est une relique archéologique pour l'île et sa communauté ;
- certaines zones sont inaccessibles pour cause de récupération environnementale, si vous avez un doute adressez-vous au poste Ma'u Henua qui se trouve à l'entrée (pour la plupart du temps) de chaque site ;
- le camping sauvage n'est pas autorisé à l'intérieur du parc ;
- enfin, et cela va de soi, ne laissez aucune trace de votre passage, emportez bien vos déchets avec vous (notamment pour celles et ceux qui déjeuneront à Ahu Tongariki).

Pratique

PARQUE NACIONAL RAPA NUI

www.conaf.cl
contacto@parquenacionalrapanui.cl
Compter 54 000 $ ou 80 US$ par personne pour les droits d'entrée au parc.

Créé en 1935, le parc national de Rapa Nui a d'abord été administré par la Conaf entre 1972 et 2016, puis cogéré avec la communauté locale (Ma'u Henua) en 2017, avant que la présidente Michelle Bachelet transfère complètement l'administration du parc à Ma'u Henua. Il est INTERDIT de camper à la plage Anakena. Pas de camping sauvage.

À voir – À faire

Les sites les plus touristiques sont le cratère du Rano Kau (avec sa belle lagune intérieure et sa végétation primitive), la plage d'Anakena (avec son *ahu* restauré), la plage d'Ovahe, le site de Tongariki, le volcan Rano Raraku et Maunga Terevaka (le point culminant de l'île). Il est possible de se livrer à diverses activités.

les passionnés d'archéologie s'attarderont à Puna Pau (près de Hanga Roa, cratère de scories rouges où l'on fabriquait les « chignons » des *moai*, les *pukao*), Rano Raraku (la carrière des *moai*), Ahu Nau Nau (à Anakena), Ahu Akivi (seul endroit où les *moai* regardent la mer), Tahai (juste au nord du village, très photogénique quand le soleil se couche), Tongariki (la plateforme la plus impressionnante de toutes, avec ses quinze *moai*), Orongo (lieu de célébration du culte de l'homme-oiseau), Ahu Vinapu (à l'est du village, cette plateforme évoque par la taille de ses pierres celle des forteresses incas) et sur la côte nord (quantité de pétroglyphes).

Pour de superbes vues panoramiques, Terevaka, Rano Raraku, Orongo ou le volcan Poiké.

L'île mystérieuse

L'île de Pâques a tellement fasciné les esprits que certains se sont lancés dans des affabulations les plus incroyables, allant jusqu'à imaginer des scénarios où des extra-terrestres auraient aidé les Pascuans à élever leurs statues. De même, beaucoup ont pensé que l'île de Pâques était la partie émergée d'un fabuleux continent qui aurait été submergé par une catastrophe volcanique (mythe de l'Atlantide)... En fait, l'analyse géologique prouve que l'île n'est pas le résultat d'une destruction mais qu'elle est née justement d'éruptions volcaniques sous-marines. De même, on a essayé d'attribuer l'abandon de la taille des statues à une catastrophe volcanique. Mais, là encore, la géologie a prouvé le contraire et il est plus vraisemblable que cet abandon soit le résultat des guerres intestines.

Mac Millan Brown a émis l'hypothèse que l'île de Pâques n'aurait en fait été qu'un cimetière collectif des populations des îles voisines. Il se basait sur le fait qu'une si petite population ne pouvait ériger, seule, de telles œuvres sur une terre si aride. Ce qui reste des traditions orales de la civilisation pascuane semble démentir ce fait puisqu'aucune d'elles ne fait mention d'une telle pratique.

Heyerdahl a défendu l'hypothèse d'un peuplement de l'île, dans la période primitive, par des Sud-Américains, des peuples de Tiwanaku (Bolivie) ; au début de la période intermédiaire, ils auraient été rejoints par un groupe d'origine péruvienne. Les groupes polynésiens ne seraient arrivés que plus tard et, en fait, auraient exterminé les précédents (ce qui correspondrait à la guerre entre Petites et Grandes Oreilles). Heyerdahl avance, pour soutenir cette thèse, la ressemblance du travail des murs des Ahu et de ceux de Cuzco ou du Machu Picchu mais aussi la présence de maisons en pierre, uniques dans les îles polynésiennes. A cela s'ajoutent aussi le culte de l'homme-oiseau, l'orientation astronomique de certains sites, les statues, certains types de sépultures et des éléments du langage. Mais de nombreux arguments sont venus s'opposer à la thèse de Heyerdahl. Ainsi le langage de l'île est fortement polynésien, et on n'a trouvé aucune trace d'ustensiles ou d'armes d'origine amérindienne.

▸ **Les amoureux de balade à cheval** découvriront sur la côte nord de grands espaces vierges et magnifiques.

▸ **Les plus belles cavernes de l'île** (Ana) sont Kai Tangata, juste au sud du village (peintures rupestres), Te Pahu à l'intérieur, Kakenga au nord, sur la côte (superbe balade à pied depuis le village le long de la côte, mais les fameuses « deux fenêtres » ne sont pas faciles à trouver sans guide), et, tout à l'est, près du volcan Poiké (O Keke et Hue Neru).

▸ **Pour nager** ou pour plonger, les plages d'Anakena (calme) et Ovahe (mer plus agitée) sont recommandées, ainsi que les îlots Motu Iti, Motu Nui et Motu Kao Kao au large des côtes, près d'Orongo (snorkeling fascinant, un simple masque suffit à contempler les merveilles coralliennes).

▸ **Les surfeurs** se livreront à leur sport favori à Hanga Roa.

▸ **Trois idées de balade à pied :** Ana Kakenga, Ahu Te Peu, Ana Te Pahu, Ahu Akivi alias les 7 Moais (Puna Pau en option). Belle balade, à faire à vélo de préférence (les loueurs de voiture rechignent à ce que vous empruntiez ces pistes plutôt mal en point), à cheval ou à pied pour les plus courageux (dans ce cas, prenez un taxi jusqu'à Ahu Akivi et faites le circuit en sens inverse à partir de là). Comptez une grosse demi-journée.
Ascension du Terevaka. Marche relativement facile, ou alors à cheval, depuis le site des 7 Moais ou Ahu Akivi.
Le volcan Rano Kau et le site d'Orongo. Balade à pied très agréable. Compter 1 heure 15 de montée depuis le début du sentier devant les cabanes de Chez Christophe, 2 heures depuis le village (jusqu'au volcan, un peu plus jusqu'à Orongo). Les gourmands attraperont une ou deux goyaves (en saison) qui s'offrent tout au long du trajet.

■ AHU AKIVI OU LES 7 MOAI ★★★

En continuant plein nord depuis Puna Pau, on arrive, après environ 3 km, à l'*ahu* Akivi, le seul situé à l'intérieur des terres et dont les *moai* regardent vers la mer. Ses sept *moai* représenteraient les envoyés du roi Hotu-Matua. Cet *ahu* semble être placé selon une orientation astronomique déterminée : devant les statues, on peut voir deux pierres entre lesquelles le soleil se couche au moment exact du solstice d'été.

Ahu

Ce sont les *ahu* (autels cérémoniels) et les *moai* (statues) qui, en général, retiennent le plus l'attention au détriment souvent d'autres richesses archéologiques comme les peintures rupestres, les pétroglyphes, les différents styles architecturaux ou encore les carrières (à moai et d'obsidienne) qui ont fourni de précieux renseignements aux chercheurs.

Les *ahu* sont des plateformes en pierre et en terre qui servaient soit de sépulture (chaque clan avait son *ahu*), soit de piédestal à un *moai* (les fameuses statues). Chaque *ahu* a ses deux côtés les plus longs disposés parallèlement à la côte : le côté arrière de l'*ahu* fait face à la mer et est perpendiculaire au sol tandis que le côté frontal est tourné vers l'intérieur des terres et dispose d'une rampe pavée pour accéder au sommet de l'*ahu*. Ce sont les différentes formes des *ahu* qui ont permis au Norvégien Heyerdahl de distinguer différentes périodes dans l'histoire de l'île : la période primaire, de 400 à 1100, la période intermédiaire, de 1100 à 1680, et la période tardive, de 1680 à 1868. Les *ahu* de la période primaire sont des sortes de parallélépipèdes dont les murs de soutien sont faits de blocs de basalte poncés. La période intermédiaire verrait une complexification de l'architecture des *ahu*, avec notamment l'adjonction de rampes et d'ailes latérales, ainsi qu'une plus grande finesse dans la finition des statues, produites en plus grand nombre. Enfin, la période tardive serait une période de destruction où des Pascuans mirent à terre la majorité des statues. Ils auraient cependant continué à construire des *ahu* de type semi-pyramidal.

Les travaux ultérieurs de Mulloy et Figueroa en 1978 vont montrer que la distinction entre les deux premières périodes n'est pas complètement justifiée et qu'il n'existait en fait qu'un seul patron cohérent et continu de développement des idées dans la construction des *ahu* surmontés de *moai*. Ainsi beaucoup d'entre eux, qui, à l'origine, étaient des parallélépipèdes simples, subirent maintes transformations et ajouts d'ailes et de rampes au fil des années. Mulloy démontra également que les premiers *ahu* étaient orientés par rapport aux positions du soleil pendant les solstices d'été et d'hiver. Il est possible que les *ahu* aient servi d'abord de structure à usage communautaire multiple (sorte d'autel ou de lieu sacré), qu'ils soient devenus ensuite des lieux de sépulture ; puis que certains aient été modifiés pour pouvoir servir de socle aux imposantes statues. Il est à noter que dans les *ahu* avec *moai*, on n'a pas retrouvé de trace de sépulture à l'intérieur, mais un peu plus loin derrière, ce qui distinguerait deux types d'*ahu* aux fonctions précises.

AHU HANGA POUKURA – AHU VAHU – MAUNGA ORITO ★★★

À 3 km de Vinapu environ, voici un site dont les *moai* gisent sur le sol, à demi ensevelis et la tête fêlée pour certains d'entre eux. La mise à terre et la destruction des *ahu* à *moai* se vérifient encore 2 km plus loin, sur le site de Vaihu où huit statues sont alignées par terre, gisant dans leur déshonneur ; leurs coiffes géantes, les *pukao*, jonchent l'herbe comme un symbole de leur déclin. Non loin, s'élève le Maunga Orito, la carrière d'obsidienne.

AHU TEPU

A nord d'Hanga Roa, on peut admirer le site de l'*ahu* Tepeu, dont la finition et l'assemblage des grosses pierres de taille sont, là encore, remarquables. On peut aussi y observer les vestiges d'une maison-bateau. Sur le sommet nord du triangle insulaire pascuan se trouvent deux autres sites, ceux de Maitaki Te Moa et de Vai Mata.

AHU TONGARIKI ★★★★

C'est l'un des sites les plus majestueux de Rapa Nui, la structure cérémoniale la plus grande de l'île, la plateforme la plus grande de la Polynésie et, symboliquement, le site archéologique le plus important de l'océan Pacifique. Cet *ahu* en pierre de lave a été détruit par les guerres tribales puis balayé par un raz-de-marée en 1960. Il fut d'une telle puissance qu'il projeta les statues jusqu'à 100 mètres dans les terres. Une restauration, financée dans les années 1990 par une entreprise japonaise (Tadano, dont la publicité était exemplaire : « Avec nos grues, nous sommes même capables de redresser l'histoire »), a permis à ces 15 *moai* de se dresser fièrement (sachez que près de 17 autres petites statues ont été retrouvées, ce qui porte l'ensemble à un total de 32 *moai*). La plateforme mesure quelque 100 m de longueur et se divise en trois étages. Le premier étage, appelé la place, accueillait les cérémonies du village comme les naissances ou les enterrements. Au second niveau de la plateforme, le sous-sol servait de chambre funéraire. Enfin, au dernier niveau, les *moai* font face au volcan Rano Raraku, où se trouve la carrière dont ils ont très probablement été extraits. Un seul d'entre eux est coiffé du *pucako,* le chignon en pierre rouge. La plus grande des statues mesure quasiment 9 mètres. A quelques dizaines de mètres, vous pourrez également observer un *moai* solitaire, appelé aussi le *moai voyageur* : c'est le seul de l'île à avoir traversé l'océan dans les années 1990. Afin de lever des fonds destinés à la restauration de l'*ahu*, le Japon avait obtenu l'autorisation d'exposer ce *moai*. Il y resta quatre ans, de 1992 à 1996, avant de retrouver sa terre natale. On remarquera également près du site de nombreux pétroglyphes représentant des figures marines et l'inévitable homme-oiseau.

■ AHU VINAPU ★★★

Il y a deux et même trois *ahu* sur le site de la côte sud dont les *moai* ont été renversés. L'un d'entre eux est même à demi-enfoui dans la terre, la face levée vers le ciel. Le plus remarquable est sans doute l'*ahu* Vinapu I dont le mur arrière est aussi bien travaillé que ceux de Cusco au Pérou, avec lesquels il présente de fortes ressemblances. C'est cette similitude qui a inspiré à Heyerdahl sa théorie du peuplement de l'île par les Sud-Américains, théorie à l'origine de la chronologie historique qu'il a établie (périodes primaire, intermédiaire et tardive). D'autres auteurs, comme Jean Hervé Daude (lire : *Ile de Pâques : l'empreinte des Incas*), reprenant les chroniques du Conquistador Pedro Sarmiento de Gamboa (entre autres), laissent entendre que cet *ahu* fut construit par l'Inca Túpac Yupanqui lors d'une expédition en 1465 (au même moment, l'Inca construisit les Chullpas de Sillustani près du lac Titicaca, très ressemblantes)... La perfection de cet *ahu* laisse en tout cas supposer qu'il a appartenu à un clan très puissant. En revanche, l'*ahu* Vinapu II présente une moins bonne finition, l'assemblage des pierres de taille étant moins élaboré. Toutefois, un journal a montré que cet assemblage pourrait être équivalent à celui des pyramides ou de la muraille de Chine !

Les neru

On connaît peu le destin de ces filles de chef, au destin si truculent selon nos codes et notre morale actuels. Au cours de leur puberté, vers l'âge de 12 ans environ, elles devaient suivre un véritable rite d'initiation. On les enfermait ensemble dans une caverne, dans la zone du volcan Poike, pendant six lunes (environ 5 mois et demi !). Elles devaient rester entièrement nues, afin que leur peau blanchisse : symbole d'aristocratie (celui qui a la peau dorée vit dehors au soleil, et travaille donc de ses mains : infamie !). Leurs cheveux devaient être très longs (la tête étant le siège du mana), les ongles également, et, bien sûr, elles devaient être vierges (autant que faire se peut !). Dans leur antre, on les initiait aux prières pour le dieu Make Make ; de premiers grands tatouages étaient aussi pratiqués sur leur corps à peine nubile. Evidemment, on les nourrissait tout au long de leur sombre séjour. Toutes ces cérémonies n'étaient pas fortuites. Depuis leur plus tendre enfance, en fait, on leur étirait les lèvres du sexe à la main, par massage. Cette coutume, fort singulière pour nous autres Occidentaux, serait encore pratiquée chez quelques familles Maori et marquisiennes (mais aussi sur l'île de Matira en Indonésie par exemple...). Les filles de chef devaient en effet procurer du plaisir, selon la tradition, tant pour elles-mêmes que pour leur futur partenaire.

Les six lunes passées, ces gentes demoiselles sortaient de la caverne, à moitié aveuglées par la semi-obscurité. On les portait dans des sortes de palanquins ou filanzanes jusqu'au lieu de cérémonie à Orongo, tandis que le vainqueur était consacré. Ensuite, elles prenaient place, les jambes écartées et légèrement surélevées, sur le rocher qui existe encore de nos jours (site des pétroglyphes, et notamment celui des deux mains, là où précisément elles prenaient appui). Un prêtre se tenait au-dessous d'elles, et mesurait la longueur des lèvres (qui atteignaient 7 à 8 cm environ). Celle qui possédait la *komari* (la vulve) la plus longue était jugée la plus belle, et choisie pour être la femme de l'homme-oiseau. Aussitôt, elle était déflorée en public, dans un recueillement on imagine respectable. Point d'attouchements privés par la suite, puisqu'on la séparait de nouveau de son mari pendant cinq nouveaux mois, avant de pouvoir enfin le retrouver, une bonne fois pour toute. La dernière femme qui a subi cette pratique, coutumière jusqu'à l'évangélisation de l'île en 1868, est morte en 1946.

AKA HANGA ET AHU HANGA TETENGA ★★

Sur ce site gît un *moai* brisé en quatre morceaux à la taille impressionnante ; il est tombé et s'est brisé au moment de la mise en place sur l'*ahu*. La légende veut également que le premier roi, Hotu-Matua, ait été enterré à Aka Hanga.

ANA – CARRIÈRE DES MOAI ★★★★

La carrière des *moai* (Ana) était située sur les flancs extérieurs et intérieurs du volcan Rano Raraku. On taillait les statues directement dans la roche. Quand la première taille était finie, on les entourait de corde végétale grâce à laquelle on les faisait glisser au pied du cratère. On affinait ensuite la taille en mettant les statues debout, leur ajoutant les yeux, traçant la ligne du cou et des épaules. Des relevés topographiques ont permis de supposer que la carrière était divisée en différents emplacements qui appartenaient chacun à une famille. Les chapeaux ronds de certaines statues étaient, eux, taillés dans une autre carrière située dans le cône volcanique de Puna Pau. Ils devaient leur couleur aux scories rouges de la roche. Mais ce qui a sans doute le plus intrigué les chercheurs est le transport de ces statues de leur carrière vers leur emplacement définitif. La légende veut, qu'une fois achevé, le *moai* animé du *mana*, l'esprit du chef, se dirigeait tout seul vers son *ahu*. On avança cependant que l'on faisait glisser la statue, disposée horizontalement, sur des rondins, mais cette hypothèse fut abandonnée car vraisemblablement les forêts avaient déjà disparu de l'île. Le Tchèque P. Pavel et Heyerdahl pensaient, eux, que l'on déplaçait la statue à l'aide de cordes en la faisant pivoter progressivement et lentement jusqu'à son *ahu*. Il apparaît que les tailles de *moai* auraient stoppé brutalement vers la fin du XVIIIe siècle, du fait de guerres intestines. En effet, il est possible qu'une diminution des ressources naturelles de l'île ait entraîné une guerre de subsistance entre différents clans. Cette guerre aurait provoqué un dérèglement de l'organisation sociale et notamment la disparition des tailleurs de statues qui étaient nourris par le reste de la population. Enfin, il y avait également des carrières d'obsidienne sur les flancs du mont Maunga Orito. Là encore, il devait exister sur l'île une sorte de confrérie d'artisans spécialisés dans le travail de l'obsidienne qu'ils tiraient de différentes excavations peu profondes pour en fabriquer des outils, ustensiles domestiques et pointes de lance. Les Pascuans extrayaient également de l'obsidienne du volcan Rano Kao et de l'îlot Motu Nui, en face d'Orongo.

ANA TE PAHU ★★

En vous dirigeant vers la côte depuis le site des 7 Moai (piste en mauvais état, la randonnée, le vélo ou le cheval sont à privilégier), vous passerez par une bananeraie, puis vous arriverez à l'entrée de la grotte de Te Pahu, que l'on peut explorer avec une lampe de poche. Le corridor doit faire un petit peu plus de 100 m et l'on ressort par un autre orifice.

HANGA HOONU (BAIE DE LA PÉROUSE) ★★

Deux *ahu* s'y trouvent, celui de Hekii et de Te Pito Kura dont le *moai*, qui malheureusement gît au sol, est, avec ses 12 m, le plus grand jamais élevé sur un *ahu*. Juste à côté se trouve une pierre étonnamment ronde, appelée « L'oeuf du centre du monde » par les habitants de l'île. Malgré quelques études scientifiques, il est encore impossible de définir l'origine de sa forme. La baie doit son nom à l'expédition de La Pérouse commandée par l'officier de marine du même nom. Dépêchée par le roi de France Louis XVI, elle avait pour but d'explorer l'océan Pacifique. Le 10 avril 1785, Jean-François de La Pérouse débarque sur l'île et y découvre alors tous ses trésors. On raconte même que les autochtones de l'île l'aurait accueilli chaleureusement ! Il effectuera par la suite le premier plan de l'île, commença une étude sur les autochtones et déclara même que ce lieu unique au monde était d'une fertilité exceptionnelle.

ORONGO ★★★

Plusieurs façons d'atteindre le site en voiture, à vélo ou à pied. Attention, avec le site de Rano Raraku la visite n'est autorisée qu'une seule fois. Si vous voulez y retourner, il vous faudra racheter un billet.

Sur le versant sud du volcan, avant la falaise, s'élève le village d'Orongo, qui signifie *El Llamado* en rapanui. C'est un ancien centre cérémonial où l'on pratiquait le culte de l'homme-oiseau. Il est composé d'environ 53 maisons en basalte dont l'architecture elliptique est unique sur l'île : 51 ont été restaurées entre 1974 et 1976, les 2 autres sont intactes. Sur leurs murs, on observe quelques pierres sculptées et des peintures rupestres, mais une grande partie de ces fresques a été pillée par des expéditions occidentales. C'est aussi dans ce village qu'une expédition britannique s'est approprié, en 1868, un Moai (Hoa Haka Nana) que l'on peut voir maintenant au British Museum de Londres. Précisons qu'il est dorénavant interdit de s'approcher des pétroglyphes de Mata Ngarahu : vous pourrez observer ces gros rochers à distance. Un centre d'informations (avec toilettes) y a été habilité. Il faut montrer son ticket acheté à l'aéroport ou aux bureaux de la Conaf.

Ce sont eux qui ont fait de l'île une terre de légende. Pourquoi un tel gigantisme sur une petite île dépourvue de tout ? Qu'essayent de nous dire ces blocs de basalte qui ont l'air si humain et qui semblent disserter entre eux sur des mystères qui nous échappent ? Ces statues, dont on a eu du mal à trouver la signification (les explications oscillant entre divinités ou monuments funéraires), sembleraient, comme dans les îles Marquises, représenter des chefs ou des prêtres dont les esprits seraient passés au rang de divinités. Au temps de leur splendeur, les statues étaient peintes en rouge et blanc, à la manière des tatouages, symbole de pouvoir (le roi avait le plus grand), qu'arboraient les Pascuans. De plus, de leurs yeux en corail et obsidienne se diffusait leur énergie, leur *mana*, qu'elles transmettaient aux grands chefs. Enfin, certaines d'entre elles étaient coiffées d'un *pukao*, un couvre-chef circulaire rouge figurant le chignon des grands chefs. Les *moai* reposent en général sur un *ahu*, mais certaines statues disséminées sur l'île étaient posées à même le sol et des recherches ont pu prouver que ce n'était pas parce qu'elles avaient été abandonnées en cours de route. 272 Ahu et plus de 1 000 *moai* sont présents sur l'île. Même si certaines d'entre elles ont des traits plus fins, du fait d'une plus grande dextérité du sculpteur, ces statues montrent toutes une finition exemplaire. Alfred Métraux note qu'elles sont douces au toucher, témoignage d'un ponçage appliqué. C'est la matière dans laquelle elles ont été fabriquées, le tuf volcanique, qui a permis ce travail, avec, en contrepartie, une grande fragilité, ce qui rend leur transport périlleux.

Le transport des « moai ». Un débat passionne les experts et les amateurs depuis des années : comment a-t-on pu transporter des blocs de basalte aussi lourds, sans connaître l'animal de trait ou la roue ? Tout d'abord, les esprits clairvoyants feront remarquer que construire les *moai* sur le lieu même de leur érection aurait été un choix beaucoup plus pratique. Cependant, il ne faut point perdre de vue que le volcan était une montagne sacrée, et que, par conséquent, les statues devaient y être taillées et entreposées jusqu'à la mort du chef dont il était question. Une fois au pied du volcan et redressées pour parachever le dos, les statues étaient-elles couchées sur des rondins de bois, comme le bon sens pousse de nombreux touristes à le penser ? Au début, peut-être, lorsqu'elles n'excédaient pas une certaine taille et pouvaient être plus aisément maniées, mais c'est impossible par la suite : en effet, dans cette position, les morts restaient symboliquement morts ! Cela ne s'accorde pas avec les croyances propres aux Pascuans de l'époque. En outre, sur les quatre grandes routes de convoyage, 98 % des statues renversées ont été découvertes sur le ventre !
Les Pascuans ont longtemps déclaré, faisant fi des mines incrédules ou dédaigneuses des « experts » occidentaux, que les statues dansaient et avançaient avec le *mana*, l'esprit. On a longtemps mal compris le sens de ces paroles : elles ne signifient point que les *moai* parvenaient à leur lieu de séjour par l'opération du Saint-Esprit, ni même sous l'emprise de quelques hallucinogènes ! Ces mots évoquent plutôt une certaine « foi » en un labeur colossal ; elles supposent, aussi, une certaine manière d'être véhiculé : les statues « dansaient » : or, on ne danse pas couché ! En 1982, J-P. Simmeray, un Français, écoute ce refrain et en déduit que les statues étaient transportées debout, contrairement à ce que tout le monde pouvait bien penser et imaginer. Cette thèse interpella le tchèque Pavel Pavel. En 1986, c'est au tour de Heyerdahl de se pencher sur la question et d'abonder en ce sens. Ses essais, pourtant, ne furent pas probants. Son idée était de déplacer le *moai* comme une armoire ou un frigidaire.
En réalité, il semble que les choses se soient pourtant bien passées ainsi : les chemins étaient alors dallés et nivelés ; des troncs étaient utilisés pour bloquer l'avancée de la statue, par pour la faire rouler. Il faut songer que certains de ces ouvrages mettaient un ou deux ans avant de parvenir au village ! Le *moai* était maintenu par deux cordes sur l'avant et une sur l'arrière, toutes maintenues par plusieurs personnes, et cheminaient ainsi, péniblement, donnant l'impression, par son incessant mouvement de droite à gauche, de danser. On imagine cette entreprise monstrueuse et le nombre de Pascuans qui durent périr en chemin (sans parler de tous ceux qui furent laissés sous les blocs gigantesques de la carrière même !). On se rend bien compte que la construction des *moai* était devenue une course à la grandeur, chaque tribu ou chaque village rivalisant d'énormité. A un moment ou à un autre l'acte matériel dépasse probablement l'acte spirituel, et les habitants de l'île cessèrent de croire en ces statues volumineuses devant l'ampleur et la cruauté de la tâche. Cette perte de foi fut le début d'une certaine décadence et conduisit à la révolte du XVIIe siècle : le geste le plus spectaculaire de cette dernière, d'ailleurs, fut de mettre à bas ces figures qui ne représentaient plus rien que le souvenir d'un parent mort.

PAPA VAKA ★★

Site intéressant au bord de la piste conduisant de la plage d'Anakena à Tongariki, exhibant de jolis pétroglyphes qui évoquent les croyances de la culture Rapa Nui, notamment ses relations symboliques avec la mer : *Papa* signifie « pierre » et *vaka* « pirogue » (*kahi*, le thon, *mangó*, le requin, et *mangai*, le hameçon). L'un des pétroglyphes mesure 12 m de long.

PLAGE D'ANAKENA ★★★

La meilleure plage de l'île, celle d'Anakena, est une somptueuse plage de sable blanc flanquée de palmiers indolents importés de Tahiti. Vous pourrez admirer les statues des *ahu* Ature Huki et Nau-Nau. A partir de 13h/14h, il y a plus de monde, et de petites échoppes ouvrent leurs portes, servant *empanadas*, bières, etc. C'est ici que la plupart des agences organisent leur pique-nique ou déjeuner.

Le cérémonial de l'homme-oiseau

Il concerne sans doute la fête religieuse la plus importante de l'île, aux XVIIIe et XIXe siècles (pas auparavant). Les Pascuans choisirent le site d'Orongo parce qu'il faisait face aux îlots de Motu Iti, Motu Kao et surtout Motu Nui où venaient pondre les oiseaux de mer, dont la mouette pascuane, la manutara sacrée. Chaque année, devant le roi et les principaux prêtres de l'île, les *mata-toa*, chefs de guerre, briguaient le titre d'homme-oiseau. La cérémonie commençait d'abord au flanc du Rano-Kau, à Mataveri, où les pèlerins dressaient des tentes et répétaient leurs danses rituelles. Puis, en juillet, ces pèlerins, coiffés de diadèmes de plumes, montaient à Orongo accompagnés de leurs serviteurs, les *hopu*, qui étaient chargés d'aller chercher un œuf de manutara sur Motu-Nui. En général, les premiers œufs étaient pondus un mois plus tard. Aussi le serviteur, quand il s'élançait de la falaise vers les flots, emportait dans ses dériveurs en balsa quelques victuailles. La traversée était très périlleuse du fait de courants extrêmement forts et de la présence de nombreux requins.

Les *hopu* attendaient alors patiemment, observant le manège des *manutara* luttant contre la faim sur leur îlot désert. Le premier à trouver un œuf de *manutara* (souvent en septembre) grimpait alors sur le rocher *Tangi te Manu* (« le cri de l'oiseau ») et criait à son chef de se raser la tête. Le *hopu* trempait ensuite l'œuf dans la mer et l'attachait à son front, puis regagnait l'île. Il était en général accompagné de tous les autres *hopu* bredouilles car le pouvoir sacré de l'œuf était censé les protéger du danger des requins. Arrivé à Orongo, celui-ci tendait l'œuf à son chef, complètement rasé, le visage couvert de peintures rouges et noires et un oiseau en bois accroché dans le dos. Le chef brandissait l'œuf d'une main aussitôt recouverte de tapa rouge et prenait la tête d'une procession venue pour son avènement et qu'il conduisait à Mataveri. Là, un cérémonial fait de danses et de banquets parfois cannibales fêtait ce nouvel homme-oiseau, véritable représentant du pouvoir divin sur l'île. Ensuite, pendant un an, l'homme-oiseau devenait le personnage le plus important de l'île, avec le roi, mais il était entouré de nombreux tabous. Il se retirait dans une hutte près du Rano-Kau ou d'Anakena, il n'avait pas le droit de se baigner dans la mer, ni de se laver les cheveux et les ongles, toute relation sexuelle lui était interdite, les aliments lui étaient préparés par un serviteur spécial et il n'avait pas le droit de les toucher de la main qui avait brandi l'œuf.

Le *hopu* qui avait trouvé l'œuf était également entouré de certains tabous. Les recherches n'ont pas réussi à prouver tous les pouvoirs qui étaient attribués à l'homme-oiseau mais la convoitise que suscitait ce titre laisse à supposer que lui et son clan bénéficiaient de nombreux avantages. L'homme-oiseau jouissait d'une aura religieuse et faisait en quelque sorte partie des « élus », assurant un lien entre le divin et les hommes. Il est probable que ce titre lui conférait une autorité politique dont il pouvait se prévaloir toute sa vie. Se créait ainsi une véritable élite d'hommes-oiseaux et quand l'un d'entre eux venait à mourir, tous ses « confrères » se rendaient à son enterrement. On attachait alors à chaque doigt de pied du mort un poulet que seuls les autres hommes-oiseaux étaient autorisés à détacher à la fin de la cérémonie funéraire. Ils les donnaient ensuite aux fils du défunt pour lesquels les poulets devenaient également tabous.

Ce culte de l'homme-oiseau a pris fin sous l'influence des missionnaires. Sur le site, les groupes de rochers de Mata Ngarau portent plus d'une centaine de pétroglyphes représentant le dieu Make Make et de nombreux hommes-oiseaux tenant l'œuf sacré à la main, témoins de la vitalité du mysticisme de l'île.

PLAGE D'OVAHE ★★

La plage d'Ovahe est belle, d'ailleurs, certains la préfèrent à celle d'Anakena, car il y a beaucoup moins de monde. On peut y pratiquer le snorkeling : précisons qu'Ovahe est moins abritée qu'Anakena, et qu'il y a donc beaucoup plus de vagues, lors de notre passage en juillet 2019, l'accès à la plage a été restreint suite un éboulement.

PUNA PAU ★★

Vous pouvez vous rendre en voiture ou à vélo à la carrière de Puna Pau, par le nord-est de Hanga Roa, en empruntant la Roa Rakei. C'est là où étaient taillées les coiffes des statues, les *pukao*. Jolie vue panoramique sur la ville en grimpant un tout petit peu.

RANO RARAKU ★★★★

Attention, avec le site d'Orongo la visite n'est autorisée qu'une seule fois. Si vous voulez y retourner, il vous faudra racheter un billet.

Ce volcan impressionnant (jadis appelé Maunga Eo), qui correspond à la carrière de fabrication des *moai*, est l'un des clous de toute visite sur Rapa Nui. La quantité de Moai que vous allez voir est faramineuse : d'où l'intérêt, peut-être, de visiter ce site en dernier, pour éviter la saturation. Pour y accéder, on emprunte le chemin des *moai*, ou des sentinelles. Sur les flancs du volcan gisent, en effet, 397 *moai* dont un groupe d'environ 70 sentinelles semblant veiller sur l'île. Deux de ces *moai* sont totalement différents, puisqu'ils se présentent à genoux sur les talons : la position des navigateurs sur les pirogues ! Celui qu'on peut observer (depuis le point de vue sur le site de Tongariki) serait un protecteur du volcan. L'autre, une fois découvert en 1983, a été enterré à nouveau (il se trouve de l'autre côté, à l'intérieur, contemplant la côte nord).

On apercevra ensuite le plus grand des *moai* jamais sculptés qui atteint près de 21 m de longueur. A noter que les faces internes de l'intérieur du cratère accueillaient également des carrières (il y a aujourd'hui une quarantaine de *moai* regardant la lagune). Certains des *moai* ont été abandonnés en cours de taille, ce qui nous permet de distinguer les deux techniques utilisées. Soit la statue était directement taillée dans la roche, soit les sculpteurs isolaient un bloc de pierre dans une caverne en creusant des galeries autour. Une sorte d'amarre maintenait la statue dos contre la paroi et quand la première taille était achevée, on faisait sauter ce cordon ombilical et on dégageait la statue pour en assurer ensuite la finition. Les ouvriers étaient payés en nourriture. Des petits *moai* correspondent ainsi à de petits villages, et des grands *moai* aux grands villages ; l'importance des récoltes permettait la poursuite des travaux (les ouvriers ne travaillaient pas sans être sustentés), et les plus grands villages, qui possédaient davantage de terres, pouvant se payer le luxe d'une œuvre plus coûteuse en main d'œuvre, et donc plus démesurée. Si les récoltes ne suffisaient pas à nourrir les ouvriers, les travaux étaient repoussés d'une année. De même, d'autres facteurs présidaient à la poursuite de ces besognes incroyables : si les Pléiades n'étaient pas favorables, c'est-à-dire si leur position n'était pas faste, on ne travaillait pas. On commençait la sculpture des statues toujours par la tête. Une fois l'ouvrage achevé, les statues étaient déposées sur un lit de pierre et glissaient jusqu'en bas ; de nombreux talus freinaient leur course. En bas, un petit fossé aménagé (environ 1/5 de la grandeur de la statue) permettait de redresser l'œuvre ; on la tirait alors avec un cordon, afin de terminer le dos. Les statues ne sortaient de la carrière qu'à la mort du chef. Pour la petite anecdote, sur les 397 *moai* retrouvés sur le site, 148 étaient ratés ! Ces erreurs ou ces mauvais coups du sort s'expliquent, notamment, par la mauvaise appréciation d'une veine rocheuse. Parfois, évidemment, les statues se cassaient lors de la taille, ou au cours de la descente, ou quand on les relevait, quand on les transportait, ou même quand on les élevait sur leur lieu destiné ! En haut du volcan Rano Raraku, vous disposerez d'une excellente vue panoramique et vous pourrez contempler une lagune d'environ 3 m de profondeur.

VOLCAN RANO KAU ★★★

Après une petite ascension ou alors en suivant la piste en voiture, on arrive au sommet, au bord du cratère qui découvre son fond magnifique rempli par un lac recouvert de *totora*. Les nuances vert-bleu sont enchanteresses et le cratère sous le soleil forme comme un écrin à ce joyau liquide. Le volcan fait plus de 1,6 km de diamètre et près de 200 m de profondeur.

Visites guidées

Compter environ 50 000 $ pour une journée complète autour de l'île en voiture (Rano Raraku, Tongariki, Anakena...), avec un guide privé. Les agences (on se balade alors en minibus) ou certains privés demandent entre 40 000 et 90 000 $ environ. La plupart font le tour de l'île en +/- 6 heures, dans le sens inverse des aiguilles d'une montre.

Une bonne idée : faire le tour de l'île en sens inverse (donc, dans le sens des aiguilles d'une montre, en commençant par la plage d'Anakena), pour profiter en silence (relatif en janvier/février) de la plupart des sites touristiques.

■ **CABALGATAS AKIVI**

✆ +56 9 990 904 444

varuanahoe@gmail.com

Compter 35 000 $ la demi-journée, 70 000 $ la journée.

Un petit groupe de copains, enthousiastes et blagueurs, organise des tours à la journée ou à la demi-journée. Plusieurs options possibles en passant par les grottes du nord, le long des côtes de l'île, jusqu'à Arakena notamment. Les groupes sont limités à 10 personnes et accompagnés d'un guide. Demandez Varua ou Ricardo pour les tours en français. Une belle option les jours de ciel bleu pour prendre son temps et découvrir les zones reculées de l'île.

■ **GREEN ISLAND TOURS**

Atamu Tekena, s/n

(à côté du ballet Karikari)

HANGA ROA

✆ +56 9 6214 5884

www.gitourseasterisland.com

greentourseasterisland@gmail.com

Compter à partir de 90 US$ pour le tour astronomique.

C'est un tour exclusif et enchanteur, une invitation au voyage inoubliable sous la voûte céleste de ce petit bout du monde. Shane, originaire de Nouvelle-Zélande, offre un tour astronomique complet aussi poétique qu'instructif. Vous serez d'abord amené à découvrir la culture polynésienne en vous familiarisant à ses origines, son don pour la navigation et sa lecture du ciel. Une immersion plus que nécessaire pour appréhender la suite de la visite : par petits groupes (12 personnes maximum), on arpente en véhicule les reliefs silencieux de l'île avant de s'installer sous un ciel magnifiquement étoilé. Aux côtés de deux télescopes, Shane se livre à des explications scientifiques (en anglais) tout en contrebalançant par des interludes musicaux au ukulélé. L'attention est dans les détails : des boissons chaudes, une paire de jumelles par personne... Shane est même accompagné d'un second guide pour la traduction en espagnol. Le clou du spectacle se fait sur la plage d'Anakena avec session photo avec les moaï (et les étoiles !) et chants *a capella* d'une grâce et d'une puissance profonde. Magique !

■ **GUIDE CELINE**

✆ +56 9 6244 9585

www.globe-conteur.com

Sur devis.

Avec ses yeux rieurs et son amour pour les légendes du Pacifique, Céline est une encyclopédie vivante, jamais à court d'anecdotes sur cette île qu'elle chérit depuis maintenant une dizaine d'années. Après plusieurs années au Musée du Quai Branly où Céline se dédiait aux expositions océaniennes, elle s'installe à Rapa Nui en 2007 pour se dédier entièrement à sa passion et être au plus près de ce qui l'intrigue tant : les contes et légendes de cet autre bout du monde si poétique et fascinant. Proche de la communauté, investie dans le tourisme responsable et écrivaine de talent, Céline a publié plusieurs ouvrages que vous retrouverez un peu partout sur l'île. Multi-facettes, elle saura vous faire découvrir l'île à sa manière tout en vous communiquant sa belle énergie.

■ **IPC LODGE & TOURS**

✆ +56 32 210 0481

www.ipc-lodge-tours.com

ipclodge@gmail.com

Propose également des bungalows avec barbecue et jardin.

Richard, un Français établi sur l'île depuis plus de vingt ans, marié à Maria, une *rapa nui*, connaît tout des traditions et des coutumes locales, et propose des sorties guidées et privées très enrichissantes. L'un des guides les plus compétents.

■ **PATRICE LE BERT**

✆ +56 32 2100518

orekorapanui@hotmail.com

Bungalows : compter 220 US$ pour deux en haute saison avec transfert, 180 US$ en basse saison (rajoutez 20 US$ en tout pour le petit déjeuner). Pour un tour privé, compter 280 US$ pour 2 personnes.

Patrick (comme on l'appelle ici, bien que son prénom soit bien Patrice !) propose un très beau et grand bungalow face à la mer, juste à côté de sa maison, sur la route qui conduit à Orongo (mais à proximité du centre). Cuisine équipée, terrasse délivrant un bien joli panorama, des efforts dans les détails. Ce Breton, grand amateur de longs voyages en voilier, assure aussi diverses prestations, comme la visite guidée de l'île en tour privé (en voiture, à VTT, à pied...) ou de passionnantes balades à cheval, même pour plusieurs jours, autour de l'île.

■ **RUTA RAPA NUI**

✆ +56 9 8405 1093

www.rutarapanui.com

info@rutarapanui.com

Prix dégressifs en fonction de l'excursion et du nombre de personnes (1-10 personnes) : demi-journée de randonnée entre 40 000 $ et 81 000 $ par personne. Toutes les excursions incluent boissons et snacks.

Une belle adresse pour programmer ses excursions avec trois guides performants qui, à eux trois, parlent plusieurs langues (anglais, espagnol et portugais mais aussi le français) : trek de 3 à 4 heures, demi-journées de 5 à 6 heures, tour à vélo, randonnées sont menés de main de maître !

PENSE FUTÉ

Falaises du Volcan Rano Kau, île de Pâques

PENSE FUTÉ

ARGENT

Monnaie

La monnaie nationale est le peso chilien (marqué $ dans ce guide, à ne pas confondre avec le dollar américain, noté US$). Elle circule sous forme de billets (1 000, 2 000, 5 000, 10 000 et 20 000 pesos) et de pièces (1, 5, 10, 50, 100 et 500 pesos). Le peso est stable (voire fort) par rapport au dollar et à l'euro, résultat des politiques économiques néolibérales mises en place depuis les années 1980.

Taux de change

Mi-novembre 2019, les taux de change sont les suivants : 1 € = 909 $. 1 US$ = 826 $. 1 CAD$ = 621 $. 1 CHF = 827 $.

Coût de la vie

Le coût de la vie est relativement élevé au Chili. Relativement... car tout dépend de votre manière de voyager et de vos goûts.
Au marché, les fruits et légumes sont vendus à des prix dérisoires (compter 0,50 € le kilo de carottes, de citrons, de tomates, 1,50 € les 3 kg d'oranges, etc., selon la saison, et au centre du pays bien sûr).
Les transports sont assez bon marché (3 000 $ un aller simple en bus de Valparaíso à Santiago, soit 110 km pour 5 €). Mais les prestations touristiques sont globalement plutôt chères : il faut débourser au moins 40 voire 50 € pour une chambre double avec sanitaires privés, et pas toujours bien aménagée ou moderne ! Pour les Chiliens et résidents, le gaz et l'électricité sont coûteux, mais c'est surtout les télécommunications qui ont le pompon : compter au moins 70 € pour une offre triple pack avec une connexion Internet à 20 Mo !
Pour une location d'appartements, si les jeunes étudiants en échange universitaire, les purs et durs, peuvent trouver une chambre à 100 € ou moins à Valparaíso notamment (on en connaît dont le loyer, en partageant en sept (!), est de 25 € par mois), compter plutôt entre 250 et 450 € selon la taille, le confort... Cela reste raisonnable.
Quand vous arrivez à l'aéroport, achetez vos paquets en Duty Free, la cartouche de 20 paquets est à environ 30 US$ actuellement (soit, *grosso modo*, 1,20 € le paquet...).

Budget

Le Chili est l'un des pays les plus chers d'Amérique latine. Mais les prix restent sensiblement inférieurs à ceux pratiqués en Europe. Il est possible de trouver des chambres et des petits restos pas chers du tout pour les plus démunis. En Patagonie, les prix peuvent parfois doubler lorsqu'on les compare aux tarifs pratiqués dans le nord (Arica ou Iquique notamment).

- **On peut se loger** en dortoir pour environ 10 000 $; comptez entre 15 000 et 25 000 $ pour une chambre avec sanitaires communs, à partir de 25 000/30 000 $ avec sanitaires privés. En camping, à partir de 3 000 $ par personne environ.
- **Un menu pour le déjeuner** revient entre 2 000/3 000 $ (dans les bouis-bouis locaux) et 5 000 à 10 000 $ dans les restos plus touristiques, ou les bonnes tables. A la carte dans un bon resto, compter entre 6 000 et 12 000 $ le plat.
- **Les transports** ne sont pas très chers, compte tenu des distances à parcourir, et on arrive toujours à trouver une compagnie qui pratique une réduction au moment opportun, surtout en basse saison. Nous vous conseillons d'emprunter les bus « cama » (lits), plus chers, mais beaucoup plus confortables si vous devez passer une nuit à bord.
- **Le Nord du Chili est moins cher que le Sud patagonique.** Il est toutefois possible de trouver à se loger à Puerto Natales ou Punta Arenas à des prix attractifs (environ 12 000 $) dans des adresses recommandables.
- **Les mois de janvier et février correspondent à la haute saison**, et le Sud est alors envahi par les touristes. Les prix s'en ressentent. D'une manière générale, et ce, tout au long de l'année, les prix sont plus élevés dans les endroits touristiques (comme Pucón ou Puerto Natales) que dans les coins perdus : règle générale qui fait la joie des purs aventuriers.

Banques et change

Les banques sont généralement ouvertes du lundi au vendredi de 9h à 14h. Les bureaux de change, eux, restent ouverts plus tard et le sont parfois le samedi.

Le dimanche, vous pouvez aller dans les grandes galeries commerciales, appelées *mall*, où vous aurez toutes les chances de trouver un bureau de change ouvert. Sachez toutefois que les frais de change peuvent être multipliés par cinq d'un bureau de change à un autre (ces frais sont souvent déjà inclus dans le taux de change affiché). On constate la même pratique en France. Préférez donc la carte bancaire. Pour les retraits, mais aussi les paiements par carte, le taux de change utilisé pour les opérations s'avère généralement plus intéressant que les taux pratiqués dans les bureaux de change. (A ce taux s'ajoutent des frais bancaires, indiqués ci-dessous.) Renseignez-vous sur les banques partenaires afin de minimiser les frais. Sachez que pas mal de banques ScotiaBank offrent des services de retraits gratuitement.

Carte bancaire

Si vous disposez d'une carte bancaire (Visa, MasterCard, etc.), inutile d'emporter des sommes importantes en espèces. Dans les cas où la carte n'est pas acceptée par le commerçant, rendez-vous simplement à un distributeur automatique de billets. En cas de perte ou de vol de votre carte à l'étranger, votre banque vous proposera des solutions adéquates pour que vous poursuiviez votre séjour en toute quiétude. Pour cela, pensez à noter avant de partir le numéro d'assistance indiqué au dos de votre carte bancaire ou disponible sur Internet. Ce service est accessible 7j/7 et 24h/24. En cas d'opposition, celle-ci est immédiate et confirmée dès lors que vous pouvez fournir votre numéro de carte bancaire. Sinon, l'opposition est enregistrée mais vous devez confirmer l'annulation à votre banque par fax ou lettre recommandée.

▸ **Conseils avant départ.** Pensez à prévenir votre conseiller bancaire de votre voyage. Il pourra vérifier avec vous la limitation de votre plafond de paiement et de retrait. Si besoin, demandez une autorisation exceptionnelle de relèvement de ce plafond.

Retrait

Prévoyez suffisamment de liquide si vous devez vous rendre dans des endroits un peu reculés. Le pays étant assez sûr (si l'on prend les précautions d'usage), le retrait avec une carte est recommandé. Si vous désirez un peu plus de sécurité, combinez carte bancaire, et cash au cas où... (vol de carte, etc.).

▸ **Trouver un distributeur** Le Chili dispose d'un très bon réseau de distributeurs qui acceptent les cartes bancaires internationales. Sur l'île de Pâques, il est maintenant possible de retirer de l'argent avec les cartes. Pour connaître le distributeur le plus proche, des outils de géolocalisation sont à votre disposition. Rendez-vous sur visa.fr/services-en-ligne/trouver-un-distributeur ou sur mastercard.com/fr/particuliers/trouver-distributeur-banque.html.

▸ **Utilisation d'un distributeur anglophone.** De manière générale, le mode d'utilisation des distributeurs automatiques de billets (« ATM » en anglais) est identique à la France. Si la langue française n'est pas disponible, sélectionnez l'anglais. « Retrait » se dit alors « withdrawal ». Si l'on vous demande de choisir entre retirer d'un « checking account » (compte courant), d'un « credit account » (compte crédit) ou d'un « saving account » (compte épargne), optez pour « checking account ». Entre une opération de débit ou de crédit, sélectionnez « débit ». (Si toutefois vous vous trompez dans ces différentes options, pas d'inquiétude, le seul risque est que la transaction soit refusée). Indiquez le montant (« amount ») souhaité et validez (« enter »). A la question « Would you like a receipt ? », répondez « Yes » et conservez soigneusement votre reçu.

▸ **Frais de retrait.** L'euro n'étant pas la monnaie du pays, une commission est retenue à chaque retrait. Les frais de retrait varient selon les banques et se composent en général d'un frais fixe d'en moyenne 3 euros et d'une commission entre 2 et 3 % du montant retiré. Certaines banques ont des partenariats avec des banques étrangères ou vous font bénéficier de leur réseau et vous proposent des frais avantageux ou même la gratuité des retraits. Renseignez-vous auprès de votre conseiller bancaire. Notez également que certains distributeurs peuvent appliquer une commission, dans quel cas celle-ci sera mentionnée lors du retrait.

▸ ***Cash advance.*** Si vous avez atteint votre plafond de retrait ou que votre carte connaît un disfonctionnement, vous pouvez bénéficier d'un *cash advance*. Proposé dans la plupart des grandes banques, ce service permet de retirer du liquide sur simple présentation de votre carte au guichet d'un établissement bancaire, que ce soit le vôtre ou non. On vous demandera souvent une pièce d'identité. En général, le plafond du *cash advance* est identique à celui des retraits, et les deux se cumulent (si votre plafond est fixé à 500 €, vous pouvez retirer 1 000 € : 500 € au distributeur, 500 € en *cash advance*). Quant au coût de l'opération, c'est celui d'un retrait à l'étranger.

Paiement par carte

De façon générale, évitez d'avoir trop d'espèces sur vous. Celles-ci pourraient être perdues ou volées sans recours possible. Préférez payer avec votre carte bancaire quand cela est possible. Les frais sont moindres que pour un retrait à un distributeur et la limite des dépenses permises est souvent plus élevée.

LA THAÏLANDE
POUR SEULEMENT
54 520€ TTC au départ de Paris
520€
BILLET D'AVION POUR LA THAÏLANDE
+
54 000€ (1)
FRAIS MÉDICAUX SUITE À UN ACCIDENT

Notez que lors d'un paiement par carte bancaire, il est possible que vous n'ayez pas à indiquer votre code pin. Une signature et éventuellement votre pièce d'identité vous seront néanmoins demandées.

- **Acceptation de la carte bancaire.** Les paiements par carte bancaire peuvent éventuellement être acceptés dans les grands hôtels, restaurants et magasins touristiques. Mais le paiement en espèces reste souvent plus fréquent. Pensez alors à retirer du liquide au distributeur le plus proche.
- **Frais de paiement par carte.** Hors zone Euro, les paiements par carte bancaire sont soumis à des frais bancaires. En fonction des banques, s'appliquent par transaction : un frais fixe entre 0 et 1,20 € par paiement, auquel s'ajoutent de 2 à 3 % du montant payé par carte bancaire. Le coût de l'opération est donc globalement moins élevé que les retraits à l'étranger. Renseignez-vous auprès de votre conseiller bancaire.

Transfert d'argent

Avec ce système, on peut envoyer et recevoir de l'argent de n'importe où dans le monde en quelques minutes. Le principe est simple : un de vos proches se rend dans un point MoneyGram® ou Western Union® (poste, banque, station-service, épicerie...), il donne votre nom et verse une somme à son interlocuteur. De votre côté de la planète, vous vous rendez dans un point de la même filiale. Sur simple présentation d'une pièce d'identité avec photo et la référence du transfert, on vous remettra aussitôt l'argent.

Pourboires, marchandage et taxes

- **Pourboire.** Bien qu'aucune loi ne vous y oblige, il est toujours bon de laisser 10 % de l'addition finale aux serveurs des bars, restaurants et pubs. C'est en tout cas une pratique répandue dans le pays, sauf dans les endroits les moins chers. Depuis peu, le pourboire est « suggéré » mais pratiquement imposé sur la note finale (surtout dans les grandes villes). Comme la *boleta* (la facturette finale que l'on doit impérativement vous donner) ne l'inclut pas, libre à vous de refuser de payer le pourboire. Mais si le service est bon... autant l'encourager !
- **Marchandage.** Le marchandage n'est pas une pratique habituelle dans la vie de tous les jours au Chili, sauf dans les marchés artisanaux où l'on peut négocier (un peu du moins). On peut toujours s'arranger, surtout si l'on achète plusieurs articles. Il est parfois possible de discuter le tarif des bus, en basse saison c'est même un sport national. Pour les hôtels, c'est plus délicat, mais avec du bagout...
- **Taxes.** L'IVA est l'équivalent de notre TVA. Elle est fixée à 19 % à ce jour. Avec votre passeport et en qualité de touriste étranger, vous pouvez demander le remboursement de l'IVA sur les nuitées d'hôtel si vous payez en dollars américains. Veillez-y ! Car certains hôteliers peu scrupuleux ne vous le rappelleront pas !

Duty Free

Puisque votre destination finale est hors de l'Union européenne, vous pouvez bénéficier du Duty Free (achats exonérés de taxes). Attention, si vous faites escale au sein de l'Union européenne, vous en profiterez dans tous les aéroports à l'aller, mais pas au retour. Par exemple, pour un vol aller avec une escale, vous pourrez faire du shopping en Duty Free dans les trois aéroports, mais seulement dans celui de votre lieu de séjour au retour.

BAGAGES

Que mettre dans ses bagages ?

Il est très difficile de conseiller une garde-robe idéale étant donné la diversité climatique du Chili, le pays s'étendant sur plus de 4 000 km. Le Sud est très humide et il y pleut surtout d'avril à septembre. Le climat est tempéré à l'intérieur du pays. L'automne et le printemps sont très agréables.

Les étés sont secs et ensoleillés (avec des nuits fraîches). Bien entendu, si vous allez complètement au sud, c'est-à-dire dans les régions glacées de la Patagonie chilienne et de la Terre de Feu, il est conseillé d'emporter anorak, coupe-vent et autres gants, pulls et écharpes...

Matériel de voyage

INUKA

✆ 04 56 49 96 65 – www.inuka.com

Ce site vous permet de commander en ligne tous les produits nécessaires à votre voyage, du matériel de survie à celui d'observation en passant par les gourdes ou la nourriture lyophilisée.

TREKKING

www.trekking.fr

Trekking propose dans son catalogue tout ce dont le voyageur a besoin : trousses de voyage, ceintures multi-poches, sacs à dos, sacoches, étuis... Une mine d'objets de qualité pour voyager futé et dans les meilleures conditions.

DÉCALAGE HORAIRE

Le décalage horaire avec l'Europe est de 4 heures au moment de l'été chilien et de 6 heures au cours de l'hiver ; en effet, le Chili change d'heure deux fois par an : dans la nuit du deuxième samedi à dimanche de mars, on recule d'une heure, et dans la nuit du deuxième samedi à dimanche d'octobre, on avance d'une heure. Toutefois, depuis peu, le Chili a décidé de prolonger l'heure d'été pour économiser de l'énergie. L'île de Pâques a, quant à elle, un décalage de 2 heures avec le continent. Donc, au mois de janvier, lorsqu'il est 20h en Europe, il est 16h au Chili et 14h sur l'île de Pâques. En revanche, au mois de juillet, lorsqu'il est 20h en Europe, il est 14h au Chili et 12h sur l'île de Pâques.

Outre le décalage horaire, il existe un décalage saisonnier. Le Chili se trouvant sous la ligne de l'équateur, les saisons sont inversées par rapport aux nôtres. Les vacances scolaires, moment du boom touristique et de l'escalade des prix, se situent en janvier et février.

ÉLECTRICITÉ, POIDS ET MESURES

- **220 volts.** Courant alternatif.
- **Le Chili** applique le système métrique.

FORMALITÉS, VISA ET DOUANES

Obtention du passeport

Tous les passeports délivrés en France sont désormais biométriques. Ils comportent votre photo, vos empreintes digitales et une puce sécurisée.

Pour l'obtenir, rendez-vous en mairie muni d'un timbre fiscal, d'un justificatif de domicile, d'une pièce d'identité et de deux photos d'identité. Le passeport est délivré sous trois semaines environ. Il est valable dix ans. Les enfants doivent disposer d'un passeport personnel (valable cinq ans).

- **Conseil.** Avant de partir, pensez à photocopier tous les documents que vous emportez avec vous. Vous emporterez un exemplaire de chaque document et laisserez l'autre à quelqu'un en France.

En cas de perte ou de vol, les démarches de renouvellement seront ainsi beaucoup plus simples auprès des autorités consulaires. Vous pouvez également conserver des copies sur le site Internet officiel (mon.service-public.fr). Il vous suffit de créer un compte et de scanner toutes vos pièces d'identité et autres documents importants dans l'espace confidentiel.

Formalités et visa

Pour se rendre au Chili, un passeport en cours de validité excédant de six mois la date de votre retour est nécessaire, ainsi qu'un billet d'avion retour. Un visa ne vous sera nécessaire que si vous souhaitez séjourner pour une période de plus de trois mois. Attention aux conditions d'entrée pour vos animaux de compagnie. Renseignez-vous auprès du consulat le plus proche avant votre départ pour savoir comment ils pourront vous accompagner.

VSI

Parc des Barbanniers
2, place des Hauts Tilliers, Gennevilliers
✆ 08 26 46 79 19
www.vsi-visa.com
contact@vsi-visa.com

Spécialiste des visas depuis 1984, Visa Sourire International se charge de l'obtention de votre visa, que ce soit pour tourisme, affaires, travail ou stage. Ils interviennent à votre place, y compris dans l'urgence. VSI, la garantie d'obtenir votre visa dans les meilleurs délais en vous évitant des heures d'attente aux consulats et ambassades.

Douanes

INFO DOUANE SERVICE

✆ 08 11 20 44 44
www.douane.gouv.fr
ids@douane.finances.gouv.fr

Standard téléphonique ouvert du lundi au vendredi de 8h30 à 18h.

Le service de renseignement des douanes françaises à la disposition des particuliers. Les téléconseillers sont des douaniers qui répondent aux questions générales, qu'il s'agisse des formalités à accomplir à l'occasion d'un voyage, des marchandises que vous pouvez ramener dans vos bagages ou des informations utiles pour monter votre société d'import-export. À noter qu'une application mobile est également disponible sur le site de la douane.

HORAIRES D'OUVERTURE

Les commerces ouvrent en semaine de 9h/10h à 20h-22h et restent généralement ouverts le samedi, en matinée. En revanche, en dehors des grands centres commerciaux (ouverts tous les jours de 10h à 22h en principe), tout est fermé le dimanche. La pause déjeuner s'effectue souvent entre 13h et 15h, selon les cas. Certaines épiceries (appelés kiosques ici, *kioscos*) ouvrent jusqu'à minuit, même le dimanche.

INTERNET

L'autre bout du monde n'est plus si loin avec les e-mails (*correo electrónico*) et autres WhatsApp.

Il est très facile de trouver un endroit où se connecter au Chili, même en Patagonie. D'une manière générale, il y a beaucoup plus de cyber-cafés au Chili qu'en Europe (moins de particuliers sont en effet équipés), et la connexion est très rapide. Le wi-fi est très répandu, dans les hôtels et restaurants.

JOURS FÉRIÉS

- **1er janvier :** Jour de l'an
- **De janvier à début mars :** vacances scolaires
- **Mars-avril :** le Vendredi saint est férié, et la Semaine sainte constitue aussi une occasion de vacances pour de nombreux Chiliens
- **1er mai :** fête du Travail
- **21 mai :** Glorias Navales (bataille navale d'Iquique)
- **29 Juin :** San Pedro et San Pablo
- **15 août :** Assomption
- **18 et 19 septembre :** fête de l'Indépendance
- **12 octobre :** Día de la Raza ou *Encuento de dos mundos* (Rencontre des deux mondes). Découverte de l'Amérique
- **1er novembre :** Todos los Santos. Toussaint
- **8 décembre :** fête de l'Immaculée Conception
- **25 décembre :** Noël

LANGUES PARLÉES

L'espagnol, souvent appelé ici *castellano* (castillan), est la langue officielle, au Chili comme sur l'île de Pâques, qui continue cependant à dispenser des cours de Rapa Nui à l'école. A noter : le chilien est une langue vraiment à part, avec un accent chantant et de très nombreux néologismes.

L'anglais est parlé par la majorité des prestataires de services touristiques (hôtels, agences de location de voitures...)... mais ne croyez pas aux miracles.

L'allemand peut être une alternative dans le sud du pays (région des Lacs...). Il ne faut pas trop compter sur le français au cours de votre périple, même s'il est toujours possible de rencontrer un établissement tenu par un compatriote.

- **Apprendre l'espagnol.** Il existe différents moyens d'apprendre quelques bases de la langue et l'offre pour l'auto-apprentissage peut se faire sur différents supports : CD, DVD, cahiers d'exercices ou, de plus en plus, via des applications smartphones et sites web.

■ **ASSIMIL**
11, rue des Pyramides (1er)
Paris
© 01 42 60 40 66
www.assimil.com
contact@assimil.com
M° Pyramides
Du mardi au samedi de 10h à 13h et de 14h à 18h.
Précurseur des méthodes d'auto-apprentissage des langues en France, Assimil reste la référence lorsqu'il s'agit d'apprendre à parler ou écrire une langue étrangère avec une méthodologie qui a fait ses preuves : l'assimilation intuitive.

■ **POLYGLOT**
www.polyglotclub.com
Gratuit.
Ce site propose à des personnes désireuses d'apprendre une langue d'entrer en contact avec d'autres dont c'est la langue maternelle, par le biais de rencontres et de soirées. Une manière conviviale de s'initier à la langue et d'échanger.

■ **ROSETTA STONE**
www.rosettastone.fr
Sur ce site Internet, votre niveau est d'abord évalué et des objectifs sont fixés en conséquence. Ensuite, vous vous plongez parmi les 10 000 exercices et 2 000 heures de cours proposés. Enfin, votre niveau final est certifié selon les principaux tests de langues.

POSTE

Les bureaux de poste (Correos de Chile), présents dans presque toutes les villes, sont ouverts en semaine de 9h à 17h ou 18h, et le samedi de 9h à 13h. Le système postal chilien fonctionne plutôt bien. Il faut néanmoins compter entre trois semaines et un mois pour faire parvenir un courrier en Europe.

▶ **Pour envoyer du courrier vers le Chili,** vous devez libeller l'enveloppe de la façon suivante :
Nom + Prénom – Adresse (rue + numéro) – Colonia (quartier pour Santiago) – Ville – Région (facultatif) – Chile

QUAND PARTIR ?

Climat

Ce n'est pas tant l'époque qui compte, mais surtout la zone géographique que vous souhaitez visiter.

▶ **La zone nord, entre Santiago et Arica,** ne pose pas trop de problèmes climatiques, si ce n'est à l'intérieur des terres, vers la cordillère des Andes. Les étés (de décembre à mars) sont ensoleillés mais la chaleur est rarement étouffante. Les nuits, en revanche, sont fraîches et un pull de demi-saison est de rigueur. En hiver, prévoir des pulls et un coupe-vent en altitude.
En janvier et février, des réservations peuvent s'avérer nécessaires dans les sites les plus touristiques.

▶ **Au sud du pays,** l'époque idéale se situe entre novembre et mars. Après, il faut aimer le vent, la pluie, la neige et le froid. Réservations indispensables en janvier et février.

■ **MÉTÉO CONSULT**
www.meteoconsult.fr
Les prévisions météorologiques pour le monde entier.

Haute et basse saisons touristiques

La très haute saison touristique se situe en janvier et février, vacances scolaires sud-américaines.
Cependant, la haute saison s'étend entre novembre et mars le plus souvent, novembre et mars étant deux mois très demandés, notamment dans le Sud patagon. Aussi en août, époque où les Européens débarquent en masse. Très basse saison en mai/juin et septembre/octobre.

SANTÉ

Voyager dans ce pays ne requiert pas de précautions sanitaires particulières si ce n'est une protection contre la chaleur dans le désert du nord ou sur l'île de Pâques et contre le froid et les malaises dus à l'altitude en haute montagne. Sachez aussi que les saisons sont inversées par rapport à l'Europe (on est dans l'hémisphère Sud) et que les maladies suivent donc la tendance (grippe notamment).

Conseils

Pour recevoir des conseils avant votre voyage, n'hésitez pas à consulter votre médecin. Vous pouvez aussi vous adresser à la société de médecine des voyages du centre médical de l'Institut Pasteur au ✆ 01 45 68 80 88 (www.pasteur.fr/fr/sante/centre-medical) ou vous rendre sur le site du ministère des Affaires étrangères à la rubrique « Conseils aux voyageurs » (www.diplomatie.gouv.fr/voyageurs).

▶ **En cas de maladie** ou de problème grave durant votre voyage, consultez rapidement un pharmacien puis un médecin.

Centres de vaccination

Pour plus d'informations, vous pouvez consulter le site Internet du ministère de la Santé (www.sante.gouv.fr) pour connaître les centres de vaccination proches de chez vous.

INSTITUT PASTEUR
25-28, rue du Dr Roux (15e), Paris
✆ 01 45 68 80 00 – www.pasteur.fr
Sur le site Internet, vous pouvez consulter la liste des vaccins obligatoires pays par pays.
L'Institut Pasteur, créé en 1888 par Louis Pasteur, est une fondation privée à but non lucratif dont la mission est de contribuer à la prévention et au traitement des maladies, en priorité infectieuses, par la recherche, l'enseignement, et des actions de santé publique. Tout en restant fidèle à l'esprit humaniste de son fondateur Louis Pasteur, le centre de recherche biomédicale s'est toujours situé à l'avant-garde de la science, et a été à la source de plusieurs disciplines majeures : berceau de la microbiologie, il a aussi contribué à poser les bases de l'immunologie et de la biologie moléculaire. Le réseau des Instituts Pasteur, situé sur les 5 continents et fort de 8 500 collaborateurs, fait de cette institution une structure unique au monde. C'est au Centre médical que vous devez vous rendre pour vous faire vacciner avant de partir en voyage.

Autre adresse : Centre médical : 213 bis rue de Vaugirard, Paris 15e.

En cas de maladie

Un réflexe : contacter le consulat de France. Il se chargera de vous aider, de vous accompagner et vous fournira la liste des médecins francophones. En cas de problème grave, c'est aussi lui qui prévient la famille et qui décide du rapatriement. Pour connaître les urgences et établissements aux standards internationaux : consulter les sites www.diplomatie.gouv.fr et www.pasteur.fr

Assistance rapatriement – Assistance médicale

Si vous possédez une carte bancaire Visa® et MasterCard®, vous bénéficiez automatiquement d'une assurance médicale et d'une assistance rapatriement sanitaire valables pour tout déplacement à l'étranger de moins de 90 jours (le paiement de votre voyage avec la carte n'est pas nécessaire pour être couvert, la simple détention d'une carte valide vous assure une couverture). Renseignez-vous auprès de votre banque et vérifiez attentivement le montant global de la couverture et des franchises ainsi que les conditions de prise en charge et les clauses d'exclusion. Si vous n'êtes pas couvert par l'une de ces cartes, n'oubliez surtout pas de souscrire une assistance médicale avant de partir.

Hôpitaux – Cliniques – Pharmacies

Vous dénicherez des pharmacies sans aucune difficulté : il y en a partout ! La majorité de ces dernières appartient à de grandes chaînes chiliennes (Cruz Verde, Ahumada, Salcobrand...) que l'on retrouve dans presque toutes les villes du pays. Voici une suggestion de centres de santé bilingues (espagnol-anglais).

■ **CLINICA ALEMANA**
Avenida Vitacura 5951, Santiago
✆ +56 2 2210 1111
www.alemana.cl
pacienteinternacional@alemana.cl

■ **CLINICA LAS CONDES**
Estoril 450, Las Condes
Santiago ✆ +56 2 2210 4000
www.clinicalascondes.cl

■ **CLINICA SANTA MARIA**
Avenida Santa María 500
Santiago ✆ +56 2 2913 0000
www.clinicasantamaria.cl
gescaec@clinicasantamaria.cl

■ **HÔPITAL SAN JUAN DE DIOS**
Huérfanos 3255
Barrio Brasil
SANTIAGO DE CHILE
✆ +56 2 2574 1900
Voir page 118.

■ **HOSPITAL CARLOS VAN BUREN**
San Ignacio 725
VALPARAÍSO ✆ +56 32 220 4000
Voir page 160.

■ **PHARMACIE CRUZ VERDE**
CURANILAHUE
✆ +56 41 269 2649
Voir page 234.

■ **POSTA CENTRAL**
Avenida Portugal 125
SANTIAGO DE CHILE
✆ +56 2 634 1650
Voir page 118.

Urgences

Le Chili dispose de numéros d'appel d'urgence gratuits que vous pouvez composer à partir de n'importe quel poste téléphonique.

- **Conaf** (Corporación Nacional Forestal) ✆ 130.
- **Ambulance** ✆ 131.
- **Pompiers** (Bomberos) ✆ 132.
- **Police** (Carabineros) ✆ 133.
- **Informations** ✆ 139.

SÉCURITÉ ET ACCESSIBILITÉ

Dangers potentiels et conseils

Aucun problème pour voyager au Chili, seul, en famille ou avec des amis. Les gens sont très hospitaliers et se plieront en quatre pour vous venir en aide. Il faut juste prendre les précautions d'usage, comme chez vous, et ne pas exhiber ses affaires à tout vent. Quelques problèmes de petite délinquance dans les grandes villes, notamment à Santiago, Viña del Mar, Valparaíso, Concepción et Antofagasta, mais avec une certaine vigilance rien ne devrait arriver. Une règle d'or : ne pas avoir l'air d'un touriste tout juste débarqué de son avion.
Pour connaître les dernières informations sur la sécurité sur place, consultez la rubrique « Conseils aux voyageurs » du site du ministère des Affaires étrangères : www.diplomatie.gouv.fr/voyageurs – Sachez cependant que le site dresse une liste exhaustive des dangers potentiels et que cela donne parfois une image un peu alarmiste de la situation réelle du pays.

Femme seule en voyage

Une femme peut voyager au Chili sans problème. Il est bien entendu conseillé de ne pas se promener avec des objets de grande valeur pour éviter l'intérêt des pickpockets. Les Chiliens se montrent respectueux mais peuvent parfois se révéler dragueurs : c'est la culture du *piropo*, le compliment admiratif typique du latino, mais rien de spécial, ils sont rarement lourds ou insistants. Des réponses claires et précises suffisent à éloigner les plus assidus en général. Il suffit de suivre votre bon sens.

Voyager avec des enfants

Voyager avec des enfants est un vrai plaisir au Chili. Les Chiliens adorent les enfants ! Vous aurez la possibilité de lier plus facilement connaissance. Pas de risques sanitaires particuliers, et il existe de bonnes structures pour les accueillir (aires de jeux, parcs, etc.).

Voyageur handicapé

Pour les personnes atteintes d'un handicap physique ou mental, il existe des agences de voyages qui organisent des séjours sur mesure, adaptés aux besoins de chacun (véhicule, accompagnateur sur demande, hébergements...). Des efforts sont mis en œuvre pour rendre les établissements et les sites touristiques accessibles aux personnes à mobilité réduite ; cependant, cela reste assez limité (problèmes surtout pour les salles de bains et les transports).

Il est donc préférable de voyager avec une personne valide qui puisse vous aider en cas de difficultés ou de vous en remettre à une agence de voyage spécialisée (séjours en mini-groupe pour la plupart). Sur place, chez l'agence de voyage KORKE, la branche AMAPI propose des séjours adaptés pour les personnes à mobilité réduite.

KORKE
Antonio Bellet 143, Of. 204, Providencia
SANTIAGO DE CHILE
✆ +56 2 2759 4006
Voir page 16.

Voyageur gay ou lesbien

Au Chili, les homosexuels sont généralement bien accueillis, du moins dans la capitale. L'homosexualité est légale depuis 1998, mais elle reste encore mal vue dans les milieux conservateurs (religieux, certains partis politiques comme l'UDI, armée).
Les mentalités sont assez rétrogrades (mais changent peu à peu) dans les régions. A Santiago, il existe une communauté gay et des lieux précis où celle-ci se retrouve.

TÉLÉPHONE

Comment téléphoner ?

- **Pour appeler en France :** 00 + 33 + indicatif régional (sans le 0) + numéro du correspondant
- **Pour appeler au Chili :** 56 + indicatif régional + numéro du correspondant. Les numéros de téléphone sont à sept chiffres partout, sauf à Santiago où ils comptent huit chiffres.
- **Pour appeler vers un téléphone portable chilien :** 56 + 9 + numéro du correspondant (huit chiffres).
- **Les numéros de téléphones portables** commencent tous par 09, 08, 07 ou 06 et sont suivis de sept chiffres. Toutefois, pour appeler sur un portable depuis l'étranger, le premier 0 doit être enlevé.

Téléphone mobile

- **Utiliser votre carte sim :** Pour passer en *roaming*, cela se fait automatiquement avec tous les opérateurs. Lorsque vous utilisez votre téléphone français à l'étranger, vous payez la communication, que vous émettiez l'appel ou que vous le receviez. Dans le cas d'un appel reçu, votre correspondant paie lui aussi, mais seulement le prix d'une communication locale. Tous les appels passés depuis ou vers l'étranger sont hors forfait, y compris ceux vers la boîte vocale. Cette option risque de vous coûter un peu cher !
- **Enregistrer votre téléphone avant de vous acheter une carte pré-payée :** si vous venez au Chili avec votre propre téléphone et que vous souhaitez profiter de la 4G, il faudra enregistrer votre téléphone avant d'acheter une carte prépayée (autour de 5 000 $) et de l'utiliser dans votre propre mobile (si celui-ci a été désimlocké). Depuis 2016 la démarche peut s'avérer fastidieuse puisqu'une loi chilienne exige d'enregistrer tous les téléphones étrangers sous 30 jours avant votre arrivée. Vous n'aurez pas à payer, rendez-vous sur www.multibanda.cl pour utiliser le réseau chilien librement : vous pouvez aussi acheter un mobile sur place (Entel, Movistar, Claro...), les moins chers coûtent autour de 15 000 à 20 000 $, avec entre 2 000 et 5 000 $ (parfois plus !) de communication gratuite. Vous aurez ainsi un numéro local, ce qui facilitera vos réservations, etc.

Autres moyens de téléphoner

Cabines et cartes prépayées

Nombreux centres d'appel (*Centro de llamadas* ou *llamados*) un peu partout, généralement ouverts 7j/7. Leurs horaires sont assez flexibles.

Fax

Des fax publics sont à votre disposition dans tous les centres d'appels. Mais le fax n'est plus trop utilisé au Chili...

France Télécom à l'étranger

- **Le service France Direct.** Il vous permet de téléphoner sans carte. Le montant de vos communications sera directement facturé sur votre facture habituelle. Ainsi, vous ne payez que ce que vous consommez. Pour téléphoner avec ce service composez le 800 800 372 ou le 800 360 110 (Entel).
- **Le Ticket.** Vous pouvez aussi opter pour le Ticket France Télécom, une carte prépayée que vous pourrez acheter en France et emporter avec vous dans vos bagages. Vous n'aurez donc pas besoin de chercher une carte locale sur place.

À VOIR – À LIRE

Cartographie et bibliographie

Ouvrages généraux et historiques

- **Avalos Raymond,** *Le Chili*, Paris, PUF, 1992.
- **Blancpain Jean-Pierre,** *Le Chili et la France*, L'Harmattan, 1999. Surtout sur les XVIIIe et XIXe siècles.
- **Brunier Serge,** *Atacama, désert d'altitude,* Nathan, 2004. Photos sur le désert le plus aride du monde.
- **Castillo Carmen et Echevarría Mónica,** *Santiago-Paris*, Plon, 2002. La mère et la fille décrivent un pays torturé, chacune à leur façon.
- **Pierre Dupuy,** *Chili 1967-1973*, L'Harmattan, 2000, collection « Histoire de vie ». Témoignage d'un prêtre-ouvrier français travaillant à Valparaíso.
- **Monique Barrué-Pastor,** *Forêts et développement durable au Chili : Indianité mapuche et mondialisation*, PUM, 2004. Ou comment les multinationales de la pâte et du papier convoitent ce petit bout de terre de grande biodiversité, terres millénaires du peuple Mapuche.
- **Debray Régis,** *Entretien avec Salvador Allende sur la situation au Chili*, Paris, Maspéro, 1971.
- **Dinges John,** *Les Années Condor,* La Découverte, 2005. Comment Pinochet et ses acolytes ont propagé la dictature et la terreur de 1976 à 1982.
- **Duhamel Olivier,** *Chili ou la tentative Révolution/Légalité*, Paris, Gallimard, 1974.
- **Fernandez Marc et Rampal Jean-Christophe,** *Pinochet, un dictateur modèle,* Hachette, 2003.
- **Galeano Eduardo,** *Les Veines ouvertes de l'Amérique latine*, Livre de Poche, Plon, 1981. A lire de toute urgence si l'on veut s'imprégner des réalités « souterraines » de l'Amérique méridionale.
- **Haon Hervé,** *Patagonie : à la poursuite du vent*, Anako, 2003. Récit de voyage à travers le Chili.
- **Joxe Alain,** *Le Chili sous Allende*, Paris, Gallimard/Julliard, 1974.
- **Korganow Grégoire,** *Avoir vingt ans à Santiago du Chili*, Alternatives, 2003. Reportage photo sur une jeunesse tourmentée. *Les Indiens mapuches du Chili*, L'Harmattan, 2000. Stratégies de résistance au XVIIIe siècle.
- **Michaud Olivier, Zalio Michel,** *Chili... infinies latitudes*, Cacimbo, 2004. Album d'environ 160 photos.
- **Moulian Tomás,** *Chile actual : Anatomía de un mito*, 1997. Essentiel si l'on veut comprendre les dessous de l'histoire économique chilienne récente. *Nous étions enfants en Patagonie,* Versant Sud, 2003. Récit de l'installation de 36 jeunes en Patagonie chilienne, en 1949.
- **Peuziat Ingrid,** *Les Gitans de la mer,* L'Harmattan, 2003. La colonisation en Patagonie insulaire.
- **Ploquin Frédéric, Poblete Maria,** *La Colonie du docteur Schaefer : une secte nazie au pays de Pinochet,* Fayard, 2004. Enquête sur la fameuse colonie Dignidad, un « camp » de concentration dirigé par un ancien nazi (arrêté à la fin de l'année 2005 à Buenos Aires).
- **Sarget Marie-Noëlle,** *Histoire du Chili de la conquête à nos jours,* Paris, L'Harmattan, 1996. Très bonne synthèse sur l'histoire tant économique, politique, économique que sociale et culturelle du Chili.
- **Sepúlveda Luis,** *La Folie de Pinochet,* Métailié, 2003. Les articles de cet auteur reconnu mondialement, écrits pour la presse internationale entre 1998 et 2002.
- **Touraine Alain,** *Vie et mort du Chili populaire,* Paris, Ed. du Seuil, 1973.
- **Tubeuf André,** *Appassionata* – Claudio Arrau, NiL, 2003. Biographie du grand pianiste chilien (1903-1991).
- **Vayssière Pierre,** *Un siècle de capitalisme minier au Chili*, 1830-1930, Paris, Ed. du CNRS, 1980.
- **Zachmann Patrick,** *Chili : les routes de la mémoire,* Marval, 2002. Photographies qui évoquent la répression du régime pinochétiste.

- **Zylberberg Jacques,** *Aux sources du Chili contemporain,* Québec/Paris, Université de Laval/Ed. Anthropos, 1980. Lecture très instructive des problèmes du Chili au cours du XIXe siècle notamment.
- **Franck Gaudichaud,** *Chili 1970-1973 : 1000 jours qui ébranlèrent le monde,* 2013. Analyse poussée du contexte socio-politique et du coup d'Etat mené par le général Pinochet le 11 septembre 1973.

Littérature

- **Alegria Fernando,** *La Ciudad de arena*, Buenos Aires, Ed. de la Flor, 1974.
- **Allende Isabel,** *La Maison aux esprits*, Paris, Fayard, 1984. D'amour et d'ombre, Paris, Fayard, 1986. Eva Luna, Paris, Fayard, 1988.
- **Atias Guillermo,** *Là où finit la terre* (Contes), Paris, La Farandole, 1978. *Le Sang dans la rue,* Paris, Rupture, 1978.
- **Chatwin Bruce,** *En Patagonie*, Paris, Grasset, Les Cahiers Rouges, 1979.
- **Coloane Francisco,** *Le Sillage de la baleine*, Paris, Phébus, 1998. *Antartida*, Paris, Phébus, Paris, 1999. *Le Dernier Mousse,* Le Seuil, 1998. Grand classique de la littérature jeunesse en Amérique latine. Un jeune Chilien s'embarque clandestinement sur une goélette militaire au début du XIXe siècle.
- **Díaz-Eterovic Ramon,** *Les Sept Fils de Simenon*, Métailié, 2001. Les aventures d'un détective privé dans un pays qui, tout juste sorti d'une dictature, entre de plain-pied dans le capitalisme sauvage.
- **Donoso José,** *L'Obscène Oiseau de la nuit*, Paris, Le Seuil, 1972. *Ce lieu sans limites*, Paris, Calmann-Lévy, 1974. *Casa de campo*, Paris, Calmann-Lévy, 1980. *Le couronnement*, Paris, Calmann-Lévy, 1981.
- **Droguett Carlos,** *Eloy*, La Havane, Casa de las Americas, 1970. *Pattes de chien*, Paris, Denöel, 1981.
- **Edwards Jorge,** *Le Poids de la nuit,* Paris, Albin Michel, 1972. *El Moro de cera*, Plaza y Janes, 1988. *Persona non grata*, Barcelona, Tusquets, 1991. Diplomate à Cuba, l'auteur y décrit son expérience, avant d'être expulsé.
- **Alonzo de Ercilla,** *La Araucana,* UNAM, Mexico, 1978.
- **Lafourcade Enrique**, *La Fiesta del rey*, Santiago, Zig-Zag, 1969.
- **Littín Miguel,** *Le Voyageur byzantin,* Métailié, 1998. C'est l'histoire d'un grand-père, celui du plus grand cinéaste chilien, racontée par lui-même.
- **Manns Patricio,** *Cavalier seul,* Phébus, 1999. Histoire de Julio Popper, exilé roumain, tyran et hors-la-loi, qui sema la zizanie en Terre de Feu.
- **Mistral Gabriela,** *Desolacíon*, Ternura, Tala Lagar, Mexico, Porrua, 1973. *Dame la mano*, La Havane, Gente Nueva, 1976. *Antología poética,* Ed. Univ., 1979.
- **Mura Papianille** et **Wilson Matt,** *Chili, pays de vins et de montagnes*, Versant Sud, 2009.
- **Neruda Pablo,** *Résidence sur la terre*, Paris, Gallimard, 1969. *Splendeur et mort de Joaquin Murieta*, Paris, Gallimard, 1969. *J'avoue que j'ai vécu,* Paris, Gallimard, 1975. *Chant général,* Paris, Gallimard, 1977.
- **Orrego Luco,** *Casa grande*, Santiago, Zig-Zag, 1968.

Valle de la Luna, désert d'Atacama.

- **Parra Nicanor,** *Poemas y antipoemas,* Santiago, Ed. Nascimiento, 1971.
- **Rojas Gonzalo,** *La Miseria del hombre,* 1948. *Oscuro, Caracas,* Monte Avila Editores, 1976.
- **Sepúlveda Luis,** *Le vieil homme qui lisait des romans d'amour,* Paris, Seuil, Points, 1992. *Le Monde du bout du monde,* Paris, Seuil, Points, 1995. *Le Neveu d'Amérique,* Paris, Seuil, Points, 1996.
- **Skarmeta Antonio,** *Beaux enfants, vous perdez la plus belle rose,* Paris, Gallimard, 1979. *Une ardente patience,* Le Seuil, 1987.
- **Skarmeta Antonio,** *Les Jours de l'arc-en-ciel,* Grasset, 2013.
- **Uribe Armando,** *Ces « messieurs » du Chili,* Paris, Ed. La Différence, 1978.
- **Vasquez Ana,** *Abel Rodriguez et ses frères,* Paris, Des Femmes, 1982.

Ile de Pâques

- **Heyerdahl Thor,** *Aku-Aku,* Paris, Albin Michel. Ce livre, assez vieux, n'est peut-être plus édité, mais vous pourrez trouver *Ile de Pâques, les mystères dévoilés,* également chez Albin Michel, 1989.
- **Gellie Pierre Blanche et Yves,** *L'Ile de Pâques, la mémoire retrouvée,* Paris, Casterman, 1994.
- **Loti Pierre,** *L'Ile de Pâques, journal d'un aspirant de la Flore,* Paris, Combelles, 1988. Ce livre reprend certains passages de *Reflets sur la sombre route* (Calmann-Lévy, 1926).
- **Métraux A.,** *L'Ile de Pâques,* Paris, Gallimard, collection « Tel ». Livre extrêmement complet et captivant où l'auteur relate son expédition ethnographique sur l'île avec Henry Lavachery (décédé pendant le voyage), en 1934. Un livre référence, passionné et passionnant, mais qui n'est pas exempt de grosses erreurs.
- **Orliac Catherine et Michel,** *Des dieux regardent les étoiles,* Paris, Découvertes Gallimard, 1988.

Cartographie

Procurez-vous les cartes de l'IGM (l'Institut géographique militaire), basée sur une échelle de 1/25 000e. Cela dit, ces cartes n'existent pratiquement pas pour toute la région du sud magellanique jusqu'à la Terre de Feu.

AVANT SON DÉPART

Ambassades et consulats

AMBASSADE DU CHILI À PARIS
2, avenue de La Motte-Picquet (7e)
Paris
✆ 01 44 18 59 60
https://chile.gob.cl/francia
Du lundi au vendredi de 9h à 13h et de 15h à 18h.

CONSULAT DU CHILI
64, boulevard de La Tour-Maubourg (7e)
Paris
✆ 09 70 40 58 14
www.cgparis.cl
Du lundi au vendredi de 8h30 à 12h30.

CONSULATS HONORAIRES DU CHILI

- **Lyon** ✆ 04 78 64 04 94 – consul.chili.lyon@orange.fr
- **Bordeaux** ✆ 05 56 44 12 26 – boerneravocats@scp-boerner.fr
- **Le Havre** ✆ 02 35 19 39 90 – lehavre@humtac.fr
- **Marseille** ✆ 04 91 37 06 77 – consulchilimarseille@free.fr
- **Strasbourg** ✆ 03 88 32 60 38 – consulchili-stras@wanadoo.fr
- **Papeete (Tahiti)** ✆ +689 78 07 71 – sylvetta@mail.pf

SERVICE ARIANE
www.diplomatie.gouv.fr
Ariane est un portail, proposé sur le site du ministère des Affaires étrangères, qui permet, lors d'un voyage de moins de 6 mois, de s'identifier gratuitement auprès du Ministère. Une fois les données saisies, le voyageur pourra recevoir des recommandations liées (par SMS ou mail) à la sécurité dans le pays. En outre, la personne désignée par le voyageur comme « contact » en France sera prévenue en cas de danger. De nombreux conseils et avertissements sont également fournis grâce à ce service !

Office du tourisme

INFO CHILI
BP 30
78210 Saint-Cyr-l'École
✆ 01 30 45 09 09
L'après-midi seulement.
Un bureau d'informations : conseils pratiques, infos diverses.

SUR PLACE

Ambassades et consulats

AMBASSADE DE BELGIQUE
bureau 1103, Avenida Providencia 2653
SANTIAGO DE CHILE ✆ +56 2 2694 0400
Voir page 117.

AMBASSADE DE FRANCE
Condell 65, Providencia
SANTIAGO DE CHILE ✆ +56 2 2470 8000
Voir page 117.

AMBASSADE DE SUISSE
13e étage, Américo Vespucio Sur 100
SANTIAGO DE CHILE
✆ +56 2 2928 0100
Voir page 118.

AMBASSADE DU CANADA
12e étage
Nueva Tajamar 481, 12e étage
(World Trade Center), SANTIAGO DE CHILE
✆ +56 2 2652 3800
Voir page 118.

Associations et institutions culturelles

ALLIANCE FRANÇAISE DE SANTIAGO
Avenida Luis Pasteur 5418
SANTIAGO DE CHILE ✆ +56 2 218 91 32
Voir page 117.

INSTITUT FRANCAIS
Francisco Noguera 176
Providencia
SANTIAGO DE CHILE
✆ + 56 2 3221 0910
Voir page 118.

SERVICE DE COOPÉRATION ET D'ACTION CULTURELLE (SCAC)
Francisco Noguera 176
Providencia
SANTIAGO DE CHILE
✆ +56 2 2470 8060
Voir page 118.

Tourisme

Dans chaque ville vous disposerez de plusieurs sources d'informations touristiques. Tout d'abord le bureau de Sernatur, le Service national du tourisme chilien, dans chaque capitale régionale, dispose de dépliants de présentation de chaque région ainsi que des villes les plus importantes. Si le lieu où vous vous trouvez ne dispose pas de bureau Sernatur, adressez-vous à la municipalité ou à une agence de voyages qui pourra vous fournir des renseignements utiles. Ceux qui sont intéressés par les parcs et les réserves nationales s'adresseront aux bureaux de la CONAF qui pourront leur fournir des dépliants de présentation de chaque zone protégée et leur donner des conseils pour les visiter.

MAGAZINES ET ÉMISSIONS

Radio

99.0 – RADIO LATINA
www.latina.fr
Pour contacter Latina : Par SMS : Envoyer LATINA suivi d'un espace puis le message au 71200 (0,50 € TTC + coût d'un SMS) - Par téléphone : Composer le 3628 et dire LATINA, puis se laisser guider par le menu (0,34 € TTC la minute).
Depuis 1984 Radio Latina se consacre exclusivement à l'actualité de la musique et de la culture latines, c'est-à-dire celles de l'Amérique Latine, de l'Espagne, de l'Italie et du Portugal. Au programme : portraits et interviews d'artistes, événements, concerts live, etc. Radio parisienne de toutes les musiques latines, Radio Latina se définit comme la radio officielle de la fiesta. Laissez-vous transporter par la chaleur et les rythmes latins… Caliente assurée ! Principales émissions : 5h30-9h : « Le Latino Show » : réveil avec Roberto, Peggy et Guillermo. – 9h-13h : « Ludo ». Bons plans restos, voyages et bon son latino – 13h-16h : « Hémelyne » : du lundi au vendredi, coups de cœur, recettes de brochettes et cocktails d'Hémelyne – 16h-20h : « Florian » : les meilleurs sons latinos du moment et votre titre préféré dans le Hot Latina. – « La Noche Latina » : tous les soirs du lundi au jeudi, Mario diffuse et lit vos messages les plus « caliente » et vos dédicaces d'amour – « La Revolucion Reggaeton » : animée par Roberto, l'émission Reggaeton de référence ! – « Los Domingos Salseros » : Animée par Roberto, tout sur la salsa. – « Le hot Latina » animée par Florian. Tous les jours de la semaine à 17h, retrouvez le classement caliente des meilleurs titres diffusés sur Latina.

RFI
80, rue Camille Desmoulins
Issy-les-Moulineaux
✆ 01 84 22 84 84
www.rfi.fr
RFI (Radio France Internationale) est une radio française d'actualité diffusée mondialement en français et en 13 autres langues*, disponible en direct sur Internet (rfi.fr) et applications connectées. Grâce à l'expertise de ses rédactions basées à Paris et de son réseau de 400 correspondants, RFI propose à ses auditeurs des rendez-vous d'information et des magazines offrant les clés de compréhension du monde. *anglais, cambodgien, chinois, espagnol, haoussa, kiswahili, mandingue, persan, portugais, roumain, russe, vietnamien.

Télévision

FAUT PAS RÊVER – FRANCE 3
www.twitter.com/fprever
Rendez-vous voyage et découverte incontournable de France 3, diffusé un lundi soir sur trois (en alternance avec *Thalassa* et *Le Monde de Jamy*). Présenté par Philippe Gougler et Carolina de Salvo, *Faut pas Rêver* nous invite à la découverte des peuples et des cultures du monde à travers de magnifiques reportages et des rencontres originales.

FRANCE 24
80, rue Camille Desmoulins
Issy-les-Moulineaux
✆ 01 84 22 84 84
www.france24.com
France 24, quatre chaînes internationales d'information en français, anglais, arabe et en espagnol. Émettant 24h/24 et 7j/7 sur les 5 continents. La rédaction de France 24 propose depuis Paris une approche française du monde et s'appuie sur un réseau de 160 bureaux de correspondants couvrant la quasi-totalité des pays du globe. Disponible en Italie sur la TNT : 241 (en français) – sur Tivu : 73 (en français), 69 (en anglais) – sur Sky : 541 (en français), 531 (en anglais). Également sur Internet (france24.com) et applications connectées.

RMC DÉCOUVERTE
✆ 01 71 19 11 91
https://rmcdecouverte.bfmtv.com
Média d'information thématique, cette chaîne – diffusée en HD – propose un florilège de programmes dédiés à la découverte, et plus particulièrement des documentaires liés aux thématiques suivantes : aventure, animaux, science et technologie, histoire et investigations, automobile et moto, mais également voyages, découverte et art de vivre.

THALASSA – FRANCE 3
www.thalassa.france3.fr
thalassa@francetv.fr
Rendez-vous incontournable de France Télévision, quasi historique, *Thalassa*, le magazine de la mer, existe depuis 1975. L'équipe de journalistes part à la rencontre de tous les acteurs du monde marin. Dans cette émission hebdomadaire, où il est souvent question d'environnement, d'écologie, de pêche et de pêcheurs, de navigants, de tours du monde à la voile, la découverte du littoral français et les grandes aventures du bout du monde y sont régulièrement à l'honneur pour mieux comprendre les enjeux actuels et les actions en faveur de la planète bleue.

TREK
www.trekhd.tv
Chaîne thématique.
Chaîne du Groupe AB consacrée aux sports en contact avec la nature qui propose une grille composée le lundi par les sports extrêmes ; mardi, les sports en extérieur ; mercredi, les sports de glisse sur neige ; jeudi, les expéditions, avec des voyages extrêmes ; vendredi, le jour des défis avec des jeux télévisés de TV réalité ; samedi, deuxième jour de sports de glisse sur mer ; dimanche, l'escalade, à main nue ou à la pioche. Remplaçant la chaîne Escales, Trek est disponible sur les réseaux câble, satellite et box ADSL.

TV5 MONDE
www.tv5monde.com
La chaîne de télévision internationale francophone diffuse des émissions de ses partenaires nationaux (France Télévisions, RTBF, TSR et CTQC) et ses propres programmes. La grille de TV5 Monde reflète la diversité de la création audiovisuelle francophone : cinéma, fiction, documentaire, jeux, divertissement, musique, jeunesse, sport, spectacles... TV5 Monde est diffusée dans plus de 200 pays et propose 9 chaînes régionalisées et 2 chaînes thématiques. Son audience moyenne hebdomadaire est de 55 millions de téléspectateurs.

RESTER

Il est très facile d'acheter un terrain au Chili, et tout autant d'y étudier ou d'y travailler. Pour acheter, il faut obtenir (c'est très rapide) un RUT (Rol Unitario Tributario) auprès du Service des Impôts (SII) de votre localité, et le tour est joué ! On devient propriétaire à part entière. Ce RUT (qui commence par 48...) permet d'acheter, de travailler, etc., mais ne correspond pas au RUT de la carte d'identité nationale, qu'obtiennent ensuite les résidents. Si vous décidez de rester au Chili, il vous faudra ensuite obtenir cette dernière carte d'identité (appelée « carné » ici). Il faut montrer un certain nombre de papiers, mais c'est assez facile et relativement peu onéreux.

Le PVT (Programme Vacances-Travail) : depuis novembre 2015 le Chili accueille chaque année de jeunes Français dans le cadre du Programme Vacances-Travail, un visa temporaire permettant de voyager pendant un an tout en travaillant pour financer son voyage. Pour se faire, il faut remplir quelques conditions préalables : avoir un passeport français en cours de validité, être âgée de 18 à 30 ans et disposer de 2 500 € lors de votre entrée sur le territoire. Après l'obtention de votre VISA, vous aurez 3 mois au maximum pour partir au Chili. La candidature au PVT se fait en deux étapes depuis l'été 2019 : avant il s'agissait de remplir un dossier (photo d'identité, lettre de motivation, certificat médical...) mais désormais les autorités chiliennes ont ajouté une étape supplémentaire sur le site du ministère des Affaires étrangères chilien. Compter enfin aux alentours de 115 € pour les frais de demande de VISA.

ÉTUDIER

Pour étudier ou poursuivre vos études supérieures, il vous faut prendre contact avec le service des relations internationales de votre université. Préparez-vous alors à des démarches longues. Mais le résultat d'un semestre ou d'une année à l'étranger vous fera oublier ces désagréments tant c'est une expérience personnelle et universitaire enrichissante. C'est aussi un atout précieux à mentionner sur votre CV.

AGENCE POUR L'ENSEIGNEMENT FRANÇAIS À L'ÉTRANGER (AEFE)
23, place de Catalogne (14e)
Paris
✆ 01 53 69 30 90
www.aefe.fr
Cette agence, sous tutelle du ministère des Affaires étrangères, anime et gère un réseau de près de 500 établissements d'enseignement français à l'étranger, dans près de 140 pays. 370 000 élèves, dont 40 % de Français, fréquentent ces établissements. Offres d'emploi à l'international pour les titulaires de la fonction publique (Education nationale principalement) et informations sur la politique pédagogique, la scolarité et l'orientation émaillent le site Internet de cet organisme qui soutient également l'association Anciens des lycées français du monde.

CIDJ
www.cidj.com
Le Centre d'Information et de Documentation Jeunesse a été créé en 1969, sous la tutelle du Ministère de la Jeunesse et des Sports. Le site Internet est bien fait et très complet. La rubrique « Partir à l'étranger » fournit des informations pratiques aux jeunes qui ont pour projet d'aller vivre à l'étranger. Il y a une rubrique spécifique dédiée à chacun des thèmes suivants : travail, étude, stage, volontariat international et séjours linguistiques. Pour vous aider dans vos démarches, vous pouvez avoir un entretien gratuit avec un conseiller du CIDJ.

ÉDUCATION NATIONALE
www.education.gouv.fr
Sur le serveur du ministère de l'Éducation nationale, une rubrique « International » regroupe les informations essentielles sur la dimension européenne et internationale de l'éducation.

MINISTÈRE DES AFFAIRES ÉTRANGÈRES
www.diplomatie.gouv.fr
Il est bon d'y jeter un œil avant votre départ pour connaître les formalités de départ et y glaner de bons conseils : santé, transports, précautions à prendre et risques à éviter. Dans la rubrique « Services aux citoyens » vous trouverez un guide de l'expatriation, une *check-list* des démarches à effectuer, les modalités de demandes de documents officiels ou encore des informations sur le registre des Français à l'étranger. A noter aussi que les informations mises à disposition dans l'espace politique, économie et socioculturel du serveur du ministère des Affaires étrangères sont fort utiles pour les personnes qui s'intéressent aux enjeux et réalités du pays.

WEP FRANCE

95, avenue Ledru Rollin (12e)
Paris
✆ 01 48 06 26 26
www.wep.fr
info@wep.fr
WEP propose plus de 50 projets éducatifs et séjours linguistiques dans une trentaine de pays pour une durée allant de une semaine à 18 mois. Quel que soit votre projet d'études aux Etats-Unis, vous trouverez sur le site de WEP une rubrique qui y sera consacrée : étudier au lycée, dans une université, partir en séjour linguistique, faire une expérience professionnelle dans le cadre d'un stage ou vivre en immersion dans une famille américaine. Possibilité également de planifier des programmes combinés (études et projet humanitaire par exemple).

INVESTIR

BUSINESS FRANCE

77, Boulevard Saint-Jacques (14e)
Paris
✆ 01 40 73 30 00
www.businessfrance.fr
cil@businessfrance.fr
L'Agence pour le développement international des entreprises françaises travaille en étroite collaboration avec les missions économiques. Le site Internet recense toutes les actions menées, les ouvrages publiés, les événements programmés et renvoie sur la page du Volontariat International en Entreprise (VIE). Fondée en 2015, cette structure est née de la fusion entre Ubifrance et l'Agence française pour les investissements internationaux. Elle est affiliée au Ministère de l'Europe et des Affaires étrangères et au Ministère de l'Économie et des Finances.

Autre adresse : Espace Gaymard 2, place d'Arvieux – 13002 Marseille.

TRAVAILLER – TROUVER UN STAGE

CAPCAMPUS

www.capcampus.com
CapCampus fut l'un des premiers portails étudiants français en ligne. Dans la rubrique dédiée aux stages et aux premiers emplois, vous trouverez aussi des offres pour l'étranger, classées par pays. Celles pour les Etats-Unis ne sont pas très nombreuses, le mieux est de consulter le site régulièrement pour ne pas passer à côtés des offres intéressantes. Le site est également utile pour se familiariser avec la vie aux Etats-Unis, car il propose également toutes les informations pratiques pour bien préparer son départ et son séjour à l'étranger.

CLUB TELI

Les Clarets
Saint-Pierre-d'Entremont
✆ 04 79 85 24 63
www.teli.asso.fr
contact@teli.asso.fr
Le Club TELI est une association loi 1901 sans but lucratif d'aide à la mobilité internationale créée il y a 20 ans. Elle compte 4 000 adhérents en France et dans 65 pays. Si vous souhaitez vous rendre à l'étranger, quel que soit votre projet, vous découvrirez avec le Club TELI des infos et des offres de stages, de jobs d'été et de travail pour francophones. Si vous avez besoin d'aide pour envoyer des candidatures, sachez également que le Club TELI peut vous aider à améliorer votre CV afin qu'il soit dans les normes du pays où vous souhaitez partir.

VIE – VOLONTARIAT INTERNATIONAL EN ENTREPRISE

www.civiweb.com
Si vous avez entre 18 et 28 ans et êtes ressortissant de l'Espace économique européen, vous pouvez partir en volontariat international en entreprise (VIE) ou en administration (VIA). Il s'agit d'un contrat de 6 à 24 mois rémunéré (avec un renouvellement de 24 mois possible) et placé sous la tutelle de l'ambassade de France. Tous les secteurs et métiers sont concernés et vous bénéficiez d'un statut public protecteur. Offres à consulter sur le site Internet.

URGENCE
ÉDUCATION
© Naïade Plante

INDEX

A

B

C

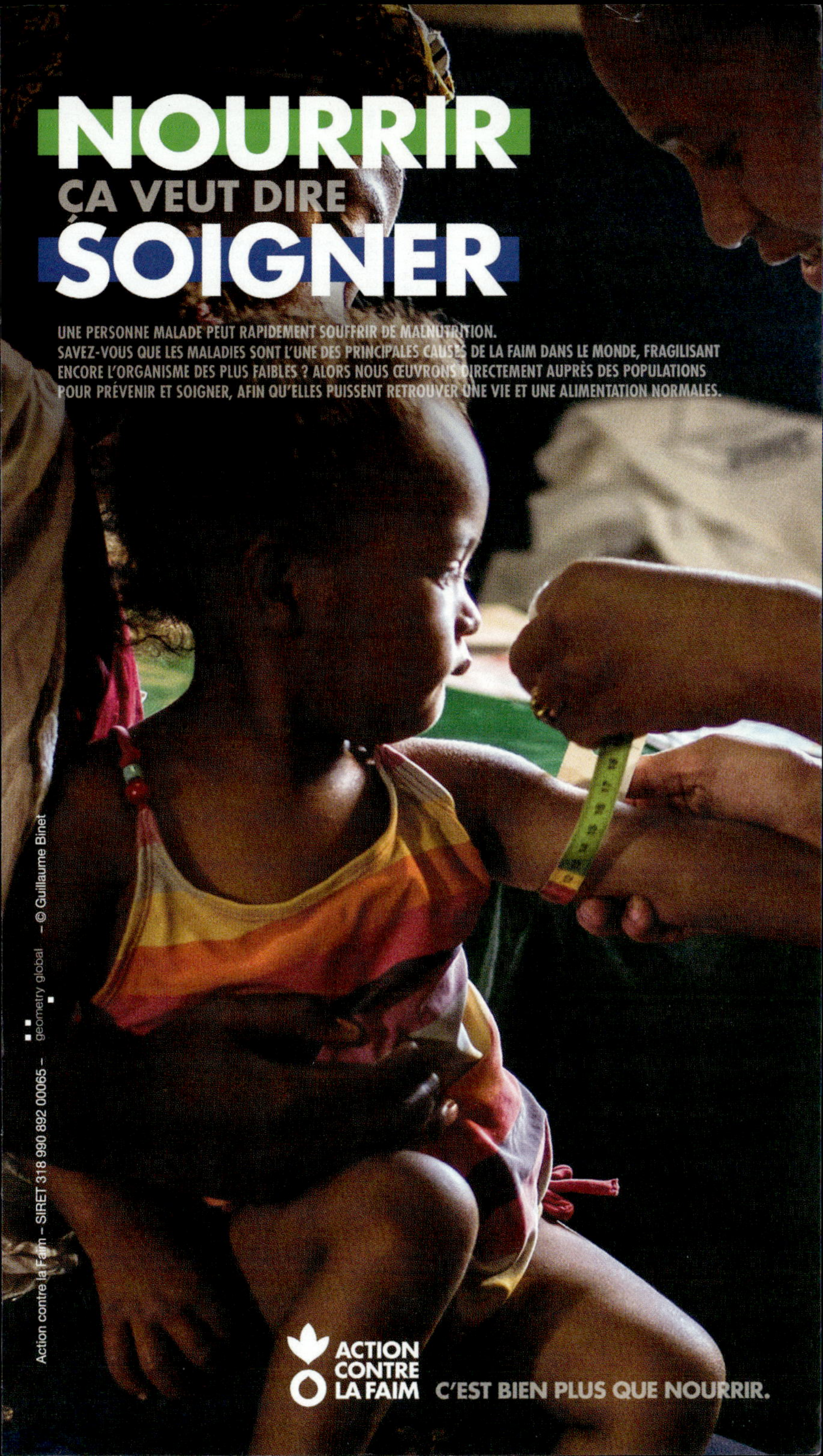
NOURRIR
ÇA VEUT DIRE
SOIGNER
UNE PERSONNE MALADE PEUT RAPIDEMENT SOUFFRIR DE MALNUTRITION.
SAVEZ-VOUS QUE LES MALADIES SONT L'UNE DES PRINCIPALES CAUSES DE LA FAIM DANS LE MONDE, FRAGILISANT ENCORE L'ORGANISME DES PLUS FAIBLES ? ALORS NOUS ŒUVRONS DIRECTEMENT AUPRÈS DES POPULATIONS POUR PRÉVENIR ET SOIGNER, AFIN QU'ELLES PUISSENT RETROUVER UNE VIE ET UNE ALIMENTATION NORMALES.
Action contre la Faim – SIRET 318 990 892 00065 – geometry global – © Guillaume Binet
ACTION CONTRE LA FAIM
C'EST BIEN PLUS QUE NOURRIR.

N

O

P